KURZLEHRBÜCHER
FÜR DAS JURISTISCHE STUDIUM
———

Willoweit
Deutsche Verfassungsgeschichte

Deutsche Verfassungsgeschichte

Vom Frankenreich bis zur
Wiedervereinigung Deutschlands

EIN STUDIENBUCH
Mit einer Zeittafel und einem Kartenanhang von

Dr. Dietmar Willoweit

em. o. Professor an der Universität Würzburg
Präsident der Bayerischen Akademie der Wissenschaften

6. erneut erweiterte Auflage

Verlag C. H. Beck München 2009

Verlag C. H. Beck im Internet:
beck.de

ISBN 978 3 406 59531 8

© 2009 Verlag C. H. Beck oHG
Wilhelmstraße 9, 80801 München
Druck und Bindung: Nomos Verlagsgesellschaft
In den Lissen 12, 76547 Sinzheim

Satz: Reemers Publishing Services GmbH, Krefeld

Gedruckt auf säurefreiem, alterungsbeständigem Papier
(hergestellt aus chlorfrei gebleichtem Zellstoff)

Christiane Birr
Thomas Brückner
Janine Fehn
Ulrike Müßig
Steffen Schlinker
Harry Schlip

in Dankbarkeit gewidmet für viele Jahre guter Zusammenarbeit

Vorwort zur 6. Auflage

Auch die vorliegende Auflage kann in wiederum erweiterter Form erscheinen. Neue Forschungsergebnisse waren vor allem zur Geschichte des Reichshofrates und zum Augsburger Religionsfrieden (§ 19), zu den frühneuzeitlichen Ständen (§ 20) und zum fürstlichen Vermögensrecht (§§ 25 und 29) zu berücksichtigen. Erweitert wurden die Kapitel zum „langen" 19. Jahrhundert um Abschnitte zur Geschichte des deutschen Staatsrechtsdenkens (§§ 32 und 36) und zu der nun auch rechtsgeschichtlich erschlossenen deutschen Kolonialherrschaft (§ 36). Die Verfassungsgeschichte der Bundesrepublik hat in jüngster Zeit eine umfassende Darstellung durch Jörn Ipsen gefunden (Der Staat der Mitte, 2009). Diese wie auch manch andere Neuerscheinung konnte in dieser Auflage nur genannt, aber noch nicht inhaltlich ausgewertet werden.

Die Literaturnachweise auf dem neuesten Stand zu halten, bleibt ein Anliegen dieses Lehrbuches, das auch im Zeitalter des Internet keineswegs überflüssig geworden ist. Nicht mehr notwendig ist indessen der Versuch, allgemeine Darstellungen der deutschen Geschichte und ihrer einzelnen Epochen sowie die zugehörigen Biographien in annähernder Vollständigkeit aufzuführen (bisher im Anhang zu § 3 Ziffer 1 bis 3). Ist schon die Auswahl und Gewichtung gerade dieser Literatur ohnehin ein schwieriges Geschäft gewesen, so erübrigt es sich nunmehr, weil insofern die elektronischen Bibliothekskataloge den einfacheren Zugang bieten. Doch der Einblick in aktuelle Forschungsprozesse, den die Zusammenstellung der zahlreicher werdenden epochenübergreifenden und vergleichenden Studien bietet, soll dem Leser nicht vorenthalten werden (Anhang zu § 3).

Im gesamten Text sind ferner kleinere Ergänzungen und Korrekturen vorgenommen worden. Ich danke allen Lesern, die mir mit Rat, Lob und Kritik weitergeholfen haben, und freue mich auch in Zukunft über jeden diesem Buch nützlichen Hinweis. Ich widme die vorliegende Auflage den ehemaligen Mitarbeiterinnen und Mitarbeitern, die mich im Würzburger Institut für deutsche und bayerische Rechtsgeschichte zwei Jahrzehnte engagiert und mit vielfältigen Anregungen unterstützt haben.

München und Würzburg, im Juli 2009 *Dietmar Willoweit*

Aus dem Vorwort zur 3. Auflage

Einer kurzen Erläuterung bedarf die Auswahl und Einordnung der Literatur zur Verfassungsgeschichte der Bundesrepublik. Die Literaturhinweise dieses Buches unterscheiden jeweils zwischen zeitgenössischer und historisch analysierender Literatur. Ich habe versucht, diese Unterscheidung auch für die 40 Jahre der westdeutschen Bundesrepublik aufrechtzuerhalten, obwohl natürlich die bis 1990 publizierten historischen Untersuchungen selbst Zeitzeugnisse sind. Es macht indessen einen Unterschied, ob systematisch über die richtige Lösung eines Verfassungsproblems nachgedacht oder schon der Versuch unternommen wurde, eine Verfassungsentwicklung historisch zu verstehen. Über die Zuordnung mag man im Einzelfall streiten. An der Unterscheidung selbst habe ich aber schon um der methodischen Schulung des Lesers willen festgehalten. Eine weitere Schwierigkeit bei der Beurteilung der Literatur ergab sich aus dem Umstand, daß die Verfassungsgeschichte der Bundesrepublik von Anbeginn von einem Diskurs über Verfassungsentwicklung und Rechtspolitik begleitet war. Dieses weder als rechtsdogmatisch noch als rechtshistorisch einzuordnende Schrifttum wurde bei § 44 gesondert aufgeführt.

München und Würzburg, Anfang Juni 1997   *Dietmar Willoweit*

Vorwort zur 1. Auflage

Verfassungsgeschichte ist die Geschichte der rechtlichen Regeln und Strukturen, die das Gemeinwesen und damit die politische Ordnung prägen. Sie erschließt den historischen und politischen Horizont, innerhalb dessen der Jurist in Staat und Gesellschaft handelt. Auf Vorlesungen über Deutsche Verfassungsgeschichte und Lehrbücher dieser Disziplin kann die juristische Ausbildung daher nicht verzichten. Viele der vorliegenden Werke sind aber, im Vergleich mit dem gegenwärtigen Forschungsstand, sowohl in ihrer Konzeption wie auch inhaltlich veraltet. Das hiermit vorgelegte Buch versucht, einen Beitrag zu der notwendigen Reorganisation des Faches zu leisten. Es will dabei nicht mehr sein als ein Studienbuch, den Stoff also lesbar, verstehbar und lernbar vermitteln. Auf einige Besonderheiten der Darstellung sei vorab aufmerksam gemacht.

Aufgegeben wurde die in der bisherigen Literatur weitverbreitete Trennung der „Verfassungsgeschichte der Neuzeit" von einer „Mittelalterlichen Verfassungsgeschichte". Diese Unterscheidung und mit ihr die Epochengrenze um 1500 ist sachlich nicht gerechtfertigt, weil wesentliche Elemente des neuzeitlichen Staates im Mittelalter entstanden sind. Zu erweitern war das Blickfeld auch insofern, als nicht nur die übergreifenden Institutionen, sondern – im Sinne des vorangestellten Verfassungsbegriffs – möglichst auch die gesellschaftsnahen Verfassungsebenen Berücksichtigung finden sollten. Dabei besteht freilich hinsichtlich der Neuzeit ein Nachholbedarf, der nicht auf einmal bewältigt werden kann. Das dem Autor wichtigste Anliegen war jedoch, die stete Entwicklung der sich allmählich ändernden Rechtslagen und Rechtsüberzeugungen deutlich zu machen. Aus diesem Grunde schreitet die Darstellung in relativ kleinen zeitlichen Schritten voran. Die wenig befriedigende Konsequenz, viele und manchmal zufällige Jahreszahlen zur Markierung des historischen Wandels verwenden zu müssen, war als das geringere Übel in Kauf zu nehmen.

Einer Erläuterung bedürfen die Literaturhinweise. Sie mußten einerseits aus Raumgründen begrenzt bleiben und sollten sich andererseits auch auf die wichtigste Literatur beschränken, um dem Studenten die Orientierung zu erleichtern. Ich habe mich dafür entschieden, in erster Linie die neuere Literatur zu berücksichtigen. Bekannte ältere Titel, auch Standardwerke, wird mancher Leser vermissen. Sie sind jedoch regelmäßig über das angegebene Schrifttum einfach zu erreichen. Unerwähnt bleiben mußten in großem Umfang allgemeingeschichtliche Darstellungen, obwohl sie vielfach Verfassungsfragen behandeln. Ich habe sehr oft auch darauf verzichtet, Einzeltitel aus Sammelbänden aufzuführen. Diese erscheinen überwiegend nur unter dem Namen des Herausgebers. Nicht aufgeführt sind mit Rücksicht auf die enger angelegte Konzeption des Buches Arbeiten zur vergleichenden Verfassungsgeschichte. Schließlich war bei Quelleneditionen und staatsphilosophischen Werken auf leichte Zugänglichkeit für Studenten der Rechtswissenschaft zu achten. Insgesamt können die Literaturhinweise daher nur einen Ausschnitt bieten. Dieser allerdings wurde sorgfältig durchdacht, um den Studierenden den kürzesten Weg zu modernen Fragestellungen und Methoden zu eröffnen. Publikationen des Jahres 1989 konnten nur noch ausnahmsweise berücksichtigt werden.

Eine Reihe von Kollegen hat die Mühe auf sich genommen, jeweils große Teile des Manuskripts zu lesen. Für freundschaftlichen Rat und anregende Kritik danke ich Klaus Adomeit (Berlin), Harm-Hinrich Brandt (Würzburg), Bernhard Diestelkamp (Frankfurt), Hasso Hofmann (Würzburg), Volker Press (Tübingen), Rolf Sprandel (Würzburg) und Michael Stolleis (Frankfurt). Ein herzlicher Dank gilt den engagierten Mitarbeitern, meinem langjährigen Assistenten Assessor Harry Schlip und meiner Sekretärin Frau Petra Bader, Frau Dr. phil. Gertrud Mlynarczyk, Herrn Wolfgang Frh. v. Eyb, M. A. und Herrn Thomas Schindler, M. A., ferner stud. iur. Volker Halbleib, stud. iur. Martina Hanke und stud. iur. Udo Schneider.

Würzburg, am 14. Juli 1989 *Dietmar Willoweit*

Inhaltsübersicht

Einleitung. Gegenstand und Methode

§ 1. Verfassungsbegriff und Verfassungsgeschichte 1
§ 2. Grundfragen der Verfassungsgeschichtsschreibung 4
§ 3. Forschungsstand und Aufbau der Darstellung 8
Anhang: Ergänzende Literatur 16

1. Teil. Vom Personenverband zur Reichsorganisation

1. Kapitel. Ausklang der Spätantike im fränkischen Reich (482–843) 21

§ 4. Elemente spätrömischer Staatsorganisation 21
§ 5. Das fränkische Königtum und die Kaiserwürde Karls des Großen 24

2. Kapitel. Höhepunkt und Zerfall weltlich-kirchlicher Herrschaftseinheit (843–1137) 35

§ 6. Vom ostfränkischen zum deutschen Reich 35
§ 7. Die Herrschaftsordnungen 39
§ 8. Das universale Kaisertum und der Konflikt mit dem Papsttum 50

3. Kapitel. Der Durchbruch rationaler Verfassungsorganisation unter den staufischen Herrschern (1138–1254) 55

§ 9. Verfassungspolitik unter dem Einfluß römischen Rechtsdenkens: Die Zeit Friedrichs I. Barbarossa und Heinrichs VI. 55
§ 10. Anfänge flächenstaatlicher Entwicklungen: Die späte Stauferzeit 62

2. Teil. Reichsordnung und Staatsbildung

1. Kapitel. Wahlkönigtum und Ausbau der Landesherrschaft im späten Mittelalter (1254–1410) 71

§ 11. Die Kurfürsten und der Dualismus von Kaiser und Reich 71
§ 12. Politische Grundlagen und Machtmittel des Königtums 76
§ 13. Fürstentum und Landesherrschaft 81
§ 14. Herrschaft und Genossenschaft in Stadt und Dorf 92

2. Kapitel. Die Verrechtlichung der Reichsverfassung und die Herausbildung des Obrigkeitsstaates (1410–1555) 100

§ 15. Die Reichsreform 100
§ 16. Einungen und korporative Verfassungsformen 111
§ 17. Landesherr und Landstände im Obrigkeitsstaat 116
§ 18. Wandlungen der Rechtsordnung: Die Entstehung des Gesetzgebungsstaates 123

3. Kapitel. Reich und Territorien im Zeichen des Konfessionalismus (1555–1648) 128

§ 19. Der Augsburger Religionsfrieden und die Reichsverfassung 128
§ 20. Die Vollendung des Obrigkeitsstaates 137
§ 21. Verfassungsfragen im Dreißigjährigen Krieg und die Neuordnung des Westfälischen Friedens 1648 143

4. Kapitel. Die Landeshoheit im Rahmen der Reichsverfassung (1648–1740) 152

§ 22. Souveränität und Landeshoheit: Die politische Theorie und Staatsrechtswissenschaft im 17. Jahrhundert 152
§ 23. Absolutismus und traditionale Herrschaftsformen 160
§ 24. Das Reich, der Kaiser und der gemeine Mann 171

5. Kapitel. Die Einflüsse der Aufklärung und der Untergang des Heiligen Römischen Reiches (1740–1806) 184

§ 25. Wandlungen des Rechts- und Staatsdenkens 184
§ 26. Die Spätzeit des Reiches und die politische Praxis 191
§ 27. Der Verfall der Reichsverfassung seit dem Beginn der französischen Revolutionskriege und die Niederlegung der römischen Kaiserkrone 200

3. Teil. Der monarchische Verfassungsstaat

1. Kapitel. Das deutsche Staatensystem zwischen Spätabsolutismus und Frühkonstitutionalismus (1806–1848) 209

§ 28. Staats- und Gesellschaftsreformen 209
§ 29. Verfassungsurkunden und Verfassungspraxis im Vormärz 217
§ 30. Deutscher Bund und deutsche Einheitsbestrebungen 227

2. Kapitel. Auf dem Wege zum Nationalstaat (1848–1871) 234

§ 31. Die Verfassungspolitik der Revolutionszeit und die Reichsverfassung von 1849 234
§ 32. Nachrevolutionäre Einigungspolitik und Verfassungsgestaltung 244
§ 33. Gesellschaftsnahe Verfassungsebenen 251

3. Kapitel. Das deutsche Kaiserreich (1867/71–1918) 258

§ 34. Reichsgründung und Reichsverfassung 258
§ 35. Das „System Bismarck" 267
§ 36. Vom „persönlichen Regiment" des Kaisers zur „Parlamentarisierung" 275

4. Teil. Zwischen Demokratie und Diktatur

1. Kapitel. Die Weimarer Republik (1918–1933) 284

§ 37. Die Errichtung der Republik und die Weimarer Reichsverfassung 284
§ 38. Verteidigung und Niedergang der Demokratie 294

2. Kapitel. Der nationalsozialistische Führerstaat (1933–1945) 306
§ 39. Die Zerstörung der Weimarer Reichsverfassung 306
§ 40. Führerprinzip und „Volksgemeinschaft" 312

3. Kapitel. Die Teilung Deutschlands und die Entstehung der Nachfolgestaaten (1945–1949) 321
§ 41. Besatzungsregime und staatliche Reorganisation 321
§ 42. Die Entstehung des Grundgesetzes und des Verfassungssystems der DDR 337

4. Kapitel. Die Bundesrepublik Deutschland und die Deutsche Demokratische Republik (1949–1990) 346
§ 43. Das Ende der Besatzungshoheit und die Westintegration der Bundesrepublik 346
§ 44. Verfassungsgeschichte unter dem Grundgesetz 356
§ 45. Die Deutsche Demokratische Republik 378
§ 46. Die Beziehungen zwischen den beiden deutschen Staaten und die Wiederherstellung der Einheit Deutschlands 396

Anhang 411
1. Zeittafel 412
2. Historische Karten 435

Namensverzeichnis 443
Verzeichnis der Orte, Territorien und Landschaften 447
Sachverzeichnis 453

Inhaltsverzeichnis

Abkürzungsverzeichnis XXIX
Verzeichnis abgekürzt zitierter Zeitschriften, Reihen und Quellensammlungen XXXIII

Einleitung. Gegenstand und Methode

§ 1. Verfassungsbegriff und Verfassungsgeschichte 1
    I. Der Verfassungsbegriff der Staatsrechtslehre 1
    II. Das historische Verfassungsverständnis 2
        1. Vorschlag einer Definition 2
        2. Recht als Merkmal der Verfassung 2
        3. Verfassung als Ordnung des Gemeinwesens 3
§ 2. Grundfragen der Verfassungsgeschichtsschreibung 4
    I. Entwicklungsstufen der Methodenreflexion 4
        1. Das Problem des hermeneutischen Zirkels 4
        2. Die „Staats- und Rechtsgeschichte" des 19. Jahrhunderts 4
        3. Die Methodenkritik der jüngeren „mittelalterlichen Verfassungsgeschichte" 5
    II. Methodische Überlegungen zu einer „Deutschen Verfassungsgeschichte" 6
§ 3. Forschungsstand und Aufbau der Darstellung 8
    I. Hinweise zur Literaturauswahl 8
    II. Schrifttum 9
        1. Gesamtdarstellungen der deutschen Verfassungsgeschichte 9
        2. Verfassungsgeschichte in Werken der deutschen Rechtsgeschichte 10
        3. Handbücher und Wörterbücher 11
        4. Darstellungen der mittelalterlichen Verfassungsgeschichte 11
        5. Darstellungen der neuzeitlichen Verfassungsgeschichte 12
        6. Darstellungen der Verfassungsgeschichte des 19. und 20. Jahrhunderts 13
        7. Quellensammlungen 13
    III. Zum Aufbau des vorliegenden Bandes 14
Anhang: Ergänzende Literatur 16

1. Teil. Vom Personenverband zur Reichsorganisation

1. Kapitel. Ausklang der Spätantike im fränkischen Reich (482–843) 21

§ 4. Elemente spätrömischer Staatsorganisation 21
    I. Älteste Grundlagen der deutschen Verfassungsgeschichte 21
    II. Einflüsse römischer Verwaltungspraxis 22
        1. Amtsstellungen 22
        2. Gesetzgebung 23
        3. Landleihe, Grundherrschaft, Münz- und Zollwesen 23
        4. Die römische Kirche 24
§ 5. Das fränkische Königtum und die Kaiserwürde Karls des Großen 24
    I. Das fränkische Königtum 25
        1. Das Königsheil 25
        2. Die Königswahl 26

Inhaltsverzeichnis

3. Aufgaben des Königtums	27
4. Das Kaisertum	28
5. Teilungen des Reiches	28
II. Verfassungsstrukturen	29
1. Der personale Charakter der Herrschaftsbeziehungen	29
2. Der königliche Hof	30
3. Herzöge und Markgrafen	30
4. Grafschaften	31
5. Königsboten	32
6. Kirchliche Immunitäten	32
7. Das Lehnswesen	33
III. Elemente der Herrschaftspraxis	33
1. Recht, Gericht und Rechtsaufzeichnungen	33
2. Die Kapitularien	34

2. Kapitel. Höhepunkt und Zerfall weltlich-kirchlicher Herrschaftseinheit (843–1137) 35

§ 6. Vom ostfränkischen zum deutschen Reich	35
I. Teilung und Einheit des Frankenreiches	35
1. Westfranken, Ostfranken, Lotharingien	35
2. Die Frage nach der „Entstehung des Deutschen Reiches"	36
II. Das Reich der Deutschen	37
1. Herrschaftsräume und Einflußzonen	37
2. Benennung und Selbstwahrnehmung	38
§ 7. Die Herrschaftsordnungen	39
I. Herrschaftselemente	40
1. Germanische Überlieferungen	40
2. Adelsherrschaft	41
3. Haus- und Grundherrschaft	41
4. Gerichtsbarkeit	42
5. Recht in schriftloser Gesellschaft	43
II. Das Königtum	43
1. Aufgaben und Verständnis des Königtums	43
2. Die Königserhebung	44
3. Die Stellung der Herzöge	46
4. Die Herrschaftsschwerpunkte des Königtums und die Ausdehnung des Reiches	47
5. Personale Herrschaftsverhältnisse: Vasallen, Kaufleute, Juden	47
6. Die Reichskirche	49
III. Anfänge der mittelalterlichen Friedensbewegung	49
§ 8. Das universale Kaisertum und der Konflikt mit dem Papsttum	50
I. Die Stellung des Kaisers	51
1. Der Kaisertitel	51
2. Rechte des Kaisers	52
II. Der Kaiser und das Papsttum	52
1. Die kirchliche Reformbewegung	52
2. Die „Konstantinische Schenkung"	53
3. Päpstliche Schutzprivilegien	53
III. Der Investiturstreit	53
1. Ziele und Erfolge der päpstlichen Politik	53
2. Das Wormser Konkordat	54

3. Kapitel. Der Durchbruch rationaler Verfassungsorganisation unter den staufischen Herrschern (1138–1254) 55

§ 9. Verfassungspolitik unter dem Einfluß römischen Rechtsdenkens:
Die Zeit Friedrichs I. Barbarossa und Heinrichs VI. 55

I. Die Legitimation monarchischer Herrschaft 56
  1. Die Heiligkeit des Reiches 56
  2. Einflüsse des römischen und kanonischen Rechts 57
II. Herrschaftsmittel und -strukturen 58
  1. Hierarchisches Verfassungsdenken 58
  2. Der Erbreichsplan Heinrichs VI. 58
  3. Reichsfürsten 59
  4. Landfriedensgesetzgebung 60
  5. Reichsministeriale 60
  6. Reichsgut 61
  7. Städtepolitik 61
  8. Die territoriale Ausweitung des Reiches 62

§ 10. Anfänge flächenstaatlicher Entwicklungen: Die späte Stauferzeit 62

I. Das Kaisertum Friedrichs II. 63
  1. Die Persönlichkeit des Kaisers 63
  2. Die römische Tradition 63
  3. Der universale Anspruch des Kaisertums 64
  4. Religionspolitik 64
II. Territorialpolitische Maßnahmen Friedrichs II. 65
  1. Die Gesetzgebung für das sizilische Erbe 65
  2. Die Fürstenprivilegien 66
  3. Die Begründung neuer Fürstentümer 67
  4. Der Mainzer Reichslandfriede und die kaiserliche Landfriedenspolitik 67
III. Der Untergang der staufischen Dynastie 68
IV. Wandlungen der Rechtsordnung 68
  1. Das gelehrte Recht und die Anfänge der Rezeption 68
  2. Schriftlichkeit des einheimischen Rechts 69

2. Teil. Reichsordnung und Staatsbildung

1. Kapitel. Wahlkönigtum und Ausbau der Landesherrschaft im späten Mittelalter (1254–1410) 71

§ 11. Die Kurfürsten und der Dualismus von Kaiser und Reich 71

I. Die Kurfürsten als Königswähler bis zur Goldenen Bulle 72
  1. Das „Interregnum" und die Ursprünge des Kurfürstenkollegiums 72
  2. Wahlregeln und Wahlpraxis 73
II. Die Königswahl im Brennpunkt der Rechtspolitik 74
  1. Die kurfürstliche Position 74
  2. Der päpstliche Approbationsanspruch 74
  3. Die Goldene Bulle von 1356 75
III. Der politische Anspruch des Kaisertums 76

§ 12. Politische Grundlagen und Machtmittel des Königtums 76

I. Der Herrschaftsraum 77
  1. Revindikation und Veräußerung von Reichsgut 77
  2. Hausgut und königsnahe Landschaften 78
  3. Die Reichsfürsten 79
II. Der königliche Hof 79
  1. Hofkanzlei und Hofämter 79
  2. Die königliche Gerichtsbarkeit 80
III. Gesetzgebung 80
  1. Landfriedenspolitik 80
  2. Ansätze kaiserlicher Gesetzgebung 81

§ 13. Fürstentum und Landesherrschaft 81

I. Allgemeine Merkmale 82
  1. Fürsten und Landesherren 82

Inhaltsverzeichnis

2. Strukturwandel adliger Herrschaft	83
3. Politische und eigentumsrechtliche Motive der Herrschaftsbildung	83
II. Herrschaftsorganisation	84
1. Herrschaftsrechte und die Entstehung lokaler Ämter	84
2. Der mittelalterliche Amtsbegriff	84
3. Erste Ansätze zentraler Verwaltungseinrichtungen	85
4. Die Entstehung der Landstände	86
5. Strukturen des Herrschaftsraumes	87
III. Die allmähliche Genese der deutschen Staatenwelt	88
1. Der altfränkische und alemannische Raum	88
2. Entwicklungen im Westen des Reiches	89
3. Bayern, Österreich und der Alpenraum	89
4. Sachsen, Friesland und die ostelbischen Territorien	90
IV. Anfänge einer Staatstheorie	91
§ 14. Herrschaft und Genossenschaft in Stadt und Dorf	92
I. Die Stadtverfassung	92
1. Stadtbürgerliche Wertvorstellungen	92
2. Stadtherrschaft	93
3. Der Rat	93
4. Innerstädtische Verfassungskämpfe	95
5. Die Entwicklung der Stadt zur Rechtsperson	95
II. Städtische Rechtsbildung	95
III. Die Dorfverfassung	96
1. Die Dorfgemeinde	96
2. Herrschaftliche und genossenschaftliche Elemente der Dorfverfassung	97
3. Rechtsformen der Liegenschaftsnutzung	98
IV. Die deutsche Ostsiedlung	99
1. Städtegründungen und Siedelrechte	99
2. Auswirkungen auf die Herrschaftsverhältnisse in Ostmitteleuropa	100
2. Kapitel. Die Verrechtlichung der Reichsverfassung und die Herausbildung des Obrigkeitsstaates (1410–1555)	**100**
§ 15. Die Reichsreform	100
I. Reformbedarf im spätmittelalterlichen Reich	102
1. Der Gedanke der „Re-formation"	102
2. Ursachen der Reformbewegung	102
3. Reforminitiativen und Reformschrifttum	103
4. Entwürfe für ein Reichssteuersystem	104
5. Erfolge kaiserlicher Kirchenpolitik	105
II. Die Reformen unter König Maximilian I. seit 1495	105
1. Die Formierung des Reichstags	105
2. Der Ewige Landfriede und das Reichskammergericht	106
3. Die Reichskreise	107
III. Die Reichsverfassung im Zeichen der reformatorischen Bewegung	107
1. Reichsverfassung und Religionsfrage	107
2. Zwischen Duldung und Repression – der Weg zum mehrkonfessionellen Reich	108
3. Reichsgesetzgebung und Reichssteuerwesen	110
§ 16. Einungen und korporative Verfassungsformen	111
I. Das ältere Einungswesen des 13. und 14. Jahrhunderts	111
1. Die Einung als Verfassungsalternative	111
2. Städtebünde	112
3. Die „Schweizerische" Eidgenossenschaft	113
II. Ansätze einer Reorganisation des Reiches	113
1. Der Schwäbische Bund	113
2. Konfessionsbünde	114

Inhaltsverzeichnis

    3. Das „Reichsbund"-Projekt Kaiser Karls V. 114
    4. Die Kurien des Reichstages 114
    5. Die Reichsritterschaft 115

§ 17. Landesherr und Landstände im Obrigkeitsstaat 116
  I. Von der Landesherrschaft zum Territorialstaat 117
  II. Die Ratskollegien am Hofe 117
    1. Der Hofrat und sein Verfahren 117
    2. Die Hofkammer 118
    3. Hofgericht, Gerichtswesen und Strafverfolgung 119
    4. Kirchenrat und Kriegsrat 119
  III. Die Dienstverhältnisse 120
  IV. Die Landstände 120
    1. Interessen und Aufgaben 120
    2. Teilhabe am fürstlichen Rat 121
    3. Verträge zwischen Fürst und Landständen 121
  V. Verfassungspolitische Ziele im Bauernkrieg 122
    1. Der Kampf um das alte Recht 122
    2. Landständische Ideen im Bauernkrieg 122

§ 18. Wandlungen der Rechtsordnung: Die Entstehung des Gesetzgebungsstaates 123
  I. Voraussetzungen 123
    1. Die Ausbreitung gelehrter Juristen 123
    2. Vorformen der Landesgesetzgebung 124
  II. Formen der Rechtssetzung im 15. und 16. Jahrhundert 125
    1. Rechtsbesserung 125
    2. Landes- und Polizeiordnungen 125
  III. Sozialethisch motivierte Kompetenzerweiterungen 127
    1. Das vor- und nachreformatorische Kirchenregiment 127
    2. Die reformatorischen Kirchenordnungen 127

3. Kapitel. Reich und Territorien im Zeichen des Konfessionalismus (1555–1648) 128

§ 19. Der Augsburger Religionsfrieden und die Reichsverfassung 128
  I. Der Passauer Vertrag von 1552 129
  II. Der Augsburger Reichstag von 1555 130
    1. Die Regelungen des Reichsabschieds 130
    2. Politische Ziele und Rechtsvorstellungen der Religionsparteien 131
  III. Die Reichsverfassung im konfessionellen Zeitalter 133
    1. Verfassungspolitik unter dem Einfluß des Religionsfriedens 133
    2. Verfassungspolitik im Zeichen religionspolitischer Konfrontation 134
    3. Der Streit um Säkularisationen vor dem Reichskammergericht 135
    4. Die kaiserliche Gerichtsbarkeit des Reichshofrates 136
    5. Das Versagen des Reichstages im Säkularisationskonflikt 136
    6. Intakte Funktionen des Reichstags 137

§ 20. Die Vollendung des Obrigkeitsstaates 137
  I. Die Konfessionalisierung des Staates 138
    1. Politische Ziele und Mentalitäten 138
    2. Allgemeine Merkmale der Konfessionalisierung 139
    3. Konfessionsspezifische Strukturen lutherischer und calvinistischer Territorien 140
    4. Auswirkungen der katholischen Reform 141
  II. Strukturwandel des Gerichtswesens 142
    1. Territorialisierung der Gerichtsverfassung 142
    2. Die Durchsetzung des öffentlichen Strafanspruchs 142
    3. Funktion und Verwaltung der Stände 143
  III. Das Deutungskonzept der „Sozialdisziplinierung" 143

§ 21. Verfassungsfragen im Dreißigjährigen Krieg und die Neuordnung des Westfälischen Friedens 1648 143

    I. Verfassungspolitische Ziele und Regelungen im Verlaufe des Krieges 144
        1. Die erste Kriegsphase (1618–1627) 144
        2. Auf dem Höhepunkt der kaiserlichen Macht (1627–1630): das Restitutionsedikt . 145
        3. Vorstellungen Schwedens und Hessen-Kassels (1630–1634) 146
        4. Der Frieden von Prag 1635 146
    II. Der Westfälische Frieden 148
        1. Der Friedenskongreß und das Vertragswerk 148
        2. Die Regelung der Religionsfragen 149
        3. Die Regelung der Rechte des Kaisers und der Reichsstände 150
    III. Das territoriale Bild des Reiches 151

4. Kapitel. Die Landeshoheit im Rahmen der Reichsverfassung (1648–1740) 152

§ 22. Souveränität und Landeshoheit: Die politische Theorie und Staatsrechtswissenschaft im 17. Jahrhundert 152

    I. Der Staat in der Politikwissenschaft des Humanismus 153
        1. Der Souveränitätsbegriff des Jean Bodin 153
        2. Die aristotelische Politologie des Späthumanismus 154
    II. Deutsche Verfassungsfragen in der juristischen Literatur des 17. und 18. Jahrhunderts 155
        1. Die Entstehung der wissenschaftlichen Disziplin des Ius publicum ... 155
        2. Das Reich im staatsrechtlichen Schrifttum 156
        3. Die Territorien im staatsrechtlichen Schrifttum 156
    III. Recht und Staat bei den Klassikern des Naturrechts 157
    IV. Der „Usus modernus" oder die Entdeckung der Geschichtlichkeit des Rechts 159

§ 23. Absolutismus und traditionale Herrschaftsformen 160

    I. Probleme der Absolutismusforschung 161
    II. Charakteristische Merkmale des Absolutismus 162
        1. Säkularisierung der Staatsgewalt 162
        2. Das stehende Heer 162
        3. Entwicklungspolitik und Verwaltungsreformen 163
        4. Recht zwischen Normbindung und Mißbrauch 164
    III. Der Aufstieg der deutschen Großmächte unter dem Einfluß des absolutistischen Politikverständnisses 165
        1. Brandenburg-Preußen 165
        2. Die habsburgischen Staaten 167
    IV. Landständische Strukturen deutscher Mittelstaaten 169
    V. Reichsstädte und Reichsritter 170

§ 24. Das Reich, der Kaiser und der gemeine Mann 171

    I. Grundlagen der Reichsverfassung 173
        1. Moderne Verständnisprobleme 173
        2. Die reichsständische Libertät 173
        3. Die Reichsstandschaft 174
    II. Der Reichstag 174
        1. Die Entstehung des Immerwährenden Reichstags 174
        2. Die Sonderstellung der Kurfürsten 175
        3. Die Reichstagskollegien 175
        4. Das Beratungs- und Entscheidungsverfahren 176
    III. Das reichsständische Bündniswesen und die Kreisverfassung 176
        1. Antikaiserliche Bündnispolitik 176
        2. Reichskreise und Kreisassoziationen 177

Inhaltsverzeichnis

IV. Der Kaiser ... 178
   1. Lehnshoheit und Reservatrechte des Kaisers ... 178
   2. Verfassungspolitische Einflußmöglichkeiten ... 178
   3. Der Reichshofrat ... 179
V. Das Reichskammergericht ... 180
VI. Die Untertanen ... 181
   1. Der Untertanenstatus der ländlichen Bevölkerung ... 181
   2. Die Stadtbürger ... 182
VII. Reformschrifttum ... 183

5. Kapitel. Die Einflüsse der Aufklärung und der Untergang des Heiligen Römischen Reiches (1740–1806) ... 184

§ 25. Wandlungen des Rechts- und Staatsdenkens ... 184
   I. Methoden ... 185
      1. Vernunftrechtliches Denken ... 185
      2. Der historisch-empirische Pragmatismus Johann Jacob Mosers ... 186
   II. Einflüsse des Vernunftrechts ... 186
      1. Der Staat als Rechtspersönlichkeit ... 186
      2. Gemeinwohl als Staatszweck ... 187
      3. Wandlungen des Gesetzesbegriffs ... 188
      4. Die Idee der Menschen- und Bürgerrechte ... 188
      5. Die Verfassungsidee ... 189
   III. Perspektiven der Staatslehre bei Kant und Hegel ... 190

§ 26. Die Spätzeit des Reiches und die politische Praxis ... 191
   I. Politische Gefährdungen der Reichsverfassung ... 192
      1. Aussterben der Habsburger im Mannesstamm ... 192
      2. Streit um die Reichskirche und den „Deutschen Fürstenbund" ... 193
   II. Reichsreformprojekte ... 194
   III. Förderer aufgeklärter Politik ... 194
      1. Fürsten ... 194
      2. Beamte ... 195
   IV. Ziele aufgeklärter Politik ... 196
      1. Herrschaft der Gesetze ... 196
      2. Das umfassendste Gesetzeswerk: Preußens Allgemeines Landrecht ... 196
      3. Justizreformen ... 197
      4. Religions-, Bildungs- und Gleichheitspolitik ... 198
      5. Verwaltungsreformen ... 199
   V. Der aufgeklärte Absolutismus im Urteil der Wissenschaft ... 199

§ 27. Der Verfall der Reichsverfassung seit dem Beginn der französischen Revolutionskriege und die Niederlegung der römischen Kaiserkrone ... 200
   I. Die Verfassungspolitik der deutschen Großmächte ... 201
      1. Erste Auswirkungen der Französischen Revolution ... 201
      2. Territoriale Expansion ... 202
      3. Die Sonderfrieden Preußens und Österreichs mit Frankreich ... 202
      4. Vergeblicher Widerstand gegen Eingriffe in die Integrität der Territorien ... 203
   II. Die Neuordnung der Reichsverfassung ... 204
      1. Der Frieden von Lunéville 1801 und der Reichsdeputationshauptschluß 1803 ... 204
      2. Strukturelle Veränderungen durch Säkularisierung und Mediatisierung ... 205
   III. Das Ende des Reiches ... 206
      1. Der Rheinbund ... 206
      2. Die Niederlegung der römischen Kaiserkrone am 6. 8. 1806 ... 207

3. Teil. Der monarchische Verfassungsstaat

1. Kapitel. Das deutsche Staatensystem zwischen Spätabsolutismus und Frühkonstitutionalismus (1806–1848) ... 209

§ 28. Staats- und Gesellschaftsreformen ... 209
- I. Motive der Reformpolitik in Preußen und in den Rheinbundstaaten ... 210
- II. Verwaltungsreformen ... 211
  1. Neuordnung der regionalen Verwaltungseinrichtungen ... 211
  2. Die Einrichtung von Fachministerien ... 212
  3. Der Staatsrat ... 213
  4. Die Verstaatlichung der Gemeinden und die preußische Städteordnung von 1808 ... 214
  5. Wandel des Beamtenbegriffs ... 214
- III. Gesellschaftspolitische Reformmaßnahmen ... 214
  1. Bauernbefreiung und Grundentlastung ... 214
  2. Die Modernisierung der privatrechtlichen Eigentumsordnung durch den Code civil ... 216
  3. Gewerbefreiheit ... 216
- IV. Reformbarrieren ... 217

§ 29. Verfassungsurkunden und Verfassungspraxis im Vormärz ... 217
- I. Erste Ansätze einer konstitutionellen Verfassungspolitik ... 219
  1. Die Verfassungen der Rheinbundstaaten ... 219
  2. Preußische Verfassungspläne ... 219
  3. Die süddeutsche Verfassungsgesetzgebung von 1818/19 und die mitteldeutschen Verfassungen von 1831/33 ... 220
- II. Strukturen des deutschen Frühkonstitutionalismus ... 222
  1. Unverletzlichkeit des Monarchen und Ministerverantwortlichkeit ... 222
  2. „Stände-Versammlungen" ... 223
  3. Staatsbürgerrechte ... 223
  4. Die sog. Domänenfrage ... 224
- III. Verfassungstheorien ... 224
  1. Die Lehre vom monarchischen Prinzip ... 224
  2. Die liberale Staatstheorie ... 225
- IV. Die frühkonstitutionelle Verfassungspraxis ... 225
  1. Monarchische Regierung und Gesetzgebung der Landtage ... 225
  2. Verfassungskonflikte ... 226

§ 30. Deutscher Bund und deutsche Einheitsbestrebungen ... 227
- I. Verfassungspläne am Ende der napoleonischen Ära ... 227
- II. Die Bundesverfassung ... 229
  1. Zweck, Struktur und politische Mittel des Bundes ... 229
  2. Gemeinsame verfassungspolitische Ziele der Mitgliedstaaten ... 230
  3. Das Bundesgebiet ... 230
- III. Die repressive Sicherheitspolitik des Deutschen Bundes ... 231
  1. Die Karlsbader Beschlüsse ... 231
  2. Die Bundespraxis ... 232
- IV. Nationale Bewegung und bürgerliche Vereinsbildung ... 232
- V. Der Deutsche Zollverein ... 233

2. Kapitel. Auf dem Wege zum Nationalstaat (1848–1871) ... 234

§ 31. Die Verfassungspolitik der Revolutionszeit und die Reichsverfassung von 1849 ... 234
- I. Politische Bewegungen in der Zeit des Vormärz ... 235
- II. Der Weg zur ersten deutschen Nationalversammlung ... 235
  1. Revolutionäre Verfassungspolitik im Frühjahr 1848 ... 235
  2. Ansätze zu einer Reform des Deutschen Bundes ... 236
  3. Die Wahlen zur Nationalversammlung ... 237

Inhaltsverzeichnis XXIII

III. Das Verfassungsleben der Nationalversammlung 238
    1. Zusammensetzung des Parlaments 238
    2. Entstehung von Parteien und politischen Vereinen 238
    3. Die Einrichtung einer Zentralgewalt 239
    4. Das Verhältnis von Parlament und Regierung 240
IV. Die Beratungen über die Reichsverfassung 241
    1. Grundrechte 241
    2. Staatsorganisation 241
V. Das Scheitern der Reichsverfassung 243
    1. Zurückweisung der Kaiserwürde durch den preußischen König ... 243
    2. Vergeblicher Kampf für die Reichsverfassung 243

§ 32. Nachrevolutionäre Einigungspolitik und Verfassungsgestaltung 244

I. Deutschlandpolitik im Zeichen der preußisch-österreichischen Rivalität ... 245
    1. Preußens „Erfurter Union" und ihr Scheitern 245
    2. Vergebliche Versuche einer Reform des Deutschen Bundes 246
    3. Ansätze einer deutschen Rechtseinheit 247
    4. Die Krise des Deutschen Bundes 247
II. Preußen als Verfassungsstaat 248
    1. Preußische Verfassungspolitik 1848/50 248
    2. Die preußische Verfassung von 1850 249
    3. Der preußische Verfassungskonflikt 249
III. Anfänge einer modernen gemeindeutschen Staatslehre 251

§ 33. Gesellschaftsnahe Verfassungsebenen 251

I. Das Verhältnis von Staat und Gesellschaft 252
II. Die Entwicklung der Gesellschaftsordnung zwischen Freiheit und Reglementierung ... 253
    1. Altständische Relikte der Adels- und Agrargesellschaft 253
    2. Gewerbe- und Unternehmensfreiheit 254
    3. Berufsständische Ordnungsmodelle 255
    4. Organisationsformen der Arbeiterschaft 256
    5. Anfänge des modernen Genossenschaftswesens und der Betriebsverfassung ... 257
III. Die Kommunalverfassung 257

3. Kapitel. Das deutsche Kaiserreich (1867/71–1918) 258

§ 34. Reichsgründung und Reichsverfassung 258

I. Der Norddeutsche Bund 259
    1. „Revolutionäre" Elemente der Staatsgründung Bismarcks 259
    2. Verfassungspraxis und politische Ziele 259
II. Die Reichsgründung als politischer Prozeß 260
    1. Geschichtliche Rahmenbedingungen 260
    2. Preußen und die süddeutschen Staaten nach 1866 260
    3. Der diplomatische Konflikt mit Frankreich 261
    4. Der Beitritt der süddeutschen Staaten zum Norddeutschen Bund und die Kaiserproklamation von 1871 261
III. Verfassungsfragen 262
    1. Verfassungspolitische Ziele Bismarcks 262
    2. Die Verfassungsdebatte von 1867 und die Änderungen von 1871 ... 263
    3. Das Staatsorganisationsrecht der Bismarckschen Reichsverfassung ... 264
IV. Die Legitimitätsfrage 266

§ 35. Das „System Bismarck" 267

I. Gesellschaft und nationales Denken im Deutschen Reich 267
II. Die Verfassungspraxis 268
    1. Reichskanzler und Reichsämter 268
    2. Der Bundesrat 269
    3. Die Parteien 270

XXIV Inhaltsverzeichnis

III. Verfassungspolitische Grenzfragen der Politik Bismarcks 271
    1. Kulturkampf 271
    2. Abkehr von der liberalen Freihandelspolitik 271
    3. Sozialistengesetzgebung 272
    4. Regierungspolitik mit wechselnden Reichstagsmehrheiten 273
IV. Der Ausbau des Rechtsstaates 274

§ 36. Vom „persönlichen Regiment" des Kaisers zur „Parlamentarisierung" 275
  I. Der Kaiser und die Reichsleitung nach dem Abschied Bismarcks 276
    1. Der Selbstregierungsanspruch Kaiser Wilhelms II. 276
    2. Reichskanzler und Staatssekretäre 277
  II. Der Reichstag 277
    1. Reichstag und Reichsleitung 277
    2. Parlamentarisierungstendenzen 278
  III. Grundlegung des Sozialstaates 279
  IV. Die Kolonialherrschaft 280
  V. Die Staatsrechtslehre im Kaiserreich 281
  VI. Verfassungsentwicklungen im Ersten Weltkrieg 282
    1. Die Reichsverfassung unter Kriegsbedingungen 282
    2. Die Intensivierung der Staatstätigkeit 283

4. Teil. Zwischen Demokratie und Diktatur

1. Kapitel. Die Weimarer Republik (1918–1933) 284

§ 37. Die Errichtung der Republik und die Weimarer Reichsverfassung 284
  I. Der quasilegale Übergang von der Monarchie zur Republik 285
    1. Das deutsche Waffenstillstandsangebot 285
    2. Revolutionäre Unruhen 285
    3. Die Ausrufung der Republik am 9. November 1918 und die Übertragung des Reichskanzleramtes auf Friedrich Ebert 286
    4. Verfassungsgeschichtliche Würdigung 287
  II. Revolutionäre Wurzeln der Republik 288
    1. Die Arbeiter- und Soldatenräte und der Rat der Volksbeauftragten 288
    2. Die Entscheidung gegen das Rätesystem und für die Wahl einer Nationalversammlung 289
  III. Die Entstehung der Weimarer Reichsverfassung 290
    1. Der Verfassungsentwurf von Hugo Preuß 290
    2. Zusammensetzung und Beratungen der Nationalversammlung 290
  IV. Die Regelungen der Weimarer Reichsverfassung 291
    1. Das Staatsorganisationsrecht 291
    2. Grundrechte und Grundpflichten 292
    3. Das Reich und die Länder 293

§ 38. Verteidigung und Niedergang der Demokratie 294
  I. Verfassungspolitische Krisen 1919 bis 1923 295
    1. Gründe der politischen Radikalisierung 295
    2. Bewaffnete Aufstände und politische Morde 296
    3. Revolutionäre und separatistische Bewegungen im Jahre 1923 297
    4. Anwendung und Ausdehnung des Notverordnungsrechts 298
  II. Die Konsolidierung der Republik seit 1924 298
    1. Parlament und Regierungen 298
    2. Das Amt des Reichspräsidenten 299
    3. Plebiszite 300
    4. Versagen des parlamentarischen Systems in der Wirtschaftskrise 1929 300
  III. Reformpolitik 300
    1. Das Projekt einer Reichsreform 300
    2. Sozialstaatliche Reformen 301

Inhaltsverzeichnis XXV

IV. Politische Theorien und Mentalitäten 302
   1. Staatsrechtliche Theoriebildung 302
   2. Das Denken der „konservativen Revolution" 303
V. Die Krise der parlamentarischen Demokratie 303
   1. Die Präsidialdiktatur Heinrich Brünings 303
   2. Franz von Papens Projekt eines „präsidialautoritativen Staates" 304
   3. General von Schleichers Versuch einer „nationalen Konzentration" 305

2. Kapitel. Der nationalsozialistische Führerstaat (1933–1945) 306

§ 39. Die Zerstörung der Weimarer Reichsverfassung 306
   I. Hitlers Berufung zum Reichskanzler und sein politischer Hintergrund 307
      1. Die Initiative von Papens 307
      2. Ziele und politische Praktiken Hitlers vor 1933 307
   II. Die Machtergreifung der Nationalsozialisten 308
      1. Unterdrückung politischer Gegner durch die Notverordnungen vom 4. und 28. 2. 1933 308
      2. Das Ermächtigungsgesetz vom 24. 3. 1933 309
      3. Die Gleichschaltung der Länder 310
   III. Legale Machtübernahme durch die Nationalsozialisten? 311
§ 40. Führerprinzip und „Volksgemeinschaft" 312
   I. Die Führerideologie 313
   II. Gleichschaltung der Gesellschaft 314
      1. Die Beseitigung der Meinungsfreiheit 314
      2. Zwangsvereinigung der „Volksgemeinschaft" 314
      3. Disziplinierung der Beamten und der Wehrmacht 315
      4. Ausgrenzung und Verfolgung von „Minderwertigen" 316
   III. Strukturen des Führerstaates 316
      1. Reichskommissare und Sonderbevollmächtigte 316
      2. Hitlers Führungsstil 318
      3. Der „SS-Staat" 318
      4. Der Niedergang der Justiz 319
   IV. Verfassungspolitische Vorstellungen im deutschen Widerstand 320
   V. Die These vom Doppelstaat 321

3. Kapitel. Die Teilung Deutschlands und die Entstehung der Nachfolgestaaten (1945–1949) 321

§ 41. Besatzungsregime und staatliche Reorganisation 321
   I. Der Übergang der deutschen Staatsgewalt auf die Alliierten 324
      1. Alliierte Planungen bis zum Ende des Krieges 324
      2. Faktischer Übergang der Macht 324
   II. Die Errichtung des Besatzungsregimes 325
      1. Das Potsdamer Abkommen vom 2. 8. 1945 325
      2. Die Viermächteverwaltung Deutschlands 326
      3. Frankreichs Veto gegen deutsche Zentralverwaltungen 326
      4. Die verfassungspolitischen Ziele der Alliierten 327
   III. Staatliche Reorganisation in den Westzonen 328
      1. Militärregierungen und deutsche Verwaltungen 328
      2. Bildung der westdeutschen Länder 328
      3. Ahndung nationalsozialistischer Verbrechen und „Entnazifizierung" 329
      4. Die Entstehung der Länderverfassungen 331
   IV. Staatliche Reorganisation in der sowjetischen Besatzungszone 332
      1. Militärregierung und deutsche Verwaltung 332
      2. Die „antifaschistisch-demokratische Erneuerung" 333
      3. Die Entstehung der Länderverfassungen 334

V. Ansätze zur Integration der Besatzungszonen 335
   1. Die westdeutsche Bizonen-Verwaltung 335
   2. Die Konferenzen der Ministerpräsidenten 336

§ 42. Die Entstehung des Grundgesetzes und des Verfassungssystems der DDR 337

   I. Die Entscheidung für den westdeutschen Teilstaat 338
      1. Die Londoner Sechsmächtekonferenz im Frühjahr 1948 338
      2. Der alliierte Verfassungsauftrag 339
      3. Beratungen der Ministerpräsidenten und deutsch-alliierte Verhandlungen 339
   II. Die Beratungen über das Grundgesetz 340
      1. Zusammensetzung des Parlamentarischen Rates 340
      2. Verfahren, Probleme, Verkündung der Verfassung am 23. 5. 1949 341
      3. Die Entscheidungen des Grundgesetzes 342
      4. Zur geschichtlichen Bedeutung der Verfassungsgebung 343
      5. Das Besatzungsstatut 343
   III. Die Gründung der DDR 344
      1. Erste Elemente eines sozialistischen Verfassungssystems:
         „Deutscher Volkskongreß" und „Deutscher Volksrat" 344
      2. Verfassungsberatungen im Zeichen des Blocksystems 344
      3. Die Regelungen der DDR-Verfassung 345

**4. Kapitel. Die Bundesrepublik Deutschland und die Deutsche Demokratische Republik
(1949–1990)** 346

§ 43. Das Ende der Besatzungshoheit und die Westintegration der Bundesrepublik 346

   I. Von besatzungsrechtlichen zu integrationsbedingten Souveränitätsbeschränkungen . 347
   II. Besatzungsrecht und Besatzungspolitik der Alliierten 347
      1. Erste Einschränkungen des Besatzungsstatuts 347
      2. Schwierigkeiten und Folgen besatzungspolitischer Maßnahmen 348
      3. Vertragliche Regelungen zwischen der Bundesrepublik und den Westmächten 349
      4. Das Problem der Souveränität 350
      5. Die Rechtsstellung Berlins 350
   III. Die Bundesrepublik auf dem Weg in die europäische Integration 351
      1. Der Europagedanke 351
      2. Die erste Phase der Westintegration 1949/54 351
      3. Die Römischen Verträge vom 25. 3. 1957 und die Entwicklung der Europäischen
         Wirtschaftsgemeinschaft 352
      4. Stagnation und Erweiterung der Europäischen Gemeinschaft 354
   IV. Europa und das Deutsche Reich 354
      1. Wiedergutmachung als Sühne für die Vergangenheit 354
      2. Die juristische Fortdauer des deutschen Gesamtstaates 355

§ 44. Verfassungsgeschichte unter dem Grundgesetz 356

   I. Verfassungsänderung und Verfassungswandel 360
   II. Änderungen des Grundgesetzes 361
      1. Häufigkeit und politische Voraussetzungen 361
      2. Die wichtigsten Ergänzungen der Verfassung 361
   III. Entwicklungen des Staatsorganisationsrechts 362
      1. Zunehmende Bedeutung der Parteien 362
      2. Bundestag und Bundesregierungen 364
      3. Das Amt des Bundespräsidenten 365
      4. Wandlungen der bundesstaatlichen Ordnung 366
      5. Kompetenzgewinne des Bundesrates 367
      6. Das Bundesverfassungsgericht 368
   IV. Die Rechtsprechung des Bundesverfassungsgerichts zu den Grundrechten 369
      1. Grundrechte als Freiheitsrechte und objektive Wertordnung 369
      2. Die „Ausstrahlung" der Grundrechte auf die Rechtsordnung 371
   V. Die Rechtspolitik der Bundesrepublik 371

Inhaltsverzeichnis

VI. Das Sozialstaatsprinzip	372
1. Die verfassungsgerichtliche Rechtsprechung	372
2. Gesetzgebung	373
VII. Verfassungsordnung und Gesellschaft	373
1. Die marktwirtschaftliche Ordnung	373
2. Gesellschaftspolitische Ziele der Gewerkschaften	374
3. Verbände und Kirchen	375
4. Außerparlamentarische Opposition	375
VIII. Deutsche Vergangenheit und Legitimität der Bundesrepublik	377

§ 45. Die Deutsche Demokratische Republik 378

I. Staatstheoretische Grundlagen	379
1. Der marxistisch-leninistische Staatsbegriff	379
2. Der sozialistische Rechtsbegriff	380
II. Sozialistische Verfassungsprinzipien	381
1. Die führende Rolle der SED	381
2. Demokratischer Zentralismus	381
3. Sozialistische Gesetzlichkeit	382
4. Das Grundrechtsverständnis der DDR	382
III. Entwicklungen der Staatsorganisation bis 1968/71	383
1. Schaffung zentralistischer Strukturen	383
2. Die Errichtung des Staatsrats als Herrschaftsinstrument Walter Ulbrichts im Jahr 1960	384
3. Ministerrat und Volkskammer	384
IV. Anpassung des Verfassungstextes an die Verfassungsentwicklung	385
1. Die Verfassung von 1968	385
2. Die Entmachtung Walter Ulbrichts im Jahr 1971	386
V. Die Ostintegration der DDR	386
VI. Die Einheit von Staat und Partei	387
1. Politische Einheit und institutionelle Trennung	387
2. Selbstverständnis und Programmatik der SED	387
3. Die Parteiorganisation der SED	388
VII. Rechtsunsicherheit und Rechtsschutz	389
1. Das Ministerium für Staatssicherheit	389
2. Gerichtsbarkeit ohne Gewaltenteilung	389
3. Das Eingabewesen	390
4. Gesellschaftliche Gerichte	390
VIII. Einheit von Staat und Gesellschaft als politisches Ziel	391
1. Verstaatlichung der Industrie und Zwangskollektivierung der Landwirtschaft	391
2. „Sozialistische Moral" und Massenorganisationen	391
3. Der Aufstand vom 17. 6. 1953	392
4. „Fraktionsbildungen" und Dissidenten	393
5. Die Kirchen	393
IX. Probleme einer historischen Deutung der DDR	394
1. „Unrechtsstaat"?	394
2. Die Totalitarismus-These	394
3. Die DDR vor dem Hintergrund der neueren geschichtlichen Entwicklung	395

§ 46. Die Beziehungen zwischen den beiden deutschen Staaten und die Wiederherstellung der Einheit Deutschlands 396

I. Die Deutschlandpolitik der DDR	397
II. Die Deutschlandpolitik der Bundesrepublik	398
1. Die Zeit der Kanzlerschaft Konrad Adenauers	398
2. Deutschlandpolitische Pläne der oppositionellen SPD und neutralistischer Kreise	400
3. Beginn einer „Normalisierung" in der Zeit der großen Koalition 1966–1969	401
4. Die Deutschlandpolitik der sozial-liberalen Koalition und der Grundlagenvertrag von 1972	401
III. Die Berlin-Krise von 1958 bis 1963	402

IV. Die Revolution in der DDR ... 403
   1. Politische und ökonomische Schwierigkeiten in den achtziger Jahren ... 403
   2. Die Zuspitzung der Krise seit dem Sommer 1989 ... 403
   3. Bürgerbewegungen und Demonstrationen ... 404
   4. Die Öffnung der Berliner Mauer und der Zusammenbruch der SED-Herrschaft . 404
   5. Demokratisch-rechtsstaatliche Reformen der DDR ... 406
   6. Die Deutschlandpolitik der DDR nach der Volkskammerwahl vom 18. 3. 1990 .. 406
   7. Die Bedeutung der „Runden Tische" ... 407
   8. Die Verfassungsbewegung in den Ländern ... 407
V. Die Wiedervereinigung ... 408
   1. Die Wirtschafts- und Währungsunion ... 408
   2. Der Zwei-Plus-Vier-Vertrag und der Einigungsvertrag zwischen den beiden deutschen Staaten ... 408
   3. Rechtsprobleme des Beitritts der DDR zur Bundesrepublik ... 409

Anhang ... 411
1. Zeittafel ... 412
2. Historische Karten ... 435

Namensverzeichnis ... 443
Verzeichnis der Orte, Territorien und Landschaften ... 447
Sachverzeichnis ... 453

Abkürzungsverzeichnis

Abt.	Abteilung
ADAV	Allgemeiner Deutscher Arbeiterverein
allg.	allgemein
ALR	Allgemeines Landrecht für die Preußischen Staaten
Apg.	Apostelgeschichte des Lukas
Art.	Artikel
Aufl.	Auflage
Bd./Bde.	Band/Bände
bearb.	bearbeitet
Beih.	Beiheft
BGB	Bürgerliches Gesetzbuch
BVerfGG	Bundesverfassungsgerichtsgesetz
BVP	Bayerische Volkspartei
bzw.	beziehungsweise
ca.	circa
cap.	capitulum
CDU	Christlich-Demokratische Union
CSU	Christlich-Soziale Union
D.	Digesten
d. h.	das heißt
d. J.	des Jahres
DAF	Deutsche Arbeitsfront
DBA	Deutsche Bundesakte
DDP	Deutsche Demokratische Partei
DDR	Deutsche Demokratische Republik
DGB	Deutscher Gewerkschaftsbund
dems.	demselben
ders.	derselbe
dies.	dieselbe/dieselben
DNVP	Deutschnationale Volkspartei
Dok.	Dokumente
dt.	deutsch
DVP	Deutsche Volkspartei
DWK	Deutsche Wirtschaftskommission
ebda.	ebenda
EG	Europäische Gemeinschaften
EGKS	Europäische Gemeinschaft für Kohle und Stahl
eingel.	eingeleitet
EKD	Evangelische Kirche Deutschlands
Erg.Bd.	Ergänzungsband
ERP	European Recovery Program
Euratom	Europäische Atomgemeinschaft
EVG	Europäische Verteidigungsgemeinschaft
EWG	Europäische Wirtschaftsgemeinschaft

f.	für
FDGB	Freier Deutscher Gewerkschaftsbund
FDJ	Freie Deutsche Jugend
FDP	Freie Demokratische Partei
ff.	folgende
FG	Festgabe
Frh.	Freiherr
FS	Festschrift
Geb.	Geburtstag
gem.	gemäß
Ges. Abh.	Gesammelte Abhandlungen
Gesch.	Geschichte
gest.	gestorben
GG	Grundgesetz
H.	Heft
Halbbd.	Halbband
Hrsg.	Herausgeber
hrsg.	herausgegeben
insbes.	insbesondere
IPM	Instrumentum Pacis Monasteriense
IPO	Instrumentum Pacis Osnabrucense
Jb	Jahrbuch
Jh.	Jahrhundert
jur. Diss.	juristische Dissertation
Kap.	Kapitel
KPD	Kommunistische Partei Deutschlands
KPdSU	Kommunistische Partei der Sowjetunion
lat.	lateinisch
Lk.	Evangelium des Lukas
LPG	Landwirtschaftliche Produktions-Genossenschaft
m. e. Nachw.	mit einem Nachwort
MA	Mittelalter
Mitt.	Mitteilungen
MSPD	Mehrheitssozialisten
NATO	North Atlantic Treaty Organisation
NAusg. u. d. T.	Neuausgabe unter dem Titel
Neudr.	Neudruck
NF	Neue Folge
Nr.	Nummer
NSDAP	Nationalsozialistische Deutsche Arbeiterpartei
NZ	Neuzeit
o.	oben
o. J.	ohne Jahr
OEEC	Organization for European Economic Cooperation
OHL	Oberste Heeresleitung
phil. Diss.	philosophische Dissertation
RDH	Reichsdeputationshauptschluß
RV	Reichsverfassung

Abkürzungsverzeichnis XXXI

S.	Seite
SDS	Sozialistischer Deutscher Studentenbund
Sept.	September
SMAD	Sowjetische Militäradministration in Deutschland
sog.	sogenannt
Sond.Bd.	Sonderband
Sonderh.	Sonderheft
Sp.	Spalte
SPD	Sozialdemokratische Partei Deutschlands
Ssp.	Sachsenspiegel
T./ Tle.	Teil/ Teile
u.	unten/und
u. ä.	und ähnliche
u. a.	und andere
u. a. m.	und andere mehr
übers.	übersetzt
unveränd.	unverändert
usf.	und so fort
USPD	Unabhängige Sozialdemokratische Partei
v.	von
VDAV	Vereinstag Deutscher Arbeitervereine
VEB	Volkseigener Betrieb
vgl.	vergleiche
WEU	Westeuropäische Union
WSA	Wiener Schlußakte
z.	zum/zur
ZDF	Zweites Deutsches Fernsehen
Zs.	Zeitschrift
z. T.	zum Teil
ZVS	Zentralstelle für die Vergabe von Studienplätzen

Verzeichnis abgekürzt zitierter Zeitschriften, Reihen und Quellensammlungen

Abh. d. Akad. d. Wiss. Göttingen, Phil.-hist. Kl.	Abhandlungen der Akademie der Wissenschaften in Göttingen, Philologisch-historische Klasse
Abh. d. Akad. d. Wiss. Heidelberg, Phil.-hist. Kl.	Abhandlungen der Akademie der Wissenschaften Heidelberg, Philologisch-historische Klasse
Abh. d. Akad. d. Wiss. Mainz, Geistes- u. soz.-wiss. Kl.	Akademie der Wissenschaften und der Literatur (Mainz), Abhandlungen der Geistes- und sozialwissenschaftlichen Klasse
AfD	Archiv für Diplomatik
AfKuG	Archiv für Kulturgeschichte
AfS	Archiv für Sozialgeschichte
AöR	Archiv für öffentliches Recht
Archiv. Zs.	Archivalische Zeitschrift
BayVBl.	Bayerische Verwaltungsblätter
Bll. f. dt. LG	Blätter für deutsche Landesgeschichte
BVerfGE	Entscheidungen des Bundesverfassungsgerichts
DA	Deutsches Archiv für Erforschung des Mittelalters
DG	Deutsche Geschichte, hrsg. v. J. Leuschner
DGNZ	Deutsche Geschichte der neuesten Zeit
DJZ	Deutsche Juristenzeitung
DÖV	Die öffentliche Verwaltung
Dt.-am. Koll. Mainz	Deutsch-amerikanisches Kolloquium Mainz
Dtld. Archiv	Deutschland-Archiv
DtVwBll.	Deutsche Verwaltungsblätter
DtVwG	Deutsche Verwaltungsgeschichte, im Auftrag der Freiherr vom Stein-Gesellschaft e. V. hrsg. v. K. G. A. Jeserich, H. Pohl u. G. Chr. v. Unruh, Bde. I–VI, 1983–1988
DtZ	Deutsch-deutsche Rechtszeitschrift
EDG	Enzyklopädie deutscher Geschichte, hrsg. v. A. Kohler
FSGA	Freiherr vom Stein-Gedächtnisausgabe
GU	Untersuchungen zur deutschen Staats- und Rechtsgeschichte
GuG	Geschichte und Gesellschaft
GWU	Geschichte in Wissenschaft und Unterricht
HdbStR	Handbuch des Staatsrechts der Bundesrepublik Deutschland, hrsg. v. J. Isensee u. P. Kirchhof, Bd. I, 2. Aufl. 1995
HdG	B. Gebhardt, Handbuch der deutschen Geschichte, 9. Aufl., hrsg. v. H. Grundmann
Hess. Jb. f. LG.	Hessisches Jahrbuch für Landesgeschichte

Hofmann	H. H. Hofmann (Hrsg.), Quellen zum Verfassungsorganismus des Heiligen Römischen Reiches Deutscher Nation 1495–1815 (Freiherr vom Stein-Gedächtnisausgabe, Reihe B, Band 13), 1976
HJb	Historisches Jahrbuch
HZ	Historische Zeitschrift
Jb. f. d. Gesch. Mittel- u. Ostdeutschlands	Jahrbuch für die Geschichte Mittel- und Ostdeutschlands
Jb. fränk. LF	Jahrbuch für fränkische Landesforschung
Jb. f. westdt. LG	Jahrbuch für westdeutsche Landesgeschichte
JöR	Jahrbuch des öffentlichen Rechts der Gegenwart
JuS	Juristische Schulung
JZ	Juristen Zeitung
MDR	Monatsschrift für Deutsches Recht
MGH Cap.	Monumenta Germaniae historica Capitularia regum Francorum
MGH LL	Monumenta … Leges
MGM	Militärgeschichtliche Mitteilungen
MIÖG	Mitteilungen des Österreichischen Instituts für Geschichtsforschung
NDG	Neue Deutsche Geschichte, hrsg. v. P. Moraw, V. Press u. W. Schieder
NF z. brand.preuß. G	Neue Forschungen zur brandenburg-preußischen Geschichte
NJW	Neue Juristische Wochenschrift
OGG	Oldenbourg Grundriß der Geschichte, hrsg. v. J. Bleicken, L. Gall u. H. Jakobs
Pers. u. Gesch.	Persönlichkeit und Geschichte
PGD	Propyläen Geschichte Deutschlands, hrsg. v. D. Grob
PolZG	Aus Politik und Zeitgeschichte
QFIAB	Quellen und Forschungen aus italienischen Archiven und Bibliotheken
Rhein.-Westf. Akad. d. Wiss., Geisteswiss., Vortr.	Rheinisch-Westfälische Akademie der Wissenschaften, Geisteswissenschaften, Vorträge
RhVjbll.	Rheinische Vierteljahrsblätter
ROW	Recht in Ost und West
RuP	Recht und Politik
SB d. Bayer. Akad. d. Wiss., Phil.-hist. Kl.	Bayerische Akademie der Wissenschaften, Philosophisch-historische Klasse, Sitzungsberichte
SB d. Heidelberger Akad. d. Wiss., Phil.-hist. Kl.	Sitzungsberichte der Heidelberger Akademie der Wissenschaften, Philosophisch-historische Klasse
SB d. Österr. Akad. d. Wiss., Phil.-hist. Kl.	Österreichische Akademie der Wissenschaften, Philosophisch-historische Klasse, Sitzungsberichte
SB d. Wiss. Ges. d. J. W. Goethe-Univ. Frankfurt/Main	Sitzungsberichte der Wissenschaftlichen Gesellschaft an der Johann Wolfgang Goethe-Universität Frankfurt am Main
SDG	Siedler Deutsche Geschichte
SJZ	Süddeutsche Juristenzeitung

Veröff. der Joachim-Jungius-Ges. d. Wiss.	Veröffentlichungen der Joachim-Jungius-Gesellschaft der Wissenschaften
VSWG	Vierteljahrschrift für Sozial- und Wirtschaftsgeschichte
VfZ	Vierteljahrshefte für Zeitgeschichte
VuF	Vorträge und Forschungen
VVDStRL	Veröffentlichungen der Vereinigung der deutschen Staatsrechtslehrer
Weinrich I	L. Weinrich (Hrsg.), Quellen zur deutschen Verfassungs-, Wirtschafts- und Sozialgeschichte bis 1250 (Freiherr vom Stein-Gedächtnisausgabe, Reihe A, Band 32), 1977
Weinrich II	Ders. (Hrsg.), Quellen zur Verfassungsgeschichte des Römisch-Deutschen Reiches im Spätmittelalter (1250–1500) (Freiherr vom Stein-Gedächtnisausgabe, Reihe A, Band 33), 1983
WdF	Wege der Forschung
ZbLG	Zeitschrift für bayerische Landesgeschichte
ZfP	Zeitschrift für Politik
ZGO	Zeitschrift für die Geschichte des Oberrheins
ZgStW	Zeitschrift für die gesamte Staatswissenschaft
ZHF	Zeitschrift für historische Forschung
ZNR	Zeitschrift für neuere Rechtsgeschichte
ZRG (GA) / (KA) / (RA)	Zeitschrift der Savigny-Stiftung für Rechtsgeschichte Germanistische Abteilung Kanonistische Abteilung Romanistische Abteilung
Zs. d. Hist. Ver. f. Schwaben	Zeitschrift des Historischen Vereins für Schwaben
Zs. f. württ. LG	Zeitschrift für württembergische Landesgeschichte

Einleitung. Gegenstand und Methode

§ 1. Verfassungsbegriff und Verfassungsgeschichte

Schrifttum: *E.-W. Böckenförde,* Die deutsche verfassungsgeschichtliche Forschung im 19. Jh. Zeitgebundene Fragestellungen und Leitbilder, 1961; *H. Boldt,* Einführung in die Verfassungsgeschichte. Zwei Abhandlungen zu ihrer Methodik und Geschichte, 1984; *ders.,* Otto Brunner. Zur Theorie der Verfassungsgeschichte, Ann. dell' Istituto storico italo-germanico in Trento 13 (1987) 39 ff.; *O. Brunner,* Neue Wege der Verfassungs- und Sozialgeschichte, 2. Aufl. 1968; *ders.,* Land und Herrschaft, 5. Aufl. 1965; *F. Graus,* Verfassungsgeschichte des Mittelalters, HZ 243 (1986) 529 ff.; *R. Koselleck,* Begriffsgeschichtliche Probleme der Verfassungsgeschichtsschreibung, Der Staat, Beih. 6 (1984) 7 ff.; *K. Kroeschell,* Verfassungsgeschichte und Rechtsgeschichte des Mittelalters, ebda. 47 ff.; *H. Mohnhaupt* u. *D. Grimm,* Verfassung. Zur Geschichte des Begriffs von der Antike bis zur Gegenwart, 1995; *O. G. Oexle,* Sozialgeschichte – Begriffsgeschichte – Wissenschaftsgeschichte. Anmerkungen zum Werk O. Brunners, VSWG 71 (1984) 305 ff.; *R. Scheyhing,* Geschichtsbewußtsein und Verfassungsgeschichte, FS F. Elsener, 1977, 214 ff.; *R. Sprandel,* Perspektiven der Verfassungsgeschichtsschreibung aus der Sicht des Mittelalters, Der Staat, Beih. 6 (1984) 105 ff.; *M. Weltin,* Der Begriff des Landes bei Otto Brunner und seine Rezeption durch die verfassungsgeschichtliche Forschung, ZRG (GA) 107 (1990) 339 ff.

I. Der Verfassungsbegriff der Staatsrechtslehre

Der moderne Verfassungsbegriff, also der *Gedanke eines allen politischen Verhältnissen zugrunde liegenden Staatsgrundgesetzes,* ist aus verschiedenartigen Wurzeln im Laufe der frühen Neuzeit entstanden und hat im Zeitalter der Aufklärung seine endgültige Gestalt gewonnen (u. § 25 II.6). Die Verfassung im Sinne dieser historischen Epoche ist legitimiert durch die Idee eines Vertrages zwischen dem Herrscher und den Beherrschten, damals also dem Monarchen und den Untertanen. Daraus ergeben sich Rechtsvorbehalte und Rechtsgarantien – das Monopol des politischen Handelns in der Person des Monarchen einerseits, der Schutz elementarer Menschen- und Bürgerrechte auf seiten des Volkes und dessen Teilhabe an der Schaffung allgemeiner Gesetze andererseits. Die Festschreibung der beiderseitigen Rechte und Pflichten in einem förmlichen Verfassungsdokument gehört seit den letzten Jahrzehnten des 18. Jahrhunderts bis in unsere Gegenwart zu den elementarsten Voraussetzungen einer politischen Kultur.

Die vorliegende Darstellung der deutschen Verfassungsgeschichte beschränkt sich nicht auf eine Schilderung des modernen Verfassungswesens in dem angedeuteten Sinne. Deutsche Verfassungsgeschichte auf die Zeitspanne von der Aufklärung bis zur Gegenwart reduzieren zu wollen, hieße zugleich, auf jeden Versuch verzichten, diese Epoche als Teil übergreifender historischer Prozesse zu verstehen. Das geschichtliche Denken ist eine spezifische Form menschlichen Erkenntnisvermögens, die uns den Versuch der Distanz gegenüber allen Zeitaltern, auch dem gegenwärtigen, abfordert.

II. Das historische Verfassungsverständnis

1. Vorschlag einer Definition

Wenn diesem Buch nicht der moderne Verfassungsgedanke zugrunde liegt, nicht nur die Geschichte der Verfassungsverhältnisse der letzten zweihundert Jahre beschrieben werden soll, dann ist ein Wort zu sagen über den historischen Verfassungsbegriff, von dem sich die folgenden Ausführungen leiten lassen. Ich verstehe unter Verfassung *diejenigen rechtlichen Regeln und Strukturen, die das Gemeinwesen und damit die politische Ordnung prägen.* Zur Verfassung gehören also nicht nur, wie dies die Disziplin der „Verfassungsgeschichte der Neuzeit" annahm, die Institutionen des Staates und alles, was modernem Denken als deren Vorläufer erscheint. Aus denselben Gründen, aus denen Verfassungsgeschichte nicht nur Geschichte des modernen Verfassungsstaates sein sollte, darf sie sich auch nicht auf eine Vorgeschichte des modernen Staates schlechthin beschränken. Ist danach der Kreis der zu berücksichtigenden historischen Stoffe weiter zu ziehen, so ist es doch nicht das Ziel der hier vorliegenden Darstellung, alle Bereiche zu erfassen, „*die sich durch Wiederholbarkeit kraft Rechtsregeln auszeichnen*" *(R. Koselleck).* Ein solcher Verfassungsbegriff muß notwendigerweise auch eine Fülle lediglich individualrechtlicher Beziehungen berücksichtigen und kann letztlich nicht mehr erklären, worin der Unterschied zwischen Verfassungsgeschichte und allgemeiner Rechts- und Sozialgeschichte besteht. Verfassungsgeschichte in dem hier gemeinten Sinne muß sich schließlich auch abgrenzen gegenüber einer Geschichte der „*Regierungssysteme*" nach Art einer historischen Politologie *(H. Boldt).* Möglichkeit und Nutzen eines solchen geschichtlichen Vergleichs sind nicht zu leugnen. Doch ist einerseits diese Perspektive enger als der Raum des Politischen, andererseits aber durch die Ausklammerung des Rechtsgedankens aus dem Verfassungsbegriff unbestimmter, als es der Verfassungsbegriff auch im allgemeinsten Verstande des Wortes ertragen kann.

2. Recht als Merkmal der Verfassung

Der Verfassungsbegriff der vorliegenden Darstellung umfaßt also zwei Elemente: den Rechtscharakter der zu untersuchenden Institutionen und zwischenmenschlichen Beziehungen zum einen und den Bezug dieses Rechtsbereichs zum Gemeinwesen. Beide Kriterien, unter denen hier der geschichtliche Stoff erfaßt und zugleich ausgegrenzt wird, bedürfen einer näheren Erläuterung. Der Rechtsbegriff, angewendet auf weite, tief in das Mittelalter hineinreichende Zeiträume, darf nicht nach den Maximen der positivistischen Rechtslehre des 19. und 20. Jahrhunderts auf ein System von abstrakten, generellen Regeln eingeengt werden. Im Mittelalter und auch noch in der frühen Neuzeit stehen neben solchen – zunächst überhaupt nur vereinzelt vorkommenden – Rechtssätzen Rechtsstrukturen anderer Art: die alte Gewohnheit; das Gerichtsverfahren, welches im Urteil zwischen den streitenden Parteien Recht eher schafft, als Normen anwendet; das Privileg, welches mit einzelnen Rechtsakten ein stabiles Gefüge individueller, grundsätzlich unaufhebbarer Rechtspositionen hervorbringt; der Vertrag, der in eigentümlichen Ausformungen die politische Ordnung immer wieder und neuartig zu modifizieren vermag. Die aus diesen verschiedenen

Ursprüngen hervorgehenden Rechte, die sich bald in zunehmendem Maße auch mit obrigkeitlicher Gesetzgebung konfrontiert sehen, lassen sich nicht in ein alles überwölbendes Rechtssystem widerspruchsfrei einfügen – nicht im Mittelalter und nur ansatzweise in der frühen Neuzeit. Sie schließen einander nicht selten aus, liegen miteinander im Konflikt, werden behauptet oder unterdrückt, ohne daß der moderne Beobachter sich eine Entscheidung darüber anmaßen dürfte, was im Einzelfall „objektiv" Recht war und was nicht. *Denn das Recht ist als solches nur erkennbar, wenn und soweit es bei den Zeitgenossen Anerkennung findet.* Es wird real greifbar nur über den Vorstellungs- und Verständnishorizont derer, die damit zu tun hatten. Eine moderne Auslegung vergangener Rechtssätze, auf die Verfassungsgeschichtler aus dem Kreise der Juristen ungern verzichten, kann völlig in die Irre gehen. Ohne das erst im späten 18. Jahrhundert realisierte Rechtssetzungsmonopol des Staates bleiben die dem modernen Rechtsdenken geläufigen begrifflichen Abgrenzungen zwischen objektivem und subjektivem Recht, zwischen materiellrechtlichem Anspruch und bloßer Rechtsbehauptung fließend. Wenn daher hier vom Recht als einem konstituierenden Faktor der Verfassungsordnung die Rede ist, dann ist damit in erster Linie *die Orientierung der handelnden historischen Subjekte an Institutionen und Regeln, die als verbindlich gedacht werden,* gemeint. In diesem Sinne mag man auch von normativem Denken sprechen. Zur Verfassung gehört jedoch nicht die bloße soziale Faktizität und das nur machtpolitische Handeln.

3. Verfassung als Ordnung des Gemeinwesens

Das zweite Element des hier verwendeten historischen Verfassungsbegriffs, der Bezug zum Gemeinwesen, zielt auf die Herausarbeitung jener normativen Faktoren, die maßgebend waren für die Gestalt der politischen Ordnung. Auf diese Weise soll sichergestellt werden, daß der Blick auf den sozialen Körper insgesamt gerichtet bleibt und sich nicht in der Rechtswelt der Individuen (z. B. ihrer Kaufverträge, Eheschließungen, Erbfälle) verliert. Mit der weiteren Frage, welche Institutionen, Regeln, Vorstellungen rechtlichen Charakters die gesellschaftliche Gesamtordnung tragen, ist die entscheidende Aufgabe des verfassungsgeschichtlichen Erkenntnisprozesses charakterisiert. Es gibt keine Sachlogik, die den zu einer Verfassungsgeschichte gehörenden Stoff im vorhinein bestimmt. Vielmehr geht es gerade darum, *zu erkunden, welche normativen Faktoren das Gemeinwesen konstituiert haben.* Insofern sich für „Gemeinwesen" auch „Polis" setzen läßt, ist es erlaubt, die Fragestellung des Verfassungshistorikers – auf der Basis eines derart eng umgrenzten Politikbegriffs – auch umzuformulieren: Es geht ihm um *die Ermittlung jener geschichtlichen Elemente, welche die politische Ordnung einer Zeit bestimmt haben.* Daß sich diese in den verschiedenen Zeitaltern nicht gleichbleiben, liegt auf der Hand. Sie dingfest zu machen, bedarf der Abwägung und Wertung, die sich der wissenschaftlichen Kritik zu stellen hat. Daher muß eine Verfassungsgeschichte in dem hier verstandenen Sinn ihr subjektives Profil entwickeln, darf sie nicht nur sammeln, was das soziale Ganze betrifft, sondern muß sie auch eliminieren, was für eine Zeit nur beiläufig geblieben ist. Verfassungsgeschichte ist also „Aspektgeschichte", die sich „prinzipiell ihren Gegenstand weitgehend selbst wählen" muß (R. Sprandel). Dabei gewährleistet der Leitbegriff des „Gemeinwesens" – im Gegensatz zu „Staat" – eine geschichtliche Sicht ex ante, die den Blick auf die historischen „Sackgassen", welche nicht direkt in die moderne Zeit hineingeführt haben, offenläßt (z. B. auf das Lehnswesen, auf den geistlichen Staat usw.).

§ 2. Grundfragen der Verfassungsgeschichtsschreibung

Schrifttum: Vgl. die Hinweise zu § 1. Ferner: *E. Betti*, Die Hermeneutik als allgemeine Methodik der Geisteswissenschaften, 1962; *H.-G. Gadamer*, Wahrheit und Methode, 3. Aufl. 1972.

I. Entwicklungsstufen der Methodenreflexion

1. Das Problem des hermeneutischen Zirkels

Die Ermittlung der verfassungsgeschichtlich relevanten Sachverhalte vollzieht sich, wie jede geschichtliche Erkenntnis, in einem komplizierten Prozeß, an welchem die historische Quelle ebenso beteiligt ist wie das forschende Subjekt. Der Denkweg des Historikers und damit auch des Verfassungshistorikers, seine Methode, ist zuvörderst, vor jedem Kontakt mit dem Quellenstoff, geprägt von eigenen Erfahrungen und Fragen, welche an die Geschichte herangetragen werden. Dieses Vorverständnis jeder Forschung, die sich mit einem abgeschlossenen Text auseinandersetzt, ist unausweichlich. Man bezeichnet dieses notwendige Dilemma, daß jedes Verstehen, also auch geschichtliches Verstehen, ohne Vorwissen über den zu erforschenden Gegenstand nicht möglich ist, als hermeneutischen Zirkel. Wegweisend hat das Problem 1927 *Martin Heidegger* formuliert, der zugleich auch Hinweise zu seiner Lösung gibt – soweit eine solche überhaupt möglich ist: *„Jede Auslegung hat ihre Vorhabe, ihre Vorsicht und ihren Vorgriff. Wird sie als Interpretation ausdrückliche Aufgabe einer Forschung, dann bedarf das Ganze dieser ‚Voraussetzungen‘, das wir die hermeneutische Situation nennen, einer vorgängigen Klärung und Sicherung aus und in einer Grunderfahrung des zu erschließenden ‚Gegenstandes‘.* (Sein und Zeit, 8. Aufl. 1957, § 45).

2. Die „Staats- und Rechtsgeschichte" des 19. Jahrhunderts

Die *„Klärung und Sicherung"* des Vorverständnisses und seine Unterscheidung von der *„Grunderfahrung des zu erschließenden Gegenstandes"* ist unter dem Einfluß der hermeneutischen Reflexion in der verfassungsgeschichtlichen Forschung erst im zweiten Drittel dieses Jahrhunderts zum methodischen Postulat erhoben worden. Die Verfassungsgeschichtsschreibung des 19. und frühen 20. Jahrhunderts, welche sich kurz als Disziplin der *„Staats- und Rechtsgeschichte"* bezeichnen läßt, sondert den verfassungsgeschichtlichen Stoff unter ganz anderen methodischen Prämissen. Die extremste Formulierung lautet: „*Als Ausgangspunkt und Obersatz, von dem alles Weitere abzuleiten sein wird, bekennen wir uns zu dem Worte: Am Anfang war der Staat ... Der Staat ... ist so alt wie der Mensch."* (F. Keutgen, Der deutsche Staat des Mittelalters, 1918, 3) Diese Überzeugung beruht auf der Staatsmetaphysik *Hegels*: *„Der Staat ist die Wirklichkeit der sittlichen Idee ... Der Staat ist als die Wirklichkeit des substantiellen Willens, die er in dem zu seiner Allgemeinheit erhobenen besondern Selbstbewußtsein hat, das an und für sich Vernünftige."* (Grundlinien der Philosophie des Rechts, 1821, §§ 257 u. 258) Schon *„der Übergang einer Familie, Horde, Stammes, Menge usf. in den Zustand eines Staates macht die formelle Realisierung der Idee überhaupt in ihm aus"* (ebda. § 349), was nichts anderes besagt,

§ 2. Grundfragen der Verfassungsgeschichtsschreibung

als daß in der Geschichte jede Organisation, welche in diesem „Übergang" die sittliche Idee verwirklicht, als Staat zu bezeichnen ist. Insofern ist auch jeder Staat, sofern er nur diesen Namen verdient, dem anderen gleich. Daher schien es Historikern und historisch arbeitenden Juristen nicht nur erlaubt, sondern sogar geboten, die Geschichte des Staates und seiner Verfassung mit Hilfe jener Anschauung und Kategorien zu erforschen, welche der moderne Staat zur Verfügung stellt. „*Um uns die Verhältnisse der Vergangenheit nahezubringen, gibt es kein anderes Mittel, als sie an dem Begriff zu messen, den das Recht der Gegenwart aufstellt…*", meinte ein Hauptvertreter dieser Richtung, *Georg von Below*, der es daher vor allem für notwendig hielt, die Unterscheidung von öffentlichem Recht und Privatrecht auf die mittelalterlichen Verhältnisse anzuwenden, obwohl dem Mittelalter dieses Begriffspaar unbekannt war (Der deutsche Staat des Mittelalters, 1914, 108 f.). In diesem methodischen Modell wird *das Vorverständnis zum Erkenntnisprinzip erhoben, wird aus subjektivem Vorverständnis objektives Vorwissen*. Der Forscher möchte dann erfahren, wie sich der Staat, dessen Begriff ihm durch philosophische Reflexion oder ein zeitlos gültiges juristisches System vermittelt wird, in der Geschichte verwirklicht hat. In der Nachfolge Hegels spielen derartige theoretische Vorentwürfe der Geschichte eine erhebliche Rolle, wie vor allem der Historische Materialismus zeigt. Ihnen ist gemeinsam, daß die entscheidenden geschichtlichen Einsichten auf philosophischem Wege gefunden und durch empirische Forschung nur noch präzisiert, nicht mehr in Frage gestellt werden können.

3. Die Methodenkritik der jüngeren „mittelalterlichen Verfassungsgeschichte"

Der Versuch, Leben und Recht der Vergangenheit im Spiegel moderner Kategorien und Begrifflichkeit zu verstehen, stand und steht in einem unauflösbaren Widerspruch zu der elementaren Grundforderung aller historischen Arbeit, das Forschungsergebnis aus den Quellen zu gewinnen und immer wieder aus der Quellenarbeit zu korrigieren. Die sich abzeichnenden methodischen Vorbehalte präzisierte 1939 der Historiker *Otto Brunner*, indem er auf die Gefahr hinwies, „*daß durch einen angeblich allgemeinen Staatsbegriff verdeckte Merkmale des neuzeitlichen Staates auf das Mittelalter übertragen werden*" (Land und Herrschaft, 5. Aufl. 1965, 114). Diesem Frontalangriff auf die bis dahin herrschende Konzeption der Staats- und Rechtsgeschichte war ein ungewöhnlicher Erfolg beschieden – einmal, weil er einem genuinen Anliegen aller historischen Forschungsarbeit Rechnung trug, zum anderen, weil das Werk *Otto Brunners* die Möglichkeit einer quellennahen Begrifflichkeit exemplarisch nachwies. Es entstand die Forschungsrichtung der „mittelalterlichen Verfassungsgeschichte", welche sich in bewußten Gegensatz zur traditionellen Staats- und Rechtsgeschichte stellte. Es zeigte sich, daß die mittelalterlichen Quellen selbst eine Fülle eigentümlicher Begriffe boten, mit deren Hilfe es möglich erschien, einen unmittelbaren Zugang zum Denken längst vergangener Epochen zu finden. So konnte die moderne Kategorie des „Staates" durch den quellennäheren Begriff der „Herrschaft" ersetzt und das Verhältnis zwischen Herrschaftsinhaber und Herrschaftsunterworfenen direkt durch einschlägige Quellenbegriffe umschrieben werden („Schutz und Schirm" – „Rat und Hilfe"; u. §§ 13 u. 14). Der zunächst erzielte wissenschaftliche Gewinn war so offenkundig, daß behauptet werden konnte, mit der neuen Methode werde das Mittelalter objektiv richtig, also so, wie es wirklich gewesen sei, gesehen. Damit wäre der hermeneutische Zirkel überwunden und jedes weitere Wort zur Methode der Verfassungsgeschichtsschreibung überflüssig.

Davon kann selbstverständlich keine Rede sein. Auch die Vertreter der neueren verfassungsgeschichtlichen Forschung müssen sich „*die Frage nach der Zeitgebundenheit ihrer eigenen Vorstellungen*" gefallen lassen *(K. Kroeschell)*. Diese sind jedenfalls in Umrissen auch heute schon aus geringer zeitlicher Distanz zu skizzieren. *Otto Brunner* legt seiner verfassungsgeschichtlichen Arbeit ausdrücklich den Verfassungsbegriff *Carl Schmitts* zugrunde. Dieser definiert „Verfassung" in doppelter Weise: Erstens als Normensystem – womit dem Verfassungshistoriker nicht geholfen ist (o. § 1) – und zweitens als „*Daseinsweise*". In dem letztgenannten Sinne ist Verfassung „*der konkrete Gesamtzustand politischer Einheit und sozialer Ordnung eines bestimmten Staates*" (C. Schmitt, Verfassungslehre, 1928, 6. unveränd. Aufl. 1983, 4; O. Brunner, Land und Herrschaft, 111). Der „*konkrete Gesamtzustand*" eines Staates ergibt sich für *Carl Schmitt* aber nicht aus einer Summe sozialer Fakten. Der Staat ist vielmehr mit seiner so bestimmten Verfassung identisch, „*ein seinsmäßig vorhandener Zustand, ein Status von Einheit und Ordnung … Die Verfassung ist seine Seele, sein konkretes Leben und seine individuelle Existenz.*" Mit diesem Verfassungsverständnis hat sich die historische Forschung zwar von den Zwängen des Staatsbegriffs befreit. Aber sie hat ihn nur eingetauscht gegen eine Vorstellung von „*Einheit und Ordnung*", die sich in der Geschichte vielfach ebensowenig bestätigen läßt wie das Vorhandensein staatlicher Institutionen. Denn *Carl Schmitts* Verfassungsbegriff beruht auf einem statischen, typisierenden Geschichtsdenken, welches nach den Prinzipien eines Verfassungszustandes fragt und dabei die prinzipielle Unvollkommenheit und Konfliktlage, in welcher sich alle Verfassungszustände befinden, vernachlässigt: „*Eine Verfassung entsteht entweder durch einseitige politische Entscheidung des Subjekts der verfassunggebenden Gewalt oder durch gegenseitige Vereinbarung mehrerer solcher Subjekte*" (C. Schmitt, Verfassungslehre, 44). *Otto Brunner* und die neuere verfassungsgeschichtliche Schule haben zwar diese ahistorischen Prämissen des von *Carl Schmitt* geschaffenen Verfassungsbegriffs gedanklich nicht mitvollzogen. Aber es überrascht nicht, wenn sich auch in den Ergebnissen dieser neueren Forschungsrichtung ein harmonisches Gesamtbild von „*Einheit und Ordnung*" beobachten läßt, in welchem die mittelalterliche Welt durch „*Friede und Fehde*", „*Land und Landrecht*", „*Haus und Herrschaft*" (O. Brunner, Land und Herrschaft, 1 ff., 165 ff., 240 ff.) wohlstrukturiert erscheint. Das historische Denken und Forschen der mediävistischen Verfassungsgeschichtsforschung hat uns zwar eine Fülle wertvoller Einsichten gebracht. Was ihm von seinem Vorverständnis und seiner Entwicklung her aber fehlte und fehlen mußte, ist nicht nur der Sinn dafür, daß jede soziale Ordnung von Rechtsvorstellungen geradezu durchtränkt ist. Es wurde noch viel weniger wahrgenommen, daß sich diese Rechtsordnung trotz mancher Konstanten stets wandelt und entwickelt, so daß Rechte, die heute bestritten sind, morgen respektiert werden und umgekehrt. Daß Verfassungsgeschichte „*als Wandel eines Gefüges von Ordnungen*" zu verstehen ist und „*das allgemeine Recht und … die subjektive Berechtigung des einzelnen*" häufig zusammenfallen (R. Sprandel, Verfassung und Gesellschaft im Mittelalter, 4. Aufl. 1991, 23, 14), sind insofern durchaus neue Einsichten, als sie jenes Phantom von „*Einheit und Ordnung*" in Frage stellen.

II. Methodische Überlegungen zu einer „Deutschen Verfassungsgeschichte"

Haben die bisherigen Überlegungen ergeben, daß sich auch eine relativ moderne, methodisch reflektierte Forschungsrichtung von zeitbedingten Fragestellungen und

§ 2. Grundfragen der Verfassungsgeschichtsschreibung 7

Überzeugungen nicht lösen kann, dann darf sich auch nicht die vorliegende Darstellung der Einsicht verschließen, daß historische Forschung und Verfassungsgeschichtsschreibung stets nur relativ richtige Ergebnisse erbringen kann. Der hermeneutische Zirkel wird noch dadurch verschärft, daß die Aufhellung des eigenen Vorverständnisses im Wege reflektierender Selbsterkenntnis nur begrenzt möglich ist. Zwar liegt es auf der Hand, daß die heute selbstverständlich gewordene Ablehnung des methodischen Konzepts der älteren Staats- und Rechtsgeschichte auch etwas mit dem Verfall des Staatsgedankens in der Gegenwart zu tun hat. Die moderne Geschichte des Staates hat die bisher größten Menschheitskatastrophen heraufbeschworen, so daß zu den politischen Hauptzielen der Gegenwart die rechtliche Einbindung der staatlichen Gewalt gehört. Damit ist zugleich das Verständnis für vorstaatliche Verfassungsverhältnisse gewachsen und der Blick für verfassungsrechtliche Elemente, die sich nicht in die Geschichte des Staates einordnen lassen, geschärft worden. Aber mit solchen Einsichten in die geschichtlichen Bedingungen heutiger Verfassungsgeschichtsschreibung ist deren rationale Zielsetzung und Methodik – jedenfalls für den Autor – nicht aufgehoben. Durch kritische Selbstprüfung läßt sich die hermeneutische Situation also nicht auflösen. Der Einblick in ihren Mechanismus ermöglicht lediglich, die grundlegenden Hypothesen historischer Forschung zu kontrollieren und zu korrigieren, soweit dies ohne Aufgabe der Hypothese selbst möglich ist.

Ein Hinweis zur angewandten Methode verfassungsgeschichtlicher Arbeit, der in einem Lehrbuch nicht fehlen sollte, kann also von jener Formel *Martin Heideggers* ausgehen, wonach es zunächst – wir vereinfachen den Philosophen für unseren Zweck! – *„einer Grunderfahrung des zu erschließenden Gegenstandes"* bedarf. Diese Grunderfahrung vermittelt dem Historiker das Quellenstudium. Verfassungsgeschichtliches Arbei-ten im besonderen erfordert eine *vergleichende Quellenlektüre*, da sich Rechtsvorstellungen häufig überhaupt erst auf diesem Wege feststellen und in ihrer Bedeutung beurteilen lassen. Das vergleichende Quellenstudium erschließt von selbst politische Zentral- und Leitbegriffe, hinter denen sich Institutionen, leitende Rechtsgedanken einer Epoche, auch Rechtsbehauptungen und Programme verbergen. Von Königtum und Herrschaft, Lehen und Vogtei, Obrigkeit, Gebot, Ordnung und vielen anderen Erscheinungen des politischen Lebens ist in den Quellen so vorrangig die Rede, daß es keine Schwierigkeiten bereitet, sie als verfassungsgeschichtlich relevant zu markieren. Die *„Klärung und Sicherung"* der eigenen Erkenntnisvoraussetzungen muß jedoch sofort einsetzen, wenn die Quellenbegriffe zueinander in Beziehung gesetzt und als *sinnvoller geschichtlicher Zusammenhang* gedeutet werden. Dann zeigt es sich sehr rasch, daß dieser Weg nur zu beschreiten ist, wenn über die Quellenaussage hinausgehende begriffliche Abstraktionen geschaffen werden. Insofern hatte *Georg von Below* nicht unrecht, wenn er meinte, mit den bloßen Quellenbegriffen *„werden entweder rohe Urkundenauszüge geboten oder es handelt sich um ein planloses Hin- und Herreden"* (Der deutsche Staat des Mittelalters, 111). Damit stimmt in unseren Tagen ein Autor wie *Reinhart Koselleck* überein: *„Eine quellensprachlich gebundene Darstellung der Verfassungsgeschichte wird stumm, wenn die vergangenen Begriffe nicht übersetzt oder umschrieben werden."* Das Erkenntnisvermögen der menschlichen Vernunft ist an die Bildung von Allgemeinbegriffen gebunden. Der Verfassungshistoriker kann sich diesem Gesetz nicht entziehen. Doch er soll sich um eine quellennahe Begrifflichkeit bemühen, die dennoch so gegenwartsbezogen bleibt, daß sie dem modernen Leser Verständnis ermöglicht. Die Auffindung geeigneter Allgemeinbegriffe ist schon deshalb eine unumgehbare Etappe verfassungsgeschichtlichen Arbeitens, weil das abstrahierende Denken mit dem fortschreitenden Quellenstudium gleichsam automatisch einsetzt. Hat es eine erste Orientierung gewonnen, so drängt es zur Bildung von *Arbeitshypothesen*, in deren Lichte die Quellen nun an Aussagekraft gewinnen. Solche Hypothesen zu entwickeln und im Fortgang der Arbeit zu korrigieren und zu präzisieren, ist der wichtigste Teil des Forschungsprozesses.

Die methodischen Probleme der Verfassungsgeschichtsschreibung lassen erkennen, daß die Rekonstruktion der Vergangenheit letztlich auf einem anthropologischen Interesse beruht. Die Auseinandersetzung mit der eigenen Geschichte hat etwas mit Identitätsfindung und Selbstvergewisserung zu tun. Das gilt für die Geschichte des Menschen als Sozialwesen in den politischen Ordnungen vermutlich ebenso wie für die individuelle Geschichte des Menschen, von der jedermann weiß, daß sie ohne Persönlichkeitsschäden nicht verdrängt werden kann. So gesehen, sind die methodischen Probleme der Verfassungsgeschichtsschreibung nur Ausdruck und Spiegel der existentiellen Situation des Menschen, die es eben nicht erlaubt, Geschichtsschreibung voraussetzungslos oder mit falscher Selbstsicherheit zu betreiben.

§ 3. Forschungsstand und Aufbau der Darstellung

I. Hinweise zur Literaturauswahl

Verfassungsgeschichte als historische Darstellung bestimmter Aspekte und Entwicklungslinien deutscher Geschichte kann den Blick nicht auf das ganze Spektrum der historischen Forschungsliteratur richten. Arbeiten, die vorrangig politischen, sozialen, mentalen und ökonomischen Verhältnissen und Vorgängen gewidmet sind, also „Verfassung" im erörterten Sinne nur mittelbar beeinflussen, mußten in den Literaturhinweisen der einzelnen Paragraphen unberücksichtigt bleiben. Zwar ist die Darstellung der Verfassungsgeschichte selbst ohne Einbeziehung dieser Rahmenbedingungen kaum möglich. Die Literaturauswahl aber soll den Leser möglichst zielgenau auf die für das Verfassungswesen wichtigen Elemente und Entwicklungslinien hinführen. Zu bedauern ist, daß um der Übersichtlichkeit der Literaturhinweise willen auch die meisten der thematisch zwar einschlägigen, aber auf einzelne Regionen, Orte oder Personen beschränkten Fallstudien weggelassen werden mußten. Sie in die Literaturblöcke aufzunehmen hieße, diese so aufzublähen, daß ihre Benutzbarkeit leiden würde. Das Buch soll Studierenden dienen. Es kann nicht eine erschöpfende Bibliographie bieten. Wer sich genauer über einzelne Forschungsgebiete der deutschen Verfassungsgeschichte informieren will, wird bald feststellen, daß die moderne Wissenschaft neue Sichtweisen vor allem durch einzelne Fallstudien gewinnt. Es braucht eine gewisse Zeit, bis sich diese in den allgemeineren Darstellungen niederschlagen. Zu einer gewissen Beschleunigung dieser Rezeptionsprozesse wollen die Literaturhinweise der einzelnen Paragraphen insoweit aber beitragen, als sie auch auf einer Auswertung der führenden Fachzeitschriften beruhen. Tagungsbände, die heute den Forschungsprozeß besonders eindringlich dokumentieren, werden in der Regel unter dem Namen des Herausgebers aufgenommen.

Konsequent gesichtet wurde aber die einschlägige Literatur aller historisch forschenden Disziplinen von der alten Geschichte bis zur Politologie. Eine Beschränkung auf die Publikationen der – an den meisten Juristenfakultäten noch vertretenen – Rechtsgeschichte im engeren Sinn ist sachfremd und abwegig. Methodisch gibt es

§ 3. Forschungsstand und Aufbau der Darstellung   9

keinen Unterschied zwischen einer angeblich „juristischen" und „historischen" Verfassungsgeschichte, wie hier und da noch zu hören ist. Die allgemeine Geschichtswissenschaft trägt heute zu vielen Kapiteln der deutschen Verfassungsgeschichte mehr bei als die Rechtsgeschichte der Juristen, die sich vielfach auch anderen Themen zugewendet hat. Da das vorliegende Buch Verfassung aber als ein Phänomen des Rechts begreift, war die Literatur gerade auch unter diesem Gesichtspunkt sorgfältig zu studieren und möglichst auszuwerten – soweit sich dies in den Grenzen eines Kurzlehrbuches leisten läßt.

Ergänzungen bietet der für jede Auflage aktualisierte Literaturanhang zu diesem Paragraphen. Er enthält sowohl den Einstieg in angrenzende Disziplinen wie auch vor allem Hinweise auf Längsschnittuntersuchungen einzelner verfassungsgeschichtlicher Erscheinungen und die zunehmend wichtiger werdenden vergleichenden Studien und Sammelbände, die den Blick über Deutschland hinaus auf einzelne oder mehrere Länder Europas richten. Hier sind viele Arbeiten „versteckt", die auch für das engere Feld der deutschen Verfassungsgeschichte von erheblicher Bedeutung sind.

Richtet man den Blick auf den Stand der Disziplin „Deutsche Verfassungsgeschichte" insgesamt, wie er sich in einschlägigen Darstellungen widerspiegelt, dann ist in Hinblick auf den Gang der Forschung nicht zu übersehen, daß eine Reihe älterer Werke, die in den folgenden Abschnitten der Vorauflagen bisher aufgeführt wurden, ihren Dienst getan haben. Sie können heute den Studierenden nicht mehr als Einstieg empfohlen werden, so groß ihre Verdienste auch für vorangegangene Generationen gewesen sind. An ihre Stelle ist modernere Literatur getreten, von der das Studium dieses Rechtsgebietes nunmehr auszugehen hat.

II. Schrifttum

1. Gesamtdarstellungen der deutschen Verfassungsgeschichte

Alle Werke dieser Art – das vorliegende Buch nicht ausgenommen – legen ihren Schwerpunkt in die neuere Zeit, berücksichtigen aber auch die Prozesse der Staatsbildung und allmählichen Reichsorganisation im Mittelalter. Das traditionelle, moderne Forschungen noch wenig berücksichtigende Bild der Verfassungsgeschichte vermitteln
Otto Kimminich, Deutsche Verfassungsgeschichte, 2. Aufl. 1987
und der knappe Überblick von
Reinhold Zippelius, Kleine deutsche Verfassungsgeschichte, 6. Aufl. 2002.
Eine eigenständige Konzeption, die Verfassungsgeschichte als Geschichte der Regierungssysteme, ihrer Strukturen, Entwicklungen und Wirkungsweisen begreift, bietet
Hans Boldt, Deutsche Verfassungsgeschichte. Bd. 1: Von den Anfängen bis zum Ende des älteren deutschen Reiches 1806, 3. Aufl. 1994, Bd. 2: Von 1806 bis zur Gegenwart, 2. Aufl. 1993.
Während alle diese Autoren verfassungsgeschichtliches Grundwissen in kompakter, lehrbuchartiger Form vermitteln wollen, setzt sich der weit über 2000 Seiten starke Band von
Klaus Stern, Die geschichtlichen Grundlagen des deutschen Staatsrechts, 2000 (Das Staatsrecht der Bundesrepublik Deutschland, Bd. V)

teils andere, teils weiter gesteckte Ziele, nämlich, „die geschichtlichen Grundlagen in dem Umfang und in der Weise darzustellen, wie sie zum Verständnis des gegenwärtigen deutschen Staates und seines Staatsrechts notwendig sind". Bei einem so motivierten Rückblick auf die seit dem Frankenreich verstrichene Zeit müssen zwangsläufig wesentliche Elemente der älteren Verfassungsgeschichte vernachlässigt werden, wenngleich der Autor, mehr als andere Juristen, auch moderne Forschungsergebnisse und -perspektiven berücksichtigt. Und er bestätigt aus der Sicht des Staatsrechts, daß auf die Einbeziehung der mittelalterlichen Verfassungsgeschichte nicht verzichtet werden kann. Die wichtigste Leistung des Bandes liegt indessen in der detaillierten Erschließung der neuesten Verfassungsentwicklung seit 1945 bis zum Vollzug der Wiedervereinigung.

2. Verfassungsgeschichte in Werken der deutschen Rechtsgeschichte

Auch die Lehrbücher der deutschen Rechtsgeschichte enthalten regelmäßig eigene Kapitel über das Verfassungswesen des Reiches und der Territorien. Als ein für viele Fragen immer noch aktuelles Werk mit umfassenden Literaturhinweisen ist häufig heranzuziehen:

Heinrich Mitteis – Heinz Lieberich, Deutsche Rechtsgeschichte, 19. Aufl. 1992.

Neben diesem systematisch angelegten Lehrbuch, das schon einem Nachschlagewerk nahekommt, sind die exemplarisch vertiefenden und verständnisfördernden verfassungsgeschichtlichen Kapitel in der modernsten rechtsgeschichtlichen Darstellung hervorzuheben:

Karl Kroeschell, Deutsche Rechtsgeschichte, Bd. 1 (bis 1250), 12. Aufl., 2005, Bd. 2 mit *A. Cordes* und *K. Nehlsen-von Stryk* (1250 bis 1650), 9. Aufl., 2006, Bd. 3 (seit 1650), 4. Aufl., 2005.

Erwähnung verdient weiterhin das ältere, bei Juristen beliebte, aber zum Teil überholte Standardwerk mit umfassenden Hinweisen zur älteren Literatur von

Hermann Conrad, Deutsche Rechtsgeschichte, Bd. 1 (Frühzeit und Mittelalter), 2. Aufl. 1962, Bd. 2 (Neuzeit bis 1806), 1966.

Die neueren Lehrbücher und Grundrisse der Deutschen Rechtsgeschichte berücksichtigen die Verfassungsgeschichte in unterschiedlichem Umfang. Hervorzuheben sind insofern

Friedrich Ebel – Georg Thielmann, Rechtsgeschichte. Von der römischen Antike bis zur Neuzeit, 3. Aufl. 2003;

Ulrich Eisenhardt, Deutsche Rechtsgeschichte, 5. Aufl. 2008;

Marcel Senn, Rechtsgeschichte – Ein kulturhistorischer Grundriß, 3. Aufl. 2003.

Die beiden folgenden Werke erfassen im wesentlichen nur die Rechts- und Verfassungsgeschichte der Neuzeit:

Hans Hattenhauer, Die geistesgeschichtlichen Grundlagen des deutschen Rechts, 4. Aufl. 1996;

Adolf Laufs, Rechtsentwicklungen in Deutschland, 6. Aufl. 2006.

Über die verfassungsgeschichtlichen Fragen der neuesten Zeit informiert besonders auch

Karl Kroeschell, Rechtsgeschichte Deutschlands im 20. Jahrhundert, 1992.

Die Lehrbücher der „Deutschen Rechtsgeschichte" vermögen jedoch eine gesonderte Darstellung der deutschen Verfassungsgeschichte nicht zu ersetzen, da sie auf eine andere Frage, eben die nach der Geschichte des Rechts überhaupt, antworten. In diesem Rahmen, als ein Aspekt der Rechtsgeschichte, hat die Geschichte der

Verfassung natürlich einen Platz. Doch nach dem Gang der Verfassungsgeschichte fragen, heißt: andere gedankliche Voraussetzungen aktivieren und andere Erwartungen erfüllen, die nicht im Vordergrund einer „Deutschen Rechtsgeschichte" stehen. Daher fehlt es dort nicht selten an einer ausreichenden Offenheit für die politische Dimension des Verfassungswesens, und daher wirkt hier und da immer noch das starre Konzept der Staats- und Rechtsgeschichte nach, dem aus methodischen Gründen nicht zu folgen ist (o. § 2 I.2).

3. Handbücher und Wörterbücher

Neuere Forschungsansätze finden vielfach Berücksichtigung in den verfassungsgeschichtlichen Artikeln des großen rechtshistorischen Lexikons, dessen zweite Auflage derzeit in Angriff genommen wird:
Adalbert Erler u. *Ekkehard Kaufmann* (Hrsg.), Handwörterbuch zur deutschen Rechtsgeschichte, Bd. 1–5, 1971–1998.

Für vertiefende Studien zu einzelnen Rechtsbegriffen älterer deutschsprachiger Texte steht das noch nicht abgeschlossene
Deutsche(s) Rechtswörterbuch, hrsg. von der Heidelberger Akademie der Wissenschaften, Bd. I–XI H. 1/2 (Rechtsbesitzer), 1914/2003
zur Verfügung (mit sehr guten Recherchemöglichkeiten im Internet).

Hinzuweisen ist endlich auch auf das umfangreiche Gemeinschaftswerk vieler Autoren über die
Deutsche Verwaltungsgeschichte, hrsg. von *Kurt G. A. Jeserich, Hans Pohl* u. *Georg-Christoph von Unruh*, Bd. 1–5 u. Bd. 6 (Register), 1983–1988.

Es setzt mit dem Spätmittelalter ein und endet in der Gegenwart. Behandelt werden weniger die grundlegenden Institutionen von Herrschaft und Staat, die konventionell mit dem Begriff der Verfassung verbunden werden, als vielmehr die administrativen Herrschaftsmittel. Doch lassen sich diese nicht aus einem geschichtlichen Verfassungsverständnis ausgrenzen, so daß die umfangreichen in diesem Handbuch zusammengetragenen Materialien zur Geschichte der Verwaltung eine wichtige Grundlage auch der vorliegenden Darstellung bilden.

Von einem ganz anderen Ansatz aus, dem der Wort- und Begriffsgeschichte, erschließt ein anderes Sammelwerk zahlreicher Autoren auch große Bereiche der Verfassungsgeschichte:
Otto Brunner, Werner Conze u. *Reinhart Koselleck* (Hrsg.), Geschichtliche Grundbegriffe. Historisches Lexikon zur politisch-sozialen Sprache in Deutschland, bisher Bd. 1–8, 1972–1997.

Es trägt dem Umstand Rechnung, daß uns die Vergangenheit in erster Linie durch das Wort vermittelt wird und die Analyse der Quellensprache daher zur vornehmsten Aufgabe des Historikers gehört.

4. Darstellungen der mittelalterlichen Verfassungsgeschichte

Zwei moderne Gesamtdarstellungen der mittelalterlichen Verfassungsgeschichte liegen vor:
Hans K. Schulze, Grundstrukturen der Verfassung im Mittelalter, Bd. 1, 4. Aufl. 2004, Bd. 2, 3. Aufl. 2000, Bd. 3, 1998;
Rolf Sprandel, Verfassung und Gesellschaft im Mittelalter, 5. Aufl. 1994.

Schulze stellt „Elemente der mittelalterlichen Gesellschaftsordnung" dar, wodurch ein anschauliches Bild besonders der Mikrostrukturen entsteht. Dem Werk von *Sprandel* liegt ein Verfassungsbegriff zugrunde, der dem Konzept dieses Buches verwandt ist (o. § 1). Sowohl die grundlegende Relevanz des Rechts für die Verfassungsverhältnisse eines Zeitalters wie auch vor allem die Flexibilität der Rechtsvorstellungen betont der Autor. *Sprandels* Darstellung geht aber mit der sozialgeschichtlichen Akzentuierung und der Einbeziehung insbesondere der romanischen Verfassungsgeschichte über die Ziele und Stoffgrenzen des vorliegenden Buches hinaus. – Die jüngere Forschungsrichtung der mittelalterlichen Verfassungsgeschichte (o. § 2 I.3) ist im Werk von *Schulze* und vor allem in einer Fülle von Einzelstudien präsent, die am gehörigen Orte Erwähnung finden werden. Hervorzuheben ist das bahnbrechende Werk von

Otto Brunner, Land und Herrschaft, 5. Aufl. 1965, unveränd. Neudr. 1990 und die seit 1952 publizierte, bis in die Gegenwart fortgesetzte und inzwischen auf über 40 Bände angewachsene Reihe

„Vorträge und Forschungen" des Konstanzer Arbeitskreises für mittelalterliche Geschichte.

Der modernste Forschungsstand ist heute vor allem aus den zahlreichen einschlägigen Artikeln des „Lexikons des Mittelalters", Bd. 1–9, 1980–1998 zu ermitteln.

Eher kritisch zu beurteilen ist

Pitz Ernst, Verfassungslehre und Einführung in die deutsche Verfassungsgeschichte des Mittelalters, 2006.

Dieses materialreiche und nachdenkliche, freilich auch eigenwillige Werk geht im Gegensatz zum vorliegenden Lehrbuch von einem einheitlichen Staatsbegriff über Epochen hinweg aus und verdunkelt damit die allmählichen Entwicklungen des Rechts- und Verfassungswesens eher als daß sie diese erhellt.

5. Darstellungen der neuzeitlichen Verfassungsgeschichte

Ganz anders ist die Forschungslage in der neuzeitlichen Verfassungsgeschichte. Eine 1935 an den juristischen Fakultäten durchgeführte Studienreform etablierte die vielfach auch heute noch angebotene Vorlesung über die *„Verfassungsgeschichte der Neuzeit".* Dazu erschien eine Reihe von Vorlesungsgrundrissen und Lehrbüchern, die den heutigen Forschungsstand nicht mehr widerspiegeln. Es genügt der Hinweis auf

Robert Scheyhing, Deutsche Verfassungsgeschichte der Neuzeit, 1968;

Fritz Hartung, Deutsche Verfassungsgeschichte vom 15. Jahrhundert bis zur Gegenwart, 9. Aufl. 1969 – das Standardwerk dieser Lehrbuchtradition, welches sich allerdings von der Mittelalterforschung weitgehend abkoppelte.

Als gleichrangig ist danebenzustellen die ebenfalls ältere Darstellung von

Gerhard Oestreich, Verfassungsgeschichte vom Ende des Mittelalters bis zum Ende des Alten Reiches, in: *Bruno Gebhardt,* Handbuch der deutschen Geschichte, Bd. 2, 9. Aufl. 1970, 361–436.

Unter den neueren Werken beschreibt das Buch von

Christian-Friedrich Menger, Deutsche Verfassungsgeschichte der Neuzeit, 8. Aufl. 1993,

für die Zeit bis 1806 sowohl Aspekte der europäischen Verfassungsgeschichte und Staatstheorie wie auch Elemente der deutschen Verfassungsgeschichte, diese jedoch recht lückenhaft, so daß das Buch eher den Verfassungsgeschichten des 19. und 20. Jahrhunderts (u. 6) zuzurechnen ist. Gerade auf die Frühe Neuzeit konzentriert dagegen sich

Heinz Duchhardt, Deutsche Verfassungsgeschichte 1495–1806, 1991 (das Werk schließt an die Darstellung der mittelalterlichen Verfassungsgeschichte von *Hans K. Schulze* an und findet seine Fortsetzung in dem Buch von *Manfred Botzenhart*, s. u.). Früher haben Darstellungen, die mit dem Beginn der Neuzeit einsetzten, dominiert. Heute besteht Einigkeit darüber, daß die Beschränkung der Verfassungsgeschichte auf die Neuzeit als unsachgemäß zu überwinden ist (*R. Koselleck, K. Kroeschell*). Doch nimmt andererseits die Zahl der auf die letzten beiden Jahrhunderte beschränkten Verfassungsgeschichten zu.

6. Darstellungen der Verfassungsgeschichte des 19. und 20. Jahrhunderts

Für die neueste Zeit der deutschen Verfassungsgeschichte ist die breit angelegte Darstellung von *Huber*, dessen methodischer Zugriff vielfach kritisiert wurde, als Nachschlagewerk weiterhin unentbehrlich:
Ernst Rudolf Huber, Deutsche Verfassungsgeschichte seit 1789, Bd. 1–7, 1957–1984, Bd. 1 u. 4 in 2. Aufl. 1967 u. 1982, Nachdruck 1995 u. 1994, Bd. 2 u. 3 in 3. Aufl., 1988, Bd. 5 Nachdruck 1992, Bd. 6 Nachdruck 1993, Registerband 1991.
Die Beschränkung der Verfassungsgeschichte auf die Geschichte des Verfassungsstaates, wie sie *Huber* vorgenommen hat, ist bisher singulär geblieben, vielleicht wegen der monumentalen Anlage dieses Standardwerkes. Daher ist auch die schwierige methodische Frage, was zur Verfassung gehört, wenn die Geschichte des Verfassungsstaates zur Darstellung kommt, noch nicht beantwortet. Huber hat das Problem für sich durch eine weitgehende Einbeziehung der Geschichte des machtpolitischen Geschehens gelöst. – Abzuwarten bleibt, ob sich für die Geschichte des Verfassungsstaates ein eigener Darstellungstypus, für den es gute Gründe gäbe, entwickelt. Neue Ansätze auf diesem Felde bieten:
Manfred Botzenhart, Deutsche Verfassungsgeschichte 1806–1949, 1993;
Hartwig Brandt, Der lange Weg in die demokratische Moderne. Deutsche Verfassungsgeschichte von 1800–1945, 1998;
Hans Fenske, Deutsche Verfassungsgeschichte. Vom Norddeutschen Bund bis heute, 4. Aufl. 1993;
Werner Frotscher u. *Bodo Pieroth*, Verfassungsgeschichte, 4. Aufl. 2003;
Dieter Grimm, Deutsche Verfassungsgeschichte 1776–1866, 3. Aufl. 1995;
Klaus Kröger, Einführung in die jüngere deutsche Verfassungsgeschichte (1806–1933), 1988.
Jörn Ipsen, Der Staat der Mitte. Verfassungsgeschichte der Bundesrepublik Deutschland, 2009.
Eine moderne Einleitung auch in die neueste Verfassungsgeschichte bieten schließlich die Beiträge bei
Josef Isensee u. *Paul Kirchhoff* (Hrsg.), Handbuch des Staatsrechts der Bundesrepublik Deutschland, Bd. 1, 2. Aufl. 1995.
Spezielle Werke zur Verfassungsgeschichte der Bundesrepublik und der DDR sind bei den §§ 41 bis 46, insbesondere bei den §§ 44 und 45 aufgeführt.

7. Quellensammlungen

Die Quellen zur deutschen Verfassungsgeschichte sind angesichts der Fülle dessen, was für die Verfassungsgeschichtsschreibung zu berücksichtigen ist, in keinem Sammelband unterzubringen. Für die mittelalterliche Verfassungsgeschichte ist die Bedeutung der Urkunden, für die Neuzeit die der Akten und Denkschriften, vor allem aber der juristischen und politischen Literatur zu betonen. Erst vor diesem Hintergrund lassen sich die „prominenten" Quellen, die bekanntesten Privilegien, die Reichsgrundgesetze und Verfassungen richtig würdigen. Sie finden sich in den folgenden Sammlungen:

Karl Zeumer, Quellensammlung zur Geschichte der Deutschen Reichsverfassung in Mittelalter und Neuzeit, 2. Aufl. 1913 (von Otto II. bis 1806, nur – lateinische und deutsche – Originaltexte enthaltend); *W. Altmann* u. *E. Bernheim*, Ausgewählte Urkunden zur Erläuterung der Verfassungsgeschichte Deutschlands im Mittelalter, 5. Aufl. 1920; *Lorenz Weinrich*, Quellen zur deutschen Verfassungs-, Wirtschafts- und Sozialgeschichte bis 1250, 1977; *ders.*, Quellen zur Verfassungsgeschichte des Römisch-Deutschen Reiches im Spätmittelalter (1250–1500), 1983; *Hanns Hubert Hofmann*, Quellen zum Verfassungsorganismus des Heiligen Römischen Reiches Deutscher Nation (1495–1815), 1976; *Heinz Duchhardt*, Quellen zur Verfassungsentwicklung des Heiligen Römischen Reiches deutscher Nation (1495–1806), 1983.

Diese Bände enthalten die Originaltexte und Übersetzungen. Nur Übersetzungen der lateinischen Originale und deutsche Originaltexte sind zusammengestellt worden von

Arno Buschmann, Kaiser und Reich. Verfassungsgeschichte des Heiligen Römischen Reiches Deutscher Nation vom Beginn des 12. Jahrhunderts bis zum Jahre 1806 in Dokumenten, T. 1–2, 2. Aufl. 1994.

Quellensammlungen für die Zeit seit dem Ende des Heiligen Römischen Reiches:
Ernst Rudolf Huber (Hrsg.), Dokumente zur deutschen Verfassungsgeschichte, Bd. 1–2, 3. Aufl. 1978, 1986, Bd. 3, 3. Aufl. 1990, Bd. 4, 3. Aufl. 1992, Bd. 5 (Register) 1997;

Günter Dürig u. *Walter Rudolf* (Hrsg.), Texte zur deutschen Verfassungsgeschichte, 3. Aufl. 1996;

Hans Boldt (Hrsg.), Reich und Länder. Texte zur deutschen Verfassungsgeschichte im 19. und 20. Jahrhundert, 1987.

III. Zum Aufbau des vorliegenden Bandes

Der Aufbau der vorliegenden Darstellung ist den schon skizzierten Zielen untergeordnet (o. § 1 II). Es ist ein vorrangiges Anliegen dieses Buches, den grundfalschen Eindruck einer positivistischen Statik des Rechts zu vermeiden und demgegenüber den Wandel und die Dynamik, die Unabgeschlossenheit und den Anspruchscharakter des Rechts in der deutschen Verfassungsgeschichte hervorzuheben. Der Leser wird daher schon bei der Lektüre des Inhaltsverzeichnisses auf zahlreiche Formulierungen und Begriffe stoßen, welche dieser Konzeption Rechnung tragen. Das Buch ist in vier Teile gegliedert. Es kann als Lehrbuch seinen didaktischen Zweck nicht verleugnen und räumt daher der jüngeren Verfassungsgeschichte unverhältnismäßig mehr Raum ein als der älteren. Doch wird dem tatsächlichen Zeitablauf und dem verfassungsgeschichtlichen Gewicht des Spätmittelalters und der frühen Neuzeit dadurch Rechnung getragen, daß der Zeit bis 1806 weit über die Hälfte der Darstellung gewidmet ist.

Der erste Teil *("Vom Personenverband zur Reichsorganisation")*, welcher das Mittelalter bis zum Ende der Stauferzeit behandelt, mußte den Stoff am stärksten straffen. Die hier notwendige Beschränkung orientiert sich nur zum Teil an deren

§ 3. Forschungsstand und Aufbau der Darstellung 15

„objektiver" Bedeutung für diese ältere Zeit. Vielmehr wurden vor allem solche Elemente der Verfassungsordnung erörtert, die im Hinblick auf die weitere verfassungsgeschichtliche Entwicklung wichtig genug erschienen. Insofern hat der erste Teil dieses Buches nur einleitenden Charakter.

Der zweite Teil („Reichsordnung und Staatsbildung") versucht die wesentlichen verfassungsgeschichtlichen Faktoren jenes halben Jahrtausends herauszuarbeiten, in welchem sich die Organisation des politischen Gemeinwesens im Staate verfestigt hat. Dabei wurden möglichst nicht nur die großen, sofort ins Auge springenden verfassungsrechtlichen Institutionen berücksichtigt, die bisher den wesentlichen Inhalt der „Verfassungsgeschichte der Neuzeit" bildeten. Verfassungsgeschichte spielt sich in diesem Zeitraum vor allem dort ab, wo der Untertan betroffen ist. Den herrschaftlichen und staatlichen Aktivitäten, den Funktionen des Gemeinwesens und den Wandlungen seiner Gesetzgebung war daher besondere Beachtung zu schenken. In diesen Zusammenhang gehört auch der Versuch, das geistige Profil und die Veränderungen des Herrschafts- und Staatsdenkens, ohne welche die ganze Epoche nicht zu begreifen ist, zu skizzieren. Es wird auffallen, daß der zweite Teil insgesamt und in seinem Rahmen das zweite Kapitel die herkömmliche Epochengrenze von Mittelalter und Neuzeit zu überwinden sucht. Dieses Unternehmen scheint mir in der bisherigen Forschung genügend vorbereitet. Dennoch wirkt es in einer systematischen Darstellung so neu, daß auf den hypothetischen Charakter dieser Sicht ausdrücklich hinzuweisen ist.

Der dritte Teil („Monarchie und Verfassungsstaat") geht stärker als bisher üblich, jedoch wiederum im Einklang mit neuesten Forschungstendenzen, davon aus, daß für das 19. Jahrhundert, besonders dessen erste Hälfte, ein erheblich höheres Maß an Kontinuität mit der vorangegangenen Epoche des Absolutismus anzunehmen ist, als unser bisheriges Geschichtsdenken einzuräumen bereit war. Mit fortschreitender zeitlicher Distanz relativiert sich die Zäsur der Französischen Revolution; ihr Beitrag zur Verdichtung der Staatsfunktionen tritt deutlicher hervor. Im übrigen bedarf unser Geschichtsbild insofern schon deshalb gehöriger Korrekturen, weil die im 19. Jahrhundert auf dem Boden des Historismus entstandene Verfassungsgeschichtsschreibung zugleich auch dem zeitgenössischen politischen Liberalismus ideologische Dienste leistete. Dessen Bedürfnis nach einer scharfen Abgrenzung gegenüber der absolutistischen Vergangenheit prägte das Geschichtsdenken der folgenden Generationen. Es schlug sich so deutlich in der verfassungsgeschichtlichen Literatur nieder, daß eine nachdrückliche Überprüfung dieser konventionellen Perspektive überfällig erscheint.

Für die 3. Auflage wurde im vierten Teil („Zwischen Demokratie und Diktatur") die deutsche Nachkriegsgeschichte überarbeitet und die Verfassungsgeschichte der beiden deutschen Staaten bis zur Wiedervereinigung in die Darstellung einbezogen. Damit verbunden war eine erste Ordnung des historischen Stoffes, für die es Vorbilder kaum gab und die sich daher in besonderer Weise der wissenschaftlichen Kritik zu stellen hat. Zudem erfaßt dieser Teil des Buches eine Zeit, welche sich mit der Gegenwart und zum Teil mit persönlichen Eindrücken des Autors berührt. Damit ist eine unausweichliche Verengung der Perspektiven verbunden. Aus dem Vorverständnis werden bewußte oder unbewußte Vorurteile. Stellt sich der Leser jedoch diesen prinzipiell andersartigen Charakter einer Verfassungsgeschichte der neuesten Zeit vor Augen, dann hat sie sicher auch im Rahmen einer allgemeinen deutschen Verfassungsgeschichte ihren Platz und ihren besonderen Sinn (dazu o. § 1 I).

Anhang: Ergänzende Literatur

1. Literatur zu epocheübergreifenden Aspekten der deutschen Verfassungsgeschichte: *G. Althoff*, Spielregeln der Politik im Mittelalter, 1997; *K. Andermann* (Hrsg.), Residenzen. Aspekte hauptstädtischer Zentralität von der frühen Neuzeit bis zum Ende der Monarchie, 1992; *F. Battenberg* u. *F. Ranieri* (Hrsg.), Geschichte der Zentraljustiz in Mitteleuropa, FS B. Diestelkamp z. 65. Geb., 1994; *F. Battenberg*, Herrschaft und Verfahren. Politische Prozesse im mittelalterlichen Römisch-Deutschen Reich, 1995; *H. J. Berman*, Recht und Revolution. Die Bildung der westlichen Rechtstradition, 2. Aufl. 1991; *P. Blickle*, Unruhen in der ständischen Gesellschaft 1300–1800, 1988 (EDG Bd. 1); *ders.*, Von der Leibeigenschaft zu den Menschenrechten. Die Geschichte der bürgerlichen Freiheit in Deutschland, 2003; *H. Boockmann*, Der Deutsche Orden. 12 Kapitel aus seiner Geschichte, 4. Aufl. 1994; *W. Brauneder* (Hrsg.), Staatliche Vereinigung: fördernde und hemmende Elemente in der deutschen Geschichte, 1998 (Der Staat, Beih. 9); *ders.* (Hrsg.), Wahlen und Wahlrecht, 2001 (Der Staat, Beih. 14); *O. Dann*, Nation und Nationalismus in Deutschland 1770–1990, 3. Aufl. 1996; *A. Demandt*, Deutschlands Grenzen in der Geschichte, 3. Aufl. 1993; *ders.* (Hrsg.), Macht und Recht. Große Prozesse in der Geschichte, 3. Aufl. 1991; Die Verwaltung und ihre Ressourcen, 1991 (Der Staat, Beih. 9); *H. Dreitzel*, Monarchiebegriffe in der Fürstengesellschaft. Semantik und Theorie der Einherrschaft in Deutschland von der Reformation bis zum Vormärz, Bd. 1–2, 1991; *J. Ehlers* (Hrsg.), Ansätze und Diskontinuität deutscher Nationsbildung im Mittelalter, 1989; *B. Elpers*, Regieren, Erziehen, Bewahren. Mütterliche Regentschaften im Hochmittelalter, 2003; *W. Fikentscher* u. *A. R. Fochem* (Hrsg.), Quellen zur Entstehung der Grundrechte in Deutschland, 2002; *A. Fößel*, Die Königin im mittelalterlichen Reich, 2000; *H. Fuhrmann* (Hrsg.), Fälschungen im Mittelalter, Bd. 1–5, 1988; Gesellschaftliche Strukturen als Verfassungsproblem, 1978 (Der Staat, Beih. 2); Gesetzgebung als Faktor der Staatsentwicklung, 1984 (Der Staat, Beih. 7); *D. Gosewinkel*, Einbürgern und ausschließen. Die Nationalisierung der Staatsangehörigkeit vom Deutschen Bund bis zur Bundesrepublik Deutschland, 2001; *E. Hilgendorf*, Die Entwicklungsgeschichte der parlamentarischen Redefreiheit in Deutschland, 1991; *K. R. Hinkel*, Verfassungsgerichtsbarkeit zwischen Recht und Politik. Eine historische Betrachtung, 1984; *H. Hofmann*, Repräsentation. Studien zur Wort- und Begriffsgeschichte von der Antike bis ins 19. Jahrhundert, 4. Aufl. 2003; *A. Holenstein*, Die Huldigung der Untertanen. Rechtskultur und Herrschaftsordnung (800–1800), 1991; *K. Kröger*, Grundrechtsentwicklung in Deutschland, 1998; *B. R. Kroener* u. *R. Pröve* (Hrsg.), Krieg und Frieden. Militär und Gesellschaft in der frühen Neuzeit, 1996; *D. Langewiesche*, Nation, Nationalismus, Nationalstaat in Deutschland und Europa, 2000; *A. Lüdtke* (Hrsg.), „Sicherheit" und „Wohlfahrt". Polizei, Gesellschaft und Herrschaft im 19. und 20. Jahrhundert, 1992; *H. Maier*, Das Freiheitsproblem in der deutschen Geschichte, 1992; *K.-J. Matz*, Länderneugliederung. Zur Genese einer deutschen Obsession seit dem Ausgang des Alten Reiches, 1997; *H. Münkler* u. *H. Bluhm* (Hrsg.), Gemeinwohl und Gemeinsinn. Historische Semantiken politischer Leitbegriffe, 2001; *P. Nitschke*, Von der Politeia zur Polizei. Ein Beitrag zur Entwicklungsgeschichte des Polizei-Begriffs und seiner herrschaftspolitischen Dimensionen von der Antike bis ins 19. Jahrhundert, ZHF 19 (1992) 1 ff.; *K. Oechsle*, Die steuerlichen Grundrechte in der jüngeren deutschen Verfassungsgeschichte, 1993; *Th. Offergeld*, Reges pueri. Das Königtum Minderjähriger im frühen Mittelalter, 2001; *W. Paravicini* (Hrsg.), Höfe und Residenzen im spätmittelalterlichen Reich. Ein dynastisch-topographisches Handbuch, Bd. 1–2, 2003; *K. Rennert*, Historisches zur Bindungswirkung und Gesetzeskraft verfassungsgerichtlicher Entscheidungen, Der Staat 32 (1993) 527 ff.; Res publica. Bürgerschaft in Stadt und Staat, 1988 (Der Staat, Beih. 8); *G. A. Ritter* (Hrsg.), Wahlen und Wahlkämpfe in Deutschland von den Anfängen im 19. Jahrhundert bis zur Bundesrepublik Deutschland, 1996; *U. Rosenbusch*, Der Weg zum Frauenwahlrecht in Deutschland, 1998; *R. Schneider* u. *H. Zimmermann* (Hrsg.), Wahlen und Wählen im Mittelalter, 1990 (VuF Bd. 37); *K.-P. Sommermann*, Staatsziele und Staatszielbestimmungen, 1997; *H. Uhlenbrock*, Der Staat als juristische Person. Dogmengeschichtliche Untersuchung zu einem Grundbegriff der deutschen Staatsrechtslehre, 2000; *D. Willoweit* (Hrsg.), Die Begründung des Rechts als historisches Problem, 2000.

2. Wirtschafts- und Sozialgeschichte: *H. Aubin* u. *W. Zorn* (Hrsg.), Handbuch der deutschen Wirtschafts- und Sozialgeschichte, Bd. 1: Von der Frühzeit bis zum Ende des 18. Jahrhunderts, 1971, Bd. 2: Das 19. und 20. Jahrhundert, 1976; *F. Braudel*, Sozialgeschichte des 15.–18. Jahrhunderts, Bd. 1–3, 1990; *F. Facius*, Wirtschaft und Staat. Die Entwicklung der staatlichen Wirtschaftsverwaltung in Deutschland vom 17. Jahrhundert bis 1945, 1959; *L. Gall* (Hrsg.), Bürgertum und bürgerlich-liberale Bewegung in Mitteleuropa seit dem 18. Jahrhundert, 1997 (HZ, Beih. 17); *R. Gömmel*, Die Entwicklung der Wirtschaft im Zeitalter des Merkantilismus 1620–1800, 1998

Anhang: Ergänzende Literatur 17

(EDG Bd. 46); *W. v. Hippel*, Armut, Unterschichten, Randgruppen in der frühen Neuzeit, 1995 (EDG Bd. 34); *A. Holenstein*, Bauern zwischen Bauernkrieg und Dreißigjährigem Krieg, 1996 (EDG 38); *H. Kellenbenz*, Deutsche Wirtschaftsgeschichte, Bd. 1: Von den Anfängen bis zum Ende des 18. Jahrhunderts, 1977, Bd. 2: Vom Ausgang des 18. Jahrhunderts bis zum Ende des Zweiten Weltkrieges, 1981; *F. Lütge*, Deutsche Sozial- und Wirtschaftsgeschichte, 3. Aufl. 1966, Nachdr. 1979; *M. Mollat*, Die Armen im Mittelalter, 2. Aufl. 1987; *G. A. Ritter* (Hrsg.), Geschichte der Arbeiter und der Arbeiterbewegung in Deutschland seit dem Ende des 18. Jahrhunderts, Bd. 1: *J. Kocka*, Weder Stand noch Klasse. Unterschichten um 1800, 1990; Bd. 2: *ders.*, Arbeitsverhältnisse und Arbeiterexistenzen. Grundlagen der Klassenbildung im 19. Jahrhundert, 1990; Bd. 5: *G. A. Ritter* u. *K. Tenfelde*, Arbeiter im Deutschen Kaiserreich 1871 bis 1914, 1992; Bd. 9: *H. A. Winkler*, Von der Revolution zur Stabilisierung. Arbeiter und Arbeiterbewegung in der Weimarer Republik 1918 bis 1924, 1984; Bd. 10: *ders.*, Der Schein der Normalität. Arbeiter und Arbeiterbewegung in der Weimarer Republik 1924 bis 1930, 1985; Bd. 11: *ders.*, Der Weg in die Katastrophe. Arbeiter und Arbeiterbewegung in der Weimarer Republik 1930 bis 1933, 1987; Bd. 12: *M. Schneider*, Unterm Hakenkreuz. Arbeiter und Arbeiterbewegung 1933 bis 1939, 1999; *G. A. Ritter*, Arbeiter, Arbeiterbewegung und soziale Ideen in Deutschland. Beiträge zur Geschichte des 19. und 20. Jahrhunderts, 1996; *W. Rösener*, Bauern im Mittelalter, 4. Aufl. 1991; *ders.*, Adelsherrschaft als kulturhistorisches Phänomen, HZ 268 (1999) 1 ff.; *M. Stolleis*, Geschichte des Sozialrechts, 2003; *M. Toch*, Die Juden im mittelalterlichen Reich, 1998; *M. Weber*, Wirtschaft und Gesellschaft, 5. Aufl. 1980; *H.-U. Wehler*, Deutsche Gesellschaftsgeschichte, Bd. 1–4, 1.–3. Aufl. 1995–2003; *M. Zimmermann*, Die deutschen Juden 1914–1945, 1997 (EDG Bd. 43).

3. Staat und Politik: *L. Bergsträsser*, Geschichte der politischen Parteien in Deutschland, 11. Aufl. 1965; *St. Breuer*, Der Staat. Entstehung, Typen, Organisationsstadien, 1998; *H. Fenske*, Wahlrecht und Parteiensystem, 1972; *ders.*, Deutsche Parteiengeschichte, 1994; *H. Hattenhauer*, Geschichte des deutschen Beamtentums, 2. Aufl. 1993; *E. Klein*, Geschichte der öffentlichen Finanzen in Deutschland (1500–1870), 1974; *M. Kriele*, Einführung in die Staatslehre, 5. Aufl. 1994; *H. Krüger*, Allgemeine Staatslehre, 2. Aufl. 1966; *G. Oestreich*, Geschichte der Menschenrechte und Grundfreiheiten im Umriß, 2. Aufl. 1978; *H. Quaritsch*, Souveränität. Entstehung des Begriffs in Frankreich und Deutschland vom 13. Jahrhundert bis 1806, 1986; *Th. Schieder*, Wandlungen des Staats in der Neuzeit, HZ 216 (1973) 265 ff.; *St. Skalweit*, Der „moderne Staat". Ein historischer Begriff und seine Problematik (Rhein.-Westf. Akad. d. Wiss., Geisteswiss., Vortr., G 203), 1975; *R. Zippelius*, Allgemeine Staatslehre, 13. Aufl. 1999.

4. Kirchengeschichte und kirchliche Rechtsgeschichte: *G. Besier*, Kirche, Politik und Gesellschaft im 19. Jahrhundert, 1998 (EDG Bd. 48); *H. E. Feine*, Kirchliche Rechtsgeschichte, 5. Aufl. 1972; *U. Gäbler* u. a. (Hrsg.), *G. Haendler* u. a. (Hrsg.), Kirchengeschichte in Einzeldarstellungen, 1980 ff.; *A. Hauck*, Kirchengeschichte Deutschlands, Bd. 1–5, 9. Aufl. 1958–59; *G. Heydemann* u. *L. Kettenacker* (Hrsg.), Kirchen in der Diktatur. Drittes Reich und SED-Staat, 1993; *H. Jedin* (Hrsg.), Handbuch der Kirchengeschichte, Bd. 1–7, 1968 –79; *K. Kupisch*, Kirchengeschichte, Bd. 1–3, 2. Aufl. 1983–84, Bd. 4, 1975, Bd. 5, 2. Aufl. 1986; *Ch. Link*, Kirchliche Rechtsgeschichte, 2009, *M. Maurer*, Kirche, Staat und Gesellschaft im 17. und 18. Jahrhundert, 1999 (EDG Bd. 51); *H.-J. Schmidt*, Kirche, Staat, Nation. Raumgliederung der Kirche im mittelalterlichen Europa, 1999; *K. D. Schmidt*, Grundriß der Kirchengeschichte, mit Erg. v. Konzil u. Ökumene v. *E. Fahlbusch*, 9. Aufl. 1990; *R. W. Southern*, Kirche und Gesellschaft im Abendland des Mittelalters, 1976; *W. Ullmann*, Kurze Geschichte des Papsttums im Mittelalter, 1978; *J. Wallmann*, Kirchengeschichte Deutschlands seit der Reformation, 4. Aufl. 2000; *R. Zippelius*, Staat und Kirche. Eine Geschichte von der Antike bis zur Gegenwart, 1997.

5. Epochenübergreifende Literatur zur Verfassungsgeschichte deutscher und ehemals deutscher Länder: *K. Adamy* u. *K. Hübener* (Hrsg.), Geschichte der Brandenburgischen Landtage, 1998; *K. Bosl*, Die Geschichte der Repräsentation in Bayern, 1974; *H. Fenske*, 175 Jahre badische Verfassung, 1993; *W. Grube*, Der Stuttgarter Landtag 1457–1957, 1957; 175 Jahre Parlamentarismus in Thüringen, 1992; *B. Holtz* u. *H. Spenkuch* (Hrsg.), Preußens Weg in die politische Moderne. Verfassung – Verwaltung – politische Kultur zwischen Reform und Reformblockade, 2001; *G. Köbler*, Historisches Lexikon der deutschen Länder. Die deutschen Territorien vom Mittelalter bis zur Gegenwart, 6. Aufl. 1999; *H. M. Körner*, Staat und Geschichte im Königreich Bayern 1806–1918, 1992; *G. W. Sante* (Hrsg.), Geschichte der deutschen Länder, Bd. 1: Die Territorien bis zum Ende des alten Reiches, 1964, Bd. 2: Die deutschen Länder vom Wiener Kongreß bis zur Gegenwart, 1971; *W. Ziegler* (Hrsg.), Der bayerische Landtag vom Spätmittelalter bis zur Gegenwart, 1995.

6. Literatur zur älteren Österreichischen (bis 1867) und Schweizerischen (bis 1648) Verfassungsgeschichte: *W. Brauneder* u. *L. Höbelt* (Hrsg.), Sacrum Imperium. Das Reich und Österreich 996–1806, 1996; *W. Brauneder* u. *F. Lachmayer*, Österreichische Verfassungsgeschichte, 8. Aufl.

2001; *E. C. Helbling*, Österreichische Verfassungs- und Verwaltungsgeschichte, 2. Aufl. 1974; *H. Rumpler* u. *P. Urbanitsch* (Hrsg.), Die Habsburgermonarchie 1848–1918, Bd. VII, 1–3: Verfassung und Parlamentarismus, 2000; *F. Walter*, Österreichische Verfassungs- und Verwaltungsgeschichte 1500–1955, 1972; *H. Wiesflecker*, Die Entwicklung der Verfassung Österreichs vom Mittelalter bis zur Gegenwart, 2. Aufl. 1970; *E. Zöllner*, Geschichte Österreichs, 8. Aufl. 1990. **Schweiz:** *J. F. Aubert*, Petite histoire constitutionnelle de la Suisse, 3. Aufl. 1979; *A. Heusler*, Schweizer Verfassungsgeschichte, 1920, Neudr. 1968; *H. Nabholz* u. *U. P. Kläui* (Hrsg.), Quellenbuch zur Verfassungsgeschichte der Schweizerischen Eidgenossenschaft und Kantone, 3. Aufl. 1947; *H. C. Peyer*, Verfassungsgeschichte der alten Schweiz, 1978.

7. Vergleichende Verfassungsgeschichte: Vergleichende Gesamtdarstellungen und Quellensammlungen: *P. Brandt* u. a. (Hrsg.), Handbuch der europäischen Verfassungsgeschichte im 19. Jh. Institutionen und Rechtspraxis im gesellschaftlichen Wandel, Bd. 1: Um 1800, 2006; *H. Fenske*, Der moderne Verfassungsstaat. Eine vergleichende Geschichte von der Entstehung bis zum 20. Jahrhundert, 2001; *D. Gosewinkel* u. *J.Massing* (Hrsg.), Die Verfassungen in Europa 1789–1949, 2006; *H. Hattenhauer*, Europäische Verfassungsgeschichte, 3. Aufl. 1999; *O. Hintze*, Gesammelte Abhandlungen, Bd. 1–3, 2./3. Aufl., hrsg. v. G. Oestreich, 1962–1970; *ders.*, Allgemeine Verfassungs- und Verwaltungsgeschichte der neueren Staaten. Fragmente (vor 1914), Bd. 1, hrsg. v. *G. Di Costanzo, M. Erbe* u. *W. Neugebauer*, 1998; *W. Reinhard*, Geschichte der Staatsgewalt. Eine vergleichende Verfassungsgeschichte Europas von den Anfängen bis zur Gegenwart, 2000; *D. Willoweit* u. *U. Seif* (Hrsg.), Europäische Verfassungsgeschichte (Rechtshistorische Texte), 2003.

Institutionen und Aspekte: *R. G. Asch* u. *A. M. Birke* (Hrsg.), Princes, Patronage and the Nobility. The Court at the Beginning of the Modern Age c. 1450–1650, London 1991; *R. G. Asch* u. *H. Duchhardt* (Hrsg.), Der Absolutismus – ein Mythos? Strukturwandel monarchischer Herrschaft in West- und Mitteleuropa (ca. 1550–1700), 1996; *L. Auer* u. a. (Hrsg.), Höchstgerichte in Europa, 2007; *P. Blickle*, Gemeinde und Staat im alten Europa, 1998 (HZ, Beih. 25); *ders.*, Kommunalismus. Skizzen einer gesellschaftlichen Organisationsform, Bd. 1: Oberdeutschland; Bd. 2: Europa, 2000; *W. Brauneder* u. *E. Berger* (Hrsg.), Repräsentation in Föderalismus und Korporativismus, 1998; *H. Buchstein*, Öffentliche und geheime Stimmabgabe. Eine wahlrechtshistorische und ideengeschichtliche Studie, 2000; *A. Bues* u. *R. Rexheuser* (Hrsg.), Mittelalterliche nationes – neuzeitliche Nationen. Probleme der Nationenbildung in Europa, 1995; *N. Bulst* u. *J.-Ph. Genet* (Hrsg.), La ville, la bourgeoisie et la gene©se de l'etat moderne, XIIIe–XVIIIe sie©cles (Colloque international du Centre national de la recherche scientifique), Paris 1988; *G. Chittolini* u. *D. Willoweit* (Hrsg.), Statuten, Städte und Territorien zwischen Mittelalter und Neuzeit in Italien und Deutschland, 1992; *dies.* (Hrsg.), Hochmittelalterliche Territorialstrukturen in Deutschland und Italien, 1996; Culture et ideologie dans la gene©se de l'etat moderne (Collection de l'Ecole Fran\:caise de Rome 82), Rom 1985; *A. De Benedictis* u. *K. H. Lingens* (Hrsg.), Wissen, Gewissen und Wissenschaft im Widerstandsrecht (16.–18. Jh.), 2003; *B. Diestelkamp* (Hrsg.), Oberste Gerichtsbarkeit und zentrale Gewalt im Europa der frühen Neuzeit, 1996; *G. Dilcher* u. *C. Violante* (Hrsg.), Strukturen und Wandlungen der ländlichen Herrschaftsformen vom 10. zum 13. Jahrhundert. Deutschland und Italien im Vergleich, 2000; *J. Dillinger*, Die politische Repräsentation der Landbevölkerung. Neuengland und Europa in der frühen Neuzeit. 2008; *H. Dippel*, Executive and legislative powers in the Constitutions of 1848–49, 1999; *B. Dölemeyer* u. *D. Klippel* (Hrsg.), Gesetz und Gesetzgebung im Europa der Frühen Neuzeit, 1998; *B. Dölemeyer* u. *H. Mohnhaupt* (Hrsg.), Das Privileg im europäischen Vergleich, Bd. 1–2, 1997/99; *B. Dollmann*, Die Stellung des Königtums in den Rechtsbüchern Coutumes de Beauvaisis und Sachsenspiegel, 2002; *D. Dowe* (Hrsg.), Europa 1848 – Revolution und Reform, 1998; *P. Erlen*, Europäischer Landesausbau und mittelalterliche deutsche Ostsiedlung, 1992; *R. v. Friedeburg*, Widerstandsrecht und Konfessionskonflikt. Notwehr und gemeiner Mann im deutsch-britischen Vergleich, 1999; *ders.* (Hrsg.), Widerstandsrecht in der frühen Neuzeit. Erträge und Perspektiven der Forschung im deutsch-britischen Vergleich, 2001; *Th. Fröschl* (Hrsg.), Föderationsmodelle und Unionsstrukturen. Über Staatenverbindungen in der frühen Neuzeit vom 15. zum 18. Jahrhundert, 1994; *J.-Ph. Genet* u. *B. Vincent* (Hrsg.), Etat eglise dans la gene©se de l'etat moderne (Bibliothe©que de la Casa de Velazquez 1), Madrid 1986; *ders.* u. *M. Le Mene* (Hrsg.), Gene©se de l'etat moderne. Prele©vement et redistribution (Colloque international du Centre national de la recherche scientifique), Paris 1987; *A. Gouron* u. *A. Rigaudie©re*, Renaissance du pouvoir legislatif et gene©se de l'etat (Publications de la Societe d'histoire du droit et des institutions des anciens pays de droit ecrit III), Montpellier 1988; *J. Jarnut* u. *P. Johanek* (Hrsg.), Die Frühgeschichte der europäischen Stadt im 11. Jahrhundert, 1998; *W. Hardtwig* (Hrsg.), Utopie und politische Herrschaft im Europa der Zwischenkriegszeit, 2003; *P.-C. Hartmann* (Hrsg.), Regionen in der frühen Neuzeit. Reichskreise im deutschen Raum, Provinzen in Frankreich, Regionen unter polnischer Oberhoheit. Ein Vergleich ihrer Strukturen, Funktionen und ihrer Bedeutung, 1994; *M.-L. Heckmann*, Stellvertreter, Mit- und Ersatzherrscher. Regenten, Generalstatthalter, Kurfürsten und Reichsvikare in Regnum und Imperium vom 13. bis zum frühen 15. Jahrhundert, Teil 1–2, 2002; *E. V. Heyen* (Hrsg.), Verwaltung in totalitären politischen Systemen, 1998; *K. Hildebrand* (Hrsg.), Zwischen Politik und Religion. Studien zur Entstehung, Existenz und Wirkung des Totalitarismus, 2003; *E. Hinrichs*, Fürsten und Mächte. Zum Problem des europäischen Absolutismus, 2000; *O. Janz* (Hrsg.), Zentralismus und Föderalismus im 19. und 20. Jahrhundert, 2000; *H. Kellenbenz* u. *P. Prodi* (Hrsg.), Fiskus, Kirche und Staat im konfessionellen Zeitalter, 1994; *M. Kirsch*, Monarch und Parlament im 19. Jahrhundert. Der monarchische Konstitutionalismus als europäischer Verfassungstyp. Frankreich im Vergleich, 1999; *ders.* u. *P. Schiera* (Hrsg.), Denken und Umsetzung des Konstitutionalismus in Deutschland und anderen europäischen Ländern in der ersten Hälfte des 19. Jahrhunderts, 1999; *dies.* (Hrsg.), Verfassungswandel um 1848 im europäischen Vergleich, 2001; *M. Kirsch* (Hrsg.), Der Verfassungsstaat vor der Herausforderung der Massengesellschaft. Konstitutionalismus um 1900 im europäischen Vergleich, 2002; *H. Königsberger* (Hrsg.), Republiken und Pepublikanismus im Europa der Frühen Neuzeit, 1988; *H. Kruse* u. *W. Paravicini* (Hrsg.), Höfe und Hofordnungen 1200–1600, 1999; *G. Lottes* (Hrsg.), Region, Nation, Europa. Historische Determinanten der Neugliederung eines Kontinents, 1992; *A. De Maddalena* u. *H. Kellenbenz*, Finanzen und Staatsräson in Italien und Deutschland in der frühen Neuzeit, 1992; *H. Maurer* (Hrsg.), Kommunale Bündnisse Oberitaliens und Oberdeutschlands im Vergleich (VuF 33), 1987; *K.H. Metz*, Die Geschichte der sozialen Sicherheit. 2008; *W. Neugebauer*, Standschaft als Verfassungsproblem. Die historischen Grundlagen ständischer Partizipation in ostmitteleuropäischen Regionen, 1995; *E. Nolte*, Der Faschismus in seiner Epoche. Action fran- \:caise, italienischer Faschismus, Nationalsozialismus, 5. Aufl. 2000; *W. Paravicini* u. *K. F. Werner* (Hrsg.), Histoire comparee de l'administration (IVe–XVIIIe sie©cles), Zürich 1980 (Beih. d. Francia Bd. 9); *St. G. Payne*, Geschichte des Faschismus. Aufstieg und Fall einer europäischen Bewegung, 2001; *J. Peters* (Hrsg.), Gutsherrschaftsgesellschaften im europäischen Vergleich, 1997; *P. Prodi*, Das Sakrament der Herrschaft. Der politische Eid in der Verfassungsgeschichte des Okzidents, 1997; *H. Reinalter* (Hrsg.), Republikbegriff und Republiken seit dem 18. Jh. im europäischen Vergleich, 1999; *H. Reinalter* u. *H. Klueting* (Hrsg.), Der aufgeklärte Absolutismus im europäischen Vergleich, 2002; *H. Schilling* (Hrsg.), Konfessioneller Fundamentalismus. Religion als politischer Faktor im europäischen Mächtesystem um 1600, 2007; *L. Schilling* (Hrsg.), Absolutismus, ein unersetzliches Forschungskonzept? Eine deutsch-französische Bilanz. 2007; *W. Schmale*, Archäologie der Grund- und Menschenrechte in der Frühen Neuzeit. Ein deutsch-französisches Paradigma, 1997; *R. Schneider* (Hrsg.), Das spätmittelalterliche Königtum im europäischen Vergleich, 1987 (VuF 2); *K. Schulz*, „Denn sie lieben die Freiheit so sehr ...". Kommunale Aufstände und Entstehung des europäischen Bürgertums im Hochmittelalter, 2. Aufl. 1995; *H. Schulze*, Staat und Nation in der europäischen Geschichte, 2. Aufl. 1995; *F. Seibt* u. *W. Eberhard* (Hrsg.), Europa 1500. Integrationsprozesse im Widerstreit: Staaten, Regionen, Personenverbände, Christenheit, 1987; *U. Seif*, Recht und Justizhoheit. Historische Grundlagen des gesetzlichen Richters in Deutschland, England und Frankreich, 2003; *M. Stolleis* (Hrsg.), Policey im Europa der frühen Neuzeit, 1996; *W. Weber* (Hrsg.), Der Fürst. Ideen und Wirklichkeiten in der europäischen Geschichte, 1998; *ders.* u. *M. Piazolo* (Hrsg.), Justiz im Zwielicht. Ihre Rolle in Diktaturen und die Antwort des Rechtsstaates, 1998; *D. Willoweit* (Hrsg.), Die Entstehung des öffentlichen Strafrechts. Bestandsaufnahme eines europäischen Forschungsproblems, 1999; *A. Wolf*, Gesetzgebung in Europa 1100–1500, 1996.

8. Zwischenherrschaftliche und internationale Verfassungsbeziehungen: *J. Arndt*, Das Heilige Römische Reich und die Niederlande 1566 bis 1648, 1998; *D. Berg*, Deutschland und seine Nachbarn 1200–1500, 1997 (EDG Bd. 40); *B. Braun*, Die Eidgenossen, das Reich und das politische System Karls V., 1997; *H. Duchhardt*, Gleichgewicht der Kräfte, Convenance, Europäisches Konzert. Friedenskongresse und Friedensschlüsse vom Zeitalter Ludwigs XIV. bis zum Wiener Kongreß, 1976; *ders.* (Hrsg.), Europas Mitte. Deutschland und seine Nachbarn, 1988; *ders.*, Altes Reich und europäische Staatenwelt, 1990 (EDG Bd. 4); *ders.* (Hrsg.), Der Herrscher in der Doppelpflicht. Europäische Fürsten und ihre beiden Throne, 1997; *H. Duchardt* u. *M. Morawiec* (Hrsg.), Europa. Deutsche und polnische Föderationspläne des 19. und frühen 20. Jh., 2003; *Chr. Hillgruber*, Die Aufnahme neuer Staaten in die Völkerrechtsgemeinschaft. Das völkerrechtliche Institut der Anerkennung von Neustaaten in der Praxis des 19. und 20. Jahrhunderts, 1998; *K.-U. Jäschke*, Reichsgrenzen und Vasallitäten – zur Einordnung des deutsch-französischen Grenzraumes im Mittelalter, Jb. f. westdt. LG 22 (1996) 113 ff.; *F. Knipping* (Hrsg.), Vorläufer der Vereinten Nationen. 19. Jahrhundert und Völkerbundzeit, 1996; *P. Krüger* (Hrsg.), Das europäische Staatensystem im Wandel. Strukturelle Bedingungen und bewegende Kräfte seit der frühen Neuzeit, 1996; *ders.*, Das unberechenbare Europa. Epochen des Integrationsprozesses vom späten 18. Jh. bis zur Europäischen Union, 2006; *M. Kuschnick*, Integration in Staatenverbindungen vom 19. Jahrhundert bis zur EU nach dem Vertrag von Amsterdam, 1999; *B. Marquardt*, Die europäische Union des vorindustriellen Zeitalters, 2005; *M. Mitterauer*, Europa erklären. Mittelalterliche Grundlagen eines Sonderwegs,

2003; *H. Münkler, H. Grünberger* u. *K. Mayer* (Hrsg.), Nationenbildung. Die Nationalisierung Europas im Diskurs humanistischer Intellektueller. Italien und Deutschland, 1998; *Th. Neumann*, Die europäischen Integrationsbestrebungen in der Zwischenkriegszeit, 1999; *P. J. Opitz*, Menschenrechte und internationaler Menschenrechtsschutz im 20. Jahrhundert. Geschichte und Dokumente, 2002; Sachsen und Polen zwischen 1697 und 1765, hrsg. v. Verein f. Sächsische Landesgeschichte, 1998; *M. Weber*, Das Verhältnis Schlesiens zum Alten Reich in der Frühen Neuzeit, 1992; *K.-H. Ziegler*, Völkerrechtsgeschichte, 1994.

9. Geschichte der Staatstheorie: *F. Berber*, Das Staatsideal im Wandel der Weltgeschichte, 1973; *P. Blickle*, Theorien kommunaler Ordnung in Europa, 1996; *E.-W. Böckenförde*, Geschichte der Rechts- und Staatsphilosophie. Antike und Mittelalter, 2002; *H. Brunkhorst*, Einführung in die Geschichte politischer Ideen, 2000; Entstehung und Wandel verfassungsrechtlichen Denkens, 1996 (Der Staat, Beih. 11); *G. Duso*, Die moderne politische Repräsentation. Entstehung und Krise des Begriffs, 2006; *H. Fenske, D. Mertens, W. Reinhard* u. *K. Rosen*, Geschichte der politischen Ideen. Von der Antike bis zur Gegenwart, 6. Aufl. 2001; *J. Fetscher* u. *H. Münkler* (Hrsg.), Pipers Handbuch der politischen Ideen, Bd. 1–4, 1988 ff.; *M. Friedrich*, Geschichte der deutschen Staatsrechtswissenschaft, 1997; *H. Hofmann*, Einführung in die Rechts- und Staatsphilosophie, 2000; *M. Kriele*, Einführung in die Staatslehre. Die geschichtlichen Legitimitätsgrundlagen des demokratischen Verfassungsstaates, 5. Aufl. 1994; *H. J. Lieber* (Hrsg.), Politische Theorien von der Antike bis zur Gegenwart, 2. Aufl. 1993; *B. G. Lüsse*, Formen der humanistischen Utopie. Vorstellungen vom idealen Staat im englischen und kontinentalen Schrifttum des Humanismus 1516–1669, 1998; *H. Ottmann*, Geschichte des politischen Denkens, Bd. I–IV, 2001 ff.; *P. Prodi*, Eine Geschichte der Gerechtigkeit. Vom Recht Gottes zum modernen Rechtsstaat, 2003; *R. Reibstein*, Volkssouveränität und Freiheitsrechte. Texte und Studien zur politischen Theorie des 14. bis 18. Jahrhunderts, Bd. I–II, 1972; *A. Siegel* (Hrsg.), Totalitarismustheorien nach dem Ende des Kommunismus, 1998; *M. J. Sattler* (Hrsg.), Staat und Recht. Die deutsche Staatslehre im 19. und 20. Jahrhundert, 1972; *A. Söllner, R. Walkenhaus* u. *K. Wieland* (Hrsg.), Totalitarismus. Eine Ideengeschichte des 20. Jahrhunderts, 1997; *M. Stolleis* (Hrsg.), Staatsdenker in der frühen Neuzeit, 3. Aufl. 1995; ders., Geschichte des öffentlichen Rechts in Deutschland, Bd. I–III, 1988–1999; *M. Walther* u. a. (Hrsg.), Transformation des Gesetzesbegriffs im Übergang zur Moderne? Von Thomas v. Aquin zu Francisco Suarez, 2008; *Weber-Fas*, Rudolf, Staatsdenker der Moderne. Klassikertexte von Machiavelli bis Max Weber, 2003; *R. Zippelius*, Geschichte der Staatsideen, 9. Aufl. 1994.

1. Teil. Vom Personenverband zur Reichsorganisation

1. Kapitel. Ausklang der Spätantike im fränkischen Reich (482–843)

§ 4. Elemente spätrömischer Staatsorganisation

Quellen: *M. Conrat,* Ein Traktat über romanisch-fränkisches Ämterwesen, ZRG (GA) 29 (1908) 239 ff., 248 ff.

Schrifttum: *H. H. Anton,* Verfassungsgeschichtliche Kontinuität und Wandlungen von der Spätantike zum hohen Mittelalter: das Beispiel Trier, Francia 14 (1986), 1 ff.; *P. Classen,* Fortleben und Wandel spätrömischen Urkundenwesens im frühen Mittelalter (VuF 23), 1977, 13 ff.; *ders.,* Kaiserreskript und Königsurkunde – Diplomatische Studien zum römisch-germanischen Kontinuitätsproblem, AfD 1 (1955) 1 ff.; 2 (1956) 1 ff.; *D. Claude,* Untersuchungen zum frühfränkischen Comitat, ZRG (GA) 81 (1964) 1 ff.; *ders.,* Niedergang, Renaissance und Ende der Präfekturverwaltung im Westen des römischen Reiches (5.– 8. Jh.), ZRG (GA) 114 (1997) 352 ff.; *A. Demandt,* Die Anfänge der Staatenbildung bei den Germanen, HZ 230 (1980) 265 ff.; *St. Esders,* Römische Rechtstradition und merowingisches Königtum, 1997; *C. Faußner,* Die staatsrechtliche Grundlage des Rex Francorum, ZRG (GA) 103 (1986) 42 ff.; *M. Heinzelmann,* Bischofsherrschaft in Gallien, Beih. der Francia 5 (1976); *R. Kaiser,* Das römische Erbe und das Merowingerreich, 3. Aufl. 2004 (EDG Bd. 26); *J.-U. Krause,* Spätantike Patronatsformen im Westen des römischen Reiches, 1987; *E. Levy,* Vom römischen Precarium zur germanischen Landleihe, ZRG (RA) 66 (1948) 1 ff.; *R. Sprandel,* Dux und comes in der Merowingerzeit, ZRG (GA) 74 (1957) 41 ff.

I. Älteste Grundlagen der deutschen Verfassungsgeschichte

Die deutschen Verfassungsverhältnisse gehen nicht unmittelbar aus den germanischen Stammesstrukturen hervor. Sie bieten kein Beispiel für die allmähliche Evolution eines Naturvolkes, das sich aufgrund naturräumlicher und sozialer Faktoren zum Träger einer Hochkultur entwickelt. Die Geschichte fast aller europäischen Völker ist von der Begegnung mit kulturell weiter entwickelten Nachbarn geprägt. Als sich am Ende des 9. Jahrhunderts eine eigene deutsche Geschichte abzuzeichnen beginnt, haben die deutschen Stämme seit langem Erfahrungen mit den verfassungsorganisatorischen Maßnahmen des fränkischen Königtums gesammelt, das seinerseits auf mannigfachen Rudimenten der spätrömischen Staatsorganisation aufbauen konnte. Die ältesten geschichtlichen Grundlagen auch der deutschen Verfassungsentwicklung sind daher in jener Zeit aufzusuchen, in welcher die germanischen Stämme ihre oft Jahrhunderte andauernde, teils friedliche, teils kriegerische Nachbarschaft mit dem römischen Reich beendeten und auf dem Reichsterritorium eigene Staaten nach antikem Vorbild schufen.

Die Bedeutung der versinkenden römischen Staatlichkeit für das in Gallien sich etablierende fränkische Reich ist schon an dessen geschichtlichen Voraussetzungen ablesbar. Der fränkische König *Chlodwig* (482–511) begann im Jahre 482 seinen

Weg an die Spitze des von ihm geschaffenen Großreiches als Inhaber einer regionalen römischen Verwaltungsfunktion („*administratio*") in Reims. Erobernd, verhandelnd, intrigierend und auch vor dem Mord an Konkurrenten nicht zurückschreckend, unterwarf er sich aus fränkischen Teilkönigtümern und römischen Restprovinzen eine schon bis an den provencalischen Raum heranreichende Ländermasse, an deren Besiedlung durch die fränkischen Eroberer von vorneherein nicht gedacht werden konnte. Das fränkische Reich ist also von seiner ersten Stunde an ein ethnisch gemischtes Gebilde, in welchem die gallorömische Bevölkerung mit ihren eigenen Führungsschichten in zunächst nur wenig gestörter kultureller Kontinuität fortlebte. Eine entscheidende Vorbedingung dafür war Chlodwigs katholische – nicht arianische – Taufe im Jahre 498, womit die Franken den Glauben der römischen Reichsbevölkerung übernahmen. Die fränkische Siedlung dehnte sich zwar vom flandrischen und mittelrheinischen Raum bis zur Loire aus. Aber ihre Dichte war über weite Strecken so gering, daß sich überwiegend wieder die romanischen Kulturtraditionen durchsetzen konnten, wie schon wenige Jahrhunderte später die viel weiter nördlich und östlich verlaufende romanisch-germanische Sprachgrenze zeigt. Die galloromanischen Charakterzüge des fränkischen Reiches waren daher wohl zur Merowingerzeit viel stärker ausgeprägt, als uns aus heutiger Sicht bewußt ist. Denn nicht einmal die Trennung vom römischen Imperium war klar vollzogen. Im Gegenteil: Der in Konstantinopel residierende römische Kaiser ließ Chlodwig im Jahre 507 die Würde eines römischen Konsuls zukommen.

II. Einflüsse römischer Verwaltungspraxis

1. Amtsstellungen

Wenn von einem Fortwirken römischer Verwaltungseinrichtungen im 6. und 7. Jahrhundert, zum Teil darüber hinaus, die Rede ist, dann muß dabei jedoch der weit vorangeschrittene Verfall der römischen Institutionen wie auch die begrenzte administrative Kraft eines Barbarenvolkes berücksichtigt werden. Wer seinen Blick jeweils nur auf einzelne Amtsstellungen oder Verwaltungspraktiken wirft, wird mehr grobe Nachahmung als wirkliche Integration römischen Verwaltungswesens in das fränkische Herrschaftsgebilde entdecken. Nimmt man alle Einzelbeobachtungen zusammen, dann ist die Orientierung an der römischen Vergangenheit aber unübersehbar. Das fränkische Reich ist ohne sie nicht vorstellbar.

Unter den Amtsstellungen ist in erster Linie die der königlichen *Kanzlei* hervorzuheben. Die Merowingerkönige bedienen sich, wie in der Spätantike allgemein üblich, sog. *Referendare* und *Notare* weltlichen Standes für die Ausstellung von Urkunden, die Ausfertigung königlicher Befehle und Korrespondenzen. Die Schriftlichkeit der Regierungstätigkeit geht am Königshof niemals mehr ganz verloren. Damit ist ein wesentlicher Trennungsstrich gegenüber ausschließlich archaischen Herrschafts- und Rechtspraktiken vollzogen. Aus der Beobachtung spätrömischer Staatsorganisation lernten die fränkischen Herrscher auch die Sicherstellung ihrer Präsenz in den einzelnen Teilen des Reiches durch Beamte. Unter diesen ist in erster Linie der *comes civitatis* (wörtlich: „Stadtgraf"; zur Etymologie u. § 5 II.2) an der Spitze der römischen Stadtbezirke zu nennen. Er kommt mit richterlichen und militärischen Aufgaben im noch römischen 5. Jahrhundert ebenso vor wie unter den Merowingern des folgenden Jahrhunderts, und zwar vornehmlich in Süd- und Westfranken. Mit dem Niedergang der spätantiken Stadtkultur und der vielfach zu beobachtenden Übernahme der Stadtherrschaft durch die Bischöfe im 7. Jahrhundert werden zwar die Quellenbelege für den comes civitatis immer seltener. Doch unter dem comes-Titel finden sich nun königliche Beauftragte in verschiedenen Aufgabenkreisen sowohl am Hofe wie in ländlichen Gebieten. So der im militärischen Bereich auftretende *tribunus* und die in der Domänenverwaltung tätigen *dominici* und *domestici*. Am vielleicht eindrucksvollsten tritt die Fortsetzung römischer Verwaltungspraxis im *Transport- und Versorgungssystem* in Erscheinung, welches die für das fränkische Königtum so wichtige Einrichtung der Königsboten (u. § 5 II.5) überhaupt erst ermöglichte. Es lehnt sich mit der Beherbergung und Bewirtung, mit der Stellung von Pferden und der Leistung von Spanndiensten ziemlich genau an das Vorbild der römischen Staatspost an.

2. Gesetzgebung

Neben einzelnen Ämtern und Verwaltungspraktiken ist es vor allem die Gesetzgebung, welche die Orientierung der fränkischen Herrschaftspraxis am römischen Vorbild klar erkennen läßt. Allein die Tatsache, daß germanische Könige Rechtsnormen autoritativ festsetzen und unter römischen Gesetzesbegriffen wie „*decretum*" oder „*edictum*" schriftlich fixieren, offenbart den Willen zur Realisierung der damals geläufigen Formen spätantiker Staatlichkeit. So erklärt sich auch die Aufzeichnung der „*leges*" („*Volksrechte*"), deren Inhalt vielfach stärker vom römischen Recht und vom Willen der Könige als von den Rechtstraditionen des Volkes bestimmt ist. Ihren Höhepunkt erreicht diese – schon im 5. Jahrhundert mit der westgotischen *Lex Visigothorum* beginnende – noch spätantik geprägte Gesetzgebung unter Karl dem Großen (u. § 5 III.1); im ostfränkischen Raum findet sie ihr Ende schon in der Mitte des 9. Jahrhunderts.

3. Landleihe, Grundherrschaft, Münz- und Zollwesen

Für die rechtliche Ordnung der Liegenschaftsnutzung und Sozialstruktur war es von größter Bedeutung, daß sich im spätrömischen Vulgarrecht Formen der Landleihe fanden, die sich mit germanischen Rechtsanschauungen vertrugen. Die römische Provinzialbevölkerung kannte unwiderrufliche entgeltliche *Erbpachtrechte* an öffentlichem, aber auch durch Unternehmer vermitteltem Landbesitz (*emphyteusis*). Hatte das römische Recht ursprünglich scharf zwischen Eigentum und bloßen Nutzungsrechten unterschieden, so erstreckte sich das Eigentumsdenken des spätantiken Vulgarrechts auch auf derartige lang andauernde Vertragsverhältnisse. Sie hatten infolge der wirtschaftlichen Abhängigkeit des Nutzungsberechtigten auch dessen personenrechtliche Unterordnung zur Folge, so daß der Inhaber einer Grundherrschaft schließlich auch die Gerichtsbarkeit wahrnahm, wenn zwischen seinen Pächtern ein privatrechtlicher Streit zu entscheiden war. Das germanische Gegenstück personenrechtlicher Unterordnung, das *Haus* (u. § 7 I.3), verband sich bald mit der Grundherrschaft und konnte aus der römischen Praxis Ansätze zu einer differenzierteren rechtlichen Ordnung übernehmen. Zu diesem Assimilationsprozeß römischer und germanischer Rechtsvorstellungen trug auch bei, daß die fränkischen Könige römische Fiskalgüter übernahmen und das kirchliche Güterwesen fortbestand.

Erwähnt zu werden verdient auch, daß die merowingischen Könige versuchten, das römische Münz-, Steuer- und Zollwesen fortzuführen. Das gelang teilweise im

Bereich von Münze und Zoll, die fortan als königliche Rechte galten. Das römische Steuerwesen ging dagegen im Geflecht der persönlichen Dienste und Abhängigkeiten, wie es germanischen Lebensgewohnheiten entsprach, zugrunde.

4. Die römische Kirche

Das wichtigste Element römischer Kontinuität im fränkischen Reich stellt jedoch die römische Kirche dar. Der Fortbestand der kirchlichen Hierarchie in den Städten ist in seiner Bedeutung für die germanischen Staatsbildungen kaum zu unterschätzen. Mit dem *Bischofsamt* stand eine Institution zur Verfügung, die dem *senatorischen Adel* des römischen Gallien Möglichkeiten politischer Wirksamkeit eröffnete. Damit war zugleich die wenigstens bruchstückhafte Weitergabe antiker Bildungs- und Rechtstraditionen im kirchlichen Raum gesichert. Seit dem 6. Jahrhundert begegnen uns die Bischöfe zunehmend auch als *Stadtherren* der alten römischen Zentren. Erst Karl der Große machte dieser Ausdehnung des lokalen adeligen Einflusses ein Ende. Die bis dahin zu beobachtende Expansion des kirchlichen Ämterwesens in den weltlich-administrativen Bereichen zeigt aber mit aller Deutlichkeit, in welchem Maße die fränkischen Herrscher auf diese Unterstützung angewiesen waren.

Eine besonders folgenreiche Entwicklung sollte das spätantike Institut der Immunität nehmen. Die Glieder der römischen Reichskirche waren unter Kaiser Konstantin von allen Abgaben befreit. Diese in der römischen Verwaltungssprache so genannte *immunitas* (d. h. Freiheit von öffentlichen Lasten) konnten die kirchlichen Institutionen mit der Zunahme ihres Grundbesitzes zwar nicht immer und überall bewahren. Aber die Einrichtung selbst war in der frühen fränkischen Zeit noch nicht in Vergessenheit geraten. Daß die Bedeutung der Immunität unter den Frankenkönigen rasch zunimmt und vor allem auch den Ausschluß fremder Gerichtsgewalt mit einschließt (u. § 5 II.6), dürfte auf die größere Bedeutung der kirchlichen Administration in dem germanischen Königreich zurückzuführen sein, von der bereits die Rede war.

§ 5. Das fränkische Königtum und die Kaiserwürde Karls des Großen

Quellen: Capitularia regum Francorum (MGH LL II), Bd. 1, hrsg. v. *A. Boretius*, 1883; Bd. 2, hrsg. v. *dems.* u. *V. Krause*, 1890–1897; *A. Borst* u. *J. Fleckenstein* (Hrsg.), Kapitularien, eingel. v. *R. Schneider* (Hist. Texte, MA, H. 5), 1968; *dies.*, Die Kaiserkrönung Karls d. Großen, eingel. v. *K. Reindel* (Hist. Texte, MA, H. 4), 1966; *dies.*, Politische Verträge des frühen Mittelalters, eingel. v. *P. Classen* (Hist. Texte, MA, H. 3), 1966.

Schrifttum: *W. Affeldt*, Untersuchungen zur Königserhebung Pippins, Frühma. Studien 14 (1980) 95 ff.; *H. H. Anton*, Fürstenspiegel und Herrscherethos in der Karolingerzeit, 1968; *M. Becher*, Eid und Herrschaft, Untersuchungen zum Herrscherethos Karls des Großen, 1993; *ders.*, Die Kaiserkrönung im Jahre 800. Eine Streitfrage zwischen Karl dem Großen und Papst Leo III., RhVjBll 66 (2002) 1 ff.; *H. Beumann*, Nomen Imperatoris – Studien zur Kaiseridee Karls des Großen, HZ 185 (1958) 515 ff.; *B. Bigott*, Ludwig der Deutsche und die Reichskirche im Ostfränkischen Reich (826–876), 2002; *M. Borgolte*, Geschichte der Grafschaften Alemanniens in fränkischer Zeit (VuF Sond. Bd. 31), 1984; *H. Brunner* u. *C. Frh. v. Schwerin*, Deutsche Rechtsgeschichte, Bd. 2, 1928, unveränd. Neudr. 1958; *R. Buchner*, Das merowingische Königtum (VuF 3), 1956, 143 ff.; *Th. M. Buck*, „Capitularia Imperatoria". Zur Kaisergesetzgebung Karls des Großen von 802, HJ 122 (2002) 3 ff.; *P. Classen*, Karl der Große und die Thronfolge im Frankenreich (VuF 28), 1983, 205 ff.; *ders.*,

§ 5. *Das fränkische Königtum und die Kaiserwürde Karls des Großen* 25

Romanum gubernans imperium. Zur Vorgeschichte der Kaisertitulatur Karls des Großen, ebda. 187 ff.; *ders.*, Der erste Römerzug in der Weltgeschichte, ebda. 23 ff.; *D. Claude* (o. § 4); *C. Ehlers,* Die Integration Sachsens in das fränkische Reich, 2007; *D. Eichler,* Fränkische Reichsversammlungen unter Ludwig dem Frommen, 2007; *O. Engels,* Zum päpstlich-fränkischen Bündnis im 8. Jahrhundert, in: *D. Berg* u. *H.-W. Goetz* (Hrsg.), Ecclesia et regnum. FS F.-J. Schmale z. 65. Geb., 1989, 21 ff.; *F.-R. Erkens,* Divisio legitima und unitas imperii. Teilungspraxis und Einheitsstreben bei der Thronfolge im Frankenreich, DA 52 (1996) 135 ff.; *ders.*, Der Herrscher als gotes drut. Zur Sakralität des ungesalbten ostfränkischen Königs, HJb 118 (1998) 1 ff.; *ders., Herrschersakralität im Mittelalter, 2006; *E. Ewig,* Die fränkischen Teilungen und Teilreiche (511–613) (Abh. d. Akad. d. Wiss. Mainz, Geistes- u. soz.-wiss. Kl. 9), 1952, 649 ff.; *ders.*, Zum christlichen Königsgedanken im Frühmittelalter (VuF 3), 1956, 7 ff.; *F. Ganshof,* Was waren die Kapitularien?, 1961; *ders.*, Was ist das Lehnswesen?, 6. Aufl. 1983; *H.-W. Goetz,* Regnum: Zum politischen Denken der Karolingerzeit, ZRG (GA) 104 (1987) 110 ff.; *J. Hannig,* Consensus fidelium. Frühfeudale Interpretationen des Verhältnisses von Königtum und Adel am Beispiel des Frankenreiches, 1982; *ders.*, Pauperiores vassi de infra palatio? Zur Entstehung der karolingischen Königsbotenorganisation, MIÖG 91 (1983) 309 ff.; *ders.*, Zentrale Kontrolle und regionale Machtbalance. Beobachtungen zum System der karolingischen Königsboten am Beispiel des Mittelrheingebietes, AfKuG 66 (1984) 1 ff.; *M. Hartmann,* Die Königin im frühen Mittelalter, 2009; *O. Höfler,* Der Sakralcharakter des germanischen Königtums (VuF 3), 1956, 75 ff.; *J. Jarnut, U. Nonn* u. *M. Richter* (Hrsg.), Karl Martell in seiner Zeit, 1994 (Beih. d. Francia, Bd. 37); *B. Kasten,* Königssöhne und Königsherrschaft: Untersuchungen zur Teilhabe am Reich in der Merowinger- und Karolingerzeit, 1998; *F. Kern,* Gottesgnadentum und Widerstandsrecht im frühen Mittelalter, 7. Aufl. 1980; *W. Kienast,* Die fränkische Vasallität. Von den Hausmeiern bis zu Ludwig dem Kind und Karl dem Einfältigen, hrsg. v. *P. Herde,* 1990; *T. Kölzer,* Das Königtum Minderjähriger im fränkisch deutschen Mittelalter, HZ 251 (1990) 291 ff.; *A. Krah,* Absetzungsverfahren als Spiegelbild von Königsmacht. Untersuchungen zum Kräfteverhältnis zwischen Königtum und Adel im Karolingerreich und seinen Nachfolgestaaten, 1987; *Th. Mayer,* Staatsauffassung in der Karolingerzeit (VuF 3), 1956, 169 ff.; *H. Mitteis,* Lehnrecht und Staatsgewalt, 1933, Neudr. 1958; *ders.*, Studien zur fränkischen Herrschergesetzgebung, 2000; *H. Mordek,* Karolingische Kapitularien, in: *ders.*, Überlieferung und Geltung vormativer Texte des frühen und hohen Mittelalters, 1986, 25 ff.; *F. Prinz,* Die bischöfliche Stadtherrschaft im Frankenreich vom 5. bis zum 7. Jh., HZ 217 (1974) 1 ff.; *R. Schieffer* (Hrsg.), Schriftkultur und Reichsverwaltung unter den Karolingern, 1996; *W. Schlesinger,* Karlingische Königswahlen, in: *ders.*, Beiträge zur deutschen Verfassungsgeschichte des Mittelalters, Bd. 1, 1963, 88 ff.; *R. Schneider,* Königswahl und Königserhebung im Frühmittelalter, 1972; *ders.*, König und Königsherrschaft bei den Franken, in: *F.-R. Erkens* (Hrsg.), Von Sacerdotium und Regnum, FS f. E. Boshof, 2002, 11 ff.; *C. Schott,* Freiheit und Libertas. Zur Genese eines Begriffs, ZRG (GA) 104 (1987) 84 ff.; *H. K. Schulze,* Die Grafschaftsverfassung der Karolingerzeit in den Gebieten östlich des Rheins, 1973; *R. Sprandel* (o. § 4); *H. Steiger,* Die Ordnung der Welt. Eine Völkerrechtsgeschichte des Karolingischen Zeitalters (741–849) 2009; *W. Ullmann,* The Carolingian Renaissance and the Idea of Kingship, London 1969; *J. Weitzel,* Dinggenossenschaft und Recht, Teilbd. 1–2, 1985; *H. Wolfram,* Intitulatio I: Lateinische Königs- und Fürstentitel bis zum Ende des 8. Jh., MIÖG, Erg. Bd. 21 (1967); *J. Weitzel,* Dinggenossenschaft und Recht: Untersuchungen zum Rechtsverständnis im fränkisch-deutschen Mittelalter, Bd. 1–2, 1985.

I. Das fränkische Königtum

1. Das Königsheil

Das fränkische Königtum tritt geschichtlich erstmals auf dem Boden des römischen Reiches deutlicher in Erscheinung. Hervorgegangen ist es jedoch aus den fränkischen Teilstämmen, also aus germanischer Wurzel. Daher gehören auch zum Königtum der Franken archaische Charakterzüge, die in der merowingischen Frühzeit nach dem Tode des Reichsgründers Chlodwig im Jahre 511 stärker hervortreten als später, jedoch niemals ganz verlorengehen, da sie sich mit christlichem Denken verbinden. Germanischen Ursprungs war die Vorstellung, die Königsfamilie stamme von göttlichen Mächten ab, so daß im König eine göttliche Kraft, das Königsheil, wirkt. Die Person des Königs gewährleistet daher Wohlergehen im Frieden, Sieg im Kriege und

Fruchtbarkeit von Land und Vieh. Daß der König daher seine Herrschaft mit einem rituellen Umritt im Lande beginnt, ist begreiflich – ebenso aber auch, daß ihm Mißerfolg und Unglück angelastet werden. Das kann seine rituelle Tötung, Verbannung, in christlicher Zeit auch Einweisung in ein Kloster zur Folge haben *("Königsopfer")*. Wenn Elemente dieses „heidnischen" Königsgedankens noch lange lebendig bleiben und selbst während des Mittelalters immer wieder zutage treten, dann liegt der Grund in fundamentalen Gemeinsamkeiten des alten religiösen Weltbildes, in welches auch das Christentum jener Zeit einzuordnen ist. Selbstverständlich schickt im Kriege Gott den Sieg, freilich *„nicht durch die Wahngestalt der Göttin Victoria, sondern durch seinen Engel"*, wie der viel gelesene Augustinus sagt: *„Sein Ratschluß kann dunkel sein, unbillig kann er nicht sein"* (Der Gottesstaat Buch IV Kap. 17). Diese Überzeugung, daß Gott durch die handelnden Personen in der Geschichte wirkt und umgekehrt am Lauf der Geschichte Gottes Handeln ablesbar ist, beherrscht das Denken während des ganzen Mittelalters und darüber hinaus.

Die Herrschaftsfähigkeit des merowingischen Königshauses war in der zweiten Hälfte des 7. Jahrhunderts infolge internen Streites so weitgehend reduziert, daß die wahren Träger der politischen Macht, die Hausmeier (u. I.4), daran denken konnten, selbst die Königswürde zu übernehmen. Dem Volk aber begreiflich zu machen, daß von der Königssippe des Reichsgründers kein Heil mehr ausgehe, ließ sich durch eine politische Aktion allein, einen Beschluß von Adel und Heer etwa, nicht bewerkstelligen. Und so kommt es 751 zu einer Anfrage bei der höchsten Autorität des christlichen Glaubens in Rom, auf welche der Papst antwortet: Es sei besser, jenen König zu nennen, der die Gewalt *(potestas)* habe, als jenen, der ohne königliche Gewalt sei, *„damit die Ordnung nicht verwirrt werde" (ut non conturbaretur ordo)*. Das ist nicht die Entscheidung eines Konflikts, sondern die Feststellung der wirklichen Verhältnisse, denen zufolge der bisherige Hausmeier *Pippin* (751–768) den königlichen Namen verdient. Doch war der Vorgang so brisant, daß Pippin als erster fränkischer König eine geistliche Salbung – durch den päpstlichen Legaten Bonifatius – empfängt. Das noch in heidnischer Vorzeit verwurzelte Sakralkönigtum der Merowinger wird durch ein nicht weniger sakral begründetes Herrschertum der Karolinger im Raum der christlichen Kirche fortgesetzt. Der formelhafte Hinweis auf den Ursprung des Königtums *„von Gottes Gnaden" (Dei gratia)* wird in dieser Zeit geboren.

2. Die Königswahl

Die Zugehörigkeit zu einer Königssippe allein vermittelte in der Regel jedoch die Königswürde ebensowenig wie fortan das kirchliche Ritual der Salbung. Es war in irgendeiner Form die Mitwirkung des Volkes oder doch der „Großen", also der für das Volk sprechenden Adeligen, erforderlich – ein Vorgang, den wir herkömmlicherweise Königswahl nennen. So fand auch vor der Salbung Pippins im Jahre 751 eine in den Quellen wirklich so genannte „Wahl" *(electio)* statt, die sich bei näherem Hinsehen jedoch als die Huldigung der Ersten des Volkes *(subiectio principum)* entpuppt. Akklamationen und nachfolgende Huldigungen von Adel und Volk, zur Zeit der älteren Merowinger in der Form der Schilderhebung, gehören zum Ritual der Königserhebung. Die Söhne Pippins, Karlmann (gest. 771) und Karl der Große (gest. 814), wurden 768 zu Königen „gewählt", obwohl an ihrer Nachfolge nicht der geringste Zweifel bestehen konnte.

Aber es gab auch Königswahlen, in denen echte Entscheidungen zu treffen waren. Das Verständnis dieser Fälle wird durch die moderne Rechtslogik ungemein erschwert. Die Wahl als rationales Verfahren erscheint mit dem erbrechtlichen Anspruch auf die Krone, welcher aus der Zugehörigkeit zur Königsfamilie folgen muß, unvereinbar. Dieser Widerstreit der Prinzipien, der sich während des Mittelalters noch lange beobachten läßt, hat die Forschung ebenso angeregt wie verwirrt. Als Kaiser *Ludwig der Fromme* (814–840) im Jahre 817 vor der Aufgabe stand, unter seinen drei Söhnen einen kaiserlichen Mitregenten und Nachfolger zu erwählen, soll sich in der einhellig vom Volke mitgetragenen Entscheidung zugunsten Lothars Gottes Wille gezeigt haben. Ebenso werden von den Quellen des 9. Jahrhunderts andere Wahlvorgänge dieser Zeit beurteilt. Darin kommt weder eine spezifisch christliche Frömmigkeit noch eine besondere Einflußnahme des Klerus zum Ausdruck, wie vermutet wurde. Die Frage, wie die Abstammung von einer geheiligten Königssippe mit einem Wahlvorgang zu vereinbaren ist, stellte sich auch für die nichtchristlichen germanischen Stämme. Dort aber wurde die Wahl im Rahmen der Thingversammlung vollzogen, die ihrerseits als eine sakrale Institution galt. Nicht anders haben wir uns die Dinge bei den christlichen Franken vorzustellen. „*Das Volk ... möge wählen, wen der Herr will*", heißt es, um die Aufteilung des Reiches unter den Enkelsöhnen zu verhindern, in einem Fundamentalgesetz Ludwigs des Frommen (Ordinatio imperii von 817, MGH Cap. I. Nr. 136 cap. 14). So etwa muß gedacht haben, wer Rationales und Irrationales, Wahl und Königsheil, miteinander zu verbinden wußte. Der Wahlvorgang diente also dazu, den von Gott ausersehenen Nachfolger festzustellen. Dieser aber ist nicht zuletzt an seiner persönlichen Eignung erkennbar.

3. Aufgaben des Königtums

Die Aufgaben des königlichen Amtes lassen sich ebenso knapp wie quellentreu mit den Begriffen *Frieden* und *Recht* charakterisieren. Kaiser Ludwig der Fromme hat 823/25 ein Gesetz erlassen, nach welchem bei der Regierung des Reiches vor allem drei Dinge zu bewahren sind: die angemessene Verteidigung, Erhabenheit und Ehre der heiligen Kirche Gottes und ihrer Diener und Frieden und Rechtsschutz für die Gesamtheit des Volkes (*ut tria specialiter capitula ... in huius regni administratione specialiter conserventur: id est ut defensio et exaltatio et honor sanctae Dei ecclesiae et servorum illius congruus maneat et pax et iustitia in omni generalitate populi nostri conservetur*). Solche Begriffe haben in den königlichen Verlautbarungen des 8. und 9. Jahrhunderts, insbesondere auch in denen Karls des Großen, jedoch nicht jenen pathetischen Klang, den wir heute wahrnehmen. Der König hat vielmehr höchst konkret dafür zu sorgen, daß die Menschen nicht zu gewalttätiger Selbsthilfe greifen und Rechte einzelner nicht willkürlich verletzt werden. Die Schutzlosen, Kirchen und Kleriker, Witwen und Waisen, kommen daher in den Befehlen des Königs besonders häufig vor. Aber es geht in einer Gesellschaft, die sich erst seit wenigen Generationen eine Art staatlicher Organisation gegeben hat, ganz generell darum, die Menschen an die friedliche Konfliktlösung im Gericht als reguläre Form der Streitbewältigung zu gewöhnen. Der König ist daher in erster Linie *Richter*. Auch die lebhafte Gesetzgebungstätigkeit der Karolinger ist diesem zentralen Aufgabenbereich untergeordnet. Gesetzgebung im Sinne einer gezielten Fortentwicklung der Gesellschaft liegt dieser Zeit noch ganz fern, da die Welt mit ihren natürlichen und sozialen Ordnungen statisch gedacht wird. Es kommt daher nur darauf an, den Störungen dieser Ordnung zu begegnen.

4. Das Kaisertum

Ob und inwiefern mit dem Erwerb der Kaiserwürde durch Karl den Großen das Amtsverständnis oder gar die Regierungspraxis der fränkischen Herrscher Änderungen erfahren hat, ist eine nicht leicht zu beantwortende Frage. Der *Krönungsakt* in Rom am Weihnachtstage des Jahres 800 hat in Hinblick auf die weitreichenden Folgen dieser Wiederbelebung des westlichen Kaisertums, aber auch wegen einer hochkomplizierten Quellenlage, einen umfänglichen, selbst heute noch nicht abgeschlossenen wissenschaftlichen Disput zur Folge gehabt. Als Ergebnis zeichnet sich auch hier ein hohes Maß römisch-fränkischer Kontinuität ab. Die Annahme der Kaiserwürde durch den fränkischen König macht gleichsam schlagartig deutlich, daß für den spätantik-frühmittelalterlichen Zeitgenossen des 5. bis 9. Jahrhunderts das römische Reich wirklich weiterbestand. Zwar gab es seit 476 im Westen keinen eigenen Kaiser mehr. Doch hat dieser Umstand erst die Geschichtsschreiber viel späterer Zeiten zur Annahme einer Epochengrenze veranlaßt. Für die Zeit zwischen 476 und 800 sind über ein Dutzend Versuche gezählt worden, das westliche Kaisertum wiederzuerrichten – nicht verwunderlich, da doch auch das Ostreich fortbestand. Dennoch ist es kaum ein Zufall, daß Karl der Große dem Kaisergedanken zu einer Zeit nähertritt, da in Ostrom erstmals eine Frau regiert. In fränkischen Quellen wird die Annahme der Kaiserwürde mit der Herrschaft des Frankenkönigs über die Stadt Rom und die übrigen alten kaiserlichen Sitze in Italien, Gallien und Germanien begründet. Wer diese „*potestas*" hat, soll auch den Namen eines „*Imperators*" tragen. Eine genauere Analyse des *Kaisertitels* hat gezeigt, daß Karl wohlüberlegt jene Formel aufgriff und als Kernstück der von ihm verwendeten Titulatur einfügte, die von den römischen Kaisern auf dem Boden Italiens benutzt worden war: „*imperator Romanum gubernans imperium*", d. h. als Kaiser regiert er das römische Reich. – Die Quellen wissen von dem Unwillen Karls über die Krönung durch den Papst zu berichten, dessen politische Vorstellungen von jenen des Franken gewiß abwichen. Der ganze Vorgang hat ältere antike Vorbilder und Parallelen im oströmischen Reich, wo die Patriarchen von Konstantinopel die Kaiserkrönung vornahmen. Karl konnte also nicht wirklich überrascht sein. Vielleicht gefiel ihm die Form der Kaisererhebung nicht, hat er doch ein Jahr vor seinem Tode den Kaisertitel auf seinen Sohn übertragen lassen nur durch Mitwirkung der Großen des Reiches. Aber die imperiale Würde selbst hat er zweifellos akzeptiert.

5. Teilungen des Reiches

Das fränkische Reich ist im *Vertrag von Verdun 843* endgültig geteilt worden. Es erscheint freilich schon lange vorher als ein zusammengesetztes Gebilde, das nur zeitweise unter starken Herrschern vereinigt, öfter aber unter Söhnen und Brüdern aufgegliedert und aufgeteilt wird. Eine adäquate Beurteilung dieser Reichsteilungen ist wiederum aus methodischen Gründen schwierig, weil der moderne Jurist die Vorgänge nur unter dem Gesichtspunkt der gewonnenen oder verlorenen staatlichen Einheit oder unter dem privatrechtlichen Aspekt des Erbrechts zu würdigen vermag. Sicher deutet die Teilungspraxis zunächst einmal darauf hin, daß Herrschaftsdenken und Reichsidee der Franken nicht mit dem Staatsbegriff der neuesten Zeit übereinstimmen. Das alte Königtum ist schon wegen der besonderen Qualität seines Trägers eine sehr persönliche Form der Herrschaft, die durch Dezentralisierung eher gewinnt als verliert. Daher ist nicht unbegründet angenommen worden, die Reichsteilungen hätten jedenfalls ursprünglich mit der Vermittlung des Königsheils zu tun, wobei erbrechtliches Denken gewiß und ununterscheidbar hineinspielt. So liegen die Dinge wohl 511 nach dem Tode Chlodwigs, als ihm seine Söhne in vier annähernd gleichwertige Teilreiche, denen Königssitze jeweils im nordgallischen Kerngebiet des Reiches zugeordnet waren, nachfolgten. Bald zeichnen sich jedoch innerhalb des Reiches Länder mit eigenem kulturellen Profil ab, wie *Aquitanien, Westfranken (Neustrien)* und *Ostfranken (Austrasien)*, welche auch in den späteren Teilungsprojekten der Merowingerzeit Berücksichtigung finden. Die Entwicklung läuft freilich nicht geradlinig auf die Selbständigkeit der genannten Reichsteile zu. 687 ist das ganze Frankenreich wieder unter einem Herrscher als Repräsentanten des merowingischen Hauses vereint, wenn auch mit kräftiger Nachhilfe des Hausmeiers (u. II.2). Karl der Große andererseits hat 806 für die drei damals lebenden erbberechtigten Söhne eine Teilungsregelung mit willkürlichen Grenzziehungen getroffen. Doch sollte das Kernstück des Reiches, der traditionelle Raum des fränkischen Königtums (das *regnum*), ungeteilt bleiben. Ein solcher Teilungsplan läßt sich nur bedingt als erbrechtlich qualifizieren. Wäre dies das tragende Motiv, dann hätte man die weitere Aufteilung in der Enkelgeneration ins Auge fassen müssen. Genau das haben aber sowohl Karl der Große wie Ludwig der Fromme ausdrücklich untersagt. Die Beteiligten sehen im Herrschaftsobjekt noch nicht ein privatrechtliches Vermögenssubstrat. Sie denken wohl eher an die räumlichen Grenzen, welche der Herrschaft eines einzelnen gesetzt sind, und erst dann an die Gleichbehandlung der Söhne. Als „*hierarchische Zwischengewalten*", nicht als institutionalisiertes Unterkönigtum, hat man die Herrschaft der Söhne bezeichnet (*B. Kasten*). Nur die ungewöhnliche Gestalt Karls des Großen vermochte das riesige Reich einem Willen zu unterwerfen. Schließlich ist auch hier daran zu erinnern, daß die Regionalisierung der Reichsgewalt und die Einsetzung von Unterkönigen in der Spätantike eine geläufige Erscheinung war.

II. Verfassungsstrukturen

1. Der personale Charakter der Herrschaftsbeziehungen

Über die Reichsstruktur und die Verfassungsinstitutionen unter den fränkischen Herrschern geben kompakte Quellenüberlieferungen Auskunft. Doch besteht keine Einigkeit darüber, was sie uns zu sagen haben. Auf diesem Felde besonders sind die methodischen Probleme der Verfassungsgeschichtsschreibung ausgetragen worden, von denen eingangs die Rede war (o. § 2). Auszugehen ist von der heute nicht mehr umstrittenen Prämisse, daß der fränkischen Zeit die transpersonale Staatsidee, der Gedanke einer abstrakten juristischen Staatsperson, noch fremd war. Es gibt Herren, Diener, Knechte und Sklaven, Adel, Bauern und Kleriker, dazu Kaufleute und Juden, die zum König in sehr verschiedenartigen, direkten oder durch andere Personen vermittelten personalen Herrschaftsbeziehungen stehen. Es gibt keine gleichförmige staatliche Untertänigkeit. Der Überblick wird ferner durch die ethnische Vielfalt im Reiche erschwert. Denn sie ist offenbar verantwortlich für wesentliche Unterschiede in der verfassungsrechtlichen Substruktur. Es sind daher regionale Besonderheiten beobachtet worden, und trotz der egalisierend wirkenden

Gesetzgebung (u. III.2) ist stets mit ihnen zu rechnen. Lautet die eine Frage, wie das fränkische Herrschaftssystem kategorial zu begreifen ist – wenn nicht als Staat, als was sonst? –, so ist die Antwort nicht minder schwierig auf die weitere Frage: In welchem Umfang konnte es in der geschichtlichen Realität durchgesetzt werden?

2. Der königliche Hof

Der königliche Hof war einfach organisiert. Es existiert noch keine zentrale Regierung mit aufgefächerten Kompetenzen. Die sakrale Grundlage der Königswürde zwingt den jeweiligen Herrscher, seine Aufgaben möglichst persönlich wahrzunehmen. Diesem Prinzip sind in einem Großreich allerdings natürliche Grenzen gesetzt. Und so überrascht es nicht, daß gerade am fränkischen Hofe frühzeitig schon unter den Merowingern in Gestalt des *Pfalzgrafen (comes palatini)* ein Amtsträger in Erscheinung tritt, der die Verhandlungen im *Königsgericht* leitet. In karolingischer Zeit obliegt ihm diese Aufgabe selbständig in Vertretung des Königs, soweit es nicht um Streitsachen hochgestellter Personen geht. Die größere politische Bedeutung kam jedoch dem *Hausmeier (maior domus)* zu. Ihm oblag die Aufsicht über die königliche Haushaltung und umfaßte dabei auch so wichtige Bereiche wie die *Kanzlei* und den Besucherverkehr, so daß die Inhaber dieses Amtes als „Erste" der Franken *(principes Francorum)* oder „Unterkönige" *(subreguli)* bezeichnet wurden. Als Pippin seine Hausmeierstellung gegen das Königtum eingetauscht hatte (o. I.1), verzichtete er bezeichnenderweise darauf, den Posten erneut zu besetzen. Die königlichen Angelegenheiten am Hofe konnten auch von weniger umfassend bevollmächtigten Amtsträgern erledigt werden. Schon in der Merowingerzeit tritt ein besonderer *Schatzmeister (thesaurarius)* auf, der unter den Karolingern meist *Kämmerer (camerarius)* heißt und eine bis zum Ende des Mittelalters reichende Amtstradition begründete. Von gleichfalls zukunftsweisender Bedeutung erwies sich das Amt des *Truchseß (dapifer)*, der für die Verpflegung des Hofes zu sorgen hatte und in späterer Zeit Einfluß auf das Finanzwesen gewinnt. In ganz subalternen Funktionen erscheint noch der *Marschall (comes stabuli)*, desgleichen der *Schenke (princeps pincernarum)*, neben denen sich weitere Amtsträger, z. B. ein oberster *Türwart*, gut behaupten können. Es hat deshalb wenig Sinn, gerade den vier erstgenannten, im ferneren Mittelalter bedeutenden Hausämtern schon für die fränkische Zeit einen besonderen Rang zuzuweisen und für sie gemeingermanische Wurzeln in Anspruch zu nehmen. Die höfischen Organisationsstrukturen sind noch lange in ständigem Fluß, weil sie in besonderem Maße von den persönlichen Beziehungen zwischen dem jeweiligen Herrscher und den einzelnen Amtsinhabern bestimmt werden. Erwähnt zu werden verdient, daß am Hofe auch Personen hohen Ranges weilen, denen keine bestimmten Aufgabenbereiche zugewiesen sind. Sie tragen den aus römischer Zeit übernommenen Titel „comes" (o. § 4 II.1), wozu der auch überlieferte Name „comitatus" (etwa: „Begleitung") für den Hofstaat paßt.

3. Herzöge und Markgrafen

Unter den regionalen Würdenträgern der fränkischen Zeit sind die Herzöge *(dux)* an erster Stelle zu nennen. Sie treten an der Spitze größerer Siedlungsräume oder Stammesverbände in Erscheinung und können als Oberhaupt von Völkern außerhalb der Reichsgrenzen genausogut „König" genannt werden. Sie neigen zur Usurpation eines Königtums selbst innerhalb des Reiches, soweit ihnen die fränki-

§ 5. Das fränkische Königtum und die Kaiserwürde Karls des Großen   31

schen Herrscher eine solche Stellung überhaupt belassen haben. Bei den schon im 6. Jahrhundert unterworfenen Alemannen kommen Amtsherzöge vor, mit fließenden Grenzen zwischen Amtsauftrag und eigenem Herrschaftsanspruch, königliche Beauftragte auch in Bayern zur Karolingerzeit. Die im 6. Jahrhundert entmachteten Herzöge von Thüringen und die von Karl d. Gr. besiegten sächsischen und friesischen Stammesführer erhielten im Frankenreich dagegen zunächst keine vom König eingesetzten Nachfolger mehr. Ein Amtsherzogtum als durchgängige Regionalstruktur hat es im Reiche nicht gegeben (u. § 7 II.3). – Eine selbständige Stellung nahmen aus anderen Gründen oft die Markgrafen ein, deren Titel (*marchio*) mit dem eines Herzogs oder auch Grafen wechseln kann. Sie hatten an den Grenzen des Reiches besonders ausgeprägte Befehlsbefugnisse. Diese Marken werden gewöhnlich nach den angrenzenden Gebieten benannt, so daß von einer dänischen, wendischen, spanischen, bretonischen Mark und anderen die Rede ist. Einige dieser Gebiete gewinnen später im Reich große Bedeutung: die baierische Ostmark und die Mark Meißen.

4. Grafschaften

Anders verhält es sich mit den Grafschaften. In königlichem Auftrag tätige Grafen sind aus fast allen Teilen des Reiches bekannt. Bis zur Mitte des 8. Jahrhunderts lassen sich noch zwei Ämter mit verschiedenen regionalen Schwerpunkten erkennen. Dem mittel- und südgallischen *comes* steht der nord- und ostfränkische *grafio* gegenüber. Der eine geht aus den Resten der spätrömischen Verwaltung hervor, für den anderen sind fränkische Wurzeln anzunehmen. Beide indessen verfügen über militärische Machtmittel, beide dienen damit auch der Gerichtsbarkeit. Daher verschmelzen die Titel und Stellungen. Besonders unter dem Königtum Karls des Großen verkörpern die Grafen den königlichen Machtanspruch und die königliche Gewalt, indem sie für die Erhaltung des Königsgutes Sorge tragen, die zur Heeresfolge Verpflichteten aufbieten, sich um die Wahrung des Friedens und die Durchführung der königlichen Gesetze bemühen, den Königsschutz üben und jetzt vor allem auch Gericht abhalten (u. III.1).

Über die verfassungsrechtliche Stellung der Grafen besteht in der Forschung keine Einigkeit. Während einerseits der Amtscharakter ihrer Position behauptet wird, gilt anderen der Graf nur als Repräsentant der Königsherrschaft auf dem Königsgut selbst. Eng damit zusammen hängt die Frage, ob es im Frankenreich „*Gemeinfreie*" unter königlichen Beamten außerhalb aller regionalen Herrschaftsbeziehungen gegeben hat oder ob die in den Quellen bezeugten Freien stets nur als „*Königsfreie*", d. h. als Siedler auf Königsgut, anzusprechen sind. Keine der beiden Thesen befriedigt. Der Freiheitsbegriff jener Zeit dürfte von der römisch-rechtlichen Alternative liber-servus (Sklave) geprägt und daher offen für verschiedenartige ständische Ausprägungen gewesen sein.

Für die verfassungsgeschichtliche Beurteilung der Grafen ist die Beobachtung entscheidend, daß sie in den Quellen nicht als „*Beamte*" (*officiati*), sondern als „*Diener*" (*ministri*) bezeichnet werden und daß die Quellenlage auch gestattet, diesen Begriff der Dienerschaft näher zu interpretieren. Bis zum Beginn der Regierungszeit Karls des Großen werden – vom Klerus abgesehen – nur Subalterne, wie persönliche Diener eines Herrn oder Helfer eines Grafen, als *ministri* bezeichnet. Der Sprachgebrauch ändert sich unvermittelt unter dem kräftigen Regiment des bedeutendsten Frankenherrschers. Nun heißen auch Grafen und Herzöge Diener des Königs und ihr Tätigkeitsbereich erhält zuweilen den Namen *ministerium*. Dieser der Forschung längst bekannte, aber wenig beachtete Quellenbefund legt eine Schlußfolgerung zwingend nahe: Auch die Inhaber der hohen Würden eines Herzogs oder Grafen stehen gegenüber dem König in einem ähnlich strikten Unterwerfungs- und Gehorsamsverhältnis wie der untergeordnete Gehilfe und Hausdiener. Können beide als Diener des Königs bezeichnet werden, dann ist dieser „*Dienst*" aber doch nicht identisch mit einem „*Amt*" in unserem Sinne, mag auch der Amtsgedanke als ein theoretisches Modell hier und dort schon in das Bewußtsein getreten sein; Realität in den weltlichen Verfassungsstrukturen gewinnt er erst sehr viel später (u. § 13 II.2). Nimmt man aber den Quellenbefund, die Charakterisierung der Grafen als Diener, wirklich ernst, dann bietet er eine Möglichkeit, die scheinbar so perfekte Staatlichkeit des fränkischen Reiches unter Karl dem Großen zu verstehen. Was uns als wohlgegliedertes Ämterwesen erscheint, ist in Wirklichkeit eine gut durchdachte Organisation der königlichen Dienerschaft, die auf allen sozialen Stufen durch das Charisma einer ungewöhnlichen Herrscherpersönlichkeit zum Gehorsam gezwungen wird. So erklärt sich auch, daß unter den schwächeren Nachfolgern Karls dieses Organisationssystem rasch zerfällt und die Grafen weniger als königliche Diener denn als adelige Herren in Erscheinung treten. Auch der Titel eines „*comes*" trägt diese Interpretation. Bei wörtlicher Übersetzung sind so bezeichnete Personen „*Begleiter*" zu nennen. Wenn ein solcher Begriff aber durchgängig für eine so hoch gestellte Person wie einen Grafen Verwendung gefunden hat, dann muß es ein Bewußtsein für den persönlichen Charakter der Rechtsbeziehungen zwischen Graf und König gegeben haben, das sich mit dem Amtsgedanken schwer verträgt. – Nach dem Regierungsantritt Kaiser Ludwigs des Frommen wurde schließlich die Aufgabe selbst als ein in Verantwortung vor Gott zu leistender „Dienst" bezeichnet, an welchem Bischöfe und Grafen teilhaben (MGH Cap. I Nr. 150).

5. Königsboten

Das weiträumige Reich Karls des Großen den Befehlen des Königs zu unterwerfen, stellte ein schwieriges organisatorisches Problem dar, welches der Herrscher mit der dauernden Beauftragung von Königsboten *(missi dominici)* zu lösen versuchte. Dazu wurden bevorzugt Personen adliger Herkunft herangezogen, deren Aufgabe es war, in den einzelnen Regionen des Reiches Beschwerden entgegenzunehmen, selbst Gericht zu halten, königliche Dienstleute und Kirchen zu kontrollieren, für die Befolgung der königlichen Gesetze Sorge zu tragen. Die Königsboten sind gleichsam der reinste Ausdruck der karolingischen Dienst- und Befehlsordnung. Nach dem Tode Karls des Großen verlieren sich ihre Spuren daher rasch.

6. Kirchliche Immunitäten

Besondere Bedeutung für die verfassungsrechtliche Struktur des Reiches gewannen die Bischofskirchen und große Abteien mit weitreichendem Grundbesitz, denen die Könige durch Privileg die Rechtsstellung der Immunität verliehen hatten. Damit wurde einerseits die Gerichtsbarkeit der Grafen im Immunitätsgebiet aufgehoben und die Vollziehung anderer Hoheitsakte untersagt, andererseits aber den Kirchen eine eigene Gerichtsherrschaft eingeräumt, die sie durch weltliche *Vögte* ausübten. Häufig wird auch die Gewährleistung der inneren Ordnung eines Klosters versprochen, z. B. die Sicherstellung der freien Abtwahl und der wirtschaftlichen Unabhängigkeit. Das Ziel der Immunitätsprivilegien ist, die kirchlichen Institutionen vor dem Beherrschungswillen des örtlichen Adels zu schützen. Und da dieser die Grafenrechte innehat, werden die Immunitätskirchen durch die ihnen erteilten Privilegien dem Königtum nicht entfremdet, sondern im Gegenteil enger an das Reichsoberhaupt gebunden. *Ludwig der Fromme* hat daher ganz konsequent die Immunität mit der Verleihung des *Königsschutzes* verbunden. So entsteht mit bedeutenden Siedlungszentren und Grundherrschaften unter geistlichem Regiment eine dem Königtum dauerhaft verbundene Reichskirche, die sich in besonderer Weise auch der Kirchenreform widmet.

7. Das Lehnswesen

Zu einem wichtigen Herrschaftselement entwickelt sich in karolingischer Zeit das Lehnswesen. Ursprünglich standen den fränkischen Königen nur *Gefolgschaften* zur Seite, die sich einem Herrn für ein lebensnotwendiges Auskommen zu Dienst und Gehorsam unterwarfen. Die Eroberungen eines Chlodwig wurden wohl mit solchen Gefolgsleuten bewerkstelligt, und sie spielen eine nicht minder wichtige Rolle in den merowingischen Bruderkriegen des 6. und 7. Jahrhunderts. Doch tritt allmählich eine Sublimierung der zwischen Herr und Gefolgsmann bestehenden Rechtsbeziehungen ein. Auch der Herr ist durch Pflichten gebunden, so daß der Gefolgsmann notfalls den Gehorsam aufkündigen und zum Widerstand berechtigt sein kann. Diese nun so genannte *Vasallität* verbindet sich mit einem güterrechtlichen, dinglichen Geschäft. Der Vasall wird für seinen Dienst mit einem Gut, dem *beneficium* ausgestattet. Der Lehnsherr vermag sich auf diese Weise die Dienste des Lehnsmannes auf Dauer zu sichern. Ist das Lehnsgut umfangreich genug, wie bei adeligen Lehnsleuten nicht selten, so kann es weiter aufgeteilt und an Aftervasallen vergeben werden. Die Karolinger haben das Rechtsinstitut der Vasallität konsequent genutzt, um die Unterstützung des Königtums durch ein weitgespanntes Netz königlicher Lehnsleute sicherzustellen. Damit war freilich auch eine Stärkung des lokalen Adels verbunden, in dessen Familien sich die Erblichkeit der Lehen noch während des 9. Jahrhunderts durchsetzt.

III. Elemente der Herrschaftspraxis

1. Recht, Gericht und Rechtsaufzeichnungen

Das herrschaftliche Handeln der fränkischen Könige, ihre innere Politik gleichsam, ist im wesentlichen durch die zentralen Stichworte ihres Selbstverständnisses bestimmt: Wahrung von Frieden und Recht, Schutz der Kirchen und Schwachen. Den letzteren dient die Institution des *Königsschutzes* (o. I.3 u. II.6). Den inneren Frieden der Rechtsgemeinschaft aber muß die *Gerichtsbarkeit* gewährleisten, welcher daher die besondere Aufmerksamkeit der fränkischen Herrscher gilt. So erklärt sich auch die relativ große Zahl jener Gesetzgebungswerke, deren Charakter mit dem geläufigen Begriff „*Volksrechte*" nur unvollkommen getroffen wird (o. § 4 II.2). Den fränkischen Herrschern mußte daran liegen, die gewaltige Selbsthilfe im Wege der Fehde zurückzudrängen. Dazu war ein attraktives Gerichtswesen, das Ehrverlust und materiellen Schaden in gehöriger Weise auszugleichen versprach, am ehesten in der Lage. Schon der Reichsgründer Chlodwig ließ daher im frühen 6. Jahrhundert in der *Lex Salica* detaillierte Regelungen über die im Streitfall vom Gericht festzusetzenden Ausgleichsleistungen schriftlich fixieren. Obwohl wir uns heute die „Anwendung" solcher Gesetze in Gerichten, deren Verfahren ein rein mündliches war, schwer vorstellen können, muß diese Gesetzgebungspolitik erfolgreich gewesen sein. Denn unter den späten Merowingern kommen ähnliche Gesetze für Austrasien *(Lex Ribuaria)*, für die *Alemannen (Pactus Legis Alamannorum* und *Lex Alamannorum)* und die *Bayern (Lex Baiuvariorum)* hinzu. Eine genauere Datierung der etwa im 7. und 8. Jahrhundert entstandenen Texte ist nicht möglich. Auch Karl der Große hat diese Gesetzgebungspolitik im frühen 9. Jahrhundert mit Rechtsaufzeichnungen für die *Sachsen (Lex Saxonum)*, die *Thüringer (Lex Thuringorum)* und die *Friesen (Lex Frisionum)* fortgesetzt und auch Ergänzungen älterer Volksrechte beschließen lassen *(capitularia legibus addenda)*. Er reformierte darüber hinaus das Gerichtswesen durch die Einführung einer *Schöffenverfassung*. Danach hatte der im fränkischen Prozeß nur verfahrensleitende königliche Richter, der Graf etwa, das Urteil nicht aus dem Kreise des Gerichtsvolkes, sondern von den Schöffen zu erfragen, die diese Aufgabe ständig wahrnahmen. Auf diese Weise wurde ohne Zweifel die Bildung kontinuierlicher Rechtsprechungstraditionen und damit die Rechtssicherheit gefördert. Die Schöffenverfassung prägte das deutsche Gerichtswesen während des ganzen Mittelalters.

2. Die Kapitularien

Ein anderer, von der Wissenschaft vieldiskutierter Gesetzgebungstyp begegnet uns in Gestalt der Kapitularien. Sie dienten dazu, die weltlichen Herrschaftsverhältnisse zu ordnen, wie das Gerichtswesen, das Heer, das Münzwesen, aber auch die Verwaltung der königlichen Güter zu organisieren, Mißstände zu beheben, die Pflichten gegenüber dem König einzuschärfen. Die Gesetzgebung der fränkischen Zeit hat dagegen noch nicht zum Ziel, sozial gestaltend in die überkommenen Lebensgewohnheiten einzugreifen, soweit dies nicht die christliche Mission erfordert. Kirchliche Angelegenheiten bilden daher einen weiteren Schwerpunkt der Kapitularien. Doch war die Aufgabe der Christianisierung nicht mit dem grobschlächtigen Mittel der Gesetzgebung zu bewältigen. Über die hier erforderlichen Schritte, über Klerus, kirchliche Institutionen und Kirchenvolk, wurde in einer Reihe von *Reichssynoden* beraten, die 511 in Orleans ihren Anfang nahm und ihren Höhepunkt unter Karl dem Großen fand.

Besonders schwierig ist es, das Zustandekommen, den Erlaß und die Geltung der Kapitularien nachzuvollziehen. Das hängt teilweise mit der ungünstigen Überlieferung zusammen, da die Texte nicht in „amtlicher" Form, sondern in späteren Sammlungen auf uns gekommen sind. Man muß sich aber auch vorstellen, daß mit der Gesetzgebung die „richtige" Ordnung der Gesellschaft hergestellt (o. I.3) werden sollte, mithin die Autorität der Texte auf ihrer „sachlichen Authentizität" beruhte *(Hubert Mordek)*. Die moderne Forschung betont heute mit dem Hinweis auf die Beteiligung von „Volk" und Getreuen den Konsenscharakter dieser Art von Rechtssetzung. Immerhin hat Karl der Große die meisten seiner Kapitularien erst nach der Kaiserkrönung erlassen, offenbar im Bewußtsein seiner Gesetzgebungsmacht.

2. Kapitel. Höhepunkt und Zerfall weltlich-kirchlicher Herrschaftseinheit (843–1137)

§ 6. Vom ostfränkischen zum deutschen Reich

Quellen: *A. Borst* u. *J. Fleckenstein* (Hrsg.), Politische Verträge (o. § 5).
Schrifttum: *H. Beumann*, Regnum Teutonicum und rex Teutonicus in ottonischer und salischer Zeit, AfKuG 55 (1973) 215 ff.; *ders.*, Die Bedeutung des Kaisertums für die Entstehung der dt. Nation im Spiegel der Bezeichnungen von Reich und Herrscher, in: Aspekte der Nationenbildung im Mittelalter (Nationes 1), 1978, 317 ff.; *C. Brühl*, Die Anfänge der deutschen Geschichte (SB d. Wiss. Ges. d. J. W. Goethe-Univ. Frankfurt/Main, 10, 5), 1972, 147 ff.; *ders.*, Deutschland – Frankreich. Die Geburt zweier Völker, 2. Aufl. 1995 (Kurzfassung 2001); *ders.* u. *B. Schneidmüller* (Hrsg.), Beiträge zur mittelalterlichen Reichs- und Nationsbildung in Deutschland und Frankreich, 1997 (HZ, Beih. 24); *W. Eggert*, Das ostfränkisch-deutsche Reich in der Auffassung seiner Zeitgenossen, 1973; *A. Graf Finck v. Finckenstein*, Bischof und Reich. Untersuchungen zum Integrationsprozeß des ottonisch-fränkischen Reiches (919–1056), 1989; *F. Fuchs* u. *P. Schmid* (Hrsg.), Kaiser Arnolf. Das ostfränkische Reich am Ende des 9. Jahrhunderts, 2002 (ZblG Beih. 19); *J. Jarnut*, Ein Treppenwitz? Zur Deutung der Reichsbezeichnung regnum Teutonicorum in den Salzburger Annalen, in: *F.-R. Erkens* (Hrsg.), Von Sacerdotium und Regnum, FS f. E. Boshof, 2002, 313 ff.; *E. Müller-Mertens*, Regnum Teutonicum, 1970; *W. Schlesinger*, Kaiser Arnulf und die Entstehung des deutschen Staates und Volkes, in: *H. Kämpf* (Hrsg.), Die Entstehung des deutschen Reiches (WdF 1), 1956, 94 ff.; *ders.*, Die Grundlagen der deutschen Einheit im frühen Mittelalter, in: *C. Hinrichs* u. *W. Berges* (Hrsg.), Die deutsche Einheit als Problem der europäischen Geschichte, 1960, S. 5 ff. (GWU Beih. ohne Nr.); *G. Tellenbach*, Wann ist das deutsche Reich entstanden?, ebda. 171 ff.; *H. Thomas*, Regnum Teutonicum = Diutiskono Richi?, RhVjbll. 40 (1976) 17 ff.

I. Teilung und Einheit des Frankenreiches

1. Westfranken, Ostfranken, Lotharingien

Der auch den Karolingern seit Karl dem Großen geläufige Gedanke der Reichsteilung (o. § 5 I.5) führt unter den zerstrittenen Söhnen Ludwigs des Frommen, *Lothar I.* (840–855), *Ludwig II., dem Deutschen* (843–876) und *Karl II., dem Kahlen* (843–877), im Vertrag von Verdun 843 zur Bildung von Herrschaftsbereichen, deren Abgrenzungen erstmals die spätere Gestalt Frankreichs und Deutschlands vorausahnen lassen. Und doch hat dieses Vertragswerk zunächst nur eine vergleichsweise bescheidenere Konsequenz: die bleibende Selbständigkeit des west- und ostfränkischen Reiches. Die Schaffung von Nationalstaaten kam damals niemand in den Sinn. Das läßt sich schon an dem ethnisch sehr gemischten Gebilde des von der Nordsee bis Italien gedehnten Mittelreiches Kaiser Lothars ablesen. Und noch deutlicher werden die wirklichen Interessen der Vertragschließenden in der zuvor durchgeführten Bestandsaufnahme königlicher Güter und Rechte offenbar. Es ging vor allem darum, jedem der drei Brüder einen gleichen Anteil an den fränkischen Kernlanden zu sichern. Erbrechtliches Denken spielte daher in der Vorstellungswelt der Beteiligten gewiß eine Rolle. Stellen wir den Vertrag von Verdun aber neben die älteren

Teilungsprojekte, dann erscheint er viel weniger auffällig. Das erbrechtliche Gleichheitspostulat hat nur bewirkt, daß die im Westen und Osten gelegenen Teilkönigreiche erheblich größer ausgefallen sind als in früheren Planungen. Im übrigen sollte das Imperium als Ganzes weiterbestehen, wie die Kaiserwürde Lothars mit der ihm zugewiesenen Residenz Aachen erkennen läßt. In den folgenden Jahrzehnten sind selbst die kriegerischen Auseinandersetzungen zwischen den west- und ostfränkischen Karolingern in vieler Hinsicht ohne die Idee der Reichseinheit nicht zu verstehen. Im Jahre 870 teilen Karl II. und Ludwig II. durch den Vertrag von Meerssen das Mittelreich unter sich auf. Karl III., der Dicke (876–887), jedoch vermag als Kaiser sogar noch einmal für zwei Jahre das ganze Reich in seiner Hand zu vereinigen. Einer solchen Konstellation mußten die Zeitgenossen nicht einmal besondere Beachtung schenken, waren sie doch das Unterkönigtum und die parallele Herrschaft mehrerer Angehöriger des königlichen Hauses seit langem gewohnt. Reichseinheit und Reichsteilung schließen sich in fränkischer Zeit nicht aus.

2. Die Frage nach der „Entstehung des Deutschen Reiches"

Auf diese von der älteren Forschung oft gestellte Frage ist eine einfache Antwort nicht möglich. Man sprach bisher von einem allmählichen Prozeß, der in Verdun begonnen und in der Königskrönung Ottos des Großen 936 seinen Abschluß gefunden habe. Doch gibt es in Wahrheit keine Zäsur, kein äußeres Ereignis, welches schon den Zeitgenossen den Beginn einer neuen verfassungsgeschichtlichen Epoche hätte anzeigen können. Die Entstehungsgeschichte des Reiches der Deutschen ist vielmehr die Geschichte eines langsamen Wandels des Selbstverständnisses und einer beginnenden politisch-historischen Reflexion. Die letztere setzt erst sehr spät, in der zweiten Hälfte des 11. Jahrhunderts, ein. Und auch Anzeichen für ein Selbständigkeitsbewußtsein und allmählich entstehendes Zusammengehörigkeitsgefühl der im ostfränkischen Reich vereinigten Stämme sind vorerst nur selten zu erkennen. Im Jahre 887 verliert der kranke Kaiser Karl der Dicke seine Herrschaft, weil der größere Teil des ostfränkischen Adels beschließt, den regierungstüchtigeren illegitimen Karolinger *Arnulf* (887–899) als König anzuerkennen. Nach dieser gemeinsamen Aktion des ostfränkischen Adels bleibt der König während seiner Regierungszeit gegenüber den Vorgängen im Westreich politisch passiv. Doch handelt es sich wohl noch um eine zufällige Konstellation, die eine Entstehung deutschen Eigenbewußtseins vortäuscht, wo wir es in Wirklichkeit nur mit der Begrenztheit der zur Verfügung stehenden Machtmittel zu tun haben. Arnulf, der sich 896 auch zum Kaiser krönen ließ, war vollauf mit der Abwehr der Normanneneinfälle und mit der gefährlichen Nachbarschaft des großmährischen Reiches beschäftigt. Andererseits gelang es ihm nicht, auf Sachsen Einfluß zu nehmen.

Ein Wandel des politischen Denkens scheint erstmals im Jahre 911 vorzuliegen, als die ostfränkischen Großen nach dem Tode des letzten Karolingerherrschers im Ostreich, *Ludwigs IV., des Kindes* (900–911), nicht die westfränkischen Karolinger als legitime Nachfolger im Ostreich anerkennen, sondern mit *Konrad I.* (911–918) einen König aus anderem Hause, wenn auch fränkischer Herkunft, wählen. Doch war ein vorübergehender Dynastiewechsel im Westreich schon vorangegangen, und dies ohne einschneidende verfassungspolitische Folgen. Konrad I. versteht sich ohne Zweifel als ostfränkischer Herrscher, der sogar nochmals vergeblich versuchte, eine unmittelbare Königsherrschaft im Stile der Karolinger durchzusetzen. *Heinrich I.* (919–936), mit welchem der nur mühsam in das Frankenreich eingegliederte sächsische Stamm die Königswürde übernimmt, findet zwar im Ausgleich mit den regionalen Adelsgewalten zu einer Herrschaftsform, die sich mit der karolingischen nicht mehr vergleichen läßt und zukunftsweisend sein sollte (u. § 7 II 2). Doch von der Gründung eines „deutschen Reiches" kann auch jetzt noch keine Rede sein. Heinrich sucht und erreicht 921 die Anerkennung des westfränkischen Königs und heißt dabei selbst nur „*König der Ostfranken*" (*rex Francorum orientalium*). Und die moderne Forschung ist sich auch weitgehend darüber einig, daß Ottos I. (936–973) Königserhebung in Aachen und Kaisertum (962) in diese überkommene ostfränkische Verfassungstradition einzuordnen ist. Nicht nur die Titulatur ändert sich nicht wesentlich (u. § 8 I.1); auch die politische Anteilnahme an den westfränkischen Ereignissen verrät ein noch fortdauerndes Einheitsbewußtsein. Es erlischt erst um die Jahrtausendwende.

II. Das Reich der Deutschen

1. Herrschaftsräume und Einflußzonen

Die Teilung der fränkischen Kerngebiete zwischen Rhein und Loire in das westliche *Neustrien* und das östliche *Austrien* schuf noch keine neuen Staatsgebilde. So wie Neustrien mit dem südlich gelegenen, stärker romanisch geprägten Aquitanien zum späteren Frankreich erst zusammenwachsen mußte, so standen die an Rhein, Mosel und Main siedelnden *Franken* vor der Aufgabe, mit den seit längerem stärker eingebundenen *Alamannen* und den bisher an der Peripherie gelegenen Stammesgebieten der *Bayern* und *Sachsen* ein einziges Königtum zu formen. Im Westen erstreckte sich das Ostreich auf das im Vertrag von Meerssen geteilte (o. I.1), schon 880 unter Ludwig III., dem Jüngeren (876–882), aber wieder vereinigte Herzogtum *Lothringen* mit den Bischofssitzen *Cambrai*, *Metz*, *Toul* und *Verdun*; es verblieb während des ganzen Mittelalters beim Reich. Die Sprachgrenze spielte für die politische Zuordnung hier ebensowenig eine Rolle wie im Nordwesten, wo die *Friesen*, mit dem gesamten Gebiet, das später die Niederlande genannt wurde, einbezogen waren, und im Südwesten, wo sich Hochburgund vom Jura bis zur Rhone ausdehnte.

Im Osten des Reiches gestalteten sich die Herrschaftsverhältnisse vorerst noch schwankend und unterschiedlich. Während im Südosten, auf altem römischen Reichsboden, mit der *Ostmark* an der Donau und der *Steiermark* die Grundlagen für das spätere Österreich geschaffen wurden und 976 *Kärnten* als ein neues Herzogtum mit der Mark *Krain* neben die damaligen Stammesherzogtümer (u. § 7 II.3) trat, konnten zu den slavischen Nachbarn zunächst nur lockere und nicht unbedingt dauerhafte Beziehungen geknüpft werden. Unter Karl dem Großen wurden die *Böhmen*, *Elb-* und *Ostseeslawen* vorübergehend tributpflichtig. Doch erst die Christianisierung ließ engere Bindungen an den deutschen König zu. 845 huldigen tschechische Fürsten König Ludwig dem Deutschen und in Hinblick auf die Ungarngefahr erneut 895 König Arnulf; 973 wird das Bistum Prag als Suffragan des Erzbistums Mainz errichtet. Im 10. Jahrhundert dehnt sich die deutsche Herrschaft auf die Mark *Niederlausitz* aus. Das Land östlich der Mittelelbe bleibt vorerst heidnische Wildnis.

2. Benennung und Selbstwahrnehmung

Die Schwierigkeit, das noch wenig homogene ostfränkische Reich nach einer unbestimmten Übergangszeit als ein „deutsches" deuten zu müssen, beruht wesentlich auf der spätgermanisch-frühdeutschen Stammesgeschichte und der damit zusammenhängenden Wortgeschichte des Volksnamens „deutsch". Gründliche Untersuchungen haben gezeigt, daß die später im deutschen Reich vereinigten *Stämme* der Franken, Alemannen, Bayern und Sachsen keine natürlichen, aus gleicher Abstammung hervorgegangenen Einheiten darstellen und sich schon gar nicht von Anfang an in besonderer Weise miteinander verbunden fühlten. Die deutschen Stämme haben sich unter dem Einfluß verschiedener Faktoren, vor allem kriegerischer Bedrohungen und Bewegungen, allmählich aus einer größeren Vielfalt kleinerer ethnischer Gruppen entwickelt und die Gestalt politischer Verbände gewonnen. Ihre Beziehungen untereinander sind zunächst nicht enger und nicht feindseliger als zu anderen germanischen Völkerschaften auch. In Nordgallien, wo sich Franken und Romanen begegnen, kommt etwa um 700 das Wort *theodisca* als Bezeichnung für die Sprache der Germanen auf. Der spätere Volksbegriff „deutsch" (im 9. Jahrhundert: teutonica) dient für Jahrhunderte der Kennzeichnung des germanischen Sprachkreises, welcher sich mit dem Ostreich nicht deckt. Erste, wirklich zweifelsfrei gesicherte Belege für die Begriffe *„ deutsches Reich"* oder *„Reich der Deutschen"* (regnum Teutonicum, regnum Teutonicorum) finden sich außerhalb Deutschlands am Anfang des 11. Jahrhunderts, in Deutschland selbst erst im letzten Viertel des 12. Jahrhunderts. Seit dieser Zeit, die sich vielleicht nicht zufällig mit der des Investiturstreites (u. § 8 III) deckt, wird über das Reich der Deutschen freilich nicht nur geschrieben, sondern auch gründlich nachgedacht. Rückschauend möchte nun mancher dieses Reich im Jahre 919 beginnen lassen. Der bedeutendste Chronist des Zeitalters, *Otto von Freising*, hält dagegen noch in der Mitte des 12. Jahrhunderts am Fortbestehen des Frankenreiches fest.

Die beginnende Selbständigkeit des ostfränkischen Reichsteiles im 10. Jahrhundert ist vielleicht weniger auf das noch schwache Bewußtsein von einer deutschen Sondergemeinschaft als vielmehr auf die Stärke des *Stammesdenkens* zurückzuführen, das in einflußreichen lokalen Dynastien eine solide politische Basis besaß. So wie in der Begegnung des römischen Reiches mit den Germanen der Reichsgedanke unterlag und Organisationsformen auf Stammesbasis gefunden wurden, so vermochte auch das fränkische Reich angesichts der kräftigen Stammesstrukturen seiner germanischen Völkerschaften nicht zu überleben. Diese sind daher unter König Heinrich I. wie unter dem Vornehmsten der Stammesfürsten auch nur bündnisartig verbunden. Daß sie dennoch einen gemeinsamen geschichtlichen Weg begannen, ist wohl vor allem dem Charisma der sächsischen Dynastie zuzuschreiben. Heinrich I. konnte die Einheit des Reiches erhalten, indem er 929 seinen Sohn Otto I. als einzigen Nachfolger designierte (u. § 7 II.2). Dieser sicherte den Erfolg der damit vorgezeichneten Politik durch die Verankerung der Kaiserwürde im Ostreich (u. § 8 I), war mit dem Kaisertum der Gedanke des alle Stämme umfassenden Reiches doch untrennbar verbunden. Die Entstehung des deutschen Volkes und Reiches aus selbstbewußten Stämmen mit eigenen Traditionen hatte aber zur Folge, daß auch weiterhin und im Unterschied zu den meisten anderen west- und osteuropäischen Völkern besondere Stammesmentalitäten erhalten blieben. Daher kommt auch den einzelnen Regionen und ihren besonderen Strukturen in der deutschen Verfassungsgeschichte eine besondere Bedeutung zu.

§ 7. Die Herrschaftsordnungen

Quellen: *A. Borst* u. *J. Fleckenstein* (Hrsg.), Die deutsche Königserhebung im 10.–12. Jh., eingel. v. W. Böhme, H. 1: Die Erhebungen von 911–1105 (Hist. Texte, MA, H. 14), 1970; *B. Diestelkamp* (Hrsg.), Urkundenregesten zur Tätigkeit des deutschen Königs- und Hofgerichts bis 1451, Bd. 1: Die Zeit von Konrad I. bis Heinrich VI. (911–1197), 1988; *M. Krammer*, Quellen zur Geschichte der deutschen Königswahl und des Kurfürstenkollegs, H. 1 u. 2, 1911/12, Neudr. 1972; *Tacitus*, Germania, lat.-dt., 1972 (Reclam).

Schrifttum: *G. Althoff*, Colloquium familiare – Colloquium secretum – Colloquium publicum. Beratung im politischen Leben des früheren Mittelalters, Frühma. Studien 24 (1990) 145 ff.; *ders.*, Die Ottonen. Königsherrschaft ohne Staat, 2000; *D. Alvermann*, Königsherrschaft und Reichsintegration. Eine Untersuchung zur politischen Struktur von regna und imperium zur Zeit Kaiser Ottos II. (967) 973–983, 1998; *M. Becher*, Rex, Dux und Gens. Untersuchungen zur Entstehung des sächsischen Herzogtums im 9. und 10. Jahrhundert, 1996; *H. Beumann*, Der deutsche König als „Romanorum rex" (SB d. Wiss. Ges. d. J. W. Goethe-Univ. Frankfurt/Main, 18, 2), 1981; *ders.*, Zur Entwicklung transpersonaler Staatsvorstellungen (VuF 3), 1956, 185 ff.; *E. Boshof*, Königtum und Königsherrschaft im 10. und 11. Jahrhundert, 1993 (EDG Bd. 27); *K. Bosl*, Die „Familia" als Grundstruktur der mittelalterlichen Gesellschaft, ZbLG 38 (1975) 403 ff.; *C. Brühl*, Fodrum, gistum, servitium regis. Studien zu den wirtschaftlichen Grundlagen des Königtums ..., 1968; *A. Buschmann* u. *E. Wadle* (Hrsg.), Landfrieden. Anspruch und Wirklichkeit, 2002; *P. Classen*, Corona imperii, FS P. E. Schramm z. 70. Geb., Bd. 1, 1964, 90 ff.; *ders.*, Potestas. Staatsgewalt und Legitimität im Spiegel der Terminologie früh- und hochmittelalterlicher Geschichtsschreiber, in: *F.-R. Erkens* (Hrsg.), Von Sacerdotium und Regnum, FS f. E. Boshof, 2002, 47 ff.; *C. Dasler*, Forst- und Waldbann im frühen deutschen Reich. Die königlichen Privilegien für die Reichskirche vom 9. bis zum 12. Jahrhundert, 2001; *G. Dilcher*, Normen zwischen Oralität und Struktur, 2008; *C. Ehlers*, s. o. § 5; *V. Epp*, Amicitia. Zur Geschichte personaler, sozialer, politischer und geistlicher Beziehungen im frühen Mittelalter, 1999; *J. Fried*, Die Königserhebung Heinrichs I., in: *M. Borgolte* (Hrsg.), Mittelalterforschung nach der Wende 1989 (HZ, Beih. 20), 1995, 267 ff.; *F. L. Ganshof* (o. § 5); *H.-W. Goetz*, Dux und Ducatus – Begriffs- und verfassungsgeschichtliche Untersuchungen zur Entstehung des sog. „jüngeren" Stammesherzogtums an der Wende vom 9. zum 10. Jh., 1977; *K. Heinemeyer*, König und Reichsfürsten in der späten Salier- und frühen Stauferzeit, Bll. f. dt. LG 122 (1986) 1 ff.; *H. Hirsch*, Die hohe Gerichtsbarkeit im Mittelalter, 1922, Neudr. 1959; *E. Hlawitschka* (Hrsg.), Königswahl und Thronfolge in ottonisch-frühdeutscher Zeit (WdF 178), 1971; *H. Kämpf* (Hrsg.), Herrschaft und Staat im Mittelalter (WdF 2), 1964; *H. Keller*, Ottonische Königsherrschaft. Organisation und Legitimation königlicher Macht, 2002; *F. Kern* (o. § 5); *W. Kienast*, Der Herzogstitel in Frankreich und Deutschland (9.–12. Jh.), 1968; *L. Körntgen*, Königsherrschaft und Gottes Gnade, 2001; *A. Krah*, Absetzungsverfahren als Spiegelbild von Königsmacht. Untersuchungen zum Kräfteverhältnis zwischen Königtum und Adel im Karolingerreich und seinen Nachfolgestaaten, 1987 (GU NF 26); *H. Krause*, Königtum und Rechtsordnung in der Zeit der sächsischen und salischen Herrscher, ZRG (GA) 82 (1965) 1 ff.; *K. Kroeschell*, Haus und Herrschaft im frühen deutschen Recht, 1968; *H. Mitteis* (o. § 5); *ders.*, Die deutsche Königswahl, 1944; *ders.*, Die Krise des deutschen Königswahlrechts (SB d. Bayer. Akad. d. Wiss., Phil.-hist. Kl., 8), 1950; *ders.*, Formen der Adelsherrschaft im Mittelalter, FS F. Schulz II, 1951, 226 ff.; *E. Müller-Mertens*, Die Reichsstruktur im Spiegel der Herrschaftspraxis Ottos des Großen, 1980; *ders.* u. *W. Huschner*, Reichsintegration im Spiegel der Herrschaftspraxis Kaiser Konrads II., 1992; *A. Nitschke*, Karolinger und Ottonen. Von der karolingischen „Staatlichkeit" zur „Königsherrschaft ohne Staat"?, HZ 273 (2001) 1 ff.; *S. Patzold*, Königserhebungen zwischen Erbrecht und Wahlrecht? Thronfolge und Rechtsmentalität um das Jahr 1000, DA 58 (2002) 467 ff.; *F. Pfeiffer*, Rheinische Transitzölle im Mittelalter, 1997; *W. Rösener* (Hrsg.), Strukturen der Grundherrschaft im frühen Mittelalter, 2. Aufl. 1993; *ders.* (Hrsg.), Grundherrschaft und bäuerliche Gesellschaft im Hochmittelalter, 1995; *R. Schieffer*, Der geschichtliche Ort der ottonisch-salischen Reichskirchenpolitik, 1998 (Nordrhein-Westfälische Akademie der Wissenschaften, Geisteswissenschaften, Vorträge G 352); *W. Schlesinger*, Die Entstehung der Landesherrschaft, 1964; *J. Schlick*, König, Fürsten und Reich (1056–1159), 2001; *K. Schmid*, Die Thronfolge Ottos des Großen, ZRG (GA) 81 (1964) 80 ff.; *R. Schmidt*, Königsumritt und Huldigung in ottonisch-salischer Zeit (VuF 6), 1961, 97 ff.; *R. Schneider*, Die Königserhebung Heinrichs II. im Jahre 1002, DA 28 (1972) 74 ff.; *K. Schnith*, Recht und Frieden – Zum Königsgedanken im Umkreis Heinrichs III., HJb 81 (1962) 22 ff.; *H. Stingl*, Die Entstehung der deutschen Stammesherzogtümer am Anfang des 10. Jahrhunderts (GU NF 19),

1974; *M. Toch*, Die Juden im mittelalterlichen Reich, 1998 (EDG 44); *W. Ullmann*, Schranken der Königsgewalt im Mittelalter, HJb 91 (1971) 1 ff.; *Th. Vogtherr*, Die Reichsabteien der Benediktiner und das Königtum im hohen Mittelalter (900–1125), 2000; *E. Wadle*, Reichsgut und Königsherrschaft unter Lothar III. (1125–1137), 1969; *St. Weinfurter*, Die Zentralisierung der Herrschaftsgewalt im Reich durch Kaiser Heinrich II., HJb 106 (1986) 241 ff.; *ders.* (Hrsg.), Die Salier und das Reich, Bd. 1–3, 1991; *ders.*, Herrschaft und Reich der Salier, 1992; *ders.*, Zur „Funktion" des ottonischen und salischen Königtums, in: *M. Borgolte* (Hrsg.), Mittelalterforschung nach der Wende 1989 (HZ, Beih. 20), 1995, 349 ff.; *Weitzel* (o. § 5); *R. Wenskus*, Stammesbildung und Verfassung – Das Werden der frühmittelalterlichen Gentes, 1961; *ders.*, Die neuere Diskussion um Gefolgschaft und Herrschaft in Tacitus' Germania, in: *G. Neumann* u. *H. Seemann* (Hrsg.), Beiträge zum Verständnis der Germania des Tacitus, Teil II, 1992, 311 ff.; *K. F. Werner*, Königtum und Fürstentum im französischen 12. Jahrhundert (VuF 12), 1968, 183 ff.; *D. Willoweit*, Vom Königsschutz zur Kammerknechtschaft. Anmerkungen zum Rechtsstatus der Juden im Hochmittelalter, in: *K. Müller* u. *K. Wittstadt* (Hrsg.), Geschichte und Kultur des Judentums, 1988, 71 ff.; *ders.*, Die Sanktionen für Friedensbruch im Kölner Gottesfrieden von 1083, in: *E. Schüchlter* u. *K. Laubenthal* (Hrsg.), Recht und Kriminalität, FS f. F.-W. Krause, 1990, 37 ff..

I. Herrschaftselemente

1. Germanische Überlieferungen

In den deutschen Stämmen, in ihren sozialen Schichtungen und elementaren Ordnungen, leben germanische Überlieferungen weiter. Die Quellenarmut der germanischen Vergangenheit Mitteleuropas und nachhaltige Verformungen der ursprünglichen Zustände durch die Organisationsmaßnahmen der karolingischen Könige erschweren zwar die exakte Feststellung dessen, was zwischen dem 9. und 11. Jahrhundert noch als lebendige germanische Tradition angesprochen werden kann. Und daher ist sicher auch große Vorsicht geboten, wenn allzu behende vorgeblich germanische Rechtsgedanken dem Bereich des romanischen Rechts gegenübergestellt werden. Doch kann andererseits nichts darüber hinwegtäuschen, daß nach dem Absterben der karolingischen Befehlsstränge archaische Sozialstrukturen und Rechtsformen stärker hervortreten.

Für die Verfassungsgeschichte wurde besonders die Tatsache wichtig, daß die Germanen dem römischen Reich schon unter der Führung von Königen und königsgleichen Fürsten begegnet waren. Über diese erfahren wir aus der *Germania* des *Tacitus*: „*Über geringere Angelegenheiten beraten die Fürsten (wörtlich: die Ersten), über die wichtigeren Angelegenheiten alle, so jedoch, daß auch jene Sachen, über die das Volk zu befinden hat, bei den Fürsten vorbesprochen werden*" (*de minoribus rebus principes consultant, de maioribus omnis, ita tamen, ut ea quoque, quorum penes plebem arbitrium est, apud principes praetractentur*, cap. 11).

Aus Tacitus erfahren wir auch, daß solche „*Ersten*" für die Rechtsprechung ausgewählt werden und daß ihnen hundert Begleiter beigegeben sind (cap. 12), daß sich ihnen in Krieg und Frieden junge Gefolgsleute anschließen (cap. 13 u. 14) und daß sie Naturalleistungen erhalten (cap. 15). All dies spricht für die Existenz einer *adeligen Führungsschicht (nobilitas)*. Aus dem Adel werden die Könige erwählt, heißt es bei Tacitus (cap. 7). Dem Adel kommt daher ein ähnlicher Rang zu wie der Königssippe, ihn zeichnet ein „*vergleichbares Erbcharisma*" aus (*H. Mitteis*). Außer den vom Adel geprägten herrschaftlichen Verfassungselementen kennt Tacitus aber auch eine *Volksversammlung (concilium*, cap. 11–13) der waffenfähigen Männer, auf welcher Gericht gehalten und über Schwerverbrecher geurteilt wird. Hier ist auch der Ort, wo politische Angelegenheiten und private Streitigkeiten zur Sprache kommen. Es gibt noch keine Trennung von Recht und Politik, öffentlichen und privaten Sozialkonflikten und daher auch noch keine spezialisierten Zuständigkeiten. Dieses zentrale Forum des Gemeinschaftslebens, das „*Ding*", unterliegt einem strengen Ritual. Es soll die strikte Einhaltung des zu Beginn der Versammlung ausgesprochenen Friedensgebotes gewährleisten. Nicht zu Unrecht hat die Forschung im Ding eine Institution genossenschaftlichen Charakters gesehen und den adelig-herrschaftlichen Verhältnissen gegenübergestellt. Das Ineinandergreifen von *Herrschaft und Genossenschaft*, eines der großen Themen der mittelalterlichen Verfassungsgeschichte, bringt in der Tat schon Tacitus zur Sprache.

2. Adelsherrschaft

Die Schicht der adeligen Großen und Mächtigen *(potentes)* begegnet auch unter den Frankenherrschern wieder, deren herausragende Gestalten es verstehen, den Adel im Reichsdienst einzusetzen und zu disziplinieren. Mit dem Niedergang des fränkischen Königtums aber setzt sich der Führungswille des Adels sofort durch. Er erscheint nun als Repräsentant der Stämme und lenkt kraft angestammten Rechts deren politische Geschicke. Nicht zu Unrecht hat sich für dieses Phänomen der eher soziologische als verfassungsrechtliche Terminus der Adels-Herrschaft durchgesetzt. Darunter dürfen wir (in Anlehnung an *Mitteis* und *Wenskus*) eine „*rechtlich begründete Befehlsmacht*", einen „*legitimierten Anspruch auf fremdes Tun*" verstehen.

Bei der Königserhebung Arnulfs 887 und zur Zeit der vormundschaftlichen Regierung unter Ludwig dem Kinde (o. § 6 I.2) tritt die gleichsam verfassungspolitische Macht der regionalen Adelssippen besonders deutlich in das Licht der Geschichte. Doch dürfte der Alltag des Volkes nicht weniger von den Bestimmungsbefugnissen des Adels geprägt gewesen sein. Der Adel allein war in einer vorstaatlichen Gesellschaft mächtig genug, Schutz zu gewähren und notfalls Gewalt effektiv einzusetzen. In den wichtigeren Gerichten ist daher seine Verfahrensleitung ebenso unentbehrlich wie seine Fähigkeit, Vollstreckungsmaßnahmen durchzuführen. In noch stärkerem Maße sind Kirchen und Klöster auf den Beistand benachbarter Adeliger angewiesen. Der fränkische Reichsdienst hatte eine zusätzliche Herrschaftslegitimation verschafft. Auch als sich das Königtum nicht mehr durch Befehle gegenüber seinen Grafen durchzusetzen vermochte, blieben diese doch Träger von Aufgaben, deren Herkunft aus der Rechtssphäre des Königtums nicht mehr in Vergessenheit geriet. Der Adel war daher in allen mittelalterlichen Ordnungssystemen präsent. Die Bändigung seiner urtümlichen Wertvorstellungen, seines Ehrbegriffs vor allem, der zu blutigen Fehden zwang, konnte nur allmählich gelingen.

3. Haus- und Grundherrschaft

Die wohl reguläre, jedenfalls aber am weitesten verbreitete Form politisch-sozialer Organisation ist die Grundherrschaft, deren Kern das Haus. In einer Gesellschaft, die den schützenden Untertanenverband des Staates nicht kennt, kommen den weitaus stabilsten Sozialbeziehungen, denen der Verwandtschaft, notwendigerweise auch ordnende Funktionen zu. So begegnet uns im Früh- und Hochmittelalter als gleichsam kleinstes Verfassungselement die *Hausherrschaft*, welche sich nicht nur auf Frauen, Kinder und Sippengenossen, sondern auch auf das Gesinde, auf abhängige Bauern und Kleriker erstrecken kann. Ob für die innerhalb des

Hauses strukturell doch sehr verschiedenartigen Verhältnisse mit der „*Munt*" eine einheitliche personenrechtliche Herrschaftsmacht in Anspruch genommen werden kann, wie dies die ältere rechtsgeschichtliche Forschung postulierte, kann hier dahingestellt bleiben. Sicher ist, daß der in den Quellen weit verbreitete Begriff *familia* nicht nur auf Verwandtschaftsbeziehungen, sondern auch auf andere Personenverbände, etwa Klöster und Herrensitze, und besonders häufig auf Grundherrschaften angewendet wird. Dieser Sprachgebrauch weist auf einen genetischen Zusammenhang zwischen Haus und Grundherrschaft hin.

Die Grundherrschaft besteht aus einzelnen, oft weit voneinander entfernt gelegenen Fronhöfen, die für den Herrn unter einem *Meier (villicus)* mit unfreiem Gesinde eine Eigenwirtschaft betreiben (sog. *Salland*), zugleich aber auch Dienstleistungen und Abgaben abhängiger Bauern entgegennehmen. Diese dezentralisierte Struktur der Grundherrschaften war eine notwendige Folge der zu erbringenden Naturalleistungen wie auch der häufig zu beobachtenden Streulage des Grundbesitzes zumal kirchlicher Institutionen. Eine Fülle einzelner Schenkungen um des Seelenheiles willen hat diese Vermögensstrukturen herbeigeführt. Große Grundherren mußten die einzelnen Fronhöfe in Fronhofverbänden zusammenfassen, wodurch die Macht der Verwalter wuchs und die Entstehung von Verwalterdynastien mit eigenen politischen Interessen begünstigt wurde. Diese „*Villikationen*" expandieren seit der fränkischen Zeit auf Kosten der freien Bevölkerung. Der geistliche Besitz wächst durch freiwillige Unterwerfungen unter eine geistliche Herrschaft, um in einer unsicheren Umwelt Schutz zu erlangen. Die weltlichen Herren vergrößern ihr Grundvermögen durch Lehnsgüter, die sie für Kriegsdienste erhalten. Weit gestreute Rentengrundherrschaften entstehen. So bestimmen schließlich die verschiedenartigsten Rechtsbeziehungen zum Grundherrn den Rechtsstatus der meisten Menschen. Das Spektrum reicht von der Sklaverei bis zur persönlichen Freiheit. Es kennt ungemessene Frondienste ebenso wie zeitlich begrenzte Dienstleistungen, vielerlei Abgaben, aber auch schlichte Anerkennungszinse eher symbolischer Art. Durch Absinken ehemals Freier in den Hörigenstatus und sozialen Aufstieg ehemals Unfreier, auch durch individuelle Freilassungen und Selbstverknechtungen bleibt dieses komplizierte Sozial- und Rechtssystem ständig in Bewegung.

4. Gerichtsbarkeit

Eine zweite Ordnungsebene bildet die Gerichtsbarkeit. Teils mit den Grundherrschaften verbunden, teils diese überlagernd, erfaßt sie dieselben Menschen, die hier, wo ihre Konflikte verhandelt werden, in einem genossenschaftlichen Verband erscheinen. Es gibt noch kein öffentliches Strafrecht, demgemäß auch keine Strafverfolgungsbehörden, sondern nur die zwischenmenschliche Ausgangssituation: Einbußen an Leben, Gesundheit, Freiheit, Vermögen einerseits, dafür verantwortliche Täter andererseits. Das Verfahren in der Gerichtsversammlung ist daher stets ein *Parteiprozeß*. Das *Urteil* sprechen Schöffen. Es bedarf der Zustimmung („*Vollbort*") durch die Versammlung (den „*Umstand*"). Der Gerichtsherr ist weniger am Inhalt der Urteile interessiert – deren Richtigkeit ist durch die Zustimmung aller gewährleistet – als an der Wahrung seines alleinigen Gebots- und Vollstreckungsrechts. Die Teilnahme an diesem sowohl herrschaftlich wie genossenschaftlich geprägten Ding ist den mündigen Männern nicht freigestellt. Wer unentschuldigt einen der zwei bis vier Gerichtstermine während des Jahres versäumt, wird bestraft. Diese „*Dingpflicht*" offenbart vielleicht am deutlichsten den Sinn des mittelalterlichen Gerichtswesens.

§ 7. Die Herrschaftsordnungen

Durch die Einbindung aller versucht es, die friedliche Streitbewältigung zu erzwingen, sozialadäquates Verhalten zu sichern und zugleich in den einzelnen Siedlungszellen die besonderen Rechte, Gewohnheiten, Traditionen zu wahren. Daher müssen die unfreien Hörigen der Grundherrschaft vor dem Hofgericht, die Freien vor dem Grafengericht erscheinen. Trotz vielfältiger Sonderentwicklungen bilden Grundherrschaft und Gerichtsherrschaft bis zum Ende des Mittelalters die wichtigsten Verfassungselemente auf der lokalen und regionalen Ebene.

5. Recht in schriftloser Gesellschaft

Während aus dem fränkischen Reich auch Zeugnisse königlicher Gesetzgebung überliefert sind (o. § 5 III.1), die spätantike Traditionen fortsetzten, läßt sich die deutsche Rechtsordnung seit dem späten 9. Jahrhundert anhand der wenigen Texte der nun beginnenden Epoche überhaupt nicht mehr beschreiben. Recht ist vor allem, was im Gericht geschieht, ja, das Wort „Recht" wird – neben anderen – oft für die Bezeichnung des Gerichts gebraucht. Was sich aber im Gericht abspielt – Klage, Antwort, Aussagen, Eide, Urteile – verbleibt noch lange ausschließlich im Medium der Mündlichkeit. Dabei haben sich die urteilenden Schöffen gewiß an ihrer eigenen Praxis wie auch an Grundsätzen überlieferten Rechtswissens orientiert. Aber eine strikte Bindung an einen umfassenden „Codex" ungeschriebenen Gewohnheitsrechts ist weder vorstellbar noch aus den Quellen zu belegen. Der moderne Begriff des „Gewohnheitsrechts" führt insofern in die Irre, als er heute in Ergänzung oder als Parallele zur schriftlich fixierten Kodifikation gedacht wird, zu welcher der Anspruch auf Vollständigkeit und Widerspruchsfreiheit gehört. Mittelalterliche Gerichte beobachten demgegenüber nur einzelne Rechtsgewohnheiten oder begründen solche neu, wenn ein Vorbild fehlt oder sie es für notwendig halten. Dieser Befund zwingt zu einer klaren Unterscheidung zwischen mündlich tradiertem, auch fortentwickeltem Recht und schriftlich vorliegenden, anzuwendenden Rechtstexten. „*Es können nicht gleichzeitig Gericht und Buch, Mündlichkeit und Schriftlichkeit im Zentrum des Rechtsverständnisses stehen ... Die Autorität des Rechts liegt entweder im gesprochenen Wort oder in der Schrift, entweder in der Rechtsüberzeugung der Genossen (Schöffen) oder im Buchstaben.*" (J. Weitzel)

Gleichwohl gibt es auch in dieser Zeit königliche Rechtsakte in schriftlicher Form. Durch *Privilegien* – worunter schlicht Einzelrechtsverleihungen zu verstehen sind – konnten Rechtspositionen von großer Beständigkeit begründet werden. Und durch parallele Privilegierungen war es möglich, zielgerichtete Rechtspolitik zu betreiben, vor allem gegenüber der Kirche (u. II.6). Doch Gesetzgebung, mit welcher der Herrscher das Recht seiner Verfügung unterworfen hätte, war noch unbekannt.

II. Das Königtum

1. Aufgaben und Verständnis des Königtums

Der König heißt im 9. und 10. Jahrhundert in der Regel nur *rex* ohne Bezugnahme auf ein zugeordnetes Herrschaftsgebiet. Dieser Titel allein genügt offenbar, um seine Aufgaben begreiflich zu machen. Sie lassen sich weiterhin in der Formel „*Frieden und Recht*" zusammenfassen. Dazu gehörte die Befriedung inneren Zwistes ebenso wie die Abwehr äußerer Feinde und der Rechtspruch im königlichen

Gericht. Doch werden nun diese altüberlieferten Betätigungen und Ausdrucksformen des Herrschertums durch christliches Gedankengut zu einer umfassenden Königsethik erweitert. Dem König werden auch Tugend *(virtus)*, Gnade *(gratia)* und Barmherzigkeit *(misericordia)* abverlangt. Das vom König zu wahrende Recht ist nicht einfach identisch mit dem auf gemeinsamer Überzeugung beruhenden Herkommen, sondern zugleich gottgewollte Ordnung, deren Schutz dem Herrscher anstelle Christi aufgegeben ist.

Ein solches Amt kann nicht allein an die zufällig gerade regierende Person gebunden sein. Aus der ersten Hälfte des 11. Jahrhunderts datieren erste Hinweise, welche auf die *„Entwicklung transpersonaler Staatsvorstellungen"* (*H. Beumann*) schließen lassen: *„Wenn der König stirbt, bleibt doch das Reich bestehen, so wie das Schiff bleibt, wenn der Steuermann fällt"* (si rex periit, regnum remansit, sicut navis remanet, cuius gubernator cadit), erklärte 1025 Konrad II., als die Bürger von Pavia nach dem Tode seines Vorgängers die Kaiserpfalz abgerissen hatten. In der ersten Hälfte des 12. Jahrhunderts gilt die Krone als abstraktes Herrschaftssymbol, daneben auch der Thron. 1125 unterscheidet ein Fürstenurteil zwischen Hausgut und Reichsgut, indem es nach dem Tode Heinrichs V. das Reichsgut den Erben entzieht und dem aus anderer Dynastie stammenden neuen König Lothar III. zuspricht.

2. Die Königserhebung

Die Berufung zum Königtum, am besten noch als Königserhebung bezeichnet, stellt sich in den Quellen als ein vielgestaltiger Vorgang dar, in welchem die variablen Elemente die konstanten überwiegen. Wir hören von der Designation des Nachfolgers und von seinem Erbrecht, von Wahl und Thronsetzung, von der Salbung durch Bischöfe, von der Übergabe der Insignien, von Krönungen innerhalb und außerhalb der Kirchenräume, von Huldigungen und vom Umritt im Reiche. Offenbar kann im Einzelfall aber jeder dieser Akte auch fehlen oder in seiner Bedeutung doch ganz in den Hintergrund treten. Ein definierbares „System" der deutschen Königserhebung läßt sich aus den uns vorliegenden teils bruchstückhaften, teils sehr ausführlichen Berichten nicht zimmern. Auch die bisher eindrucksvollste Begriffsbestimmung, die Herrschererhebung im deutschen Mittelalter sei ein *„einheitlicher, sich stufenweise verwirklichender Akt"* (*H. Mitteis*), ist insofern einzuschränken, als die Art und Bedeutung der Stufen nicht stets identisch ist, sondern von der politischen Konstellation abhängt. Gemeinsam ist jedoch fast allen einschlägigen Vorgängen das Zusammenspiel pragmatischer und sakraler Elemente, insbesondere der Wahl einerseits und der sakramental verstandenen Königssalbung andererseits (Liturgie der Herrscherweihe bei *Weinrich* I Nr. 11).

Von *Konrad I.* (911–918) hören wir nur, daß er von Franken, Sachsen, Alemannen und Bayern zum König gewählt worden sei. Man wandte sich erstmals vom karolingischen Hause ab. Eine Designation hat gewiß nicht vorgelegen, Erbrecht spielte keine Rolle. – *Heinrich I.* (919–936) dagegen soll von seinem Vorgänger Konrad trotz des damit verbundenen Dynastiewechsels designiert worden sein. Angesichts der Einzigartigkeit dieses Vorganges hätte sich daran niemand gebunden fühlen müssen. Entscheidend war daher, daß Franken und Sachsen in bündnisartiger Vereinigung an der Grenze ihrer Stammesgebiete, in Fritzlar, Heinrich zum König wählten. Die Akklamationen des Volkes nahm er entgegen, lehnte jedoch aus unbekannten Gründen die kirchliche Salbung ab. – Der Sohn, *Otto I.* (936–973), wurde dagegen vom Vater designiert, nach dessen Tod von Franken und Sachsen

§ 7. Die Herrschaftsordnungen 45

gewählt und in einem ausgedehnten, traditionsbildenden Ritual in Aachen inthronisiert. Nachdem dort im Münster nochmals die Zustimmung des Volkes erfragt worden war, erhielt der neue König aus geistlicher Hand seine Insignien und die Salbung. Bei der anschließenden weltlichen Festlichkeit bedienten ihn die Herzöge des Reiches. – Die Königserhebungen *Ottos II.* (973–983) und Ottos III. (983–1002) haben wir uns ähnlich vorzustellen. Auch hier hören wir von Designation, Wahl und Krönung zu Aachen. Doch hatte mit Otto I., dem Großen, wieder eine starke Persönlichkeit den Thron bestiegen und damit die Nachfolgefrage für die kommenden Generationen so selbstverständlich beantwortet wie einst Karl der Große. Das „Heil", also Ausstrahlung und Erfolg, der sächsischen Königsfamilie und das sich damit zugleich entwickelnde erbrechtliche Denken lassen die Wahlakte als Formalien erscheinen. Fehlen durften diese aber offenbar nicht. – Als nach dem frühen Tode Ottos III. die Nachfolgefrage nicht mehr so eindeutig zu beantworten war, konnte sich *Heinrich II.* (1002–1024) trotz Zugehörigkeit zum sächsischen Hause nicht auf schematische Erbrechtsregelungen berufen. In einem ersten Wahlakt auf sächsischem Boden zum König proklamiert, danach in Mainz von den Franken gewählt und im dortigen Dom gekrönt und gesalbt, mußte Heinrich II. die Anerkennung seines Königtums in den übrigen Stammesgebieten auf einem ausgedehnten Umritt mit weiteren Wahlakten betreiben. Der Leser des zeitgenössischen Berichts gewinnt den Eindruck, das Königtum Heinrichs II. habe seine volle Qualität erst mit dem realen Machterwerb gewonnen. So hören wir auch von Großen, die in Ruhe abwarteten, wem sich der *„bessere und größere Teil des ganzen Volkes"* (melior et maior populi totius pars) anschließen würde. – Nach dem kinderlosen Tode Heinrichs II. vollzieht sich die Königserhebung *Konrads II.* (1024–1039) wiederum in einem ganz anderen Rahmen. Es findet eine Wahl statt wie im Bilderbuch: In der Nähe von Oppenheim am Rhein sind die Vertreter der Stämme zusammengekommen, streiten erst lange über die Nachfolge, wählen dann einen engeren Kandidatenkreis und aus diesem schließlich zwei Personen, von denen die eine vom Ersten aller Wähler, dem Erzbischof von Mainz, als König vorgeschlagen wird. Dem stimmt das Volk einhellig zu. Die Salbung und Krönung folgt in Mainz auf dem Fuße, die Inthronisation in Aachen einige Wochen später.

Diese Ereignisse zeigen, welch entscheidende Bedeutung der Wahlhandlung zukommt, wenn ein Angehöriger einer anderen Dynastie zum Königtum berufen werden muß. Sie zeigen aber auch, daß der Wahlakt von Gleichheitsvorstellungen noch ganz unberührt ist. Es gibt besonders wichtige Wahlstimmen, deren Wort mehr gilt als dasjenige anderer, weniger prominenter Personen, die sich dem Votum der politischen Autoritäten anschließen. Es ist nicht zu Unrecht behauptet worden, sie treffe eine Folgepflicht, jedenfalls dann, wenn die Stimme der Erstwähler auf einen geeigneten Kandidaten fällt. Auch Konrad II. hat übrigens auf den Königsritt nicht verzichtet, freilich kaum, um noch Wähler zu gewinnen, als vielmehr, um fällige Huldigungen entgegenzunehmen. – Das mit der Herrschaft Konrads II. an die erste Stelle des Reiches gerückte Haus der Salier stellte nun wiederum problemlos die Nachfolger. *Heinrich III.* (1039–1056) und *Heinrich IV.* (1056–1106) wurden wie selbstverständlich designiert, gewählt und in Aachen inthronisiert. Das Königtum erreicht in Verbindung mit der Kaiserwürde seine größte Machtentfaltung und erlebt unter Heinrich IV. im Investiturstreit seine tiefste Krise (u. § 8 III.1). Damit bricht auch das bisher relativ harmonische Zusammenspiel der zum Königtum führenden Kreationsakte ab. Dem exkommunizierten Heinrich IV. setzen die Fürsten 1077 mit der Wahl *Rudolfs von Schwaben* einen König entgegen, der verspricht, von allen erbrechtlichen Ansprüchen auf das ihm übertragene Amt abzusehen. Ein rational schlüssiges Wahlkönigtum soll geschaffen werden. *Heinrich V.* (1106–1125) gelingt es zwar noch, sich im Aufstand gegen den Vater kurz vor dessen Tod die Krone zu sichern. Aber die beiden folgenden, wegen erneutem Dynastiewechsel besonders wichtigen Wahlen des Sachsen *Lothar III.* (1125–1137) und des Staufers *Konrad III.* (1138–1152) übergehen jeweils aus politischem Kalkül die mächtigsten Thronanwärter und dokumentieren damit eine neuartige, instrumentelle Handhabung der Königserhebung. Dieser Entwicklung vermochten die Staufer ein letztes Mal ihr Erbcharisma entgegenzusetzen (u. §§ 9 u. 10).

3. Die Stellung der Herzöge

In mehreren Regionen des ostfränkischen Reiches begegnen in der zweiten Hälfte des 9. und im frühen 10. Jahrhundert Herzöge, deren verfassungsgeschichtliche Einordnung stark umstritten ist. Von einigen wird dieses jüngere Herzogtum auf ältere Amtsherzogtümer zurückgeführt. Andere meinen, die Stammesführer dieser Übergangszeit seien aus der Mitte des Adels ganz ohne Anknüpfung an ältere königliche Ämter emporgekommen. – Jüngere Untersuchungen legen indessen die Annahme nahe, daß die Alternative von Amtsherzogtum und Stammesherzogtum falsch gewählt ist. Da die Menschen des 10. Jahrhunderts nach ihrem eigenen Verständnis noch im ostfränkischen Reiche lebten, müssen auch die Herzogtümer aus ihrer fränkischen Vergangenheit, d. h. vor allem von ihrer königlichen Legitimation her begriffen werden. Nach damals geläufiger Auffassung konnten in den einzelnen Teilen des West- und Ostreiches, wie auch in Italien, Unterkönige residieren, welche zwar nur den Herzogstitel tragen, jedoch die königlichen Rechte nicht zuletzt auf den Königsgütern und gegenüber der Reichskirche wahrnehmen. So erklärt sich insbesondere die noch in frühottonischer Zeit sehr selbständige Stellung der alemannischen und bayerischen Herzöge. Sie *„standen noch in der Tradition des spätkarolingischen dux regni, d. h. sie erhielten für ihr Herzogreich eine Art vizekönigliche Funktion"* (H. Keller). Die herzogliche Gewalt *„verkörperte Königsrecht"* (K. F. Werner), mag dieses durch Eigeninteresse und erbrechtliche Bestrebungen der herzoglichen Häuser auch verdunkelt sein. Herkunft und Rechtfertigung der herzoglichen Würde aus dem Königtum entfallen nicht einfach deshalb, weil es immer wieder mächtigen Geschlechtern des einheimischen Adels gelingt, die herzogliche Stellung zu erringen. Vielfach, im alemannischen Herzogtum fast regelmäßig, haben es die Könige während des 10. Jahrhunderts vermocht, die Herzöge selbst einzusetzen. Sie vergaben sich aber andererseits auch nur wenig, wenn sie die herzogliche Würde eines mächtigen Regionalfürsten bestätigten, blieb er damit doch dem König untergeordnet und in seinem Auftrag tätig. Vor diesem Hintergrund erklärt sich zwanglos die Politik Heinrichs I. Nur von Franken und Sachsen gewählt, band er die Herzöge der anderen Stämme als Vasallen an sich – „nur" als Vasallen, insofern er ihnen die Verantwortung für die Stammesherzogtümer überließ. Jedoch nahm er andererseits nun die Stellung eines Lehnsherrn ein, der Treue und Gefolgschaft fordern konnte. Im Vergleich mit dem direkten Regiment der Karolinger ist damit gewissermaßen eine „Verfassungsänderung" vollzogen worden. Doch erwies sie sich als ein ebenso taugliches wie beständiges Bauelement des Reiches, war es auf diese Weise doch möglich, dem kräftigen Eigenleben der Stämme einen politischen Rahmen zu geben.

4. Die Herrschaftsschwerpunkte des Königtums und die Ausdehnung des Reiches

Das besondere Verhältnis von königlicher und herzoglicher Gewalt hat Konsequenzen für die räumlichen und sachlichen Herrschaftsgrundlagen des Königtums. Wie die Frankenherrscher die fränkischen Siedlungsgebiete als Basis ihrer Macht betrachtet hatten, so stützten sich im 10. Jahrhundert die Könige sächsischer Herkunft vor allem auf das sächsische Herzogsgut im Umkreis des Harzes, daneben auch auf die alten fränkischen Königsgüter zu beiden Seiten des Rheines. In den dort gelegenen Pfalzen hielten sie sich bevorzugt auf, um Hoftage zu halten, Festtage zu begehen, Kriegszüge vorzubereiten. Schwaben und Bayern durchquert der Hof dagegen rasch, steht ihm dort eine ausreichende Versorgungsbasis doch nicht zur Verfügung. Diese Praxis ändert sich grundlegend erst unter Otto III. Er nimmt für den Hof die *„Gastung"*, d. h. die Versorgungsleistungen, der Bischöfe und Bischofsstädte in Anspruch, und dies in allen Teilen des Reiches. Seine Nachfolger halten daran konsequent fest. Heinrich II. hat als erster seinen Königsumritt auf alle Stammesgebiete ausgedehnt. In diesen und ähnlichen Verhaltensweisen kam eine veränderte Reichsauffassung zum Ausdruck. Daß die Könige die süddeutschen Glieder der Reichskirche nutzten, hat einen Bedeutungsverlust der dortigen Herzogtümer zur Folge. Heinrich II., Konrad II. und Heinrich III. setzten die Herzöge in Schwaben und Bayern offenbar ohne große Schwierigkeiten ein und ab. Es ist sicher kein Zufall, daß es jetzt, in der ersten Hälfte des 11. Jahrhunderts, nicht mehr lange dauern wird, bis die Einheit des Reiches ihren Ausdruck auch in Sprache und Begrifflichkeit findet (o. § 6 II.2).

Italien hatte zunächst nicht zum ostfränkischen Reich gehört. Die Schwäche der lotharingischen Karolinger ermöglichte es dem Westfrankenherrscher Karl II., sich 875 in Rom zum Kaiser krönen zu lassen. Er vermag daraus aber eine dauerhafte Verbindung zwischen dem Westfrankenreich und der Kaiserwürde nicht zu entwickeln. Nachdem auch die kaiserliche Stellung des Ostfranken Karl III. nur ein Zwischenspiel geblieben war (o. § 6 I.1), fiel die Herrschaft über Italien faktisch an regionale Fürstenfamilien. Erst mit Kaiser Otto I. beginnt die viele Jahrhunderte andauernde Geschichte von *„Reichsitalien"*. 951 huldigen ihm die Lombarden als ihrem König; nach der Kaiserkrönung 962 in Rom ist Otto I. Herr über das *regnum Italiae*, das Nord- und Mittelitalien umfaßt und durch ein Netz zuverlässiger Reichsbischöfe zusammengehalten wird (u. 6). Dem ersten Salier, Kaiser Konrad II., gelingt es 1033, auch die Krone von Burgund zu erwerben, womit sich der Herrschaftsraum des Reiches in das Rhonetal hinein bis zu deren Mündung erstreckt.

5. Personale Herrschaftsverhältnisse: Vasallen, Kaufleute, Juden

War schon für das fränkische Reich festzustellen, daß es eine allgemeine Reichsangehörigkeit und Untertänigkeit nicht gab, sondern die Rechtsstellung einer Person weitgehend – abgesehen von ihren Christenpflichten – durch das für sie maßgebende Herrschaftsverhältnis bestimmt war, so gilt das mehr noch im 10. bis 12. Jahrhundert. Für die adeligen Herren, derer sich das Königtum bei der Wahrnehmung seiner Aufgaben zwangsläufig bedienen mußte, stellte das *Lehenswesen* (o. § 5 II.7) einen Ordnungsfaktor ersten Ranges dar. Denn es verpflichtete nicht nur in Konflikt und Krieg, sondern auch in Friedenszeiten zu Loyalität gegenüber dem König. Da es ein jedermann erfassendes Gewaltmonopol des Staates, wie es für neuzeitliche Rechtsordnungen selbstverständlich ist, nicht geben konnte, beruhte die Erhaltung des inneren Friedens vor allem auf einem Netzwerk persönlicher Bindungen. Dieses gewann Stabilität auch durch einen Prozeß, den die Forschung „Verdinglichung" des Lehenswesens genannt hat: der Vasall dient nicht, um dafür ein Gut zu erhalten, sondern weil er ein lehenspflichtiges Gut vom Herrn, durch Erbschaft oder Kauf erworben hat, muß er dienen.

Die moderne Forschung hat nachdrücklich auf das Gewicht der persönlichen, auf Verwandtschaft und Schwägerschaft beruhenden Beziehungen der politischen Führungsschichten hingewiesen. Deren „*Zusammenhalt ... verstärkte sich aber noch dadurch, daß der ‚natürliche' Gruppenzusammenhalt durch ‚künstlichen' ... gesichert wurde. Den Institutionen der Freundschaft (amicitia) und Schwureinung (coniuratio) kam hierbei ein hoher Stellenwert zu, weil sie das Verhalten der Mitglieder solcher Gruppen im Konflikt wie im Frieden prägten*" (G. Althoff). In derartigen Verhaltensweisen aber eine prinzipielle Alternative gegenüber rechtsförmlichen Verfahren erkennen zu wollen, ist verfehlt. Vertrag und Eid gehören zu den elementaren Grundlagen der Rechtsordnung, auch Vergebung und Sühne lassen sich aus ihr nicht hinwegdenken.

Im 10. Jahrhundert werden durchaus eigentümliche Rechtsverhältnisse auch in den noch wenigen *Städten* des Ostfrankenreiches sichtbar. Stadtkultur kann sich hier zunächst nur in den alten Römerstädten und Bischofssitzen an Rhein und Donau entwickeln – in Köln, Mainz, Trier, Worms, Speyer, Straßburg, Augsburg und Regensburg. Zwischen Rhein und Elbe entstehen städtische Siedlungen erst allmählich, überwiegend auch hier im Schatten – neu gegründeter – Bischofssitze und Königshöfe: Würzburg, Paderborn, Hildesheim, Halberstadt, Bremen, Hamburg, Magdeburg, Frankfurt, Dortmund, Erfurt und andere. Die hier siedelnden, vielfach Fernhandel treibenden *Kaufleute* nahmen die Könige häufig ausdrücklich in ihren Schutz auf und gewährten ihnen Handelsrechte und Zollfreiheiten. Ihre Gewohnheiten und ihr selbstgeschaffenes Recht, die „Willküren" (u. § 14 II), erkannten die Herrscher an und verliehen es auch an Kaufleute anderer solcher Handelsplätze. Deren Rechtsstatus hatte mit jenem der benachbarten *familia* des Bischofs, zu welcher Gesinde und Handwerker gehörten, für die eigene Gerichte zuständig waren, nicht viel gemein. Immerhin haben schon früh königliche Marktprivilegien die Entstehung städtischer Zentren gefördert.

Die Rechtsstellung der vor allem in den rheinischen Bischofsstädten wohnenden *Juden* ähnelt dem Recht der Kaufleute, weist aber Besonderheiten auf, die in der Religionsverschiedenheit begründet sind. Nach ersten Judenschutzprivilegien im fränkischen Reich hat Kaiser Heinrich IV. im Jahre 1090 für lange Zeit allgemeingültige Maßstäbe gesetzt mit Privilegien für die Juden von Worms und Speyer. Diese durften ihre internen Streitigkeiten nach eigenem Recht entscheiden, für Prozesse mit Christen enthielten die Urkunden ausführliche Verfahrensregelungen. Der Königsschutz hat die Juden vor den ersten, mit den Kreuzzügen 1096 einsetzenden Pogromen nicht bewahren können. Aber er hat bis über die Mitte des 13. Jahrhunderts hinaus die überwiegend ungestörte Existenz der jüdischen Gemeinden ermöglicht.

6. Die Reichskirche

Mehr denn je bildet seit dem 9. Jahrhundert die Reichskirche einen Eckpfeiler der Königsherrschaft. Zwar hatte der Adel in der späten Karolingerzeit die königlichen Immunitäten (o § 5 II.6) vielfach nicht mehr respektiert, manches Kloster in eine grundherrliche, personelle und wirtschaftliche Abhängigkeit gebracht *(Eigenkirchenherrschaft)* und damit den Umfang der Reichskirche reduziert. Doch steigt unter Otto I. die Zahl der Immunitätsprivilegien wieder rasch an. Darüber hinaus behalten sich Otto I. und alle seine Nachfolger bis zum Investiturstreit die Einsetzung der Reichsbischöfe, die oft der königlichen Hofkapelle entnommen sind, auch der Reichsäbte, selbst vor. Von der kanonischen Wahl der kirchlichen Oberen durch Klerus und Volk bzw. die Klostergemeinschaft ist keine Rede mehr. Dafür überläßt Otto I. den mit einer Immunität ausgestatteten Kirchen die freie Wahl der *Vögte*, die damit auch gehindert werden sollten, dynastische Macht über ein Kloster oder gar Bistum aufzubauen.

Aber zunächst schien die Institution des Vogtes, der militärischen und gerichtlichen Schutz gewährte, unverzichtbar, da dem Klerus die Verhängung blutiger Strafen nicht erlaubt war. Seit der Mitte des 9. Jahrhunderts ist die Gerichtsbarkeit der Vögte im Immunitätsgebiet häufiger bezeugt, und natürlich sind es immer wieder die in der Nähe ansässigen Adelsgeschlechter, denen diese Aufgabe übertragen wird. Daher entstehen in ottonischer Zeit engere *Bannimmunitäten* um das Domviertel mit eigener Jurisdiktion. Schon Otto II. nimmt wieder das Recht in Anspruch, die Vögte selbst zu ernennen. Bischöfe und Äbte der vom Königtum privilegierten Kirchen – unter ihnen fast alle Bistümer, die später so genannten Hochstifte – verbleiben also in einer unmittelbaren Beziehung zum Reich; im ersten Drittel des 13. Jahrhunderts werden die Hochstiftsvögte ganz verschwinden. Die weltliche Stellung der Bischöfe aber stärkten die Herrscher des 10. und 11. Jahrhunderts auch durch die Übertragung von Grafschaftsrechten, die der Graf dann als Lehen aus der Hand des geistlichen Würdenträgers entgegennahm. Als „*ottonisch-salisches Reichskirchensystem*" hat die Forschung diese Herrschaftskonzeption des Königtums bezeichnet, was Kritik hervorrief, da von einem „System" nicht die Rede sein könne. Im Sinne der Logik gewiß nicht, da es sich niemals um ein lückenloses und widerspruchsfreies Regelwerk gehandelt hat. Doch erwies sich seitdem das geistliche Fürstentum als ein Hort des Reichsbewußtseins und eine wesentliche Stütze der Reichseinheit.

III. Anfänge der mittelalterlichen Friedensbewegung

Seit dem späten 10. Jahrhundert haben französische Bischöfe, oft zugleich Inhaber der weltlichen Gerichtsbarkeit, deren Funktionstüchtigkeit zu sichern gesucht, indem sie Rechtsbrechern, die sich nicht zur Genugtuung und Bußleistung vor Gericht bereit fanden, die Exkommunikation und Exilierung androhten. Diese vollständige Ausstoßung von Leuten aus der Rechtsgemeinschaft, die sich dem Gericht nicht stellen wollten, schien nur konsequent. Erhebliche Delikte standen im Hintergrund: Kirchenraub, Viehdiebstahl, Angriffe auf Waffenlose. *Gottesfrieden* nannte man bald die gegen solche Gewalttaten gerichteten Vereinbarungen, die sich im Laufe des 11. Jahrhunderts über ganz Frankreich ausbreiteten und auch die

Fehden auf bestimmte Zeiten beschränkten (*treuga Dei*). Im Jahre 1083 versammelt der Erzbischof von Köln Klerus und Volk, um auf ähnliche Weise den Friedensbrechern zu begegnen. Die angedrohten Sanktionen verfolgen dasselbe Ziel der Verstoßung des Delinquenten, allerdings auf direkterem Wege: der Totschläger wird ausgewiesen und beerbt; ist der Täter ein Knecht, entledigt man sich seiner durch Hinrichtung, bei geringeren Gewalttaten verliert er die Hand, womit er für die Zukunft gebrandmarkt und als Gewalttäter erkennbar ist. Der Freie wird im übrigen noch durch die Androhung der Exkommunikation vor Gericht gezwungen.

Schon aus dem Jahre 1103 hören wir, Kaiser Heinrich IV. habe mit vielen Fürsten in Mainz einen mehrjährigen Frieden zum Schutz von Kirchen und Klerus, Kaufleuten, Frauen und Juden beschworen. Wer brandschatze, Geld mit Gefangennahmen erpresse, jemand verletze oder töte, verliere die Augen oder die Hand. Der Gedanke der Verstoßung tritt in den Hintergrund, die Androhung blutiger Strafen soll abschrecken. Es ist im Reich der König, die weltliche Gewalt, die aus dem Gottesfrieden das Instrument der *Landfrieden* formt, die fortan aus der Geschichte des mittelalterlichen Reiches nicht mehr hinwegzudenken sind.

§ 8. Das universale Kaisertum und der Konflikt mit dem Papsttum

Quellen: *J. Laudage* u. *M. Schroer*, Der Investiturstreit. Quellen und Materialien, 2006; *F.-J. Schmale* u. *I. Schmale-Ott* (Hrsg.), Quellen zum Investiturstreit, Bd. 1–2 (FSGA, Reihe A, Bd. 12a u. b), 1978–1984.

Schrifttum: *S. Beulertz*, Das Verbot der Laieninvestitur im Investiturstreit, 1991; *H. Beumann*, Der deutsche König ... (o. § 7); *ders.* u. *H. Büttner*, Das Kaisertum Ottos des Großen, 1975; *J. Englberger*, Gregor VII. und die Investiturfrage. Quellenkritische Studien zum angeblichen Investiturverbot von 1075, 1996; *C. Erdmann*, Das ottonische Reich als Imperium Romanum, DA 6 (1943) 412 ff.; *J. Fleckenstein* (Hrsg.), Investiturstreit und Reichsverfassung (VuF 18), 1973; *J. Fried*, Der Regalienbegriff im 11. und 12. Jh., DA 29 (1973) 450 ff.; *W. Hartmann*, Der Investiturstreit, 3. Aufl. 2007 (EDG 21); *H. Keller*, Das Kaisertum Ottos des Großen im Verständnis seiner Zeit, DA 20 (1964) 325 ff.; *W. Kölmel*, Regimen Christianum, 1970; *J. Laudage*, Gregorianische Reform und Investiturstreit, 2009 (EdF 282); *H. Löwe*, Kaisertum und Abendland in ottonisch und frühsalischer Zeit, HZ 196 (1963) 529 ff.; *P. Millotat*, Transpersonale Staatsvorstellungen in den Beziehungen zwischen Kirche und Königtum der ausgehenden Salierzeit, 1989; *M. Minninger*, Von Clermont zum Wormser Konkordat. Die Auseinandersetzungen um den Lehnsnexus zwischen König und Episkopat, 1978; *W. Ohnsorge*, Otto I. und Byzanz, MIÖG, Erg. Bd. 20 (1962) 107 ff.; *ders.*, Abendland und Byzanz, 1963; *I. Ott*, Der Regalienbegriff im 12. Jh., ZRG (KA) 35 (1948) 234 ff.; *H. Richter* (Hrsg.), Cluny. Beiträge zu Gestalt und Wirkung der cluniacensischen Reform (WdF 241), 1975; *R. Schieffer*, Die Entstehung des päpstlichen Investiturverbots für den deutschen König, 1981; *B. Schilling*, Ist das Wormser Konkordat überhaupt nicht geschlossen worden? Ein Beitrag zur hochmittelalterlichen Vertragstechnik, DA 58 (2002) 123 ff.; *R. Schneider*, Der rex Romanorum als gubernator oder administrator imperii, ZRG (GA) 114 (1997) 296 ff.; *P. E. Schramm*, Kaiser, Rom und Renovatio, 3. Aufl. 1962; *ders.*, Die Kaiser aus dem sächsischen Hause im Lichte der Staatssymbolik, MIÖG, Erg. Bd. 20 (1962) 31 ff.; *T. Struve*, Kaisertum und Romgedanke in salischer Zeit, DA 44 (1988) 424 ff.; *ders.*, Die Salier und das römische Recht. Ansätze zur Entwicklung einer säkularen Herrschaftstheorie in der Zeit des Investiturstreites, 1999; *ders.*, Die Salier und das römische Recht. Ansätze zur Entwicklung einer säkularen Herrschaftstheorie in der Zeit des Investiturstreites, 1999 (Abh. d. Akad. d. Wiss. u. d. Lit. Mainz, Geistes- u. Sozialwiss. Kl. Nr. 5); *M. Suchan*, Königsherrschaft im Streit, 1997.

I. Die Stellung des Kaisers

1. Der Kaisertitel

Die deutschen Könige des Mittelalters haben fast alle auch den Kaisertitel getragen. Sinn und Bedeutung dieser höchsten weltlichen Würde erschließen sich nur, wenn wir ihr Entwicklungsprofil beachten, wie es sich in der von den Herrschern verwendeten Titulatur und in den Umschreibungen zeitgenössischer Geschichtsschreiber niederschlägt. Über *Otto I.* war bereits zu berichten, daß er sich als ostfränkischer König verstand und mit der Königserhebung zu Aachen bewußt die Karlstradition aufnahm (o. § 7 II.2). Daran änderte sich auch nach der Kaiserkrönung in Rom 962 zunächst nichts. Otto I. führt nun im allgemeinen den Titel *imperator augustus* („*erhabener Kaiser"*), ohne diese Stellung auf ein namentlich genanntes Land oder Volk zu beziehen. Doch gibt es Ausnahmen. Vorübergehend setzt die kaiserliche Kanzlei in den Urkunden auch hinzu: *Romanorum ac Francorum* („ ... *der Römer und Franken*"). Es ist also Unsicherheit zu spüren, und die Bemühungen der Forschung, diese zu erklären, haben auch ein schlüssiges Bild ergeben. Im Kreise seiner Sachsen wurde Otto I. vielfach schon in den fünfziger Jahren als Träger einer *potestas imperialis*, also einer herrscherlichen, wenigstens kaisergleichen Gewalt, angesehen. Grund dieser Vorstellung ist Ottos I. reale Macht, die sich vor allem 955 im Sieg über die Ungarn auf dem Lechfeld gezeigt hat. Die epochale Bedeutung dieser Schlacht in den Augen der Zeitgenossen fand sichtbar Ausdruck in einem *triumphus*, mit welchem das Heer den Sieger als Kaiser feierte. Der Vorgang erinnert an römische Vorbilder. Manchem gilt der deutsche Herrscher nun als „*Haupt des Erdkreises*" *(totius orbis caput),* der dazu von Gott selbst berufen ist.

In diesem Denken kann der Kaiserkrönung durch den Papst nur eine bestätigende und bekräftigende Funktion zufallen. Anderer Art waren freilich die Vorstellungen des päpstlichen Hofes. Dort hätte man gerne Otto I. als „*Kaiser der Römer*" *(imperator Romanorum)* gesehen, glaubten sich die Päpste aufgrund der sog. „Konstantinischen Schenkung" (u. II. 2.) doch berechtigt, diese alte Würde zu verwalten und zu verleihen. Daß Otto I. darauf trotz gelegentlichen Schwankens nicht einging, hat wohl in erster Linie mit politischer Rücksichtnahme auf den römischen Kaiser in Byzanz zu tun. Aber sicher ist auch, daß er die Grundlage seines Kaisertums nicht in einer juristischen Herleitung von einem fernen Rechtsvorgänger sah, sondern in der ihm von Gott verliehenen wirklichen Macht. *Otto II.,* als einziger der mittelalterlichen Imperatoren schon zu Lebzeiten des Vaters zum Kaiser gekrönt, behielt dessen politische Linie noch etwa bei, wenn er sich auch in Italien schon als *imperator Romanorum* titulieren läßt.

Ganz anders jedoch *Otto III.* Auch er knüpft zwar an die Tradition Karls des Großen, den er wie einen Heiligen verehrt, an. Aber als Sohn einer griechischen Prinzessin und Schüler des gelehrten Gerbert von Reims, der ihm den Zugang zur Antike eröffnet, begreift er das Kaisertum prinzipiell als das der Römer. Sein Programm der *renovatio imperii Romanorum* („*Erneuerung des Römerreiches*") verkündet er nicht nur auf seinem Siegel. Er versucht es zu realisieren, indem er einen kaiserlichen Palast in Rom bezieht und mit der Errichtung der polnischen Kirchenprovinz während einer politischen Pilgerfahrt nach Gnesen bewußt über die herkömmlichen Reichsgrenzen hinausgreift. Nach dem frühen Tode Ottos III. haben seine Nachfolger zwar diese angestrengte Nachahmung der römischen Kaisertradition nicht fortgesetzt. Aber auch sie sahen sich, zunehmend selbstverständlich, als römische Kaiser, ja schon als römische Könige. Unter *Konrad II.* setzt sich in der kaiserlichen Kanzlei allmählich auch der später verbindliche Begriff des *imperium Romanum* durch. Die Überlagerung des begrenzteren fränkischen Kaisertums und der naturwüchsigen Kaiservorstellungen, wie sie noch auf dem Lechfeld zum Ausdruck kamen, durch die römische Kaisertradition hat allerdings ein Nebeneinander zweier römischer Kaiser in Ost und West zur Folge. Mit Recht ist darauf hingewiesen worden, daß dieses Doppelkaisertum eine *„Relativierung der universalen römischen Kaiseridee"* (W. Ohnsorge) zur Folge haben mußte.

2. Rechte des Kaisers

Kaiserliche Herrschaftsrechte, welche mehr gewähren, als dem König ohnehin zusteht, gibt es nur wenige. Die Idee einer kaiserlichen Weltherrschaft, welche manche Literaten des Mittelalters bewegte, ist nur ganz selten – im Preußenland und in Livland (u. § 10 I.3) – in praktische Politik umgesetzt worden. Zumal die Monarchien Westeuropas waren nicht bereit, eine reale Oberhoheit des Kaisers zu akzeptieren. Was man ihm zugestand, war die höchste *„Würde" (dignitas)* im Abendland. Auch tatsächlich kommt der Herrschaft des Kaisers, etwa in Hinblick auf ihren räumlichen Umfang, keine andere Qualität zu als dem Königtum der westeuropäischen Reiche. Insbesondere die Lehnsabhängigkeit der Könige von Böhmen und Polen findet anderswo ihre Parallele. Einzigartig ist allein die mit der Kaiserkrönung Otto I. und seinen Nachfolgern übertragene *defensio ecclesiae Romanae*, also der speziell auf die *römische* Kirche bezogene *Kirchenschutz*. Nach dem Sprachgebrauch der Zeit war damit die römische Ortskirche und ihr universal wirkendes Haupt gemeint, nicht jedoch die ganze Kirche des Westens.

II. Der Kaiser und das Papsttum

1. Die kirchliche Reformbewegung

Das Verhältnis von Kaiser und Papst ist bis um die Wende zum 11. Jahrhundert von diesem kaiserlichen Schutzrecht bestimmt. Es führte seit Otto I. zu einer engen Kooperation von Kaiser und Papst, die gemeinsam kirchlichen Synoden vorsaßen und zuweilen sogar ihre Privilegierungspraxis aufeinander abstimmten. Hochpolitische Bedeutung gewann diese Zusammenarbeit, als die von dem burgundischen Kloster *Cluny* ausgehende kirchliche Reformbewegung unter Abt *Odilo* (994–1048) ihren Höhepunkt erreicht. Die dort erhobene Forderung nach der *libertas ecclesiae*, der Befreiung der Kirche vom Einfluß der Laien, machte sich *Heinrich III.* selbst zu eigen, indem er das Papsttum aus seiner Abhängigkeit vom römischen Stadtadel befreite. 1046 setzt er auf der Synode von Sutri drei rivalisierende Päpste ab und erhebt an ihrer Stelle den Bamberger Bischof Suidger als Clemens II. auf den päpstlichen Stuhl. Auch seine Nachfolger, unter ihnen der bedeutende Leo IX. (1049–1054), waren Deutsche, weil ihnen, die sie nicht an römische Interessengruppen gebunden waren, die Reform der Kirche am ehesten zugetraut werden konnte. Vielleicht ist niemals zuvor die kaiserliche Verantwortung für die Kirche so ernst genommen worden. Niemals aber war auch die Macht des Kaisers über das Papsttum größer als in der ersten Hälfte des 11. Jahrhunderts.

2. Die „Konstantinische Schenkung"

Die vollständige Umkehrung dieses Verhältnisses von Kaiser und Papst in der päpstlichen Politik der kommenden Jahrzehnte war sowohl in der kirchlichen Reformbewegung selbst angelegt wie auch in der aus dem 8. Jahrhundert stammenden, gefälschten „Konstantinischen Schenkung" vorgezeichnet. Nach diesem Dokument hat Kaiser Konstantin dem Papst die Stadt Rom und die Provinzen Italiens übergeben und ihm dazu die kaiserliche Würde anvertraut. Der Papst schien damit dem Kaiser übergeordnet, denn alles Kaisertum mußte auf päpstlicher Einsetzung beruhen. Zudem konnte Italien für eine weltliche Herrschaft des Papstes in Anspruch genommen werden. Diese Gedankengänge waren kaisertreuen Päpsten und Kirchenmännern des 10. und 11. Jahrhunderts bekannt gewesen, ohne daß sie daraus direkte politische Konsequenzen gezogen hatten. Das herkömmliche Rechtsdenken war stärker als ein schwer begreiflicher Text, den schon Otto III. als Fälschung erkannte. Mit anderen Augen wurde er jedoch gelesen, als sich die Forderung nach Kirchenfreiheit auch gegen das Kaisertum wandte.

3. Päpstliche Schutzprivilegien

Die aus innigster Verflechtung zwangsläufig erwachsende Kollision der kaiserlichen und päpstlichen Rechtspositionen und Machtansprüche läßt sich auch auf regionaler Ebene beobachten. Parallel zum Königsschutz waren auch päpstliche Schutzprivilegien aufgekommen, die in der zweiten Hälfte des 9. Jahrhunderts, also unter relativ schwachen Herrschern, weite Verbreitung fanden. Sie vermochten vielfach die Selbständigkeit der Klöster gegenüber den Beherrschungsversuchen des Adels zu sichern. Noch unter Otto I. erscheinen die päpstlichen Schutzprivilegien ergänzend neben dem königlichen Immunitätsprivileg (o. § 5 II.6 u. § 7 II.6). Gegen Ende des 10. Jahrhunderts wird dieses Nebeneinander jedoch durch zunehmende Konkurrenz abgelöst. Der päpstliche Schutz vor weltlichen Eingriffen verbindet sich mit dem Gedankengut der cluniazensischen Reform. Eine mit Rom durch besondere Privilegien verbundene „Papstkirche", die man von der unter Königsschutz stehenden Reichskirche unterscheidet, scheint im Entstehen begriffen.

III. Der Investiturstreit

1. Ziele und Erfolge der päpstlichen Politik

Die Ziele der kirchlichen Reformer erstreckten sich bald auch darauf, die kaiserliche Kirchenherrschaft als Laieneinfluß zu beseitigen. Die Tragweite der daraus im sog. Investiturstreit entstehenden Konfrontation zwischen Papsttum und Kaisertum ist nur zu verstehen, wenn nicht nur die außerordentliche Bedeutung der Reichskirche für den Kaiser, sondern auch dessen, durch die Königssalbung vermittelte, quasisakramentale Würde bedacht wird. Es war ja im 11. Jahrhundert noch keineswegs ausgemacht, ob dem Kaiser in der Führung der Christenheit nicht der erste Platz zukommen müsse. Daß *Heinrich IV.* (1056–1106) und *Heinrich V.* (1106–1125) die Auseinandersetzungen mit den Reformpäpsten so lange durchstehen und dabei auch auf die Unterstützung großer Teile des hohen Klerus rechnen konnten, hat nicht nur mit Politik, sondern auch mit der Stellung des Kaisers in dem bis dahin herrschenden Weltbild zu tun.

Aus der komplizierten äußeren Geschichte des Investiturstreites ist zunächst von Bedeutung, daß der frühe Tod Heinrichs III. eine neunjährige Vormundschaftsregierung (1056–1065) für den minderjährigen Heinrich IV. zur Folge hatte. In dieser Zeit, 1059, erläßt Papst *Nikolaus II.* ein *Papstwahldekret*, welches die Wahlentscheidung den Kardinälen überträgt. Heinrich IV. versuchte zwar, nach dem Tod dieses Papstes einen Nachfolger einzusetzen und damit die königliche Rechtsposition zu wahren. Jedoch setzten sich die von den Reformern gewählten Päpste durch. Unter ihnen erwächst Heinrich IV. in *Gregor VII.* (1073–1085) ein Gegner, dessen Zukunftsvisionen das traditionelle kaiserliche Amtsverständnis nicht mehr gewachsen war. In den Augen der Reformer stellte sich die Einsetzung von Bischöfen durch den Kaiser und ihre Ausstattung mit den zugehörigen geistlichen Gütern als eine Form der Simonie dar, d. h. als ein entgeltlicher Erwerb geistlicher Ämter, der als verboten galt (Apg. 8,18). Die Problematik war natürlich nicht neu. Daß ihr gerade jetzt ein so großes Gewicht beigemessen wurde, beruhte wesentlich auf der Prägung der kirchlichen Reformbewegung durch das Mönchtum. Wie sich dessen Lebenskreis von der Welt abgrenzen soll, so sollte nun auch die Gesamtkirche in erster Linie als eine Klerikerkirche konstituiert werden, in welcher die Priester unter Verbot der Ehe einer strengen kirchlichen Disziplin zu unterwerfen waren. Da der Kaiser fortfuhr, Bischöfe einzusetzen, der Papst ihm dies aber 1075 durch eine Synode verbieten ließ (*Weinrich* I Nr. 34), war eine dramatische Zuspitzung des Konflikts unausweichlich. 1076 greifen beide Parteien zu der äußersten ihnen zur Verfügung stehenden Waffe: Der Kaiser erklärt den Papst für abgesetzt, der Papst verhängt über den Kaiser den Bann. An diesem historischen Wendepunkt, der den Bruch der einen christlichen Weltordnung markiert, wird offenbar, daß der Kaiser den geistlichen Waffen der Kirche nichts Gleichwertiges entgegenzusetzen hat. Mit dem Kirchenbann waren zugleich die dem Kaiser geleisteten Eide gelöst worden, so daß der Kreis der politischen Anhänger schrumpfte und die Wahl eines Gegenkönigs möglich wurde (o. § 7 II.2). Das im *Dictatus Papae* 1075 formulierte Programm einer päpstlichen Leitungsgewalt, welche das Recht einschließt, Kaiser abzusetzen, schien keineswegs unrealistisch. Die Reaktionen Heinrichs IV., der zäh am königlichen Investiturrecht festhielt, und seines ihm auf denselben politischen Pfaden folgenden Sohnes Heinrich V. waren nicht immer vom Glück begünstigt, aber flexibel und am Ende keineswegs erfolglos. Der negative Symbolgehalt des Bußgangs nach Canossa 1077 (*Weinrich* I Nr. 35) verstellt bis heute den Blick dafür, daß Heinrich IV. auf diese Weise die spezifische – geistliche – Macht des Papstes neutralisierte und seine politische Handlungsfähigkeit wieder herstellte.

2. Das Wormser Konkordat

Zwischen 1095 und 1102 sprechen mehrere päpstliche und Provinzialsynoden ein generelles Verbot der lehnsrechtlichen Bindung von Klerikern aus. Implizit wurde damit zugleich behauptet, daß die im Laufe von Jahrhunderten den Kirchen aus königlicher Hand übertragenen Güter deren dauerhafter Besitz, freies Eigentum im Grunde, geworden seien. Diese Maximalposition, welche zugleich taugliche Basis einer weltlichen Herrschaft des Papsttums hätte sein können, ließ sich jedoch nicht aufrechterhalten. 1107 sahen die mit England und Frankreich getroffenen Vereinbarungen die Beibehaltung des lehnsrechtlichen Treueides vor. Die nach langen

§ 9. *Verfassungspolitik unter dem Einfluß römischen Rechtsdenkens* 55

Verhandlungen für das Reich im sog. Wormser Konkordat 1122 (*Weinrich* I Nr. 49) getroffene Regelung geht darüber eher hinaus. Der Papst gesteht dem König zu, daß dieser dem gewählten geistlichen Amtsträger die „Regalien" durch ein Zepter übertrage und die daraus erwachsenden Rechte geltend mache *(electus autem regalia per sceptrum a te recipiat et que ex his iure tibi debet, faciat)*. In dieser Formulierung waren termini technici des Lehnsrechts zwar vermieden worden. Doch der Begriff der „Regalien" wurde von den Zeitgenossen mit der lehnsrechtlichen Treuepflicht gegenüber dem König in Verbindung gebracht. Mit dem Wormser Konkordat beginnt die lückenlose „Feudalisierung" der Reichskirche. Dafür mußte der Kaiser der Kirche die freie Wahl der Kirchenvorsteher und die Investitur mit Ring und Stab, d. h. die Übertragung des geistlichen Amtes, zugestehen. Die Zukunft sollte zeigen, daß starken Herrscherpersönlichkeiten damit der Einfluß auf die Auswahl des Reichsepiskopats nicht genommen war.

Ein Ende gefunden hat mit dem Vertragsschluß von 1122 die Vision einer Kaiserkirche nach byzantinischem Vorbild. Keine Zukunft war andererseits aber auch der Idee einer übergeordneten Priesterherrschaft beschieden. Mit der zuerst von Theologen gedanklich vollzogenen Unterscheidung der *Temporalien* und der *Spiritualien*, der weltlichen und geistlichen Lebens- und Herrschaftskreise, war dem Wormser Konkordat ein folgenreiches politisches Modell zugrunde gelegt worden. Es war der Weg eröffnet nicht nur für die Freiheit der Kirche, wie von den Reformern gewollt, sondern zugleich für die Freiheit des weltlichen Regiments, das sich in den kommenden Jahrhunderten zum säkularen Staat wandeln sollte.

3. Kapitel. Der Durchbruch rationaler Verfassungsorganisation unter den staufischen Herrschern (1138–1254)

§ 9. Verfassungspolitik unter dem Einfluß römischen Rechtsdenkens: Die Zeit Friedrichs I. Barbarossa und Heinrichs VI.

Quellen: *A. Borst* u. *J. Fleckenstein* (Hrsg.), Die deutsche Königserhebung im 10.–12. Jh., eingel. v. *W. Böhme*, H. 2: Die Erhebungen von 1123–1198 (Hist. Texte, MA, H. 15), 1970; *dies.*, Lehnrecht und Staatsgewalt im deutschen Hochmittelalter, eingel. v. *W. Goez* (Hist. Texte, MA, H. 11), 1969; *B. Diestelkamp* (o. § 7); *M. Krammer* (o. § 7).

Schrifttum: *H. Appelt*, Friedrich und das römische Recht (1961/62), Neudr. in: *G. Wolf* (Hrsg.), Friedrich Barbarossa, 1975, 58 ff.; *ders.* Die Kaiseridee Friedrich Barbarossas (SB d. Österr. Akad. d. Wiss., Phil.-hist. Kl., 252 Nr. 4), 1967; *ders.*, Privilegium minus, 1973; *G. Baaken*, Imperium und Papsttum. Zur Geschichte des 12. und 13. Jahrhunderts, 1997; *D. Berg*, Imperium und Regna. Beiträge zur Entwicklung der deutsch-englischen Beziehungen im Rahmen der auswärtigen Politik der römischen Kaiser und deutschen Könige im 12. und 13. Jahrhundert, ZHF Beih. 5 (1988) 13 ff.; *K. Bosl*, Die Reichsministerialität der Salier und Staufer, Bd. 1–2, 1950/51; *B. Diestelkamp*, König und Städte in salischer und staufischer Zeit – Regnum Teutonicum, HZ, Beih. 7 N F (1982) 247 ff.; *V. Colorni*, Die drei verschollenen Gesetze des Reichstages bei Roncaglia (GU N F 12), 1969; *G. Dilcher*, Die staufische Renovatio im Spannungsfeld von traditionellem und neuem Denken, HZ 276 (2003) 613 ff.; *ders.* u. *D. Quaglioni* (Hrsg.), Die Anfänge des öffentlichen Rechts. Gesetzgebung im Zeitalter Barbarossas und das Gelehrte Recht, 2007; *E. Engel* u. *B. Töpfer* (Hrsg.), Kaiser Friedrich Barbarossa. Landesausbau, Aspekte seiner Politik, Wirkung, 1994; *J. Fried* (o. § 8); *ders.* (Hrsg.), Träger und Instrumentarien des

Friedens im hohen und späten Mittelalter, 1996; *J. Gernhuber,* Die Landfriedensbewegung in Deutschland bis zum Mainzer Reichslandfrieden, 1952; *K. Görich,* Die Ehre Friedrich Barbarossas. Kommunikation, Konflikt und politisches Handeln im 12. Jahrhundert, 2001; *S. Hauser,* Staufische Lehnspolitik am Ende des 12. Jahrhunderts 1180–1197, 1998; *A. Haverkamp,* Herrschaftsformen der Frühstaufer in Reichsitalien, Bd. 1–2, 1970/71; *ders.* (Hrsg.), Friedrich Barbarossa. Handlungsspielräume und Wirkungsweisen des staufischen Kaisers, 1992 (VuF 40); *W. Heinemeyer,* „beneficium – non feudum, sed bonum factum" – Der Streit auf dem Reichstag zu Besanc°on 1157, AfD 15 (1969) 155 ff.; *H. Hirsch* (o. § 7); Kaiser Heinrich VI. Ein mittelalterlicher Herrscher und seine Zeit, 1998 (mit Beitr. v. *G. Baaken, P. Csendes, Th. Kölzer, U. Schmidt*); *H. J. Kirfel,* Weltherrschaftsidee und Bündnispolitik – Untersuchungen zur auswärtigen Politik der Staufer, 1959; *G. Koch,* Auf dem Wege zum Sacrum Imperium, 1972; *J. Laudage,* Alexander III. und Friedrich Barbarossa, 1997; *H. Löwe,* Die Staufer als Könige und Kaiser, in: Die Zeit der Staufer (Ausstellungskatalog), Bd. 3, 1977, 21 ff.; *Th. Mayer* (Hrsg.), Kaisertum und Herzogsgewalt im Zeitalter Friedrichs I., 1944; *W. Metz,* Staufische Güterverzeichnisse, 1964; *M. Meyer-Gebel,* Bischofsabsetzungen in der deutschen Reichskirche vom Wormser Konkordat (1122) bis zum Ausbruch des Alexandrinischen Schismas (1159), 1992; *W.-D. Mohrmann* (Hrsg.), Heinrich der Löwe, 1980; *I. Ott* (o. § 8); *H. Patze,* Herrschaft u. Territorium, in: Die Zeit der Staufer (Ausstellungskatalog), Bd. 3, 1977, 35 ff.; *J. Petersohn,* Rom und der Reichstitel „sacrum Romanum imperium", 1994; *K. Richter,* Friedrich Barbarossa hält Gericht. Zur Konfliktbewältigung im 12. Jahrhundert, 1999; *B. Schimmelpfennig,* Könige und Fürsten, Kaiser und Papst nach dem Wormser Konkordat, 1996 (EDG Bd. 37); *St. Schlinker,* Fürstenamt und Rezeption. Reichsfürstenstand und gelehrte Literatur im späten Mittelalter, 1999; *E. E. Stengel,* Land- und lehnrechtliche Grundlagen des Reichsfürstenstandes, ZRG (GA) 66 (1948) 294 ff.; *W. Ullmann,* Von Canossa nach Pavia – Zum Strukturwandel der Herrschaftsgrundlagen im salischen und staufischen Zeitalter, HJb 93 (1973) 265 ff.; *E. Wadle,* Frühe deutsche Landfrieden, in: *H. Mordek* (Hrsg.), Überlieferung und Geltung normativer Texte des frühen und hohen Mittelalters, 1986, 71 ff.; *St. Weinfurter,* Stauferreich im Wandel. Ordnungsvorstellungen und Politik in der Zeit Friedrich Barbarossas, 2002; *D. Willoweit,* Rezeption und Staatsbildung im Mittelalter, in: *D. Simon* (Hrsg.), Akten des 26. Dt. Rechtshistorikertages, 1987, 19 ff.; *ders.,* Fürst und Fürstentum in Quellen der Stauferzeit, RhVjBll 63 (1999) 7 ff.

I. Die Legitimation monarchischer Herrschaft

1. Die Heiligkeit des Reiches

Die Staufer, noch 1125 von der Krone ausgeschlossen, können mit *Konrad III.* (1138–1152) einen Enkel Heinrichs IV. präsentieren und versuchen folgerichtig, die Politik der Salier auch unter den neuen Bedingungen des Wormser Konkordates (o. § 8 III.2) fortzusetzen. Sie halten an der hergebrachten Legitimation des Königtums fest. Konrad III. nimmt gelegentlich selbst den Titel eines römischen Kaisers auch ohne Romzug für sich in Anspruch. Genaueres erfahren wir über die Begründung des Königtums am Hofe *Friedrichs I.* (1152–1190), wo dieselben Ideen lebendig sind, die schon vor dem Investiturstreit das Herrscherverständnis prägten: der unmittelbar göttliche und damit vom Papst unabhängige Ursprung der Herrscherwürde, das Gewicht der realen Macht.

Neu in die kaiserliche Kanzleisprache eingeführt wird unter Friedrich I. der Begriff des *sacrum imperium,* des „heiligen" Reiches. Dieser Reichstitel ist dem spätantiken Rom entliehen und entspricht zugleich der zeitgenössischen byzantinischen Praxis. Die christliche Spätantike kennt die Prädikate *sacer* und *sanctus* als Kennzeichnung kaiserlicher Institutionen und Herrschaftsäußerungen. „Heilig" in diesem Sinne ist unter Friedrich I. vor allem das Recht und die Gesetzgebung. Über den Sinn dieser Sprachregelung gehen die Meinungen auseinander. Einerseits wurde darauf hingewiesen, daß der Kaiser und sein Kanzler Reinald von Dassel, Erzbischof von Köln, die Heiligkeit des Reiches betonten, um den kirchlichen Reformern zu begegnen. Andererseits sei aber der Wille, römisches Staatsdenken zu restaurieren, nicht zu übersehen. Beide Erklärungen schließen einander nicht aus. In der Person Friedrichs I.

§ 9. *Verfassungspolitik unter dem Einfluß römischen Rechtsdenkens* 57

kulminiert erneut und mit zusätzlichen Akzenten der römische Kaisergedanke. Nach dem Investiturstreit bietet der Rückgriff auf die Selbstinterpretation des römischen Reiches legitime Möglichkeiten, die kaiserliche Position gegenüber einem gestärkten Papsttum zu wahren. Als es 1157 auf einem Hoftag in Besan\:con zu einer Konfrontation zwischen dem Kaiser und dem päpstlichen Legaten kommt, weil der Papst die Kaiserwürde als ein „*beneficium*", also ein von der Kirche verliehenes Gut bezeichnet hatte, stellen sich die Reichsbischöfe geschlossen hinter ihren weltlichen Herrn. Und der Kaiser zögert auch nicht, nach dem Vorbild Konstantins d. Gr. 1160 ein Konzil einzuberufen, als er sich mit dem Schisma zweier konkurrierender Päpste konfrontiert sah. Zwar war dieser in Pavia abgehaltenen Kirchenversammlung ein durchgreifender Erfolg nicht beschieden. Aber der Vorgang zeigt, welche politische Potenz mit einer Restauration der antiken Kaisermacht freigesetzt werden konnte.

Das *sacrum imperium* nahm aber noch in anderer Hinsicht charakteristische Eigenheiten seines antiken Vorbildes an. Das Reich wurde jetzt als das irdische Gehäuse der Christenheit erfahren, woraus sich eine doppelte Konsequenz ergibt: der gemeinsame Glaube aller Reichsangehörigen und die Vereinigung der ganzen Christenheit unter dem römischen Kaiser. Politik für das Reich dient nun der wahren Religion. 1183 treffen Kaiser und Papst eine erste Vereinbarung über die Bestrafung von *Ketzern*. *Kreuzzüge* zum Schutz der 1099 im Heiligen Lande errichteten christlichen Fürstentümer unternehmen – gemeinsam mit Franzosen und Engländern – sowohl Konrad III. 1147 wie Friedrich I. 1189. Die Juden geraten in dem dabei entstehenden Klima religiöser Erregung erneut in Gefahr, Opfer von Pogromen zu werden; 1147 gelingt ihr Schutz nicht überall.

2. Einflüsse des römischen und kanonischen Rechts

Das römische Kaisertum Friedrichs I. gewann seine besondere Qualität durch den Rückgriff auf das römische Recht. 1158 hielt der Kaiser auf den *Ronkalischen Feldern* bei Piacenza eine Reichsversammlung ab, auf welcher vier Doktoren der im Entstehen begriffenen ersten Juristenuniversität Bologna die kaiserlichen Herrschaftsrechte in Gestalt einer Rechtsmitteilung, welcher die Versammlung zustimmte, kundgaben (Vgl. u. II.1, *Weinrich* I Nr. 64). Der konkrete Anlaß der Prozedur, die Wiedergewinnung entfremdeter Reichsrechte, war zunächst begrenzt. Doch blieb dieser erste Kontakt mit dem Rationalismus des römischen Rechtsdenkens nicht ohne Folgen auf Herrschaftsverständnis und -organisation im Reiche (u. II.1). Freilich vermochte in der Mitte des 12. Jahrhunderts niemand sogleich die ganze Komplexität des römischen Rechts zu erfassen oder gar in die Praxis umzusetzen. Die direkte Rezeption römischer Rechtssätze beschränkte sich vorerst auf einige Grundregeln, deren Dynamik im überkommenen Verfassungsgebäude jedoch nicht unterschätzt werden darf. Denn es werden aus dem Corpus Iuris Civilis nun Sätze bekannt wie: *princeps legibus solutus* („*Der Fürst ist an die Gesetze nicht gebunden*", D. 1, 3, 31) und *quod principi placuit, legis habet vigorem* („*Was dem Fürsten gefällt, hat Gesetzeskraft*", D. 1, 4, 1). So überrascht es auch nicht, daß die Bologneser Juristen dem Kaiser gesagt haben sollen, er könne Gesetze geben und aufheben. Damit aber tritt ein lange Zeit vernachlässigter Aspekt der herrscherlichen Gewalt in das politische Bewußtsein. In einem Zeitalter, das noch immer überwiegend von überlieferten Rechtsgewohnheiten geprägt war (o. § 7 I.5, u. § 10 IV), dürfte es den Zeitgenossen wohl kaum möglich gewesen sein, die ganze Tragweite eines derartigen Rechtsgrundsatzes zu verstehen. Doch den Anspruch, den das gelehrte Recht verkörperte, hat Friedrich I. durch ein den Scholaren gleichfalls 1158 gewährtes Schutzprivileg bestätigt (*Weinrich* I Nr. 67).

Neben den offen zutage liegenden Rückgriffen auf das römische Recht ist der Einfluß des kanonischen Rechts auf das Kaisertum weniger klar zu erkennen, und dies, obwohl das kirchliche Recht seit 1140 im *Dekret Gratians* systematisiert vorlag. Kirchliches Rechtsdenken muß jedoch Pate gestanden haben, als man in der Zeit Friedrichs I. dazu überging, das herrscherliche Handeln des Kaisers als ein *officium* (Amt) zu bezeichnen. Der im kirchlichen Raum längst geläufige Begriff läßt einen fortschreitenden Abstraktionsprozeß erkennen, da nicht nur das Reich und der Herrscher (o. § 7 II.3), sondern auch die Person des Kaisers und die Institution des Kaisertums unterschieden werden.

II. Herrschaftsmittel und -strukturen

1. Hierarchisches Verfassungsdenken

Daß man am kaiserlichen Hof die kirchliche Rechtspraxis genau beobachtete, ist am *Vorbehalt der kaiserlichen Rechte* bei der Erteilung von Privilegien abzulesen. Diese aus Papsturkunden übernommenen Klauseln sind Ausdruck eines hierarchischen Organisationsmodells, welches bis dahin nur in der römischen Kirche realisiert war. Auf den Ronkalischen Feldern hat der Kaiser darüber hinaus nach römischem Vorbild ein Gesetz formulieren lassen, welches den Ursprung aller richterlichen Tätigkeit – und damit die zentrale Aufgabe jeder Herrschaft – auf den *princeps*, d. h. im Reiche auf den Kaiser, zurückführte: „*Alle Gerichtsbarkeit und alle Gerichtsgewalt liegt beim Herrscher, und alle Richter müssen sich ihre Aufgabe vom Herrscher übertragen lassen und einen Eid schwören, wie es vom Gesetz festgelegt ist*" (*Omnis iurisdictio et omnis districtus apud principem est et omnes iudices a principe administrationem accipere debent et iusiurandum praestare, quale a lege constitutum est*; *Weinrich* I Nr. 64 b). Ergänzt wurde dieser Rechtssatz bei gleicher Gelegenheit durch einen Katalog der königlichen Rechte, für die sich seit dem Investiturstreit der Begriff „Regalien" eingebürgert hatte. In dieser umfangreichen Liste (*Weinrich* I Nr. 64 a) werden unter anderem die öffentlichen Wege, die Zölle, das Münzrecht, die Erträge aus Strafgeldern, das Recht auf herrenloses Gut, die Einsetzung von Amtsträgern *(magistratus)* genannt. Aus anderen Quellen erfahren wir, daß man auch Herzogtümer, Grafschaften und ähnliche Würden dazurechnete. Die Herleitung der Regalien aus dem Kaisertum und ihre hoheitliche Festlegung waren als verfassungspolitischer Akt, dem eine gründliche Reflexion vorausgegangen sein mußte, von kaum zu unterschätzender Bedeutung.

2. Der Erbreichsplan Heinrichs VI.

Schon zu Lebzeiten des Vaters 1169 im Alter von vier Jahren zum König gekrönt und mit Konstanze, der Erbin des normannischen Königreiches Sizilien, verheiratet, hat Kaiser *Heinrich VI.* (1190–1197) versucht, eigene verfassungspolitische Akzente zu setzen. Die Erblichkeit anderer Königreiche, Frankreichs und Englands, mag ein Vorbild gewesen sein. Schwerer wog wohl der verlockende Gedanke, das im Hause der Staufer nunmehr erbliche Königreich Sizilien samt dem zugehörigen Süditalien auf Dauer mit dem Reich zu verbinden. Die Vision eines erneuerten Imperium

§ 9. Verfassungspolitik unter dem Einfluß römischen Rechtsdenkens   59

Romanum deckte sich mit dem Interesse der Dynastie. Der Kaiser war bereit, den Fürsten für die Zustimmung zu diesem Projekt die Erblichkeit ihrer Reichslehen zu garantieren. Dennoch scheiterte der Kaiser mit seinen weitreichenden Absichten nicht nur am Widerstand des Papstes und geistlicher, sondern auch weltlicher Fürsten. Die Balance der Macht im Reiche wäre in folgenschwerer Weise verändert worden.

3. Reichsfürsten

Die Verwirklichung der hierarchischen Organisationsideen römischer Herkunft im Reich gelang am konsequentesten in Italien. Dort mußte fortan der Regalienbesitz regionaler Herrschaftsträger stets vom König abgeleitet sein. Anders lagen die Dinge nördlich der Alpen. Hier hatte der Kaiser mit mächtigen Fürstengeschlechtern zu rechnen, wie den Zähringern, den Babenbergern, vor allem aber mit dem Welfen *Heinrich dem Löwen*. Gegenüber den weltlichen Großen vermied es die kaiserliche Kanzlei, von „Regalien" zu sprechen, wenn sie einschlägige königliche Rechte verlieh. Als allgemeine Übung ist die ausdrückliche Regalienleihe in Deutschland auf die Belehnung der geistlichen Fürsten beschränkt. In der Sache wußten der Kaiser und seine Berater aber das in Roncaglia entwickelte Modell auch gegenüber den weltlichen Reichsfürsten durchzusetzen. Die tauglichen Instrumente dazu liefert das längst geläufige Lehnssystem. Die hochadeligen, insbesondere herzoglichen Herrschaftsträger müssen sich ihre Würde vom Reichsoberhaupt übertragen lassen. Es bildete sich eine bestimmte Vorstellung vom Fürsten heraus, der stets vasallitisch an den Kaiser gebunden ist und gegenüber aufsteigenden Rittern (u. 5) einen exklusiven Rang gewinnt. Das Personal der kaiserlichen Kanzlei gebrauchte den Begriff princeps überlegt für den mit Reichslehen ausgestatteten Personenkreis. Die Gesamtheit der Fürsten als Träger der Reichsrechte verkörpert den *honor imperii* („Ehre des Reiches"). Der Sturz Heinrichs des Löwen 1180 zeigt, daß die lehnsrechtliche Strukturierung des Reiches die politischen Handlungsmöglichkeiten des Kaisers zunächst eher erweiterte als beeinträchtigte. Die ungewöhnliche Macht des Welfen als Herzog von Sachsen und Bayern zugleich zerbrach, als der Kaiser, der politischen Widerspenstigkeit des Herzogs überdrüssig, Klagen gegen ihn vor dem Hofgericht freien Lauf ließ und auf die Weigerung des Beklagten, zu erscheinen, die Acht verhängte und die Reichslehen aberkannte (*Weinrich* I Nr. 74). Diese erneut an andere Vasallen zu verleihen, war nicht aus Rechtsgründen, wohl aber aus faktischer Notwendigkeit geboten: Einige königstreue Herzöge hatte der Kaiser zur Hand, Scharen vertrauenswürdiger Dienstmannen, die Sachsen und Bayern in Königsländer hätten verwandeln können, dagegen kaum.

Die Forschung war lange davon überzeugt, daß im Zusammenhang mit den Ereignissen des Jahres 1180 der „Reichsfürstenstand" neu gebildet worden sei. Bestand schon bisher der Verdacht, daß mit der Unterscheidung von Fürsten und Grafen ein erst später maßgebender Standesunterschied in eine ältere Epoche zurückprojiziert worden ist, so hat die inzwischen abgeschlossene kritische Edition der Urkunden Friedrichs I. ergeben, daß es sich bei der rechtlichen Fixierung der Merkmale eines Reichsfürsten in der Tat um einen kontinuierlichen Prozeß handelt. Schon im 12. und noch im 13. Jahrhundert waren nicht nur Herzöge, Mark-, Land- und Pfalzgrafen Inhaber von Regalien, sondern gelegentlich auch „gewöhnliche", aber bedeutendere Grafen, die damit zu den *principes* gezählt wurden. Erst die zunächst noch seltenen (u. § 10 II.3), seit dem Ende des 13. Jahrhunderts häufigen (u. § 12 I.3) Erhebungen in den Reichsfürstenstand haben dessen Exklusivität bewirkt.

Friedrich I. hat sein Ziel, die deutschen Herzogtümer enger an die kaiserliche Gewalt zu binden, auch durch *Teilungen und Neubildungen* zu erreichen versucht. Dabei kommt in der Urkunde über die Errichtung des Herzogtums Österreich von 1156 – vor Roncaglia – die dem Herzog übertragene Gerichtsbarkeit nur mittelbar zur Sprache (*Weinrich* I Nr. 61). Anders 1168 bei der Schaffung eines ostfränkischen Herzogtums für den Bischof von Würzburg, dessen neue Rechtsmacht im Kern aus Jurisdiktionsbefugnissen besteht (*Weinrich* I Nr. 71). Ebenso verfährt der Kaiser 1180, als er das neue Herzogtum Westfalen errichtet. Diese verfassungsgestaltenden Privilegien haben in späterer Zeit das Fundament der Landesherrschaft gebildet (u. § 13). Unter dem Stauferkaiser vermitteln sie dagegen noch in erster Linie königliche Rechte, die weit über die Eigengüter der neuen Herzöge hinausgreifen.

4. Landfriedensgesetzgebung

Zu den Elementen einer rationalen Reform der überkommenen königlichen Herrschaftsmacht gehört auch, daß Friedrich I. den Landfrieden als Instrument der in kaiserlichem Auftrag zu handhabenden Gerichtsbarkeit neu ordnete. Seitdem das Königtum das Instrument der beschworenen Friedenseinung zum Schutz von Kirchen, Klerikern, Kaufleuten, Frauen und Juden an sich gezogen hatte (o. § 7 III), wurden Schwureinungen solcher Art schon vor der Stauferzeit auch in regionalem Rahmen abgeschlossen. Friedrich I. hat daraus, gleichfalls 1158 auf den Ronkalischen Feldern, eine das ganze Reich erfassende, lückenlose Schwurpyramide machen wollen. Fürsten, Amtleute und einfaches Volk, jeder vom 18. bis zum 70. Lebensjahr sollte durch Eid verpflichtet sein, Frieden zu halten und sein Recht nur vor Gerichten zu verfolgen. Richter aber, die ihr Amt vernachlässigen, sind der kaiserlichen Kammer bußpflichtig (*Weinrich* I Nr. 65). Wir können uns schwer vorstellen, daß ein solches, alle Reichsangehörigen mit geradezu bürokratischer Gründlichkeit erfassendes Schwursystem im 12. Jahrhundert wirklich funktioniert hat. Aber die gedankliche Perfektion, welche diesem Versuch einer umfassenden Friedensgewährleistung zugrunde liegt, beeindruckt durch ihre relative Modernität und sollte am Ende des Mittelalters in der Tat den Weg in die Neuzeit weisen (u. § 15 II.2).

5. Reichsministeriale

Friedrich I. reorganisierte nicht nur das Verhältnis von Kaisertum und herzoglicher Gewalt. Er stützte seine Macht in bis dahin unbekanntem Maße auf die Reichsministerialen, eine Schicht unfreier Dienstleute, die erstmals Heinrich IV. für die Aufgaben des Reiches herangezogen hatte. Die aus der Unfreiheit entspringende Gehorsamspflicht erlaubte einen vielseitigen Einsatz dieses Personenkreises. Im Vordergrund stand der Kriegsdienst; doch finden sich Ministeriale auch in der Güterverwaltung und in den Gerichten. Die damit gegebenen Bewährungschancen und die Königsnähe des Dienstes vermittelten Ansehen und Wohlstand und führten zu einem erstaunlichen sozialen Aufstieg der Ministerialität. Zwar bleibt die Herkunft aus der Knechtschaft unvergessen. Aber der Kriegsdienst zu Pferde im Gefolge des Königs schafft Gemeinsamkeiten mit dem Adel, so daß ein neues soziales Gebilde entsteht: die *Ritterschaft*. Die Ministerialen haben teil am Kreuzzugsideal des christlichen Ritters, sie erhalten Lehen und vermögen sich im Laufe des Spätmittelalters als eine niederadelige Schicht zu etablieren, die in zahllosen herrschaftlichen Funktionen in Erscheinung tritt.

6. Reichsgut

Die Ministerialenpolitik Friedrichs I. zeichnet sich besonders dadurch aus, daß er die Reichsdienstmannen nicht nur zu den Heeresfahrten befiehlt, sondern ihnen auch in großem Umfang die Verwaltung des Reichsgutes überträgt. Dieses hat der Kaiser durch Kaufgeschäfte und Erbschaften vor allem dort erheblich zu vermehren gewußt, wo der einheimische Adel noch nicht alle Schlüsselpositionen besetzt hatte. In Schwaben und im Elsaß, am unteren Main und in der Wetterau, in der hinteren Pfalz, in Ostfranken um Nürnberg und Rothenburg, um Eger und im mitteldeutschen Raum zwischen Fichtelgebirge und Elbe werden Güter und Klostervogteien erworben, Rodungssiedlungen angelegt, zahllose Burgen gebaut, neue Pfalzen errichtet. Ministeriale begegnen hier als Burgmannen, als Vögte, als Meier, die auch schon Verzeichnisse dieser königlichen Herrschaftsrechte anfertigen. Nachdem der Kaiser auf dem vierten Italienzug 1167 sein Heer durch eine Malariaepidemie verloren hatte, betrieb er zielbewußt die Bildung eines Kräftereservoirs der Ritterschaft und in diesem Zusammenhang die Vermehrung und den befestigten Schutz des Reichsgutes, das sich aber noch *„nicht ohne weiteres mit dem Begriff der Landesherrschaft identifizieren"* läßt *(W. Metz)*.

7. Städtepolitik

Das sozial- und verfassungsgeschichtliche Erscheinungsbild des Reiches wird im 12. Jahrhundert in neuartiger Weise geprägt durch die Städtepolitik des Königs und des hohen Adels. Bis dahin war in den alten Bischofs- und Königsstädten (o. § 7 II.5), erst recht in anderen Orten die Stadtherrschaft von der Grundherrschaft des Umlandes qualitativ nicht zu unterscheiden. Der Bischof oder der König war für Frieden und Recht verantwortlich. Nunmehr aber entstand, zunächst durch Privilegierung, das Stadtrecht als ein eigener, räumlich und personell begrenzter Rechtsbereich. Die Blütezeit des mittelalterlichen Städtewesens beginnt.

Im Laufe des 12. Jahrhunderts setzt eine breite Welle von *Stadtgründungen* ein. Das Bevölkerungswachstum, der Bedarf an Handelsmittelpunkten und befestigten Plätzen haben in gleicher Weise zur Entwicklung des Städtewesens beigetragen. Das herrschaftliche Interesse an der ökonomischen Kraft der Stadtsiedlung vermittelte kräftige Impulse. So förderte Friedrich I. den Ausbau seiner Pfalzstädte, wie Aachen, Hagenau, Gelnhausen, Kaiserslautern, Eger, Wimpfen. Bisher unbedeutende Orte des Reichsgutes, wie Chemnitz, Zwickau, Wetzlar, Friedberg, Überlingen, wurden jetzt zu Städten erhoben. Als erfolgreiche Städtegründer taten sich auch die Zähringer, etwa mit Freiburg i. Br. und Bern, und die Welfen mit München, Lübeck, Braunschweig hervor. Diese Namen, deren Zahl sich leicht verdreifachen läßt, zeigen, daß Deutschland in der Stauferzeit sein soziales und kulturelles Profil gewinnt, das für Jahrhunderte maßgebend bleiben sollte. Zu Adel und Bauern gesellte sich das Bürgertum. Davon konnte das Gefüge der verfassungsgeschichtlichen Kräfte nicht unberührt bleiben. Schon Friedrich I. sah sich mit städtischen Genossenschaften konfrontiert, die Bereiche der städtischen Politik an sich zogen (u. § 14). Er selbst als Quelle aller Gerichtshoheit konnte dafür kein Verständnis aufbringen. Doch stieß damit das altimperiale Herrschaftsdenken an unüberwindliche Grenzen, wie sich schon zu seinen Lebzeiten in den heftigen Konflikten mit den oberitalienischen Städten zeigen sollte.

8. Die territoriale Ausweitung des Reiches

Durch kluge Heiratspolitik zugunsten seines Sohnes erwarb Friedrich I. nicht nur das Königreich *Sizilien* für das Reich (o. II.2). Er selbst hatte schon 1156 durch die Eheschließung mit Beatrix von *Burgund* die Herrschaftsrechte in diesem Lande von Hochburgund bis zur Provence an sich gezogen. Darüber hinaus förderte die nun betonte Verantwortlichkeit des Kaisers für die ganze Christenheit die Idee der Weltherrschaft. Am kaiserlichen Hof galten die westeuropäischen Monarchen, jetzt Vasallen des Kaisers, als *reguli* („*Kleinkönige*"). Auch der König von Dänemark tritt in den Kreis der Vasallen ein; dem Herrscher von Böhmen verleiht der Kaiser 1158 die Königskrone. Mit dem neuen Herrschaftszentrum Sizilien gewinnt das Reich Autorität auch im Mittelmeerraum. Die Könige von *Zypern* und *Armenien* werden Vasallen Heinrichs VI., die Sultane Nordafrikas huldigen ihm.

Von größerer Nachhaltigkeit sollte sich die Unterwerfung der ostelbischen Landschaften erweisen. Im Laufe des 12. Jahrhunderts gelingt es einem am Harz begüterten Grafen, *Albrecht dem Bären*, und seinen Nachkommen, jene Gebiete, die später *Brandenburg* bilden sollten, als Markgrafschaft dem Reiche anzugliedern – durch Kriegszüge, im Kreuzzugsjahr 1147 auch einen *Wendenkreuzzug*; mit Unterstützung des getauften, kinderlosen Slawenfürsten Pribislaw-Heinrich; nicht zuletzt mit Hilfe deutscher Siedler, die zwischen den von der slawischen Bevölkerung bewohnten Flußauen genügend Platz finden. Etwa gleichzeitig unterwarf *Heinrich der Löwe* die Obodritenfürsten *Mecklenburgs* und trieb die Christianisierung durch Gründung von Bistümern voran. Deutsche Historiker haben diese Ostpolitik lange Zeit als zukunftsweisend gelobt. Im 12. Jahrhundert war indessen noch völlig offen, wo die Zukunft des Reiches liegen würde. Nationales Denken war diesem Zeitalter fremd.

§ 10. Anfänge flächenstaatlicher Entwicklungen: Die späte Stauferzeit

Quellen: *A. Borst* u. *J. Fleckenstein* (Hrsg.), Die deutsche Königswahl im 13. Jh., eingel. v. *B. Schimmelpfennig,* H. 1: Die Wahlen von 1198–1247 (Hist. Texte, MA, H. 9), 1968; *dies.*, Quellen zur Entstehung der Landesherrschaft, eingel. v. *H. Patze* (Hist. Texte, MA, H. 13), 1969; *dies.*, Lehnrecht (o. § 9); *B. Diestelkamp* (Hrsg.), Urkundenregesten zur Tätigkeit des deutschen Königs- und Hofgerichts bis 1451, Bd. 2: Die Zeit von Philipp von Schwaben bis Richard von Cornwall 1198–1272, 1994; *F. Ebel* (Hrsg.), Sachsenspiegel. Landrecht und Lehnrecht, 1993 (Reclam); *J. Miethke* u. *A. Bühler* (Hrsg.), Kaiser und Papst im Konflikt. Zum Verhältnis von Staat und Kirche im späten Mittelalter, 1988; *M. Krammer* (o. § 7).

Schrifttum: *H. Angermeier*, Landfriedenspolitik und Landfriedensgesetzgebung unter den Staufern, in: *J. Fleckenstein* (Hrsg.), Probleme um Friedrich II. (VuF 16), 1974, 167 ff.; *G. Baaken*, Ius imperii ad regnum. Königreich Sizilien, Imperium Romanum und Römisches Papsttum vom Tode Kaiser Heinrichs VI. bis zu den Verzichtserklärungen Rudolfs von Habsburg, 1993; *ders.* (o. § 9); *E. Boshof*, Reichsfürstenstand und Reichsreform in der Politik Friedrichs II., Bll. f. dt. LG 122 (1986) 41 ff.; *D. Berg* (o. § 9); *A. Buschmann*, Landfriede und Verfassung, in: Aus Österreichs Rechtsleben in Geschichte und Gegenwart, FS E. C. Hellbling, 1981, 449 ff.; *ders.*, Mainzer Reichslandfriede und Konstitutionen von Melfi, in: FS R. Gmür, 1983, 369 ff.; *ders.*, Der Mainzer Reichslandfriede von 1235 – Anfänge einer geschriebenen Verfassung im Heiligen Römischen Reiche, JuS 1991, 453 ff.; *ders.* u.

§ 10. Anfänge flächenstaatlicher Entwicklungen: Die späte Stauferzeit

E. Wadle (o. § 7); *H. Conrad* u. a. (Hrsg.), Die Konstitutionen Friedrichs II. von Hohenstaufen für sein Königreich Sizilien, 1973; *ders.* u. *Th. v. d. Lieck-Buyken* (Hrsg.), Erg. Bd., 1978; *A. Cordes* u. *B. Kannowski* (Hrsg.), Rechtsbegriffe im Mittelalter, 2002; *G. Dilcher,* s. o. § 7; *H. Dilcher,* Die sizilische Gesetzgebung Kaiser Friedrichs II., 1975; *J. Fleckenstein* (Hrsg.), Herrschaft und Stand, 1977; *K. Görich* u. a. (Hrsg.), Herrschaftsräume, Herrschaftspraxis und Kommunikation zur Zeit Kaiser Friedrich II., 2008; *E. H. Kantorowicz,* Die zwei Körper des Königs: Eine Studie zur politischen Theologie des Mittelalters, 1990; *E. Klinghöfer,* Die Reichsgesetze von 1220, 1231/32 und 1235; *H. Kluger,* Hochmeister Hermann von Salza und Kaiser Friedrich II., 1987; *F. Knipping* (o. § 3 Anhang Z. 11); *L. Körntgen,* s. o. § 7; *St. Krieb,* Vermitteln und Versöhnen. Konfliktregelung im deutschen Thronstreit 1198–1208, 2000; *K. Militzer,* Von Akkon zur Marienburg. Verfassung, Verwaltung und Sozialstruktur des Deutschen Ordens 1190–1309, 1999; *H. M. Schaller,* Die Kaiseridee Friedrichs II., in: *J. Fleckenstein* (Hrsg.), Probleme um Friedrich II. (VuF 16), 1974, 109 ff.; *St. Schlinker,* Fürstenamt und Rezeption. Reichsfürstenstand und gelehrte Literatur im späten Mittelalter, 1999; *B. Schütte,* König Philipp von Schwaben. Itinerar, Urkundenvergabe, Hof, 2002; *K.-V. Selge,* Die Ketzerpolitik Friedrichs II., ebda. 309 ff.; *W. Stürner,* Kaiser Friedrich II. Seine Herrschaftsvorstellungen und politischen Ziele, in: Das Staunen der Welt. Kaiser Friedrich II. von Hohenstaufen 1194–1250, 1996; *M. Toch* (o. § 7); *D. Willoweit,* Die Kulmer Handfeste und das Herrschaftsverständnis der Stauferzeit, Beiträge zur Geschichte Westpreußens 9 (1985) 5 ff.; *ders.,* Königsschutz (o. § 7); *ders.,* Rezeption (o. § 9); *G. Wolf,* Kaiser Friedrich II. und das Recht, ZRG (RA) 102 (1985) 327 ff.

I. Das Kaisertum Friedrichs II.

1. Die Persönlichkeit des Kaisers

Die ungewöhnliche Persönlichkeit des zweiten bedeutenden Stauferkaisers hat stets besonderes Interesse erregt. Als Waise im Völker- und Religionsgemisch Palermos aufgewachsen, bewahrte sich der Enkel Barbarossas neben einer seltenen Sprachenkenntnis eine elementare Neugierde gegenüber den Erscheinungen der Natur und Verständnis für die Lebensart der arabischen Moslems. Daß er damit später, während seines Kampfes mit dem Papsttum (u. 2), den Gegnern polemische Argumente lieferte, ist nicht verwunderlich. Ihn jedoch als ersten Menschen der Moderne oder als Aufklärer zu apostrophieren, ist irreführend. Zumal sein Wirken im Verfassungsleben des Reiches hat mit der Persönlichkeitsstruktur nichts zu tun.

2. Die römische Tradition

Friedrich II. (1212–1250) führte mit Nachdruck das römische Kaisertum seiner Vorfahren fort. Zunächst war ihm das sizilische Erbe seiner Mutter zugefallen. In Deutschland konkurrierten während seiner Minderjährigkeit der jüngste Barbarossasohn *Philipp* (1198–1208) und der Welfe *Otto IV.* (1198–1215) im Kampf um das Königtum. Als der sechzehnjährige „*Knabe aus Apulien*" 1212 erstmals in Deutschland erschien, strömten ihm die staufischen Anhänger zu. Daß sich Friedrich gegen Otto IV., der seit 1209 unangefochten die Kaiserwürde innehatte, so rasch durchsetzen konnte, beruht gewiß auch auf päpstlicher Unterstützung und französischer Waffenhilfe. Doch offenbart der Vorgang zugleich das politische Gewicht des Charismas, welches die Zugehörigkeit zu einem bedeutenden Herrscherhaus vermittelte.

Päpstliche Versuche, das sizilische Königtum vom Reich zu trennen, vermochte Friedrich II. zu überwinden. Wie sein Vater huldigte auch er einem kaiserlichen Weltherrschaftsdenken, das seine geopolitische Mitte in Süditalien suchte. Dort boten die Herrschaftsstrukturen des alten Normannenstaates eine ideale Machtbasis (u. II.1). Nach der deutschen Königswahl von 1211 nennt sich Friedrich II. – als erster – „*erwählter*" römischer Kaiser. Er verkündet fortan auf seinem Siegel, daß Rom als Haupt der Welt den Erdkreis regiert. 1220, nach der Kaiserkrönung in Rom, ergeht der Befehl, die kaiserlichen Gesetze in das Corpus iuris Justinians aufzunehmen. Die Verwendung des antiken Kaisertitels und Münzprägungen nach antikem Vorbild verstehen sich fast von selbst. Politisch gefährlicher war der Anspruch, die Stadt Rom zu beherrschen.

Ein jahrzehntelanger Konflikt mit der römischen Kirche ist die unvermeidliche Folge gewesen. Friedrich II. hat im Laufe dieser Auseinandersetzungen die Kaiseridee nochmals zu steigern gewußt. 1228 unternimmt er, obwohl im Kirchenbann, einen Kreuzzug, der zum Erstaunen der Zeitgenossen zur Rückgewinnung Jerusalems auf dem Verhandlungswege führt. Die Krönung des Kaisers in der Grabeskirche läßt es glaubhaft erscheinen, daß in den Staufern ein neues, bis an das Ende der Welt herrschendes Haus David erstanden ist. Als Friedrich 1237, nach einem Sieg über die norditalienischen Städte, herausfordernd die erbeuteten Fahnen auf dem römischen Kapitol aufstellen läßt, führt die kirchliche Partei den Kampf um die Freiheit von aller kaiserlichen Gewalt mit apokalyptischen Bildern, denen die Anhänger des Kaisers in derselben Sprache zu antworten wissen. Ob Antichrist oder Messias – Spekulationen dieser Art, die in der ersten Häfte des 13. Jahrhunderts weit verbreitet waren, scheinen das Selbstbewußtsein Friedrichs II. eher gesteigert zu haben, überforderten jedoch das Kaisertum. 1245 muß der Papst zwar nach Frankreich fliehen, und seine Aktivitäten im Exil, wie die Absetzung des Kaisers wegen Häresie, bleiben ebenso erfolglos wie deutsche Gegenkönige, der thüringische Landgraf *Heinrich Raspe* (1246/47) und Graf *Wilhelm von Holland* (1247–1256), der mit Unterstützung der rheinischen Erzbischöfe immerhin in Aachen gekrönt werden konnte.

3. Der universale Anspruch des Kaisertums

Der weltliche Herr der Christenheit trug keine Bedenken, sondern sah es wohl als seine Pflicht an, die wenigen noch heidnischen Völker im Nordosten Europas mit ihrer Taufe an das Reich zu binden. Während das Land der Esten zunächst unter dänische Herrschaft geriet, führt die deutsche Mission Livlands – unterstützt von Rittern und begleitet von Kaufleuten – zu zeittypischen verfassungsrechtlichen Beziehungen zum Reichsoberhaupt. Schon 1207 soll der erste Bischof der gerade sechs Jahre zuvor gegründeten Stadt Riga sein Bistum König Philipp übertragen und es von diesem namens des Reiches wieder erhalten haben. Die knappe Nachricht erinnert an die gerade damals in Übung kommende Begründung von Reichsfürstentümern (u. II.3). Im Jahre 1225 erhält derselbe Bischof nach Leistung des Treueides ausdrücklich die *regalis iurisdictio* von Heinrich (VII.), Sohn Friedrichs II. und König in Deutschland (1220–1235). Der Kaiser selbst formuliert seinen Herrschaftsanspruch in dem für den Deutschen Orden 1226 ausgestellten Privileg noch umfassender (sog. Goldbulle von Rimini). Dieses von der Monarchie des Reiches umfaßte Land (*terra ipsa sub monarchia imperii est contenta*), das der Orden erobern werde, solle er wie ein altes und gebührendes Recht des Reiches besitzen (*velut vetus et debitum ius imperii*).

4. Religionspolitik

Der Konflikt mit dem Papsttum und die Gelassenheit gegenüber dem Islam hinderten Friedrich II. nicht, die Verbindlichkeit des katholischen Christentums für alle Reichsangehörigen zu betonen. Friedrich II. ist auch als ein Vater der Ketzergesetzgebung in die Geschichte eingegangen, die, wiederum nach dem Vorbild des spätantiken Kaiserrechts, Häresie als Majestätsverbrechen behandelt und mit dem Feuertod bestraft. Vom Glauben der Kirche abweichen, heißt zugleich, den Glauben der geheiligten Person des Kaisers verletzen. Das ist nichts anderes als ein Akt politischer Rebellion. Dem Kaiser dürfte dieser Gedankengang um so selbstverständlicher gewesen sein, als die häretischen Bewegungen seiner Zeit, von denen die Albigenser und die Waldenser nur die bekanntesten sind, gerade auch in den Friedrich feindlich gesonnenen Städten Anhänger fanden. Noch kaum bewußt ist, daß die mit der Ketzergesetzgebung verbundene Glaubenskontrolle eine tiefe Krise des überkommenen Weltbildes signalisiert.

Die Rechtsstellung der Juden erfuhr unter Friedrich II. eine dem Rechtsdenken der Zeit entsprechende Modernisierung, die sich später indessen als eine folgenschwere Belastung erweisen sollte. Der Kaiser bestätigte 1236, wie schon sein Großvater Friedrich I. 1157, das einst von Heinrich IV. den Juden gewährte Privileg (o. § 7 II.5) und bezeichnete sie als seine Kammerknechte (*servi camere nostre*), in denen er, als der Herr, zu ehren sei (*Weinrich* I Nr. 123). Mit dem wachsenden Einfluß des römischen Rechts (u. IV.1) wurden Herrschaftsverhältnisse zunehmend eigentumsrechtlich verstanden. Danach konnten auch Menschen mitsamt ihrem Vermögen einem Herrn gehören, die Juden also – da sie stets Steuern an die königliche Kammer zahlten – dem König. Später leitete man daraus ein unbegrenztes Recht des Herrschers ab, die Juden zu besteuern oder sogar ihr Vermögen zu konfiszieren.

II. Territorialpolitische Maßnahmen Friedrichs II.

1. Die Gesetzgebung für das sizilische Erbe

Bildet das Kaisertum Friedrichs II. den Abschluß einer Epoche, so haben seine territorialpolitischen Maßnahmen Wege in die Zukunft eröffnet. Auch in einer deutschen Verfassungsgeschichte ist zunächst seine sizilische Gesetzgebung wenigstens kurz zu streifen. Wie sich Friedrich I. auf die personellen, militärischen und ökonomischen Ressourcen des staufischen Reichsguts in Deutschland stützte, so konzentrierte sich Friedrich II. seit 1220 auf die Reorganisation und den Ausbau seiner süditalienischen Erblande. Der Burgenbau und das Heer, die Finanzen und das Gerichtswesen stehen im Vordergrund der kaiserlichen Maßnahmen. Die Gründung der *Universität Neapel* 1224 durch den weltlichen Herrscher ist ein Novum in der europäischen Geschichte. 1231 setzt Friedrich II. mit den *Konstitutionen von Melfi* ein Gesetzbuch in Kraft, das in mehrfacher Hinsicht vorwegnimmt, was am Ende des Mittelalters auch nördlich der Alpen als eine primäre herrscherliche Aufgabe begriffen wird: die Rechtsvereinheitlichung, die Prozeßrechtsreform, die Schaffung eines Beamtenapparates. Ob dieses so frühzeitig straff organisierte sizilische Königreich für die Entwicklung der deutschen Landesherrschaften (u. 2 u. § 13) als Vorbild eine Rolle gespielt hat, ist wenig wahrscheinlich. Als System unmittelbarer Königsherrschaft jedenfalls hätte das sizilische Modell in Deutschland, wo der hohe Adel seit eh und je politische Aufgaben eigenverantwortlich wahrnahm, allenfalls punktuell realisiert werden können. 1246, nach dem Tod des letzten Babenbergers, ordnete der Kaiser in der Tat die Einsetzung königlicher

Hauptleute in Österreich an. Damit war die Schaffung eines weiteren Königslandes ins Auge gefaßt. Mehr, etwa eine königliche Beamtenschaft für das ganze Reich, hatte Friedrich II. gewiß nicht im Sinne.

2. Die Fürstenprivilegien

Die deutsche Verfassungsentwicklung der spätstaufischen Zeit ist vor allem geprägt von den Fürstenprivilegien des Kaisers, also die *Confoederatio cum principibus ecclesiasticis* von 1220 (Weinrich I Nr. 95) und das *Statutum in favorem principum* von 1232 (Weinrich I Nr. 114). Die deutsche Forschung hat diese beiden Rechtsgewährungen für die geistlichen bzw. die weltlichen Fürsten lange Zeit nur als Ausdruck kaiserlicher Ohnmacht angesehen. Alles deutet indessen darauf hin, daß es bis heute nicht gelungen ist, diese Privilegien aus dem Rechtsdenken ihrer Zeit heraus zu begreifen.

1220 verspricht Friedrich II. den geistlichen Fürsten im wesentlichen: keine neuen Zoll- und Münzstätten auf ihren Gebieten zu errichten, ihre Hörigen nicht in den Reichsstädten aufzunehmen, keine Burgen und Städte auf kirchlichem Grund zu errichten, die Zölle und Münzen in den geistlichen Städten unangetastet zu lassen. Ferner untersagt der König Vögten und Vasallen der geistlichen Fürsten die Schädigung kirchlicher Güter und er verspricht, dem kirchlichen Bann die weltliche Acht nachfolgen zu lassen. – Die Bestimmungen des Privilegs von 1232 sind zum Teil aus der Confoederatio abgeleitet, aber auch erweitert und ergänzt: Neue Märkte sollen die alten nicht beeinträchtigen; die Gerichtsbarkeit der Fürsten darf nach dem Gewohnheitsrecht ihrer Lande genutzt werden; die Zentgrafen werden ihr richterliches Amt vom Herrn des Landes erhalten; Stadtbürger außerhalb der Mauern (Pfahlbürger) sind nicht mehr zu dulden; fürstliche und adelige Eigenleute und -güter sollen die königlichen Städte wieder herausgeben; das Geleitsrecht der Fürsten in ihrem Lande bleibt unangetastet; auch wird der König keine neue Münze schlagen lassen, welche die fürstliche Münze schädigen würde.

Außer Frage steht, daß mit der Summe der einzelnen Rechtsgewährungen bzw. durch die Rechtsbeschränkungen zu Lasten des Königstums insgesamt der Status der Fürsten gesichert werden sollte. Dafür gab es jeweils aktuelle politische Gründe, vor allem in Gestalt der fürstenfreundlichen Politik des Kaisersohnes Heinrich (VII.), die Friedrich akzeptieren mußte. Aber nicht wenige der 1220 und 1232 fixierten Rechte waren schon früher in Einzelprivilegien gewährt worden. Die Fürstenprivilegien leiteten also keineswegs abrupt den Ausverkauf von Reichsrechten ein. Ihr Grund liegt in den Gegebenheiten der deutschen Verfassungsstruktur und nicht zuletzt in einem Wandel des Rechtsdenkens. Anders als in Italien waren in Deutschland die Fürsten schon zur Barbarossazeit als dynastische Herrschaftsträger in die Reichsorganisation eingefügt (o. § 9 II.3), und dies, obwohl Friedrich I. seine Macht vor allem auf deutsches Reichsgut gründete. Operierte Friedrich II. von Süditalien aus, so war es nur konsequent, daß er die deutschen Fürsten in die Lage versetzte, ihre gleichsam vizekönigliche Position auch wirksam wahrzunehmen. Dazu war vor allem erforderlich, sie gegenüber den dynamischen Städten zu stärken, und seien es auch Städte des Königs. Denn Friedrich II. schätzte wie sein Großvater zwar die ökonomische und fortifikatorische Kraft der Städte, nicht jedoch ihre Freiheitsbestrebungen. Er hing demselben hierarchischen Herrschaftsdenken an, das Friedrich I. so eindrucksvoll in die verfassungspolitische Praxis umgesetzt hatte.

§ 10. Anfänge flächenstaatlicher Entwicklungen: Die späte Stauferzeit 67

Die wirkliche Bedeutung der Fürstenprivilegien liegt in dem dort zu Tage tretenden *neuartigen Herrschaftsdenken*. Die überwiegende Mehrzahl der 1220 und 1232 getroffenen Bestimmungen ist von der Vorstellung beherrscht, daß der Fürst über ein Territorium mit allem seinem Zubehör, mit Eigenleuten, Gerichten und sonstigen Rechten allein zu gebieten hat und in dieser seiner umfassenden Herrschaftsmacht in keiner Weise beeinträchtigt werden darf. Für dieses extrem territoriale Herrschaftsdenken, das sich deutlich von der jurisdiktions- und lehnsrechtlichen Konzeption Friedrichs I. abhebt, gibt es eine überzeugende Erklärung: die Idee eines umfassenden Eigentumsrechts, welche das römische Recht den fürstlichen Kanzleien und damit den herrschenden Kreisen vermittelt. Abzulesen ist dieser Prozeß am Bedeutungswandel des Begriffs *dominium*, der jetzt mehr und mehr im Sinne von „Eigentum" Verwendung findet. Die *domini terrae* des Statutum von 1232 sind daher noch weniger die uns geläufigen „Landesherren", als vielmehr „*Eigentumsherren*", zumal es das deutsche Wort „*Landesherren*" in dieser Zeit noch gar nicht gibt.

3. Die Begründung neuer Fürstentümer

Nachdem in der Regierungszeit Friedrichs I. ein rechtlich klar umschriebenes Modell der Fürstenwürde entwickelt worden war, das den Besitz eines Reichslehens zur Voraussetzung hatte (o. § 9 II.2), war die Frage zu beantworten, ob und in welcher Weise weitere Herrschaftsträger in diesen exklusiven Kreis eintreten konnten. Die Lösung bot die längst bekannte Figur der Lehensauftragung (*feudum oblatum*), die man in spezifischer Weise weiterentwickelte. Erstmals schon 1184 zugunsten des Grafen von *Namur* praktiziert, bestand fortan die Konstituierung eines Reichsfürstentums aus den folgenden Elementen: Der künftige *princeps* übereignet sein freies Eigengut (*Allod*) dem König, um es als Lehen zurückzuerhalten; der König fügt Reichsgut hinzu und bildet eine einheitliche Vermögensmasse in Gestalt einer Markgrafschaft oder eines Herzogtums, womit der neue Fürst dann belehnt wird. So geschehen auch 1235, als der Kaiser für den Enkel Heinrichs des Löwen das Herzogtum *Braunschweig-Lüneburg* errichtet. Die doppelte Güterübertragung veranschaulichte und versachlichte ein Rechtsverhältnis, das beiden Seiten Vorteile brachte, vor allem aber ausdrückte, daß es sich bei einem Fürsten um einen Mann des Königs handelte. Später werden viele Territorialherren eine derartige Position anstreben (u. § 12 I.3).

4. Der Mainzer Reichslandfrieden und die kaiserliche Landfriedenspolitik

Friedrich II. hat sich nochmals 1235, auf der Höhe seiner Macht, intensiv den deutschen Verhältnissen gewidmet und mit dem Mainzer Reichslandfrieden das bis dahin bedeutendste Kaisergesetz für Deutschland erlassen (*Weinrich* I Nr. 119). Es zeigt die spezifische Gestalt des kaiserlichen Herrschertums im deutschen Teilreich, freilich nach den Vorstellungen des Kaisers und in idealtypischer Form, ging die Wirklichkeit doch bald über manche Planung hinweg. Zentrales Anliegen dieses Landfriedens ist die Zurückdrängung der Selbsthilfe und daher zugleich die Durchsetzung der gerichtlichen Konfliktlösung. Das wichtigste verfassungsrechtliche Anliegen des Gesetzes mußte es daher sein, die Stellung des Richters zu stärken. Der Kaiser droht den Fürsten und allen anderen, die ihre Gerichtsbarkeit direkt von ihm erhalten haben, harte Bestrafung an, wenn sie nicht nach dem vernünftigen

Herkommen ihrer Länder gerecht richten. Sie selbst sollten aber ein ebenso strenges Auge auf die ihnen untergebenen Richter haben, ganz im Sinne der seit Friedrich I. vorgestellten Jurisdiktionspyramide. Die primäre Verantwortung des Königtums für das Gerichtswesen unterstreicht Friedrich durch die Einsetzung eines *Hofrichters*, der an seiner Stelle dem königlichen Gericht in Deutschland vorstehen soll. Über die praktische Landfriedenspolitik des Kaisers vor und nach dem Mainzer Gesetz ist vor allem bekannt, daß sie der willkürlichen Aneignung von Regalien durch die Fürsten entgegentreten mußte und wiederholt die Rechtssphären zwischen den Territorialherren und den Städten abzugrenzen hatte. Friedrich II. versuchte also, trotz der unaufhaltsamen und von ihm auch akzeptierten Territorialisierung der regionalen Herrschaft das Geflecht der königlichen Rechte zu erhalten. Dies war im Bereich der fürstlichen Territorien jedoch von vorneherein ein schwieriges Unterfangen, lag doch nichts näher als der Gedanke, daß auch Gerichtsbarkeit, Zoll, Münze und Geleit nur Konkretisierungen eines den Fürsten zustehenden Herrschaftsrechts am Lande seien.

III. Der Untergang der staufischen Dynastie

Der älteste Sohn Friedrichs II., Heinrich (VII.), hatte sich 1234 gegen den Vater empört, danach viele Jahre in Gefangenschaft verbracht und sich das Leben genommen. Als der schon 1237 zum König gewählte zweite Sohn, *Konrad IV.* (1250–1254), die Nachfolge antritt, ist Wilhelm als Gegenkönig (o. I.2) im Begriff, sich in Norddeutschland endgültig durchzusetzen. Der frühe Tod Konrads, der das sizilische Erbe zu sichern suchte, hat König Wilhelm vor einem Konflikt mit den Staufern bewahrt. Die überlebenden Söhne Friedrichs II. versuchen, sich Süditalien zu erhalten, und scheitern dabei. Die Päpste hatten seit der Eroberung Siziliens durch die Normannen im 11. Jahrhundert die Lehenshoheit beansprucht und nutzten diesen Rechtstitel nun, um die ihnen bisher als übermächtig verhaßten Staufer aus Süditalien zu vertreiben. *Manfred*, ein natürlicher Sohn Friedrichs II., vermag sich als König von Sizilien gegen den vom Papst belehnten Karl von Anjou nicht zu behaupten; 1266 fällt er im Kampf. Auch der junge Konradin, Sohn Konrads IV., unterliegt und wird vom Sieger in Neapel hingerichtet. Ein anderer natürlicher Sohn des letzten Stauferkaisers, *Enzio*, gerät in Bologneser Gefangenschaft, wo er bis zu seinem Lebensende 1272 ausharren muß. Der außerordentliche Anspruch dieser Dynastie war auf unüberwindliche Widerstände gestoßen. Im okzidentalen Kulturkreis, der Welt und Religion zu trennen gelernt hatte, konnte *„eine der letzten und großartigsten Ausformungen uralter Weltherrschafts- und Gottkönigsideen"* (H. M. Schaller) nicht mehr verwirklicht werden.

IV. Wandlungen der Rechtsordnung

1. Das gelehrte Recht und die Anfänge der Rezeption

Das unter dem Schutz Friedrichs I. intensivierte Studium des römischen Rechts in Bologna (o. § 9 I.2) entwickelte seit dem späten 12. Jahrhundert eine Eigendynamik, der auch das spätere Scheitern der staufischen Reichsidee nichts mehr anhaben konnte. In der Blütezeit scholastischen Denkens, das die aus der Antike überlieferten Texte, vor allem die Bibel, aber auch die Werke des Aristoteles und andere, als Autoritäten annahm und zugleich rational zu verstehen versuchte, gab es eine große Aufgeschlossenheit auch gegenüber dem römischen Recht. Dessen überwiegend in Fragmenten vorliegende Textmassen erschloß man sich mit *Glossen*, die Unklarheiten verständlich machten und Widersprüche auflösten. Aus diesen scheinbar nur intellektuellen Aktivitäten gingen indessen bald Werke zeitgenössischer Juristen hervor, die einem breiteren Publikum Rechtskenntnisse neuer Art vermittelten. Die „*Summe*" des *Azo* (gest. 1220) und die *Glossa ordinaria* des *Franciscus Accursius* (1185–1263) schlugen Brücken vom antiken Recht zur Vorstellungswelt des Mittelalters. Scholaren aus vielen Ländern Europas, überwiegend Kleriker, strömten nach Bologna und zu der 1222 in Padua gegründeten Universität, um nach dem Studium in kirchlichen Institutionen, aber zugleich auch in Kanzleien von Königen, Fürsten und großen Städten tätig zu werden. Besonders gefragt war die Fähigkeit der *Notare*, Theorie in Praxis umzusetzen. An den Urkunden Friedrichs II. ist der zunehmende Einfluß juristischer Begrifflichkeit und Unterscheidungskunst ablesbar. Im Laufe des 13. Jahrhunderts verdichten sich diese Spuren früher Klerikerjuristen auch in den Urkunden aus vielen Gegenden Deutschlands.

Viel rascher als im weltlichen Rechtswesen schritt die Juridifizierung der römischen Kirche voran, gefördert von hervorragenden Juristen auf dem päpstlichen Thron, wie *Alexander III.* (1159–1181) und *Innozenz III.* (1198–1216). Die Befugnis des Papsttums, das Kirchenrecht durch Entscheidungen und Weisungen fortzubilden (*Dekretalen*), stand außer Frage, die Flut derartiger Rechtssetzungsakte war entsprechend groß. Papst *Gregor IX.* (1227–1241) hat eine erneuerte Dekretalensammlung anlegen lassen, die das Kirchenrecht auf eine neue Grundlage stellte. An diesem Werk beeindruckt nicht nur der systematische Aufbau mit allgemein interessierenden Vorschriften über Gericht und Prozeß. Es wurde im Jahre 1234 auch durch *Promulgation*, d. h. einen förmlichen Akt, in Kraft gesetzt, indem die Texte an verschiedene Universitäten als nunmehr im Unterricht zu verwenden geschickt wurden – im Umfeld einer Gesellschaft, die sich noch überwiegend nach ungeschriebenem Herkommen richtete, ein ungewöhnlicher Vorgang.

2. Schriftlichkeit des einheimischen Rechts

In derselben Zeit, in der sich eine neue, eine gelehrte Rechtskultur durchzusetzen beginnt, kommt es in Deutschland – und in anderen Ländern Europas – erstmals zu bedeutenden Aufzeichnungen einheimischen Rechts. Zu vermuten ist, daß der Impuls, Recht schriftlich zu fixieren, jenen, die dazu überhaupt in der Lage waren, durch Domschulen und auf ähnlichen Wegen vermittelt wurde. Inhaltlich indessen ist der Einfluß gelehrten Rechtswissens vorerst gering, und noch ferner liegt der Gedanke, das Recht eines der deutschen Stämme in Gesetzesform zu verkünden. Das wichtigste der jetzt entstehenden Rechtsbücher, der wohl zwischen 1221 und 1224, jedenfalls vor 1233 entstandene *Sachsenspiegel*, versteht sich ausdrücklich als „Spiegel", also als bloße Niederschrift des in den sächsischen Gerichten beobachteten Rechts, das der Autor *Eike von Repgow* aus der Praxis kannte. Unvermeidlich verändern schriftlich ausformulierte Rechtssätze aber den Vorgang der „Rechtsfindung" im konkreten Fall, zumal sich bald der Glaube verbreitet, es handele sich um „Kaiserrecht". Mit dem Sachsenspiegel, der in vielen Handschriften Nord- und Mitteldeutschlands, vor allem aber im Osten Europas verbreitet wurde, beginnt in Deutschland der – sehr allmähliche – Übergang zu einem Rechtsverständnis, das sich zunehmend an Rechtstexten orientiert. 1275 entsteht in Augsburg als „Kaiserliches Rechtsbuch" der *Schwabenspiegel* mit größeren Anteilen kirchlichen Rechts, aber überwiegend angelehnt an den Sachsenspiegel. Mit zahlreichen Varianten hat er in Süddeutschland weite Verbreitung gefunden. Sätze, die sich der Sphäre des Verfassungsrechts zuordnen lassen, bilden nicht den Schwerpunkt dieser Spiegel. Zum Teil reflektieren derartige Normen aber recht genau die staufische Verfassungspolitik, z. B. zur Stellung der Reichsfürsten (SSp. Landrecht III 62, 2; Lehnrecht 71, 21).

Von kaum zu unterschätzender Bedeutung ist die frühzeitig schon im 12. Jahrhundert einsetzende schriftliche Fixierung der *Stadtrechte* gewesen. Teils handelt es sich um Privilegien, die der Stadtherr verliehen hatte, teils um selbst, durch Schwureinung geschaffenes Recht der Bürger, dem eine stadtherrliche Bestätigung zuteil wurde. Schon bis zur Mitte des 13. Jahrhunderts sind auch nördlich der Alpen einige Dutzend derartiger Texte mit Regelungen über Rechte der Bürger, Gericht, Prozeß und anderem entstanden. Im Laufe der Zeit nahm die Regelungsdichte zu, vor allem durch die von den Bürgern erst vereinbarten, dann erlassenen „Willküren" (u. § 14 II). Rückblickend erscheint im Reich daher bald die Stadt als der modernste soziale Körper.

2. Teil. Reichsordnung und Staatsbildung

1. Kapitel. Wahlkönigtum und Ausbau der Landesherrschaft im späten Mittelalter (1254–1410)

§ 11. Die Kurfürsten und der Dualismus von Kaiser und Reich

Quellen: *A. Borst* u. *J. Fleckenstein*, Die deutsche Königswahl im 13. Jh., eingel. v. *B. Schimmelpfennig*, H. 2: Die Wahlen von 1256/57 u. 1273 (Hist. Texte, MA, H. 10), 1968; *M. Krammer* (o. § 7); *J. Miethke* u. *A. Bühler* (o. § 10); *K. Müller*, Die Goldene Bulle Kaiser Karls IV. 1356 (Quellen zur neueren Geschichte, H. 25), 3. Aufl. 1970.

Zeitgenössische Literatur: Die Schriften des *Alexander von Roes* [1281/88], hrsg. v. *H. Grundmann* u. *H. Heimpel*, 1949; *Marsilius von Padua*, Defensor Pacis [1324], hrsg. v. *E. Engelberg* u. *H. Kusch*, Bd. 1–2, 1958; *Wilhelm von Ockham*, Dialogus de potestate Imperiali et Papali [1338 –1342], hrsg. v. *M. Goldast*, 1614, Neudr. 1960.

Schrifttum: *A. Begert*, Böhmen, die böhmische Kur und das Reich vom Hochmittelalter bis zum Ende des alten Reiches, 2003; *O. Bornhak*, Staatskirchliche Anschauungen und Handlungen am Hofe Kaiser Ludwigs des Bayern, 1933; *A. Borst*, Der Streit um das weltliche und geistliche Schwert, in: *ders.*, Barbaren, Ketzer und Artisten. Welten des Mittelalters, 2. Aufl. 1990, 99 ff.; *E. Boshof*, Erstkurrecht und Erzämtertheorie im Sachsenspiegel, HZ, Beih. 2 (1973) 84 ff.; *F.-R. Erkens*, Der Erzbischof von Köln und die deutsche Königswahl, 1987; *ders.*, Kurfürsten und Königswahl. Zu neuen Theorien über den Königswahlparagraphen im Sachsenspiegel und die Entstehung des Kurfürstenkollegiums, 2002; *A. Gerlich*, Habsburg – Luxemburg – Wittelsbach im Kampf um die deutsche Königskrone, 1960; *Chr. M. v. Graevenitz*, Die Landfriedenspolitik Rudolfs von Habsburg am Niederrhein und in Westfalen (1273–1291), 2003; *B.-U. Hergemöller*, Der Nürnberger Reichstag 1355/56 und die „Goldene Bulle" Karls IV. (phil. Diss. Münster), 1978; *W. Hermkes,* Das Reichsvikariat in Deutschland. Reichsvikare nach dem Tode des Kaisers von der Goldenen Bulle bis zum Ende des Reiches, 1968; *U. Hohensee* u. a. (Hrsg.), Die Goldene Bulle. Politik – Wahrnehmung – Rezeption. Bd. 1–2, 2009; *H. Hoffmann*, Die beiden Schwerter im hohen Mittelalter, DA 20 (1964) 78 ff.; *H. Hofmann*, Der spätmittelalterliche Rechtsbegriff der Repräsentation in Reich und Kirche, Der Staat 27 (1988) 523 ff.; *K. Hugelmann*, Die deutsche Königswahl im Corpus Juris Canonici, 1909, Neudr. 1966; *M. Kaufhold*, Gladius spiritualis. Das päpstliche Interdikt über Deutschland in der Regierungszeit Ludwigs des Bayern (1324–1347), 1994; *ders.*, Deutsches Interregnum und europäische Politik. Konfliktlösungen und Entscheidungsstrukturen 1230–1280, 2000; *W. Levison*, Die mittelalterliche Lehre von den beiden Schwertern, DA 9 (1952) 14 ff.; *J. Miethke*, Zeitbezug und Gegenwartsbewußtsein in der politischen Theorie der ersten Hälfte des 14. Jahrhunderts, in: Miscellanea Mediaevalia 9 (1974) 262 ff.; *ders.*, De potestate papae = Die päpstliche Amtskompetenz im Widerstreit der politischen Theorie von Thomas von Aquin bis Wilhelm von Ockham, 2000; *W. Mohr*, Alexander von Roes – Die Krise in der universalen Reichsauffassung nach dem Interregnum, in: Miscellanea Mediaevalia 5 (1968), 270 ff.; *H. Nehlsen* u. *H.-G. Hermann* (Hrsg.), Kaiser Ludwig der Bayer. Konflikte, Weichenstellungen und Wahrnehmung seiner Herrschaft, 2002; *R. Schneider*, Karls IV. Auffassung vom Herrscheramt, HZ, Beih. 2 (1973) 122 ff.; *E. Schubert*, König und Reich, 1979; *ders.*, Königswahl und Königtum im spätmittelalterlichen Reich, ZHF 4 (1977) 257 ff.; *ders.*, Die Stellung der Kurfürsten in der spätmittelalterlichen Reichsverfassung, Jb. f. westdt. LG 1 (1975) 97 ff.; *F. Seibt* (Hrsg.), Kaiser Karl IV. (Ausstellungskatalog), 1978; *K. Schnith*, Gedanken zu den Königsabsetzungen des Spätmittelalters, HJb 91 (1971) 309 ff.; *D. Unverhau*, Approbatio – Reprobatio: Studien zum päpstlichen Mitspracherecht bei Kaiserkrönung und Königswahl vom Investiturstreit bis zum ersten Prozeß Johanns XXII. gegen Ludwig IV., 1973; *H. Walther*, Der gelehrte Jurist als politischer Ratgeber: Die Kölner Universität und die Absetzung König Wenzels

1400, in: *A. Zimmermann* (Hrsg.), Die Kölner Universität im Mittelalter, 1989, 467 ff.; *A. Wolf,* Das „Kaiserliche Rechtsbuch" Karls IV. (sog. Goldene Bulle) (Ius Commune 2), 1969, 1 ff.; *ders.*, Königswähler in den deutschen Rechtsbüchern, ZRG (GA) 115 (1998) 150 ff.; *ders.*, Die Entstehung des Kurfürstenkollegs 1198–1298, 1998; *ders.* (Hrsg.), Königliche Tochterstämme, Königswähler und Kurfürsten, 2002; *K. Zeumer,* Die Goldene Bulle Kaiser Karls IV., 1908, Neudr. 1972.

I. Die Kurfürsten als Königswähler bis zur Goldenen Bulle

1. Das „Interregnum" und die Ursprünge des Kurfürstenkollegiums

Ein *Interregnum* im Wortsinn, eine königslose Zeit also, hat es niemals gegeben. Nach dem Tode König Wilhelms von Holland 1256, der seit 1254 alleiniger Herrscher gewesen war (o. § 10 III), wählten 1257 zwei unterschiedliche Fürstengruppen vor den geschlossenen Toren Frankfurts und in der Stadt *Richard von Cornwall* (1257–1272), Bruder des englischen Königs, und *Alfons von Kastilien*, der als König dieses Landes niemals die Reise nach Deutschland angetreten hat. Obwohl Richard zum deutschen König gekrönt worden war, hielt er sich nur zeitweise im Reich auf, so daß er nicht überall Anerkennung fand. Die Wahl zweier Ausländer läßt einerseits eine gewisse Verlegenheit, einen geeigneten Kandidaten zu finden, erkennen. Andererseits zeichnet sich die Verantwortlichkeit einer herausragenden Fürstengruppe für das Reich ab. Die Ursprünge der Kurfürstenwürde und des Kurfürstenkollegiums als einer zentralen Institution der spätmittelalterlichen Reichsverfassung sind allerdings nicht leicht zu rekonstruieren.

Schon vor der Herausbildung des Kurrechts hatte es Wortführer und Erstwähler im Rahmen der Königswahl stets gegeben (o. § 7 II.2). Die allmähliche Verkleinerung des aktiven Wählerkreises ist am Ende des 12. Jahrhunderts schon weit fortgeschritten. Der Prozeß wurde durch die Doppelwahl des Jahres 1198 (o. § 10 I.2) offenbar beschleunigt, obwohl auch an ihr noch über ein Dutzend Wähler beteiligt sind. Eine Bulle des bedeutenden Juristenpapstes Innozenz III. von 1202, die später als Dekretale „*Venerabilem*" in das kanonische Recht Aufnahme findet, geht von einem begrenzten Kreis von Hauptwählern aus: Jenen Fürsten billigt der Papst das Recht und die Macht der Königswahl zu, denen es nach Recht und alter Gewohnheit zusteht („*illis principibus ius et potestatem elegendi regem ... recognoscimus ..., ad quos de iure ac antiqua consuetudine noscitur pertinere*"; Weinrich I Nr. 85). Namen nennt dieser Text nicht. Aber der geschichtliche Zusammenhang läßt erkennen, daß jedenfalls die Erzbischöfe von Mainz, Köln und Trier sowie der Pfalzgraf bei Rhein eine hervorragende Stellung im Rahmen der Wahlhandlungen einnahmen. Dafür gibt es auch einen guten Grund. Nach alter Überzeugung muß der König auf „*Frankeserde*" gewählt werden (vgl. die päpstliche Bulle „*Qui Coelum*" von 1263, *Weinrich* II Nr. 15). Den fränkischen Fürsten kommt daher bei der Wahl eine führende Stellung zu, und die Beteiligung der drei ersten geistlichen Fürsten Ostfrankens dürfte sich auch zwanglos so erklären.

Über das Wahlrecht der schließlich verbleibenden vier weltlichen Kurfürsten wird in der Wissenschaft lebhaft diskutiert. Wie erklärt es sich, daß außer dem Pfalzgrafen bei Rhein und dem gewiß mächtigen Herzog von Sachsen gerade der Markgraf von Brandenburg und selbst der König von Böhmen zum Kreis der Königswähler gehören, während die Stammesgebiete der Schwaben und Bayern sowie Lothringen nicht vertreten sind? Es muß der Bildung des Kurkollegiums also ein ganz anderes Prinzip zugrunde gelegen haben als das einer Repräsentanz der

§ 11. Die Kurfürsten und der Dualismus von Kaiser und Reich

wichtigsten Teile des Reiches. Neuere Forschungen haben gezeigt, daß die Wahlberechtigten alle von König Heinrich I. abstammten, und zwar über die von dessen Töchtern begründeten Linien. Sie machten unter sich aus, wer die Nachfolge antreten sollte. „*Das Wahlrecht der Königswähler erwuchs aus ihrem erbrechtlichen Status innerhalb der Königsverwandtschaft. Die Königswähler repräsentierten die Erbengemeinschaft im Reich. Kurz: Wahlberechtigt waren die Erbberechtigten*" (A. Wolf). Und deren Zahl hat sich aus einsichtigen Gründen allmählich verringert. An dieser Erklärung überzeugt, daß sie von einer genuin mittelalterlichen Vorstellung, dem Erbrecht, ausgeht und dessen Bedeutung für die Königswahlberechtigung auch zweifelsfrei nachweist. Der Einwand, ein derartiger Zusammenhang sei in den Quellen niemals angesprochen worden, vermag insofern nicht zu überzeugen, als die Zeitgenossen ihnen Selbstverständliches nur selten ausdrücklich bestätigen. Allerdings muß die erbrechtliche Erklärung des Kurrechts eine bekannte Stelle des Sachsenspiegels, die nur in späteren Handschriften überliefert ist, als Kompilation aus der Zeit um 1273 deuten. Ssp. III 57 § 2 kennt bereits die sieben Kurfürsten und erklärt die Laienfürsten zu Inhabern von Ehrenämtern am königlichen Hof: Truchseß, Marschall, Kämmerer, Schenke *(Erzämtertheorie)*. Doch die Annahme einer späteren Ergänzung des Sachsenspiegeltextes ist leichter zu verstehen als eine Erklärung für die Betrauung gerade dieser Fürsten mit den Erzämtern zu finden.

2. Wahlregeln und Wahlpraxis

Schon die Bulle „*Venerabilem*" begreift die Königswahl im Unterschied zur älteren Praxis als einen einheitlichen Rechtsakt. Aber auch der Sachsenspiegel ist vom rationalen Verfassungsdenken der Stauferzeit so stark beeinflußt, daß er zur Festlegung von Wahlregeln wesentlich beigetragen hat. „*Durch Recht*", d. h. in einem gerichtsförmlichen Verfahren, sollen die Deutschen den König wählen (Ssp. III 52 § 1). Sie sind nach dem Sachsenspiegel noch an der Auswahl des Kandidaten durch die Reichsfürsten beteiligt.

1273 treten die im Sachsenspiegel erwähnten sieben Kurfürsten erstmals gemeinsam als exklusiver Wählerkreis in Erscheinung und sie werden diese Kompetenz von nun an nicht mehr aus der Hand geben. Aber die Zukunft lehrt, daß mit der Siebenerzahl Doppelwahlen vorerst nicht ausgeschlossen sind. Denn noch war das Mehrheitsprinzip nicht akzeptiert. Die vier notwendigen Wählerstimmen wurden als Quorum verstanden, das zur Abgabe einer Wahlerklärung durch den Mainzer oder den Pfalzgrafen, den sog. *Kürruf*, berechtigte *(electio per unum)*. Diese Gesamtstimme konnte bei Kurswechsel eines Kurfürsten oder bei doppelter Ausübung einer Kur durch mehrere Angehörige desselben Herrscherhauses weiterhin zu einem Doppelkönigtum führen. Die mit *Rudolf I. von Habsburg* (1273–1291) beginnende Königsreihe ist daher mehrfach von schweren Wahlkrisen erschüttert worden. Den schwachen *Adolf von Nassau* (1292–1298) haben die Kurfürsten abgesetzt und den Sohn Rudolfs I., *Albrecht I.* (1298–1308), zum König erhoben (Weinrich II Nr. 63 u. 64). Bei dieser Wahl treten die jetzt vollzählig versammelten, in den Quellen nun ausdrücklich so genannten *kurfursten* erstmals als *collegium* in Erscheinung. Nach dem zunächst kurzen luxemburgischen Zwischenspiel *Heinrichs VII.* (1308–1313) offenbarte sich die Unvollkommenheit des bis dahin praktizierten Wahlrechts in drastischer Weise mit der Doppelwahl des Jahres 1314. Fünf Kurfürsten wählten den Wittelsbacher *Ludwig IV., den Bayern* (1314–1347), vier ebenso berechtigte Wähler stimmten für den Habsburger *Friedrich den Schönen* (Weinrich II Nr. 80), der erst 1322 von Ludwig besiegt werden konnte.

II. Die Königswahl im Brennpunkt der Rechtspolitik

1. Die kurfürstliche Position

Die Regierungszeit Ludwigs IV. war geprägt von verfassungsrechtlichen Streitigkeiten in einem neuen Sinne – insofern, als die Beteiligten, zu denen als Hauptkontrahent der Papst gehörte (u. 3), über zentrale Rechtsfragen der Königswahl präzise, juristisch geschärfte Argumente austauschten. 1338 traten die Kurfürsten in *Rhense* zusammen, um ihre Rechte in einem *Weistum*, einem hypothetischen Urteil, dem der Gerichtsumstand der anwesenden Fürsten seine Zustimmung gab, festzustellen: Wer von der Mehrheit der Kurfürsten gewählt ist, trägt den königlichen Titel und ist berechtigt, die Güter und Rechte des Reiches in Verwaltung zu nehmen, ohne jede Mitwirkung des Papstes (*Weinrich* II Nr. 88). Der Kaiser hat anschließend diesen Rechtssatz auf das Kaisertum ausgedehnt und als Gesetz verkündet („*Licet iuris*", ebda. Nr. 89). Damit war nicht nur die altertümliche Gesamtstimme aller Wähler durch das rationale *Mehrheitsprinzip* abgelöst worden. Es zeichnet sich zugleich das Ende der gewohnheitsmäßigen Entwicklung des Wahlverfahrens ab.

Der Vorgang des Jahres 1338 macht die in dieser Zeit bewußt werdende Unterscheidung von Kaiser und Reich anschaulich. Schon im letzten Viertel des 13. Jahrhunderts sind die Anzeichen für ein wachsendes korporatives Verständnis des Kurfürstenkreises nicht mehr zu übersehen. Seit der Mitte des 13. Jahrhunderts aktives politisches Zentrum des Reiches, bald auf Karl d. Gr. zurückgeführt, wächst den Kurfürsten nicht nur ein besonderer Rang, sondern auch die Aufgabe zu, Einheit und Dauer des Reiches zu symbolisieren. Daher halten sie sich für berechtigt, zu einschneidenden königlichen Maßnahmen, Rechtsübertragungen insbesondere, in „*Willebriefen*" ihre Zustimmung zu geben. Der 1340 verfaßte *Tractatus de iuribus regni et imperii* des Lupold von Bebenburg, die erste reichsrechtliche Verfassungsschrift, ordnet das Königswahlrecht nicht mehr den einzelnen Kurfürsten, sondern ihnen insgesamt zu. Gemeinsam sprechen sie für das Reich. Parallel zu der allmählichen Herausbildung dieses Kreises vornehmster Fürsten findet die Formel „*Kaiser und Reich*" allgemeine Verbreitung. Dieses dualistische Verfassungsdenken sollte für die Zukunft des Reiches von größter Bedeutung sein, ging es doch in die Reichsreform des 15. Jahrhunderts ein (u. § 15).

2. Der päpstliche Approbationsanspruch

Schon in der Bulle „*Venerabilem*" (o. I) hatte der Papst das Recht in Anspruch genommen, die Person des zum König gewählten und zum Kaiser zu erhebenden (*in imperatorem promovendum*) Herrschers auf seine persönliche Eignung zu prüfen. Der Hinweis auf die denkbare Zumutung, andernfalls auch einen Exkommunizierten zum Kaiser krönen zu müssen, zeigt den geistlichen Ursprung des päpstlichen Mitsprachebegehrens. Daraus hatte sich bis zum Ende des 13. Jahrhunderts unter dem Einfluß des nun Kirche und Kanzleien beherrschenden juristischen Denkens der päpstliche Approbationsanspruch entwickelt. Im Konflikt mit dem französischen Königtum behauptete Papst *Bonifaz VIII.* in der Bulle „*Unam sanctam*" 1302, daß dem Oberhaupt der einen Kirche sowohl die geistliche

§ 11. Die Kurfürsten und der Dualismus von Kaiser und Reich   75

wie die weltliche Gewalt anvertraut sei. Das Bild der zwei Schwerter (Lk. 22,38), bisher Zeugnis für die Eigenständigkeit der beiden Gewalten (Ssp. I 1), wurde nun allein auf Petrus und seine Nachfolger bezogen.

Der daraus folgende Gedanke einer päpstlichen Weltmonarchie und konsequenten Unterordnung jeder weltlichen Macht unter den Papst veranlaßte Johann XXII. nach der Doppelwahl des Jahres 1314, die Entscheidung über die Person des rechtmäßigen Königs in Anspruch zu nehmen. Er erkannte den Schlachtsieg Ludwigs über den Habsburger Friedrich als Gottesurteil nicht an, sondern leitete 1323 gegen Ludwig einen Prozeß ein, weil dieser sich die Königswürde zu Unrecht angemaßt habe. Darüber hinaus beanspruchte der Papst auch das *Reichsvikariat*, also die Stellvertretung des Kaisers, da im Falle der Thronvakanz die Reichsrechte beim Papst verblieben. Diesen letzten schweren Konflikt zwischen Kaiser und Papst konnte keine der Parteien unbeschadet durchstehen. Einerseits hat die Unterstützung des Kaisers durch die führenden politischen Kräfte des Reiches 1338 (o. 1) deren dauerhafte Beteiligung an den Reichsgeschäften wesentlich gefördert. Auch erwies sich der permanente Konflikt mit dem Papst als eine vom Kaisertum kaum zu verkraftende politische Belastung. Andererseits mußte das Papsttum, seit 1309 in Avignon isoliert, 1328 nicht nur eine weltliche Kaiserkrönung Ludwigs in Rom hinnehmen. Es sah sich auch innerkirchlichen Oppositionsbewegungen gegenüber. Bedeutende Denker standen auf der Seite des Kaisers: der radikale Franziskaner *Wilhelm von Ockham*, der die Scheidung von weltlicher und geistlicher Gewalt vorantrieb, und der wichtigste zeitgenössische Vertreter der aristotelischen, ganz innerweltlichen Staatstheorie (u. § 13 IV) *Marsilius von Padua*. Hinzu kam der Prestigeverlust, welcher mit der bis zum Konzil von Konstanz (1414/18) beibehaltenen Residenz Avignon verbunden war. So eröffnete sich schließlich die Möglichkeit einer Reform der Königswahl unter stillschweigender Übergehung des päpstlichen Approbationsanspruchs, der letztlich Episode blieb.

3. Die Goldene Bulle von 1356

Die entscheidenden Maßnahmen, welche vor allem darauf zielten, für die Zukunft Doppelwahlen auszuschließen, trifft *Karl IV.* (1346–1378) in der Goldenen Bulle 1356 (*Weinrich* II Nr. 94). Dieses Privileg blieb bis zum Ende des Alten Reiches 1806 die maßgebende Grundlage der Königswahl. Seine Regeln fixierten weitgehend die bis dahin beachteten Rechtsgewohnheiten, präzisierten sie jedoch. So kehrt in der Goldenen Bulle das Quorum der vier Wählerstimmen wieder, welches nun zugleich die Majorität darstellt. Denn die Goldene Bulle ordnet die Unteilbarkeit der Kurfürstentümer und zugleich die Primogenitur an. Damit war in Zukunft ausgeschlossen, daß mehrere Teilhaber einer Kurfürstenwürde zur Wahl schritten. Die konsequente Beschränkung der Wählerstimmen auf sieben hatte in Hinblick auf das beibehaltene Viererquorum die Folge, daß die Abwesenheit dreier Kurfürsten das Wahlverfahren nicht zu blockieren vermochte. Ein Ende hatte auch die Idee der Gesamtstimme gefunden. Der Mainzer Erzbischof, dem die Ladung zur Wahl nach Frankfurt oblag, sollte die Voten der Stimmberechtigten in einer festgelegten Reihenfolge erfragen und seine Stimme selbst zuletzt abgeben. Diesen rationalen Kern des Wahlverfahrens umkleidete die Goldene Bulle mit einem Zeremoniell, das die Einzigkeit des Wahlaktes, neben dem eine weitere Wahl nicht mehr denkbar war, hervorhob.

Die Goldene Bulle regelt jedoch nicht nur die Wahl. Sie ist vor allem auch ein umfassendes *Gesamtprivileg* für die Kurfürsten, an dessen Zustandekommen diese selbst beteiligt waren. Ihre territoriale Gerichtshoheit schützt das Gesetz durch den Ausschluß von Appellationen an das königliche Hofgericht *(privilegium de non appellando)* und durch den Verzicht auf das königliche Recht, Prozesse an sich zu ziehen *(privilegium de non evocando)*. Dieser Machtsteigerung in den Territorien entspricht eine stärkere Beteiligung der Kurfürsten an den laufenden Reichsgeschäften. Jährlich einmal sollten sie sich am Königshof versammeln. Hat diese Regelung auch keine nennenswerte praktische Bedeutung erlangt, so hat die Goldene Bulle doch die vorrangige Verantwortung der Kurfürsten für das Reich und ihren dominierenden politischen Einfluß für die Zukunft festgeschrieben. Besonders deutlich zeigt dies der Sturz König *Wenzels* (1378–1400) durch die vier rheinischen Kurfürsten (*Weinrich* II Nr. 107) und die – in dieser Form von der Goldenen Bulle ausdrücklich zugelassene – Wahl des Pfalzgrafen *Ruprecht* zum deutschen König (1400–1410). Als ein weiteres Symbol der kurfürstlichen Reichsrepräsentanz entwickelte sich alsbald auch das *Reichsvikariat*, welches die Goldene Bulle dem Pfalzgrafen bei Rhein und dem Herzog von Sachsen anvertraut hatte. Bei Vakanz des Kaiserthrones fiel das Reich nicht, wie die Kirche gemäß der Konstantinischen Schenkung behauptete (o. § 8 II.2), der Verwaltung des Papstes anheim, sondern blieb zunächst den beiden weltlichen Kurfürsten aus den Urwahlgebieten des Königtums anvertraut.

III. Der politische Anspruch des Kaisertums

Die wachsende institutionelle Repräsentanz des Reiches durch die Kurfürsten hinderte den Herrscher niemals, die kaiserliche Machtvollkommenheit *(plenitudo potestatis)* zu behaupten. Die Goldene Bulle nennt den gewählten König in Übereinstimmung mit der Dekretale *„Venerabilem"* (o. II.2) *rex in imperatorem promovendus*, den zum Kaiser zu erhebenden König. Die Unterscheidung der beiden Titel beginnt damit ihren Sinn zu verlieren und findet allmählich weniger Beachtung. Den sakralen Charakter des Amtes, die einzigartige, dem König-Kaiser übertragene Stellvertretung Christi, betonten die Anhänger des Kaisertums dabei wie eh und je. Den Römern gehört das Priestertum, den Franzosen das Studium, den Deutschen aber das Reich, schreibt 1281 *Alexander von Roes* in Abwehr der Spekulation, der Papst könne das imperium auf Frankreich übertragen. Die Weltmonarchie des Kaisers verkündet Dante ebenso wie der führende Jurist des 14. Jahrhunderts, der Bologneser Rechtslehrer *Bartolus*. Dieses langsam erstarrende Amtsverständnis sollte im 15. Jahrhundert sogar nochmals praktische Konsequenzen für die Beendigung des kirchlichen Schismas gewinnen (u. § 15). Aber die Notwendigkeit, etwas zu rechtfertigen, was nicht mehr überall Anerkennung fand, ist in den Schriften des späten 13. und 14. Jahrhunderts nicht mehr zu übersehen. Auch war die Diskrepanz zwischen Herrschaftsanspruch und Herrschaftsrealität in Deutschland selbst während des 14. Jahrhunderts bewußt geworden. Ein Nachdenken über verfassungsrechtliche Probleme setzte ein, das im 15. Jahrhundert die Reichsreform zum beherrschenden politischen Thema werden ließ.

§ 12. Politische Grundlagen und Machtmittel des Königtums

Quellen: *B. Diestelkamp* (Hrsg.), Urkundenregesten zur Tätigkeit des deutschen Königs- und Hofgerichts bis 1451, Bd. 3–8, 11, 13 (1273–1396), 1986–2001.

§ 12. Politische Grundlagen und Machtmittel des Königtums

Schrifttum: *H. Angermeier*, Königtum und Landfriede im deutschen Spätmittelalter, 1966; *F. Battenberg*, Beiträge zur höchsten Gerichtsbarkeit im Reich im 15. Jh., 1981; *E. Boshof*, Rudolf von Habsburg 1273–1291. Eine Königsherrschaft zwischen Tradition und Wandel, 1993; *A. Buschmann* u. *E. Wadle* (o. § 7); *B. Diestelkamp*, Vom königlichen Hofgericht zum Reichskammergericht, in: *G. Dilcher* u. *B. Diestelkamp* (Hrsg.), Recht, Gericht, Genossenschaft und Policey. Symposion f. A. Erler, 1986, 44 ff.; *ders.*, Reichsweistümer als normative Quellen? (VuF 23), 1977, 281 ff.; *A. Gerlich*, König Adolf von Nassau. Reichspolitik am Rhein und in Schwaben 1293 und 1294, Nassauische Annalen 109 (1998) 1 ff.; *P.-J. Heinig*, Reichsstädte, Freie Städte und Königtum 1389–1450, 1983; *H. Hoffmann*, Die Unveräußerlichkeit der Kronrechte im Mittelalter, DA 20 (1964) 389 ff.; *B.-R. Kern*, Die Gerichtsbarkeit der Reichsvikare, in: *F. Battenberg* u. *F. Ranieri* (Hrsg.), Geschichte der Zentraljustiz in Mitteleuropa, FS B. Diestelkamp z. 65. Geb., 1994, 131 ff.; *K.-F. Krieger*, Die Lehnshoheit des deutschen Königs im Spätmittelalter (ca. 1200–1437) (GU NF 23), 1979; *ders.*, Fürstliche Standesvorrechte im Spätmittelalter, Bll. f. dt. LG 122 (1986) 91 ff.; *G. Landwehr*, Die rechtshistorische Einordnung der Reichspfandschaften (VuF 13), 1971, 97 ff.; *ders.*, Die Verpfändung der deutschen Reichsstädte im Mittelalter, 1967; *H. Lieberich*, Kaiser Ludwig der Baier als Gesetzgeber, ZRG (GA) 76 (1959) 173 ff.; *Th. M. Martin*, Auf dem Weg zum Reichstag. Studien zum Wandel der deutschen Zentralgewalt 1314–1410, 1993; *P. Moraw*, Zum königlichen Hofgericht im deutschen Spätmittelalter, ZGO 121 (1973) 307 ff.; ZGO 123 (1975) 103 ff.; *ders.*, Reichsstadt, Reich und Königtum im späten Mittelalter, ZHF 6 (1979) 385 ff.; *ders.*, Fürstentum, Königtum und „Reichsreform" im deutschen Spätmittelalter, Bll. f. dt. LG 122 (1986) 117 ff.; *ders.*, Gelehrte Juristen im Dienst der deutschen Könige des späten Mittelalters (1273–1493), in: *R. Schnur* (Hrsg.), Die Rolle der Juristen bei der Entstehung des modernen Staates, 1986, 77 ff.; *ders.*, Königliche Herrschaft und Verwaltung im spätmittelalterlichen Reich (ca. 1350–1450), in: *R. Schneider* (Hrsg.), Königtum (o. § 3 Anhang Z. 9), 185 ff.; *ders.*, Über König und Reich, 1995; *R. Pauler*, Die deutschen Könige und Italien im 14. Jahrhundert, 1997; *G. Rauch*, Bündnisse deutscher Herrscher mit Reichsangehörigen vom Regierungsantritt Friedrich Barbarossas bis zum Tode Rudolfs von Habsburg (GU NF 5), 1966; *U. Rödel*, Königliche Gerichtsbarkeit und Streitfälle der Fürsten und Grafen im Südwesten des Reiches 1250–1313, 1979; *E. Schubert*, Probleme der Königsherrschaft im spätmittelalterlichen Reich. Das Beispiel Ruprechts von der Pfalz (1400–1410), in: *R. Schneider* (Hrsg.), Königtum (o. § 3 Anhang Z. 9), 135 ff.; *W. Sellert*, Friedensprogramme und Friedenswahrung im Mittelalter, in: *G. Köbler* (Hrsg.), Wege europäischer Rechtsgeschichte. Karl Kroeschell z. 60. Geb., 1987, 453 ff.

I. Der Herrschaftsraum

1. Revindikation und Veräußerung von Reichsgut

Nach dem Interregnum haben sich die Könige zunächst um die Revindikation des Reichsguts bemüht und versucht, die Machtpositionen und Rechte, welche einst die Staufer innehatten (o. § 9 II.5 u. 6), wieder der Gewalt des Königs zu unterwerfen. Rudolf I. war dabei noch relativ erfolgreich, vielleicht weil dieser König in seiner Regierungszeit ein letztes Mal von staufischem Reichsbewußtsein profitieren und auf staufische Anhänger zurückgreifen konnte. Rudolf I. schuf in den *Reichslandvogteien* sogar eine neue regionale Organisationsform für die Reichsgutkomplexe in Ober- und Niederschwaben, im Ober- und Niederelsaß (*Weinrich* II Nr. 39), im Speyergau, um Nürnberg. Den dort eingesetzten Landvögten oblag die Wahrnehmung der königlichen Rechte, also die Einziehung der Einkünfte, wie Stadtsteuern, Judensteuern und Zölle, die Ernennung von Schultheißen, die Aufbietung des Heeres, das Geleit, der Schutz des Landfriedens, der Vorsitz im Landgericht. Ein bevorzugtes Objekt königlichen Interesses bildete Thüringen, das Rudolf I. der königlichen Machtsphäre einzugliedern vermochte. Aber schon seine Nachfolger Adolf und Albrecht I. unterlagen hier gegen die Territorialpolitik des Hauses Wettin. Unter Heinrich VII. und Ludwig IV. fand die Revindikationspolitik ihr Ende. Zwar gehörten zum Reichsgut weiterhin viele Reichsstädte, Landvogteien, einzelne Rechte und Ämter, selbst einige Gerichte, von welchen das Hofgericht

Rottweil bis zum Ende des Reiches überlebte. Aber politische Macht vermittelten diese Gerechtsame nur noch in begrenztem Umfang, weil die befehlsgebundenen Königsdiener, die Reichsministerialen, dynastische Eigeninteressen entwickelt hatten. Sie standen dem König zwar oft noch als Vasallen zur Verfügung; doch waren sie vielfach auch Lehnsbindungen gegenüber benachbarten Fürsten eingegangen, deren politischen Schutz sie benötigten.

Das Reichsgut hatte sich in eine Summe einzelner Vermögensobjekte verwandelt. Diese, als Teile des aus dem römischen Recht gut bekannten *fiscus*, ließen sich nicht nur als Rente, sondern auch als Kapital nutzen. Ludwig IV. und Karl IV. schritten daher in außerordentlichem Umfang zur *Verpfändung* vieler Reichsstädte und anderer Reichsrechte. Dies geschah in erster Linie nicht zum Zweck der Kreditaufnahme, sondern um Landesherren für geleistete Dienste zu entlohnen oder für die Zukunft zu verpflichten. Der Pfandvertrag gestattete zwar in der Regel die Wiederauslösung des Objekts. Die dafür angesetzten Summen waren aber so hoch, daß überwiegend eine endgültige Schmälerung des Reichsgutes eintrat. Diese Verpfändungen sind daher einerseits Folge steigenden königlichen Geldbedarfs, unzureichender Einkünfte, mangelhafter Finanzpolitik. Andererseits müssen sie aber auch als die negative Kehrseite des unaufhaltsamen Territorialisierungsprozesses begriffen werden, welcher in der zweiten Hälfte des 13. Jahrhunderts das überkommene Herrschaftsgefüge in Deutschland erfaßt hatte. Das lockere Gefüge des Reichsgutes entsprach kaum noch den neuen Herrschaftstechniken (u. § 13).

2. Hausgut und königsnahe Landschaften

Die notwendigen finanziellen und militärischen Ressourcen schöpften die deutschen Könige nicht mehr aus dem Reichsgut, sondern aus ihrem Hausgut. Der seit der Mitte des 13. Jahrhunderts intensiv vorangetriebene Ausbau der überschaubaren Landesherrschaften erwies deren Überlegenheit gegenüber den weiträumig aufgefächerten, lückenhaften Herrschaftsstrukturen des Reichsgutes. Wo der Herrscher als Eigentümer auftreten konnte, vermochte er Güter und Menschen intensiver für seine politischen Ziele einzusetzen. Vor allem die Steuererhebung dürfte sich hier wesentlich einfacher gestaltet haben. Rudolf I. schuf daher 1282 durch die Belehnung seiner Söhne mit Österreich und Steiermark dem Hause Habsburg eine dauerhafte Machtbasis (*Weinrich* II Nr. 47). Ludwig IV. stützte sein Königtum auf das wittelsbachische Bayern. Der Luxemburger Karl IV. aber versuchte darüber hinaus, seine böhmische Hausmacht durch böhmische Lehnsträger im Reiche abzusichern. Er schuf seinem Hause auf diese Weise eine „Landbrücke" zum Königswahlort Frankfurt. Das Reichsgut hatte für ihn keine herrschaftliche Funktion mehr.

Was nach der Entfremdung erheblicher Teile des Reichsgutes durch regionale Herrschaftsträger und nach den vom Königtum selbst in Szene gesetzten Verpfändungsaktionen blieb, läßt sich am besten mit dem Begriff der *„königsnahen Landschaft"* (P. Moraw) umschreiben. Am Untermain und in Franken, am Mittelrhein und in Teilen Schwabens verfügte der Kaiser auch noch im Spätmittelalter und in der frühen Neuzeit über politischen Rückhalt, vor allem in den noch immer zahlreichen, zum Teil sehr finanzkräftigen Reichsstädten (u. § 14). Ähnliches gilt im großen und ganzen für die geistlichen Territorien. Die Herrschaftsgebiete der großen weltlichen Dynastien allerdings und die königsfernen Randzonen im Norden und im Bereich der Eidgenossenschaft boten dem König immer weniger Einwirkungsmöglichkeiten.

3. Die Reichsfürsten

Im Gegensatz zu den Kurfürsten (o. § 11) treten die anderen Reichsfürsten noch nicht in korporativem Zusammenschluß in Erscheinung. Es gibt noch keinen Reichstag. Wenn die Reichsfürsten mit dem König zur Beratung und Rechtsfindung zusammentreten, dann im Rahmen von *Hoftagen*, um an der Erfüllung königlicher Aufgaben mitzuwirken. Die seit Friedrich I. in ihrer Rechtsstellung eindeutig ausgezeichneten Reichsfürsten partizipieren jedoch in anderer Weise an der sich allmählich entwickelnden Repräsentation des Reiches durch den herrschaftsausübenden Adel. Zahlreiche Grafen, deren territoriale Herrschaftsbasis einer fürstlichen nahekommt, bemühen sich um die Würde eines Reichsfürsten, um regional Ansehen und Macht zu steigern, um neue Heiratsverbindungen anknüpfen zu können, um einen direkten Zutritt zum Königshof zu gewinnen. Denn mit der *Erhebung in den Reichsfürstenstand* war regelmäßig die Übertragung eines Hof- oder Reichsamtes (Reichsbannerträger u. ä.) verbunden – aus heutiger Sicht nur ein Titel, in einer ständischen Gesellschaft jedoch eine Ehre, die zugleich einen bestimmten Rang gegenüber politischen Konkurrenten vermittelt. So werden Territorien wie zum Beispiel Hessen 1292, Jülich 1336, Mecklenburg 1348, Luxemburg 1354, Berg 1380, Kleve 1417, Württemberg 1495 zu Reichsfürstentümern erhoben. Damit verbunden ist zugleich eine engere Bindung an das Reich, da der ganze landesherrliche Besitz, einschließlich seiner allodialen Bestandteile, zusammengefaßt und dem neuen Fürsten als Reichslehen vom Kaiser verliehen wird. Daher steigt die Zahl der Kronvasallen im Spätmittelalter stark an. Diese zunehmende „Feudalisierung" erwies sich also im ausgehenden Mittelalter als die einzige tragfähige rechtliche Basis, auf welcher das Verhältnis von Kaiser und regierendem Hochadel geregelt werden konnte. Sieht man einmal ein, daß es zu dieser *„planvollen Zerlegung der Reichsgewalt im Wege der Delegation"* (K. F. Krieger) keine Alternative gab, dann ist der Gewinn des Kaisers aus der zunehmenden Verbreitung von Reichslehen nicht gering zu veranschlagen. Als Kronvasallen waren die Reichsfürsten verpflichtet, alle Handlungen gegen Leib und Leben, Ehre und Besitzstand des Kaisers zu unterlassen, keine Bündnisse gegen das Reich zu schließen, das Lehnsgut nicht in die Hände Dritter zu entfremden und zu verschlechtern, Heeresfolge zu leisten, mit ihrem Rat dem König zur Verfügung zu stehen. Gegenüber anderen Lehnsherren galt für den Reichsfürsten ein allgemeiner Treuevorbehalt zugunsten des Königs. Schon die Vielfalt dieser königlichen Rechte zeigt, daß die Reichsvasallität auf das politische Verhalten der Reichsfürsten nicht ohne Einfluß bleiben konnte, zumal im königlichen Lehnsgericht ein Forum zur Verfügung stand, das direkte rechtliche Konsequenzen ermöglichte.

II. Der königliche Hof

1. Hofkanzlei und Hofämter

Der königliche Hof dient der unmittelbaren Unterstützung des Königs, der seine Regierungshandlungen im Prinzip persönlich vorzunehmen hat. Behörden mit eigenen Entscheidungsbefugnissen gibt es daher an der Spitze des Reiches nicht. Als einzige Verwaltungsinstitution mit einer schon langen Entwicklungsgeschichte (o. § 4 II.1) ist die *Hofkanzlei* anzusprechen, deren Bedeutung im Laufe des

14. Jahrhunderts infolge der wachsenden Schriftlichkeit der Regierungstätigkeit weiter wächst. Es ist zugleich die Zeit, in welcher die alte Reiseherrschaft des Königtums durch die Einrichtung bleibender Residenzen abgelöst wird. Im Kreise der königlichen Diener hatten sich freilich schon längst einige hervorragende Amtsträger zu profilieren vermocht. Dazu gehören der *Hofkanzler*, der *Marschall* als Organisator und militärischer Befehlshaber während der Reisen des Hofes, der *Kammermeister* als Verwalter des Schatzes, vor allem der *Hofmeister*, dem das Hofgesinde unterstellt ist. Diese Amtsträger bilden zusammen mit einigen wenigen weiteren Vertrauten des Königs den kleinen „*täglichen Rat*", der in engstem Kontakt mit dem Herrscher alle ihn betreffenden Materien erörtert. Es gibt dabei noch keine Unterscheidung von administrativen und jurisdiktionellen Angelegenheiten, von Recht und Politik, von Hausmachtangelegenheiten und Reichssachen. Schon gar nicht sind bestimmte „Ressorts" oder Verfahrensregeln erkennbar. Der „*Rat alten Stils war somit elastisch bis zur Undefinierbarkeit*" *(P. Moraw)*. Erst unter König *Ruprecht* (1400–1410) setzt sich am Hofe eine professionelle Bürokratisierung durch.

2. Die königliche Gerichtsbarkeit

Der einzige Bereich, in welchem sich neben der Hofkanzlei eine institutionelle Verselbständigung herrscherlicher Amtsaufgaben abzeichnet, ist die königliche Gerichtsbarkeit. Dafür dürfte die zunehmende Juridifizierung des Verfahrens ebenso verantwortlich sein wie die Fülle der an den Königshof herangetragenen Klagen. Das im Mainzer Reichslandfrieden 1235 vorgesehene *Hofgericht* (o. § 10 II.4) scheint im 14. Jahrhundert mit Hofrichter, Urteilern und Schreiber fest etabliert. Daneben entwickelt sich aus der persönlichen Streitentscheidung des Königs ein königliches *Kammergericht*, an welchem sich der Herrscher alsbald gleichfalls durch einen Kammerrichter vertreten läßt. Die Reichsacht und die ihr oft nachfolgende kirchliche Exkommunikation erwiesen sich vielfach als höchst wirksame Vollstreckungsmittel. Kompetenzabgrenzungen zwischen den beiden am Hof tätigen Gerichten sind nicht erkennbar. Zudem konnte auch der tägliche Rat Streitfälle entscheiden. Wie in dieser Zeit stets dürften für das Gewicht der Institutionen Ansehen und Einfluß der zugehörigen Persönlichkeiten maßgebend gewesen sein.

III. Gesetzgebung

1. Landfriedenspolitik

Die Landfriedenspolitik als Instrument der Königsherrschaft (o. § 9 II.4 u. § 10 II.4) behielt auch in nachstaufischer Zeit große Bedeutung, wenngleich in gewandelter Form. An die Stelle der reichsweiten Landfrieden Friedrichs I. und Friedrichs II. mit ihren hierarchischen Organisationskonzepten traten schon in der ausgehenden Stauferzeit regionale Landfrieden interessierter Städte und adeliger Herrschaftsträger. Es erwies sich, daß der Frieden im Reiche nicht durch abstrakte Gesetzesbefehle nach spätantikem Vorbild herzustellen war, sondern allein durch die eidliche Verpflichtung der potentiellen Friedensbrecher und Betroffenen. Rudolf I. hat im Rahmen seiner Revindikationspolitik, nach Bereinigung der ihn selbst betreffenden Konfliktlagen, Schritt für Schritt Landfrieden in Österreich (*Weinrich* II Nr. 29), am Mittelrhein, in

Franken und in Schwaben aufgerichtet, ehe er 1281 erstmals den Mainzer Reichslandfrieden Friedrichs II. erneuerte, allerdings auf der Grundlage einer Schwureinung und zeitlich befristet. Diese beiden Elemente bleiben charakteristische Merkmale des spätmittelalterlichen Landfriedenswesens. Im 14. Jahrhundert ist der Landfrieden ohne Initiative und aktive Mitwirkung der Fürsten nicht zu sichern. Sie verfügen vor Ort über die notwendigen Exekutionsmittel, um die vor allem angestrebte Verbrecherbekämpfung organisieren zu können. Ludwig IV. und Karl IV. haben sich daher an solchen regionalen Landfrieden selbst beteiligt. Dabei blieb das Fehderecht des Adels in gewissen Grenzen unangetastet, und mancher Landfrieden konnte geradezu den Charakter eines gegen andere Fürsten gerichteten militärischen Bündnisses annehmen. Die zahllosen Fehden, welche der machtpolitische Konkurrenzkampf um die Festigung der Landesherrschaften auslöste, vermochte diese Landfriedenspolitik nicht mehr einzudämmen. Erst in der Reichsreformpolitik des 15. Jahrhunderts (u. § 15) konnte der Gedanke eines allgemeinen Landfriedens wieder mit Aussicht auf Erfolg aufgegriffen werden.

2. Ansätze kaiserlicher Gesetzgebung

Ein kaiserliches Gesetzgebungsrecht nahmen nach den Maximen des römischen Rechts (o. § 9 I.2) auch die nachstaufischen Herrscher für sich in Anspruch. Die Praxis des mündlichen Gerichtsverfahrens war jedoch noch so sehr den überlieferten Rechtsgewohnheiten verpflichtet, daß für eine Gesetzgebungstätigkeit des Kaisers kein Bedürfnis bestand. Dennoch haben sich Ludwig IV. und Karl IV. auf diesem Felde versucht, charakteristischerweise aber nur im Bereich ihres Hausgutes, so daß die beiden hier zu erwähnenden Gesetzgebungsakte inhaltlich mehr über die Territorien, für die sie bestimmt waren, als über das Reich aussagen. Aber der Impuls, überhaupt als Gesetzgeber tätig zu werden, ist zweifellos durch das kaiserliche Amt ausgelöst worden. Ludwig IV. erließ 1346 ein von gelehrten Juristen systematisch gegliedertes oberbayerisches *Landrecht*, das nach dem ausdrücklichen Befehl des Kaisers der Rechtsprechung zugrunde gelegt werden sollte. Gründliche Untersuchungen haben gezeigt, daß damit die traditionelle Urteilsfindung nur in geringem Maße verdrängt werden konnte, da die juristischen Techniken einer rechtsähnlichen Anwendung des Gesetzes auf die zahllosen nicht direkt geregelten Fälle unbekannt waren. Karl IV. scheiterte 1355 bei dem Versuch, ein Landrechtsgesetz für Böhmen (*„Maiestas Carolina"*) einzuführen, schon am Widerspruch der Stände (u. § 13 II.4). Erst im folgenden Jahrhundert kamen seine Regelungen gewohnheitsrechtlich in Übung. Nicht weil die spätmittelalterlichen Kaiser so schwach gewesen sind, daß sie sich an eine umfassende Reichsgesetzgebung nicht heranwagen konnten, ist diese unterblieben. Das Instrument der Gesetzgebung war fremd und funktionslos, solange es nicht von zweckrationalen Zielvorstellungen gesteuert wurde (u. § 18).

§ 13. Fürstentum und Landesherrschaft

Quellen: *A. Borst* u. *J. Fleckenstein* (Hrsg.), Landesherrschaft (o. § 10); *H. Rall* (Hrsg.), Wittelsbacher Hausverträge des späten Mittelalters, 1987; *H. Schlosser,* Oberbayerisches Landrecht Kaiser Ludwigs des Bayern von 1346. Edition, Übersetzung und Kommentar, 2000.

Zeitgenössische Literatur: *Peter von Andlau,* Libellus de Caesarea monarchia, lat. u. dt., hrsg. v. *R. A. Müller,* 1998; *Thomas von Aquin,* Über die Herrschaft des Fürsten [lat. um 1266], 1994 (Reclam).

Schrifttum: W. *Berges,* Die Fürstenspiegel des hohen und späten Mittelalters, 1938, Neudr. 1992; O. *Brunner,* Land und Herrschaft, 5. Aufl. 1965, Neudr. 1990; G. *Chittolini* u. D. *Willoweit* (Hrsg.), Territorialstrukturen (o. § 13 Anhang Z. 8); *B. Diestelkamp,* Das Lehnrecht der Grafschaft Katzenelnbogen (13. Jh. bis 1479) (GU N F 11), 1969; ders., Lehnrecht und Lehnspolitik als Mittel des Territorialausbaus, RhVjBll 63 (1999) 26 ff.; *G. Droege,* Verfassung und Wirtschaft in Kurköln unter Dietrich von Moers (1414–1463), 1957; *E. Engel,* Frühe ständische Aktivitäten des Städtebürgertums im Reich und in den Territorien bis zur Mitte des 14. Jahrhunderts, in: *B. Töpfer* (Hrsg.), Städte und Ständestaat, 1980, 13 ff.; *H.-D. Heimann,* Hausordnung und Staatsbildung. Innerdynastische Konflikte als Wirkungsfaktoren der Herrschaftsverfestigung bei den wittelsbachischen Rheinpfalzgrafen und den Herzögen von Bayern, 1993; *H. Helbig,* Fürsten und Landstände im Westen des Reiches im Übergang vom Mittelalter zur Neuzeit, RhVjbll. 29 (1964) 32 ff.; ders., Der wettinische Ständestaat, 2. Aufl. 1980; *H.-G. Hofacker,* Die schwäbische Herzogswürde. Untersuchungen zur landesfürstlichen und kaiserlichen Politik im deutschen Südwesten im Spätmittelalter und in der frühen Neuzeit, Zs. f. württ. LG 47 (1988) 71 ff.; *K. Kroeschell,* in: DtVwG I, 279 ff.; *G. Landwehr,* Mobilisierung und Konsolidierung der Herrschaftsordnung im 14. Jahrhundert (VuF 14), 1971, 484 ff.; *W. Leist,* Landesherr und Landfrieden in Thüringen im Spätmittelalter 1247–1349, 1975; *W. Lippert,* Die deutschen Lehnbücher, 1903, Neudr. 1970; Ludwig der Bayer als bayerischer Landesherr. Probleme und Stand der Forschung, 1997; *K. Neitmann,* Die Staatsverträge des Deutschen Ordens in Preußen 1230–1449, 1986; *E. Orth,* Die Fehden der Reichsstadt Frankfurt am Main im Spätmittelalter, 1973; *H. Patze* (Hrsg.), Die Burgen im deutschen Sprachraum. Ihre rechts- und verfassungsgeschichtliche Bedeutung, Bd. 1–2 (VuF 19), 1976; ders. (Hrsg.), Der deutsche Territorialstaat im 14. Jh., Bd. 1–2 (VuF 13 u. 14), 2. Aufl. 1986; ders., Die Bildung der landesherrlichen Residenzen im Reich während des 14. Jahrhunderts, in: *W. Rausch* (Hrsg.), Stadt und Stadtherr im 14. Jahrhundert, 1972, 1 ff.; ders., Die Herrschaftspraxis der deutschen Landesherren während des späten Mittelalters, in: *W. Paravicini* u. *K. F. Werner* (Hrsg.), Histoire (o. § 3 Anhang Z. 8); *F. Pfeiffer* (o. § 7); *W. Rösener,* Hofämter an mittelalterlichen Fürstenhöfen, DA 45 (1989) 485 ff.; *E. Schubert,* Fürstliche Herrschaft und Territorium im späten Mittelalter, 1996 (EDG Bd. 35); *K.-H. Spiess,* Lehnspolitik, Lehnspolitik und Lehnsverwaltung der Pfalzgrafen bei Rhein im Spätmittelalter, 1978; *T. Struve,* Die Entwicklung der organologischen Staatsauffassung im Mittelalter, 1978; *G. Theuerkauf,* Zur Typologie der spätmittelalterlichen Territorialverwaltung in Deutschland, Annali della Fondazione italiana per la storia amministrative 2 (1965) 37 ff.; *B. Töpfer,* Urzustand und Sündenfall in der mittelalterlichen Gesellschafts- und Staatstheorie, 1999; *K. Ubl,* Engelbert von Admont. Ein Gelehrter im Spannungsfeld von Aristotelismus und christlicher Überlieferung, 2000; *D. Willoweit,* in: DtVwG I, 66 ff.; ders., Grundherrschaft und Territorienbildung. Landherren und Landesherren in deutschsprachigen Urkunden des 13. Jahrhunderts, in G. *Dilcher* u. C. *Violante* (o. § 3 Anhang Z. 10) 215 ff.; *U. Wolter,* Amt und Officium in mittelalterlichen Quellen vom 13. bis 15. Jahrhundert, ZRG (KA) 105 (1988) 246 ff.

I. Allgemeine Merkmale

1. Fürsten und Landesherren

Die Quellen des 13. Jahrhunderts unterscheiden zwischen *principes* und *domini terrae*, Fürsten und Herren des Landes. Die Wissenschaft hat sich dagegen angewöhnt, von „Landesherren" zu reden – eine grob irreführende Übersetzung, heißt dominus doch zugleich Eigentümer. Fürsten und – wie man sagen muß – gewöhnliche „Landherren" mit demselben Wort zu bezeichnen, ist begriffsgeschichtlich falsch, weil damit die besondere Qualität der Fürstenwürde, die Legitimation durch das Kaisertum, verkannt wird (o. § 9 II.2 u. § 10 II.3). Gleichwohl ist der Sprachgebrauch hinsichtlich „Landesherr" und „Landesherrschaft" so eingeführt, daß er als eine wissenschaftliche Konvention Beachtung finden muß. Die maßgeblichen „Landesherren" freilich sind „Landesfürsten" und haben sich selbst auch stets als solche bezeichnet. Neben ihnen nahmen sich sonstige Landesherren, also Grafen und freie

Herren, auch Reichsstädte, nicht nur machtpolitisch viel bescheidener aus; sie verfügten gewöhnlich auch nicht über eine derartige Vielfalt verschiedener Herrschaftsrechte wie die Fürsten, weil ihnen die generelle Übertragung der Regalien fehlte.

Doch verbindet Landesfürsten und schlichtere Landesherren die Erfahrung des mittelalterlichen Menschen, daß es „Herren" sind, denen sie Gehorsam schulden, darüber hinaus auch „Rat und Hilfe". Dafür erwarten sie „Schutz und Schirm" in einer Welt, die vom Machtmonopol des Staates noch nicht befriedet ist. „*Wir sullen den herrn darumbe dienen, daz si uns beschirmen. Beschirmen si uns nit, so sind wir inen nicht dienstes schuldig nach rechte*", heißt es 1275 im Schwabenspiegel. In diesem Sinne, aus der Perspektive des Untertanen, ist es zulässig, generalisierend von der Landesherrschaft zu sprechen, aus der in Deutschland der Staat hervorgehen wird.

2. Strukturwandel adliger Herrschaft

Die alten Formen adliger Herrschaft, die Grundherrschaft und das Gericht (o. § 7 I.2–4), seit dem 11. Jahrhundert ergänzt durch Burgen und Dienstmannen, umfaßten verschiedene Lebens- und Herrschaftskreise, die sich nur partiell überschnitten und nirgendwo koordiniert waren. Im Laufe des 13. Jahrhunderts ist insofern ein Strukturwandel zu beobachten. Mit der vordringenden Geldwirtschaft und infolge zunehmender sozialer Differenzierungen verlor auf den Grundherrschaften das eigenbewirtschaftete Salland seine ursprüngliche Bedeutung. Der abgaben- und zinspflichtige Bauer tritt in den Vordergrund. Den jetzt gegebenen ökonomischen Nutzungsformen entsprach das rasch vordringende eigentumsrechtliche Herrschaftsverständnis (o. § 10 II.2). Es wurde zugleich politisch aufgewertet durch die Landfriedensbewegung. Die im Interesse einer effektiven Landfriedenssicherung in regionalem Rahmen getroffenen Maßnahmen (o. § 12 III.1) festigten die landesherrliche Macht. Ein neuer Typ von Hochgerichten, der ohne Rücksicht auf Standeszugehörigkeit Landfriedensbrüche, also alle schwere Kriminalität, blutig ahndete, trug zur Steigerung der fürstlichen Autorität ebenso bei wie das Schutz- und Geleitswesen und nicht zuletzt der nun überall massiv vorangetriebene Burgenbau.

3. Politische und eigentumsrechtliche Motive der Herrschaftsbildung

Die politischen Ziele der Landesherrschaft sind vorrangig auf Expansion und Konsolidierung der gewonnenen Macht, noch nicht auf die politische Lenkung der Untertanen gerichtet. Der Erwerb von Herrschaftsrechten durch Kauf- und Pfandgeschäfte, Heiraten und Erbschaften, vielfach auch durch gewalttätige Fehden, zehrt einen wesentlichen Teil der Kräfte auf. Nur die Ausweitung des Herrschaftsbereiches erlaubt in dieser Zeit eine nennenswerte Steigerung der Einnahmen. Diese werden andererseits durch *Landesteilungen* aber immer wieder geschmälert.

Sie nehmen seit dem 13. Jahrhundert wegen eines zunehmend dinglichen, vom Recht am Boden ausgehenden Herrschaftsverständnisses deutlich zu. Daher fruchteten auch die seit Friedrich I. bekannten Teilungsverbote nichts. Erst im Laufe des 14. Jahrhunderts, etwa parallel mit der Unteilbarkeitsregelung der Goldenen Bulle für die Kurfürstentümer (o. § 11 II.3), versuchen einzelne Landesherren, die *Primogenitur* durchzusetzen. Solche Regelungen dienen dem Prestige der Dynastie, dürfen aber auch als Indiz für ein allmählich aufkommendes Staatsbewußtsein gelten.

Die eigentumsrechtlichen Interessen des Landesherrn spiegeln die wirkliche Bedeutung seiner Herrschaft nur zum Teil wider. Als Herr zahlreicher Gerichte ist er –

ähnlich wie der König im Reich – für die Wahrung von *Frieden und Recht* verantwortlich. Durch „*Gebot und Verbot*", wie eine vielverwendete Formel lautet, beordert er die Dingpflichtigen zum Gericht und verschafft er den dort gesprochenen Urteilen Anerkennung. Darüber hinaus muß er der allgemeinen Erwartung, daß ein Fürst selbst oder doch durch seine Ratgeber im Streitfall zu Gericht sitzt, Rechnung tragen. Die Landesherrschaft ist also nicht nur ein „*Patrimonium*", wie man in späterer Zeit ihre vermögensrechtliche Verfügbarkeit schlagwortartig bezeichnet hat, sondern stets auch ein politisches Gebilde. Das moderne hoheitliche Attribut der Gesetzgebung ist ihr bis zur Mitte des 15. Jahrhunderts allerdings noch fast gänzlich fremd. Einzelne territoriale *Landrechte* des 14. Jahrhunderts, wie das oberbayerische Landrecht von 1346 (o. § 11 III.2), stellen auch dann, wenn sie unter landesherrlicher Förderung zustande gekommen sind, kaum mehr dar als eine Sammlung von Rechtsgewohnheiten.

II. Herrschaftsorganisation

1. Herrschaftsrechte und die Entstehung lokaler Ämter

Das Organisationsprinzip, welches der neuen Interessen- und Rechtslage der Landesherren (a I. 2) diente, wurde in der Amtsverfassung gefunden. Ein *Amtmann* mit Gesinde und wehrhaften Knechten, residierend auf einer Burg, erhob die benachbarten Einkünfte und wachte über die sonstigen landesherrlichen Rechte. Nicht nur zinspflichtige Bauern gehörten dazu, sondern auch die wirtschaftlich ergiebigen Klostervogteien, die eigentlich dem Schutz dieser Häuser dienten, Regalien wie das Münzrecht und Zölle, Geleitrechte auf den Straßen, Fischrechte, vielleicht sogar Bergwerke. Von der Burg aus konnte der Schutz von Bauernstellen, Klöstern und Straßen noch am ehesten realisiert und bald auch die Gerichtsbarkeit wahrgenommen werden. In den Ämtern findet also eine administrative *Bündelung von Herrschaftsrechten* statt, als deren Kern stets die Verbindung fiskalischer und militärischer Interessen des Fürsten erscheint. Dieses Organisationsmodell ist im letzten Drittel des 13. Jahrhunderts zuerst in entlegenen Außenposten größerer Landesherrschaften bezeugt. In der ersten Hälfte des 14. Jahrhunderts wird es überall, selbst in den Grafschaften, eingeführt. Ob dabei schon ein nennenswertes Maß rationaler Staatsplanung mitgespielt hat oder ob sich die neue Herrschaftstechnik zwangsläufig aus der Notwendigkeit eines dezentralisierten Rechts- und Güterschutzes entwickelte, ist schwer zu beurteilen. Vielerlei Abweichungen von der geschilderten Norm sprechen für die zweite Alternative. So treten neben den bewaffneten Amtleuten auch eher bürgerliche *Keller* oder *Kastner* auf, die vor allem Naturaleinkünfte einziehen. So entstehen auch Amtsmittelpunkte in den kleinen, aber meist schon befestigten (Mediat-) Städten des Territoriums. Für die Erhebung der oft außerordentlich ergiebigen Zölle steht besonderes Personal zur Verfügung, das nicht in die Amtsverfassung integriert ist. Als Ergebnis dieser in der Mitte des 14. Jahrhunderts fast überall offen zutage liegenden Organisationsstrukturen ist eine wesentliche, weil territorial konzipierte Herrschaftsverdichtung festzustellen.

2. Der mittelalterliche Amtsbegriff

Mit der Entstehung der Amtsverfassung geht die Herausbildung des Amtsbegriffs einher. Die mittelalterliche Welt kennt keine genuine Unterscheidung einer öffentlichen und einer privaten Rechtssphäre. Sie kennt daher auch nicht den hoheitlichen Amtsbegriff der Neuzeit. Das Wort „*amt*" *(officium)* bezeichnet eine durch überlieferte Tätigkeitsmerkmale bestimmte Aufgabe, einen Auftrag, dessen Rechte und Pflichten nach allseits bekannter Anschauung festliegen. In diesem Sinne kann der Amtsbegriff zunächst auch außerhalb herrschaftlicher Verhältnisse Anwendung finden. Sein Gebrauch deutet nicht auf ein plötzlich durchbrechendes „öffentliches" Herrschaftsverständnis hin, sondern erlaubt zunächst nur eine vorsichtigere, freilich nicht minder wichtige Schlußfolgerung: Gewisse Komplexe herrschaftlichen Handelns erscheinen objektiviert und unabhängig vom wechselnden Willen des Auftraggebers – wie typischerweise im Bereich der regionalen Ämter. Daher tritt der „*Amtmann*" in diametralen Gegensatz zum „*Diener*". Dieser hat seinem Herrn in jeder Sache zu gehorchen, jener gewohnheitsmäßig fixierte Pflichten zu erfüllen. In der Landesherrschaft stellt sich das Amt also als ein begrenzter Aufgabenbereich dar, der eigentlich vom Landesherrn zu erledigen ist. Der Amtmann handelt als dessen Vertreter, „*an stat*" des Herrn, wie es immer wieder heißt.

Die landesherrlichen Amtleute können als „Amtsträger", nicht jedoch als „Beamte" bezeichnet werden. Es gibt noch kein einheitliches Anstellungsverhältnis. Die Aufgabe selbst, fast immer verbunden mit dem Schutz einer Burg, erforderte die Qualifikationen des ritterlichen Standes. Nicht selten handelte es sich daher bei den Amtsinhabern um kleine Herren mit feudalem Lebenszuschnitt. Sie entnehmen ihre Vergütung den Einkünften und lassen sich nicht selten das Amt als Pfand übergeben. Doch kommen auch entgeltliche, befristete oder kündbare Verträge vor. Am Ende der sozialen Skala steht der unterworfene, begnadigte „Raubritter", der dem Landesherrn auf Gedeih und Verderb ergeben sein muß. In einem derart breiten Spektrum sozial und rechtlich sehr verschieden gestellter Amtsinhaber läßt sich ein einheitlicher Beamtentypus noch nicht ausmachen.

3. Erste Ansätze zentraler Verwaltungseinrichtungen

Der Hof und die zentralen Verwaltungsfunktionen auch der größeren Landesherrschaften sind noch einfach organisiert. Die im 13. Jahrhundert schon erblichen älteren *Hofämter* haben in einzelnen Territorien ein sehr unterschiedliches Gewicht. Die generell größte Bedeutung dürfte dem *Marschall* zukommen, der, wie am Königshof, die Reisen und den bewaffneten Schutz des Hofes zu organisieren hat. Dagegen sind die Ämter des *Kämmerers*, des *Schenken* und des *Truchsessen*, dazu des *Küchenmeisters* und *Kammermeisters*, die alle entweder mit Wertsachen und gehortetem Geld oder mit Einnahmen und Ausgaben zu tun haben, jeweils nur in einigen Territorien anzutreffen. Sie bilden keineswegs ein System von „Ressorts" und sind auch nur in wenigen Fällen als Keimzelle jüngerer Verwaltungsinstitutionen anzusprechen. Doch wächst der Kammermeister in einigen Territorien in die Rolle eines obersten Finanzverwalters hinein. An anderen Orten sind *Landrentmeister*, *Landschreiber* oder *Hubmeister* nach westeuropäischen Vorbildern in ähnlicher Weise tätig. Eine zentrale Einnahmen- und Ausgabenkontrolle war erst seit dem Ende des 13. Jahrhunderts mit der Herausbildung fester Residenzen möglich und erforderlich geworden. In dieser frühesten Form hat das hoheitliche Finanzwesen vor allem mit zwei Problemen zu tun. Es mußte zum einen dafür gesorgt werden, daß die Einnahmen aus den einzelnen Ämtern nicht schon dort völlig verbraucht wurden, sondern in die Residenz gelangten. Zum anderen fiel die Begrenzung der Ausgaben schwer, da sie fast ausschließlich der Hofhaltung dienten und der Hof viele Menschen anzog. Diese einfache Struktur des Finanzwesens, in welcher sich der nur rechtsbewahrende, nicht entwicklungspolitisch orientierte Charakter der Landesherrschaft widerspiegelte, hat einer Behörde zunächst noch nicht bedurft.

Als solche ist am ehesten die landesherrliche Kanzlei zu bezeichnen, für welche seit dem späten 13. Jahrhundert eine deutliche Personalvermehrung zu beobachten ist. Hier sind einem *Protonotar*, bald auch *Kanzler* genannt, mehrere *Schreiber* untergeordnet, die selbst nach längerer Bewährung zu avancieren vermögen. Die Kanzlei nimmt am Hofe auch insofern eine Sonderstellung ein, als ihre Mitglieder in der Regel Kleriker sind. Zu dieser exklusiven Institution, die nicht nur über Schreibkenntnisse verfügt, sondern auch rechtsgeschäftliche Formeln beherrscht, steht der landesherrliche *Rat* in deutlichem Kontrast. Der große Kreis der landesherrlichen Ratgeber rekrutiert sich überwiegend aus der Ritterschaft, die – wie der einfache Untertan, aber in anderen Formen – dem Herrn *Rat und Hilfe* schuldet. So ist der landesherrliche Rat im 13. und noch im frühen 14. Jahrhundert nicht als ein geschlossenes, regelmäßig zusammentretendes Gremium vorstellbar. Ratgeben heißt zunächst auch, draußen im Lande zu Diensten sein. Neben diesen später so genannten *„Rat von Haus aus"* treten seit dem frühen 14. Jahrhundert Vertrauensleute des Fürsten, die sich ständig in dessen Umgebung aufhalten. Häufig sind es zugleich die Inhaber der höheren Amtsstellungen am Hofe. Als Kollegium mit festen Verfahrensregeln (u. § 17 II.1) ist dieser „tägliche Rat" indessen noch nicht anzusprechen (o. § 12 II.1). Gewöhnlich erst um die Wende zum 15. Jahrhundert etabliert sich auch in den Landesherrschaften ein *Hofgericht*, in welchem der Fürst ständig durch einen Hofrichter vertreten ist. Wie am Königshof sind jedoch auch hier klare Kompetenzabgrenzungen gegenüber dem Rat nicht erkennbar. Als größter „Verwaltungsbereich" ist schließlich der *Hof* selbst zu erwähnen. Die hier zu lösenden Ordnungs- und Versorgungsprobleme für eine stetig anwachsende Dienerschaft von bald hundert bis dreihundert Köpfen erfordert ungewöhnliche Organisationsanstrengungen. Seit der zweiten Hälfte des 13. Jahrhunderts steht daher dem Hof ein besonderer *Hofmeister* vor, der für den Landesherrn die Jurisdiktion über das Hofgesinde ausübt, vielfach aber auch Einfluß auf das Finanzwesen gewinnt und zuweilen zum wichtigsten landesherrlichen Beamten aufsteigen kann.

4. Die Entstehung der Landstände

Ist die Landesherrschaft einerseits als ein Konglomerat einzelner Herrschaftsrechte zu begreifen, so sind doch andererseits Anzeichen für ein wachsendes Einheitsbewußtsein nicht zu übersehen. Diese Entwicklung ist in den einzelnen Teilen des Reiches sehr unterschiedlich verlaufen. Dort, wo sich das Territorium der Landesherrschaft weitgehend mit einem alten Stammesgebiet deckt, wie vor allem in Bayern und im Alpenraum, gibt es von vornherein ein größeres Maß gemeinsamer Traditionen als in den Landesherrschaften des großen fränkischen, z.T. auch des sächsischen und schwäbischen Siedlungsraumes, die auf königlichen Rechtsgewährungen und Erwerbsgeschäften beruhen. Am deutlichsten ist der Integrationsprozeß der Landesherrschaften an der Entstehung der Landstände abzulesen. Ihre Ursprünge sind schwer zu fassen. Die Reichsfürsten der Stauferzeit konnten sich auf die Hilfe von Ministerialen (o. § 9 II.5) ebenso stützen wie der König. Daß diese in ihren Landen begüterte Ritterschaft dabei auch Einfluß gewann und den Anspruch erhob, in wichtigen Fragen mitzureden, ist einem 1231 formulierten Reichsweistum zu entnehmen. Danach dürfen die *domini terrae*, die Herren und zugleich Eigentümer des

Landes also, keine neuen Gesetze und Rechte schaffen ohne die Zustimmung der Vornehmen und Großen des Landes (*nisi meliorum et maiorum terre consensus,* Weinrich I Nr. 108). Aus dieser Zeit sind freilich landständische Versammlungen noch kaum bekannt. Es geht wohl zunächst nur darum, daß die Reichsfürsten ihr eigentumsartiges Herrschaftsrecht (o. § 10 II.2) nicht als Freibrief für eine willkürliche Veränderung der bestehenden Rechtsverhältnisse mißverstehen.

Aber noch im 13. Jahrhundert tritt hier und dort, am deutlichsten in Bayern, die Ritterschaft dem Landesherrn geschlossen gegenüber. Ohne Zweifel spielt dabei die Erinnerung an alte Stammesversammlungen eine Rolle. Doch hatten sich die Formen, in denen Fürst und Land miteinander handelten und verhandelten, gewandelt. Die Ritterschaft stand dem Fürsten im politischen und kriegerischen Alltag näher als alle anderen. Daneben waren es die kirchlichen Grundherren und die Städte, welche den Fürsten wirksam zu unterstützen vermochten, und zwar in Gestalt der oft dringend benötigten Geldmittel. In den geistlichen Fürstentümern, und das heißt zugleich in großen Teilen des fränkischen und sächsischen Siedlungsgebietes, gewannen die Domkapitel, welche seit dem 4. Laterankonzil 1215 den Bischof wählten, großen Einfluß. Gemeinsam mit den anderen Prälaten – Klöstern und Stiften vor allem – formierten sie die frühesten Ständeversammlungen, während hier die Ritterschaft noch abseits stand. Umgekehrt treten in den weltlichen Territorien die Prälaten als Landstand oft erst am Ende des 14. Jahrhunderts oder später zu den längst bestehenden Ritter- und Städtetagen hinzu. Hilfe leisten also zuvörderst jene, die ihrem Herrn sozial am nächsten stehen.

Das Erscheinungsbild der Landstände bleibt daher in dieser Zeit und auch noch später recht uneinheitlich. In kleineren weltlichen Territorien sind die Prälaten oft zu unbedeutend, um eine landständische Stellung zu erringen. Im Erzstift Köln und in den östlichen Territorien wie Schlesien und Österreich gehören auch freie Herren zu den Landständen. In Tirol, im alemannischen Raum und in den Küstenregionen treten seit dem frühen 15. Jahrhundert selbst *Bauern als Landstände* in Erscheinung. So müssen allgemeine Aussagen über die landständische Entwicklung die wirklichen Verhältnisse stets vergröbern. Doch läßt sich insgesamt sagen, daß die Verfestigung der Landstände in den *Prälaten-, Ritter- und Städtekurien* seit der zweiten Hälfte des 14. Jahrhunderts rasch voranschreitet. Ihr politischer Aktionsradius ist gleichfalls unterschiedlich, überwiegend aber noch bescheiden. Die Landstände wirken auf das Handeln des Fürsten in der Regel durch die Bewilligung oder Verweigerung von Steuern ein. Schon aus ureigenstem Interesse, aber doch auch aufgrund eines überkommenen oder allmählich wachsenden Bewußtseins von der Einheit des Territoriums nehmen sie dabei zunehmend Landesinteressen wahr. So vor allem, wenn sie Verpfändungen einzelner Herrschaftsobjekte oder Landesteilungen entgegentreten.

5. Strukturen des Herrschaftsraumes

Mit der Genese der Landstände wird auch die räumliche Ausdehnung der Landesherrschaft klarer erkennbar. Ihren Kern bilden die Dörfer und Städte des fürstlichen *Kammergutes*, also der Eigengüter des Landesherrn, mögen sie im Verhältnis zum Kaiser auch Reichslehen sein. Hervorgegangen aus den älteren Grundherrschaften, unterliegen die einzelnen Teile des Kammergutes meist nicht nur verschiedenen Abgabepflichten, sondern auch einer allgemeinen Landsteuer, der sog. *Bede*. Sehr ähnlich ist der Status des landsässigen kirchlichen Grundbesitzes, obwohl der Landesherr hier nur die Stellung eines *Vogtes*, also Schutzherrn und Richters, innehat. Die „*Vogtholden*" werden, meist schon im frühen 14. Jahrhundert, genauso wie die „*Grundholden*" des Kammergutes besteuert. Die ritterschaftlichen Dörfer unterliegen dagegen der Landsteuer im allgemeinen nur in den Herrschaftsbereichen der bayerisch-alpenländischen und sächsischen Dynastien. In diesen später so genannten „*geschlossenen*" Territorien ist der niedere Adel also fest in die fürstliche Landesherrschaft integriert. Im rhein- und mainfränkischen sowie im schwäbischen Raum bleiben dagegen die Beziehungen der Ritterschaft zu den benachbarten Fürstenhöfen lockerer. Auch hier werden Hof- und Landtage besucht und finanzielle Hilfen bewilligt. Aber zu einer Besteuerung der ritterschaftlichen Hintersassen kommt es in der Regel nicht. Daraus ergibt sich für den niederen Adel ein größerer politischer Spielraum (u. a. § 16 II.5). Denn die Steuerzahlung galt spätestens seit dem 14. Jahrhundert als *signum subiectionis*, Zeichen der Untertänigkeit. Allerdings leisteten in den fehdereichen Zeiten des späten Mittelalters auch die *Lehnspflichten*, mit welchen die Ritter oft an einen oder mehrere Fürsten und Grafen gebunden waren, gute Dienste. Doch sind die daraus folgenden Herrschaftsbeziehungen nicht territorialer Art, so daß die Grenzen der Landesherrschaft zunächst unscharf bleiben. Dazu tragen weitere personale Rechtsbeziehungen bei: *Vogteien* über Reichskirchen, *Schirmverträge* mit benachbarten Reichsstädten, königliche Ämter, wie die eines königlichen *Landvogts* oder *Landfriedenshauptmanns*. Der politische Einfluß, den solche Positionen vermittelten, kam der Landesherrschaft zugute, ohne daß er sich direkt in territorialen Gewinnen niederschlagen mußte.

III. Die allmähliche Genese der deutschen Staatenwelt

1. Der altfränkische und alemannische Raum

Mit dem Ausgang der Stauferzeit kristallisierten sich nach und nach jene Territorialstrukturen heraus, die das Bild der Landkarte Deutschlands für Jahrhunderte bestimmen sollten. In den ehemals ostfränkischen Kerngebieten an Maas, Mosel und Rhein, ebenso in den östlich angrenzenden Landschaften bis nach Thüringen, am Main und bis zur Donau, teilten sich die Herrschaft über Land und Leute fast unübersehbar viele geistliche und weltliche Herren, unter ihnen aber mit vier Kurfürsten einige der wichtigsten Repräsentanten des Reiches: die *Erzstifte Köln, Mainz, Trier* und die *Pfalzgrafschaft bei Rhein*. Ihr Territorialbesitz war eher bescheiden und verflochten mit fast zwei Dutzend Grafschaften, von denen sich eine Reihe dauerhaft im Kreise der deutschen Territorialherren etablierten. *Kleve, Jülich, Berg, Mark, Nassau*, zeitweise aber auch *Katzenelnbogen, Falkenstein* gewinnen politisches Gewicht nicht zuletzt deshalb, weil aus ihrem Kreise immer wieder auch die benachbarten geistlichen Fürsten erwählt werden.

Östlich angrenzend, auf altfränkischem Kolonialgebiet, erstreckt sich mit den Hochstiften *Utrecht, Münster, Osnabrück, Minden, Paderborn, Würzburg* und *Bamberg* sowie der Abtei *Fulda* ein breiter Saum ausgedehnter geistlicher Territorien, zwischen denen die auf das Umland von Kassel und Marburg beschränkte Landgrafschaft *Hessen* die spätere Ausdehnung dieses Fürstentums noch nicht ahnen läßt. Auch hier liegen in der Nachbarschaft der geistlichen Stifte eine Reihe von Grafschaften: *Tecklenburg* an der Ems, *Ravensburg* um Bielefeld, *Lippe, Schaumburg, Waldeck, Henneberg, Wertheim, Castell, Hohenlohe*.

§ 13. Fürstentum und Landesherrschaft 89

Als frühzeitige Aufsteiger im Kreise der spätmittelalterlichen Landesherren sind die *Burggrafen von Nürnberg* mit Erwerbungen um Ansbach und Bayreuth und die Grafen von *Württemberg* zu erkennen. Diese nutzten das machtpolitische Vakuum, das die Staufer in Schwaben hinterlassen hatten. Stets bleiben am Oberrhein aber auch die *Habsburger* präsent, mit umfangreichen Besitzungen im Oberelsaß, im Breisgau, südlich des Rheins bis zu den Alpen, in der östlich Ulm gelegenen Markgrafschaft Burgau, nicht zuletzt mit einer zahlreichen Klientel in den kleineren Reichsstädten, Grafschaften und Reichsabteien Oberschwabens und nördlich der Donau. Auch die Markgrafen von *Baden* mit noch kleinem Gebiet, deren auf das Fürstentum hinweisender Titel aus Verona importiert worden war, bleiben ein beständiger politischer Faktor dieses Raumes.

2. Entwicklungen im Westen des Reiches

Zu den alten fränkischen Siedlungsgebieten gehörten innerhalb der Reichsgrenzen überwiegend großflächige weltliche Territorien, die den Raum der heutigen Benelux-Staaten einnehmen. Der Herzogtitel des ehemaligen Niederlothringen hatte sich mit *Brabant*, das sich südlich der Maas bis südlich Brüssel erstreckte, verbunden. Nördlich lagen die Grafschaften *Holland* und *Geldern*, westlich und südlich *Flandern, Hennegau, Namur* und das damals viel größere *Luxemburg*, das ebenso wie Geldern zum Herzogtum erhoben werden sollte. Zur Reichskirche gehörten das große Hochstift *Lüttich* und eine Reihe alter fränkischer Reichsabteien wie *Stablo, Prüm* und andere. Das Herzogtum Lothringen hatte sich neben der fast gleichgroßen Grafschaft *Bar* auf ein überschaubares Gebiet südlich Nancy beschränken müssen, umgeben von Hochstiftsgebieten der Bischöfe von *Straßburg, Metz, Toul* und *Verdun*.

Burgund war damals in zwei Herrschaftsgebiete aufgeteilt. Die große Freigrafschaft Burgund östlich der Sao\hane gehörte zum Reich, das Herzogtum westlich des Flusses zu Frankreich. Das dort regierende Haus Valois erwarb 1384 die Freigrafschaft und Flandern. Damit begann eine aufsehenerregende Expansion, die in der ersten Hälfte des 15. Jahrhunderts durch Erbschaft, Kauf und Eroberung die meisten der oben erwähnten Territorien erfaßte und vor allem mit dem Namen Karls des Kühnen verbunden ist. Mit dessen Tod 1477 scheitert der Versuch, das lotharingische Mittel-reich wieder auferstehen zu lassen. Burgundische Hofhaltung und Verwaltungskunst aber dienten anderen Territorialherren im Reich als Vorbild.

3. Bayern, Österreich und der Alpenraum

Hier herrschen Verhältnisse, die sich von den Strukturen des angrenzenden fränkischen und alamannischen Raumes sehr unterscheiden. Zwischen Lech und Bayerischem Wald erstreckt sich das Herzogtum *Bayern* über ein weithin geschlossenes Gebiet. Die bayerischen Bistümer – *Freising, Regensburg, Passau* und auch das fränkische *Eichstätt* – haben nur kleine Territorien ausbilden können. Einen bedeutenden geistlichen Staat konnte aber das Erzstift *Salzburg* aufbauen. Im Zentrum der Ostalpen lag es wie ein mächtiger Riegel zwischen Bayern und den gleichfalls großflächigen Herzogtümern *Steiermark* und *Kärnten*. Über geschlossene Territorien geboten auch die Landesherren von *Österreich, Krain* und *Tirol*, wenngleich kleinere Stiftsgebiete in allen diesen Ländern vorkamen. Um Lienz und bei Triest fanden noch die Grafen von *Görz* genügend Platz, um eine eigene

Herrschaft zu errichten. Emporgestiegen waren sie, wie viele Grafen, als Vögte eines Stiftslandes, hier des weiträumigen Patriarchats von Aquileja.

In den Westalpen vollzieht sich die Entstehung der *Schweizer Eidgenossenschaft* in einem allmählichen Prozeß, der im Mittelalter die Zugehörigkeit zum Reich noch nicht berührt. Der erste Bundesschluß der drei Waldstätte Uri, Schwyz und Unterwalden 1291 erweist sich nach erfolgreichen Kämpfen gegen die Habsburger als tragfähige Grundlage einer allmählichen Erweiterung und Stärkung des Zusammenschlusses. Nicht die Tatsache der Bundesbildung an sich war bemerkenswert (vgl. u. § 16), sondern ihr Erfolg und ihre daraus resultierende Dauer. Erst am Ende des Mittelalters wird die Schweiz faktisch politische Selbständigkeit erlangen (u. § 15 II.3).

4. Sachsen, Friesland und die ostelbischen Territorien

Die Kirchenpolitik des Reiches hat auch zwischen Weser und Elbe mit den Hochstiften *Hildesheim* und *Halberstadt* und dem Erzstift *Magdeburg* ein relativ großes, zusammenhängendes Gebiet unter geistlichen Fürsten entstehen lassen, dem im Norden zwischen Weser und Elbe das Erzstift *Bremen* und das kleinere Hochstift *Verden* entsprachen. Auch hier lagen Grafschaften in der Nähe, *Wernigerode*, *Blankenburg*, *Hohnstein*, *Stollberg* und *Mansfeld* am Harz, *Oldenburg* und *Hoya* an der unteren Weser. Zwischen diesen geistlichen und kleinräumigen Herrschaften haben die Nachkommen Heinrichs des Löwen ein neues welfisches Territorium mit den Herrschaftsmittelpunkten *Braunschweig* und *Lüneburg* aufbauen können. Das „Herzogtum" der Sachsen allerdings hatte 1180 ein Askanier, der zweite Sohn Albrechts des Bären, erhalten, der so den Stammesnamen der Sachsen auf seine Residenz *Wittenberg* übertrug. Nach dem Aussterben dieser askanischen Linie belehnte 1423 Kaiser Sigismund den *Markgrafen von Meißen* mit dem Herzogtum Sachsen-Wittenberg, der damit zum Kurfürsten von Sachsen aufstieg. Für die Dynastie der Wettiner, die schon die Landgrafschaft *Thüringen* erworben hatte, bewirkte die kaiserliche Gunst eine entscheidende Stabilisierung ihrer Herrschaftsposition. Weder die kleinen Hochstifte *Merseburg*, *Naumburg* und *Meißen* noch die verbliebenen freien Herren, die Grafen von *Schwarzburg* etwa, konnten ihnen gefährlich werden. Die Askanier mußten sich dagegen mit dem kleinen Fürstentum *Anhalt* begnügen. In der Markgrafschaft *Brandenburg* hatte ihre Herrschaft schon 1320 gleichfalls ein natürliches Ende gefunden. Nach vergeblichen Herrschaftsversuchen der Wittelsbacher und Luxemburger treten 1415 die Hohenzollern ihre lange andauernde Regierung in diesem Kurfürstentum an.

Noch recht eigentümliche Verfassungsformen begegnen an der Küste. *Friesland* kennt bis zur Mitte des 14. Jahrhunderts eine Art Bauernrepublik, organisiert sich seitdem aber unter einheimischen Häuptlingen. Erst 1464 gelingt in Ostfriesland die Errichtung einer erblichen Reichsgrafschaft. Auch in *Dithmarschen* hält sich lange noch eine bäuerliche Geschlechterherrschaft. Dafür ist die benachbarte Grafschaft *Holstein* umso stärker Spannungen ausgesetzt, die durch die Expansionspolitik der dänischen Herrscher ausgelöst wurden. Zu deren Einflußbereich gehört das Herzogtum *Schleswig*. Erst 1440 kommt es zur Zusammenfassung beider Territorien unter einem Herrn.

In *Mecklenburg* gelingt es den einheimischen Obodritenfürsten, im Zuge der Christianisierung und deutschen Siedlung ihre Herrschaft zu erhalten. Die dominierende Macht im südlichen Ostseeraum ist jedoch zunächst Dänemark, dessen Lehenshoheit mehrfach anerkannt werden muß. Erst 1348 werden die Mecklenburger zu Herzögen erhoben und damit dauerhaft an das Reich gebunden. Gleiches geschieht in demselben Jahre mit *Pommern*, das eine ganz ähnliche Geschichte wie Mecklenburg durchlaufen, mit Lehensbeziehungen sich aber auch Brandenburg angenähert hatte.

Eine im europäischen Mittelalter einzigartige Entwicklung nahm die unter dem Schutz Kaiser Friedrichs II. (o. § 10 I.3), aber auch des Papstes begonnene Unterwerfung der *Preußen* durch den Deutschen Orden. Daraus ging ein effizienter geistlicher Staat mit einem differenzierten zentralen und lokalen Ämterwesen hervor, dessen Mönchsregiment einer Lehensbindung an das Reich aber unfähig war. Die Rechtfertigung dieser Staatsgründung durch den Heidenkrieg entfiel 1386 mit der Taufe der Litauer. Der Friedensschluß von 1422 schrieb die Ost- und Südgrenzen des Landes fest, ein weiterer Friedensvertrag von 1466 nach einem Aufstand der Stände die Abtretung des westlichen Preußen mit den deutschen Handelsstädten Thorn und Danzig an Polen.

IV. Anfänge einer Staatstheorie

Die allmähliche Entwicklung der Landesherrschaft im Reich selbst wird begleitet von den ersten Anfängen einer Staatstheorie, deren Gegenstand das politische Gemeinwesen schlechthin ist. Erste Spuren dieser Reflexion reichen bis in das 12. Jahrhundert zurück. 1159 schreibt der Engländer *Johannes von Salisbury* ein „Polycraticus" betiteltes Werk, das über den *princeps* des römischen Staatsrechts handelt, ohne diesen „Ersten" oder „Fürsten" mit dem Kaiser oder einem bestimmten Königtum gleichzusetzen. Diese Abstraktion von der konkreten Welt der mittelalterlichen Ordnung macht Fortschritte, seitdem die „Politik" des *Aristoteles* wiederentdeckt wird. In den sechziger Jahren des 13. Jahrhunderts verfaßt *Thomas von Aquin* seine bahnbrechende Schrift „De regimine principum" („Über die Fürstenherrschaft"), welche die Ideen des Aristoteles verbreitet. Danach bedarf der Mensch des Staates, um seine Anlagen zu verwirklichen, und daher existiert der Staat um bestimmter Zwecke willen, nämlich um die sittliche Vervollkommnung des Menschen und seine wirtschaftliche Existenz zu sichern. Dies sind weltimmanente Ziele, die in deutlichem Gegensatz zum eschatologischen Charakter des Reiches, des letzten vor der Endzeit, stehen. Sie erwiesen sich als hervorragend geeignet für eine ideelle Rechtfertigung der westeuropäischen Staatenwelt und auch des deutschen Territorialstaates (u. § 22 I.2). Hier schlagen sich die Gedanken des Aristoteles schon im frühen 14. Jahrhundert im Werk des *Engelbert von Admont* nieder, der sie den Habsburgern vermittelt. Einen regelrechten Fürstenspiegel für deutsche Territorialherren verfaßt in der Mitte des 14. Jahrhunderts *Levold von Northof* am Niederrhein. Noch wichtiger aber als der noch schwer meßbare Einfluß des aristotelischen Gedankengutes an den deutschen Fürstenhöfen dürften die Impulse der oberitalienischen *Jurisprudenz* gewesen sein. In ihren Werken kehrt die abstrakte Figur des *princeps*, dem kaum noch etwas vom sakralen Charakter eines Königs anhaftet, vielfach wieder. Das juristische Denken vermittelten seit dem späten 14. Jahrhundert eine Reihe neu gegründeter *Universitäten* auch nördlich der Alpen. 1347/48 hatte unter Karl IV. das Prager Studium seinen Anfang genommen. Die Habsburger gründeten 1365 die Universität Wien, die Wittelsbacher 1386 die hohe Schule Heidelbergs. Seitdem riß die Reihe der Universitätsgründungen nur noch vorübergehend ab. Unter den immer zahlreicher ausgebildeten Juristen aber war es kaum zweifelhaft, daß unter dem *princeps* der römischen Rechtsquellen auch ein Herzog oder Graf, also ein deutscher Landesherr, verstanden werden könne.

§ 14. Herrschaft und Genossenschaft in Stadt und Dorf

Quellen: *G. Franz,* Quellen zur Geschichte des deutschen Bauernstandes im Mittelalter (FSGA, Reihe A, Bd. 31), 2. Aufl. 1974; *H. Helbig* u. *L. Weinrich,* Urkunden und erzählende Quellen zur deutschen Ostsiedlung im Mittelalter (FSGA, Reihe A, Bd. 26 a-b), Bd. 1, 3. Aufl. 1984, Bd. 2, 1970; *B.-U. Hergemöller* (Hrsg.), Quellen zur Verfassungsgeschichte der deutschen Stadt im Mittelalter, 2000; *W. Hubatsch,* Quellen zur Geschichte des Deutschen Ordens, 1954; *F. Keutgen,* Urkunden zur städtischen Verfassungsgeschichte, 1901, Neudr. 1965.

Schrifttum: *K. S. Bader,* Studien zur Rechtsgeschichte des mittelalterlichen Dorfes, Bd. 1, 3. Aufl. 1981, Bd. 2, 2. Aufl. 1974, Bd. 3, 1973; *ders.,* Nochmals: Über Herkunft und Bedeutung von Zwing und Bann, FS G. Kisch, 1955, 33 ff.; *ders.* u. *G. Dilcher,* Deutsche Rechtsgeschichte. Land und Stadt – Bürger und Bauer im Alten Europa, 1999; *P. Blickle,* Studien zur geschichtlichen Bedeutung des deutschen Bauernstandes, 1989; *ders.* (Hrsg.), Landgemeinde und Stadtgemeinde in Mitteleuropa (HZ Beih. 13), 1991; *G. Chittolini* u. *D. Willoweit* (Hrsg.), Statuten (o. § 3 Anhang Z. 10); *G. Dilcher,* Bürgerrecht und Stadtverfassung im europäischen Mittelalter, 1996; *G. Droege,* in: DtVwG I, 177 ff.; *W. Ebel,* Der Bürgereid als Geltungsgrund und Gestaltungsprinzip des deutschen mittelalterlichen Stadtrechts, 1958; *ders.,* Die Willkür, 1953; *P. Eitel,* Die oberschwäbischen Reichsstädte im Zeitalter der Zunftherrschaft, 1970; *A. Erler,* Bürgerrecht und Steuerpflicht im mittelalterlichen Städtewesen, 2. Aufl. 1963; *H. Feigl,* Von der mündlichen Rechtsweisung zur Aufzeichnung: Die Entstehung der Weistümer und verwandter Quellen (VuF 23), 1977, 425 ff.; *O. v. Gierke,* Das deutsche Genossenschaftsrecht, Bd. 1, 1868, Neudr. 1954; *C. Haase* (Hrsg.), Die Stadt des Mittelalters, Bd. 1, 3. Aufl. 1978, Bd. 2, 3. Aufl. 1987, Bd. 3, 3. Aufl. 1984; *Ch. Higounet,* Die deutsche Ostsiedlung im Mittelalter, 1986; *E. Holtz,* Reichsstädte und Zentralgewalt unter König Wenzel 1376–1400, 1993; *E. Isenmann,* Die deutsche Stadt im Spätmittelalter 1250–1500, 1988; *ders.,* Gesetzgebung und Gesetzgebungsrecht spätmittelalterlicher deutscher Städte, ZHF 28 (2001) 1 ff., 161 ff.; *B. Kannowski,* Bürgerkämpfe und Friedebriefe. Rechtliche Konfliktbeilegung in spätmittelalterlichen Städten, 2001; *E. Maschke,* Verfassung und soziale Kräfte in der deutschen Stadt des späten Mittelalters in Oberdeutschland, VSWG 46 (1959) 289 ff., 433 ff.; *Th. Mayer* (Hrsg.), Die Anfänge der Landgemeinde und ihr Wesen, Bd. 1–2 (VuF 7 u. 8), 2. Aufl. 1986; *J. J. Menzel,* Die schlesischen Lokationsurkunden des 13. Jahrhunderts, 1977; *P. Moraw,* Zur Verfassungsposition der Freien Städte zwischen König und Reich, besonders im 15. Jahrhundert, Der Staat, Beih. 8 (1988) 11 ff.; *H. Patze* (Hrsg.), Die Grundherrschaft im späten Mittelalter, Bd. 1–2 (VuF 27), 1983; *E. Pitz,* Die Entstehung der Ratsherrschaft in Nürnberg im 13. und 14. Jahrhundert, 1956; *ders.,* Bürgereinigung und Städteeinung. Studien zur Verfassungsgeschichte der Hansestädte und der deutschen Hanse, 2001; *H. Planitz,* Die deutsche Stadt im Mittelalter, 5. Aufl. 1998; *H. Rabe,* Der Rat der niederschwäbischen Reichsstädte, 1966; *ders.,* Frühe Stadien der Ratsverfassung in den Reichslandstädten bzw. Reichsstädten Oberdeutschlands, in: *B. Diestelkamp* (Hrsg.), Beiträge zum hochmittelalterlichen Städtewesen (Städteforschung A/12), 1982, 1 ff.; *W. Rausch* (Hrsg.), Stadt und Stadtherr im 14. Jahrhundert, 1972; *W. Rösener* (Hrsg.), Grundherrschaft (o. § 7); *B. Scheper,* Frühe bürgerliche Institutionen norddeutscher Hansestädte, 1975; *K. Schulz* (o. § 3 Anhang Z. 9); *D. Willoweit,* Gebot und Verbot, Hess. Jb. f. LG 30 (1980) 94 ff.; *ders.* u. *W. Schich* (Hrsg.), Studien zur Geschichte des sächsisch-magdeburgischen Rechts in Deutschland und Polen, 1980.

I. Die Stadtverfassung

1. Stadtbürgerliche Wertvorstellungen

Die mittelalterliche Bauern- und Kriegergesellschaft unterliegt einem tiefgreifenden Wandel, seit im 12. Jahrhundert die Zeit der Städtegründungen beginnt (o. § 9 II.7). Das bürgerliche Leben, um Handel und Gewerbe konzentriert, entwickelt nicht nur neue soziale Strukturen, sondern orientiert sich auch an anderen Wertvorstellungen und Handlungsmaximen. Die Konfliktfreiheit des Zusammenlebens auf dem engen Raum des Stadtareals genießt höchste Priorität. Die Erwirtschaftung von Erträgen durch den bürgerlichen Erwerb, vor allem auch die Funktionstüchtigkeit der dazu dienenden Märkte, erfordert Sicherheit der Straßen und Sicherung der Stadt selbst vor äußeren Feinden. Die Bürger sind daher überall an der Fortsetzung der königlichen Landfriedenspolitik interessiert (o. § 9 II.3; § 10 II.3; § 12 III.1). Sie sind darüber hinaus genötigt, sowohl in persönlichem Einsatz wie unter Aufwendung erheblicher finanzieller Mittel für den Schutz der Stadt zu sorgen, in erster Linie durch den Bau der Mauer und im Ernstfall durch ihre Verteidigung. Aus dieser eigentümlichen Verbindung von Erwerbs- und Sicherheitsinteressen erwächst eine Mentalität, die sich vom Denken der agrarischen und feudalen Umwelt zunehmend unterscheidet.

2. Stadtherrschaft

Die Stadtkultur entsteht unter den allgemeinen Bedingungen der Königs- und Adelsherrschaft. Daher ist die Stadtherrschaft zunächst die wichtigste verfassungsrechtliche Institution des neuen Gemeinwesens. Dies vor allem auch deshalb, weil die wichtigsten Städtegründer, der König und die hochadeligen Dynastien, mit ihrer Städtepolitik ureigenste Interessen verfolgen. Nicht um der Entfaltung bürgerlicher Freiheit willen hat man im 13. Jahrhundert die Zahl der Städte so gewaltig vermehrt, sondern weil ihrer Steuerkraft und Festungsfunktion nichts Vergleichbares zur Seite zu stellen war. Damit ist zwar eine Parallelität der stadtherrlichen und bürgerlichen Interessen (o. 1) gegeben, welche zur raschen Ausbreitung des Städtewesens entscheidend beigetragen hat. Da aber die Initiative in der Regel vom Stadtherrn ausgeht, sichert dieser sich auch die herkömmlichen Herrschaftsrechte. Überall begegnet ein *Schultheiß, Amtmann* oder *Vogt*, der mit den ihm beigegebenen Schöffen ähnlich wie der Richter des umliegenden Landes die Gerichtsbarkeit wahrnimmt. Frühzeitig sind freilich auch Ansätze unterschiedlicher Entwicklungen zu erkennen. Die Stellung des Stadtherrn ist dort besonders stark, wo die bedeutendsten spätmittelalterlichen Landesherrschaften entstehen, also in den Gebieten der Welfen und Wittelsbacher, Habsburger und Wettiner. In den alten fränkischen, schwäbischen und bayerischen Bischofsstädten dagegen, hier und dort auch in königlichen Städten, hatten sich Fernkaufleute schon frühzeitig genossenschaftlich organisieren und ein Stück „Selbstverwaltung" erlangen können. Der Rest der Stadtbevölkerung bleibt aber auch hier herrschaftlich eingebunden.

Wie alle herrschaftlichen Rechte, so konnte auch die Stadtherrschaft durch Rechtsgeschäft, also Erbteilungen, Heiratsverträge, vor allem aber Verpfändungen, auf andere übertragen werden. Der neue Stadtherr trat in die herrschaftlichen Rechte als Gerichts- und Schutzherr ein und wurde zugleich Gläubiger der Steuerforderung. Sinnfälliger Ausdruck der Anerkennung eines neuen Herrn war die *Huldigung*, welche die Bürgerschaft bei jedem Wechsel der Stadtherrschaft zu leisten hatte.

3. Der Rat

Die Bürger nicht weniger Städte unternehmen schon seit dem Ende des 12. Jahrhunderts Versuche, nach dem Vorbild der italienischen Stadtkonsulate eigene Verfassungsorgane zu bilden. Trotz kaiserlichen Widerstandes (o. § 10 II.3) sind sie damit vielfach bereits vor der Mitte des 13. Jahrhunderts erfolgreich. Bis zum Beginn des 14. Jahrhunderts setzt sich die Ratsverfassung allgemein durch. Dieser Vorgang ist von grundsätzlicher verfassungsgeschichtlicher Bedeutung. Die Stadt, ein besonders dynamischer Sektor der Gesellschaft, wird nunmehr von einem politischen Ordnungssystem gesteuert, das sich nicht von der Herrschaft großer Dynasten, sondern von den Herrschaftsunterworfenen selbst herleitet. Rechtslogisch hatte dieser Strukturwandel zur Voraussetzung, daß nicht nur den vom Gericht bestätigten Rechtsgewohnheiten normative Kraft zukam, sondern auch der eidlich bekräftigten Selbstverpflichtung, der sog. *„Einung"* von Schwurgenossen, welcher letztlich die Figur des Vertrages zugrunde liegt (u. II). Die genossenschaftlichen Organisationsformen der Stadt entwickelten sich jedoch nicht naturwüchsig und ungehemmt. Sie entstanden vielfach auf der Grundlage königlicher Privilegien, welche zugleich die Grenzen der gewährten Rechte umschrieben. Das gilt nicht nur für die königlichen Städte. Im 14. Jahrhundert wird oft auch die Ratsverfassung in den Städten der geistlichen und vieler weltlicher Landesherren durch königliche Privilegien eingeführt; sie beeinflußten vorbildhaft auch die Stadtverfassung in den großen weltlichen Territorialstaaten. Die Überzeugung der Stauferzeit, alle Gerichtsbarkeit gehe vom König aus, hatte sich tief in das Bewußtsein der nachfolgenden Generationen eingegraben.

Den *Vorsitz im Rat* führte oft noch der stadtherrliche Richter. Er wurde jedoch mehr und mehr von einem *„Bürgermeister" (magister civium)* verdrängt. Damit standen sich in vielen Städten ein bürgerliches, für Niedergerichtssachen – also den Alltag – zuständiges Verfassungsorgan und ein altes stadtherrliches Hochgericht gegenüber. Die meisten Reichsstädte und auch viele größere landsässige Städte vermochten aber auch die Hochgerichtsbarkeit zu erwerben, entweder durch Kompetenzerweiterungen auf Kosten des Schultheißengerichts oder durch pfandweisen Erwerb dieser stadtherrlichen Gerichtsbarkeit. Zahlreiche kleinere landsässige Städte verblieben jedoch stets unter einem relativ straffen stadtherrlichen Regiment.

Die *Berufung der Ratsherren* regelten die einzelnen Städte meist recht kompliziert und in unendlichen Varianten. Die Amtsdauer der 12, 24 oder auch viel zahlreicheren Ratsmitglieder war mit einem Jahr oft sehr kurz bemessen. Dafür wurde die Kontinuität des Gremiums durch fortlaufende Kooptationen gesichert. Gestufte Wahlvorgänge mit zwischengeschalteten Wahlmännern sollten Rationalität und Integrität des Verfahrens sichern. Und doch sind diese stadtbürgerlichen Verfassungsmechanismen von den uns geläufigen Vorstellungen einer „demokratischen" Ordnung weit entfernt. Die Stadtbevölkerung bildet keineswegs ein einheitliches Bürgertum. In allen wichtigeren Städten liegt die politische Macht zunächst allein in den Händen der „Patrizier", auch hier *meliores* oder *maiores* genannt. Dies sind in den Handelsstädten des Küstenraumes, an Rhein und Donau die Fernkaufleute, anderswo auch Bergbauunternehmer, vielfach aber in die Städte abgewanderte Ministeriale und freie Grundbesitzer. Sie allein entscheiden, wer im Rat die Stadt regiert. Die Handwerker sind vorerst ebenso ohne politischen Einfluß wie die abhängigen Gefolgsleute der Patrizier (*„Muntmannen"*), die zinspflichtigen Hintersassen der städtischen Stifter und Klöster, die Juden und sonstige Einwohner von geringem sozialen Status. Vielen von ihnen fehlt das Bürgerrecht. Der Satz *„Stadtluft macht frei"* galt nicht ausnahmslos. Bürgerliche Gleichheit war also mit der Entstehung einer Stadt nicht schon von selbst gegeben. Teilhabe an der politischen Macht war auch in der Stadt von der Zugehörigkeit zu einem dafür legitimierten Stand abhängig. Wo ein solcher fehlte, wie in kleinen Landstädten, behielt sich der Stadtherr die Berufung der Ratsherren oft selbst vor.

4. Innerstädtische Verfassungskämpfe

Ist die konkrete Gestalt der Ratsverfassung wesentlich abhängig von der Sozialstruktur einer Stadt, so überrascht es nicht, daß wir aus dem Spätmittelalter von innerstädtischen Verfassungskämpfen hören. Die Gründe dieser unter dem Stichwort „Zunftunruhen" oder „-revolutionen" in die Geschichte eingegangenen Vorgänge sind vielfältig. Im allgemeinen versuchen jedoch die Handwerker, eine Beteiligung am Stadtregiment zu erkämpfen. Dafür kann gestiegenes Selbstbewußtsein und Wohlstand ebenso verantwortlich sein wie Unzufriedenheit mit der unkontrollierbaren Oligarchie einiger Patrizierfamilien oder eine ökonomische Krise, etwa infolge der Pest in den Jahren 1348/49. Besonders in den Reichsstädten kommt es zu Verträgen zwischen dem alten Rat und den Zunftvertretern, denen durch Erweiterung des Rates der Zugang zum Rathaus eröffnet wird. Zuweilen werden die Patrizier auch ganz aus dem Stadtregiment verdrängt. Andererseits greift auch der König, so vor allem Karl IV., zugunsten des Patriziats in die Auseinandersetzungen ein und stellt dessen Alleinherrschaft wieder her, wie in den wichtigen Reichsstädten Nürnberg und Frankfurt.

5. Die Entwicklung der Stadt zur Rechtsperson

An der Entwicklung der Stadt läßt sich am frühesten ablesen, wie sich ein politisches Gemeinwesen in der Anschauung der Beteiligten von einer Zusammenfassung einzelner Individuen zu einer Rechtsperson wandelt, ohne daß es schon gezielter juristischer Reflexionen bedarf. Drei Faktoren des städtischen Lebens können dabei als Indikatoren dienen: die Vertretung, die Haftung und die Gesetzgebung. In der Frühzeit des 12. und noch des 13. Jahrhunderts, nicht selten aber auch noch viel später, pflegt man Stadt und Bürgergemeinde gleichzusetzen. An Rechtsgeschäften und an Prozeßhandlungen wirken alle Bürger mit. Für die Schulden der Stadt müssen sie mit ihrem Privatvermögen einstehen. Rechtsnormen, die das Leben in der Stadt regeln sollen, bedürfen der persönlichen Verpflichtung aller Betroffenen. Dieses – hier vereinfachte – Bild einer stets selbst handelnden und selbst betroffenen Gemeinde muß überall früher oder später einer zunehmenden Abstraktion des gemeinsamen Ganzen weichen. Es mag zunächst noch praktischen Erwägungen entsprungen sein, daß nur der Rat für die Bürgerschaft Verträge schließt und Prozesse führt. Deutlich tritt das gedankliche Substrat der Rechtsperson jedoch zutage, wo nur noch das städtische, nicht mehr das private Vermögen für die Schulden der Stadt haftet. Und endlich ist es die politische Situation in der Stadt selbst, welche eine zunehmende Distanz zwischen Rat und Bürgerschaft zur Folge hat. Bei wachsender Bevölkerungszahl und sich mehrenden Ordnungsproblemen verliert die eidliche Verpflichtung auf städtische Ordnungen allmählich ihren Sinn, obwohl viele Städte noch lange an diesem Formalakt festhalten. Der Rat tritt vielmehr den Bürgern als gesetzgebende Obrigkeit gegenüber, und dies vielfach schon im 14. Jahrhundert, ein Jahrhundert vor der Transformation der Landesherrschaft in den gesetzgebenden Obrigkeitsstaat (u. § 18).

II. Städtische Rechtsbildung

Um den innerstädtischen Dauerfrieden und den damit verbundenen konsequenten Vorrang der gerichtlichen Konfliktlösung sicherzustellen, haben die Stadtbürger einen archaischen Mechanismus der sozialen Befriedung eingesetzt, aus welchem bald ein relativ modernes Regelungsinstrument hervorging: die Verwillkürung, die den Satzungen der spätmittelalterlichen Stadt zugrunde liegt. *„Willkür"* in diesem Sinne ist die freiwillige Unterwerfung unter eine selbst gesetzte Sanktion für den Fall, daß sich eine vom Willkürer aufgestellte Behauptung – oder das Versprechen, sich in gewisser Weise zu verhalten – als unrichtig herausstellen sollte *(W. Ebel)*. Das archaische Denken hat Beteuerungen von der Art, man wolle eine hohe Buße zahlen, wenn man seinem Nachbarn Schaden zufüge, sehr ernst genommen und im Falle der Zuwiderhandlung die Buße ohne weiteres Gerichtsverfahren eingetrieben. Dieses Modell einer im vorhinein übernommenen Rechtsfolge für den Fall der Verletzung ebenso vorab fixierter Verhaltensregeln haben die Stadtgemeinden in großem Umfang genutzt, um Friedfertigkeit und Wohlverhalten der Bürger zu erzwingen. Nicht nur elementarste Regeln des Zusammenlebens, sondern der ganze städtische Alltag mit Steuerpflichten, Marktangelegenheiten, Wachdiensten, Feuerschutz usw. konnte auf diese Weise einer effizienten Gesetzgebung unterworfen werden. Der Bußpflichtige war nur der Tat zu überführen. Eines Verfahrens vor der Schöffenbank bedurfte es nicht, weil jedermann die Rechtslage kannte: Der Täter hatte sich ja im vorhinein selbst sein Urteil gesprochen. Diese höchst eigentümliche, noch für die Entwicklung der frühneuzeitlichen Rechtsordnung und Staatsgewalt aber wichtige Erscheinung (u. § 18) hat dazu geführt, daß man begann, zwischen *„Recht"* einerseits, *„Willkür", „Satzung"* oder *„Ordnung"* andererseits zu unterscheiden. Zum Recht gehörte alles, was materiell oder formell mit der Rechtsfindung in der öffentlichen Gerichtsversammlung zu tun hatte. Das sind vor allem die Fragen um Erbe und Eigen und die auf Privileg beruhenden Strukturen der Stadtverfassung selbst – das Stadtrecht im grundlegenden Sinne des Wortes. Hier herrschten die Gewohnheiten und der Sachverstand rechtskundiger Schöffeneliten. Willküren und Satzungen dagegen konnten den pragmatischen Bedürfnissen des Tages angepaßt werden, solange die Bürgerschaft nur bereit war, sie alljährlich zu beschwören – und sie war dies um so mehr, je stärker sich der Rat als Obrigkeit zu etablieren vermochte (o. II.3).

Soweit sie Recht zu finden und im Urteil festzustellen hatten, waren die Schöffen zunächst allein dafür verantwortlich. Im Prinzip gab es im Mittelalter nur ein zuständiges Gericht, also auch keine Rechtsmittel im modernen Sinne und keinen Instanzenzug. Seit dem 13. Jahrhundert sind jedoch Anfragen von Gerichten bei besonders angesehenen Schöffenkollegien vornehmlich solcher Städte zu beobachten, die bedeutende Königspfalzen beherbergten wie Aachen, Frankfurt oder Ingelheim. Auch durch die Bewidmung aufstrebender oder neu gegründeter Orte mit dem Recht einer bedeutenderen Stadt übernimmt deren Gericht oder Rat die Funktion eines solchen *Oberhofes*. Dieser entscheidet nicht selbst, sondern erteilt nur Rechtsauskünfte, die aber eine regional begrenzte Rechtseinheit herbeiführen konnten. Dazu trug auch bei, daß derartige Schöffensprüche zum Zwecke der Mitteilung schriftlich festgehalten werden mußten. Für Osteuropa haben die Oberhöfe von Lübeck und Magdeburg besondere Bedeutung gewonnen (u. IV.1).

III. Die Dorfverfassung

1. Die Dorfgemeinde

Die rasche Entwicklung des Städtewesens darf nicht darüber hinwegtäuschen, daß die Masse der Bevölkerung weiterhin den ländlichen Raum besiedelte und dort ihr

§ 14. Herrschaft und Genossenschaft in Stadt und Dorf

Auskommen suchen mußte. Als verfassungsrechtliches Gerüst dieser agrarisch geprägten Lebenswelt haben wir bisher die Gerichtsherrschaft und die Grundherrschaft kennengelernt (o. § 7 I.3 u. 4), seit dem 13. Jahrhundert vielfach ergänzt durch die Amtsverfassung der entstehenden Landesherrschaften (o. § 13 I.2). Zugleich ist aber noch eine andere wichtige Veränderung zu beobachten: Es entsteht die Dorfgemeinde. Nicht überall bildet das Dorf die urtümliche Siedlungsform, wie dies in den fränkisch geprägten Regionen der Fall ist. Vielfach entsteht es aus Einzelhöfen und Weilern über *„nachbarschaftliche Vorstufen"*, die zugleich eine Überwindung des älteren *„extremen Familienindividualismus"* und den *„Übergang vom Nebeneinander zum Miteinander"* bedeuten *(K. S. Bader)*. Dieser Prozeß jedoch, in dessen Verlauf seit dem 14. Jahrhundert eine Art Dorfverfassung erkennbar wird, kommt nicht überall in Gang. Im Schwarzwald und im Voralpenland z. B. dominiert noch heute der Einzelhof, in Oberschwaben und im Sauerland der Weiler. Der größte Teil des im Reiche verfügbaren Altsiedellandes mußte jedoch unter zunehmendem Bevölkerungsdruck so aufgeteilt und mit der Dreifelderwirtschaft in einem komplizierten System gegenseitiger Beschränkungen genutzt werden, daß ein genossenschaftliches Zusammenwirken unumgänglich notwendig wurde. Auch das soziale Zusammenspiel der Dorfgenossen im Dorfraum, innerhalb des *„Etters"*, kann ohne deren aktive Mitwirkung nicht geregelt werden. Das Dorf bedarf nicht anders als die Stadt eines dauerhaften Friedens unter seinen Bewohnern, den am besten ein regelmäßig zusammentretendes Dorfgericht gewährleisten kann. Dort ist die männliche Bevölkerung dingpflichtig, in der Regel wohl ohne Rücksicht auf den sozialen Status. Doch ist das im fränkischen Siedlungsraum allgemein verbreitete Schöffenamt den vornehmeren Vollbauern vorbehalten, die sich von den geringeren Häuslern und Kätnern, Tagelöhnern und gar Angehörigen „unehrlicher" Berufe, wie etwa Abdeckern, abgrenzen. Auch das Dorf hat seine Ständeordnung, kennt keine Gleichheit. Unter diesen Bedingungen vermochte es freilich auch selbstbewußte Wortführer hervorzubringen, die gegenüber oft konkurrierenden Grund- und Gerichtsherren Vorteile für die Dorfgemeinde herausschlugen. Die bäuerlichen Honoratioren waren auch die Träger der örtlichen Rechtstradition, über welche sie in *„Weistümern"*, hypothetischen Urteilen, Auskunft gaben. So gewann die *„Gemeine"* des Dorfes korporative Eigenständigkeit, welche eine wesentliche Voraussetzung für die in der Neuzeit zu beobachtenden politischen Aktivitäten der bäuerlichen Bevölkerung bildete (u. §§ 17 V.2 u. 24 IV.3).

Die herkömmlichen Verpflichtungen der einzelnen Dorfgenossen gegenüber ihren Grundherren blieben von der dörflichen Gemeindebildung im Prinzip unberührt (u. 3). Nicht selten teilten sich mehrere Grundherren in die Dorfflur. Daher gehörten die Bauern nicht nur dem dörflichen Gerichtsverband, sondern auch dem jeweiligen grundherrlichen Gericht an, welches allerdings nur für grundherrliche Angelegenheiten zuständig war. Hochgerichtliche Kompetenzen besaßen die Dorfgerichte nur selten, vor allem östlich der Elbe. Im Altsiedelland mußte die bäuerliche Bevölkerung gewöhnlich regionale Hochgerichtsplätze besuchen, wo Schöffen aus verschiedenen Dörfern unter oft wiederum anderen Gerichtsherren über schwere Kriminalität Recht sprachen.

2. Herrschaftliche und genossenschaftliche Elemente der Dorfverfassung

Wie schon die Entstehung des Dorfes als genossenschaftlicher Verband im Rahmen einer festgefügten herrschaftlichen Umwelt nahelegt, war die innere Ordnung der Dorfgemeinde sowohl von herrschaftlichen wie von genossenschaftlichen Verfassungselementen geprägt. „Gebot und Verbot", „*Zwing und Bann*" des Gerichtsherrn und des Grundherrn einerseits, Schöffenrecht und Einung der Dorfgenossen andererseits – dies sind die Pole, zwischen welchen sich die verfassungsrechtlichen Strukturen der Dörfer in unübersehbarer Vielgestaltigkeit entfalten. Nicht immer ist ein Gleichgewicht der beiden Elemente festzustellen. Wo es die Bauern nur mit einem Herrn zu tun haben, dominiert dessen Gebotsgewalt oft derart, daß sie die Zuständigkeit der Schöffenbank bis zur Unkenntlichkeit einengt. Seltener gelingt umgekehrt die Ausweitung der genossenschaftlichen Rechte auf Kosten eines Herrn, z. B. wenn er in Hinblick auf konkurrierende Herrschaften zu politischer Rücksichtnahme gezwungen ist. Auch im dörflichen Alltag spielt die herrschaftliche Gebotsgewalt regelmäßig eine große Rolle. Durch Gebote und Verbote regelt der Dorfherr den Zugang zu Feld und Weide, Wald und Wasser. Er befiehlt die Dorfleute zur Arbeit an der Dorfbefestigung, an seiner Burg, auch zum bewaffneten Aufgebot, je nach Art und Umfang der ihm zukommenden Rechte.

Die spätmittelalterliche Geschichte der Dorfgemeinde weist zum Teil frappierende Ähnlichkeiten mit der Stadt auf. Wie die Bürgerschaft, so übernimmt auch die Bauernschaft eines Dorfes gemeinsam Steuerpflicht und Waffendienst. Im norddeutschen „*Bauermeister*" war ein genossenschaftliches Amt entstanden, dessen Name auf das Vorbild des städtischen Bürgermeisters hinweist. Der süddeutsche Schultheiß nimmt oft eine Mittlerrolle zwischen Herrschaft und Dorfgemeinde ein. Wie die Stadt, so kann auch das Dorf gemeinsames Vermögen besitzen, etwa in Gestalt der Allmende, einer in den Siedlungsprozessen des Hochmittelalters (u. IV) vorbehaltenen Nutzungsreserve. Aber die Parallele zwischen Stadt- und Dorfgemeinde versagt an einem entscheidenden Punkt. Die Teilhabe am Dorfrecht ist vom Besitz einer zugehörigen Hofstatt abhängig, also regelmäßig nicht, wie das Stadtbürgerrecht, persönlich zu erwerben. Die ländlichen Rechtsverhältnisse bleiben damit statisch und weitgehend an ererbte Güter gebunden. Dem entspricht der intensivere herrschaftliche Zugriff, dem die dörflichen Verhältnisse auch in Zukunft unterliegen.

3. Rechtsformen der Liegenschaftsnutzung

Die Stellung des Dorfgenossen im Gemeinwesen war nicht zuletzt durch die Rechtsform der Liegenschaftsnutzung bestimmt. Auch hier gibt es eine Fülle von Varianten, so daß nur die wichtigsten Nutzungsrechte angedeutet werden können. Weit verbreitet ist die günstige *Erbleihe*, welche gegen die Entrichtung eines jährlichen Zinses ein erbliches Recht an der Liegenschaft vermittelte, das bei Entrichtung einer Abgabe an den Grundherrn auch auf Dritte übertragen werden konnte. Der Besitz eines Gutes war häufig mit persönlicher Freiheit verbunden. Vielfach lastete auf der Bauernstelle aber auch die Verpflichtung zu persönlicher Arbeitsleistung für den Grundherrn auf dessen Höfen und an seinen Baulichkeiten. Diese ursprünglich nicht selten „*ungemessenen*" Dienste waren im Laufe des Mittelalters häufig auf eine bestimmte Zahl von Tagen im Jahr reduziert worden, also in „*gemessene*" umgewandelt worden. Die rohe Sklavenwirtschaft des Frühmittelalters hatte einer zunehmenden Verrechtlichung der Beziehungen zwischen dem Landvolk und den Grundherren weichen müssen. Dies gilt auch, wo die persönliche Freizügigkeit ausgeschlossen und als Symbol einer solchen „*Leibherrschaft*" oder „*Leibeigenschaft*" – ein vieldeutiger Begriff – besondere Abgaben zu entrichten waren. Im günstigsten Falle der Erbleihe und verwandter Nutzungsformen entzogen sich die Rechte der Beteiligten einer klaren Beurteilung nach den Kriterien des römischen Rechts, das Eigentum und beschränkt dingliche Rechte scharf unterschied. Die Juristen erfanden daher die Figur des geteilten Eigentums. Dem Grundherrn war das „*Obereigentum*" *(dominium directum)* zugeordnet, dem Ackerbauern, aber auch Lehnsmann, das „*Nutzeigentum*" *(dominium utile)*. Dieser Stabilisierung des bäuerlichen Besitzes durch die Jurisprudenz stand jedoch die Erfindung gleichfalls vom römischen Recht inspirierter, rein schuldrechtlicher Bodennutzungsformen gegenüber. So konnte das auf einige Jahre oder Jahrzehnte eingeräumte „*Landsiedelrecht*" nicht vererbt werden und bei Verkauf des Grundstücks verlorengehen. Der stärkeren Stellung des Grundherrn auf solchen Gütern entspricht denn auch die geringere politische Integration eines Landsiedels, der nicht in vollem Umfang in die bestehenden Rechtsverbände eingegliedert ist. Die Verbreitung dieser Leiheform blieb indessen noch begrenzt – die Zeit für eine Auflösung der grundherrlichen Beziehungen in zweiseitige private Rechtsverhältnisse war noch nicht gekommen.

IV. Die deutsche Ostsiedlung

1. Städtegründungen und Siedelrechte

Städtische und dörfliche Verfassungsverhältnisse erfahren eine besondere Ausprägung im Rahmen der deutschen Ostkolonisation. Das Bevölkerungswachstum hatte seit dem 12. Jahrhundert zur Binnenkolonisation der deutschen Mittelgebirge geführt und bald auch Siedlerströme in die Gebiete der ostelbischen Slawen, zuerst nach Brandenburg und Mecklenburg, dann auch nach Polen, Pommern, in das Preußenland, in die baltischen Länder und in andere Regionen Ostmitteleuropas gelenkt, wo eine schwächere Besiedlung noch die Neugründung von Städten und Dörfern zuließ. Diese Aktivitäten waren ohne Mitwirkung der einheimischen Herrschaften nicht möglich. In Brandenburg waren es die Askanier, in Mecklenburg und Pommern die dort herrschenden slawischen Fürsten, in Schlesien polnische Herzöge, die sowohl die Anlage dörflicher Siedlungen wie auch besonders die Gründung von Städten förderten. Es waren zunächst Dutzende, am Ende wohl einige hundert Stadtgründungen, die das aus Italien stammende Prinzip der bürgerlichen Autonomie an Ostmitteleuropa weitergaben. In Schlesien beginnend, erstreckte sich eine derartige Stadtgründungswelle über Kleinpolen am Karpatenbogen entlang bis nach Wolhynien und erfaßte dabei längst auch die einheimische Bevölkerung. Die Gründungen im Ostseeraum bis nach Estland dagegen fingen vor allem deutsche Siedlerströme auf.

Den Rechtsstatus der dörflichen oder städtischen Ansiedlungen bestimmten fürstliche Privilegien mit charakteristischen Merkmalen. Ein attraktives freiheitliches Siedelrecht, *ius theutonicum* genannt, bildete die Grundlage der neuen Gemeinwesen. Zu ihm gehörte in Stadt und Dorf eine günstig ausgestaltete Erbleihe mit dem Erbrecht auch der Töchter, weitgehende Abgabenfreiheit und eigene Gerichtsbarkeit mit Schultheiß und Schöffen. Nur das Gericht über Kapitalverbrechen behielt sich der Fürst in der Regel vor. Die Städte erhielten überwiegend Magdeburger Recht, wodurch vor allem die Übertragung der deutschen Ratsverfassung und anderer Rechtsgewohnheiten gesichert war.

Die Magdeburger Schöffenbank gewann überragende Bedeutung für das Binnenland, der Lübecker Rat eine ähnliche Ausstrahlung im Ostseeraum. Doch bilden sich auch regionale Rechte und Oberhofsysteme, z. B. im schlesischen Neumarkt oder für Preußen in Kulm, mit Fernwirkungen auf deutsche und nichtdeutsche Orte. Mit Urteilen und Rechtsauskünften entwickelte sich das Recht noch autonom, ohne direkte Eingriffe der Landesfürsten. Der Siedlungsvorgang wurde als ein einheitlicher, „*Lokation*" genannter, Rechtsakt begriffen. Er zeigt modellartig das im 13. und 14. Jahrhundert mögliche Maximum genossenschaftlicher Verfassungsorganisation. Die Führungsrolle des Adels ist in den bäuerlichen Siedlerkreisen zunächst auf ein Unternehmertum reduziert, das die Errichtung der dörflichen Ordnung organisiert. Aber er wächst mit den einheimischen Führungsschichten zusammen, und schon bis zum Ende des Mittelalters zeichnet sich ein gründlicher Wandel der Verhältnisse ab. Die koloniale Situation, bar auch aller alten Rechte und gewachsenen Herrschaftsverhältnisse, bot dem Adel größere Entfaltungsmöglichkeiten als das Altsiedelland. In der ostdeutschen Gutsherrschaft entsteht ein straffer Untertanenverband, in dem für genossenschaftliche Verfassungsformen kein Platz mehr ist (u. § 24 V).

2. Auswirkungen auf die Herrschaftsverhältnisse in Ostmitteleuropa

Die Ostsiedlung verfolgte keine nationalen Ziele, wie sie von der älteren Geschichtsschreibung gerne behauptet oder unterstellt wurden. Obwohl Emotionen dieser Art dem späten Mittelalter keineswegs fremd waren, hatten die politischen Führungskräfte dieser Zeit anderes im Sinn: Steigerung der Einkünfte durch Ausweitung des Ackerlandes, Schaffung von Märkten für Handel und Handwerk. Je nach der Stärke der deutschen Einwanderung konnten diese Prozesse aber dazu führen, daß die schon ansässige Bevölkerung von den nunmehr dominierenden Deutschen aufgesogen wurde, woraus sich schließlich auch politische Konsequenzen ergaben. So in Brandenburg, Mecklenburg und Pommern (o. § 13 III.4), so weitgehend auch in den schlesischen (Teil-)Herzogtümern, deren polnische Fürsten in der ersten Hälfte des 14. Jahrhunderts die Lehenshoheit des Königs von Polen gegen die des Königs von Böhmen eintauschten und damit in ein näheres Verhältnis zum Reich rückten. In die Geschichte der deutschen Staatlichkeit mündete auch die Christianisierung der Preußen links und rechts der unteren Weichsel ein (o. § 13 III.4), während die deutsche Kolonisation in Estland und Livland ganz eigentümliche Folgen hatte: Es entstanden bedeutende deutsche Städte wie Riga, Reval (Tallin) und Dorpat (Tartu), die baltischen Völker aber bewahrten ihre Lebensart und Sprache unter einer dünnen Schicht deutscher Grundherren. Die Beziehung zur Reichsverfassung blieb locker und zerriß im 16. Jahrhundert endgültig.

2. Kapitel. Die Verrechtlichung der Reichsverfassung und die Herausbildung des Obrigkeitsstaates (1410–1555)

§ 15. Die Reichsreform

Quellen: *U. Eisenhardt*, Die kaiserlichen Privilegia de non appellando, 1980; *E. Fabian*, Quellen zur Geschichte der Reformationsbündnisse und der Konstanzer Reformationsprozesse 1529–1548, 1967; *J. Ney*, Die Appellation und Protestation der evangelischen Stände auf dem Reichstage zu Speier

§ 15. Die Reichsreform

1529, 1906, Neudr. 1967; Deutsche Reichstagsakten. Ältere Reihe (1376 ff.), 1867 ff.; Mittlere Reihe (1486 ff.), 1989 ff.; Jüngere Reihe (1519 ff.), 1893 ff.; Neue und vollständigere Sammlung der Reichs-Abschiede, hrsg. v. *E. A. Koch*, T. 1–2, 1747, Neudr. 1967; *E. Walder*, Kaiser, Reich und Reformation (1517–1525) (Quellen zur neueren Geschichte, H. 3), 4. Aufl. 1974; *M. Weber* (Hrsg.), Die Reichspolizeiordnungen von 1530, 1548 und 1577, 2002; *L. Weinrich* (Hrsg.), Quellen zur Reichsreform im Spätmittelalter, 2001.

Schrifttum: *H. Angermeier*, Die Reichsreform 1410–1555, 1984; *R. Aulinger*, Das Bild des Reichstages im 16. Jahrhundert, 1980; *F. Bosbach*, Humanisten und die Monarchia Universalis. Politisches Denken und politisches Handeln in der Zeit Karls V., Res publica litterarum 9 (1986) 37 ff.; *B. Diestelkamp*, Das Reichskammergericht. Der Weg zu seiner Gründung und die ersten Jahrzehnte seines Wirkens (1451–1527), 2003; *ders.*, Vom königlichen Hofgericht zum Reichskammergericht, in: *G. Dilcher* u. *B. Diestelkamp* (Hrsg.), Recht, Gericht, Genossenschaft und Policey. Symposion für A. Erler, 1986, 185 ff.; *ders.*, Das Reichskammergericht in der deutschen Geschichte, 1990; *I. Dingel* und *G. Wartenberg* (Hrsg.), Die Reaktionen auf das Interim von 1548, 2007; *W. Dotzauer*, Die deutschen Reichskreise (1383–1806), 1998; *P. C. Hartmann*, Der Bayerische Reichskreis (1500 bis 1803), 1997; *ders.* (Hrsg.), Kurmainz, das Reichskanzleramt und das Reich, 1998; *F. Hartung*, Geschichte des fränkischen Kreises, 1. (einziger) Bd., 1910, Neudr. 1973; *P.-J. Heinig*, Die Vollendung der mittelalterlichen Reichsverfassung, in: Wendemarken in der deutschen Verfassungsgeschichte, 1993 (Der Staat, Beih. 10), S. 7 ff.; *ders.*, Kaiser Friedrich III. (1440–1493). Hof, Regierung und Politik, Bd. 1–3, 1997; *ders.*, Gelehrte Juristen im Dienst der römisch-deutschen Könige des 15. Jh., in: *H. Boockmann* u. a., Recht und Verfassung im Übergang vom Mittelalter zur Neuzeit, I. Teil (Abh. d. Akad. d. Wiss. Göttingen, Phil.-hist. Kl., 3. Folge, Nr. 228), 1998, 167 ff.; *G. Hödl*, Albrecht II., Königtum, Reichsregierung und Reichsreform 1438–1439, 1978; *E. Isenmann*, Reichsfinanzen und Reichssteuern im 15. Jahrhundert, ZHF 7 (1980) 1 ff.; *ders.*, Reichsstadt und Reich an der Wende vom späten Mittelalter zur frühen Neuzeit, in: *J. Engel* (Hrsg.), Mittel und Wege früher Verfassungspolitik (Spätmittelalter und frühe Neuzeit 9), 1979, 16 ff.; *ders.*, Integrations- und Konsolidierungsprobleme der Reichsordnung in der zweiten Hälfte des 15. Jahrhunderts, in: *F. Seibt* u. *W. Eberhardt* (Hrsg.), Europa 1500. Integrationsprozesse im Widerstreit, 1987, 115 ff.; *ders.*, König oder Monarch? Aspekte der Regierung und Verfassung des römisch-deutschen Reichs um die Mitte des 15 Jh., in: *R. C. Schwinges* u. a. (Hrsg.), Europa im späten Mittelalter, 2006 (HZ Beih. 40); *G. Kleinheyer*, Die kaiserlichen Wahlkapitulationen, 1968; *A. Kohler*, Zur Bedeutung der Juristen im Regierungssystem der „Monarchia universalis" Kaiser Karls V., Die Verwaltung 14 (1981) 177 ff.; *K. F. Krieger*, Fürstliche Standesvorrechte im Spätmittelalter, Bll. f. dt. LG 122 (1986) 91 ff.; *J. Kunisch* (Hrsg.), Neue Studien zur frühneuzeitlichen Reichsgeschichte (ZHF, Beih. 19), 1997; *A. Laufs*, Die Reichsreform, JuS 6 (1966) 45 ff.; *ders.*, Reichsstädte und Reichsreform, ZRG (GA) 84 (1967) 172 ff.; *ders.*, Der schwäbische Kreis, 1971; *A. Luttenberger*, Glaubenseinheit und Reichsfriede – Konzeptionen und Wege konfessionsneutraler Reichspolitik 1530–1532, 1982; *K. Mencke*, Die Visitationen am Reichskammergericht im 16. Jahrhundert, 1984; *N. Meurer*, Die Entwicklung der Austrägalgerichtsbarkeit bis zur Reichskammergerichtsordnung von 1555, in: *A. Baumann* u. a. (Hrsg.), Prozesspraxis im Alten Reich, 2005; *E. Meuthen* (Hrsg.), Reichstage und Kirche 1991; *P. Moraw*, Versuch über die Entstehung des Reichstags, in: *H. Weber* (Hrsg.), Politische Ordnungen und soziale Kräfte im alten Reich, 1980, 1 ff.; *ders.*, Fürstentum (o. § 12); *ders.*, in: DtVwG I, 21 ff.; *ders.*, Das Reich und die Territorien, der König und die Fürsten im späten Mittelalter, RhVjBll. 63 (1999) 187 ff.; *R. A. Müller*, Heiliges Römisches Reich Deutscher Nation. Anspruch und Bedeutung des Reichstitels in der frühen Neuzeit, 1990; *H. Münkler*, *H. Grünberger* u. *K. Mayer*, Die Nationalisierung Europas im Diskurs humanistischer Intellektueller. Italien und Deutschland, 1998; *E. Naujoks*, Obrigkeitsgedanke, Zunftverfassung und Reformation, 1958; *H. Neuhaus*, Reichstag und Supplikationsausschuß, 1977; *ders.*, Reichsständische Repräsentationsformen im 16. Jahrhundert, 1982; *ders.*, Wandlungen der Reichstagsorganisation in der ersten Hälfte des 16. Jahrhunderts, ZHF, Beih. 3 (1987) 113 ff.; *ders.*, Das Reich in der frühen Neuzeit, 1997 (EDG Bd. 42); *Th. Nicklas*, Macht oder Recht. Frühneuzeitliche Politik im Obersächsischen Reichskreis, 2002; *G. Oestreich*, Zur parlamentarischen Arbeitsweise der deutschen Reichstage unter Karl V. (1519–1556), Mitt. des Österr. Staatsarchivs 25 (1972) 217 ff.; *V. Press*, Adel, Reich und Reformation, in: *W. Mommsen* (Hrsg.), Stadtbürgertum und Adel in der Reformation, 1979, 330 ff.; *ders.*, Die Territorialstruktur des Reiches und die Reformation, in: *R. Postel* u. *F. Kopitzsch* (Hrsg.), Reformation und Revolution, FS R. Wohlfeil z. 60. Geb., 1989, 239 ff.; *H. Rabe*, Reichsbund und Interim, 1971; *K. Schlaich*, Maioritas – protestatio – itio in partes – corpus Evangelicorum (Teil I), ZRG (KA) 63 (1977) 264 ff.; *ders.*, Die Mehrheitsabstimmung im Reichstag zwischen 1495 und 1613, ZHF 10 (1983) 299 ff.; *Chr. Roll*, Das zweite Reichsregiment 1521–1530, 1996; *P. Schmid*, Der Gemeine Pfennig von 1495, 1989; *L. Schorn-Schütte* u. *G. Wartenberg* (Hrsg.), Politik und Bekenntnis. Das Interim 1548/50, 2005; *C. Schott*, Per epikeiam virtutem – Zur Rechtsbefugnis des Kaisers bei Nikolaus von Kues –, ZRG (KA)

63 (1977) 47 ff.; *A. Schröcker,* Maximilians I. Auffassung vom Königtum und das ständische Reich, QFIAB 50 (1971) 181 ff.; *F. H. Schubert,* Die deutschen Reichstage in der Staatslehre der frühen Neuzeit, 1966; *ders.,* Volkssouveränität und Heiliges Römisches Reich, HZ 213 (1971) 91 ff.; *P. Schulz,* Die Politische Einflußnahme auf die Entstehung der Reichskammergerichtsordnung, 1980; *W. Schulze,* Reichsfinanzwesen, Reichskammergericht und Ausgabenkontrolle im 16. und 17. Jahrhundert, in: 75 Jahre Reichsfinanzhof – Bundesfinanzhof, FS, 1993, 3 ff.; *W. Sellert,* Über die Zuständigkeitsabgrenzung zwischen Reichshofrat und Reichskammergericht (GU NF 4), 1965; *M. Senn,* Der Reichshofrat als oberstes Justizorgan unter Karl V. und Ferdinand I. (1519–1564), in: *A. Amend* u. a. (Hrsg.), Gerichtslandschaft Altes Reich, 2007, 27 ff.; *St. Skalweit,* Reich und Reformation, o. J. (1967); *M. Thiel,* Der Reichstag zu Worms im Jahre 1495 und die Schaffung des Reichskammergerichts, Der Staat 41 (2002) 551 ff.; *S. Wefers,* Das politische System Kaiser Sigmunds, 1989; *J. Weitzel,* Der Kampf um die Appellation ans Reichskammergericht, 1976; *D. Willoweit,* Reichsreform als Verfassungskrise, Der Staat 26 (1987) 270 ff.; *S. Wolf,* Die Doppelregierung Kaiser Friedrichs III. und König Maximilians (1486–1493), 2005.

I. Reformbedarf im spätmittelalterlichen Reich

1. Der Gedanke der „Re-formation"

Im 15. Jahrhundert scheint sich das Mittelalter mit ausgedehnten Aktivitäten und Diskussionen über eine Reform des Reiches verabschieden zu wollen. Das Verständnis dieser Vorgänge wird uns durch den Reformgedanken jener Zeit, der auch noch das folgende Jahrhundert der *Reformation* beherrscht, wesentlich erschwert. Anders als in modernen Reformkonzepten geht es nicht darum, abstrakt entworfene politische Innovationen in die Tat umzusetzen, um Gesellschaft und Verfassung zu verändern. Das spätmittelalterliche und frühneuzeitliche Reformdenken erschließt sich am besten durch das Verb *re-formare* selbst: Eine vorige, richtige Gestalt soll wiedergewonnen werden, die durch den Wandel der Verhältnisse verlorengegangen ist. Dem Impuls zu einer Reform in diesem Sinne liegen aber nicht nur wirkliche Verfallserscheinungen zugrunde. Von ebenso großer Bedeutung ist der Bewußtseinswandel der beteiligten Führungsschichten. Da sie die Vergangenheit, welcher sie die maßgebenden Ordnungselemente entnehmen möchten, nicht mehr adäquat verstehen, weil sie in Wahrheit vom Denken ihrer Gegenwart beherrscht sind, präsentieren sie in ihren Reformentwürfen tatsächlich Neues, das von den – ähnlich fixierten – politischen Gegenspielern nicht akzeptiert werden kann. So ist die Geschichte der Reichsreform nicht nur als ein Machtkampf um den Wandel von Verfassungsformen zu begreifen, sondern zugleich auch als ein Aufeinandertreffen tiefgehender Mißverständnisse.

2. Ursachen der Reformbewegung

Die nächsten Ursachen der Reformbewegung sieht die Forschung in der Diskrepanz zwischen dem Machtanspruch des Kaisers und der politischen Wirklichkeit im Reiche oder – historiographisch genauer – in den gestörten Beziehungen zwischen Reichsständen und Reichsoberhaupt, die einer Neubestimmung bedurften. Die Reichsverfassung hatte zu Beginn des 15. Jahrhunderts einen noch weitgehend offenen Charakter. Die Regeln des verfassungspolitischen Zusammenwirkens von Kaiser, Kurfürsten und Fürsten waren nicht juristisch fixiert, sondern in weitem Maße von der Person des jeweiligen Königs abhängig. Daher erwies es sich als verhängnisvoll, daß König *Sigismund* (1410–1437), auch Herrscher von Böhmen und Ungarn, und, nach dem kurzen Zwischenspiel *Albrechts II.* (1438–1439), der ganz Österreich verhaftete *Friedrich III.* (1440–1493) jahre- bzw. jahrzehntelang die alten Kerngebiete des Reiches nicht aufsuchten. Ohne Präsenz des Königs aber geriet die vielleicht wichtigste Institution des mittelalterlichen Reiches, der Hoftag, in Verfall. Als eine unregelmäßige, aber immer wieder an anderen Orten durchgeführte Veranstaltung hatte der Hoftag nicht nur der Herrschaftsrepräsentation, sondern auch der Befriedung örtlicher Konflikte im Königsgericht gedient. Neben diesem königlichen „Hof" oder „Tag" mit einem bunt zusammengesetzten Besucherkreis existierte ein „Reichstag" im Sinne eines Repräsentativorgans noch nicht (u. II.1). Die Abwesenheit des Königs wog um so schwerer, als das Reich im 15. Jahrhundert von erbitterten Fehden, die den Charakter weit ausgreifender Regionalkriege annehmen konnten, erschüttert wurde. Die Forderung nach einer Reform des Reiches zielte daher vor allem und immer wieder auf eine wirksame Durchsetzung des Landfriedens. Sie zu erfüllen, erwies sich als außerordentlich schwierig, und dies, obwohl am Friedenswillen auch der Fürsten trotz aller ihrer kriegerischen Verwicklungen – die ja hohe Verluste einbrachten – nicht zu zweifeln ist. Das Zeitalter der Reichsreform ist zugleich ein Zeitalter der Reichskrise.

Die tieferen Gründe dieser Erscheinung entziehen sich wohl einer monokausalen Erklärung. Eine Hauptursache der im 15. Jahrhundert zu beobachtenden Spannungslage zwischen Kaiser und Fürsten dürfte jedoch in strukturellen Veränderungen der spätmittelalterlichen Rechtspflege zu suchen sein. Ein *„Umstand"* adeliger, bei großen Anlässen fürstlicher Personen, aus welchem das Urteil zu erfragen war, trat nur noch selten zusammen. Diesem zu folgen, war auch dem Fürsten und Herrn nicht schimpflich gewesen. Im Laufe des 14. Jahrhunderts nahmen jedoch gelehrte Räte, Juristen geringerer Herkunft also, auf die königliche Gerichtsbarkeit Einfluß. Ihrer rationalen Entscheidungslogik mochten sich Fürsten nicht unterwerfen, wo es um ihre Herrschaftsrechte ging. Daß mit dem Vordringen des gelehrten Rechts zugleich eine ganze Welt adeliger Handlungsmaximen und Rechtsgewohnheiten zu versinken drohte, läßt sich auch am Verfall der Reichsweistümer ablesen. In ihnen nahmen König und Adel auf den Hoftagen zu realen oder hypothetischen Streitfragen in abstrakt formulierten Rechtssprüchen Stellung. Schon unter Karl IV. erlischt diese Praxis. Ein König, der glaubt, seiner Fürsten zur Wahrung von Recht und Frieden nicht mehr zu bedürfen, kann schließlich auch auf Hoftage und auf seine Anwesenheit in den Kerngebieten des alten Reiches verzichten. Dies um so mehr, als seit dem Ende des 13. Jahrhunderts die Königsherrschaft zunehmend als *monarchia*, Alleinherrschaft also, interpretiert wurde. Diesem Gedanken dient letztlich der Jurist als Instrument einer allein dem Kaiser zukommenden Gerichtsherrschaft, und in diesem Zusammenhang ist auch das Amt des seit 1421 belegten *Reichsfiskals* zu sehen, der die Verletzung königlicher Gebote und Rechte an Stelle des Königs zu verfolgen hatte. Einem derart gewandelten Selbstverständnis des Kaisertums setzten die Fürsten eine im Grunde genommen traditionelle Urteilerkompetenz entgegen. Aber sie erkannten ihrerseits nicht, daß sich der Territorialherr des 15. Jahrhunderts nicht mehr mit den adeligen Gefolgsleuten des Königs aus früheren Zeiten vergleichen ließ.

3. Reforminitiativen und Reformschrifttum

Die Folge königlicher und fürstlicher Reforminitiativen eröffnet König Sigismund 1434, indem er den Fürsten aufgibt, über die Abstellung der Fehden und die Verbesserung des Rechtsschutzes im Reiche zu beraten. Die Regierungszeit König

Sigismunds hatte nochmals Gelegenheit zu einer großen kaiserlichen Geste gegenüber der Kirche geboten. Auf dem *Konzil von Konstanz* (1414–1418) gelang es dem Herrscher, nach Absetzung und Rücktritt konkurrierender Päpste die Wahl eines allseits anerkannten Kirchenoberhauptes durchzusetzen und damit das jahrzehntelange abendländische Schisma zu beenden. Die Befriedung der Kirche schuf wohl ein politisches Klima, in dem auch die Befriedung des Reiches erreichbar schien. Noch während des Konzils hatte der Jurist *Job Vener* ein Memorandum erstellt, in welchem schon anklang, was 1433 der große Theologe und Philosoph *Nikolaus von Cues* in seinem Werk *De concordantia catholica* ausarbeitete und begründete. Der Kaiser sollte einen Rat nach Art des Kardinalskollegiums erhalten, das ganze Reich aber in einem *concilium* durch Kurfürsten und Vertreter des Adels, Klerus und Bürgertums repräsentiert sein. Noch radikalere Eingriffe in die bisherigen Herrschaftsstrukturen forderte 1439 ein anonym gebliebener Autor in der *Reformatio Sigismundi* betitelten Reformschrift: Verzicht des hohen Klerus auf weltliche Herrschaft, Aufhebung der Leibeigenschaft, Schutz vor Wucher und anderes mehr. Die Gedanken jedoch, welche die Fürsten als Antwort auf die Fragen des Königs 1437 niederschreiben ließen, verschlossen sich derart gewagten Konstruktionen. Sie versuchten, die hautnah bedrängende Landfriedensproblematik in den Griff zu bekommen. Dazu entwarfen sie ein beeindruckendes Konzept über die Reorganisation des Gerichtswesens, das sowohl den gegebenen Gerichtsverhältnissen wie den Empfindlichkeiten des Standesdenkens Rechnung trug. Wirklichkeit wurde davon vorerst nichts. Während im Reiche Kriege tobten und der friedliche Alltag des handeltreibenden Bürgers unter adeligen Räubern zu leiden hatte, beharrte Friedrich III. auf einer monarchisch verstandenen kaiserlichen Gerichtsgewalt. Die adeligen Landesherren forderten dagegen Beteiligung am Königsgericht oder eine adelige Schiedsgerichtsbarkeit in Form der „*Austräge*". Die Fürsten, das waren lange Zeit nur die Kurfürsten, die einzige reichspolitisch interessierte, „*allgemein anerkannte, auch populäre Fürstengruppe, ... der handlungsfähige Kern des Reiches neben dem König*" *(P. Moraw)*. Die Reichsstädte entzogen sich bald der Reformdiskussion, deren Kern, das Verhältnis von Fürstenstand und Königsgericht, sie nichts anging. Die insgesamt ablehnende Passivität des Kaisers gegenüber den kurfürstlichen Reformprojekten beruhte nicht zuletzt auf der schwer lösbaren *Exekutionsfrage*. Die Urteilsvollstreckung zur Wahrung des Landfriedens durch königliche Hauptleute mochte einem monarchischen Verständnis der kaiserlichen Gerichtsgewalt unverzichtbar erscheinen. Dem stand jedoch die Gerichtshoheit der Landesfürsten gegenüber. Immerhin werden in dieser Zeit wichtige Elemente der späteren Reichsreform erdacht. 1438 taucht unter den kurfürstlichen Vorschlägen die Idee einer Einteilung des Reiches in Kreise auf, 1454 der Plan eines Kurfürstenrates, 1471 schlägt der Kaiser erstmals die Einbeziehung des Kammergerichts in die Landfriedensexekution vor.

4. Entwürfe für ein Reichssteuersystem

Parallel zur Reformdiskussion, und mit dieser nur hin und wieder verbunden, entwickelt sich jedoch ein Stück realer Reorganisation des Reiches mit der Aufstellung der ersten Reichsmatrikel. Die regelmäßigen Einkünfte des Kaisers beschränkten sich im 15. Jahrhundert auf die Reichsstadtsteuern und die Judensteuern, und selbst diese waren in rapidem Rückgang begriffen. Als es seit 1419 galt, die Ketzerei der böhmischen Hussiten zu bekämpfen und ihr Übergreifen nach

Deutschland zu verhindern, mußten sich Kurfürsten, Fürsten und Reichsstädte auf einen Schlüssel einigen, nach welchem die Kriegslasten zu tragen waren. So entwarf man 1422 ein *matricula* genanntes Register (*Weinrich* II Nr. 116), in welchem die zur Reichshilfe verpflichteten Herrschaftsträger und die von ihnen zu stellenden Truppen festgehalten wurden. Der Entschluß zur Aufstellung eines solchen Leistungsverzeichnisses war von dem traditionellen Motiv der Glaubensverteidigung getragen. 1427 entstand eine umfangreiche Reichskriegssteuerordnung (*Weinrich* II Nr. 120), nach welcher jeder Christ über 15 Jahren je nach Vermögen einer Kopfsteuer unterworfen wurde. Das Geld sollte unter Mithilfe der Pfarrer erhoben und an fünf zentrale Legstätten im Reiche abgeliefert werden. Der Plan mißlang sicher deshalb, weil diese Steuererhebung ohne direkte Mitwirkung der territorialen Gewalten vonstatten gehen sollte. Als nach dem Fall Konstantinopels 1454 erstmals ein Einbruch der Türken in das Reich drohte, sahen die Fürsten in der Kriegssteuerordnung von 1471 daher vor, daß die neue *Reichssteuer* durch die Landesherren von den Untertanen nach Maßgabe der schon bisher zu leistenden Abgaben einzutreiben war. Damit mußte zugleich die Frage beantwortet werden, wer nur dem Kaiser unterworfen und wer als Untertan eines Landesherrn anzusprechen war. Bis dahin gab es keinen allgemeinen Begriff der Reichsunmittelbarkeit. Die Königsnähe der mit den Regalien belehnten fürstlichen Reichsvasallen, der nur ständisch herausgehobenen Grafen und freien Herren, der privilegierten Reichsabteien und der eigentumsrechtlich dem Reiche zugeordneten Reichsstädte beruhte jeweils auf ganz verschiedenen Kriterien. Mit der unmittelbaren Reichssteuerpflicht und dem damit verbundenen Subkollektationsrecht hatten die führenden fürstlichen Kreise zu eigenem politischen Nutzen ein Symbol ihres territorialen Herrschaftsrechts geschaffen, das als gleichartiges Zuordnungskriterium im Verhältnis zum Kaiser allmählich ein neuartiges System von Reichsgliedern entstehen ließ.

5. Erfolge kaiserlicher Kirchenpolitik

Nicht vergessen werden darf, daß der verfassungspolitischen Ohnmacht des Reiches im krisengeschüttelten 15. Jahrhundert bemerkenswerte Erfolge der kaiserlichen Kirchenpolitik gegenüberstehen. Die in Konstanz wiedergewonnene Stärke konnte Friedrich III. 1448 mit den für Jahrhunderte maßgebenden Festschreibungen des – ersten – „*Wiener*" Konkordats (*Weinrich* II Nr. 127) unterstreichen. Die drastische Beschränkung des päpstlichen Stellenbesetzungsrechts in der Reichskirche, bald ergänzt durch Privilegien, die dem Kaiser, aber auch anderen Landesherren Einfluß auf die Besetzung von Bischofssitzen sicherten, eröffnete eine neue Ära weltlich-kirchlicher Herrschaftsbeziehungen. Sie steht im Zeichen einer zunehmenden Dominanz des Staates (u. § 18 III).

II. Die Reformen unter König Maximilian I. seit 1495

1. Die Formierung des Reichstags

Die zwischen Kaiser und Fürsten in Sachen Reichsreform festgefahrenen Fronten kamen erst zur Zeit der maximilianeischen Reformkompromisse wieder in Bewegung. Die Versammlung der Kurfürsten und Fürsten, jetzt ausdrücklich „*Reichstag*" genannt, hatte Form und institutionelle Eigenständigkeit gewonnen. Sie beriet ohne den Kaiser in zwei Kurien, um anschließend eine Einigung über einen „*Reichsabschied*" zu versuchen. Die *Reichsstädte*, bis dahin zu Hoftagen und königlosen Fürstentagen kaum hinzugezogen, setzen binnen kurzem ihre regelmäßige Teilnahme an den Reichstagen durch, wenn ihnen auch eine echte Mitentscheidung verwehrt wird. Andererseits bleiben die Ritter jetzt von den Reichsgeschäften ausgeschlossen, soweit sie nicht im Gefolge von Fürsten zum Reichstag ziehen. Ein fester Kreis stets einzuladender Reichstagsbesucher bildet sich also heraus, etwa der Reichsmatrikel entsprechend. Diese konnte ja Auskunft darüber geben, wer dem Kaiser direkt zur „Hilfe" verpflichtet und daher auch zum „Rat" berechtigt war. Zweifelsfälle mußten nun entschieden werden. Die Grafen, nur selten Inhaber von Reichslehen, konnten sich nur mit Mühe durch gemeinsam geführte „*Kuriatstimmen*" im Reichstag etablieren. 1507 beginnt die praktische Anwendung der Reichsmatrikel; 1521 wird sie in Worms ihre vorläufig endgültige Gestalt gewinnen (*Hofmann* Nr. 5 a).

2. Der Ewige Landfriede und das Reichskammergericht

Als Friedrich III. 1486 Reichshilfen für den Kampf gegen die Ungarn benötigte und zugleich seinen Sohn Maximilian I. (1593–1519) zum König wählen ließ, präsentierten die Fürsten sofort wieder ihr Forderung nach der Einrichtung eines Kammergerichts mit „*ordenlichs gewalts und nit volkommenheit kaiserlichen gewalts*".

Nicht anders als sein Vater war auch der neue König monarchischen Ideen verhaftet. Aber die größere Beweglichkeit seines Charakters ermöglichte Kompromisse. Andererseits erwuchs den Reichsständen in dem Mainzer Erzbischof *Berthold von Henneberg* ein harter Verfechter ständischer Teilhabe an der Reichsgewalt, so daß der König über die seit Jahrzehnten vorgetragenen reichsständischen Forderungen hinsichtlich des Landfriedens und der Reichsgerichtsbarkeit nicht mehr hinweggehen konnte. Auf dem Wormser Reichstag des Jahres 1495 einigen sich König und Reichsstände über vier Reformgesetze (*Hofmann* Nr. 1), mit denen die Neuzeit des Reichsverfassungsrechts beginnt: den „*ewigen*" *Landfrieden* mit einem absoluten Fehdeverbot; die Ordnung über das *Reichskammergericht* mit einem adeligen Richter und je zur Hälfte adeligen und gelehrten Urteilern, an deren Berufung die Fürsten beteiligt sind; eine „*Handhabung Friedens und Rechts*" genannte Exekutionsordnung, welche diese Aufgabe in erster Linie dem Reichstag überträgt; schließlich eine Ordnung über die Erhebung eines *gemeinen Pfennigs*, welcher der Finanzierung des Reichskammergerichts und der inneren wie äußeren Friedenssicherung dienen soll.

Der Reformprozeß war damit jedoch keineswegs abgeschlossen. Es sollte noch Jahrzehnte dauern, bis die neuen Regelungen weitgehend akzeptiert waren, der Landfrieden zunehmend Beachtung fand, die Besoldung der Kammergerichtsräte funktionierte und damit auch die neue Gerichtsbarkeit in Gang kam. Vor allem aber waren die Beteiligten mit dem Erreichten nicht zufrieden. Der König dachte nicht daran, zugunsten des Reichskammergerichts auf seine persönliche Gerichtsbarkeit zu verzichten, und reorganisierte 1498 seinen Hofrat (später *Reichshofrat* genannt), der neben dem Reichskammergericht bald zunehmende Bedeutung in der Bewältigung zahlloser Konflikte gewinnen sollte (u. § 19). Die um den Mainzer Erzbischof gescharte Fürstengruppe dagegen erreichte 1500 die Errichtung eines von den Ständen getragenen *Reichsregiments* (*Hofmann* Nr. 2), das als permanent tagendes Regierungsorgan anstelle des Reichstags die politische Präsenz der fürstlichen

Politik auf Reichsebene sicherstellen sollte. Diese Idee erwies sich indessen als wirklichkeitsfremd. Ein reichsständischer Zentralismus war angesichts der territorialen Sonderinteressen ein Widerspruch in sich. Das ruhmlose Ende des Reichsregiments schon 1502 zeigt zugleich, daß die Position des Kaisers nicht zu ersetzen war. Es blieb daher vorerst bei einer Balance zwischen Reichsständen und Reichsoberhaupt, die freilich auch jetzt keineswegs durch ein geschlossenes Verfassungs-„System" in jeder Hinsicht abgesichert war. Mit neuen Herrscherpersönlichkeiten auf beiden Seiten und neuen politischen Problemen konnte sich die Waage jederzeit zugunsten der kaiserlichen Monarchie oder zugunsten einer weiterreichenden reichsständischen Freiheit senken.

3. Die Reichskreise

Um die Landfriedensexekution zu verbessern, schritt man schon unter Maximilian I. zur Einrichtung von Reichskreisen, in denen die verschiedenen Reichsstände einer Region zur Kooperation verpflichtet wurden. Die Notwendigkeit dazu war vor allem in den „ungeschlossenen" Territorien am Rhein, in Schwaben und in Franken gegeben. Wo Fürstenstaaten große Länder vollständig erfaßten, brachte die Kreisverfassung kaum zusätzliche Sicherheit, eher schon machtpolitischen Gewinn. Die Wormser Matrikel von 1521 kennt zehn Reichskreise: den österreichischen, burgundischen, kurrheinischen mit den dortigen vier Kurfürsten und angrenzenden Herrschaften, den fränkischen, schwäbischen, bayerischen, oberrheinischen, niederländisch-westfälischen, obersächsischen mit den Kurfürsten von Brandenburg und Sachsen, den niedersächsischen. Die Listen der zugehörigen Herrschaften offenbaren eine recht genaue Kenntnis der unterschiedlichen Regionen. Zwar waren zur Bewältigung der schwersten Friedensbrüche, des Wiedertäuferreichs von Münster 1535 etwa oder des markgräflichen Aggressors Albrecht Alcibiades von Brandenburg-Kulmbach 1553, Fürstenkoalitionen erforderlich. Aber für die Befriedung des Alltags besonders im Süden und Westen des Reiches leisteten die Kreisinstitutionen, ihre Tage und Truppen einen erheblichen Beitrag.

1512 setzt sich nach mancherlei Vorformen im späten 15. Jahrhundert auch ein neuer Reichstitel durch – das *„Heilige Römische Reich Deutscher Nation"* versucht den Sakralcharakter des universalen Kaisertums in die Neuzeit hinüberzuretten und dabei zugleich doch der fortschreitenden Nationalbildung auch in Deutschland Rechnung zu tragen.

III. Die Reichsverfassung im Zeichen der reformatorischen Bewegung

1. Reichsverfassung und Religionsfrage

Die Verfassungsgeschichte des 16. Jahrhunderts ist auf das engste verwoben mit der Geschichte der lutherischen Reformation und doch ein Kapitel für sich. Wie sich Reichsverfassung und Religionsfrage zueinander verhalten, ist freilich ein Problem, das nicht zuletzt aus methodischen Gründen einer Vorüberlegung bedarf. Es gab nach den Gewohnheiten und Normen des Reichsverfassungsrechts für den seit 1521 entstehenden Dissens in Religionsangelegenheiten keine verbindlichen Regeln und daher auch keine vorgegebene Lösung. Weder das Verhalten des Kaisers noch dasjenige der lutherischen Fürsten konnte zunächst nach allseits anerkannten Maßstäben als richtig oder falsch, „verfassungsgemäß" oder „verfassungswidrig" beurteilt werden. Das Konfliktfeld „Religion" war neu und unbestellt. Nur die Subjekte des bald beginnenden Streites, die Verfassungsparteien Kaiser und Reichsstände, sind die altbekannten. Nur sie waren nach den seit etwa einem Jahrhundert eingespielten Gegebenheiten der Reichsordnung in der Lage, eine Lösung herbeizuführen. Diese konnte nach den traditionellen Möglichkeiten deutscher Verfassungspolitik nur im Koordinatensystem von kaiserlicher Gerichtshoheit und Territorialgewalt, Landfrieden und Friedensbruch gefunden werden.

2. Zwischen Duldung und Repression – der Weg zum mehrkonfessionellen Reich

Als *Karl V.* (1519–1556) bei seinem Regierungsantritt den Kurfürsten in einer *Wahlkapitulation* verschiedene Einschränkungen der kaiserlichen Machtposition zugestand, hatte es zunächst den Anschein, als stünden neue Triumphe der reichsständischen Verfassungspolitik bevor. Auch die Entwicklung der Reichsverfassung unter den Bedingungen des Religionsstreits ist jedoch von beiden Faktoren, dem kaiserlichen Willen zur monarchischen Herrschaft und der Expansion reichsständischen Freiheitsstrebens, bestimmt. Die 1521 auf dem Wormser Reichstag im *„Wormser Edikt"* verhängte Reichsacht über Luther und seine Anhänger markiert einen ersten Höhepunkt der kaiserlichen Monarchie unter Karl V. Sie entsprach dem herkömmlichen Verständnis des Kaisertums, welchem seit je der Schutz von Kirche und Glauben aufgetragen war. Der neue Herrscher mochte sich an der Wahrnehmung dieser Kompetenz um so weniger gehindert sehen, als er, zugleich spanischer König, über das größte europäische Reich seit den Zeiten Karls des Großen gebot. So war es auch kein Zeichen kaiserlicher Schwäche, als Karl V. in Worms reichsständischen Forderungen entgegenkam, anstelle eines zuvor geplanten jährlichen Reichstags für die Zeit seiner Abwesenheit in Deutschland ein *(2.) Reichsregiment* einzurichten (*Hofmann* Nr. 5 b). Diesem war kein größerer Erfolg beschieden als dem Vorgänger von 1500 (o. II.2).

Aber die Idee der kaiserlichen Universalmonarchie mit ihrem integralen Element der höchsten Kirchenvogtei wurde in den folgenden Jahren tief getroffen, als sich bedeutende Reichsstände einer Exekution der Reichsacht gegen die Lutheraner versagten. Humanistische und evangelisch-biblizistische Strömungen, antikuriale Stimmungen und nicht zuletzt die de facto längst etablierte territoriale Kirchenhoheit (u. § 18 III.1) trugen dazu bei, daß Religionsangelegenheiten immer weniger als eine nur Papst und Kaiser überlassene Kirchensache angesehen wurden. Da nicht nur große Teile des Volkes, sondern auch viele Fürsten der Kirchenkritik Luthers und seiner sich allmählich ausformenden Theologie mit Sympathie begegneten, war eine konsequente Durchführung der Reichsacht ausgeschlossen. Als dann der Speyerer Reichstag von 1526 unter dem Eindruck des im Jahr zuvor erlebten Bauernkrieges zu der Überzeugung gelangte, daß der Religions-„*Zwyspalt nicht die geringste Ursach sey der vergangenen Empörung des gemeinen Manns*", mußte ein Ausgleich gefunden werden. Bis zu einem Generalkonzil sollte es den Reichsständen in Hinblick auf das Wormser Edikt anheimgestellt sein, „*für sich also zu leben, zu regieren und zu halten, wie ein jeder ein solches gegen Gott, und kaiserl. Majestät hoffet und vertraut zu verantworten*". Mit dieser Formel hatte Erzherzog Ferdinand als Vertreter des Kaisers die Verantwortung für die um sich greifende kirchliche Reformbewegung den Reichsständen überlassen müssen. Diese förderten sie entschlossen oder setzten doch der Ausbreitung des Luthertums nur wenig ernsthaften Widerstand entgegen. So konnte die reformatorische Bewegung eine Dynamik entwickeln, welche in manchen Territorien den altkirchlichen Kult und die ihn tragenden Institutionen, Klöster und Stifter, auf das höchste gefährdete. Die altkirchliche Mehrheit des Speyerer Reichstages von 1529 beschloß daher, daß katholische Predigt und Messe auch dort noch Platz haben sollten, wo die neue Lehre das Feld beherrsche. Dem setzten die lutherischen Fürsten ihre „*Protestation*" entgegen, eine Rechtsverwahrung gegen den Mehrheitsbeschluß, der den einmütigen Reichsabschied von 1526 aufheben wollte. Das hieß aber zugleich: Man berief sich auf die Wahrheit des Evangeliums.

Mit Recht ist festgestellt worden, daß es nunmehr „*zwei verschiedene Interpretationen des Reichsfriedens*" gab (H. Angermeier). Der Bestandsschutz und die Schaffung einer neuen, auf Wahrheit gegründeten Ordnung schlossen einander aus. Die Religionsdivergenz selbst dem Landfrieden zu unterwerfen, war ein zunächst für Lutheraner wie Katholiken nur schwer vollziehbarer Gedanke. Als der Kaiser 1530 nach Deutschland zurückkehrt und noch im selben Jahre in Augsburg einen Reichstag abhält, prallen die Gegensätze hart aufeinander. Der reformatorischen *Confessio Augustana* setzt der Kaiser die Erneuerung des Wormser Edikts entgegen. Im folgenden Jahr wird Ferdinand zum König gewählt und das politisch wenig wirksame Reichsregiment aufgelöst. Den damit zu erwartenden Impulsen monarchischer Verfassungspolitik stehen jetzt konfessionell gespaltene Reichsstände gegenüber. Dieser Störung der alten Machtbalance versuchen die protestantischen Reichsstände mit der Gründung des *Schmalkaldischen Bundes* zu begegnen. 1532 muß ihnen der Kaiser – vor dem Hintergrund der erneut zugespitzten Türkengefahr – im „*Nürnberger Anstand*" den ersten befristeten Religionsfrieden gewähren – eine „*Grenzscheide zwischen Mittelalter und Neuzeit*" (K. Repgen, u. § 21). Doch ändern sich die monarchischen Ziele der kaiserlichen Politik nicht. Zu ihren Instrumenten zählen in diesen Jahren auch *Religionsprozesse* vor dem Reichskammergericht, das über Klagen um die Säkularisierung von Kirchengütern und um andere lutherische Veränderungen im Kirchenwesen verhandelt. Als seit 1541 nach rund zehnjähriger Pause wieder Reichstage abgehalten werden, ist über diese Gerichtsverfahren ein Konsens nicht zu erzielen. Das Reichskammergericht, mit katholischen Assessoren besetzt, ist auf den juristischen Schutz des altgläubigen Besitzstandes fixiert. Der Landfrieden, den das Reichskammergericht vermittelt, ist nicht mehr der Frieden aller Reichsangehörigen, da den Lutheranern papistische Mißbräuche gerade als Störung einer wahrhaft christlichen Friedensordnung erscheinen.

1546 jedoch zieht Karl V. gegen den Schmalkaldischen Bund in den Krieg, um die Reichsacht zu exekutieren. Der siegreiche Abschluß dieses Feldzuges veranlaßt den Kaiser zu einer ebenso raschen wie eigenwilligen Lösung des Religionsproblems. Er schafft im „*Augsburger Interim*" von 1548 eine eigene Reichsreligionsordnung, nach welcher den Protestanten Priesterehe und Laienkelch gestattet, im übrigen aber die katholische Tradition für verbindlich erklärt wird. Aus der kaiserlichen Schutzvogtei über die Kirche sollte nochmals eine kaiserliche Kirchenherrschaft werden. Man muß Karl V. zugestehen, daß er, wie auch mancher Fürst im Reiche, einen Ausgleich zwischen den Religionsparteien auf der Basis praktischer Vernunft suchte. Aber die Glaubensfragen, welche die Menschen dieser Zeit bewegten, ließen sich nicht mehr pragmatisch und von einem für alle beantworten. Das Augsburger Interim stieß nicht nur bei den Protestanten, sondern auch bei den Katholiken auf Ablehnung. Die Machtstellung des Kaisers nach dem Schmalkaldener Krieg erwies sich als nutzlos. Damit war der Versuch einer monarchischen Lösung des Religionsproblems gescheitert.

Es gehört gewiß zu den folgenreichsten Vorgängen der deutschen Verfassungsgeschichte, daß die definitive Erkenntnis über den Verlust der Glaubenseinheit nicht zum Untergang des Reiches führte, obwohl dieses seinen ursprünglichen Sinn verloren hatte. Luther und seine fürstlichen Anhänger hatten an ihrer Reichstreue niemals Zweifel aufkommen lassen. In einem noch immer beweglichen Verfassungssystem seit langem an Auseinandersetzungen mit dem Kaiser um die beiderseitigen Rechtspositionen gewöhnt, bereitete es den Reichsständen keine allzu große Mühe, auch den Religionskonflikt als eine Rechtsfrage zu interpretieren. So erklärt es sich auch, daß die katholischen Fürsten neutral blieben, als Moritz von Sachsen 1552 die kriegerische Auseinandersetzung mit dem Kaiser wiederaufnahm. Es war, trotz des Bündnisses mit Frankreich, nichts anderes als eine nachdrückliche Mahnung, das offene und friedensgefährdende Religionsproblem einer Lösung zuzuführen. Der noch im selben Jahre zwischen König Ferdinand und den „*Kriegsfürsten*" geschlossene *Passauer Vertrag* sah eine einverständliche Regelung der Religionsfrage vor und führte zum Augsburger Religionsfrieden von 1555 (u. § 19).

3. Reichsgesetzgebung und Reichssteuerwesen

Neben der zwischen Kaiser und Reichsständen umstrittenen Religionsangelegenheit schritt die seit König Maximilian zu beobachtende rechtliche Verfestigung der Reichsinstitutionen weiter fort. Abzulesen ist dieser Prozeß vor allem an der Reichsgesetzgebung und an der allmählichen Institutionalisierung der Reichssteuern. Hervorzuheben ist die Reform des *Notariatswesens* in der Ordnung von 1512, die Bekämpfung wirtschaftlicher *Monopole* in den Ordnungen von 1523 und 1529, die wegweisenden Verhaltensregelungen der *Polizeiordnung* von 1530 (u. § 18 II.2), vor allem aber die Reform des Strafprozesses in der peinlichen Halsgerichtsordnung von 1532, der *Constitutio Criminalis Carolina* (Hofmann Nr. 13). Mit diesen Gesetzgebungswerken, die noch in der zweiten Hälfte des 16. Jahrhunderts vermehrt wurden, gelang es dem Reichstag trotz seines schwerfälligen Verfahrens, Herrschaftsträger und Untertanen an übergreifende Ordnungen als einer neuen Form der Reichspräsenz zu gewöhnen. Ähnliches gilt für das Steuerwesen, welches erheblich zur Reintegration des Reiches nach den Krisen des 15. Jahrhunderts beigetragen haben dürfte. Der als Türkensteuer gedachte gemeine Pfennig wurde in der ersten Hälfte des 16. Jahrhunderts mehrmals ausgeschrieben. War sein finanzieller Ertrag auch gering, so festigte er doch die zwischen den Untertanen, den Territorialgewalten und dem Reich bestehenden Verbindlichkeiten. Das gilt in noch stärkerem Maße von der Reichsmatrikel. Sie erbrachte zwar für die Türkenabwehr wenig. Aber es gelang doch, auf ihrer Grundlage durch den seit 1548 jährlich erhobenen sog. „*Kammerzieler*" den Unterhalt des Kammergerichts zu sichern. Die Nachahmung des anderswo und in den Territorien längst realisierten Steuerstaates schuf ein verbindliches System, in welchem die verfassungsrechtliche Stellung und Verpflichtung der meisten Reichsangehörigen nicht mehr umstritten sein konnte.

§ 16. Einungen und korporative Verfassungsformen

Quellen: *E. Fabian* (o. § 15); *G. Pfeiffer,* Quellen zur Geschichte der fränkisch-bayerischen Landfriedensorganisation im Spätmittelalter, 1975; *R. Sprandel,* Quellen zur Hanse-Geschichte (FSGA, Reihe A, Bd. 36), 1982.
Schrifttum: *H. Angermeier,* Die Funktion der Einung im 14. Jahrhundert, ZbLG 20 (1957) 475 ff.; *ders.,* Städtebünde und Landfrieden im 14. Jahrhundert, HJb 76 (1957) 34 ff.; *E. Böhme,* Das fränkische Reichsgrafenkollegium im 16. und 17. Jahrhundert, 1989; *H. Carl,* Der Schwäbische Bund 1488–1534, 2000; *E.-M. Distler,* Städtebünde im deutschen Spätmittelalter, 2006; *P. Dollinger,* Die Hanse, 5. Aufl. 1998; *H. Duchhardt,* Reichsritterschaft und Reichskammergericht, ZHF 5 (1978) 315 ff.; *F.J. Felten* (Hrsg.), Städtetage im Wandel der Geschichte, 2006; *S. Frey,* Das Gericht des Schwäbischen Bundes 1488–1534, in: *J. Engel* (Hrsg.), Mittel und Wege früher Verfassungspolitik, 1979, 224 ff.; *G. Haug-Moritz,* Der Schmalkaldische Bund 1530–1541/42, 2002; *G. Kleinheyer,* Kurverein und Kurkolleg, FS W. Flume, 1978, 125 ff.; *H. Maurer* (Hrsg.), Kommunale Bündnisse (o. § 3 Anhang z. 7); *H.-M. Möller,* Das Regiment der Landsknechte, 1976; *K. Mommsen,* Eidgenossen, Kaiser und Reich, 1958; *H. Obenaus,* Recht und Verfassung der Gesellschaften mit St. Jörgenschild in Schwaben, 1961; *V. Press,* Die Bundespläne Kaiser Karls V. und die Reichsverfassung, in: *H. Lutz* (Hrsg.), Das römisch-deutsche Reich im politischen System Karls V., 1982, 55 ff.; *ders.,* Kaiser Karl V., König Ferdinand und die Entstehung der Reichsritterschaft, 2. Aufl. 1980; *ders.* (Hrsg.), Alternativen zur Reichsverfassung in der Frühen Neuzeit?, 1995; *A. Ranft,* Adelsgesellschaften, 1994; *G. Schmidt,* Der Städtetag in der Reichsverfassung, 1984; *ders.,* Der Wetterauer Grafenverein, 1989; *Th. Schulz,* Die schwäbische Reichsritterschaft. Grenzen und Möglichkeiten adeliger Autonomie im deutschen Südwesten, in: *H. Timmermann* (Hrsg.), Die Bildung des frühmodernen Staates – Stände und Konfessionen, 1989, 149 ff.

I. Das ältere Einungswesen des 13. und 14. Jahrhunderts

1. Die Einung als Verfassungsalternative

Eine Darstellung der deutschen Verfassungsgeschichte ohne ein Kapitel über das vom 13. bis zum 17. Jahrhundert blühende Einungs- und Korporationswesen wäre unvollständig. Die verfassungsgeschichtliche Entwicklung des Reiches läßt sich in dieser Zeit nicht auf die Polarität von Reich und Territorialstaat reduzieren. Jederzeit und in immer neuen Varianten bietet die Möglichkeit der Einung eine Verfassungsalternative, eine anerkannte Form des Verfassungslebens, welche *„zunächst allein wahrhaft schöpferisch auftrat"* (O. v. Gierke). Das Prinzip der Einung ist schon an anderer Stelle erörtert worden (o. § 14 II). Hier ist zu ergänzen, daß sich durch solche Schwurgenossenschaften nicht nur die innerstädtischen und -dörflichen Sozialbeziehungen organisieren ließen. Auch die Herrschaftsträger selbst, Fürsten und Städte, sogar der König, bedienten sich der Einung, um Frieden unter den Schwurgenossen und den allgemeinen Landfrieden zu sichern. Die seit der Mitte des 13. Jahrhunderts zu beobachtenden Städtebünde, Eidgenossenschaften, Landfriedenseinungen begründen darüber hinaus nicht selten ein kohärentes politisches System, welches dem des Reiches überlegen ist. Die eidliche Verpflichtung auf eine gemeinsam entworfene Ordnung erwies sich ebenso wie der zugleich beschworene Gehorsam gegenüber den Bundesorganen als eine besonders effiziente Form rechtlicher Bindung. Dies nicht nur deshalb, weil der Eidesbrüchige durch die Friedensexekution der benachbarten Schwurgenossen rasch zur Räson gebracht werden konnte. Es war darüber hinaus die Flexibilität der Vertragswerke, welche die Schaffung ordnungspolitisch erwünschter Pflichten gestattete, die dem Rechtsherkommen – etwa den lehnsrechtlichen Beziehungen zum König – nicht zu entnehmen waren. Die Attraktivität der Einungen auch im verfassungspolitischen Leben des Reiches ist daher nur zu gut verständlich. Noch in der Mitte des 16. Jahrhunderts war es daher keineswegs ausgemacht, ob das Reich nicht als Reichsbund eine völlig neue Verfassungsform finden würde.

2. Städtebünde

Regionale *Landfriedenseinungen* mit und ohne Geheiß oder Beteiligung des Königs sind uns schon früher begegnet (o. § 12 III.1). Noch größere politische Bedeutung kam zuweilen den Städtebünden zu. Dies gilt vor allem für den 1254 gegründeten *Rheinischen Bund,* mit welchem die mittelrheinischen Handelszentren in einer Schwächeperiode des Königtums die Aufhebung unberechtigter Rheinzölle und die Sicherung des Landfriedens erzwingen wollten. Diese Schwureinung, der bald auch viele Fürsten beitraten, erstreckte sich von Zürich bis Bremen. Sie lehnte sich bewußt an den Mainzer Reichslandfrieden an (o. § 10 II.4). Die innere Organisation des Rheinischen Bundes enthält bereits jene beiden Elemente, die für Vereinigungen dieser Art bis in das 16. Jahrhundert hinein maßgebend bleiben sollten: das Schiedsgericht für Streitigkeiten zwischen den Bundesgliedern und Vorkehrungen für einen militärischen Apparat, der im Falle des Friedensbruches möglichst rasch eingesetzt werden konnte. Als 1255 nach dem Tode Konrads IV. und der Anerkennung des Gegenkönigs Wilhelm von Holland (o. § 11 I.1) durch den Rheinischen Bund dieser vom König bestätigt wurde, schien es, als organisiere sich das Reich insgesamt neu nach dem Prinzip der Einung. Nicht schon der frühe Tod König Wilhelms, wohl aber die Doppelwahl des Jahres 1257 (o. § 11 I.1) machte diese Möglichkeit zunichte. Die Städtebünde des 14. Jahrhunderts vermochten eine vergleichbare verfassungsrechtliche Stellung nicht mehr zu erlangen, weil sie in zunehmendem Maße mit dem Widerstand der Fürsten rechnen mußten. So blieben die städtischen Schwureinungen unter Ludwig IV. ebenso Episode wie der große *Schwäbische Städtebund* von 1376, dessen Organisation dem alten Rheinischen Städtebund vergleichbar war. Im Krieg mit den Fürsten unterlagen die Städte 1388. Sie mußten zunächst auf alle Einungen verzichten, nach einem Gebot König Ruprechts von 1404 jedenfalls insoweit, als nicht der König zustimmt. In den königsfernen Landschaften an Nord- und Ostsee vermag sich freilich die *Hanse* zu einer politischen und militärischen Macht ersten Ranges zu entwickeln. Diese zwischen London und Novgorod operierende Organisation bildete ein Bündnissystem eigener Art. Sie verfolgte primär wirtschaftliche Ziele und betrieb eine politische Kooperation, in welcher – ohne eigene Gerichtsbarkeit – die bloße Friedenssicherung in den Hintergrund trat. Größere Konflikte wurden auf der Bundesversammlung, den sog. Hansetagen, verhandelt.

Das Bedürfnis moderner Rechtslogik, Einungen im Sinne bloßer Bündnisse von Korporationen mit einer rechtlichen Binnenordnung zu unterscheiden, läßt sich am Quellenstoff des späten Mittelalters nicht befriedigen. Die Übergänge sind fließend, weil die Zeitgenossen in anderen Alternativen dachten. Die von ihnen erstrebte Friedensordnung unter den Bundesangehörigen und die Sicherheit gegenüber äußeren Feinden konnten auch durch ein relativ lockeres Bundessystem, wie etwa in der Hanse, verwirklicht werden. Typisch für viele Einungen ist aber doch eher die Tendenz, einer Region eine sichere rechtliche Ordnung zu geben. Daraus konnten sich unter günstigen Bedingungen Ansätze zur Staatsbildung entwickeln.

3. Die „Schweizerische" Eidgenossenschaft

Nur so ist die Geschichte der 1291 von Uri, Schwyz und Unterwalden gebildeten „Schweizerischen" Eidgenossenschaft zu verstehen. Sie bietet unter den vielen Einungen des Reiches zunächst nichts Auffälliges, abgesehen von einer seltener anzutreffenden Beständigkeit, die aus der geographischen Randlage und anhaltenden militärischen Erfolgen resultiert. Infolge der Eliminierung der hochadeligen Herrschaftsrechte gerät die schweizerische Eidgenossenschaft jedoch am Ende des 15. Jahrhunderts auch verfassungsstrukturell an den Rand des Reiches, da sich der Reichstag als ein vom regierenden Adel beherrschtes Gremium formiert. Die Distanz zwischen den beiden politischen Systemen wird 1499 durch den Schwaben- oder Schweizerkrieg noch vertieft, in dem sich die feudalen Eidgenossen des Schwäbischen Bundes (u. II.1) und die Eidgenossen der Schweiz gegenüberstehen. Diese lehnten die Reichsreform mit der Zuständigkeit des Reichskammergerichts ab, da sie – in der Tat – dem alten Recht widersprach. Militärisch erfolgreich, standen die in der Eidgenossenschaft verbundenen Orte nun faktisch außerhalb der Reichsorganisation.

II. Ansätze einer Reorganisation des Reiches

1. Der Schwäbische Bund

Angesichts der Effektivität mancher Einungen überrascht es nicht, daß auch im Rahmen der Reichsreformbestrebungen (o. § 15) Projekte erörtert werden, die auf eine Reorganisation des Reiches durch Bündnisse hinauslaufen. Das Ziel ist die Verbesserung der Friedensexekution. So wurde in den Jahren 1463 und 1464 erwogen, die fürstlichen Fehdekontrahenten dieser Zeit in einer Einung mit dem Kaiser zusammenzuschließen und damit einer wirksamen Friedensregelung zu unterwerfen. 1488 tritt auf Betreiben des Kaisers die verfassungsgeschichtlich bedeutendste Einung ins Leben: der *Schwäbische Bund*. Er wurde zwar nicht nur gegründet, um den Landfrieden zu sichern, sondern auch, um der expansiven wittelsbachischen Politik entgegenzutreten. Doch faßt er für ein halbes Jahrhundert in einer kritischen Entwicklungsphase der Reichsverfassung die politischen Kräfte der königsnahen Landschaften von Schwaben bis nach Franken und an den Mittelrhein zusammen: die Ritterschaft und die Reichsstädte, Grafen und Fürsten, schließlich auch Bayern. Dem Frieden innerhalb des Bundes diente ein Gericht, das sich unter zunehmender Professionalisierung von einer schiedsrichterlichen Austrägalinstanz zu einer ständig mit Juristen besetzten Institution entwickelte, welcher wiederum ein gütlicher Austrag vorgeschaltet war. Die Pflicht der Bundesmitglieder, dieses Gericht in Anspruch zu nehmen, verlieh ihm bald den Charakter eines „ordentlichen" Spruchkörpers. Die Vollstreckung betrieb der Richter durch Verhängung von Geldstrafen oder Vorlage der Sache in der Bundesversammlung, welche die militärische Exekution beschließen konnte. Zur Finanzierung seiner Einrichtungen erhob der Schwäbische Bund sogar Steuern. Er hat insgesamt recht erfolgreich agiert, am spektakulärsten freilich, als er 1525 den Bauernkrieg im Sinne der Fürsten beendete. Erst in den Spannungen der Reformationszeit kam eine Einigung über die Verlängerung des befristeten, 1534 auslaufenden Bundesvertrages nicht mehr zustande.

2. Konfessionsbünde

Dafür kamen nun Bündnisse auf, in denen sich der unterschiedliche Friedensbegriff der Religionsparteien (o. § 15 III.2) widerspiegelte und die daher als Friedensstörer besonders den religionspolitischen Gegner ansehen mußten. Die Konfessionsbünde wachsen nahtlos aus dem spätmittelalterlichen Einungswesen heraus. Die 1524 errichtete *Regensburger Einung* Österreichs, Bayerns und einiger Bischöfe zur Durchsetzung des Wormser Edikts hatte zwar noch primär zum Ziel, gerade die Bischöfe dem politischen Willen der weltlichen Territorialherren zu unterwerfen. Aber schon der 1525 gegründete *Dessauer Bund* will den durch die Bauernaufstände gestörten Landfrieden mit Maßnahmen gegen die „*Lutherische Sekte*" wiederherstellen. Ein Jahr später verbünden sich Kurfürst Johann von Sachsen und Landgraf Philipp von Hessen, um die reichsständische Freiheit mit evangelischen Argumenten gegen die Ansprüche der kaiserlichen Monarchie zu verteidigen. Sie sind auch 1531 führend am *Schmalkaldischen Bund* beteiligt, dessen Verfassung in mancher Hinsicht die des Schwäbischen Bundes nachzuahmen versucht (*Hofmann* Nr. 11). Der vollständige militärische Zusammenbruch dieses Bundessystems 1546 (o. § 15 III.2) gab dem Kaiser nochmals Gelegenheit, ein eigenes großes Bundesprojekt zur Stabilisierung der Reichsverfassung zu verfolgen.

3. Das „Reichsbund"-Projekt Kaiser Karls V.

1547/48 fanden unter großer Beteiligung der Reichsstände und der Ritterschaft Verhandlungen über ein „Reichsbund"-Projekt statt, das den größten Teil des Reiches umfassen sollte. Es trägt seinen heute geläufigen Namen sehr zu Unrecht, zielte es doch eher auf die Errichtung eines „*kaiserlichen Bundes*" (V. Press). Denn Karl V. hatte nichts Geringeres im Sinn, als einen Gerichts- und Exekutionsapparat zu schaffen, der die bestehenden Institutionen des Reiches, wohl auch den Reichstag selbst, entwertet hätte. Der Bundesplan des Kaisers fügt sich also in die Linie seiner monarchischen Politik ein. Nichts ist daher weniger verwunderlich als das Scheitern des Projekts. Sein religionspolitischer Nutzen für die Altgläubigen wurde auch in den Augen katholischer Kurfürsten und Fürsten mehr als aufgewogen durch die Gefahren, welche der reichsständischen Libertät in diesem Bunde drohten. Die regierenden hochadeligen Dynastien waren auch nicht bereit, die nach dem Vorbild des Schwäbischen Bundes angestrebte Aufwertung der kleinen Herrschaftsträger im Reiche, der Ritter und der Reichsstädte, hinzunehmen. Der verfassungsrechtliche Umbau des Reiches auf der Grundlage des Einungsprinzips scheiterte also letztlich an der Stärke der Fürstenstaaten. Karl V. mußte daher auch erfolglos bleiben, als er 1552/53 nochmals über ein Bundesprojekt verhandelte.

4. Die Kurien des Reichstages

Das Einungswesen hat aber schließlich doch auch der Reichsverfassung seinen Stempel aufgedrückt. Die eigentümlichen Kurien des Reichstags, die Ratskollegien der Kurfürsten, Fürsten und Reichsstädte (o. § 15 II.1) sowie die Zusammenfassung der Grafen und Prälaten in „Kuriatstimmen" sind nicht das Ergebnis kühler Konstruktion und auch nicht lediglich Konsequenz ständischen Denkens. Soweit es der heutige Forschungsstand erkennen oder vermuten läßt, hat schon vor der seit

§ 16. Einungen und korporative Verfassungsformen   115

1486 zu beobachtenden Etablierung der Reichstagsverfassung die ständische Solidarität und Kooperation zu „Vereinen" oder „Tagen" der einzelnen ständischen Gruppen geführt, die dann auch als geschlossenes Ganzes
im Reichstag zusammentreten. So finden sich die Kurfürsten seit 1338 (o. § 11 II.1), vor allem aber im 15. Jahrhundert, in einer Reihe von „*Kurvereinen*" zusammen, um gemeinsam interessierende politische Fragen zu beraten und Bündnisabsprachen zu treffen. Die Reichsstädte treten seit 1471 im Widerstand gegen die damals vorgesehene Türkensteuer (o. § 15 I.4) auf *Städtetagen* zusammen, die rasch institutionelle Formen finden und die korporative Basis bilden, welche den Zugang zum Reichstag eröffnete. Nicht anders haben wir uns den Eintritt von Grafen- und Prälatenkollegien in die Fürstenkurie vorzustellen.

5. Die Reichsritterschaft

Andere, aber nicht weniger tiefgreifende Konsequenzen hatte die korporative Politik der schwäbischen, fränkischen und rheinischen Ritterschaft, welche deren Konstituierung als reichsunmittelbare Ritterschaft wesentlich förderte. Die ritterlichen Reichsvasallen der Stauferzeit hatten im Spätmittelalter längst auch Lehnsbeziehungen zu den benachbarten Fürsten hergestellt, deren politischen Schutz vor Gericht gesucht und in Landtagsverhandlungen Rat und Hilfe gewährt. Das 15. Jahrhundert kennt noch keinen klar definierbaren Status niederadeliger Reichsfreiheit. Um so ausgeprägter entwickelt sich, gefördert durch ein Privileg König Sigismunds von 1422, ein buntes ritterschaftliches Einungswesen. Es greift mit Fehdeverboten und Schiedsgerichten, Hauptleuten und Exekutionsmaßnahmen gegen Eidbrüchige an sich nur die geläufigen Instrumente der Einungspolitik auf, erzielt am Ende aber doch durchschlagende verfassungsrechtliche Konsequenzen. Denn die Ziele der Rittergesellschaften erschöpfen sich nicht in der Wahrung des inneren Friedens. Sie bündelten ein altfeudales Standesbewußtsein, das sich zunehmend gegen die in der zweiten Hälfte des 15. Jahrhunderts rasch wachsende Macht des Fürstenstaates sperrte, nicht zuletzt durch die Weigerung, nach dem 1471 erfundenen Modell Reichssteuern an die Fürsten abzuführen (o. § 15 I.4). Der ritterliche Vasall behauptete beharrlich, seinem Herrn nur zum Dienst mit Leib und Leben, nicht wie der *„gemeine Mann"* zur Steuerzahlung verpflichtet zu sein. Dieser Unterschied hatte keine wesentlichen verfassungsrechtlichen Folgen mehr, wo jedenfalls die Hintersassen der Ritter seit langem von kräftigen Territorialgewalten besteuert wurden, wie etwa in Bayern und Sachsen. In Schwaben, Franken und am Rhein hatte sich die Ritterschaft gegenüber den Forderungen des entstehenden Steuerstaates aber weitgehend resistent gezeigt. Die neu aufkommende Reichssteuerproblematik stimulierte nur noch den Freiheitswillen der Ritterschaft, den auch der Kaiser immer wieder in sein politisches Kalkül einzubeziehen verstand. Die schwäbische *Rittergesellschaft mit St. Jörgenschild* (*Hofmann* Nr. 4) bildete den Kern des Schwäbischen Bundes (o. II.1). So bleiben die Versuche eines *Franz von Sickingen* 1522/23 und einiger fränkischer Gesinnungsgenossen, das ritterliche Fehderecht gegen die sich staatlich organisierende Umwelt mit Gewalt zu behaupten, Randerscheinungen. Als 1542 angesichts erneuter türkischer Erfolge ein gemeiner Pfennig bewilligt wird und der König zugleich die Ritterschaft zum Kriegszug auffordert, verweigert diese die Steuerleistung nicht mehr. Die schon bestehende bündische Kantonalorganisation wird zur Erhebung der direkt an den Kaiser zu leistenden Steuerhilfe genutzt. Die Organisation der Reichsritterschaft war damit geboren, ihre Reichsunmittelbarkeit nicht mehr zu leugnen.

§ 17. Landesherr und Landstände im Obrigkeitsstaat

Quellen: *A. Kern,* Deutsche Hofordnungen des 16. und 17. Jahrhunderts, Bd. 1–2, 1905–1907; *A. Laube* (Hrsg.), Flugschriften vom Bauernkrieg zum Täuferreich (1526–1535), 2 Bde, 1992; *M. Mayer,* Quellen zur Behördengeschichte Bayerns, 1890; *W. Näf,* Herrschaftsverträge des Spätmittelalters (Quellen zur neueren Geschichte, H. 17), 2. Aufl. 1975; Die österreichische Zentralverwaltung, Abt. 1, Bd. 1–2, 1907.

Schrifttum: *P. Blickle,* Die Funktion der Landtage im „Bauernkrieg", HZ 221 (1975) 1 ff.; *ders.,* Die Revolution von 1525, 3. Aufl. 1993; *ders.,* Landschaften im Alten Reich, 1973; *H. Boockmann* (Hrsg.), Die Anfänge der ständischen Vertretungen in Preußen und seinen Nachbarländern, 1992; *K. Bosl,* Die Geschichte der Repräsentation in Bayern, 1974; *H. Buszello,* Der deutsche Bauernkrieg von 1525 als politische Bewegung, 1969; *ders., P. Blickle* u. *R. Endres* (Hrsg.), Der deutsche Bauernkrieg, 2. Aufl. 1990; *F. L. Carsten,* Princes and Parliaments in Germany, 1959, Neudr. 1971; *H. J. Cohn,* The Government of the Rhine Palatinate in the fifteenth Century, Oxford 1965; *G. Dilcher,* Vom ständischen Herrschaftsvertrag zum Verfassungsgesetz, Der Staat 27 (1988) 161 ff.; *G. Droege,* Die finanziellen Grundlagen des Territorialstaates in West- und Ostdeutschland an der Wende vom Mittelalter zur Neuzeit, VSWG 53 (1966) 149 ff.; *G. Greindl,* Untersuchungen zur bayerischen Ständeversammlung im 16. Jh., 1983; *R. Heydenreuter,* Rechtspflege im Herzogtum Bayern in der Mitte des 16. Jahrhunderts (Ius Commune, Sonderh. 53), 1991, 262 ff.; *O. Hintze,* Hof- und Landesverwaltung in der Mark Brandenburg unter Joachim II., in: *ders.,* Regierung und Verwaltung (Ges. Abh., Bd. 3), 2. Aufl. 1967, 204 ff.; *M. Lanzinner,* Fürst, Räte und Landstände. Die Entstehung der Zentralbehörden in Bayern 1511–1598, 1980; *ders.,* Herrschaftsausübung im frühmodernen Staat. Zur Regierungsweise Herzog Wilhelms V. von Bayern, ZbLG 51 (1988) 77 ff.; *H. Lück,* Die landesherrliche Gerichtsorganisation Kursachsens in der Mitte des 16. Jahrhunderts (Ius Commune Sonderh. 53), 1991, 287 ff.; *ders.* Die kursächsische Gerichtsverfassung 1423–1550, 1997; *A. Metz,* Der Stände oberster Herr. Königtum und Landstände im süddeutschen Raum zur Zeit Maximilians I., 2009; *R. A. Müller,* Der Fürstenhof in der Frühen Neuzeit, 2. Aufl. 2004; *W. Näf,* Herrschaftsverträge und Lehre vom Herrschaftsvertrag (1949), in: *H. Rausch* (Hrsg.), Die geschichtlichen Grundlagen der modernen Volksvertretung, Bd. 1, 1980, 212 ff.; *ders.,* Frühformen des „modernen Staates" im Spätmittelalter, HZ 171 (1951) 225 ff.; *G. Oestreich,* Ständetum und Staatsbildung in Deutschland, Der Staat 6 (1967) 61 ff.; *G. Pfeiffer,* Der Bauernkrieg (1525). Offene Fragen – kontroverse Antworten, Jb. fränk. LG 50 (1990), 123 ff.; *V. Press,* Die Ritterschaft im Kraichgau zwischen Reich und Territorium 1500–1623, ZGO 121 (1974) 35 ff.; *ders.,* Steuern, Kredit und Repräsentation – Zum Problem der Ständebildung ohne Adel, ZHF 2 (1975) 59 ff.; *ders.,* Formen des Ständewesens in den deutschen Territorialstaaten des 16. und 17. Jahrhunderts, in: *P. Baumgart* (Hrsg.), Ständetum und Staatsbildung in Brandenburg-Preußen, 1983, 280 ff.; *ders.,* Kommunalismus oder Territorialismus? Bemerkungen zur Ausbildung des frühmodernen Staates in Mitteleuropa, in: *H. Timmermann* (Hrsg.), Die Bildung des frühmodernen Staates – Stände und Konfessionen, 1989, 109 ff.; *ders.,* Finanzielle Grundlagen territorialer Verwaltung um 1500, Der Staat, 1991, Beih. 9, 1 ff.; *T. Qualisch,* Das Widerstandsrecht und die Idee des religiösen Bundes bei Thomas Müntzer, 1999; *H. Rausch* (Hrsg.), Die geschichtlichen Grundlagen der modernen Volksvertretung, Bd. 2: Reichsstände und Landstände, 1974; *B. Schildt,* Bauer, Gemeinde, Nachbarschaft. Verfassung und Recht der Landgemeinde Thüringens in der frühen Neuzeit, 1996; *A. Schmauder,* Württemberg im Aufstand – der Arme Konrad 1514, 1998; *B. Chr. Schneider,* Ius reformandi. Die Entwicklung eines Staatskirchenrechts von seinen Anfängen bis zum Ende des alten Reiches, 2000; *E. Schubert,* Die Landstände des Hochstifts Würzburg, 1967; *ders.,* Steuer, Streit und Stände. Die Ausbildung ständischer Repräsentation in niedersächsischen Territorien des 16. Jahrhunderts, Niedersächsisches Jahrbuch 63 (1991) 1 ff.; *ders.* (o. § 13); *ders.,* Die Umformung spätmittelalterlicher Fürstenherrschaft im 16. Jahrhundert, RhVjBll 63 (1999) 204 ff.; *G. Seebas,* Artikelbrief, Bundesordnung und Verfassungsentwurf – Studien zu den drei zentralen Dokumenten des südwestdeutschen Bauernkrieges (Abh. d. Heidelberger Akad. d. Wiss., Phil.-hist. Kl. 1), 1988; *F. Seibt* u. *W. Eberhardt* (Hrsg.), Europa (o. § 3 Anhang Z. 8); *Th. Simon,* Grundherrschaft und Vogtei. Eine Strukturanalyse spätmittelalterlicher und frühneuzeitlicher Herrschaftsbildung, 1995; *D. Willoweit,* in: DtVwG I, 289 ff.

§ 17. Landesherr und Landstände im Obrigkeitsstaat

I. Von der Landesherrschaft zum Territorialstaat

Unter den verfassungsgeschichtlichen Entwicklungen, welche das politische Gesicht Deutschlands im Übergang vom Mittelalter zur Neuzeit verändern, kommt dem Wandel der Landesherrschaft zum Territorialstaat die vielleicht größte Bedeutung zu. Mit diesem Schlagwort sollen zusammenfassend Erscheinungen bezeichnet werden, die eine gedankliche Verselbständigung der territorialen politischen Herrschaft gegenüber der Person des Herrschaftsinhabers erkennen lassen. Dahin gehören dauerhafte Verwaltungsinstitutionen mit objektivierten Aufgabenkreisen, die jetzt in besonderen Ordnungen geregelt werden; ferner Primogeniturordnungen, mit welchen das Territorium unter Ausschluß erbrechtlicher Ansprüche nachgeborener Söhne als Ganzes einem Herrschaftsnachfolger zugeordnet wird; endlich eine landständische Politik, die sich am Gesamtinteresse des Territoriums orientiert (u. IV). All dem ist zu entnehmen, daß jetzt auch das Territorium – wie viel früher schon das Reich (o. § 7 II.4) – vom jeweiligen Herrschaftsinhaber unabhängig gedacht wird. Der Territorial-„Staat" nimmt allmählich die Gestalt eines anstaltlichen Gebildes an, das die fortdauernden persönlichen Rechtsbeziehungen zwischen Landesherr und Untertan überlagert – aber auch nur überlagert, noch nicht im Sinne staatsbürgerlicher Gleichheit einebnet. Hier findet die Entwicklung der Herrschaft zum Staat vorerst ihre Grenze. Der persönliche Status der Untertanen bleibt ungleich, weil durch Herkommen und Stand, durch das engere oder fernere Verhältnis zum Landesherrn geprägt. Der Staat gilt noch nicht, wie seit der Aufklärung allgemein angenommen, als juristische Person, welcher das Staatsoberhaupt als Organ dient (u. § 25 II.1), sondern als Objekt eines eigentumsrechtlichen und ebenso exklusiven politischen Herrschaftsanspruchs des Fürsten. Für diesen steht seit dem ausgehenden 15. Jahrhundert die bald inflationär verwendete Vokabel „Obrigkeit", die auf das jetzt kraftvoll gehandhabte Gesetzgebungsrecht hinweist (u. § 18). Das Selbstverständnis der Territorialherren ist nun aber auch durch eine bis dahin unbekannte Komponente politischer Verantwortlichkeit mitbestimmt. Auch der Fürst erhält sein Herrscheramt von Gott und ist ihm rechenschaftspflichtig. Daraus erwächst sowohl eine neue Legitimation weltlicher Herrschaft wie auch die konfessionelle Prägung des Obrigkeitsstaates (u. § 20).

II. Die Ratskollegien am Hofe

1. Der Hofrat und sein Verfahren

Hier und da schon seit der Mitte des 15. Jahrhunderts, zunehmend seit der Wende zum 16. Jahrhundert, ist zu beobachten, daß der einst locker gefügte landesherrliche Rat als Hofrat mit einer schriftlich fixierten Kollegialverfassung neu organisiert wird. Das Gremium erhält nun, soweit nicht in kleinen Territorien der Landesherr selbst präsidiert, einen hohen Hofbeamten als ständigen Vorsitzenden, der mehrmals wöchentlich turnusmäßige Sitzungen durchführt. Die Zahl der Hofratsmitglieder ist festgelegt. Zunehmend gewinnen die Juristen an Gewicht, bis sie sich mit der hälftigen Besetzung der Hofratssitze neben den adeligen Räten zufriedengeben müssen. Das damit fixierte Organisationsgerüst füllen detaillierte

Verfahrensregeln aus. In Hinblick auf die spätere Entwicklung der staatlichen Institutionen sind dem Hofrat des frühen 16. Jahrhunderts Behördenstrukturen nicht mehr abzusprechen. Ihre rasche Verbreitung ist durch Reformmaßnahmen König Maximilians, die dieser nach dem Wormser Reformreichstag (o. § 15 II.2) am Königshof durchführte, wesentlich gefördert worden. Den 1497 reorganisierten kaiserlichen *Reichshofrat* haben Kursachsen und Bayern, Kurmainz und die Kurpfalz bald nachgeahmt. Im Laufe des 16. Jahrhunderts folgen die meisten anderen Territorien nach.

Der Hofrat ist zur Entlastung und daher anstelle des Landesherrn für alles zuständig, was diesem obliegt. Er hat sich um das fürstliche Regiment ebenso zu kümmern wie um Untertanenstreitigkeiten, welche die Beteiligten im Wege der *Supplikation* jederzeit vor ihren Herrn tragen können. Als Kompetenzen des Hofrats zeichnen sich daher frühzeitig die zwei großen Bereiche der politisch-diplomatischen Beratungs- und Verhandlungstätigkeit einerseits und der Partei- oder Justizsachen andererseits ab. Eine Unterscheidung von administrativer und jurisdiktioneller Gewalt ist dieser Zeit noch ganz fremd. Die Beratungen werden überwiegend durch politische oder individuelle Konfliktlagen ausgelöst. Daher ist es auch Ziel der Verfahrensregelungen, Sachvortrag und Beschluß in einer Sitzung nach Art eines Gerichtstermins zu erledigen. Die Praxis sah natürlich bald anders aus. Ein charakteristisches Verfahrenselement aus dieser Frühzeit der Kollegialbehörde überdauerte jedoch und prägt für Jahrhunderte die Prozesse der Meinungsbildung und politischen Entscheidung. Es handelt sich um die vom Vorsitzenden zur Herbeiführung eines Beschlusses durchgeführte „*Umfrage*". Zwar hat sich das Mehrheitsprinzip in dieser Zeit weitgehend durchgesetzt. Aber in einer ständisch gegliederten Gesellschaft und zumal in einem Kollegium, dem Amtsträger unterschiedlichen Ranges angehören, kann es eine beliebige Diskussionsfolge und gleichzeitige Abstimmung aller nicht geben. Der Vorsitzende „*kollektiert*" daher die „*Voten*" nach dem Rang der Ratsmitglieder. Die höhergestellten und älteren haben damit eine weit größere Chance, die Entscheidung zu beeinflussen, als die einfacheren und jüngeren Räte, denen andererseits eine gewisse Überlegungsfrist verbleibt. Das auf diese Weise einmal gewonnene Ergebnis wird in der Regel nicht mehr umgeworfen. Der Formalismus dieser Prozedur erinnert an mittelalterliche Verfahrensstrenge. Er hat zur Folge, daß sich außerhalb des Hofrates um den Fürsten ein engerer Kreis „*geheimer*" Ratgeber bildet, der später auch formell die wichtigsten politischen Angelegenheiten in die Hand nehmen wird (u. § 23 II.3).

2. Die Hofkammer

Neben dem umfassend zuständigen Hofrat entwickelt die zur Koordinierung des Einnahmewesens geschaffene Kammerverwaltung zunächst noch eine geringere Dynamik. König Maximilian hatte der 1498 errichteten *Hofkammer* die Beaufsichtigung und Kontrolle aller Einnahmen und Ausgaben aufgetragen. Die meisten Territorien übernehmen diese Einrichtung nur zögernd, wohl schon deshalb, weil sie mit einem zweiten Kollegialorgan personell überfordert gewesen wären. Zu lange auch war die oberste Aufsicht über die Einnahmen Sache eines einzigen Amtsträgers gewesen. Noch im 15. Jahrhundert scheute man sich nicht, die Gesamtheit der landesherrlichen Einnahmen an einen tüchtigen Kaufmann gut zu verpachten. Doch bahnt sich in der ersten Hälfte des 16. Jahrhunderts bald ein Wandel dieses privaten Wirtschaftsdenkens an. Da die Vermögensmasse des Kammergutes in der Regel zugleich den größten

Teil des Territoriums ausmachte, konnte sich die Kammerverwaltung nicht darauf beschränken, den Untertanen nur als Steuerschuldner zu erfassen. Die Zunahme der staatlichen Funktionen in dieser Zeit (u. § 18) und die Konfliktträchtigkeit vieler Kontakte zwischen Administration und gemeinem Mann führte in den Kammern schon im Laufe des 16. Jahrhunderts zu einem stark wachsenden Geschäftsanfall. Daraus ergab sich als ein erstes schwieriges Kompetenzproblem die Frage nach der Abgrenzung von Hofrats- und Kammerangelegenheiten. In späterer Zeit sollten die stark expandierenden Kammerbehörden die Grundlage der modernen Staatsverwaltung bilden (u. § 23).

3. Hofgericht, Gerichtswesen und Strafverfolgung

Für Rechtsstreitigkeiten stand nicht nur der Hofrat, sondern – mit unklarer Kompetenzabgrenzung – auch das Hofgericht zur Verfügung. Wie der König, so delegiert auch der Fürst sein Richteramt an adelige und gelehrte Räte. Die verfassungsgeschichtliche Bedeutung dieses Spruchkörpers liegt in seiner überall anzutreffenden Bestimmung als Appellationsinstanz. Während es vormals nur jeweils ein zuständiges Gericht gegeben hatte und die Schöffen im Zweifelsfalle Auskunft bei einem meist außerhalb des Territoriums gelegenen Oberhof einholen konnten, setzte sich jetzt nach dem Vorbild des römisch-kanonischen Prozesses der Gedanke durch, daß die im Rechtsstreit unterlegene Partei den Prozeß vor einem höheren Richter zur Überprüfung des erstinstanzlichen Urteils anhängig machen dürfe. Das Rechtsinstitut der Appellation kam den Herrschaftsinteressen der territorialen Obrigkeiten entgegen. Vielfach verboten sie die alten Anfragen bei den Oberhöfen und schrieben die Appellation vor. Damit gewinnt das Rechtswesen ein neues Gesicht. In den Händen landesherrlicher Beamter liegt nicht nur die richterliche Gebotsgewalt (o. § 13 I.3), sondern auch der Urteilsspruch. So wurde die fürstliche Autorität in einer neuartigen Weise gesteigert, und es waren die Prozeßparteien selbst, die durch die Einlegung eines Rechtsmittels dazu beitrugen. Dieser Mechanismus hatte seit dem späten 16. Jahrhundert auch vielfach zur Folge, daß die unteren Gerichtsinstanzen mit Juristen besetzt wurden und dort der selbsturteilende Richter die alte Schöffenverfassung zu verdrängen begann.

Im übrigen haften dem Gerichtswesen noch durchaus altertümliche Züge an. Daß 1532 für das Strafverfahren ein Reichsgesetz erlassen worden war (o. § 15 III.3), hatte keineswegs eine konsequente Strafverfolgung im Sinne des modernen Legalitätsprinzips zur Folge. Die alte Gewohnheit, gerade auch nach blutigem Streit und Totschlag Sühnevereinbarungen mit materiellen Ausgleichsleistungen und symbolischen Bußübungen abzuschließen, wurde vielfach weiterhin beobachtet. Die Obrigkeit begnügte sich damit, das Zustandekommen dieser Verträge zu kontrollieren. Peinlich, also an Leib und Leben, straften die Gerichte jedoch in der Regel, wenn Gemeinschaftsgüter – der Frieden und die Religion zum Beispiel – verletzt worden waren oder der Täter einen anderen Ausgleich nicht anbieten konnte.

4. Kirchenrat und Kriegsrat

Erwähnt zu werden verdienen schließlich die beiden frühesten „Fachbehörden", deren Materien weder mit einer traditionell-adeligen noch mit einer gelehrt-juristischen Bildung allein zu bewältigen und daher für die Beratung im Hofrat ungeeignet waren: der Kirchenrat und der Kriegsrat. Ersterer entsteht unter dem Namen

„Konsistorium" zunächst in den lutherischen Staaten, wird jedoch bald auch von katholischen Fürsten nachgeahmt (u. § 18 III.1). Letzterer steht mit dem Aufkommen besoldeter Heere im Zusammenhang. Organisiert gleichfalls nach dem Prinzip der kollegialen Beratung, gehörten diesen Gremien doch in erster Linie Männer an, die über Spezialwissen verfügten, Theologen also bzw. Heeresorganisatoren.

III. Die Dienstverhältnisse

Die Dienstverhältnisse der verschiedenen landesherrlichen Amtsträger und Diener sind auch im Obrigkeitsstaat so unterschiedlich geregelt, daß ein allgemeines Beamtenverhältnis noch nicht erkennbar ist. Einerseits erwerben adelige Amtleute eigene und sogar vererbliche Rechte an ihren Amtsstellungen, andererseits können die vertraglichen Beziehungen zum Landesherrn nach Zeitablauf oder Kündigung ihr Ende finden. Dennoch sind im 15. Jahrhundert einige typische Gemeinsamkeiten des Fürstendienstes zu erkennen, die später in das Beamtenrecht Eingang finden sollten. Es wird vielfach üblich, die Amtspflichten zu normieren und dabei den Bediensteten auch die Erfüllung allgemeiner Verhaltenspflichten, wie Unparteilichkeit und Unbestechlichkeit, abzufordern. Sie sollen die Untertanen und nicht zuletzt den Landesherrn selbst vor eigennützigem Handeln der Amtleute schützen. Diese auffällige Interessenparallelität von Fürst und Volk dürfte das seit dem späten Mittelalter langsam entstehende Bild des Beamten entscheidend geprägt haben. Es ist seine Verpflichtung zu primär normgebundenem Handeln, die ihn von beliebigen Dienstleuten außerhalb obrigkeitlicher Verhältnisse unterscheidet. Die Wirklichkeit entsprach diesem Leitbild häufig nicht. Klagen über die Unterdrückung der *„armen Leute"* sind weit verbreitet.

IV. Die Landstände

1. Interessen und Aufgaben

Die territorialstaatliche Verdichtung der Landesherrschaften fällt zusammen mit einer Intensivierung der landständischen Aktivitäten (o. § 13 II.4). Interessen und Aufgaben der Landstände ergaben sich weiterhin in erster Linie aus den Steuerforderungen des Landesherrn, welcher auf der Grundlage des mittelalterlichen, am Herkommen orientierten Rechtsdenkens höhere oder außerordentliche Abgaben nur selten einseitig befehlend durchsetzen konnte. Steigender Geldbedarf hatte daher zur Folge, daß sich die Landstände in vielen Territorialstaaten als eine dauerhafte Institution organisierten. Die Mitsprache im Finanzwesen zog naturgemäß auch eine Einflußnahme auf Schuldenangelegenheiten, Kriegspläne, Festungsbauten u. ä. nach sich. Häufiger sind die Landstände auch an der Gesetzgebung beteiligt, da ihre Grundherrschaften von dieser oft tangiert werden. Sie greifen in das politische Leben des Territorialstaats also vor allem insoweit ein, als sie selbst betroffen sind. Daraus resultiert auch ein Interesse am Staatsganzen, das sich im Widerstand gegen Verpfändungen, Verkäufe und Landesteilungen äußert. Nicht selten entstehen auch landständische Verwaltungseinrichtungen, ein zwischen den Landtagen tätiger Ausschuß oder eine ständige landständische Kasse, welche die Verwendung der erhobenen Gelder kontrollieren.

Zweifellos wirken die Landstände einer unumschränkten landesherrlichen Gewalt entgegen. Doch dürfen sie deswegen nicht als eine Art „konstitutionelle" Beschränkung landesherrlicher Alleinherrschaft mißgedeutet werden. Denn das absolutistische Prinzip (u. §§ 22 u. 23), die historische Voraussetzung allen konstitutionellen Denkens, war noch unbekannt. Die Landstände sind vielmehr als eine institutionelle Konsequenz spätmittelalterlicher Herrschaftsstrukturen zu begreifen. Sie tritt in Erscheinung nicht zuletzt auch unter dem Antrieb der mittelalterlichen Einungstendenzen (o. § 16). Zu Rat und Hilfe verpflichtet, versammeln sich als Stände die jeweils dazu Verpflichteten, in der Regel der niedere Adel, gewöhnlich „Ritterschaft" genannt, der grundbesitzende Klerus, die „Prälaten", die Vertreter der Landstädte, in Tirol und in der Fürstabtei Kempten selbst Bauern. Was so mittelalterlichen Wurzeln entspringt, trägt andererseits aber wesentlich zur Integration des Territorialstaates bei. Dieser erscheint nicht nur als ein Gebilde fürstlichen Herrschaftswillens, sondern akzeptiert und unterstützt auch von den wortführenden Schichten des Volkes. Dafür das Wort „Repräsentation" zu verwenden, kann nicht gänzlich sachfremd sein, ist der Vertretungsgedanke dem Spätmittelalter doch keineswegs fremd; seine zeitbedingte Gestalt ändert nichts am Prinzip.

2. Teilhabe am fürstlichen Rat

Der verbreitete Begriff des „Ständestaates" aber hat nur dort wirklich eine Berechtigung, wo eine geregelte landständische Beteiligung am landesherrlichen Rat zu beobachten ist. Da sich in diesem Gremium regelmäßig ohnehin Angehörige der einheimischen Ritterschaft finden, sind die Grenzen zwischen einem landesherrlich und einem landständisch beherrschten Rat nicht klar zu ziehen. Ganz überwiegend aber versammelt der Landesherr im Rat seine Vertrauensleute, mögen diese auch in Standessolidarität dem Landtag verbunden sein. In Brandenburg und Sachsen etwa ist eine Einflußnahme der Stände auf die Zusammensetzung des Rates überhaupt nicht festzustellen. In der Kurpfalz kommt eine Ständevertretung erst gar nicht zustande. In nicht wenigen größeren Territorien aber, in Bayern zum Beispiel, erzwingen die Landstände den Indigenat, d. h. die Berufung der Räte aus dem Kreis der Landeskinder. Zu einer regelrechten Mitregierung der Landstände im Rat kommt es aber seltener. So 1463 im Kurstaat Köln und 1486 in Kleve und Mark. Generell wissen in den geistlichen Staaten die Domkapitel an der Regierung der Hochstifte mitzuwirken. In weltlichen Fürstenstaaten schlägt die Stunde eines landständischen Regiments, wenn bei Minderjährigkeit des Thronfolgers eine vormundschaftliche Regierung einzurichten ist. Alle diese Erscheinungen kulminieren in der ersten Hälfte des 16. Jahrhunderts. Danach setzt sich zunehmend die fürstliche Obrigkeit als stärkere politische Kraft durch, soweit sie vorher überhaupt den Landständen einen Platz an der Spitze des Staates hatte einräumen müssen.

3. Verträge zwischen Fürst und Landständen

In einigen Territorien gelingt es den Landständen, dem Fürsten Generalprivilegien mit der Verbriefung adeliger Freiheitsrechte abzuringen. Da diesen Privilegien in der Regel politische Vereinbarungen zwischen Fürst und Adel zugrunde liegen, werden sie in der modernen Literatur „Herrschaftsverträge" genannt und typologisch mit der englischen *Magna Charta Libertatum* von 1215 und anderen, in Europa verstreut vorkommenden Dokumenten ähnlicher Art zusammengefaßt.

Aus dem Reiche freilich lassen sich nur wenige Beispiele derartiger Privilegien beibringen, etwa der *Vergleich mit den brandenburgischen Ständen* von 1472 und der *Tübinger Vertrag* von 1514. Es bereitet einige Mühe, diesen Quellenzeugnissen exemplarische Bedeutung beizumessen, zumal das württembergische Dokument auf kaiserlicher Einflußnahme beruht. Sicher hat der Tübinger Vertrag aber zu einer langfristigen Stabilisierung des Ständewesens in Württemberg wesentlich beigetragen (u. § 23 IV). Darüber hinaus konnte er viel später, seit der Aufklärung (u. § 25 II.4), als Zeugnis für eine deutsche Tradition freiheitlicher Rechtsgarantien dienen, da er auch einige Sätze gleichsam „menschenrechtlichen" Inhalts festschrieb. So z. B. das Versprechen des Landesherrn, niemand an Leib und Leben ohne „Urteil und Recht" zu strafen. Im frühen 16. Jahrhundert ging es jedoch noch nicht um die Gewährleistung allgemeiner Menschen- und Bürgerrechte, sondern um die Verteidigung herkömmlicher Rechtsgewohnheiten.

V. Verfassungspolitische Ziele im Bauernkrieg

1. Der Kampf um das alte Recht

Die verfassungspolitischen Zielvorstellungen, die hinter den revolutionären Ereignissen des Jahres 1525 zu erkennen sind, können hier nur andeutungsweise zur Sprache kommen. Der bekannteste Forderungskatalog der Bauern, die *Zwölf Artikel*, listet Anliegen auf, die überwiegend eine Erleichterung der aus der Sicht der Bauern angewachsenen Abgabenlast zum Ziel haben: Neuordnung des kirchlichen Zehnten und der bäuerlichen Leiherechte, Ermäßigung der Dienste und Abgaben, Abschaffung der im Erbfall zu erbringenden Leistungen, Herausgabe eingezogener Grundstücke der Allmende, Wiederzulassung zu Jagd, Fischerei und Holzeinschlag. Auf eine grundsätzlichere Reform der ständischen Ordnung zielte die Forderung auf Aufhebung der Leibeigenschaft, da Christus ja alle erlöst habe, *den Hirten gleich als wol als den Höchsten* – ein schon dem Sachsenspiegel bekannter Gedanke; auch die freie Wahl des Pfarrers und die gleichmäßige Handhabung der Strafgewalt spiegeln politische Vorstellungen wider, die über die bloße Wiederherstellung früherer, verloren geglaubter Rechtspositionen hinausgehen. Die Wissenschaft hat nicht ohne Grund im Kampf um das alte Recht eine wesentliche Ursache der Bauernkriegsunruhen erkannt. Es geht zugleich – wie schon im Aufstand des *Armen Konrad* 1514 – aber auch um ein „göttliches Recht", dessen Ursprung überzeitlicher Art ist und das eine dauerhafte, gerechte Ordnung herstellen soll.

2. Landständische Ideen im Bauernkrieg

Auch landständische Ideen bewegten die führenden Köpfe des Bauernkrieges. Wo der gemeine Mann auf Landtagen vertreten war, zeigten sich die Bauern bereit, in Verhandlungen einzutreten. Wo derartige Traditionen nicht bestanden, wie etwa in Franken, bezeichneten sich die Bauernhaufen kurzerhand selbst als *„Landschaft"*. Sowohl diese Tatsache wie auch die anfängliche Bereitschaft einiger Landesherren, auf Landtagen über die Forderungen der Bauern zu verhandeln, zeigen, wie tief der Gedanke landschaftlicher Repräsentation verwurzelt war. In ihm leben möglicherweise Erinnerungen an Volksversammlungen alter Zeiten fort. Es ist daher zweifelhaft, ob diese größte deutsche Revolution der Bauern und Bürger wirklich geeignet war, zu neuen Ufern gesellschaftlicher und staatlicher Organisation vorzustoßen. In ihrer Grundtendenz zutiefst konservativ, ist diese Bewegung eher als ein tragischer Versuch zu bewerten, dem harten Zugriff des zweckrational operierenden Obrigkeitsstaates zu entgehen.

§ 18. Wandlungen der Rechtsordnung: Die Entstehung des Gesetzgebungsstaates

Quellen: *W. Kunkel* u. *H. Thieme,* Quellen zur Neueren Privatrechtsgeschichte Deutschlands, Bd. 1–2, 1936–1938; *G. K. Schmelzeisen,* Polizei- und Landesordnungen, in: *W. Kunkel* u. *H. Thieme,* Quellen zur neueren Privatrechtsgeschichte Deutschlands, Bd. 2,1, 1968; *E. Sehling* (Hrsg.), Die evangelischen Kirchenordnungen des 16. Jahrhunderts, Bd. 1–5 (1902–1913), Bd. 6–8, 11–15 (1955–1980).

Schrifttum: *H. Boockmann* u. a. (Hrsg.), Recht und Verfassung im Übergang vom Mittelalter zur Neuzeit, Teil I-II, 1998–2001; *W. Brauneder,* Der soziale und rechtliche Gehalt der österreichischen Polizeiordnungen des 16. Jahrhunderts, ZHF 3 (1976) 205 ff.; *G. Chittolini* u. *D. Willoweit* (Hrsg.), Statuten (o. § 3 Anhang Z. 9); *B. Diestelkamp,* Das Verhältnis von Gesetz und Gewohnheitsrecht im 16. Jahrhundert – aufgezeigt am Beispiel der oberhessischen Erbgewohnheiten von 1572, FS H. Thieme z. 70. Geb., 1977, 1 ff.; *W. Ebel,* Geschichte der Gesetzgebung in Deutschland, 2. A. 1988; *S. Gagne r,* Studien zur Ideengeschichte der Gesetzgebung, 1960; *K. Härter* (Hrsg.), Policey und frühneuzeitliche Gesellschaft, 2000; *P.-M. Hahn,* Kirchenschutz und Landesherrschaft in der Mark Brandenburg im späten 15. und frühen 16. Jahrhundert, Jb. f. d. Gesch. Mittel- u. Ostdeutschlands 28 (1979) 179 ff.; *J. Heckel,* Lex Charitatis, 2. Aufl. 1973; *W. Janssen,* „ ... na gesetze unser lande ...". Zur territorialen Gesetzgebung im späten Mittelalter, Der Staat, Beih. 7 (1984) 7 ff.; *F.-L. Knemeyer,* Polizeibegriffe in den Gesetzen des 15. bis 18. Jahrhunderts, AöR 92 (1967) 153 ff.; *H.-W. Krumwiede,* Zur Entstehung des landesherrlichen Kirchenregimentes in Kursachsen und Braunschweig-Wolfenbüttel, 1967; *H. Lieberich,* Die Anfänge der Polizeigesetzgebung des Herzogtums Baiern, FS M. Spindler, 1969, 307 ff.; *H. Rankl,* Das vorreformatorische landesherrliche Kirchenregiment in Bayern (1378–1526), 1971; *G. Richter,* Die ernestinischen Landesordnungen und ihre Vorlaufer von 1446 und 1482, 1964; *H. Schlosser,* Rechtsgewalt und Rechtsbildung im ausgehenden Mittelalter, ZRG (GA) 100 (1983) 9 ff.; *ders.,* Rechtsetzung und Gesetzgebungsverständnis im Territorialstaat Bayern im 16. Jahrhundert, ZbLG 50 (1987) 41 ff.; *M. Weber,* Die schlesischen Polizei- und Landesordnungen der frühen Neuzeit, 1996; *ders.,* Bereitwillig gelebte Sozialdisziplinierung? Das funktionale System der Polizeiordnungen im 16. und 17. Jahrhundert, ZRG (GA) 115 (1998) 420 ff.; *D. Willoweit,* Gesetzgebung und Recht im Übergang vom Spätmittelalter zum frühneuzeitlichen Obrigkeitsstaat, in: *O. Behrens* u. *Chr. Link* (Hrsg.), Zum römischen und neuzeitlichen Gesetzesbegriff (Abh. d. Akad. d. Wiss. Göttingen, Phil.-hist. Kl., 3. Folge, 157), 1987, 123 ff.; *A. Wolf* (o. § 3 Anhang Z. 9); *W. Wüst,* Die „gute" Policey im Reichskreis, Bd. I-II, 2001/2003.

I. Voraussetzungen

1. Die Ausbreitung gelehrter Juristen

Hatten die Universitätsgründungen von *Prag* 1347/48 und *Wien* 1365 jedenfalls Wege aufgezeigt, wie derartige Einrichtungen auch nördlich der Alpen, fern von den alten Bildungszentren Italiens und Frankreichs, etabliert werden konnten, so waren es doch die Universitäten im Altsiedelland, deren Errichtung eine spürbare Erhöhung der Juristendichte in Deutschland nach sich zog. Die vom Papst für die ganze Christenheit privilegierten und daher so genannten Generalstudien von *Heidelberg* (seit 1386), *Köln* (1388/89), *Erfurt* (1389/92), *Würzburg* (1402 bis 1419),

Leipzig (1409), *Rostock* (1419) und *Löwen* (1425/26) waren vor allem des juristischen Studiums wegen ins Leben gerufen worden. Wer dort studiert hatte oder sogar zum *baccalaureus, licentiatus* oder *doctor* graduiert worden war, konnte mit einer hervorragenden Karriere rechnen, vornehmlich als Propst oder Dekan einer Dom- oder Stiftskirche. Denn diese frühen deutschen Juristen waren allesamt Kleriker, und ihr wichtigstes Arbeitsfeld – neben diplomatischen Missionen – war vorerst das Kirchenrecht. Doch bald erkannten nicht nur Könige und führende Fürstenhöfe die Vorteile der juristischen Bildung, sondern auch Ratskollegien großer Städte. In der Mitte des 15. Jahrhunderts setzt ein Prozeß ein, den man als „Verbürgerlichung" der Jurisprudenz bezeichnen kann. Hinter den nun gegründeten Universitäten stehen schon ganz eindeutig landesfürstliche Interessen, so in *Freiburg* (1455/60), *Greifswald* (1465), *Ingolstadt* (1459/72), *Tübingen* (1476/77), *Wittenberg* (1502) oder *Frankfurt/Oder* (1506). Erst recht gilt das für nachreformatorische Gründungen wie *Marburg* (1527), *Königsberg* (1544).

Da die Jurisprudenz auch Bürgersöhnen chancenreiche Aufstiegsmöglichkeiten bot, nahm die Zahl der Juristen rasch zu. Die von ihnen erlernte Methode erforderte nicht unbedingt die Anwendung des römischen Rechts, wohl aber, daß Recht nicht nur mündlich weitergegeben – und verändert – wird, sondern schriftlich fixiert und verbindlich normiert werde. Es handelt sich daher nicht um ein zufälliges Zusammentreffen, daß mit der Vermehrung der Juristen auch eine Epoche intensiver gesetzgeberischer Aktivitäten beginnt. Die Reihe der großen Gesetzgebungswerke setzt in Nürnberg ein und damit in jener Stadt, die in Deutschland am frühesten auf qualifizierte juristische Mitarbeiter Wert gelegt hatte. Auch an anderen Orten sind bedeutende Gesetze mit den Namen bekannter Juristen verbunden (u. II.1).

2. Vorformen der Landesgesetzgebung

Die einer Landesherrschaft im 13. und 14. Jahrhundert unterworfenen Menschen wurden als Grund- oder Vogtholden, als Stadtbürger oder Vasallen nach Maßgabe ihrer jeweils besonderen Rechtsverhältnisse regiert (o. § 13 II.5). Für eine Normsetzung im Sinne der Schaffung abstrakter genereller Regeln, die diese verschiedenen Personengruppen zugleich hätten erfassen können, fehlten alle gedanklichen Voraussetzungen. So führte die dem Rechtsdenken seit geraumer Zeit geläufige Verknüpfung von Herrscheramt und Rechtssetzungsbefugnis (o. § 12 III.2) in der Landesherrschaft nur hier und dort zum Erlaß einzelner Stadt- und Gerichtsordnungen. Immerhin sind in dieser bescheidenen Gesetzgebungsaktivität Vorformen der Landesgesetzgebung zu erkennen. Zu ihnen dürfen wir auch die regionalen Landfrieden rechnen, welche zur Egalisierung der Rechtsordnung in den erfaßten Territorien beigetragen haben. Doch bleibt der Zweck der Landfrieden begrenzt, ihre Verbindlichkeit an Einung und Eid gebunden. Die Grundfigur des von den Landesherren im Laufe des 15. Jahrhunderts zunehmend in Anspruch genommenen Gesetzgebungsrechts ist das Gebot (o. § 14 III.2 u. II). Es dient zwar zunächst nur der Erhaltung und Funktionstüchtigkeit der überkommenen Rechts- und Statusverhältnisse und legitimiert nicht dazu, bestimmend in weitere Lebensbereiche der Untertanen einzugreifen. Aber das Instrument, durch einseitige Befehle Regeln zu schaffen, war vorhanden, und es bedurfte nur eines einsichtigen Begründungszusammenhanges, um die gebundene Gebotsbefugnis herkömmlicher Art zu einem landeseinheitlich einsetzbaren Gesetzgebungsrecht zu erweitern. Dieser Schritt wurde im 14. Jahrhundert noch selten, im Laufe des 15. Jahrhunderts häufiger und um die Wende zum 16. Jahrhundert allgemein, und zwar auf zwei verschiedenen Wegen, vollzogen.

II. Formen der Rechtssetzung im 15. und 16. Jahrhundert

1. Rechtsbesserung

Schon älteren Datums sind die ersten Versuche einer Rechtsbesserung durch Gesetzgebung. Hierher gehören die Landrechte des 14. Jahrhunderts (o. § 12 III.2) und einzelne Gesetze im Stile der römischen und staufischen Kaisergesetzgebung, mit denen etwa einzelne erbrechtliche Probleme geregelt wurden. Gesetze in diesem Sinne wollen die Rechtsfindung in den Gerichten von aufkommender Unsicherheit und Zwiespältigkeit befreien. Durch Rechtsbesserung soll nicht neues Recht gesetzt, sondern das Rechtsherkommen geschützt werden. Das Recht bedarf der Normierung daher vor allem dort, wo es der Unverstand der Menschen verwirrt hat. Das Motiv dieser Gesetzgebung ist also rechtsbewahrend, obwohl sie in ihren Wirkungen, mit der Formulierung neuer rechtlicher Tatbestände, zwangsläufig auch die Rechtslage verändert. Allerdings darf der Einfluß der rechtsbessernden Gesetzgebung auf die Gerichtspraxis nicht zu hoch veranschlagt werden. Es gab noch keine logische Auslegungstechnik, mit welcher eine Norm außerhalb ihres evident unmittelbaren Anwendungsbereiches auf die Rechtsprechung eines Gerichts hätte einwirken können. Es sind auch Fälle bekannt, in denen sich das vom Landesherrn gesetzte Recht nicht gegen das alte Schöffenrecht durchsetzen konnte. Der traditonelle Raum des Rechts, konzentriert um Eigen und Erbe, widerstand der fortschreitenden Transformation der territorialstaatlichen Rechtsordnung in ein gesetzlich fixiertes Normengefüge am längsten. Dies auch noch in der Neuzeit, weil die Stoffmasse des römischen Rechts niemand zu ersetzen gedachte.

Doch kommen seit dem letzten Drittel des 15. Jahrhunderts *Reformacionen* von Stadt- und Landrechten vor, die im Sinne eines „re-formare" zwar auf eine Wiederherstellung des Rechts gerichtet sind, tatsächlich aber allmählich eine umfassende Kompetenz der Obrigkeit für das materielle Recht begründen. Die Reihe dieser Gesetze beginnt in bedeutenden Reichsstädten, 1479 mit der noch vom einheimischen Recht geprägten *Nürnberger Reformation*, der 1498 die schon römisches Recht rezipierende *Wormser Reformation* und 1509 eine *Frankfurter Reformation* folgen. 1520 vollendet *Ulrich Zasius*, an der Schwelle zur Neuzeit der erste international bedeutende deutsche Jurist, ein neues, herausragendes *Stadtrecht für Freiburg (Brsg.)*. Etwa gleichzeitig setzt eine Reihe bedeutender Landrechte ein. 1518 wird eine *Bayerische Landrechtsreformation* erlassen, 1527 für die Mark Brandenburg die das Erbrecht regelnde *Constitutio Joachimica*, 1555 nach Feststellung der Landesgewohnheiten ein *Württembergisches Landrecht*, 1571 sogar ein *Landrecht für die Grafschaft Solms*, 1582 das *Landrecht für die Kurpfalz*, 1572 die *Kursächsischen Konstitutionen*. Mit diesen entschied der Gesetzgeber „zweifelhaftige Fell" aus der gerichtlichen Praxis, ein Verfahren, das die sächsischen Landesherren auch noch später beibehielten.

2. Landes- und Polizeiordnungen

Als folgenschwerer erwies sich die politische Instrumentalisierung der Gebotsgewalt im Gesetz als Verhaltensnorm. Verhaltenslenkende Regeln, die den Konflikt und damit die Rechtsanwendung im Gericht zunächst überhaupt nicht im Blick haben, wurden ursprünglich den Amtleuten mündlich übermittelt, damit sie die Herrschaftsunterworfenen – in der Regel Analphabeten – entsprechend instruieren. Schriftliche Anweisungen dieser Art gewinnen zum Teil schon im 14. Jahrhundert das Aussehen von „Gesetzen". Aber erst im Laufe des 15. Jahrhunderts erwächst aus der mündlichen Gebotspraxis ein eigentümlicher Gesetzestypus, der sich selbst durch den Begriff „*Ordnung*" oder verwandte Vokabeln wie „*ordinare*" oder „*Ordonancien*" definiert. In diesen heute allgemein so genannten *Landes- und Polizeiordnungen* manifestiert sich ein neues fürstliches Selbstbewußtsein. So setzt in Kleve – vielleicht nach burgundischem Vorbild – eine lebhafte Gesetzgebung ein, nachdem diese Grafschaft 1417/18 zum Herzogtum erhoben worden war. Ein wettinischer Fürst erläßt 1446 die erste umfassende Landesordnung, nachdem ihm eine Landesteilung Thüringen als Herrschaftsbereich zugewiesen hatte. Der Erhebung Württembergs zum Herzogtum 1495 folgt der Erlaß einer Landesordnung auf dem Fuße. Das ordnende, verhaltenssteuernde Gesetz avanciert zum Attribut des Fürsten – ein Vorgang, der wohl nur mit der zunehmenden Kenntnis des römischen Rechts, wo dem *princeps* Gesetzgebungsgewalt zukommt, erklärt werden kann. Im Laufe des 16. Jahrhunderts jedoch erweckt das Polizeiwesen auch das lebhafte Interesse der Landstände. Nicht selten sind es nun sie, die auf den Erlaß derartiger Ordnungen drängen.

Inhaltlich umfassen die Landes- und Polizeiordnungen heterogene Materien, die aber wohl aus ähnlichen Motiven einer Regelung unterworfen wurden. Es galt, Störungen zu beheben, Mißbräuchen zu begegnen, die Verletzung von Christenpflichten und moralischen Geboten zu verhindern. Vorschriften über das Gerichtswesen und das Wirtschaftsleben, über Gottesdienstbesuch und Klosterreformation, über das Schankwesen, verbotene Feiertagsarbeit und Glücksspiele füllen diese Gesetze. Zusammenfassend sprach man in Fortschreibung der „*Politik*" *(politeia)* des Aristoteles (o. § 13 IV) von der Notwendigkeit einer „*guten Policey*". Das im 16. Jahrhundert rasch Verbreitung findende Wort läßt den Übergang zu einem zweckrationalen Herrschaftsverständnis erkennen. Eine ähnliche Tendenz wohnt dem Begriff des „*gemeinen Nutzens*" *(bonum commune)* inne, der im 16. Jahrhundert gleichfalls der Obrigkeit schlechthin zugeordnet wird. Mit der Aufstellung von Verhaltensnormen für die Untertanen erwirbt die Obrigkeit im Laufe des 15. Jahrhunderts so etwas wie eine moralische Autorität. Denn sie erhob den Anspruch, neben den allgemeinen göttlichen Geboten für konkrete Lebenssituationen sagen zu dürfen, was der Untertan tun darf und was nicht. Diese Steigerung politischer Macht führt allerdings nicht geradewegs zum Absolutismus (u. § 23) und ist schon gar nicht zu verwechseln mit Willkürherrschaft und Despotie. Denn der Rahmen der obrigkeitlichen Ordnungsbefugnis ist durch das Bestreben, das differenzierte soziale Gefüge der Standesordnung zu erhalten, eng umgrenzt. In einer Welt, welche jedem Mitglied der Gesellschaft von Geburt an einen festen Platz zuwies, war es weniger schwierig als heute zu bestimmen, was unter „guter Politik" zu verstehen ist.

Noch etwas anderes ist zu bedenken. Die allgemeine Verbreitung der Landes- und Polizeiordnungen fällt in jene Zeit, welcher unter erheblichen Anstrengungen die Durchsetzung eines dauerhaften Landfriedens gelang (o. § 15 II.2). Er wurde im 16. Jahrhundert in Einzelfällen allerdings noch oft genug verletzt. Dem mit Geboten vorzubeugen, liegt nahe. Zwischen der ordnenden Gesetzgebungstätigkeit des Obrigkeitsstaates und der Politik der Landfriedenssicherung scheint ein engerer Zusammenhang zu bestehen, als dies bisher bewußt geworden ist. Ausdrücklich thematisiert ist diese Frage in der bayerischen Landesordnung von 1553. Aber auch dort, wo nur Fluchen und Scheltworte verboten werden, liegt wohl der den

§ 18. Die Entstehung des Gesetzgebungsstaates   127

Zeitgenossen selbstverständliche Gedanke zugrunde, damit auch die Ursachen der Friedensstörungen zu bekämpfen.

III. Sozialethisch motivierte Kompetenzerweiterungen

1. Das vor- und nachreformatorische Kirchenregiment

Es mag erstaunen, wenn das vor- und nachreformatorische Kirchenregiment hier als Baustein des Gesetzgebungsstaates erscheint. Indessen hat der durch die Kirchenherrschaft deutscher Landesherren gegebene Machtgewinn am Ende vor allem zur Konsequenz, daß der weltliche Gesetzgeber nun dort tätig werden durfte, wo das verhaltenssteuernde Gebot – von einer höchsten moralischen Autorität getragen – seit jeher zu Hause war. Schon im 14. Jahrhundert ist ein engagiertes Interesse deutscher Fürsten an kirchlichen Angelegenheiten, am Vermögen sowohl wie am geistlichen Leben, nicht mehr zu übersehen. Im 15. Jahrhundert schreitet diese Entwicklung weiter fort, weil das Papsttum unter der Bedrohung des Konziliarismus seine frühere maximalistische Politik im Bereich der Ämterbesetzung aufgeben muß. Die kirchlichen Institutionen werden weitgehend in das politische System der Territorialstaaten integriert. Der Landesherr setzt aufgrund von Patronatsrechten und Privilegien Pfarrer und Kanoniker ein, besteuert den Klerus, beaufsichtigt und reformiert Klöster. Weltliche Gerichte verfolgen Friedbruchdelikte von Klerikern und ziehen Zehnt- und Ehesachen an sich. Die Vogteirechte in fürstlichen Händen dienen nicht nur dem Schutz der kirchlichen Einrichtungen, sondern gelten zugleich auch als Rechtstitel für Eingriffe in das Kirchengut. Diese aktive Kirchenpolitik aller bedeutenden weltlichen Fürsten ist nicht zuletzt darauf zurückzuführen, daß jedenfalls im Rechtsleben des Alltags eine rationale Trennung von weltlichen und geistlichen Sachen nicht durchführbar war. So erregte nicht nur der kirchliche Besitz das Interesse der Fürstenhöfe, sondern auch der Verfall der kirchlichen Disziplin und die „Unmoral" der Untertanen, welche sich in handfesten sozialen Spannungen äußerte. Daher greifen schon im 15. Jahrhundert weltliche Herren ordnend in Kultus und Seelsorge ein. Frömmigkeit und Sittlichkeit der Untertanen fallen wie selbstverständlich unter die Kompetenz des Obrigkeitsstaates.

Als der Speyerer Reichsabschied von 1526 die Religionsfrage in die Verantwortung der Landesherren stellte (o. § 15 III.2), segnete er nur ab, was bis dahin ohnehin in großem Umfang praktiziert worden war. Der Religionsstreit vertiefte freilich diese Zuständigkeit. Die Einheit von Religion und politischer Ordnung gewann zunächst in den lutherischen Territorien eine neue Qualität, weil sich dort der Landesherr nun auch zum Hüter der Glaubenswahrheit berufen fühlte – übrigens durchaus im Widerspruch zu den Vorstellungen Luthers. Den katholischen Herrschern war die Inanspruchnahme einer solchen Kompetenz zwar verwehrt. Aber die unlösbare Verbindung von Religion und Politik, die Verbindlichkeit des christlichen Glaubens für jede gesellschaftliche Sinngebung – diese Maximen galten für jeden Territorialherrn im Reiche.

2. Die reformatorischen Kirchenordnungen

Das Kirchenregiment (o. 1) und die zunehmende Gesetzgebungstätigkeit (o. II) der Landesherren ergänzten einander in überzeugender Weise. Aus der Verantwortung für das Kirchenwesen und einem Gesetzgebungsrecht, das den Untertanen primär Verhaltensregeln auferlegte, gingen seit den zwanziger Jahren des 16. Jahrhunderts die reformatorischen Kirchenordnungen hervor. Sie treffen Bestimmungen über Gottesdienst und Sakramente, kirchliche Ämter und Visitation, beschränken sich jedoch nicht auf den innerkirchlichen Raum. Am handgreiflichsten ist die Einheit von Kirche und Welt an den Vorschriften über den Besuch von Predigt und Gottesdienst abzulesen, der zu den Untertanenpflichten gehört. Daher ist es nur folgerichtig, wenn die Kirchenordnungen unsittlichem Lebenswandel zu begegnen versuchen und Laster wie Völlerei und Zecherei, Spiel und Müßiggang, Hurerei und Ehebruch, Gotteslästerung und Ungehorsam der Kinder geißeln. Zwar stehen diese Fragen nicht im Mittelpunkt der rasch um sich greifenden Kirchengesetzgebung. Aber sie dokumentieren, daß Kirchenzucht und gute Polizei (o. II.2) nahtlos ineinander übergehen. Daneben gibt es weitere gesellschaftliche Aufgabenbereiche von erheblicher Bedeutung, in denen sich weltliche und kirchliche Interessen verzahnen, wie insbesondere im Schul-, Armen- und Spitalwesen, das gleichfalls in den Kirchenordnungen neu geregelt wird. Die katholischen Obrigkeiten haben später mit ähnlichen gesetzgeberischen Maßnahmen eine zumindest vergleichbare weltlich-kirchliche Geschlossenheit ihrer Herrschaftsbereiche herzustellen versucht (u. § 20). Im frühneuzeitlichen Territorialstaat setzt sich also die alte, ehemals das ganze Reich umfassende Glaubenseinheit fort. Wenn nicht alles täuscht, hat erst dieser Sachverhalt den Staat wirklich legitimiert und seine Stärke gegenüber den fortlebenden feudalen und genossenschaftlichen Traditionen begründet.

3. Kapitel. Reich und Territorien im Zeichen des Konfessionalismus (1555–1648)

§ 19. Der Augsburger Religionsfrieden und die Reichsverfassung

Quellen: V. H. *Drecoll* (Hrsg.), Der Passauer Vertrag (1552), 2000; A. *Laufs* (Hrsg.), Die Reichskammergerichtsordnung von 1555, 1976; Neue ... Sammlung (o. § 15) T. 3–4; W. *Sellert* (Hrsg.), Die Ordnungen des Reichshofrates 1550–1766, 1. Halbbd.: bis 1626, 1980; E. *Walder*, Religionsvergleiche des 16. Jahrhunderts (Quellen zur neueren Geschichte, H. 7–8), T. 1, 3. Aufl. 1974; T. 2, 2. Aufl. 1961; M. *Weber* (o. § 15).

Zeitgenössische Literatur: A. *Gaill*, Practicarum observationum, tam ad processum iudiciarium, praesertim imperialis camerae, quam causarum decisiones pertinentium libri duo, 1578; J. *Meichsner*, Decisiones diversarum causarum in camera imperiali iudicatarum, Vol. I-IV, 1603/06.

Schrifttum: F. *Dickmann*, Das Problem der Gleichberechtigung der Konfessionen im Reich im 16. und 17. Jahrhundert, HZ 201 (1965) 265 ff.; ders., Friedensrecht und Friedenssicherung, 1971, 7 ff.; H. *Duchhardt*, Protestantisches Kaisertum und Altes Reich, 1977; S. *Ehrenpreis*, Kaiserliche Gerichtsbarkeit und Konfessionskonflikt. Der Reichshofrat unter Rudolf II. 1576–1616, 2006; W. *Friedrich*, Territorialfürst und Rechtsjustiz. Recht und Politik im Kontext der hessischen Reformprozesse am Reichskammergericht, 2008; M. *Frisch*, Zur Rechtsnatur des Augsburger Religionsfriedens. Ein Gutachten aus der Zeit des Dreißigjährigen Krieges, ZRG (KA) 79 (1993) 448 ff.; P. C. *Hartmann* (Hrsg.), Kurmainz ... (o. § 15); M. *Heckel*, Staat und Kirche nach den Lehren der evangelischen Juristen Deutschlands in der ersten Hälfte des 17. Jahrhunderts, 1968; ders., Autonomia und Pacis Compositio. Der Augsburger Religionsfriede in der Deutung der Gegenreformation, ZRG (KA) 45 (1959) 141 ff.; ders., Die Religionsprozesse des Reichskammergerichts im konfessionell gespaltenen Reichskirchenrecht, ZRG (KA) 77 (1991) 283 ff.; ders., Der Verfassungs-

§ 19. Der Augsburger Religionsfrieden und die Reichsverfassung 129

auftrag zur Wiedervereinigung der Konfessionen im Reichskirchenrecht des Alten Reiches, ZRG (KA) 116 (1999) 387 ff.; *G. Kleinheyer*, Die Abdankung des Kaisers, in: *G. Köbler* (Hrsg.), Wege europäischer Rechtsgeschichte. K. Kroeschell z. 60. Geb., 1987, 124 ff.; *D. Kratsch*, Justiz – Religion – Politik. Das Reichskammergericht und die Klosterprozesse im ausgehenden sechzehnten Jahrhundert, 1990; *M. Lanzinner*, Friedenssicherung und politische Einheit des Reiches unter Kaiser Maximilian II. (1564–1576), 1993; *J. Leclerc*, Geschichte der Religionsfreiheit, Bd. 1, 1965; *A. Luttenberger*, Kurfürsten, Kaiser und Reich. Politische Führung und Friedenssicherung unter Ferdinand I. und Maximilian II., 1994; *H. Neuhaus*, Von Karl V. zu Ferdinand I. Herrschaftsübergang im Heiligen Römischen Reich 1555–1558, in: Recht und Reich im Zeitalter der Reformation, FS Horst Rabe, 1996, 417 ff.; *ders.*, Von Reichstag(en) zu Reichstag. Reichsständische Beratungsformen von der Mitte des 16. bis zur Mitte des 17. Jh., in: *H. Duchardt* u. *M. Schnettger* (Hrsg.), Reichsständische Libertät und habsburgisches Kaisertum, 1999, 135 ff.; *Th. Nicklas* (o. § 15); *G. Pfeiffer*, Der Augsburger Religionsfrieden und die Reichsstädte, Zs. d. Hist. Ver. f. Schwaben 61 (1955) 213 ff.; *H. Rabe*, Der Augsburger Religionsfriede und das Reichskammergericht 1555–1600, FS E. W. Zeeden, 1976, 260 ff.; *B. Ruthmann*, Die Religionsprozesse am Reichskammergericht (1555–1648), 1996; *H. Schilling* (Hrsg.), Die reformierte Konfessionalisierung in Deutschland – Das Problem der „Zweiten Reformation", 1986; *ders.*, Die Konfessionalisierung im Reich. Religiöser und gesellschaftlicher Wandel in Deutschland zwischen 1555 und 1620, HZ 246 (1988) 1 ff.; *H. Schilling* u. *H. Smolensk* (Hrsg.), Der Augsburger Religionsfrieden 1555, 2007; *A. Schindling*, Reichskirche und Reformation, ZHF, Beih. 3 (1987) 81 ff.; *H. Schlosser*, *R. Sprandel* u. *D. Willoweit* (Hrsg.), Herrschaftliches Strafen seit dem Hochmittelalter, 2002; *W. Schulze*, Reichstage und Reichssteuern im späten 16. Jahrhundert, ZHF 2 (1975) 43 ff.; *ders.*, Reich und Türkengefahr im späten 16. Jahrhundert, 1978; *W. Schulze*, Concordia, Discordia, Tolerantia. Deutsche Politik im konfessionellen Zeitalter, ZHF, Beih. 3 (1987) 43 ff.; *M. Simon*, Der Augsburger Religionsfriede, 1955; *B. Stolberg-Rillinger*, Des Kaisers alte Kleider, 2009; *H. Tüchle*, Der Augsburger Religionsfriede. Neue Ordnung oder Kampfpause, Zs. d. Hist. Ver. f. Schwaben 61 (1955) 323 ff.; *S. Ullmann*, Geschichte auf der langen Bank. Die Kommission des Reichhofrats unter Kaiser Maximilian II. (1564–1576), 2006; *G. Westphal*, Der Kampf um die Freistellung auf den Reichstagen zwischen 1556–1576 (phil. Diss. Marburg), 1975; *D. Willoweit*, Religionsrecht im Heiligen Römischen Reich zwischen Mittelalter und Aufklärung, in: A. Hoffmann u.a. (Hrsg.), Als Frieden möglich war. 450 Jahre Augsburger Religionsfrieden, S. 35 ff., 2005; *E. Wolgast*, Die Religionsfrage als Problem des Widerstandsrechts im 16. Jahrhundert (SB d. Heidelberger Akad. d. Wiss., Phil.-hist. Kl., 9. Abh.), 1980; *E. W. Zeeden*, Die Entstehung der Konfessionen, 1965.

I. Der Passauer Vertrag von 1552

Der Religionsfrieden des Augsburger Reichstages von 1555 gehört zu den folgenschwersten Ereignissen der neuzeitlichen Reichsverfassungsgeschichte, da er wesentliche Voraussetzungen schuf für die allgemeine Anerkennung der evangelischen – seit 1530: „*Augsburgischen*" – Konfession als einer im Reiche zugelassenen christlichen Religion. Diese Bedeutung sollte dem Augsburger Religionsfrieden erst allmählich zuwachsen. Der Passauer Vertrag von 1552 (*Hofmann* Nr. 16), welcher den bewaffneten Konflikt zwischen den „Kriegsfürsten" und dem Kaiser beendete (o. § 15 III.2) und den Weg nach Augsburg ebnete, verfolgte noch ein anderes Ziel. Es war in erster Linie ins Auge gefaßt, „*dem Zwyspalt der Religion abzuhelffen, und dieselbe zu Christlicher Vergleichung zu bringen*" (§ 6). Bis dahin sollten die streitenden Parteien Frieden halten und dies im besonderen auch in Sachen Religion. Die im Passauer Vertrag dazu enthaltenen Formulierungen verraten in ihrer noch weniger geglätteten Form besser als der Religionsfrieden selbst, mit welchen durchaus unterschiedlichen Problemen die Beteiligten zu tun hatten. Der Kaiser und die katholischen Fürsten versprechen, „*keinen Stand der Augspurg. Confession verwandt, der Religion halben mit der That, gewaltiger Weiß oder in andere Weg, wider sein Conscientz und Willen tringen, oder derhalben überziehen, beschädigen, durch Mandat oder einiger anderer Gestalt beschweren oder verachten, sondern bey solcher seiner Religion und Glauben ruhiglich und friedlich bleiben lassen"* (§ 8). Der Schutz der Gewissensfreiheit lutherischer Reichsstände, die durch kaiserliche Religionsmandate bedrängt werden könnten, ist das Ziel dieser Abrede. Demgegenüber haben die Vertragschließenden den Schutz der altgläubigen Reichsstände ganz anders ausformuliert. Die Augsburgischen Konfessionsverwandten sollen diese, *„so der alten Religion anhängig, Geistlich und Weltlich gleicher Gestalt ihrer Religion, Kirchen-Gebräuch, Ordnung und Ceremonien, auch ihrer Haab, Gütern, liegend und fahrend, Landen, Leuten, Rengen, Zinsen, Gülten, Ober- und Gerechtigkeiten halber unbeschwert, und sie derselben friedlich und ruhiglich gebrauchen und geniessen (lassen) ... bey Vermeidung der Pön in jüngst erneuertem Land-Frieden ..."* (§ 9). Die Situation der Katholiken weicht von jener der Protestanten wesentlich ab. Sie haben keine kaiserlichen Mandate zu befürchten, wohl aber den Verlust ihres Kultus und ihrer Güter, die beide den Regeln des Landfriedensschutzes unterstellt werden. Schutz des obrigkeitlichen Gewissens einerseits, Schutz des Besitzstandes andererseits. Die schon hier zutage tretende Unvergleichbarkeit der religionspolitischen Ziele belastete auch die Verhandlungen und den Frieden von Augsburg und später seine Anwendung. Den Schlüssel zur Lösung der leicht absehbaren Streitigkeiten sollte das Reichskammergericht erhalten, von welchem Beisitzer Augsburgischer Konfession nicht länger ausgeschlossen bleiben durften (§ 12). Die Justizialisierung des Religionskonflikts schien der selbstverständlich gegebene Weg, den Konflikt zu domestizieren.

II. Der Augsburger Reichstag von 1555

1. Die Regelungen des Reichsabschieds

Der Augsburger Reichstag von 1555 mußte die „christliche Vergleichung" der Religion hinausschieben und sich darauf konzentrieren, die vorläufige Friedensregelung des Passauer Vertrages auszubauen. Denn sofern *„in währender Spaltung der Religion ein ergäntzte Tractation und Handlung des Friedens, in beeden der Religion, prophan und weltlichen Sachen nicht fürgenommen wird"*, kann es keine Sicherheit für Reichsstände und Untertanen geben (§ 13). Diese Erkenntnis enthält gewiß den wichtigsten Grundgedanken der Regelungen des Augsburger Reichsabschieds von 1555 (*Hofmann* Nr. 17). König Ferdinand und die Reichsstände hatten sich entschlossen, das altbekannte Landfriedensrecht auf die strittigen Religionsangelegenheiten zu erstrecken. Kaiser Karl V. selbst gab Vollmacht, wollte jedoch persönlich an dem Geschäft nicht beteiligt sein. Die Wahrheitsfrage schien zugunsten der äußeren Friedenssicherung im Sinne säkularer Staatlichkeit zurückgestellt. Diese sich geradezu aufdrängende Interpretation des Religionsfriedens ist rückblickend nicht ohne Sinn. Den Zeitgenossen jedoch stellte sich diese Alternative so prinzipiell noch nicht.

Die aus dem Passauer Vertrag (o. I) übernommenen Schutzklauseln für die beiden Religionsparteien hat der Religionsfrieden insofern einander angenähert, als nun auch die Kirchengebräuche und Kirchengüter der Augsburgischen Konfessionsverwandten in die Friedensregelung einbezogen werden – die Calvinisten waren noch ausgeschlossen (§ 17). Es blieb jedoch dabei, daß Schutz nur die Reichsstände genießen, denen damit stillschweigend das Recht zugebilligt wird, die Religion ihrer Untertanen zu bestimmen (§§ 15 u. 16). *„Cuius regio, eius religio"* („Wessen das

§ 19. Der Augsburger Religionsfrieden und die Reichsverfassung

Land, dessen die Religion") hat man später, um die Wende zum 17. Jahrhundert, diesen Grundsatz genannt. Das Schlagwort selbst findet sich im Text des Reichsabschieds ebensowenig wie der spätere Begriff des *ius reformandi*. Aber in der Sache war den Verhandelnden wohl bewußt, was sie vereinbarten. Die Bestimmungen über das Recht der reichsständischen Obrigkeiten, die kirchlichen Angelegenheiten ihrer Territorien zu ordnen und die Religion ihrer Untertanen festzulegen, schlossen die Möglichkeit eines Religionswechsels der Landesherren ein.

Die Untertanen kommen dagegen eher am Rande vor. Keine fremde Obrigkeit soll sie zu ihrer Religion „*dringen*" (§ 23). Können sich die Untertanen mit der Religionsentscheidung ihres Landesherrn nicht einverstanden erklären, dann dürfen sie das Territorium nach Verkauf von Hab und Gut verlassen. Dieses *Abzugs- oder Emigrationsrecht* musste in einer Welt, der die Idee der Toleranz noch fremd war, als ein Maximum individueller Freiheit gelten. Der gemeine Mann hat aber oft lieber seine Religion gewechselt und sich in eine gewisse Indifferenz geflüchtet, statt das ungewisse Schicksal der Auswanderung auf sich zu nehmen.

Um den Friedensschluß überhaupt zu ermöglichen, haben scharfsinnige Juristen beider Seiten Regelungen getroffen und Formulierungen gefunden, die verschieden ausgelegt werden konnten und den Landesherren wie auch dem Kaiser schon bald erhebliche Probleme bereiten sollten. Die Protestanten versprachen die Respektierung der Güter und Gebräuche altgläubiger Reichsstände, nicht aber ausdrücklich auch des mittelbaren, also ihrer Obrigkeit unterworfenen Kirchengutes. An anderer Stelle jedoch erkannte der Vertragstext die in lutherischem Sinne erfolgten Umwidmungen nur insoweit an, als sie bis dahin erfolgt waren. Ergab sich daraus nicht im Umkehrschluß glasklar das Verbot, in Zukunft weitere Güter einzuziehen? Noch komplizierter verhielt es sich mit dem „*geistlichen Vorbehalt*" (reservatum ecclesiasticum). Der Kaiser bestand darauf, daß Inhaber geistlicher Ämter diese aufzugeben haben, wenn sie zum Luthertum überwechselten. Domkapitel oder sonstige Inhaber des Stellenbesetzungsrechts sind dagegen befugt, einen altgläubigen Nachfolger zu wählen (§ 18). Die Vorschrift hatte zum Ziel, die Katholizität der Reichskirche und ihrer Untertanen, also wesentlicher Teile des Reiches, zu erhalten. Darüber hinaus schränkte sie auch das Reformationsrecht nichtkatholischer Obrigkeiten ein, da der Wortlaut auch landsässige geistliche Institutionen erfasste. Die Ablehnung dieser Regelung durch die Protestanten war allen Beteiligten bewusst, aber Teil der Vereinbarung!

Die Linie der kaiserlichen Politik, die noch vorhandenen katholischen Amts- und Besitzpositionen zu bewahren, bestätigt auch das Gebot an die reichsstädtischen Obrigkeiten, beiden Religionen, wo diese bisher in Übung gewesen, nebeneinander Platz zu gewähren (§ 27). Auch die im Augsburger Reichsabschied von der weltlichen Gewalt einseitig angeordnete Suspension der geistlichen Jurisdiktion im Bereich des lutherischen Kirchenwesens soll nur soweit gelten, wie die Augsburgische Konfession wirklich reicht (§ 20). Sollte es bei getrennten Bekenntnissen bleiben, ist der Religionsfrieden „*stät, fest und unverbrüchlich*" zu halten (§ 25).

2. Politische Ziele und Rechtsvorstellungen der Religionsparteien

Das komplizierte Gefüge des Religionsfriedens ist nur zu verstehen, wenn die unvergleichbaren politischen Ziele und weit divergierenden Rechtsvorstellungen der verhandelnden Parteien bedacht werden. Beide Seiten maßen dem Verhandlungsergebnis nur vorübergehende Bedeutung zu. Die Protestanten rechneten mit der allgemeinen Durchsetzung ihres Bekenntnisses, war doch eine katholische Alternative von gleicher Expansionsfähigkeit nicht in Sicht. Daher setzten sich die protestantischen Reichsstände in Augsburg – vergeblich – für eine allgemeine „*Freistellung*" der Untertanen ein. Jeder sollte das Recht haben, sein Bekenntnis frei zu wählen – womit sich der endgültige Erfolg der Reformation von selbst einstellen würde. An eine Gegenseitigkeit dieses Rechts auch zugunsten des altkirchlichen Glaubens war nicht gedacht. Dringlicher, jedoch ebenso vergeblich, forderten die protestantischen Reichsstände die Freistellung der geistlichen Fürsten sowie der Dom- und Stiftskapitulare. Als religiöse Erneuerungsbewegung konnte und wollte die Reformation gerade die kirchlichen Institutionen nicht aussparen. Sie im evangelischen Sinne erneuern zu dürfen, erschien auch als ein Gebot der Gleichwertigkeit des Augsburgischen Bekenntnisses, ja der persönlichen Ehre. Die Reformation der geistlichen Territorien hätte angesichts ihrer großen Ausdehnung und nicht zuletzt wegen der geistlichen Kurwürden zugleich den evangelischen Charakter des Reiches besiegelt.

Der harte katholische Widerstand gegen die Freistellung der geistlichen Fürsten und die daraus folgende Aufnahme des Geistlichen Vorbehalts in den Reichsabschied ist daher konfessionspolitisch leicht erklärbar. Der König und die katholischen Reichsstände schlossen den Frieden nur, um die weitere Ausbreitung des Augsburgischen Bekenntnisses zu verhindern. Und doch handelt es sich nicht nur um leicht durchschaubare Taktik. Die Katholiken dachten bei der Vereinbarung eines Landfriedens auch in Religionssachen im Rahmen des überkommenen Rechts. Der Landfrieden gewährte seit altersher Schutz vor eigenmächtigen Veränderungen der Rechtslage, etwa vor der Beschlagnahme von Gütern und im besonderen auch vor Störungen des kirchlichen Lebens. Das Landfriedensrecht versprach den Katholiken Bestandsschutz. Es vertrug sich nicht mit der Aufhebung von Klöstern und Stiftern gegen den Willen ihrer geistlichen Repräsentanten. Der Landfriedensgedanke versagte jedoch, wenn solche geistlichen Einrichtungen oder gar ganze Bistümer durch freie Entscheidung ihrer Vorsteher und Bischöfe die Augsburgische Konfession annahmen. Die auf diese Weise drohenden Verluste altkirchlicher Ämter und Güter sollte der Geistliche Vorbehalt verhindern. Er setzt dort ein, wo das Landfriedensrecht der katholischen Sache nicht weiterhilft. Der Kaiser hielt sich als Vogt der Kirche, „*krafft ... Röm. Kays. Majest. uns gegebenen Vollmacht und Heimstellung*" für befugt, eine solche Maßnahme zu treffen. Die katholische Religionspartei hatte also insgesamt den strategischen Vorteil der gegebenen Rechtslage für sich. Dagegen setzten die Protestanten den Willen zu einer allgemeinen, durch den Religionsfrieden nur zeitweilig aufgeschobenen Veränderung der kirchlichen Verhältnisse, die auch das Recht in neuem Lichte erscheinen lassen würde. Daher ist das berühmte Prinzip des „*cuius regio ...*" (o. II.1) in den Augsburger Verhandlungen ein Anliegen der Katholiken: *Ubi unus dominus, ibi una sit religio*" („Wo ein Herr, dort sei eine Religion"). Der aus mittelalterlichem Denken herzuleitende Grundsatz markiert also ursprünglich eine Verteidigungsposition, wiewohl er auch lutherischen Obrigkeiten als praktische Maxime diente. Der verständigungswillige König Ferdinand hat daher einen wesentlichen Punkt nur insgeheim versprochen: In den geistlichen Fürstentümern, die der Geistliche Vorbehalt auf den katholischen Glauben verpflichtet hatte, sollte das Augsburgische Bekenntnis landsässiger Ritter und Städte Schutz genießen (*Declaratio Ferdinandea*).

Der Augsburger Religionsfrieden ist ein erstaunliches Dokument, wenn man bedenkt, daß Protestanten und Katholiken ganz Verschiedenes im Sinne hatten – die einen evangelische Freiheit für alle, die anderen Eindämmung der Ketzerei. Nichts

§ 19. Der Augsburger Religionsfrieden und die Reichsverfassung 133

wünschten die direkt Beteiligten daher weniger als die Gleichheit („Parität") der Konfessionen. Gewollt war ein vorläufiger, notfalls auch endgültiger *„Friedstand"*, den die Katholiken als Duldung der Augsburgischen Konfession neben der fortbestehenden Reichskirche, die Protestanten aber als reichsrechtliche Anerkennung und damit Gleichberechtigung ihres Kirchenwesens verstehen konnten. Als sich in den kommenden Jahrzehnten zeigte, daß ein größeres Maß an Einigkeit nicht mehr zu erzielen war, gewann die protestantische Lesart an Gewicht und der Augsburger Religionsfrieden den Charakter eines Reichsgrundgesetzes, über dessen Inhalt man sich aber nicht mehr einigen konnte (u. III.3).

III. Die Reichsverfassung im konfessionellen Zeitalter

1. Verfassungspolitik unter dem Einfluß des Religionsfriedens

Sogleich nach der Verkündung des Religionsfriedens dankte der Kaiser ab. Das war ein Novum in der Reichsgeschichte, der Singularität des Anlasses würdig. Karl V. begriff das Kaisertum im mittelalterlichen Sinn als Garanten des einen, wahren Glaubens und mochte die sich jetzt notwendigerweise vollziehende Säkularisierung des höchsten weltlichen Amtes nicht mittragen. Die Verfassungspolitik im Zeichen des Religionsfriedens setzt denn auch zunächst die in Passau und Augsburg begonnene Linie fort. Ferdinand I. sucht zwar weiterhin die Glaubenseinheit wiederherzustellen. Aber er verzichtet auf monarchische Kraftakte, mit denen sein Bruder gescheitert war (o. § 15 III.2). Der erste Reichstag nach Augsburg, schon 1556/57 in Regensburg veranstaltet, stellt in über 30 Artikeln präzise Verfahrensregeln für ein Religionskolloquium auf, von dem allein noch ein „Religionsvergleich" erwartet wird. Dieser letzte Anlauf zu einer theologischen Bereinigung des Problems scheitert 1557 in Worms, weil jetzt auch innerhalb der protestantischen Partei der Streit um die wahre Glaubenslehre aufbricht und die Katholiken eben deshalb auf dem einheitlichen kirchlichen Lehramt beharren. Jene Generation, die den Augsburger Religionsfrieden getragen hatte, ist aber weiterhin um Mäßigung des Konfessionsgegensatzes bemüht. Als König Ferdinand I. 1558 zum Kaiser gewählt worden war, beeindruckte ihn weder die päpstliche Kritik wegen der Beteiligung von Ketzern am Wahlakt, noch reagierte er in richtiger Einschätzung der nun gegebenen Situation auf ein Angebot des Papstes, ihn zum Kaiser zu krönen. Auf dem nächsten Reichstag zu Augsburg 1559 legen zwar die evangelischen Reichsstände einen ausführlichen Beschwerdekatalog (*„Gravamina"*) vor, in welchem nicht nur der als Makel empfundene Geistliche Vorbehalt, sondern auch die Widerspenstigkeit der landsässigen Geistlichkeit gegenüber den Reformationsbemühungen der Obrigkeit beklagt wird. Aber diese Schrift, der die Katholiken prompt ein ähnliches Papier entgegensetzen, geht noch davon aus, Verstöße gegen den Religionsfrieden seien behebbar. Entsprechend sachlich reagiert der Kaiser: Im Zweifel solle das Reichskammergericht nach *„den gemeinen geschriebenen Rechten, auch aller natürlichen Ehrbarkeit, Billigkeit und menschlicher Vernunft gemäß"* entscheiden. Wenn Ferdinand I. auf das gemeine Recht hinwies, dann ganz im Einklang mit der bekannten Formel aus der Reichskammergerichtsordnung von 1495. Auch die evangelischen Reichsglieder wollten den gemeinsamen Boden des gemeinen Rechts nicht verlassen, bot dieses doch nach dem Scheitern des theologischen Disputes die einzige Möglichkeit, die neue Kirche zu sichern. Kaiser

Maximilian II. (1564–1576) hielt an dieser Politik seines Vorgängers fest. 1566 bestätigt er auf seinem ersten Reichstag den Augsburger Religionsfrieden, obwohl zwei Jahre zuvor das *Konzil von Trient*, welches ja die Glaubenseinheit wiederherstellen sollte, zu Ende gegangen ist. Auch der Kaiser und die katholischen Reichsstände räumen damit ein, daß sie die Ergebnisse des Tridentinum nicht als allgemeinverbindlich für alle Christen im Reiche ansehen. Und 1568 stellt Maximilian II. dem österreichischen Adel die Augsburgische Konfession frei.

Doch ändern sich die Dinge allmählich mit dem Ende der sechziger Jahre. Die noch von *Erasmus von Rotterdam* inspirierten Reformkatholiken verlieren an Einfluß, der auf konfessionelle Abgrenzung bedachte Geist des Tridentinum breitet sich aus. Auf evangelischer Seite tritt schärfer denn je das machtpolitische Kalkül in den Vordergrund. Kursachsen ergreift 1561 bzw. 1564 Besitz von den bedeutenden Hochstiftern Merseburg und Naumburg. Die Wetterauer Grafen fordern auf dem Reichstag von 1566 „Freistellung" im Sinne ihrer Zulassung als Domkapitulare an einigen Hochstiftern. Daraus erwächst bald der Plan, sich des Kurstifts Köln zu bemächtigen, womit den Evangelischen die Mehrheit im Kurfürstenrat zugefallen wäre. Im Hintergrund spielen sowohl Beziehungen zum Freiheitskampf der Niederländer wie die wachsenden Einflüsse des Calvinismus eine Rolle. Die Verhärtung der Konfessionsfronten war augenscheinlich unvermeidlich.

2. Verfassungspolitik im Zeichen religionspolitischer Konfrontation

Die Verfassungspolitik im Zeichen religionspolitischer Konfrontation, wie sie seit den siebziger Jahren zu beobachten ist, führt nicht nur zu schweren Belastungen der Reichsverfassung, sondern schließlich zu deren Kollaps. Die tridentinische Reform der katholischen Kirche hatte Maßnahmen der Gegenreformation in den katholischen Territorien zur Folge (u. § 20). Die katholischen Landesherren machten nunmehr zunehmend entschlossen von ihrem ius reformandi Gebrauch. Das ging nicht ohne Widerstände ab und führte sogleich zu einem Streit um die Rechtswirksamkeit der Declaratio Ferdinandea (o. II.2). Mit der katholischen Politik kontrastiert ein calvinistischer Aktionismus, eine oft so genannte *„zweite Reformation"*, in etlichen Grafschaften des Reiches, vor allem aber in der Kurpfalz. Kurfürst Friedrich III. konvertiert 1564 zum *Calvinismus* und unterstreicht damit nicht nur seine konfessionelle Distanz zum Kaiser, sondern auch die traditionell antihabsburgische Politik seines Hauses. Konnte ehedem zwischen altgläubiger Kirchlichkeit und lutherischer Reformation noch an eine vermittelnde Religionspraxis gedacht werden, so waren der neue Katholizismus und der calvinistisch geprägte Protestantismus durch Welten voneinander getrennt. Die von den evangelischen Fürsten seit 1556 immer wieder erhobene Forderung nach Freistellung der geistlichen Reichsstände war daher mit zusätzlichen Hypotheken belastet. In der politischen Wirklichkeit hatte die ablehnende Haltung der kaiserlich-katholischen Partei aber nur begrenzten Erfolg. Zahlreiche nord- und mitteldeutsche Bistümer, seit langem mit den benachbarten, jetzt evangelischen Dynastien und Ritterschaften verbunden, erhalten bei fälligen Neuwahlen lutherische Bistumsadministratoren, weil sich die wahlberechtigten Domkapitulare selbst zu dieser Konfession bekannten. Erfolgreich verteidigen können die Katholiken jedoch 1583 im *„Kölner Krieg"* das Kurfürstentum Köln gegen ihren heiratswilligen Erzbischof, weil nur die Kurpfalz und andere calvinistische Stände, nicht aber Sachsen und Brandenburg zu seiner Unterstützung bereit waren.

Eine juristische Sackgasse tat sich zwischen Landfriedensrecht und obrigkeitlichem Kirchenregiment auf. So vor allem ist erklärbar, daß man über die Frage, ob nach dem Passauer Vertrag weitere Säkularisierungen zulässig sind, überhaupt in Streit geraten konnte. Im letzten Viertel des 16. Jahrhunderts stürzten sich die Religionsparteien zudem in eine bis dahin sorgsam vermiedene Debatte über die dem Religionsfrieden zugrundeliegenden Prinzipien. 1586 erscheint eine „*Autonomia*" betitelte katholische Polemik, die das „*ius reformandi seu potius deformandi*" (das „Reformationsrecht oder richtiger Deformationsrecht") der weltlichen Obrigkeit in Abrede stellt, weil das Konzil von Trient die Protestanten als Häretiker erwiesen habe und daher der Augsburger Religionsfriede nur als Notmaßnahme anstelle des an sich eingreifenden Ketzerrechts zu rechtfertigen sei. Eine Gleichberechtigung von Nichtkatholiken im Reiche kann es danach nicht geben. Die evangelische Jurisprudenz hat ein Modell mit ähnlichem Ausschließlichkeitsanspruch nicht entwickelt. Aber sie deutete seit dem Ende des 16. Jahrhunderts den Religionsfrieden als eine innerweltliche paritätische Ordnung, die den Evangelischen die volle Gleichberechtigung ihres Bekenntnisses gebracht habe. Diese theoretischen Positionen der Konfessionsparteien mußten im Zweifelsfalle zu divergierenden Interpretationen des Religionsfriedens führen und das ohnehin schon in sich nicht kohärente juristische Instrumentarium vollends lahmlegen.

3. Der Streit um Säkularisationen vor dem Reichskammergericht

Das angestaute Konfliktpotential konnte auch vom Reichskammergericht nicht mehr bewältigt werden. Zwar haben sich die in diesem Gericht vertretenen und seit 1560 in „Religionsprozessen" paritätisch mitwirkenden katholischen und evangelischen Juristen redlich bemüht, dem Religionsfrieden mit dem Instrumentarium des Rechts Anerkennung zu verschaffen, z. B. durch Entscheidungen gegen eine Aushöhlung des Abzugsrechts, über die Suspension der geistlichen Jurisdiktion auch in Ehesachen, über die Einbeziehung nichtreichsständischer Reichsunmittelbarer in den Religionsfrieden. Waren in konfessionell brisanten Streitfällen aber konträre Entscheidungen juristisch begründbar, kamen am Gericht Mehrheitsentscheidungen nicht zustande. So blockierten sich evangelische und katholische Assessoren mit „*paria vota*" in der Frage, ob den Reichsstädten das ius reformandi zuzubilligen ist, und zu dem grundlegenden Problem, ob die territoriale Religionshoheit die evangelischen Reichsstände berechtigt, landsässige Klöster und Stifter auch nach dem Passauer Vertrag zu säkularisieren.

Die neuere Forschung hat gezeigt, daß sich sowohl die Prozeßparteien wie die am Gericht tätigen Juristen auch in diesen Fällen juristischer Argumente bedienten, also nicht etwa Glaubensfragen ansprachen, und die Prozesse im übrigen sehr verschiedenartige Problem- und Konfliktlagen betrafen. Doch es zeichnet sich nun auch eine „*Spaltung der Rechtsordnung*" (M. Heckel) ab, indem sich plausible juristische Beweisführungen sowohl von der katholischen wie der evangelischen Interpretation des Religionsfriedens herleiten ließen. Die Entwicklung ist durch den religionspolitischen Gegensatz gewiß ausgelöst worden. Begründet ist dieses Phänomen aber in der seit jeher bestehenden Offenheit der Rechtsordnung selbst. Schon auf dem Augsburger Friedensreichstag kam die Frage hoch, ob das Reformationsrecht eigentlich der „*hohen Obrigkeit*", also dem Hochgericht, oder der Grundherrschaft anhängig sei. Da die politische Vokabel „*Landesobrigkeit*" erst im frühen 17. Jahrhundert zum Rechtsbegriff avancierte (u. § 22), mußte das ius reformandi in den vielen Orten, in denen sich Herrschaftsrechte verschiedener Qualität und Herren überlappten, strittig bleiben.

4. Die kaiserliche Gerichtsbarkeit des Reichshofrates

Dieses, den Kaiser sowohl in politischen Angelegenheiten beratende wie auch streitentscheidende Kollegium stand lange unter dem Generalverdacht konfessioneller Parteilichkeit. Neuere Forschungen haben dagegen durch eine erste Erschließung des sehr umfangreichen Aktenmaterials den Vorrang juristischer Sachbehandlung nachgewiesen. Zuständig insbesondere für Strafsachen reichsunmittelbarer Herrschaftsträger, zum Beispiel deren Landfriedensbrüche, für Streitsachen zwischen Reichsständen, Reichslehensachen, Verletzung von Reichsgesetzen, Standeserhöhungen und Rechtsverweigerung, konnte der Reichshofrat selbst auf Beschwerden einzelner Untertanen reagieren. Das wohl wichtigste Instrument seiner Aktivitäten war die kaiserliche *Kommission,* d. h. der Auftrag an unbeteiligte Reichsstände, überwiegend Fürsten in der Nachbarschaft des Streitfalls, diesen zu untersuchen, Beweise zu erheben oder ihn auch gütlich oder durch Urteil beizulegen. In kritischen Fällen wurden die Kommissionen konfessionell paritätisch besetzt. Seit den 80er Jahren nahmen zunehmend katholische Institutionen den vom Reichshofrat im Rahmen seiner rechtlichen Möglichkeiten gewährten Schutz in Anspruch – Reflex zunehmender konfessioneller Spannungen.

5. Das Versagen des Reichstages im Säkularisationskonflikt

Als 1582 ein evangelischer Administrator das Erzbistum Magdeburg übernimmt, verweigert ihm die Mehrheit der katholischen Reichsstände Sitz und Stimme auf dem Reichstag. Damit wird 1588 auch die wichtige Visitationskommission des Reichskammergerichts funktionsunfähig, da dort Magdeburg in diesem Jahre turnusmäßig einen Sitz einzunehmen hatte. Unterdessen häufen sich am Reichskammergericht unerledigte „*Dubia*", zweifelhafte Rechtsfragen, welche die Richter Kaiser und Reich zur Entscheidung zuleiten. Kaiser *Rudolf II.* (1576–1612) war indessen der schwierigen Aufgabe einer Fortschreibung des Religionsfriedens, an welcher eine bedeutendere Persönlichkeit hätte scheitern können, ebensowenig gewachsen wie sein Nachfolger *Matthias* (1612–1619). Als sich das Reichskammergericht im Jahre 1600 in einigen besonders gelagerten Fällen dazu durchringt, die evangelische Reformation von Klöstern für unberechtigt zu erklären *("Vier-Kloster-Streit"),* kommt es zum Eklat. Die Kurpfalz lehnt die Zuständigkeit des seit 1597/98 als Revisionsinstanz gegen Entscheidungen des Reichskammergerichts angerufenen Reichsdeputationstages in dieser Sache ab, weil nur der Reichstag selbst berufen sei, den Augsburger Religionsfrieden auszulegen. Ist damit ein weiteres wichtiges Reichsorgan ausgefallen, so ereilt dieses Schicksal 1608 auch den Reichstag. Die Regensburger Versammlung dieses Jahres muß nach Auseinandersetzungen um Religionsturbulenzen zu Donauwörth ohne Reichsabschied auseinandergehen. Der evangelischen Forderung auf Bestätigung des Augsburger Religionsfriedens begegnen die Katholiken mit dem Anspruch auf Herausgabe der seit 1555 ihrer Kirche entzogenen Güter, insbesondere der Reichskirchen. Der Reichstag konnte seine alte Aufgabe als Forum des verfassungspolitischen Ausgleichs zwischen den verschiedenen Kräften im Reiche nicht mehr erfüllen. Diese tiefgreifende Verfassungskrise bestätigen die Beteiligten durch die Gründung zweier konfessioneller Einungen.

1608 entsteht die protestantische *Union*, im Jahre darauf die katholische *Liga* (*Hofmann* Nr. 26 u. 27). Die Ausweglosigkeit der juristischen und politischen Meinungsverschiedenheiten verwies die Zeitgenossen auf den Weg der gewaltsamen Lösung ihrer Probleme, da sich Kompromißbereitschaft auf keiner Seite durchsetzen konnte.

6. Intakte Funktionen des Reichstags

Trotz kritischer Zuspitzung der Verfassungslage im Reiche blieben stets auch funktionstüchtige Integrationselemente erhalten. Die stärksten Impulse gingen von der Türkengefahr aus. Sie bewog den orthodox lutherischen Kurfürsten von Sachsen, mit dem Kaiser zu kooperieren und sich von der kurpfälzischen Konfrontationspolitik zu distanzieren. Auf den Reichstagen von 1576 bis 1603 wurden *Türkensteuern* in bis dahin unbekannter Höhe bewilligt. Das Reich wurde trotz Religionsstreit und innerem Machtkampf als Einheit niemals in Frage gestellt. Ein Zeugnis dieses Reichsbewußtseins ist auch die Fortdauer der *Reichsgesetzgebung*. 1570 verabschiedet der Reichstag eine Heeresordnung, ein Jahr später eine erneuerte Münzordnung und 1577 eine *Reichspolizeiordnung* mit allgemeinen Verhaltensnormen für alle Untertanen im Reiche. Die unmittelbare Wirkung dieses Gesetzes darf – wie die aller Gesetze dieser Zeit (o. § 18) – nicht überschätzt werden. Aber Leitlinien standes- und wirtschaftspolitischer Art hat die Polizeiordnung aufstellen können, sind ihre Spuren doch in der territorialen Gesetzgebung nachweisbar.

§ 20. Die Vollendung des Obrigkeitsstaates

Quellen: *E. Sehling* (o. § 18); *W. Wüst*, Die „gute Policey" im Schwäbischen Reichskreis, unter besonderer Berücksichtigung Bayerisch-Schwabens, 2001.
Zeitgenössische Literatur: *N. Machiavelli*, Il Principe [1532]/Der Fürst (zweisprachig), übers. u. hrsg. v. *Ph. Rippel*, 1986.
Schrifttum: *J. W. Allen*, A history of political thought in the 16th century, 3. Aufl. 1951; *K. Blaschke*, Wechselwirkungen zwischen der Reformation und dem Aufbau des Territorialstaates, Der Staat 9 (1970) 347 ff.; *P. Blickle, P. Kissling* u. *H. R. Schmidt* (Hrsg.), Gute Policey als Politik im 16. Jahrhundert. Die Entstehung des öffentlichen Raumes in Oberdeutschland, 2003; *M. Brecht*, Kirchenordnung und Kirchenzucht in Württemberg vom 16. bis zum 18. Jahrhundert, 1967; *W. Freitag*, Konfessionelle Kulturen und innere Staatsbildung. Zur Konfessionalisierung in westfälischen Territorien, Westfälische Forschungen 42 (1992) 75 ff.; *R. v. Friedeburg*, Landesherrschaft und Kirchenzucht, Westfälische Forschungen 42 (1992) 192 ff.; *K. Härter* (o. § 18); *ders.*, Policey und Strafjustiz in Kurmainz. Gesetzgebung, Normdurchsetzung und Sozialkontrolle im frühneuzeitlichen Territorialstaat, 2005; *J. Heckel* (o. § 18); *S. Holtz*, Vom Umgang mit der Obrigkeit. Zum Verhältnis von Kirche und Staat im Herzogtum Württemberg, Zs. f. Württ. LG 55 (1996) 131 ff.; *Th. Klein*, Der Kampf um die Zweite Reformation in Kursachsen 1586–1591, 1962; *F. Konersmann*, Kirchenregiment und Kirchenzucht im frühneuzeitlichen Kleinstaat. Studien zu den herrschaftlichen und gesellschaftlichen Grundlagen des Kirchenregiments der Herzöge von Pfalz-Zweibrücken 1410–1793, 1996; *K. E. Kummer*, Landstände und Landschaftsverordnung unter Maximilian I. von Bayern (1598–1651), 2005; *P. Münch*, Zucht und Ordnung. Reformierte Kirchenverfassung im 16. und 17. Jahrhundert, 1978; *G. Oestreich*, Strukturprobleme des europäischen Absolutismus, in: *ders.*, Geist und Gestalt des frühmodernen Staates, 1969, 179 ff.; *Th. Paringer*, Die bayerische Landschaft. Zusammensetzung, Aufgaben und Wirkungskreis der landständischen Vertretung im Kurfürstentum Bayern, 2008; *V. Press*, Calvinismus und Territorialstaat. Regierung und Zentralbehörden der Kurpfalz 1559 bis 1613, 1970; *P. Prodi* (Hrsg.), Glaube und Eid. Treueformeln, Glaubensbekenntnisse und Sozialdisziplinierung zwischen Mittelalter und Neuzeit, 1993; *W. Reinhard*,

Gegenreformation als Modernisierung? Prolegomena zu einer Theorie des konfessionellen Zeitalters, Archiv f. Reformationsgeschichte 68 (1977) 226 ff.; *M. Rudersdorf*, Ludwig IV. Landgraf von Hessen-Marburg 1537–1604. Landesteilung und Luthertum in Hessen, 1991; *M. Schaab* (Hrsg.), Territorialstaat und Calvinismus, 1993; *U. Scheuner*, Staatsräson und religiöse Einheit des Staates, in: *R. Schnur* (Hrsg.), Staatsräson, 1975, 363 ff.; *H. Schilling*, Konfessionskonflikt und Staatsbildung. Eine Fallstudie über das Verhältnis von religiösem und sozialem Wandel in der Frühneuzeit am Beispiel der Grafschaft Lippe, 1981; *ders.*, Die Konfessionalisierung im Reich (o. § 19); *A. Schindling* u. *W. Ziegler* (o. Anhang zu § 3 Z. 1); *H. R. Schmidt* (o. Anhang zu § 3 Z. 1); *B. Chr. Schneider* (o. § 17); *K. Schreiner*, Rechtgläubigkeit als „Band der Gesellschaft" und „Grundlage des Staates", in: *M. Brecht* u. *R. Schwarz* (Hrsg.), Bekenntnis und Einheit der Kirche. Studien zum Konkordienbuch, 1980, 351 ff.; *G. Seebaß*, Evangelische Kirchenordnung im Spannungsfeld von Theologie, Recht und Politik, in: Recht und Reich im Zeitalter der Reformation, FS Horst Rabe, 1996, 231 ff.; *A. Seifert*, Weltlicher Staat und Kirchenreform. Die Seminarpolitik Bayerns im 16. Jahrhundert, 1978; *Th. Simon*, „Gute Policey". Ordnungsleitbilder und Zielvorstellungen politischen Handelns in der Frühen Neuzeit, 2004; *H.-E. Specker*, Die Reformtätigkeit der Würzburger Fürstbischöfe Friedrich von Wirsberg 1558–1573 und Julius Echter von Mespelbrunn 1573–1617 (phil. Diss. Tübingen 1963), Würzburger Diözesangeschichtsblätter 27 (1965) 29 ff.; *H. Steigelmann*, Der Geistliche Rat zu Baden-Baden und seine Protokolle von 1577 bis 1584, 1962; *A. Strohmeyer*, Konfessionskonflikt und Herrschaftsordnung. Das Widerstandsrecht bei den österreichischen Ständen (1550–1650), 2006; *G. Sydow*, Das Verhältnis von Landes- und Reichsgerichtsbarkeit im Heiligen Römischen Reich. Eine Neubewertung der privilegia de non appellando, Der Staat 41 (2002) 263 ff.; *W. Thoma*, Die Kirchenpolitik der Grafen von Fürstenberg im Zeitalter der Glaubenskämpfe 1520–1660, 1963; *E. W. Zeeden* (Hrsg.), Gegenreformation, 1973; *ders.*, Aufgabe der Staatsgewalt im Dienste der Reformation. Untersuchungen über die Briefe Calvins an Fürsten und Obrigkeiten, Saeculum 15 (1964) 132 ff.; *ders.*, Calvinistische Elemente in der kurpfälzischen Kirchenordnung von 1563, FS E. Wolf z. 60. Geb., 1962, 183 ff.; *W. Ziegler*, Territorium und Reformation. Überlegungen und Fragen, HJb 110 (1990) 52 ff.

I. Die Konfessionalisierung des Staates

1. Politische Ziele und Mentalitäten

Die schon seit dem 15. Jahrhundert im landesherrlichen Kirchenregiment verdichtete Einheit von Religion und politischer Ordnung (o. § 18 II.2 u. III) erfährt unter dem Eindruck des Religionsstreites in der zweiten Hälfte des 16. Jahrhunderts nochmals eine Steigerung und zugleich rationalistische Verengung, die zu den ganz wesentlichen Charakteristika des frühneuzeitlichen Staatswesens zu rechnen ist. Die Existenz mehrerer Bekenntnisse im Reich, verbunden mit verschiedenen, oft miteinander konkurrierenden Mächten, führte zu einer vordem unbekannten Verzahnung von Religionsübung und weltlicher Herrschaft. Es kann hier dahinstehen, in welchem Umfang dadurch eine Politisierung der Religion bewirkt worden ist. Die Konfessionalisierung des Staates jedenfalls ist unübersehbar und begründet Macht und Zugriffsrechte auf die Untertanen, die der Obrigkeit nicht nur zu gehorchen, sondern ihr auch zu glauben haben. Im Gegensatz zum Weltverständnis des Mittelalters, mit welchem das Volk seine naturreligiösen Überlieferungen zu verbinden wußte, verlangt die Obrigkeit jetzt von jedem einzelnen Untertanen rationale Zustimmung zu einzelnen Glaubenssätzen. Nicht zufällig erlebt das Reich seit der Wende zum 17. Jahrhundert auch den Höhepunkt der Hexenverfolgungen, die wohl am besten als Kampf gegen magischen Irrationalismus interpretiert werden, so irrational – oder von Vermögensinteressen gesteuert – sie selbst erscheinen. Da das öffentliche Bekenntnis intellektuelle Einsicht voraussetzt, umfaßt das reformatorische Zeitalter zugleich erste, breiter angelegte Versuche einer allgemeinen Volksbildung. Zwar hat man sich oft genug mit einem äußerlichen Bekenntnisformalismus begnügt. Aber an der ernsthaften Entschlossenheit vieler Territorialherren,

§ 20. Die Vollendung des Obrigkeitsstaates 139

außer dem zeitlichen auch das ewige Wohl der Untertanen durch deren Bindung an den wahren Glauben zu fördern, ist nicht zu zweifeln. Unter den Reformatoren war die Metapher verbreitet, die christliche Obrigkeit habe wie ein guter Hausvater dafür zu sorgen, daß allein nach Gottes Wort und nach rechtem Glauben gelebt werde. Nicht weniger verbreitet war das Bild vom Fürsten als Hüter der beiden Gesetzestafeln Mose *("custos utriusque tabulae")*. Danach hat der Herrscher nicht nur die Verbrechen unter Menschen zu verbieten und zu bestrafen, sondern in derselben Weise auch für die Durchsetzung der ersten drei, Gottes Ehre dienenden Gebote zu sorgen.

Das christliche Selbstverständnis und der angestrengte Konfessionalismus der Obrigkeiten im späten 16. Jahrhundert kann allerdings nicht über eine zugleich latent wachsende Säkularisierung des Herrschaftsdenkens hinwegtäuschen. Schon ein halbes Jahrhundert alt war *Niccolo Machiavellis „Il principe"* („Der Fürst"), der Politik als ein autonomes, nur der Macht selbst, nicht überirdischen Mächten verantwortliches Handeln begreift. Obwohl die unmittelbare Rezeption dieses Buches in Deutschland nur langsam fortschritt, war die in ihm zutage tretende Mentalität an deutschen Fürstenhöfen doch nicht unbekannt. Das Verhältnis zur Religion konnte in den Händen der politisch Mächtigen nicht nur eine Sache persönlicher Glaubensentscheidung sein, sondern stellte sich stets zugleich auch als eine Frage des Staatsinteresses dar. Erst die unlösbare Verbindung der beiden an sich konträren Prinzipien, Staatskonfession und Staatsräson, hat dem Obrigkeitsstaat in der zweiten Hälfte des 16. Jahrhunderts sein unverwechselbares Gesicht und seine spezifische Stärke gegeben.

2. Allgemeine Merkmale der Konfessionalisierung

Die gemeinsamen Merkmale des Konfessionsstaates sind daher mindestens ebenso wichtig wie die jeweiligen Besonderheiten. *„Methodisches, planmäßiges und organisiertes Vorgehen"* kennzeichnen überall die obrigkeitlich betriebene Konfessionsbildung und Staatspraxis *(W. Reinhard)*. Das wichtigste Instrument ist die *Visitation*. Aus dem Mittelalter längst bekannt, wurde sie im 16. Jahrhundert zu einem präzisen Kontrollinstrument weiterentwickelt und frühzeitig von lutherischen, später ebenso erfolgreich von calvinistischen und katholischen Fürsten eingesetzt. Zugespitzt konnte formuliert werden: *„Die Durchführung der Reformation war weithin eine Verwaltungsaufgabe, eine bürokratische Routinearbeit staatlicher Visitationskommissionen"* (K. Blaschke). Kernstück der Visitation ist die systematische Befragung von Pfarrern und sonstigen Kirchendienern, Lehrern und Untertanen. Gegenstand der Befragung sind der Kultus, die Kirchenlehre und der Lebenswandel der Amtspersonen, zunehmend aber auch die Rechtgläubigkeit des gemeinen Mannes. Außerdem haben die Visitatoren, in der Regel sowohl Theologen wie Juristen, die Vermögensverhältnisse und den Zustand der Kirchengebäude zu prüfen. Gerade im Rechnungswesen verfügten die landesherrlichen Administrationen seit langem über gründliche Erfahrungen. Die dort erlernten Techniken übertrugen sie nun auf die Visitation des Religions- und Kirchenwesens, so daß etwa die Vertrauenswürdigkeit der Antworten durch getrennte Gespräche mit den einzelnen Amtspersonen überprüft wurde. Es versteht sich von selbst, daß diese strikt, oft eidlich, auf die jeweils herrschende Konfession verpflichtet wurden.

Einen erheblichen Zuwachs staatlicher Kompetenz bedeutete es auch, daß die *Eheschließungen* konsequent unter der Aufsicht der weltlichen Obrigkeiten kontrolliert wurden. Ehe- und Familienangelegenheiten waren einst nicht Sache der Herrschaft, sondern durch Sitte und Gewohnheit geformt, von Familienverbänden überwacht. Die Kirche hatte im Laufe des Mittelalters versucht, ihre eigenen Ordnungsvorstellungen durchzusetzen. Erfolgreich konnte sie nur sein, solange ein flächendeckendes Pfarrsystem funktionierte, das es vor dem Einsetzen der reformatorischen Bewegungen des 16. Jahrhunderts aber nicht mehr überall gab. Wenn nunmehr Ehesachen als staatliche Angelegenheiten angesehen und vor staatlichen Ehegerichten verhandelt wurden, ferner auch Vormundschaftssachen und ähnliche Materien in die Zuständigkeit weltlicher Amtsträger fielen, dann ging endgültig die Zeit zu Ende, in der die individuellsten Lebensverhältnisse in den vitalen Lebensgemeinschaften aufgehoben waren. Äußerlich ablesbar ist diese fundamentale Kompetenzverschiebung an der kontinuierlichen Führung von Tauf- und Trauregistern. Der Pfarrer, dem ja auch die Einschärfung von Kirchen- und Polizeiordnungen obliegt (o. § 18 III.2), nimmt im Rahmen des Untertanenverbandes eine zentrale politische Stellung ein. Die Pflicht zum Gottesdienstbesuch, oft strafbewehrt, ist selbstverständlich.

Luther hatte sich schon frühzeitig, 1524 in einem Rundschreiben an die Stadtmagistrate, für das *Schulwesen* eingesetzt. Später erklärt er es zur Pflicht der Obrigkeit, begabte Knaben notfalls mit Zwang zum Schulbesuch anzuhalten. Dieser zunächst aus humanistischem Geist hervorgehende Bildungsimpuls ist bald ebenso bei Katholiken und Calvinisten zu beobachten. Der Konfessionsstaat kann nur Bestand haben, wenn er auf eine möglichst breite Schicht intellektuell leistungsfähiger und dabei überzeugter Anhänger zurückgreifen kann. Landesherren aller Bekenntnisse bemühten sich daher, mit eigenen Schulgründungen von der Elementarstufe bis zur Universität die Wissensvermittlung selbst zu steuern und die alte kirchliche Autorität auf diesem Gebiet zu ersetzen. Rund zwei Dutzend neue *Universitäten* werden im konfessionellen Zeitalter gegründet, unter ihnen *Jena* (1558), *Helmstedt* (1575/76), *Gießen* (1607) und *Altdorf* bei Nürnberg (1623) in protestantischen Territorien, *Würzburg* (1582), *Graz* (1586), *Paderborn* (1614) und *Salzburg* (1623) durch katholische Fürsten. Wenn das Bildungswesen auf diese Weise aus kirchlicher in staatliche Verantwortung übergeht, dann liegt darin aus heutiger Sicht ein notwendiger Säkularisierungsschritt. Gewollt war eine Verweltlichung des Wissens aber gerade nicht. Eher ging es darum, einen gefährlichen Freiraum individueller Lebensgestaltung in staatliche Verwaltung zu nehmen.

3. Konfessionsspezifische Strukturen lutherischer und calvinistischer Territorien

Noch die Gegenwart lehrt, daß die drei großen Bekenntnisse im Reiche auch konfessionsspezifische Strukturen hervorgebracht haben. Zu den besonderen Leistungen der *Lutheraner* gehörte die Förderung der Alphabetisierung, bedurfte die Religion des Wortes doch gläubiger Leser. Die diesem Ziele dienenden Bildungs- und Schulinitiativen setzen daher nicht nur früher ein als entsprechende Maßnahmen im katholischen Raum. Sie werden an der Basis, in den Pfarreien, vielfach auch mit größerem Nachdruck realisiert. Bahnbrechend wirkten die lutherischen Obrigkeiten auch in der Weiterentwicklung und Perfektionierung des Visitationswesens. Den ersten, noch improvisierten Anordnungen von 1527 folgte die Einsetzung von *Superintendenten* als spezieller Aufsichtsorgane und in der zweiten Hälfte des 16. Jahrhunderts die weite Verbreitung des ausgeklügelten württembergischen Aufsichtssystems. Danach sind den lokalen weltlichen Ämtern *Spezialsuperintendenten* zugeordnet, die selbst wieder von *Generalsuperintendenten* kontrolliert werden, welche mit dem zentralen Kirchenrat verbunden sind. In Anlehnung an die Ämterhierarchie des Territoriums konnten Bekenntnisstand und Religionsübung im Lande effizienter kontrolliert werden als durch die Hierarchie der alten Kirche. Mit Recht ist daher festgestellt worden, daß die lutherische Obrigkeit nicht nur die Kirchengüter, sondern die ganze Kirchenorganisation säkularisiert hat. Die Anerkennung des Landesherrn als „*Notbischof*" war daher folgerichtig. Die konfessionelle Geschlossenheit dieser Territorien übertraf daher die der katholischen Länder, die auch nach der Gegenreformation stärker dem altkirchlichen Privilegienwesen verhaftet blieben und nicht selten lutherische Enklaven des Adels duldeten.

Der *Calvinismus* unterschied sich in seinen tatsächlichen Erscheinungsformen schärfer vom Luthertum, als dies die Lehrstreitigkeiten zwischen den beiden Konfessionen vermuten lassen. Gott hat den Herrschern nach Calvin Amt und Gaben „einzig zu dem alles andere überragenden Zweck verliehen, daß sie damit das Reich Gottes auf Erden wiederherstellten, es aufrechterhielten und schützten" (E. W. Zeeden). Wer sich diesem Gedanken, für den Calvin bei den regierenden Häuptern Europas unaufhörlich warb, zugänglich zeigte, der sah sich zu tiefen Eingriffen in das herkömmliche Gemeindeleben verpflichtet. Der Bildersturm ist ein Symbol dieser Konfession gewesen, die „*Kirchenzucht*" ihre praktisch auffallendste Konsequenz. Die menschliche Unmoral im Sinne der Zeit, von der Lüge über den Kleiderluxus bis zur Irrlehre und zum Kapitalverbrechen, fällt unter eine einheitliche staatskirchliche Kompetenz, die – je nach der Schwere des Falles – Pfarrern und Amtleuten anvertraut ist. Die öffentliche Nennung der Sünder und der zeitweilige Ausschluß aus der Gemeinde mögen schwerer zu ertragen gewesen sein als Bußgelder. Die vom Calvinismus gleichfalls vermittelten *synodalen Verfassungselemente* konnten sich in Deutschland überwiegend nur in verkümmerter Form oder auch gar nicht durchsetzen. Die „zweite Reformation" im Geiste Calvins ist im Reiche ganz überwiegend eine Sache von Fürsten, Grafen und ihren Räten, eine Religion der Politiker und Intellektuellen also. Sie mußte häufig gegen den Widerstand des Volkes erzwungen werden. Daher bleibt der Calvinismus zuweilen, wie etwa in Kursachsen, auch nur Episode. Anderswo, in Hessen-Kassel und in der Kurpfalz, dazu in zahlreichen Grafschaften vom Mittelrhein bis Westfalen, gelingt jedoch die Einführung dieses neuen, vom Augsburger Religionsfrieden nicht erfaßten Bekenntnisses.

4. Auswirkungen der katholischen Reform

Die *katholische Reform* beginnt langsam in der Jahrhundertmitte und ist am frühesten in der bayerischen *Seminarpolitik* greifbar. Sie ist ohne den Einsatz der *Jesuiten* nicht vorstellbar. Schon 1549 werden die ersten Vertreter des Ordens nach Ingolstadt, zehn Jahre später auch nach München gerufen. Am Anfang der katholischen Reformbemühungen steht also die Intensivierung der theologischen Ausbildung, nicht die mangels geeigneten Personals zunächst gar nicht mögliche Erneuerung der Pfarreien. Finanziert wurden diese Maßnahmen zur Verbesserung des Schul- und Hochschulwesens ganz ähnlich wie in den protestantischen Territorien aus altem Klosterbesitz, wenngleich die katholischen Landesherren hier naturgemäß auf Rechte anderer Rücksicht zu nehmen und daher vielfach Schwierigkeiten zu überwinden hatten. Zulauf und Erfolg der in führenden katholischen Kreisen keineswegs immer beliebten Jesuiten begannen das Gesicht der alten Kirche allmählich zu verändern. Die kontemplative Spiritualität der alten Orden verlor ihren Glanz zugunsten kirchlicher Organisationserfolge. Die katholischen Landesherren setzten aber, wie alle Obrigkeiten in dieser Zeit, nicht nur auf Überzeugung, sondern auch auf direkten politischen Druck. Die Verpflichtung zur katholischen Konfessionspraxis umfaßte dabei über den Gottesdienstbesuch hinaus auch die Teilnahme an Bitt- und Bußgängen, an Osterbeichte und -kommunion. Geistliche Ratskollegien disziplinierten die Priester, sorgten für die Durchsetzung des Pfarrzwangs durch den Amtmann, die Arbeitsruhe an Feiertagen usw. Weltliche katholische Landesherren griffen dabei vielfach in bischöfliche Rechte ein. Priester erwarteten Hilfe vor allem von der weltlichen Obrigkeit. Solche und andere Details zeigen, daß der katholische Konfessionalismus nicht lediglich als Nachahmung evangelischer Reformmaßnahmen aufzufassen ist. Mit einer zeitlichen Verzögerung, welche durch die noch mittelalterlichen Strukturen der alten Kirche bedingt ist, setzen sich auch in den katholischen Territorien die das Zeitalter beherrschenden Tendenzen durch, zu denen sowohl der humanistische Bildungsimpuls wie auch die Konfessionalisierung des Fürstenstaates gehört. Der Dreißigjährige Krieg hat die Reform der katholischen Territorien verzögert. Sie gewinnen ihr endgültiges Gesicht erst mit der barocken Kultur der Nachkriegszeit.

II. Strukturwandel des Gerichtswesens

1. Territorialisierung der Gerichtsverfassung

Im späten 16. Jahrhundert beseitigen die Obrigkeiten weitgehend auch die noch verbliebenen Reste mittelalterlichen Rechtsherkommens in den Gerichten. Die noch bestehenden Rechtszüge zu auswärtigen Oberhöfen werden verboten, selbst die für Strafsachen in der Carolina 1532 vorgeschriebene Aktenversendung an eine juristische Fakultät hat zu unterbleiben, wenn diese außerhalb des Territoriums liegt. Der Landesherr selbst ist nun oberster Richter der Untertanen seines Landes. Daher nimmt auch die Zahl der *privilegia de non appellando* zu, mit denen der Gang zu den höchsten Reichsgerichten beschnitten wird. Diese Privilegierungspraxis erwies sich freilich auch als ein *„flexibles und effektives Gestaltungsinstrument für die Justizverfassung des Reiches und seiner Territorien"* (G. Sydow), da sie ein gewisses Niveau der fürstlichen Justiz voraussetzte und die Reichsgerichte entlastete.

Diese Veränderungen der territorialen Justiz waren mit einer juristischen Professionalisierung verbunden, die zwar nicht jedes Dorfgericht erreichte, aber insgesamt doch dem Rechtswesen seinen Stempel aufdrückte. Ungelehrte Schöffen finden sich, wenn überhaupt, nur noch in Spruchkörpern, die einfachste Sachen zu entscheiden haben. Die adeligen Beisitzer höherer Gerichte andererseits haben nun gleichfalls ein juristisches Studium absolviert, so daß die frühere Unterscheidung einer adeligen und einer gelehrten Bank gegenstandslos wird.

2. Die Durchsetzung des öffentlichen Strafanspruchs

Neuere Forschungen haben zweifelsfrei gezeigt, daß erst am Ende des 16. Jahrhunderts auch jene alte Zeit zu Ende ging, in der über Totschlagsühnen verhandelt und durch Geldzahlungen ein peinliches Strafverfahren mit Folter und Leibesstrafen vermieden werden konnte. Das Kompositionensystem der Ausgleichsleistungen und Bußübungen galt nun als Loskauf von der eigentlich verwirkten Strafe und nicht gerechtfertigte Bevorzugung genügend begüterter Delinquenten. Ohne Ansehen der Person sollte jetzt gerichtet werden, zog die Sünde des einzelnen Menschen doch Gottes Zorn in Gestalt von Kriegen, Seuchen, Mißernten und anderem Unheil nach sich. Stets war vom Richter gefordert worden, daß er gleich richten solle. Der Satz diente nun der Begründung eines lückenlosen Strafanspruchs des Staates, wie er für die moderne Zeit charakteristisch geworden ist.

3. Funktion und Verwaltung der Stände

Zur Vollendung des Obrigkeitsstaates gehört auch, daß sich die Stände mehr als früher im Umfeld des landesherrlichen Behördenwesens (o. § 17) einrichteten. Die alten Landtagsversammlungen kommen im Laufe des 17. Jahrhunderts gleichsam außer Mode. Ihre Geschäfte besorgen jetzt landständische *Ausschüsse* oder „*Verordnete*". In Bayern z. B. gehören zu diesem Gremium acht Vertreter des Adels und je vier Vertreter der Prälaten und Städte. Sie ziehen die von ihren Standesgenossen zu leistenden Steuern ein und vertreten deren Interessen, zumal wenn der Landesherr den Abgabendruck erhöhen möchte. Die Bedeutung der in dieser Weise institutionalisierten Landstände lag aber nicht nur in ihrem sehr erheblichen Beitrag zu den landesherrlichen Einnahmen, sondern auch in gewissen Elementen sozialer Organisation wie der Anstellung von Ärzten, Hebammen, Sprach- und Fechtmeistern und ähnlichen Maßnahmen.

III. Das Deutungskonzept der „Sozialdisziplinierung"

Mit diesem Begriff hat die Geschichtswissenschaft, dem Historiker G. Oestreich folgend, lange Zeit die in den vorhergehenden Abschnitten beschriebenen Entwicklungen zu bewerten versucht. Um Vergangenheit zu verstehen, ist die Bildung von aussagekräftigen Allgemeinbegriffen unvermeidlich. Derartige gedankliche Operationen sind freilich immer auch zeitbedingt (o. § 2). Dem modernen Beobachter erscheint die Einbindung der frühneuzeitlichen Gesellschaft in ein dichtes Geflecht von Verhaltensregeln, die gerade auch die Intimsphäre, Sexualleben und Glauben, zu reglementieren versuchen, in der Tat als fremdbestimmter Zwang, den die Vokabel „Disziplinierung" präzise zu erfassen scheint. Man muß sich nur bewußt sein, daß dies die Sicht gerade unserer Zeit ist – aus der Perspektive individueller Freiheit, im Umfeld einer säkularisierten Gesellschaft, nach der Erfahrung der despotischen Diktaturen des 20. Jahrhunderts. Die Zeitgenossen lebten unter anderen Bedingungen. Für sie ist die Unverzichtbarkeit der Religion und die Einsicht in die Notwendigkeit der Selbstdisziplinierung mitzudenken. Dann aber erweist sich Oestreichs Wortschöpfung als unzureichend.

§ 21. Verfassungsfragen im Dreißigjährigen Krieg und die Neuordnung des Westfälischen Friedens 1648

Quellen: *M. Braubach* u. *K. Repgen* (Hrsg.), Acta Westphalicae Pacis, 1962 ff.; *G. Dethlefs* (Hrsg.), Der Frieden von Münster – De Vrede von Munster 1648. Der Vertragstext nach einem zeitgenössischen Druck und die Beschreibungen der Ratifikationsfeiern, 1998; *K. Müller* (Hrsg.), Instrumenta Pacis Westphalicae (Quellen zur neueren Geschichte, H. 12/13), 3. Aufl. 1975; *A. Reese,* Pax sit Christiana. Die westfälischen Friedensverhandlungen als europäisches Ereignis, 1988.

Schrifttum: *R. G. Asch,* Das Problem des religiösen Pluralismus im Zeitalter der „Konfessionalisierung": zum historischen Kontext der konfessionellen Bestimmungen des westfälischen Friedens, Bll. f. dt. LG 134 (1998) 1 ff.; *ders.,* „Denn es sind ja die Deutschen ... ein frey Volk." Die Glaubensfreiheit als Problem der westfälischen Friedensverhandlungen, Westfäl. Zs. 148 (1998) 113 ff.; *W. Becker,* Der Kurfürstenrat, 1973; *A. Begert* (o. § 11); *K. Bierther,* Der Regensburger Reichstag von 1640–41, 1971; *R. Bireley,* Maximilian von Bayern, Adam Contzen S. J. und die Gegenreformation in Deutschland 1624–1635, 1975; *E.-W. Böckenförde,* Der Westfälische Frieden und das Bündnisrecht der Reichsstände, Der Staat 8 (1969) 449 ff.; *G. Buchstab,* Reichsstädte, Städtekurie und Westfälischer Friedenskongreß, 1976; *F. Dickmann,* Der Westfälische Frieden, 5. Aufl. 1985; *ders.,* Der Westfälische Friede und die Reichsverfassung, in: Forschungen und Studien zur Geschichte des Westfälischen Friedens, 1965, 5 ff.; *H. Duchhardt,* Westfälischer Friede und internationales System im Ancien Re gime, HZ 249 (1989) 529 ff.; *A. Frisch,* Das Restitutionsedikt Kaiser Ferdinands II. vom 6. März 1629, 1993; *ders.* (o. § 19); *S. Goetze,* Die Politik des schwedischen Reichskanzlers Axel Oxenstjerna gegenüber Kaiser und Reich, 1971; *H. Haan,* Kaiser Ferdinand II. und das Problem des Reichsabsolutismus (Die Prager Heeresreform von 1635), HZ 207 (1968) 297 ff.; *ders.,* Der Regensburger Kurfürstentag von 1636/1637, 1967; *M. Heckel,* Itio in partes, ZRG (KA) 64 (1978) 180 ff.; *Ch. Kampmann,* Reichsrebellion und kaiserliche Acht. Politische Strafjustiz im Dreißigjährigen Krieg und das Verfahren gegen Wallenstein 1634, 1992; *F. Magen,* Die Reichskreise in der Epoche des Dreißigjährigen Krieges, ZHF 9 (1982) 409 ff.; *G. May,* Die Entstehung der hauptsächlichen Bestimmungen über das ius emigrandi (Art. V §§ 30–43 IPO) auf dem Westfälischen Friedenskongreß, ZRG (KA) 74 (1988) 436 ff.; *O. Moorman van Kappen* u. *D. Wyduckel* (Hrsg.), Der Westfälische Frieden in rechts- und staatstheoretischer Perspektive, 1998 (Rechtstheorie 29, H. 2); *A. Oschmann,* Der Nürnberger Exekutionstag 1649–1650, 1991; *K. Repgen,* Die römische Kurie und der Westfälische Friede, Bd. 1–2, 1962–1965; *ders.* (Hrsg.), Krieg und Politik 1618–1648. Europäische Probleme und Perspektiven, 1988; *ders.,* Der Westfälische Friede: Ereignis und Erinnerung, HZ 267 (1998) 615 ff.; *ders.,* Dreißigjähriger Krieg und Westfälischer Friede. Studien und Quellen, 1998; *H. U. Rudolf* (Hrsg.), Der Dreißigjährige Krieg: Perspektiven und Strukturen (WdF 151), 1977; *K. Ruppert,* Die kaiserliche Politik auf dem Westfälischen Friedenskongreß (1643–1648), 1979; *U. Scheuner,* Die großen Friedensschlüsse als Grundlage der europäischen Staatenordnung zwischen 1648 und 1815, FS M. Braubach, 1964, 220 ff.; *A. Schindling,* Der Westfälische Frieden und der Reichstag, in: *H. Weber* (Hrsg.), Politische Ordnungen und soziale Kräfte im Alten Reich, 1980, 113 ff.; *K. Schlaich,* Maioritas – protestatio – itio in partes – corpus Evangelicorum II, ZRG (KA) 64 (1978) 139 ff.; *G. Schmidt,* Der Westfälische Frieden – eine neue Ordnung für das Alte Reich?, in: Wendemarken in der deutschen Verfassungsgeschichte, 1993, 45 ff.; *B. Chr. Schneider* (o. § 17); *M. Schröder* (Hrsg.), 350 Jahre Westfälischer Friede. Verfassungsgeschichte, Staatskirchenrecht, Völkerrechtsgeschichte; *A. Wandruszka,* Reichspatriotismus und Reichspolitik zur Zeit des Prager Friedens von 1635, 1955; *F. Wolff,* Corpus Evangelicorum und Corpus Catholicorum auf dem Westfälischen Friedenskongreß, 1966.

I. Verfassungspolitische Ziele und Regelungen im Verlaufe des Krieges

1. Die erste Kriegsphase (1618–1627)

Das größte kriegerische Ereignis, welches Deutschland jemals heimgesucht hat, läßt sich über weite Strecken als ein gigantischer Verfassungskonflikt begreifen. Was die kriegführenden Parteien wollten, ist lange Zeit untrennbar verbunden mit verschiedenartigen Vorstellungen über die im Reiche zu schaffenden oder zu erhaltenden rechtlichen Strukturen. Die verfassungspolitischen Ziele in der ersten Kriegsphase (1618–1627) sind von der Dynamik der um die Kurpfalz gruppierten protestantischen Aktionspartei einerseits und der Defensive der am Status quo interessierten Katholiken andererseits gekennzeichnet. Die böhmische Rebellion von 1618/19 – Fenstersturz der kaiserlichen Statthalter, Einsetzung einer Ständeregierung, Absetzung des Habsburgers Ferdinand als König von Böhmen und Wahl

§ 21. Verfassungsfragen im Dreißigjährigen Krieg 145

des *Kurfürsten Friedrich V. von der Pfalz* – hatte eine eminent reichspolitische Bedeutung. Mit der Krone Böhmens war die Kurwürde verbunden. Sie vermittelte der evangelischen Religionspartei die Mehrheit im Kurfürstenkolleg und eröffnete die Möglichkeit eines protestantischen Kaisertums. *„Es ging zwar auch um Böhmen, aber darüber hinaus und in erster Linie ging es um das katholische Kaisertum der Habsburger" (Duchhardt).* Spekulationen dieser Art schwirrten schon vor den Prager Ereignissen durch das Reich. Die Aussicht, der noch immer katholische Charakter des Reiches könne grundlegend verändert werden, bewog den bayerischen *Herzog Maximilian*, dem Kaiser das Heer der Liga zur Verfügung zu stellen. Er verfolgte dabei auch eigene dynastische Interessen, durfte er sich doch im Erfolgsfalle Hoffnungen auf die Kurwürde der Pfälzer Wittelsbacher machen. Und *Ferdinand II.* (1619–1637) ging es natürlich ebenso um die Wiedergewinnung Böhmens wie um die Sicherung des Kaisertums. Weiterreichende Ziele, etwa eine Rückgewinnung sonstiger protestantischer Territorien, konnte man im katholischen Lager ernsthaft aber nicht ins Auge fassen. Der vollständige Sieg über den „Winterkönig" aus der Pfalz am Prager Weißen Berg 1620 hatte zwar eine harte habsburgische und zugleich katholische Reaktion in Böhmen und Mähren mit Hinrichtungen der Rebellionsführer, Güterkonfiskationen und Zwangsbekehrungen zur Folge. Doch diese Maßnahmen mochten die Sieger in religionspolitischer Hinsicht noch als Exekution des ius reformandi verstehen. Auch die 1621 über Friedrich V. ausgesprochene Reichsacht und die Übertragung der Kurwürde auf Maximilian zwei Jahre später kann noch als Konsequenz eines begrenzten Konflikts gelten. Das bis dahin bestehende politische Gleichgewicht zwischen den beiden Religionsparteien allerdings war mit dem Sturz des Pfälzers gestört. Es ging vollends verloren, als *Tilly* und *Wallenstein* 1626 und 1627 die Heere einiger weiterkämpfender böhmisch-pfälzischen Generale vernichteten und das kaiserliche Banner an Nord- und Ostsee aufpflanzten.

2. Auf dem Höhepunkt der kaiserlichen Macht (1627–1630): das Restitutionsedikt

Die Verfassungspolitik auf dem Höhepunkt der kaiserlichen Macht (1627–1630) bietet in mehrfacher Hinsicht ein lehrreiches historisches Exempel. Im Rausch der militärischen Erfolge gewannen in Wien und in München militante Ratgeber beherrschenden Einfluß, unter ihnen herausragend der Jesuit *Adam Contzen*, Beichtvater Kurfürst Maximilians. 1627 fällt auf einem *Kurfürstentag in Mühlhausen* die Entscheidung, die katholische Auslegung des Augsburger Religionsfriedens (o. § 19 II u. III) durchzusetzen. 1629 erläßt der Kaiser das *Restitutionsedikt*, welches demgemäß die Herausgabe aller von den Protestanten seit dem Passauer Vertrag von 1552 in Besitz genommenen geistlichen Güter anordnet, sie seien reichsunmittelbar oder landsässig. Zugleich erklärt dieses Kaisergesetz die *Declaratio Ferdinandea* (o. § 19 II.2) für ungültig. Umfassende Rekatholisierungen standen damit ins Haus. Ein rundes Dutzend Bistümer, reichsrechtlich gesprochen Hochstifter mit vielen Untertanen, und wohl Hunderte von Klöstern waren von dem Edikt betroffen. Der Kaiser und die geistlichen Kurfürsten hegten nicht die geringsten Zweifel an der Rechtmäßigkeit dieser Aktion. Ein „Rechtsstandpunkt" sollte kompromißlos verwirklicht werden, obwohl mehr als siebzig Jahre ins Land gegangen waren. Daß Recht sich so in Unrecht wandeln könnte, war manchem Ratgeber an den katholischen Fürstenhöfen wohl bewußt. Aber diese Stimmen hatten wenig Gewicht. Es regierte die Maßlosigkeit des Siegers, der sich am Ende selbst um seine Erfolge brachte. Vorerst aber gingen Theorie und Praxis den vorgezeichneten Weg. In einer „*Pacis compositio*" betitelten Schrift wurde die katholische Rechtsauffassung, die wir schon aus der „*Autonomia*" kennen (o. § 19 III.2), noch zugespitzt. Kaiserliche Kommissare begannen damit, die Restitution der geistlichen Güter in die Tat umzusetzen.

In diesem Augenblick brach der alte reichsständisch-kaiserliche Antagonismus wieder durch. Zu verhindern, „*daß monarchia stabilirt werde*", lag im Interesse auch der katholischen Fürsten. Insofern erschien die Stellung des Kaisers jetzt in doppelter Hinsicht gefährlich. Die Restitution des Kirchengutes sollte offensichtlich auch der Stärkung des Kaiserhauses dienen. Und mit der Armee Wallensteins verfügte der Kaiser über ein Machtinstrument, wie es seit Generationen kein Reichsoberhaupt besessen hatte. 1630 erzwingt daher auf einem *Kurfürstentag zu Regensburg* Maximilian von Bayern die Entlassung des kaiserlichen Generalissimus.

3. Vorstellungen Schwedens und Hessen-Kassels (1630–1634)

Gustav Adolfs Siegeszug 1630/32 hat nicht nur die militärische Machtlage grundlegend verändert, sondern auch den Protestanten die politische Initiative zurückgegeben. Dem Schwedenkönig wurde freilich nicht immer und überall die vorbehaltlose Unterstützung der evangelischen Reichsstände zuteil, nicht zuletzt deshalb, weil die verfassungspolitischen Vorstellungen der Schweden und Hessen-Kassels (1630–1634), des treuesten Verbündeten, eine ungewisse Zukunft verhießen. Sowohl Gustav Adolf wie nach seinem Tode in der Schlacht von Lützen 1632 der schwedische Kanzler *Oxenstjerna* nahmen eine Art Reichsgewalt in Anspruch. 1631 setzten die Schweden im Hochstift Würzburg eine „*Land-Regierung*" ein (Hofmann Nr. 31), zwei Jahre später übertrugen sie dieses Territorium zusammen mit Bamberg ihrem Heerführer *Bernhard von Weimar* als Lehn der schwedischen Krone. Hessen-Kassel war der große geistliche Territorialbesitz zwischen Fulda und Münster und damit eine politische Schlüsselstellung zugedacht, zeitweilig auch die Kurwürde von Köln. Oxenstjerna scheint Interesse an Kurmainz gezeigt zu haben. Viele sagten Gustav Adolf Ambitionen auf die Kaiserkrone nach. Sicher ist, daß Schweden eine Hegemonie im Reiche anstrebte, die weder mit einem habsburgischen Kaisertum noch mit den alten reichsständischen Freiheiten vereinbar gewesen wäre. Wie vordem auf katholischer Seite, so geben jetzt auch im Lager des protestantischen Siegers die militantesten Köpfe den Ton an. *Landgraf Wilhelm V. von Hessen-Kassel* schlägt die Einführung der Religionsfreiheit für Lutheraner und Reformierte in katholischen Territorien, andererseits aber ein umfassendes Reformationsrecht der evangelischen Reichsstände, dazu selbstverständlich umfassende Säkularisationen des Kirchengutes vor. Das Königswahlrecht soll so verändert werden, daß ein evangelisches Kaisertum gesichert ist. Die schwedische Machtstellung erreicht 1632, als im *Heilbronner Bund* die süddeutschen Protestanten organisiert werden, einen Höhepunkt. Schon 1634 bricht sie in der Schlacht von Nördlingen zusammen.

4. Der Frieden von Prag 1635

Der Kaiser hatte es danach erneut in der Hand, den wichtigsten Konfliktstoff des Krieges, die religionspolitischen Probleme, zu lösen. Seit der Niederlage Tillys

§ 21. Verfassungsfragen im Dreißigjährigen Krieg

gegen Gustav Adolf bei Breitenfeld 1631 mußte die kaiserliche Politik um Verständigung mit den protestantischen Reichsständen bemüht sein. Der Preis dafür war die Aufgabe des Restitutionsedikts und damit zugleich der Verzicht auf die authentische Interpretation des Augsburger Religionsfriedens in katholischem Sinne durch den Kaiser. Dieser Schritt wurde im Frieden von Prag 1635 (*Hofmann* Nr. 32) vollzogen, einem Vertrag zwischen dem Kaiser und dem Kurfürsten von Sachsen, dem sich mit der wichtigen Ausnahme Hessen-Kassels fast alle Reichsstände anschlossen. Er konnte den Krieg zwar nicht beenden. Aber er ist mit Recht als eine notwendige Voraussetzung des Westfälischen Friedens bezeichnet worden. Denn die kaiserlich-katholische Partei fand sich nun bereit, den durch die Säkularisierungen seit 1555 geschaffenen Status quo zu akzeptieren. Fraglich war angesichts der hin- und herwogenden Fronten nur: Säkularisationen bis zu welchem Datum? Der Prager Frieden enthält erstmals die Vereinbarung eines „*Normaljahres*", 1627, nach welchem Reichskirchen und Kirchengüter unter den Religionsparteien aufzuteilen waren. Der Zeitpunkt entspricht jenem Kurfürstentag von Mühlhausen, auf welchem die Entscheidung für die katholische Restitutionspolitik fiel. Praktisch hatte er zur Folge, daß die Katholiken vor allem die geistlichen Territorien Sachsens aufgeben mußten. Im übrigen gesteht der Kaiser die Aufnahme von Protestanten in den Reichshofrat und dessen paritätische Besetzung in Religionsstreitigkeiten zu und verankert diese Regelung in der neuen, 1637 erlassenen *Reichshofratsordnung* (*Hofmann* Nr. 33). Das *ius reformandi* beider Seiten bleibt unangetastet mit der einzigen Ausnahme zugunsten der Augsburgischen Konfession in einigen Teilen Schlesiens.

Durchaus ernst zu nehmen ist indessen der Verdacht, Ferdinand II. habe dennoch die monarchische Politik fortsetzen wollen – durch die Bildung eines einheitlichen Reichsheeres unter dem Befehl des Kaisersohnes und das Verbot aller Bündnisse mit Ausnahme des Kurvereins. Diese beiden Bestimmungen sind indessen aus der konkreten Kriegssituation leicht erklärbar. Die innerdeutschen Kämpfe und Parteibildungen sollten ein Ende haben, alle Kräfte gemeinsam gegen die äußeren Feinde, zu denen sich neuerdings Frankreich gesellte, gewendet werden. Kursachsen blieb ohnehin ein eigenes Heereskontingent zugestanden. Der Prager Frieden ließ die traditionelle Machtverteilung zwischen Kaiser und Reichsständen im wesentlichen unberührt. Nur so war es möglich, daß 1636/37 der *Regensburger Kurfürstentag* Katholiken und Protestanten relativ harmonisch vereinigte und die Königswahl *Ferdinands III.* (1637–1657) vornahm. Zweifel, ob man allein mit dem Prager Friedensschluß werde leben können, kamen jedoch bald auf. Der widerstrebende hessische Landgraf Wilhelm V. hatte 1636 ein Bündnis mit dem katholischen Frankreich geschlossen, womit auch die schon erreichte verfassungsrechtliche Neuordnung prinzipiell in Frage gestellt war. Immerhin verliert der Krieg nun den Charakter eines Konfessionskonflikts. Die Großmächte Habsburg – mit den Erblanden, Spanien, Teilen der Niederlande – und Frankreich kämpfen um die Vormachtstellung auf dem Kontinent. An dieser Auseinandersetzung, die auch Schweden weiterhin wirkungsvoll beteiligt sieht, verliert die Mehrzahl der evangelischen und katholischen Reichsstände allmählich jedes Interesse. 1641 beschließt ein *Reichstag zu Regensburg* einmütig, mit den Franzosen und Schweden Friedensverhandlungen in Münster und Osnabrück aufzunehmen. Nicht nur viele Landschaften waren verwüstet und entvölkert, auch die militärischen Möglichkeiten des Kaisers waren erschöpft.

II. Der Westfälische Frieden

1. Der Friedenskongreß und das Vertragswerk

Der Westfälische Friedenskongreß kam nach zweiseitigen Fühlungnahmen und Vorverhandlungen nur langsam in Gang. Der Kaiser war der Veranstaltung, wie sie schließlich zustande kam, zunächst durchaus abgeneigt. Er wollte getrennte Verträge mit Schweden und Frankreich schließen, im übrigen aber am Prager Frieden festhalten. Sein ursprüngliches Ziel, die Probleme der Reichsverfassung aus den Friedensverhandlungen überhaupt auszuklammern, scheiterte jedoch, ehe die Konferenzen wirklich begonnen hatten. Es war eine Frau, die Landgräfin-Witwe von Hessen-Kassel, welche die beiden ausländischen „Kronen" dazu drängte, allen Reichsständen die Teilnahme am Friedenskongreß zu eröffnen. Hessen-Kassel hatte daran schon deshalb ein elementares Interesse, weil es die Prager Vereinbarungen nicht akzeptiert hatte und ein gutes Stück seiner radikaleren verfassungspolitischen Vorstellungen (o. I.3) in neuen Beratungen zu retten gedachte. Die Sache hatte aber noch eine grundsätzlichere Dimension. Seit dem Anfang des 17. Jahrhunderts wurden Verfassungsfragen im Reiche intensiv in einer rasch anschwellenden politologischen und staatsrechtlichen Literatur erörtert (u. § 22). Danach aber konnte sich der Kaiser auf ein Alleinvertretungsrecht des Reiches in Friedensverhandlungen nur berufen, wenn er als Haupt eines monarchischen Staates anzusehen war. Nichts weniger aber wollten die Reichsstände, seitdem der Gedanke der Monarchie die Geister bewegte (o. § 15 I.2). Auch Schweden und Frankreich konnten an einer solchen Aufwertung des Kaisertums schon im Verfahren nicht interessiert sein. Sie schlossen sich daher der von den aktivsten protestantischen Reichsständen vertretenen Auffassung an, das Reich könne wegen seiner aristokratischen Struktur nur von Kaiser und Reichsständen zugleich vertreten werden. Schließlich sprachen sich die Reichsstände das Verhandlungs- und Stimmrecht *(ius suffragii)* selbst zu. Der Kaiser mußte diese Vorentscheidung über eine wichtige Verfassungsfrage anerkennen. Damit stand auch alles, was der Prager Frieden schon hatte regeln wollen, wieder zur Disposition.

Die Ergebnisse der Friedensverhandlungen haben die Vertragschließenden in einem eigentümlich verschränkten System völkerrechtlicher und reichsrechtlicher Vereinbarungen festgelegt. Am 24. Oktober 1648 wurden im Rathaus zu Münster zwei Verträge unterzeichnet: der in Osnabrück ausgehandelte kaiserlich-schwedische Friedensvertrag *(Instrumentum Pacis Osnabrucense,* kurz: *IPO, Hofmann* Nr. 34) und der kaiserlich-französische Friedensvertrag von Münster *(Instrumentum Pacis Monasteriense,* kurz: *IPM).* Partner dieser Verträge war auf deutscher Seite nicht nur der Kaiser, sondern auch eine Gruppe reichsständischer Deputierter, deren Unterschrift als verbindlich für alle Reichsstände erklärt wurde. Dieses Verfahren sah man aber nicht als genügend an, um die reichsrechtliche Verbindlichkeit des Vertragswerkes zu gewährleisten. So schrieb Art. XVII § 2 IPO vor – die wichtigsten allgemeinen Verfassungsbestimmungen sind gleichlautend im IPM enthalten –, der Friedensvertrag solle ein ewiges Reichsgesetz sein gleich den anderen Reichsgrundgesetzen und sowohl in den nächsten Reichsabschied wie auch in die kaiserlichen Wahlkapitulationen aufgenommen werden. Dieser Regelung entsprechend verfuhr der Regensburger Reichstag von 1654. Und alle neugewählten römischen Könige haben sich von nun an verpflichtet, den Westfälischen

§ 21. Verfassungsfragen im Dreißigjährigen Krieg   149

Frieden einzuhalten. Die religionspolitischen und sonstigen reichsverfassungsrechtlichen Bestimmungen des Friedensschlusses waren also in doppelter Weise sanktioniert. Nicht mehr die Heiligkeit des Reiches und nicht mehr das Reichsherkommen allein legitimierten die neue Ordnung, sondern völkerrechtliche Bindungen, die auch wesentliche innerdeutsche Verhältnisse erfaßten und der souveränen Rechtsmacht des Reiches entzogen. Zugleich tritt im Westfälischen Frieden die neue europäische Ordnung souveräner Staaten, die ihre Beziehungen als unabhängige Rechtssubjekte frei vereinbaren, in Erscheinung. Die Säkularisierung des Völkerrechts und der Durchbruch der Souveränitätsidee machen sichtbar, *„daß sich die alte Einheit der Christenheit in ein loses Bündel unabhängiger Staaten aufgelöst hatte"* (U. Scheuner). Insofern war es konsequent, daß der Papst, Repräsentant der ältesten universalistischen Macht Europas, feierlich Protest gegen das Vertragswerk einlegte, obwohl die päpstliche Diplomatie einer beweglicheren Haltung fähig gewesen wäre. Auch dieses ist aber ein Ergebnis des Westfälischen Friedens: *„Der Papst war damit für die Zukunft aus dem völkerrechtlichen Grundsystem Gesamteuropas ausgeschaltet"* (K. Repgen).

2. Die Regelung der Religionsfragen

Selbst nach jahrzehntelangem Krieg verfochten militante Katholiken und Protestanten noch immer Maximalpositionen. Die einen beharrten also auf der Auslegung des Augsburger Religionsfriedens im Stile des Restitutionsedikts, die anderen verlangten „Gleichheit" *(aequalitas)*, also Aufhebung des geistlichen Vorbehalts, und meinten damit die einseitige Möglichkeit einer weiteren Ausbreitung der evangelischen Bekenntnisse. Die in den Verträgen schließlich getroffene Regelung der Religionsfragen kam durch mühsam ausgehandelte Kompromisse zustande, zu denen am meisten der Kaiser selbst und sein Gesandter *Graf Trauttmannsdorff* einerseits, Kursachsen andererseits beigetragen haben. Passauer Vertrag und Augsburger Religionsfrieden wurden ausdrücklich bestätigt. Für ihre Auslegung gelten die speziellen Bestimmungen des Westfälischen Friedens, im übrigen aber die von den Protestanten seit langem geforderten Grundsätze der Parität: „ ... *sit aequalitas exacta mutuaque ... ita ut, quod uni parti iustum est, alteri quoque sit iustum"* („*Es herrsche vollkommene und wechselseitige Gleichheit, so daß, was einer Seite gerecht ist, auch der anderen gerecht sei"*, Art. V § 1 IPO). Für die Zuweisung der kirchlichen Ämter und Güter an die beiden Religionsparteien wurde aus dem Prager Frieden der Gedanke des Normaljahres übernommen, dieses jedoch auf 1624 festgesetzt (Art. V §§ 2, 14, 25, 26 IPO). Seit 1962 wissen wir, daß der Kaiser notfalls auch bereit war, die protestantische Forderung nach einem Normaljahr 1618 anzunehmen. Die größten Schwierigkeiten bereitete der geistliche Vorbehalt. Diesen auch nur einzuschränken, waren die Katholiken nicht bereit. Die Lösung wurde in einem späten Verhandlungsstadium in der Anwendung der umstrittenen Rechtsfigur auch zugunsten protestantischer Bistümer gefunden. Auch deren Administratoren verloren fortan also ihr Amt, wenn sie zu der anderen Religionspartei konvertierten (Art. V §§ 15, 21 IPO). Geklärt hat der Friedensvertrag ferner eine Reihe vor dem Kriege kontroverser Rechtsfragen: das *ius reformandi* steht auch den Reichsrittern zu und solchen Reichsstädten, in denen 1624 nur eine Religion praktiziert wurde (Art. V §§ 28, 29 IPO); es wird aber nicht schon durch Lehnshoheit und Zentgericht vermittelt (Art. V §§ 42, 44 IPO); die Suspension der katholischen geistlichen Jurisdiktion erfaßt diese in vollem Umfang (Art. V § 48

IPO) u. a. m. Sorge getragen wurde auch für eine paritätische Besetzung der beiden höchsten Reichsgerichte (Art. V §§ 53, 55 IPO). Gegenüber dem Augsburger Religionsfrieden verbessert ist die Stellung der Untertanen. Das erneut bekräftigte Auswanderungsrecht wird von dem Zwang zur Veräußerung der liegenden Güter befreit (Art. V §§ 30, 36 IPO). Evangelische Untertanen katholischer Reichsstände dürfen ihre Religionspraxis beibehalten, wenn sich diese für das Normaljahr 1624 feststellen läßt (Art. V. § 31 IPO). Schließlich erkennt das Vertragswerk endlich an, daß der Religionsfrieden auch für die Calvinisten gelten soll (Art. VII IPO).

Der gemeinsame Grundgedanke dieser Regelungen, die Sicherung des beiderseitigen Konfessionsbestandes, hätte angesichts der von heute auf morgen ja nicht aus der Welt zu schaffenden politischen Dynamik der Religionsprobleme kaum ausgereicht, um ein Friedenswerk auch für kommende Generationen zu schaffen. Eine geradezu geniale Idee enthält daher die Vereinbarung, daß zukünftig in Religionsangelegenheiten, wo die Reichsstände nicht als ein *„corpus"* angesehen werden können, nur freundschaftlicher Ausgleich *(„sola amicabilis compositio")* stattfinde und das Mehrheitsprinzip nicht gilt (Art. V § 52 IPO). Die Konfliktlage wird also durch das Verfahrensrecht aufgefangen, indem es den Ernstfall manifest macht. Die offene Situation der Friedensverhandlungen kann sich im kleineren Rahmen des Reichstages wiederholen. In diesem Falle formieren sich anstelle der drei Reichstagskurien (o. § 15 II.1) die beiden Religionsgruppen als gleichberechtigte Verhandlungspartner *(Corpus Catholicorum* und *Corpus Evangelicorum)*. Wann diese Prozedur gestattet, was also als Religionssache anzusehen sei, darüber konnten die Meinungen auseinandergehen. Die Schwierigkeit wurde in der Praxis wiederum verfahrensrechtlich bewältigt: Um die Religion geht es dann, wenn nur eine der beiden Religionsparteien dieser Meinung ist und faktisch das Auseinandertreten der beiden Corpora herbeiführt *(„itio in partes")*.

3. Die Regelung der Rechte des Kaisers und der Reichsstände

Die Regelung der allgemeinen Verfassungsfragen ist knapper ausgefallen und war auch nicht im entferntesten so umstritten wie die vielgestaltige Religionsproblematik. Ein Tauziehen gab es um die Stellung des Kaisers. Nicht wenige Stimmen aus dem fürstlichen Lager forderten, die kaiserlichen Rechte seien enumerativ festzulegen, da alle Herrschaftsrechte im Reiche ursprünglich und daher im Zweifel auch gegenwärtig in den Händen der Reichsstände lägen. Der gegenteilige Standpunkt indessen hatte die Unterstützung der Kurfürsten, so daß die Aufzählung der kaiserlichen Reservatrechte unterblieb und der Kaiser auch in Zukunft seine Rechte und Einflußmöglichkeiten nach dem Reichsherkommen entwickeln konnte (u. § 24). Die Strukturen an der Reichsspitze wurden nur durch die Anerkennung der neuen bayerischen sowohl wie der pfalzgräflichen Kurwürde verändert, so daß im Kurfürstenkolleg nunmehr acht Stimmen vertreten waren (Art. IV §§ 3 u. 5 IPO). In nachdrücklichen Formulierungen erkennt der Frieden die Territorialherrschaft *(ius territoriale)* der Reichsstände an (Art. VIII § 1 IPO). Die Bestimmung hat keine „konstitutive" Bedeutung in dem Sinne, daß sie etwas einführt, was bisher dem Reiche fremd gewesen wäre. Aber indem sie die Territorialgewalt der Reichsstände festschreibt, beugt sie endgültig allen Tendenzen vor, das Reich in ein monarchisches System umzuwandeln. Dem gleichen Zweck dient die friedensvertragliche Absicherung des reichsständischen Stimmrechts in den Reichsangelegenheiten, zu denen unter anderem namentlich das Gesetzgebungs- und Gesetzesinterpretationsrecht und das Recht über Krieg, Frieden und Vertragschlüsse gezählt werden (Art. VIII § 2 IPO). Das gleichartige Mitentscheidungsrecht *(votum decisivum)* der Reichsstädte (Art. VIII § 4 IPO) hat sich später in der Verfassungspraxis nicht durchsetzen können. Im übrigen werden viele Verfassungsfragen – die Königswahl, eine ständige Wahlkapitulation, die Kreisverfassung, die Reichsmatrikel u. a. – auf einen späteren Reichstag vertagt (Art. VIII § 3 IPO; u. § 24).

Mit Recht hat die Forschung besonders hervorgehoben, daß der Westfälische Frieden den Reichsständen auch das Recht zuerkennt, unter sich und mit auswärtigen Mächten Bündnisse einzugehen *(ius faciendi foedera)*, wenn diese sich auch nicht gegen den Kaiser und den Reichsfrieden richten dürfen (Art. VIII § 2 Satz 2 IPO). Die Regelung hat zunächst insofern restaurativen Charakter, als sie das einschlägige Verbot des Prager Friedens (o. I.4) aufhebt und in erster Linie als eine Bekräftigung des altständischen Einungsrechts zu verstehen ist. In der neuen Welt souveräner Staaten, welche der Westfälische Frieden mitbegründet hat, vermochte dieses Recht, mit souveränen auswärtigen Mächten zu paktieren, aber neue Funktionen zu erfüllen. Zumal die mächtigeren deutschen Fürsten konnten fortan als Partner völkerrechtlicher Beziehungen ernst genommen werden, während das alte deutsche Einungswesen ohnehin zum Absterben verurteilt war. Es fällt auch auf, daß – sehr im Gegensatz zur Territorialhoheit – das Bündnisrecht bis dahin als Attribut der Landesobrigkeit in der juristischen Literatur kaum Erwähnung findet (u. § 22). Hier ist also, vielleicht nicht jedem bewußt, ein Schritt zu neuen Ufern getan worden. Indessen entfaltet das reichsständische Bündnisrecht vorerst kaum zentrifugale Tendenzen; es tritt im Gegenteil zeitweise als ein unverzichtbares Integrationselement in Erscheinung (u. § 24 III.1).

III. Das territoriale Bild des Reiches

Im Westfälischen Frieden haben Kaiser und Reich die staatliche Unabhängigkeit der Eidgenossenschaft und der Niederlande förmlich anerkannt. Die burgundischen Länder hatte König Maximilian durch die Eheschließung mit der Erbtochter Maria erheiratet, über seinen Enkel Karl V. aber an die spanische Linie der Habsburger vererbt. Deren Kampf gegen die schon seit 1568 aufständischen Niederländer betraf das Reich nicht unmittelbar. Doch erklärt noch der Friedensschluß von Münster ausdrücklich die Zugehörigkeit des burgundischen Kreises zum Reich, was dann auch für die den Habsburgern verbliebenen „spanischen" Niederlande – im Raum des heutigen Belgien – galt. Mit der Abtretung der Hochstifte Metz, Toul und Verdun an die französische Krone entstanden jedoch in Lothringen ungewöhnlich komplizierte Grenzverhältnisse dieses Kreises.

Ein Ziel der Friedensverhandlungen von Münster und Osnabrück war es gewesen, möglichst allen Kriegsbeteiligten einen Ausgleich für ihre Aufwendungen und Einbußen zu verschaffen. Davon profitierten besonders die größeren Fürstentümer: z. B. Brandenburg mit dem Erwerb der Hochstifte Minden, Halberstadt und Magdeburg sowie der Anerkennung seiner Erbfolge in Hinterpommern, ferner Kursachsen, das die Lausitz erhielt, und Bayern, dem die im Kriege besetzte Oberpfalz verblieb. Für die Entschädigung Schwedens fand man eine Lösung, wie sie nur die flexible Struktur des Reiches ermöglichte. Unter schwedisches Regiment kamen fortan die ehemaligen Hochstifte Bremen und Verden, dazu Vorpommern mit Rügen und Wismar. Doch kooptierten Kaiser und Reich die Krone Schweden mit Sitz und Stimme im Fürstenrat des Reichstages. – Nicht zu den Reichsständen gehört dagegen weiterhin Preußen. Der letzte Hochmeister des Deutschen Ordens, Albrecht von Brandenburg, hatte das Land 1525 der Reformation geöffnet und ein Herzogtum unter der Lehenshoheit des Königs von Polen errichtet.

4. Kapitel. Die Landeshoheit im Rahmen der Reichsverfassung (1648–1740)

§ 22. Souveränität und Landeshoheit: Die politische Theorie und Staatsrechtswissenschaft im 17. Jahrhundert

Zeitgenössische Literatur: *Johannes Althusius*, Politica methodice digesta, 3. Aufl. 1614, Neudr. 1981; *Jean Bodin*, Sechs Bücher über den Staat [franz. 1576], übers. v. *B. Wimmer*, hrsg. v. *P. C. Mayer-Tasch*, Buch 1–3, 1981, Buch 4–6, 1986; *ders.*, Über den Staat (Auswahl), übers. v. *G. Niedhart*, 1976 (Reclam); Fürstenspiegel der frühen Neuzeit, hrsg. v. *H.-O. Mühleisen* u. a., 1998; *Hugo Grotius*, De jure belli ac pacis [1625], übers. v. *W. Schätzel*, 1950; *Thomas Hobbes*, Leviathan I/II [engl. 1651], übers. v. *J. P. Mayer*, m. e. Nachw. v. *M. Dießelhorst*, 1996 (Reclam); *ders.*, Leviathan, hrsg. v. *I. Fetscher*, übers. v. *W. Euchner*, 1984; Prudentia Legislatoria. Fünf Schriften über die Gesetzgebungsklugheit aus dem 17. und 18. Jahrhundert, hrsg. v. *H. Mohnhaupt*, 2003; *Samuel Pufendorf*, De jure naturae et gentium [1672], hrsg. v. *G. Mascovius*, 1759, Neudr. 1967; *ders. (Severinus von Monzambano)*, Die Verfassung des deutschen Reiches [lat. 1667], übers. v. *H. Denzer*, 1976; *Veit Ludwig von Seckendorf*, Teutscher Fürstenstaat, 1737, Neudr. 1972; *Christian Thomasius*, Fundamenta iuris naturae et gentium, 4. Aufl. 1718, Neudr. 1963; *ders.*, Institutiones jurisprudentiae divinae, 7. Aufl. 1730, Neudr. 1963.

Schrifttum: *K. W. Dahm, W. Krawietz* u. *D. Wyduckel* (Hrsg.), Politische Theorie des Johannes Althusius, 1988; *H. Dreitzel*, Protestantischer Aristotelismus und absoluter Staat – Die Politeia des Henning Arnisaeus (ca. 1575–1636), 1970; *ders.*, Monarchiebegriffe (o. § 3 Anhang Z. 3); *ders.*, Absolutismus und ständische Verfassung in Deutschland. Ein Beitrag zu Kontinuität und Diskontinuität der politischen Theorie in Deutschland, 1992; *G. Duso, W. Krawietz* u. *D. Wyduckel* (Hrsg.), Konsens und Konsoziation in der politischen Theorie des frühen Föderalismus (Rechtstheorie, Beih. 16), 1997; *J. Haas*, Reichstheorie in Pufendorfs „Severinus de Monzambano", 2006; *N. Hammerstein*, Jus und Historie, 1972; *ders.*, „Imperium Romanum cum omnibus suis qualitatibus ad Germanos est translatum". Das vierte Weltreich in der Lehre der Reichsjuristen, ZHF, Beih. 3 (1987) 187 ff.; *ders.*, Universitäten – Territorialstaaten – Gelehrte Räte, in: *R. Schnur* (Hrsg.), Die Rolle der Juristen bei der Entstehung des modernen Staates, 1986, 687 ff.; *H. Hofmann*, Zur Lehre vom Naturzustand in der Rechtsphilosophie der Aufklärung, in: *ders.*, Recht – Politik – Verfassung, 1986, 93 ff.; *R. Hoke*, Die Reichsstaatsrechtslehre des Johannes Limnaeus, 1968; *E. R. Huber*, Reich, Volk und Staat in der Reichsrechtswissenschaft des 17. und 18. Jahrhunderts, ZgStW 102 (1942) 593 ff.; *M. Imboden*, Johannes Bodinus und die Souveränitätslehre (Basler Universitätsreden 50), 1963; *M. Kühnel*, Das politische Denken von Christian Thomasius, 2001; *Chr. Link*, Herrschaftsordnung und bürgerliche Freiheit. Grenzen der Staatsgewalt in der älteren deutschen Staatslehre, 1979; *W. Mager*, Res publica und Bürger. Überlegungen zur Begründung frühneuzeitlicher Verfassungsordnungen, Der Staat, Beih. 8 (1988) 67 ff.; *H. Maier*, Die ältere deutsche Staats- und Verwaltungslehre, 2. Aufl. 1980; *S. Müller*, Gibt es Menschenrechte bei Samuel Pufendorf?, 2000; *H. Münkler*, Im Namen des Staates. Die Begründung der Staatsräson in der Frühen Neuzeit, 1987; *G. Oestreich*, Justus Lipsius als Theoretiker des neuzeitlichen Machtstaates, in: *ders.*, Geist und Gestalt des frühmodernen Staates, 1969, 35 ff.; *ders.*, Die Idee des religiösen Bundes und die Lehre vom Staatsvertrag, ebda., 157 ff.; *E. Pitz*, Der Untergang des Mittelalters. Die Erfassung der geschichtlichen Grundlagen Europas in der politisch-historischen Literatur des 16. bis 18. Jahrhunderts, 1987; *H. Quaritsch*, Staat und Souveränität, Bd. 1: Die Grundlagen, 1970; *E. Reibstein*, Volkssouveränität und Freiheitsrechte. Texte und Studien zur politischen Theorie des 14. bis 18. Jahrhunderts, hrsg. v. *C. Schott*, Bd. 1, 1972; *B. Roeck*, Reichssystem und Reichsherkommen. Die Diskussion über die Staatlichkeit des Reiches in der politischen Publizistik des 17. und 18. Jahrhunderts, 1984; *H. Rüping*, Die Naturrechtslehre des Christian Thomasius und ihre Fortbildung in der Thomasius-Schule, 1968; *R. Schnur* (Hrsg.), Staatsräson, 1975; *ders.*, Individualismus und Absolutismus. Zur politischen Theorie vor Thomas Hobbes (1600–1640), 1963; *P. Schröder*, Naturrecht und absolutistisches Staatsrecht. Eine vergleichende Studie zu Thomas Hobbes und Christian Thomasius, 2001; *F. H. Schubert* (§ 15); *H. U. Scupin*, Der Begriff der Souveränität bei Johannes Althusius und bei Jean Bodin, Der Staat 4 (1965) 1 ff.; *E.-A. Seils*, Die Staatslehre des Jesuiten Adam Contzen, Beichtvater Kurfürst Maximilians von Bayern, 1968; *B. Stollberg-Rilinger*, Vormünder des Volkes? Konzepte landständischer Repräsentation in der Spätphase des Alten Reiches, 1999; *M. Stolleis*, Arcana imperii und Ratio status. Bemerkungen zur politischen Theorie des frühen 17. Jahrhunderts (Veröff. der Joachim-Jungius-Ges. d. Wiss. 39), 1980; *ders.* (Hrsg.), Hermann Conring, 1983; *ders.*, Condere leges et interpretari. Gesetzgebungsmacht und Staatsbildung im 17. Jahrhundert, ZRG (GA) 101 (1984) 89 ff.; *ders.* (Hrsg.), Staatsdenker im 17. und 18. Jahrhundert, 2. Aufl. 1987; *ders.*, Geschichte des öffentlichen Rechts in Deutschland, 1. Bd.: 1600–1800, 1988; *Chr. Strohm*, Calvinismus und Recht. Weltanschaulich-konfessionelle Aspekte im Werk reformierter Juristen in der Frühen Neuzeit, 2008; *M. Vec*, Zeremonialwissenschaft im Fürstenstaat. Studien zur juristischen und politischen Theorie absolutistischer Herrschaftsrepräsentation, 1998; *W. Weber*, Prudentia gubernatoria. Studien zur Herrschaftslehre in der deutschen politischen Wissenschaft des 17. Jahrhunderts, 1992; *D. Willoweit*, Rechtsgrundlagen der Territorialgewalt, 1975; *P. J. Winters*, Die „Politik" des Johannes Althusius und ihre zeitgenössischen Quellen, 1963; *D. Wyduckel*, Princeps legibus solutus, 1979; *ders.*, Ius publicum. Grundlagen und Entwicklung des öffentlichen Rechts und der deutschen Staatsrechtswissenschaft, 1984.

I. Der Staat in der Politikwissenschaft des Humanismus

1. Der Souveränitätsbegriff des Jean Bodin

Zu derselben Zeit, da die konfessionsstaatlichen Bestrebungen intensiviert werden (o. § 20), im Reiche die konfessionspolitischen Spannungen eskalieren und in Frankreich der konfessionelle Bürgerkrieg tobt, erscheint in Paris ein *„Les six livres de la Re publique"* (1576, lat. 1586) betiteltes Buch, das die Zeit des säkularen, innerweltlichen Staatsdenkens einleitet. Es ist bezeichnend, daß sich die Religion des Autors *Jean Bodin* exakt nicht ermitteln läßt. Sein Denken konzentriert sich auf die Machtstruktur des Staates, dessen tatsächliche Erscheinung und Funktionsweise er aus historischer Erfahrung und zeitgenössischem Verfassungsrecht entwickelt. Im Mittelpunkt des Werkes steht der Souveränitätsbegriff: „*Maiestas* (franz.: *souverainete*) *est summa in cives ac subditos legibusque soluta potestas*" („Die Majestät/ Souveränität ist eine höchste Gewalt über Bürger und Untertanen, gelöst von den Gesetzen"). Der erste deutsche Übersetzer dolmetschte 1592, die Souveränität sei *„ein vollmächtiger gwalt"*. Durch sie ist der Staat selbst definiert: *„Re publique est un droit gouvernement ... avec puissance souveraine"*, heißt es in der französischen Fassung. Über den Grund dieser umfassenden Staatsgewalt, die über Gesetze disponieren darf, erfahren wir nichts. Um so präziser ist die Souveränität selbst bestimmt. Ihr hervorragendstes Attribut ist die Machtvollkommenheit, „Gesetze für alle und für jeden einzeln zu erlassen", ohne Zustimmung Dritter. Solche Souveränität setzt voraus, daß der Gesetzgeber selbst nicht den Gesetzen eines anderen unterworfen sein darf. Die Souveränität gewährt also umfassende Macht im Innern des Staates und vollkommene Unabhängigkeit gegenüber allen anderen Herrschaftsmächten weltlicher und kirchlicher Art.

Dieser zwischenstaatliche, heute in erster Linie mit dem Souveränitätsbegriff assoziierte Aspekt war unverzichtbar, aber nicht neu. Der theoretische Durchbruch, den Bodin erzielte, liegt vor allem darin, daß er dem Staat unter der Formel des

Gesetzgebungsrechts eine umfassende Kompetenz zuweist, aus welcher sich alle für notwendig erachteten Rechte deduktiv ableiten lassen, wie z. B. die Entscheidung über Krieg und Frieden, die Beamtenernennung usw. In diesem Modell ist die politische Macht nicht länger auf der Anhäufung einzelner Gerechtsamen gegründet (o. § 13) und auch nicht lediglich auf paternalistischem Obrigkeitsdenken (o. §§ 17 u. 18). Es ist die innere Natur des Staates selbst, welche die Rechte der Staatsgewalt gebiert. Diese Machtposition ist zugleich exklusiv. Das bunte Gewirr der fortexistierenden mittelalterlichen Herrschaftsträger intermediärer Art hat an ihr keinen Anteil. Auf Vasallen und Stadtgemeinden, Genossenschaften und Kirchen sind die wahren Merkmale der Souveränität nicht übertragbar. Ihr Träger ist allein der Fürst. Doch bleibt er als das irdische Abbild Gottes an das göttliche Recht (den Dekalog) und das Naturrecht gebunden. Die Macht des Souveräns ist daher nicht mit der eines modernen Diktators, der sich seine sittlichen und rechtlichen Maßstäbe selbst setzt, zu verwechseln. – Die Wirklichkeit, zumal des Reiches, entsprach noch lange nicht der rationalen Konstruktion Bodins. Aber die bald beginnende Geschichte des später nicht zufällig „ab-solutistisch" genannten Staates (u. § 23) ist begleitet von der raschen und zustimmenden Rezeption seiner Gedanken.

2. Die aristotelische Politologie des Späthumanismus

Die allmähliche Lösung des Staatsdenkens von der symbolischen Weltinterpretation der Religion ist ein Vorgang von epochaler Bedeutung, für den natürlich nicht nur das Werk eines einzelnen Autors verantwortlich zeichnet. Noch zu Zeiten Bodins entsteht im Reich aus einer älteren Lehrtradition die aristotelische Politologie des Späthumanismus, welche Ursprung, Aufgabe und richtige Gestalt des Staates schlechthin zu ergründen versucht. Melanchthon hat der Rezeption des *„Politeia"* betitelten Werkes von Aristoteles (o. § 13 IV) neue Impulse gegeben. Aristoteles antwortete auf Fragen, an denen evangelische Obrigkeiten, welche die katholische Einheit von Glaube und Reich (o. § 9 I.1) ablehnten, elementar interessiert waren. Der Zweck des Staates ist nach Aristoteles ein doppelter. Er existiert, um das bloße Leben, die wirtschaftliche Existenz des Menschen zu sichern. Darüber hinaus aber ist es seine Aufgabe, den Menschen in moralischem Sinne zu vervollkommnen. Politik ist also die Erkenntnis der richtigen Ordnung des Gemeinwesens und Handlungsanleitung zugleich. Sie gilt als eine besondere „Kunst" oder „Klugheit", die von der Jurisprudenz scharf unterschieden wird. Diese Lehre verbreitete sich, zunächst noch als Teil der praktischen Philosophie, rasch an den meisten Universitäten, zumal des protestantischen Deutschland, und brachte im Laufe des 17. Jahrhunderts eine umfangreiche Literatur hervor. Aus biblischen und antiken Schriften, auch aus der geschichtlichen Erfahrung will man lernen, wie der Staat gemäß den von Aristoteles gewiesenen Zielen einzurichten ist. Damit war die ausschließliche Kompetenz der Obrigkeit für die Gestaltung des sozialen Ganzen begründet.

In den politologischen Entwürfen der Aristoteliker ist die Souveränität nicht nur, wie bei Bodin, durch die ewigen Maximen des göttlichen und Naturrechts begrenzt, sondern vor allem durch den Staatszweck, das Gemeinwohl. Dieser Gedanke, der über die Aufklärung hinweg weit in das 19. Jahrhundert hineinwirkt, ist der vielleicht wichtigste Beitrag des Neoaristotelismus zur neuzeitlichen Staatslehre. Im einzelnen variierten Konzeptionen und Argumente der Vertreter dieser Schule erheblich. Den größten Einfluß auf die Fürstenhöfe gewann eine 1589 von dem Niederländer *Justus Lipsius* publizierte politische Tugendlehre, welche den Ratio-

§ 22. Souveränität und Landeshoheit

nalismus des Aristoteles durch die Ethik der antiken Stoa ergänzte. Der vielleicht hervorragendste Kopf dieser frühen Politologie, *Johannes Althusius* (1557–1638), entwickelte in seinem „Politica methodice digesta" 1603 aus calvinistischer Überzeugung eine Lehre von den menschlichen Gemeinschaften, ihren Gesetzen und der sie regierenden Herrschaftsgewalt, welche die Souveränität – wie im 14. Jahrhundert schon Marsilius von Padua (o. § 11 II.2) – ursprünglich im Volke verankert sah. Die damit notwendig werdende Annahme eines Herrschaftsvertrages zwischen Volk und Herrscher bietet Ansatzpunkte für eine Begrenzung der obrigkeitlichen Macht. Doch dominierte auch bei den Aristotelikern die Lehre von der Fürstensouveränität. Das gilt nicht zuletzt für die bedeutende Schultradition der Universität Helmstedt, wo die Lehre von der Politik in *Henning Arnisaeus* (1575–1636) und *Hermann Conring* (1606–1681) bedeutende Vertreter findet und zum Teil originelle Ausprägungen erfährt. Die Brücke von der gelehrten „Politik" zur praktischen „Polizei" (o. § 18 II.2) schlägt die zu gutem Regieren anleitende *Polizeiwissenschaft* (z. B. *Veit Ludwig von Seckendorff, Teutscher Fürstenstaat*, 1656).

Mit der auf den Friedensschluß von 1648 folgenden Nachkriegszeit geht auch der Späthumanismus zu Ende. An seine Stelle treten die Konstruktionen des Naturrechts (u. III). Doch wirken einzelne Theorieelemente, wie die Idee des Gemeinwohls, ebenso weiter wie der praxisorientierte Wissenschaftsbegriff. Die von der aristotelischen Politologie noch angeregten Disziplinen der *Kameralistik* (Staatswirtschaft), *Ökonomie* und *Statistik* gehören im 18. Jahrhundert zur Ausrüstung jeder gut geführten Regierung.

II. Deutsche Verfassungsfragen in der juristischen Literatur des 17. und 18. Jahrhunderts

1. Die Entstehung der wissenschaftlichen Disziplin des Ius publicum

Zeitlich parallel zur Herausbildung der aristotelischen Politikwissenschaft entsteht die Disziplin des öffentlichen Rechts (ius publicum). Vorboten sind schon im Laufe des 16. Jahrhunderts zu beobachten. Der dem römischen Recht entnommene Begriff des *ius publicum* findet im juristischen Schrifttum eingehendere Beachtung. Das Reichskammergericht muß sich mit einschlägigen praktischen Problemen auseinandersetzen. Die entscheidenden Schritte werden an einigen lutherischen Universitäten vollzogen, in Jena, Altdorf, Straßburg, Gießen. Quellen des Reichsrechts, wie die Goldene Bulle, die Reichsabschiede u. ä., finden zunehmend das Interesse der Juristen. Kurz vor der Jahrhundertwende setzt die Publikation systematisch angelegter Traktate über Themen wie die Jurisdiktion oder die Regalien ein. Im Jahre 1600 erscheint unter dem Titel „*De iure territorii*" eine juristische Untersuchung des deutschen Territorialstaates aus der Feder eines Praktikers *(A. Knichen)*. Mitten im Dreißigjährigen Krieg, von 1629–1634, veröffentlicht *Johannes Limnaeus* eine große dreibändige Darstellung des Reichsstaatsrechts: „*De iure publico imperii Romano Germanici*". Die Disziplin der „Reichspublizistik" ist geboren und erlebt noch vor dem Westfälischen Frieden eine bemerkenswerte Blüte. Es war eher die offene Verfassungslage im Reiche als ein juristisches Systematisierungsbedürfnis, welche die Juridifizierung der reichs- und territorialrechtlichen Verhältnisse vollendete. So erklärt sich auch, daß in der neuen Disziplin die später so charakteristische scharfe Unterscheidung von öffentlichem Recht und Privatrecht (u. § 25) nur eine geringe Rolle spielt.

Seitdem Juristen sich der verfassungsrechtlichen Probleme ihrer Zeit annehmen, ist auch die verfassungsgeschichtliche Situation grundlegend verändert. Es gibt nun zeitgenössische Maßstäbe, an welchen die tatsächliche Verfassungslage gemessen werden kann. Dennoch fällt es auch jetzt oft noch schwer, objektives Recht und subjektive Rechtsbehauptung klar zu unterscheiden (o. § 2 I.3). Denn die juristische Methode gestattete in vielen Fällen widersprüchliche Resultate, womit einer politischen Funktionalisierung der Jurisprudenz Tür und Tor geöffnet waren.

2. Das Reich im staatsrechtlichen Schrifttum

Die juristische Struktur des Reiches, wie sie uns in der Rechtsliteratur des 17. Jahrhunderts entgegentritt, spiegelt den Zwiespalt der politischen Kräfte getreulich wider. Umstritten war schon die Frage, ob das Reich nach den Kategorien der aristotelischen Staatsformenlehre als Monarchie oder Aristokratie einzustufen sei. Je nachdem, wie die Antwort ausfiel, war für den Juristen im Zweifelsfalle eine Zuständigkeitsvermutung zugunsten des Kaisers oder zugunsten der Reichsstände begründet. Für die erstere Lösung entschieden sich begreiflicherweise nur wenige Autoren *(Theodor Reinkingk)*, standen die meisten von ihnen doch während dieser Jahre des großen Krieges in den Diensten der protestantischen Reichsstände. Auch war ja nicht zu leugnen, daß sich in der Vergangenheit eine kaiserliche Monarchie in der Verfassungspraxis nicht hatte durchsetzen können (o. §§ 15 III.2 u. 19 III). Andererseits behaupteten nur wenige Juristen, das Reich sei eine wirkliche Aristokratie ohne jedes monarchische Element. Bodin war dieser Meinung gewesen. 1634, auf dem Höhepunkt der schwedischen Expansion, vertritt der braunschweigische Rat *Jakob Lampadius* – später einer der profilierten Friedensunterhändler – schon eine extreme Position, wenn er behauptet, im Reiche komme für den Kompetenzbereich des Reichstags die höchste Gewalt (maiestas) den Reichsständen zu. Ihn übertrifft nur 1640 ein unter dem Pseudonym *Hippolyt a Lapide* schreibender Autor *(B. Chemnitz)*, der die maiestas im Reiche dem corpus der Reichsstände zuweist und dabei aus seiner militant antihabsburgischen Einstellung kein Hehl macht. Er blieb ein Außenseiter. Ganz überwiegend setzt sich die Überzeugung durch, in der Verfassung des Reiches seien monarchische und aristokratische Elemente gemischt, es handele sich um eine *res publica mixta*. Diese Lehre war nicht ohne einen Seitenblick auf die Idee der Volkssouveränität entwickelt worden. Wenn die höchste Gewalt ursprünglich beim Volke liegt, dann ist sie im Rahmen der staatlichen Gesamtorganisation Deutschlands den Reichsständen zuzuordnen. Die Rechte des Kaisers leiten sich von dieser souveränen Gewalt her, haben jedoch im Rahmen der Reichsgrundgesetze selbst den Charakter einer legitimen höchsten Macht. So unterschied man zwischen der *maiestas realis* der das Volk repräsentierenden Reichsstände und der *maiestas personalis* des Kaisers. Dieser für Rechtsbehauptungen beider Seiten offenen Konstruktion entsprach ziemlich genau das Verfassungsmodell des Westfälischen Friedens.

3. Die Territorien im staatsrechtlichen Schrifttum

Über die juristische Struktur der Territorien ist unter den Vertretern des ius publicum ein größerer Konsens festzustellen. Als Terminus technicus für das der politischen Sprache seit langem geläufige Wort *Landesobrigkeit* bürgert sich die lateinische Übersetzung *„superioritas territorialis"* ein. Damit verfügt die Jurisprudenz über einen abstrakten Herrschaftsbegriff, der nicht notwendigerweise stets mit speziellen Herrschaftsrechten – Gerichtsbarkeit, Vogtei, Lehen usw. – ausgefüllt werden muß. Zwar vermittelt die superioritas territorialis nicht immer und überall die gleichen Herrschaftsbefugnisse. Aber es gibt doch wichtige allgemeine Merkmale, auf die sich jeder Landesherr berufen kann. Auf Herkommen beruhend, ist die Landesobrigkeit als eine eigene, erbrechtlich legitimierte Herrschaftsmacht anzusprechen, welcher die *Untertänigkeit (subiectio)* der Territorialangehörigen entspricht. Diesen gegenüber tritt sie als eine höchste Gewalt in Erscheinung, mithin also als maiestas-souverainete, die freilich mit Rücksicht auf die übergeordnete Majestät des Kaisers als eine *maiestas analoga* bezeichnet wird. Zugleich findet der sprachlich verwandte deutsche Terminus „Landeshoheit" weite Verbreitung. Er entspricht im 18. Jahrhundert dem Selbstbewußtsein des absoluten Fürsten besser als die nun antiquiert wirkende Rede von der „Obrigkeit". Subjekt der superioritas territorialis ist prinzipiell jeder Reichsstand, also auch jede Reichsstadt. Zunehmend umstritten war dagegen die Rechtsnatur der reichsritterschaftlichen Territorialherrschaft. Da im Reichstag nicht vertreten, entbehrte sie trotz Reichsunmittelbarkeit der Reichsstandschaft und schien zudem mit der politischen Potenz der sich auf dem Boden des Reiches formierenden absolutistischen Staaten nicht vergleichbar. Diese Rechtsunsicherheit wurde allerdings aus durchsichtigen politischen Gründen eher herbeigeredet, als daß sie in der Sache begründet gewesen wäre (u. § 23).

Die praktisch wichtige Frage, welche konkreten Herrschaftsrechte die superioritas territorialis ihrem Inhaber vermittelt, beantwortet die juristische Literatur geraume Zeit noch in doppelter Weise. Es gibt Autoren, die lediglich aufzählen, was sie in der Herrschaftspraxis vorfinden. Sie erwähnen die Landeshuldigung, das Gerichtswesen, das Recht, Landesordnungen und Mandate zu erlassen, verschiedenartige Steuern zu erheben und so fort. Diese Betrachtungsweise behält insofern ihre Bedeutung, als im Streitfall die Landeshoheit nur durch die tatsächliche Innehabung einzelner Herrschaftsrechte nachgewiesen werden kann. Die Zukunft gehörte freilich der im Herrschaftsmodell Bodins (o. I.1) angelegten deduktiven Methode. Aus einigen wenigen, möglichst abstrakt umschriebenen Machtbefugnissen, die gemeinhin als notwendige Attribute der Staatsgewalt angesehen wurden – das Gesetzgebungsrecht, die Gerichtsbarkeit, das Recht, über Krieg und Frieden zu gebieten –, leitete man die prinzipiell unbegrenzten Herrschaftsrechte des Fürsten ab und fand deren Grenze nur im Naturrecht und im Staatszweck, also im Gemeinwohl.

III. Recht und Staat bei den Klassikern des Naturrechts

Die späthumanistische „Politik" und die von ihr zunächst noch abhängige Doktrin des ius publicum wurden schon im Laufe des 17. Jahrhunderts überlagert, verformt und später allmählich erneuert durch das naturrechtliche Denken, dem die Zukunft gehören sollte. Der Staatsgedanke in der Naturrechtslehre der Frühaufklärung tritt in einigen großartigen theoretischen Entwürfen in Erscheinung, deren unterschiedliche Ansätze, argumentative Dichte und Ergebnisse hier nur in einigen groben Strichen angedeutet werden können. Gemeinsam ist allen hier zu erwähnenden Autoren, daß sie nicht mehr lediglich die gute Ordnung einer christlichen Obrigkeit herzustellen versuchen, sondern nach den Prinzipien von Recht und Staat fragen. Schrittweise ergibt sich daraus die völlige Säkularisierung des Staatsdenkens in der Aufklärung des 18. Jahrhunderts (u. § 25).

Der Hintergrund pessimistischer Bürgerkriegserfahrungen, der schon das Staatsdenken Bodins motivierte (o. I.1), ist auch nicht hinwegzudenken aus der extremsten Theorie des Absolutismus, die *Thomas Hobbes* (1588–1679) in seinem „*Leviathan*" 1651 vorlegte. Hobbes ist überzeugt, daß die Menschen im Naturzustand, um sich selbst zu erhalten, nach dem Alleinbesitz der Güter streben und daher in einen existenzvernichtenden Konflikt geraten würden. Daher ist der Staat zu ihrer eigenen Sicherheit erforderlich, „*als Zwangsanstalt zur Sicherung und Verwirklichung des göttlichen Naturrechts*" *(Chr. Link)*. Die Art und Weise jedoch, wie es zur Begründung der Staatsgewalt kommt, befreit diese von allen effektiven Beschränkungen. Die vom Untergang bedrohten Individuen schließen einen Vertrag, mit welchem sie einem Dritten, dem souveränen Herrscher, alle Regierungsgewalt übertragen und sich dieser unterwerfen. Hobbes verzichtet auf die dem älteren naturrechtlichen Denken schon geläufige Unterscheidung von Gesellschafts- und Herrschaftsvertrag zugunsten einer Einheitskonstruktion. Der Souverän erhält damit eine in der Tat unbegrenzte Macht, ist er doch selbst nicht Partner des Vertragsschlusses. Daher bindet ihn das Naturrecht nur im Gewissen. So ist seinen hoheitlichen Maßnahmen die Wirksamkeit selbst dann nicht abzusprechen, wenn sie Gott gegenüber als Unrecht zu bezeichnen sind.

Die verfassungsgeschichtliche Bedeutung dieser wahrhaft furchterregenden Theorie für das Reich ist mit einiger Vorsicht zu beurteilen. Hobbes wurde, ähnlich wie Machiavelli (o. § 20 I.1) fast allgemein abgelehnt. Wie der berühmte Italiener überschritt er die Grenzen dessen, was ein etablierter Vertreter des ius publicum im Reiche lehren konnte, wenn er in akademischen und politischen Diskussionen ernst genommen werden wollte. Sicher begegnet die von Hobbes gepredigte Freiheit des absoluten Monarchen auch in mancher Willkürmaßnahme deutscher Reichsfürsten wieder (u. § 23). Aber das Staatsdenken auch der Anhänger des Absolutismus im Reiche hat Hobbes eher zur Entwicklung kontrastierender Modelle veranlaßt. Unter ihnen verdient wegen seiner großen Wirkung, später vor allem auch im angelsächsischen Raum, *Samuel Pufendorf* (1632–1694) besonders hervorgehoben zu werden. Er hat das Naturrecht umfassend systematisiert und dabei die Logik des den Staat konstituierenden Vertrages genutzt, um der Staatsgewalt rechtliche Schranken aufzuerlegen. Denn nach seiner Überzeugung vereinigt die ursprüngliche Hilfsbedürftigkeit der Menschen diese zu ihrem gegenseitigen Schutz zunächst in einem Gesellschaftsvertrag, dem die Entscheidung über die Regierungsform und die Anerkennung des Souveräns in einem besonderen Unterwerfungsvertrag erst nachfolgt. Der Herrscher ist also selbst Vertragspartner mit Rechten und Pflichten – wie die Untertanen auch. Diese behalten also subjektive Rechte. Leben, Freiheit und Eigentum werden sie später auch in Deutschland heißen (u. § 25). Vorerst bleibt *John Locke* (1632–1704), auf den diese Trias der Menschenrechte zurückgeht, im Reiche ungelesen.

Die naturrechtliche Theoriebildung hat nicht nur den Entwurf in sich schlüssiger Herrschaftsmodelle angeregt, sondern das Rechtsdenken überhaupt radikal verändert. In seinem epochemachenden Werk „*De iure belli ac pacis libri tres*" (Drei Bücher über das Recht des Krieges und des Friedens) entfaltet der Niederländer *Hugo Grotius* (1583–1645) 1625 ein System natürlicher Rechtsbeziehungen, das allen geschichtlich konkretisierten Rechtsordnungen zugrunde liegt und daher auch eine tragfähige Basis der zwischenstaatlichen Rechtsverhältnisse bietet. Die Rechtsfigur, welche kraft der ihr immanenten Logik einer so umfassenden Aufgabe gerecht zu werden vermag, ist der Vertrag. Als Ausdruck personaler Autonomie konstituiert er die Grundstrukturen der Rechtsordnung vor jedem staatlichen Gesetzgebungsakt. Daraus ergeben sich Bindungen der souveränen Staatsgewalt, die Grotius vor allem für den zwischenstaatlichen Raum detailliert darlegt. So ist er zugleich der „Vater des Völkerrechts", der Theoretiker der modernen europäischen Staatenwelt, die sich auf dem Westfälischen Friedenskongreß eine säkulare Rechtsordnung gibt. Später hat *Christian Thomasius* (1655–1728) die Säkularisation des Naturrechts vollendet, indem er es endgültig von der Vorstellung eines göttlichen Rechts trennte. Zur christlichen Religion könne niemand gezwungen werden. Also bleibt als verbindlicher Grund der staatlichen Rechtsordnung nur deren rationale, von der Vernunft einsehbare Struktur, diese aber um so gewisser, als alle Menschen mit Vernunft begabt sind.

Es konnte nicht ausbleiben, daß sich die intellektuellen und politischen Eliten zunehmend der Differenz zwischen den Rechts- und Staatsmodellen des Naturrechts und den gewachsenen Verfassungsformen im Reiche bewußt wurden. Einen frühen Niederschlag fand diese Spannungslage in einem aufsehenerregenden Werk von Samuel Pufendorf *„De statu imperii"* (Über den Status des Reiches), das dieser unter einem Pseudonym *(Severinus de Monzambano)* 1667 veröffentlichte. Scharfsinnig wies er darin nach, daß die Verfassung des Reiches keiner der aristotelischen Staatsformen entspreche und daher – ein irreguläres Monstrum eigener Art (*„monstrum simile"*) – besser als ein Bündnis weitgehend unabhängiger Staaten zu begreifen sei. Diese Auffassung entsprach bald nur zu gut dem Selbstverständnis großer deutscher Dynasten. Pufendorf fand daher Nachfolger, welche die Souveränität oder doch souveränitätsgleiche Stellung der großen deutschen Staaten behaupteten. Zu ihnen gehört etwa Thomasius als überzeugter Anhänger des fürstlichen Absolutismus, aber auch ein so bedeutender Geist wie *Gottfried Wilhelm Leibniz,* der 1678 in einer Gelegenheitsschrift (*„De iure suprematus ..."*) für die außenpolitisch handlungsfähigen deutschen Fürsten einen eigenen Rechtsstatus, den „Supremat", erfindet.

IV. Der „Usus modernus" oder die Entdeckung der Geschichtlichkeit des Rechts

Hermann Conring, der schon erwähnte Helmstedter Gelehrte (o. I.2), veröffentlichte 1643 eine Schrift *„De origine iuris Germanici"* (Über den Ursprung des deutschen Rechts), in der die im frühen 16. Jahrhundert aufgekommene Überzeugung, Kaiser Lothar III. habe im 12. Jahrhundert das römische Recht durch Gesetz eingeführt, als Legende entlarvt wurde. Das seitdem geweckte Interesse an der Geschichte des Rechts führte alsbald zu der Überlegung, daß deutsche Gesetze also weiterhin gelten, sofern sie nicht ausdrücklich oder durch die Gewohnheit außer Kraft gesetzt worden sind. Daraus zog *Samuel Stryk,* der zunächst in Frankfurt/Oder, dann an der neu gegründeten Universität Halle lehrte, den Schluß, der „Usus modernus pandectarum", der moderne Gebrauch des römischen Rechts also, bestehe darin, in erster Linie nach dem geltenden deutschen Recht zu fragen. Der berühmt gewordene Titel des 1690 erschienenen Werkes von Stryk markiert den Beginn einer Epoche, die sich von den Autoritäten der Antike und der mittelalterlichen Jurisprudenz befreit hat. An ihre Stelle tritt eine schon moderne Vorstellung von Rechtsgeltung, die nach dem historischen Akt der Inkraftsetzung einer Rechtsnorm fragt. Damit aber gewinnt auch die Freiheit des Gesetzgebers eine neue Dimension.

Die Entdeckung der Geschichtlichkeit des Rechts hatte noch eine andere, unmittelbar politische Konsequenz. Die Geschichte erzählte von der ursprünglichen

Freiheit der germanischen Stämme und ihrer Fürsten, die sich aus eigenem Entschluß im Reiche eine gemeinsame Verfassung gegeben hatten. Die ursprüngliche Rechtsfülle des Kaisertums, von dem sich noch immer lehnsrechtlich alle Territorialgewalt ableitete, war damit als fiktiv erkannt, der deutsche Partikularstaat als das primäre historische Phänomen entdeckt. So war bis zur Mitte des 18. Jahrhunderts eine Menge Zündstoff aufbereitet, der die Reichsverfassung binnen zweier Menschenalter zum Einsturz bringen sollte.

§ 23. Absolutismus und traditionale Herrschaftsformen

Quellen: Acta Borussica, Abt. 2: Die Behördenorganisation und die allgemeine Staatsverwaltung Preußens im 18. Jahrhundert, Bd. 1–16, 1 u. 1 Erg. Bd., 1894 ff., 1970; *P. Baumgart,* Erscheinungsformen des preußischen Absolutismus. Verfassung und Verwaltung (Hist. Texte, NZ, H. 1), 1966; Die österreichische Zentralverwaltung, Abt. 1–2, 1907 ff.; *W. Wüst* (o. § 20).

Schrifttum: *G. Ammerer* u. a. (Hrsg.), Bündnispartner und Konkurrenten der Landesfürsten? Die Stände in der Habsburgermonarchie, 2007; *L. Atorf,* Der König und das Korn. Die Getreidehandelspolitik als Fundament des brandenburg-preußischen Aufstiegs zur europäischen Großmacht, 1999; *H. Barmeyer* (Hrsg.), Die preußische Rangerhöhung und Königskrönung 1701 in deutscher und europäischer Sicht, 2002; *P. Baumgart,* Der deutsche Hof der Barockzeit als politische Institution, in: *A. Buck* u. a. (Hrsg.), Europäische Hofkultur im 16. und 17. Jahrhundert, Bd. 1, 1981, 25 ff.; *ders.* (Hrsg.), Ständetum und Staatsbildung in Brandenburg-Preußen, 1983; *ders.,* Die preußische Königskrönung von 1701, das Reich und die europäische Politik, in: *D. Hauser* (Hrsg.), Preußen, Europa und das Reich (NF z. brand.preuß. G 7), 1987, 65 ff.; *H.-W. Bergerhausen,* Die „verneuerte Landesordnung" in Böhmen 1627: ein Grunddokument des habsburgischen Absolutismus, HZ 272 (2001) 327 ff.; *P. Blickle,* Landschaften (o. § 17); *ders.* (Hrsg.), Landschaften und Landstände in Oberschwaben. Bäuerliche und bürgerliche Repräsentation im Rahmen des frühen europäischen Parlamentarismus, 2000; *O. Brunner,* Souveränitätsprobleme und Sozialstruktur in den dt. Reichsstädten der früheren Neuzeit, VSWG 50 (1963) 329 ff.; *W. Brauneder,* Die Verwaltung im Beamtenstaat nach dem Dreißigjährigen Krieg, Der Staat, 1991, Beih. 9, 47 ff.; *O. Büsch,* Militärsystem und Sozialleben im alten Preußen 1713–1807, 1962; *G. Christ,* Selbstverständnis und Rolle der Domkapitel in den geistlichen Territorien der Frühneuzeit, ZHF 16 (1989) 257 ff.; *H. Dreitzel* (o. Anhang zu § 3 Z. 3); *H. Duchhardt,* Das Politische Testament als „Verfassungsäquivalent", Der Staat 25 (1986) 600 ff.; *ders.* u. *B. Wachowiak,* Um die Souveränität des Herzogtums Preußen. Der Vertrag von Wehlau 1657, 1998; *R. Esser,* Landstände und Landesherrschaft, ZNR 23 (2001) 177 ff.; *S. Fischer,* Der Geheime Rat und die Geheime Konferenz unter Kurfürst Albrecht von Bayern 1726–1745, 1987; *R.-G. Foerster,* Herrschaftsverständnis und Regierungsstruktur in Brandenburg-Ansbach 1648–1703, 1975; *U. Floßmann,* Landrechte als Verfassung, 1976; *D. Gerhard* (Hrsg.), Ständische Vertretungen in Europa im 17. und 18. Jahrhundert, 1969; *N. Hammerstein,* Universitäten (o. § 22); *G. Haug-Moritz,* Württembergischer Ständekonflikt und deutscher Dualismus, 1992; *C.-H. Hauptmeyer,* Souveränität, Partizipation und brandenburgischer Kleinstaat. Die Grafschaft Schaumburg(-Lippe) als Beispiel, 1980; *H. Hausherr,* Verwaltungseinheit und Ressorttrennung vom Ende des 17. bis zum Beginn des 19. Jahrhunderts, 1953; *O. Hintze,* Der österreichische und der preußische Beamtenstaat im 17. und 18. Jahrhundert, in: *ders.,* Staat und Verfassung (Ges. Abh., Bd. 1), 3. Aufl. 1970, 321 ff.; *ders.,* Der Commissarius und seine Bedeutung in der allgemeinen Verwaltungsgeschichte, ebda., 242 ff.; *A. Holenstein,* Huldigung und Herrschaftszeremoniell im Zeitalter des Absolutismus und der Aufklärung, in: *K. Gerteis* (Hrsg.), Zum Wandel von Zeremoniell und Gesellschaftsritualen in der Zeit der Aufklärung, 1991, 21 ff. (Aufklärung 6, H. 2); *ders.,* „Gute Policey" und lokale Gesellschaft im Staat des Ancien Regime. Das Fallbeispiel der Markgrafschaft Baden-Durlach, Bd. 1–2, 2003; *E. Holger,* Machtsprüche. Das herrschaftliche Gestaltungsrecht „ex plenitudine potestatis" in der Frühen Neuzeit, 2009; *W. Hubatsch* (Hrsg.), Absolutismus, 1973; *E. Jost,* Staatsschutzgesetzgebung im Zeitalter des Absolutismus. Dargestellt am Beispiel Brandenburg-Preußens in der Zeit von 1640–1786, 1998; *B. Kappelhoff,* Absolutistisches Regiment oder Ständeherrschaft? Landesherr und Landstände in Ostfriesland im ersten Drittel des 18. Jahrhunderts, 1982; *J. Frh. v. Kruedener,* Die Rolle des Hofes im Absolutismus, 1973; *K. Krüger,* Die landschaftliche Verfassung Nordelbiens in der frühen Neuzeit. Ein besonderer Typ politischer Partizipation, in: *H. Jäger, F. Petri, H. Quirin* (Hrsg.), Civitatum Communitas, FS H. Stoob, Teil 2, 1984, 458 ff.; *ders.*, Die Landständische Verfassung, 2003; *J. Kunisch,* Staatsverfassung und Mächtepolitik. Zur Genese von Staatskonflikten im Zeitalter des Absolutismus, 1979; *ders.* (Hrsg.), Der dynastische Fürstenstaat. Zur Bedeutung von Sukzessionsordnungen für die Entstehung des frühmodernen Staates, 1982; *ders.* (Hrsg.), Staatsverfassung und Heeresverfassung in der europäischen Geschichte der frühen Neuzeit, 1986; *ders.* (Hrsg.), Dreihundert Jahre Preußische Königskrönung, 2002; *E. Maschke* u. *J. Sydow* (Hrsg.), Verwaltung und Gesellschaft in der südwestdeutschen Stadt des 17. und 18. Jahrhunderts, 1969; *R. A. Müller* (o. § 17); *R. Mußgnug*, Die Finanzierung der Verwaltung an der Wende vom Ständestaat des 18. zum Verfassungsstaat des 19. Jahrhunderts, Der Staat, 1991, Beih. 9, 79 ff.; *W. Neugebauer*, Zur neueren Deutung der preußischen Verwaltung im 17. und 18. Jahrhundert in vergleichender Sicht, in: *O. Büsch* u. *W. Neugebauer*, Moderne preußische Geschichte 1648–1947, Bd. 2, 1981, 541 ff.; *ders.*, Das preußische Kabinett in Potsdam, Jb. f. brand. LG 44 (1993) 69 ff.; *ders.*, Staatsverfassung und Heeresverfassung in Preußen während des 18. Jahrhunderts, FBfG 13 (2003) 83 ff.; *G. Oestreich* (o. § 20); *L. Pelizaeus*, Der Aufstieg Württembergs und Hessens zur Kurwürde 1692–1803, 2000; *V. Press* (o. § 17); *ders.*, Herrschaft, Landschaft und „Gemeiner Mann" in Oberdeutschland vom 15. bis zum frühen 19. Jahrhundert, ZGO 122 (1975) 169 ff.; *ders.*, Die Reichsstadt in der altständischen Gesellschaft, ZHF, Beih. 3 (1987) 9 ff.; *W. Quint*, Souveränitätsbegriff und Souveränitätspolitik in Bayern, 1971; *R. Renger*, Landesherr und Landstände im Hochstift Osnabrück in der Mitte des 18. Jahrhunderts, 1968; *A. Schmid*, Der Reformabsolutismus Kurfürst Max' III. Joseph von Bayern, ZbLG 54 (1991) 39 ff.; *R. Frh. v. Schönberg*, Das Recht der Reichslehen im 18. Jahrhundert, 1977; *J. Seitz*, Die landständische Verordnung in Bayern im Übergang von der altständischen Repräsentation zum modernen Staat, 1999; *Th. Simon* (o. § 20); *H.-W. Strätz*, Die Oberösterreichische Landtafel von 1616/1629 als Spiegel des Wandels vom ständisch-dualen zum fürstlich-absoluten Staatswesen, in: Recht und Reich im Zeitalter der Reformation, FS Horst Rabe, 1996, 199 ff.; *H. Sturmberger*, Vom Weißen Berg zur Pragmatischen Sanktion. Der Staat Österreich von 1620 bis 1740, Österreich in Geschichte und Literatur 5 (1961) 227 ff.; *L. Tümpel*, Die Entstehung des brandenburgisch-preußischen Einheitsstaates im Zeitalter des Absolutismus (1609–1806) (GU 124), 1915; *G.-Chr. v. Unruh*, in: DtVwG I, 388 ff.; *R. Vierhaus*, Wahlkapitulationen in den geistlichen Staaten des Reiches im 18. Jahrhundert, in: *ders.*, Herrschaftsverträge, Wahlkapitulationen, Fundamentalgesetze, 1977, 205 ff.; *M. Weber* (o. § 18); *D. Willoweit* (o. § 17); *ders.*, Struktur und Funktion intermediärer Gewalten im Ancien Régime, Der Staat, Beih. 2 (1978) 9 ff.; *W. Wüst*, Die Hofkammer der Fürstbischöfe von Augsburg. Ein Beitrag zum Verwaltungs- und Regierungsstil geistlicher Staaten im 18. Jahrhundert, ZbLG 50 (1987) 543 ff.; *ders.*, Geistlicher Staat und altes Reich. Frühneuzeitliche Herrschaftsformen, Administration und Hofhaltung im Augsburger Fürstbistum, Bd. 1–2, 2001.

I. Probleme der Absolutismusforschung

Zu den wenigen geschichtlichen Schlagworten, welche sich dem politischen Bewußtsein breiter Bevölkerungskreise bis heute tief eingeprägt haben, gehört der Begriff des „Absolutismus". Das Wort ist in Deutschland erst um 1830 aufgekommen. Es läßt sich indessen sachlich rechtfertigen mit der Formel Jean Bodins, die höchste Gewalt im Staate sei *„legibus soluta"*, also in einzigartiger Weise dem überlieferten Recht und Gesetz übergeordnet (o. § 22 I.1). Der gedankliche Entwurf einer so grundstürzenden politischen Konzeption ist freilich eines, ihre Realisierung ein anderes. Daraus resultieren spezifische Probleme der Absolutismusforschung. Lange Zeit stand die Wissenschaft ganz im Banne der seit 1648 zu beobachtenden modernstaatlichen Tendenzen, in denen man wesentliche Bauelemente der gegenwärtigen Staatlichkeit erkannte (u. II). Andererseits begriff das liberale Geschichtsdenken des 19. Jahrhunderts den Absolutismus als Gegenbild der eigenen politischen Ziele: An die Stelle unbeschränkt absolutistischen Herrschaftsgebarens sollte die verfassungsmäßige Bindung des Monarchen an die „Konstitution" treten (u. § 29). Was vorher war, erschien nun als das überwundene „Zeitalter des Absolutismus", dessen Beginn manche Forscher zudem bis in das Spätmittelalter hinauf datierten. Damit wurden nicht nur die sehr unterschiedlichen Antriebskräfte, welche für die einander ablösenden Generationen maßgebend waren, verschleiert. Der großzügige Umgang mit dem bis heute emotionsgeladenen Begriff des Absolutismus hat den Blick für dessen immanente Grenzen, vor allem aber für die Macht der traditionalen Verfassungsstrukturen auch im späten 17. und im 18. Jahrhundert getrübt.

„*Traditional soll eine Herrschaft heißen*", so heißt es in einem überzeugenden Text des Soziologen *Max Weber*, „*wenn ihre Legitimität sich stützt und geglaubt wird aufgrund der Heiligkeit altüberkommener ... Ordnungen und Herrengewalten*". Traditional in diesem Sinne war in dem hier betrachteten Zeitraum eine große Fülle seit alters her bestehender individueller und kollektiver Rechtspositionen, die auf Gewohnheit, Privileg oder Vertrag beruhten. Der Landesherr selbst mußte im Zweifelsfalle sein Recht an den einzelnen Teilen des Territoriums durch konkrete Gerechtsame nachweisen können – ganz wie sein Vorfahr im Spätmittelalter (o. § 13). Dieses unübersichtliche Gefüge der „*wohlerworbenen Rechte*" konnte kein absolutistischer Staat als Ganzes aufheben, ohne elementare Rechtsgrundsätze zu verletzen und die bestehende Gesellschaftsordnung zu revolutionieren. Die alten, verschiedenartigen Rechtsbeziehungen zwischen Herrscher und Untertanen waren durch das jetzt aufkommende zweckrationale Handeln des Staates noch nicht ersetzt, sondern nur überlagert worden. Daher muß die verfassungsgeschichtliche Frage nach der Bedeutung des Absolutismus zugleich auch immer die Frage nach dem Maß seiner Verwirklichung in den einzelnen Territorien einschließen.

II. Charakteristische Merkmale des Absolutismus

1. Säkularisierung der Staatsgewalt

Die charakteristischen Merkmale des Absolutismus lassen sich als Konsequenz eines säkularen politischen Denkens begreifen, das primär nicht mehr an der Konfession und am Heil des Untertanen (o. § 20), sondern an der Wohlfahrt des Gemeinwesens und damit am Staatsinteresse interessiert ist (o. § 22). Ursprünge und erste Entwicklungsstufen dieses epochalen Wandels gehören zwar noch der mittelalterlichen Verfassungsgeschichte an (o. §§ 8 ff.). In unverhüllter Form, sinnlich erfahrbar, tritt der säkularisierte Staat aber erst seit dem letzten Drittel des 17. Jahrhunderts in Erscheinung. Sein Repräsentant, der absolute Herrscher, läßt sich mit prunkvollem Zeremoniell als die Mitte eines Kosmos feiern, dessen Grenzen durch den machtpolitischen Handlungsspielraum gegenüber anderen Potentaten dieser Art bestimmt werden. Stets bildet daher der *Hof* mit seinen Rangordnungen und Ritualen die Mitte des absolutistischen Staatswesens. Sein Glanz erhöht zugleich das Prestige des Adels, der gerne in den Fürstendienst tritt.

2. Das stehende Heer

Zu den wichtigsten Attributen des Absolutismus gehört das *stehende Heer*, welches zunächst nur einen praktischen Sinn zu haben schien – mußte sich Brandenburg doch gegen Schweden durchsetzen, der Kaiser die türkische Bedrohung abwehren und manches weiter westlich gelegene Reichsterritorium schmerzliche Erfahrungen mit französischen Kriegszügen sammeln. Aber nachdem der *miles perpetuus,* der nicht nur aus aktuellem Anlaß, sondern stets unter Waffen stehende und besoldete Soldat, einmal erfunden worden war, gedieh er rasch zum

Symbol des außenpolitisch handlungsfähigen, gleichsam mündigen Staatswesens. Das stehende Heer zeigt auch beispielhaft, wie wir uns die Entstehung und Ausbreitung absolutistischer Herrschaftspraxis vorzustellen haben. Das neue, aus rational begreiflichen Erwägungen entstandene Instrument in der Hand des Monarchen verletzt das überlieferte Recht nicht, weil es außerhalb der Ordnung des älteren Obrigkeitsstaates steht. Aber es entwertet diese, indem es neue Prioritäten setzt, die schließlich auch die Rechtslage nicht unberührt lassen. Das Heer bedurfte der Finanzierung. Soldaten zu stellen, war aber seit jeher Aufgabe der Landstände, des Adels zumal, der im Kriegsdienst seine Lehnspflichten gegenüber dem Landesherrn zu erfüllen hatte. Daß man dieser Aufgabe auch durch Steuerzahlungen gerecht werden konnte, war seit langem geläufig (o. § 17 IV.1). Nichts lag daher näher, als den Unterhalt auch stehender Heere durch Steuerzahlungen der Landstände zu sichern – was zur Folge haben mußte, daß sich die ehemals freiwillige Steuerleistung der Landstände in eine Steuerpflicht verwandelte, da die Armee ja fortdauernd Kosten verursachte. Auch der Reichstag verpflichtete 1654 die Landstände, zur Reichsverteidigung beizutragen und damit zugleich das landesfürstliche Militärwesen zu unterstützen. Nicht selten gelang es den Landesherren freilich, durch Einführung neuer Steuern, vor allem durch Vermehrung der Verbrauchssteuern (Akzise), neue Finanzquellen zu erschließen. Solche und ähnliche Bemühungen, den Unterhalt des stehenden Heeres vom traditionellen Steuerbewilligungsrecht der Landstände zu befreien, führten fast überall zu politischen Einbußen und Rechtsverlusten auf ständischer Seite, nicht selten auch zur völligen Entmachtung der Landstände. In einem engen, aber präzisen Wortsinn kann von einem absolutistischen Regiment stets dann gesprochen werden, wenn und soweit der Landesherr ohne Mitwirkung von Landständen regieren kann.

3. Entwicklungspolitik und Verwaltungsreformen

Weniger spektakulär als die neue Militärpolitik stellen sich die *administrativen Maßnahmen* dar, obwohl sie in ihrer Bedeutung hinter dem Heereswesen kaum zurückbleiben. Es entsteht seit dem späten 17. Jahrhundert eine barocke Staatskultur, welche sich im Unterschied zu der bewahrenden Rechtsverwaltung des Obrigkeitsstaates innenpolitische Entwicklungsziele setzt. Die Förderung von Handel und Gewerbe, die Subventionierung von Manufakturen, die Kultivierung von Ödland und die Öffnung der Grenzen für Einwanderer – oft Glaubensflüchtlinge – sind die wichtigsten Komponenten dieser Politik. Sie begreift erstmals das wirtschaftliche Geschehen eines Landes als ein Ganzes und sucht es, den Grundsätzen des Merkantilismus folgend, durch Vermehrung des im Binnenlande erzeugten Wohlstandes positiv zu beeinflussen. In den Residenzen der deutschen Staaten entstehen daher jetzt besondere Kommerzienkommissionen, bald auch entsprechende Einrichtungen für den Bergbau, die Forsten, das allgemeine Polizeiwesen. Aber auch die traditionelle Kammerverwaltung (o. § 17 II.2) gewinnt an Bedeutung, während sich der Hofrat (o. § 17 II.1) in ein reines Justizorgan verwandelt. Für die große Politik war schon seit dem späten 16. Jahrhundert ein „*Geheimer Rat*" zuständig, der freilich noch den Formalien eines Kollegialorgans (o. § 17 II.1) folgen mußte. Jetzt ersetzt ihn im „*Kabinett*" oder in der „*Konferenz*" ein Kreis persönlicher Fürstenberater, der nicht mehr justizförmig, sondern zweckorientiert denkt und handelt.

Wichtiger aber als alle organisatorischen Veränderungen ist die Tatsache, daß der absolute Herrscher seine Beamten konsequenter an seinen politischen Willen zu binden vermag, ist er doch nicht nur Verwalter eines ihm von Gott anvertrauten riesigen Hausstandes, sondern selbst Ursprung politischer Entscheidungen und ihr Motor zugleich. Die Gestalt des „*Kommissars*", der jetzt flexibel neben den etablierten Administrationen tätig wird, ist nichts anderes als die Personifikation des Grundsatzes, daß der absolute Monarch stets berechtigt ist, selbst oder durch andere in jeder den Staat oder das Gemeinwohl betreffenden Sache tätig zu werden. Die Folgen dieser Zentrierung allen politischen Lebens auf die Person des jeweiligen Herrschers sind vielfältig und paradox. Zahllose neue Ämter werden vor allem am Hofe geschaffen, gilt es doch, jede Aufgabe als Auftrag des Herrschers zu begreifen und umfassende Zuständigkeiten der Beamten zu vermeiden. Es versteht sich von selbst, daß im Zuge solcher Entwicklungen die Autonomie der Städte und Dorfgemeinden (o. § 14) erheblich geschwächt oder ganz ausgelöscht wurde. Der Anspruch, selbständig und unbeeinflußt vom Wort der Mächtigen entscheiden zu dürfen, litt selbst dort, wo dieses Recht im Prinzip stets Anerkennung gefunden hatte: in der Gerichtsbarkeit. Als Landesherr zugleich Richter, hält sich der absolute Fürst auch für befugt und verpflichtet, die Entscheidung einzelner Prozesse an sich zu ziehen oder den Richtern im Einzelfall Weisungen zu erteilen: Die *Kabinettsjustiz* ist geboren. Damit aber entsteht zugleich das Problem der Unabhängigkeit des Richters, dessen Lösung in der zweiten Hälfte des 18. Jahrhunderts die Überwindung des Absolutismus vorantreiben sollte (u. § 26).

4. Recht zwischen Normbindung und Mißbrauch

Die Überzeugungskraft sowohl naturrechtlichen wie historischen Denkens seit dem ausgehenden 17. Jahrhundert (o. § 22 III u. IV) zog alsbald die Errichtung von Lehrstühlen für Naturrecht – erstmals 1661 in Heidelberg für Pufendorf – wie auch für partikulare Rechte der einzelnen Territorien nach sich. Der Gesetzgebungsfreude absoluter Monarchen wurden durch die Entwicklung des Rechtsdenkens Grenzen gesetzt. Einerseits ergoß sich über die Untertanen eine Flut kleinerer und größerer Gesetzeswerke, eher kasuistische *Reskripte* und *Mandate*, seltener umfassender angelegte Regelungen eines Rechtsgebietes in *Edikten* – der Wille des Monarchen ist Gesetz. Andererseits haben schon die Zeitgenossen ein Phänomen beobachtet, für das moderne Historiker den Begriff „Verrechtlichung" geprägt haben. Wenn zunehmend auch einfache Untertanen Rechte gegen ihre Herren einklagen (u. § 24 IV u. V.3), dann deutet dies auf ein Rechtsbewußtsein hin, das in den höheren Rängen der Gesellschaft erst recht vorhanden gewesen sein muß. Und in der Tat wirkt sich die lebhafte Gesetzgebung auch als Selbstbindung der fürstlichen Gesetzgeber aus, soll die eigene Rechtspolitik nicht immer wieder durch neue Regelungen in Frage gestellt werden. Vor allem aber entwickelte sich das Naturrecht mit der ihm eigenen Logik zu einem Maßstab, an dem das Handeln des Fürsten zu messen war. Daß auch der Herrscher an Verträge gebunden ist, wohlerworbene Rechte nicht nehmen darf, seine Ehefrau nicht entlassen kann – solche und ähnliche Themen finden sich im juristischen Schrifttum des 18. Jahrhunderts durchaus.

Ist die absolutistische Rechtspolitik daher auch von despotischer Willkür zu unterscheiden, so eröffnete sie doch Handlungsspielräume, in denen sich die Grenzen zwischen Recht und Unrecht aufzulösen begannen. So unbestritten das landesherrliche Besteuerungsrecht war, so gewiß konnte die Erfindung immer neuer Steuern auf eine Enteignung ganzer Bevölkerungsgruppen hinauslaufen. Darf der

Landesherr in jedem Prozeß selbst Richter sein, dann ist eine parteiliche Rechtsprechung in kritischen Fällen kaum zu verhindern. Der hessische Soldatenhandel ist auf ähnliche Weise entstanden. Aus dem Recht des Fürsten, fremden Mächten statt Subsidien auch Hilfstruppen zur Verfügung zu stellen, entwickelt sich ein lukratives Geschäft mit dem Leben der eigenen Untertanen. „Modern" ist der absolutistische Staat also auch insofern, als sich dieses Gemeinwesen, wenn auch den Zeitgenossen noch kaum bewußt, erstmals mit der Frage nach einer allgemeinverbindlichen Sozialmoral konfrontiert sieht.

III. Der Aufstieg der deutschen Großmächte unter dem Einfluß des absolutistischen Politikverständnisses

1. Brandenburg-Preußen

Daß Brandenburg-Preußen als Zentrum absolutistischer Verfassungsentwicklung im Reiche gelten darf, hat seine ersten Ursachen in der Topographie dieses Staates und in der kolonialen Geschichte seiner wichtigsten Provinzen. Denn Brandenburg-Preußen entstand im Laufe des 17. Jahrhunderts neben dem Verband der habsburgischen Länder als einzige deutsche Territorialverbindung von Gewicht, die der Integration bedurfte, dazu aber auch in besonderem Maße fähig war, weil der politische Einfluß der Stände niemals das im Westen und Süden des Reiches übliche Maß erreicht hatte. Das um Kurbrandenburg gruppierte Länderkonglomerat – Preußen (später: „Ostpreußen"), Kleve, Mark, Ravensburg, Minden, Magdeburg, Hinterpommern – hätte in seine grundverschiedenen Teile wieder zerfallen müssen, wäre es nicht mit neuen politischen Methoden administrativ verklammert worden. Für Brandenburg-Preußen stellte sich also die Aufgabe der Staatsbildung in einer spezifischen, geradezu existentiellen Form. Das Ergebnis war denn auch ein im Reiche völlig neuer Staatstypus, der das alte Ordnungsgefüge der deutschen Territorien prinzipiell in Frage stellen sollte (u. § 26). Von einem „deutschen Beruf" Brandenburg-Preußens, einem konsequenten Streben nach dem deutschen Einheitsstaat, den die Geschichtsschreibung später den Hohenzollern gerne unterstellte, ist nichts zu spüren.

Aber es trifft zu, daß seit 1640 nacheinander drei Hohenzollernfürsten die diffuse Ländermasse regieren, welche – auf jeweils sehr verschiedene Weise – die Einheit des Gesamtstaates nachhaltig förderten. Der *„Große"* Kurfürst *Friedrich Wilhelm* (1640–1688) faßte zwar noch die erneute Trennung der in seiner Hand vereinigten Territorien durch Testament ins Auge. Doch wies seine großräumig konzipierte *Machtpolitik* in der Auseinandersetzung mit Schweden und Polen schon den Weg zu einer quasisouveränen Handlungsfreiheit, die umfassender Ressourcen aus allen Teilen des Staates bedurfte. Sein Nachfolger *Friedrich III.* (1688–1713) unterstrich den brandenburg-preußischen Machtanspruch nicht nur durch eine prachtvolle Hofhaltung, sondern mehr noch im Jahre 1701 mit der Annahme der Königswürde in dem außerhalb des Reiches liegenden, seit 1657 auch nicht mehr von Polen lehensabhängigen und daher nach Auffassung der zeitgenössischen Staatslehre wirklich *„souveränen"* Herzogtum Preußen. Nur *„König in Preußen"* durfte der Kurfürst jetzt als König Friedrich I. heißen, blieb der westliche Teil des alten Ordensstaates doch als *„königliches Preußen"* dem König von Polen untertan. Aber in einer Zeit, die höchst empfindsam die Symbole der weltlichen Macht registrierte, wog der

Besitz einer Königskrone schwer. Vollendet hat die herrschaftliche Durchdringung des Gesamtstaates durch eine weitgehende *Zentralisierung der Verwaltung Friedrich Wilhelm I.* (1713–1740). Seine aller äußeren Repräsentation abgeneigte, dem pietistischen Dienstethos verpflichtete Persönlichkeit hat einen neuen Typus des Staatsdieners geprägt und die Grundlagen jenes preußischen Selbstbewußtseins geschaffen, das seitdem bis in das 20. Jahrhundert hinein Geschichte machte.

Die *Entmachtung der Stände* hat schon der Große Kurfürst eingeleitet. Sein Entschluß, Soldaten auch nach Kriegsende unter Waffen zu halten, hatte die fortdauernde Aktivität zahlreicher *Kriegskommissare* zwecks Versorgung der Truppe durch Erhebung von Kontributionen und Einziehung der Akzise zur Folge. An ihre Spitze trat bald ein *Generalkriegskommissar*, seit 1712 ein kollegial organisiertes Generalkriegskommissariat. Der Monarch bedurfte damit im Bereich des politisch ebenso wichtigen wie finanziell aufwendigen Heereswesens der Landstände nicht mehr. Für die Kammer- und Domänenangelegenheiten hatte Friedrich III./I. 1689 die *Geheime Hofkammer* als Zentralbehörde für alle hohenzollerschen Territorien gegründet. Von seinem Nachfolger wurde sie 1713 mit der Verwaltung sonstiger Einkünfte, z. B. aus Zöllen, vereinigt und als *Generalfinanzdirektorium* reorganisiert. Aber auch die damit erreichte Straffung des Verwaltungswesens genügte Friedrich Wilhelm I. noch nicht. 1723 schloß er die beiden zentralen Verwaltungsbehörden, das Generalkriegskommissariat und das Generalfinanzdirektorium, zum *Generaldirektorium* zusammen. Dieses gliederte sich in Abteilungen (*„Departements"*), die einerseits jeweils für alle aus bestimmten Provinzen eingehenden Sachen zuständig waren, andererseits aber auch gewisse Sachkomplexe für die ganze Monarchie zu bearbeiten hatten – ein Modell, das seit einigen Jahren am Kaiserhofe erprobt wurde (u. 2). Aber im Unterschied zur Verwaltungspraxis der Habsburger und aller anderen deutschen Territorien war es in Brandenburg-Preußen jetzt gelungen, die heikle Heeresfinanzierung ganz und gar in die ordentliche Staatsverwaltung einzugliedern. Das gilt auch für die Provinzen, in denen die *Kriegs- und Domänenkammern* amtierten. Das 1703 gegründete *Oberappellationsgericht* für alle Teile der Monarchie und deren 1713 durch Hausgesetz angeordnete Unteilbarkeit vollendeten die Einheit des Staates.

Die unmittelbaren Wirkungen der absolutistischen Verwaltungsreformen dürfen freilich auch für den preußischen Staat nicht überschätzt werden. Was neben der Finanzierung einer gewaltigen Armee von 70 000 Mann (1740) gelang, war vor allem die Anregung gewerblicher Aktivitäten und eine zunehmende Kultivierung des flachen Landes. So durch die Aufnahme der aus Frankreich vertriebenen *Hugenotten* unter dem Großen Kurfürsten und durch das *„Retablissement"* des von der Pest entvölkerten nördlichen Ostpreußen, das Friedrich Wilhelm I. durch Salzburger, Litauer und andere Volksgruppen neu besiedelte. Im übrigen gelang es am ehesten noch in den Städten durch die dort zuständigen Steuerkommissare den am Hofe getroffenen Entscheidungen Geltung zu verschaffen. Aber Brandenburg-Preußen war ein Agrarstaat. Das Kommissarwesen auf dem flachen Lande ließ sich ohne Mitwirkung des eingesessenen Adels nicht funktionsfähig erhalten. Die Kreiskommissare schmückten sich seit 1702 mit dem Titel *„Landrat"*, da sie nicht nur in fürstlichem Auftrag, sondern zugleich als Repräsentanten des regionalen Adels, und von diesem in ihr Amt gewählt, handelten. Der absolutistische Staat verfügt noch nicht über einen flächendeckenden Unterbau. Hier blieb die wichtigste Gruppierung der politisch sonst einflußlosen Landstände weiterhin präsent als *„ein wichtiges Fundament für den absoluten Staat ..., zumal auf dem Lande, wo es ohne ihre Mitarbeit keine monarchische Herrschaft geben konnte"* (P. Baumgart).

2. Die habsburgischen Staaten

Im Zeitalter absolutistischer Verfassungsbestrebungen macht auch die monarchische Union der habsburgischen Staaten wesentliche Fortschritte. Bedingungen, Wege und Ergebnisse dieser zweiten Großmachtbildung, die auf dem Boden des Reiches beginnt, unterscheiden sich jedoch grundlegend von der brandenburg-preußischen Staatsentwicklung. Das *„Haus Österreich"*, seit 1438 ununterbrochen im Besitz der Kaiserwürde, hatte schon im 16. Jahrhundert außer den beiden Teilen des Herzogtums Österreich (unter und ob der Enns), den seit langem zugehörigen Ländern Steiermark, Kärnten und Krain („Innerösterreich"), der Grafschaft Tirol und den vorderösterreichischen Herrschaften (zwischen Vorarlberg und dem Breisgau), auch Istrien, Triest und Görz, das Königreich und Kurfürstentum Böhmen und selbst die ungarische Krone gewinnen können. Diese sehr verschiedenartigen Länder mit überwiegend eigenstaatlichen, ja nationalen Traditionen kannten alle ein altes, kräftig ausgebildetes Ständewesen. Es repräsentierte gegenüber dem meist fernen Herrscher das jeweilige Land mit seinem überkommenen Landrecht. An eine Egalisierung der weiten habsburgischen Herrschaftsräume unter einer straffen Zentralgewalt war nicht zu denken. Auch nicht, als 1620 mit der Schlacht am Weißen Berg (o. § 21 I.1) die Landstände Böhmens und Mährens entscheidend geschwächt wurden und das Kaiserhaus infolge dieses Sieges auch den politischen Einfluß der Landstände seiner anderen Länder eindämmen konnte. Zwar gab es nun keine Zukunft mehr für die ehedem zu beobachtenden Ansätze, die gemeinsamen Interessen der habsburgischen Länder auf Generallandtagen zu vertreten. Die Einheit des Gesamtstaates stellte allein der Monarch her. Aber auf der Ebene der einzelnen Länder blieb die Stellung der Landstände vergleichsweise stark.

An der Spitze der habsburgischen Länder stand jeweils ein *Landeshauptmann*, der – selbst dem einheimischen Herrenstande entstammend – vom Landesherrn auf Vorschlag der Landstände ernannt wurde. Der höchste Repräsentant der Staatsgewalt nach dem Herrscher war also nicht nur diesem, sondern ebenso dem bodenständigen Adel verpflichtet. Es überrascht nicht, daß angesichts dieser in der Tat *„dualistischen"* Aufteilung der politischen Macht auch im 17. und 18. Jahrhundert Landtage, zumindest aber regelmäßige Sitzungen von Landtagsausschüssen stattfinden. Darüber hinaus schufen sich die Stände eigene Behörden, welche an Umfang die des Landesherrn oft übertrafen. Den Landständen bleibt bis in die zweite Hälfte des 18. Jahrhunderts hinein das Recht der Steuerbewilligung, die Einziehung der Steuern (*„Contributionale"*), ja sogar die Einführung neuer Zölle und indirekter Verbrauchssteuern. Damit war der in Brandenburg-Preußen und anderswo beschrittene Weg, die fürstliche Kasse mittels der Akzise aufzufüllen und damit zugleich den Einfluß der Stände zu schwächen, nicht gangbar. Auch eine gesamtstaatliche Wirtschaftspolitik erwies sich unter diesen Bedingungen als kaum möglich.

Doch das Staatsleben dieser Zeit entfaltete seine eigene Dynamik, die schließlich auch die Bedeutung der Landstände in den habsburgischen Ländern erheblich relativierte. Schon frühzeitig hatten die Habsburger *gemeinsame Behörden* für jeweils mehrere ihrer Länder geschaffen und den Landesbehörden übergeordnet. Eine zentrale *Hofkammer* überwachte die Finanzen der Länderkammern und damit alle Einnahmen aus dem landesherrlichen Kammergut (das *„Camerale"*). Für die üblichen Aufgaben eines Hofrates, Landesangelegenheiten politischen Charakters und Parteistreitigkeiten (o. § 17 II.1), waren am Kaiserhof neben dem Reichshofrat

(u. § 24) die Reichshofkanzlei, eine *österreichische*, eine *böhmische* und eine *ungarische Hofkanzlei* tätig. Nicht Zentralisierung war das Ziel dieser Organisationspolitik, sondern eine Aufgliederung der Verwaltungskörper, um den besonderen Verhältnissen der einzelnen Länder gerecht werden zu können. Eine 1717 durchgeführte Reform der Hofkammer schuf Abteilungen mit vorrangig regionaler, daneben auch sachlicher Zuständigkeit. Daß die kaiserlichen Landesherren aber nicht nur adäquate Verwaltungsinstrumente formten, um das weitverzweigte Staatensystem zu beherrschen, sondern zunehmend politisch an Boden gewannen, liegt einerseits an den jetzt modern werdenden Zielen der Staatstätigkeit, andererseits an der außenpolitischen Herausforderung durch die türkische Bedrohung. Die ständischen Rechte waren durch das Herkommen fixiert. Neue politische Aufgaben im zwischenstaatlichen Raum, im Bereich des Wehr-, Kirchen- und Polizeiwesens konnten nur dem Landesherrn zuwachsen. Noch größeren Gewinn brachte die erfolgreiche Bekämpfung der Türken, seitdem ihr Belagerungsring um Wien 1683 hatte gesprengt werden können. *Kaiser Leopold I.* (1658–1705) gewann Ungarn zurück und erwarb Siebenbürgen; unter seinen Nachfolgern *Joseph I.* (1705–1711) und *Karl VI.* (1711–1740) führte Prinz Eugen (1703–1736 Hofkriegsratspräsident) die kaiserlichen Heere tief in den Balkan hinein. Der Türkenkrieg hatte einst wesentlich dazu beigetragen, daß die habsburgischen Herrscher immer wieder die Landstände um Steuer- und Militärhilfe angehen mußten und damit zugleich deren politisches Gewicht stärkten. Jetzt hat er die Entstehung neuer Organisationsstrukturen zur Folge. Im Südosten wird die „*Militärgrenze*" errichtet, ein von der Adria bis Ungarn reichender Verwaltungsdistrikt, dessen direkt der Zentrale unterstellte Wehrbauern weitgehende Selbstverwaltungsrechte genossen. Prinz Eugen gelang es sogar vorübergehend, sich die lokalen Heeresversorgungsstellen unterzuordnen. Doch bleibt in diesem – für die spätere preußisch-habsburgische Konfrontation wesentlichen – Punkte im Vergleich der Großmächte ein österreichischer Nachholbedarf festzustellen: Ohne Mitwirkung der Stände ließ sich die Armee vorerst weder aufstellen noch versorgen; eine dem preußischen Kommissariatswesen (o. 1) vergleichbare Einrichtung existierte nicht.

Aus den Türkenkriegen ging ein Kaiserstaat hervor, der nur noch zum Teil – wenn auch mit seinen „Erblanden" – zum Reich gehörte, im übrigen aber die politische Vormacht und Schutzherrschaft für zahlreiche ost- und südosteuropäische Völker und Volksgruppen bildete. Mit dem Aussterben der spanischen Habsburger waren 1713/14 noch die spanischen Niederlande sowie Mailand und zeitweise weitere italienische Herrschaften hinzugekommen. In Ungarn war der Kaiser souveräner König, ähnlich wie der brandenburgische Kurfürst in Preußen. Aber die habsburgischen Erwerbungen wogen schwerer, so daß der römische Kaiser bei unveränderter Verfassungslage fortan nicht nur Reichsoberhaupt, sondern Herr einer Gesamtmonarchie ganz eigener Prägung sein sollte. 1713 hat Kaiser Karl VI. in der „*Pragmatischen Sanktion*" die „*unzertrennliche Vereinigung*" der habsburgischen Länder, zugleich die Primogenitur im Mannesstamm und subsidiär die Nachfolge der Erbtochter festgelegt und dazu nicht nur die Zustimmung der Stände aus den verschiedenen Ländern, sondern auch das Einverständnis des Reiches und der europäischen Großmächte eingehandelt. Der österreichisch-ungarische Vielvölkerstaat hatte damit für 200 Jahre eine außerordentlich stabile Grundlage erhalten; die Möglichkeiten und Grenzen der deutschen Verfassungspolitik sollten dadurch wesentlich mitbestimmt werden.

IV. Landständische Strukturen deutscher Mittelstaaten

Einige Formen absolutistischen Herrschaftsgebarens sind fast überall im Reiche – und darüber hinaus – zu beobachten: Der Landesherr steht im Mittelpunkt einer personell stark angewachsenen Hofgesellschaft, versucht sich in Verwaltungsreformen und hält einige prachtvoll ausgestattete Truppenkörper unter Waffen, meist freilich von geringem Umfang und zweifelhaftem militärischen Wert. Aber diese Tendenzen, mögen sie insgesamt auch ihre politische Bedeutung entfaltet haben, können doch nicht darüber hinwegtäuschen, daß die landständische Ordnung in den deutschen Mittelstaaten in gewandelten Formen lebendig bleibt und großen Teilen des „dritten Deutschland" ihr besonderes Gepräge gibt.

Eine besonders starke Stellung nahmen die Landstände im Herzogtum *Württemberg* ein, wo sie sich überwiegend aus dem Patriziat der Städte (der „*Ehrbarkeit*") rekrutierten, seitdem die Ritterschaft des Landes reichsunmittelbar geworden war (o. § 16 II.5). Hier gelang sogar noch nach 1700 ein Ausbau der ständischen Positionen, zum einen durch die Wahl der Landtagsvertreter in der regionalen Amtsversammlung, welcher auch die Dorfschultheißen angehörten, vor allem aber infolge eines Ereignisses, das die Repräsentanten des Landes zu einer kompromißlosen Frontstellung gegenüber ihrem Landesherrn zwang. 1733 fiel das lutherische Territorium an *Karl Alexander*, einen katholischen Angehörigen des Herzogshauses, der daher in umfangreichen „*Religionsreversalien*" nochmals in vertragliche Verpflichtungen gegenüber den Landständen eintreten mußte. Eine ähnliche Situation war schon 1697 in *Kursachsen* entstanden, wo *August der Starke* zum Katholizismus konvertierte, um die polnische Krone zu erlangen. Trotz des damit verbundenen Machtgewinns gelang es dem Kurfürsten danach nicht, eine eigene Steuerverwaltung kommissarischen Charakters aufzubauen und den Ständen das Steuerbewilligungsrecht zu entwinden.

Aber nicht nur ein Religionswechsel der regierenden Dynastie war geeignet, das Selbstbewußtsein eines Landes und damit die politische Stellung der Stände gegenüber dem Landesherrn zu stärken. Der um *Hannover* zusammengewachsene Komplex welfischer Territorien geriet geradezu unter ein oligarchisches Adelsregiment, als der Herrscher 1714 die englische Krone erlangte. Für ihn wurde Hannover zu einem Nebenland, dessen adelige Führungsschicht darum aber um so wichtiger. Ähnlich lagen die Verhältnisse in den Herzogtümern *Jülich* und *Berg*, welche noch vor dem Dreißigjährigen Krieg an die Wittelsbacher gefallen und zu Nebenländern herabgesunken waren. Im Herzogtum *Mecklenburg* mit seinem besonders hohen Anteil adeligen Landes eskaliert der Widerstand der Stände gegen absolutistische Bestrebungen des Herzogs derart, daß der von ihnen angegangene Reichshofrat eine Reichsexekution gegen den Fürsten in Szene setzt (*Hofmann* Nr. 56; u. § 24 IV.3). 1755 werden in einem „*landesgrundgesetzlichen Erbvergleich*" die ständischen Rechte festgeschrieben. Selbst das im 16. und in der ersten Hälfte des 17. Jahrhunderts so entwicklungsstarke *Bayern* ist weit davon entfernt, die Landstände zu entmachten. Im späten 17. Jahrhundert hatte dieser Staat mit einer Finanzkrise zu kämpfen, deren Bewältigung ohne Unterstützung der Landstände nicht möglich war. Im anderen wittelsbachischen Kurfürstentum, der *Pfalzgrafschaft bei Rhein*, haben sich Landstände zwar nicht entwickeln können. Eingebunden in die traditionellen altfränkischen Rechtsstrukturen und territorial zersplittert, bot sich hier jedoch kein Spielraum für die Entwicklung eines absolutistischen Regiments.

Vollends waren die *geistlichen Staaten* dazu nur in Ansätzen befähigt. Sie verkörpern auch noch im 17. und 18. Jahrhundert den Typus der Wahlmonarchie, in welcher die Abhängigkeit des Herrschers von seinen Wählern niemals völlig zu überwinden war. 1685 hatte zwar Papst Innozenz XII. Wahlkapitulationen zwischen dem Kandidaten und dem Domkapitel untersagt, und Kaiser Leopold I. bekräftigte 1698 dieses Verbot. Aber die mit der Entscheidungssituation eines Wahlvorgangs gegebene Sachlage erwies sich oft als stärker. Überall spielen die Domkapitel eine bedeutende politische Rolle, sei es im Kreise der Landstände, sei es an deren Stelle. Dies freilich nicht im Sinne eines Gleichgewichts, war doch kein Wahlversprechen justitiabel.

Überblickt man also die bunte Landschaft der deutschen Territorien, dann ist kaum an der Einsicht vorbeizukommen, daß die Kraft der traditionalen Rechtsstrukturen dem Neuerungsdrang vieler Monarchen überlegen war. Der Fall der Landgrafschaft *Hessen(-Kassel)*, wo sich der Landesherr die Freiheit der Steuerausschreibung erkämpft, gehört unter den mittleren deutschen Territorien zu den Ausnahmen. Und dennoch kann sich wohl niemand, der diese Zeit genauer studiert, des Eindrucks erwehren, daß die Landstände neben dem Fürsten antiquiert wirken, vor allem darauf bedacht, ihre alten Privilegien zu erhalten. Das wahre Landesinteresse, Gemeinwohl und Fortschritt, scheinen beim Monarchen und seinen Beratern besser aufgehoben. Und in der Tat sollte sich dieser Personenkreis am ehesten befähigt zeigen, außerhalb der erstarrenden Rechtsstrukturen aus vergangenen Zeiten neue Felder gesellschaftlicher und politischer Aktivitäten zu erschließen (u. § 26).

V. Reichsstädte und Reichsritter

Nicht unerwähnt bleiben dürfen die augenscheinlichsten Relikte traditionalen Verfassungslebens in der Spätzeit des Heiligen Römischen Reiches: die reichsstädtischen Oligarchien und die reichsritterschaftlichen Dorfherrschaften. Kaiser Karl V. hatte zwischen 1548 und 1552 aus konfessionspolitischen Erwägungen in fast 30 Reichsstädten vornehmlich Südwestdeutschlands die Zunftverfassung durch ein patrizisches Regiment ersetzt und damit die schon vor dem Ausgang des Mittelalters vollzogene Verbreiterung des Stadtregiments rückgängig gemacht. Seitdem fungierte in den meisten Reichsstädten ein aristokratischer Rat als obrigkeitliche Behörde, dem Einfluß der Stadtbevölkerung weitgehend entzogen. Juristen als Syndici, bürokratisch arbeitende Sekretäre und die Schriftlichkeit der Verfahrensabläufe gewährleisteten zwar eine Annäherung der administrativen Techniken an die Standards der Zeit. Aber die oligarchische Herrschaftsstruktur begünstigte den Egoismus der regierenden Familien und erschwerte den Nachvollzug der Entwicklungsimpulse des Absolutismus. Diese Situation wurde auch nicht durch die weiterhin spürbare Stadtherrschaft des Kaisers, der gerne seine Kommissionen entsandte, aufgelockert. Die Reichsstädte standen außerhalb der sich im 18. Jahrhundert vollendenden Staatsbildung.

In noch stärkerem Maße gilt dies für die *Reichsritterschaft*, die „*als Korporation ... eigentlich eine Gründung gegen den staatlichen Durchdringungsprozeß*" darstellte (V. Press, o. § 16 II.5). Ihr letztes Ziel war die ungestörte Bewahrung der niederadeligen Grund- und Gerichtsherrschaften mit dem während des 16. Jahrhunderts erstrittenen *ius reformandi*. Der Weg dazu führte über die Verweigerung der Steuerleistung an die benachbarten Territorialherren und die Anerkennung eines eigenen

Steuererhebungssystems durch den Kaiser. Dazu waren organisatorische Zusammenschlüsse der Ritter erforderlich, die sich nach 1648 in 15 Kantone in Schwaben, in Franken und am Rhein gliederten. Dem an der Spitze des Kantons stehenden Direktor oder Hauptmann stand das Recht der Steuerexekution, notfalls mit Hilfe benachbarter Reichstruppen, zur Verfügung. Auch jurisdiktionelle Rechte wuchsen dem Direktorenamt zu. Schließlich entwickelte diese Exekutive mit eigenen Kanzleien und zugehörigem Personal, auch eigenen Juristen, eine bescheidene Verwaltung, die von einem gewählten Ritterrat gesteuert wurde.

Aber all dies reichte zur Etablierung eines ritterschaftlichen „Staates" nicht aus. Durch die Veräußerung einzelner Güter konnte das reichsritterschaftliche „Territorium" endgültig gemindert und damit zugleich die Steuerlast gegenüber dem Reiche vergrößert werden, weil die fürstlichen Nachbarn den Erwerb solcher Güter zugleich als deren Mediatisierung betrachteten. Die Erhaltung des reichsritterschaftlichen Grundbesitzes war also eine Lebensfrage für den niederen Adel, dem der Kaiser daher auch schon 1609 ein Vorkaufsrecht *(ius retractus)* eingeräumt hatte. Bei fortschreitender Verarmung vieler kleinadeliger Familien konnte es jedoch den allmählichen Niedergang der Reichsritterschaft nicht aufhalten. Doch leisteten auch diese scheinbar hoffnungslos veralteten Herrschaftsgebilde einen spezifischen Beitrag für das politische Gleichgewicht im Reiche. Zum einen gingen aus den Kreisen der Reichsritterschaft viele geistliche Reichsfürsten hervor (u. § 24). Zum anderen boten diese altertümlichen Herrschaften Schutz und Bleibe jenen, deren Kultur dem Egalisierungsprozeß im frühneuzeitlichen Staat widerstand: den Juden etwa, die aus vielen großen Territorien ausgewiesen worden waren. Die *„Libertät"* des Alten Reiches ist ohne die Freiräume, welche Reichsritter und Reichsstädte boten, kaum vorstellbar.

§ 24. Das Reich, der Kaiser und der gemeine Mann

Quellen: *G. Franz* (Hrsg.), Quellen zur Geschichte des deutschen Bauernstandes in der Neuzeit (1500–1950), 2. Aufl. 1976; *E. v. Puttkammer,* Föderative Elemente im deutschen Staatsrecht seit 1648 (Quellensammlung zur Kulturgeschichte 7), 1955; *J. J. Schmauss,* Corpus juris publici S. R. imperii academicum. Enthaltend des Heil. Röm. Reichs deutscher Nation Grund-Gesetze ..., 1722 (zuletzt hrsg. v. *R. v. Hommel* 1794, Neudr. Hildesheim 1973); *W. Sellert* (o. § 19).

Zeitgenössische Literatur: *J. Limnäus,* De iure publico Romano-Germanici, 1629; *J. F. Pfeffinger,* Vitriarii institutionum juris publici illustratarum, Vol. 1–4, 1731/39; *J. St. Pütter,* Institutiones iuris publici Germanici, 1770, dt. Übers. d. 4. Aufl. 1787: *ders.,* Anleitung zum deutschen Staatsrechte, aus d. Latein. v. *K. A. Graf v. Hohenthal,* T. 1–2, 1791–92; *Th. Reinkingk,* Tractatus de regimine seculari et ecclesiastico S. Imperii Romano-Germanici, 1616; *B. G. Struve,* Corpus iuris publici imperii nostri Romano-Germanici, 3. Aufl. 1738.

Schrifttum: *K. O. v. Aretin* (Hrsg.), Der Kurfürst von Mainz und die Kreisassoziation 1648–1746. Zur verfassungsmäßigen Stellung der Reichskreise nach dem Westfälischen Frieden, 1975; *ders.,* Das Alte Reich 1648–1806, Bd. 1–2, 1993–97; *J. Arndt,* Das niederrheinisch-westfälische Reichsgrafenkollegium und seine Mitglieder (1653–1806), 1991; *K. S. Bader* u. *G. Dilcher,* Deutsche Rechtsgeschichte ... (o. § 14); *A. Begert* (o. § 11); *P. Blickle* (Hrsg.), Aufruhr und Empörung? Studien zum bäuerlichen Widerstand im Alten Reich, 1980; *ders.,* Deutsche Untertanen – Ein Widerspruch, 1981; *ders.,* Studien ... (o. § 14); *ders.,* Landgemeinde ... (o. § 14); *W. Brauneder,* Civitas et Cives Sancti Romani Imperii, in: *G. Lingelbach* u. *H. Lück* (Hrsg.), Deutsches Recht zwischen Sachsenspiegel und Aufklärung. R. Lieberwirth z. 70. Geb., 1991, 95 ff.; *W. Burgdorf,* Reichskonstitution und Nation. Verfassungsreformprojekte für das Heilige Römische Reich Deutscher Nation im politischen Schrifttum von 1648 bis 1806, 1998; *J. Burkhardt,* Verfassungsprofil und Leistungsbilanz des immerwährenden Reichstags, in: *H. Duchhardt* u. *M. Schnettger* (Hrsg.),

Reichsständische Libertät und habsburgisches Kaisertum, 1999, 151 ff.; *B. Diestelkamp* (Hrsg.), Das Reichskammergericht in der deutschen Geschichte (o. § 15); *ders.* (Hrsg.), Die politische Funktion des Reichskammergerichts, 1993; *W. Dotzauer*, Die deutschen Reichskreise in der Verfassung des Alten Reiches und ihr Eigenleben (1500–1806), 1989; *ders.* (o. § 15); *H. Duchhardt* (o. § 16); *U. Eisenhardt*, Die kaiserliche Aufsicht über Buchdruck, Buchhandel und Presse im Heiligen Römischen Reich Deutscher Nation, 1970; *ders.* (o. § 15); *F.-R. Erkens* (o. § 11); *R. v. Friedeburg*, Ländliche Gesellschaft und Obrigkeit. Gemeindeprotest und politische Mobilisierung im 18. und 19. Jahrhundert, 1997; *T. Fröschl*, Reichstag und Reichsstadt, in: Stände und Gesellschaft im Alten Reich. Dt.-am. Koll. Mainz, 17.–20. Sept. 1986, 1 ff.; *A. Gotthard*, Säulen des Reiches. Die Kurfürsten im frühneuzeitlichen Reichsverband, Bd. 1–2, 1999; *P. C. Hartmann* (o. § 15); *ders.* (Hrsg.), Der Mainzer Kurfürst als Reichserzkanzler, 1997; *G. Haug-Moritz*, Kaisertum und Parität. Reichspolitik und Konfessionen nach dem Westfälischen Frieden, ZHF 19 (1992) 445 ff.; *W. Hermkes* (o. § 11); *H. H. Hofmann*, Reichskreis und Kreisassoziation, ZbLG 25 (1962) 337 ff.; *S. Jahns*, Das Reichskammergericht und seine Richter, Teil II: Biographien, Bd. 1–2, 2003; *H. Kaak*, Die Gutsherrschaft. Theoriegeschichtliche Untersuchungen zum Agrarwesen im ostelbischen Raum, 1991; *ders.* u. *M. Schattkowsky* (Hrsg.), Herrschaft. Machtentfaltung über adligen und fürstlichen Grundbesitz in der Frühen Neuzeit, 2003; *B.-R. Kern* (o. § 12); *T. Klein*, Die Erhebungen in den weltlichen Reichsfürstenstand 1550–1906, Bll. f. dt. LG 122 (1986) 137 ff.; *G. Kleinheyer* (o. § 15); *J. Klußmann* (Hrsg.), Leibeigenschaft. Bäuerliche Unfreiheit in der frühen Neuzeit, 2003; *B. M. Kremer*, Die Diskussion um die geistlichen Rechte des Kaisers im 18. Jahrhundert, ZRG (KA) 117 (2000) 446 ff.; *K. Kroeschell*, Justizsachen und Polizeisachen, in: *ders.* (Hrsg.), Gerichtslauben-Vorträge. Freiburger Festkolloquium z. 75. Geb. v. H. Thieme, 1983, 57 ff.; *J. Kunisch* (o. § 15); *U. Lange* (Hrsg.), Landgemeinde und frühmoderner Staat. Beiträge zum Problem der gemeindlichen Selbstverwaltung in Dänemark, Schleswig-Holstein und Niedersachsen in der frühen Neuzeit, 1988; *P. v. z. Mühlen*, Die Reichstheorien in der deutschen Historiographie des frühen 18. Jahrhunderts, ZRG (GA) 89 (1972) 118 ff.; *R. A. Müller* (Hrsg.), Reichsstädte in Franken. Aufsätze, Bd. 1: Verfassung und Verwaltung, 1987; *ders.* (Hrsg.), Bilder des Reiches, 1997; *M. Neugebauer-Wölk*, Reichsstädtische Reichspolitik nach dem Westfälischen Frieden, ZFH 17 (1990) 27 ff.; *H. Neuhaus* (o. § 15); *Th. Nicklas* (o. § 15); *G. Oestreich*, Reichsverfassung und europäisches Staatensystem 1648–1789, in: *ders.*, Geist und Gestalt des frühmodernen Staates, 1969, 235 ff.; *E. Ortlieb*, Im Auftrag des Kaisers. Die kaiserlichen Kommissionen des Reichshofrats und die Regelung von Konflikten im Alten Reich (1637–1657), 2001; *L. Pelizaeus* (o. § 23); *J. Peters* (Hrsg.), Gutsherrschaft als soziales Modell. Vergleichende Betrachtungen zur Funktionsweise frühneuzeitlicher Agrargesellschaften, 1995 (HZ, Beih. 18); *M. Plassmann*, Krieg und Defension am Oberrhein. Die vorderen Reichskreise und Markgraf Ludwig Wilhelm von Baden (1693–1706), 2000; *V. Press*, Von den Bauernrevolten des 16. zur konstitutionellen Verfassung des 19. Jahrhunderts – Die Untertanenkonflikte in Hohenzollern-Hechingen und ihre Lösungen, in: *H. Weber* (Hrsg.), Politische Ordnungen und soziale Kräfte im alten Reich, 1980, 85 ff.; *ders.*, Die Erblande und das Reich von Albrecht II. bis Karl VI. (1438–1740), in: *R. A. Kann* u. *F. Prinz* (Hrsg.), Deutschland und Österreich, 1980, 44 ff.; *ders.*, Das römisch-deutsche Reich – ein politisches System in verfassungs- und sozialgeschichtlicher Fragestellung, in: *G. Klingenstein* u. *H. Lutz* (Hrsg.), Spezialforschung und „Gesamtgeschichte", 1981, 221 ff.; *ders.*, Die kaiserliche Stellung im Reich zwischen 1648 und 1740 – Versuch einer Neubewertung, in: *G. Schmidt* (Hrsg.), Stände und Gesellschaft im Alten Reich, 1989, 51 ff.; *ders.*, Österreichische Großmachtbildung und Reichsverfassung. Zur kaiserlichen Stellung nach 1648, MIÖG 98 (1990) 131 ff.; *ders.*, Der Reichshofrat im System des frühneuzeitlichen Reiches, in: *F. Battenberg* u. *F. Ranieri* (Hrsg.), Geschichte der Zentraljustiz in Mitteleuropa, FS B. Diestelkamp z. 65. Geb., 1994, 349 ff.; *H. Rankl*, Landvolk und frühmoderner Staat in Bayern 1400–1800, Bd. 1–2, 1999; *Th. Rudert* u. *H. Zückert* (Hrsg.), Gemeindeleben. Dörfer und kleine Städte im östlichen Deutschland (16.-18. Jh.), 2001; *R. Sailer*, Untertanenprozesse vor dem Reichskammergericht, 1999; *G. Scheel*, Die Stellung der Reichsstände zur Römischen Königswahl seit den Westfälischen Friedensverhandlungen, in: *R. Dietrich* u. *G. Oestreich* (Hrsg.), Forschungen zu Staat und Verfassung, FG F. Hartung, 1958, 113 ff.; *B. Schildt* (o. § 17); *H. Schilling* (o. Anhang zu § 3 Z. 1); *A. Schindling* (o. § 21); *ders.*, Reichstag und europäischer Frieden. Leopold I., Ludwig XIV. und die Reichsverfassung nach dem Frieden von Nimwegen (1679), ZHF 8 (1981) 159 ff.; *ders.*, Die Anfänge des Immerwährenden Reichstags zu Regensburg, 1991; *H. Schlip*, Die neuen Fürsten. Zur Erhebung in den Reichsfürstenstand und zur Aufnahme in den Reichsfürstenrat im 17. und 18. Jahrhundert, in: *V. Press* u. *D. Willoweit* (Hrsg.), Liechtenstein – Fürstliches Haus und staatliche Ordnung, 1987, 249 ff.; *M. Schnettger*, Der Reichsdeputationstag 1655–1663, 1996; *R. Schnur*, Der Rheinbund von 1658 in der deutschen Verfassungsgeschichte, 1955; *W. Schulze* (Hrsg.), Aufstände, Revolten, Prozesse – Beiträge zu bäuerlichen Widerstandsbewegungen im frühneuzeitlichen Europa, 1983; *ders.*, Bäuerlicher Widerstand und feudale Herrschaft in der frühen Neuzeit, 1980; *W. Sellert* (Hrsg.), Reichshofrat und Reichskammergericht. Ein Konkurrenzverhältnis, 1999; *B. Stollberg-Rilinger*, Der Grafenstand in der Reichspublizistik, in: *H. Wunder* (Hrsg.), Dynastie und Herrschaftssicherung in der Frühen Neuzeit (ZHF, Beih. 28), 2002, 29 ff.; *dies.*, s. o. § 19; *M. Stolleis* (Hrsg.), Recht, Verfassung und Verwaltung in der frühneuzeitlichen Stadt, 1991; *W. Trossbach*, Soziale Bewegung und politische Erfahrung. Bäuerlicher Protest in hessischen Territorien 1648–1806, 1987; *B. H. Wanger*, Kaiserwahl und Krönung im Frankfurt des 17. Jahrhunderts, 1994; *J. Weitzel* (o. § 15); *S. Westphal*, Kaiserliche Rechtsprechung und herrschaftliche Stabilisierung. Reichsgerichtsbarkeit in den thüringischen Territorialstaaten 1648–1806, 2002; *D. Willoweit*, Gewerbeprivileg und „natürliche" Gewerbefreiheit. Strukturen des preußischen Gewerberechts im 18. Jahrhundert, in: *K. O. Scherner* u. *D. Willoweit*, Vom Gewerbe zum Unternehmen, 1982, 60 ff.; *K. Winzen*, Handwerk – Städte – Reich. Die städtische Kurie des immerwährenden Reichstags und die Anfänge der Reichshandwerksordnung, 2002; *U. Wolter*, Der Immerwährende Reichstag zu Regensburg (1663–1806), JuS 24 (1984) 837 ff.; *W. Wüst* (Hrsg.), Reichskreis und Territorium. Die Herrschaft über der Herrschaft?, 2000; *W. Wüst*, Die „gute Policey" im Reichskreis, Bd. 1–2, 2001–2003.

I. Grundlagen der Reichsverfassung

1. Moderne Verständnisprobleme

Moderne juristische Unterscheidungen versagen. Das Reich läßt sich der modernen Kategorie des „Bundesstaates" nicht zuordnen, ist aber doch sehr viel mehr gewesen als ein loser „Staatenbund" souveräner Mächte. Die „Rechtsnatur" des Heiligen Römischen Reiches Deutscher Nation ist mit den Mitteln der juristischen Logik nicht zu begreifen, weil sich in diesem Verfassungsgebilde das Denken sehr verschiedener Epochen niedergeschlagen hat. Noch immer gab es einen römischen Kaiser mit universalem Herrschaftsanspruch, gab es Vasallenpflichten der deutschen Fürsten, die doch längst das Recht auf eine eigene Innen- und Außenpolitik durchgesetzt hatten. Die Verfassung des Reiches befriedigend zu erklären, bereitete daher nicht ohne Grund schon im 17. Jahrhundert Schwierigkeiten (o. § 22 II.2). Die begrenzten Erkenntnismöglichkeiten der Rechtslogik erschweren das Verständnis der spezifischen Funktionen und Wirkungsweisen dieses Verfassungssystems. Und dabei war selbst das europäische Mächtesystem wesentlich von den komplizierten Gewichtungen innerhalb des Reiches abhängig – eine Situation, die der Westfälische Frieden verfassungsrechtlich festgeschrieben hatte.

2. Die reichsständische Libertät

Grundlage der Reichsverfassung war die „Libertät" der Reichsstände. Unter dieser Freiheit verstanden die Zeitgenossen das Verbot einer allumfassenden kaiserlichen Monarchie, das Lebensrecht der drei großen Konfessionen, die Mitsprache in Reichsangelegenheiten und nicht zuletzt den Schutz der kleinen Herrschaftsträger vor den machtpolitischen Ambitionen der größeren deutschen Staaten. Wenn der moderne, an Gleichheit und Egalisierung gewöhnte Beobachter die scheinbar allzu „bunte" Landkarte des Alten Reiches kritisch betrachtet, dann übersieht er die freiheitlichen Elemente des deutschen Partikularismus, waren die einzelnen staatlichen Gebilde doch aus höchst unterschiedlichen historischen Traditionen herausgewachsen. Daher gibt es im Reiche nicht nur machtpolitische Interessen, sondern ebensosehr rechtsbewahrendes Denken. Den kleineren und vielen mittleren Reichsständen konnte *„an einer autonomen Existenz nach dem Buchstaben des Westfälischen Friedens gar nicht gelegen sein" (V. Press)*. Zahlreiche Territorialgewalten blieben von der Lebensfähigkeit des Reiches abhängig. Im Kreise ihrer Repräsentanten, der geistlichen Fürsten zumal, gedieh ein ausgeprägter Reichspatriotismus, der sich dem wachsenden Selbstbewußtsein der entwicklungsfähigeren deutschen Staaten entgegenstellte. Daraus resultiert in dem Jahrhundert nach dem Westfälischen Frieden überraschenderweise nochmals eine Stabilisierung des imperialen Verfassungsgebäudes.

3. Die Reichsstandschaft

Mit dem Begriff der *Reichsstandschaft* verbindet sich ein relativ fest umrissenes Rechtsinstitut. Reichsstand sein heißt, in den Kollegien des Reichstages (u. 2) Sitz und Stimme sein eigen nennen. Als Voraussetzung dieses grundsätzlich unentziehbaren Rechts galt der Besitz eines reichsunmittelbaren Territoriums. Damit war der Kreis der Reichsstände seit Aufstellung der Reichsmatrikel (o. § 15 I.4) weitgehend festgelegt. Größere Veränderungen, etwa durch Erhebungen in den Fürstenstand (u. IV.2), waren schon deshalb problematisch, weil auf diese Weise das Gleichgewicht zwischen den Konfessionen (o. § 21 II.2) leicht gestört werden konnte. So verblieben auch Territorien wie Kursachsen und Württemberg, deren regierender Fürst zum Katholizismus konvertiert war, im Corpus Evangelicorum (o. § 21 II.2). Und daher erhielten die Reichsritter nach 1648 keine Chance mehr, die Reichsstandschaft zu erlangen. Die rechtliche Fixierung der im Westfälischen Frieden ausgehandelten Kompromisse und anerkannten Verfassungsverhältnisse mußte bei allen Beteiligten die Tendenz zur Folge haben, den Status quo zu erhalten.

Das Rechtsinstitut der Reichsstandschaft gewährleistete die Zugehörigkeit eines Territoriums zum Reich auch dann, wenn der Landesherr Herrscher einer auswärtigen Macht gewesen ist, wie in Holstein der König von Dänemark, in den Fürstentümern Bremen, Vorpommern sowie Wismar der König von Schweden (o. § 21 III), seit 1714 in Hannover der König von England, zwischen 1697 und 1763 in Kursachsen der – sächsische – König von Polen, nicht zu reden vom Kaiserhaus, das seit 1687 die ungarische Krone erworben hatte. Die Reichspolitik war daher stets auch in ein kompliziertes Geflecht internationaler Beziehungen eingebunden.

II. Der Reichstag

1. Die Entstehung des Immerwährenden Reichstags

Die in Art. VIII § 3 des Westfälischen Friedens vorgesehene Beratung noch offener Verfassungsfragen auf einem binnen sechs Monaten einzuberufenden Reichstag (o. § 21 II.3) kam 1652 endlich in Gang. Aber rasche Lösungen konnten nicht gefunden werden. So beendeten zwar die Reichsstände ihre Reichstagsverhandlungen 1654 in Regensburg nochmals mit einem Reichsabschied (*Hofmann* Nr. 35), kündigten aber zugleich an, auf dem nächsten Reichstag dieselben, durch den Friedensschluß zur Lösung aufgegebenen Verfassungsprobleme erneut erörtern zu wollen. Damit entstand so etwas wie ein „*rechtlicher Zwang, eine formelle Beendigung des ‚nächsten Reichstages' nicht eintreten zu lassen*" (G. *Kleinheyer*), und seit 1663 tagten die Gesandten der Reichsstände im Regensburger Rathaus wirklich in einer kontinuierlichen Folge mehr oder weniger regelmäßiger Sitzungen: Der Immerwährende Reichstag war geboren. Entscheidend beigetragen zu dieser Entwicklung hat freilich auch ein politischer Stilwandel, ersetzten doch gleichzeitig

§ 24. Das Reich, der Kaiser und der gemeine Mann   175

in den meisten Territorien permanent tagende Ständeausschüsse die alten Landtagsversammlungen (o. § 23 IV). An die Stelle der alten Repräsentation von Standespersonen tritt die bürokratische Tagesarbeit ihrer sachkundigen Diener. Nicht zuletzt aber begünstigte die verfassungspolitische Konstellation der Nachkriegszeit die fortdauernde Existenz des Gremiums. Der „ewige" Regensburger Reichstag symbolisiert und organisiert den Verfassungskompromiß des Westfälischen Friedens mit all seinen Gegensätzen zwischen Kaiser und Reichsständen, zwischen Evangelischen und Katholiken, zwischen dem exklusiven Kreis der Kurfürsten und den anderen, weit weniger einflußreichen Reichsfürsten.

2. Die Sonderstellung der Kurfürsten

Der Versuch, die verfassungsrechtliche Stellung der nicht an der Kaiserwahl beteiligten und daher dem Kaiser ferner stehenden Reichsfürsten zu stärken, scheiterte – obwohl entsprechende Tendenzen in den westfälischen Friedensdokumenten angelegt waren. Kaiser Ferdinand III. strebte in Sachen Wahlkapitulation (u. IV.2) und Königswahl die Zusammenarbeit allein mit dem vertrauten Kreise der Kurfürsten an, die ihrerseits daran interessiert waren, ihre alten Rechte zu erhalten. 1653 erreicht er die Königswahl seines Sohnes durch die Kurfürsten allein und dies, obwohl der Westfälische Frieden solche Wahlakte bei Lebzeiten des alten Herrschers verboten hatte. Über die Wahlkapitulation verhandelten nur die Kurfürsten. Sie fanden sich allenfalls dazu bereit, die besonderen Anliegen der anderen Reichsstände zur Kenntnis zu nehmen und in die Wahlkapitulation einzuarbeiten. Auch das Projekt der mehrfach beratenen *beständigen Wahlkapitulation* berücksichtigte die Wünsche der fürstlichen Partei nur unvollkommen und wurde 1711, als eine weitgehende Einigung über den Text erzielt war, nicht in Kraft gesetzt. Erwies es sich aber als schwierig, die auf den Vorrechten der Goldenen Bulle beharrenden Kurfürsten auszumanövrieren, dann bot die fortdauernde Aussprache über laufende Reichsgeschäfte in Regensburg wenigstens einen gewissen Ausgleich.

3. Die Reichstagskollegien

Der Reichstag bestand aus drei Kollegien: dem *Kurfürstenrat* mit 8, später 9 Mitgliedern (u. IV.2), dem *Fürstenrat*, dem über 200 geistliche und weltliche Würdenträger angehörten, und dem *Städterat* der etwa 50 Reichsstädte. Innerhalb des Fürstenrates galt nicht jede Stimme gleich viel wie die andere. Den Herrschern im Fürstenrang stand jeweils eine volle Stimme *(Virilstimme)*, den Grafen, Herren und nichtgefürsteten Prälaten dagegen nur die Beteiligung an einer mit ihresgleichen gemeinsam zu führenden Stimme *(Kuriatstimme)* zu. So waren auf der weltlichen Bank des Reichsfürstenrates neben etwa 60 fürstlichen Virilstimmen rund 100 Grafen und Herren in vier Kuriatstimmen zusammengefaßt. Auf der geistlichen Bank nahmen etwa 30 geistliche Fürsten und zwei Vertreter geistlicher Kuriatstimmen Platz, die für über 40 geistliche Kleinterritorien sprachen. Auch der Städterat war nochmals untergliedert in eine rheinische und eine schwäbische Bank. Den solcherart gebändigten Partikularismus milderte noch weiter die Finanznot vieler kleinerer Reichsstände, die sich von gemeinsamen Gesandten vertreten ließen. Geleitet wurden die Reichstagsgeschäfte durch das *Reichsdirektorium* des Mainzer Kurerzkanzlers, für den in Regensburg ein besonderer Reichsdirektorialgesandter residierte. Der Schriftverkehr zwischen dem Reichsdirektorium und den Gesandten der Reichsstände wickelte ein besonderes Büro ab, die *Diktatur*. Der Kaiser ließ sich durch einen *Prinzipalkommissar* von fürstlichem Rang vertreten.

4. Das Beratungs- und Entscheidungsverfahren

Diese komplizierte Organisationsstruktur diente in erster Linie dazu, dem unterschiedlichen Stand und Rang der einzelnen Reichsstände im Beratungsverfahren Rechnung zu tragen. Dieses kennt daher Gleichheit der Stimmen und Mehrheitsbeschlüsse nur unter ständisch Gleichen, also im Kurfürstenkolleg, im Reichsfürstenrat mit den geschilderten Einschränkungen und im Städtekollegium. Die Verhandlungen zwischen diesen drei Gremien waren dagegen so geordnet, daß den Reichsständen jeweils höheren Ranges auch größerer Einfluß auf die Beratungsmaterie eingeräumt war. Hatte der Kaiser eine Vorlage *(Proposition)* unterbreitet, so wurde sie zunächst im Kurfürstenrat erörtert und sodann mit der dort verfaßten Stellungnahme *(Relation)* dem Fürstenrat zugeleitet, der seine Meinung in einem eigenen Schriftstück *(Korrelation)* niederlegte. Ließ sich zwischen diesen beiden Kollegien eine Übereinstimmung erzielen, dann konnte die Sache dem Städterat vorgelegt werden. Das diesem zustehende Mitentscheidungsrecht *(votum decisivum,* o. § 21 II.3) blieb politisch unbedeutend. Kurfürsten und Fürsten waren nicht bereit, für den Fall einer Meinungsverschiedenheit den Reichsstädten die entscheidende Stimme zuzubilligen. Vielmehr spielte sich jenes Verfahren ein, das schon vor dem Kriege üblich gewesen war. Bequemten sich die Reichsstädte nicht dazu, der Re- und Korrelation von Kurfürsten und Fürsten zuzustimmen, dann wurden alle drei Voten dem Kaiser vorgelegt, der als Herr der Reichsstädte diese zum Nachgeben bewegen konnte. Stimmten schließlich alle drei Reichskollegien im sog. „Reichsgutachten" *(consultum imperii)* überein, dann lag es am Kaiser, das entscheidende Wort zu sprechen. Erst seine Zustimmung *(sanctio)* brachte den „Reichsschluß" *(conclusum imperii)*, das Gesetz, zustande. Auf diese Weise gelangen einige große Gesetzgebungswerke: 1681 eine Reichsverteidigungsordnung (*Hofmann* Nr. 40), 1731 eine Reichshandwerksordnung (*Hofmann* Nr. 58), 1737 eine Reichsmünzordnung. Aber der Reichstag verstand sich nicht in erster Linie als eine gesetzgebende Körperschaft. Er bildete das Forum des Reiches, auf welchem mehr zu verhandeln, als zu entscheiden war.

III. Das reichsständische Bündniswesen und die Kreisverfassung

1. Antikaiserliche Bündnispolitik

Das Reich war nicht nur auf dem Regensburger Gesandtenkongreß präsent. Die Bündnisse der Reichsstände, im Westfälischen Frieden als Attribut politischer Selbständigkeit und Eigenstaatlichkeit ausdrücklich geregelt, entpuppten sich als ein Instrument, das auch ebensogut der Reichsintegration dienen konnte. Zunächst indessen schien sich die reichsständische Bündnispolitik so zu entwickeln, wie in Münster und Osnabrück geplant. Die ersten zwei Jahrzehnte nach 1648 waren beherrscht von einem tiefen Mißtrauen nicht nur der evangelischen, sondern auch der katholischen Reichsfürsten gegenüber einer erneuten Ausweitung der kaiserlichen Macht, wie man sie während des Krieges erlebt hatte (o. § 21 I.2). Argwöhnisch beobachteten daher die Reichsstände die fortdauernde Kooperation zwischen den

§ 24. Das Reich, der Kaiser und der gemeine Mann 177

deutschen und spanischen Habsburgern und die spanische Herrschaft in den südlichen Niederlanden. War schon die letzte Kriegsphase als Machtkampf zwischen den Habsburgern und den französischen Bourbonenkönigen auf dem Rücken der süd- und westdeutschen Kleinterritorien ausgetragen worden (o. § 21 I.4), so mußte auch nach 1648 eine mögliche Störung des mühsam geschaffenen Friedens vor allem von seiten des Kaisers befürchtet werden. Dagegen wurden antikaiserliche Bündnisprojekte erwogen und schließlich 1658 im – ersten – „Rheinbund" realisiert (*Hofmann* Nr. 36). Treibende Kraft dieses Unternehmens war der Mainzer Kurfürst Johann Philipp von Schönborn, der den Kaiser zwingen wollte, „*eine rein deutsche Politik zu treiben und dadurch das Reich den großen europäischen Kämpfen fernzuhalten*" (*R. Schnur*). Nächstes Ziel des Rheinbundes war es, Durchzüge kaiserlicher Truppen nach den spanischen Niederlanden zu verhindern. Daher sahen sich die Bundesgenossen zu einer engen politischen Zusammenarbeit mit Frankreich als Garantiemacht des Westfälischen Friedens veranlaßt. Dieser bemerkenswerte verfassungspolitische Versuch des vornehmsten Kurfürsten, im Reichsinteresse dem Kaiserhaus einen handlungsfähigen Widerpart entgegenzustellen, scheiterte mit dem Beginn der expansiven französischen Reunionspolitik. Die Reichsstände mußten erkennen, daß die größere Bedrohung ihrer Freiheit von Ludwig XIV. ausging. 1668 kam es daher nicht mehr zur Verlängerung des Rheinbundes. Der Mainzer Kurfürst und die meisten anderen Reichsstände vollzogen einen politischen Kurswechsel, der in eine neue Solidarität von Kaiser und Reich einmündete.

2. Reichskreise und Kreisassoziationen

Nunmehr konnte der Kaiser die Initiative zu einer Reorganisation der Reichsstrukturen in seinem Sinne ergreifen. Angesichts der massiven äußeren Bedrohung ging es dabei zunächst um die Schaffung einer tauglichen *Reichskriegsverfassung*, die zugleich – auch im Reiche – am besten geeignet war, die Stellung des Monarchen zu stärken. Erste Erfolge, wie 1683 die Abwehr der Türken vor Wien, blieben nicht aus. Aber schon 1688 versagt die kaiserliche Militärorganisation im Westen des Reiches gegenüber den Franzosen völlig. Nunmehr sahen es die betroffenen „vorderen" Reichskreise am Rhein, in Schwaben und Franken als ihre eigene Aufgabe an, ihre Länder vor feindlichen Einfällen zu schützen. Es waren die deutschen Mittel- und Kleinstaaten, die an engeren rechtlichen Bindungen untereinander interessiert sein mußten, um überleben zu können – in deutlicher Distanz zu der ganz anders gearteten Politik der „armierten" Großstaaten Preußen, Hannover und Sachsen. Die Bedeutung der jetzt entstehenden „*Kreisassoziationen ... (lag) in dem politischen Raum, den sie den kleinen Ständen gewährten und der diese befähigte, das ‚reichische Deutschland' zu bilden*" (*K. O. v. Aretin*).

Die Kreisorganisation, Grundlage dieser Bündnisse (o. § 15 II.3), erfuhr nun eine vordem unbekannte Bürokratisierung, ging es doch nicht mehr lediglich um Landfriedensexekution im Kreisgebiet, sondern um die Zusammenfassung vieler Kräfte zur äußeren Verteidigung. Neben Landfriedenswesen und Militärsachen gehörten zu den Kreisaufgaben aber auch die Einziehung der Reichssteuern, das Münzwesen und Zollsachen, die Verkündung von Reichsgesetzen und die Vollstreckung reichsgerichtlicher Urteile, polizeiliche Maßnahmen, Straßenbau, Wirtschaft und Handel. Daher vermittelte auch das Amt des an der Spitze des Kreises stehenden „*kreisausschreibenden*" Fürsten erheblichen politischen Einfluß. Er verfügte über Exekutionsrechte und rief den *Kreistag* oder -konvent zusammen, dem im wesentlichen die im Kreise angesessenen Reichsstände zugehörten. Die seit 1688 zu beobachtende selbständige Assoziationspolitik der Reichskreise (*Hofmann* Nr. 45) wurde erneut vor allem vom Mainzer Kurfürsten, jetzt Lothar Franz von Schönborn, aber auch von dem badischen Markgrafen Ludwig getragen, dem mit den vereinigten Heereskontingenten des Fränkischen und Schwäbischen Kreises dann auch Abwehrerfolge am Rhein gelangen. Erneut schien eine partikulare Reichspolitik ohne den Kaiser möglich geworden. Und dieser konnte auch nicht kraft seines Amtes, sondern nur als Herr des Österreichischen Kreises Anschluß an die florierende Kreisassoziation finden, wie etwa 1702 im Nördlinger Bund (*Hofmann* Nr. 47). Doch endet auch dieser Anlauf, ein Reichsinteresse unabhängig vom Kaiser verfassungsrechtlich zu sichern, schon 1711, als der Versuch scheitert, neue internationale Friedensgarantien zu erlangen. Die Kreise und ihre Assoziationen konnten auf Dauer der politischen Unterstützung des Reichsoberhauptes nicht entbehren. 1727 ist es Kaiser Karl VI., der die Erneuerung der bewährten Kreisassoziation betreibt (*Hofmann* Nr. 55).

IV. Der Kaiser

1. Lehnshoheit und Reservatrechte des Kaisers

Über die verfassungsrechtliche Stellung des Kaisers sind den zeitgenössischen Rechtsquellen und Juristenschriften nur zurückhaltende Bemerkungen zu entnehmen. Die Westfälischen Friedensdokumente wollten im Kaiser nicht viel mehr als den vornehmsten Reichsfürsten sehen. In den Lehrbüchern des öffentlichen Rechts jener Zeit erscheint das Reichsoberhaupt in kaum günstigerem Lichte. Seinem traditionsreichen Titel „*Erwählter römischer Kaiser und König von Deutschland*" (*electus Romanorum imperator semper augustus Germaniae rex*) entsprach zwar die Würde eines höchsten Lehnsherrn, der noch im 18. Jahrhundert alle Fürstentümer des Reiches verlieh und dabei den von fürstlichen Gesandten abzulegenden Lehnseid persönlich entgegennahm. Daraus erwuchsen auch nicht gering zu achtende Einwirkungsmöglichkeiten auf manche innenpolitischen Vorgänge kleiner und mittlerer Territorien (u. 3). Aber was sonst an kaiserlichen „*Reservatrechten*" zur Kenntnis zu nehmen ist, vermag kaum zu beeindrucken: das Recht der Standeserhöhung und der Ernennung von Notaren, die Erteilung von Universitätsprivilegien und einige noch geringere Befugnisse familienrechtlicher Art. Aufzählungen dieser Art täuschen freilich über die Verfassungswirklichkeit des Heiligen Römischen Reiches und lassen es letztlich unbegreiflich erscheinen, warum sich der französische König 1658 als Kandidat für die Kaiserwürde ins Spiel zu bringen versuchte. Fast jeder Wahlakt in Frankfurt war trotz aller habsburgischen Kontinuität (o. § 23 III.2) im höchsten Reichsamte mit politischen Machtkämpfen verbunden. Der Schlüssel zu dieser geschichtlichen Paradoxie liegt zunächst einmal im Westfälischen Frieden selbst. Wie erinnerlich, war dort eine enumerative Aufzählung der kaiserlichen Rechte unterblieben (o. § 21 II.3), so daß dem Reichsherkommen und damit auch einer Wiederbelebung schon vergessener Rechtspositionen Tür und Tor geöffnet blieben.

2. Verfassungspolitische Einflußmöglichkeiten

Für die verfassungspolitische Praxis gewann zunächst die außenpolitische Spannungslage, in welcher sich das Reich zwischen der französischen Krone und dem osmanischen Sultanat befand, eine nicht zu unterschätzende Bedeutung. Der mit gewaltigem Machtgewinn verbundene Krieg gegen die Türken (o. § 23 III.2) vergrößerte die Schar habsburgischer Parteigänger im deutschen Adel, der zahlreich in kaiserliche Dienste trat oder seine dynastische Politik mit der Rückendeckung des Kaiserhofes betrieb. So entstand eine ausreichende personelle Basis für engere Beziehungen auch der geistlichen Territorien zum Kaiser, der sich jetzt seiner Vogtei über die Reichskirchen erinnerte und zu den Bischofswahlen *Wahlkommissare* entsandte. Ihre Anwesenheit wurde bald als verfahrensrechtlich erforderlich angesehen. Zwar entwickelte sich daraus kein förmliches Recht, die Bischofsstühle zu besetzen. Aber überwiegend finden sich dort doch Gefolgsleute des Kaisers, der auf diese Weise auch verläßliche Unterstützung im Reichstag gewinnt.

Hier eröffneten sich ohnehin verblüffende Möglichkeiten. Das Recht der *Standeserhöhung* konnte durch die Erhebung kaisertreuer Neufürsten zur Vergrößerung des Reichsfürstenrates genutzt werden (*Hofmann* Nr. 42) und ermöglichte auch eine Einflußnahme auf die Familienverhältnisse fürstlicher Dynastien, deren Angehörige nur dem Kaiser untertan waren. Die Schaffung einer *neunten Kurwürde* für das Haus Braunschweig-Lüneburg-Hannover im Jahre 1692 diente ebenfalls nur der Gewinnung eines verläßlichen politischen Partners und scheiterte auch nicht an der verfassungsrechtlichen Fragwürdigkeit des ganzen Vorgangs, war die Zahl der Kurfürsten doch durch die Goldene Bulle und den Westfälischen Frieden festgelegt. 1708 findet sich auch der Reichstag bereit, den neuen Kurfürsten zu akzeptieren (*Hofmann* Nr. 51). Im selben Jahre gelingt es dem kraftvoll agierenden Kaiser Josef I., die „*Readmission*" Böhmens, die Wiederzulassung dieser Krone im Kreise der Kurfürsten, zu erreichen und damit Habsburg selbst einen Platz im vornehmsten Reichskollegium zu reservieren. Dem Ausbau der kaiserlichen Rechte im Reichstag entsprach eine zunehmende Präsenz draußen im Lande – durch die Errichtung ständiger Gesandtschaften bei den Reichskreisen, durch *kaiserliche Kommissionen*, die in Konfliktfällen in die Reichsstädte und nicht wenige Territorien entsandt wurden. Diese Entwicklung haben die Kurfürsten durch die Beschränkung kaiserlicher Rechte in den *Wahlkapitulationen* nur bremsen, aber nicht umkehren können. Es ist auch gewiß, daß sich der Kaiser immer wieder selbst über Bestimmungen des Westfälischen Friedens hinwegsetzte. So etwa, als Josef I. 1706 die Ächtung der mit Frankreich paktierenden wittelsbachischen Kurfürsten von Köln und Bayern allein mit Zustimmung des Kurfürstenkollegs vollzog und Karl VI. 1714 und 1735 im Namen des Reiches Friedensschlüsse tätigte und die dafür notwendige Zustimmung der Reichsstände nachträglich einholte.

3. Der Reichshofrat

Wohl am eindrucksvollsten entfaltete sich die kaiserliche Autorität jedoch in der Gerichtsbarkeit. Der Reichsabschied von 1654 enthielt umfangreiche Beschlüsse zur Förderung des Reichskammergerichts und eine neue Ordnung für den Reichshofrat. Dieser übertraf das alte reichsständische Landfriedensgericht (u. V) bald an Bedeutung. Der Reichshofrat profitierte von dem gestiegenen Prestige des Kaisers und dem in den vorderen Reichskreisen wachsenden Reichsbewußtsein (o. III.2). Von kaiserlichen Vertrauensleuten, dem *Reichshofratspräsident* und dem *Reichsvizekanzler* geführt, blieben die Räte dem Reichsoberhaupt in hohem Maße verpflichtet. Bis in die zweite Hälfte des 18. Jahrhunderts hinein konnten sie wie beliebige andere Hofräte auch jederzeit von ihrem Herrn entlassen werden. Besonders wichtige

Sachen waren zur Entscheidung dem Kaiser vorzulegen. Der Reichshofrat erfüllte die Funktion einer Anlaufstelle für unzufriedene Untertanen und Standespersonen, die sich aus den verschiedensten Gründen in ihren Rechten durch die Obrigkeiten verletzt fühlten. Die zahllosen vor dem Reichshofrat geführten *Untertanenprozesse* haben erst in den letzten Jahren die Aufmerksamkeit der Forschung gefunden. Ganze Dorfgemeinden fanden den Weg nach Wien ebenso wie Landstände, Domkapitel und bürgerliche Korporationen, dazu Gläubiger hoher Herren und benachteiligte Erbprätendenten. Gerade das Vertrauen des einfachen Volkes in die beim Kaiser gewiß zu erlangende Gerechtigkeit war grenzenlos und ermutigte zum Widerstand gegen die verbreitete Neigung zu absolutistischen Praktiken, die sich mit dem überkommenen Recht nicht vertrugen. Was der Reichshofrat zu bieten hatte, war freilich nicht ein bürokratisch lückenloser Rechtsschutz modernen Charakters, war Wien doch weit und die Prozeßdauer lang. Aber das kaiserliche Gericht verfügte doch über wirksame Möglichkeiten der Konfliktschlichtung, Entscheidung und Exekution. Dazu bediente es sich kaiserlicher Kommissionen, die ebenso wie die notfalls zu ergreifenden Vollstreckungshandlungen von benachbarten Reichsständen getragen wurden. So hat der Reichshofrat gewiß die „Verrechtlichung" der Reichsverfassung gefördert *(W. Schulze).* Er wirkte damit aber auch zugleich, durch den Schutz der alten korporativen Kräfte gegenüber dem Absolutismus, „systemstabilisierend", nicht erneuernd *(V. Press)* – eine Antinomie, die dem Kaisertum insgesamt innewohnte.

V. Das Reichskammergericht

Neben der kaiserlichen Majestät und ihrem Hofrat verkörperte das 1495 vom Reichstag beschlossene Reichskammergericht (o. § 15 II.3) eine zweite Institution, der die Wahrung des Rechts und der Schutz vor Gewalt anvertraut war. Weil es die Teilhabe der Reichsstände an der höchsten Gerichtsbarkeit verwirklichen sollte, durften in erster Linie die Kurfürsten und die Reichskreise die Beisitzer dieses Gerichts bestimmen, während über die Ernennung des vorsitzenden Kammerrichters das Reichsoberhaupt entschied. Die in der älteren Literatur verbreitete kritische Beurteilung des Reichskammergerichts hat längst einem unvoreingenommenen Forschungsinteresse Platz gemacht, das diesen Justizkörper nicht länger mit modernen Maßstäben traktiert, sondern seine Funktion unter den Bedingungen des Alten Reiches zu ergründen versucht. Schon die Zahl der dort anhängig gemachten Verfahren – von über 80 000 ist die Rede – zeigt die große Akzeptanz des bis 1689 in Speyer, seit 1693 in Wetzlar fast ununterbrochen tätigen Gerichts. Nicht immer gediehen die oft lange andauernden Verfahren bis zu einem Urteilsspruch. Um so wichtiger war der vorläufige Rechtsschutz durch *Mandate*, mit denen das Gericht dem Gegner allein auf Vorbringen des Klägers untersagte, diesen in seinen Rechten zu beeinträchtigen. Die Exekution oblag den Reichskreisen.

Die Zuständigkeit des Reichskammergerichts erstreckte sich auf Appellationen gegen Entscheidungen reichsstädtischer Gerichte; es war für das ganze Reichsgebiet zuständig, wenn Klagen wegen Rechtsverweigerung erhoben oder in Hinblick auf schwerwiegende Mängel gerichtlicher Urteile Nichtigkeitsbeschwerden eingelegt wurden; in erster Instanz aber nahm das Gericht Klagen wegen Landfriedensbruchs an und Klagen gegen reichsunmittelbare Obrigkeiten, soweit diese nicht durch ihre Privilegien verpflichtet waren, selbst gerichtlichen Schutz zu gewähren. Daraus ergab sich ein buntes Spektrum unterschiedlicher Streitgegenstände. Auch vor dem Reichskammergericht kämpften in *Untertanenprozessen* Einzelpersonen und Gemeinden um ihre Rechte, stritt man um Gewerberechte, wurden Verfassungskonflikte der Reichsstädte ausgetragen. Nicht nur kleinere Herrschaftsträger, auch Fürsten waren an Reichskammergerichtsprozessen beteiligt. Die systematische Erschließung dieser Akten, die nach dem Ende des Alten Reiches auf die Archive der deutschen Staaten verteilt wurden, ist erst in den letzten Jahrzehnten in Angriff genommen worden.

VI. Die Untertanen

1. Der Untertanenstatus der ländlichen Bevölkerung

Es kann also auch noch in der Spätzeit des Reiches Beziehungen des gemeinen Mannes zum Kaiser geben, trotz Landeshoheit und feudaler Hierarchie, die den Bauern in ein Netz regionaler Herrschaftssysteme eingebunden hatten. Dieser in den einzelnen Teilen des Reiches sehr verschiedenartige Untertanenstatus der ländlichen Bevölkerung läßt sich jedenfalls vergleichend nur vor der Folie des Reiches skizzieren, galt dieses doch noch immer als Quelle, Gefäß und Garant des Rechts. Nehmen wir diese verbreitete Überzeugung ernst, dann treten die Rechtsverluste und Bedrängnisse, unter denen das einfache Volk zu leiden hatte, um so deutlicher hervor.

Generell hat schon der gesetzgebungsfreudige Obrigkeitsstaat (o. § 18), erst recht aber der Absolutismus nach 1648 das genossenschaftliche Verfassungsleben im Dorfe (o. § 14 III.1 u. 2) eingeschränkt, vielfach auch zerstört. Denn schon im Laufe des 16., spätestens bis zum frühen 18. Jahrhundert gingen die Dorfherren dazu über, bis dahin der Gemeinde überlassene Angelegenheiten durch Dorfordnungen zu reglementieren und die Schöffengerichtsbarkeit durch Bürokratisierung und Juridifizierung zurückzudrängen. Doch sind außerordentliche regionale Unterschiede zu beobachten, und dies deshalb, weil ein weiterer Faktor die Entwicklung der Dorfverfassung entscheidend mitbestimmt hat: die Intensität der Adelsherrschaft. In den brandenburg-preußischen Territorien östlich der Elbe, in Sachsen und anderen Landschaften Ostmitteleuropas, auch Österreichs, war den adeligen Dorfherren schon bis zum frühen 16. Jahrhundert eine weitreichende Vervollständigung und Abrundung ihrer Rechtspositionen gelungen. Als alleinigen Inhabern der Gerichts- und Polizeigewalt zugleich standen ihnen auf dem Dorfe größere Befugnisse zu Gebote als dem übergeordneten Landesherrn. Infolgedessen werden *„alle ehemals staatlichen und gemeindlichen Funktionen in den ritterschaftlichen Kanzleien verwaltet"*, während *„das Dorf hingegen zu einem rein wirtschaftlichen und sozialen Verband verkümmert"* (P. Blickle). Adelige Dorfherren in derart starker Stellung konnten auch das Rechtsverhältnis zu ihren Untertanen nach eigenem Geschmack bestimmen. Wichtige juristische Schützenhilfe leistete dabei die Kategorie des Eigentums. Dazu hatte die spätmittelalterliche Rechtslehre schon einige Ansätze geliefert. Während aber damals noch die Vorstellung eines zwischen Grundherrn und Bauern geteilten Eigentums dominierte (o. § 14 III.3), fand nun die „modernere" Auffassung Verbreitung, der Eigentümer sei freier Herr seiner Güter – und wer anders sollte das auf dem flachen Lande sein als der adelige Grundherr? So kommt es im ostelbischen Raum zur willkürlichen Einziehung von

Bauernstellen zugunsten der adeligen Gutswirtschaft, die sich nun ungewöhnlich vergrößert und zahlreicher Arbeitskräfte bedarf. Daher werden die Frondienste – gegenläufig zu der im Mittelalter zu beobachtenden Entwicklung – drastisch erhöht, die Kinder zum Gesindezwangsdienst verpflichtet, die ländliche Bevölkerung überhaupt als Zubehör des Gutshofes behandelt. Hier gab es für den Rechtsschutz durch den kaiserlichen Hof keine Ansatzpunkte mehr, da dessen Gegenspieler, der Landesherr, seine Macht selbst weitgehend dem lokalen Adel überlassen hatte und sich im übrigen gegen Einwirkungen der Reichsgerichte durch privilegia de non appellando abschirmte.

Ein anderes Bild bieten die west- und süddeutschen Territorien. In diesen waren trotz der erwähnten Verstaatlichungs- und Zentralisierungstendenzen wesentliche Elemente eines vielherrigen Rechtsgefüges aus obrigkeitlichen und genossenschaftlichen Versatzstücken intakt geblieben. Der Grundherr war oft nicht identisch mit dem Inhaber der Dorfgerichtsbarkeit, dieser wiederum nicht für die Hochgerichtsbarkeit zuständig (o. § 14 III.1). Unter solchen Bedingungen sind nicht nur die bäuerlichen Untertanen, sondern auch die konkurrierenden Herren an der Wahrung ihrer Rechte interessiert. Herrschaftsteilung heißt zugleich auch Herrschaftsbegrenzung. Der allgewaltige Dorfherr ostelbischer Prägung bleibt in den Altsiedellandschaften eine Ausnahme, die Verbindlichkeit des überkommenen Rechts anerkannt. Das wirkt sich überwiegend zugunsten der bäuerlichen Untertanen aus. So verflüchtigt sich z. B. die auch hier nicht seltene „Leibeigenschaft" vielfach zu einer Abzugs- oder Heiratssteuer. Selbst staatliche Modernisierungsmaßnahmen gehen nicht selten von den überlieferten Rechtsstrukturen aus. So ist etwa noch im 18. Jahrhundert eine Förderung des Schultheißenamtes durch manche Landesherren zu beobachten, weil diesen Dorfbeamten, der zugleich Dorfgemeinde und Landesherrn verpflichtet ist, niemand zu ersetzen vermag. Lebendig war im Altsiedelland vor allem auch die Dorfgemeinde selbst geblieben, sowohl als Wirtschaftseinheit wie als Rechtsträger mit Gemeindeversammlung und Gericht. Diese Erscheinungen werden in der Literatur zum Teil auch unter dem Begriff des *Kommunalismus* zusammengefaßt im Sinne einer historischen Kraft, welche der modernen Bürgergesellschaft den Weg bereitet hat *(P. Blickle).*

2. Die Stadtbürger

Weniger durch Lokalkolorit gefärbt, doch ebenso schwer überschaubar ist die verfassungsrechtliche Lage des Stadtbürgers. Schon seit dem späten Mittelalter, seitdem die Stadt Züge einer Rechtspersönlichkeit annimmt (o. § 14 I.5), hat der Bürger mit einer erstarkenden Stadtobrigkeit zu tun. Diese Tendenzen wurden in den Reichsstädten durch die Verfassungsreform Kaiser Karls V. noch gefördert (o. § 23 V), während die Autonomie der landsässigen Städte durch obrigkeitsstaatliche und absolutistische Maßnahmen unter Druck geriet (o. § 23 II.3). Die Spätblüte der Adelsgesellschaft in der frühen Neuzeit bot bürgerlicher Selbstregierung nur wenig Raum. Den Stadtherren fiel es daher nicht schwer, die Besetzung der Stadtmagistrate zu steuern und die städtischen Amtsträger als Vollzugsorgane absolutistischer Politik einzusetzen. Aber in eigentümlicher Weise blieb auch noch die Stadt des 17. und 18. Jahrhunderts den traditionalen Rechtsformen verhaftet. Auch hier, wo er doch leicht zu realisieren gewesen wäre, gibt es noch nicht den egalisierten Bürger- und Untertanenverband. Oft steht nur ein Teil der Stadtbevölkerung direkt unter dem Regiment des Magistrats. Das Hofpersonal der Residenzen, das Militär in den

Festungen, die zahlreichen Hilfskräfte der alten Stadtklöster, die Juden, das Gesinde hoher Standespersonen – sie alle und andere Personengruppen standen mit ihren Familien unter besonderen Jurisdiktionen. En miniature spiegelt sich die Gliederung der alten Ständegesellschaft variantenreich auch in den Städten wider. Aber auch die das Bürgerrecht genießenden Personen, die „Bürger" im vollen Sinne des Wortes, sind einander nicht notwendigerweise gleichgestellt, sondern als Gewerbetreibende zugleich Angehörige vornehmerer oder einfacherer Zünfte, als Kaufleute oft Mitglieder alter Gilden, als Müller oder Apotheker Inhaber besonderer Rechte oder Privilegien. Sie alle partizipieren an der Politik und am ökonomischen Ertrag des Stadtlebens in ungleichem Maße. Es gehört zu den erstaunlichsten Tatsachen des „absolutistischen" Zeitalters, daß der hochgespannte Anspruch rationaler Staatsorganisation schon vor dem krausen Gewirr bürgerlicher Gerechtsame haltmachen mußte. Die ungeliebten Zünfte einfach aufzuheben, traute sich niemand, obwohl der Gedanke den Zeitgenossen nicht mehr fremd war.

Und doch gediehen in den Städten des Ancien régime Handlungsspielräume, die einem neuen bürgerlichen Selbstverständnis den Weg bahnten. Neue Techniken eröffneten zunftfreie Gewerbemöglichkeiten, die von mobiler werdenden Bevölkerungsgruppen, von Einwanderern, Beamtensöhnen und ehemaligen Militärs aufgegriffen werden konnten. Gewerbliche Tätigkeit war keineswegs durchgehend reglementiert und von Konzessionen abhängig. Nur dort, wo der Landesherr durch die Erteilung von Exklusivprivilegien einzelne Unternehmen besonders fördern wollte, erlosch die ursprüngliche Freiheit außerzünftischer Gewerbeausübung. Die Privilegierung entpuppte sich ihrerseits als ein hervorragendes Instrument, um die Rechte der wenig entwicklungsfähigen, am „Nahrungsprinzip" festhaltenden Zünfte zu unterlaufen. Die absolutistische Wirtschaftspolitik (o. § 23 II.3) förderte letztlich die allmähliche Relativierung der Standesgrenzen in der Stadt. So bringen jedenfalls in der zweiten Hälfte des 18. Jahrhunderts die Residenzstädte, Universitätsstädte und wirtschaftlichen Zentren ein Bürgertum hervor, welches sich auch in Deutschland dem Staatsdenken der Aufklärung empfänglich zeigte (u. § 25).

VII. Reformschrifttum

Der Westfälische Frieden bewahrte das Reich in den folgenden Jahrzehnten zwar vor größeren inneren Kriegen, nicht aber vor der Türkengefahr und vor der Expansionspolitik König Ludwigs XIV. Die Schrift von *Antoine Aubery* „*De justes pre tensions du roy sur l'empire*" erhob 1667 Gebietsansprüche im Umfang des ehemaligen Frankenreiches, dessen einzig legitimer Nachfolger der französische König sei. Die Entdeckung der Geschichtlichkeit des Rechts (o. § 22 IV) ermöglichte nun auch die historische Legitimation machtpolitischer Ansprüche. In Deutschland erhob sich nicht nur ein Sturm der Entrüstung. Bekannte und anonym gebliebene Autoren unterbreiten Pläne über eine Reform des Reiches, in denen die Säkularisation des Kirchengutes mehrfach wiederkehrt, das Hauptanliegen aber die Verbesserung der Kriegsverfassung ist. Wenn diese über Anfänge nicht hinauskam, dann deshalb, „*weil mit dem Sieg über die Türken 1683 vor Wien und der Abwehr der französischen Bedrohung auch die Motivation für eine Reichsreform abnahm*" (W. Burgdorf). Der national getönte Reichspatriotismus verband sich nun mit dem Kaiserhaus.

5. Kapitel. Die Einflüsse der Aufklärung und der Untergang des Heiligen Römischen Reiches (1740–1806)

§ 25. Wandlungen des Rechts- und Staatsdenkens

Quellen: *G. Achenwall* u. *J. St. Pütter*, Anfangsgründe des Naturrechts, 1750, hrsg. u. übers. v. *J. Schröder*, 1995; Deutsches Staatsdenken im 18. Jahrhundert, hrsg. v. *G. Lenz*, 1965; *G. W. F. Hegel*, Grundlinien der Philosophie des Rechts, 1821 (hrsg. 1969: Suhrkamp); *A. v. Humboldt*, Ideen zu einem Versuch, die Grenzen der Wirksamkeit des Staates zu bestimmen, 1792 (hrsg. v. *R. Haerdter* 1982: Reclam); *I. Kant*, Grundlegung zur Metaphysik der Sitten, 1797 (hrsg. v. *Th. Valentiner* u. *H. Ebeling* 1986: Reclam); *J. Locke*, Two treatises on government, 1690 (hrsg. v. *P. Laslett* 1964; dt. *H. J. Hofmann* u. *W. Euchner* 1977: Suhrkamp); *Ch. de Montesquieu*, De l'Esprit des Loix, 1748 (hrsg. v. *R. Caillois* 1956; dt. *K. Weigand* 1976: Reclam); *J. J. Moser*, Neues teutsches Staatsrecht, 43 Bde., 1766/82; *J. St. Pütter*, Kurzer Begriff des Teutschen Staatsrechts, 1764; *J. J. Rousseau*, Contrat social, 1762 (hrsg. v. *P. Burgelin* 1966; dt. *H. Brockard* 1986: Reclam); *Ch. Wolff*, Grundsätze des Natur- und Völkerrechts, übers. v. *G. S. Nicolai*, 1754 (Neudr. 1980).

Schrifttum: *G. Birtsch* (Hrsg.), Grund- und Freiheitsrechte von der ständischen zur spätbürgerlichen Gesellschaft, 1987; *H.-J. Böhme*, Politische Rechte des einzelnen in der Naturrechtslehre des 18. Jahrhunderts und in der Staatstheorie des Frühkonstitutionalismus, 1993; *R. Brandt* (Hrsg.), Rechtsphilosophie der Aufklärung, 1982; *J. Garber*, Vom „ius connatum" zum „Menschenrecht". Deutsche Menschenrechtstheorien der Spätaufklärung, in: *R. Brandt* (Hrsg.), Rechtsphilosophie der Aufklärung, 1982, 107 ff.; *U. Häfelin*, Die Rechtspersönlichkeit des Staates. 1. Teil: Dogmengeschichtliche Darstellung, 1959; *N. Hammerstein* (o. § 22); *H. Hofmann* (o. § 22); *ders.*, Zur Idee des Staatsgrundgesetzes, in: *ders.*, Recht – Politik – Verfassung, 1986, 261 ff.; *ders.*; Zur Herkunft der Menschenrechtserklärungen (1988), in: *ders.*, Verfassungsrechtliche Perspektiven, 1995, 3 ff.; *D. Klippel*, Politische Freiheit und Freiheitsrechte im deutschen Naturrecht des 18. Jahrhunderts, 1976; *ders.*, Politische Theorien im Deutschland des 18. Jahrhunderts, Aufklärung 2 (1987) 57 ff.; *ders.*, Die Theorie der Freiheitsrechte am Ende des 18. Jahrhunderts in Deutschland, in: *H. Mohnhaupt* (Hrsg.), Rechtsgeschichte in den beiden deutschen Staaten (1988–1990), 1991, 348 ff.; *U. Lange*, Teilung und Trennung der Gewalten bei Montesquieu, Der Staat 19 (1980) 213 ff.; *A. Laufs* u. a., Das Eigentum an Kulturgütern aus badischem Hofbesitz, 2008; *Ch. Link*, Die Staatstheorie Christian Wolffs, in: *W. Schneiders* (Hrsg.), Christian Wolff 1679–1754, 1983, 171 ff.; *ders.*, Anfänge des Rechtsstaatsgedankens in der deutschen Staatsrechtslehre des 16. bis 18. Jahrhunderts, in: *R. Schnur* (Hrsg.), Die Rolle der Juristen bei der Entstehung des modernen Staates, 1986, 775 ff.; *ders.*, Zwischen Absolutismus und Revolution. Aufgeklärtes Denken über Recht und Staat in der Mitte des 18. Jahrhunderts, in: *H. Neuhaus* (Hrsg.), Aufbruch aus dem Ancien Re gime, 1993, 185 ff.; *H.-Ch. Lucas* u. *O. Pöggeler* (Hrsg.), Hegels Rechtsphilosophie im Zusammenhang der europäischen Verfassungsgeschichte, 1986; *K.-G. Lutterbeck*, Staat und Gesellschaft bei Christian Thomasius und Christian Wolff, 2002; *N. Matsumoto*, Polizeibegriff im Umbruch. Staatszwecklehre und Gewaltenteilungspraxis in der Reichs- und Rheinbundpublizistik, 1999; *H. Mohnhaupt*, Potestas legislatoria und Gesetzesbegriff im Ancien Re gime, Ius Commune 4 (1972), 188 ff.; *U. Müßig*, Die europäische Verfassungsdiskussion des 18. Jhs., 2008; *W. Näf*, Der Durchbruch des Verfassungsgedankens im 18. Jahrhundert, Schweizer Beiträge zur Allg. Geschichte 11 (1953) 108 ff.; *G. Oestreich*, Die Idee des religiösen Bundes und die Lehre vom Staatsvertrag, in: *ders.*, Geist und Gestalt des frühmodernen Staates, 1969, 157 ff.; *L. Pahlow*, Justiz und Verwaltung. Zur Theorie der Gewaltenteilung im 18. und 19. Jahrhundert, 2000; *E. Pitz* (o. § 22); *P. Preu*, Polizeibegriff und Staatszwecklehre, 1983; *E. Reibstein* (o. § 22) Bd. 2; *R. Schelp*, Das allgemeine Staatsrecht – Staatsrecht der Aufklärung, 2001; *J. Rolin*, Der Ursprung des Staates. Die naturrechtlich-rechtsphilosophische Legitimation von Staat und Staatsgewalt im Deutschland des 18. und 19. Jh., 2005; *E. Schmidt-Aßmann*, Der Verfassungsbegriff in der deutschen Staatslehre der Aufklärung und des Historismus, 1967; *R. Schnur* (Hrsg.), Zur Geschichte der Erklärung der Menschenrechte, 1964; *J. Schröder*, Privatrecht und öffentliches Recht. Zur Entstehung der modernen Rechtssystematik in der Naturrechtslehre des 18. Jahrhunderts, FS für J. Gernhuber zum 70. Geb.,

1993, 961 ff.; *R. Schulze*, Policey und Gesetzgebungslehre im 18. Jahrhundert, 1982; *J. Schwartländer* u. *D. Willoweit* (Hrsg.), Meinungsfreiheit – Grundgedanken und Geschichte in Europa und USA, 1986; *U. Seif*, Der mißverstandene Montesquieu: Gewaltenbalance, nicht Gewaltentrennung, ZNR 22 (2000) 149 ff.; *B. Stollberg-Rilinger* (o. § 22); *M. Stolleis*, Staatsraison, Recht und Moral in philosophischen Texten des späten 18. Jahrhunderts, 1972; *ders.* (Hrsg.), Staatsdenker (o. § 22); *ders.*, in: DtVwG II, 56 ff.; *P.-L. Weinacht* (Hrsg.), Montesquieu – 250 Jahre „Geist der Gesetze", 1999; *B. Winiger*, Das rationale Pflichtenrecht Christian Wolffs, 1992; *T. Württemberger*, An der Schwelle zum Verfassungsstaat, Aufklärung 3 (1988) 53 ff.; *ders.*, Staatsverfassung an der Wende vom 18. zum 19. Jahrhundert, in: Wendemarken in der deutschen Verfassungsgeschichte, 1993 (Der Staat, Beih. 10), 85 ff.

I. Methoden

1. Vernunftrechtliches Denken

Die Impulse der neuaristotelischen Politologie und der sie noch im 17. Jahrhundert ablösenden Naturrechtslehre (o. § 22 I.2 u. III) hatten zur Folge, daß die Reflexionen über das prinzipielle Verhältnis des Individuums zum Staat allmählich an Intensität und Breitenwirkung zunahmen. Seit dem späten 17. Jahrhundert waren an vielen Universitäten Lehrstühle für das Naturrecht eingerichtet worden. Seitdem lernten die Studenten nicht nur das praxisbezogene gemeine Zivilrecht und das der Staatswirklichkeit verhaftete öffentliche Recht kennen, sondern zugleich allgemeine Rechtssätze über den Menschen und seine privaten wie öffentlichen Rechtsbeziehungen überhaupt. Eine sichere methodische Grundlage dieses Vernunftrechts fanden die Theoretiker jener Zeit in der Erfahrung evidenter Grundeinsichten (Axiome), aus welchen im Wege logischer Schlußfolgerungen (Deduktionen) Rechtsnormen gewonnen werden konnten. Einer der einflußreichsten Rechtslehrer des 18. Jahrhunderts war daher nicht zufällig Mathematiker und Philosoph: *Christian Wolff* (1679–1754). Mit seinem Wirken beginnt in Deutschland der Siegeszug der Aufklärung, einer geistesgeschichtlichen Bewegung von elementarer Kraft, in welcher sich der abendländische Mensch von den überlieferten Autoritäten löste, um der Verläßlichkeit seiner rationalen Verstandeskräfte zu vertrauen. Nicht nur Bibel, Kirche und Theologie erlitten auf diese Weise unwiederbringliche Einbußen. Auch gegenüber den hergebrachten Sozialordnungen und Rechtsstrukturen entwickelte sich allmählich eine kritische Nachdenklichkeit, der die alteuropäische Welt schließlich zum Opfer fallen sollte.

Die methodische Konzeption des Vernunftrechts führte zu einem neuen Verständnis des politischen Gemeinwesens. Es entstanden Darstellungen des „*Allgemeinen Staatsrechts*", welche sich die Beschreibung der gemeinsamen und zugleich vernunftgemäßen Merkmale der aus Geschichte und Gegenwart bekannten Staaten zur Aufgabe machten. Empirisches und logisches Denken verschmolzen zu einer Einheit und zeitigten Erkenntnisse, die zu der Verfassungswirklichkeit des Heiligen Römischen Reiches auffallend kontrastierten. Dabei wurde diese Kluft zwischen den jetzt ermittelten allgemeinen staatsrechtlichen Grundsätzen und der Realität noch vergrößert durch ein geschärftes Geschichtsbewußtsein (o. § 22 III), das die historische Zufälligkeit der komplizierten Verfassungsstrukturen im Reiche zunehmend besser erfaßte. Es konnte nicht ausbleiben, daß die Regeln des „Allgemeinen Staatsrechts" nach und nach als Maßstab begriffen wurden, an welchem das erstarrte Konglomerat der Reichs- und Territorialverfassung zu messen war. So gewann etwa die Überzeugung an Boden, das Reich sei aus wirklichen Staaten zusammengesetzt und den deutschen Landesherren komme prinzipiell eine Staatsgewalt wie anderen Staatsoberhäuptern zu. *Johann Stephan Pütter* (1725–1807) hat diese Auffassung im letzten Drittel des 18. Jahrhunderts durch seine weitverbreiteten Handbücher fast überall heimisch gemacht. Die Juristen waren bereit, das Reich aus der Geschichte zu verabschieden.

2. Der historisch-empirische Pragmatismus Johann Jacob Mosers

Nicht nur die vernunftrechtliche Komponente der Aufklärung, auch die Entdeckung der Geschichtlichkeit des Rechts (o. § 22 IV) beeinflußte die weitere Geschichte des Staatsrechtsdenkens. Schon bisher hatten zahllose Konflikte um die Ausübung staatlicher Befugnisse nur durch sorgfältige historische Nachforschungen geschlichtet werden können. Diese Notwendigkeit führte in der Reichspublizistik zu einem ausufernden historisch-politischen Verfassungspragmatismus, dessen bedeutendster Exponent *Johann Jacob Moser* (1701–1785), nicht zufällig zugleich der produktivste juristische Schriftsteller Deutschlands, geworden ist. Moser orientiert sich nicht an abstrakten Normen des gemeinen oder natürlichen Rechts, sondern interessiert sich allein für das in historisch verifizierbaren Rechtsakten überlieferte Rechtsherkommen: *„Sollen dann alte vermoderte Gesetze mehr gelten als das Herkommen unserer Zeiten?"* Einerseits an die geschichtlich entstandenen Normen gebunden, andererseits für künftige Rechtsgestaltung völlig offen, steht Moser an der Schwelle moderner Rechtslogik und Rechtspolitik.

II. Einflüsse des Vernunftrechts

1. Der Staat als Rechtspersönlichkeit

Das naturrechtliche Modell des Gesellschaftsvertrages förderte die Vorstellung von der Rechtspersönlichkeit des Staates. Er, nicht die Persönlichkeit des Monarchen, war als das primäre politische Phänomen anzusehen, wenn das Gemeinwesen auf dem Willensentschluß aller beruhte. Das gemeine Recht kannte die Figur der *universitas* als einer *persona ficta*, die mit eigenem Vermögen, Vertretern und Statuten von den dahinterstehenden natürlichen Personen unterschieden wurde. Daß Städte, Dörfer und andere korporative Zusammenschlüsse im Rechtsverkehr wie „moralische" Personen handelten, war daher seit langem akzeptiert (o. § 14 I.5). Größere Mühen bereitete der Gedanke, der Staat als Gesamtheit aller Bürger sei nicht nur deren Summe, sondern selbst von personaler Qualität und daher von den einzelnen Individuen wie vom Monarchen zu unterscheiden. Für die innerstaatlichen Verhältnisse gab es zunächst kaum ein Bedürfnis für eine solche Konstruktion. Daher wird die Rechtspersönlichkeit des Staates bei den Naturrechtlern dort am klarsten formuliert, wo die zwischenstaatlichen Beziehungen zur Sprache kommen. Aber die Einsicht, der Zusammenschluß aller Bürger sei auch im Verhältnis zu diesen selbst und zum Monarchen als juristische Person zu verstehen, lag zum Greifen nahe. Dies nicht zuletzt deshalb, weil die Jurisprudenz im Anschluß an eine von Hugo Grotius (o. § 22 III) gegebene Anregung gelernt hatte, Regierungsakte und privatrechtliche Geschäfte des Fürsten zu unterscheiden. Daraus erwuchsen die weiteren Differenzierungen zwischen der im selben Menschen verkörperten Herrscherpersönlichkeit und seiner Privatperson, zwischen öffentlichen und privaten Rechten des Monarchen.

Für die Unterscheidung zwischen dem einem Fürsten kraft seines Amtes zustehenden Staatsvermögen und seinem Privatvermögen gab es seit langem ein Vorbild im Lehenrecht: die *separatio feudi ab allodio* (Trennung des Lehensgutes vom Eigengut). Der Lehensmann mußte sein Lehensgut mit allem Zubehör so an den Lehensnachfolger vererben, wie er es selbst erhalten hatte. Frei verfügen konnte er nur über die von ihm selbst erworbenen Güter. Die deutschen Fürstentümer waren Reichslehen. Seit dem *pfälzischen Erbfolgestreit* und -krieg (1688–1697) setzte sich in der deutschen Staatrechtslehre und Praxis allmählich die Überzeugung durch, daß der Regierungsnachfolger nicht nur die Lehen mit den zugehörigen Mobilien, wie Waffen und Hofausstattung, sondern auch die allodialen Familienstammgüter beanspruchen könne, während den nachgeborenen Söhnen und der weiblichen Nachkommenschaft nur Neuerwerbungen zugewandt werden konnten und eventuell Sondervermögen in Gestalt von Familienfideikommissen (u. § 33 II 1) zufielen.

2. Gemeinwohl als Staatszweck

Die Objektivierung des Staates zu einem überzeitlichen Gebilde mit umfassender Kompetenzvermutung wurde in noch stärkerem Maße durch die Staatszwecklehre gefördert. Die aus der mittelalterlichen Aristotelesrezeption (o. § 13 IV) hervorgegangene Idee des Gemeinwohls als Ziel aller Staatstätigkeit war seit der Reformation, also seit dem Zerbrechen des eschatologischen Reichsgedankens, hervorragend geeignet, die Legitimität des Staats zu begründen (o. § 22 I.2). Die fortschreitende Säkularisierung der Staatstheorie im Zeichen des Vernunftrechts lenkte die Aufmerksamkeit mehr denn je auf den innerweltlichen Grund und Zweck des Staates. Christian Wolff (o. I) lehrte, die Pflicht jedes einzelnen, nach Vollkommenheit zu streben, ließe sich nur in der organisierten Gemeinschaft aller, also im Staate, erfüllen. Damit war das Gemeinwohl zwar durch das Interesse des einzelnen Bürgers definiert, aber doch so, daß es von der Beliebigkeit des Privatwohls und seinen oft egoistischen Glücksvorstellungen abgegrenzt werden mußte.

Seine Dynamik gewinnt dieser sittlich fundierte Gemeinwohlgedanke freilich erst aus der Methode Wolffs: Wie die Vernunft Gewißheit über das Recht ermöglicht, so auch über die Politik. Sie erschöpft sich nicht in pragmatischer Klugheit, sondern ist an den Gemeinwohlgedanken gebunden. Diese Berechenbarkeit, ja „*Verrechtlichung des politischen Bereichs*" (P. Preu) legitimierte die Staatsgewalt in neuartiger Weise und verlieh ihr eine Autorität, der gegenüber die politische Meinung einzelner Bürger irrelevant bleiben mußte. Materiell orientierte sich diese Politik natürlich am Ordnungsdenken ihrer Gegenwart, d.h. an den Strukturen der Ständegesellschaft. Danach ist jedem ein fester Platz im gesellschaftlichen Gefüge zugewiesen, an welchem er seine Nahrung erhalten und sein zeitliches wie ewiges Glück anstreben soll. Noch immer prägt das Leitbild der „*guten Policey*" (o. § 18 II.2) die politischen Aktivitäten der deutschen Landesherren, wenn die Akzente jetzt auch weniger bei der Konfession als bei der Ökonomie gesetzt wurden. Im letzten Drittel des 18. Jahrhunderts präsentieren die *Physiokraten*, im letzten Jahrzehnt die Anhänger des *Adam Smith* wirkliche Kontrastmodelle. Die in Deutschland vielbeachtete physiokratische Doktrin setzte auf die Entwicklungskräfte des Individuums in seiner agrarischen Umwelt. Die Smithianer forderten den freien Markt. Gewiß sollten auch damit zunächst nur Wege zur Realisierung des Gemeinwohls gewiesen werden. Aber es waren Wege, die auf eine Reduzierung der Staatsaufgaben und die Freisetzung eines gesellschaftlichen Raumes individueller Selbstentfaltung im liberalen Sinne hinauslaufen mußten.

3. Wandlungen des Gesetzesbegriffs

Der beherrschende Einfluß vernunftrechtlicher Maximen hat schließlich auch Wandlungen des Gesetzesbegriffs und die Entstehung des Kodifikationsgedankens zur Folge gehabt. Galt in der absolutistischen Staatslehre seit Jean Bodin (o. § 22 I.1) der Wille des Landesherrn als Grund des Gesetzes und allein maßgebend für seinen Inhalt, so erscheint jetzt der Normbefehl primär als Ausdruck richtiger, weil gemeinwohlgebundener Politik. Darüber hinaus mußte die vernunftrechtliche Vorstellung eines in sich logisch stimmigen Gesamtsystems der Rechtsordnung tiefgreifende Folgen für die Form und die Modalitäten der Rechtssetzung haben. Ein System kann adäquat nicht in einzelnen Gesetzen, sondern nur in einer umfassenden Kodifikation dargestellt werden. Lückenlosigkeit, Widerspruchsfreiheit und Berechenbarkeit der ineinandergreifenden Rechtssätze wollen vorab für das ganze Werk bedacht sein, wenn es Systemcharakter erhalten soll. Damit aber zeichneten sich zugleich die Konturen einer neuen Rechtskultur ab, in welcher die Staatsgewalt selbst an das Gesetz gebunden wurde. 1748 publizierte *Montesquieu* sein auch in Deutschland vielgelesenes Werk „*De l'Esprit des Loix*". Dort ist der Weg beschrieben, der zur Herrschaft der Gesetze führt: Durch die strikte Bindung des Richters an den Gesetzeswortlaut und mit der gleichzeitigen Forderung nach richterlicher Unabhängigkeit gegenüber der legislativen und exekutiven Gewalt will Montesquieu der Gefahr despotischer Willkür begegnen.

4. Die Idee der Menschen- und Bürgerrechte

Die geistig ungemein bewegten Jahrzehnte der Aufklärung vollendeten aber nicht nur das Gedankengebäude des neuzeitlichen Staates als einer säkularen Heilsanstalt. Sie brachten auch den Gedanken der Menschen- und Bürgerrechte hervor. Die historischen und theoretischen Voraussetzungen dieser neuen rechtlichen Figurationen sind vielschichtig, ihre Bewertung in der Forschung demgemäß umstritten. Nicht zu leugnen ist, daß es eine realgeschichtliche Entwicklungslinie gibt, die von den Rechtsgewährungen in spätmittelalterlichen Herrschaftsverträgen (o. § 17 IV.3) über die grundsätzliche Unantastbarkeit wohlerworbener Rechte auch in absolutistischer Zeit (o. § 23 I) zu den Rechtsschutzmechanismen des 18. Jahrhunderts, nicht zuletzt vor dem Reichshofrat und dem Reichskammergericht (o. § 24 IV.3 u. V), führt. Die Respektierung individueller Rechte gehört zum Wesen einer jeden Rechtsordnung und war seit langem anerkannt.

Vor dem Hintergrund politischer Erfahrungen gelang es jedoch in erster Linie der Naturrechtslehre, mit ihren Spekulationen über den Naturzustand die gedanklichen Konstruktionselemente für die Begründung von Menschenrechten bereitzustellen. Seit der Antike war der Topos von einer ursprünglichen Freiheit aller Menschen im *status naturalis* überliefert worden. In der spanischen Spätscholastik des 16. Jahrhunderts, die sich mit den südamerikanischen Kolonisationsproblemen konfrontiert sah, erkannte man die mit der Staatsbildung verbundenen Freiheitsbeschränkungen. Seitdem stellte die naturrechtliche Theorie die „angeborenen" Rechte des Menschen den tatsächlich praktizierbaren bürgerlichen Rechten gegenüber. Ob damit auch schon der Gedanke reift, daß die in den *status civilis* hinübergeretteten Individualrechte vom Staat zu respektieren seien, ist nicht leicht zu beurteilen. Immerhin hat schon Samuel Pufendorf die zwischen Bürger und Obrig-

§ 25. Wandlungen des Rechts- und Staatsdenkens 189

keit gegebenen Verhältnisse als Rechtsbeziehungen definiert (o. § 22 II). Christian Wolff weist dem Menschen in erster Linie nicht Rechte, sondern Pflichten zu – vor allem die Pflicht, nach Vollkommenheit zu streben –, deren Erfüllung aber zugleich die Anerkennung von Ansprüchen auf ein menschenwürdiges Dasein erfordert. Da diese Pflichten in den Staatszweck des Gemeinwohls eingebunden werden, können auch die elementarsten Rechte des Menschen im Staate nicht zur beliebigen Disposition der Obrigkeit stehen. Diese *„Korrespondenz von materialer Pflichtenlehre und Rechtslehre"* (J. Garber) ist noch nicht identisch mit dem liberalen Freiheitsgedanken, der einen von obrigkeitlicher Reglementierung freien Raum individueller Entfaltung zu sichern sucht. Aber die Erwägungen Christian Wolffs zeigen doch, wie rasch seit dem zweiten Drittel des 18. Jahrhunderts der Prozeß einer rechtlichen Neubestimmung der innerstaatlichen Verhältnisse voranschritt. In den beiden letzten Jahrzehnten des 18. Jahrhunderts hat die Naturrechtslehre auch in Deutschland eine Politisierung im liberalen Sinne erfahren. Unter dem Eindruck der *„Bill of Rights"* des Staates Virginia von 1776 und der französischen *„De claration des droits de l'homme et du citoyen"* von 1791 kommt es zu einer *„Aktualisierung, Konkretisierung und Verabsolutierung der natürlichen Freiheit"* (D. Klippel). Die natürlichen Rechte des Menschen werden im Rahmen der staatlichen Ordnung als fortbestehend gedacht und in ihren Konsequenzen erörtert. Aus dieser Diskussion gehen z.B. die Forderungen nach einem Verbot der Sklaverei und nach Zulassung der Pressefreiheit hervor. Noch vor der Französischen Revolution setzt in Deutschland auch die Rezeption von John Locke ein (o. § 22 III).

5. Die Verfassungsidee

Die gleichfalls in der zweiten Hälfte des 18. Jahrhunderts rasch an Boden gewinnende Verfassungsidee erwächst aus verschiedenartigen Wurzeln. Von *„Staatsgrundgesetzen"* sprach man schon lange und meinte damit die Goldene Bulle, den Augsburger Religionsfrieden, den Westfälischen Frieden, in den Territorien auch Sukzessionsordnungen und die landständisch geprägten Herrschaftsverträge. Das spätere Charakteristikum der geschriebenen Verfassung, die Verbindung von Staatsorganisation und Grundrechtsgewährung, findet sich in solchen Dokumenten schon angedeutet, da sie ja stets politische Verhältnisse rechtlich ordneten. Form und Inhalt dieser älteren Staatsgrundgesetze mußten jedoch antiquiert wirken, seitdem im Lichte des Kodifikationsmodells (o. II.3) die rationale Gestaltung der gesamten Rechtsordnung möglich erschien. Der Staat selbst konnte nach den Prämissen des Vernunftrechts (o. I.1) zum Gegenstand der Gesetzgebung werden. Die Verfassung als *„Plan der Nation für ihr Streben nach Glück"* (Vattel 1758) mußte nach den systematischen Voraussetzungen des naturrechtlichen Staatsgedankens *„subjektive Grundrechte, Gewaltenteilung und Repräsentation"* in Sätzen fassen, *„die ... nicht nur Rechtsprinzipien formulieren, sondern zugleich beanspruchen, allgemeine politisch-theoretische Grundwahrheiten auszusagen"* (H. Hofmann). Diese Verbindung *„von allgemeiner Wahrheitsverkündung und konkreter Rechtssetzung"* (ders.) ist für die Grundrechte schlüssig aus den Vernunfteinsichten über den Naturzustand entwickelt worden (o. 4). Doch auch die für jede rationale Staatsorganisation unverzichtbare Lehre von der Gewaltenteilung verstand sich als eine Reflexion notwendiger staatlicher Verhältnisse. Montesquieu (o. 3) stellte durch empirische Beobachtung der ihn umgebenden Staatenwelt fest, daß die Funktionen von Legislative, Exekutive und Judikative zu unterscheiden sind. Ihre Zuweisung an verschiedene Herrschaftsträger im komplexen

Ganzen des Staates hat freilich im Interesse der Bürgerfreiheit zu geschehen und ist daher nur normativ zu begreifen. Doch schließt sich für den aufgeklärten Leser an dieser Stelle der Gedankenkreis: Die Sicherung der Bürgerfreiheit ist selbst eine von der Vernunft gebotene Maxime.

III. Perspektiven der Staatslehre bei Kant und Hegel

Die Aufklärung öffnete nicht nur das Tor zu einer neuen Epoche staatlicher Entwicklung. Sie erschloß die bis heute gültigen Perspektiven der Staatslehre durch das rechtsphilosophische Werk von Immanuel Kant (1724–1804) und Georg Wilhelm Friedrich Hegel (1770–1831). Wenn wir Philosophen dieses Ranges auf ihre Bedeutung für die deutsche Verfassungsgeschichte befragen, dann können nur grobe Vereinfachungen herauskommen und wenige Bruchstücke des Werkes sichtbar werden. Aber diese muß eben doch zur Kenntnis nehmen, wer die deutsche Geschichte im Übergang vom 18. zum 19. Jahrhundert verstehen will. Kant bestimmt in seiner 1797 erschienenen *„Metaphysik der Sitten"* eine Handlung als *„recht, die oder nach deren Maxime die Freiheit der Willkür eines jeden mit jedermanns Freiheit nach einem allgemeinen Gesetze zusammen bestehen kann".* Radikaler kann nicht zum Ausdruck gebracht werden, daß auch in der staatlich geordneten Gesellschaft, also nicht nur im Naturzustand, die Freiheit des Individuums Prinzip und Maß der Rechtsordnung ist. Denn *„Freiheit ... ist dieses einzige, ursprüngliche, jedem Menschen kraft seiner Menschheit zustehende Recht"* und der Staat *„die Vereinigung einer Menge von Menschen unter Rechtsgesetzen".* Die Tragweite dieser messerscharfen Feststellungen wird erst deutlich, wenn wir uns daran erinnern, daß Kant auch eine *„Kritik der reinen Vernunft"* geschrieben hat: Es ist eben nicht möglich, wie Christian Wolff glaubte (o. I.1), mit den Operationen der Vernunft a priori ein System inhaltlich bestimmter Rechtssätze zu errichten. Damit hatte Kant letztlich die Lunte an die Gemeinwohldoktrin seiner Zeit gelegt. Der Staat als solcher hat keine Kompetenz über den einzuschlagenden politischen Weg, weil Politik nicht eine Frage von richtig und falsch, sondern von Meinung und Wertentscheidungen ist. Nicht zufällig steht Kant in seinen Überlegungen zur Staatsorganisation daher *Rousseaus* Konzept der politischen Willensbildung (*„Contrat social",* 1762) nahe. Die Sprengkraft seiner Gedanken haben die führenden Köpfe seiner Zeit wohl erkannt. *Wilhelm von Humboldt* formulierte schon 1792 im Titel seiner Arbeit über *„Ideen zu einem Versuch, die Grenzen der Wirksamkeit des Staates zu bestimmen"* genau jene Frage, um die es im Zeichen der kritischen Philosophie Kants nun gehen mußte.

Doch vorerst waren die deutschen Staatswesen so beschaffen, daß eine auf Bürgerrechten und Meinungskampf beruhende politische Kultur nicht gedeihen konnte. In den selbstbewußt gewordenen, nach Unabhängigkeit strebenden deutschen Staaten am Ende des 18. Jahrhunderts, in Preußen zumal, behauptete sich trotz Kant die Überzeugung, kraft vernünftiger Einsicht und darauf beruhender optimaler Staatsorganisation stets das politisch Richtige erkennen und tun zu können (u. § 26 IV). Es war Hegel, der dafür anstelle des brüchig gewordenen vernunftrechtlichen Fundaments neue philosophische Gewißheit vermittelte. Der Stoff, mit dem er arbeitet, ist die Geschichte. Sie ist von der Vernunft beherrscht, müßte sich doch sonst selbst das erkennende Subjekt als vernünftiges Wesen negieren. Daher darf die Geschichte letztlich als der *„Gang des Weltgeistes"* interpretiert werden. Dieser Weg der Vernunft mündet in den Staat. In den *„Grundlinien der Philosophie des Rechts"* (1821) heißt es: *„Der Staat ist die Wirklichkeit der* *sittlichen Idee, – der sittliche Geist, als der offenbare, sich selbst deutliche, substantielle Wille, der sich denkt und weiß und das, was er weiß und insofern er es weiß, vollführt"*, so daß der Staat zugleich auch „*die Wirklichkeit des substantiellen Willens ... das an und für sich Vernünftige"* ist. Der Staat als die Gestalt des Allgemeinen und Vernünftigen in dieser Welt vermag zu erkennen und zu tun, wozu die einzelnen Individuen, auch in ihrer Summierung, niemals in der Lage sind. Daher ist das Volk jener „*Teil der Mitglieder eines Staates ..., der nicht weiß, was er will. Zu wissen, was man will, und noch mehr, was der an und für sich seiende Wille, die Vernunft, will, ist die Frucht tiefer Erkenntnis und Einsicht, welche eben nicht die Sache des Volkes ist. – ... Denn die höchsten Staatsbeamten haben notwendig tiefere und umfassendere Einsicht in die Natur der Einrichtungen und Bedürfnisse des Staats ..."* Für Demokratie und Meinungsvielfalt ist in diesem System kein Platz, für die Freiheit nur insofern, als sie im Staate „*zu ihrem höchsten Recht kommt"*. Wer diese Sätze zur Kenntnis genommen hat, wird ahnen können, was der Erfolg Hegels als akademischer Lehrer an der Berliner Universität und die Resonanz seiner Werke für das politische Bewußtsein in Deutschland bedeuteten. Die „rechts"- und „links"-hegelianischen Fernwirkungen dieser Staatsphilosophie reichen bis in die Gegenwart, seit der zweiten Hälfte des 19. Jahrhunderts freilich zunehmend in Frage gestellt von einer Renaissance der Kantischen Rechtsphilosophie.

§ 26. Die Spätzeit des Reiches und die politische Praxis

Quellen: Allgemeines Landrecht für die Preußischen Staaten, 1794 (hrsg. v. *H. Hattenhauer*, 3. Aufl. 1996); *H. Conrad* u. *G. Kleinheyer*, Vorträge über Recht und Staat von Carl Gottlieb Svarez (1746–1798), 1960; *R. Dietrich* (Bearb.), Die politischen Testamente der Hohenzollern, 1986; *H. Dippel*, Die Anfänge des Konstitutionalismus in Deutschland. Texte deutscher Verfassungsentwürfe am Ende des 18. Jahrhunderts, 1991; *F. Maaß*, Der Josephinismus. Quellen zu seiner Geschichte in Österreich, Bd. 1–5, 1951–1961; *W. Wagner* (Hrsg.), Das Staatsrecht des Heiligen Römischen Reiches Deutscher Nation. Eine Darstellung der Reichsverfassung gegen Ende des 18. Jahrhunderts nach einer Handschrift der Wiener Nationalbibliothek, 1968.

Zeitgenössische Literatur: Der Verfassungsentwurf aus dem Jahre 1787 des Granduca Pietro Leopoldo di Toscana, hrsg. u. übers. v. *G. Graf*, 1998; *E. F. Klein*, Freyheit und Eigenthum, abgehandelt in acht Gesprächen über die Beschlüsse der Französischen Nationalversammlung, 1790, Neudr. 1977; *J. H. G. v. Justi*, Natur und Wesen der Staaten, 1771, Neudr. 1969; Was ist Aufklärung? Beiträge aus der Berlinischen Monatsschrift (1783–1786), hrsg. v. *N. Hinske*, 2. Aufl. 1977.

Schrifttum: *K. Andermann*, Die geistlichen Staaten am Ende des Alten Reiches, HZ 271 (2000) 593 ff.; *K. O. Frh. v. Aretin*, Heiliges Römisches Reich 1776–1806. Reichsverfassung und Staatssouveränität 1776–1806, Bd. 1–2, 1967; *ders.*, Die Konfessionen als politische Kräfte am Ausgang des Alten Reiches, FS J. Lortz, Bd. 2, 1958, 181 ff.; *ders.* (Hrsg.), Der Aufgeklärte Absolutismus, 1974; *ders.*, Aufgeklärter Herrscher oder aufgeklärter Absolutismus? Eine notwendige Begriffsklärung, in: Gesellschaftsgeschichte. FS K. Bosl z. 80. Geb., Bd. I, 1988, S. 78 ff.; *P. F. Barton* (Hrsg.), Im Zeichen der Toleranz. Aufsätze zur Toleranzgesetzgebung des 18. Jahrhunderts in den Reichen Joseph II., ihren Voraussetzungen und Folgen, 1981; *G. Birtsch*, Zum konstitutionellen Charakter des Preußischen Allgemeinen Landrechts von 1794, in: *K. Kluxen* u. *W. J. Mommsen* (Hrsg.), Politische Ideologien und nationalstaatliche Ordnung, FS Th. Schieder z. 60. Geb., 1968, 97 ff.; *ders.*, Gesetzgebung und Repräsentation im späten Absolutismus. Die Mitwirkung der preußischen Provinzialstände bei der Entstehung des Allgemeinen Landrechts, HZ 208 (1969) 265 ff.; *ders.* (Hrsg.), Grund- und Freiheitsrechte im Wandel von Gesellschaft und Geschichte, 1981; *ders.*, Religions- und Gewissensfreiheit in Preußen von 1780 bis 1817, ZHF 11 (1984) 177 ff.; *ders.* (Hrsg.), Grund- und Freiheitsrechte (o. § 25); *ders.* u. *D. Willoweit* (Hrsg.), Reformabsolutismus und ständische Gesellschaft. Zweihundert Jahre Preußisches Allgemeines Landrecht, 1998; *O. Büsch* u. *W. Grab* (Hrsg.),

Die demokratische Bewegung in Mitteleuropa im ausgehenden 18. und frühen 19. Jahrhundert, 1980; *H. Conrad*, Staatsgedanke und Staatspraxis des aufgeklärten Absolutismus (Rhein.-Westf. Akad. d. Wiss., Geisteswiss., Vortr., G 173), 1971; *ders.*, Das Allgemeine Landrecht von 1794 als Grundgesetz des friderizianischen Staates, 1965; *W. Demel* (o. Anhang zu § 3 Z. 1); *G. Dilcher* (o. § 17); *K. Gerteis*, Bürgerliche Absolutismuskritik im Südwesten des Alten Reiches vor der Französischen Revolution, 1983; *F. Hartung*, Der aufgeklärte Absolutismus (1955), in: *ders.*, Staatsbildende Kräfte der Neuzeit, 1961, 149 ff.; *G. Kleinheyer*, Staat und Bürger im Recht. Die Vorträge des Gottlieb Svarez vor dem preußischen Kronprinzen (1791/92), 1959; *ders.*, Aspekte der Gleichheit in den Aufklärungskodifikationen und den Konstitutionen des Vormärz, Der Staat, Beih. 4 (1980) 7 ff.; *D. Klippel*, Von der Aufklärung der Herrscher zur Herrschaft der Aufklärung, ZHF 17 (1990) 193 ff.; *H. P. Liebel*, Enlightened Bureaucracy versus Enlightened Despotism in Baden 1750–1792, Philadelphia 1965; *F. Magen*, Reichsexekutive und regionale Selbstverwaltung im späten 18. Jahrhundert, 1992; *G. Manten*, Das Notbischofsrecht der preußischen Könige und die preußische Landeskirche zwischen staatlichen Aufsicht und staatlicher Verwaltung. Unter besonderer Berücksichtigung der Kirchen- und Religionspolitik Friedrich Wilhelms II., 2007; *St. Mörz*, Aufgeklärter Absolutismus in der Kurpfalz während der Mannheimer Regierungszeit des Kurfürsten Karl Theodor (1742–1777), 1991; *W. Ogris*, Recht und Staat bei Maria Theresia, ZRG (GA) 98 (1981) 1 ff.; *V. Press*, Das wittelsbachische Kaisertum Karls VII., in: *A. Kraus* (Hrsg.), Land und Reich, Stamm und Nation, FS M. Spindler z. 90. Geb., 1984, 201 ff.; *ders.*, Der württembergische Angriff auf die Reichsritterschaft 1749–1754, in: *F. Quarthal* (Hrsg.), Zwischen Schwarzwald und Schwäbischer Alb, 1984, 329 ff.; *ders.*, Der hohenzollern-hechingische Landesvergleich von 1798. Reichsrecht und Untertanenvertretung im Zeichen der Französischen Revolution, Zs. f. Hohenzollerische Gesch. 14 (1978) 7 ff.; *H. Rall*, Kurbayern in der letzten Epoche der alten Reichsverfassung 1745–1801, 1952; *B. Rehse*, Die Supplications- und Gnadenpraxis in Brandenburg-Preußen. Eine Untersuchung am Beispiel der Kurmark unter Friedrich Wilhelm II. (1786–1798), 2008; *H. Reinalter*, Aufgeklärter Absolutismus und Revolution. Zur Geschichte des Jakobinertums und der frühdemokratischen Bestrebungen in der Habsburgermonarchie, 1980; *W. Rüfner*, Verwaltungsrechtsschutz in Preußen von 1749 bis 1842, 1962; *A. Schindling*, „Friderizianische Bischöfe" in Franken?, in: *H. Duchardt* (Hrsg.), Friedrich der Große, Franken und das Reich, 1986, 157 ff.; *E. Schmidt*, Rechtssprüche und Machtsprüche der preußischen Könige des 18. Jahrhunderts (1943); in: *ders.*, Beiträge zur Geschichte des preußischen Rechtsstaates, 1980, 210 ff.; *J. Seitz* (o. § 23); *V. Sellin*, Friedrich der Große und der aufgeklärte Absolutismus, in: *U. Engelhardt* (Hrsg.), Soziale Bewegung und politische Verfassung, 1976, 83 ff.; *F. A. J. Szabo*, Kaunitz and enlightened absolutism 1753–1780, 1994; *G.-Chr. v. Unruh*, Staatsverwaltung und Rechtsprechung unter Friedrich dem Großen, Die Verwaltung 20 (1987) 355 ff.; *R. Vierhaus*, Ständewesen und Staatsverwaltung in Deutschland im späteren 18. Jahrhundert, in: Dauer und Wandel der Geschichte, FS K. v. Raumer, 1966, 337 ff.; *ders.*, Politisches Bewußtsein in Deutschland vor 1789, Der Staat 6 (1967) 175 ff.; *E. Weis*, Montgelas 1759–1799. Zwischen Revolution und Reform, 1971; *ders.*, Der aufgeklärte Absolutismus in den mittleren und kleineren deutschen Staaten, ZbLG 42 (1979) 31 ff.; *M. Wienfort*, Patrimonialgerichte in Preußen. Ländliche Gesellschaft und bürgerliches Recht 1770–1848/49, 2001; *D. Willoweit* (Hrsg.), Staatsschutz, 1992 (Aufklärung 7, H. 2).

I. Politische Gefährdungen der Reichsverfassung

1. Aussterben der Habsburger im Mannesstamm

Als mit Kaiser Karl VI. 1740 der letzte männliche Habsburger verstarb, erlebte das Reich eine Folge krisenhafter Erschütterungen und damit zugleich politische Gefährdungen der Reichsverfassung. Ein neues Staatsdenken, aufgeklärt und reichsfremd, trat zutage. Trotz der Pragmatischen Sanktion (o. § 23 III.2) brach ein acht Jahre andauernder Krieg um die österreichische Erbfolge aus, in welchem das Haus Wittelsbach mit französischer Unterstützung seine – letzte – Chance wahrzunehmen suchte, zur führenden Dynastie des Reiches aufzusteigen. *Maria Theresia* (1740–1780) hatte ihrem Vater nur als Königin von Ungarn und Böhmen sowie als Herrin der österreichischen Erbländer nachfolgen können; zur römischen Kaiserin konnte eine Frau nicht gewählt werden. Nach einem zweijährigen Interregnum

§ 26. Die Spätzeit des Reiches und die politische Praxis   193

entschied die Kaiserwahl der bayerische Kurfürst Karl Albrecht für sich. Er führte als *Kaiser Karl VII.* (1742–1745) in der Reichsstadt Frankfurt ein macht- und einflußloses Regiment. Bayern war bald in die Hände der Österreicher gefallen und das nun ins Rampenlicht der deutschen Geschichte tretende Brandenburg-Preußen am Schicksal des wittelsbachischen Kaisers nicht interessiert. Mit dem preußischen König *Friedrich II.* (1740–1786), im Alter „*der Große*" genannt, betrat ein Monarch die politische Bühne Deutschlands, der wie kein anderer vor ihm den kühl kalkulierten Nutzen des eigenen Staates zur alleinigen Handlungsmaxime erhoben hatte. Friedrich nutzte bedenkenlos die Schwäche des Hauses Habsburg, um strittige Erbansprüche auf die reiche Provinz Schlesien in zwei Kriegen mit Gewalt durchzusetzen (1740/42 und 1744/45). Er unterstützte den Kaiser, solange es ihm opportun erschien, und gab ihm gar den Rat, seine schmale Machtbasis durch die Säkularisierung süddeutscher Hochstifter und die Mediatisierung einiger Reichsstädte zu erweitern. Diese Einfälle erschreckten die Reichspatrioten im Umkreis Karls VII. nicht ohne Grund. Sie offenbarten, wie die sich neben Habsburg etablierende zweite deutsche Großmacht die Herrschaftsordnung des Westfälischen Friedens einschätzte. Natürlich dachten auch andere Herrscher dieser Zeit allein in den Kategorien der Machtpolitik. Aber niemand war bisher, wie der preußische König, angetreten, auf dem Boden des Reiches einen faktisch unabhängigen Staat zu errichten. Darin liegt das historische „Unrecht" Friedrichs, darin zugleich aber auch seine epochale Größe.

Als Karl VII. 1745 starb, kehrte man mit der Kaiserwahl *Franz' I.* (1745–1765), des lothringischen Gemahls Maria Theresias, rasch zur verfassungsrechtlichen Normalität zurück. Der Kaiserhof residierte wieder in Wien. Aber das verfassungspolitische Klima war nach der preußisch-österreichischen Konfrontation, die ihren Höhepunkt im Siebenjährigen Krieg fand (1756/63), ein anderes geworden. Nach gründlichen Reformen der habsburgischen Universalmonarchie (u. IV.4 u. 5) trat der Kaiser nun in erster Linie als deren Oberhaupt in Erscheinung; die Reichskrone verlor an Gewicht.

2. Streit um die Reichskirche und den „Deutschen Fürstenbund"

Der neue Stil partikularstaatlicher Politik zeitigte weitere Spannungen, die überwiegend mit der latent aggressiven Politik der größeren gegenüber den kleineren Reichsgliedern zu tun hatten. Um die Jahrhundertmitte war ein württembergischer Versuch, die schwäbische Reichsritterschaft zu vereinnahmen, gescheitert. Über die Rechte der Reichskirchen setzte sich selbst Kaiser Joseph II. hinweg (u. IV.4). Daher war es auch dem bayerischen Kurfürsten Karl Theodor kaum zu verdenken, wenn er die Errichtung bayerischer Landesbistümer anstrebte und zu diesem Zweck einen päpstlichen Nuntius nach München rufen wollte, welcher etwa die Stellung eines bayerischen Erzbischofs einnehmen konnte. Dieses Vorhaben rief indessen die geistlichen Kurfürsten auf den Plan, die umgekehrt eine möglichst weitgehende Ausschaltung des päpstlichen Einflusses im Reiche anstrebten. Seitdem im Jahre 1763 der Trierer Weihbischof *Nikolaus von Hontheim* unter dem Pseudonym „*Febronius*" das Projekt einer deutschen Nationalkirche propagiert hatte, stand für aufgeklärte Kirchenmänner auch eine neue „Reformation" des ganzen deutschen Kirchenwesens zur Debatte. Nach einem programmatischen Höhepunkt in der „*Emser Punktation*" von 1786 erlosch diese Bewegung freilich rasch, weil sich die Suffraganbischöfe mit dem in Aussicht genommenen Machtgewinn der Metropoliten nicht abfinden mochten. Die weltlichen Großen im Reiche hatten sich 1785 unter der Führung Preußens in einem „Deutschen Fürstenbund" zusammengetan, um das überkommene Reichsverfassungssystem vor dem Expansionsdrang Kaiser *Josephs II.* (Kaiser 1764, Alleinherrscher 1780–1790) zu schützen. Neu war diese Frontstellung nicht (o. § 24 III.1). Aber ging es den deutschen Fürsten ehedem wirklich um den Schutz des Westfälischen Friedens, so hatte nun schon der Kampf um die Neuverteilung der Macht in Deutschland begonnen.

II. Reichsreformprojekte

Seit den Jahren des preußisch-österreichischen Konflikts um Schlesien kam auch die Diskussion um die Reform des Reiches nicht mehr zur Ruhe. 1761, während des Siebenjährigen Krieges, erschien auf preußische Veranlassung eine kommentierte deutsche Ausgabe der unter dem Pseudonym *Hippolyt a Lapide* zuletzt 1647 publizierten Streitschrift (o. § 22 II.2), in welcher die Umwandlung des Reiches in eine Konföderation souveräner Herrscher gefordert wurde. Die unmittelbare Wirkung dieses Pamphlets mag nicht groß gewesen sein. Aber die bloße Tatsache, daß dieses Buch, von dem sich bis dahin jeder Staatsrechtler zu distanzieren pflegte, von einem der führenden Reichsfürsten wieder und noch in deutscher Sprache auf den Markt gebracht wurde, spricht für sich. Im Auftrage des Kaiserhofes reagierte darauf *Friedrich Karl von Moser* mit Appellen an den „deutschen Nationalgeist". Die Debatte um die Bewahrung der „deutschen Freiheit" erlebt in der Zeit des Fürstenbundes (o. I.2) einen Höhepunkt. Der spätere Erzkanzler und Fürstprimas des Rheinbundes, *Karl Theodor von Dalberg* (u. § 27 III.1), unterbreitet schon 1787 „Vorschläge zum Besten des Deutschen Reiches", in welchen er ein „*dauerhaftes Grundgesetz*" forderte. Nicht wenige Juristen sahen im Ausbau der kaiserlichen Wahlkapitulation einen gangbaren Weg zur Schaffung einer derartigen Reichsverfassung. Es war also auch in Deutschland zu einem „*Umbruch im Verfassungsverständnis*" gekommen, zu einer „*Orientierung des tradierten Reichsverfassungspatriotismus an der Idee des zu reformierenden Verfassungsstaates Deutsches Reich*" (W. Burgdorf).

III. Förderer aufgeklärter Politik

1. Fürsten

Belastete das Streben der Fürsten nach politischer Handlungsfreiheit die Reichsverfassung, so trieb sie den Modernisierungsprozeß in den Territorien voran. Hier fanden sich nicht selten aufgeklärte Fürsten und Beamte, die von den bahnbrechenden Ideen ihrer Zeit (o. § 25) fasziniert waren und diese in politische Praxis umzusetzen versuchten. Das hervorragende Beispiel dieses Fürstentyps ist Friedrich d. Gr., dessen staatstheoretische Reflexionen und freundschaftliche Beziehungen mit Voltaire ihn aus dem Provinzialismus der deutschen Fürstenhöfe weit heraushoben und seit je besondere Aufmerksamkeit gefunden haben. Friedrich war der erste aufgeklärte Monarch im Reich gewiß insofern, als er, dem Christentum distanziert gegenüberstehend, sein Herrscheramt nicht mehr als gottgewollte Obrigkeit, sondern nur noch durch das Modell des naturrechtlichen Gesellschaftsvertrages zu begreifen vermochte. Daher bezog er auf sich das alte Bild vom „*ersten*

Diener des Staates" und daher nahm er auch die Pflichten seines Königtums, so wie er sie verstand, sehr ernst. Der preußische König wollte einen Staat nach Art eines „*Uhrwerks*", dessen Regierung nur ein dem Kopfe des Monarchen entsprungenes „*System*" sein konnte. Mit diesem Rationalismus eilte Friedrich d. Gr. den bescheidenen Verhältnissen seines Staates ein gutes Stück voraus. Die wirklichen Möglichkeiten solcher Staatspraxis waren begrenzt (u. IV), zumal keiner der daran interessierten Herrscher, auch Friedrich nicht, willens und in der Lage war, die aufgeklärte Gedankenwelt in ihrer Totalität zu erfassen und daraus politische Konsequenzen zu ziehen. So hielt der preußische König unbeirrt an der überkommenen Ständeordnung und an den Vorrechten des Adels fest, fehlte ihm doch jeglicher Sinn für die Aufklärung der breiten Volksmassen. Und daher blieb auch das preußische Wirtschaftsleben von einem starren Dirigismus beherrscht. Wer zum Gespräch der Gebildeten freilich etwas beizutragen vermochte, konnte in Berlin, das sich bald zu einem Mittelpunkt geistigen Lebens entwickelte, freiere Luft atmen als anderswo.

Friedrich war nicht der einzige Aufklärer auf deutschen Thronen. Er fand einen radikaleren Nacheiferer im ältesten Sohne Maria Theresias. Kaiser Joseph II. huldigte demselben säkularen und rationalistischen Staatsmodell, das er ohne Rücksicht auf wohlhergebrachte Rechte durchzusetzen versuchte und damit schwere politische Spannungen heraufbeschwor (u. IV.3 u. 4). Sein Bruder *Leopold II.* (Kaiser 1790–1792), war als Großherzog von Toskana zu der Überzeugung gelangt, daß der letzte Grund fürstlicher Herrschaft nur der Wille des Volkes sein könne. Die Vielfalt der politischen Impulse, die von der Aufklärung ausgingen, führte auch zu unterschiedlichen Reformbemühungen. Kurfürst *Max III. Joseph* (1745–1777) setzte in Bayern durch seinen Rat *Kreittmayr* erste Meilensteine in der Gesetzgebungsgeschichte dieses Zeitalters (u. IV.1); der badische Markgraf *Karl Friedrich* (1746–1812) versuchte, sein Land mit Hilfe der physiokratischen Doktrin zu entwickeln; die geistlichen Landesherren von Salzburg, Köln und Bamberg-Würzburg engagierten sich vor allem im Bildungs-, Armen- und Gesundheitswesen. Diese Entwicklungen, aber auch ihre despotischen Gegenstücke, etwa in Hessen-Kassel, beobachteten und kommentierten neu gegründete Periodika, mit denen sich allmählich eine öffentliche Meinung herausbildete. Die deutsche Vielstaaterei bot insofern mit zahllosen Ausweichmöglichkeiten und Freiräumen günstige Entwicklungsbedingungen.

2. Beamte

Fand die aufgeklärte Bewegung ihre Anhänger selbst unter den Monarchen, so überrascht es nicht, wenn wir dieser Gesinnung in besonderem Maße in den Kreisen der höheren Beamtenschaft begegnen. Das Studium der Jurisprudenz stand jetzt ganz im Zeichen des Vernunftrechts. Es wurde über die Prinzenerzieher auch den künftigen Regenten vermittelt, so den Söhnen Maria Theresias und unter König *Friedrich Wilhelm II.* (1786–1797) auch dem preußischen Thronfolger. Dabei ist bezeichnend, daß dieser Nachfolger Friedrichs d. Gr. selbst mit den Konstruktionen der naturrechtlichen Staatslehre wenig im Sinne hatte. Es waren die führenden Köpfe der Verwaltung, die mit wachsendem Selbstbewußtsein die Staatsziele definierten und die Staatstätigkeit lenkten. „*Im Gefolge des Absolutismus ... (hat) die Beamtenschaft zum ‚politischen' Stand, zu einer sekundären Führungsschicht aufsteigen können*" (R. Vierhaus). Einmal etabliert und einem abstrakt formulierten

Staatsgedanken verpflichtet, haben diese Beamten entscheidend zur „Entzauberung" der monarchischen Herrschaft beigetragen.

IV. Ziele aufgeklärter Politik

1. Herrschaft der Gesetze

Die wichtigsten Veränderungen im Leben der aufgeklärten Monarchien vollzogen sich auf dem Felde der Gesetzgebung. Galt bis dahin das Gesetz in erster Linie als Ausgeburt des Herrscherwillens, so soll nun die „Herrschaft der Gesetze" ein dauerhafteres Regiment errichten, obwohl Strafmilderungen und Begnadigungen durch den Fürsten auf Grund von Supplikationen weiterhin eine große Rolle spielten. Nicht nur Montesquieu, auch das an den deutschen Universitäten gelehrte Vernunftrecht drängte zur gesetzlichen Fixierung des einmal für richtig Erkannten (o. § 25 I.1 u. II.4). Der Gesetzesstaat stand im Mittelpunkt der aufgeklärten literarischen Diskussion. Seit der Jahrhundertmitte werden daher in Österreich und Preußen, aber auch in deutschen Mittelstaaten Gesetzgebungsvorhaben in Angriff genommen, deren Ziel die systematisch angelegte Regelung zusammengehöriger Rechtsmaterien in umfassenden Kodifikationen ist. Unter den frühen Projekten dieser Art fallen besonders die zwischen 1751 und 1756 in Kraft getretenen Gesetzbücher des Kurfürstentums Bayern auf. In vielen Territorien erscheinen Gesetzessammlungen, Ansätze zu einer rationalen Gesetzgebungsplanung sind erkennbar. Kaiser Joseph II. profiliert sich als mutiger Gesetzgeber mit Kodifikationen des Strafrechts und Prozeßrechts sowie emanzipatorischen Reformgesetzen im Bereich des Familien- und Erbrechts. Unter seinen Nachfolgern gelingt mit Hilfe der Naturrechtslehrer *C. A. v. Martini* und *F. A. F. v. Zeiller* die Neufassung des österreichischen Zivilrechts in dem noch heute geltenden „Allgemeinen Bürgerlichen Gesetzbuch", das 1797/98 in Galizien, 1812 für die „gesamten Erbländer der österreichischen Monarchie" in Kraft gesetzt wird.

2. Das umfassendste Gesetzeswerk: Preußens Allgemeines Landrecht

Einen großen Entwicklungssprung vollzog Preußen. Dort war nach einer vom alternden König ausgelösten Justizkrise (u. 3) 1779 mit *J. H. C. v. Carmer* ein neuer Chef der Justiz berufen worden, der dem Wunsch Friedrichs d. Gr. nach einer Neuordnung des Rechtswesens durch konsequente Anwendung vernunftrechtlicher Gestaltungsprinzipien zu entsprechen gedachte. Sein Mitarbeiter *C. G. Svarez* schuf Gesetzestexte von ungewöhnlicher sprachlicher Vollkommenheit. 1791 erschien ein Kodifikationsentwurf im Druck, der aber noch vor dem Inkrafttreten wieder zurückgezogen wurde: Mißtrauische Leser hatten festgestellt, daß manche Bestimmungen, etwa das Verbot des Machtspruchs (u. 3), an Ideen der Französischen Revolution erinnerten. 1794 aber konnte das *„Allgemeine Landrecht für die Preußischen Staaten"* (ALR) Gesetz werden. Es erfaßt auf den ersten Blick alle Bereiche der Rechtsordnung. Schon den Zeitgenossen schien es daher, daß damit eine Art Verfassung errichtet werden sollte. Doch die Redaktoren des Gesetzbuches wollten eine Gesamtordnung des preußischen Staates gerade nicht schaffen, weil sie die absolute Stellung des Monarchen nicht anzutasten gedachten.

Dennoch lief das Allgemeine Landrecht auf eine „*gesetzliche Einfriedung der absoluten Staatsgewalt*" (*G. Birtsch*) hinaus, da alle jene Verhältnisse des Staates gegenüber dem einzelnen Bürger in die Regelung einbezogen wurden, die seinen privaten Status betrafen und daher Gegenstand richterlicher Erkenntnis sein konnten. Daraus ergab sich am Ende doch eine breitgefächerte Bindung der Staatsgewalt an das Gesetz, wie sie vordem unbekannt war. Grundrechte im Sinne der französischen De claration von 1791 (o. § 25 II.4) kennt das ALR nicht. Aber ein neues Maß an Rechtssicherheit war gewonnen, weil sich die Idee des Rechts zum einen untrennbar mit dem rational-zweckorientierten, ordnungsgemäß publizierten Gesetz verband und zum anderen auf den naturrechtlichen Vertragsgedanken gründete: „*Ein jedes Mitglied des Staats ist, das Wohl und die Sicherheit des gemeinen Wesens, nach dem Verhältnis seines Stands und Vermögens, zu unterstützen verpflichtet*" (§ 73 ALR Einl.), weshalb der Staat, wenn jemand „*einzelne Rechte und Vortheile ... zur Beförderung des gemeinschaftlichen Wohls*" aufzuopfern genötigt wird, zur Entschädigung verpflichtet ist (§§ 74, 75 ALR Einl.). Schon 1781 haben die preußischen Reformer diese neue Kultur des Gesetzesstaates durch die Einrichtung einer ständigen *Gesetzeskommission* untermauern wollen. Das Gremium sollte als „*Stimme der Wahrheit und des gemeinen Besten*" (Svarez) jeden neuen, die Rechte der Bürger berührenden Gesetzesentwurf begutachten. Freilich zeigte sich rasch, daß die Gesetzeskommission den Zwiespalt politischer Meinungen nicht aufzufangen vermochte.

3. Justizreformen

Der Primat der Gesetzgebung hatte ein neues Verständnis des Richteramtes zur Folge. Justizreformen standen daher in vielen deutschen Staaten auf der Tagesordnung. Nicht mehr der allein Gott verantwortliche Landesherr erschien als das Idealbild des Richters, sondern der an das Gesetz gebundene Beamte. Die Unabhängigkeit des Richters war ein zentrales Thema aller rechtspolitischen Programmatik. In dieser Frage hatte sich Friedrich d. Gr. mehrfach mit besonders deutlichen Worten festgelegt: „*In den Gerichtshöfen sollen die Gesetze sprechen und der Herrscher soll schweigen.*" Theoretischer Anspruch und politische Wirklichkeit klafften freilich noch auseinander. Friedrich steckte Richter in die Festung Spandau, als er in einem spektakulären Verfahren die Rechte des kleinen Mannes verletzt glaubte (*Müller Arnold-Prozeß*). Und nach seinem Tode fiel das in der preußischen Kodifikation ursprünglich vorgesehene Verbot monarchischer „Machtsprüche" in Gerichtsverfahren dem Rotstift der politischen Reaktion zum Opfer. Aber Svarez konnte dem Thronfolger ungehindert auch die Sätze beibringen: Niemand darf seinem gesetzlichen Richter entzogen werden, der Regent darf Gerichtsurteile weder aufheben noch ändern.

Die Anliegen der Justizreformer, Monarchen und Beamten, erstreckten sich auf vielerlei lange eingeschliffene Mißstände, wie sie einer gealterten Rechtsordnung eigen sind. 1749 wurde in Preußen, nach und nach auch in anderen deutschen Staaten, die Folter abgeschafft. Die Beschleunigung der Verfahren und die Kontrolle dubioser Advokaten sind weitere Ziele aufgeklärter Rechtspolitik. Sowohl in Österreich wie auch in Preußen bemüht man sich um eine klarere Trennung von Justiz und Verwaltung und später auch um die Juridifizierung der den Verwaltungsbehörden verbleibenden Streitentscheidung. 1782 fordert ein preußischer Erlaß für die entscheidungsbefugten Beamten in solchen Verfahren die richterliche Qualifikation. Damit sind erste Fundamente für den späteren Aufbau der Verwaltungsgerichtsbarkeit gelegt. Tiefgreifend waren schließlich die Veränderungen in der Gerichtsorganisation. Sowohl das spätfriderizianische Preußen wie das josephinische Österreich nutzten in ihrer Weise die dem absoluten Herrscher gegebene Organisationsfreiheit, um die Rechtszüge zu vereinheitlichen und ständische Sonderrechte abzubauen.

4. Religions-, Bildungs- und Gleichheitspolitik

Zum Bild der aufgeklärten Monarchien gehört nicht zuletzt ein Komplex von Maßnahmen, die sich – teils halbherzig, teils radikal durchgeführt – unter dem Begriff Religions-, Bildungs- und Gleichheitspolitik zusammenfassen lassen. Das ihnen zugrundeliegende gemeinsame Sinnelement ist der prinzipielle Vorrang des Staates gegenüber allen anderen Institutionen. Daher sollten die *Religionsgemeinschaften* eine durchaus sekundäre Rolle im Leben der Untertanen spielen. Daraus ergaben sich positive Effekte für breite Bevölkerungskreise, die sich nun einer relativ großzügigen religiösen Toleranz erfreuen durften. Aber die Toleranzpolitik Friedrichs d. Gr. und Josephs II. ist *„weniger von der Achtung vor anderen religiösen Überzeugungen als davon geprägt, sich von den Bindungen an eine Staatsreligion frei zu machen und so die erstrebte Stellung über den Kirchen zu erlangen" (K. O. Frh. v. Aretin).* Brandenburg-Preußen war seit langem und seit dem Gewinn Schlesiens endgültig gezwungen, Toleranz zu üben, weil anders die konfessionell verschieden geprägten Territorien nicht zu einer Großmacht hätten zusammengeschmiedet werden können. Diese Politik traf sich mit der aufgeklärten Forderung nach Religions- und Gewissensfreiheit; besonders aus diesem Grunde machte der preußische Staat seit der Jahrhundertmitte einen so unerhört progressiven Eindruck. Joseph II. erließ 1781 für die habsburgischen Staaten eine Reihe aufsehenerregender Toleranzpatente. Der kirchenpolitische *„Josephinismus"* strebte darüber hinaus eine Beschränkung des kirchlichen, zumal des päpstlichen Einflusses auf Lehre und Kultus an. Nicht nur Vermögensangelegenheiten, auch Kirchenorganisation und Klerikerausbildung unterwarf Joseph II. staatlicher Kompetenz. Eigenmächtig ordnete er Bistums- und Pfarrsprengel neu, hob er über 1000 „unnütze", weil weder pastoral noch karitativ tätige Klöster auf, unterwarf er den Verkehr der Bischöfe mit Rom staatlicher Kontrolle. An Widerständen und Fehlschlägen mangelte es dieser Politik nicht. Vielfach arteten die kaiserlichen Aktivitäten in eine unpopuläre Zwangsbeglückung aus. So erfreuten sich seit 1781 auch die *Juden* der Befreiung von vielen Diskriminierungen; aber angeordnet war zugleich eine kulturelle Angleichung mit deutscher Schulbildung, die orthodoxe Juden nicht akzeptieren konnten. Am Ende hatte der Josephinismus nur Teilerfolge zu verbuchen. Aber seine Tendenzen wirkten weiter. Von nicht geringer Bedeutung erwies sich die 1773 erfolgte Aufhebung des Jesuitenordens, da sie den katholischen Landesherren Universitäts- und Schulreformen im Sinne der Aufklärung ermöglichte.

Die Neigung absoluter Herrscher, sperrige Rechte der Stände abzubauen, um Gleichheit im Gehorsam zu erreichen, führte auch umgekehrt zur Aufhebung ständischer Minderstellungen. 1781 beseitigt Joseph II. die *Leibeigenschaft* in Böhmen, Mähren und Schlesien, um sie der gemäßigten Untertänigkeit der österreichischen Erblande anzugleichen. Zwei Jahre später vollzieht auch der badische Markgraf Karl Friedrich diesen Schritt. Die Bauernschutzpolitik beschäftigt in diesen Jahren nicht wenige Verwaltungen deutscher Staaten. Erleichterungen im Verhältnis zu den adeligen Grundherrn, jedoch keine tiefgreifenden Veränderungen kamen dabei heraus. Zwar unterwarf sich der Adel dem Zwang, für Karrieren zunächst Qualifikationen zu erwerben, und insofern sank seine alte privilegierte Stellung in der Gesellschaft als Geburtsstand in der Tat allmählich dahin. Aber an eine gänzliche Aufhebung der Feudalordnung auf dem flachen Lande, deren ökonomische Überschüsse den Staatsdienst der traditionell dem Herrscherhause verbundenen Familien erst gestatteten, war nicht zu denken.

5. Verwaltungsreformen

Reformen des Regierungsapparates hat der aufgeklärte Absolutismus nur in geringem Umfang hervorgebracht. Seit 1749 von Maria Theresia ergriffene Maßnahmen holten nur nach, was die Regierungsweise absolutistischer Art längst erforderte. Mit den Worten des Beraters der Kaiserin *Graf Haugwitz*: Die Herrscherin war erst *„in effectu in die souverainete und Beherrschung ihrer Länder zu setzen"*. Das geschah durch Behördenreformen und mit einer gründlichen Reform des Steuerwesens, um angesichts des preußischen Nachbarn ein stehendes Heer zu finanzieren. Das geistige Klima der Aufklärung erleichterte ohne Zweifel die Realisierung solcher Pläne. Aber das eigentliche Neue dieses Zeitalters hat erst der Sohn, Joseph II., zu realisieren versucht. Er ersetzte nicht nur die landständische Selbstverwaltung durch Staatsbeamte, sondern ging in der Mißachtung alter Rechte so weit, daß er auf die Krönung in Böhmen und in Ungarn und damit auch auf den Eid verzichtete, den er auf die dortigen Landesverfassungen hätte leisten müssen. Der Widerstand der Stände gegen eine so rigorose Einebnungspolitik hat allerdings hier wie anderswo dem unbändigen absolutistischen Gebaren am Ende des Ancien re gime entschiedene Grenzen gesetzt. Das mußte der bayerische Nachbar *Karl Theodor* erfahren, der 1781 das den Landständen 1778 entzogene Steuerbewilligungsrecht zurückzuübertragen genötigt war. In Württemberg verlor Herzog *Karl Eugen* einen von 1762 bis 1770 andauernden Verfassungskampf mit den Landständen, deren *„altes gutes Recht"* er am Ende bestätigen mußte. Unversehens wurden die Landstände wieder modern. Angeregt durch Montesquieu setzten nicht wenige Publizisten auf den Ständegedanken, um alte und neue Bürgerfreiheiten zu sichern.

Eine charakteristische neue Form der Administration stellte indessen der 1761 in Österreich, 1781 in Preußen gegründete *Staatsrat* dar. In dieser Institution sollte durch Autorität und Sachverstand einer ausgewählten Elite die Erkenntnisgewißheit der Aufklärung auf die politische Ebene transformiert werden. Daß Politik nicht eine Sache der Erkenntnis, sondern des abwägenden Urteils ist und aus dem Kampf von Meinungen hervorgehen muß, war damals allenfalls denen klar, die ihren Kant schon gelesen hatten.

V. Der aufgeklärte Absolutismus im Urteil der Wissenschaft

Die Beurteilung des aufgeklärten Absolutismus bereitet nicht ohne Grund erhebliche Schwierigkeiten. Zwar um Absolutismus, aber doch um eine *„sich … freiwillig an Gesetze bindende und Rechte der Untertanen anerkennende Regierungsform"* (F. Hartung) handele es sich. Mit Nachdruck ist der – erst im 19. Jahrhundert geprägte – Begriff des *„Rechtsstaats"* herangezogen worden (H. Conrad), um die auffallenden Entwicklungen in den letzten Jahrzehnten des 18. Jahrhunderts zu interpretieren. Deutungen dieser Art greifen einerseits zu kurz, andererseits zu weit. Die Respektierung der wohlerworbenen Untertanenrechte gehörte zum absolutistischen Herrschaftssystem schon vor aller Aufklärung (o. § 23 I) und geriet unter deren Einfluß eher in Gefahr, wie die Maßnahmen Kaiser Josephs II. zeigen. Der moderne Rechtsstaatsbegriff aber umfaßt einen weitgehenden Schutz vor staatlichen Eingriffen und deren lückenlose gerichtliche Kontrolle, wie sie kein Staat des späten 18. Jahrhunderts zu leisten vermochte. Man wird bescheidener ansetzen müssen. Sicher ist „*im aufgeklärten Absolutismus der erste Versuch in der neueren Geschichte gemacht worden, den gesamten Staat und alle seine Einrichtungen von einem säkularisierten Weltverständnis her neu zu gestalten*" *(K. O. Frh. v. Aretin)*. Dabei handelt es sich bei genauerem Hinsehen um das Bestreben, „*die Handlungsmaximen des Fürsten der Bestimmung durch die Vernunft zu unterwerfen*" *(V. Sellin)*. Von diesen Beobachtungen ausgehend, läßt sich der aufgeklärte Absolutismus zunächst als Übergang zum Gesetzesstaat in dem Sinne definieren, daß der jeweilige Wille des Herrschers hinter den vernunftbestimmten Normzweck zurücktritt. Darin liegt zugleich die Selbstaufhebung absoluter Herrschermacht beschlossen, der freilich außerhalb des Gesetzes nicht justitiable Handlungsspielräume verbleiben. Dieser partiellen Bindung der Staatsgewalt an die Rechtsnorm steht jedoch die mit dem säkularen Staatsverständnis neugewonnene Gestaltungsfreiheit im Namen der Vernunft gegenüber. Sie ermächtigt das Staatsoberhaupt zu Eingriffen in alte Rechte, die bis dahin unter dem Schutz des Herkommens standen. Die neue Legitimation staatlichen Handelns strebt dessen Bindung an das Gesetz an und hat paradoxerweise dabei zugleich die absolute Herrschaft des Monarchen von traditionellen Fesseln befreit. Wer die Geschichte unter dem Aspekt des Fortschritts betrachten möchte, kann dieses Attribut den aufgeklärten Monarchien nicht versagen. Deren Vertreter haben gelegentlich selbst eine Parallele zwischen ihren politischen Zielen und denen der Französischen Revolution gezogen. Aus größerer Distanz ist allerdings festzustellen, daß in der Aufklärungsepoche die letztlich eben doch nicht „vernünftige", sondern ungebundene Selbstherrlichkeit des Staates ihren Anfang nimmt.

§ 27. Der Verfall der Reichsverfassung seit dem Beginn der französischen Revolutionskriege und die Niederlegung der römischen Kaiserkrone

Quellen: *H. Dippel* (Hrsg.), Die Anfänge des Konstitutionalismus in Deutschland. Texte deutscher Verfassungsentwürfe am Ende des 18. Jahrhunderts, 1991; *U. Hufeld* (Hrsg.), Der Reichsdeputationshauptschluss von 1803. Eine Dokumentation zum Untergang des Alten Reiches, 2003; *R. v. Oer* (Hrsg.), Die Säkularisation 1803 (Hist. Texte, NZ, H. 9), 1970.

Zeitgenössische Literatur: Entwurf zu einer Verfassung für das teutsche Reich und andere Schriften über die Anfänge des Konstitutionalismus, hrsg. v. *J. A. Bergk* u. *A. Jeske*, 2001; *N. Th. Gönner*, Deutsches Staatsrecht, 1805; *G. W. F. Hegel*, Über die Reichsverfassung, hrsg. v. *H. Maier* nach der Textfassung von *K. R. Meist*, 2002; *J. Ch. Leist*, Lehrbuch des teutschen Staatsrechts, 2. Aufl. 1805.

Schrifttum: *K. O. Frh. v. Aretin*, Heiliges Römisches Reich (o. § 26); *W. Brauneder* (Hrsg.), Heiliges Römisches Reich und moderne Staatlichkeit, 1993; *H. Conrad*, Rheinbund und Norddeutscher Reichsbund, in: Gedächtnisschrift für H. Peters, 1967, 50 ff.; *R. Decot* (Hrsg.), Säkularisation der Reichskirche 1803, 2002; *H. Duchhardt* u. *A. Kunz* (Hrsg.), Reich oder Nation? Mitteleuropa 1780–1815, 1998; *F. Dumont*, Die Mainzer Republik, 1982; *K. Härter*, Reichstag und Revolution 1789–1806. Die Auseinandersetzung des Immerwährenden Reichstags zu Regensburg mit den Auswirkungen der Französischen Revolution auf das Alte Reich, 1992; *W. Heun*, Die Mainzer Republik 1792/93 – Eine verfassungsgeschichtliche Studie, Der Staat 23 (1984) 51 ff.; *E. Hölzle*, Das napoleonische Staatssystem in Deutschland, HZ 148 (1933) 277 ff.; *K. D. Hoemig*, Der Reichsdeputationshauptschluß vom 25. Febr. 1803 und seine Bedeutung für Staat und Kirche unter besonderer Berücksichtigung württembergischer Verhältnisse, 1969; *H. H. Hofmann*, Adelige Herrschaft und souveräner Staat, 1962; *G. Kleinheyer* (o. § 19); *I. Knecht*, Der Reichsdeputationshauptschluß vom 25. Februar 1803, 2007; *O. Lamprecht*, Das Streben nach Demokratie, Volkssouveränität und Menschenrechten in Deutschland am Ende des 18. Jhs., 2001; *N. Matsumoto* (o. § 25); *H. Müller*, Der letzte Kampf der Reichsritterschaft um ihre Selbständigkeit (1790 bis 1815), 1910; *R. Mußgnug*, Der Rheinbund, in: Der Staat, 2007, S. 249 ff.; *R. v. Oer*, Der Eigentumsbegriff in der Säkularisationsdiskussion am Ende des alten Reiches, in: *R. Vierhaus* (Hrsg.), Eigentum und Verfassung, 1972, 193 ff.; *L. Pelizaeus* (o. § 23); *W. Quint* (o. § 23); *K. v. Raumer*, Hügels Gutachten zur Frage der Niederlegung der deutschen Kaiserkrone, ZbLG 27 (1964) 390 ff.; *W. Reinbold*, Mythenbildungen und Nationalismus: „deutsche Jakobiner" zwischen Revolution und Reaktion (1789–1800), 1999; *A. Scharnagl*, Zur Geschichte des Reichsdeputationshauptschlusses von 1803, HJb 70 (1951) 238 ff.; *K. P. Schroeder*, Das Alte Reich und seine Städte. Untergang und Neubeginn: Die Mediatisierung der oberdeutschen Reichsstädte im Gefolge des Reichsdeputationshauptschlusses 1802/03, 1991; *G. Schuck*, Rheinbundpatriotismus und politische Öffentlichkeit zwischen Aufklärung und Frühliberalismus, 1994; *H. Ritter v. Srbik*, Das Österreichische Kaisertum und das Ende des Heiligen Römischen Reiches 1804–1806, 1927; *W. v. Stetten*, Die Rechtsstellung der unmittelbaren freien Reichsritterschaft, ihre Mediatisierung und ihre Stellung in den neuen Landen, dargestellt am fränkischen Kanton Odenwald, 1973; *B. Stollberg-Rilinger* (o. § 22); *R. Vierhaus*, Eigentumsrecht und Mediatisierung – Der Kampf um die Rechte der Reichsritterschaft 1803–1815, in: *ders.*, Eigentum und Verfassung, 1972, 229 ff.; *G. Walter*, Der Zusammenbruch des Heiligen Römischen Reichs deutscher Nation und die Problematik seiner Restauration in den Jahren 1814/15, 1980; *E. Weis*, Napoleon und der Rheinbund, in: *A. v. Reden-Dohna* (Hrsg.), Deutschland und Italien im Zeitalter Napoleons, 1979, 57 ff.; *P. Wende*, Die geistlichen Staaten und ihre Auflösung im Urteil der zeitgenössischen Publizistik, 1966; *O. F. Winter*, Österreichische Pläne zur Neuformierung des Reichstages 1801–1806, Mitt. des Österr. Staatsarchivs 15 (1962) 262 ff.; *R. Wohlfeil*, Untersuchungen zur Geschichte des Rheinbundes 1806 bis 1813, ZGO 108 (1960) 101 ff.

I. Die Verfassungspolitik der deutschen Großmächte

1. Erste Auswirkungen der Französischen Revolution

Der preußisch-österreichische Gegensatz hatte die Reichsverfassung nicht nur belastet, sondern zugleich auch ihre Fortdauer gesichert. Was mit dem Ende dieser Spannungslage zu befürchten war, formulierte ein geistlicher Fürst so: „*Wenn Österreich und Preußen einig sind, so ist das Ende des Reiches gekommen.*" Bis dahin war der Weg nicht mehr weit, als im Schatten der Französischen Revolution die beiden deutschen Großmächte 1790 einen politischen Ausgleich fanden *(Konvention von Reichenbach).* Ihre nun ganz von Eigennutz geprägte Politik läßt sich juristisch als der Beginn einer Kette von Rechtsbrüchen begreifen, die in der Aufhebung des Reichsverbandes ihren Höhepunkt findet (u. III.2). Aus historischer Perspektive ist aber einzugestehen, daß jetzt ein offener Prozeß der Verfassungsgestaltung begonnen hat, in welchem das Staatsdenken einer neuen Zeit auf die rasch an Überzeugungskraft verlierenden Rechtsstrukturen der alten Reichsordnung trifft.

Die Französische Revolution berührte schon im Sommer 1789 die Reichsverfassung, als die Nationalversammlung alle feudalen Rechte aufhob und damit auch das komplizierte Geflecht deutscher und französischer Rechte in Elsaß und Lothringen traf. Die Organisation eines zentralistischen Flächenstaates konnte in seinen Grenzzonen mit dem Gemenge wohlhergebrachter Rechte nicht harmonieren. Verletzt waren zunächst die Diözesanrechte der rheinischen Bistümer, also Rechte der Reichskirchen, die eben zu dieser Zeit im Streit um die Münchener Nuntiatur auch gegenüber den deutschen weltlichen Fürsten und selbst gegenüber dem Kaiser um ihre Position zu kämpfen hatten (o. § 26 I.2 u. IV.4). Während die betroffenen

Bischöfe daher alle französischen Ablösungsangebote ablehnten und zum Kriege drängten, zeigten sich Österreich und Preußen zunächst desinteressiert. Man begriff noch nicht die historischen Dimensionen der französischen Ereignisse und sah der Revolte des Volkes gegen eine korrupte Verwaltung mit Verständnis zu. Preußen hatte Ende des Jahres 1789 ohnehin schon offen demonstriert, was es vom weltlichen Regiment der Reichsbischöfe hielt: An der Spitze einer Reichsexekution gegen Lütticher Revolutionäre ließ sich das preußische Militär von der aufständischen Bevölkerung als Befreier feiern. Die Stimmung an den Höfen von Wien und Berlin änderte sich erst, als 1791 die faktische Gefangenschaft des französischen Königspaares bekannt wurde. Dennoch zögerte Kaiser Leopold II. ein militärisches Eingreifen hinaus, weil ihm bewußt war, daß ein Krieg tiefgreifende Umwälzungen im Reiche zur Folge haben mußte. Mit dem plötzlichen Tod dieses letzten reichstreuen Monarchen von Format war auch in Wien die Stunde moderner Machtpolitiker gekommen, deren Distanz gegenüber dem Reichsgedanken sich freilich mit politischer Kurzsichtigkeit paarte. Sie bildeten gemeinsam mit dem phantasielosen Kaiser *Franz II.* (1792–1806) eine der *„unglücklichsten Regierungskonstellationen der Geschichte"* (*K. O. Frh. v. Aretin*). Österreich und Preußen planten nun eine Polizeiaktion zugunsten des französischen Königs, dem sie anschließend eine Kostenrechnung in Gestalt von territorialen Forderungen zu präsentieren gedachten: Nicht der Verteidigung des Reiches, sondern der Vergrößerung der beiden deutschen Führungsmächte sollte der Krieg dienen.

2. Territoriale Expansion

Eine Zeit fast ungehemmter Okkupationen war angebrochen. Als Krönung aller Politik galt die Vergrößerung des Staates. 1772, 1792 und 1795 teilen Rußland, Preußen und Österreich schrittweise Polen unter sich auf. Warschau wird eine preußische Provinzstadt in „Neuostpreußen". Die Monarchie der Hohenzollern erstreckte sich nun – wie die der Habsburger – auf größere Territorien außerhalb als innerhalb des Reiches. In Wien erwog man den Eintausch Bayerns gegen die habsburgischen Niederlande. Und als Preußen 1792 die Erbfolge in den Markgrafschaften Ansbach und Bayreuth antritt, ergreift sein Minister Hardenberg zugleich Besitz von den reichsritterschaftlichen Enklaven, ohne einen kaiserlichen Protest und einen Reichshofratsbeschluß zugunsten der Reichsritter zur Kenntnis zu nehmen. Auch die Reichsstadt Nürnberg stand auf der Wunschliste Preußens. Die Vorgänge belegen drastisch, daß die Zerstörung der Reichsverfassung nicht erst durch die Kriege mit den französischen Revolutionsheeren ausgelöst worden ist.

3. Die Sonderfrieden Preußens und Österreichs mit Frankreich

Da nach wechselndem Kriegsverlauf die preußischen Kassen leer sind, entschließt sich König Friedrich Wilhelm II. trotz fortdauerndem Reichskrieg zur Neutralität – ein bis dahin unbekannter, unerhörter Vorgang. 1795 wird das Reich durch den Sonderfrieden von Basel (*Hofmann* Nr. 63) in eine norddeutsch-preußische und eine süddeutsch-österreichische Hegemonialzone geteilt. Zwei Jahre später schließt in Campo Formio auch Österreich seinen Sonderfrieden. Dabei haben die beiden deutschen Mächte Frankreich in Geheimabmachungen etwas zugestanden, was sie selbst nur wenig berührte, die Reichsverfassung aber zum Einsturz bringen mußte: die Abtretung des linken Rheinufers. Dort lagen die Residenzen der drei geistlichen

Kurfürsten, bis dahin die politischen Führer des „reichischen" Deutschland. Die Einräumung der Rheingrenze ist daher mit einer beliebigen Territorialverschiebung nicht vergleichbar. Sie stellte die Reichsverfassung insgesamt zur Disposition. Die deutschen *„Jakobiner"*, die unter französischem Schutz eine kurzlebige *„Mainzer Republik"* zu etablieren vermochten, standen also nicht allein, wenn es galt, Modernisierungsarbeit zu leisten. Jedenfalls im Abbau der alten Welt wohlerworbener Rechte hätten sich bürgerliche Revolutionäre und politische Vorkämpfer des gleichförmigen Großstaates die Hände reichen können.

4. Vergeblicher Widerstand gegen Eingriffe in die Integrität der Territorien

Widerstand gegen die Zerstörung der Reichsverfassung war angesichts der in Berlin und Wien herrschenden politischen Gesinnung nur schwer zu organisieren. 1794 scheiterte ein Versuch der mittleren Reichsstände, in Gestalt eines neuen Fürstenbundes die militärischen Traditionen des alten Assoziationswesens wieder aufzunehmen (o. § 24 III.1), weil die Unterstützung des Kaiserhofes ausblieb. Dennoch haben die Reichsstände zum Schutz des Reiches zwischen 1793 und 1801 große Opfer an Menschen und Geld erbracht, und auch die komplizierten Mechanismen des Regensburger Reichstages funktionierten zu diesem Zwecke besser denn je. Daß die revolutionäre Modernität des neuen Frankreich dem Reiche auf dem Schlachtfeld mit geschichtlicher Notwendigkeit überlegen gewesen sei, ist ein Mythos der bürgerlichen Gesellschaft. Das Reich mußte untergehen, weil die beiden deutschen Großmächte zum Schutz seiner Verfassung nicht mehr bereit waren.

Als im Dezember 1797 auf dem *Rastatter Kongreß* endlich die Verhandlungen über einen allgemeinen Reichsfrieden mit Frankreich begannen, war allen Beteiligten klar, daß an die Fürsten und Grafen, die links des Rheins Land und Leute verlieren sollten, Entschädigungsleistungen erbracht werden mußten. Ihre Herrschaftsrechte waren ererbt und genossen daher Eigentumsschutz. Trotz des Widerstandes der von den geistlichen Fürsten beauftragten Delegation Würzburger Räte und Juristen fand in Rastatt schon im Frühjahr 1798 das Prinzip der Entschädigung durch Säkularisation weitgehende Zustimmung. Die weltliche Herrschaft von Kirchenvorstehern widerspreche der Vernunft, hieß es in der politischen Publizistik, die den Rastatter Kongreß begleitete. Dagegen setzten die Verteidiger der Reichskirchen den Vorwurf, willkürlicher Herren- und Völkertausch sei Ausdruck *„härtesten Despotismus"*.

Die Beratungen über Umfang und Einzelheiten der durchzuführenden Maßnahmen kamen vorerst zu keinem Abschluß, weil Österreich, jetzt mit russischer Unterstützung, nochmals sein Heil im Kriege suchte. Anfängliche Erfolge in diesem 2. Koalitionskrieg wurden dazu genutzt, den Rastatter Kongreß zu sprengen. Die sich daran anschließenden Niederlagen und die Ratlosigkeit am Wiener Hof veranlaßten die süddeutschen Staaten und den Kurerzkanzler *Karl Theodor von Dalberg* endgültig, sich mit dem neuen ersten Konsul *Napoleon* zu arrangieren und über die Entschädigungsfrage schon vor einer reichsrechtlichen Regelung Verträge mit Frankreich zu schließen. Territoriale Expansion um fast jeden Preis und Streben nach staatlicher Souveränität lautet nun die politische Devise in Staaten wie Bayern, Württemberg, Baden oder Hessen-Kassel. Nur Hannover und Sachsen meldeten vergeblich Bedenken gegen die Säkularisierungen und die damit voraussehbare Preisgabe der Reichsverfassung an.

II. Die Neuordnung der Reichsverfassung

1. Der Frieden von Lunéville 1801 und der Reichsdeputationshauptschluß 1803

Unter diesen Bedingungen ist es erstaunlich, daß nochmals für kurze Zeit eine Umgestaltung der Reichsverfassung durch den Frieden von Lunéville (1801) und den Reichsdeputationshauptschluß (1803) gelungen ist. Den verspäteten und daher ungünstigen Friedensschluß von 1801 (*Hofmann* Nr. 65) tätigte der Kaiser allein im Namen des Reiches; er wurde nachträglich unter dem Zwang der Verhältnisse vom Reichstag genehmigt. Das Reich trat das linke Rheinufer an Frankreich ab und übernahm die Pflicht, die damit eintretenden Verluste der Erbfürsten zu entschädigen, zwar „*in Gemäßheit der auf dem Congreß zu Rastadt förmlich festgesetzten Grundsätze*", aber „*nach den Verfügungen, die, dieser Grundlage gemäß, in der Folge genauer bestimmt werden sollen*" (Art. VII). Damit wurde die Idee der Säkularisation in das völkerrechtliche Vertragswerk einbezogen und zugleich die Mitwirkung der vertragschließenden Mächte an den nun zu treffenden endgültigen Regelungen festgeschrieben. Daher entsprach es nicht nur der Machtlage, sondern auch dem Friedensvertrag, wenn sich Frankreich mit Rußland als Vermittler an der Festsetzung der Entschädigungsleistungen beteiligte. Die vom Reichstag 1802 erneut eingesetzte, nunmehr in Regensburg tagende Reichsdeputation nahm einen russisch-französischen Entschädigungsplan entgegen und legte ihn seinem eigenen Beschluß zugrunde, freilich in erheblich erweiterter Form und unter Berücksichtigung zahlreicher Reklamationen.

Die Regelungen des im Frühjahr 1803 vom Reichstag verabschiedeten, ein Jahr später vom Kaiser sanktionierten Reichsdeputationshauptschlusses (RDH, *Hofmann* Nr. 66) lassen sich im wesentlichen drei großen Fragenkreisen zuordnen. Im Vordergrund steht erstens die Festlegung der Entschädigungsgebiete und sonstigen Landgewinne, welche sodann nähere Grundsätze über die durchzuführenden Säkularisationen erforderte und schließlich nicht zuletzt auch eine Neuverteilung der Stimmen in den höchsten Reichskollegien notwendig machte. Der Zugriff auf die geistlichen Herrschaftsgebiete erfolgte von Anfang an nicht nur unter dem Gesichtspunkt einer angemessenen Entschädigung für erlittene Verluste. Das französische Interesse an der Schaffung leistungsfähiger deutscher Mittelstaaten traf sich mit den – historisch und dynastisch gerechtfertigten – flächenstaatlichen Bestrebungen der größeren süddeutschen Höfe. Baden und Württemberg machten nicht nur durch den Erwerb geistlichen Gutes, sondern auch mit zahlreichen Reichsstädten Gewinne, welche die linksrheinischen Einbußen um ein Vielfaches überstiegen (§§ 5 u. 6). Bayern konnte mit dem Erwerb der begehrten fränkischen Bistümer einen neuen Herrschaftsschwerpunkt gründen (§ 2). Preußen wurde die Neutralität mit den Stiftslanden von Hildesheim und Paderborn sowie Teilen von Münster und Mainz überreichlich vergolten (§ 3). Der Säkularisation entging außer dem Deutschen und dem Malteserorden nur der unentbehrliche Kurerzkanzler und Kurfürst von Mainz, welcher Herrschaftsgebiete um Aschaffenburg und Regensburg erhielt (§ 25).

Ein völlig verändertes Gesicht zeigte nun das *Kurfürstenkollegium*. Außer seinem einzigen geistlichen Mitglied gehörten ihm weiterhin die bayerische und böhmische sowie die sächsische, brandenburgische und braunschweig-hannoversche Kurstimme an. Neu aufgenommen wurden das säkularisierte und Habsburg zugeschla-

§ 27. Der Verfall der Reichsverfassung   205

gene Salzburg, Württemberg, Baden und Hessen-Kassel (§ 31). Damit waren alle großen Flächenstaaten in das höchste Kollegium des Reichstags einbezogen – mit der einzigen Ausnahme des politisch bedeutungslosen Mecklenburg. Die jetzigen Kurfürsten galten als die wahren Träger der Staatsgewalt in Deutschland, etwa im Sinne der Lehre des zeitgenössischen Staatsrechtslehrers *Pütter* vom Reich als einem aus Staaten zusammengesetzten Staat. Hinzu kam, daß die Reichstagsstimmen der säkularisierten und mediatisierten Fürstentümer aufrechterhalten worden waren und nunmehr den weltlichen Fürsten zustanden, überwiegend wiederum den Kurfürsten, was deren Mehrheit auch im Fürstenrat nach sich zog. Damit war den früher immer wieder aufgetretenen Spannungen zwischen Kurfürstenrat und Fürstenrat vorgebeugt. Drastisch verändert hatte sich die Präsenz der Konfessionen im Reichstag. Im Kurfürstenrat ergab sich bei zehn Kurfürsten eine protestantische Mehrheit von sechs zu vier. Noch spektakulärer fielen die konfessionellen Veränderungen im Reichsfürstenrat aus. Deren geistliche Mitglieder waren weggefallen. Ein starkes protestantisches Übergewicht war die Folge dieser Reorganisation, welcher der Kaiser seine Zustimmung verweigerte. Eine Lösung fand die neu aufgebrochene konfessionelle Problematik nicht mehr.

Die weltlichen Kleinterritorien des Adels tastete die Reichsdeputation nicht an. Jenen Reichsgrafen, die links des Rheins Gebiete mit einer Reichs- und Kreistagsstimme eingebüßt hatten, radizierte man diese Stimmen auf die neuen Besitzungen. Einer stattlichen Reihe alter Grafen, die bereits in den Fürstenstand aufgerückt waren, gewährte der RDH eine Virilstimme. Das neue Grundgesetz entwickelte die alte Reichsverfassung also insofern fort, als es die bestehende Landeshoheit konsequent aufrechterhielt, jedoch nur in den Händen der weltlichen Dynasten. Grafen und kleinere Fürstenhäuser, welche geringere linksrheinische Verluste zu beklagen hatten, suchte man nach den Regeln des Schadensersatzrechts zu bedienen (§§ 8 ff.), und selbst die Reichsritter fanden in diesem Zusammenhang Erwähnung (§ 28). Ihren Fortbestand bekräftigte daher auch ein Regensburger Reichsgutachten. Mit weniger Respekt behandelte der RDH die Reichsstädte. Nur Augsburg, Nürnberg, Frankfurt, Bremen, Hamburg und Lübeck durften die Reichsfreiheit behalten.

Ein Geburtsfehler dieses neuen Reichsrechts lag freilich darin, daß es den Boden der alten reichsverfassungrechtlichen Legitimität – das ist: die Respektierung wohlerworbener Rechte aller Reichsglieder – für einen Teil der deutschen Staaten verlassen hatte. Waren diesem Prozeß die geistlichen Fürsten zum Opfer gefallen, so konnte niemand absehen, wo er sein Ende finden und ob die nur noch dynastisch gedachte Legitimität in allen Fällen respektiert werden würde.

2. Strukturelle Veränderungen durch Säkularisierung und Mediatisierung

Säkularisierung und Mediatisierung sind begrifflich zu unterscheiden, geschichtlich jedoch auf das engste miteinander verbunden. Insofern die Säkularisierung der reichsunmittelbaren geistlichen Herrschaften deren Landeshoheit auf weltliche Erbmonarchien übertrug, umfaßte sie zugleich die Mediatisierung der betroffenen Gebiete, also deren Einverleibung in größere Staatsgebilde. Von dieser Säkularisation der geistlichen Staaten ist die in § 35 RDH angeordnete Säkularisation der kirchlichen Vermögen zu unterscheiden. Hier ist fast jedes Wort wichtig: *„Alle Güter der fundierten Stifter, Abteyen und Klöster, in den alten sowohl als in den neuen Besitzungen, Katholischer sowohl als A.(ugsburgischer) C.(onfession) Verwandten, mittelbarer sowohl als unmittelbarer ... werden der freien und vollen*

Disposition der respectiven Landesherrn, sowohl zum Behuf des Aufwandes für Gottesdienst, Unterrichts- und andere gemeinnützige Anstalten, als zur Erleichterung ihrer Finanzen überlassen, unter dem bestimmten Vorbehalte der festen und bleibenden Ausstattung der Domkirchen ..." Alle Landesherren, nicht nur die linksrheinisch geschädigten, erhalten diese Säkularisationsbefugnis, und das selbst in ihren alten Territorien, nicht nur im Entschädigungsland. Als Ziel dieser Vermögensumwälzung nennt das Gesetz traditionell geistliche Aufgaben, aber auch den Finanzbedarf des Staates. Eine gewaltige Verlagerung von Grundvermögen aus kirchlichen in staatliche Hände haben die politisch Verantwortlichen damals in Szene gesetzt und damit zugleich die vorrangigen gesellschaftlichen Zwecke umdefiniert: Die Sorge um das Seelenheil wird durch die Förderung der allgemeinen materiellen Wohlfahrt ersetzt. Es galt daher, mit der Aufhebung zahlloser Klöster und Stifter eine Kategorie öffentlicher Institutionen zu beseitigen, deren bloße Existenz den Heilsanspruch des modernen Staates in Frage stellte. Daneben spielten ökonomische Bedürfnisse eine nicht zu unterschätzende Rolle. Die Unbeweglichkeit des kirchlichen Grundbesitzes stand der Entwicklung von Handel und Gewerbe hindernd im Wege. Ob andererseits den vagen Formulierungen des § 35 RDH irgendwelche Rechtsansprüche der Kirchen zu entnehmen sind, ist bis heute umstritten.

Die Säkularisation vernichtete die politischen Bastionen des reichsunmittelbaren Adels. Infolgedessen machte der Expansionsdrang der deutschen Regierungen jetzt auch nicht mehr vor den Schlössern und Dörfern der Reichsritter halt. Obwohl der Reichstag deren Unmittelbarkeit eben noch bestätigt hatte, brach seit November 1803 ein chaotischer „Rittersturm" über den Reichsadel herein. Ohne irgendeinen Rechtstitel in der Hand, suchten Bayern, Württemberger und andere mit Gewalt zu holen, was sich doch nicht selber schützen konnte. Der Zerfall der alten Rechtsordnung beschleunigt sich, neue Handlungsmaximen des Staates setzen sich durch. Diese Entwicklung vermochte im Januar 1804 der Reichshofrat mit einem Gebot an die Okkupanten und Androhung der Reichsexekution nur vorübergehend zu stoppen. Dem Rückzug der fremden Truppen aus den reichsritterschaftlichen Enklaven folgten weitere Pressionen. Sie fanden erst mit der förmlichen Aufhebung der reichsadeligen Territorialhoheit durch Napoleon nach dem Frieden von Preßburg (u. III.1) im Dezember 1805 ihr Ende.

III. Das Ende des Reiches

1. Der Rheinbund

Die Agonie der Reichsverfassung hat der Kaiser schließlich selbst durch seinen Versuch, mit russischer Unterstützung Napoleons Herr zu werden, beschleunigt. Dieser kurze Krieg im Spätjahr 1805 sah den bayerischen, den badischen und den württembergischen Monarchen von Anbeginn an der Seite Frankreichs. In der Sprache des verblassenden Reichsrechts ausgedrückt, handelte es sich um eine Kurfürstenrevolte. Sie vermochte sich indessen mit demselben staatlichen Egoismus zu rechtfertigen, welcher schon längst das politische Handeln Österreichs und Preußens bestimmte. Nach dem Sieg Napoleons bei Austerlitz ließ der *Preßburger Friede* vom 26. 12. 1805 (*Hofmann* Nr. 68) den Reichsverband erstaunlicherweise noch immer bestehen. Denn den deutschen Verbündeten wurde eben jene Souveränität zuerkannt, wie sie die Majestäten von Österreich und Preußen schon ausübten. Die Herrscher von Bayern und Württemberg durften sich zudem mit dem Königstitel schmücken.

Diese Regelungen waren keineswegs so paradox, wie sie heute erscheinen. Der am 12. 7. 1806 gegründete Rheinbund (*Hofmann* Nr. 69), mit welchem Napoleon seine eigene Antwort auf die Krise des Reiches fand, versuchte das staatsrechtliche Modell einer „*Konföderation*" souveräner Staaten in die Wirklichkeit umzusetzen. Nach der Rheinbundakte sollten die Mitglieder dieses Bundes – das sind zunächst vor allem die süddeutschen Monarchien – „*volle Souveränität*" genießen (Art. 4), aber doch nur von jeder der Konföderation fremden Macht unabhängig sein (Art. 7) und die Souveränität nur an einen Konföderierten abtreten dürfen (Art. 8). Den Kaiser der Franzosen reklamierten die Vertragschließenden förmlich zum Protektor ihres Bundes (Art. 12). Gemeinsame Interessen sollten auf einem Bundestage unter dem früheren Kurerzkanzler und jetzigen Fürstprimas Karl Theodor von Dalberg verhandelt (Art. 6), Streitigkeiten dort entschieden werden (Art. 9). Das Vorbild der Reichsverfassung kann die Rheinbundakte nicht leugnen. Sie will den deutschen Staaten keineswegs Souveränität im Sinne außenpolitischer Handlungsfreiheit einräumen. Dennoch war die Rede von der Souveränität ernst gemeint. Art. 26 präzisiert: „*Die Rechte der Souveränität bestehen in der Gesetzgebung, in der hohen Jurisdiction, in der hohen Polizei, in der militärischen Konscription oder Rekrutirung und in dem Rechte der Auflagen.*" Das heißt: Eine höchste und unumschränkte Gewalt im Innern des Staates, gegenüber allen Untertanen, durfte errichtet werden – ganz im Sinne des klassischen Souveränitätsbegriffs (o. § 22 I.1) und ohne alle kaiserlichen oder reichsgerichtlichen Aufsichtsbefugnisse. Die bis dahin noch bestehenden alten Reichsgrafschaften verfielen der Mediatisierung durch die souveränen deutschen Staaten.

Insofern gewann der Rheinbund auch Realität. Seine Mitglieder sagten sich am 1. 8. 1806 auf dem Regensburger Reichstag förmlich vom Reiche los (*Hofmann* Nr. 70 a), dessen „Band" vor allem durch die seit 1795 eingetretene Nord-Süd-Teilung Deutschlands (o. I.1) „*in der Tat schon aufgelöst*" sei. Den „*leeren Schein einer erloschenen Verfassung*" wolle man nicht beibehalten. Damit hatten diese Staaten die Freiheit von den altständischen Bindungen des Reichsrechts errungen. Weiteren Mediatisierungen und einer radikalen Neuordnung der innerstaatlichen Verhältnisse (u. § 28) stand nun nichts mehr im Wege. Darin erschöpfte sich freilich auch die Bedeutung der neuen Konföderation. Der Bund selbst erwachte nicht zum Leben. Das vorgesehene Fundamentalgesetz wurde niemals erlassen, weil die Könige von Bayern und Württemberg davon nur eine Beschränkung der neugewonnenen Souveränität befürchteten. Übrigens entwarf jetzt auch die Berliner Politik das Projekt eines Norddeutschen Reichsbundes unter preußischer Führung. Nach der Niederlage von Jena und Auerstedt im Herbst 1806 zerstob dieses unzeitige Phantom eines deutschen Teilstaates wieder.

2. Die Niederlegung der römischen Kaiserkrone am 6. 8. 1806

Am 6. 8. 1806 verkündete in Wien der Reichsherold die am selben Tage erfolgte Niederlegung der römischen Kaiserkrone (*Hofmann* Nr. 70 b). Die darüber aufgesetzte Urkunde betont die mit der Gründung des Rheinbundes festzustellende *„Unmöglichkeit, die Pflichten Unsers kaiserlichen Amtes länger zu erfüllen"*, verschweigt jedoch ein Ultimatum Napoleons. Die Abdankung warf staatsrechtliche

Probleme von erheblicher Tragweite auf. So gewiß Franz II. für seine Person der Kaiserwürde entsagen konnte, so wenig schien er befugt, das Reich aufzulösen. Daher erklärt der Abdankungstext *„das reichsoberhauptliche Amt und Würde durch die Vereinigung der konföderierten rheinischen Stände als erloschen"*. Was nicht mehr ist, muß nicht erst beseitigt werden. Der Kaiser folgte also etwa den Argumenten der Rheinbundfürsten, welche das Reich ja auch als faktisch untergegangen betrachteten. In diesem Zusammenhange rechtswidriges Verhalten der Beteiligten festzustellen, stand den Zeitgenossen gut zu Gesicht. Der schwedische König und sein englischer Amtsbruder als Kurfürst von Hannover erhoben gegen das Vorgehen Franz' II. Protest. Ihnen sollten sich moderne Verfassungshistoriker nicht anschließen wollen. Die kaiserliche Erklärung vom 6. 8. 1806 bildet nur den Schlußstein einer ganzen Reihe reichsrechtlich problematischer Aktivitäten seit dem Beginn der 90er Jahre, die in ihrer Summe einen Prozeß dynamischen Verfassungswandels erkennen lassen.

Auch der Kaisergedanke war davon nicht unberührt geblieben. Der imperiale Aufstieg der habsburgischen Staatenwelt ließ schon 1792 die Idee eines österreichischen Kaisertums aufkommen. Als sich Napoleon am 18. 5. 1804 in Nachahmung der römischen Imperatoren zum Kaiser der Franzosen proklamieren ließ, zog der Wiener Hof nach. Mit Patent vom 11. 8. 1804 nahm Franz II. den Titel auch eines Kaisers von Österreich an, gründete die neue Würde auf seine Erblande und erklärte ihren Bestand für unabhängig vom Schicksal des Reiches (*Hofmann* Nr. 67). Zwei Jahre dauerte dieses reichsrechtlich ganz unmögliche Doppelkaisertum an. Neben die römische Kaiseridee des Mittelalters war ein cäsaristisch-bonapartistischer Kaisergedanke getreten. Er gründete sich allein auf den Erwerb realer Macht über eine Mehrzahl von Völkern und Staaten und erwies sich am Ende als eine historistische, inhaltsleere Spekulation, die das 19. Jahrhundert kaum überlebte. Der Traum des letzten Kurerzkanzlers Dalberg, Napoleon könne altes und neues Kaisertum verbinden und das Reich Karls d. Gr. glanzvoll auferstehen lassen, erfüllte sich nicht.

3. Teil. Der monarchische Verfassungsstaat

1. Kapitel. Das deutsche Staatensystem zwischen Spätabsolutismus und Frühkonstitutionalismus (1806–1848)

§ 28. Staats- und Gesellschaftsreformen

Quellen: *W. Conze* (Hrsg.), Quellen zur Geschichte der deutschen Bauernbefreiung (1767–1849), 1957; Quellen zu den Reformen in den Rheinbundstaaten, Bd. 1 ff., 1992 ff.; *H. Scheel* (Hrsg.), Das Reformministerium Stein. Akten zur Verfassungs- und Verwaltungsgeschichte aus den Jahren 1807/08, Bd. 1–3, 1966/68.

Zeitgenössische Literatur: *G. H. Berg*, Vergleichende Schilderung der Organisation der französischen Staatsverwaltung in Beziehung auf das Königreich Westphalen und andere deutsche Staaten, 1808; *J. F. Runde*, Über die Erhaltung der öffentlichen Verfassung in den Entschädigungslanden nach dem Deputationshauptschlusse vom 25. Februar 1803, 1805; *J. M. Seuffert*, Von dem Verhältnisse des Staats und der Diener des Staats gegeneinander im rechtlichen und politischen Verstande, 1793.

Schrifttum: *H. Angermeier*, Deutschland zwischen Reichstradition und Nationalstaat. Verfassungspolitische Konzeptionen und nationales Denken zwischen 1801 und 1815, ZRG (GA) 107 (1990) 19 ff.; *H. Berding*, Napoleonische Herrschafts- und Gesellschaftspolitik im Königreich Westfalen 1807–1813, 1973; *ders.* u. *H.-P. Ullmann* (Hrsg.), Deutschland zwischen Revolution und Restauration, 1981; *M. Botzenhart*, Wandlungen der ständischen Gesellschaft im Deutschland der preußischen und rheinbündischen Reformen, Der Staat, Beih. 4 (1980) 55 ff.; *W. Demel*, Der bayerische Staatsabsolutismus 1806/08–1817, 1983; *Chr. Dipper*, Die Bauernbefreiung in Deutschland 1790–1850, 1980; *E. Fehrenbach*, Traditionale Gesellschaft und revolutionäres Recht, 3. Aufl. 1983; *dies.*, Politischer Umbruch und gesellschaftliche Bewegung. Ausgewählte Aufsätze zur Geschichte Frankreichs und Deutschlands im 19. Jahrhundert, 1997; *M. W. Francksen*, Die Institution des Staatsrates in den deutschen Staaten des 19. Jh., ZNR 7 (1985) 19 ff.; *W. Frauendienst*, Das preußische Staatsministerium in vorkonstitutioneller Zeit, ZgStW 116 (1960) 104 ff.; *A. Gerlich* (Hrsg.), Vom alten Reich zu neuer Staatlichkeit – Kontinuität und Wandel im Gefolge der Französischen Revolution am Mittelrhein, 1982; *D. Grimm*, Bürgerlichkeit im Recht, in: *ders.*, Recht und Staat der bürgerlichen Gesellschaft, 1987, 11 ff.; *ders.*, Zur politischen Funktion der Trennung von öffentlichem und privatem Recht in Deutschland (1972), in: *ders.*, Recht und Staat der bürgerlichen Gesellschaft, 1987, 84 ff.; *A. Hartlieb v. Wallthor*, Der Frh. vom Stein und die Selbstverwaltung, Westfäl. Forschungen 15 (1962) 129 ff.; *A. Hedwig* u. a. (Hrsg.), Napoleon und das Königreich Westphalen. Herrschaftssystem und Modellstaatspolitik, 2008; *W. v. Hippel*, Die Bauernbefreiung im Königreich Württemberg, 2 Bde., 1977; *E. Klein*, Funktion und Bedeutung des Preußischen Staatsministeriums, Jb. f. d. Gesch. Mittel- u. Ostdeutschlands 9/10 (1961) 195 ff.; *ders.*, Von der Reform zur Restauration. Finanzpolitik und Reformgesetzgebung des preußischen Staatskanzlers Karl August von Hardenberg, 1965; *H. Klueting*, Dalbergs Großherzogtum Frankfurt – ein napoleonischer Modellstaat?, in: Aschaffenburger Jahrbuch 11/12 (1988) 359 ff.; *F.-L. Knemeyer*, Regierungs- und Verwaltungsreformen in Deutschland zu Beginn des 19. Jahrhunderts, 1970; *ders.*, in: DtVwG II, 122 ff.; *R. Koselleck*, Preußen zwischen Reform und Revolution, 3. Aufl. 1981; *G. Landwehr*, Staatszweck und Staatstätigkeit in Preußen während der ersten Hälfte des 19. Jahrhunderts, in: Wege europäischer Rechtsgeschichte. K. Kroeschell z. 60. Geb., 1987, 249 ff.; *H. Obenaus*, Verwaltung und ständische Repräsentation in den Reformen des Freiherrn vom Stein, Jb. f. d. Gesch. Mittel- u. Ostdeutschlands 18 (1969) 130 ff.; *M. A. Pahlmann*, Anfänge des städtischen Parlamentarismus in Deutschland. Die Wahlen zur Berliner Stadtverordnetenversammlung unter der Preußischen Städteordnung von 1808, 1997; *L. Pahlow* (o. § 25); *A. Schulz*, Herrschaft durch Verwaltung. Die Rheinbundreformen in Hessen-Darmstadt unter Napoleon (1803–1815),

1991; *H. W. Schlaich*, Der bayerische Staatsrat – Beiträge zu seiner Entwicklung von 1808/09 bis 1918, ZbLG 28 (1965) 460 ff.; *G. Schmidt*, Die Staatsreform in Sachsen in der ersten Hälfte des 19. Jahrhunderts, 1966; *H. Schneider*, Der preußische Staatsrat, 1952; *H. P. Schneider*, Der Bürger zwischen Stadt und Staat im 19. Jahrhundert, Der Staat, Beih. 8 (1988) 143 ff.; *W. Schubert*, Französisches Recht in Deutschland zu Beginn des 19. Jahrhunderts, 1977; *D. Schwab*, Die „Selbstverwaltungsidee" des Frhn. vom Stein und ihre geistigen Grundlagen, 1971; *B. Severin-Barboutie*, Französische Herrschaftspolitik und Modernisierung. Verwaltungs- und Verfassungsreformen im Großherzogtum Berg (1806–1823), 2008; *E. Treichel*, Der Primat der Bürokratie. Bürokratischer Staat und bürokratische Elite im Herzogtum Nassau 1806–1866, 1991; *H.-P. Ullmann*, Staatsverwaltung an der Wende vom 18. zum 19. Jahrhundert, in: Wendemarken in der deutschen Verfassungsgeschichte, 1993 (Der Staat, Beih. 10), 123 ff.; *ders.* u. *C. Zimmermann* (Hrsg.), Restaurationssystem und Reformpolitik. Süddeutschland und Preußen im Vergleich, 1996; *B. Vogel*, Reformpolitik in Preußen 1807–1820, in: *H.-J. Puhle* u. *H.-U. Wehler* (Hrsg.), Preußen im Rückblick, GuG, Sonderh. 6 (1980), 202 ff.; *dies.*, Allgemeine Gewerbefreiheit: Die Reformpolitik des preußischen Staatskanzlers Hardenberg (1810–1820), 1983; *E. Weis* (Hrsg.), Reformen im rheinbündischen Deutschland, 1984; *M. Wienfort* (o. § 26); *B. Wunder*, Privilegierung und Disziplinierung. Die Entstehung des Berufsbeamtentums in Bayern und Württemberg (1780–1825), 1978; *ders.*, Die Entstehung des modernen Staates in Baden und Württemberg, in: Baden und Württemberg im Zeitalter Napoleons. Ausstellung des Landes Baden-Württemberg. Ausstellungskatalog, Bd. 2: Aufsätze, 1987, 103 ff.

I. Motive der Reformpolitik in Preußen und in den Rheinbundstaaten

Der moderne Staat kündigt sich in Deutschland im frühen 19. Jahrhundert nicht durch den Umsturz seiner verfassungsrechtlichen Grundlagen an, sondern durch hoheitliche Eingriffe in die alte Gesellschaftsordnung und zugleich durch eine Reorganisation des Verwaltungsapparates. So verschieden die politischen Bedingungen auch waren, unter denen die preußischen und die rheinbündischen Reformen durchgeführt oder versucht wurden – sie weisen so viele Gemeinsamkeiten auf, daß sie als Kinder desselben Geistes zu erkennen sind. Im Unterschied zu den Rheinbundstaaten ist Preußen zwar von den politischen Impulsen der Französischen Revolution nicht direkt berührt worden. Aber wesentliche Ziele und Folgen des Revolutionsprozesses spiegeln nur wider, was im letzten Drittel des 18. Jahrhunderts allgemein den aufgeklärten politischen Planer beschäftigte: rationale Reformen des Regierungsapparates und der Ju-stiz, Beschränkung ständischer Vorrechte im Interesse staatsbürgerlicher Gleichheit (o. § 26 IV). Auch Maximen, wie die Gesetzmäßigkeit der Verwaltung und die Vernünftigkeit politischen Handelns, nicht zuletzt das von der Person des Fürsten zu unterscheidende Eigeninteresse des Staates (o. § 25 II.1–5), prägten zahlreiche Reformpolitiker vor, während und nach der Revolution, welche zunächst nur zur erheblichen Beschleunigung der staatlichen Modernisierung beigetragen hat. Dem Preußen *Hardenberg* (u. II.2 u. III.3) sind wir nicht zufällig schon als Verfechter einer rücksichtslos egalitären Politik begegnet (o. § 27 I.2). Noch eindeutiger hat sich für Montgelas in Bayern (u. II.1 u. 2) nachweisen lassen, daß seine Politik vom „*ordre naturel de l'état*", wie ihn die Vernunftrechtler lehrten (Vattel), bestimmt war.

Preußen sah sich nach der Niederlage bei Jena und Auerstedt im Herbst 1806 nicht in der Lage, die von Napoleon auferlegten Kontributionen zu tragen. Um der Steigerung der Finanzkraft willen mußte man weitreichende Reformziele ansteuern, selbst zu gesellschaftsutopischen Programmen seine Zuflucht nehmen – und war am Ende kaum in der Lage, die Folgen zu beherrschen. Die Regierungen der Rheinbundstaaten dagegen betrieben ihr Reformgeschäft auf Befehl oder im Schatten Napoleons, der sein europäisches Imperium durch eine gemeinsame Rechts- und

Sozialordnung festigen wollte. Dem Königreich Westfalen – mit einer in Paris ausgearbeiteten Verfassung (u. § 29 I.1) –, daneben auch dem Großherzogtum Berg kam die Funktion von Modellstaaten zu. Die hier durchgeführte Entmachtung der alten ständischen Gewalten, verbunden mit der Konzentration aller politischen Macht in einem zentralisierten Staatsaufbau, wurde von den anderen Rheinbundmitgliedern teils aus eigenem Antrieb, teils auf nachdrücklichen Wunsch Napoleons gründlich mitvollzogen. Vor allem Bayern, Württemberg und Baden haben dabei auf Dauer die Gestalt moderner Staaten gewonnen.

Die Reformen waren nur möglich durch vielfache Verletzungen der überkommenen Rechtsordnung, also durch eine „Revolution von oben". In einem der umfangreichsten Reformpapiere, der 1807 für Preußen entworfenen „*Rigaer Denkschrift*", wurde der staatliche Rechtsbruch im übergeordneten Reforminteresse mit der Feststellung gerechtfertigt: „*Die Änderung der Grundverfassung ist bloß ein Nachgeben gegen das, was der Zeitgeist erheischt ... Die Umänderungen in Verfolg der Französischen Revolution haben in der neuesten Zeit gezeigt, daß nicht bloß mit Gewalt, sondern auch mit Ordnung eine solche Veränderung vor sich gehen kann.*" Dafür taugen freilich Juristen, weil sie notwendigerweise die „*Rechte der Einzelnen*" zur Sprache bringen, nicht. Für das hier reflektierte Problem, wie sich Recht und Reform miteinander vereinbaren lassen, wußte 1808 ein westfälischer Minister eine Lösung, die in diesen Jahren viele faszinierte: „*In einem Staate wie der unsrige, auf Sieg gegründet, gibt es keine Vergangenheit!*" Es war indessen die Macht der Vergangenheit, die nicht wenige Reformvorhaben verhinderte oder weit hinausschob.

II. Verwaltungsreformen

1. Neuordnung der regionalen Verwaltungseinrichtungen

Zu den dauerhaften Ergebnissen der Reformperiode gehört in erster Linie die Zentralisierung und Egalisierung des Verwaltungsaufbaus. Sie sind in den Rheinbundstaaten am konsequentesten gelungen. Das Land links des Rheins teilte Frankreich schon seit dem Frieden von Campo Formio 1797 (o. § 27 I.3) in vier „*departements*" ein, die wiederum in Kantone gegliedert waren. Deren Verwaltung war mit Präfekt, Souspräfekt und kommunalem Maire streng hierarchisch organisiert. Bewußt blieb dabei die historische Herrschaftsgliederung gänzlich unberücksichtigt. Damit war ein Muster geschaffen worden, das nicht nur in Staaten wie Westfalen und Berg, sondern auch in den süddeutschen Monarchien hervorragend dazu dienen konnte, die zahllosen mediatisierten Territorien zu einem Ganzen zusammenzufügen. „*Die Unität der Territorii ununterbrochen zu begründen*", war der erklärte Wille des bayerischen Ministers Montgelas. Unablässig arbeitete er daran, „*eine Stärkung der Staatsgewalt, eine Zusammenfügung und Verschmelzung der verschiedenen Teilgebiete, eine ständige Vereinfachung und Verselbständigung des Verwaltungsapparates*" herbeizuführen (F.-L. Knemeyer). Das französische Vorbild findet sich in den neugeschaffenen „*Kreisen*" wieder, aus denen die Regierungsbezirke hervorgehen sollten. Die in diesen Verwaltungseinheiten zusammengefaßten *Oberamtsbezirke* wurden zu unmittelbaren Vorgängern der Landkreise. Einem Herrscher mit ausgeprägt absolutistischen Neigungen wie König Friedrich I. von Württemberg bot die neue Verwaltungshierarchie Gelegenheit, die altständischen Bindungen seiner Herrschaft (o. § 23 IV) zu überspielen. Für die Erwerbungen „Neuwürttembergs" schuf er eine eigene, dem ständischen Einfluß entzogene Oberlandesregierung mit hierarchischem Verwaltungsunterbau. Selbst ein so künstlich zusammengefügtes Staatsgebilde wie das Großherzogtum Baden konnte mit Hilfe des Departementsystems eine Einheit werden. Auf den mediatisierten Adel und ehemals reichsständische Häuser brauchte und wollte man keine Rücksicht nehmen, hatte sich dieser Personenkreis doch an den neuen Status der Untertänigkeit zu gewöhnen. Daher heben die Souveräne die Steuerfreiheit des Adels auf, schaffen sie dessen Patrimonialgerichte ab oder schränken sie doch ein, lassen sie das Bürgertum zu den höheren Staatsstellungen zu.

Preußen hat die Verwaltung des flachen Landes nicht mit der gleichen Konsequenz reformieren können. Zwar wurden die alten Kriegs- und Domänenkammern zu regionalen Regierungen mit umfassenden Verwaltungskompetenzen umgestaltet. Aber die Neuordnung der lokalen Kreise scheiterte am Widerstand des Adels, der den *Landrat* weiterhin aus seiner Mitte stellte, als Vertreter ständischer Interessen und Repräsentant des Staates zugleich. Noch eine weitere regionale Institution schob sich in Preußen zwischen die unteren Verwaltungsinstanzen und die Zentrale: das Amt des *Oberpräsidenten*. Als staatliche Aufsichtsorgane jeweils mehreren Regierungen vorgesetzt, begriffen sich die Oberpräsidenten bald als Repräsentanten ihrer Provinzen, für deren Bildungs-, Kirchen- und Gesundheitswesen sie auch unmittelbar zuständig waren. Ausgerechnet im ehemaligen Musterland des Absolutismus vermögen daher die regionalen ständischen Kräfte ihre politische Position besser zu behaupten als in Süddeutschland, wo der spätabsolutistische Staat erst gegen den Adel errichtet werden mußte. Auch ein Nachzügler von Gewicht ist zu beobachten: In Sachsen weigerte sich der Herrscher, die überkommenen Rechtsverhältnisse zu verletzen. Hier erzwangen erst die Unruhen der frühen 30er Jahre (u. § 29 I.3) dieselben, anderswo längst realisierten Verwaltungsreformen.

In der Geburtsstunde des modernen Verwaltungswesens war noch nicht entschieden, ob der Beamte allein stellvertretend für die Allgemeinheit tätig werden oder ob es ihm zur Seite eine Bürgerbeteiligung geben würde. Das französische Modell sah eine Trennung von *action* und *délibération* vor. Tatsächlich wurden daher den Verwaltungsorganen Beratungskörperschaften zur Seite gestellt. Bedeutung erlangten sie nicht. Der ähnliche Plan des Freiherrn vom Stein (u. 2 u. 5), Ständevertreter in die Unterbehörden zu integrieren, scheiterte ebenso. Der vernünftige Rat konnte auch innerhalb der Beamtenschaft gefunden werden. Vielfach haben die Reformer daher auch die kollegiale Verwaltungsentscheidung beibehalten und das neue, mit Fachreferenten arbeitende Bürosystem nur unvollkommen verwirklicht.

2. Die Einrichtung von Fachministerien

Die Regierungsspitze haben die Reformer in fast allen deutschen Staaten seit 1808 durch Einrichtung eines Staatsministeriums mit Fachministern energisch umgestaltet und vielfach auch die Berufung eines Staatskanzlers durchgesetzt. Freilich mußte diese Reform am Haupte des Staatskörpers dem Herrscher nicht selten abgerungen werden. In Preußen regierte König Friedrich Wilhelm III. noch aus dem Kabinett mit namenlosen Kabinettsräten, welche keine Verantwortung für eine Behörde zu tragen brauchten. Dieses anachronistische Herrschaftssystem durch Fachminister zu ersetzen, hatte Hardenberg schon 1797 vorgeschlagen. Für diese Reform kämpften *Stein* und *Hardenberg* – seit 1806 abwechselnd an der Spitze der preußischen

§ 28. Staats- und Gesellschaftsreformen   213

Verwaltung stehend – schließlich mit Erfolg. Im Dezember 1808 wird die Einrichtung von fünf Ministerien für Inneres, Auswärtiges, Finanzen, Justiz und Krieg bekanntgegeben. Die Minister sollen dem König direkt verantwortlich sein und die Gegenzeichnung der ihr Ressort betreffenden Gesetze vornehmen. Die Finanznot des Staates führt indessen 1810 zur Einsetzung Hardenbergs als Staatskanzler, der mit umfassenden Befugnissen die Minister und ihren Zugang zum König kontrolliert. Obwohl später wieder Ministerkonferenzen eingeführt wurden und das Staatskanzleramt nach dem Tode Hardenbergs 1822 unbesetzt blieb, hat dieses doch das Selbstbewußtsein und Eigengewicht der preußischen Ministerialverwaltung ungemein gestärkt. Das königliche Entscheidungsrecht blieb zwar unangetastet. Die meisten Ministerialvorlagen aber hat der König vollzogen, weil er dem überlegenen Sachverstand der Bürokratie nur selten eine bessere Einsicht entgegensetzen konnte. *„Nicht staatsrechtlich, aber durch die legalisierte Kraft der Institution war seit der Einführung des Ministerialsystems der monarchische Absolutismus gebrochen"* (R. Koselleck). Mit „Konstitutionalismus" (u. § 29) hat diese faktische Beschränkung der monarchischen Macht noch wenig zu tun. Aber es ist erlaubt, mit den Reformern jener Zeit von der Einführung einer *„Regierungsverfassung"* zu sprechen, welche das aufgeklärte Prinzip der Gesetzesbindung dem politischen Entscheidungsverfahren zugrunde legt.

Das Staatsministerium mit den Fachministern findet seit 1808 rasch Verbreitung in den meisten deutschen Staaten, wenngleich zunächst noch mancherlei Mischformen und Verbindungen mit dem Staatsrat (u. 3) zu beobachten sind. In Bayern amtiert Montgelas gleich Hardenberg in ähnlich vizeköniglicher Position, für die nach seiner Entlassung 1817 kein Nachfolger berufen wird. Statt dessen kommen auch hier kollegiale Ministerkonferenzen in Übung. Ähnlich verläuft die Entwicklung in anderen Mittel- und Kleinstaaten. Auffallende Sonderwege gingen zunächst nur Württemberg mit der Fortdauer eines persönlichen monarchischen Regiments bei geringfügig modernisierter Zentralverwaltung und Sachsen, das auch die Reformen seiner vielfältigen Spitzenbehörden bis in die 30er Jahre aufschob.

3. Der Staatsrat

Zur Grundausstattung der Regierung gehörte in dieser Zeit neben dem Staatsministerium vor allem ein Staatsrat. Diese Institution, bestimmt, Vernunft und Politik zu vermitteln, war in Österreich und Preußen schon in der vorrevolutionären Aufklärungszeit eingerichtet worden (o. § 26 IV.5). Seitdem sich Napoleon 1799 seinen *Conseil d'Etat* als Beratungskollegium für Gesetzgebungsprojekte und Beschwerden gegen die Verwaltung geschaffen hatte, gehörte die Berufung eines solchen Gremiums auch zum Pflichtprogramm der Rheinbundstaaten. Darin nahmen im allgemeinen die Minister, vor allem aber vom Monarchen berufene Mitglieder, daneben die Prinzen des regierenden Hauses Platz. Nicht überall gewann diese nur beratende Versammlung politisches Gewicht. Der Einfluß des österreichischen Staatsrats blieb begrenzt, der bayerische errang einen festen Platz im Verfassungsleben, mußte sich jedoch seit 1818 den Bedingungen der damals erlassenen Konstitution (u. § 29 I.3) anbequemen. Ähnlich entwickelte sich die Stellung des Staatsrates in Baden und Württemberg – hier mit echten Entscheidungsbefugnissen in Verwaltungsstreitsachen – sowie in jenen Staaten, die seit 1830 Konstitutionen erhielten (u. § 29 I.3). In Preußen dagegen, wo der Erlaß einer geschriebenen Verfassung noch bis 1850 auf sich warten ließ, mußte der Staatsrat faktisch die Funktionen der fehlenden Ständeversammlung wahrnehmen. Ihm durften indessen nur Staatsdiener angehören. Damit war ein eigentümliches Sprachrohr der hohen preußischen Beamtenschaft entstanden. Seinen Willen hat der König stets respektiert.

4. Die Verstaatlichung der Gemeinden und die preußische Städteordnung von 1808

Zu den Konsequenzen der zentralisierenden Verwaltungsreformen in den Rheinbundstaaten zählt die Verstaatlichung der Gemeinden. Deren Selbstverwaltung, im alten Genossenschaftswesen gegründet (o. § 14), galt als antiquiert. Sie mußte indessen – modernisiert – bald wieder eingeführt werden, weil dies das aufgeklärte Postulat der Bürgerbeteiligung verlangte. In der zunächst singulär gebliebenen preußischen Städteordnung des Frhn. vom Stein von 1808 begegneten sich altständisches Denken und jüngere Tendenzen der englischen Moralphilosophie. Die Besserung des Menschen durch Wiedererweckung seines *„Gemeingeistes"* sollte zugleich den öffentlichen Angelegenheiten zugute kommen. Stein war überzeugt, daß der Staat sein *„Ziel ohne tätige Mitwirkung der Bürger nicht voll erreichen"* könne. Aber *„die für diesen Zweck hinreichend gebildeten und erfahrenen Bürger"* suchte er in erster Linie unter den Grundeigentümern (*D. Schwab*), weil diese in besonderer Weise an das Vaterland gebunden seien. Von einer Gleichheit der politischen Rechte ist noch nicht die Rede.

5. Wandel des Beamtenbegriffs

Die Verwaltungsreformen in den deutschen Staaten sind eng verknüpft mit einem grundlegenden, vernunftrechtlich inspirierten Wandel des Beamtenbegriffs. An die Stelle des Fürstendienstes ist die Wahrnehmung eines öffentlichen Amtes getreten, *„vermöge dessen ein einzelnes Staatsmitglied seine Pflicht, dem Staate zu dienen, durch besondere mehrere Handlungen einer und derselben Art ... zur Erreichung eines besondern Staatszweckes erfüllt"*. Diese Formulierung eines Zeitgenossen will besagen, daß die eigentlich jeden Staatsbürger treffende Unterstützungspflicht gegenüber dem Staate von den Beamten stellvertretend für alle wahrgenommen wird. Man konnte daher in den Staatsdienern die Repräsentanten der Verwalteten sehen. In Preußen liege *„das Verfassungsmäßige ... in der Natur des Beamtenstandes"* philosophierte der Hegel-Schüler Gans; in Österreich stabilisierte der weiterhin lebendige Geist des Josephinismus (o. § 26 IV.4 u. 5) die Kaste der Staatsdiener. Im Umkreis solchen Denkens setzt sich die Auffassung endgültig durch, der Beamte sei vor willkürlicher Entlassung zu schützen. Dem liegt eine *„Gesamtkonzeption, nämlich ... Erhöhung des sozialen Ranges der Beamtenschaft als Gruppe"* (*B. Wunder*) zugrunde, gilt es doch, die Handlungsfähigkeit und Verläßlichkeit des Abstraktums „Staat" sichtbar und erlebbar zu machen.

III. Gesellschaftspolitische Reformmaßnahmen

1. Bauernbefreiung und Grundentlastung

Staatsreformen im Zeichen der Vernunft, welche die Sphären des öffentlichen und privaten Rechts voreinander trennen wollten, zogen notwendigerweise Gesellschaftsreformen nach sich: Die „Trennung von Staat und Gesellschaft", wie ein geläufiges Schlagwort lautet, nimmt ihren Anfang. Größte Bedeutung haben jene Maßnahmen, die unter den Begriffen Bauernbefreiung und Grundentlastung zusammengefaßt werden. Diese Terminologie ist insofern nicht unumstritten, als einerseits große Teile der Landbevölkerung ohnehin schon längst persönliche Freiheit genossen, andererseits aber neue Formen wirtschaftlicher Abhängigkeit entstanden. Doch den Zeitgenossen ging es in erster Linie um Freiheit im Rechtssinne. Diese erhalten in Preußen die staatlichen Domänenbauern 1804, die Adelsbauern 1807. Die Rheinbundstaaten heben seit 1808 in rascher Folge die meist schon stark abgeschwächte Leibeigenschaft auf und folgen damit nicht nur dem französischen Beispiel links des Rheins, sondern zugleich auch älteren Ansätzen in der Politik des aufgeklärten Absolutismus (o. § 26 IV.4).

Nicht nur die Person, auch ihr Eigentum sollte aus den alten grund- und gutsherrlichen Verflechtungen feudaler Art gelöst werden. Das Modell einer auf persönlicher Freiheit und Privateigentum beruhenden Bürgergesellschaft versuchte die französische Administration links des Rheins schon seit 1798 vorzuexerzieren. Um dieses Zieles willen wurden Abgaben und Frondienste auch freier Bauern sowie sonstige Zwangs- und Bannrechte des Adels aufgehoben. Damit entstand hier und bald überall die schwierige Frage, welche dieser adeligen Rechte ihrerseits als Eigentum der vormaligen Herren zu betrachten und daher zu entschädigen waren. Für eine Bauernschutzpolitik absolutistischer Manier gab es kein Verständnis mehr. Hardenberg strebte in Preußen die Mobilisierung des Grundbesitzes zudem um seiner besseren wirtschaftlichen Nutzung willen an, damit sich am Ende die staatlichen Steuerkassen füllten. So erhielten 1810 zwar alle Bauern mit erblichen und lebenslangen Besitzrechten Eigentum. Doch die ein Jahr später erlassene Regelung über die Entschädigung der Gutsherren reduzierte die Substanz der neuen freien Bauernwirtschaften drastisch. Ein Drittel seines Bodens mußte der Bauer in der Regel abtreten; die freiwillige Veräußerung des oft nicht mehr rentablen Resthofes an den Gutsherrn war ihm freigestellt. 1816 und 1821 hat der preußische Gesetzgeber die Bedingungen der Grundentlastung nochmals zuungunsten der Bauern verschärft. *„Die wirtschaftliche Leistungsfähigkeit der Bauern wurde zum einzigen Qualifikationsmerkmal, wenn es galt, den Kreis der Ablösungsberechtigten festzulegen" (Chr. Dipper).* Immerhin ermöglichte der Gesetzgeber auch die Ablösung der gutsherrlichen Rechte durch den 25fach kapitalisierten Jahresertrag. Die Grundentlastung gedieh zu einem Jahrhundertgeschäft, erst seit 1850 durch eine Rentenbank erleichtert. Ähnliche Zeiträume benötigten die meisten anderen deutschen Staaten. Die ökonomische Schwäche des Bauerntums und der Respekt vor allem, gerade auch vor dem adeligen Privateigentum, ließen sich in der Ablösungsgesetzgebung kaum miteinander vereinbaren. Nicht zufällig sind die entscheidenden rechtspolitischen Aktivitäten zur Grundentlastung daher meist erst in den Revolutionsjahren 1848/49 zu beobachten; in der zweiten Jahrhunderthälfte erleichtern Ablösungskassen und Subventionen die langwierige Abwicklung.

Die Anerkennung feudaler Grundlasten als privatrechtliches Eigentum entspricht aus heutiger Sicht keineswegs einem juristischen Sachzwang, wäre es theoretisch doch möglich gewesen, auf die Herrschaftsqualität der altadeligen Rechte abzustellen und ihren öffentlich-rechtlichen Charakter zu behaupten: *„Je nachdem, wie man den Eigentumsgedanken handhabte, konnte man ihn also für oder gegen die bestehende Agrarverfassung und Rechtsordnung einsetzen" (W. v. Hippel).* Indessen beruht die im allgemeinen wenig bauernfreundliche Ablösungspolitik nicht einfach auf einer rücksichtslosen Durchsetzung adeliger Agrarinteressen, mußten sich doch auch diese legitimieren. Wir haben ein methodisches Dilemma des Rechtsdenkens vor uns, dessen Lösung mit juristischen Mitteln nicht möglich war: Die Frage harrte der Antwort, in welcher rechtlichen Gestalt die feudalen adeligen Rechte in einer egalitären Gesellschaft Bestand haben könnten. Die Analogie zum Privatrecht drängte sich auf. Seinen Vorrang in der neuen Gesellschaftsordnung konnte niemand bestreiten. Dies um so weniger, als man – noch ohne historische Distanz – die Vergangenheit so privatrechtlich verstand, wie die eigene Gegenwart. Damit wurden alle Feudalrechte, die im System des Privatrechts überhaupt nur Platz finden konnten, des Eigentumsschutzes teilhaftig.

2. Die Modernisierung der privatrechtlichen Eigentumsordnung durch den Code civil

An dieser Entwicklung änderte auch die Einführung des Code civil von 1804 (seit 1807: *Code Napoléon*) in einigen Rheinbundstaaten nur wenig. Napoleon verfolgte das ehrgeizige Ziel, durch französische Gesetze einen einheitlichen europäischen Rechtsraum herzustellen. Westfalen, Berg und Baden setzten die französische Kodifikation des Zivilrechts mit Modifikationen in Kraft. Andere Rheinbundstaaten nahmen diese Arbeit zwar in Angriff, konnten oder wollten sie jedoch nicht abschließen.

Diese Widerstände haben nur wenig mit der Abneigung gegen fremdes Recht zu tun, war doch der Code auch ein Erzeugnis der gemeineuropäischen Rechtstradition. Mit begreiflicher Zurückhaltung indessen begegneten die politisch Veranwortlichen dem Sozialmodell des Gesetzbuches. Als spätes Kind der Revolution verleugnete es seine Herkunft nicht. Napoleon hatte 1799 *„les droits sacrés de la propriété, de l'égalité, de la liberté"* als Grundlagen der neuen Staatsverfassung gefeiert. Anselm von Feuerbach, ein großer Jurist in bayerischen Diensten, erkannte demgemäß die Hauptideen des Code civil in der Freiheit und Gleichheit aller Untertanen, in der Freiheit des Eigentums und in der Unabhängigkeit des Staates von der Kirche in bürgerlichen Dingen. Die Vision einer neuen egalitären Gesellschaft bürgerlicher Eigentümer mochte im Vergleich mit der bisherigen Vielfalt ständischer Ungleichheit wirklich revolutionär erscheinen und verleitete enthusiastische Zeitgenossen dazu, als Basis des Ganzen nunmehr auch Verfassungsurkunden zu fordern. Eine so weitreichende politische Kraft indessen besaß das neue Zivilgesetzbuch nicht. Wenn ein deutscher Reformer verlauten ließ, der Code betreffe die Rechte des Volkes *„unabhängig von dessen Staatsverfassung"*, dann sollte ihm die Geschichte recht geben. Einem tüchtigen Juristen bereitete es keinerlei Schwierigkeiten, den Eigentumsschutz des Code civil auch auf die dinglichen Grundrenten des Adels zu erstrecken (o. 1). Obwohl als Staatsverfassung nicht tauglich, setzte der Code aber auch dort, *„wo die Rezeption scheiterte, ... Maßstäbe, an denen die eigenen Reformvorstellungen und Programme entwickelt wurden"* (E. Fehrenbach).

3. Gewerbefreiheit

Eine allgemeine Gewerbefreiheit als Konsequenz der freien Eigentümergesellschaft einzuführen, haben die meisten deutschen Regierungen noch lange Zeit aus Furcht vor den absehbaren sozialen Folgen vermieden. Bahnbrechend wirkte insofern jedoch die preußische Reformpolitik. Aus finanzpolitischen Motiven wurde am 2. 11. 1810 mit dem Gewerbesteueredikt die Gewerbefreiheit verkündet. Doch verbanden sich mit diesem Gesetzgebungsakt von Anfang an auch doktrinäre liberalistische Wirtschaftsziele. Hardenberg wünschte die „*möglichste Herstellung des freien Gebrauchs der Kräfte der Staatsbürger aller Klassen*". Die *Geschäftsinstruktion für die preußischen Regierungen* von 1808 versucht dieses Programm in detaillierte Verwaltungsanweisungen umzusetzen. Indessen hat man im Laufe des 19. Jahrhunderts, beginnend schon mit dem Gewerbepolizeiedikt von 1811, der Gewerbefreiheit wieder Schranken setzen und Befähigungsnachweise fordern müssen (u. § 33 II.2).

IV. Reformbarrieren

Die herkömmlichen sozialen Strukturen erwiesen sich stärker als die staatliche Egalisierungspolitik. Aus diesem Grunde vor allem sind Reformbarrieren festzustellen, die den in Gang gekommenen Modernisierungsprozeß abschwächten. Der *Adel* erfuhr nur eine Beschränkung und Transformation seiner Rechte, nicht deren Aufhebung. Für die Gerechtsame der *ehemals regierenden Fürsten und Grafen* enthielt die Rheinbundakte (Art. 27) wie auch die deutsche Bundesakte (Art. 14, u. § 30) besondere Schutzklauseln. Im Zeichen des Privatrechts war das gigantische Entschädigungsproblem schon aus Geldmangel kaum lösbar (o. § 28 III.1). Auch hat Napoleon den Adel postrevolutionär wieder stabilisiert, indem er nach altfeudaler Sitte seinen treuen Offizieren Ländereien zur Verfügung stellte und damit den Musterstaat Westfalen finanziell schwer belastete. Endlich gab es fest verankerte Ungleichheit, deren Aufhebung aus Vorurteil und Konkurrenzangst weit hinausgeschoben wurde: Die *Juden* erhielten zwar die Staatsbürgerschaft, in der Regel aber nicht ohne weiteres das Gemeindebürgerrecht, so daß sie keine volle Freizügigkeit genossen. Dem entsprach andererseits eine weitgehende staatliche *Kirchenhoheit*, welcher vielfach nach josephinischem Muster (o. § 26 IV.4) auch innerkirchliche Angelegenheiten – wie Kirchenausschluß oder Klerikerausbildung – unterworfen blieben. Bis in die Zeit der Reichsgründung hinein, zum Teil auch bis 1918, haben Sozial- und Herrschaftsverhältnisse überdauert (u. § 33), die noch unter den Bedingungen des Alten Reiches entstanden waren.

§ 29. Verfassungsurkunden und Verfassungspraxis im Vormärz

Quellen: *M. Botzenhart* (Hrsg.), Die deutsche Verfassungsfrage 1812–1815 (Hist. Texte, NZ, H. 3), 1968; *W. Heun*, Deutsche Verfassungsdokumente 1806–1849, Bd. I–VI, 2006–2008 (Constitutions of the World from the late 18th Century to the Middle of the 19th Century).
Zeitgenössische Literatur: *H. Brandt* (Hrsg.), Restauration und Frühliberalismus 1814–1830 (Quellen zum polit. Denken der Deutschen im 19. u. 20. Jh., Bd. 3), 1979; *F. Ch. Dahlmann*, Die Politik auf den Grund und das Maß der gegebenen Zustände zurückgeführt, 1835; *C. L. v. Haller*, Restauration der Staatswissenschaft, Bd. 1–6, 1816–1834; *R. Maurenbrecher*, Grundsätze des heutigen deutschen Staatsrechts, 1837; *R. v. Mohl*, Die Verantwortung der Minister in Einherrschaften mit Volksvertretung, 1837; *ders.*, Über die verschiedene Auffassung des repräsentativen Systems in England, Frankreich und Deutschland, ZgStW 3 (1846) 451 ff.; *K. W. v. Rotteck* (Hrsg.), Staatslexikon oder Enzyklopädie der Staatswissenschaft, 15 Bde., 1834–1843 u. 3 Erg.Bde., 1846–1848 (3. Aufl., hrsg. v. *K. Th. Welcker*, 14 Bde., 1856–1866); *ders.*, Über Landstände und Volksvertretungen. Texte zur Verfassungsdiskussion im Vormärz, 1997; *F. J. Stahl*, Das monarchische Princip, 1845; *K. E. Weiß*, System des deutschen Staatsrechts, 1837.
Schrifttum: *K. O. v. Aretin*, Bayerns Weg zum souveränen Staat – Landstände und konstitutionelle Monarchie 1714–1818, 1976; *U. Bermbach*, Über Landstände – Zur Theorie der Repräsentation im

deutschen Vormärz, in: *C.-J. Friedrich* u. *B. Reifenberg* (Hrsg.), Sprache und Politik, FS D. Sternberger z. 60. Geb., 1968, 241 ff.; *G. Birtsch*, Grund- und Freiheitsrechte (o. § 25); *H. Blesken*, Der Landtag im Großherzogtum Sachsen-Weimar-Eisenach vom Erlaß des Grundgesetzes (1816) bis zum Vorabend der Revolution von 1848, in: Konstitutioneller Parlamentarismus in Sachsen-Weimar-Eisenach (1. Hälfte des 19. Jahrhunderts), 1992, 7 ff.; *E.-W. Böckenförde*, Der deutsche Typ der konstitutionellen Monarchie im 19. Jahrhundert (1967), in: *ders.*, Staat, Gesellschaft, Freiheit, 1976, 112 ff.; *ders.* (Hrsg.), Probleme des Konstitutionalismus im 19. Jahrhundert, Der Staat, Beih. 1 (1975); *ders.* (Hrsg.), Moderne deutsche Verfassungsgeschichte (1815–1914), 2. Aufl. 1981; *H.-J. Böhme* (o. § 25); *H. Boldt*, Deutsche Staatslehre im Vormärz, 1975; *ders.*, Von der konstitutionellen Monarchie zur parlamentarischen Demokratie, in: Wendemarken in der deutschen Verfassungsgeschichte (Der Staat, Beih. 10), 1993, 151 ff.; *H. Brandt*, Landständische Repräsentation im deutschen Vormärz, 1968; *G. Dilcher*, Zum Verhältnis von Verfassung und Verfassungstheorie im frühen Konstitutionalismus, in: Beiträge zur Rechtsgeschichte. Gedächtnisschrift für H. Conrad, 1979, 65 ff.; *ders.* u. a. (Hrsg.), Grundrechte im 19. Jahrhundert, 1982; *ders.*, (o. § 17); *H. Dreitzel* (o. Anhang zu § 3 Z. 3); *P. M. Ehrle*, Volksvertretung im Vormärz, T. 1–2, 1979; *U. Eisenhardt*, Die gerichtliche Überprüfung eines verfassungsmäßig verankerten Rechtes im Jahre 1833, in: Wege europäischer Rechtsgeschichte. K. Kroeschell z. 60. Geb., 1978, 75 ff.; *G. Engelbert*, Der Konstitutionalismus in den deutschen Kleinstaaten, Der Staat, Beih. 1 (1975) 103 ff.; *W. Frotscher*, Die kurhessische Verfassung von 1831 im konstitutionellen System des Deutschen Bundes, ZNR 30 (2008) 45 ff., *W. Gembruch*, Freiherr vom Stein im Zeitalter der Restauration, 1960; *J. Gerhardt*, Der Erste Vereinigte Landtag in Preußen von 1847, 2007; Die Göttinger Sieben (Göttinger Universitätsreden 85), 1988; *D. Götschmann*, Bayerischer Parlamentarismus im Vormärz. Die Ständeversammlung des Königreichs Bayern 1819–1848, 2002; *R. Grawert*, Gesetzgebung im Wirkungszusammenhang konstitutioneller Regierung, Der Staat, Beih. 7 (1984) 113 ff.; *ders.*, Der württembergische Verfassungsstreit 1815–1819, in: *Chr. Jamme* u. *O. Pöggeler* (Hrsg.), „O Fürstin der Heimath! Glükliches Stutgard", 1988, 126 ff.; *F. Greve*, Die Ministerverantwortlichkeit im konstitutionellen Staat, 1977; *D. Grimm*, Entstehungs- u. Wirkungsbedingungen des modernen Konstitutionalismus (Ius Commune, Sonderh. 30), 1987, 45 ff.; *E. Grothe*, Verfassungsgebung und Verfassungskonflikt. Das Kurfürstentum Hessen in der ersten Ära Hassenpflug 1830–1837, 1996; *M. Hecker*, Napoleonischer Konstitutionalismus in Deutschland, 2005; *Th. Hildebrandt*, Die Brandenburgischen Provinziallandtage von 1841, 1843 und 1845 anhand ausgewählter Verhandlungsgegenstände, 2002; *J. Hilker*, Grundrechte im deutschen Frühkonstitutionalismus, 2005; *O. Hintze*, Das monarchische Prinzip und die konstitutionelle Verfassung (1911), in: *ders.*, Staat und Verfassung (Ges. Abh., Bd. 1) 3. Aufl. 1970, 359 ff.; *E. Klein* (o. § 28); *W. Klein*, Die Domänenfrage im deutschen Verfassungsrecht des 19. Jh., 2007; *G. Kleinheyer*, Aspekte der Gleichheit (o. § 26); *R. Koch*, Ständische Repräsentation oder liberale Repräsentativverfassung – Die Constitutions-Ergänzungs-Acte der freien Stadt Frankfurt als historischer Kompromiß, ZHF 5 (1978) 187 ff.; *M. Köhler*, Die Lehre vom Widerstandsrecht in der deutschen konstitutionellen Staatsrechtstheorie der 1. Hälfte des 19. Jahrhunderts, 1973; *F.-L. Kroll*, Verfassungsideee und Verfassungswirklichkeit im Zeitalter der Stein-Hardenbergschen Reformen, in: *H. Neuhaus* (Hrsg.), Verfassung und Verwaltung, FS f. K. G. A. Jeserich z. 90. Geb., 1994, 159 ff.; *A. Laufs* u. a., s. o. § 25; *B. Löffler*, Die Ersten Kammern und der Adel in den deutschen konstitutionellen Monarchien, HZ 265 (1997) 29 ff.; *W. Mager*, Das Problem der landständischen Verfassungen auf dem Wiener Kongreß 1814/15, HZ 217 (1974) 296 ff.; *C. Menze*, Die Verfassungspläne Wilhelm von Humboldts, ZHF 16 (1989) 329 ff.; *K. Möckl*, Der moderne bayerische Staat – Eine Verfassungsgeschichte vom aufgeklärten Absolutismus bis zum Ende der Reformepoche, 1979; *F. Mögle-Hofacker*, Zur Entwicklung des Parlamentarismus in Württemberg, 1981; *U. Müßig* (Hrsg.), Konstitutionalismus und Verfassungskonflikt, 2006; dies., s. o. § 25; *R. Mußgnug* (o. § 23); *ders.*, in: DtVwG II, 95 ff.; *P. Nolte*, Bürgerideal, Gemeinde und Republik. „Klassischer Republikanismus" im frühen deutschen Liberalismus, HZ 254 (1992) 609 ff.; *H. Obenaus*, Anfänge des Parlamentarismus in Preußen bis 1848, 1984; *L. Pahlow* (o. § 25); *W. Peters*, Späte Reichspublizistik und Frühkonstitutionalismus, 1993; *V. Press*, Landtage im Alten Reich und im Deutschen Bund, Zs. f. württ. LG 39 (1980) 100 ff.; *ders.*, Der württembergische Landtag im Zeitalter des Umbruchs 1770–1830, Zs. f. württ. LG 42 (1983) 255 ff.; *W. v. Rimscha*, Die Grundrechte im süddeutschen Konstitutionalismus, 1973; *J. Rolin*, s. o. § 25; *A. Schmid*, Die bayerische Konstitution von 1808, 2008; *Chr. H. Schmidt*, Vorrang der Verfassung und konstitutionelle Monarchie; 2000; *R. Schöttler*, Politische Freiheit für die deutsche Nation, Carl Theodor Welckers politische Theorie, 1985; *A. Schulz*, Die Gegenzeichnung, 1978; *M. Schwertmann*, Gesetzgebung und Repräsentation im frühkonstitutionellen Bayern, 2006; *W. Speitkamp*, Restauration als Transformation. Untersuchungen zur kurhessischen Verfassungsgeschichte 1813–1830, 1986; *R. Wahl*, Rechtliche Wirkungen und Funktionen der Grundrechte im deutschen Konstitutionalismus, Der Staat 18 (1979) 321 ff.; *P. Wegelin*, Die Bayerische Konstitution von 1808, Schweizer Beiträge zur Allg. Geschichte 16 (1958) 142 ff.; *E. Weis*, Zur Entstehungsgeschichte der bayerischen Verfassung von 1818, ZbLG 39 (1976)

413 ff.; *B. v. Westerholt*, Patrimonialismus und Konstitutionalismus in der Rechts- und Staatstheorie Karl Ludwig von Hallers, 1999; *Chr. Wiegand*, Über Friedrich Julius Stahl (1801–1862), 1981; *B. Wunder*, Landstände und Rechtsstaat. Zur Entstehung und Verwirklichung des Artikels 13 DBA, ZHF 5 (1978) 139 ff.; *E. W. Zeeden*, Hardenberg und der Gedanke einer Volksvertretung in Preußen 1807–1812, 1940.

I. Erste Ansätze einer konstitutionellen Verfassungspolitik

1. Die Verfassungen der Rheinbundstaaten

Das revolutionäre Frankreich hatte sich 1791 eine auf dem Prinzip der Volkssouveränität gegründete Verfassung gegeben und damit erstmals auf dem Kontinent eine gesetzliche „*Gesamtregelung der Organisation und Ausübung der staatlichen Herrschafts- und Entscheidungsgewalt*" *(E.-W. Böckenförde)* erlassen. Die Überzeugungskraft der Verfassungsidee (o. § 25 II.5) nutzte auch Napoleon: „ ... *par la gr ce de Dieu et la Constitution l'Empereur des Français*". In seinem Sinne bedeutete Verfassungsgebung Neuordnung von Staat und Gesellschaft, in deren Rahmen dann die – bald allseits interessierende – Volksrepräsentation von nachrangiger Bedeutung blieb. Die Verfassungen der Rheinbundstaaten, soweit sie zustande kamen, spiegeln dieses Konzept getreulich wider. Dennoch verdienen sie nicht, als „Schein-Konstitutionalismus" abgewertet zu werden. Denn mit der urkundlichen Fixierung des Verfassungszustandes eines Staates treten jene Folgen ein, die der gesetzlichen Festschreibung von Recht eigen sind: Regelhaftigkeit, Berechenbarkeit und Dauer der die Staatstätigkeit leitenden Normen. Die Verfassungen der Rheinbundstaaten stehen dabei noch ganz unter dem Einfluß des aufgeklärten Absolutismus (o. § 25 II.3 u. § 26 IV.1), der sich von der konstitutionellen Epoche nicht so schroff abgrenzen läßt, wie es die liberale Geschichtsschreibung gewünscht hat. Fließende Übergänge kennzeichnen das Gesamtbild dieser Zeit bis zur Revolution von 1848.

Die von Napoleon Westfalen und Berg anbefohlene Musterverfassung von 1808 wurde noch im selben Jahr mit geringen Abweichungen von Bayern, 1820 im neuen Großherzogtum Frankfurt des ehemaligen Kurerzkanzlers und jetzigen Fürstprimas *Karl Theodor von Dalberg* (§ 27 II.1; III.1) und im Herzogtum Anhalt-Köthen übernommen. Die neuen Organisationsformen der Verwaltung finden sich hier geregelt (o. § 28), dazu einige staatsbürgerliche Rechte (u. II.3), die Erbfolge im königlichen Hause, Justiz und Militär, nicht zuletzt eine „*National-Repräsentation*". Ihr sollten Abgeordnete der höchstbesteuerten Grundbesitzer angehören, in Westfalen auch Gelehrte. Das Gremium trat in Bayern nie zusammen und erlangte auch in Westfalen keine Bedeutung. Immerhin liegt damit, in Rechtsnormen gegossen, ein erster Ansatz zu „neuständischen" Strukturen vor, den spätere Verfassungen weiterentwickelten (u. II.2).

2. Preußische Verfassungspläne

Eine „*zweckmäßig eingerichtete Repräsentation sowohl in den Provinzen als für das Ganze ..., deren Rat wir gern benutzen ...*", hatte 1810 auch der preußische König versprochen. Natürlich ist auch hier nur vom „*Rat*", nicht etwa von Entscheidungsbefugnissen des Vertretungsorgans die Rede. Aber nicht deshalb verlaufen die preußischen Verfassungspläne nach einigen Jahren im Sande. Im Hintergrund standen sehr begrenzte politische Ziele Hardenbergs (o. § 28 II.2 u.

III.3). Nach schlechten Erfahrungen mit der finanziellen Opferbereitschaft der zum Teil noch existierenden Provinzialstände brauchte er ein neues, von „*Gemeingeist*" erfülltes Repräsentativorgan als Ansprech- und Bewilligungspartner. Um eine Vertretung spezifisch ständischer Interessen oder gar solcher des ganzen Volkes ging es dem Staatskanzler nicht. So kam 1811 nur eine kleine „*Notablenversammlung*" zustande. Ihr gehörten sowohl ernannte wie auch gewählte Deputierte der höheren Beamten, der Adeligen, Bauern und Stadtbürger an, die sich Hardenbergs Plänen sogleich widersetzten. Ein Jahr später veranlaßt der Staatskanzler daher die Wahl einer „*Interimistischen Landesrepräsentanten-Versammlung*", in welcher Vertreter der Grundbesitzer über die Staatsschulden beraten sollten. Obwohl zu diesem Gremium „*nur ... einsichtsvolle ... dem königlichen Hause und ihrem Vaterland notorisch treu ergebene*" Personen zugelassen waren, mußte Hardenberg alsbald auch hier ständisches Denken und konstitutionelle Regungen registrieren. Damit erlosch sein Interesse an Einrichtungen dieser Art. Ein weiteres Verfassungsversprechen von 1815 war zwar weiterhin von Hardenbergs Willen gedeckt, die Staatsorganisation auf eine klare normative Grundlage zu stellen. Doch kam 1821 eine Verfassungskommission schließlich zu dem eindeutigen Ergebnis, daß sich eine besondere Urkunde für Preußens Verfassung erübrige, weil diese als rein monarchische feststehe. Eingeführt wurden seit 1823 lediglich neu formierte Provinzialstände, die in den acht Provinzen Vertreter von Ritterschaft, Städten und Landgemeinden zusammenfaßten. Es sollte sich zeigen, daß auch diese partikularen Landtage einer zunehmenden Politisierung unterlagen und dabei den administrativen Bedürfnissen des Staates immer weniger genügten (u. IV). Denn als der Staat für den Bau von Eisenbahnen und Chausseen mehr Geld denn je benötigte, sah sich die preußische Regierung genötigt, einen ersten „*Vereinigten Landtag*" aus den acht Provinzen des Gesamtstaates einzuberufen und ihm das Recht der Steuerbewilligung – nicht aber das Budgetrecht – zu gewähren. Ein zukunftsfähiges Modell war diese aus Hoch- und Niederadel, Städten und Landgemeinden bestehende Versammlung von Landbesitzern nicht.

3. Die süddeutsche Verfassungsgesetzgebung von 1818/19 und die mitteldeutschen Verfassungen von 1831/33

Die entscheidenden Weichen auf dem Wege zum Verfassungsstaat sind in der Verfassungspolitik des Deutschen Bundes und mit der süddeutschen Verfassungsgesetzgebung gestellt worden. Als die deutschen Großmächte am Ende der Napoleonischen Kriege daran gingen, das ehemalige Reichsgebiet neu zu ordnen (u. § 30), bestimmten sie in Art. 13 der Deutschen Bundesakte von 1815 (DBA): „*In allen Bundesstaaten wird eine landständische Verfassung stattfinden.*" Österreich und Preußen dachten dabei nicht an demokratische Repräsentation, sondern an die Wiederherstellung des altständischen Verfassungswesens, hatte sich dieses doch als „*ein starkes Gegengewicht gegen revolutionäre Neuerungen ..., mochten diese von populären Demagogen oder von Bürokraten betrieben werden*" (V. Press), erwiesen. Bundesgenossen unter den Mediatisierten im Innern der ehemaligen Rheinbundstaaten zu finden, war das Ziel dieser Politik, die sich „*naturgemäß als liberal und national plakatieren ließ*" (W. Mager).

Den süddeutschen Monarchen klang das landständische Verfassungsgebot des Deutschen Bundes schrill in den Ohren. Sie konnten von einer Stärkung des neugewonnenen, eben entmachteten Adels (o. § 28) nur eine Destabilisierung ihrer

Staaten erwarten. Schlimmer noch: Eine landständische Verfassung unter dem Schutz des Deutschen Bundes galt ihnen als Verletzung ihrer Souveränität. Bayern faßt daher selbstverständlich nur eine Gesamtrepräsentation des ganzen Staates, nicht etwa eine Restauration alter Territorialstände ins Auge. Um jeder Bevormundung durch den Deutschen Bund zuvorzukommen, setzt der bayerische König die erste der süddeutschen Konstitutionen am 26. 5. 1818 in Kraft. Drei Monate später folgt ihm der Großherzog von Baden. Eine eigentümliche Entwicklung nimmt die Verfassungsgesetzgebung in Württemberg. König Friedrich I. regierte seit 1805 ohne die in Württemberg bis dahin sehr einflußreichen Landstände (o. § 26 IV.5). 1815 oktroyiert er gegen ihren heftigen Widerstand eine Verfassung, deren Ziel die Straffung des bunt zusammengestückelten großwürttembergischen Staates ist. Die Auseinandersetzungen münden in einen Kompromiß, die Verfassung vom 25. 9. 1819, weil auch hier schließlich, auf beiden Seiten, die Furcht vor restaurativen Eingriffen des Deutschen Bundes das Handeln bestimmt. Eine einmalige, paradoxe Interessenparallelität zwischen absolutistischem Egalisierungswillen und teils altständischem, teils liberalem Repräsentationsverlangen hat die erste Welle „neuständischer" (u. II.2) Verfassungsgesetzgebung in Deutschland ermöglicht.

Die süddeutsche Verfassungspolitik löste begreiflicherweise die tiefe Besorgnis Metternichs (u. § 30) aus. In seinem Auftrag hat der brillante Publizist und ehemalige Liberale *Friedrich Gentz* ein Gutachten zur Interpretation des Art. 13 DBA vorgelegt, das die Begriffe, um welche es hier geht, definiert und voneinander abgrenzt: „*Landständische Verfassungen sind die, in welchen Mitglieder oder Abgeordnete durch sich selbst bestehender Körperschaften ein Recht der Teilnahme an der Staatsgesetzgebung ... ausüben ... Repräsentativverfassungen hingegen sind solche, wo die zur unmittelbaren Teilnahme an der Gesetzgebung ... bestimmten Personen ... die Gesamtmasse des Volks vorzustellen berufen sind ... Repräsentativ-Verfassungen sind stets in letzter Instanz auf dem verkehrten Begriff von einer obersten Souveränität des Volks gegründet ...*" Diese Erkenntnisse stießen auf den heftigen Widerspruch Württembergs, erwiesen sich indessen als beständig. Sie waren der Neigung deutscher Regierungen zur Verfassungsgebung nicht förderlich, deckte sich deren Interesse doch weder mit altständischen Vorstellungen noch mit dem Gedanken der Volkssouveränität. Art. 57 der Wiener Schlußakte von 1820 (u. § 30) suchte die Verfassungsgesetzgebung zudem inhaltlich unter dem Gesichtspunkt der Souveränität (o. § 27 III.1) zu beschränken: „*Da der Deutsche Bund, mit Ausnahme der freien Städte, aus souveränen Fürsten besteht, so muß, dem hierdurch gegebenen Grundbegriffe zufolge, die gesammte Staatsgewalt in dem Oberhaupte des Staats vereinigt bleiben, und der Souverän kann durch eine landständische Verfassung nur in der Ausübung bestimmter Rechte an die Mitwirkung der Stände gebunden werden.*" Das Staatsoberhaupt sollte nicht nur einziger Ursprung, sondern auch alleiniger Inhaber der Staatsgewalt bleiben. Daher haben die Monarchen gern ihren freien Willensentschluß betont, auf welchem der Akt der Verfassungsgesetzgebung beruhe. So schon der bayerische König 1818 nach dem Vorbild der französischen *Charte constitutionelle* von 1814. War jedoch die Verfassung einmal in Kraft getreten, konnte sie regelmäßig nicht mehr einseitig geändert oder gar aufgehoben werden. Der Interpretation dieses Verfassungszustandes blieben damit Spielräume (u. III). Selten, wie in Württemberg 1819, hob der Verfassungstext ausdrücklich hervor, daß er durch Verhandlungen mit den Ständen zustande gekommen sei. Vielfach beruhten Verfassungen aber auch dann auf solchen Vereinbarungen, wenn sie sich darüber ausschwiegen, waren sie doch auf Kooperation von Monarch und Landständen angelegt (u. II.2).

Nicht vergessen werden sollte, daß in den österreichischen Ländern die alten Landstände fortbestanden und daß seit 1816 eine ganze Reihe deutscher Kleinstaaten in der Tat neue landständische Verfassungen alten Typs schuf. Auch einige größere Staaten – wie Hannover, Braunschweig, Hessen-Kassel – stellten die alten Stände wieder her. Nur Hessen-Darmstadt gab sich vorerst, 1820, eine Verfassungsurkunde süddeutscher Art. Eine zweite Welle der Verfassungsgesetzgebung löst erst die Pariser Julirevolution von 1830 aus. Zwischen 1831 und 1833 erhalten Hessen-Kassel, Sachsen, Braunschweig und Hannover neuständische Verfassungen. Das „dritte Deutschland" – und nur dieses – erhält jetzt ein ganz überwiegend konstitutionelles Gesicht.

II. Strukturen des deutschen Frühkonstitutionalismus

1. Unverletzlichkeit des Monarchen und Ministerverantwortlichkeit

Den Verfassungsurkunden liegt eine Systematik zugrunde, die von den Prinzipien der Selbstregierung des Monarchen einerseits, seiner verfassungsmäßigen Beschränkung durch die Rechte der Landstände (u. 2) und aller Staatsbürger (u. 3) andererseits ausgeht. Das Verhältnis zwischen diesen politischen Kräften ausschließlich rational in rechtliche Beziehungen umzusetzen, wie dies die vernunftrechtliche Vertragslehre ermöglicht hätte (o. § 22 III), gelang jedoch nicht. Die Erfahrung der Französischen Revolution ließ den voraufklärerischen Gedanken des Gottesgnadentums als unverzichtbar erscheinen. Denn das Herrscheramt ist unangreifbar nur, wenn es auf Gott, nicht auf den Willen des Volkes zurückzuführen ist. Auf die Unverletzlichkeit des Monarchen konnte also auch das neue, verfassungsrechtlich fixierte Staatsrecht nicht verzichten. Es zollte der Aufklärung jedoch insofern Tribut, als es mit dem Grundsatz der Ministerverantwortlichkeit die strikte Gesetzesbindung der höchsten Ratgeber des Herrschers anordnete. Damit war ein theoretisches Modell gefunden, das die Verhütung und Ahndung von Rechtsverletzungen auch des Monarchen selbst ermöglichte.

Fast gleichlautend kehren in den großen süd- und mitteldeutschen Konstitutionen Formulierungen wieder, wie diese in der bayerischen Verfassung von 1818: *„Der König ist das Oberhaupt des Staats, vereiniget in sich alle Rechte der Staatsgewalt, und übt sie unter den von ihm gegebenen, in der gegenwärtigen Verfassungs-Urkunde festgesetzten Bestimmungen aus. Seine Person ist heilig und unverletzlich."* Staat und Staatsoberhaupt traten nach der gedanklichen Vorarbeit der Aufklärung (o. § 25 II.1) nun auch förmlich auseinander; das Staatsgebiet wird der rechtsgeschäftlichen Verfügungsmacht des Fürsten entzogen, sein Privatgut vom Staatsgut getrennt. Mit der Ausübung der Staatsgewalt steht dem Monarchen freilich nach wie vor der gesamte Exekutivapparat, Verwaltung und Heer, uneingeschränkt zu Gebote. Die Stellung der Minister ist in den frühen Verfassungen vielfach nur am Rande geregelt. Zwar wird ihre Verantwortlichkeit im Sinne der Bindung an das Gesetz meist erwähnt. Aber auf die *Gegenzeichnung* der königlichen Anordnungen durch den zuständigen Minister, förmlicher Ausdruck der Verantwortungsübernahme, werden die Verfassungsgeber erst allmählich aufmerksam. Die württembergische Verfassung hat diesen Punkt als erste konsequent zu Ende gedacht. Sie knüpft nicht nur die Ministerverantwortlichkeit an die Kontrasignatur, sondern sieht auch einen Staatsgerichtshof vor, vor welchem Verfassungs-

§ 29. *Verfassungsurkunden und Verfassungspraxis im Vormärz* 223

verletzungen zur Anklage gebracht werden können. Vorschriften über die *Ministeranklage* kennt auch die badische Verfassung von 1818. Zu verantworten haben die höchsten Staatsdiener also den Rechtsbruch. Eine Verantwortung politischer Art vor Abgeordneten und Öffentlichkeit entwickelt sich im deutschen Verfassungsdenken nur zögernd: Der Glaube an die objektive Vernünftigkeit und also auch Konsensfähigkeit von Politik (o. § 25 II.3) ist noch weit verbreitet und verbindet sich problemlos mit der Tatsache monarchischer Selbstregierung. Damit stimmt überein, daß parteiähnliche Gruppierungen erst im Vorfeld der Revolution von 1848 zu beobachten sind (u. § 31 III.2).

2. „Stände-Versammlungen"

Die neu formierten Landstände, mit denen sich zunehmend die Idee der Volksrepräsentation verband, waren in den Verfassungen fast aller größerer Staaten in ein *Zweikammernsystem* eingebaut worden. Die Zusammensetzung der ersten Kammer ist der eines Staatsrats (o. § 28 II.3) ähnlich. Hier versammeln sich Prinzen, Standesherren, auch Kirchen- und Universitätsvertreter, dazu eine größere Zahl vom Monarchen berufener Mitglieder. Die zweite Kammer besteht mindestens zur Hälfte aus den Vertretern der stadtbürgerlichen und bäuerlichen Bevölkerung, zu denen sich Abgeordnete der adeligen Grundbesitzer und der Geistlichkeit gesellen. Nur in Baden bleiben die einfacheren Stände unter sich, in Sachsen ist auch der Handel und das Fabrikwesen vertreten. Wahlberechtigt sind nur Steuerzahler, wählbar in der Regel nur Inhaber gewisser Mindesteinkommen. Die Wahlprozedur ist regelmäßig zweistufig ausgestaltet. Die Wahlberechtigten bestimmen aus ihrem Kreise jeweils Wahlmänner, welche dann den Deputierten ihres Standes wählen. Dieses System spiegelt altständisches Denken wider. Die Idee der politischen Gleichheit aller Staatsbürger ist ihm fremd. Noch immer dominiert das Grundeigentum als Quelle politischer Mitspracherechte. Aber die Abgeordneten treten nicht mehr in getrennten Kurien (o. § 13 II.4 u. § 17 IV), sondern gemeinsam als Repräsentanten des ganzen Volkes zusammen.

Das Aufgabenfeld der neuen Repräsentativorgane, die noch lange *„Stände-Versammlung"* oder *„Landstände"* heißen, liegt im Bereich der *Gesetzesberatung* und *Steuerbewilligung*. Das Recht der Gesetzesinitiative steht nur der Regierung zu. Doch können die Abgeordneten durch Petitionen Gesetzesvorlagen fordern und diskutieren. Gesetze, mit denen Eingriffe in Freiheit und Eigentum verbunden sind, bedürfen fast überall ihrer Zustimmung. Begrenzt werden die Wirkungsmöglichkeiten der Abgeordneten durch die zeitliche Beschränkung der Tagungsperioden, Vetorechte der ersten Kammer und nicht zuletzt die Befugnis der monarchischen Regierung, durch Verordnungen das in der Praxis oft wichtigere Detail zu regeln.

3. Staatsbürgerrechte

Die Verfassungstexte enthalten – erstmals in der deutschen Geschichte – Kataloge von Staatsbürgerrechten. Mit dieser begrifflichen Akzentuierung grenzen sie sich zwar bewußt von der Idee allgemeiner Menschenrechte ab. Doch sprach die Doktrin auch unbefangen von *„Urrechten"* oder *„unveräußerlichen Rechten"*. Die Verfassungen versprechen insbesondere den Schutz des Eigentums, Gewissensfreiheit, Pressefreiheit, persönliche Freiheit und Schutz vor willkürlicher Verhaftung, Auswanderungsfreiheit, Freiheit der Berufswahl, das Recht auf den gesetzlichen Richter. Vermieden wird die Normierung eines allgemeinen Gleichheitsgrundsatzes. Zwar soll Gleichheit vor dem Gesetz herrschen. Aber „*Gleichheit wird immer nur konkret, begrenzt, auf einen bestimmten Tatbestand bezogen angesprochen – Ausdruck der Ablehnung eines vorkonstitutionellen Gleichheitsprinzips*" *(G. Kleinheyer).*

Das nächstliegende Ziel dieser Staatsbürgerrechte mit Grundrechtscharakter ist gewiß die Beschränkung der monarchischen Exekutive durch die Sicherung geschützter Freiheitsräume der Privatrechtssubjekte. Doch konnten die gewährten Rechte, weil sie nicht als Menschenrechte anerkannt waren, selbst jederzeit durch Gesetz eingeschränkt werden. Indessen spielten die frühkonstitutionellen Grundrechte eine bedeutende politische Rolle als „*Richtungsbegriffe für die Prozesse der Rechtsänderung und Gesellschaftsgestaltung*" *(R. Wahl).* Was die Kataloge der Staatsbürgerrechte gewährleisten wollten, war ja in der Rechtswirklichkeit vielfach noch gar nicht vorhanden. Die Verfassungstexte mußten daher insoweit als Programm begriffen werden, als Auftrag an Regierung und Ständeversammlung, die überlieferten Rechtsverhältnisse den verfassungsrechtlichen Freiheitsforderungen anzupassen (u. IV).

4. Die sog. Domänenfrage

Eigentümliche Regelungen enthielten die Verfassungen über das Landesvermögen, aus dem die öffentlichen Ausgaben in erster Linie zu bestreiten waren. Die gedanklich längst vollzogene Unterscheidung von Staatsvermögen und fürstlichem Privatvermögen (o. § 25 II.1) konnte insofern nicht konsequent durchgeführt werden, als überall sowohl die staatlichen Aufgaben wie auch der persönliche Aufwand der fürstlichen Familie aus denselben Liegenschaften und Einkünften zu finanzieren waren. Im Unterschied zu den vorkonstitutionellen Verhältnissen stand dem Monarchen gegenüber diesem – den überwiegenden Teil des Staates umfassenden – Landesvermögen aber nur ein bestimmter Anspruch zu, die sog. *Zivilliste*, welche die Kosten des Hofstaates und der regierenden Dynastie abzudecken hatte. Eine Veräußerung der zu diesem Vermögen gehörenden Güter war entweder ausgeschlossen oder an die Zustimmung des Landtags gebunden. Mit Rücksicht auf diese in den deutschen Staaten weitgehend übereinstimmenden Regelungen ist die Verschiedenartigkeit der gebrauchten Begriffe von untergeordneter Bedeutung. Teils ist von Staatsgut, teils von Kammergut, von Domänen oder sogar von fürstlichem Patrimonialeigentum die Rede. Nur vereinzelt behaupteten Juristen, die „Domänen" seien Privateigentum des Monarchen und seiner Familie.

III. Verfassungstheorien

1. Die Lehre vom monarchischen Prinzip

Die Verfassungsgesetzgebung wurde von lebhaften Debatten und theoretischen Reflexionen begleitet, in denen sich die politischen Absichten der Beteiligten widerspiegeln. Unter den dabei zutage getretenen Konzeptionen hat die Lehre vom monarchischen Prinzip besondere Bedeutung erlangt. Das Schlagwort kommt um 1800 auf als „*ein neues Wort für monarchische Souveränität, zu deren prinzipiellen Wahrung auf die projektierten Verfassungsstaaten angewandt*" *(H. Boldt).* Die Rede vom monarchischen Prinzip markiert also eine Verteidigungsposition, um jede Annäherung an die Idee der Volkssouveränität zu verhindern. Art. 57 der Wiener Schlußakte

(o. I.3) ist eine Frucht dieser Bemühungen. Die mit den Verfassungen hergestellte Rechtslage folgt insofern dem Gedanken des monarchischen Prinzips, als die Unverletzlichkeit des Staatsoberhaupts dieses als Grund aller politischen Gewalt vor aktuellen Kontroversen schützen soll. Indessen ist das Verbot einseitiger Verfassungsänderung (o. I.3) mit der Logik des monarchischen Prinzips schwer vereinbar. Sehr umstritten war die von manchen Autoren behauptete, von anderen aber auch abgelehnte Kompetenzvermutung zugunsten des Monarchen. Restaurative – und ebenso progressiv-liberale – Ausdeutungen der ja keineswegs vollständig und eindeutig normierten Verfassungslage dürfen nicht mit dieser selbst verwechselt werden. Die Zeitgebundenheit und „Parteilichkeit" allen Staatsdenkens tritt besonders klar in den weiter ausholenden theoretischen Entwürfen zutage. So behauptet jetzt der einflußreiche Publizist *Carl Ludwig von Haller*, ein Fürstentum sei *„kein gemeines Wesen, sondern ... eine Privatexistenz ..., ein Hauswesen ..."* – ein anachronistischer Versuch, zwei Jahrhunderte Staatslehre vergessen zu machen („Patrimonialstaatstheorie"). Ernster zu nehmen war die Rechtfertigung des monarchischen Prinzips durch *Friedrich Julius Stahl*, der diesem Thema 1845 eine eigene Monographie widmete. Auf sittlichen Ideen gegründet, ist die Staatsgewalt nach Stahl konsequent nur auf das Gottesgnadentum zurückzuführen und die Macht des Fürsten daher *„dem Rechte nach undurchdrungen"* der Volksvertretung übergeordnet.

2. Die liberale Staatstheorie

Im Mittelpunkt der liberalen Staatstheorie stand das naturrechtliche Vertragsmodell. Es mußte sich freilich, im Stile der Zeit, gleichfalls historisierende Verformungen gefallen lassen. Die geschichtlichen Nachrichten über alte Dingversammlungen schienen zu bezeugen, wie man sich Staats- und Verfassungsbildung konkret vorzustellen hatte. Der liberale Historiker und Politiker *Friedrich Christoph Dahlmann* meinte daher 1815, die Aufgabe sei, *„aus den durch den Gang der Zeiten nun frei entwickelten Ständen eine kräftige Volksvertretung zu bilden, keine aus der Luft gegriffene, sondern eine ... auf historischem Grunde ruhende ..."*. Der Gedanke der Volksrepräsentation verbindet sich auch bei anderen liberalen Wortführern, etwa *Karl Theodor Welcker*, mit sozialständischen Elementen als *„Verquickung von Traditionen und Rezeption"* repräsentativstaatlicher Modelle *(H. Brandt)*.

Der Rahmen des konstitutionellen Dualismus, des unverbundenen Nebeneinander von monarchischer Regierung und Volksvertretung, wurde lange Zeit nicht einmal in Gedankenspielen überschritten, wenn man einmal von ersten demokratischen Außenseitern absieht (u. § 31 III.2). Als sich aber das in England allmählich entstandene parlamentarische Regierungssystem nach der Pariser Julirevolution von 1830 in Frankreich durchzusetzen beginnt, öffnen sich auch für die deutsche Staatslehre neue Perspektiven. 1846 tritt der Tübinger Staatsrechtslehrer *Robert von Mohl* erstmals öffentlich für die Regierungsbildung durch die Mehrheit der Volksvertretung ein.

IV. Die frühkonstitutionelle Verfassungspraxis

1. Monarchische Regierung und Gesetzgebung der Landtage

Die schwer überschaubare Verfassungspraxis des Vormärz scheint die in der Forschung verbreitete Charakterisierung der ersten deutschen Verfassungswerke als Kompromiß zu rechtfertigen. In den Jahrzehnten bis zum Revolutionsjahr 1848 sind die Macht- und Kompetenzgrenzen zwischen der monarchischen Regierung und der Ständeversammlung vielfach in Bewegung, und dies in unterschiedlichen Richtungen. Einerseits dienen die Staatsbürgerrechte (o. II.3) als Hebel, den Bereich der Gesetzgebung über den Raum von „Freiheit und Eigentum" hinaus auf Kosten des monarchischen Verordnungsrechts auszudehnen. Andererseits bietet das konstitutionelle Staatsrecht aber auch Raum genug für die Regierung aus dem Kabinett nach spätabsolutistischer Art, wie sie König Ludwig I. zunehmend praktizierte: *„In Bayern regiert nicht der Minister, sondern es regiert der König."* Die monarchische Selbstregierung fand auch in anderen deutschen Staaten statt. Um einen „Kompromiß" – im Ringen um die Macht – handelte es sich dabei sicher nur in den Augen konsequenter Demokraten, die dem Prinzip der Volkssouveränität verpflichtet waren. Im allgemeinen galt die Verfassung als ein gesetzliches Regelwerk, an das der Monarch jetzt gebunden war und das er normalerweise auch beachtete.

Aus dieser Perspektive bedeutete es nicht wenig, daß die Landstände an der den Monarchen bindenden Gesetzgebung mitwirkten, und dies in zunehmendem Maße. Die Gesetzblätter der deutschen Bundesstaaten sind eine Fundgrube für neue Vorschriften des Finanz- und Steuerrechts, des Staats- und Kommunalrechts, Straf-, Zivil- und Wirtschaftsrechts, Eisenbahnen, Kanäle, das Banken- und Versicherungswesen und anderes betreffend. Der monarchischen Regierung war allerdings das für die Details wichtigere Verordnungsrecht vorbehalten. Und die Minister waren nur schwer angreifbar. Selbst in Baden, der wichtigsten politischen Bühne des Liberalismus, gelang es nicht, die Ministerverantwortlichkeit durch ein Verfahrensgesetz in politische Praxis umzusetzen.

2. Verfassungskonflikte

Die Auseinandersetzungen zwischen den Abgeordnetenkammern und der Regierung konnten rasch den Charakter von Verfassungskämpfen annehmen. So wurde in den häufigen Budgetkonflikten stets auch über die Rechte der Landstände gestritten, da diese sich oft über den Wortlaut der Verfassungstexte hinaus für befugt hielten, den Haushalt insgesamt zu verweigern. Die Verfassungslage war also nach mehreren Seiten hin offen und bot den allmählich immer weiter auseinanderstrebenden politischen Kräften Argumentationsspielräume. Nur so ist auch der bekannte *hannoversche Verfassungskonflikt* zu verstehen. König Ernst August erklärte bei seinem Regierungsantritt 1837 die im Jahre 1833 erlassene Verfassung für unverbindlich, weil sie ohne Zustimmung der erbberechtigten Agnaten, deren dynastische Rechte der König beeinträchtigt sah, erlassen worden sei. Hier argumentierte also jemand ganz „patrimonial" (o. III.1), was den Protest und die Entlassung der *„Göttinger Sieben",* unter ihnen *Dahlmann* und die *Brüder Grimm,* nach sich zog. Der aufsehenerregende Streit zeigte allerdings auch die Grenzen dessen, was die öffentliche Meinung in Deutschland an rückwärtsgewandter Politik hinzunehmen bereit war. In den vierziger Jahren gewann die liberale Bewegung spürbar an Kraft. Selbst in Preußen, wo sich die Provinzialstände lange Zeit konservativ gegen die Reformpolitik der Regierung (o. § 28) wehrten, erhob sich nun ein Petitionssturm, in welchem das Verfassungsversprechen von 1815, aber auch staatsbürgerliche Rechte, wie die Pressefreiheit, eingefordert wurden. Die Ereignisse des Jahres 1848 kündigten sich an.

§ 30. Deutscher Bund und deutsche Einheitsbestrebungen

Quellen: *E. Dross* (Hrsg.), Quellen zur Ära Metternich, 1999; *M. Hundt* (Hrsg.), Quellen zur kleinstaatlichen Verfassungspolitik auf dem Wiener Kongreß, 1996; *J. L. Klüber* (Hrsg.), Acten des Wiener Congresses in den Jahren 1814 und 1815, 9 Bde., 1815/35 (Neudr. 1996); *ders.* (Hrsg.), Quellen-Sammlung zu dem öffentlichen Recht des Teutschen Bundes, 1830 (Neudr. 1970); *ders.* (Hrsg.), Wichtige Urkunden für den Rechtszustand der deutschen Nation, 2. Aufl. 1845 (Neudr. 1977); *A. G. v. Meyer* (Hrsg.), Corpus Iuris Confoederationis Germanicae oder Staatsacten für Geschichte und öffentliches Recht des Deutschen Bundes, 3 Tle., 3. Aufl. 1858–1869.

Zeitgenössische Literatur: *J. L. Klüber*, Öffentliches Recht des Teutschen Bundes und der Bundesstaaten, 1817, 4. Aufl. 1840; *H. Zöpfl*, Grundsätze des gemeinen deutschen Staatsrechts, 1841, 5. Aufl. 1863; *H. A. Zachariä*, Deutsches Staats- und Bundesrecht, Bd. 1–3, 1841, 3. Aufl. 1865–1867.

Schrifttum: *K. O. Frh. v. Aretin* (o. § 29); *H. Brandt*, Ansätze einer Selbstorganisation der Gesellschaft in Deutschland im 19. Jahrhundert, Der Staat, Beih. 2 (1978) 51 ff.; *E. Büssem*, Die Karlsbader Beschlüsse von 1819, 1974; *R. Darmstadt*, Der Deutsche Bund in der zeitgenössischen Publizistik, 1971; *N. Deuchert*, Vom Hambacher Fest zur badischen Revolution – Politische Presse und Anfänge deutscher Demokratie 1832–1848/49, 1983; *U. Eisenhardt*, Der Deutsche Bund und das badische Pressegesetz von 1832, in: *G. Kleinheyer* u. *P. Mikat* (Hrsg.), Beiträge zur Rechtsgeschichte, Gedächtnisschrift für H. Conrad, 1979, 103 ff.; *K. Griewank*, Der Wiener Kongreß und die Europäische Restauration 1814/15, 2. Aufl. 1954; *W. D. Gruner*, Die deutschen Einzelstaaten und der Deutsche Bund, in: *A. Kraus* (Hrsg.), Land und Reich, Stamm und Nation, FG M. Spindler, Bd. 3, 1984, 19 ff.; *H.-W. Hahn*, Wirtschaftliche Integration im 19. Jahrhundert: Die hessischen Staaten und der deutsche Zollverein, 1982; *H. J. Hartmann*, Das Schicksal der preußisch-österreichischen Verfassungsvorschläge, insbesondere des Entwurfs vom 14. Okt. 1814, auf dem Wiener Kongreß (jur. Diss. Göttingen), 1964; *M. Hundt*, Die mindermächtigen deutschen Staaten auf dem Wiener Kongreß, 1996; *H. Kirchner*, Das Ringen um ein Bundesgericht im Deutschen Bund, in: Ehrengabe für B. Heusinger, 1968, 19 ff.; *A. Laufs*, Für Freiheit und Einheit: Das Nationalfest der Deutschen zu Hambach 1832, JuS 1982, 325 ff.; *W. Mager* (o. § 29); *W. Mössle*, Restauration und Repräsentativverfassung. Die Verteidigung und Durchsetzung der Repräsentativverfassung auf den Ministerkonferenzen von Karlsbad und Wien, ZblLG 56 (1993), 63 ff.; *ders.*, Die Verfassungsautonomie der Mitgliedstaaten des Deutschen Bundes nach der Wiener Schlußakte, Der Staat 33 (1994) 373 ff.; *R. Moldenhauer*, Aktenbestand und Geschäftsverfahren der Deutschen Bundesversammlung (1816–1866), Archiv. Zs. 74 (1978), 35 ff.; *H. Müller-Kinet*, Die höchste Gerichtsbarkeit im deutschen Staatenbund 1806–1866, 1975; *W. Quint* (o. § 23); *W. Real*, Der hannoversche Verfassungskonflikt vom Jahre 1837 und das deutsche Bundesrecht, HZ 83 (1964) 135 ff.; *H. Rumpler* (Hrsg.), Deutscher Bund und deutsche Frage 1815–1866: Europäische Ordnung, deutsche Politik und gesellschaftlicher Wandel im Zeitalter der bürgerlich-nationalen Emanzipation, 1990; *H. J. Schenk*, in: DtVwG II, 155 ff.; *H. Seier*, Zur Frage der militärischen Exekutive in der Konzeption des Deutschen Bundes, in: *J. Kunisch* (Hrsg.), Staatsverfassung und Heeresverfassung in der europäischen Geschichte der frühen Neuzeit, 1986, 397 ff.; *W. Siemann*, „Deutschlands Ruhe, Sicherheit und Ordnung" – Die Anfänge der politischen Polizei 1806–1866, 1985; *ders.*, Kampf um Meinungsfreiheit und die deutschen Konstitutionalismus, in: *J. Schwartländer* u. *D. Willoweit* (Hrsg.), Meinungsfreiheit – Grundgedanken und Geschichte in Europa und USA, 1986, 173 ff.; *E. Wadle*, Der deutsche Zollverein, JuS 1984, 586 ff.; *G. Walter* (o. § 27).

I. Verfassungspläne am Ende der napoleonischen Ära

Moskau brannte noch, als angesichts der jetzt zu erhoffenden Niederwerfung Napoleons das Nachdenken über die Neuordnung der europäischen Mitte begann. Die Reihe der Verfassungsprojekte für die deutsche Staatenwelt setzt mit einem Plan des damals in russischen Diensten stehenden *Freiherrn vom Stein* ein, der am liebsten die Erneuerung eines machtvollen Kaisertums von mittelalterlicher Größe gesehen hätte. Realistischer war sein Vorschlag einer Teilung Deutschlands längs der Mainlinie, womit das 1795 erkennbar gewordene Hegemonialsystem (o. § 27 I.3) Verfassungsrang erhalten hätte. Stein hielt an dieser Konstruktion, ebenso aber an der damit kaum zu vereinbarenden Kaiseridee, noch lange fest, obwohl sich die politischen Realitäten alsbald in ganz anderer Richtung entwickelten. Zwar hatte auch der russische Oberbefehlshaber *Kutusow* in der „*Proklamation von Kalisch*" vom März 1813 den Deutschen die „*Wiedergeburt eines ehrwürdigen Reiches*" versprochen. Aber schon im September 1813 eröffnete der *Vertrag von Teplitz,* mit welchem Österreich der russisch-preußischen Allianz beitrat, auch andere Möglichkeiten, indem er den Vertragschließenden Handlungsfreiheit hinsichtlich zukünftiger Abkommen mit weiteren deutschen Staaten gewährte. Österreichs Außenminister und späterer Staatskanzler *Fürst Metternich* sah sich vor die Aufgabe gestellt, die Rheinbundstaaten unter Schonung ihrer politischen Interessen auf die Seite der Verbündeten hinüberzuziehen. Als erste Frucht dieser Bemühungen schloß er im Oktober 1813, noch am Vorabend der Völkerschlacht vor Leipzig, mit Bayern den *Vertrag von Ried,* welcher dem König „*la Souveraineté pleine et entière*" zusicherte (*Hofmann* Nr. 73 a). Die weiteren Beitrittsverträge mit zahlreichen deutschen Staaten enthielten wohl Vorbehaltsklauseln, welche künftige Souveränitätseinschränkungen ermöglichten. Aber das Grundprinzip einer weitgehenden Unabhängigkeit der einzelnen Staatswesen wurde nun doch zu einer beherrschenden Maxime der Neugestaltung Deutschlands und sollte am Ende erfolgreich bleiben. Der erste *Pariser Frieden* vom 30. 5. 1814 legte fest: „*Les états de l'Allemagne seront indépendants et unis par un lien fédératif.*" Lange vor dem Beginn gezielter Verfassungsverhandlungen waren damit wesentliche Vorentscheidungen getroffen. Zu keinem Zeitpunkt in diesen Jahren des Neubeginns gab es eine Situation, in der die künftige Verfassung Deutschlands abstrakt, ohne Bindung an zwingende politische Voraussetzungen hätte erörtert werden können. Die Restauration des Reiches, für welche sich bis zum Pariser Frieden das wiedererrichtete Kurfürstentum Hannover – also die englische Politik – einsetzte, war so gut wie unmöglich geworden. Es mußten neue Lösungen gesucht werden.

Der weitere Weg der Verfassungsbildung war auch insofern durch den Pariser Friedensschluß vorgezeichnet, als darin die Großmächte eine dauerhafte europäische Friedensordnung versprochen hatten. Dieses Ziel, weniger die Befriedigung spezifisch deutscher Interessen, bewegte auch Metternich, den führenden Kopf des im November 1814 eröffneten *Wiener Kongresses.* Ihm war in erster Linie daran gelegen, die Gleichberechtigung und Unabhängigkeit der fünf führenden europäischen Mächte Österreich, Rußland, England, Preußen und Frankreich zu sichern. Vom Gleichgewicht innerhalb dieses Zirkels der maßgebenden europäischen Großstaaten erwartete Metternich Frieden und politische Stabilität. Damit meinte er freilich die ungestörte Fortdauer jener Staatsgewalten, deren Recht tief in der Geschichte verankert war. Anerkennung und Schutz dieses – vom französischen Gesandten *Talleyrand* in die Verhandlungen eingeführten – „*Legitimitätsprinzips*" schlossen notwendigerweise die konsequente Ablehnung von Nationalstaat und Volksherrschaft ein. Gemessen am grundsätzlichen Charakter dieser Konzeption erscheint die preußische Politik weniger profiliert, wenngleich sie sich viel aktiver mit immer neuen Entwürfen an der Planung einer deutschen Bundesverfassung beteiligte. Der von Hardenberg zunächst vorgelegte 41-Punkte-Plan sah die Schaffung eines föderativen Gebildes vor, in welchem Preußen und Österreich eine hegemoniale Stellung zukommen sollte.

§ 30. Deutscher Bund und deutsche Einheitsbestrebungen

Mit Recht ist bemerkt worden, wie sehr die Institutionen der untergegangenen Reichsverfassung die jetzigen Verfassungsplanungen prägten. Die Wiedergeburt einer gestrafften Kreisverfassung war vorgesehen, eine dem alten Reichstag ähnelnde Bundesversammlung und ein Bundesgericht. Auf dieser Basis einigten sich Hardenberg und Metternich in zwölf Artikeln, die dann aber auf den heftigen Widerstand der beiden süddeutschen Königreiche stießen. Verhandelt wurde in einem „*Deutschen Comité*", dem ursprünglich nur jene deutschen Staaten angehörten, deren Souveränität keinem vertraglichen Vorbehalt unterlag – also Österreich, Preußen, Hannover und Bayern; später hat man Württemberg als Königreich hinzugezogen, während der sächsische König als treuester Bundesgenosse Napoleons in Gefangenschaft geraten war und ausgeschlossen blieb. In diesem kleinen Kreise konnte Bayern die ihm gegebene Souveränitätsgarantie wirksam ausspielen. Es nutzte nichts, daß sich mehrfach rund 30 deutsche Regierungen, die zu den Beratungen nicht eingeladen waren, nachdrücklich für die Wiedererrichtung des Kaisertums aussprachen. Als im März 1815 Napoleon von Elba nach Frankreich zurückkehrte, schien rasche Einigung geboten. Noch vor der Schlacht von Waterloo fanden Österreich und Preußen zu einem Kompromiß, dem ein Minimalprogramm Metternichs für eine deutsche Bundesorganisation zugrunde lag. Dieses freilich wurde dann in Schlußkonferenzen aller deutscher Staaten auch gegen den süddeutschen Widerstand durchgesetzt.

II. Die Bundesverfassung

1. Zweck, Struktur und politische Mittel des Bundes

Die Grundzüge der Bundesverfassung sind in der *Deutschen Bundesakte* (DBA) vom 8. 6. 1815 niedergelegt, deren wichtigste Bestimmungen (Art. 1–11) zugleich in die Wiener Kongreßakte aufgenommen und damit unter internationalen Schutz gestellt wurden. Ergänzende Bestimmungen finden sich in der sog. *Wiener Schlußakte* (WSA) vom 15. 5. 1820. Sie faßt die Ergebnisse von Ministerkonferenzen zusammen, welche, schon im Zeichen der „Karlsbader Beschlüsse" (u. III.1), die Bundesorganisation im Sinne der Restaurationspolitik ausrichten wollten. Als „*Zweck*" des Deutschen Bundes nennt Art. 2 DBA die „*Erhaltung der äußeren und inneren Sicherheit Deutschlands*" und die „*Unabhängigkeit und Unverletzbarkeit der einzelnen deutschen Staaten*". In der Präambel ist auch von der „*Ruhe*" und vom „*Gleichgewicht Europas*" die Rede, in der WSA von „*Friede und Eintracht*". An diesen Zielvorstellungen sind die Regelungen in der Tat, wenn auch in durchaus eigentümlicher Weise, ausgerichtet. Die DBA hat noch primär den gegenseitigen Schutz gegenüber äußeren Angriffen und die Verhinderung von Kriegen zwischen den Mitgliedern des Bundes im Blick. Für den letzteren Fall ist allerdings kein Bundesgericht mehr vorgesehen, sondern eine „*Austrägal-Instanz*", d. h. ein Schiedsgericht altadeligen Stils (Art. 11 DBA). Die WSA dagegen sorgt sich besonders um die „*Aufrechthaltung der innern Ruhe und Ordnung in den Bundesstaaten*". Sie steht den jeweiligen Regierungen zu. Aber „*als Ausnahme kann ... die Mitwirkung der Gesammtheit zur Erhaltung oder Wiederherstellung der Ruhe, im Falle einer Widersetzlichkeit der Unterthanen gegen die Regierung, eines offenen Aufruhrs, oder gefährlicher Bewegungen in mehreren Bundesstaaten Statt finden*" (Art. 25 WSA). Ist die Regierung des einzelnen Bundesstaates nicht in der

Lage, den Bund um Hilfe anzurufen, so ist dieser *„verpflichtet, auch unaufgerufen zur Wiederherstellung der Ordnung und Sicherheit einzuschreiten"* (Art. 26 WSA). Solchen Eingriffen kann sich auch kein Staat entziehen. Denn *„der Bund ist als ein unauflöslicher Verein gegründet, und es kann daher der Austritt aus diesem Verein keinem Mitgliede desselben freistehen"* (Art. 5 WSA). Daher möchte ein moderner Jurist dem Satz, der Deutsche Bund sei *„ein völkerrechtlicher Verein der deutschen souveränen Fürsten und freien Städte"* (Art. 1 WSA), *„in seinem Innern ... eine Gemeinschaft selbständiger, unter sich unabhängiger Staaten"* (Art. 2 WSA), kaum Glauben schenken. Der Zwangscharakter des „Vereins" darf freilich nicht vergessen machen, daß außerhalb des Sicherheitsbereichs ein breites Spektrum eigenständiger Innenpolitik denkbar blieb, so daß die Zeitgenossen den nur staatenbündischen, nicht bundesstaatlichen Charakter des Deutschen Bundes ernst nahmen. So entspricht der begrenzten Zuständigkeit auch eine nur schwach ausgebildete Bundesorganisation. Über alle Angelegenheiten beschließt unter dem Vorsitz Österreichs grundsätzlich die *Bundesversammlung* in Frankfurt, der die größeren und mittleren Staaten mit je einer Stimme, die kleineren als Teilhaber von Gesamtstimmen angehören (Art. 4 DBA).

2. Gemeinsame verfassungspolitische Ziele der Mitgliedstaaten

Doch kennt die Bundesakte auch innerstaatliche Gemeinsamkeiten, deren Ausbau die politische Kultur in Deutschland hätte fördern können: Außer den Landständen (o. § 29 I.3) finden einige Staatsbürgerrechte aller Deutschen Erwähnung, außerdem die Gleichberechtigung der großen Konfessionen und die anzustrebende Gleichbehandlung der Juden; drei Instanzen sollen in der Justiz aller Länder gewährleistet sein. Ein führender Staatsrechtler dieser Zeit, *Johann Ludwig Klüber*, nannte als „Nebenzweck" des Deutschen Bundes die *„Erhöhung des Gemeinwohls sämtlicher Bundesstaaten ... Cultur, Handel und Verkehr ..."*. Der im Vordergrund stehende Sicherheitsaspekt hatte allerdings zur Folge, daß sich der Deutsche Bund beharrlich der Dynamik seiner Zeit verschloß. Metternichs System bewährte sich in einem langen äußeren Frieden. Innenpolitisch entpuppte es sich rasch als re-aktionär im wahren Sinne des Wortes.

3. Das Bundesgebiet

Die Ostgrenze des Deutschen Bundes entsprach weitgehend der schon zur Zeit des Westfälischen Friedens bestehenden Reichsgrenze. Böhmen und Mähren gehörten ebenso dazu wie Krain, Triest und Tirol einschließlich Trient. Die habsburgischen Gebiete jenseits dieser Grenze aber waren längst gewaltig angewachsen: Ungarn, Siebenbürgen, Galizien – um nur die wichtigsten östlichen Territorien zu nennen – regierte das Haus Habsburg und nunmehr auch Venetien, die Lombardei mit Mailand und Dalmatien. Etwas bescheidener, aber ähnlich ausgedehnt, erstreckte sich das Königreich Preußen im Osten über die noch zum Deutschen Bunde gehörenden Provinzen Pommern und Schlesien hinaus auf West- und Ostpreußen, dazu auf die jetzt neu gebildete Provinz Posen. Im Westen gewann Preußen durch den Wiener Kongreß die reiche Rheinprovinz mit Köln und Trier sowie Westfalen. Zum Deutschen Bund gehörten auch Luxemburg und Liechtenstein, nicht dagegen Schleswig. Die spätere deutsche Geschichtsschreibung wurde nicht müde zu beklagen, daß die Sieger über Napoleon die Einverleibung des Elsaß in den französischen Staatsverband nicht rückgängig gemacht haben. Der österreichische Staatskanzler Metternich war jedoch entschlossen, die in der Vergangenheit so oft konfliktträchtige Nachbarschaft zwischen Frankreich und dem Hause Habsburg durch Verzicht auf die alten habsburgischen Herrschaftsräume Belgien und das Elsaß zu beenden. In Zukunft sollte eine Friedensordnung von Dauer bestehen, nicht durch Demütigung des gerade wiedererrichteten französischen Königtums – dem einst der Erwerb des Elsaß gelungen war – der Keim zu einem neuen Konflikt gelegt werden.

Der Deutsche Bund ist also ohne Rücksicht auf nationale Erwartungen konstruiert worden. Tschechen und auch Italiener gehörten dazu, viele Deutsche blieben außerhalb. Die beiden deutschen Großstaaten aber beherrschten jenseits der Grenzen des Deutschen Bundes auch Teile Polens, das Haus Habsburg darüber hinaus zahlreiche weitere Völkerschaften. Weder Preußen noch Österreich konnten daher an einer nationalstaatlichen Politik interessiert sein. Als Symbol der Verpflichtung auf die alteuropäische Ordnung schlossen die Monarchen Österreichs, Rußlands und Preußens die „*Heilige Allianz*", ein Bündnis bald aller Monarchen Europas, das der Restaurationspolitik dienen sollte.

III. Die repressive Sicherheitspolitik des Deutschen Bundes

1. Die Karlsbader Beschlüsse

Die in den Befreiungskriegen entzündeten nationalen Emotionen, aber auch der im aufgeklärten Bürgertum wachsende Wille zu politischem Reden, Schreiben und Handeln aus liberaler Überzeugung hatten ein gesellschaftliches Klima entstehen lassen, das die Regierenden als bedrohlich empfanden (u. IV). 1819, nach dem Mord an dem russischer Verbindungen bezichtigten Schriftsteller Kotzebue, sahen die beiden deutschen Großmächte den geeigneten Zeitpunkt gekommen, das Instrument des Deutschen Bundes gegen die politische „*Demagogie*" einzusetzen. Mit den auf einer rasch einberufenen Konferenz im August 1819 gefaßten Karlsbader Beschlüssen versuchte Metternich wahrhaftig, die „*wechselseitige Garantie der moralischen und politischen Unverletzlichkeit sämmtlicher Glieder des Bundes*" dadurch zu erreichen, daß er den „*allgemeinen philosophischen und politischen Raisonnements*" einen Riegel vorschob, da andernfalls, „*wie die Sachen heute stehen, ein günstiger Ausgang nicht mehr denkbar*" sei. In Karlsbad beschlossen und wenig später von der Bundesversammlung übernommen wurden beschränkende Regelungen für die Universitäten und die Presse. An jeder Universität sollte ein besonderer Bevollmächtigter Professoren und Studenten überwachen und bei politischer Unzuverlässigkeit ihre Entfernung veranlassen. Das Bundespressegesetz unterwarf alle Druck-Erzeugnisse unter 320 Seiten Umfang einer generellen Vorzensur und Genehmigung. Flankierend trat die Errichtung einer *Zentraluntersuchungskommission* in Mainz hinzu, deren bundesweit wahrzunehmende Aufgabe die polizeiliche Ausforschung und Überwachung „*alles dessen, was Züge politischer Organisiertheit in der Gesellschaft aufwies*", sein sollte (*W. Siemann*). Dem gemeindeutschen Charakter der neuen Ideen entsprach die grenzüberschreitende Organisation der Repressionsmittel. 1832, nach dem Hambacher Fest (u. IV), griff die Bundesversammlung mit neuen Verboten ein. Sie betrafen generell alle politischen Vereine, bisher nicht übliche Volksversammlungen und Volksfeste, öffentliche Reden politischen Inhalts, das Tragen nicht erlaubter Farben und anderes mehr („*Zehn Artikel*").

2. Die Bundespraxis

Angesichts dieser politischen Linie überrascht es nicht, daß sich die Bundespraxis nur dürftig und einseitig entwickelte. Die deutschen Regierungen standen gegenüber dem damals vielberufenen „Zeitgeist" mit dem Rücken zur Wand. Zwar hat die Bundesversammlung in zahlreichen Alltagsgeschäften ihre Aufgabe, den inneren Frieden zwischen den Bundesmitgliedern zu wahren und *„Privatreklamationen"* wegen Justizverweigerung zu prüfen, nicht ohne Erfolg wahrgenommen. Im Vergleich mit den Verhältnissen im Alten Reich wird sich vielleicht ein größeres Maß an Rechtssicherheit feststellen lassen. Aber die Beratungen betrafen oft nur Folgeprobleme der vorangegangenen Umwälzungen, etwa unerledigte Schuldensachen. In die Zukunft weisende politische Impulse gingen von Frankfurt nicht aus. Obwohl die Bundesversammlung als eine beständige Einrichtung gedacht war, tagte sie kaum länger als sechs Monate im Jahr einmal wöchentlich und litt zuweilen unter dem Mangel an Verhandlungsstoff.

Lebendig wurden die führenden Bundespolitiker Österreichs und Preußens immer dann, wenn es galt, Gefährdungen der monarchischen Autokratie abzuwehren. Daß manche deutsche Regierung weniger engherzig dachte, beeindruckte die beiden Hegemonialmächte nicht. Als Baden 1832 ein großzügigeres Pressegesetz erließ, verlangte die Bundesversammlung dessen Aufhebung; Österreich und Preußen drohten die Exekution an. Daraufhin setzte der Großherzog die wichtigsten Bestimmungen des Gesetzes durch Verordnung außer Kraft. Im selben Jahr beschloß die Bundesversammlung, im Falle der Budgetverweigerung durch die Landstände habe der Bund gem. Art. 25 und 26 WSA (o. II.1) zu intervenieren; die landständischen Verhandlungen sollten von einer Kommission des Bundes beobachtet, die freie Rede der Abgeordneten in öffentlichen Sitzungen kontrolliert werden *(„Sechs Artikel")*. Die restaurativen Bemühungen Metternichs drohten bald die Bundesverfassung zu sprengen. 1834 fanden in Wien geheime Konferenzen statt, auf denen restriktive Vereinbarungen über Landstände, Presse und Universitäten getroffen wurden *(„Sechzig Artikel")*. Eine Indiskretion brachte diese Abmachungen in den vierziger Jahren ans Tageslicht. Nicht nur die Glaubwürdigkeit der deutschen Regierungen litt, wenn es schon notwendig wurde, die Bundesversammlung als zuständiges Organ zu umgehen. Auch die schließliche Erfolglosigkeit einer lediglich restaurativ-defensiven Bundespolitik zeichnete sich ab.

IV. Nationale Bewegung und bürgerliche Vereinsbildung

Die Verfassungsgeschichte des Deutschen Bundes ist nur vor dem Hintergrund einer wachsenden gesellschaftlichen Eigendynamik zu verstehen. Die nationale Bewegung und die Tendenzen zu einer *„Selbstorganisation der Gesellschaft"* *(H. Brandt)* führten trotz aller Verbotspolitik zu einer Stärkung des bürgerlichen Selbstbewußtseins, demgegenüber die bloße Verteidigung der monarchischen Legitimität deutscher Partikularfürsten keine lebensfähige Alternative mehr darstellte. Schon vor dem Ende des 18. Jahrhunderts hatten namhafte Anhänger eines aufgeklärten Weltbürgertums und Freunde der Französischen Revolution die Wende zur Idee der Nation vollzogen. Die Namen Schiller und Fichte stehen für viele andere. Am deutlichsten läßt vielleicht *Johann Gottfried Herder* erkennen, warum das Staatsdenken im Zeichen der Vernunft (o. § 25) so unvermittelt in nationales Gefühl umschlagen konnte: Da die Menschen alle der gleichen Gattung angehören, gibt es unter ihnen nur einen Stand, das Volk. Die aufgeklärte Gleichheitsidee hat der romantischen Hinwendung zum *„Volksgeist"* den Weg bereitet. Das Volk aber bietet mit seiner Sprache und Kultur dem logisch konstruierten Staatsgedanken handgreifliche Inhalte, so daß viele die Erneuerung des staatlichen Lebens durch die sittlichen Kräfte der Nation erhofften.

An den erfolgreichen Krieg gegen Napoleon haben sich nationale Erwartungen geknüpft, die niemals eine Chance hatten, erfüllt zu werden. Die Unruhe mündete in ein Vereinswesen mit nicht geringem politischen Ehrgeiz. Die studentischen *Burschenschaften*, 1817 im nationalen Wartburgfest vereinigt, begriffen sich ausdrücklich als eine gemeindeutsche Einrichtung. Der eifrigste nationale Publizist dieser Jahre, *Ernst Moritz Arndt*, träumte gar von einem deutschen *„Studentenstaat"*. Anderswo entstanden *„Deutsche Gesellschaften"*; in Berlin propagierte *Turnvater Jahn* die Kombination von Leibesübung und nationalem Engagement. Die Gesellschaft war aber auch sonst in Bewegung geraten. Der Einebnung von Standesschranken durch die Regierungen selbst (o. § 28 III) folgt nun die Gründung berufsständischer und karitativer Vereine, welche nicht wenige Aufgaben der vormaligen Zwangskorporationen und Untertänigkeitsverhältnisse übernehmen. Zu den frühesten Vereinigungen dieser Art gehört im Jahre 1822 die *„Versammlung Deutscher Naturforscher und Ärzte"*; die Gründung des *„Deutschen Anwalttags"* gelingt erst 1846. Diese privaten Initiativen schärften den Gemeinsinn und förderten die politische Selbstverantwortung. Der 1830 gegründete und zwei Jahre später verbotene *„Deutsche Press- und Vaterlandsverein"* vermochte daher im *Hambacher Fest* 1832 eine vieltausendköpfige Menge unter schwarzrotgoldenen Fahnen zu vereinigen. *„Der heilige Funke des Vaterlands und der Freiheit"* sollte durch dieses *„Fest der Hoffnung"* entzündet werden. Es dauerte indessen noch eineinhalb Jahrzehnte, bis der Widerstand der deutschen Regierungen zusammenbrach.

V. Der Deutsche Zollverein

Die verfassungspolitische Alternative zum Deutschen Bund schien sich mit dem am 1. 1. 1834 in Kraft getretenen Deutschen Zollverein anzukündigen. Schon seit 1818 ersetzte Preußen die herkömmlichen Binnenzölle durch ein einheitliches Grenzzollsystem. Fiskalische Gründe waren dafür maßgebend, konnte sich einerseits doch das einheimische Gewerbe freier entfalten, während andererseits an den Grenzen neue Einnahmen in die staatlichen Kassen flossen. Mit der Bildung eines gemeinsamen Zollgebietes mehrerer Staaten ging die Gründung einer Zollvereinskasse einher, an der die Mitgliedsstaaten nach Kopfzahl ihrer Einwohner partizipierten. Es konnte nicht ausbleiben, daß von dem großen preußischen Zollgebiet eine Sogwirkung ausging, der sich zunächst ein süddeutscher Zollverein und dann auch ein *„Mitteldeutscher Handelsverein"* entgegengestellt hatten. Aus der für alle Beteiligten vorteilhaften Verbindung der Zollgebiete ging der allgemeine Zollverein hervor.

Sicher haben ihn die Zeitgenossen als Element einer deutschen Einigungspolitik erlebt, an der die Organisation des Deutschen Bundes nicht beteiligt gewesen ist. Und auch Politiker sowohl Preußens wie Österreichs erkannten, daß der Zollverein geeignet war, den politischen Einfluß des Berliner Hofes in Deutschland zu steigern.

Aber verfassungspolitisch handelte es sich mangels geeigneter Instrumente im Vertragswerk um eine Sackgasse, aus der kein direkter Weg zur deutschen Einheit führte.

2. Kapitel. Auf dem Wege zum Nationalstaat (1848–1871)

§ 31. Die Verfassungspolitik der Revolutionszeit und die Reichsverfassung von 1849

Quellen: *H. Fenske* (Hrsg.), Vormärz und Revolution 1840–1849 (Quellen zum polit. Denken der Deutschen im 19. und 20. Jh., Bd. 4), 2. Aufl. 1982; *W. Heun* (s. o. § 29); *H. Scholler* (Hrsg.), Die Grundrechtsdiskussion in der Paulskirche, 1973; *ders.* (Hrsg.), Quellen zur deutschen Revolution 1848–1849, 1996; *F. Wigard* (Hrsg.), Stenographischer Bericht über die Verhandlungen der deutschen constituirenden Nationalversammlung zu Frankfurt a. M., 9 Bde., 1848/49.

Schrifttum: *S.-M. Bauer*, Die verfassunggebende Versammlung in der badischen Revolution von 1849, 1991; *G. Birtsch* (Hrsg.), Grund- und Freiheitsrechte (o. § 26); *W. Boldt*, Die Anfänge des deutschen Parteiwesens – Fraktionen, politische Vereine und Parteien in der Revolution, 1971; *M. Botzenhart*, Die Parlamentarismusmodelle der deutschen Parteien 1848/49, in: *G. A. Ritter* (Hrsg.), Gesellschaft, Parlament und Regierung, 1974, 121 ff.; *ders.*, Deutscher Parlamentarismus in der Revolutionszeit 1848–1850, 1977; *H. Dippel*, Das Paulskirchenparlament 1848/49: Verfassungskonvent oder Konstituierende Nationalversammlung?, JÖR N. F. 48 (2000) 1 ff.; *Ch. Dipper* u. *U. Speck* (Hrsg.), 1848 Revolution in Deutschland, 1998; *F. J. Düwell*, Recht und Juristen in der deutschen Revolution 1848/49, 1998; *F. Ebel*, „Der papierne Wisch". Die Bedeutung der Märzrevolution 1848 für die preußische Verfassungsgeschichte, 1998; *F. Eyck*, Deutschlands große Hoffnung – Die Frankfurter Nationalversammlung 1848–1849, (engl. 1968) 1973; *H. J. Faller*, Die Verfassungsgerichtsbarkeit in der Frankfurter Reichsverfassung vom 28. 3. 1849, in: *G. Leibholz* u. a. (Hrsg.), Menschenwürde und freiheitliche Rechtsordnung, FS W. Geiger, 1974, 827 ff.; *H. Gebhardt*, Revolution und liberale Bewegung – Die nationale Organisation der konstitutionellen Partei in Deutschland 1848/49, 1974; *E.-H. Grefe*, Revolution oder Reform? Politik im Vorparlament und im Fünfzigerausschuß, Archiv f. Frankfurts Geschichte u. Kunst 54 (1974) 13 ff.; *Th. S. Hamerow*, Die Wahlen zum Frankfurter Parlament, in: *E.-W. Böckenförde* (Hrsg.), Moderne deutsche Verfassungsgeschichte (1815–1918), 1972, 215 ff.; *R. Hoede*, Die Heppenheimer Versammlung vom 10. Oktober 1847, 1997; *Chr. Klessmann*, Zur Sozialgeschichte der Reichsverfassungskampagne von 1849, HZ 218 (1974) 283 ff.; *J.-D. Kühne*, Die Reichsverfassung der Paulskirche, 2. Aufl. 1998; *J. H. Kumpf*, Petitionsrecht und öffentliche Meinung im Entstehungsprozeß der Paulskirchenverfassung 1848/49, 1983; *C. Ladenburger*, Die Paulskirchenverfassung in der Genese des deutschen Verwaltungsrechtsschutzes – Episode oder Wegbereiter?, Der Staat 41 (2002) 407 ff.; *D. Langewiesche*, Die Anfänge der deutschen Parteien – Partei, Fraktion und Verein in der Revolution von 1848/49, GuG 4 (1978) 324 ff.; *ders.* (Hrsg.), Die deutsche Revolution von 1848/49, 1983; *A. Laufs*, Recht und Gericht im Werk der Paulskirche, 1978; *B. Mann*, Das Ende der deutschen Nationalversammlung im Jahre 1849, HZ 214 (1972) 265 ff.; *ders.*, Die Württemberger und die deutsche Nationalversammlung 1848/49, 1975; *U. Scheuner*, Die rechtliche Tragweite der Grundrechte in der deutschen Verfassungsentwicklung des 19. Jahrhunderts, in: *E. Forsthoff* u. a. (Hrsg.), FS E. R. Huber z. 70. Geb., 1973, 139 ff.; *H. Scholler*, Die sozialen Grundrechte in der Paulskirche, Der Staat 13 (1974) 51 ff.; *W. Schwentker*, Konservative Vereine und Revolution in Preußen 1848/49. Die Konstituierung des Konservativismus als Partei, 1988; *W. Siemann*, Die Frankfurter Nationalversammlung 1848/49 zwischen demokratischem Liberalismus und konservativer Reform, 1976; *ders.*, „Deutschlands Ruhe ..." (o. § 30); *G. Wollstein*, Das „Großdeutschland" der Paulskirche – Nationale Ziele in der bürgerlichen Revolution 1848/49, 1977; *G. Ziebura*, Anfänge des deutschen Parlamentarismus. Geschäftsverfahren und Entscheidungsprozeß in der ersten deutschen Nationalversammlung, in: *G. A. Ritter* u. *G. Ziebura* (Hrsg.), Faktoren der politischen Entscheidung, FG E. Fraenkel, 1963, 185 ff.

I. Politische Bewegungen in der Zeit des Vormärz

Soziale Unruhen und politische Unzufriedenheit schlugen sich lange vor der Märzrevolution von 1848 in Aktionen nieder, die grundlegende Veränderungen der staatlichen Verhältnisse zum Ziel hatten. Schon im *Frankfurter Wachensturm* von 1833 hatten radikale Burschenschafter den Umsturz geprobt. Nach einem Menschenalter war die bloße Repression verbraucht. Am 12. 9. 1847 fordern südwestdeutsche Demokraten in Offenburg die Anerkennung von „*Menschenrechten*", wie Pressefreiheit, Gewissens- und Lehrfreiheit. Die „*Selbstregierung des Volks*" soll durch eine Volksvertretung beim Deutschen Bund ermöglicht werden. Der Gedanke an die Republik drängt sich auf. Gemäßigte Liberale, die sich am 10. 10. 1847 in Heppenheim trafen, hielten die Idee einer deutschen „*Nationalvertretung*" für nicht realisierbar, da unter deutschen Regierungen auch fremde Völker lebten; man solle den Zollverein (o. § 30 V) weiterentwickeln. Bereits im Vergleich dieser beiden Papiere wird deutlich, was sich später in der Paulskirche zu einer unlösbaren Aufgabe auswachsen sollte: Demokratie und Nationalstaatsidee sind eng aufeinander bezogen und optimal in einer Republik realisierbar. National gesonnene Monarchisten mußten mit der monarchischen Legitimität des Vielvölkerstaates Österreich in Konflikt geraten.

II. Der Weg zur ersten deutschen Nationalversammlung

1. Revolutionäre Verfassungspolitik im Frühjahr 1848

Als am 24. 2. 1848 in Paris König Louis Philippe gestürzt und die Französische Republik ausgerufen wird, lassen auch in Deutschland Ansätze zu revolutionären Verfassungsänderungen nicht lange auf sich warten. Zugleich rufen die Ereignisse Angst vor deutschen Reaktionen und einem erneuten Marsch französischer Heere über den Rhein hervor. Beginnend in Mannheim, brechen in vielen deutschen Städten Unruhen aus. Am 5. 3. 1848 siegt auf einer *Heidelberger Versammlung* süd- und westdeutscher Liberaler die faszinierende Idee einer deutschen Nationalvertretung, für welche sich längst auch Abgeordnete der Ständeversammlungen eingesetzt hatten (*Antrag Bassermann* in Baden). Weil das Vertrauen zur Bundesversammlung erschüttert ist, erwartet man sich von der Vertretung des Volkes, daß sie friedensbedrohende Provokationen gegenüber der Republik jenseits des Rheins unterlassen werde. Die zu Heidelberg in keiner offiziellen Mission Versammelten schreiten auch gleich zur Tat. Sie setzen einen *Ausschuß von sieben Mitgliedern* ein, der über die Wahl zur deutschen Nationalversammlung Vorschläge unterbreiten soll. Es mochte ängstlich legalistisch denkenden Politikern noch scheinen, daß damit nicht mehr als die Erteilung guter Ratschläge bezweckt war. Tatsächlich hatte die Heidelberger Versammlung aber die Weichen zu eigenständiger Verfassungsbildung gestellt. Der Siebenerausschuß lud schon am 12. 3. 1848 alle Mitglieder deutscher Ständeversammlungen sowie weitere Personen als „*Männer des Vertrauens unseres Volkes*" ein, über die „*Grundlagen einer nationalen deutschen Parlamentsverfassung*" zu beraten. Das daraufhin am 31. 3. 1848 in Frankfurt zusammentretende „*Vorparlament*" sieht sich sogleich mit revolutionären Forderungen konfrontiert, die in der „*Aufhebung der erblichen Monarchie ... und Ersetzung derselben durch frei gewählte Parlamente*" gipfeln *(Antrag Struve)*. Dagegen setzen die Gemäßigten das Bekenntnis zur Monarchie, welche sie mit der Volkssouveränität in Einklang zu bringen gedenken (u. IV.2). Der Zweifel, ob das zwar mehrhundertköpfige, aber eher zufällig besonders aus dem Südwesten und dem Rheinland besetzte Gremium überhaupt berufen sein kann, Entscheidungen über Verfassungsfragen des Reiches zu treffen, gewinnt schließlich die Oberhand. Die Versammlung beschränkt sich darauf, Grundsätze über das Wahlverfahren aufzustellen (u. I.3) und Grundrechtsforderungen zu formulieren. Keine Mehrheit findet der Antrag, das Vorparlament solle bis zum Zusammentritt der Nationalversammlung „*permanent beisammenbleiben*" – als revolutionäres Organ des Volkes nach dem Vorbild des französischen Konvents von 1792. Unüberbrückbare Gegensätze taten sich auf. Als die Mehrheit sich immerhin dazu entschloß, aus ihrer Mitte einen „*Fünfzigerausschuß*" zu wählen, welcher die Bundesversammlung „*beraten*" sollte, erhielt kein Vertreter der extremen Linken genügend Stimmen. Deren Führer Hecker verließ mit seinen Anhängern das Vorparlament und unternahm in Baden einen ersten vergeblichen Versuch, durch den bewaffneten Aufstand seine politischen Ziele durchzusetzen.

2. Ansätze zu einer Reform des Deutschen Bundes

Obwohl die seit der Heidelberger Versammlung aktiv gewordenen Persönlichkeiten die Gefahr gewalttätiger Unruhen taktisch zu nutzen wußten und vor selbständigem politischen Handeln nicht zurückschreckten, war ihnen doch daran gelegen, die angestrebten Verfassungsänderungen gemeinsam mit den deutschen Regierungen im Wege einer Bundesreform durchzuführen. Dafür bestanden zunächst in der Tat gute Aussichten. In einem Dutzend deutscher Staaten hatten die revolutionären Unruhen der ersten Märztage, oft bloße Gewaltandrohungen, die Herrscher veranlaßt, das „*Vertrauen des Volkes*" genießende liberale Beamte in die Regierung zu berufen. In allen wichtigen deutschen Mittelstaaten standen damit Männer an der Spitze der Ministerien, die sich nicht nur auf die Mehrheit ihrer Abgeordnetenkammer stützen konnten, sondern auch gleichen Sinnes waren wie die im Vorparlament versammelten gemäßigten Liberalen. Daraus ergab sich eine politische Kehrtwendung in der Bundesversammlung (o. § 30 II.1). Schon in der ersten Märzhälfte stellt ein Bundesbeschluß den deutschen Staaten die Aufhebung der Pressezensur frei; ein Boom neuer Zeitungen ist die Folge. Symbolisch akzeptiert der Deutsche Bund die Ziele der Revolution durch die Übernahme der Farben Schwarz-Rot-Gold. Und er wird selbst auf dem Felde der Verfassungsrevision tätig. Von der Bundesversammlung aufgefordert, bestellen die deutschen Regierungen einen *Ausschuß von 17 Vertrauensmännern*, um die Bundesverfassung zu überarbeiten. Soweit waren die Dinge bereits gediehen, als am 13. 3. in Wien und am 18. 3. 1848 in Berlin auch die beiden deutschen Großmächte und Vorposten des reaktionären Kurses durch blutige Aufstände zur Anpassung an die neue politische Entwicklung gezwungen wurden. Metternich trat zurück und ging ins Exil; die österreichische Politik blieb angesichts gleichzeitiger Krisen auch in Italien, Ungarn und Böhmen auf Monate hinaus gelähmt. Um so größere Erwartungen richteten sich nun auf Preußen, das Ende März ein liberales Ministerium erhielt.

Die Bemühungen um raschen legalen Verfassungswandel führten nur teilweise zum Ziel. Ein zunächst entscheidender Erfolg gelang, als die Bundesversammlung schon am 30. 3. 1848 die deutschen Regierungen zur Durchführung von Wahlen für eine Nationalversammlung aufforderte und am 7. 4. 1848 die Entschließung des Vorparlaments über die Wahlberechtigung (u. 3) zum Bundesbeschluß erhob. Die etwa gleichzeitige Aufhebung der Karlsbader Beschlüsse (o. § 30 III.1) sicherte die notwendige Freiheit der politischen Diskussion. Die Mehrheitsführer der revolutionär entstandenen Gremien – des Siebenerausschusses, des Vorparlamentes und des Fünfzigerausschusses – scheiterten indessen mit ihrem Vorhaben, die Bundesversammlung als Staatenhaus von vornherein geräuschlos in den Verfassungsneubau einzubeziehen und der zu wählenden Nationalversammlung die Funktion einer zweiten Kammer zuzuweisen. *Heinrich von Gagern*, hessen-darmstädtischer Minister und demnächst beherrschende Integrationsfigur der Paulskirche, vermochte diese vorsichtig pragmatische Konzeption ebensowenig durchzusetzen wie der liberale Theoretiker *Karl Theodor Welcker* (o. § 29 III.2), der mit einem Verfassungsentwurf im Rahmen des Fünfzigerausschusses vollendete Tatsachen zu schaffen versuchte. Auch der vom Siebzehnerausschuß unter der Leitung von *Friedrich Christoph Dahlmann* (o. § 29 III.2) erarbeitete Verfassungsentwurf blieb nur Material, dessen sich die Nationalversammlung bedienen sollte. Die Bundesversammlung, jahrzehntelang das Instrument des Metternichschen Systems, stieß schon als Institution weiterhin auf Ablehnung.

3. Die Wahlen zur Nationalversammlung

Über die Wahl zur ersten deutschen Nationalversammlung hatte das Vorparlament für die Verhältnisse dieser Zeit profiliert demokratische Grundsätze aufgestellt, die nicht nur von der Bundesversammlung, sondern binnen einer Woche von den meisten deutschen Staaten durch Gesetz für verbindlich erklärt wurden. Danach war die bis dahin übliche Wahl nach Ständen untersagt und wahlberechtigt wie wählbar *„jeder volljährige, selbständige Staatsangehörige"*, worunter man die Frauen freilich nicht begriff. Das Kriterium der wirtschaftlichen Selbständigkeit konnten die einzelnen Regierungen verschieden auslegen, so daß gesamtdeutsche Gleichheit nicht gewährleistet war. Preußen schloß von der Wahl nur aus, wer Unterstützung aus der Armenkasse erhielt, Österreich dagegen alle in einem untergeordneten Dienstverhältnis Stehenden; Bayern ließ nur die Steuerzahler wählen. Die direkte Wahl – etwa in Württemberg und Kurhessen – bildete noch die Ausnahme. Ganz überwiegend bestimmten die Wahlberechtigten in den Urwahlen Wahlmänner, welche den Abgeordneten zu wählen hatten.

Dieses an die politische Meinungsbildung in lokalen Verhältnissen anknüpfende System ist insofern begreiflich, als die überregionale Parteibildung gerade erst begann (u. III.2). Wahlkämpfe kommen daher nur in den Städten vor; überwiegend bestimmen Honoratioren und politisch nur wenig festgelegte Vereine das Geschehen. Die Wahlbeteiligung schwankte heutigen Schätzungen zufolge zwischen 40 % und 75 % – eine Quote, die einen erstaunlichen Politisierungsgrad der Bevölkerung erkennen läßt. Nimmt man hinzu, daß die von der Wahl ausgeschlossenen Unselbständigen höchstens 25 % der männlichen Bevölkerung ausmachten, daß die Abstimmungen außerhalb Österreichs geheim abgewickelt wurden und die Regierungen sich in der Regel um korrekte Durchführung bemühten, dann ist der deutschen Nationalversammlung im europäischen Vergleich eine ausgezeichnete demokratische Legitimität zu bestätigen. Festzuhalten ist freilich auch, daß der dem demokratischen Denken eigentümliche Nationalismus seinen Tribut forderte.

Nicht nur die Deutschen Ost- und Westpreußens, die bis dahin nicht zum Deutschen Bunde gehört hatten, durften wählen, auch die in den preußischen Grenzprovinzen, insbesondere in Posen und Oberschlesien, siedelnden Polen und die Italiener Südtirols sowie das ganze Volk der Tschechen waren eingeladen. Letztere boykottierten die Wahl.

III. Das Verfassungsleben der Nationalversammlung

1. Zusammensetzung des Parlaments

Oft ist beklagt worden, daß die Zusammensetzung der Nationalversammlung nicht im entferntesten die soziale Schichtung des Volkes widerspiegelte. Die Masse der kleinbäuerlichen und handarbeitenden Bevölkerung war in der Frankfurter Paulskirche so gut wie nicht vertreten. Über drei Viertel der dort jemals erscheinenden Abgeordneten hatten ein Studium absolviert, die Hälfte von ihnen an juristischen Fakultäten. Etwas stärker noch waren insgesamt die Beamten vertreten. Daneben nimmt sich der Anteil von Abgeordneten aus wirtschaftlichen Berufen mit gut 12 % bescheiden aus. Die Abhängigkeit vom Staat beeinträchtigte die politische Bewegungsfreiheit der Mandatsträger in der Krise des Jahres 1849 (u. V.2). Aber es hatte seine Logik, wenn sich die Wahlprozeduren besonders auf jenen Personenkreis konzentrierten, der als staatstragende Schicht bisher allein im Dienste des Monarchen stand. Galten die Beamten in einem gleichsam ideellen Sinne ohnehin als die Repräsentanten der von ihnen Verwalteten (o. § 28 II.5), so war es nur konsequent, wenn das Volk ihnen nun auch wirkliche Vertretungsaufträge erteilte.

2. Entstehung von Parteien und politischen Vereinen

Schon im Vormärz wurde den Zeitgenossen bewußt, daß sich die in der Gesellschaft offen oder heimlich vertretenen politischen Positionen immer weiter voneinander entfernten. Sie bezeichneten die jeweiligen Gesinnungsgenossen als „*Parteien*", ohne daß sich mit diesem Begriff schon die Vorstellung durchgegliederter Organisationen verband. Politisches Profil gewann am frühesten die äußerste politische Linke. Radikale Anhänger der Volkssouveränität, wie der in Zürich publizierende *Julius Fröbel*, verwarfen bereits das den Liberalen aller Schattierungen heilige Repräsentativsystem; Ansätze zu einem demokratisch-republikanischen Parteiwesen sind beobachtet worden. Doch gab es noch keinen Wettbewerb verschiedener politischer Richtungen. Eher fanden sich die an einzelnen Themen interessierten Personen zusammen. In Arbeitervereinen standen soziale Fragen auf der Tagesordnung, die katholischen Piusvereine widmeten sich dem Verhältnis von Staat und Kirche, Turn- und Gesangvereine nationalen Anliegen. Die Fraktions- und Parteibildung, wie sie für die Teilnahme der Gesellschaft am politischen Geschehen im Verfassungsstaat unentbehrlich werden sollte, ist erstmals durch die Debatten in der Nationalversammlung entscheidend vorangetrieben worden. Erstaunlich rasch entstanden mit geregelter Mitgliedschaft und interner Disziplin straff geführte Fraktionen, die daher auch Abspaltungen hinnehmen mußten.

Als Fraktionsnamen dienten die Frankfurter Tagungslokale. Im wesentlichen sind zu unterscheiden: die demokratisch-republikanisch orientierte Linke, deren extremer Flügel („*Donnersberg*", 7 % der Abgeordneten) zur revolutionären Aktion bereit

§ 31. Die Verfassungspolitik der Revolutionszeit 239

war, während die gemäßigten Republikaner („*Deutscher Hof*", 8 %) ihr Ziel vor allem auf parlamentarischem Wege zu erreichen suchten. Die Abgeordneten dieser Gruppierungen dachten in den Kategorien des Vernunftrechts und argumentierten menschenrechtlich, eher doktrinär als pragmatisch und historisch. Sie wollten eine ganz neue staatliche Ordnung schaffen, wenn sie es auch meist vermieden, die Republik ausdrücklich zu fordern. Ihren Gegenpol auf der Rechten bildeten nicht nur die partikularistisch, klerikal oder monarchistisch denkenden Konservativen („*Café Milani*", 6 %), sondern auch die im rechten Zentrum vereinigten Konstitutionell-Liberalen, welchen sich bald über ein Drittel der Abgeordneten anschloß („*Casino*", 21 %; „*Landsberg*", 6 %; „*Augsburger Hof*", 7 %). Hier bekannte man sich zur Verfassungsbildung auf historischem Grunde (o. § 29 III.2) und daher entschieden zur Monarchie, wenn auch Volksrechte und Parlament ein größeres Gewicht erhalten sollten. Für diese altliberalen Abgeordneten galt es also, zwei Gegner zu bekämpfen: den Spätabsolutismus der Ära Metternich einerseits, die revolutionäre Gefahr andererseits. Zwischen der demokratisch-republikanischen Linken und dem konstitutionell-liberalen rechten Zentrum fand noch ein linkes Zentrum Platz, das seine demokratischen Überzeugungen mit einer eher taktisch gemeinten Hinnahme der Monarchie zu vereinbaren trachtete („*Württemberger Hof*", 6 %; „*Westend Hall*", 7 %). Fraktionswechsel im mittleren Spektrum kamen häufiger vor, fraktionslos blieb fast ein Drittel der Abgeordneten.

Ein Spiegelbild bietet die Entwicklung des politischen Vereinswesens, das nunmehr die Konturen eines Parteiensystems anzunehmen beginnt. In der Minderheit bleiben die „*Demokratischen Vereine Deutschlands*", welche im Juni 1848 einen ersten Demokratenkongreß organisieren und sich zum Teil von der Nationalversammlung distanzieren. Über eine breite Basis und straffe Organisation verfügt seit dem Herbst 1848 die vereinigte Linke in den „*Märzvereinen*", welche im „*Centralmärzverein*" zusammengeschlossen sind. Die konstitutionell-liberalen Politiker, Bindungen an Basisorganisationen an sich abgeneigt, mußten nachziehen. Ihr „*Allgemeiner nationaler Verein*" erreichte die Organisationsdichte der linken Vereinigung nicht. Sehr bemerkenswert ist aber generell die von diesen und vielen anderen, parteilich weniger festgelegten Vereinen entfaltete Aktivität. Aus ihren Kreisen vor allem gingen bei der Nationalversammlung zu den Verfassungsberatungen Petitionen ein, deren Zahl auf 17 000 bis 25 000 geschätzt wird. Sie werfen ein helles Licht auf die Macht des demokratischen Gedankens in der Mitte des 19. Jahrhunderts.

3. Die Einrichtung einer Zentralgewalt

Das etwa einjährige Verfassungsleben der deutschen Nationalversammlung verdient unser Interesse vor allem deshalb, weil dort ungefähre Vorstellungen über die Funktionsweise der zukünftigen deutschen Reichsverfassung zutage traten. Denn die Nationalversammlung begriff sich nicht nur als die mit der Ausarbeitung des Verfassungstextes beauftragte Konstituante, sondern zugleich selbst schon als Reichsgewalt, die eine Exekutive zu berufen und aktuelle Probleme zu lösen hatte.

Stürmischen Beifall erhielt der neugewählte Präsident der Versammlung *Heinrich von Gagern*, als er in seiner Antrittsrede die Vollmacht zur Verfassungsgebung ausdrücklich auf die „*Souveränität der Nation*" zurückführte. Die Freiheit der Nationalversammlung, ohne Vereinbarung mit den etablierten Regierungen und Parlamenten der deutschen Einzelstaaten allein die Reichsverfassung schaffen zu können, sollte sich später als trügerisch erweisen (u. IV.2). Vorerst jedoch, getragen von einer breiten Zustimmung der öffentlichen Meinung, sahen die Parlamentarier Handlungsspielräume vor sich, die genutzt sein wollten. Die Nationalversammlung beschloß, Landesverfassungen könnten in Zukunft Geltung nur insoweit beanspruchen, als sie mit der neuen Reichsverfassung übereinstimmen würden. *Ausschüsse* für die Verfassungsarbeit, aber auch für Volkswirtschaft, Völkerrecht, Gesetzgebung, Wehr- und Marineangelegenheiten wurden gebildet. Seit Ende Mai 1848 diskutierte die Nationalversammlung über die Einrichtung einer *Zentralgewalt*. Das revolutionäre Modell eines in allen Entscheidungen vom Parlament abhängigen Vollziehungsausschusses stieß auf den heftigen Widerstand einer großen Mehrheit. Ebensowenig vermochten sich die Abgeordneten für den Gedanken zu erwärmen, die Exekutivgewalt einem von Österreich, Preußen und einem dritten Staat zu besetzenden Dreierdirektorium zu übertragen. Die monarchische Lösung, der Vorschlag Heinrich von Gagerns, den populären österreichischen *Erzherzog Johann als Reichsverweser* einzusetzen und ihm ein *verantwortliches Ministerium* zuzuordnen, fand am 29. 6. 1848 eine Zweidrittelmehrheit. Diesem provisorischen Reichsoberhaupt übertrug die Bundesversammlung am 12. 7. 1848 in aller Form ihre Befugnisse. Damit schien die Umgestaltung der alten Bundesverfassung zu einer neuen Reichsverfassung zu gelingen. Es zeigte sich indessen, daß die deutschen Regierungen nicht gewillt waren, die ihnen verbliebene Macht aus der Hand zu geben. Die bald gebildeten Reichsministerien verfügten über keinen Unterbau. Ein Erlaß des Reichskriegsministers, nach welchem die deutschen Truppen dem Reichsverweser zu huldigen hätten, wurde nur in den kleineren Staaten befolgt.

4. Das Verhältnis von Parlament und Regierung

Wie verstand nun die Mehrheit der Paulskirche das Verhältnis von Regierung und Parlament? Neuere Forschungen haben mit Gewißheit ergeben, daß nicht nur die linken Demokraten, sondern auch die Alt- oder Konstitutionell-Liberalen eine „*parlamentarische Regierung*", also die Abhängigkeit des Ministeriums von der Parlamentsmehrheit, anstrebten. Der Konstitutionalismus, wie er später Preußen (u. § 32 II.1) und das Kaiserreich (u. §§ 34–36) prägte – freie Entscheidung des Monarchen über die Berufung der Regierung –, stellte 1848/49 noch keine ernsthafte Verfassungsalternative dar. Nach Überzeugung der ganz überwiegenden Mehrheit der Nationalversammlung konnten „*die Regierungsgeschäfte in Deutschland nach den Ereignissen der Märzbewegung nur noch im Einklang mit der Mehrheit der Volksvertretung geführt werden*" und dies auch „*auf dem Boden des bestehenden konstitutionellen Staatsrechts*" (M. Botzenhart). „*Die in der verfassungstypologischen Literatur aufgestellte Alternative: konstitutionelle Monarchie oder parlamentarisches Regierungssystem, verstellt ... den Blick für das, was sich 1848/49 in der Realität bereits entwickelte und auch für das, was zahlreiche Abgeordnete anstrebten*" (D. Langewiesche). Nach Meinung dieser Abgeordneten waren „*Parlamentarismus und konstitutionelle Monarchie ... miteinander vereinbar*", weil die Berufung der Regierung durch den Monarchen ja in Übereinstimmung mit der Parlamentsmehrheit erfolgen kann. Ebendieses Bemühen um Konsens zeigte zunächst auch die Verfassungspraxis der Paulskirche. Die vom Reichsverweser berufenen Ministerpräsidenten konnten sich, solange das Parlament noch funktionsfähig war, auf eine Mehrheit stützen; das erste Ministerium trat nach einem Mißtrauensvotum zurück. Als aber im Juni 1849 Erzherzog Johann ein Minderheitskabinett einsetzte, geschah dies unter Protesten auch der „konstitutionell" denkenden Abgeordneten.

IV. Die Beratungen über die Reichsverfassung

1. Grundrechte

Die praktische Arbeit der Nationalversammlung begann mit den Verfassungsberatungen über die Grundrechte. Schon der Siebenerausschuß, das Vorparlament und der Siebzehnerausschuß (o. II.1) hatten diesem Thema besondere Aufmerksamkeit gewidmet. Nach Jahrzehnten polizeilicher Unterdrückung galt seine Behandlung als vordringlich. Doch spielten auch taktische Erwägungen eine Rolle. Die Debatten im Vorparlament hatten deutlich gemacht, daß über die Grundrechte rascher Einigkeit zu erzielen sein würde als über die Fragen der Staatsorganisation. Schon am 3. 7. 1848 wurde die Grundrechtsdebatte im Plenum eröffnet, am 27. 12. 1848 erfolgte die Verkündung dieses Verfassungsteiles vorab durch Gesetz. Es schrieb die sofortige Anwendung der Grundrechte vor. Unterdessen war freilich die Revolutionsfurcht von den Regierungen gewichen. Preußen und Österreich, auch Bayern und Hannover lehnten die Publizierung der Grundrechte ab.

Dennoch verdient dieses Zeugnis der Paulskirche, das noch die deutschen Verfassungen des 20. Jahrhunderts beeinflußt hat, unsere Aufmerksamkeit. Erstmals war der Versuch unternommen worden, Grundrechte als unmittelbar geltendes Recht zu kodifizieren und sie durch Verfassungsbeschwerden vor einem Staatsgerichtshof zu schützen. Imponierend ist die Spannweite der Erörterungen. Nicht nur die klassischen Freiheitsrechte wurden diskutiert und in die Verfassung aufgenommen: Freizügigkeit, Gleichheit, Freiheit der Person, Unverletzlichkeit der Wohnung, Meinungs- und Pressefreiheit, Glaubens- und Gewissensfreiheit, Wissenschafts- und Lehrfreiheit, Versammlungsfreiheit usw. Auch so prekäre Fragen wie die Stellung des Adels und der Juden, das Verhältnis von Staat und Kirche, soziale Grundrechte – etwa ein Recht auf Arbeit – kamen zur Sprache. Eine menschenrechtliche Argumentation indessen, welche die Grundrechte aller Staatsgewalt vorangestellt hätte, galt als revolutionärer Ziele verdächtig. Entsprechende Vorstöße der Demokraten blieben ergebnislos, verstand die Parlamentsmehrheit doch die Grundrechte auch als ein Mittel, die in der Revolution zutage getretene soziale Bewegung zu begrenzen.

2. Staatsorganisation

Als noch im Oktober 1848 die Verfassungsberatungen über das Reich und seine Organe begannen, waren zugleich auch aktuelle nationalstaatliche Fragen zu beantworten. Das Parlament sah sich mit den Struktur- und Verfassungsproblemen Österreichs konfrontiert. Schon im Juni hatten Habsburgs tschechische Untertanen in Prag der in Frankfurt tagenden deutschen Nationalvertretung den ersten Slawenkongreß gegenübergestellt. Nacheinander erhoben sich in blutigen Aufständen Ungarn, Italiener, Tschechen und deutsche Demokraten in Wien. Der Vielvölkerstaat geriet in Gefahr. Für die Eindämmung seiner unlösbaren nationalen Problematik schienen nur militärische Mittel zu taugen. Ende Oktober war Wien zurückerobert, die monarchische Legitimität bald in allen Teilen des Reiches wieder durchgesetzt. Das jetzt berufene konservative Ministerium *Schwarzenberg* ließ keinen Zweifel daran, daß sich die wiedererstarkte habsburgische Kaisermacht dem nationalen Prinzip und damit auch der Verfassungsgebung der Nationalversammlung nicht unterwerfen werde. Die Frankfurter Parlamentarier mußten daraufhin ihre politischen Ziele überdenken. Drei neue große Fraktionen entstanden: die vereinigte Linke, die preußisch gesonnenen Erbkaiserlichen *("Weidenbusch")* und die großdeutsche Rechte *("Pariser Hof")*. Das Gesetz des Handelns ging auf die Erbkaiserlichen über, die nun mit Gagern den Ministerpräsidenten stellten und energisch ein deutsches Kaisertum der Hohenzollern betrieben. Über die Mehrheit in der Nationalversammlung verfügte freilich keine der drei Fraktionen.

Vor diesem Hintergrund sind die Parlamentsberichte über die Auseinandersetzungen um Reichstag und Reichsoberhaupt zu lesen. Die Zielvorstellungen der Demokraten, welche einen möglichst unitarischen Einheitsstaat schaffen wollten, mit Einkammersystem – also ohne Staatenhaus – und einem auf Zeit gewählten Reichsstatthalter an der Spitze, verkannten ohne Zweifel das historische und politische Gewicht der deutschen Partikularstaatlichkeit. Wer gar die deutsche Republik anvisierte, konnte – wie uns Zeugen aus verschiedenen politischen Lagern bekunden – mit breiter Unterstützung im Volk kaum rechnen. Die Großdeutschen suchten die Unversehrtheit des ganzen deutschen Bundesgebietes durch den Vorschlag eines kollektiven Bundesdirektoriums der beiden deutschen Großmächte und der vier Königreiche zu sichern. Wenn eine solche Bundesreform aber zugleich nationalstaatliche Erwartungen befriedigen sollte, dann mußten die deutschen und nichtdeutschen Teile der österreichischen Monarchie einen unterschiedlichen verfassungsrechtlichen Status erhalten. Dieser Weg war endgültig verschlossen, als Österreich Anfang März 1849 eine oktroyierte Verfassung erhielt, die den Gesamtstaat förmlich verklammerte. Auch die Erbkaiserlichen dachten zunächst überwiegend daran, die deutschen Länder Österreichs in einen nationalen deutschen Bundesstaat aufzunehmen. Der intensiv diskutierte § 2 der Reichsverfassung (RV) sah vor: *„Hat ein deutsches Land mit einem nichtdeutschen Lande dasselbe Staatsoberhaupt, so soll das deutsche Land eine von dem nichtdeutschen Lande getrennte eigene Verfassung, Regierung und Verwaltung haben."* Aber notfalls waren die Anhänger des preußischen Erbkaisertums auch bereit, eine kleindeutsche Lösung – ohne Österreich – zu akzeptieren.

Die Annahme und Verkündung der Reichsverfassung am 28. 3. 1849 ermöglichten Erbkaiserliche und Teile der Linken durch einen Kompromiß. Das allgemeine, gleiche, direkte und geheime Wahlrecht war der wertvolle Preis, um den die Demokraten einer monarchischen Staatsverfassung ihre Zustimmung gaben. Der Verfassungstext selbst wiederholte die bekannten Prinzipien des Konstitutionalismus, wie die Unverletzlichkeit des Monarchen, das verantwortliche Ministerium, die Gegenzeichnungspflicht (§§ 73 u. 74 RV); er statuierte eine umfassende Gesetzgebungskompetenz des in Staatenhaus und Volkshaus gegliederten Reichstages (§§ 85 ff. u. 100 ff. RV). Nicht ausdrücklich geregelt war, was der Abgeordnete Dahlmann im Dezember 1848 so formulierte: *„Die Ereignisse dieses Jahres haben den Sieg der konstitutionellen Verfassung in unserem deutschen Vaterlande begründet. Die Regierungen ... gehen fortan hervor aus den Majoritäten der Kammern."* Die Mehrheit der Nationalversammlung hat die Geltung dieses parlamentarischen Prinzips für selbstverständlich gehalten (o. III.4). Daher galt ihre Sorge dem möglichen Mißbrauch der Parlamentsmacht, gegen welche dem Monarchen ein Veto zustehen sollte. Die in § 101 RV beschlossene Regelung sah jedoch nur ein aufschiebendes Veto vor; im Zweifel konnte sich das Parlament durchsetzen.

V. Das Scheitern der Reichsverfassung

1. Zurückweisung der Kaiserwürde durch den preußischen König

Am 27. 3. 1849 fiel in der Nationalversammlung die endgültige Entscheidung für das Erbkaisertum, einen Tag später erfolgte die Wahl König Friedrich Wilhelms IV. von Preußen zum deutschen Kaiser – mit knapper Mehrheit. Eine Deputation des Parlaments reiste nach Berlin, um den König zur Annahme der durch die Reichsverfassung *„begründeten"* Kaiserwürde *„einzuladen"*. *„Ohne das freie Einverständnis der gekrönten Häupter"* wollte Friedrich Wilhelm IV. freilich nicht mehr zusagen, als die Verfassung mit den Regierungen der deutschen Staaten *„zu prüfen"*. Preußen war in der Tat schon jetzt bereit, die Führung eines deutschen Bundesstaates zu übernehmen, wenn dieser auf Regierungsübereinkunft beruhte. Die Nationalversammlung sah sich damit allerdings ausmanövriert. Sie deutete die Antwort des Königs als Absage und beschloß zugleich, an der Reichsverfassung festzuhalten. 28 deutsche Regierungen unterstützten diese Politik, indem sie die Annahme der Reichsverfassung und ihr Einverständnis mit der Kaiserwahl erklärten. Abseits standen freilich die beiden Großmächte, auch Bayern und Sachsen. Am 28. 4. 1849 lehnte Preußen Reichsverfassung und Kaiserwürde endgültig ab.

2. Vergeblicher Kampf für die Reichsverfassung

Den nun beginnenden Kampf um die Reichsverfassung verlor die Nationalversammlung binnen weniger Wochen. Schon Anfang April hatte der Centralmärzverein (o. III.2) seine Anhänger aufgerufen, für die Reichsverfassung einzutreten. Am 4. 5. 1849 beschloß die Nationalversammlung, Wahlen auszuschreiben. Zugleich forderte sie die Regierungen und das Volk auf, die Reichsverfassung *„zur Anerkennung und Geltung zu bringen"*. Die sogenannte *Reichsverfassungskampagne* begann. Die Aufrufe fanden ein Echo in fast allen deutschen Staaten, sei es in Versammlungen oder in Petitionen, in Unruhen oder bewaffneten Aufständen. In der Pfalz und in Baden kam es zu kurzen Feldzügen für die Republik. Die Reichsverfassung von 1849 ist *„die bisher einzige deutsche Verfassung,*
für deren Durchführung breite Bevölkerungskreise aktiv gekämpft haben" (J.-D. Kühne). Der Erfolg blieb dieser Volksbewegung versagt, weil das gemäßigte Bürgertum durch die revolutionären Ausbrüche verschreckt wurde und die Soldaten fast überall den Befehlen der hergebrachten Regierungsgewalten gehorchten. Das Militär *„sah sich in keinen Loyalitätskonflikt gestürzt"* (B. Mann). Die Reichsexekutive hatte es in der bis dahin offenen Verfassungslage nicht vermocht, eine neue Loyalität gegenüber dem deutschen Gesamtstaat aufzubauen.

Als die Nationalversammlung am 10. 5. 1849 Preußen wegen seines militärischen Eingreifens gegen Dresdener Aufständische als Friedensbrecher verurteilte, rief die Berliner Regierung die preußischen Abgeordneten aus der Paulskirche zurück – viele von ihnen waren schon als Beamte gezwungen, der Weisung zu folgen. Die Österreicher hatten bereits Anfang April heimreisen müssen. Die nunmehr massive Schrumpfung des Parlaments führte zu einer spürbaren Radikalisierung. Als der Reichsverweser erstmals eine Minderheitsregierung bildete, setzte ihn die Nationalversammlung mit knapper Mehrheit ab. Das hatte den geschlossenen Auszug des rechten Zentrums (o. III.2) zur Folge. In der jetzt nur noch etwa 150 Mitglieder umfassenden Versammlung verfügten die Demokraten über die Mehrheit. Sie beschloß, nach Stuttgart überzusiedeln, nicht zuletzt deshalb, weil dort noch eine liberale Regierung amtierte, welche die Reichsverfassung anerkannt hatte. Doch auch hier kam es rasch zu einem unlösbaren Konflikt. Eine fünfköpfige Reichsregentschaft der Demokraten beanpruchte die Befehlsgewalt über die Truppen der deutschen Staaten, also auch Württembergs, was hier prompt zu Tumulten führte. Als das Rumpfparlament das Aufgebot aller Waffenfähigen beschloß, wurde es von der württembergischen Regierung gewaltsam aufgelöst. Im August 1849 zog der Reichsverweser einen formellen Schlußstrich unter die kurze Geschichte der Reichsorgane. Er stimmte der interimistischen Wahrnehmung seiner Befugnisse durch Österreich und Preußen zu.

§ 32. Nachrevolutionäre Einigungspolitik und Verfassungsgestaltung

Quellen: *H. Fenske*, Der Weg zur Reichsgründung 1850–1870 (Quellen zum polit. Denken der Deutschen im 19. u. 20. Jh., Bd. 5), 1977; *J. Schlumbohm* (Hrsg.), Der Verfassungskonflikt in Preußen 1862–1866 (Hist. Texte, NZ, H. 10), 1970.

Zeitgenössische Literatur: *O. Bähr*, Der Rechtsstaat, 1864; *C. F. W. Gerber*, Über öffentliche Rechte, 1852; *ders.*, Grundzüge eines Systems des deutschen Staatsrechts, 1865; *R. v. Gneist*, Der Rechtsstaat und die Verwaltungsgerichte in Deutschland, 1872; *J. Held*, System des Verfassungsrechts der monarchischen Staaten Deutschlands, T. 1–2, 1856/57; *L. M. P. v. Rönne* (Hrsg.), Das Staatsrecht der preußischen Monarchie, Bd. 1–2, 2. Aufl. 1864/65; *H. Schulze*, Einleitung in das deutsche Staatsrecht, 1865; *L. v. Stein*, Zur preußischen Verfassungsfrage (1852), hrsg. v. *N. Simon*, 2002; *H. Zoepfl*, Grundsätze des allgemeinen und deutschen Staatsrechts, T. 1–2, 1855/56.

Schrifttum: *O. Becker*, Der Sinn der dualistischen Verständigungsversuche Bismarcks vor dem Kriege 1866, HZ 169 (1949) 264 ff.; *E.-W. Böckenförde*, Der deutsche Typ (o. § 29); *H. Boldt*, Verfassungskonflikt und Verfassungshistorie, Der Staat, Beih. 1 (1975) 75 ff.; *ders.*, Die preußische Verfassung vom 31. Januar 1850, in: Preußen im Rückblick, GuG, Sonderh. 6 (1980) 224 ff.; *M. Botzenhart*, Deutscher Parlamentarismus (o. § 31); *H.-H. Brandt*, Der österreichische Neoabsolutismus – Staatsfinanzen und Politik 1849–1860, Bd. 1–2, 1978; *C. Brodersen*, Rechnungsprüfung für das Parlament in der konstitutionellen Monarchie, 1977; *M. Dendarsky*, Österreich und der Deutsche Bund, in: *H. Lutz* u. *H. Rumpler* (Hrsg.), Österreich und die deutsche Frage im 19. u. 20. Jahrhundert, 1982, 92 ff.; *L. Gall*, Der Liberalismus als regierende Partei – Das Großherzogtum Baden zwischen Restauration und Reichsgründung, 1968; *F. Greve* (o. § 29); *G. Grünthal*, Parlamentarismus in Preußen 1848/49–1857/58, 1982; *ders.*, Das preußische Dreiklassenwahlrecht, HZ 226 (1978) 17 ff.; *ders.*, Grundlagen konstitutionellen Regiments in Preußen 1848–1867, in: *G. A. Ritter* (Hrsg.), Regierung, Bürokratie und Parlament in Preußen und Deutschland von 1848 bis zur Gegenwart, 1983, 41 ff.; *L. Haupts*, Die liberale Regierung in Preußen in der Zeit der „Neuen Ära", HZ 227 (1978) 45 ff.; *O. Hintze* (o. § 29); *E. R. Huber*, Bismarck und der Verfassungsstaat, in: *ders.*, Nationalstaat und Verfassungsstaat, 1965, 188 ff.; *H. P. Hye*, Das politische System in der Habsburgermonarchie. Konstitutionalismus, Parlamentarismus und politische Partizipation, 1998; *A. Kaernbach*, Bismarcks Konzepte zur Reform des Deutschen Bundes, 1991; *E. Klein*, Funktion (o. § 29); *M. Kotulla*, Die Tragweite der Grundrechte der revidierten preußischen Verfassung vom 31. 1. 1850, 1992; *H.-C. Kraus*, Ursprung und Genese der ‚Lückentheorie' im preußischen Verfassungskonflikt, Der Staat 29 (1990) 209 ff.; *ders.*, Konstitutionalismus wider Willen. Versuche einer Abschaffung oder Totalrevision der preußischen Verfassung während der Reaktionsära (1850–1857), FBPG 5 (1995) 157 ff.; *B. Löffler* (o. § 29); *ders.*, Die Bayerische Kammer der Reichsräte 1848 bis 1918. Grundlagen, Zusammensetzung, Politik, 1996; *G. Mai* (Hrsg.), Die Erfurter Union und das Erfurter Unionsparlament 1850, 2000; *A. G. Manca*, Konstitutionelles und antikonstitutionelles Verfassungsverständnis in Preußen um die Mitte des 19. Jh., FBPG 8 (1998) 203 ff.; *M. Pape*, Die Verfassungsgebung in Preußen 1848/50, ZNR 22 (2000) 188 ff.; *D. Schefold*, Verfassung als Kompromiß? – Deutung und Bedeutung des preußischen Verfassungskonflikts, ZNR 3 (1981) 137 ff.; *H.-J. Schoeps*, Von Olmütz nach Dresden – Ein Beitrag zur Geschichte der Reformen am Deutschen

§ 32. Nachrevolutionäre Einigungspolitik und Verfassungsgestaltung 245

Bund, 1972; W. Siemann, „Deutschlands Ruhe ..." (o. § 30); H. Spenkuch, Das preußische Herrenhaus. Adel und Bürgertum in der Ersten Kammer des Landtages 1854–1918, 1998.

I. Deutschlandpolitik im Zeichen der preußisch-österreichischen Rivalität

1. Preußens „Erfurter Union" und ihr Scheitern

Die Ablehnung der Kaiserkrone war nicht das letzte Wort des preußischen Königs. Sein Staat hatte an Prestige gewonnen, seitdem sich nationale Hoffnungen mit ihm verbanden. Die Gunst der Stunde wollte also genutzt sein – machtpolitisch gegenüber der bisherigen Präsidialmacht Österreich und zugleich innenpolitisch durch Befriedigung bis dahin revolutionär vorgetragener Forderungen. Noch während des Siechtums der Nationalversammlung (o. § 31 V.2) setzt Preußen die ersten Akzente seiner eigenen Einigungspolitik, in welcher sich das traditionelle Hegemonialstreben im nord- und mitteldeutschen Raum (o. § 27 I.3 u. § 30 I) mit den nationalen Wünschen des Volkes verbindet. Am 26. 5. 1849 schließen Preußen, Sachsen und Hannover ein „*Dreikönigsbündnis*", welches die Aufgaben des Deutschen Bundes übernehmen soll. Der zugleich vorgelegte Entwurf einer Reichsverfassung hält sich an den Text der Paulskirche, modifiziert ihn jedoch insofern entscheidend, als ein „*Reichsbeschluß*" des Parlaments nur mit Zustimmung des Reichsoberhaupts und eines ihm zugeordneten Fürstenkollegiums zustande kommen kann. Auf die Gründung dieser „Erfurter Union" reagiert der österreichische Ministerpräsident Schwarzenberg gereizt: „*Österreich ... will seine Stellung in Deutschland nicht aufgeben*", der Deutsche Bund bestehe fort. Dennoch zeichneten sich zunächst Erfolge der preußischen Verfassungspolitik ab. Bis zum Jahresende zählte die Union fast 30 deutsche Mitgliedsstaaten. Und aus den Kreisen der Frankfurter Parlamentarier fanden sich jedenfalls die Konstitutionell-Liberalen zur Beteiligung an der nach einem Dreiklassenwahlrecht durchgeführten Wahl bereit („*Gothaer Partei*"). Sie stellten im Erfurter Parlament, das im März 1850 zusammentrat, die Mehrheit und nahmen den Verfassungsentwurf an.

Zu dieser Zeit war das preußische Einigungsprojekt freilich schon so gut wie gescheitert. Die Königreiche waren vom österreichischen Widerstand nicht unbeeindruckt geblieben. Sachsen und Hannover hatten die Union bereits verlassen und am 27. 2. 1850 mit Bayern und Württemberg ein „*Vierkönigsbündnis*" geschlossen. Sie begehrten die Einbeziehung des österreichischen Gesamtstaates in das neu zu schaffende Verfassungsgebilde. Die politische Spannung zwischen den beiden deutschen Großmächten drohte sich angesichts eines internen kurhessischen Verfassungskonflikts gewaltsam zu entladen. Kurhessen hätte nach Meinung Preußens das Bundesschiedsgericht der Erfurter Union anrufen müssen. Tatsächlich wendet sich das Land aber an den von der österreichischen Regierung in Frankfurt wiedereröffneten deutschen Bundestag. Gleichzeitige Interventionen preußischer und bayerisch-österreichischer Truppen in Kurhessen sind die Folge. Die Konfrontation führt nur deshalb nicht zum Krieg, weil sich Preußen schlecht gerüstet glaubt und am Berliner Hof die hochkonservative, ultraroyalistische „*Kamarilla*" (u. II.1) die nationalen Einigungspläne zu hintertreiben sucht. In der *Olmützer Punktation* vom 29. 11. 1850 stimmt Preußen der Auflösung der Erfurter Union zu – in den Augen vieler ein demütigender Akt. Doch auch jetzt ist das Thema einer Neuorganisation der deutschen Staatenwelt nicht vom Tisch.

2. Vergebliche Versuche einer Reform des Deutschen Bundes

Seit dem Ende des Jahres 1850 werden auf den *Dresdener Konferenzen* vergebliche Versuche einer Bundesreform unternommen. Preußen fordert die völlige Gleichstellung mit Österreich in der Leitung der deutschen Bundesangelegenheiten. Schwarzenberg setzt dagegen ein Mitteleuropaprojekt, in welchem die Staaten des Deutschen Bundes und die nichtdeutschen Teile Österreichs zu einem Wirtschaftsraum und unter einer Exekutive vereinigt werden sollen *("Siebzigmillionenreich")*. Beide Konzepte wären vielleicht miteinander vereinbar gewesen, wenn nicht Österreich die preußische Paritätsforderung beharrlich abgelehnt und Preußen am Zollverein festgehalten hätte. Die Verhandlungen müssen ergebnislos beendet werden. Die alte Bundesversammlung (o. § 30 II.1) tritt wieder in Aktion. Sie macht den deutschen Staaten die Prüfung der *"seit dem Jahre 1848 getroffenen staatlichen Einrichtungen und erlassenen gesetzlichen Bestimmungen"* sowie deren Aufhebung, falls sie sich als bundeswidrig erweisen sollten, zur Pflicht (*"Bundesreaktionsbeschluß"* vom 23. 8. 1851). Zugleich hebt die Bundesversammlung die *"sogenannten Grundrechte des deutschen Volks"* der Frankfurter Reichsverfassung auf; 1854 ergehen restriktive Maßnahmen für das Presse- und Vereinswesen. Ein geheimer *"Polizeiverein der bedeutenderen deutschen Staaten"* überwacht die ehemaligen "Achtundvierziger" und die politischen Publikationen.

Dennoch hatte sich das verfassungspolitische Klima im Vergleich zum Vormärz grundlegend gewandelt. An die Stelle der bloßen Repression war der Wille der beiden deutschen Großmächte getreten, die Integration der deutschen Staaten voranzutreiben. Es kommt nun die Zeit, in welcher die Industrialisierung ihre volle Dynamik entfaltet und nach einheitlichen politisch-ökonomischen Bedingungen verlangt. Die in Wien und Berlin entwickelten Verfassungspläne schlossen freilich einander aus; die Bereitschaft zum Kompromiß blieb gering. Damit geriet die deutsche Einigungsfrage in das Flechtwerk der jeweiligen machtpolitischen Konstellation. Der Untergang des Deutschen Bundes im preußisch-österreichischen Konflikt war kein zwangsläufiger Vorgang, aber angesichts der unbeweglichen politischen Positionen der wahrscheinlichste Ausweg. Schon 1859 kommt es zu einer tiefen Krise, als Österreich im Sardinischen Krieg gegen die von Piemont ausgehende nationalitalienische Expansionspolitik unterliegt und Preußen mit militärischer Hilfe zögert. Die Unterstützung der italienischen Bestrebungen durch Napoleon III. beschwor eine allgemeine Kriegsgefahr herauf. Ähnlich wie 1848 löste sie – in einem veränderten innenpolitischen Klima (u. II.1) – eine verfassungspolitische Reformdiskussion aus. 1859 schlägt Baden vergeblich einen engeren Bund mit Preußen und einen erweiterten mit Österreich vor. 1860 stellen die beiden Führungsmächte erneut ihren Dissens hinsichtlich des Bundespräsidiums fest *("Teplitzer Punktation")*.

In den beiden folgenden Jahren treffen die zwei möglichen Reformkonzeptionen unversöhnt aufeinander: Die deutschen Mittelstaaten und Österreich wünschen einen Ausbau des Deutschen Bundes auf staatenbündischer Grundlage, während Preußen innerhalb des Deutschen Bundes einen Bundesstaat ohne Österreich errichten will; auch einem Eintritt Österreichs in den Zollverein (o. § 30 V) verschließt es sich. 1863 beschließt ein *Frankfurter Fürstentag* – dem Preußen ferngeblieben war – eine Reformakte für den Deutschen Bund, welche ein sechsköpfiges Direktorium, eine Fürstenversammlung und eine Versammlung von Delegierten der deutschen Landtage vorsieht. Die preußische, nun schon von Bismarck (u. II.3)

§ 32. Nachrevolutionäre Einigungspolitik und Verfassungsgestaltung 247

geführte Politik beharrt dagegen auf ihrer Paritätsforderung und bringt zudem den Gedanken einer auf allgemeinen, direkten Wahlen beruhenden Nationalvertretung ins Spiel, womit die österreichische Einheitsverfassung in Frage gestellt gewesen wäre.

3. Ansätze einer deutschen Rechtseinheit

Während Rechtswissenschaft und Juristenausbildung auf der Grundlage des römischen Rechts mit einem fruchtbaren Wettbewerb um die besten Gelehrten längst eine gemeindeutsche Sache geworden waren, verblieb die Gesetzgebung ebenso selbstverständlich in der Zuständigkeit der einzelnen Staaten. Unter den dort entstandenen Kodifikationen größerer Rechtsgebiete ragen Straf- und Zivilprozeßordnungen aus den vierziger und fünfziger Jahren sowie das sächsische BGB von 1865 heraus – die Modernisierung der Rechtsordnungen nach ähnlichen Prinzipien schritt in diesen Jahren rasch voran. Einheitliches Recht durch gleichlautende Landesgesetze sollte die 1847 für das Gebiet des Zollvereins entworfene *„Allgemeine Deutsche Wechselordnung"* schaffen. Die in Frankfurt tagende Nationalversammlung verabschiedete sie 1848 als Reichsrecht, das jedoch keine allgemeine Anerkennung fand. Die meisten deutschen Staaten setzten sie indessen durch parallele Gesetze in Geltung. Auf demselben Wege trat seit 1861 in fast allen Bundesstaaten auf Empfehlung der Bundesversammlung das *„Allgemeine Deutsche Handelsgesetzbuch"* in Kraft. Die beginnende Rechtsvereinheitlichung entsprang einerseits den Sachzwängen des durch die Zollvereinspolitik geschaffenen Wirtschaftsraumes. Sie wurde andererseits aber auch durch die Kraft des politischen Einigungswillens vorangetrieben.

4. Die Krise des Deutschen Bundes

Die Rivalität führt zum Krieg, als sich Preußen und Österreich nach dem Deutsch-Dänischen Krieg von 1864 nicht über das zukünftige Schicksal der Herzogtümer Schleswig und Holstein zu einigen vermögen. Dort hatte sich seit 1848 aus dem Zusammenstoß nationaldänischer Politik und nationaldeutscher Bewegung eine rechtslogisch nicht mehr auflösbare Problemlage entwickelt, weil jede Seite auf ältere Rechtspositionen verwies. Mit dem Erwerb der Herzogtümer von Dänemark mußte nun aber die Frage nach der zuständigen deutschen Staatsgewalt beantwortet werden. Österreich unterstützte den Erbfolgeanspruch des einheimischen Prinzen von Augustenburg. Preußen, das in seiner Einflußsphäre einen neuen, österreichfreundlichen deutschen Mittelstaat nicht dulden wollte, gedachte die neuerworbenen Länder zu annektieren. Einem Mehrheitsbeschluß der Bundesversammlung zugunsten des Augustenburgers vom 6. 4. 1865 unterwarf es sich nicht. Wenig später vereinbarten Österreich und Preußen, daß ersteres Holstein, letzteres Schleswig in Verwaltung nehmen solle. Damit standen unterschiedliche Rechtstitel – ein Bundesbeschluß und ein Vertrag – im Raum. Im Frühjahr 1866 wurde deutlich, daß die beiden Großmächte an ihren ursprünglichen Plänen festhielten. Als Preußen in Holstein einrückt, weil Österreich augustenburgische Agitation duldet, beschließt die Bundesversammlung wegen verbotener Selbsthilfe die Bundesexekution gegen die norddeutsche Führungsmacht. Der nun ausbrechende *„Deutsche Krieg"* war von kurzer Dauer. Am 3. 7. 1866 entscheidet der preußische Sieg bei Königgrätz über die deutsche Zukunft (u. § 34 I.1).

II. Preußen als Verfassungsstaat

1. Preußische Verfassungspolitik 1848/50

Unterdessen hatte die innerstaatliche Verfassungspolitik in Preußen und unter anderen deutschen Regierungen zwei Phasen, von der Reaktion zur „neuen Ära", durchlaufen. Der erste Zeitraum ist hier und dort, auffallend besonders in Österreich, Kurhessen und Hannover, durch einen nackten Neo-Absolutismus gekennzeichnet. Die für den politischen Stil vieler deutscher Staaten vorbildliche Verfassungsentwicklung Preußens zeigt differenziertere Züge. Widerstrebend, um Schlimmeres zu verhüten, hatte der König am 5. 12. 1848 eine Verfassung oktroyiert, die den Wünschen der Konstitutionell-Liberalen weit entgegenkam, zugleich jedoch in einer Revisionsklausel die endgültige Entscheidung über den Verfassungstext und damit auch die Tür zu Verfassungsvereinbarungen offenhielt. Einen tiefen Eingriff in den Verfassungstext gestattete sich die preußische Regierung freilich einseitig durch eine gewagte Auslegung des ihr in der Verfassung zugebilligten Notverordnungsrechts. Am 30. 5. 1849 wurde das *Dreiklassenwahlrecht* eingeführt *„als ein indirektes, öffentliches und ungleiches, nach Steuerleistung klassifizierendes Wahlrecht"*, das allerdings *„insofern auf liberalen Prinzipien (beruhte) ..., als es den Maßstab dieser Stimmgewichtung dem Maß der individuellen Leistung für den Staat entnahm"* (G. Grünthal). Dieses Wahlrecht bedeutete also keineswegs die Rückkehr zu altständischen Repräsentationsprinzipien. Es begünstigte den Einfluß der jeweils ökonomisch stärksten sozialen Gruppe und damit bald auch das vermögende, liberal denkende Bürgertum. Zunächst war es jedoch eine konservative Kammermehrheit, welche die Revisionsklausel zu rückwärtsgewandten Korrekturen nutzte. Das Ergebnis, die Verfassung vom 31. 1. 1850, spiegelte denn auch unterschiedliche Strömungen wider (u. 2).

Für die preußische Reaktionsära steht der Name des *Ministeriums Manteuffel*. Es vertrat eine konservative, aber verfassungstreue Linie – im Gegensatz zu den einflußreichen Kreisen der hochkonservativen *„Kamarilla"*, welche schon in der Existenz der Verfassungsurkunde eine Verfälschung der preußischen Monarchie erblickte. Der König, einer romantisch historisierenden Verklärung seines Berufes anhängend, dachte ähnlich und hätte die Verfassung am liebsten durch einen königlichen „Freibrief" ersetzt. Nur sein Rechtsbewußtsein ließ die Verfassung unangetastet. Auf diesem noch unsicheren Fundament wirkte 1858 der Regierungsantritt des Prinzen Wilhelm an Stelle des erkrankten Königs als ein befreiender „Sieg der Verfassung", da der neue Herrscher die Verfassung zu halten versprach und mit dem Regierungsantritt traditionsgemäß eine neue Politik beginnen wollte. Alsbald erhält nicht nur Preußen ein neues Ministerium. Andere Staaten ziehen nach. Einen Höhepunkt erlebt der parlamentarische Gedanke 1860 in Baden, wo das Ministerium aus der liberalen, bis dahin oppositionellen Kammermajorität berufen wird. In Preußen selbst kommt die Politik innerer Reformen indessen nur mühsam voran. Schon Manteuffel hatte dazu im Bereich der Grundentlastung (o. § 28 III.1) und des Kommunalwesens (u. § 33 III) einige Beiträge geleistet. Die „neue Ära" setzte nun weitere Akzente mit der Einführung der Zivilehe und der Emanzipation der Juden. Aber zugleich wurden die Ansätze zu einer liberalen Politik belastet durch Wilhelms Plan einer tiefgreifenden Heeresreform, der eine folgenschwere Verfassungskrise auslöste (u. 3).

2. Die preußische Verfassung von 1850

Die preußische Verfassung vom 31. 1. 1850 knüpfte zwar an die, damals modernste, liberale Konstitution Belgiens von 1831 an, veränderte diese jedoch in charakteristischer Weise. Das im Vorbild enthaltene Bekenntnis zur Volkssouveränität unterblieb. Selbst die in den frühen deutschen Verfassungen geläufige Formel: „Der König ist das Oberhaupt des Staats ..." (o. § 29 II.1), fiel dem Rotstift zum Opfer, weil damit die nach konservativer Überzeugung vorkonstitutionelle Stellung des Königs auf die Verfassungsurkunde hätte zurückgeführt werden können. Auch das Recht, Notverordnungen zu erlassen (Art. 63) und den Ausnahmezustand zu verhängen (Art. 111), deutet darauf hin, daß dem König eine letzte Entscheidungsgewalt vorbehalten sein sollte. Andererseits erscheinen die parlamentarischen Rechte im Vergleich zum frühkonstitutionellen Verfassungstyp eher gestärkt. Das gilt weniger für die inzwischen selbstverständliche Ministerverantwortlichkeit, da auch Wilhelm den Erlaß eines Gesetzes über die in der Verfassung vorgesehene Ministeranklage stets ablehnte. Aber die preußische Verfassung regelt doch ausdrücklich die Gegenzeichnungspflicht der königlichen Regierungsakte (Art. 44) und gibt den Kammern das Recht der Gesetzesinitiative (Art. 64) sowie andere wichtige parlamentarische Rechte, wie die Forderung nach Anwesenheit der Minister (Art. 60) oder nach der Einsetzung von Untersuchungsausschüssen (Art. 82). Hoffnungsvoll durfte die Liberalen stimmen, daß mit dem Grundrechtekatalog dieser Verfassung, der jenem der Paulskirchenverfassung kaum nachstand, das Prinzip eines vor staatlichen Eingriffen geschützten Freiheitsraumes anerkannt war. Die preußische Verfassung barg verschiedene Entwicklungsmöglichkeiten in sich – darüber waren sich die Zeitgenossen einig.

3. Der preußische Verfassungskonflikt

Die wichtigste Entscheidung über den weiteren Weg der deutschen Verfassungsgeschichte fiel im preußischen Verfassungskonflikt. Aus der Perspektive des Militärs war die vom Prinzregenten Wilhelm beabsichtigte Heeresreform dringend erforderlich: Wegen der stark gestiegenen Bevölkerungszahl konnten bei weitem nicht mehr alle Wehrpflichtigen eingezogen werden, so daß im Kriegsfall einer teilweise überalterten Armee eine große Zahl ungeübter jüngerer Jahrgänge gegenüberstand; zudem galt die in den Befreiungskriegen gegründete Landwehr seit 1848/49 als politisch unzuverlässig und unmodern. Die Lösung des Organisationsproblems wurde dadurch erschwert, daß Wilhelm auf einer dreijährigen Dienstpflicht bestand, weil nur so soldatischer Geist entstehen könne. Also blieb als Ausweg nur eine drastische Erhöhung der Heeresstärke. In *Roon* fand der Monarch auch einen neuen Kriegsminister, der die jährliche Rekrutenaushebung um über 50 % und die Friedenspräsenzstärke des Heeres von 150 000 auf 220 000 Mann zu steigern gedachte. Die dafür erforderlichen Finanzmittel mußte das Abgeordnetenhaus bereitstellen. Es war zum Kompromiß bereit und stimmte den zunächst erforderlichen Ausgaben zu, bestand aber auf der Erhaltung der volkstümlichen Landwehr. Dessenungeachtet ließ Wilhelm im Laufe des Jahres 1860 die neuen Truppenteile aufstellen und die Landwehr auflösen. Nach dem Tode Friedrich Wilhelms IV. wurden am Krönungstage Wilhelms I., am 18. 1. 1861, in Königsberg die Fahnen der neuen Regimenter geweiht und in einer Kabinettsorder die militärischen Kommandosachen der Gegenzeichnung durch den Kriegsminister entzogen. Die preußische Armee als Waffe in der Hand ihres Königs, das preußische Königtum als eine auf das Soldatentum gestützte Monarchie – so etwa wird man die symbolischen und administrativen Akte der Heeresreformzeit interpretieren müssen.

Das Abgeordnetenhaus war nun freilich nicht bereit, die demonstrative Wende zu einer ausschließlich dem König überantworteten Militärpolitik mitzuvollziehen. Seit Dezember 1861 besaßen dort die Liberalen aller Schattierungen eine überwältigende Mehrheit. Sie machten ihre Zustimmung zum Staatshaushaltsplan 1862/63 von einer nur zweijährigen Militärdienstpflicht und der Erhaltung der Landwehr abhängig. Der König antwortete darauf zweimal mit der Auflösung des Abgeordnetenhauses, um sich am Ende einer großen Mehrheit linksliberaler Abgeordneter gegenüberzusehen, die sich den Veränderungen im Heereswesen entschlossen widersetzten. Im September 1862 erwog der König seine Abdankung, da das Ministerium ohne Budget nicht regieren wollte und der Monarch selbst Staatsstreichideen der Hochkonservativen von sich wies. In dieser verfahrenen Lage versprach *Otto von Bismarck* zu helfen. Der ebenso begabte wie als reaktionär abgelehnte preußische Diplomat erklärte dem König seine Bereitschaft zum budgetlosen Regiment: *„Wenn kein Budget zustande komme, dann sei tabula rasa; die Verfassung biete keinen Ausweg, denn da stehe Interpretation gegen Interpretation ..."* protokolliert man im preußischen Abgeordnetenhaus. Und später fügt der neue preußische Ministerpräsident hinzu: Wenn Kompromisse zwischen den konkurrierenden Verfassungsrechten nicht mehr möglich sind und an ihre Stelle Konflikte treten, dann werden diese *„zu Machtfragen; wer die Macht in Händen hat, geht dann in seinem Sinne vor, weil das Staatsleben auch nicht einen Augenblick stillstehen kann"*. Dennoch stellt Bismarck in Aussicht, zu gegebener Zeit um die Genehmigung des Landtags für die schon verausgabten Budgetmittel nachzusuchen. Dies geschah nach dem Sieg von Königgrätz mit dem *Indemnitätsgesetz* vom 14. 9. 1866.

Nicht zufällig ist der preußische Verfassungskonflikt sowohl unter den Zeitgenossen wie in der Forschung ebenso intensiv wie kontrovers diskutiert worden. Im Lichte neuester Erkenntnisse über das – noch offene, nicht dogmatisch erstarrte – konstitutionelle Denken jener Zeit (o. § 31 III.3) haben die Vorgänge an Bedeutung noch gewonnen. Es wurde die bis dahin in keinem Verfassungstext beantwortete Frage entschieden, ob der Grundsatz einvernehmlicher Gesetzgebung von Parlament und Regierung ausnahmslos gelten oder ob dem Herrscher ein unantastbarer Raum ursprünglicher Regierungsgewalt im Sinne des monarchischen Prinzips (o. § 29 III.1) zustehen solle. Bei der Beurteilung des Verfassungskonflikts sind die Positionen der einstigen Streitgegner und die engagierten Stellungnahmen späterer Forscher auseinanderzuhalten. Besonders hier dürfen wir uns daran erinnern, daß der moderne Beobachter zur Entscheidung historischer Streitfälle nicht berufen ist (o. § 2 I.3). Denn die Verfassungsinterpretation ist selbst ein geschichtlicher Vorgang, der sich heute, unter den Bedingungen einer anderen Zeit, authentisch nicht mehr nachholen läßt.

Unter dieser Voraussetzung ist festzustellen, daß es zur Zeit des Konflikts eine objektiv „richtige" Lösung nicht gab. Bismarck bediente sich einer *„Lückentheorie"*, mit welcher er die Möglichkeit widerstreitender Verfassungsauslegungen zu überspielen versuchte, um *„eine Position jenseits davon zu gewinnen"* (H. Boldt). Da die Verfassung keine ausdrückliche Regelung für den Fall des Nichtzustandekommens des Budgetgesetzes enthielt, erklärte Bismarck allein *„die Nothwendigkeit ... daß der Staat existire und ... nicht ... die Kassen schließt ..."*, zu einer genügenden Grundlage verfassungskonformen Handelns. Eine solche Verfassungsauslegung, die sich selbst nicht als Auslegung begriff, sondern eher ein ursprüngliches Recht des Staates auf seine Existenz wahrzunehmen behauptete, konnte sich unmittelbar auf keinen Verfassungstheoretiker berufen. Zweifellos stand sie der hochkonservativen Überzeugung, das Königtum sei historisch und logisch aller Verfassungsgebung vorausgesetzt, sehr nahe. Die im preußischen Abgeordnetenhaus tonangebenden Linksliberalen der Fortschrittspartei erkannten vorverfassungsmäßige Rechte des Königs dagegen nicht an. Sie interpretierten die Verfassung mit der *„Appelltheorie"*. Danach kann der König, wenn ein Gesetz nicht zustande kommt, entweder sein Ministerium entlassen oder das Abgeordnetenhaus auflösen und an die Wähler appellieren, um mit einem anders zusammengesetzten Parlament die Durchsetzung der Regierungspolitik zu versuchen. Bismarck und der König lehnten es ab, sich auf diese Weise notfalls dem Budgetrecht des Parlaments endgültig zu unterwerfen. Darüber hinaus wiesen sie den Gedanken von sich, der König solle ein Ministerium entlassen, dessen Politik vom Abgeordnetenhaus nicht durch Bereitstellung der notwendigen Haushaltsmittel unterstützt werde. In dieser Zuspitzung des Konflikts ist das ältere konstitutionelle Prinzip des Einvernehmens von Volksvertretung und Monarch im Gesetzgebungsverfahren gestorben. Die Rechtfertigung der Heeresreform durch den militärischen Erfolg wirkte allmählich auf das nach wie vor theoretisch nicht gelöste Verfassungsproblem zurück. Zunehmend begann die Staatsrechtslehre den – erst jetzt klar erkennbaren – deutschen Typ der konstitutionellen Monarchie (u. § 34) von der parlamentarischen, mehrheitsabhängigen Regierungsweise Westeuropas zu unterscheiden.

III. Anfänge einer modernen gemeindeutschen Staatslehre

Beschreibungen der Verfassung des Deutschen Bundes, wie sie schon vor 1848 publiziert worden waren, erschienen weiterhin. Doch die seit dem fehlgeschlagenen revolutionären Einigungsversuch zunehmend angespannte politische Atmosphäre lenkte auch die Aufmerksamkeit der Staatsrechtslehrer auf die Gemeinsamkeiten der Verfassungen deutscher Staaten. In „Systemen" und „Einleitungen" des deutschen Verfassungsrechts versuchten einige Autoren, aus den Regelungen der Verfassungstexte allgemeine Grundsätze des deutschen konstitutionellen Verfassungsrechts herauszufiltern. *Carl Friedrich von Gerber* ging zu derselben Zeit darüber einen wesentlichen Schritt hinaus. Das öffentliche Recht sollte mittels der juristischen Methode dieselbe begriffliche Klarheit und wissenschaftliche Zuverlässigkeit gewinnen wie das Zivilrecht. Thema eines solchen, von allen politischen Elementen gereinigten Staatsrechts ist das Gerüst aller Staatlichkeit: Staatsgewalt, Staatsorgane, Staatsfunktionen mit den Aufgaben der Gesetzgebung, Verwaltung und Justiz und der Rechtsschutz gegenüber dem Staat. Der sich seit langem hinziehende Denkprozess über die Rechtsnatur des Staates (o. § 25 II, 1) näherte sich nun endgültig der Einsicht, daß auch der Staat juristische Person sei, obwohl es sich in der Wahrnehmung der Zeitgenossen doch eher um einen lebendigen „Organismus" mit ethischen Zielen handelte.

§ 33. Gesellschaftsnahe Verfassungsebenen

Quellen: *E. Schraepler* (Hrsg.), Quellen zur Geschichte der sozialen Frage in Deutschland, Bd. 1 (1800–1870), 3. Aufl. 1964.

Zeitgenössische Literatur: *R. v. Gneist,* Verwaltung, Justiz, Rechtsweg, Staatsverwaltung und Selbstverwaltung nach englischen und deutschen Verhältnissen, 1869; *F. v. Lassalle,* Gesammelte Reden und Schriften, hrsg. v. *E. Bernstein,* Bd. 2: Die Verfassungsreden. Das Arbeiterprogramm und die anschließenden Verteidigungsreden, 1919; *K. Marx* u. *F. Engels,* Das kommunistische Manifest (Werke, Bd. 4), 1848; *H. Schulze-Delitzsch,* Schriften und Reden, hrsg. v. *F. Thorwart,* Bd. 1–5, 1909–1913, insbes. Bd. 1 u. 2; *L. v. Stein,* Die Verwaltungslehre, 7 Tle. 1865–1868, 2. Aufl. 1869–1883, 8. T. 1884.

Schrifttum: *R. Aldenhoff,* Schulze-Delitzsch, 1984; *F. Balser,* Sozial-Demokratie 1848/49–1863 – Die erste deutsche Arbeiterorganisation „Allgemeine Arbeiterverbrüderung" nach der Revolution, Bd. 1–2, 1962; *H. H. Blotevogel* (Hrsg.), Kommunale Leistungsverwaltung und Stadtentwicklung vom Vormärz bis zur Weimarer Republik, 1990; *K. E. Born,* Sozialpolitische Probleme und Bestrebungen in Deutschland von 1848 bis zur Bismarckschen Sozialgesetzgebung, VSWG 46 (1959) 29 ff.; *E. H. Eltz,* Die Modernisierung einer Standesherrschaft, 1980; *U. Engelhardt,* „Nur vereinigt sind wir stark". Die Anfänge der deutschen Gewerkschaftsbewegung, Bd. 1–2, 1977; *M. Erdmann,* Die verfassungspolitische Funktion der Wirtschaftsverbände in Deutschland 1815–1871, 1968; *J. Flemming,* Obrigkeitsstaat, Koalitionsrecht und Landarbeiterschaft, in: *H.-J. Puhle* u. *H.-U. Wehler* (Hrsg.), Preußen im Rückblick, GuG, Sonderh. 6 (1980) 247 ff.; *R. v. Friedeburg* (o. § 24); *H. Gollwitzer,* Die Standesherren – Die politische und gesellschaftliche Stellung der Mediatisierten 1815–1918, 2. Aufl. 1964; *H. Heffter,* Die deutsche Selbstverwaltung im 19. Jahrhundert, 2. Aufl. 1969; *E. R. Huber,* Das Verbandswesen des 19. Jahrhunderts und der Verfassungsstaat, in: ders., Bewahrung und Wandlung, 1975, 106 ff.; *L. Jellinghaus,* Zwischen Daseinsvorsorge und Infrastruktur. Zum Funktionswandel von Verwaltungswissenschaften und Verwaltungsrecht in der 2. Hälfte des 19. Jh., 2006; *J. Jeschke,* Gewerberecht und Handwerkswirtschaft des Königreichs Hannover im Übergang 1815–1866, 1977; *K. H. Kaufhold,* Gewerbefreiheit und gewerbliche Entwicklung in Deutschland, Bll. f. dt. LG 108 (1982) 73 ff.; *K. Klaßen,* Mitverwaltung und Mitverantwortung in der frühen Industrie. Die Mitbestimmungsdiskussion in der Paulskirche, 1984; *F.-L. Knemeyer,* Die Entwicklung der kommunalen Selbstverwaltung im Spiegel von Verfassungen und Kommunalordnungen, in: FS R. Gmür z. 70. Geb., 1983, 137 ff.; *W. Köllmann,* Die Anfänge der staatlichen Sozialpolitik in Preußen bis 1869, VSWG 53 (1966) 28 ff.; *D. Langewiesche,* ‚Staat' und ‚Kommune' – Zum Wandel der Staatsaufgaben in Deutschland im 19. Jahrhundert, HZ 248 (1989) 621 ff.; *W. Leiser,* Die Einwohnergemeinde im Kommunalrecht des Großherzogtums Baden, in: *B. Kirchgässner* u. *J. Schadt,* Kommunale Selbstverwaltung – Idee und Wirklichkeit, 1983, 39 ff.; *S. Na'Aman,* Der Deutsche Nationalverein. Die politische Konstituierung des deutschen Bürgertums 1859–1867, 1987; *H. Naunin* (Hrsg.), Städteordnungen des 19. Jahrhunderts, 1984; *U. Scheuner,* Staatliche Verbandsbildung und Verbandsaufsicht in Deutschland im 19. Jahrhundert, Der Staat, Beih. 2 (1978) 97 ff.; *R. Schier,* Standesherren – Zur Auflösung der Adelsvorherrschaft in Deutschland (1815–1918), 1978; *R. Schnur* (Hrsg.), Staat und Gesellschaft – Studien über Lorenz von Stein, 1978; *H. J. Teuteberg,* Geschichte der industriellen Mitbestimmung in Deutschland, 1961; *H.-P. Ullmann,* Zur Rolle industrieller Interessenorganisation in Preußen und Deutschland bis zum Ersten Weltkrieg, in: *H.-J. Puhle* u. *H.-U. Wehler* (Hrsg.), Preußen im Rückblick GuG, Sonderh. 6 (1980) 300 ff.; *Th. Vormbaum,* Politik und Gesinderecht im 19. Jahrhundert, 1980; *S. Werthmann,* Vom Ende der Patrimonialgerichtsbarkeit, 1995.

I. Das Verhältnis von Staat und Gesellschaft

Die Verfassungsgeschichte des 19. Jahrhunderts bliebe ohne Berücksichtigung der grundlegenden Veränderungen im Verhältnis von Staat und Gesellschaft unverständlich. In der Trennung dieser beiden Bereiche sieht man gemeinhin geradezu ein Charakteristikum der Verfassungspolitik seit der Französischen Revolution. Daran ist gewiß richtig, daß ein Hauptziel der Revolution die Zerschlagung des Ständestaates mit allen seinen rechtlichen und gesellschaftlichen Voraussetzungen und Bestandteilen gewesen ist (o. § 28 III.1). Die Herstellung einer egalitären Bürgergesellschaft sollte unter der einen Staatsmacht Gleichheit vor dem Gesetz und im Zeichen der Privatautonomie individuelle Gerechtigkeit zugleich garantieren. Symbol der gesellschaftlichen Selbstregulierung und ihrer Sicherstellung gegenüber staatlichen Eingriffen waren die bürgerlichen Freiheitsrechte der frühen deutschen Verfassungen (o. § 29 II.3). Indessen konnte der Trennungsgedanke in Deutschland niemals in vollem Umfang verwirklicht werden. Der verfassungsrechtliche und gesellschaftliche Umbruch seit der napoleonischen Zeit ist vielmehr auch durch gegenläufige Tendenzen beeinflußt, welche unterhalb der zentralen staatlichen Institutionen nur partielle Freiräume entstehen lassen, während andererseits ständerechtliche Elemente weiterleben und bald auch Ansätze zu einer *gesellschaftsordnenden Politik neuen Typs* zu beobachten sind. Drei Faktoren haben also dazu beigetragen, daß an die Stelle der vorrevolutionären Einheit von Staat und Gesellschaft neue Formen beiderseitiger Verschränkung getreten sind: feudalrechtliche Reste von großer Widerstandskraft (u. II.1), die Befreiung wichtiger Gesellschaftsbereiche von staatlicher Reglementierung (u. II.2) und die bald darauf einsetzenden Versuche des Staates wie auch gesellschaftlicher Kräfte, den sozialen Kosmos neu zu organisieren (u. II.3 u. 4).

II. Die Entwicklung der Gesellschaftsordnung zwischen Freiheit und Reglementierung

1. Altständische Relikte der Adels- und Agrargesellschaft

An der Spitze der „feudalrechtlichen" Restbestände im ländlichen Raum stehen die mit Artikel 14 der Deutschen Bundesakte von 1815 neu etablierten *„Standesherren"*. Es handelt sich um ehemalige – nun mediatisierte – Territorialherren des Alten Reiches, denen die Ebenbürtigkeit und damit die Möglichkeit ehelicher Verbindung mit den weiterhin regierenden Häusern vorbehalten wurde. Dieser Status, der die Standesherren von allen anderen Staatsbürgern unterschied, hatte eine ganze Kette weiterer Sonderrechte zur Folge: die Weitergeltung der hausgesetzlichen Regelungen über das Stammgut, die Erhaltung von Titel und Wappen, das öffentliche Kirchengebet und Trauergeläut, Steuervergünstigungen, die Landstandschaft in den ersten Kammern der Landesparlamente, bis 1848 die Patrimonialgerichtsbarkeit und Gutspolizei, bis in das 20. Jahrhundert hinein das Kirchen- und Schulpatronat. Mit dem Fortbestand dieser Herrenrechte blieben lange Zeit auch Hofhaltung und Verwaltungsapparat bestehen. Die Privilegierung der immerhin rund 80 standesherrlichen Familien zu Beginn des „bürgerlichen Zeitalters" bedeutete nichts anderes als die Schaffung *„eines neuen Standes inmitten der Klassengesellschaft des 19. und 20. Jahrhunderts" (H. Gollwitzer).* Erst mit der Auflösung des Deutschen Bundes 1866 gewannen die deutschen Regierungen freie Hand, die Rechtsverhältnisse der Standesherren neu zu ordnen. Die polizeilichen Rechte verschwanden; für das Personenstands- und Justizwesen galten seit 1875 die allgemeinen Reichsgesetze.

Was blieb, war politischer Einfluß, gegründet auf die ökonomische Sicherheit weitläufiger Besitzungen. Diese zu erhalten, war ein allgemeines adelspolitisches Anliegen der deutschen Regierungen. Denn auch der niedere Adel, der sich eigener Hausgesetze nicht rühmen konnte, durfte weiterhin als Sonderprivatrecht die Stiftung und Aufrechterhaltung rechtlich gebundener Familiengüter, der sog. *Fideikommisse*, für sich in Anspruch nehmen. Diese Institution schloß die bürgerliche Freiheit des Eigentums im höheren Familieninteresse aus, um durch wirtschaftliche Sicherung die Freiheit für ein Tätigwerden in Armee, Staatsverwaltung und Politik zu gewährleisten. Liberale Bemühungen in der Revolutionsära, dieses adelige Vorrecht zu beseitigen, zeitigten nur vorübergehende Erfolge.

Den Resten eines adeligen Sonderprivatrechts entsprach funktional die spezielle Materie des *Gesinderechts*. Wie jenes lebte auch dieses Relikt der altständischen Gesellschaft bis 1918 fort. Die Rechtsverhältnisse des Gesindes in der adeligen wie bürgerlichen Haus- und Landwirtschaft waren nicht nur privatrechtlicher Art. Die umfassende Gehorsamspflicht, das Fehlen von Arbeitszeitbeschränkungen, der Einsatz polizeilichen Zwanges bei Nichterfüllung der Dienstpflichten und die Strafbarkeit des Vertragsbruchs konservierten als charakteristische Gestaltungselemente feudaler Untertänigkeit ein Stück des ständischen Systems.

2. Gewerbe- und Unternehmensfreiheit

Selbst auf dem Felde der Gewerbe- und Unternehmensfreiheit, also im ureigensten Raum des emporstrebenden Bürgertums, begegnen noch lange Zeit altständische Denkstrukturen und Regelungsmechanismen. Die ebenso mutige wie rigorose Einführung der Gewerbefreiheit durch Preußen im Jahre 1810 (o. § 28 III.3) fand zunächst keine Nachahmung. Zwar schreiten die deutschen Mittelstaaten in der ersten Hälfte des 19. Jahrhunderts vielfach zu einer Neuordnung ihrer Gewerbeverhältnisse mit der Tendenz, das starre Zunftsystem aufzulockern (Baden 1808, Bayern 1825, Württemberg 1828, Sachsen 1840, Hannover 1847). Doch das Grundprinzip bleibt hier vorerst überall die Pflichtmitgliedschaft in der Zunft und eine – nunmehr staatliche – Zugangskontrolle, weil die Regierungen fürchten, andernfalls das Handwerk zu ruinieren.

Dieser Schutzgedanke gewann im Vormärz und in den Revolutionsjahren 1848/49 sogar noch erheblich an Kraft. Die preußische Gewerbeordnung von 1845 hatte den bis dahin auf freiwilliger Basis weiterbestehenden Innungen wieder bestimmte soziale Aufgaben zugewiesen. 1848 tagt in Frankfurt neben der Nationalversammlung der *„Erste Allgemeine Handwerker- und Gewerbekongreß"*, welcher Befähigungsnachweise und die Einrichtung von Gewerbekammern fordert. Starke Kräfte der Revolution setzen nicht auf mehr Gewerbefreiheit, sondern auf eine Restauration des Zunftwesens. Einschlägige Gesetzgebungsakte in verschiedenen deutschen Staaten folgen auf dem Fuße. Selbst Preußen führt 1849 wieder Befähigungsnachweise für 70 Handwerksberufe ein und verpflichtet den betroffenen Personenkreis zum Innungsbeitritt, ohne freilich das Prinzip der freien Gewerbezulassung aufzugeben. Für dieses Ziel kämpfen die Gewerbevereine der Unternehmer (u. 3) und der neu entstandene *„Kongreß Deutscher Volkswirte"*, am Ende mit Erfolg. Im politischen Klima der *„neuen Ära"* (o. § 32 II.1) entschließen sich zwischen 1859 und 1864 die meisten deutschen Staaten zur Einführung der Gewerbefreiheit. Ihre Verankerung in der Gewerbeordnung des Norddeutschen Bundes von 1869 bedeutete nur noch die allgemeine Anerkennung einer ohnehin schon siegreichen Idee.

Die Industrialisierung Deutschlands freilich ist vom Kampf um *„die Gewerbefreiheit nicht entscheidend beeinflußt"* worden *(Kaufhold)*. In Bayern etwa mußten Fabrikunternehmer schon seit 1825 keiner Zunft angehören, in Württemberg bedurften sie nur einer staatlichen Konzession. Vielfach wurden die Industriellen auch auf neuen Gebieten tätig (o. § 24 VI.2), für welche keine Zünfte existierten. Die industriellen Unternehmungen konnten ihre Dynamik also in Freiräumen entfalten, die von der staatlichen Gesetzgebung nur in groben Umrissen erfaßt waren. Dort aber beherrschten die Fabrikherren das gesellschaftliche Umfeld derart, daß ein Gleichgewicht innerhalb dieser bürgerlichen Teilgesellschaft nicht entstehen konnte. Vielmehr erlebten die aus der Zeit des Absolutismus stammenden, damals von den

Landesherren, jetzt von privaten Unternehmern erlassenen *Arbeitsordnungen* eine ungeahnte Blüte. Auch noch in der zweiten Hälfte des 19. Jahrhunderts trat der Arbeiter zum Unternehmer in ein Unterordnungsverhältnis, welches nicht nur die Haus- und Direktionsgewalt, sondern auch die Bestimmung der Arbeitsbedingungen umfaßte. Nicht bürgerliche Gleichheit, sondern ein altständisches, der Gutsherrschaft nicht unähnliches Modell drückte dem Fabrikwesen seinen Stempel auf und führte zu Mißständen, angesichts derer die Zeitgenossen – vielfach hilflos – die *„sociale Frage"* stellten.

3. Berufsständische Ordnungsmodelle

Der Gegensatz von altständischen und liberal-bürgerlichen Rechtsstrukturen wurde bald überlagert von neuen Formen gesellschaftsgestaltender Politik, in welcher sich der Staat und die verschiedenartigsten sozialen Gruppierungen erneut aufeinander zu bewegten. Diese Entwicklung ist durch eine Wiederkehr und Modernisierung berufsständischer Ordnungsmodelle gekennzeichnet. Noch in der Spätaufklärung sind die von der französischen Administration nach Deutschland übertragenen *Handelskammern* entstanden. Preußen hat sie als beratende Organe der staatlichen Wirtschaftspolitik dienstbar gemacht und zugleich durch Zwangsmitgliedschaften die Kaufmannschaft reglementiert. Um die Jahrhundertmitte sind die Handelskammern in allen größeren deutschen Staaten eingeführt. Die Dachorganisation, der *„Deutsche Handelstag"*, gewinnt in den 60er Jahren politischen Einfluß. Andere Berufsgruppen haben auf dem mühsameren Wege der privaten Vereinsbildung eine Stellung im öffentlichen Leben erst erkämpfen müssen. Am reibungslosesten vollzog sich die berufsständische Organisation unter Anerkennung und Förderung seitens des Staates im Bereich der gehobenen Agrarökonomie. *Landwirtschaftliche Vereine* entstanden in vielen deutschen Staaten schon seit der napoleonischen Ära. 1842 gründet Preußen ein dem Ministerium untergeordnetes *„Landesökonomiekollegium"*, welches zugleich die Regierung beraten und die gemeinnützigen Bestrebungen der Vereine unterstützen soll. Die *„Vertretung der landwirtschaftlichen Interessen bei den betreffenden Staatsbehörden"* erklärt 1849 auch die bayerische Regierung als Zweck des sich damals stark ausbreitenden landwirtschaftlichen Vereinswesens. Am Ende dieser überall parallelen Entwicklung wird 1894 die Errichtung der *Landwirtschaftskammern* stehen. Die staatlich geförderten, im Vormärz entstandenen *Gewerbevereine* und die seit der Jahrhundertmitte in Erscheinung tretenden *Industriellenvereinigungen* verschiedener Branchen haben Einfluß vor allem über den politischen Liberalismus erlangt, ohne daß es zur Gründung eines Dachverbandes gekommen wäre. Dagegen haben sich die Handwerker, nachdem der Kampf gegen die Gewerbefreiheit verloren war (o. 2), 1862 im *„Deutschen Handwerkerbund"* zusammengefunden, um nach preußischem Vorbild (o. 2) eine allgemeine gesetzliche Ordnung des traditionellen Kleingewerbes zu erreichen, was nach der Reichsgründung auch gelang. Die Wirtschaftsverbände begnügten sich also nicht mit der Autonomie im privatrechtlichen Raum. Sie zeigten vielfach das Bestreben, erneut berufsständisches Denken durchzusetzen und dies jetzt auf nationaler Ebene. Damit gedieh *„die organisierte Wahrnehmung gesellschaftlicher Interessen"* einerseits zu einer *„Form der politischen Integration des modernen Massenstaates"*, während andererseits die Verbandsorganisationen zugleich *„als politische Ersatz-Organe der noch staatslosen, aber zur Staatlichkeit drängenden Nation"* handelten (*E. R. Huber*).

4. Organisationsformen der Arbeiterschaft

Am schwierigsten gestaltete sich die Selbstorganisation der Arbeiterschaft. Hier standen Traditionen nicht zur Verfügung – die sozialethischen Handlungskonzepte mußten erst entwickelt und vermittelt werden. Das geschah zunächst erstaunlich rasch zwischen 1848 und 1850, als die gesellschaftliche Bewegung jener Jahre zur Gründung einer „*Allgemeinen Deutschen Arbeiter-Verbrüderung*" führte, welche durch Solidarität und Selbsthilfe aller Arbeiter welchen Berufes auch immer soziale Erleichterungen anstrebte. Nicht Kampf gegen die Regierenden oder herrschenden Klassen war das Ziel, sondern Einordnung in den Staat durch Schaffung sozialer Gerechtigkeit. Doch begründet werden konnte dieses Anliegen nur mit dem Gedanken der Menschenrechte – und dieser galt als revolutionär, hatten ihn doch die linken Demokraten auf ihre Fahnen geschrieben (o. § 31 IV.1). Personelle Querverbindungen bestanden in der Tat. Damit waren das Vereinswesen der Arbeiter und ihr schüchterner Versuch, in zunftähnlicher Weise soziale Sicherheit wiederzugewinnen, in den Augen der Regierungen diskreditiert. Seit 1850 wird die Vereinsgesetzgebung als Unterdrückungsinstrument eingesetzt; ein Beschluß des Deutschen Bundes von 1854 erlaubt das völlige Verbot von Arbeitervereinen.

Unterdessen verschärften sich im Zuge der fortschreitenden Industrialisierung die Probleme der Arbeiterschaft. In den Vordergrund trat daher jetzt die Frage, ob eine Besserung durch die Bildung von *Koalitionen* für den Lohnkampf zu erreichen sein würde. Die gemeinsame Arbeitsaufkündigung mit dem Ziel, höhere Löhne oder verbesserte Arbeitsbedingungen durchzusetzen, berührte Grundfragen im Schnittpunkt von Staat und Gesellschaft. Die Regierungen haben während des ganzen 19. Jahrhunderts geschwankt, in welchem Umfang sie Koalitionsfreiheit gewähren sollten. In Preußen ergab sie sich seit der Beseitigung zünftlerischer Koalitionsverbote mit Einführung der Gewerbefreiheit zunächst von selbst. 1845 erging indessen nach dem Vorbild des Napoleonischen Code pénal ein Verbot, weil die Koalition zum Zwecke des Streiks nun selbst als ständisches Sonderrecht erschien. Arbeitsniederlegungen fanden indessen auch fernerhin statt, und dies ohne nachdrückliche Gegenmaßnahmen der Behörden.

Als seit dem Ende der 50er Jahre das politische Vereinswesen wiederaufleben kann, entstehen erneut Arbeitervereine, nun aber mit unterschiedlichen politischen Zielsetzungen. *Ferdinand Lassalle* ruft 1863 mit dem „*Allgemeinen Deutschen Arbeiterverein*" (ADAV) die erste Arbeiterpartei ins Leben, da er Erfolge für die Arbeiterschaft durch ein demokratisches Wahlrecht, durch Gesetzgebung und Staatshilfe zu erringen hofft. Die traditionelle Nähe zur liberaldemokratischen Politik wahrt dagegen der „*Vereinstag Deutscher Arbeitervereine*" (VDAV), dessen Mitgliedsvereine sich für unmittelbare Verbesserungen der Situation durch Bildung und Sozialpolitik einsetzen. Mit der Absicht aber, „*in Lohnfragen planmäßig als Interessengemeinschaft aufzutreten*", entsteht eine „*sozialpolitische Arbeiterbewegung*" als Vorform der Gewerkschaften *(U. Engelhardt)*. Seit 1862 werden daneben lokale Gewerkschaftsvereine gegründet, drei Jahre später die ersten deutschen Zentralgewerkschaften – der Zigarrenarbeiter, Buchdrucker, Schneider. Im selben Jahr sprechen sich die preußischen Oberpräsidenten gegen das bestehende Koalitionsverbot aus; 1869 wird es aufgehoben. Daß die gesellschaftspolitische Entscheidung für die Koalitionsfreiheit und damit für die Neuorganisation berufsständischer Interessen zugleich mit kleinlichen Strafdrohungen wegen möglichen Mißbrauchs belastet wurde, hat die Politisierung der Gewerkschaften im Kaiserreich wesentlich gefördert. Eingeleitet wurde diese Entwicklung jedoch schon seit dem Ende des Jahres 1868. Neben die „*Gewerkvereine*" der liberalen Fortschrittspartei traten alsbald die „*Arbeiterschaften*" der Lassalleaner und – schließlich am erfolgreichsten – die „*Gewerksgenossenschaften*" der Sozialisten *Bebel* und *Liebknecht*.

5. Anfänge des modernen Genossenschaftswesens und der Betriebsverfassung

Versuche, die Kluft zwischen Kapital und Arbeit durch Produktivgenossenschaften zu überwinden und große Bereiche des Wirtschaftslebens korporativ zu reorganisieren, sind gescheitert. Dies war das eigentliche Anliegen des Begründers der modernen *Genossenschaften Schulze-Delitzsch*. Seine Kreditgenossenschaften erleichterten jedoch handwerklichen Kleinbetrieben das Überleben. Mit dem Jahre 1867 beginnt die gesetzliche Regelung dieses Genossenschaftswesens. Doch auch in der Industrie bleibt es trotz Privatunternehmertum und Kapitalakkumulation nicht bei zweiseitigen Rechtsbeziehungen zwischen Fabrikherr und Arbeiter. Diskussionen über die Einführung von *Fabrikausschüssen* während der Revolutionsjahre 1848/49 schlugen sich zwar nicht in staatlichen Gesetzen nieder, erhöhten aber die Sensibilität für das Problem und veranlaßten zahlreiche Unternehmer, erste Einrichtungen der Arbeiterselbstverwaltung zu schaffen. Zunächst handelt es sich um *Werkskassen* für Krankheit, Alter, Invalidität und ähnliche Fälle, die zwischen 1850 und 1860 in den meisten gewerblichen Unternehmungen von Bedeutung Eingang finden. Ihre kontrollierenden Organe übernehmen aber allmählich auch Aufgaben einer allgemeinen Betriebsvertretung. Im letzten Viertel des Jahrhunderts macht der Begriff der „*konstitutionellen Fabrik*" die Runde. Die Erkenntnis gewann an Boden, daß komplexe soziale Gebilde, wie sie größere Betriebe darstellen, einer „Verfassung" bedürfen (u. § 38 III.2).

III. Die Kommunalverfassung

Zur Politik einer erneuten rechtlichen Strukturierung der Gesellschaft gehört auch die Durchsetzung des Selbstverwaltungsgedankens in der Kommunalverfassung. Mit der bemerkenswerten Ausnahme Preußens, wo sich Steins Städteordnung im großen und ganzen behauptete, stellten die Gemeinden im Vormärz in erster Linie lokale Zweige der Staatsverwaltung dar (o. § 28 II.4). Indessen entdeckten die Liberalen die Gemeinde bald als Schule der Politik. § 184 der Reichsverfassung von 1849 gewährte den Gemeinden ausdrücklich Grundrechte, insbesondere auf „*die Wahl ihrer Vorsteher und Vertreter*" und „*die selbständige Verwaltung ihrer Gemeindeangelegenheiten mit Einschluß der Ortspolizei, unter gesetzlich geordneter Oberaufsicht des Staates*". Dieses Programm konnte niemals realisiert werden, weil der Staat nicht mehr bereit war, eine kommunale Allzuständigkeit für Polizei und Verwaltung anzuerkennen. Aber der Gedanke der kommunalen Selbstverwaltung, einer eigenberechtigten Verfassungsform unterhalb der staatlichen Organe also, ließ sich nicht unterdrücken. Die führenden liberalen Theoretiker aus der Zeit der „*neuen Ära*" setzten sich gerade auch für ein freiheitliches Gemeinderecht ein. *Rudolf von Gneist* wies auf das Vorbild der englischen Grafschaftsverwaltung hin und damit zugleich auf die Vereinbarkeit altadeliger und demokratischer Traditionen. *Lorenz von Stein* ging so weit, „*die Freiheit eines Staates wesentlich nach dem Maße der Selbständigkeit der Selbstverwaltung zu messen"*, also nicht nur nach den Rechten der Volksvertretung im Gesamtstaat *(H. Heffter)*. Am frühesten hatte Baden 1831 ein modernes Gemeindegesetz erhalten, das nicht nur ein Repräsentativorgan, sondern auch ein einheitliches Gemeindebürgerrecht vorsah, welches erstmals auf die bis dahin geltenden Kriterien Grundbesitz und Gewerbe verzichtete. Seitdem verlief die Entwicklung in den einzelnen deutschen Staaten unterschiedlich rasch und keineswegs immer folgerichtig. Aber spätestens in der Frühzeit des Kaiserreiches hat sich überall das kommunale Repräsentativorgan und das Prinzip der Einwohnergemeinde durchgesetzt. Wichtige Stationen bildeten die weitgehende Rezeption der preußischen Städteordnung von 1853, die bayerische Gemeindeordnung von 1869 und die preußische Kreisordnung 1872, welche das alte Übergewicht des Adels auf den Kreistagen beseitigte.

3. Kapitel. Das deutsche Kaiserreich (1867/71–1918)

§ 34. Reichsgründung und Reichsverfassung

Quellen: *H. Böhme* (Hrsg.), Die Reichsgründung, 1967; *H. Fenske* (o. § 32); *F. Stoerck*, Handbuch der deutschen Verfassungen: Die Verfassungsgesetze des Deutschen Reiches und seiner Bundesstaaten, 1884.
Zeitgenössische Literatur: *A. Hänel*, Studien zum deutschen Staatsrechte, Bd. 1: Die vertragsmäßigen Elemente der Deutschen Reichsverfassung, 1873; *P. Laband*, Das Staatsrecht des Deutschen Reiches, Bd. 1–3, 1. Aufl. 1876–1882; *R. v. Mohl*, Das deutsche Reichsstaatsrecht, 1873; *M. v. Seydel*, Commentar zur Verfassungs-Urkunde für das Deutsche Reich, 1873; *ders.*, Der deutsche Bundesrat (1879), in: *D. Wilke* u. *B. Schulte* (Hrsg.), Der Bundesrat, 1990 (WdF 507), 5 ff.; *F. Thudichum*, Verfassungsrecht des Norddeutschen Bundes und des Deutschen Zollvereins, 1870.
Schrifttum: *O. Becker*, Bismarcks Ringen um Deutschlands Gestaltung, hrsg. u. ergänzt v. *A. Scharff*, 1958; *A. Biefang*, Modernität wider Willen. Bemerkungen zur Entstehung des demokratischen Wahlrechts des Kaiserreichs, in: Gestaltungskraft des politischen, in: FS f. E. Kolb, 1998, 239 ff.; *U. Björner*, Die Verfassungsgerichtsbarkeit im Norddeutschen Bund und Deutschen Reich (1867–1918), 2000; *H. Boldt*, Rechtsstaat und Ausnahmezustand, 1967; *ders.*, Deutscher Konstitutionalismus und Bismarckreich, in: *M. Stürmer* (Hrsg.), Das kaiserliche Deutschland, 2. Aufl. 1977, 199 ff.; *ders.*, Der Föderalismus im deutschen Kaiserreich als Verfassungsproblem, in: *H. Rumpler* (Hrsg.), Innere Staatsbildung und gesellschaftliche Modernisierung in Österreich und Deutschland 1867/71 bis 1914, 1991, 31 ff.; *K. Bosl*, Die Verhandlungen über den Eintritt der süddeutschen Staaten in den Norddeutschen Bund und die Entstehung der Reichsverfassung, in: *Th. Schieder* u. *E. Deuerlein* (Hrsg.), Reichsgründung 1870/71, 1970, 148 ff.; *G. Dilcher* (Hrsg.) (o. § 29); *L. Gall*, Bismarck. Der weiße Revolutionär, 1983; *ders.*, Das Problem Elsaß-Lothringen, in: *Th. Schieder* u. *E. Deuerlein* (Hrsg.), Reichsgründung 1870/71, 1970, 366 ff.; *ders.*, Bismarck und der Bonapartismus, HZ 223 (1976) 618 ff.; *H. Hofmann*, Das Problem der cäsaristischen Legitimität im Bismarckreich, in: Der Bonapartismus, Beih. der Francia 6 (1977) 77 ff.; *H. Holste*, Der deutsche Bundesstaat im Wandel (1867–1933), 2001; *E. R. Huber*, Die Bismarcksche Reichsverfassung im Zusammenhang der deutschen Verfassungsgeschichte (1970), in: *ders.*, Bewahrung und Wandlung, 1975, 62 ff.; *J.-D. Kühne* (o. § 31); *A. Lösener*, Grundzüge von Bismarcks Staatsauffassung, 1962; *H. O. Meisner*, Bundesrat, Bundeskanzler und Bundeskanzleramt (1867–1871) (1943), in: *E. W. Böckenförde* (Hrsg.), Moderne deutsche Verfassungsgeschichte, 1972, 76 ff.; *W. J. Mommsen*, Das deutsche Kaiserreich als System umgangener Entscheidungen, in: Vom Staat des Ancien Régime zum modernen Parteienstaat, FS Th. Schieder, 1978, 239 ff.; *ders.*, Die Verfassung des Deutschen Reiches von 1871 als dilatorischer Herrschaftskompromiß, in: *O. Pflanze* (Hrsg.), Innenpolitische Probleme des Bismarck-Reiches, 1983, 195 ff., Neudr. beider Beiträge in: *ders.*, Der autoritäre Nationalstaat, 1990, 11 ff., 39 ff.; *E. Nolte*, Deutscher Scheinkonstitutionalismus?, HZ 228 (1979) 529 ff.; *H. Patze*

(Hrsg.), Staatsgedanke und Landesbewußtsein in den neupreußischen Gebieten (1866), 1985; *K. E. Pollmann* (o. § 32); *ders.*, Parlamentarismus im Norddeutschen Bund 1867–1870, 1985; *H. Rothfels*, Bismarcks Staatsanschauung (1953), in: *H. Hallmann* (Hrsg.), Revision des Bismarckbildes, 1972, 414 ff.; *H.-J. Schoeps*, Der Weg ins deutsche Kaiserreich, 1970; *M. Stolleis*, in: DtVwG III, 85 ff.; *M. Stürmer*, Bismarckstaat und Cäsarismus, Der Staat 12 (1973) 467 ff.; *H.-P. Ullmann*, Politik im Deutschen Kaiserreich 1871–1918, 1999 (EDG Bd. 52); *G.-C. v. Unruh*, Die verfassungsrechtliche Stellung Preußens im Norddeutschen Bund und im Deutschen Reich nach den Verfassungen von 1867/1871 und 1919, in: *O. Hauser* (Hrsg.), Preußen, Europa und das Reich (NF z. brand.preuß. G 7), 1987, 261 ff.; *H.-U. Wehler*, Das deutsche Kaiserreich 1871–1918, 7. Aufl. 1994; *R. Wilhelm*, Das Verhältnis der süddeutschen Staaten zum Norddeutschen Bund (1867–1870), 1978.

I. Der Norddeutsche Bund

1. „Revolutionäre" Elemente der Staatsgründung Bismarcks

Der in Prag am 23. 8. 1866 zwischen Preußen und Österreich geschlossene Frieden ordnete die Auflösung des Deutschen Bundes an. Preußen konnte nun den Aufbau des seit fast zwei Jahrzehnten geplanten engeren Bundesstaates in Angriff nehmen. Er wurde noch im August 1866 unter dem Namen Norddeutscher Bund durch ein Regierungsbündnis begründet. Ihm gehörten alle deutschen Staaten an, ausgenommen Bayern, Württemberg, Baden und Hessen-Darmstadt südlich des Mains; Liechtenstein und Luxemburg wurden gänzlich unabhängig, letzteres erst 1867 nach einer Vereinbarung der europäischen Großmächte. Bismarcks Verfassungspolitik gewann nun Konturen. Er zögerte nicht, die Prinzipien der monarchischen Legitimität dort über Bord zu werfen, wo sie den Ausbau eines allein auf Preußen gestützten Nationalstaates zu behindern schienen. Gegen Bedenken des Königs annektierte die preußische Regierung Hannover, Kurhessen, Nassau und die freie Stadt Frankfurt, Schleswig und Holstein ohnehin. Aber auch innerstaatlich trägt Bismarcks Verfassungspolitik Züge einer „Revolution von oben". Der konservative Junker erwies sich als ein souveräner Pragmatiker der Macht, als er für die anstehenden Wahlen zum norddeutschen Reichstag das demokratische Wahlrecht von 1849 (o. § 31 IV.2) durchsetzte. Sein Ziel, damit die nationalstaatliche Integration voranzutreiben und zugleich die Konservativen durch die Stimmen der Landbevölkerung zu stärken, hat er erreicht. Aus der ersten *Reichstagswahl* im Februar 1867, an welcher sich in Preußen immerhin 64,9 % der Wahlberechtigten beteiligten, gingen die Konservativen und Freikonservativen mit zusammen 98 Mandaten und die neu formierten Nationalliberalen mit 79 Mandaten am erfolgreichsten hervor. Dagegen verfügten die gemäßigten Altliberalen nur noch über 27 und die im vergangenen Verfassungskonflikt dominanten Linksliberalen nur über 34 Mandate. Die sich anbahnende Gründung des Nationalstaates schuf einen neuen Konsens, der in den jetzt anstehenden Verfassungsberatungen grundsätzliche Konflikte kaum aufkommen ließ. Der im Frühjahr 1867 beratene und beschlossene Verfassungstext sollte im Rahmen der Reichsgründung keine wesentlichen Veränderungen mehr erfahren.

2. Verfassungspraxis und politische Ziele

Die *Verfassungspraxis des Norddeutschen Bundes* konnte sich in der kurzen Zeit seines Daseins nur zaghaft entwickeln. Alle Fäden liefen im Bundeskanzleramt zusammen, dessen Chef Bismarck sich als preußischer Ministerpräsident zugleich der preußischen Ministerien bedienen konnte. Ein politischer Gleichklang der Interessen von Regierung und Parlamentsmehrheit wird indessen rasch erkennbar. Beiden war an der Wirtschafts-, Rechts- und Verkehrseinheit des neuen Staatsgebietes gelegen. Mit der wichtigsten gesetzgeberischen Leistung dieser Jahre, der *Gewerbeordnung* von 1869, findet die Gewerbefreiheit endgültig überall Eingang.

Bismarck beabsichtigte von Anbeginn, den Norddeutschen Bund durch den Beitritt der süddeutschen Staaten zu erweitern. Zunächst geheim geschlossene Schutz- und Trutzbündnisse ließ er 1867 veröffentlichen, ohne freilich vorerst das Selbständigkeitsbewußtsein Bayerns und den politischen Gegendruck Österreichs und Frankreichs, welche die deutsche Nationalstaatsbildung als Fortdauer der preußischen Expansion deuteten, überwinden zu können. Andererseits fand auch Bayern mit dem Projekt eines deutschen Südbundes keinen Anklang. Der Norddeutsche Bund war zwar der erste deutsche Bundesstaat moderner Prägung, aber doch ein Gebilde des Übergangs; für eine Nord-Süd-Teilung Deutschlands fehlte es an Tradition und – nach dem Ausscheiden Österreichs – auch an einer Preußen gleichwertigen politischen Kraft.

II. Die Reichsgründung als politischer Prozeß

1. Geschichtliche Rahmenbedingungen

Umstritten wie wenige Vorgänge der jüngeren deutschen Geschichte, scheint sich die Gründung des Deutschen Reiches dem Versuch einer vorurteilsfreien Beurteilung zu entziehen. Die verfassungsgeschichtliche Problematik wird etwas durchsichtiger, wenn wir uns eine doppelte Eigentümlichkeit der Reichsgründung bewußtmachen: die Gleichzeitigkeit von Staatsgründung und Verfassungsgebung und die Zweistufigkeit der Ereignisse 1866/67 und 1870/71. Daraus ergeben sich Konsequenzen in zweierlei Hinsicht. Zum einen beeinflußten die Bedingungen der Staatsgründung die verfassungsrechtlichen Strukturen. Und zum anderen blieben die Entscheidungen der Jahre 1866/67 maßgebend für den Abschluß des Gründungsvorgangs vier Jahre später. Sachlich bedeutete dies, daß die Anerkennung der preußischen Hegemonie in der Teilstaatsgründung des Norddeutschen Bundes ebenso unangefochten fortbestand wie die Prägung der verfassungsrechtlichen Innenverhältnisse durch den Ausgang des preußischen Verfassungskonflikts und die Einführung des allgemeinen gleichen geheimen Wahlrechts im Gesamtstaat. Zu keinem Zeitpunkt ergab sich eine historische Konstellation, in welcher die Errichtung eines deutschen Nationalstaates durch einen konstitutiven Gesamtakt des Volkes und seiner Repräsentanten möglich gewesen wäre.

2. Preußen und die süddeutschen Staaten nach 1866

Der geschichtliche Ablauf der Reichsgründung wurde wesentlich durch den Deutsch-Französischen Krieg 1870/71 und diplomatische Aktivitäten bestimmt, während die Mitwirkung der Parlamente begrenzt blieb. Und doch hatte *Bismarck*, der seit den Erfolgen des Jahres 1866 unangefochten die preußische Politik leitete, die Herstellung der deutschen Einheit auch unter Einsatz plebiszitärer Methoden keineswegs ausgeschlossen. Aber nach dem innerdeutschen Kriege fehlten in Süd-

§ 34. Reichsgründung und Reichsverfassung 261

deutschland dafür alle Voraussetzungen. 1868 erleben die kleindeutsch gesonnenen Parteien anläßlich der Wahlen zum Zollparlament in den süddeutschen Staaten eine klare Niederlage. Begreiflicherweise hatte dort der preußische Sieg Angst vor einer uniformen Prussifizierung hervorgerufen. Da nutzte es wenig, daß Baden allein, 1869, vorbehaltlos bereit war, dem Norddeutschen Bund beizutreten. Gegen den Willen der bayerischen und württembergischen Regierung und gegen die sich in zahlreichen Presseorganen niederschlagende öffentliche Meinung zugleich ließ sich die deutsche Einigungspolitik unter preußischem Vorzeichen nicht fortsetzen. Die Aktivierung nationaler Emotionen war vonnöten und Bismarck wußte das. Bot sich dazu eine Gelegenheit, dann mußte sie auch genutzt werden, wenn sie Krieg bedeutete. Auf die Außenbeziehungen war also zu achten, sollte sich das deutsche Volk als Ganzes angesprochen fühlen.

3. Der diplomatische Konflikt mit Frankreich

Als Spanien 1870 nach der Vertreibung der angestammten Bourbonendynastie die Krone dem Erbprinzen Leopold von Hohenzollern-Sigmaringen – einer katholischen Nebenlinie des preußischen Königshauses – anbietet, unterstützt Bismarck diesen Plan energisch. Der französische Protest gegen ein weiteres Hohenzollernkönigtum in einem Nachbarland folgt auf dem Fuße. Als der preußische König darauf seine Zustimmung verweigert, versucht die französische Diplomatie ihren Erfolg zu vergrößern und fordert nun, Wilhelm I. solle versprechen, der Thronkandidatur eines Hohenzollern in Spanien niemals seine Zustimmung zu geben. Der in Bad Ems weilende König lehnt ab und informiert seinen Kanzler durch ein Telegramm, das Bismarck in verkürzter und zugleich verschärfter Form publiziert: Der Leser gewinnt den Eindruck, Wilhelm I. habe den französischen Botschafter gleichsam hinausgeworfen (*„Emser Depesche"*). Daraufhin erklärt Frankreich den Krieg – obwohl in deutschen Augen doch der preußische König als der Beleidigte erscheinen mußte. Für die süddeutschen Staaten war der Bündnisfall gegeben. Jetzt war sie da, jene allgemeine und zugleich propreußische, nationale Erregung, wie sie sich Bismarck wünschte. Der norddeutsche Bundeskanzler hatte den Deutsch-Französischen Krieg keineswegs exakt vorausplanen können. Aber angesichts seiner eigenen Beiträge zur Entwicklung der Konfliktlage wird man auch sagen müssen: Es war eine der ihm möglich erscheinenden Rechnungen aufgegangen.

4. Der Beitritt der süddeutschen Staaten zum Norddeutschen Bund und die Kaiserproklamation von 1871

Die Erbitterung, mit der dieser vielleicht erste Krieg der Nationen geführt wurde, weckte unter besonnenen Zeitgenossen böse Vorahnungen. Die Frage der nationalen Einigung Deutschlands aber schien nach dem militärischen Erfolg von Sedan am 2. 9. 1870 und der Gefangennahme des französischen Kaisers wie von selbst beantwortet. Württemberg und Bayern waren verhandlungsbereit. Dabei erwies sich das Ziel der bayerischen Politik, den Norddeutschen Bund aufzulösen und einen neuen deutschen Bund zu begründen oder doch wenigstens ein Verfassungsbündnis der süddeutschen Staaten mit dem Norddeutschen Bund in einem Doppelbund zu verbinden, als illusorisch. Es war Bismarck, der die Stunde regierte. Er vermochte jede Konzeption abzuwehren, welche die preußische Vormachtstellung in Deutschland hätte gefährden können. In Frage kam für den Kanzler nur die Gründung eines deutschen Gesamtstaates durch Beitritt der süddeutschen Staaten zum schon bestehenden norddeutschen Bundesstaat. Erste Konferenzen darüber fanden noch im September in München statt; mit den in Versailles geschlossenen *Novemberverträgen* wurden die jeweils zweiseitigen Verhandlungen beendet. Am 15. 11. traten Baden und Hessen-Darmstadt, am 23. 11. Bayern und am 25. 11. 1870 Württemberg dem Norddeutschen Bund bei. Die Landtage der süddeutschen Staaten stimmten den fertigen Vertragswerken zu, jener Bayerns freilich erst spät im Januar 1871 und mit knapper Mehrheit, nachdem der norddeutsche Reichstag die notwendigen Verfassungsänderungen mit der Einführung der Titulaturen „*Kaiser*" und „*Reich*" schon zum 1. 1. 1871 hatte in Kraft treten lassen. Im übrigen kam es zu einer unmittelbaren Mitwirkung des Reichstages an den zu Versailles vollzogenen Reichsgründungsakten nicht. Die Abgeordneten beschlossen eine Delegation nach Frankreich zu schicken, um König Wilhelm I. zur Annahme der Kaiserwürde zu bewegen. Die Parallele zum Angebot der Kaiserkrone im Frühjahr 1849 (o. § 31 V.1) unterstrich man durch die Auswahl des Delegationsführers. Es war jener Eduard Simson, der schon gut 20 Jahre zuvor als Präsident der Frankfurter Nationalversammlung die Kaiserdelegation nach Berlin angeführt hatte. War schon damals die Krone aus den Händen des Volkes nicht erwünscht gewesen, so mußte jetzt dafür Sorge getragen werden, daß die gekrönten Häupter selbst Wilhelm I. zur Annahme der Kaiserwürde aufforderten. Die Bereitschaft dafür war vorhanden. Der Zustimmung des prominentesten der deutschen Monarchen nach dem preußischen König half Bismarck nach. König Ludwig II. von Bayern erhielt hohe Zuwendungen für den Bau seiner Schlösser, war dann aber bereit, dem Hohenzollern die Kaiserkrone in einem von Bismarck entworfenen Schreiben anzubieten.

An der förmlichen *Kaiserproklamation* im Spiegelsaal von Versailles am 18. 1. 1871 – dem Tag der Erhebung Preußens zum Königreich im Jahre 1701 – waren Repräsentanten des Volkes nur in Gestalt von Soldaten anwesend. Wir besitzen eindrucksvolle Äußerungen über diesen Staatsakt: von einer kalten und stolzen, prunkenden und großtuerischen Szene ist die Rede, aber auch von einem ergreifenden und überwältigenden Augenblick. Beide Zeugnisse können wohl nebeneinander bestehen. Die Reichsgründung selbst entsprach verbreiteten Erwartungen, ihre Form jedoch keineswegs dem Empfinden des ganzen Volkes. Und sie ging mit der Demütigung des Nachbarvolkes darüber hinaus, was die Herstellung der deutschen Einheit erforderte.

III. Verfassungsfragen

1. Verfassungspolitische Ziele Bismarcks

Hat der Bundeskanzler das Geschehen nachhaltig bestimmt, dann lohnt sich die Frage nach den allgemeinen verfassungspolitischen Zielen Bismarcks. Die Historiker sind sich darüber einig, daß es Bismarck vor allem darum ging, Preußen als deutsche Führungsmacht und den Primat der monarchischen Politik durchzusetzen. Im übrigen erwies er sich als flexibel. Im Herbst 1866 sinniert der damalige preußische Ministerpräsident: „*Man wird sich in der Form mehr an den Staatenbund halten müssen, diesem aber praktisch die Natur eines Bundesstaates geben ... Als Zentralbehörde wird daher nicht ein Ministerium, sondern ein Bundestag fungieren, bei dem wir, wie ich glaube, gute Geschäfte machen*" („*Put-*

buser Diktate"). Diesem restaurativen Gedanken stellt Bismarck jedoch die nach dem demokratischen Wahlrecht von 1849 zu wählende Institution des Reichstags gegenüber. In ihm soll sich die deutsche Einheit manifestieren. Das monarchische Prinzip erscheint so mit dem nationalen Gedanken verbunden, war der Erfinder dieser Kombination doch davon überzeugt, daß eine Verfassung die realen Machtverhältnisse in der Gesellschaft widerspiegeln müsse und der revolutionäre Grundsatz der Volksrepräsentation nicht mehr aus der Welt geschafft werden konnte. Aber die Zeitgenossen haben sehr wohl bemerkt, daß hier ein Taktiker der Macht mit Versatzstücken der monarchischen Tradition und solchen der Revolution zu jonglieren begann, um der Effizienz des politischen Ergebnisses willen. Nicht wenige moderne Historiker pflichten den damaligen Kritikern bei: im Verlauf der deutschen Reichsgründung habe Bismarck alles, *„was den Rechtsboden der Legitimität anlangte ... zur Disposition (gestellt) außer den Führungsanspruch der preußischen Monarchie"* (M. Stürmer); Bismarcks Politik habe überhaupt *„zu allen Zeiten eine bemerkenswerte Offenheit gegenüber Alternativmöglichkeiten"* gezeigt (W. Mommsen) und unter dem *„Vorbehalt der situationsbedingten Vorläufigkeit"* gestanden (L. Gall). Der monarchische Gedanke, verbunden mit der feudalen Adels- und Bauerngesellschaft der Vergangenheit, hatte seine integrierende Funktion und Überzeugungskraft zugunsten des nationalen Selbstbewußtseins breiter Volksmassen verloren. In dieser Umbruchsituation entstanden ungewöhnliche Handlungsspielräume, die Bismarck rigoros und virtuos nutzte.

2. Die Verfassungsdebatte von 1867 und die Änderungen von 1871

Die Entstehung der Reichsverfassung spiegelt die vorgegebenen politischen Rahmenbedingungen recht genau wider. Im konstituierenden Reichstag des Norddeutschen Bundes, der 1867 den von Bismarck vorgelegten Verfassungsentwurf erörterte, waren zwar zahlreiche Abgeordnete versammelt, welche schon in der Frankfurter Paulskirche über den Entwurf einer Reichsverfassung beraten hatten. Die Entschlossenheit der preußischen Politik, Drohungen Bismarcks, Einigung und Verfassung scheitern zu lassen, und die damit gegebene Gefahr, die eigene Basis im Volk zu verlieren, ließen es zahlreichen Liberalen jedoch als geraten erscheinen, der Verfassungsvorlage im Prinzip zuzustimmen. Parlamentarische Kämpfe mit dem Lenker der preußischen Politik entbrannten nur um Details, freilich solche von politischem Gewicht und liberalem Symbolgehalt. Durchgesetzt werden konnte das jährliche *Budgetrecht* des Reichstags und damit ein Mitspracherecht über fast alle Zweige der Staatsverwaltung. Am Widerstand Bismarcks scheiterte indessen der Versuch, auch über das Heer eine uneingeschränkte Haushaltskontrolle zu erreichen (u. 3). Dasselbe gilt für die Frage, ob die Bundesverfassung *Grundrechte* enthalten solle. Nach den ernüchternden Erfahrungen des Frankfurter Parlaments (o. § 31 IV.1), waren viele Abgeordnete nicht mehr bereit, die Herstellung der staatlichen Einheit und das Verfassungswerk insgesamt durch die Grundrechtsfrage zu gefährden. Immerhin besaßen die meisten und alle großen deutschen Staaten Landesverfassungen mit Grundrechtskatalogen; und man hatte gelernt, daß ohnehin alles auf die Realisierung des Grundrechtsschutzes in Einzelgesetzen ankam.

Als folgenschwer erwies sich die Niederlage des Reichstags in der Frage eines *verantwortlichen Ministeriums*. Diesem zentralen Anliegen liberaler Verfassungspolitik setzte Bismarck beharrlich und erfolgreich Widerstand entgegen, weil nach seiner Konzeption nicht ein Ministerium, sondern die im Bundesrat verbündeten Regierungen der deutschen Länder den deutschen Bund insgesamt gemeinsam regieren sollten. Innerhalb dieses kollektiven Regierungsorgans, welches in der Tat der Bundesversammlung des alten Deutschen Bundes glich (o. § 30 II.1), war Preußen die führende Rolle zugedacht. Der neue Gesamtstaat sollte ohne eigenen Regierungsapparat auskommen. Demgemäß war dem Bundeskanzler auch nur die Rolle eines Vorsitzenden des Bundesrates zugedacht. Eine Verantwortlichkeit gegenüber dem Parlament im konstitutionellen Sinne (o. § 29 II.1) war unmöglich. Dem Reichstag hätte damit ein eigenständiger politischer Widerpart gefehlt, die Last der parlamentarischen Kontrolle wäre weitgehend bei den Landtagen verblieben. Daß es den Liberalen gelang, diese für einen Großstaat fast unwirklich anmutende Verfassungsidee entscheidend zu modifizieren, mag durch Bismarcks geheime Neigung zu einer Stärkung der einheitsstaatlichen Elemente begünstigt worden sein. Mit Annahme der *„lex Bennigsen"* im Reichstag war nun die Wirksamkeit aller Präsidialakte an die Gegenzeichnung des Bundeskanzlers gebunden, der so zugleich die *„Verantwortung"* übernehmen mußte. War schon nicht das verantwortliche kollegiale Ministerium zu gewinnen gewesen, so doch wenigstens der einzige verantwortliche Minister – welcher später eine Art Regierung um sich herum aufbauen sollte (u. § 35 II).

Die Beitrittsverhandlungen der süddeutschen Staaten im Herbst 1870 (o. II.4) haben außer einigen *bayerischen und württembergischen Sonderrechten* keine neue Verfassungssubstanz mehr geschaffen, weil weder Bismarck noch die Mehrheit der Liberalen die Verfassungsdebatte wieder am Punkte Null beginnen lassen wollten. In der Tat hätten sich Änderungswünsche preußischer Konservativer und süddeutscher Föderalisten und Liberaler kaum auf einen gemeinsamen Nenner bringen lassen. Sowohl dem norddeutschen Reichstag wie den süddeutschen Landtagen blieb nur die Akklamation zu den vorgelegten Beitrittsverträgen. Daher bestand die wichtigste im Zusammenhang mit der Reichsgründung durchgeführte Verfassungsänderung in der Schaffung neuer symbolträchtiger Titulaturen. *„Deutscher Kaiser"* hieß der König von Preußen jetzt auch und *„Deutsches Reich"* der Gesamtstaat, obwohl weder an eine Fortsetzung des 1806 erloschenen römischen Kaisertums (o. § 27 III.2) noch an die Wiedererrichtung eines supranationalen Staatsgebildes im Sinne der alten Reichsidee gedacht war. Die Integrationswirkung der historisch verklärten Titel des alten Imperiums wurde jedoch allgemein hoch eingeschätzt. Dabei mußte man jedoch vorsichtig zu Werke gehen. Einen „Kaiser von Deutschland" als Reichsmonarchen durfte es nicht geben, weil auch der Anschein zu vermeiden war, die Eigenstaatlichkeit der deutschen Länder könnte in Frage gestellt werden.

3. Das Staatsorganisationsrecht der Bismarckschen Reichsverfassung

Der am 16. 4. 1867 im norddeutschen Reichstag mit großer Mehrheit verabschiedete und auf den Tag vier Jahre später für das Deutsche Reich verändert in Kraft gesetzte Verfassungstext erwähnt in seiner Präambel als verfassungsgebende Subjekte allein die Bundesfürsten. Deren Bevollmächtigte formieren sich daher im *Bundesrat* als dem höchsten Reichsorgan, das *„gleichsam von selbst entstanden"* ist, während das Kaisertum als bloßes Präsidium des Bundes nur als ein *„akzessorisches Vorrecht"* der Krone Preußens erscheint *(P. Laband)*. Der Bundesrat ist an der Legislative und an der Exekutive zugleich beteiligt. Einerseits beschließt er Gesetze, die zu ihrem Inkrafttreten noch der Zustimmung des Reichstags, nicht jedoch der des Kaisers bedürfen (Art. 5 Abs. 1). Andererseits erläßt der Bundesrat

§ 34. Reichsgründung und Reichsverfassung   265

aber auch die zur Gesetzesausführung erforderlichen Verwaltungsvorschriften (Art. 7). Er bildet acht *Ausschüsse* mit bestimmten Sachkompetenzen (u. § 35 II.2). Sie scheinen als Ersatz für die fehlenden Ministerien gedacht, haben die Bundesratsmitglieder doch das Recht, ihre Politik vor dem Reichstag zu vertreten (Art. 9). Die Position der Hegemonialmacht erscheint nur leicht verschleiert. Zu den 17 preußischen Stimmen gesellten sich 21 Einzel- oder Doppelstimmen nord- und mitteldeutscher Kleinstaaten mit überwiegend preußischer Orientierung, so daß die Königreiche Bayern, Württemberg und Sachsen sowie Baden und Hessen mit insgesamt 20 Stimmen kein eigenes politisches Profil entwickeln konnten. Schwerer wog, daß der vom Kaiser ernannte Reichskanzler und Vorsitzende im Bundesrat, zugleich auch preußischer Ministerpräsident, die einzige regierende Persönlichkeit war, welcher die Verfassung die *„Verantwortlichkeit"* für *„Anordnungen und Verfügungen des Kaisers"* auferlegte. Auf ihn konzentrierte sich daher die Aufmerksamkeit nicht nur des Reichstags, sondern auch der Öffentlichkeit.

Ähnlich distanziert wie das Verhältnis zwischen Bundesrat und Reichstag war auch die verfassungsrechtliche Beziehung zwischen den beiden Verkörperungen der staatlichen Einheit, *Reichstag* und *Kaisertum*, ausgestaltet. Davon profitierten beide. Das Gesetzgebungsrecht des Reichstags erstreckte sich auf den ganzen Umfang der Reichskompetenzen (Art. 4), ohne daß dem Kaiser ein Vetorecht zustand – mit einer Ausnahme: In Militärsachen konnte der Kaiser über den Bundesrat Gesetzesvorhaben blockieren (Art. 5 Abs. 2). Dem entsprach auch sonst eine weitgehende Unabhängigkeit des Kaisers in Sachen der militärischen Kommandogewalt (Art. 63 u. 64). Das damit weiterhin bestehende Problem, wie diese Machtbefugnisse mit dem Haushaltsrecht des Parlaments zu vereinbaren seien (o. § 32 II.3), versuchte die Verfassung auf einem Umweg wenigstens vorläufig zu lösen. Die Bewilligung der Haushaltsmittel und die Festlegung der Friedenspräsenzstärke des Heeres wurden voneinander getrennt, die Kosten je Soldat errechnet. Da die Verfassung aber zugleich auch die Größe des Heeres bis zum Jahresende 1871 festlegte und auf dieser Basis die Finanzierung auch über diesen Zeitpunkt hinaus anordnete, war ein Finanzsockel für die Armee stets vorhanden. Sollte die Heeresstärke freilich erhöht werden, bedurfte es eines Reichsgesetzes und damit der Zustimmung des Reichstags (Art. 60–62). Der Reichstag hatte im übrigen das Recht, *„innerhalb der Kompetenz des Reichs Gesetze vorzuschlagen und an ihn gerichtete Petitionen dem Bundesrathe resp. Reichskanzler zu überweisen"* (Art. 23). Er konnte sich damit zu allen politischen Fragen zu Wort melden, ohne jedoch mit spezifischen, gerade dafür vorgesehenen verfassungsrechtlichen Mitteln den Reichskanzler stürzen zu können. „Parlamentarisch" im modernen Sinne ist dieses Regierungssystem nicht gewesen. Doch blieben der Reichskanzler und die Reichstagsabgeordneten in der Gesetzgebungsarbeit aufeinander angewiesen – eine Tatsache, welche nicht wenige Liberale auf günstige parlamentarische Entwicklungen hoffen ließ.

Die Reichsverfassung bot Spielräume für die Entfaltung *unitarischer Tendenzen:* als einziges Grundrecht das Indigenat, d. h. Inländerrecht aller Angehörigen eines deutschen Bundesstaates im ganzen Reiche (Art. 3), umfassende Außenvertretungsrechte des Kaisers (Art. 11), nur wenig erweiterungsbedürftige Gesetzgebungskompetenzen (Art. 4). Demgegenüber erwiesen sich die Sonderrechte Bayerns und Württembergs vor allem im Militär-, Post- und Eisenbahnwesen als unbedeutend. Doch hatten sich die süddeutschen Staaten gegen Verfassungsänderungen, von denen sie eine Gefährdung der Bundesstaatlichkeit befürchteten, durch eine Sperrminorität gesichert. Im übrigen wurde die Reichseinheit durch das Zustimmungsrecht des Reichstages zu allen Verfassungsänderungen gesichert (Art. 78).

IV. Die Legitimitätsfrage

Seitdem im neuzeitlichen Gesetzgebungsstaat die Verfassung selbst als Gesetz, also als *„etwas ... Machbares verstanden wird, da verändert sich die Frage nach dem Rechtfertigungsgrund der Staatsgewalt"* und es entsteht *„die Frage nach dem Subjekt der konstituierenden, der verfassungsgebenden Gewalt"* (H. Hofmann). Diese Legitimitätsfrage konnte weder zur Zeit der Reichsgründung noch rückblickend heute einfach mit dem monarchischen Prinzip oder dem Prinzip der Volkssouveränität beantwortet werden. Bismarcks Reichsverfassung scheint sich beider Modelle zu bedienen und, ohne sich festzulegen, weitere Basiselemente politischer Macht hinzuzufügen: einen alleinherrschenden Kanzler und ein von der monarchischen Idee losgelöstes, nationales Kaisertum. Auf die verwirrende Frage, wie dann aber das neu entstandene Staatsgebilde vernünftig, unter Allgemeinbegriffen verstanden werden soll, gibt es seit langem eine bestechende Antwort. Es habe sich um ein *„bonapartistisches Diktatorialregime"* gehandelt mit *„charismatischen, plebiszitären und traditionalistischen Elementen"*, in welchem sich *„das Bürgertum ... durch die Emanzipationsbewegung der Arbeiterschaft von unten bedroht"* gefühlt und sich daher unter die autoritäre Herrschaft der vorindustriellen Eliten geflüchtet habe *(H.-U. Wehler)*. Vielfach wird daher schon die Verbindung von Monarchie und Demokratie als Charakteristikum des *„Bonapartismus"* angesehen, eine Herrschaftsform, die *„revolutionär in ihrem Ursprung"* und *konservativ in ihren Zielen"* gewesen sei *(M. Stürmer)*. Die Bonapartismusthese gewinnt ihre Überzeugungskraft aus der Kombination soziologischer und verfassungshistorischer Aspekte, die allerdings, für sich genommen, weniger gut zu begründen sind. Die sozialgeschichtliche Analyse geht wohl deswegen fehl, weil das Proletariat erst in den 80er Jahren als ein gefährlicher Machtfaktor erlebt wurde *(W. J. Mommsen)* und das Bürgertum daher sicher nicht aus Angst, sondern aufgrund eigener, nationaler und ökonomischer, Motivationen den Bismarckschen Verfassungsbau akzeptierte. Dessen Rückgriff auf plebiszitäre Verfassungselemente ist geradliniger aus dem Verfall des monarchischen Staatsgedankens im Zeichen eines explosiv gewordenen Nationalismus zu erklären.

Ernster zu nehmen ist die mit der Bonapartismusthese oft unklar verbundene Aussage, das neue deutsche Kaisertum sei eine Form von *„Cäsarismus"*, also Heerkaisertum, gewesen. Dafür sprechen gewichtige Indizien: so die Inszenierung der Kaiserproklamation (o. II.4) als Staatsakt einer *„triumphierenden Militärmonarchie"* (L. Gall), die Rede vom *„Heldenkaiser"* Wilhelm I., die Feier des Sedantages als Nationalfeiertag. Von Bismarck selbst wird die Bemerkung überliefert, einen Kaiser könne man nicht machen, er müsse dies schon selbst tun: *„Die rechte Kaiserkrone muß auf dem Schlachtfelde gewonnen werden."* Daß der Sieger über jene herrschen darf, die mit ihm in den Krieg zogen und Anteil an seinem Erfolg haben, ist ein altes Motiv, welchem für das geschichtsbewußte 19. Jahrhundert Überzeugungskraft nicht abgesprochen werden kann. Doch erfaßt auch dieses Erklärungsmodell nur einen Teilaspekt. Bismarcks Kombination verschiedener verfassungsrechtlicher Gestaltungsmöglichkeiten erwies sich am Ende so unbegründet nicht. Denn zweifellos entstand neue Legitimität, indem sich *„die Erblegitimität der verbündeten Fürsten ... mit der legitimierenden Kraft des Natinalstaatsgedankens zu neuer Wirksamkeit"* verband *(H. Hofmann)*.

§ 35. Das „System Bismarck"

Quellen: *O. v. Bismarck*, Werke in Auswahl, Bd. 1–8 b, 1962–1983; *O. v. Bismarck*, Gesammelte Werke. Neue Friedrichsruher Ausgabe, Abt. II, Bd. 1: 1871/73, hrsg. v. *K. Canis*, *L. Gall*, *K. Hildebrand* u. *E. Kolb*, 2004.
Zeitgenössische Literatur: *C. F. v. Gerber*, Grundzüge des deutschen Staatsrechts, 3. Aufl. 1880; *Laband*, (o. § 34); *H. Schulze*, Lehrbuch des deutschen Staatsrechtes, Bd. 1–2, 1881/86.
Schrifttum: *H.-O. Binder*, Reich und Einzelstaaten während der Kanzlerschaft Bismarcks 1871–1890 (phil. Diss. Tübingen), 1971; *U. Björner* (o. § 34); *H. Böhme*, Deutschlands Weg zur Großmacht. Studien zum Verhältnis von Wirtschaft und Staat während der Reichsgründungszeit 1848–1881, 3. Aufl. 1974; *H. Boldt*, Rechtsstaat (o. § 34); *ders.*, Konstitutionalismus (o. § 34); *ders.*, Föderalismus (o. § 34); *L. Gall*, Bismarck (o. § 34); *O. Hauser* (Hrsg.), Zur Problematik „Preußen und das Reich", 1984; *ders.*, Polen und Dänen im Deutschen Reich, in: *Th. Schieder* u. *E. Deuerlein* (Hrsg.), Reichsgründung 1870/71, 1970, 291 ff.; *ders.* (Hrsg.), Otto v. Bismarck und die Parteien, 2001; *E. R. Huber*, Grundrechte im Bismarckschen Reichssystem (1973), in: *ders.*, Bewahrung und Wandlung, 1975, 132 ff.; *ders.*, Die Bismarcksche Reichsverfassung (o. § 34); *Th. Kühne*, Dreiklassenwahlrecht und Wahlkultur in Preußen 1867–1914, 1994; *B. Löffler* (o. § 32); *R. Morsey*, Die oberste Reichsverwaltung unter Bismarck 1867–1890, 1957; *ders.*, in: DtVwG III, 128 ff.; *R. Mußgnug* ebda. 109 ff.; *Th. Nipperdey*, Interessenverbände und Parteien in Deutschland vor dem Ersten Weltkrieg, in: *H.-U. Wehler* (Hrsg.), Moderne deutsche Sozialgeschichte, 3. Aufl. 1970, 369 ff.; *S.-Ch. Preibusch*, Verfassungsentwicklungen im Reichsland Elsaß-Lothringen 1871–1918, 2006; *M. Rauh*, Föderalismus und Parlamentarismus im Wilhelminischen Reich, 1973; *G. A. Ritter* (Hrsg.), Deutsche Parteien vor 1918, 1973; *ders.*, Politische Repräsentation durch Berufsstände. Konzepte und Realität in Deutschland 1871–1933, in: Gestaltungskraft des Politischen, FS E. Kolb, 1998, 261 ff.; *E. Schmidt-Volkmar*, Der Kulturkampf in Deutschland 1871–1890, 1962; *Chr. Schönberger*, Das Parlament im Anstaltsstaat. Zur Theorie parlamentarischer Repräsentation in der Staatsrechtslehre des Kaiserreichs (1871–1918), 1997; *A. Schulz* (o. § 29); *H. Spenkuch* (o. § 32); *M. Stolleis*, Die Entstehung des Interventionsstaates und das öffentliche Recht, ZNR 11 (1989) 129 ff.; *M. Stürmer*, Regierung und Reichstag im Bismarckstaat 1871–1880, 1974; *ders.*, Militärkonflikt und Bismarckstaat. Zur Bedeutung der Reichsmilitärgesetze 1874–1890, in: *G. A. Ritter* (Hrsg.), Gesellschaft, Parlament und Regierung, 1974, 225 ff.; *ders.*, Staatsstreichgedanken im Bismarckreich, HZ 209 (1969) 566 ff.; *A. Thier*, Steuergesetzgebung und Verfassung in der konstitutionellen Monarchie. Staatssteuerreformen in Preußen 1871–1893, 1999; *H.-P. Ullmann* (o. § 34); *N. Ullrich*, Gesetzgebungsverfahren und Reichstag in der Bismarck-Zeit, 1996; *R. Wahl*, Der preußische Verfassungskonflikt und das konstitutionelle System des Kaiserreichs, in: *E.-W. Böckenförde* (Hrsg.), Moderne deutsche Verfassungsgeschichte (1815–1914), 2. Aufl. 1981, 208 ff.; *H.-U. Wehler*, Polenpolitik im Deutschen Kaiserreich, in: *ders.*, Krisenherde des Kaiserreiches 1871–1918, 2. Aufl. 1979, 184 ff.; *ders.*, Das „Reichsland" Elsaß-Lothringen von 1870 bis 1918, in: Krisenherde des Kaiserreiches 1871–1918, 2. Aufl. 1979, 23 ff.; *ders.* (o. § 34); *K. v. Zwehl*, Zum Verhältnis von Regierung und Reichstag im Kaiserreich (1871–1918), in: *G. A. Ritter* (Hrsg.), Regierung, Bürokratie und Parlament in Preußen und Deutschland von 1848 bis zur Gegenwart, 1983, 90 ff.

I. Gesellschaft und nationales Denken im Deutschen Reich

Vielleicht hätte Bismarcks Reichsverfassung eine *„stilgerechte Lösung der deutschen Verfassungsfrage" (E. R. Huber)* sein können, wären die sozialgeschichtlichen und nationalpolitischen Bedingungen im letzten Drittel des 19. Jahrhunderts stabiler gewesen. Die Realgeschichte der Verfassung trägt das zitierte Urteil nicht. Die ungewöhnlichen inneren und äußeren Spannungen, denen das Reich schon bald ausgesetzt war, mußten auf den komplizierten Verfassungsmechanismus zurückwirken. Es zeigte sich rasch, daß im neuen deutschen Gesamtstaat nicht nur mit dem national und liberal eingestellten, überaus reichsfreudigen Bürgertum zu rechnen war. Die konservativen Eliten des alten Preußen hatten die Reichsgründung unangefochten überdauert – entschlossen, ihre hervorragende, auf das Dreiklassenwahlrecht gestützte Position im größten Bundesstaate zu verteidigen. Zwischen dieser altfeudalen Lebenswelt, in der sich mancher noch immer nicht an das neue Verfassungswesen gewöhnen mochte, dem erwerbswirtschaftlich denkenden Bürgertum und den Massen des Industrieproletariats taten sich wahre Abgründe von Interessengegensätzen und Unverständnis auf. Ein neues Zeitalter zog herauf, das sich mit der vergangenen Epoche unter dem Dach derselben Verfassung kaum vereinigen ließ.

Doch nicht nur die Spannungen der innerstaatlichen Gesellschaft belasteten das Verfassungsleben des Reiches, auch die aus den zwischenstaatlichen Beziehungen in Europa erwachsenden Gefahren wirkten auf die Verfassungspolitik zurück. An die Stelle des Gleichgewichts der Monarchien war der Machtwille von Nationen getreten, zwischen denen ein harter Konkurrenzkampf begann. Bismarck war ein typischer Vertreter dieser Politik. Überzeugt, daß Frankreich ohnehin Deutschlands Feind bleiben werde, hielt er die von der öffentlichen Meinung lautstark geforderte Annexion Elsaß-Lothringens im deutschen Sicherheitsinteresse für geboten, wohl wissend, daß damit die Gefahr eines Revanchekrieges heraufbeschworen wurde. Dieser nationale Egoismus, welcher bald auch die internationalen Wirtschaftsbeziehungen regierte (u. III.2), hatte schwerwiegende Rückwirkungen auf die Innenpolitik des Reiches. Vorrang genoß alles, was der nationalen Abgrenzung und Expansion, der Verteidigung und Kriegsbereitschaft diente. Nur so wird verständlich, warum die preußisch-deutsche Armee und die unter Wilhelm II. aufgebaute Hochseeflotte zu kaum angreifbaren Symbolen der nationalen Identität werden konnten. Und gerade das Militär war – ebenso wie die auswärtige Politik – von der Verfassung in weitestem Maße dem Recht des Monarchen unterstellt worden, so daß es sich als ein exklusiver sozialer Körper dem zunehmenden Einfluß des Reichstags (u. § 36 II.1) entziehen konnte.

Der suggestive Nationalismus im letzten Drittel des 19. Jahrhunderts schuf Belastungen auch für das Zusammenleben der Volksgruppen, besonders im ethnisch stark gemischten Ostmitteleuropa. Ein allgemein anwachsender Antisemitismus mit Wanderungsbewegungen osteuropäischer Juden ins Deutsche Reich, wo aber seit 1880 auch antisemitische Vereinigungen entstanden, war die eine Folge. Eine andere nicht weniger bedenkliche Erscheinung ist der Übergang zu staatlicher Repression gegenüber den Polen gewesen, denen schon bald nach der Reichsgründung Deutsch als Schul- und Amtssprache aufgezwungen wurde. Seit 1886 förderte der Staat massiv deutsche Ansiedlungen in den Provinzen Posen und Westpreußen. Daß damit nur ein – erfolgreicher – polnischer Widerstand ausgelöst wurde, entsprach der Logik nationaler Politik.

II. Die Verfassungspraxis

1. Reichskanzler und Reichsämter

Die Stellung des Reichskanzlers gestaltete sich anders, als dies die Verfassung vorgesehen hatte. Der Vorsitz im Bundesrat interessierte Bismarck wenig (u. 2). Seine Fähigkeiten und seine Autorität wollte er nicht an ein Kollegialorgan binden. Da aber auch Bismarck die Fülle der anstehenden Arbeiten nicht allein bewältigen konnte, war es zunächst das *Reichskanzleramt*, welches alle Reichskompetenzen zugleich wahrnehmen mußte. Unter seinem liberalen Präsidenten *Rudolf v. Delbrück* gewann die Behörde rasch eigenes Profil. Sie trieb energisch die schon vor der Reichsgründung begonnene liberal-rechtsstaatliche Gesetzgebung voran (u. IV) und berücksichtigte dabei schon vorab die im Reichstag gegebenen Mehrheitsverhältnisse. Was sich hier anbahnte und das „*Delbrücksche Deutschland*" genannt wurde, mißfiel Bismarck. Entschlossen, jeden Ansatz zur Bildung eines verantwortlichen Reichsministeriums, wie es sich die Liberalen ersehnten, zu unterdrücken, begann sich der Reichskanzler langsam aus der engen Zusammenarbeit mit der wichtigsten politischen Kraft des Bürgertums zu lösen. 1876 wurde Delbrück entlassen. Bismarck gedachte nun eine Zerlegung der sich rasch vergrößernden Reichsverwaltung vorzunehmen, ohne jedoch seine alleinige Verantwortlichkeit gegenüber dem Reichstag einzuschränken.

Das Organisationsmodell dafür boten die nicht zufällig so benannten Reichsämter. Schlichtem Sachzwang folgend, war schon 1870 das preußische Außenministerium als *Auswärtiges Amt* des Bundes übernommen worden. 1872 wurde die kaiserliche *Admiralität*, 1873 das *Reichseisenbahnamt*, 1876 das Amt des *Generalpostmeisters* und 1877 das *Reichsjustizamt* errichtet. Ein Jahr später schuf man im „*Stellvertretergesetz*" vom 17. 3. 1878 eine verfassungsrechtliche Grundlage für das selbständige Handeln der den Reichsämtern vorstehenden Behördenchefs. Diese, die „*Staatssekretäre*", konnten nun die gemäß Art. 17 RV erforderliche Gegenzeichnung (o. § 34 III.2 u. 3) anstelle des Reichskanzlers vornehmen, der aber befugt blieb, jede Amtshandlung aus den Reichsämtern an sich zu ziehen. Die Staatssekretäre sollten damit gehindert werden, ministergleiche Stellungen aufzubauen und von Bismarck abhängig bleiben. Dieser hat daher auch peinlich gemeinsame Konferenzen der Staatssekretäre vermieden; nur zweimal sollen solche in seiner Amtszeit stattgefunden haben. Als preußische Bevollmächtigte im Bundesrat, dessen Gesetzgebungszuständigkeit ihre Arbeit unmittelbar berührte, wurden die Staatssekretäre unselbständig dem preußischen Staatsministerium unterstellt. Bismarck schätzte zwar die mit den Reichsämtern einhergehende Arbeitsentlastung und ihre sachliche Kompetenz. Aber eine verantwortliche „Reichsregierung" durfte es nicht geben. Für den Amtsgebrauch ließ er dieses Wort sogar verbieten.

Nicht zu verhindern war freilich, daß sich seit dem Stellvertretergesetz jedenfalls eine aus mehreren Personen bestehende „*Reichsleitung*" entwickelte. Die Gegenzeichnung der Staatssekretäre hatte deren direkten Vortrag beim Kaiser zur Folge. Aus Gründen der Koordination mußte ihnen häufig das entsprechende preußische Ministerium übertragen werden. Und es dauerte auch nicht lange, bis die Staatssekretäre – freilich in ihrer Eigenschaft als preußische Bundesratsbevollmächtigte! – auch im Reichstag auftraten, waren es doch ihre Ämter, in denen die Gesetzesvorlagen ausgearbeitet wurden. Die Reorganisation der Reichsleitung fand 1879 ihren Abschluß mit der Ausgliederung des *Reichsamts des Innern* und des *Reichsschatzamts* aus dem Reichskanzleramt. Diese Maßnahmen hatten nicht nur verwaltungstechnische, sondern innenpolitische Bedeutung. Sie standen im Zeichen eines antiliberalen Kurswechsels (u. III.2).

2. Der Bundesrat

Angesichts dieser frühzeitigen Expansion der Reichsverwaltung drängt sich die Frage nach dem Schicksal des eigentlich als Regierungsorgan vorgesehenen Bundesrates auf (o. § 34 III.1 u. 3). Die sofortige Degradierung dieses Gremiums in der

Praxis ergibt sich schon aus der Tatsache, daß Bismarck an seinen Sitzungen fast niemals teilgenommen hat. Er dachte gar nicht daran, die Regierungen der deutschen Bundesstaaten gleichberechtigt an der Reichspolitik zu beteiligen. Der Bundesrat erfüllte die ihm von Bismarck zugedachte Funktion, nämlich die Verhinderung einer parlamentarisch verantwortlichen Reichsregierung, schon allein durch seine Existenz. Daher sahen auch die Minister der Bundesstaaten keinen Grund, an den Sitzungen des Bundesrates in Berlin teilzunehmen. Das Feld beherrschten dort die *stellvertretenden Bevollmächtigten*, Fachleute der hohen Bürokratie, welche die „*Präsidialanträge*", d. h. die Gesetzesvorhaben der Reichsleitung, in den Ausschüssen unter die Lupe nahmen. Ausgeschlossen blieben hier nur die faktisch von anderen vertretenen Kleinstaaten und das Reichsland *Elsaß-Lothringen*, das bis zur Verfassungsreform von 1911 keinen Landtag, sondern unter einem kaiserlichen Staathalter nur einen aus den regionalen Körperschaften beschickten, beratenden *Landesausschuß* besaß. Bundesstaaten wie Preußen und später Bayern konnten dagegen Einfluß gewinnen, zumal dem Reichskanzler in wichtigeren Angelegenheiten eine Vorabstimmung mit den Regierungen der Königreiche ratsam erscheinen mochte. Aber weitere Entfaltungsmöglichkeiten im Sinne einer politischen Entscheidungsinstanz gewann der Bundesrat nicht.

3. Die Parteien

Die Beziehungen zwischen Reichskanzler und Reichstag blieben belastet durch höchst unterschiedliche Erwartungen über die Rolle der Parteien im Staate. Bismarck wollte sie nur als Vertreter wirtschaftlicher und sozialer Interessen akzeptieren, nicht als Träger politischer Programme für den Gesamtstaat; zeitweilig betrieb er die Errichtung eines berufsständischen „*Volkswirtschaftsrates*". Abgeordnetendiäten, welche eine unabhängige politische Existenz hätten gewährleisten können, wußte Bismarck in seiner Amtszeit zu verhindern. Die Parteien selbst standen jedoch im Gegenteil für umfassend gedachte Gesellschaftsmodelle, freilich sehr unterschiedlicher Art. Das altständische bis absolutistische Denken der Konservativen, die liberale Idee der freien und gleichen Bürgergesellschaft, die Bindungen des katholischen Zentrums an eine universale Kirchenorganisation und die Zukunftsentwürfe des Sozialismus boten schon jeweils für sich ein komplettes politisches Programm, das sich mit Bismarcks Zielen nur zum Teil oder überhaupt nicht deckte. Auch untereinander konnten diese Parteien kaum kompromißfähig sein – ein Zustand, der sich nur wenig besserte, als im Laufe der Zeit die Fixierung der Parteien auf konkrete soziale Interessen stärker hervortrat. Die Parteien vertraten nicht einfach politische Alternativen. Sie spiegelten unüberbrückbare Gegensätze wider. „*Die Furcht der Nation vor den Konsequenzen ihrer eigenen Zerrissenheit*" aber dürfte „*eine der tieferen Ursachen für die Stärke antiparlamentarischer Kräfte*" gewesen sein *(G. A. Ritter)*.

Das *Parteienspektrum* blieb trotz nationaler Minderheiten und diverser Spaltungen im linksliberalen Bereich bis zum 1. Weltkrieg relativ konstant. Von den altpreußischen, seit 1876 „*Deutsch-*"*Konservativen* hatte sich eine entschiedene Gefolgschaft Bismarcks abgespalten, die „*Frei-*"*Konservativen* (seit 1871 „*Reichspartei*"). Neben ihnen war es die ungleich stärkere Fraktion der *Nationalliberalen*, welche unter Bismarck bis 1878 die Funktion einer „Regierungspartei" ausfüllte. Demokratisch-parlamentarischen Zielen verpflichtet blieben die linksliberalen Gruppen, deren Kern die *Fortschrittspartei* bildete. Ähnliches gilt für die 1875 aus dem Zusammenschluß von Lassalleanern (o. § 33 II.4) und Marxisten hervorgegangenen *Sozialdemokraten*, in deren Kreisen freilich die revolutionäre Rhetorik Ansätze zu „revisionistischer" Pragmatik noch lange überwog. Von allen diesen Parteien unterschied sich das katholische *Zentrum* durch seine konfessionsbedingt breite soziale Basis und daher große Flexibilität zwischen Konservativismus und parlamentarischem Engagement.

III. Verfassungspolitische Grenzfragen der Politik Bismarcks

1. Kulturkampf

Lag es Bismarck stets völlig fern, sich an die von den Parteien vertretenen Programme zu binden, so stellt sich die Frage nach den verfassungspolitischen Dimensionen der Bismarckschen Politik. Diese lassen sich annähernd mit den Stichworten Reichsintegration und Disziplinierung erfassen, Entwicklung der ökonomischen Kräfte, aber auch Bekämpfung aller Versuche, aus dem Schoße der Gesellschaft hervorgehende politische Programmatik im Wege einer „Parlamentsherrschaft" durchzusetzen. Katholiken, Sozialisten und Teile der Linksliberalen, Polen und althannoversche Welfenanhänger, von denen allen zu vermuten war, daß ihre Loyalität in irgendeiner Beziehung nicht vorbehaltlos dem neuen Staate galt, sah Bismarck als „*Reichsfeinde*" an. Sie zu einer Angleichung ihrer Überzeugungen an die Mehrheitsmeinung notfalls mit Zwangsmitteln zu bewegen, schien ein Gebot nationaler Konformität, da der Staat nicht als das rechtsstaatliche Gehäuse politischer Pluralität begriffen wurde. Daher ist es kein Zufall, daß ein erster großangelegter Versuch staatlicher Disziplinierung im sog. „*Kulturkampf*" die katholische Kirche erfaßte. In einer Zeit rasch fortschreitender Säkularisierung aller Lebensbereiche und eines ungehemmten Fortschrittsglaubens erschien eine supranationale Religionsgemeinschaft, die soeben die Unfehlbarkeit ihres Oberhauptes dogmatisiert (1870) und die Kritiker, darunter beamtete Universitätstheologen, ausgeschlossen hatte, als ein staatsfeindliches Unternehmen. Bismarcks Mißtrauen gegen die „*Ultramontanen*" traf sich mit den gesellschaftlichen Reformansprüchen des Liberalismus. Seit 1871 gingen mehrere Wellen kontrollierender und diskriminierender Gesetze über das Land: Bestimmungen gegen den Mißbrauch der Kanzel (*„Kanzelparagraph"*); allgemeine, aber auch den Religionsunterricht erfassende Schulaufsicht; Verbot der Jesuiten und anderer Orden; ein staatliches „*Kulturexamen*" für Theologiestudenten; die Pflicht, dem Staat die Einstellung von Geistlichen anzuzeigen usw. Nach kirchlichen Gegenmaßnahmen wurden zahlreiche Kleriker und Bischöfe zu Gefängnisstrafen verurteilt. Noch während des Kulturkampfes zeichnete sich jedoch in der Reichstagswahl des Jahres 1874 der Mißerfolg des gigantischen Disziplinierungsversuchs ab. Das Zentrum gewann jene stabile Basis, die ihm später ermöglichen sollte, eine innenpolitische Schlüsselrolle zu spielen.

2. Abkehr von der liberalen Freihandelspolitik

Eine grundlegende Kehrtwendung vollzog Bismarck jedoch erst, als er erkannte, daß die wirtschaftliche Situation nationale Integrationspolitik im Bunde mit den Liberalen nicht mehr zuließ. Seit 1873 erlebte das Reich eine schwere Wirtschaftskrise, die einerseits durch Spekulationen der Gründerzeit ausgelöst, andererseits aber auch durch strukturelle Schwächen der deutschen Wirtschaft im Wettbewerb des europäischen Freihandels gefördert wurde. Der immer noch große Vorsprung der englischen Industrie und die Getreideüberschüsse des Billigproduzenten Rußland machten sich unangenehm bemerkbar. 1876 schlossen sich betroffene deutsche Produzenten im *„Zentralverband Deutscher Industrieller"* und die Großagrarier im *„Verein der Steuer- und Wirtschaftsreformer"* zusammen. Sie setzten eine immer intensiver werdende Agitation für die Einführung von Schutzzöllen in Gang, die ihre Überzeugungskraft aus nationalen Emotionen gewann: Da *„der heimische Markt mehr und mehr von der ausländischen Industrie bedrängt"* werde, müsse die *„nationale deutsche Industrie"* verkümmern. Solche Argumentation beeindruckte um so mehr, als auch Frankreich und Rußland zu Schutzzöllen ihre Zuflucht nahmen. Die machtpolitische Abgrenzung der Nationen fand ihr Pendant in wirtschaftlicher Abschottung. Sinkende Exportpreise und Löhne sowie steigende Arbeitslosigkeit weckten zunehmend Zweifel an der Verbindung von liberalen Freihandelsideen und nationaler Einigungspolitik, wie sie Bismarck bis dahin im Verein mit den Nationalliberalen betrieben hatte. Es stand aber nicht nur ein wirtschaftspolitischer Kurswechsel ins Haus. Die immer lauter geforderte *Schutzzollpolitik* erinnerte an wohlfahrtsstaatliche Zeiten und obrigkeitliche Steuerung der Wirtschaftsprozesse. Dem stand Bismarcks politisches Denken mit der vorrangigen Betonung des Staatsinteresses nicht fern. Dies um so weniger, als die Schutzzollpolitik auch Heilmittel zu bieten schien, um den Staat aus der fatalen Abhängigkeit vom Budgetrecht des Reichstags zu befreien. Zölle, Monopole, indirekte Steuern verhießen Einnahmen, die nicht jährlich im Haushaltsgesetz bewilligt werden mußten, sondern von allein flossen.

Erste Versuche im Laufe des Jahres 1877, eine neue Steuer- und Zollpolitik durchzusetzen, scheitern am Widerstand der Liberalen. Da kommen Bismarck im Mai und Juni 1878 zwei *Attentate auf den Kaiser* zu Hilfe. Er setzt im Kronrat des verletzten Monarchen die gemäß Art. 24 zulässige Auflösung des Reichstags durch und erzwingt die Zustimmung des Bundesrates zu diesem Schritt mit der Drohung, notfalls eine Revision der Reichsverfassung in Angriff zu nehmen. Die Hoffnung des Reichskanzlers, die Attentate mögen die Gefahr einer Revolution bewußt gemacht und den Boden für eine Erdrutschwahl bereitet haben, trog nicht. Der Wahlkampf im Jahre 1878 gegen die *„mechanische Weltanschauung"* der Liberalen und für *„den Wohlstand des Volkes und somit die nationale Kraft"* brachte starke konservative Gewinne (insgesamt 116 Sitze), das Ende der bis dahin bestehenden nationalliberalen Vorherrschaft (99 Sitze) und Verluste der Linksliberalen (39 Sitze). Da das Zentrum (94 Sitze) für die Schutzzollpolitik zu gewinnen war, wurde nun der Kulturkampf abgebaut. 1879 verabschiedete der Reichstag das neue System der Agrar- und Industrieschutzzölle. Ein umfassendes Personalrevirement in den Spitzenbehörden zugunsten konservativer Beamter auf Kosten der Liberalen folgte.

3. Sozialistengesetzgebung

Schon vor der Wahl hatte Bismarck, zunächst vergeblich, versucht, eine neue innenpolitische Front aufzubauen. Im neuen Reichstag unterstützten die Konservativen und Nationalliberalen dieses Vorhaben mit dem *„Gesetz gegen die gemeingefährlichen Bestrebungen der Sozialdemokratie"* vom 21. 10. 1878 zunächst für drei Jahre; mehrfache Verlängerungen dehnten die Geltungsdauer des *„Sozialistengesetzes"* bis 1890 aus. Es verbot einschlägige Vereine, Versammlungen und Druckschriften und schuf ein umfangreiches Kontrollinstrumentarium. Der sozialdemokratische Stimmenanteil lag bis dahin noch unter zehn Prozent. Die reale Gefahr eines Umsturzes kann Bismarck daher nicht sehr hoch eingeschätzt haben. Sicher war die Revolutionsfurcht der führenden sozialen Klassen größer. Aber begreiflich wird der jetzt wiederum in Gang gesetzte große Unterdrückungsaufwand des Staates nur, wenn man die Sozialistengesetzgebung als ein Stück gewaltsamer Integrations- und Disziplinierungspolitik des neuen Staates begreift. Diese stieß freilich auch hier rasch an Grenzen. Gewählt werden konnten die verfemten Sozialdemokraten nach dem geltenden Persönlichkeitswahlrecht weiterhin. Und der Versuch, durch sozialpolitische Maßnahmen die Arbeiterschaft ihren Organisationen zu entfremden, scheiterte (u. § 36 III).

4. Regierungspolitik mit wechselnden Reichstagsmehrheiten

In den folgenden Jahren sah sich der Reichskanzler bei schwankenden Wahlergebnissen genötigt, für seine Gesetzesvorlagen die Unterstützung verschiedener Parteien zu suchen. Dieses „System der wechselnden Mehrheiten" im Reichstag wird weithin als charakteristisch für das Kaiserreich angesehen. Bismarcks verfassungspolitischem Ideal entsprach es keineswegs. Dieses war am ehesten in den Jahren 1887 bis 1890 erreicht, als sich der Kanzler auf sein konservativ-liberales „Kartell" stützen und dabei seine eigene Politik realisieren konnte, ohne Parlamentarisierungsversuche fürchten zu müssen. Erleichtert wurde Bismarck der Umgang mit dem Reichstag durch das Gewicht der nationalen Emotionen, die sich in wirklichen oder vorgespiegelten äußeren Krisen leicht aktivieren ließen. So geriet auch die Militärpolitik niemals mehr in einen ausweglosen Konflikt (o. § 32 II.3). 1871 hatte der Reichstag zunächst das in der Verfassung festgelegte „Pauschquantum" (o. § 34 III.3) bis 1874 verlängert. In diesem Jahre wurde die Friedenspräsenzstärke des Heeres durch ein Reichsmilitärgesetz auf sieben Jahre festgelegt („Septennat"). Vorangegangen war eine Pressekampagne, deren Wirkung sich die auf Zusammenarbeit mit dem Kanzler bedachten Nationalliberalen nicht zu entziehen vermochten. Lange vor Ablauf dieses Gesetzes, als die Schutzzollpolitik zu einer Entfremdung zwischen Deutschland und Rußland geführt hatte und erstmals die Gefahr eines Zweifrontenkrieges auftauchte, wurde der Reichstag mit einer neuen Militärvorlage und zugleich mit massenhaften Resolutionen aus dem Lande konfrontiert. Dem schon 1880 angenommenen neuen Septennat folgte sechs Jahre später eine drastisch erhöhte Militärvorlage, die auf den beharrlichen Widerstand des Zentrums stieß. Dieser *Septennatsstreit* veranlaßte Bismarck 1887 zur vorzeitigen Reichstagsauflösung: *„Das deutsche Heer ist eine Einrichtung, die von den wechselnden Majoritäten des Reichstags nicht abhängig sein kann ... Daß die Fixierung der Präsenzstärke von der jedesmaligen Konstellation und Stimmung des Reichstags abhängen sollte, das ist eine absolute Unmöglichkeit";* daher müsse man „über diese Frage an das Volk, an die Wähler ... appellieren ...". Das Wahlvolk reagierte auf den nationalen Appell und unterstützte Bismarcks Militärpolitik, indem es im Reichstag das schon erwähnte Kartell ermöglichte.

Bismarck hatte sich schon 1877 und 1887 vor den Reichstagsauflösungen nicht gescheut, die Reichsverfassung in Frage zu stellen. Die *Staatsstreichdrohung* gehörte zu seinen verfassungspolitischen Instrumentarien. 1890, als in der neuen Wahl das Kartell zerstoben war und alle politischen Handlungsmöglichkeiten blockiert schienen, überschritt Bismarck jedoch die Grenze zwischen bloßen Staatsstreichgedanken und konkreter Staatsstreichplanung. Eine neue Heeresvorlage sollte dem

Reichstag präsentiert werden – vorrangig zu dem Zweck, seine nationale Gesinnung auf die Probe zu stellen. Anschließend gedachte Bismarck einen Konflikt über ein verschärftes Sozialistengesetz, dessen Annahme im Reichstag auszuschließen war, vom Zaune zu brechen. Als Ultima ratio empfahl er die Auflösung des dem Reiche zugrundeliegenden „Fürstenbundes", d. h. die eigenmächtige, gem. Art. 78 RV so nicht mögliche (o. § 34 III.3) Änderung der Verfassung. Der junge Kaiser Wilhelm II. (seit 1888) bemerkte wohl die Absicht des alten Kanzlers, ihn völlig an dessen Politik zu binden. Er lehnte die provokativen Gesetzesvorhaben ab; Bismarck mußte gehen.

IV. Der Ausbau des Rechtsstaates

Als bleibender Ertrag der Ära Bismarck hat sich der Ausbau des liberalen Rechtsstaates erwiesen, trotz der – erfolglosen – Kampagnen gegen Katholiken und Sozialisten. Gewerbe- und Koalitionsfreiheit, Freizügigkeit und Bekenntnisfreiheit waren 1867 und 1869 noch im Norddeutschen Bund gesetzlich verankert worden. Die für die politische Kultur des Kaiserreiches so wichtig gewordene Pressefreiheit erfuhr 1874 eine eingehende gesetzliche Regelung. Eine Reihe weiterer *Grundrechte* enthielten die Reichsjustizgesetze: das Verbot rückwirkender Strafgesetze (nulla poena sine lege) im Strafgesetzbuch von 1871; das Recht auf den gesetzlichen Richter und die Unabhängigkeit der Gerichte im Gerichtsverfassungsgesetz von 1877; den Schutz der persönlichen Freiheit, der Wohnung und des Besitzes vor willkürlicher Verhaftung, Durchsuchung und Beschlagnahme in der Strafprozeßordnung von 1877; das Postgesetz von 1871 gewährleistete das Briefgeheimnis. Eine moderne Zivilprozeßordnung und Konkursordnung, beide gleichfalls aus dem Jahre 1877, vervollständigten die reichseinheitliche Justizgesetzgebung. Da die zeitgenössische Rechtslehre Grundrechte nicht als subjektive Rechte der Bürger, sondern als Schranken der Staatsgewalt begriff, leistete das einfache Gesetz ebensoviel wie es ein Verfassungssatz vermocht hätte, zumal dieser doch ohnehin nicht als Norm höherer Qualität galt. Die Liberalisierung des restriktiven Vereins- und Versammlungswesens gelang erst mit dem Reichsvereinsgesetz von 1908.

Maßgebend bestimmt wurde der Stil der neuen Rechtsordnung durch die Vereinheitlichung und Reform des Privatrechts. 1873 begründete die *lex Miquel-Lasker* die Reichskompetenz für das gesamte Bürgerliche Recht. Sie ermöglichte 1875 die Einführung der obligatorischen Zivilehe und den Beginn der Gesetzgebungsarbeiten zum BGB. 1888 lag ein erster Entwurf vor; eine überarbeitete Fassung verabschiedete der Reichstag 1896 nach letzten Korrekturen, so daß die Kodifikation zum 1. 1. 1900 in Kraft treten konnte, begleitet von einer neuen Welle von Reichsjustizgesetzen, zur Freiwilligen Gerichtsbarkeit, zur Zwangsversteigerung und anderem. Etwa gleichzeitig waren auch die Neuordnung des Handelsrechts mit dem Handelsgesetzbuch von 1897 und die gesetzlichen Regelungen der Immaterialgüterrechte (Warenzeichen-, Patent-, Urheberrechtswesen u. a.) vollendet. Die Grundlagen der liberalen Privatrechtsordnung des kommenden Jahrhunderts waren damit geschaffen. Die nicht zuletzt infolge der Schutzzollpolitik (o. III.2) großzügig bemessene Unternehmerfreiheit schlug sich allerdings in einer lebhaften Kartellbildung nieder. Staatliche Reglementierungen beschränkten sich vorerst auf die Eindämmung „unlauteren Wettbewerbs" (1909).

§ 36. Vom „persönlichen Regiment" des Kaisers zur „Parlamentarisierung"

Quellen: *G. Erdmann,* Die Entwicklung der deutschen Sozialgesetzgebung, 2. Aufl. 1957; *H. Triepel* (Hrsg.), Quellensammlung zum Deutschen Reichsstaatsrecht, 2. Aufl. 1907.
Zeitgenössische Literatur: *G. Anschütz,* Die Parlamentarisierung der Reichsleitung, DJZ 22 (1917) 697 ff.; *C. Bornhak,* Wandlungen der Reichsverfassung, AöR 26 (1910) 373 ff.; *ders.,* Preußisches Staatsrecht, Bd. 1–3, 2. Aufl. 1911/14; *K. v. Gareis,* Deutsches Kolonialrecht 1902; *A. Haenel,* Deutsches Staatsrecht, 1892; *H. v. Hoffmann,* Deutsches Kolonialrecht, 1907; *G. Jellinek,* System der subjektiven öffentlichen Rechte, 2. Aufl. 1905; *ders.,* Allgemeine Staatslehre, 1900, 3. Aufl. 1914; *P. Laband,* Die Wandlungen der deutschen Reichsverfassung, 1895; *ders.* (o. § 34) 5. Aufl. 1911–1914; *ders.,* Der Bundesrat (1911), in: *D. Wilke* u. *B. Schulte* (Hrsg.), Der Bundesrat, 1990 (WdF 507), 40 ff.; *G. Meyer* u. *G. Anschütz,* Lehrbuch des deutschen Staatsrechts, 7. Aufl. 1919; *F. Naumann,* Demokratie und Kaisertum, 4. Aufl. 1900; *H. Rehm,* Modernes Fürstenrecht 1904; *M. v. Seydel,* Bayerisches Staatsrecht, Bd. 1–4, 2. Aufl. 1896; *H. Triepel,* Die Reichsaufsicht, 1917, Neudr. 1964.
Schrifttum: *A. Bartels-Ishikawa,* Der Lippische Thronfolgestreit, 1995; *U. Bermbach,* Vorformen parlamentarischer Kabinettsbildung in Deutschland. Der Interfraktionelle Ausschuß 1917/18 und die Parlamentarisierung der Reichsregierung, 1967; *H. Boldt* (o. § 29); *K. E. Born,* Staat und Sozialpolitik seit Bismarcks Sturz, 1957; *E. Fehrenbach,* Wandlungen des deutschen Kaisergedankens 1871–1918, 1969; *H.-J. Fischer,* Die deutschen Kolonien. Die koloniale Rechtsordnung und ihre Entwicklung nach dem Ersten Weltkrieg, 2001; *W. Frauendienst,* Demokratisierung des deutschen Konstitutionalismus in der Zeit Wilhelms II., ZgStW 113 (1957) 721 ff.; *H. Gies,* Die Regierung Hertling und die Parlamentarisierung in Deutschland 1917/18, Der Staat 13 (1974) 471 ff.; *P. Gilg,* Die Erneuerung des demokratischen Denkens im wilhelminischen Deutschland, 1965; *D. Grosser,* Vom monarchischen Konstitutionalismus zur parlamentarischen Demokratie. Die Verfassungspolitik der deutschen Parteien im letzten Jahrzehnt des Kaiserreiches, 1970; *F. Hartung,* Das persönliche Regiment Kaiser Wilhelms II., in: *ders.,* Staatsbildende Kräfte der Neuzeit, 1961, 393 ff.; *E. R. Huber,* Das persönliche Regiment Wilhelms II., in: *ders.,* Nationalstaat und Verfassungsstaat, 1965, 224 ff.; *J. Kersten,* Georg Jellinek und die klassische Staatslehre, 2000; *Th. Kühne* (o. § 35); *H.-J. Puhle,* Parlament, Parteien und Interessenverbände 1890–1914, in: *M. Stürmer* (Hrsg.), Das kaiserliche Deutschland, 2. Aufl. 1977, Neudr. 1984, 340 ff.; *W. J. Mommsen,* Die latente Krise des Wilhelminischen Reiches, Militärgesch. Mitteilungen 1 (1974) 7 ff., Neudr. in: *ders.,* Der autoritäre Nationalstaat, 1990, 287 ff.; *R. Morsey,* Zur Geschichte der obersten Reichsverwaltung im Wilhelminischen Deutschland (1890–1900), DtVwBll. 86 (1971) 8 ff.; *R. Patemann,* Der Kampf um die preußische Wahlreform im Ersten Weltkrieg, 1964; *U. Puschner,* Die völkische Bewegung im wilhelminischen Kaiserreich, 2001; *M. Rauh,* Die Parlamentarisierung des Deutschen Reiches, 1977; *ders.* (o. § 35); *G. A. Ritter* (o. § 35); *J. C. G. Röhl,* Deutschland ohne Bismarck. Die Regierungskrise im zweiten Kaiserreich 1890–1900, 1969; *ders.,* Kaiser, Hof und Staat. Wilhelm II. und die deutsche Politik, 2. Aufl. 2002; *M. Rohlack,* Kriegsgesellschaften (1914–1918). Arten, Rechtsformen und Funktionen in der Kriegswirtschaft des Ersten Weltkrieges, 2001; *R. Schlottau,* Deutsche Kolonialrechtspflege, 2007; *Chr. Schönberger* (o. § 35); *ders.,* Die überholte Parlamentarisierung. Einflußgewinn und fehlende Herrschaftsfähigkeit des Reichstags im sich demokratisierenden Kaiserreich, HZ 272 (2001) 623 ff.; *ders.,* Kriegsgesellschaften (1914–1918), 2001; *Ch. Schudnagies,* Der Kriegs- oder Belagerungszustand im Deutschen Reich während des ersten Weltkrieges, 1994; *W. Schüssler,* Die Daily-Telegraph-Affäre, 1952; *H. Spenkuch* (o. § 32); *G. Sydow,* Die Verwaltungsgerichtsbarkeit des ausgehenden 19. Jahrhunderts. Eine Quellenstudie zu Baden, Württemberg und Bayern, 2000; *H.-P. Ullmann* (o. § 34); *R. Vierhaus,* Kaiser und Reichstag zur Zeit Wilhelms II., FS H. Heimpel, Bd. 1, 1971, 257 ff.; *H.-U. Wehler,* Der Fall Zabern von 1913/14 als Verfassungskrise des Wilhelminischen Reiches, in: *ders.,* Krisenherde des Kaiserreiches 1871–1918, 2. Aufl. 1979, 70 ff.; *ders.,* „Reichsland" (o. § 35); *K. v. Zwehl* (o. § 35); *F. Zunkel,* Industrie und Staatssozialismus. Der Kampf um die Wirtschaftsordnung in Deutschland 1914–1918, 1974.

I. Der Kaiser und die Reichsleitung nach dem Abschied Bismarcks

1. Der Selbstregierungsanspruch Kaiser Wilhelms II.

Ob die Reichsverfassung es dem Kaiser gestattete, selbst – wenn auch unter Beachtung des Gegenzeichnungsrechts des Reichskanzlers – zu regieren, ist in der Forschung umstritten. Die Reichsverfassung sagt darüber nichts ausdrücklich. Sie hat den Kaiser an das Gesetz gebunden und ihm ein Vetorecht im Gesetzgebungsverfahren grundsätzlich versagt (o. § 34 III.3). Aber *„die Richtung der Politik"* konnte das Reichsoberhaupt nach Meinung der Zeitgenossen sehr wohl bestimmen *(P. Laband)*, notfalls durch einen Kanzlerwechsel. Zur Zeit der beherrschenden Persönlichkeit Bismarcks stellte sich diese Frage nicht. Unter *Wilhelm II.* (1888–1918) wurde jedoch der Selbstregierungsanspruch des Kaisers aktuell. Berüchtigt ist die kaiserliche Rhetorik, welche ohne Rücksicht auf die Verfassung groteske Herrschaftsvorstellungen erkennen ließ: *„Suprema lex regis voluntas"* (*„Der Wille des Königs ist höchstes Gesetz"*), Träger der höchsten Staatsämter seien *„Handlanger"* des Kaisers, der *„mit seiner furchtbaren Verantwortung vor dem Schöpfer allein"* stehe, *„von der kein Mensch, kein Minister, kein Abgeordnetenhaus, kein Volk"* entbinden könne. An der Schwelle zum 20. Jahrhundert unternimmt es Wilhelm II., das Gottesgnadentum als *„Glauben an die große, von Gott erleuchtete Individualität"* zu erneuern *(E. Fehrenbach)*. Staunend muß man zur Kenntnis nehmen, daß des Kaisers Verfassungskenntnis in der Tat minimal gewesen zu sein scheint. Der Verwirklichung eines persönlichen Regiments des Reichsmonarchen stand freilich das Eigengewicht der staatlichen Institutionen entgegen, mag der Kaiser auch im ersten Jahrzehnt seiner Regierung den preußischen Ministerien und den Reichsämtern häufig direkte Weisung erteilt haben. Der Gesetzesausstoß der Reichsverwaltung hatte längst einen Umfang erreicht, der auch eine ungefähre Selbstregierung des Kaisers ausschloß. *„Genau vermag er ... dem Gang der Staatsmaschine nicht zu folgen"*, berichtete der bayerische Gesandte Graf Lerchenfeld aus Berlin.

Doch sind auch wirksame politische Initiativen Wilhelms II. festzustellen. Er strebte ein *weltpolitisches Engagement* an, das sich unmittelbar plebiszitär, „cäsaristisch" (o. § 34 IV) auf ein weitgespanntes Netz von *Flotten- und Kolonialvereinen* stützte. Der Kaiser schien sich ja mit seiner Flottenbaupolitik, die bald in den Vordergrund der politischen Bühne rückte, im ureigensten Bereich seiner Militärkompetenzen zu bewegen. Auch wenn der Reichstag die notwendige Finanzierung beschloß (u. II.1), bleibt hier doch ein schwerwiegender politischer Impuls des Kaisers zu registrieren, der sein persönliches Regiment nicht nur als ein Phantomgebilde erscheinen läßt. Und es war auch nicht folgenlos, daß die in der Praxis von den Kriegsverwaltungssachen ohnehin kaum klar zu unterscheidende Kommandosphäre im *Militär-* und *Marinekabinett*, im *General-* und *Admiralstab* unter dem Schirm des Kaisers ihr Eigenleben führte. Die Durchführung des Schlieffenplanes, also der Einmarsch in das neutrale Belgien bei Ausbruch des Krieges 1914, gehört in diesen Zusammenhang – handelt es sich doch um eine gravierende politische Entscheidung, die von Militärs getroffen und von der Reichsleitung stillschweigend akzeptiert wurde.

2. Reichskanzler und Staatssekretäre

Keine kaiserliche Rede oder Aktivität konnte aber verhindern, daß sich auch unter Wilhelm II. die politischen Spielräume der Reichsleitung stetig erweiterten. Zunehmend verständigten sich die Staatssekretäre über ihre Gesetzesvorhaben mit den Parteien des Reichstages, mit Regierungen einzelner Bundesstaaten und mit Verbänden, ehe sie eine Vorlage der regulären Gesetzgebungsprozedur unterwarfen. Die Eigenständigkeit der von den einzelnen Reichsämtern betriebenen Politik fand ihren Ausdruck sowohl in der politischen Profilierung wie in Rücktritten ihrer Leiter, wenn Widerstände nicht zu überwinden waren. Beispiele für Staatssekretäre von geschichtlicher Bedeutung sind etwa der auf dem Felde der Sozialpolitik tätige *Posadowsky* im Reichsamt des Innern und der den Flottenbau betreibende *Tirpitz* im Reichsmarineamt, auch *Bülow* im Auswärtigen Amt, alle seit 1897 amtierend. Noch vor Ausbruch des Ersten Weltkrieges verständigte sich der Reichskanzler mit den Staatssekretären über die Einführung regelmäßiger Kollegialsitzungen der Ressortchefs. Die Realität hatte das künstliche verfassungsrechtliche System Bismarcks eingeholt.

Diese Entwicklung vollzog sich, ohne daß ein Reichskanzler von Format die Macht gewonnen hätte, die Grundsätze der Reichsverfassung umzustülpen. Eher war es die schwache Stellung der beiden ersten Nachfolger Bismarcks, welche der Eigendynamik des Reichsbeamtentums Auftrieb gab. *Caprivi* (1890–1894) ermunterte die Staatssekretäre geradezu, untereinander Kontakt zu halten und auch an den Sitzungen des preußischen Staatsministeriums teilzunehmen. Sein Nachfolger *Hohenlohe-Schillingsfürst* (1894–1900) aber war zum Zeitpunkt seiner Ernennung bereits 75 Jahre alt und gar nicht gesonnen, dem Amt des Reichskanzlers gegenüber den Staatssekretären jenes Gewicht zu verschaffen, das die Verfassung vorgesehen hatte. Die Regierungspolitik mußte in beiden Amtsperioden mit großen Schwierigkeiten kämpfen. Der aufrechte, an keine Interessen gebundene General Caprivi versuchte sie mit einer auf Ausgleich der großen innenpolitischen Gegensätze bedachten Politik des *„neuen Kurses"* noch selbst zu bestimmen. Er scheiterte am konservativen Widerstand und nahm seinen Abschied, als der Kaiser – nach Wahlerfolgen der SPD – zum Kampf gegen die *„Parteien des Umsturzes"* aufrief. Unter Hohenlohe hatte der Kaiser und sein hochkonservativer Beraterkreis die Chance, den verfassungspolitischen Weg nach Bismarck zu bestimmen. Versuche, der Sozialdemokratie mit neuen gesetzlichen Beschränkungen beizukommen und das Streikrecht weitgehend zu kriminalisieren *(„Zuchthausvorlage")* scheiterten indessen spätestens im Reichstag. Am Ende standen Staatsstreichgedanken, denen sich aber sowohl Caprivi wie Hohenlohe verschlossen. Danach stabilisierten sich Reichskanzlerschaft und Reichsleitung unter *Bülow* (1900–1909) und *Bethmann-Hollweg* (1909–1917), vornehmlich deshalb, weil der erstere den Kaiser geschickt auszumanövrieren verstand und ein neues Verhältnis zum Reichstag suchte (u. II.2).

II. Der Reichstag

1. Reichstag und Reichsleitung

Die seit 1890 wachsende Bedeutung des Reichstags ist an zahlreichen Indizien ablesbar: zunehmende Gesetzgebungstätigkeit unter Berücksichtigung von Forderungen aus der Mitte der Volksvertretung, Verhandlungen zwischen dieser und der Reichsbürokratie, Häufung von „*Resolutionen*", mit denen Abgeordnete Gesetzesvorlagen von der Reichsleitung verlangen. Diese Entwicklung vollzog sich freilich unter den Bedingungen des konstitutionellen Systems. Die Parteien des Reichstags standen versierten Berufsbeamten der Reichsleitung gegenüber, mit denen sie sozial und politisch meist nichts verband. Vom Abgeordnetensitz führte kein Weg in die Regierungsämter. Somit galt es auch eher als suspekt, „Regierungspartei" zu sein und damit zugleich kritische Funktionen preiszugeben. Das Zusammenspiel zwischen Reichstag und Reichsleitung hatte daher ein ganz eigenes Gepräge. Man ließ sich die Zustimmung zu nationalen und anderen Gesetzesvorhaben des Reichskanzlers und seiner Staatssekretäre durch Konzessionen bezahlen – vielfach durch Befriedigung der hinter den Parteien stehenden Interessen, aber auch um der Stärkung parlamentarischer Mitspracherechte willen. So durfte eine Heeresvorlage Caprivis passieren gegen die Verkürzung der Dienstzeit auf zwei Jahre. Schwächer war angesichts eines außerordentlichen Propagandaaufwandes die Stellung des Reichstags gegenüber den ersten Flottenvorlagen der Jahre 1898 und 1900. Die Dringlichkeit dieser Sache in den Augen des Kaisers und der Zwang, vom Reichstag die erforderlichen Mittel zu erhalten, stärkten dennoch dessen Stellung. Im besonderen gelang es aber dem Zentrum, zwischen der geschrumpften konservativ-nationalliberalen Seite des Hauses und der erstarkenden Sozialdemokratie zum wichtigsten Gesprächspartner der Reichsleitung aufzurücken. 1903/04 und 1905/06 fanden Reformen der Reichsfinanzen weitgehend nach den Vorstellungen des Zentrums statt.

2. Parlamentarisierungstendenzen

Ein Entwicklungsschub in Richtung „Parlamentarisierung" ist nach den „*Hottentottenwahlen*" des Jahres 1907 festzustellen, aus welchen als Nutznießer nationaler Parolen die konservativen und liberalen Parteien siegreich hervorgehen – Reichskanzler Fürst Bülow hatte den Reichstag wegen Verweigerung zusätzlicher Finanzmittel für die in Afrika stehenden Truppen auflösen lassen.

Erstmals in der Geschichte des Reiches beginnt nun eine verfassungsgeschichtliche Periode von zwei Jahren, in welcher sich ein Reichskanzler bewußt auf eine bestimmte Parteiengruppierung, rechts des Zentrums, stützt *(„Bülow-Block")*. Die von Bülow, um Unabhängigkeit gegenüber dem Kaiser zu gewinnen, mindestens einkalkulierte Nähe zum parlamentarischen System zeigte sich besonders deutlich anläßlich des kaiserlichen *Daily-Telegraph-Interviews* im Jahre 1908. Wieder einmal hatte sich Wilhelm II. zu politisch unsinnigen Äußerungen hinreißen lassen – u. a.: im Unterschied zum deutschen Volk hege er höchst freundschaftliche Gefühle für England – und damit in der Öffentlichkeit einen Sturm der Entrüstung ausgelöst. Der Reichstag erlebte einen Tag einhelligen Protestes gegen die monarchischen Eigenmächtigkeiten und der Reichskanzler distanzierte sich vom Kaiser – so, als ob dieser völlig eigenmächtig gehandelt habe. Tatsächlich hatte Wilhelm II. das Interview vor seiner Publikation jedoch Bülow zugeleitet. Wenn dieser nun die Verantwortung nicht übernehmen wollte, so durfte der Kaiser darin einen Vertrauensbruch sehen, der den Mechanismus des konstitutionellen Systems störte. Das Verhalten Bülows entbehrte der Logik aber nicht, wenn es die Eigenständigkeit des Reichskanzlers gegenüber den politischen Ideen des Kaisers und seine Verbundenheit mit der Parlamentsmehrheit demonstrieren sollte. Die Daily-Telegraph-Affäre hat trotz verfassungsändernder Gesetzesinitiativen im Reichstag die Rechtslage formell nicht verändert. In der politischen Krise allerdings, die zum Sturze Bülows führte, hat dieser Reichskanzler sein politisches Schicksal ausdrücklich von der Unterstützung seines „Blocks" abhängig gemacht. Die dringend erforderliche Erschließung neuer Finanzquellen für das Reich sollte durch Einführung einer Nachlaßsteuer bewerkstelligt werden. Diese lehnten die Konservativen konsequent ab. Bülow hielt daraufhin im Reichstag eine Rede, die der bayerische Gesandte Lerchenfeld so verstand: *„Jedenfalls hat der Fürst ... einen Standpunkt eingenommen, den bisher jeder seiner Vorgänger einzunehmen abgelehnt hat, nämlich den eines parlamentarischen Ministers, dessen Bleiben im Amte von der Mehrheit abhängt."* Das oppositionelle Zentrum nutzte die Chance und sprengte die bestehende Koalition gemeinsam mit den Konservativen. Eine *„erste selbständige und aktive Mehrheitsbildung in der Geschichte des Reichsparlaments"* war gelungen (*M. Rauh*); Bülow reichte sofort seinen Abschied ein. Die verabschiedete Steuerreform entsprach den Vorstellungen des Zentrums.

Bethmann-Hollweg, ehemaliger Staatssekretär im Reichsamt des Innern, kehrte mit seiner *„Politik der Diagonale"* zum System der wechselnden Mehrheiten zurück und stand allen Parlamentarisierungstendenzen ablehnend gegenüber. Doch auch unter seiner Kanzlerschaft entfernte sich die verfassungspolitische Situation im Reiche immer weiter von der ursprünglichen Konzeption Bismarcks. Dazu trug nicht zuletzt auch die zunehmend „revisionistische", praktische Mitarbeit in Einzelfragen bejahende Haltung der SPD bei. 1912 veränderte das Wahlergebnis die Kräfteverhältnisse im Reichstag grundlegend. Obwohl das Mehrheitswahlrecht bei überalterten Wahlkreisen die städtischen Ballungszentren benachteiligte, stellte die SPD erstmals die weitaus stärkste Fraktion. Mit dem Zentrum und den Linksliberalen zusammen ergab sich eine stabile, parlamentarisch eingestellte Mehrheit, von welcher verfassungspolitische Vorstöße zu erwarten waren.

Förmlichen Verfassungsänderungen, denen der Bundesrat hätte zustimmen müssen, trat daher der Reichskanzler von Anfang an entgegen. Daraufhin änderte der Reichstag seine Geschäftsordnung, indem er ausdrücklich Anträge auf Billigung oder Mißbilligung der Regierung zuließ. Dagegen konnte die Reichsleitung nichts unternehmen, weil der Reichstag insofern gem. Art. 27 RV Autonomie genoß. Das Mißtrauensvotum war eingeführt, wenn es auch noch nicht dazu taugte, den Rücktritt des Reichskanzlers zu erzwingen. Gelegenheit, das neue Instrument zu erproben, ergab sich bald in den Debatten über die *Zabern-Affäre*. 1913 entwickelte sich in dem elsässischen Städtchen aus beleidigenden Äußerungen eines preußischen Leutnants gegenüber der einheimischen Bevölkerung und deren Abwehrreaktionen ein Skandal, als der Regimentskommandeur schließlich wahllos Verhaftungen vornehmen und Truppen patrouillieren ließ. Ein Proteststurm in der Öffentlichkeit war die Folge, ein Mißtrauensantrag im Reichstag wurde mit überwältigender Mehrheit angenommen. Der Reichskanzler freilich trat nicht zurück, sondern stellte sich vor den Kaiser, der die ganze Angelegenheit zur militärischen Kommandosache erklärt und damit dem Verantwortungsbereich der zivilen Reichsleitung entzogen hatte. Der Vorgang offenbarte schlagartig sowohl die inzwischen erreichte Ausweitung wie auch die unüberwindlichen Schranken der parlamentarischen Rechte vor Ausbruch des Ersten Weltkrieges.

III. Grundlegung des Sozialstaates

Ein bahnbrechender Beitrag zur Reorganisation der Gesellschaft nach der Aufhebung der alten Standesverhältnisse im Laufe des 19. Jahrhunderts gelang dem

Kaiserreich mit einer Reihe von Maßnahmen, die sich aus heutiger Sicht als die Grundlegung des Sozialstaates bezeichnen lassen. Paradoxerweise war es die, historisch auf verlorenem Posten stehende, Unterdrückungspolitik gegenüber der Sozialdemokratie, welche den sozialpolitischen Modernisierungstrend auslöste. Bismarck war sich darüber im klaren gewesen, daß es nicht genügen konnte, die politischen Organisationen der Arbeiterbewegung durch Sozialistengesetze zu bekämpfen (o. § 35 III.3). Die Arbeiter sollten durch eine patriarchalisch-fürsorgende Politik für den Staat gewonnen werden. Dieser Gedanke fügte sich nahtlos in die berufsständische Vorstellungswelt des Reichskanzlers. Wilhelm II. dachte nicht anders. Zunächst für eine dynamische Sozialpolitik begeistert, war er sofort bereit, die Sozialdemokratie mit verschärften Beschränkungen zu bekämpfen, als die Maßnahmen der Regierung keinen politischen Nutzen brachten.

Und dennoch riß seit der ersten kaiserlichen Botschaft zur sozialen Frage vom 17. 11. 1881 die Kette der langsam effizienter werdenden staatlichen Regelungen im Bereich der *Arbeiterversicherung*, des *Arbeitsschutzes* und der *Arbeitsorganisation* nicht mehr ab. 1883, 1884 und 1889 werden Gesetze zur *Kranken-, Unfall- und Invalidenversicherung* erlassen. 1890 verbessert eine Novelle zur Reichsgewerbeordnung den Arbeitsschutz. Seit 1899 wird die Sozialpolitik kontinuierlich vom Staatssekretär des Innern, Posadowsky, vorangetrieben – mit Verbesserungen des Versicherungswesens, der Einführung obligatorischer *Gewerbegerichte* (1901), einer Seemannsordnung, der Ausdehnung des Arbeitsschutzes, der Bereitstellung öffentlicher Mittel für Arbeiterwohnungen, einer Novelle zum Berggesetz, welche einem Arbeiterausschuß Kontrollrechte bezüglich des Lohnes überträgt. 1910 findet die Sozialversicherung ihre für Jahrzehnte maßgebende Gestalt in der das bis dahin geltende Recht vereinheitlichenden *Reichsversicherungsordnung*. Längst hatte sich in dieser Zeit die Sozialpolitik vom Willen des Monarchen emanzipiert und verselbständigt. Sie gehörte zu jenen Aktionsfeldern, auf denen die Parteien des Reichstags mitsprachen und Einfluß gewannen.

IV. Die Kolonialherrschaft

Es sollte nicht vergessen werden, daß sich das Deutsche Reich seit 1884 auf anderen Kontinenten auszubreiten begann und dort eine koloniale Staatsgewalt etablierte (Togo, Kamerun, Deutsch-Südwestafrika, Deutsch-Ostafrika, Teile Neuguineas und Polynesiens, Kiautschou in China). Der europäische Kolonialismus ist die häßliche Kehrseite der logisch scheinbar so befriedigenden Souveränitätslehre (o. § 22 I.1). Denn der souveräne Staat darf die territorialen Grenzen seiner Oberhoheit selbst bestimmen, solange der Erwerb neuer Gebiete nicht gegen das Völkerrecht verstößt. Die deutschen „Schutzgebiete" standen demgemäß als Reichsländer unter der vom Kaiser wahrgenommenen Staatsgewalt, deren Hoheitsrechte von Gouverneuren, Konsuln und anderen kaiserlichen Beamten im Rahmen des 1900 vom Reichstag erlassenen Schutzgebietsgesetzes und einiger anderer Gesetze ausgeübt wurden. Den darüber hinausgehenden Regelungsbedarf füllten kaiserliche Verordnungen aus, die nur der Gegenzeichnung durch den Reichskanzler bedurften. Vertretungen der deutschen oder gar afrikanischen Bevölkerung existierten nicht. Seit 1903 standen den Gouverneuren lediglich aus einigen deutschen Honoratioren bestehende „*Gouverneursräte*" zur Seite.

Die „Eingeborenen" waren der Verwaltung und Gerichtsbarkeit von Bezirksämtern unterworfen, die für manche ihrer Aufgaben Dorfälteste und ähnliche

Repräsentanten der einheimischen Bevölkerung heranzogen. Diese lebte im Prinzip nach ihren eigenen Rechtsgewohnheiten. Aber die Kolonialmacht hielt sich – aufgrund einer alten europäischen Rechtstradtion (o. § 9 II.1) – für berechtigt, „herrenloses Land" in Besitz zu nehmen und an deutsche Siedler auszugeben. Die sich daraus ergebenden Konflikte führten 1904 in Südwestafrika zum Aufstand der Hereros, der blutig niedergeschlagen wurde.

V. Die Staatsrechtslehre im Kaiserreich

Die Idee *Carl Friedrich von Gerbers*, das Staatsrecht durch Abstraktion von seinen jeweiligen historischen Wurzeln und politischen Zwecken als eine allein juristische Disziplin zu begründen (o, § 32 III.), nutzte *Paul Laband* für eine umfassende Darstellung des deutschen Staatsrechts, die bald als das führende Standardwerk zwar auch kritisiert, aber weitgehend anerkannt wurde. Was *Laband* anstrebte, war nicht eine bloße Beschreibung der Reichsverfassung mit ihren Motiven, sondern die *„Analyse"* der mit der Reichsgründung *„ neu entstandenen öffentlich rechtlichen Verhältnisse, um die Feststellung der juristischen Natur derselben und um die Auffindung der allgemeinen Rechtsbegriffe, denen sie untergeordnet sind"*, um so *„die unerschöpfliche Fülle neuer Fragen"* beantworten zu können. Zu Grunde lag die Überzeugung, daß auch die deutsche Reichsverfassung wie *„jede konkrete Rechtsbildung"* nur die logisch vorgegebenen Rechtsbegriffe verwenden, nicht aber neue Rechtsinstitute erfinden könne. Dieses aus dem zeitgenössischen Zivilrecht übernommene theoretische Konzept, das man *„wissenschaftlichen Positivismus"* nennt, hat konsequenterweise die Ausklammerung des historisch Zufälligen und politisch Gewollten zur Folge. Nicht die jeweilige Verfassung ist Grundlage des öffentlichen Rechts, sondern die Idee des Staates mit seinen notwendigen Eigenschaften und Aufgaben. Darüber findet sich einiges in der Reichsverfassung, vieles aber auch in einfachen Gesetzen. Die Staatsangehörigkeit gehört ebenso dazu wie die Gebietshoheit, die Organisation der Reichsgewalt, die Gesetzgebung, der Abschluß von Staatsverträgen, die Zweige der Verwaltung, das Militär-, Gerichts- und Finanzwesen. Der Reichsbürger ist *„Untertan"*, sofern er dem Reich zu *„Gehorsam und Treue"* verpflichtet ist, während ihm andererseits staatsbürgerliche Rechte im Rahmen der Reichsgesetze zustanden. *Labands „Versteinerung des politisch gebilligten Verfassungsrechts durch die intendierte Entpolitisierung" (M. Stolleis)* wirkte auch deshalb so lebensfern, weil dort die Gesamtheit der deutschen Verfassungsverhältnisse, zu denen immerhin das monarchische Staatsrecht der deutschen Bundesstaaten gehörte, nicht zur Sprache kam.

Gerade an dem sich wandelnden Verständnis der Monarchie aber ist der latente Modernisierungsprozess des deutschen Staatsrechts ablesbar. Das bundesstaatlich organisierte Deutsche Reich hatte als ein zusammengesetzter Staat (*Laband*) die Rechtsstellung der deutschen Monarchen soweit wie möglich nicht angetastet und schon gar nicht zu regeln versucht. Es war das fortschreitende Staatsrechtsdenken, das mit seinen juristischen Differenzierungen dem Monarchen in seinem als Rechtspersönlichkeit begriffenen Lande (o. § 32 III.) nun die Stellung eines Staatsorgans zuwies. Dazu hatte maßgeblich auch *Georg Jellineks* „Allgemeine Staatslehre" beigetragen, nach welcher die alte Lehre vom monarchischen Prinzip (o. § 29, III 1) *„zu einer Fiktion geworden"* war, deren schwache Nachwirkungen im jüngeren Schrifttum nur noch gelegentlich aufscheinen (insbes. *H. Rehm*). Die einzige Gesamtdarstellung des deutschen Staats- und Verfassungsrechts des Deutschen Reiches mit seinen Bundesstaaten von *Georg Meyer* spiegelt nicht nur die infolge der verdichteten Reichsgesetzgebung zunehmende Bedeutung des Reichsrechts wieder, sondern auch seine professionelle juristische Durchdringung.

VI. Verfassungsentwicklungen im Ersten Weltkrieg

1. Die Reichsverfassung unter Kriegsbedingungen

Den Ersten Weltkrieg haben bekannte zeitgenössische Autoren zu einem Kampf zwischen deutsch-konstitutionellen und westlich-parlamentarischen Verfassungsprinzipien hochstilisiert. Sie faßten damit in eine griffige Formel, was man in den Kreisen konservativer Monarchisten dachte. Tatsächlich löste aber der Krieg Entwicklungsschübe aus, die im Gegenteil die ständischen Relikte der alten Gesellschaft aushöhlten, Gleichheitstendenzen förderten und damit auch das Gewicht der im Reiche bestehenden Volksvertretung stärkten. Zwar sind in der Verfassungsgeschichte unter den Bedingungen des Ersten Weltkrieges auch andersartige Tendenzen, Autoritätsgewinne und politische Zielsetzungen der führenden Militärs, zu beobachten, die nicht folgenlos bleiben sollten. Doch wird die verfassungspolitische Arena zunächst beherrscht von einer neuen Qualität bereitwilliger Zusammenarbeit zwischen Reichstag und Reichsleitung.

Gemäß Art. 11 RV erfolgte die – gegenzeichnungspflichtige – Kriegserklärung durch den Kaiser mit Zustimmung des Bundesrats. Auf vielen Schultern also ruhte diese politische Entscheidung, für die nicht nur die Bündnistreue gegenüber Österreich-Ungarn, sondern auch eine unverkennbare Neigung zum Präventivkrieg maßgebend gewesen ist. Der Reichstag war an dem außenpolitischen Formalakt nicht beteiligt. Aber er mußte die für die Kriegführung notwendigen Gesetze beschließen. Die Kriegskredite bewilligte er, der Stimmung im Volke entsprechend, einstimmig. Die Hoffnung des Kaisers freilich, der Krieg werde das Politikmonopol des Staates wiederherstellen (*„Ich kenne keine Partei mehr, ich kenne nur Deutsche"*) erfüllte sich nicht. Nur in den ersten beiden Kriegsjahren standen die Parteien, unter dem Eindruck militärischer Erfolge, im Banne der – bald auf Annexionen gerichteten – Regierungspolitik.

Als in einer schwieriger werdenden Kriegslage die im Verfassungssystem angelegten Spannungen zwischen den wichtigsten Organen des Reiches erneut aufbrachen und durch die Mitwirkungsansprüche der *Obersten Heeresleitung* (OHL) zusätzlich belastet wurden, gewann der Reichstag rasch wieder sein eigenes politisches Gesicht. Seit der russischen Februarrevolution von 1917 werden verfassungspolitische Probleme diskutiert. Etwa gleichzeitig erzwang aber die OHL die Entlassung des Reichskanzlers *Bethmann-Hollweg*, dem andererseits auch die Parteien die Wahrung der politischen Position der Reichsleitung gegenüber den Militärs nicht mehr zutrauten. Sein Nachfolger *Michaelis*, ohne Vorabstimmung mit den Parteien ernannt, konnte sich nur ganz kurze Zeit im Amt halten. Vor seinem Ausscheiden traten die Mehrheitsparteien des Reichstags – Zentrum, Linksliberale und Mehrheitssozialisten – in aller Form mit der Bitte an den Kaiser heran, er möge *„vor der von ihm zu treffenden Entschließung die zur Leitung der Reichsgeschäfte in Aussicht genommene Persönlichkeit ... beauftragen, sich mit dem Reichstag zu besprechen"*. Ein *interfraktioneller Ausschuß* bildete fortan das Bindeglied zwischen dem Reichstag und dem neuen Reichskanzler *Graf Hertling* (November

1917 bis September 1918). Mit ihm war erstmals ein Parteimann – des Zentrums – in das Reichskanzleramt berufen worden. Der letzte Schritt wurde im Bewußtsein der bevorstehenden militärischen Niederlage und mit Rücksicht auf die Erwartungen der Sieger getan (u. § 37 I.1). Ende September 1918 erklärte der Kaiser, *„Männer, die vom Vertrauen des Volkes getragen sind"*, sollten *„in weitem Umfange teilnehmen an den Rechten und Pflichten der Regierung"*. Er griff damit eine seit dem Revolutionsjahr 1848 geläufige Formel auf. Ein verfassungsänderndes Gesetz vom 28. 10. 1918 bestimmte daher, der Reichskanzler bedürfe *„zu seiner Amtsführung des Vertrauens des Reichstags"*, und jetzt endlich fand sich das preußische Herrenhaus zur Abschaffung des Dreiklassenwahlrechts bereit. Praktische Bedeutung gewannen diese unter dem letzten Reichskanzler des Kaiserreiches *Prinz Max von Baden* durchgeführten Verfassungsreformen nicht mehr.

2. Die Intensivierung der Staatstätigkeit

Der Krieg hat noch in anderer Hinsicht die zukünftige Entwicklung des Verfassungsrechts geprägt. Mit einem Gesetz vom 4. 8. 1914 ermächtigte der Reichstag den Bundesrat, *„während der Zeit des Krieges diejenigen gesetzlichen Maßnahmen anzuordnen, welche sich zur Abhilfe wirtschaftlicher Schädigung als notwendig erweisen"*. Der Reichstag behielt sich nur das Recht vor, die Aufhebung der getroffenen Anordnungen verlangen zu können. Auf der Grundlage dieses *Ermächtigungsgesetzes* hat der Bundesrat etwa 1000 Notverordnungen erlassen. Neue Behörden zur Zwangsbewirtschaftung einzelner Güter entstanden. 1916 wurden sie im *Reichsernährungsamt* zusammengefaßt. Das *Gesetz über den vaterländischen Hilfsdienst* vom 5. 12. 1916 sollte alle im Reiche vorhandenen Ressourcen erschließen und den Anforderungen der Kriegführung unterwerfen. Die Mitwirkungsbereitschaft der Sozialisten honorierte der Staat durch die Einführung obligatorischer Arbeiterausschüsse in den Betrieben. In die Ausführung dieses Gesetzes konnte sich der Reichstag intensiv einschalten.

Es war jedoch nicht zu übersehen, daß die neuen Maßnahmen im Rahmen einer umfassend organisierten Kriegführung, wie sie bis dahin unbekannt war, den politischen Einfluß der militärischen Spitze ungemein stärken mußten. Dies um so mehr, als die seit 1916 amtierende OHL mit *Hindenburg* und dem machtbewußten *Ludendorff* dank ihrer spektakulären Erfolge im Osten auf einen Vertrauensvorschuß im Volke zurückgreifen konnte, wie er keinem Politiker zu Gebote stand. Nicht nur die Rechte des Reichstags, auch die Formen militärgeschützter autoritärer Staatsführung entwickelten sich im ersten Weltkrieg weiter. Von einer, oft beschworenen, „Diktatur" der OHL in einem verfassungsrechtlich definierbaren Sinne kann aber keine Rede sein. Der Staat insgesamt gewann während des Krieges eine bis dahin unbekannte Macht über seine Bürger. Und diese bis dahin unerreichte Verdichtung der Staatsfunktionen mit wachsenden Kompetenzen und Bürokratien sollte sich als dauerhaft erweisen.

4. Teil. Zwischen Demokratie und Diktatur

1. Kapitel. Die Weimarer Republik (1918–1933)

§ 37. Die Errichtung der Republik und die Weimarer Reichsverfassung

Quellen: *E. Heilfron* (Hrsg.), Die Deutsche Nationalversammlung im Jahre 1919, Bd. 1–9, o. J. (1921); *P. Longerich* (Hrsg.), Die Erste Republik. Dokumente zur Geschichte des Weimarer Staates, 1992; *G. A. Ritter* u. *S. Miller* (Hrsg.), Die deutsche Revolution 1918/1919. Dokumente, 1983; *H. Triepel,* Quellensammlung zum Deutschen Reichsstaatsrecht, 3. Aufl. 1922; *F. Wittreck,* Weimarer Landesverfassungen, 2004.

Zeitgenössische Literatur: *G. Anschütz,* Bundesrat oder Staatenhaus (1919), in: *D. Wilke* u. *B. Schulte* (Hrsg.), Der Bundesrat, 1990 (WdF 507), 53 ff.; *ders.,* Die Verfassung des Deutschen Reichs, 1. Aufl. 1921; *E. Kaufmann,* Grundfragen der künftigen Reichsverfassung (1919), in: *ders.,* Autorität und Freiheit (Ges. Schriften Bd. I), 1960, 253 ff.; *H. Preuß,* Staat, Recht und Freiheit, 1926 (Nachdruck 2007); *ders.,* Gesammelte Schriften, Bd. 1 ff., 2007 ff.; *M. Weber,* Zur Neuordnung Deutschlands. Schriften und Reden 1918–1920 (Gesamtausgabe I, 16) 1988.

Schrifttum: *W. Apelt,* Geschichte der Weimarer Verfassung, 2. Aufl. 1964; *D. Barth,* Dolchstoßlegende und politische Desintegration. Das Trauma der deutschen Niederlage im Ersten Weltkrieg 1914–1933, 2003; *G. Bender,* Vom Hilfsdienst zum Betriebsrätegesetz. Zur rechtlichen Regulierung des industriellen Verhandlungssystems zwischen Reform und Revolution (1916–1920), in: *H. Mohnhaupt* (Hrsg.), Revolution, Reform, Restauration (IuS Commune, Sonderh. 37), 1988, 191 ff.; *E.-W. Böckenförde,* Der Zusammenbruch der Monarchie und die Entstehung der Weimarer Republik, in: *K. D. Bracher* u. a. (Hrsg.), Die Weimarer Republik 1918–1933, 1987, 17 ff.; *H. Boldt,* Die Weimarer Reichsverfassung, in: *K. D. Bracher* u. a. (Hrsg.), Die Weimarer Republik 1918–1933, 1987, 44 ff.; *K. D. Bracher,* Die Entstehung der Weimarer Verfassung, 1963; *J. Delbrück,* in: DtVwg IV, 138 ff.; *E. Eichenhofer* (Hrsg.), 80 Jahre Weimarer Reichsverfassung – was ist geblieben?, 1999; *W. Elben,* Das Problem der Kontinuität in der deutschen Revolution. Die Politik der Staatssekretäre und der militärischen Führung vom November 1918 bis Februar 1919, 1965; *G. Gillessen,* Hugo Preuß (1955), 2000; *R. Grawert,* Reich und Republik. Die Form des Staates von Weimar. Ein Rückblick auf die Verfassungsberatungen im Jahre 1919, Der Staat 28 (1989) 481 ff.; *Ch. Gusy,* Weimar – die wehrlose Republik? Verfassungsschutzrecht und Verfassungsschutz in der Weimarer Republik, 1991; *ders.,* Die Weimarer Reichsverfassung, 1997; *ders.* (Hrsg.), Demokratisches Denken in der Weimarer Republik, 2000; *K. Hock,* Die Gesetzgebung des Rates der Volksbeauftragten, 1987; *H. Holste* (o. § 34); *G. Köglmeier,* Die zentralen Rätegremien in Bayern 1918/19, 2002; *E. Kolb* (Hrsg.), Vom Kaiserreich zur Weimarer Republik, 1972; *ders.,* Die Arbeiterräte in der deutschen Innenpolitik 1918–1919, 2. Aufl. 1978; *ders.* (Hrsg.), Friedrich Ebert als Reichspräsident. Amtseinführung und Amtsverständnis, 1997; *H. Neuhaus,* Das Ende der Monarchien in Deutschland 1918, HJb 111 (1991), 102 ff.; *H. Potthoff,* Verfassungsväter ohne Verfassungsvolk?, in: *G. A. Ritter* (Hrsg.), Gesellschaft, Parlament und Regierung, 1974, 339 ff.; *G. A. Ritter,* Die Entstehung des Räteartikels 165 der Weimarer Reichsverfassung, HZ 258 (1994) 73 ff.; *R. Schiffers,* Elemente direkter Demokratie im Weimarer Regierungssystem, 1971; *G. Schulz,* Zwischen Demokratie und Diktatur. Verfassungspolitik und Reichsreform in der Weimarer Republik, Bd. I: 1919–1930 (1963), 2. Aufl. 1987; *W. Tormin,* Zwischen Rätediktatur und sozialer Demokratie. Die Geschichte der Rätebewegung in der Deutschen Revolution 1918/19, 1954; *G.-C. von Unruh* (o. § 34); *F. Völtzer,* Der Sozialstaatsgedanke in der Weimarer Reichsverfassung, 1992; *U. Wengst,* Staatsaufbau und Verwaltungsstruktur, in: *K. D. Bracher* u. a. (Hrsg.), Die Weimarer Republik 1918–1933, 1987, 63 ff.; *H. A. Winkler,* Die Revolution von 1918/19 und das Problem der Kontinuität in der deutschen Geschichte, HZ 250 (1990) 303 ff.

I. Der quasilegale Übergang von der Monarchie zur Republik

1. Das deutsche Waffenstillstandsangebot

Die Weimarer Republik blieb in der kurzen Zeit ihrer Existenz weitgehend bestimmt von den Umständen ihrer Entstehung. Über das Ende der Monarchie und den Ursprung der neuen Staatsgewalt soll daher, vor dem Versuch einer Interpretation, zunächst ein Blick auf den komplizierten Gang der Ereignisse informieren. Zwei Stadien sind dabei zu unterscheiden: das Vorfeld der militärischen Desillusionierung mit den beginnenden Waffenstillstandssondierungen und die Verfassungspolitik im Angesicht der Niederlage und des Kriegsendes.

Am 3. 3. 1918 kann das Reich den Frieden von Brest-Litowsk diktieren und damit den Krieg im Osten beenden. Als danach jedoch der Versuch scheitert, im Westen mit einer großangelegten deutschen Offensive eine Entscheidung herbeizuführen, verschweigt die Oberste Heeresleitung (OHL) die Erkenntnis, daß der Krieg nicht mehr zu gewinnen ist. Auch katastrophale militärische Rückschläge im Juli und August 1918 lassen Hindenburg und Ludendorff noch zögern. Nach einem österreich-ungarischen Friedensfühler (14. 9.) und dem Zusammenbruch des verbündeten Bulgarien im selben Monat wirft die OHL das Steuer jedoch abrupt herum. Der Kaiser, der Reichskanzler, die Parteiführer werden zu ihrer Überraschung mit der Tatsache einer vollständigen Niederlage und der Notwendigkeit eines umgehenden *Waffenstillstandsangebots* konfrontiert. Doch nicht nur das. Die OHL, jahrelang zäher Gegner aller Parlamentarisierungsbestrebungen (o. § 36 IV.1), hält nun den Augenblick für gekommen, die Regierung auf eine „*breitere Grundlage*" zu stellen (28. 9.). Für diese Aufgabe beruft der Kaiser *Prinz Max von Baden* zum Reichskanzler. Sein Waffenstillstandsangebot an den amerikanischen Präsidenten Wilson, der am 8. 3. 1918 in *Vierzehn Punkten* die Voraussetzungen einer fairen Friedensordnung umschrieben hatte, (3. 10.) wird im Reich sofort bekannt. Nach jahrelangen Leiden und bis zuletzt aufrechterhaltenen Siegeshoffnungen mußte es tiefe Enttäuschungen über den obersten Kriegsherrn hervorrufen, trug dieser doch im konstitutionellen Staat die wesentliche Verantwortung für die Kriegserklärung und die Kriegführung. Es genügte daher die Andeutung Wilsons, man werde mit den „*monarchischen Autokraten Deutschlands*" nicht verhandeln (23. 10.), um die Forderung nach Abdankung des Kaisers sofort laut werden zu lassen. Dieser entließ auf massiven Druck des Reichskanzlers zwar Ludendorff (26. 10.), der jetzt plötzlich zum „*Kampf bis zum Äußersten*" auffordern wollte. Aber Wilhelm II. verschloß sich beharrlich der Einsicht, seine Abdankung könnte mit Rücksicht auf die bevorstehenden Friedensverhandlungen oder aus verfassungspolitischen Gründen zur Erhaltung der Monarchie erforderlich sein.

2. Revolutionäre Unruhen

Am 29. 10. kommt es zu einer Meuterei in der Flotte, als diese nochmals zu einer großen Schlacht auslaufen sollte. Sie weitet sich in Kiel zu einem nicht mehr einzudämmenden *Matrosenaufstand* aus (seit 1. 11.). Die an der Regierung beteiligten *Mehrheitssozialisten* (MSPD) versuchen nicht ohne Erfolg, die Aufstandsbewegung unter ihre Kontrolle zu bringen. Sie standen dabei in Konkurrenz mit radikalsozialistischen Kräften, den seit 1917 von ihnen getrennten *Unabhängigen Sozialisten* (USPD) samt deren revolutionär-militantem Flügel, den Spartakisten. Die sowohl von der MSPD wie vom Reichskanzler erhobene Abdankungsforderung wies der Kaiser zurück (4. 11.). Am 6. 11. fand eine Aussprache zwischen *Gröner*, dem pragmatisch denkenden Nachfolger Ludendorffs im Amte des Generalquartiermeisters, und den Führern der MSPD und der Gewerkschaften statt. Aber auch jetzt noch lehnte der führende Kopf der OHL die von der MSPD angebotene Einsetzung einer Reichsregentschaft für den Kaiserenkel ab. Bis zum 8. 11. greifen die revolutionären Unruhen von der Küste auf die meisten großstädtischen Zentren den Binnenlandes über. Die MSPD verlangt nun ultimativ die Abdankung des Kaisers bis zum Mittag des 8. 11. An diesem Tage wird in München bereits die Republik ausgerufen. Wilhelm II. indessen möchte an der Spitze des kaiserlichen Heeres die Ordnung in Deutschland wiederherstellen. Am Abend des 8. 11. treten die Vertreter der MSPD aus der Regierung aus. Diese meldet der OHL nach Spa, ein Aufstand in der Hauptstadt sei nicht mehr zu verhindern, wenn die Abdankung des Kaisers nicht am nächsten Morgen in den Zeitungen stehe.

3. Die Ausrufung der Republik am 9. November 1918 und die Übertragung des Reichskanzleramtes auf Friedrich Ebert

Am Morgen des 9. 11. ruft die MSPD in Berlin zum Streik auf. Die Arbeiter ziehen ins Zentrum der Stadt und fordern *„Frieden und Brot"*. Dagegen regt sich kein militärischer Widerstand. Und doch war jedermann klar, daß sich eine revolutionäre Situation abzeichnete, mußten die Führer der MSPD und die Reichsleitung doch befürchten, das Gesetz des Handelns könnte auf den Spartakusbund übergehen. Die nun folgenden Ereignisse an den beiden Regierungsschauplätzen Berlin und Spa können nur noch teilweise koordiniert werden. Im großen Hauptquartier drängt jetzt auch die OHL den Kaiser zum Rücktritt, weil sich der Verfall der militärischen Disziplin abzuzeichnen beginnt. Als Ergebnis einer Truppenführerbefragung erfährt Wilhelm II., die Truppe sei *„müde und gleichgültig"* und werde *„auch nicht mit Eurer Majestät an der Spitze"* gegen die Heimat marschieren. Der Monarch gibt seine starre Haltung nur zögernd auf. Als der Reichskanzler daher um 11 Uhr aus Spa erfährt, der Kaiser wolle abdanken, der genaue Text seiner Erklärung werde alsbald folgen, wartet er nicht länger. Um die Mittagszeit gibt Prinz Max die Abdankung des Kaisers bekannt. Zugleich erklärt er, *„dem Regenten die Ernennung des Abgeordneten Ebert zum Reichskanzler und ... Wahlen für eine Verfassunggebende Deutsche Nationalversammlung"* vorschlagen zu wollen; dieser werde es *„obliegen ..., die künftige Staatsform des deutschen Volkes ... endgültig festzustellen"*. Ein Regent war aber bis dahin nicht ernannt worden. Da sich die Lage in Berlin rasch zuspitzt, überträgt Prinz Max kurz darauf das Reichskanzleramt ohne Einschaltung eines monarchischen Vertreters auf den MSPD-Vorsitzenden *Ebert*, dessen Parteivorstand seinerseits die Übernahme der Regierungsgewalt gefordert hatte. Etwa um 14 Uhr ruft der MSPD-Minister *Scheidemann* spontan auf dem Balkon des Reichstags die Republik aus. Im Laufe desselben Tages geben die übrigen deutschen Fürsten widerstandslos ihr Amt auf. Am Abend arrangiert sich die neue Regierung telefonisch im sog. *„Gröner-Ebert-Pakt"* mit der OHL. Die vom abtretenden Kaiser mit der Kommandogewalt betraute Generalität erkennt die neue Regierung an. Dagegen verpflichtet sich Ebert, Ruhe und Ordnung und insbesondere den zur Rückführung der deutschen Truppen erforderlichen Eisenbahnverkehr sicherzustellen sowie die Befehlsgewalt der Offiziere im Heer zu respektieren. Eine Erklärung Wilhelms II., er verzichte zwar auf das kaiserliche Amt, nicht jedoch auf die preußische Königskrone, blieb bedeutungslos. Am nächsten Morgen begab sich das letzte monarchische Reichsoberhaupt Deutschlands nach Holland. Die förmlichen *Abdankungserklärungen* des Kaisers und des Kronprinzen erfolgten am 28. 11. und 1. 12. 1918.

4. Verfassungsgeschichtliche Würdigung

Die verfassungsgeschichtliche Deutung der Vorgänge muß sowohl die Bemühungen um eine quasilegale Kontinuität wie auch die unübersehbaren Elemente eines revolutionären Wandels zur Kenntnis nehmen. Der lautlose Sturz der deutschen Monarchen beendete faktisch das politische System des Konstitutionalismus, da die Verfassungsänderung vom 28. 10. 1918 (o. § 36 IV.1) praktische Bedeutung nicht mehr erlangt hatte. Der Untergang der Monarchie aber, so fern er heute zu liegen scheint, verdient aus mehreren Gründen unsere Aufmerksamkeit. Zwar kann dieser Vorgang unter den Bedingungen der modernen Industriegesellschaft und deren Verschärfung im Laufe eines Krieges, der das ganze Volk erfaßte, genügend schon durch den Legitimitätsverlust des monarchischen Gedankens erklärt werden. Die historischen Fakten (o. 1–3) zwingen darüber hinaus aber zu der Schlußfolgerung, daß im deutschen monarchischen System nur geringe Reformreserven enthalten waren. Es sind in erster Linie die Repräsentanten dieses Systems selbst, welche die Monarchie zerstört haben. Nicht zufällig wollten die Führer der MSPD trotz revolutionärer Unruhen noch lange an der Institution der Monarchie festhalten. Ebert hatte erkannt, daß mit der Ausrufung der Republik das Volk gespalten würde und der neue Staat seinen Weg unter schlechtesten Vorzeichen beginnen mußte. Ein verlorener Krieg mit mutmaßlich harten Friedensbedingungen war abzuwickeln, die zumindest distanzierte politische Haltung der zahlreichen Monarchisten vorauszusehen. Es dauerte auch nicht lange, bis die Niederlage der Monarchie in einen Verrat der Republik umgedichtet wurde.

Für diese Belastungen freilich zeichneten in besonderer Weise auch die hohen Militärs verantwortlich. Eine parlamentarische Parteienregierung war gut genug, um die alleinige Verantwortung für das militärisch notwendige Waffenstillstandsersuchen zu übernehmen. Diese Planung ließ sich scheinbar vernünftig begründen: Die OHL wollte eine nicht mehr vorhandene militärische Stärke simulieren, um gute Waffenstillstandsbedingungen einzuhandeln. Mit dieser weltfremden Idee verband sich aber schon frühzeitig der Versuch, das Prestige der deutschen militärischen Führung unter allen Umständen über die Niederlage hinwegzuretten. Die Leitung der deutschen Waffenstillstandsdelegation wurde daher dem Zentrumspolitiker *Erzberger* anvertraut. Der Keim zur sog. „*Dolchstoßlegende*" (u. § 38 I.1) war gelegt. Die Armeeführung hat andererseits bis zum letztmöglichen Zeitpunkt nicht nur die Monarchie gedeckt, sondern gerade die Person Wilhelms II. Sie war auch in einer extremen Lage nicht fähig, politischen Erwägungen über das Schicksal der monarchischen Staatsspitze Raum zu geben. Als die OHL dann am 9. 11. den Kaiser fallenließ, tat sie es, um den höchsten militärischen Wert zu retten: die Existenz der Armee. Darin manifestierte sich nochmals die politische Eigenständigkeit der deutschen Heeresorganisation. Deren Interessen verbanden sich allerdings mit der verbreiteten Gewißheit, daß nur das Überleben des von der OHL geführten militärischen Apparates einen Bürgerkrieg verhindern konnte.

Der Regierungswechsel vom Prinzen Max auf Ebert verstieß gegen die Regelungen der Reichsverfassung und hatte daher staatsstreichartigen Charakter. Die MSPD-Führung selbst legte am 9. 11. auch Wert darauf, durch einen revolutionären Akt nach der politischen Gewalt zu greifen. Aber die Amtsübertragung durch den bisherigen Regierungschef schuf doch eine quasilegale Fassade, die dem Beamtenapparat des Reiches Legitimitätszweifel an der neuen Regierung ersparte. Diese von Anbeginn zutage tretenden Bemühungen, administrative Kontinuität zu wahren, erstreckten sich mit dem Gröner-Ebert-Pakt auch auf die Armee. Ohne Zweifel konnten auf diese Weise Elemente der alten Ordnung überleben, insbesondere ein konservativ empfindendes, Parlament und Parteien fremd gegenüberstehendes Beamtentum und Offizierskorps. Die Linie der sozialistischen Regierungspolitik ist jedoch verstehbar als Reaktion auf die Furcht vor dem Verlust der Rechtssicherheit mit unabsehbaren Konsequenzen – Furcht vor einem Zusammenbruch der staatlich gesteuerten Nahrungsmittelversorgung, vor einem Zerfall des Reiches und nicht zuletzt: vor der linksradikalen Revolution nach russischem Vorbild.

II. Revolutionäre Wurzeln der Republik

1. Die Arbeiter- und Soldatenräte und der Rat der Volksbeauftragten

Schon einen Tag nach ihrer Einsetzung stellte sich die neue Reichsregierung bewußt auch auf den Boden der neuen, revolutionär entstandenen Legitimität. Diese fand ihren institutionellen Ausdruck in den Arbeiter- und Soldatenräten, die sich bis zum 9. 11. überall im Reich gebildet und in den Einzelstaaten der Regierungsämter bemächtigt hatten. Ganz überwiegend gaben Mitglieder der MSPD und USPD den Ton an. Deren Vertreter hatten in Berlin schon am Morgen des 9. 11. über die Regierungsübernahme Gespräche geführt. Beide Parteien bemühten sich eiligst und intensiv, ihre Anhängerschaft in den Räten der Hauptstadt zu mobilisieren. Als sich die Berliner Arbeiter- und Soldatenräte, etwa 3000 Menschen, am späten Nachmittag des 10. 11. im Zirkus Busch versammelten, setzte sich Ebert mit dem Konzept einer paritätisch aus beiden Parteien zusammengesetzten sozialistischen Regierung durch. Die Versammlung konstituierte den Rat der Volksbeauftragten mit je drei Mitgliedern der beiden sozialistischen Parteien nach dem Vorschlag der MSPD.

Das neue Regierungskollegium hatte diktatorische Macht; seine beherrschende politische Figur war Ebert. Obwohl er den Titel eines Reichskanzlers nur noch selten gebrauchte, war es doch das Ansehen dieses jetzt eigentlich gegenstandslos gewordenen Amtes, das ihm auch in seiner neuen revolutionären Position problemlos den Zugang zur gesamten Reichsverwaltung öffnete. Selbst die Staatssekretäre an der Spitze der Reichsämter blieben im Amt. Nachdem der 11. 11. den langersehnten Waffenstillstand gebracht hatte, versprachen die Volksbeauftragten am folgenden Tage in einem Aufruf *„An das deutsche Volk", „das sozialistische Programm zu verwirklichen"*. Ohne weiteres konnten sich die Sozialisten beider Richtungen auf konkrete *Maßnahmen sozialen Charakters* einigen. So haben sie schon mit dieser ersten öffentlichen Verlautbarung die Gesindeordnungen aufgehoben und die Einführung des Achtstundentages, auch das Frauenwahlrecht angekündigt. Eine intensive Gesetzgebung kam in Gang, deren Hauptziel die Beherrschung der schwierigen Versorgungslage gewesen ist.

2. Die Entscheidung gegen das Rätesystem und für die Wahl einer Nationalversammlung

Die *verfassungspolitischen Ziele* der beiden sozialistischen Parteien freilich gingen weit auseinander. Übereinstimmung bestand nur über das Ende der alten Verfassungseinrichtungen; die Wiedereinberufung des alten Reichstags verbot Ebert. Für die Zukunft jedoch strebte die MSPD Wahlen zu einer verfassunggebenden Nationalversammlung und damit das Modell der parlamentarischen Demokratie an. In der USPD, der es vorrangig um die Einführung eines sozialistischen Systems und konkret um eine weitgehende Sozialisierung ging, gab es dagegen starke Neigungen, eine dauerhafte Rätediktatur des Proletariats zu begründen. Einen ersten Schritt auf diesem Wege sollte der *Vollzugsrat der Berliner Arbeiter- und Soldatenräte* bilden, den diese zugleich mit dem Rat der Volksbeauftragten bestellt hatten. Da der Vollzugsrat unter dem Einfluß der USPD stand, entwickelte sich zwischen den beiden Gremien eine politische Rivalität, die der Rat der Volksbeauftragten klar für sich entschied. Zwar sollte dieser nur als „*Beauftragter*" des Vollzugsrats amtieren. Aber da die Volksbeauftragten entschlossen die Gesetzgebungskompetenz in Anspruch nahmen und andererseits der Vollzugsrat über eine revolutionäre Rhetorik kaum hinauskam, blieb die Regierungsgewalt dort verankert, wo sie seit jeher zu Hause war: in der Exekutive. Am 16. 11. gab die Regierung bekannt, daß alle Behörden bindende Anordnungen nur von den zuständigen Ministerien, nicht von den örtlichen Räten entgegenzunehmen haben. Dennoch war zunächst durchaus offen, ob sich die MSPD mit dem Projekt einer konstituierenden Nationalversammlung gegen den Plan einer Rätediktatur würde durchsetzen können. Das parlamentarische Verfassungskonzept der MSPD hatte jedoch in dem Maße Erfolg, in dem sich der politische Einfluß aus anderen Teilen des Reiches in der Hauptstadt geltend machen konnte. Seit dem 24. 11. tagte eine erste *Reichskonferenz der Länder*, die sich nicht nur verpflichteten, die Einheit Deutschlands aufrechtzuerhalten, sondern auch ihre Zustimmung zur Berufung einer konstituierenden Nationalversammlung gaben. Daraufhin vermochte Ebert auch in der Reichsregierung den Erlaß eines *Reichswahlgesetzes* zu erzwingen (29./30. 11.). Dieser verfassungspolitische Weg mußte nun freilich, sollte er Erfolg haben, mit dem bestehenden Rätesystem abgestimmt werden. Alsbald fanden daher im ganzen Reich Delegiertenwahlen für einen *Allgemeinen deutschen Rätekongreß* statt, der am 16. 12. in Berlin zusammentrat. Schon der Wahlkampf war unter der Alternative „Nationalversammlung" oder „Rätesystem" geführt worden. Das Ergebnis war eine klare Niederlage der USPD. Mit großer Mehrheit beschloß der Kongreß, am 19. 1. 1919 Wahlen zu einer verfassunggebenden deutschen Nationalversammlung durchführen zu lassen. Bis dahin sollte ein von der Versammlung bestellter *Zentralrat* die Regierung überwachen.

In Berlin kam es nach der Entscheidung für die parlamentarische Demokratie noch im Dezember – und nochmals im Januar – zu bewaffneten Aktionen und Aufständen von Spartakusgruppen. Die MSPD-Mitglieder der Regierung zögerten nicht, Militär und Freiwilligenverbände einzusetzen. Daraufhin verließ die USPD den Rat der Volksbeauftragten (27. 12.). Die Wahlen konnten ungestört durchgeführt werden. Zugleich war aber auch die Idee einer von der ganzen politischen Linken getragenen „*sozialistischen Republik*" erloschen; es gab dafür kein vermittelndes Verfassungsmodell.

III. Die Entstehung der Weimarer Reichsverfassung

1. Der Verfassungsentwurf von Hugo Preuß

Die Arbeiten am Verfassungsentwurf hatten frühzeitig begonnen. Schon am 15. 11. übertrug Ebert dem links-liberalen Berliner Staatsrechtler *Hugo Preuß* das Reichsamt des Innern mit dem Auftrag, einen Verfassungsentwurf auszuarbeiten. Schüler des genossenschaftlich denkenden Rechtshistorikers Otto v. Gierke und ausgewiesener Vorkämpfer volksstaatlicher Ideen, wollte Preuß die bundesstaatliche Struktur des Reiches durch seine Aufteilung in 16 *„Gebiete"* als *„potenzierte Selbstverwaltungskörper"* ersetzen. Das Ergebnis wäre ein *„dezentralisierter Einheitsstaat"* gewesen. Mit dieser Planung ist Preuß gescheitert. Die Zerschlagung Preußens war ebensowenig durchsetzbar wie die Denaturierung der süddeutschen Staaten. Im Gegenteil schalteten sich die deutschen Landesregierungen frühzeitig in den Prozeß der Verfassungsberatungen ein. Noch vor den Parlamentariern faßten sie in einem eigens errichteten *„Staatenausschuß"* Beschlüsse über föderative Elemente der neuen Reichsverfassung (25.–30. 1.).

2. Zusammensetzung und Beratungen der Nationalversammlung

Die verfassunggebende Nationalversammlung trat am 6. 2. 1919 in dem ruhigen, militärisch leicht zu schützenden Weimar zusammen. Die Wahl war erstmals nach dem Verhältniswahlsystem durchgeführt worden, das im Unterschied zur Rechtslage im Kaiserreich (o. § 36 II.2) größtmögliche Gerechtigkeit für alle Parteien gewährleistete. Entgegen ihren Erwartungen hatten die beiden sozialistischen Parteien die Mehrheit der Stimmen aber nicht erreicht (45,5 %). Das Parteienspektrum war weitgehend stabil geblieben. Neben der *MSPD* (163 Sitze) erwies sich die im Wahlkampf für eine *„sozialistische Gesellschaft"* eintretende *USPD* (22) als wenig attraktiv. In der Mitte blieb das *Zentrum* in unveränderter Stärke präsent (90). Daneben errang die neu gegründete, verschiedene liberale Gruppen zusammenfassende *Deutsche Demokratische Partei (DDP)* mit dem engagierten Bekenntnis zur Republik einen beachtlichen Erfolg (75). Der rechte Flügel der Nationalliberalen kehrte als *Deutsche Volkspartei* (*DVP*, 22) in die Politik zurück, die ganz *„unter den nationalen Gedanken"* gestellt werden sollte. Rechts davon bekannten sich die ehemaligen Konservativen als *Deutschnationale Volkspartei* (*DNVP*, 42) ausdrücklich zu einer *„monarchischen Spitze"*.

Die tiefgreifenden gesellschafts- und verfassungspolitischen Unterschiede, welche das deutsche Parteiensystem seit jeher kennzeichneten (o. § 35 II.3), bestanden fort. Dennoch demonstrierte dieses Parlament sehr rasch seine Fähigkeit zu stabiler Mehrheitsbildung. Schon am 11. 2. wurde ein *Gesetz über die vorläufige Reichsgewalt* verkündet und Ebert zum Reichspräsidenten gewählt. Die erste parlamentarisch verantwortliche Regierung unter dem Mehrheitssozialisten Scheidemann wurde von der SPD, der DDP und dem Zentrum getragen (*„Weimarer Koalition"*). Der Staatenausschuß fand Anerkennung als vorläufige Ländervertretung. Am 24. 2. begannen die Verfassungsberatungen im Plenum; sie zogen sich im 28 köpfigen Verfassungsausschuß unter dem beherrschenden Einfluß von Hugo Preuß von März bis Juli hin. Unterdessen nahm die Nationalversammlung auch Funktionen eines gewöhnlichen Parlaments wahr. So durch das Überleitungsgesetz vom 4. 3., mit dem die bisherigen Gesetze, soweit nicht dem neuen Recht widersprechend, ausdrücklich anerkannt wurden; am 9. 7. ratifizierte die Nationalversammlung den Versailler Friedensvertrag (u. § 38 I.1).

Ohne Einflußnahme eines Siegers waren die Verfassungsberatungen in Weimar von einem entschiedenen Willen zur Demokratie getragen. Sie strafen die Behauptung Lügen, der demokratische Gedanke habe in Deutschland nach 1918 keine wirkliche Realisierungschance gehabt. Nach der Verabschiedung des Verfassungswerks konnte der Reichsinnenminister David erklären: *„Nirgends in der Welt ist die Demokratie konsequenter durchgeführt als in der neuen deutschen Verfassung ..."* Daneben war es der schwierige Versuch, sozialstaatliche Strukturelemente der Republik in der Verfassung festzuschreiben (u. IV. 2), welcher diesem Dokument eine zukunftweisende Bedeutung zu geben schien. Am 31. 7. 1919 wurde die Weimarer Reichsverfassung gegen die Stimmen der DNVP und DVP bei Abwesenheit zahlreicher Abgeordneter angenommen (262 gegen 75). Am 14. 8. 1919 trat sie in Kraft.

IV. Die Regelungen der Weimarer Reichsverfassung

1. Das Staatsorganisationsrecht

Die Verankerung des demokratischen Prinzips im Verfassungstext bezeugt schon die Präambel. Ganz im Gegensatz zur Reichsverfassung von 1871 (o. § 34 III.3) ist es *„das deutsche Volk, einig in seinen Stämmen"*, welches *„sich diese Verfassung gegeben"* hat. Selbstverständlich ist jetzt die Grundregel des Parlamentarismus in der Verfassung enthalten: *„Der Reichskanzler und die Reichsminister bedürfen zu ihrer Amtsführung des Vertrauens des Reichstages. Jeder von ihnen muß zurücktreten, wenn ihm der Reichstag durch ausdrücklichen Beschluß sein Vertrauen entzieht"* (Art. 54). Allerdings gehört weiterhin zu den Aufgaben des Staatsoberhauptes, die Regierungsmitglieder zu ernennen und zu entlassen (Art. 53).

Die herausragende Stellung des Reichspräsidenten ist ein Charakteristikum der Weimarer Reichsverfassung. Er wird vom Volk auf sieben Jahre gewählt (Art. 41 u. 43) und stützt sich damit auf dieselbe demokratische Legitimität wie das Parlament. Er vertritt das Reich nicht nur nach außen (Art. 45); ihm stehen auch gewichtige innerstaatliche Verfassungsrechte zu. Dazu gehört das Recht der Reichstagsauflösung (Art. 25), das Recht zur Herbeiführung von Volksentscheiden über vom Reichstag schon beschlossene Gesetze (Art. 73), das Recht der Reichsexekution gegen sich nicht gesetzeskonform verhaltende Länder (Art. 48 Abs. 1), der besonders in diesem Zusammenhang bedeutsame Oberbefehl über die Wehrmacht (Art. 47) und nicht zuletzt ein Diktaturrecht im Notfall: *„Der Reichspräsident kann, wenn im Deutschen Reiche die öffentliche Sicherheit und Ordnung erheblich gestört oder gefährdet wird, die zur Wiederherstellung der öffentlichen Sicherheit und Ordnung nötigen Maßnahmen treffen, erforderlichenfalls mit Hilfe der bewaffneten Macht einschreiten"* (Art. 48 Abs. 2). Den Begriff der *„Maßnahmen"* hat die staatsrechtliche Praxis und Theorie sehr bald weit ausgelegt. Nicht nur Anordnungen für den Einzelfall meine die Verfassung, sondern auch den Erlaß von Normen. Damit verfügte der Reichspräsident über ein *Notverordnungsrecht*, welches ihm ermöglichte, selbst und ohne den Reichstag zu regieren (u. § 38 V) – allerdings stets nur unter Mitwirkung des gegenzeichnungsberechtigten Reichskanzlers oder zuständigen Reichsministers (Art. 50). Dem Reichstag blieb jedoch das Recht, jederzeit die Außerkraftsetzung der vom Reichspräsidenten getroffenen Maßnahmen zu verlangen (Art. 48 Abs. 3).

Nicht zu Unrecht ist diese Verfassungsstruktur als ein dualistisches System bezeichnet worden, welches die Selbstaufhebung des parlamentarischen Prinzips ermöglichte. Indessen konnte diese Konsequenz im Jahre 1919, im Augenblick des endgültigen Sieges parlamentarischen Denkens, niemand ernst nehmen. Und wenn: Die Verfassung sah ohnehin vor, daß sie selbst in vollem Umfang jederzeit mit qualifizierten Mehrheiten im Wege der Gesetzgebung geändert werden konnte (Art. 76). Die radikaldemokratische Grundkonzeption des Verfassungsgebäudes ließ dessen Zerstörung durch die Repräsentanten des Volkes zu. Wenn jedoch über diese Entscheidung zur Offenheit *„für jede gesetzlich friedliche Entwicklung"* *(David)* den Verfassungsvätern vorgeworfen wird, sie hätten mit dem Reichspräsidenten einen „Quasimonarchen" schaffen wollen, dann verfehlt diese Spekulation die Ziele der Weimarer Nationalversammlung völlig. Nur der DNVP konnte der Reichspräsident *„nicht mächtig genug sein"*. Und nur die USPD malte das Gespenst eines neuen *„persönlichen Regiments"* an die Wand. Die demokratischen Parteien wollten etwas anderes. Nach den Vorstellungen der DDP sollte der Reichspräsident ein *„Kontrollorgan ... aus der Wurzel der Demokratie"* sein, ein *„Gegengewicht aus der Volkskraft heraus gegenüber einem Parlament, das vielleicht seiner Pflichten nicht vollständig bewußt ist"*. Die SPD sah im Reichspräsidenten, weil er *„aus der Masse gewählt wird ..., die legitime Vertretung auch der Massenbedürfnisse und Massenwünsche"*, und daher *„nicht direkt gebunden ... an Parteizusammenhänge"*.

Kontrolle demokratisch erworbener Macht durch eine ebenso legitimierte Instanz, überparteiliche Volksrepräsentation gegenüber partei- und interessengebundenen Vertretern – mit diesen Formeln etwa läßt sich die von *Max Weber* angeregte Institution des Reichspräsidenten umschreiben. Sein Notverordnungsrecht fand in der Verfassungsdebatte keine Beachtung, konnte es doch nur ausnahmsweise und mit Billigung des Reichstags Bedeutung erlangen. Dagegen faszinierte der Gedanke, durch die Einführung eines *Volksbegehrens* dem Stimmvolk selbst die Gesetzesinitiative zu verleihen. Ein Zehntel der Stimmberechtigten konnte die Herbeiführung eines Volksentscheids über ein von ihnen unterstütztes Gesetzgebungsvorhaben erzwingen (Art. 73 Abs. 3); schon ein Zwanzigstel der Stimmberechtigten war in der Lage, einen Volksentscheid gegen ein vom Reichstag beschlossenes Gesetz herbeizuführen, wenn ein Drittel der Reichstagsabgeordneten gegen die sofortige Verkündung dieses Gesetzes gestimmt hatte (Art. 73 Abs. 2 u. Art. 72).

2. Grundrechte und Grundpflichten

Nicht nur dem Volkswillen wollte der Verfassungsausschuß der Nationalversammlung Rechnung tragen. Der Weg zum Volksstaat sollte auch durch die verfassungsrechtliche Fixierung wesentlicher politischer Grundsätze gebahnt werden. Dem diente der umfangreiche Katalog der *„Grundrechte und Grundpflichten der Deutschen"*. Er ist viel später, von den Kommentatoren des Bonner Grundgesetzes, als bloßes Programm verstanden und damit abgewertet worden. Tatsächlich umfaßt dieser zweite Teil der Verfassung Bestimmungen sehr unterschiedlichen Charakters, von denen nicht wenigen notwendigerweise unmittelbare Geltung

§ 37. Die Errichtung der Republik und die Weimarer Reichsverfassung   293

zukam, während andere vom Gesetzgeber erst in konkrete Normierungen umzusetzen waren. Schon die Staatsrechtslehrer der Weimarer Republik haben so unterschieden. So bedurfte z. B. der Satz *Nulla poena sine lege* (Art. 116) keiner weiteren gesetzlichen Regelung, wohl aber das Versprechen, „*Das Reich schafft ein einheitliches Arbeitsrecht*" (Art. 157 II).

Nach der Überwindung der konstitutionellen Monarchie schien den klassischen Freiheitsrechten nur noch eine begrenzte Bedeutung zuzukommen. Sie fanden zwar Aufnahme in den Verfassungstext als ein Bekenntnis zur altliberalen Tradition, das sich vielfach wörtlich an die Vorbilder der Frankfurter Reichsverfassung von 1848/49 (o. § 31 IV.1) anlehnte. Größeres Gewicht wurde in den Beratungen aber den Abschnitten über „*Das Gemeinschaftsleben*", „*Religion und Religionsgesellschaften*", „*Bildung und Schule*", „*Das Wirtschaftsleben*" beigemessen. Man sah eine Chance darin, gesellschaftspolitischen Zielvorstellungen Verfassungsrang zu verleihen. Das war natürlich nur im Wege von Kompromissen möglich, und die Abgeordneten erkannten auch, daß alles auf die konkretisierende Gesetzgebung ankommen würde.

Aber die Vision der freien und solidarischen Bürgergesellschaft in der Morgenstunde des republikanischen Lebens ist nicht schon deshalb als Illusion abzutun, weil sie im Jahre 1919 noch Programm sein mußte und später in den Untergang der Republik mit hineingerissen wurde. Grundsätze wie die staatsbürgerliche Pflicht zur persönlichen Dienstleistung für Staat und Gemeinde (Art. 133), die schulische Erziehung zu staatsbürgerlicher Gesinnung und Völkerversöhnung (Art. 148), die gleichberechtigte Beteiligung von Arbeitern und Angestellten an der Regelung der Lohn- und Arbeitsbedingungen (Art. 165) zeigen – neben vielen ähnlichen Bestimmungen – den ernsten Wunsch, mit dem parlamentarischen Verfassungssystem auch eine republikanische Gesellschaft zu begründen. Eine Sozialisierungsklausel hielt die Tür zu sozialistischer Gesellschaftspolitik offen (Art. 156). Das Projekt lokaler, regionaler und auf der Reichsebene zentral zusammengefaßter *Arbeiter- und Wirtschaftsräte* (Art. 165) mag zwar primär dazu bestimmt gewesen sein, den revolutionären Rätegedanken in die Verfassung einzuschmelzen. Aber ebenso war dieses Projekt getragen von der schon seit langem zu beobachtenden Tendenz, die liberale Gesellschaft der autonomen Wirtschaftssubjekte in einem System sozialer Bindungen aufzufangen (o. § 33 II.3 u. 4).

3. Das Reich und die Länder

Deutschland behielt den Namen eines „*Reiches*", obwohl es keinen Kaiser mehr gab. Auch die Weimarer Nationalversammlung konnte sich nicht über die Tatsache hinwegsetzen, daß der deutsche Staat, so sehr seine Einheit bejaht wurde, aus Einzelstaaten unterschiedlicher Tradition zusammengewachsen war; nur die thüringischen Kleinstaaten hatten sich jetzt zu einem Land vereinigt. Die Repräsentanz der deutschen Länder in einem „*Reichsrat*" (Art. 60 ff.) erschien daher zwingend, wenn die Mitwirkungsrechte dieses Staatenhauses im Rahmen der Gesetzgebung (Art. 74) auch viel schwächer ausgebildet waren als jene des alten, mit weitergehenden Funktionen ausgestatteten Bundesrates (o. § 34 III.3). Mit dem Titel des „*Reiches*" verbanden sich aber auch politische Hoffnungen eher metaphysischer Art, die keine Bürgerrepublik erfüllen konnte. Es zeigte sich rasch, daß die Kluft zwischen dem demokratischen Bewußtsein der Verfassungsgeber und dem politischen Denken großer Teile des Volkes nicht zu überbrücken war.

§ 38. Verteidigung und Niedergang der Demokratie

Quellen: *G. Erdmann* (o. § 36); *P. Longerich* (o. § 37); *H. Triepel* (o. § 37) 5. Aufl. 1931.

Zeitgenössische Literatur: *G. Anschütz,* Die Verfassung des Deutschen Reichs vom 11. August 1919, 14. Aufl. 1933; *ders.* u. *R. Thoma,* Handbuch des deutschen Staatsrechts, Bd. 1–2, 1930–1932; *H. Heller,* Staatslehre, 1934, 2. Aufl. 1961; *H. Kelsen,* Allgemeine Staatslehre, 1925; *H. C. Nipperdey* (Hrsg.), Die Grundrechte und Grundpflichten der Reichsverfassung, Bd. 1–3, 1929–1930; *R. Smend,* Verfassung und Verfassungsrecht, 1928; *C. Schmitt,* Verfassungslehre, 1928, 6. Aufl. 1983.

Schrifttum: *H.-D. Bayer,* Der Staatsrat des Freistaates Preußen, 1992; *G. Bender* (o. § 37); *L. Berthold,* Carl Schmitt und der Staatsnotstandsplan am Ende der Weimarer Republik, 1999; *P. Blomeyer,* Der Notstand in den letzten Jahren von Weimar, 1999; *K. D. Bracher,* Die Auflösung der Weimarer Republik, 5. Aufl. 1971; *ders.,* Parteienstaat, Präsidialsystem, Notstand, in: *G. Jasper* (Hrsg.), Von Weimar zu Hitler 1930–1933, 1968; *St. Breuer,* Anatomie der konservativen Revolution, 2. Aufl. 1995; *W. Bußmann,* Politische Ideologien zwischen Monarchie und Weimarer Republik, HZ 190 (1960) 55 ff.; *W. Conze,* Die deutschen Parteien in der Staatsverfassung vor 1933, in: *E. Matthias* u. *R. Morsey* (Hrsg.), Das Ende der Parteien, 2. Aufl. 1979, 3 ff.; *H. Dreier,* Rechtslehre, Staatssoziologie und Demokratietheorie bei Hans Kelsen, 2. Aufl. 1990; *J. Elvert,* Mitteleuropa! Deutsche Pläne zur europäischen Neuordnung (1918–1945), 1999; *J. Erger,* Der Kapp-Lüttwitz-Putsch, 1967; *M. Frehse,* Ermächtigungsgesetzgebung im Deutschen Reich 1914–1933, 1985; *U. M. Gassner,* (o. § 36); *P. Goller,* Hermann Heller: Historismus und Geschichtswissenschaft im Staatsrecht (1919–1933), 2002; *G. Graf,* Das Arbeitsgerichtsgesetz von 1926, 1993; *H. Grund,* „Preußenschlag" und Staatsgerichtshof im Jahre 1932, 1976; *Ch. Gusy,* Weimar (o. § 37); *ders.,* Selbstmord oder Tod? Die Verfassungsreformdiskussion der Jahre 1930–1932, Zs. f. Politik 40 (1993) 393 ff.; *ders.,* Reichsverfassung (o. § 37); *V. Hartmann,* Zur Staatsrechtslehre der Weimarer Republik, JöR NF 29 (1980) 43 ff.; *P. Haungs,* Reichspräsident und parlamentarische Kabinettsregierung, 1968; *V. Hentschel,* Die Sozialpolitik in der Weimarer Republik, in: *K. D. Bracher* u.a. (Hrsg.), Die Weimarer Republik 1918–1933, 3. Aufl. 1998, 197 ff.; *M. W. Hebeisen,* Souveränität in Frage gestellt. Die Souveränitätslehren von Hans Kelsen, Carl Schmitt und Hermann Heller im Vergleich, 1995; *W. Heun,* Der staatsrechtliche Positivismus in der Weimarer Republik. Eine Konzeption im Widerstreit, Der Staat 28 (1989) 377 ff.; *H. Hofmann,* Legitimität gegen Legalität. Der Weg der politischen Philosophie Carl Schmitts, 4. Aufl. 2002; *B. Hoppe,* Von der parlamentarischen Demokratie zum Präsidialstaat. Verfassungsentwicklungen am Beispiel der Kabinettsbildung in der Weimarer Republik, 1998; *I. J. Hueck,* Der Staatsgerichtshof zum Schutze der Republik, 1996; *P. Hüttenberger,* Aufbau und Ressourcen der deutschen Staatsverwaltung von 1930 bis 1934, Der Staat, 1991, Beih. 9, 111 ff.; *G. Jasper,* Der Schutz der Republik, 1963; *ders.,* Die gescheiterte Zähmung. Wege zur Machtergreifung Hitlers 1930–1934, 1986; *E. Kolb* (Hrsg.), Friedrich Ebert (o. § 37); *ders.* u. *W. Mühlhausen* (Hrsg.), Demokratie in der Krise. Parteien im Verfassungssystem der Weimarer Republik, 1997; *O. Lepsius,* Die gegensatzaufhebende Begriffsbildung. Methodenentwicklungen in der Weimarer Republik und ihr Verhältnis zur Ideologisierung der Rechtswissenschaft unter dem Nationalsozialismus, 1994; *H. Möller,* Parlamentarismus in Preußen 1919–1932, 1985; *A. Mohler,* Die konservative Revolution in Deutschland 1918–1932, 5. Aufl. 1999; *R. Mußgnug,* in: DtVwG IV, 308 ff.; *Th. Nothoff,* Der Staat als geistige Wirklichkeit. Der philosophisch-anthropologische Aspekt des Verfassungsdenkens Rudolf Smends, 2008; *W. Pyta,* Verfassungsumbau, Staatsnotstand und Querfront: Schleichers Versuche zur Fernhaltung Hitlers von der Reichskanzlerschaft August 1932 bis Januar 1933, in: Gestaltungskraft des Politischen, FS E. Kolb, 1988, 173 ff.; *K. Revermann,* Die stufenweise Durchbrechung des Verfassungssystems der Weimarer Republik in den Jahren 1930 bis 1933, 1959; *G. Robbers,* Die Staatslehre der Weimarer Republik. Eine Einführung, 1993, 69 ff.; *E. Schanbacher,* Parlamentarische Wahlen und Wahlsystem in der Weimarer Republik. Wahlgesetzgebung und Wahlreform im Reich und in den Ländern, 1982; *U. Scheuner,* Die Anwendung des Art. 48 der Weimarer Reichsverfassung unter den Präsidentschaften von Ebert und Hindenburg, in: *F. A. Hermens* u. *Th. Schieder* (Hrsg.), Staat, Wirtschaft und Politik in der Weimarer Republik, FS H. Brüning, 1967, 249 ff.; *R. Schiffers* (o. § 37); *M. Schlemmer,* „Los von Berlin". Die Rheinstaatsbestrebungen nach dem Ersten Weltkrieg, 2007; *W. Schluchter,* Entscheidung für den sozialen Rechtsstaat. Hermann Heller und die staatstheoretische Diskussion in der Weimarer Republik, 2. Aufl. 1983; *U. Schüren,* Der Volksentscheid zur Fürstenenteignung 1926, 1978; *G. Schulz,* „Preußenschlag" oder Staatsstreich? Neues zum 20. Juli 1932, Der Staat 17 (1978) 554 ff.; *ders.* (o.

§ 37) Bd. 1, 2. Aufl. 1987, Bd. 2, 1987; *ders.*, Von Brüning zu Hitler (Zwischen Demokratie und Diktatur, Bd. 3), 1992; *G. Seiberth*, Anwalt des Reiches. Carl Schmitt und der Prozeß „Preußen contra Reich" vor dem Staatsgerichtshof, 2001; *M. Stürmer*, Koalition und Opposition in der Weimarer Republik 1924–1928, 1967; *U. Thiele*, Advokative Volkssouveränität. Carl Schmitts Konstruktion einer „demokratischen" Diktaturtheorie im Kontext der Interpretation politischer Theorien der Aufklärung, 2003; *H. Timm*, Die deutsche Sozialpolitik und der Bruch der Großen Koalition im März 1930, 1953; *K. Weißmann*, Der nationale Sozialismus. Ideologie und Bewegung 1890 bis 1933, 1998; *H. A. Winkler* (Hrsg.), Die deutsche Staatskrise 1930–1933. Handlungsspielräume und Alternativen, 1992.

I. Verfassungspolitische Krisen 1919 bis 1923

1. Gründe der politischen Radikalisierung

Jene Mehrheit der Weimarer Nationalversammlung, welche das Reich in einen Volksstaat hatte umwandeln wollen (o. § 37 III), verlor im Laufe des Jahres 1919 zunehmend den politischen Rückhalt im Volke. Nach der ersten Reichstagswahl am 6. 6. 1920 verfügte die „Weimarer Koalition" nur noch über eine ganz knappe Mehrheit, während die USPD, vor allem aber die nationalliberale DVP und die rechtskonservative DNVP erhebliche Gewinne verbuchen konnten. Ein starker politischer Trend wies nach Rechts-, eine schwächere, aber die staatstragende SPD schwer gefährdende Tendenz nach Linksaußen. Das Weimarer Verfassungswerk stand schon nach einem Jahr in der Defensive.

Damit drängt sich die Frage auf, welches die Gründe der politischen Radikalisierung gewesen sind. Die Unruhe in der klassenbewußten Arbeiterschaft ist relativ leicht zu erklären. Hier herrschte weiterhin Armut, weshalb eine linkssozialistische Politik mit umfassenden Sozialisierungen nur Hoffnung verhieß. Schwerer zu beantworten ist die wichtigere Frage nach den Motiven jener, die sich in wachsender Zahl von „nationaler" Propaganda angesprochen fühlten und dabei zugleich eine Distanz gegenüber dem republikanisch-demokratischen Regierungssystem in Kauf nahmen. Wir wissen nicht, ob die in der Wahl vom 20. 1. 1919 erreichte demokratiefreundliche Mehrheit nur Ausdruck einer vorübergehenden Enttäuschung über das Versagen der Monarchie und ihrer nationalen Konfrontationspolitik gewesen ist. Sicher scheint jedoch, daß es für diese Entwicklung auch greifbare äußere Gründe gibt: die Angst vor einer proletarischen Diktatur und dann der Schock der im Frühjahr 1919 bekanntgewordenen *Friedensbedingungen*. Die Westmächte forderten nicht nur die Rückgabe Elsaß-Lothringens, sondern ebenso ohne Volksabstimmung die Abtretung der Provinzen Posen und Westpreußen an das wiedererrichtete Polen und Danzigs als Freistaat, des Memelgebietes und des Hultschiner Ländchens in Schlesien, dazu Volksabstimmungen in weiteren Grenzgebieten, darunter im Kohlerevier Oberschlesien. Mit dem Verzicht auf die Kolonien und der Auslieferung der Kriegs- und Handelsflotte sollte der deutschen Weltmachtpolitik ein Ende bereitet werden. Viel schwerer wog indessen die Forderung, alle Kriegskosten zu ersetzen. Das entsprach durchaus alter Gewohnheit. Allerdings ließ sich der dafür notwendige Betrag angesichts vierjähriger Materialschlachten auf belgischem und französischem Boden kaum beziffern. Daß der alliierte Text dabei ausdrücklich die Schuld Deutschlands am Kriegsausbruch als Haftungsgrund feststellte, peitschte die nationalen Emotionen hoch.

Auch in den Regierungsparteien und in der Regierung selbst gingen die Meinungen darüber, ob man ein solches Dokument unterschreiben könne, auseinander.

Man entschloß sich dazu erst nach einem alliierten Ultimatum und der Versicherung Hindenburgs, daß Widerstand im Westen nicht möglich sei. Am 28. 6. 1919 wurde der *Versailler Friedensvertrag* unterzeichnet, ohne daß deutsche Gegenvorstellungen eine Chance hatten. Die vorgesehene Verringerung der Armee (100 000-Mann-Heer) und ihre Umstrukturierung zu einer für äußere Konflikte unbrauchbaren Sicherheitstruppe belastete die innenpolitische Situation zusätzlich. Einerseits war damit das Prestige der zu demobilisierenden Berufsoffiziere getroffen, andererseits ließ sich ein Sicherheitsbedarf an den Ostgrenzen und angesichts fortdauernder innerer Unruhen nicht leugnen. Diese psychischen und äußeren Konfliktlagen vermochten große Teile des Volkes nur durch eine Flucht aus der politischen Realität zu verarbeiten. Ihren Gefühlen gab Hindenburg Ausdruck, als er im August 1919 vor einem Untersuchungsausschuß der Nationalversammlung eine Erklärung verlas, nach welcher die deutsche Armee „*von hinten erdolcht*" worden sei – derselbe Hindenburg, der kaum ein Jahr zuvor die Politiker dringend um den Abschluß eines Waffenstillstands gebeten hatte (o. § 37 I.1).

2. Bewaffnete Aufstände und politische Morde

Aus der spannungsgeladenen politischen Konstellation gingen immer neue Versuche, die Verfassungslage durch den bewaffneten Aufstand zu ändern, hervor. Gegenüber den linksextremen Rebellionen – Spartakusaufständen in Berlin im Januar und März, die Ausrufung einer bayerischen Räterepublik im April 1919 – blieb die Reichsregierung erfolgreich, weil sie gegen diesen Gegner Reichswehr und Freikorpsverbände einzusetzen vermochte. Als weitaus schwieriger gestaltete sich die Bekämpfung rechtsextremer Systemveränderer. Als am 13. 3. 1920 ein General *v. Lüttwitz* die Stunde für gekommen hält, in Berlin mit Hilfe eines hohen Beamten aus der Provinz namens *Kapp* ein autoritäres Regiment zu errichten, und ein Freikorps auf die Hauptstadt in Marsch setzt, gerät die amtierende Reichsregierung in außerordentliche Bedrängnis. In der Reichswehrführung behält der seit dem November 1918 (o. § 37 I.3 u. 4) maßgebende Gedanke die Oberhand, es dürfe zwischen Einheiten des deutschen Heeres nicht zu Kämpfen kommen. Der entschiedenste Verfechter dieses Standpunktes, *v. Seeckt*, wird nach dem Ende des Aufstands Chef der Heeresleitung. Denn auch die Regierung schloß sich dem an: Die Einheit der Armee sollte nicht aufs Spiel gesetzt werden.

Damit aber gedieh die Bekämpfung des Staatsstreichversuchs zu einem gefährlichen Balanceakt. Daß dieser glückte, war der Konfliktbereitschaft der Arbeiterschaft gegenüber dem ohnehin als verdächtig rechtskonservativ geltenden Militär einerseits, der Verfassungstreue der Berliner Ministerialbürokratie andererseits zu verdanken. Die Staatssekretäre ignorierten den von v. Lüttwitz präsentierten „Reichskanzler"; die Arbeiter befolgten Aufrufe des Reichspräsidenten und der Gewerkschaften zum Generalstreik. Immerhin hatte die Regierung nur mit knapper Not nach Stuttgart entkommen können, und einzelne Verbände der Reichswehr gingen gegen Streikende vor, ohne Genaueres über die Vorgänge in Berlin zu wissen. Im Ruhrgebiet nutzte eine „Rote Armee" die Situation zur Machtergreifung in ihrem Sinne; das Gebiet mußte regelrecht zurückerobert werden. Die tiefe Feindschaft zwischen den linken und rechten Flügelgruppen sparte bald auch die republikanische Mitte nicht mehr aus. Nicht nur die USPD-Führer *Rosa Luxemburg* und *Karl Liebknecht* wurden von rechtsradikalen Tätern ermordet (15. 1. 1919), auch der Zentrumspolitiker *Matthias Erzberger,* der die deutsche Waffenstillstandsdelegation angeführt hatte, und der

§ 38. Verteidigung und Niedergang der Demokratie   297

Reichsaußenminister *Walter Rathenau* fielen Anschlägen derselben Kreise zum Opfer (26. 8. 1921 u. 4. 6. 1922). Gesetzliche Maßnahmen „*zum Schutz der Republik*" 1921 und 1922, zuletzt die Einrichtung eines *Staatsgerichtshofes*, halfen wenig. Längst richtete sich die Agitation der Rechten auch gegen die demokratischen Parteien. Diese vermochten dagegen zwar große Menschenmassen zur Unterstützung der Republik auf die Straßen zu bringen. Militärähnliche Abwehrorganisationen (seit 1924: *Reichsbanner Schwarz-Rot-Gold*) formierten sich. Dennoch blieben militante, das Weimarer Verfassungssystem rundum ablehnende Oppositionsgruppen stark und aktionsbereit.

3. Revolutionäre und separatistische Bewegungen im Jahre 1923

Eine drastische Zuspitzung der Krisenlage im Jahre 1923 hatte verfassungspolitische Maßnahmen zur Beherrschung der Ausnahmesituation zur Folge, welche auch die spätere Verfassungspraxis bis zum Ende der Weimarer Republik nachhaltig beeinflußten. Am 11. 1. 1923 rückte französisches Militär in das Ruhrgebiet ein, weil Deutschland vorsätzlich seine Reparationsverpflichtungen vernachlässigt habe. Dieser Vorgang und der Aufruf der bürgerlichen Minderheitsregierung *Cuno*, Befehle der französischen Besatzung nicht auszuführen (19. 1.), löste den sog. „*Ruhrkampf*" aus; Zusammenstöße erregten einmal mehr die nationalen Leidenschaften. „Vaterländische" Kampfverbände in Bayern gerieten zunehmend unter den Einfluß der 1919 entstandenen NSDAP; *Hitler* stieg zum erfolgreichsten Redner Münchens auf. Eine gegenläufige Radikalisierung ist in Mitteldeutschland, Berlin, Hamburg zu beobachten. Seit dem Sommer 1923, als die galoppierende Inflation Vermögen und Einkommen zerstört, droht der Einsturz des republikanischen Verfassungsgebäudes. Zugleich mit dem Rücktritt der Regierung Cuno ruft die KPD zur „*Bildung einer Arbeiter- und Bauernregierung*" auf (12. 8.).

Die Spannungen eskalieren, nachdem die neue Regierung der großen Koalition, jetzt unter *Stresemann* (DVP), den passiven Widerstand im Ruhrgebiet abgebrochen hatte (26. 9.). Denn aus „*Erschütterung über diese Entwicklung*" verhängt die bayerische Regierung den Ausnahmezustand (26. 9.). Ein Generalstaatskommissar *v. Kahr* verbietet in Bayern die Selbstschutzverbände der KPD und SPD. Die Reichsregierung verschafft sich Handlungsfreiheit, indem sie ihrerseits den Ausnahmezustand für das ganze Reich anordnet (26. 9.). Die bayerische Entwicklung veranlaßt andererseits aber Sachsen, einen schärferen Linkskurs zu steuern. Angehörige der KPD treten hier in die Regierung ein, welche jetzt öffentlich die Förderung von „*proletarischen Hundertschaften*" ankündigt. Deren Verbot durch das Wehrkreiskommando wird mit dem Aufruf zum „*proletarischen Freiheitskampf*" beantwortet (12./13. 10.). Unterdessen versucht sich der bayerische Reichswehrkommandeur *v. Lossow* dem Befehl des Chefs der Heeresleitung zu entziehen; seine Amtsenthebung veranlaßt v. Kahr, die bayerische Reichswehrdivision auf die Regierung von Bayern zu vereidigen (22. 10). In diesen Tagen droht das Reich zu zerfallen. Unter französischer Protektion werden eine „*Rheinische*" und eine „*Pfälzische*" Republik ausgerufen (21. u. 23. 10.). In Hamburg bricht ein kommunistischer Aufstand aus (22. 10). Die Schwierigkeit, gegen Sachsen und Bayern zugleich einschreiten zu müssen, um sich nicht den Vorwurf links- oder rechtsorientierter Voreingenommenheit einzuhandeln, vermag die Reichsregierung nicht zu lösen. Als die Gefahr nicht mehr von der Hand zu weisen war, daß rechtsradikale Kampfgruppen aus Bayern in Sachsen einfallen könnten, entschloß sich Stresemann zur

Reichsexekution in Sachsen gemäß Art. 48 II RV und damit zu einer Maßnahme, die sich nicht nur gegen kommunistische Kampfverbände, sondern zugleich auch gegen eine gewählte parlamentarische Regierung richtete (29. 10.). Das schuf Erbitterung und führte zum Austritt der SPD aus der Reichsregierung (3. 11.). Dieser war es inzwischen gelungen, Bayern mit seiner als Föderalismus getarnten Verfassungspolitik auf einer Länderkonferenz zu isolieren (24. 10.). Die Entscheidung bringt ein *Putschversuch Hitlers* (8./9. 11.). Sich davon zu distanzieren, sieht sich auch v. Kahr gezwungen, nachdem die Reichswehr den Befehl zur Niederschlagung des Aufstandes befolgt hatte. Als Inhaber der vollziehenden Gewalt verbietet v. Seeckt KPD und NSDAP (23. 11.); zugleich gelingt es der Reichsregierung, eine neue Währung einzuführen (15. 11.).

4. Anwendung und Ausdehnung des Notverordnungsrechts

Noch als die Weimarer Nationalversammlung tagte, war die seit Kriegsbeginn eingeführte Praxis, nicht durch parlamentarische Gesetzgebung, sondern durch Regierungsverordnung akute Regelungsbedürfnisse zu befriedigen (o. § 36 IV.2), fortgeführt worden. In den Nachkriegskrisen verzichtete keine Regierung auf das flexible Instrument der *Notverordnung*. Damit aber gedieh die Ausnahmebefugnis des Reichspräsidenten nach Art. 48 II RV zu einem fast fortlaufend eingesetzten Verfassungsinstitut. Das ging nicht ab ohne *„Tendenzen zur Erweiterung des Anwendungsbereichs"* in doppelter Hinsicht: Im Sinne einer *„echten Rechtssetzung"* wurden auch Verordnungen mit zeitlich unbegrenzter Dauer erlassen, und diese bezogen sich vielfach auf *„wirtschaftlich-finanzielle Notlagen" (U. Scheuner)*. Das war so nicht ohne weiteres aus der Verfassungsbestimmung herauszulesen. Doch schon 1922 hatte man sich daran gewöhnt, nicht mehr vom „Ausnahmezustand", sondern von der *„Diktaturgewalt des Präsidenten"* zu sprechen. Die juristische Literatur und das Reichsgericht akzeptierten diese Praxis. Damit war unter fast allseitiger Zustimmung ein Verfassungswandel eingetreten, hatte der verfassunggebenden Nationalversammlung doch der Gedanke einer neben dem Parlament gleichsam alternativen Regierungsmöglichkeit durch den Reichspräsidenten ganz ferngelegen (o. § 37 IV.1). In der kritischen Situation des Jahres 1923 hat der Reichstag darüber hinaus *„die Reichsregierung ... ermächtigt, die Maßnahmen zu treffen, welche sie auf finanziellem, wirtschaftlichem und sozialem Gebiete für erforderlich und dringend erachtet"*, und dabei Abweichungen von den Grundrechten gestattet (13. 10.). Damit war ein Präzedenzfall geschaffen für eine vom Parlament sanktionierte Diktatur.

II. Die Konsolidierung der Republik seit 1924

1. Parlament und Regierungen

Die Jahre 1924 bis 1929 gelten als eine Zeit der Konsolidierung des Weimarer Staates. Nachdem der im Reichstag mit großer Mehrheit angenommene *Dawes-Plan* (29. 8. 1924) der deutschen Wirtschaft wieder den Weltmarkt zugänglich gemacht hatte, um sie zu Reparationen überhaupt zu befähigen, besserte sich allmählich die ökonomische Situation. Auch die außenpolitischen Perspektiven begannen sich zu normalisieren. 1926 wird das Deutsche Reich in den Völkerbund aufgenommen.

§ 38. *Verteidigung und Niedergang der Demokratie* 299

Das parlamentarische System und die plebiszitären Verfassungselemente jedoch erreichten niemals die im Verfassungstext unterstellte Funktionstüchtigkeit. Zwar verschwand vorerst Art. 48 RV aus der Regierungspraxis. Aber die Parteien hatten sich gegenüber den Zeiten des Kaiserreiches (o. § 35 II.3) nicht wesentlich verändert, obwohl sie die politische Verantwortung jetzt allein zu tragen hatten. Hinter ihnen verbargen sich weiterhin *„starre ökonomisch-politische Interessengruppierungen"* *(M. Stürmer)*, dazu Ideologien und tiefverwurzelte Ressentiments, welche die Kompromißfähigkeit stark einschränkten und dauerhafte Koalitionsprogramme für das ganze Spektrum der Politik fast unmöglich machten. Diese Unbeweglichkeit der Parteipolitik, der es stets immer um alles oder nichts gehen mußte, führte nicht nur zu heftigen Polemiken im politischen Tageskampf. Das Verhältnis zur Macht insgesamt war gestört. Die Partei habe *„sich nie zur Regierung gedrängt"*, ließ sich 1925 der parteiamtliche „Vorwärts" für die SPD vernehmen. Sie habe *„sich nur dann an ihr beteiligt, wenn die äußerste Not des Volkes dieses Opfer von ihr verlangte"*. So stand dem klaren, aber auch einseitigen proletarisch-sozialpolitischen Engagement der SPD nicht nur die feindliche Welt der konservativen Großagrarier und Monarchisten in der DNVP gegenüber, sondern auch die fest mit industriellen Interessen verbundene DVP – und diese erwies sich bald wegen des politischen Talents Stresemanns als unentbehrlich. Die DDP dagegen verlor rasch ihre Attraktivität als Sammelbecken republikanisch gesonnenen Bürgertums und degenerierte zur Honoratiorenpartei. Koalitionsfähig nach allen Seiten blieb weiterhin wegen seines sozial breitgespannten Wählerspektrums nur das katholische Zentrum.

Als Folge der überwiegend starren Parteiprogrammatik mußten sich Schwierigkeiten sowohl bei der *Regierungsbildung* wie im Verlauf der Regierungstätigkeit ergeben. Zwar führt die Zahl der von 1919 bis 1930 einander abwechselnden 14 Kabinette in die Irre, weil zahlreiche Politiker vielen dieser Regierungen angehörten. Und es ist gewiß auch zu berücksichtigen, daß die Stabilität der ersten neun Kabinette unter den Belastungen der Nachkriegsjahre litt. Doch auch die Zeit relativer politischer Ruhe und allmählichen wirtschaftlichen Aufstiegs seit 1924 ist durch bürgerliche Minderheitsregierungen gekennzeichnet mit gelegentlicher Einbindung der DNVP. Diese Partei versagte sich freilich der auf Versöhnung gerichteten Außenpolitik Stresemanns, dem dafür indessen die Unterstützung der oppositionellen SPD zuteil wurde, die selbst wiederum in einem innenpolitischen Gegensatz zur DVP stand. Im Rahmen einer so labilen politischen Konstellation gewann das in der Verfassung vorgesehene Mißtrauensvotum nur geringe Bedeutung; lediglich zwei Regierungen scheiterten daran. Derart schwer durchschaubare Verhältnisse waren nicht geeignet, die Popularität des Reichstagsparlamentarismus zu fördern.

2. Das Amt des Reichspräsidenten

Doch auch die Stellung des *Reichspräsidenten* und die plebiszitären Komponenten der Reichsverfassung gewannen in der Verfassungspraxis einen durchaus eigenartigen Charakter. Der Präsident hieß nach dem Tode Friedrich Eberts (28. 2. 1925) Hindenburg. Die Wahl dieser nationalen Symbolgestalt, die dem politischen Denken der republiktragenden Kräfte sehr fern stand, trug zur Integration der konservativ und national eingestellten Bevölkerungsteile zunächst erheblich bei. Aber unter seinen Händen sollte sich das Amt des Reichspräsidenten, welches durch die vorangegangene Notverordnungspraxis so sehr an verfassungsrechtlichem Gewicht gewonnen hatte (o.

I.3), doch allmählich in eine Art Statthalterschaft für den nicht mehr vorhandenen monarchischen Willen verwandeln. Denn trotz korrekter Handhabung der Verfassung, wie er sie verstand, vermochte Hindenburg bei zahlreichen Gelegenheiten, Regierungsbildungen zumal, doch nicht seine eigene konservative Überzeugung zu verleugnen. Darin mochte man eine unausweichliche Konsequenz der plebiszitären Basis des Reichspräsidentenamtes sehen. Die politische Flexibilität der höchsten Verfassungsorgane wurde damit aber nicht verbessert. Und der Gedanke gar, die „Diktaturgewalt" gemäß Art. 48 II RV durch ein Ausführungsgesetz zu beschränken, wie es der deutsche Juristentag 1924 gefordert hatte und ein Ministerialentwurf vorsah, mußte nun begraben werden. Das Präsidentenamt erwies sich am Ende nicht als die plebiszitäre Vollendung der Demokratie, wie von den Verfassungsvätern erhofft (o. § 37 IV.1), sondern als eine autoritäre Alternative zum Parlament (u. V).

3. Plebiszite

Ebensowenig stützte das direkte *Plebiszit* die Demokratie. Zwar sind zahlreiche Versuche festzustellen, Volksbegehren einzuleiten. Zum Volksentscheid (o. § 37 IV.1) kam es aber nur in zwei Fällen, ohne daß die Initiatoren einen Erfolg verbuchen konnten. KPD und SPD betrieben 1926 ein solches Verfahren, um die *entschädigungslose Fürstenenteignung* durchzusetzen; DNVP und NSDAP kämpften 1928 gegen den *Young-Plan*, der die deutschen Reparationszahlungen endgültig regeln sollte. Wesentlich mehr, als die eigene Anhängerschaft zu mobilisieren, gelang diesen Parteien nicht. Sie zogen jedoch mittelbar Nutzen aus den propagandistischen Effekten einer gewaltigen Agitation.

4. Versagen des parlamentarischen Systems in der Wirtschaftskrise 1929

Ein Wahlerfolg der Linksparteien im Jahre 1928 ermöglichte nochmals die Bildung einer großen Koalition unter dem sozialdemokratischen Reichskanzler *Hermann Müller*. Sie setzte Stresemanns Außenpolitik durch – Zustimmung zum Young-Plan gegen Abzug der Besatzungstruppen aus dem Rheinland –, versagte jedoch innenpolitisch. Die aufkommende Wirtschaftskrise erforderte 1929 eine Sanierung der Arbeitslosenversicherung, über deren Finanzierung sich SPD und DVP nicht einigen konnten. An dieser Frage ließen die Mehrheit der SPD-Reichstagsfraktion und die DVP die Koalition scheitern, obwohl die Diktatur als dann einzig denkbare Alternative schon offen diskutiert wurde. Die parlamentarische Demokratie gab sich selbst auf, weil es *„nie zu einer wirklichen Einsicht in die Notwendigkeit eines kompromißfreudigen Relativismus und einer Ausbalancierung der politischen Anschauungen"* gekommen war *(K. D. Bracher)*.

III. Reformpolitik

1. Das Projekt einer Reichsreform

Ungelöst blieb das Problem einer territorialen und administrativen Reichsreform. Art. 18 RV gestattete die Neugliederung des Reichsgebietes. Auf dieser Grundlage entstand aus den früheren Kleinstaaten das Land Thüringen (30. 4. 1920); Waldeck schloß sich Preußen an (24. 3. 1922). Das fortdauernde Nebeneinander aber einer Reichsregierung und einer für den größeren Teil des Reiches ebenfalls zuständigen preußischen Regierung führte nur deshalb nicht zu einer gegenseitigen Blockade, weil in Preußen von 1920 bis 1932 unter *Otto Braun* die „Weimarer Koalition" weiterhin das Heft in der Hand hatte. Die finanziellen Aufwendungen für die mit der Existenz Preußens verbundene Doppelung von Verwaltungseinrichtungen erschienen jedoch schließlich wegen der Belastung des Reichshaushalts mit den Reparationszahlungen als zu hoch. 1928 setzte die Konferenz der Länder einen Verfassungsausschuß ein, aus dessen Beratungen 1930 der Plan hervorging, Norddeutschland als Reichsgebiet einheitsstaatlich zu organisieren und daneben die Eigenständigkeit der drei süddeutschen Staaten und Sachsens zu bewahren. Die eigenstaatliche Tradition Preußens war jedoch auch in der Republik noch stark genug, um einen deutschen Zentralismus zu verhindern. Und seit der Herbstwahl 1930 (u. V.1) gab es für verfassungsändernde Gesetze keine Mehrheit mehr.

2. Sozialstaatliche Reformen

Es bleibt bemerkenswert, daß die Weimarer Republik trotz eines gestörten Verfassungsmechanismus sozialstaatliche Reformen von nicht geringer Bedeutung durchführen konnte. Dazu hat die unter den Bedingungen des Krieges begonnene Zusammenarbeit zwischen Unternehmern und Gewerkschaften beigetragen. Sie schlug sich unmittelbar nach der Revolution in der Gründung einer *Zentralarbeitsgemeinschaft* der wichtigsten Verbände beider Seiten nieder (*Stinnes-Legien-Pakt* vom 15. 11. 1918). Die Unternehmer erkannten darin die Gewerkschaften und die Koalitionsfreiheit, betriebliche Arbeiterausschüsse und Kollektivvereinbarungen an; für Konflikte waren paritätisch besetzte Schlichtungsausschüsse vorgesehen. Diese sozialpolitische Kooperationsbereitschaft wich später im Zeichen hoher ökonomischer Belastungen zwar vielfach harten Konfrontationen. Aber die seit dem Kaiserreich längst anstehende *Neuordnung des Arbeitsrechts* wurde doch in großem Umfang verwirklicht. Schon eine vom Rat der Volksbeauftragten erlassene *„Verordnung über Tarifverträge, Arbeiter- und Angestelltenausschüsse und Schlichtung von Arbeitsstreitigkeiten"* (23. 12. 1918) sprach die drei regelungsbedürftigen Hauptprobleme an. Der vom Staat für allgemeinverbindlich erklärbare Tarifvertrag rückte in den Mittelpunkt des Arbeitsrechts. Ein *Betriebsrätegesetz* vom 4. 2. 1920 wies den Arbeitervertretern die Aufgabe zu, die *„gemeinsamen wirtschaftlichen Interessen der Arbeitnehmer ... dem Arbeitgeber gegenüber"* wahrzunehmen und zugleich auch *„zur Unterstützung des Arbeitgebers in der Erfüllung der Betriebszwecke"* tätig zu werden. In der Praxis waren aber jedenfalls die Tarifverhandlungen von eben jener Kompromißunfähigkeit bestimmt, die auch das Verhältnis der politischen Parteien beherrschte. 1923 führte die Regierung daher eine *staatliche Zwangsschlichtung* ein, womit tariflose Zustände verhindert, die Verhandlungsbereitschaft der Beteiligten aber nicht gefördert wurde. Die Entfaltung des Arbeitsrechts als einer besonderen Rechtsmaterie sicherte der Ausbau der *Arbeitsgerichtsbarkeit* ab (Gesetz vom 23. 12. 1926). Nachdrückliche Maßnahmen galten auch der *Sozialversicherung*. Das *„Gesetz über Arbeitsvermittlung und Arbeitslosenversicherung"* vom 16. 7. 1927 hat zwar die infolge der großen Wirtschaftskrise alsbald eintretende Notlage nicht entschärfen können.

Aber daß alle diese sozialpolitischen Instrumente im Prinzip richtig konstruiert waren, zeigt ihre rasche Wiederbelebung nach 1945.

IV. Politische Theorien und Mentalitäten

1. Staatsrechtliche Theoriebildung

Wenn die vor 1918 so sehr begehrte parlamentarische Demokratie von ihren Anhängern selbst nicht in Gang und am Leben gehalten wurde, dann besteht alle Ursache, nach den tieferen Gründen dieser Paradoxie zu fragen. Es genügt sicher nicht, immer wieder auf die Unbeweglichkeit der Parteien hinzuweisen. Wenigstens mit einigen Stichworten müssen auch die staatstheoretischen Probleme und Kontroversen Erwähnung finden, welche gewisse Einblicke in die politische Kultur der Weimarer Zeit gestatten. Das staatsrechtliche Denken der Kaiserzeit war durch einen Positivismus gekennzeichnet, der sein Genügen fand in der Feststellung gültiger Rechtsbegriffe und geltender Rechtsnormen, ohne weiter nach dem Grund und Ziel der Staatstätigkeit zu fragen. Diese Ausgangslage bot der Republik auf dem Boden des neuen, revolutionär geschaffenen Verfassungsrechts Chancen, forderte aber auch dazu heraus, über den Staat grundsätzlicher zu reflektieren und dabei die geltende Verfassungsstruktur in Frage zu stellen. Die verfassungstreuen Positivisten, wie etwa der führende Kommentator *Gerhard Anschütz*, vermochten ihre juristischen Aussagen mit ihrer demokratischen Überzeugung theoretisch nicht zu verbinden. Ausdrücklich abgelehnt hat eine solche Einheit von Rechts- und Demokratietheorie *Hans Kelsen*. Er definiert den Staat als eine normative Ordnung auf der Ebene des Sollens. Weil aber jedes Sollen logisch nur auf einem weiteren Sollensatz beruhen kann, nimmt Kelsen als Fluchtpunkt der Rechtsordnung eine einmal gesetzte Grundnorm an. Die Verfassung erhält damit einen singulären Rang, bleibt jedoch inhaltlich unbestimmt und offen für verschiedenartige Wertvorstellungen – und insofern doch ein dem Demokratieprinzip verwandtes Gebilde.

Diese Einsicht forderte intensive Bemühungen heraus, die staatliche Wirklichkeit umfassender zu erklären und zu rechtfertigen. Sie wurde von *Rudolf Smend* als ein andauernder Integrationsprozeß der einzelnen Bürger beschrieben, so daß die Aufgabe der politischen Gewalt darin liegt, den Staat zur *„Einheit, zu seinem eigentümlichen Wesen, zum Ganzen"* zu fügen. Mit diesem Gedanken konnte wohl der Staat, nicht aber gerade die demokratische Willensbildung besser verstanden werden, hat diese doch nicht nur mit Einheit, sondern mit Vielfalt zu tun. Ein der Sozialdemokratie angehörender Staatsrechtslehrer, *Hermann Heller*, versuchte daher über den Positivismus durch die Anerkennung vorpositiver, historisch gewachsener Rechtsgrundsätze, wie etwa Freiheit und Gleichheit, hinauszukommen. Im Spannungsfeld der gesellschaftlichen Faktizität wird davon freilich nur zum Rechtssatz, was der entscheidende Wille des Gesetzgebers auswählt. Damit aber hatte Heller die Grundzüge einer Demokratietheorie in den Händen: *„Politik ist immer Organisation von Willensgegensätzen aufgrund einer Willensgemeinschaft."* Das genügte vielen nicht. In der tief zerklüfteten Gesellschaft des Weimarer Staates überwog das Verlangen nach einer breiter fundierten Einheit. Selbst unter maßgebenden demokratischen Politikern fehlte das Verständnis für die Politik als ein Denken und Planen in Alternativen. Eine Theorie der staatlichen Einheit, die den politischen Gegensatz ernst nahm, ihn zugleich aber zu einem unüberbrückbaren Freund-Feind-Verhältnis stilisierte und daher innerhalb des Staates selbst nicht dulden wollte, entwickelte *Carl Schmitt*. Es kann nur eine Macht im Staate geben, den über den Ausnahmezustand gebietenden Entscheidungsträger. Seine Dezision ist *"normativ betrachtet, aus dem Nichts geboren"*, an keine materiale Norm gebunden. In dieser Legitimation des Staates hat das Parlament keinen Platz mehr. Carl Schmitt stellte das theoretische Fundament zur Verfügung, als die seit 1930 etablierte Präsidialregierung 1932 auf einen autoritären verfassungspolitischen Kurs einschwenkte (u. V.2).

2. Das Denken der „konservativen Revolution"

Zahlreiche *"Gemeinschaften", "Bünde", "Bewegungen"* entstanden, die alle viel mehr wollten als individuelle Freiheit und politische Kompromisse. Es war wohl der durch den Krieg beschleunigte Verfall einer eben noch nahezu ständisch verfaßten Gesellschaft und der Übergang zu den Strukturen der technischen Zivilisation, wodurch rückwärtsorientierte, eher emotional als intellektuell bestimmte Programme und Lebensmodelle gefördert wurden. Sie können als Entwürfe einer „konservativen Revolution" zusammengefaßt werden. Völkische Gruppen mit diffusen Ideologien über die nordische Rasse und die germanische Urzeit gehören hierher, aber auch die einem verklärten Reichsideal anhängenden Jungkonservativen und die Spielarten der bündischen Jugend. Obwohl in die Zukunft hinein planend, suchen die Anhänger solcher Bewegungen Maßstäbe aus der Vergangenheit zu gewinnen: aus biologischen oder stammesmäßigen, historischen und nationalen Ursprüngen oder Blütezeiten. Diese Erscheinungen könnten hier übergangen werden, käme ihnen im politischen Klima der Weimarer Republik nicht ganz erhebliche Bedeutung zu. Genauer: Fast alle diese Organisationen standen einem genuinen Verständnis des demokratischen Gedankens im Wege. Nicht auf den individuellen Willen und formalisierte Entscheidungsprozesse wurde in diesen Kreisen Wert gelegt, sondern auf natürliche Gemeinsamkeiten oder das gemeinsame Erlebnis, z. B. des Krieges oder der Natur, und – nicht zuletzt – auf den Führergedanken.

V. Die Krise der parlamentarischen Demokratie

1. Die Präsidialdiktatur Heinrich Brünings

Als sich das Ende der letzten großen Koalition abzeichnete (o. II.4), schmiedete die Umgebung des Reichspräsidenten Pläne über ein *"Führertum Hindenburg"*. Der Präsident selbst, Jahrgang 1847, zeigte sich zwar solchen Phantasien wenig zugänglich, wünschte jedoch eine Regierung, welche auf die desolaten Mehrheitsverhältnisse im Reichstag keine Rücksicht zu nehmen brauchte. Es gelang ihm, für eine mit Hilfe des präsidialen Notverordnungsrechts gemäß Art. 48 II RV operierende Reichsregierung (o. I.3) den Zentrumspolitiker *Heinrich Brüning* zu gewinnen (30. 3. 1930). Dieser versprach, mit einem deflationären Sparprogramm die Staatsfinanzen zu sanieren und Kapitalbildung wie Produktion zu fördern. Das alles ohne Rücksicht auf den Mehrheitswillen der Reichstagsabgeordneten durchzuführen, hieß nichts anderes, als Art. 48 RV *"nunmehr zu einem Hilfsmittel gegen die Parlaments- oder Staatskrise"* umzuformen (*U. Scheuner*). Denn nach dem ursprünglichen Sinn dieser Verfassungsbestimmung war eine Störung *"der öffentlichen Sicherheit und Ordnung"* sicher nicht schon dann gegeben, wenn sich das Parlament als unfähig zur Regierungsbildung erwies. Vereinzelt war nun von einem „*Verfassungsnotstand*" die Rede.

Indessen ließ die Konstruktion der Verfassung eine wirkliche, vom Reichstag widerspruchslos zu ertragende „Präsidialdiktatur" gar nicht zu, hatte der Reichstag doch das Recht, die Außerkraftsetzung jeder Notverordnung zu verlangen (Art. 48 III RV). Und in der Tat schuf das Parlament selbst erst jene Situation, in welcher es sich zur passiven Duldung der Brüningschen Politik und zur aktiven Verteidigung seiner Regierung gegen Mißtrauensanträge gezwungen sah. Die erste große Notverordnung hob der Reichstag auf Antrag der SPD auf (18. 7.). Der Reichspräsident antwortete darauf gem. Art. 25 RV mit der Auflösung des Reichstags und der Anberaumung von Neuwahlen. Nun hatte schon seit 1929, inmitten einer schweren Wirtschaftskrise mit Massenarbeitslosigkeit, die NSDAP bei verschiedenen Landtagswahlen erfolgreich abgeschnitten. Ihre Gewinne in der Reichstagswahl vom 14. 9. 1930 überstiegen indessen alle Erwartungen. Anstelle von zwölf zogen nun 107 NSDAP-Abgeordnete uniformiert in den Reichstag ein. Tumulte und Schlägereien, vorzugsweise mit der gleichfalls erstarkten KPD, waren seitdem nicht mehr ungewöhnlich. Wenn jetzt die noch verbliebene Mehrheit der demokratischen Parteien die Aufhebung der Notverordnungen durch den Reichstag verhinderte, dann war zweifellos eine neuartige Mischform halb autokratischer, halb demokratischer Verfassungspraxis entstanden, die der Verfassungsgeber so nicht vorausgesehen hatte. Denn der Reichskanzler konnte nur regieren, solange der Reichspräsident sein Notverordnungsrecht zur Verfügung stellte und zugleich der Reichstag jeden Angriff auf die Regierung abwehrte.

Dieser merkwürdige Verfassungswandel, der die Parteien nicht mehr mit der direkten Verantwortung für die Regierungspolitik belastete, vollzog sich vor den Kulissen einer drohenden Bürgerkriegslage. Die *uniformierten Wehrverbände* der Parteien und eine zunehmend heftiger werdende Agitation der Rechtsradikalen gegen die Republik prägten das öffentliche Leben. 1931 schlossen sich die rechtsoppositionellen Verbände – DNVP, NSDAP, der „Bund der Frontsoldaten Stahlhelm", die nach dem Tode Stresemanns nach rechts tendierende DVP und andere – in der „*Harzburger Front*" zusammen. Dennoch schien der Plan deutschnationaler Kreise, die Bewegung Hitlers im Sinne einer konservativen Restaurationspolitik zu nutzen, am Radikalismus der NSDAP zu scheitern. Im Frühjahr 1932 trat Hitler in der anstehenden *Reichspräsidentenwahl* gegen Hindenburg an, verlor indessen die Wahl mit eindeutigem Resultat (2. Wahlgang am 10. 4.: Hindenburg 19,4 Mill., Hitler 13,4 Mill., Thälmann (KPD) 3,7 Mill. Stimmen). Nachdem jetzt Pläne für eine Machtübernahme der NSDAP im Falle eines Wahlsieges ans Tageslicht gekommen waren, stimmte Hindenburg auch einem von Brüning schon lange geforderten Verbot der SA und SS zu.

2. Franz von Papens Projekt eines „präsidialautoritativen Staates"

Dennoch sollte bald eine tiefe Verunsicherung des greisen Reichspräsidenten über die zukünftig zu verfolgende Verfassungspolitik zutage treten. Auch Brüning hatte an eine Lösung der Krise durch die Rückkehr zur Monarchie gedacht. Aber während er am parlamentarischen System festhalten wollte, planten andere die Fortentwicklung des parlamentarisch geduldeten Notverordnungsregimes zu einer wirklichen Diktatur, die den Reichstag auszuschalten vermochte. Hindenburg hat sich für diese Pläne einspannen lassen, sie in ihrer vollen Tragweite vielleicht auch nicht erkannt. Als sein Vertrauen in Brüning wegen eines Siedlungs- und Enteignungsprogramms erschüttert war, berief er eine „*Regierung der nationalen Konzentration*", die nicht nur einen anderen politischen Kurs, sondern das Projekt eines „präsidialautoritativen Staates", eine „*selbstverantwortliche Regierung*" über den Parteien verwirklichen wollte. Hinter diesen Vorstellungen des neuen Reichskanzlers *Franz v. Papen* stand eine schmale, autoritär-konservativ denkende Politikergruppe mit dem DNVP-Vorsitzenden *Alfred Hugenberg* und dem einflußreichen General aus dem Reichswehrministerium *Kurt v. Schleicher* an der Spitze. Schon die Ernennung Papens (1. 6. 1932) fiel aus dem Rahmen des verfassungsrechtlich bis dahin Üblichen, weil Hindenburg erst gar keine Kontakte zu den Parteiführern aufnahm. Der neue Mann, bis dahin Rechtsaußen im Zentrum, schied aus seiner Partei aus, um überwiegend parteilose, aber gleichgesonnene Fachleute um sich zu versammeln. Papen ließ Hindenburg sogleich den Reichstag auflösen (4. 6.), weil dieser nach vorangegangenen Landtagswahlen nicht mehr „*dem politischen Willen des deutschen Volkes*" entsprochen habe. In der Tat war im preußischen Landtag die Weimarer Koalition nach einem erdrutschartigen Erfolg der NSDAP in die Minderheit geraten. Die Reichstagswahl (31. 7.) hat die Mandate der NSDAP denn auch mehr als verdoppelt (37,8 % der Stimmen). Papens und Schleichers Hoffnung allerdings, Hitler werde sich mit dem Vizekanzlerposten zufriedengeben, erfüllte sich nicht – obwohl die neue Regierung das SA- und SS-Verbot frühzeitig aufgehoben hatte.

So blieb die Autorität der sich selbst autoritär begreifenden Regierung sehr gering. Sie hatte schon vor den Reichstagswahlen den Erfolg auch mit gewaltsamen Methoden gesucht. Die nur noch geschäftsführend tätige preußische Minderheitsregierung Braun hat Papen in einer staatsstreichartigen Aktion unter Einsatz der Reichswehr ihres Amtes enthoben („*Preußenschlag*" vom 20. 7.). Ein Staatskommissar des Reiches begann damit, die entscheidenden Personalpositionen umzubesetzen. Im Sinne ihrer verfassungspolitischen Ziele wollte sich die Reichsregierung eine Machtbasis im größten deutschen Land schaffen. Später hat der Staatsgerichtshof eine Pflichtverletzung der preußischen Regierung und damit ein Recht zur Reichsexekution gemäß Art. 48 I RV verneint, andererseits aber die getroffenen Maßnahmen durch das dem Reichspräsidenten bei der Ausübung seiner Diktaturgewalt zustehende weite Ermessen gerechtfertigt (25. 10). Auch das Präsidialkabinett Papen war aber darauf angewiesen, daß der Reichstag nicht von seinem Recht Gebrauch macht, die Aufhebung der Notverordnungen zu verlangen. Für eine solche Duldung der neuen Regierungspolitik bestanden aber von vorneherein keine Aussichten. Daher ordnete Hindenburg erneut die Auflösung des Reichstags an, „*weil die Gefahr besteht, daß der Reichstag die Aufhebung meiner Notverordnung vom 4. September d. J. verlangt*", was in der Tat unter dem Reichstagspräsidenten Göring geschäftsordnungswidrig geschah, ehe der Reichskanzler die Auflösungsverordnung bekanntgeben konnte. Das Verfassungsrecht begann sich im Kreise zu drehen; die ganze Schwäche der so von der Verfassung eben nicht vorgesehenen Präsidialdiktatur wurde offenbar. Die Neuwahlen brachten der NSDAP erstmals deutliche Verluste, ohne daß die Anhänger Papens spürbar zunahmen.

3. General von Schleichers Versuch einer „nationalen Konzentration"

Der letzte Akt der Weimarer Republik spiegelt nochmals die von Anfang an bestehenden Frontstellungen wider, ohne daß die Gefahr, deren Schatten längst die Verfassungspolitik verdunkelte, wirklich erkannt wurde. Nun war es der General *Kurt v. Schleicher*, der Hindenburgs Wunsch nach einer Regierung der „*nationalen*

Konzentration" erfüllen sollte. Als einflußreicher Militär im Hintergrund war er den Sozialdemokraten seit langem zutiefst suspekt. Sein Plan, die Unterstützung der freien Gewerkschaften für ein sozialpolitisches Programm zu gewinnen, scheiterte daher schon am Widerspruch der SPD-Führung. Auch der Versuch, Hitler in der NSDAP durch Abspaltung des sozialistischen Flügels dieser Partei zu isolieren, gelang nicht. Schleicher kam erst gar nicht zum Regieren, obwohl er – anders als Papen eher pragmatisch eingestellt – eine breite Unterstützung verschiedener politischer Kräfte suchte. Damit aber erhielten die Anhänger eines autoritären Rechtskurses erneut ihre Chance. Der Weg zu Hitler war frei.

2. Kapitel. Der nationalsozialistische Führerstaat (1933–1945)

§ 39. Die Zerstörung der Weimarer Reichsverfassung

Quellen: *M. Hirsch, D. Majer* u. *J. Meinck,* Recht, Verwaltung und Justiz im Nationalsozialismus, 2. Aufl. 1997; *R. Morsey* (Hrsg.), Das „Ermächtigungsgesetz" vom 24. März 1933 (Hist. Texte, NZ, H. 4), 1968; *I. v. Münch* (Hrsg.), Gesetze des NS-Staates, 3. Aufl. 1994.

Zeitgenössische Literatur: *E. Forsthoff,* Der totale Staat, 1933; *E. Fraenkel,* Der Doppelstaat, engl. 1940, dt. 1974; *H. Nicolai,* Der Neuaufbau des Reiches nach dem Reichsreformgesetz vom 30. Januar 1934, 1934; *C. Schmitt,* Staat, Bewegung, Volk, 1933; *ders.,* Das Gesetz zur Behebung der Not von Volk und Reich, DJZ 1933, Sp. 455 ff.; *ders.,* Der Führer schützt das Recht, ebda. 1934, Sp. 945 ff.

Schrifttum: *K. Anderbrügge,* Völkisches Rechtsdenken, 1978; *W. Baum,* Die „Reichsreform" im Dritten Reich, VfZ 3 (1955) 36 ff.; *E.-W. Böckenförde* (Hrsg.), Staatsrecht und Staatsrechtslehre im Dritten Reich, 1985; *K. D. Bracher,* Die deutsche Diktatur – Entstehung, Struktur, Folgen des Nationalsozialismus, 6. Aufl. 1979; *ders.,* Stufen totalitärer Gleichschaltung: Die Befestigung der nationalsozialistischen Herrschaft 1933/34 (1956), in: *W. Michalka* (Hrsg.), Die nationalsozialistische Machtergreifung, 1984, 13 ff.; *ders., M. Funke* u. *H.-A. Jacobsen* (Hrsg.), Nationalsozialistische Diktatur 1933–1945, 1983; *dies.* (Hrsg.), Deutschland 1933–1945, 1992; *K. D. Bracher, W. Sauer* u. *G. Schulz,* Die nationalsozialistische Machtergreifung, 2. Aufl. 1962; *Th. Brechenmacher* (Hrsg.), Das Reichskonkordat 1933. Forschungsstand, Kontroversen, Dokumente, 2007; *M. Broszat,* Der Staat Hitlers. Grundlegung und Entwicklung seiner inneren Verfassung, 10. Aufl. 1983; *ders.* u. *H. Möller* (Hrsg.), Das Dritte Reich. Herrschaftsstruktur und Geschichte, 1983; *P. Diehl-Thiele,* Partei und Staat im Dritten Reich, 1969; *R. Echterhölter,* Das öffentliche Recht im nationalsozialistischen Staat, 1970; *P. Hubert,* Uniformierter Reichstag. Die Geschichte der Pseudo-Volksvertretung 1933–1945, 1992; *P. Hüttenberger,* Die Gauleiter, 1969; *G. Jasper,* Zähmung (o. § 38); *J. Meinck,* Weimarer Staatslehre und Nationalsozialismus, 1978; *Th. Raithel* u. *I. Strenge,* Die Reichstagsbrandverordnung. Grundlegung der Diktatur mit den Instrumenten des Weimarer Ausnahmezustands, VfZ 48 (2000) 413 ff.; *K. Revermann* (o. § 38); *B. Rüthers,* Entartetes Recht. Rechtslehren und Kronjuristen im Dritten Reich, 1988; *P. Salje* (Hrsg.), Recht und Unrecht im Nationalsozialismus, 1985; *H. Schneider,* Das Ermächtigungsgesetz vom 24. März 1933 (1953), in: *G. Jasper* (Hrsg.), Von Weimar zu Hitler, 1968, 405 ff.; *H. Schorn,* Die Gesetzgebung des Nationalsozialismus als Mittel der Machtpolitik, 1963; *R. Seela,* Das Reichsministerium des Innern und die „Gleichschaltung" der Länder im Frühjahr 1933, Jb. f. Regionalgesch. u. Landeskunde 20 (1995/96) 113 ff.; *I. Strenge,* Machtübernahme 1933 – alles auf legalem Weg?, 2002; *A. Tyrell,* Der Aufstieg der NSDAP zur Macht, in: *K. D. Bracher* u. a. (Hrsg.), Die Weimarer Republik 1918–1933, 1987, 467 ff.; *E. Wadle,* Das Ermächtigungsgesetz, JuS 1983, 170 ff.; *B. Zehnpfennig,* Hitlers Mein Kampf. Eine Interpretation, 2000.

I. Hitlers Berufung zum Reichskanzler und sein politischer Hintergrund

1. Die Initiative von Papens

Die rasch um sich greifende Resignation, welche Hitlers Berufung zum Reichskanzler unter seinen Gegnern zur Folge hatte, läßt die Etablierung des nationalsozialistischen Regimes bis heute als einen schicksalshaften Vorgang erscheinen. Zwanghafte Züge indessen trug nur die Krise der Republik (o. § 38 V), nicht die gefundene Lösung. Die Pläne des Reichskanzlers Schleicher, kooperationsfähige Elemente der politischen Rechten und Linken zusammenzuführen, entfremdeten ihn den Anhängern einer autoritären Staatsreform. Der mit diesem Vorhaben gescheiterte ehemalige Reichskanzler *Franz v. Papen* (o. § 38 V.2) spann geheime Fäden zu Hitler und wurde mit ihm am 4. 1. 1933 über eine Koalition von DNVP und NSDAP einig. Als Schleicher davon erfuhr, schlug er dem Reichspräsidenten die Auflösung des Reichstags ohne Anberaumung einer Neuwahl, das Verbot von NSDAP und KPD und die Legitimation dieser Schritte durch Verkündung des Staatsnotstandes vor. Hindenburg lehnte dieses staatsstreichartige Vorgehen, gegen das auch SPD und Zentrum protestierten, ab. Seine seit langem bekannte Abneigung gegen Hitler konnte Papen indessen mit Hilfe des Präsidentensohnes Oskar und des Staatssekretärs im Präsidialamt *Meißner* überwinden. Sie mögen dem Reichspräsidenten vor Augen gestellt haben, daß die Berufung Hitlers zum Reichskanzler in Einklang mit der Verfassung möglich sei – obwohl auch die nunmehr in Aussicht genommene Regierung nicht über die Parlamentsmehrheit verfügte. Zutreffend war also die Vorstellung von der Verfassungskonformität einer Kanzlerschaft Hitlers überhaupt nur, wenn man das Modell einer mit Reichstagsauflösungen gegen die Parlamentsmehrheit arbeitenden „Kampfregierung" nach den Vorgängen des Sommers 1932 als eine zulässige Variante republikanischen Verfassungsgewohnheitsrechts akzeptiert hatte. Hitler hätte am 30. 1. 1933 das Reichskanzleramt nicht übernehmen können ohne die Geburtshilfe des Reichspräsidenten und jener konservativen Politikergruppe, die seit längerem auf eine tiefgreifende Verfassungsänderung in autoritär-monarchistischem Sinne hinarbeitete. So entbehrte es der Logik nicht, daß in der neuen Regierung neben acht Konservativen zunächst nur drei Nationalsozialisten vertreten waren, diese freilich in machtpolitisch aussichtsreichen Positionen: außer Hitler im Kanzleramt *Frick* an der Spitze des Reichsinnenministeriums; neben ihnen *Göring*, vorerst ohne Geschäftsbereich. Das Reichswehrministerium mußte sich als neuen Chef den nationalsozialistisch gesonnenen General *v. Blomberg* gefallen lassen.

2. Ziele und politische Praktiken Hitlers vor 1933

Der nun an der Spitze der deutschen Reichsregierung stehende Mann hatte seine Überzeugungen ausführlicher als die meisten anderen Politiker seiner Zeit zu Papier gebracht und einen politischen Stil praktiziert, der sich als aufschlußreich für die mit dem Machterwerb anstehenden Umstrukturierungen des Staates erweisen sollte. Ein Blick auf die verfassungspolitischen Ziele und Organisationsstrukturen der nationalsozialistischen Bewegung vor 1933 kann freilich nur Teilaspekte des Nationalsozialismus erfassen, zeigte sich diese politische Bewegung doch an den Rechtsförmlichkeiten des Staatswesens am allerwenigsten interessiert. Hitler selbst war auf seine beiden politischen Hauptziele, die Realisierung des Antisemitismus durch Taten und die Expansion nach Osten, so fixiert, daß er seine Einstellung gegenüber dem Staat in dem Satz zusammenfassen konnte: *„Die völkische Weltanschauung ... sieht im Staat prinzipiell nur ein Mittel zum Zweck und faßt als seinen Zweck die Erhaltung des rassischen Daseins der Menschen auf."* Dieser persönlichen Programmatik Hitlers, nicht dem Parteiprogramm, sollte allein entscheidende Bedeutung zukommen, beruhte der Aufstieg der NSDAP doch in erster Linie auf dem ungewöhnlichen agitatorischen Erfolg des Parteiführers. Hitler hatte schon 1926 jede Diskussion über Programme unterbunden und in den folgenden Jahren auch seine autoritative Führung der Partei durchgesetzt.

Die Struktur der NSDAP und der ihr angegliederten Verbände war wesentlich durch die Erfordernisse des *„Kampfes"* bestimmt, der vornehmlich gegen den „jüdischen" Marxismus geführt werden sollte. Denn dabei liegt nach Hitler *„in der ewig gleichmäßigen Anwendung der Gewalt allein ... die allererste Voraussetzung zum Erfolge"*. Der Führer der NSDAP hat sein ungeschminktes Bekenntnis zur Gewaltanwendung in der politischen Auseinandersetzung jederzeit auch durch Taten dokumentiert. In der SA *(„Sturmabteilung")* schuf er sich eine *„einzigartige Verbindung von Propaganda und Terror"* (W. Sauer), die in Saal- und Straßenschlachten, Aufmärschen und paramilitärischen Übungen nicht nur Schrecken verbreitete, sondern – wie jeder Entschluß zum Einsatz von Gewalt – auch Faszination ausstrahlte und Anhänger mobilisierte. Daß eine solche politische Kampforganisation, die sich von einer Armee nur durch den Verzicht auf die geladene Waffe unterschied, überhaupt entstehen konnte und geduldet wurde, ist wohl nur durch die unübersehbaren Militarisierungseffekte des Ersten Weltkrieges erklärbar. Nachdem große Teile des Volkes lange Zeit unmittelbar dem Kriegserlebnis ausgesetzt gewesen waren, blieb die Moral des Frontsoldaten mit seiner Kampf-, Gehorsams- und Todesbereitschaft für viele auch Vorbild im bürgerlichen Leben. Die SA war ein Sammelbecken solcher militarisierten und jederzeit zur Gewaltanwendung bereiten Teile der Gesellschaft, mit ehemaligen Freikorpsangehörigen in führenden Positionen, die von der Errichtung eines „Wehrstaates" träumten. Hitler war sich jedoch seit dem Mißlingen seines Putschversuchs vom November 1923 (o. § 38 I.3) darüber im klaren, daß der Machtgewinn in Deutschland angesichts der hier hohen sozialethischen Einschätzung der legalen Ordnung allein mit Gewalt nicht möglich sein würde. In der politischen Praxis legte er eine taktische Flexibilität an den Tag, die seine Gegner und Sympathisanten immer wieder verwirrte. Vor dem Reichsgericht schwor Hitler 1930, seine Partei wolle nur *„auf... verfassungsmäßigem Wege"* dafür kämpfen, *„den Staat in die Form zu gießen, die unseren Gedanken entspricht"* (sog. *Legalitätseid*). Danach stand am 30. 1. 1933 die Frage im Raum, welches die Form des Staates sein würde, die Hitlers Ideen entsprach.

II. Die Machtergreifung der Nationalsozialisten

1. Unterdrückung politischer Gegner durch die Notverordnungen vom 4. und 28. 2. 1933

Herkömmlicherweise und nicht unzutreffend pflegt man den mit der Ernennung Hitlers zum Reichskanzler einsetzenden politischen Prozeß mit dem Begriff der „Machtergreifung" zu umschreiben. In den Regierungsberatungen der ersten Tage gewinnt zunächst der von Papen und dem DNVP-Vorsitzenden und jetzigen Reichswirtschaftsminister *Hugenberg* projektierte autoritäre Staat Gestalt. Die Unterdrückung der KPD und eine letzte Reichstagswahl ohne Rückkehr zum Parlamentarismus soll der Regierung eine endgültig sichere Basis verschaffen, Preußen vollends der Reichsgewalt unterworfen werden. Die Notverordnung des Reichspräsidenten vom 1. 2. folgt den paradoxen Mustern der Kanzlerschaft Papens (o. § 38 V.2): Nicht aus dem Wahlakt soll eine Regierung hervorgehen, sondern die schon eingesetzte Regierung soll durch den Wahlakt bestätigt werden. Mit dem 4. 2. beginnt dann die Kette jener Verordnungen, deren Ziel die administrative Unterdrückung des politischen Gegners war. Am Anfang standen Beschränkungen des Versammlungs-, Demonstrations- und Presserechts; sie konzentrierten sich im Laufe des Februar zunächst auf Preußen. Nach der Absetzung der dortigen Regierung (u. 3) wies der zum Innenminister Preußens berufene Göring die ihm jetzt unterstehenden Polizeibehörden an, *„gegenüber den staatstragenden Kräften, SA, SS und Stahlhelm,* das beste Einvernehmen herzustellen" (17. 2.), und übertrug diesen Organisationen kurz darauf die Funktion von Hilfspolizisten (22. 2.). Damit war zunächst vor allem die KPD dem Terror der SA schutzlos ausgeliefert, zumal zahlreichen Polizeipräsidien nunmehr Nationalsozialisten vorstanden.

Den entscheidenden Schritt vom *„Normenstaat"* zum *„Maßnahmenstaat"* (E. Fraenkel) tat die Regierung, als in der Nacht vom 27. zum 28. 2. das Reichstagsgebäude in Flammen aufging. Bis heute ist umstritten, ob der Brand von einem Einzeltäter oder von den Nationalsozialisten selbst gelegt wurde. Mit Sicherheit handelte es sich aber nicht um einen kommunistischen Anschlag, wie man dem Reichspräsidenten glauben machte. Dieser erließ noch am selben Tage *„zur Abwehr kommunistischer staatsgefährdender Gewaltakte"* die Verordnung *„Zum Schutz von Volk und Staat".* Sie gilt mit Recht als das grundlegende, niemals aufgehobene Ausnahmegesetz des Dritten Reiches, welches Beschränkungen der wichtigsten Grundrechte *„auch außerhalb der hierfür bestimmten gesetzlichen Grenzen"* zuließ. Über die Zweckbestimmung setzten sich Behörden und Gerichte in den nächsten Jahren hinweg. Nicht nur Angehörige der KPD, auch Sozialdemokraten und Religionsgemeinschaften waren von den eingeleiteten Maßnahmen betroffen. Die „Reichstagsbrandverordnung" diente Hitler und den nationalsozialistisch geführten Innenministerien des Reiches und Preußens von Anfang an dazu, die politische Opposition auf breiter Front zu bekämpfen und auf diese Weise die bisher formell dem Reichspräsidenten zustehende Diktaturgewalt in der Regierung zu verankern. Eine Woche vor der Reichstagswahl gelang es, den Wahlkampf von KPD und SPD durch Versammlungs- und Presseverbote weitgehend lahmzulegen. Der ungehemmte Propagandaaufwand brachte Hitlers Partei auch jetzt noch nicht die absolute Mehrheit, wohl aber der von ihm geführten Regierungskoalition.

2. Das Ermächtigungsgesetz vom 24. 3. 1933

Nächstes Ziel war der Erlaß eines *„Ermächtigungsgesetzes",* wie man es als Basis einer vorübergehenden Regierungsdiktatur aus dem Jahre 1923 kannte (o. § 38 I.3). Im Unterschied zu damals sollte das neue Gesetz indessen verfassungsändernden Charakter haben. Die dafür nach Art. 76 RV erforderliche $^2/_3$-Mehrheit gelang es durch Versprechungen gegenüber dem Zentrum zu sichern. Die Gleichheit vor dem Gesetz und die Unabhängigkeit der Gerichte sollten unter anderem gewährleistet sein, ferner auch die Rechte der christlichen Konfessionen. Die staatlichen Unterdrückungsakte der vergangenen Wochen hatten ihre Wirkung getan. Den meisten

Zentrumsabgeordneten schien eine gesetzliche Grundlage der neuen Verhältnisse erstrebenswerter als die sich ausbreitende Rechtsunsicherheit, zumal Hitler sich außerstande erklärt hatte, im Falle der Ablehnung des Ermächtigungsgesetzes die *„revolutionäre Sturmflut"* aufzuhalten. Das *„Gesetz zur Behebung der Not von Volk und Reich"* vom 24. 3. wurde tags zuvor von einem Reichstag beschlossen, dem die neue Regierung mit SA-Posten im Saal und Sprechchören vor dem Hause die Realität der neuen Machtverhältnisse drastisch vor Augen führte. Nur die SPD stimmte mit Nein; die KPD-Abgeordneten blieben von der Abstimmung ausgeschlossen.

Das Ermächtigungsgesetz gab der Reichsregierung ein eigenes – weder vom Reichstag noch vom Reichspräsidenten abhängiges – Recht, Gesetze zu erlassen, die auch von der Reichsverfassung abweichen durften, *„soweit sie nicht die Einrichtung des Reichstags und des Reichsrats als solche zum Gegenstand haben"*; „unberührt" blieben auch die Rechte des Reichspräsidenten. Da die Gesetzgebungskompetenz der Reichsregierung insgesamt verliehen wurde, schien angesichts der deutschnationalen Mehrheit im Kabinett eine Alleinherrschaft Hitlers nicht möglich. Dessen Führungsanspruch fand jedoch im Kreise der autoritär, nicht demokratisch denkenden Regierungsmitglieder binnen weniger Wochen Anerkennung. Die Ausschaltung der politischen Gegner mit den Machtmitteln des Staates schritt jetzt rasch voran. Als am 22. 6. der SPD jede Tätigkeit untersagt wurde, schritten die bürgerlichen Parteien zur Selbstauflösung. Ein Gesetz vom 14. 7. stellte die Neubildung von Parteien unter Strafe. Der DNVP-Vorsitzende Hugenberg verließ das inzwischen durch mehrere Nationalsozialisten vergrößerte Kabinett. Der Versuch einer autoritären Staatsreform mündete in die Diktatur Hitlers.

3. Die Gleichschaltung der Länder

Die Monopolisierung der Macht wäre mit dem im Ermächtigungsgesetz vorgesehenen Fortleben der Länder nicht möglich gewesen. Die „Gleichschaltung" der Länder war daher ein Hauptziel der neuen Regierung. Schon durch eine Notverordnung vom 6. 2. hatte der Reichspräsident dem für Preußen bereits amtierenden Reichskommissar auch jene Befugnisse übertragen, die nach dem Urteil des Staatsgerichtshofs vom 25. 10. 1932 der preußischen Regierung Braun vorbehalten waren (o. § 38 V.2). Diesen Schritt durfte man als einen Verfassungsbruch Hindenburgs verstehen, hatte das Gericht die Rechtslage ja festgestellt und sah Art. 76 RV doch ein bestimmtes Verfahren für den Fall der Verfassungsänderung vor. Die Verordnung vom 28. 2. (o. 1) ermöglichte darüber hinaus die Einsetzung nationalsozialistischer Reichskommissare in allen jenen Ländern, die bis dahin noch keine Regierung des neuen Kurses aufzuweisen hatten, weil nunmehr die Reichsregierung vorübergehend die Befugnisse der obersten Landesbehörde wahrnehmen durfte.

Die Unterdrückung unabhängiger Landespolitik trieb dann ein erstes *„Gesetz zur Gleichschaltung der Länder mit dem Reich"* vom 31. 3. voran, indem es die Volksvertretungen der Länder wie der kommunalen Selbstverwaltungskörper nach dem Reichstagswahlergebnis vom 5. 3. zusammensetzte und auch den neuen Landesregierungen das Gesetzgebungsrecht gab. Ein *zweites Gleichschaltungsgesetz* vom 7. 4. wandelte die vorübergehende Aufgabe der Kommissare in ein dauerhaftes Amt um. Als *„Reichsstatthalter"* sollten sie die Politik des Reichskanzlers in den Ländern durchsetzen und den Vorsitzenden der Landesregierung ernennen und entlassen. Die preußische Statthalterschaft behielt sich Hitler selbst vor; ausgeübt wurde sie jedoch durch den zugleich zum preußischen Ministerpräsident berufenen Göring.

Das „*Gesetz über den Neuaufbau des Reiches*" vom 30. 1. 1934 löste schließlich die funktionslos gewordenen Parlamente der Länder auf und übertrug deren Hoheitsrechte auf das Reich, ließ jedoch die Landesregierungen als oberste Verwaltungsbehörden bestehen. Dieses Gesetz gehört zu den wenigen – insgesamt sieben – Gesetzen, die während des Dritten Reiches von dem zum bloßen Akklamationsorgan herabgesunkenen Reichstag beschlossen wurden. Ihm war am 12. 11. 1933 eine Volksabstimmung zur Regierungspolitik und Reichstagswahl ohne jede politische Alternative vorangegangen. Nach dieser plebiszitären Demonstration hielt sich die Reichsregierung für berechtigt, im Gesetz vom 30. 1. 1934 abweichend vom Ermächtigungsgesetz ein *unbegrenztes Verfassungsänderungsrecht* in Anspruch zu nehmen. Daher wurde alsbald der Reichsrat aufgehoben (14. 2.) und nach dem Tode Hindenburgs das Amt des Reichspräsidenten mit dem des Reichskanzlers vereinigt (2. 8.). Das Ergebnis der tiefgreifenden staatsorganisatorischen Maßnahmen war aber keineswegs der streng rational und hierarchisch geordnete Monolith, sondern ein buntes Nebeneinander verschiedener Organisationsformen. In einigen Ländern amtierten die zu Reichsstatthaltern berufenen *Gauleiter* der Partei neben dem Ministerpräsidenten, in anderen als Haupt der Landesregierung. Die besondere preußische Lösung wurde noch dadurch kompliziert, daß die meisten preußischen Ministerien mit den entsprechenden Reichsressorts vereinigt wurden, ohne daß Göring aber seine Stellung als Ministerpräsident verlor. Hitler ging es nicht darum, abstrakte Organisationsideen zu verwirklichen, sondern seinen persönlichen Einfluß zu sichern.

III. Legale Machtübernahme durch die Nationalsozialisten?

Die Frage der Legalität des nationalsozialistischen Machterwerbs wird bis in die Gegenwart kontrovers diskutiert. Die Nationalsozialisten sprachen von einer „*legalen Revolution*", moderne Forscher benutzen nicht weniger in sich widersprüchliche Vokabeln wie „*Scheinlegalität*" oder „*Legalitätsfassade*". Nach einer einfachen methodischen Grundregel entscheiden über Recht und Unrecht stets die Zeitgenossen im Horizont ihres Denkens, nicht die anderen Maßstäben verpflichteten Nachfahren (o. § 1 I). Mit dieser Feststellung kann es hier freilich nicht sein Bewenden haben, geht es doch nicht nur darum, das Pro und Kontra verschiedener Rechtsbehauptungen unter dem Dach einer gemeinsamen, von allen prinzipiell anerkannten Rechtsordnung zu würdigen. Die Problematik der Machtergreifung liegt vielmehr darin, daß die bis dahin bestehende Rechtsordnung aufgegeben werden sollte. Es sind Handlungen zu beurteilen, die sich gesetzlicher Formen bedienten, um die Gebundenheit an das Gesetz zu überwinden. Unter dem Dogma der Souveränität, welches das neuzeitliche Staatswesen beherrscht (o. § 22 I.1), ist ein solcher Vorgang nicht denkunmöglich. Und gerade die liberalen Staatsrechtslehrer der Weimarer Republik (Anschütz, Thoma) hatten daran festgehalten, daß der demokratischen Verfassungsänderung gemäß Art. 76 RV inhaltlich keine Grenzen gesetzt seien, wenn auch die teilweise Auflösung des Normenstaates außerhalb ihres Vorstellungsvermögens gelegen haben dürfte.

Aber in der Verfassungswirklichkeit war eine strikt rechtsförmliche, d. h. den Gesetzen der Republik folgende, Umwandlung des demokratischen Verfassungsstaates in einen nationalsozialistischen Führerstaat gar nicht durchführbar. Die Kette der Verstöße gegen das jeweils noch geltende Recht beginnt mit jener Notverordnung vom 6. 2., welche die preußische Regierung gänzlich entmachtete (o. II.3). Sie setzt sich fort mit der gezielt mißbräuchlichen Anwendung der Notverordnung vom 28. 2. (o. II.1) und der Verabschiedung des Ermächtigungsgesetzes vom 24. 3. durch einen Reichsrat, dem als Vertreter Preußens und anderer Länder nicht mehr die ordentlichen Regierungsmitglieder angehörten, die nach der Verfassungsinterpretation des Staatsgerichtshofes dazu allein berufen waren (o. § 38 V. 2). Gegen das Ermächtigungsgesetz selbst verstießen dann wiederum die gegen die Selbständigkeit der Länder gerichteten Gleichschaltungsmaßnahmen, die Aufhebung des Reichsrats und des Reichspräsidentenamtes (o. II.3), auch das Verbot aller Parteien außer der NSDAP, da die Institution des Reichstags die Wahl zwischen politischen Alternativen voraussetzte. Die Nationalsozialisten waren sich völlig darüber im klaren, daß der „Neuaufbau" des Staates den Bruch der bis dahin geltenden Verfassungsordnung einschloß. Sie rechtfertigten nicht umsonst ihre Maßnahmen frühzeitig mit der Tatsache einer „*nationalen Erhebung*", die neue Legitimität schaffen sollte. Daß im Dritten Reiche dennoch immer wieder die „Legalität" der Machtergreifung betont wurde, hatte taktische Gründe. Die revolutionäre Gesetzgebung lehnte sich so an die vorgegebenen Institutionen an, daß ihre Illegalität im Sinne der republikanischen Verfassungsordnung verschleiert wurde und der Beamtenapparat sich zum Gehorsam verpflichtet glaubte.

§ 40. Führerprinzip und „Volksgemeinschaft"

Quellen: *R. Bleistein* (Hrsg.), Dossier: Kreisauer Kreis. Dokumente aus dem Widerstand gegen den Nationalsozialismus, 1987; *A. Buschmann*, Nationalsozialistische Weltanschauung und Gesetzgebung 1933–1945, Bd. 1–2, 2000/2001; „Führer-Erlasse" 1939–1945, zsgest. u. eing. v. *M. Moll*, 1997; *M. Hirsch, D. Majer* u. *J. Meinck* (o. § 39); *O. D. Kulka* (Hrsg.), Deutsches Judentum unter dem Nationalsozialismus, Bd. 1: Dokumente zur Geschichte der Reichsvertretung der deutschen Juden 1933–1939, 1997; *I. v. Münch* (o. § 39); *G. Ringshausen* u. *R. Voss* (Hrsg.), Die Ordnung des Staates und die Freiheit des Menschen. Deutschlandpläne im Widerstand und Exil, 2000.
Zeitgenössische Literatur: *E. Forsthoff* (o. § 39); *E. Fraenkel* (o. § 39); *E. R. Huber*, Verfassungsrecht des Großdeutschen Reiches, 2. Aufl. 1939; *O. Koellreutter*, Deutsches Verfassungsrecht, 1938; *C. Schmitt*, Die drei Arten des rechtswissenschaftlichen Denkens, 1934.
Schrifttum: *K. Anderbrügge* (o. § 39); *U. Bachnick*, Die Verfassungsreformvorstellungen im nationalsozialistischen Deutschen Reich und ihre Verwirklichung, 1995; *J. Banack*, Heydrichs Elite. Das Führerkorps der Sicherheitspolizei und des SD 1936–1945, 1998; *E.-W. Böckenförde* (o. § 39); *K. D. Bracher, M. Funke* u. *H.-A. Jacobsen* (o. § 39); *M. Broszat* (o. § 39); ders. u. *H. Möller* (o. § 39); *H. Buchheim*, Die SS in der Verfassung des Dritten Reiches, VfZ 3 (1955) 127 ff.; ders., *M. Broszat*, *H.-A. Jacobsen* u. *H. Krausnick*, Anatomie des SS-Staates, 2 Bde., 6. Aufl. 1994; *P. Diehl-Thiele* (o. § 39); *R. Echterhölter* (o. § 39); *H. Dreier*, Die deutsche Staatsrechtslehre in der Zeit des Nationalsozialismus (VVDStRL 60), 2001; *J. Elvert* (o. § 38); *C. Essner*, Die „Nürnberger Gesetze" oder die Verwaltung des Rassenwahns 1933–1945, 2002; *L. Gruchmann*, Die „Reichsregierung" im Führerstaat, in: Klassenjustiz und Pluralismus, FS E. Fraenkel, hrsg. v. *G. Doeker* u. *W. Steffani*, 1973, 187 ff.; ders., Justiz im Dritten Reich 1933–1940, 2. Aufl. 1990; *N. Hammersen*, Politisches Denken im deutschen Widerstand, 1993; *U. v. Hehl*, Nationalsozialistische Herrschaft, 1996 (EDG 39); *Chr. Hilger*, Rechtsbegriffe im Dritten Reich. Eine Strukturanalyse, 2003; *G. Hirschfeld* u. *L. Kettenacker* (Hrsg.), Der „Führerstaat": Mythos und Realität, 1981; *P. Hubert* (o. § 39); *P. Hüttenberger*, Nationalsozialistische Polykratie, GuG 2 (1976) 284 ff.; ders. (o. § 39); *O. Jung*, Plebiszit und Diktatur: die Volksabstimmungen der Nationalsozialisten, 1995; *U. Karpen* u. *A. Schott* (Hrsg.), Der Kreisauer Kreis. Zu den verfassungspolitischen Vorstellungen von Männern des Widerstandes um Helmuth James Graf von Moltke, 1996; *F.-L. Kroll*, Utopie als Ideologie. Geschichtsdenken und politisches Handeln im Dritten Reich, 1998; *W.-A. Kropat*, Reichskristallnacht". Der Judenpogrom vom 7. bis 10. November 1938 – Urheber, Täter, Hintergründe, 1997; *U. Langkau/A.* u. *Th. Ruprecht* (Hrsg.), Was soll aus Deutschland werden? Der Council for a Democratic Germany in New York 1944, 1995; *P. Löw*, Kommunalgesetzgebung im NS-Staat am Beispiel der Deutschen Gemeindeordnung 1935, 1991; *D. Majer*, „Fremdvölkische" im Dritten Reich, 1981, fast unveränd.

Neuaufl. 1993; *dies.*, Grundlagen des nationalsozialistischen Rechtssystems. Führerprinzip, Sonderrecht, Einheitspartei, 1987; *T. W. Mason,* Sozialpolitik im Dritten Reich, 2. Aufl. 1978; *H. Mommsen,* Beamtentum im 3. Reich, 1966; *ders.*, Gesellschaftsbild und Verfassungspläne des deutschen Widerstandes, in: *W. Schmitthenner* u. *H. Buchheim* (Hrsg.), Der deutsche Widerstand gegen Hitler, 1966, 73 ff.; *ders.*, Gesellschaftsbild und Verfassungspläne des deutschen Widerstandes, in: *H. Graml* (Hrsg.), Widerstand im Dritten Reich, 1984, 14 ff.; *R. Morsey,* in: DtVwG IV, 696 ff.; *T. Müller,* Recht und Volksgemeinschaft, 2001; *E. Peterson,* The Limits of Hitler's Power, 1969; *D. Rebentisch* u. *K. Teppe* (Hrsg.), Verwaltung contra Menschenführung im Staat Hitlers, 1986; *M.-L. Recker,* Nationalsozialistische Sozialpolitik im Zweiten Weltkrieg, 1985; *G. van Roon,* Neuordnung im Widerstand. Der Kreisauer Kreis innerhalb der deutschen Widerstandsbewegung, 1967; *B. Rüthers* (o. § 39); *P. Salje* (o. § 39); *S. Schädler,* Justizkrise und Justizreform im Nationalsozialismus. Das Reichsjustizministerium unter Reichsjustizminister Thierack (1942–1945), 2009; *E. Schmidt-Jortzig,* Entstehung und Wesen der Verfassung des „Großdeutschen Reiches", in: *F.-J. Säcker* (Hrsg.), Recht und Rechtslehre in Nationalsozialismus, 1992, 71 ff.; *D. Schmiechen-Ackermann,* Der „Blockwart". Die unteren Parteifunktionäre im nationalsozialistischen Terror- und Überwachungsapparat, VfZ 48 (2000) 575 ff.; *J. Schmüdeke* u. *P. Steinbach* (Hrsg.), Der Widerstand gegen den Nationalsozialismus, 3. Aufl. 1994; *H. Schorn* (o. § 39); *F. v. Schwerin,* Helmuth James Graf von Moltke: Im Widerstand die Zukunft denken, 1999; *P. Steinbach,* Verbandlich organisierte Demokratie in den Plänen des deutschen Widerstandes gegen den Nationalsozialismus, in: *H. Dickerhof* (Hrsg.), FG f. H. Hürten z. 60. Geb., 1988, 525 ff.; *M. Stolleis,* Gemeinwohlformeln im nationalsozialistischen Recht, 1974; *ders.*, Recht im Unrecht. Studien zur Rechtsgeschichte des Nationalsozialismus, 1994; *L. v. Trott zu Solz,* Hans Peters und der Kreisauer Kreis. Staatslehre im Widerstand, 1997; *F. Wilhelm,* Die Polizei im NS-Staat, 2. Aufl. 1999; *F. Wittreck,* Nationalsozialistische Rechtslehre und Naturrecht. Affinität und Aversion, 2008; *S. Zanke,* Mit Flugblättern gegen Hitler. Der Widerstandskreis um Hans Scholl und Alexander Schmorell, 2008.

I. Die Führerideologie

Die von Hitler in Angriff genommene Staats- und Gesellschaftsorganisation beruhte auf bestimmten ideologischen Grundlagen: In erster Linie sind das Führerprinzip und das völkische Denken zu nennen, daneben aber auch seit dem Ersten Weltkrieg zu beobachtende Tendenzen staatlicher Perfektionierung, die sich in einer Lehre vom totalen Staat niederschlugen. Führung im Sinne Hitlers *„heißt, Massen bewegen können"*, weshalb der Führer ein *„Agitator"* sein muß. Im engsten Kreis seiner Gefolgsleute vermochte Hitler das Führerprinzip aber erheblich weiter zuzuspitzen. Hier wurde *„Gehorsam"* verlangt, vom SA-Mann, weil er ja *„weiß"*, daß seine *„Führer nichts Ungesetzliches ... fordern"*, vom SS-Angehörigen *„Gehorsam bis in den Tod"*. Mit der SS-Maxime *„Deine Ehre heißt Treue"* wurde jeglicher normative Maßstab rechtlicher oder ethischer Art durch die völlige Auslieferung an den Führerwillen ersetzt, dieser Vorgang selbst aber durch den Treuebegriff moralisch verkleidet. Das Führerprinzip *„erstrebte ... etwas bisher in der modernen Geschichte nie Dagewesenes: die Hinwendung zum Despotismus unbeschränkter Art"* (D. *Majer).* Diese Tatsache trat in der Staats- und Gesellschaftsorganisation zunächst jedoch nur wenig in Erscheinung. Das Führerprinzip wurde weitgehend durch den Fortbestand der alten Verwaltungsinstitutionen verdeckt und erschien im übrigen eingebunden in völkische, *„konkrete Ordnungen"* (C. *Schmitt),* welche gerade nicht willkürlich geschaffen, sondern in Familie und Berufsständen aufgefunden werden sollten. Juristische Theoretiker behaupteten daher die prinzipielle Übereinstimmung von Führerwillen und Volkswillen.

Führerprinzip und völkisches Denken sind zum Teil aus den allgemeinen Tendenzen des Zeitalters zu erklären. Schon in den zwanziger Jahren und auch in anderen Staaten ist eine verbreitete Verherrlichung militärischen Führertums und eine Übersteigerung nationalen Empfindens zu beobachten. Beide Erscheinungen sind weitgehend als Folgen des Ersten Weltkrieges zu erklären. Sie bilden die Substanz dessen, was als europäischer *Faschismus* zu bezeichnen ist. Daß Führung, konsequent zu Ende gedacht, in die Willkür des Führers einmündet und der Drang nach nationaler Selbstbehauptung einen aggressiven Kampf ums Dasein und biologistisch motivierte Ausrottungspolitik rechtfertigen soll – dies allerdings sind die Zutaten, welche die Einzigartigkeit des Nationalsozialismus ausmachen. Verwirklicht werden konnte dieses extreme Projekt aber letztlich nur im Gehäuse des neuzeitlichen Staates. Die seit Generationen andauernde Verdichtung der Staatsfunktionen hatte die Voraussetzungen dafür geschaffen, daß der Mechanismus von Befehl und Gehorsam tausendfach vervielfältigt werden konnte und jeden einzelnen erreichte. Zeitgenossen waren davon so fasziniert, daß sie diese Stufe der staatlichen Entwicklung feierten: *„Der totale Staat ... stellt die totale Inpflichtnahme jedes einzelnen für die Nation dar. Diese Inpflichtnahme hebt den privaten Charakter der Einzelexistenz auf"* (E. Forsthoff).

II. Gleichschaltung der Gesellschaft

1. Die Beseitigung der Meinungsfreiheit

War der Staat für Hitler nicht Selbstzweck, sondern sein Ziel die *„Erhaltung und Förderung einer Gemeinschaft physisch und seelisch gleichartiger Lebewesen"*, dann kam der Gleichschaltung der Gesellschaft eine nicht geringere Bedeutung zu als den Maßnahmen im Bereich der staatlichen Institutionen. Mit einem frühzeitig eingerichteten Reichsministerium *„für Volksaufklärung und Propaganda"* unter *Goebbels* (13. 3.) wurde ein erster Schritt zur „Erziehung" des ganzen Volkes in nationalsozialistischem Sinne getan. Noch im Jahre 1933 fand die Unabhängigkeit sonstiger Meinungsträger ein Ende (Reichskulturkammergesetz v. 22. 9., Schriftleitergesetz v. 4. 10. u. a.).

2. Zwangsvereinigung der „Volksgemeinschaft"

Es ging jedoch nicht nur darum, die Menschen massiv mit bestimmten Meinungen zu konfrontieren. Sie sollten sich selbst nicht mehr lediglich als individuelle Rechtssubjekte, sondern als *„Glieder"* eines größeren Ganzen begreifen. Das setzte die Zerstörung des bis dahin bestehenden freien Vereinigungswesens in der Gesellschaft voraus und führte zur „Gleichschaltung" zahlloser *Berufsverbände*, deren Mitglieder entsprechenden nationalsozialistischen Organisationen zugeteilt wurden (NS-Rechtswahrerbund, NS-Lehrerbund usw.). Das Ziel dieser Politik war nicht schlichte Unterdrückung, sondern *„politische und soziale Mobilisation"* (M. Broszat).

Die Gleichschaltungsbemühungen im sozialen Raum erreichten im Laufe des April 1933 mit der *Zersetzung der Gewerkschaften* einen ersten Höhepunkt. Verhaftungen, Entlassungen und Versprechungen trugen dazu ebenso bei wie die propagandistisch geschickte Einführung eines *„Feiertags der nationalen Arbeit"* am 1. 5. Danach konnten die Gewerkschaftshäuser ohne Schwierigkeiten besetzt werden. Am 10. 5. stellte sich auf einem ersten Reichskongreß die *„Deutsche Arbeitsfront"* (DAF) als Ersatzorganisation vor, welcher als Aufgabe primär die Sicherung des Arbeitsfriedens zugewiesen wurde. Das *„Gesetz zur Ordnung der nationalen Arbeit"* vom 20. 1. 1934 beseitigte die Tarifautonomie und die innerbetriebliche Mitbestimmung. Statt dessen rückte der Unternehmer nun zum *„Führer des Betriebes"* auf, der mit den Betriebsangehörigen *„als Gefolgschaft ... zur Förderung der Betriebszwecke und zum gemeinen Nutzen von Volk und Staat"* zusammenzuarbeiten hatte. *„Reichstreuhänder der Arbeit"* (19. 5. 1933) setzten die Löhne fest; Arbeitsvertragsbrüche wurden mit öffentlicher Strafe geahndet. Schwieriger gestaltete sich die *nationalsozialistische Durchdringung des Wirtschaftslebens.* Sozialistische Tendenzen in seiner Partei ignorierte Hitler als Reichskanzler. Viel wichtiger war ihm die Leistungsfähigkeit der Wirtschaft für den geplanten Expansionskrieg. Nachdem ein Experiment mit dem Führerprinzip für die Gesamtwirtschaft gescheitert war, fand man eine Organisationsform, welche staatliche Lenkung und unternehmerisches Gewinninteresse miteinander verband, in der *„Reichswirtschaftskammer".* Ihr waren Reichs-, Wirtschafts- und Untergruppen zugeordnet, deren Leiter Produktionsanordnungen erteilen konnten. Straffer zusammenfassen ließ sich die Landwirtschaft, deren Bauernverbände im *„Reichslandbund"* vereinigt wurden. Mit *„Landes-", „Kreis-,"* und *„Ortsbauernführern"* erreichte die Staatsführung das letzte Dorf.

Gleichzeitig machte die *Deutsche Gemeindeordnung* vom 30. 1. 1935 der kommunalen Selbstverwaltung ein Ende. Die Bürgermeister wurden *„durch das Vertrauen von Partei und Staat in ihr Amt berufen",* die Gemeinderäte von der NSDAP eingesetzt. Eine weitere Verdichtung der Staatspräsenz in der Gesellschaft konnte mit der lückenlosen Inanspruchnahme der Jugend durch Einführung einer gesetzlichen *Arbeitsdienstpflicht* (26. 6. 1935) und durch die Pflichtmitgliedschaft in der *„Hitlerjugend"* (1. 12. 1936) erreicht werden. Um nach dem Willen Hitlers jeden einzelnen *„fortgesetzt zu erziehen und ... zu überwachen"* (Parteitagsrede 1935), überzog die NSDAP das Land schließlich mit einem Netz von *„Blockhelfern"* und *„Hauswarten",* die auch der Polizei als Auskunftspersonen dienen konnten.

3. Disziplinierung der Beamten und der Wehrmacht

Der *Beamtenapparat* selbst erwies sich gegenüber den Organisationsprinzipien der nationalsozialistischen Kampfbewegung als widerstandsfähiger. So hat das *„Gesetz zur Wiederherstellung des Berufsbeamtentums"* vom 7. 4. 1933 zwar die Entlassung jüdischer Beamter für Rechtens erklärt und Beamte abweichender politischer Überzeugungen durch die Androhung der Entlassung diszipliniert. Die Verwaltungskörper als ganze blieben jedoch funktionsfähig. Hitler selbst war am meisten daran gelegen, die eingespielten Zivil- und Heeresverwaltungen intakt zu erhalten. Daher ging er zu dem unberechenbarsten Teil seiner Bewegung, der SA, auf Distanz. Am 6. 7. 1933 erklärte er die Revolution für beendet. Ein Jahr darauf ließ Hitler die SA-Führung mit anderen mißliebigen Politikern ermorden (30. 6. 1934, sog. *„Röhm-Putsch"*) und diese Aktion nachträglich als „Staatsnotwehr" durch den Reichstag für rechtmäßig erklären (13. 7.).

In weitem Umfang freihalten von unmittelbaren Parteieinflüssen konnte sich die *Wehrmacht;* für die Dauer der Zugehörigkeit zum Militär ruhte die Parteimitgliedschaft. Doch fügte sich das Offizierskorps nach der Entmachtung der SA zunächst ohnehin widerspruchslos in den neuen Staat ein, ging Hitler doch daran, die Armee von den Beschränkungen des Versailler Vertrages (o. § 38 I.1) zu befreien. Dafür nahm das Militär auch die Vereidigung auf die Person Hitlers nach dem Tode Hindenburgs hin. Die Konsequenzen abzuschätzen lag den meisten, da sie im Geiste „unpolitischen" Soldatentums erzogen waren, fern. 1938 entließ Hitler den Reichskriegsminister *v. Blomberg* und den Oberbefehlshaber des Heeres *v. Fritsch* unter ehrenrührigen Vorwänden. Das Ministerium blieb nun unbesetzt, die Heeresspitze eng an Hitler gebunden. Die spektakulären Anfangserfolge im Kriege taten ein übriges, die völlige politische Unterordnung der Wehrmacht zu vollenden. Zwar war es dieser seit jeher in sich geschlossene „Staat im Staate", in dem später auch Widerstandspläne bis zum Attentat auf Hitler entworfen und realisiert werden konnten. Dem stehen jedoch erhebliche Infiltrationen nationalsozialistischen Denkens gegenüber: der Befehl etwa, russische Funktionsträger zu erschießen („Kommissarbefehl"), oder die Bereitschaft, militärisch sinnlose Anordnungen unter Opferung der eigenen Soldaten zu befolgen.

4. Ausgrenzung und Verfolgung von „Minderwertigen"

Das schon vor 1933 verbreitete völkische Gedankengut und Hitlers aggressiver Antisemitismus waren im Dritten Reich zu einem politischen Programm verschmolzen, dem die überkommene Rechtsordnung nicht standhielt. Ungleichheit und Sonderrecht schufen für große Teile der Hitler unterworfenen Bevölkerung Lebensbedingungen, unter denen – über den individuellen Terror hinaus – eine Erosion der Rechtsordnung insgesamt einsetzen mußte. Schon am 1. 4. 1933 führte ein reichsweiter Boykott jüdischer Geschäfte jedermann drastisch vor Augen, daß der Antisemitismus der „Bewegung" nach der Machtergreifung politisch umgesetzt werden sollte. Einen tiefen Einschnitt bildeten die *„Nürnberger Gesetze"* vom 15. 9. 1935 mit einer Reihe von Diskriminierungen, insbesondere einem Eheverbot zwischen Juden und Nichtjuden. Ausgehend von den Berufen, die staatliche Zulassung erforderten, wurde den Juden auch der Zugang zum Erwerbsleben und die Erhaltung der Arbeitsverhältnisse systematisch erschwert. Das Jahr 1938 mit dem Zugriff auf jüdische Vermögen, Namensänderungen und anderen rechtlichen Beschränkungen, schließlich dem von NSDAP und SA gelenkten Pogrom vom 9. 11. (sog. *„Reichskristallnacht"*) machte deutlich, daß die Nationalsozialisten die elementaren Attribute der Rechtspersönlichkeit des Menschen zu respektieren nicht bereit waren. Die „Volksgemeinschaft" gewann ihr fragwürdiges Profil durch die Ausgrenzung der für untauglich Befundenen. Mit dem Beginn des Krieges setzte der Massenmord an geistig Behinderten und Nervenkranken ein (sog. *„Euthanasie"*). Das Vordringen der deutschen Heere in Europa ließ dann Verwaltungsaufgaben entstehen, die mehr und mehr von Militär- und Zivilinstanzen auf Polizei und SS übergingen (u. III.3). Dort aber, im harten Kern der nationalsozialistischen Bewegung, wurde der Mensch in erster Linie nach seinem rassischen „Wert" beurteilt, aus der menschlichen Gemeinschaft ausgestoßen und umgebracht, als Arbeitssklave am Leben erhalten, vertrieben oder auch andererseits als „wertvolles Volkstum" den eigenen Reihen eingegliedert.

III. Strukturen des Führerstaates

1. Reichskommissare und Sonderbevollmächtigte

Das Führerprinzip in der politischen Praxis hatte die Herausbildung derart eigentümlicher Strukturen mit zahlreichen Sonderverwaltungen und Kompetenzüberschneidungen zur Folge, daß häufig von der *„Polykratie"* des Hitlerstaates gesprochen wird. Das *Kabinett* allerdings sank mit immer weniger Sitzungen schon seit 1935 zur Bedeutungslosigkeit herab. Und Hitler lehnte es auch ab, ein nationalsozialistisches Führerkorps zu institutionalisieren und an seinem Regiment zu beteiligen. Aber neben die herkömmlichen Einrichtungen der Staatsverwaltung traten *Reichskommissare* und *Sonderbevollmächtigte*, von denen einige umfang- und einflußreiche Machtzentren in Konkurrenz mit den schon bestehenden Verwaltungen entwickeln konnten.

Dazu gehört neben dem zunächst nur langsam anwachsenden Reich der SS (u. 3) vor allem der führerunmittelbare Verwaltungsbereich des seit dem 30. 6. 1933 amtierenden *„Generalinspekteurs für das deutsche Straßenbauwesen"* Fritz Todt, der später den Westwallbau betrieb und im Kriege in der *„Organisation Todt"* über ein riesiges Heer von Zwangsarbeitern gebot. Ein buntes Zuständigkeitskonglomerat schuf sich *Göring*. Als preußischer Ministerpräsident, Reichsjäger- und Reichsforstmeister, Reichskommissar für die Luftfahrt und Oberbefehlshaber der neu aufgestellten Luftwaffe mit eigenem Nachrichtendienst, seit 1936 als Beauftragter für den Vierjahresplan mit umfassenden Kompetenzen in der Rüstungsindustrie besaß der Vertrauensmann Hitlers eine Vielzahl von Einflußmöglichkeiten, die sich mit der herkömmlichen Verwaltung überschnitten. Seit 1938 bereitete daneben ein *„Generalbevollmächtigter für die Wirtschaft"*, Funk, die Versorgung der Zivilbevölkerung für den Kriegsfall vor, wozu wiederum ein gewaltiger Unterbau nachgeordneter Behörden benötigt wurde. Mit Kriegsausbruch entstand ferner ein *„Ministerrat für die Reichsverteidigung"* unter dem Vorsitz Görings, dessen Befehlsbefugnisse im Bereich der Wirtschaft jedoch erheblich an Bedeutung verloren, seitdem ein *„Reichsministerium für Bewaffnung und Munition"* unter *Todt* (1940), später unter *Speer* (1942), die Versorgung der Wehrmacht koordinierte. Nur am Rande sei erwähnt, daß 1942 auch ein *„Generalbevollmächtigter für den Arbeitseinsatz"* und 1943 *Goebbels* als *„Beauftragter für den totalen Kriegseinsatz"* tätig wurden, daneben aber der DAF-Führer *Ley* als *„Reichskommissar für den sozialen Wohnungsbau"* in der Not des Krieges eine glücklichere Zukunft verheißen sollte. Am überzeugendsten ist das damit nur angedeutete Kompetenzenchaos aus dem Mißtrauen Hitlers gegen die alten Verwaltungen erklärt worden. Neue Behörden unter bewährten Parteigenossen konnten mit größerem Erfolg dem nationalsozialistischen Gehorsamsprinzip unterworfen werden. Daher blieb auch die zunächst in Angriff genommene Zentralisierung des Staates (o. § 39 II.3) stecken. 1935 verbot Hitler jede weitere Diskussion über eine Reichsreform.

Die seit 1938 *neuerworbenen und besetzten Gebiete* wurden erst gar nicht den zuständigen Fachministerien unterstellt. Für Österreich war zwei Jahre ein besonderer Reichskommissar, für Elsaß, Lothringen, Luxemburg und Eupen-Malmedy jeweils ein relativ selbständiger Zivilverwaltungschef zuständig. Dem *„Reichsministerium für die besetzten Ostgebiete"* des völkischen Ideologen *Alfred Rosenberg* unterstanden im Baltikum und in Westrußland Reichskommissariate mit eigenem Verwaltungsunterbau, die jedoch gegenüber Himmlers SS zunehmend an Einfluß verloren. Ähnliches gilt für das 1939 im besetzten Polen eingerichtete Generalgouvernement unter dem *„Reichsrechtsführer"* Hans Frank. Im Warthegau endlich, einem aus der ehemaligen preußischen Provinz Posen und zusätzlichen polnischen Gebieten gebildeten Bezirk, sollte ein SS-Musterstaat entstehen; hier hat man z. B. unter Durchbrechung des Reichsrechts die Kirchen zu Vereinen privaten Rechts herabgestuft. Führerunmittelbare Befehlsempfänger zu schaffen, war Hitler also vornehmlich außerhalb der alten Reichsgrenzen gelungen. Die Masse der deutschen Bevölkerung dagegen hatte überwiegend noch mit gewohntem, gesetzesgebundenem Verwaltungsgebaren zu tun. Es ist daher zutreffend gesagt worden, daß *„erst* *dieses Nebeneinander von Staatszentralismus und Partikularherrschaft, wie überhaupt von Rechtseinheit und Ausnahmerecht, ... das Wesen des Hitler-Staates"* ausmacht *(M. Broszat).*

2. Hitlers Führungsstil

Die fortschreitende Verselbständigung von Verwaltungseinheiten und die Züge der Desorganisation, welche dem Dritten Reich anhaften, fanden ihre Entsprechung auch in der Führungsspitze und ihrer *Gesetzgebung*. Weit davon entfernt, seinen Führungswillen auf allen Gebieten des Staatslebens zur Geltung zu bringen, beließ Hitler die ihm zugewachsene Gesetzgebungskompetenz vielfach in den Ministerien und sonstigen Verwaltungen und umgab sich selbst mit einem Ring von Kanzleien und Adjutanturen von zeitlich und persönlich unterschiedlicher Bedeutung. Die *Reichskanzlei* und die *Präsidialkanzlei* behielten im wesentlichen ihre alten Aufgaben – jene als Koordinationsbehörde in Hinblick auf die Gesetzgebungstätigkeit der Ministerien mit *Lammers* an der Spitze, der Hitler informierte; diese für die Aufgaben des Staatsoberhauptes. Als wichtigstes Machtzentrum entwickelte sich jedoch die Position des „*Stellvertreters des Führers*" mit der ihm zugeordneten „*Parteikanzlei*", erst von *Heß*, dann von *Bormann* besetzt. Der letztere avancierte als Hitlers „Sekretär" zur wichtigsten Kontaktperson für andere Verwaltungschefs. Daneben verfügte Hitler neben der Wehrmachtsadjutantur über eine von SS-Führern geleitete Adjutantur, die selbst telefonisch Weisungen an die Ministerien hinausgehen ließen. Da der Führerwille als Gesetz galt, ergaben sich häufige Kollisionen mit der Alltagsgesetzgebung der Ministerien und Sonderverwaltungen. Nur äußerlich signalisierten die zahllosen „*Führererlasse*" und „*Führerverordnungen*" die Einheit eines staatstragenden Willens. Tatsächlich scheiterte jeder Versuch zu einer effektiven Vereinheitlichung der Gesetzgebung entweder am Widerstand Hitlers oder aber am Selbstbehauptungswillen der entstandenen Administrationen.

3. Der „SS-Staat"

Als weitaus mächtigste Sonderverwaltung entwickelte sich jener Apparat, für den der Begriff „SS-Staat" steht. Aus einer Leibwache Hitlers entstanden, verkörperte die *„Schutzstaffel"* schon sehr früh das Ideal des Diktators von einem zu „*blindem Gehorsam*" fähigen „*Orden*", das sich in der riesigen Partei nicht mehr verwirklichen ließ. Die zunächst bewußt klein gehaltene Mitgliederzahl und die Nähe zum gefeierten Führer vermittelten ein elitäres Selbstbewußtsein, das Hitler schon 1931, massiv aber in der Aktion vom 30. 6. 1934 durch Einsätze gegen die eigenen Leute in der SA zu nutzen vermochte. Im Zuge der Machtergreifung waren dafür die Voraussetzungen geschaffen worden durch die Aufstellung einer nur auf Hitler persönlich vereidigten „*Leibstandarte Adolf Hitler*" (17. 6. 1933). In dieser Form hätte die SS ein den Normenstaat zwar stets gefährdendes, aber doch für Ausnahmesituationen bestimmtes Einsatzkommando bleiben müssen. Der seit 1929 an der Spitze der SS stehende *Himmler* begnügte sich damit nicht. Er verstand es, sich seit 1933 schrittweise die politischen Polizeien der Länder und 1936 auch die allgemeine Ordnungspolizei zu unterstellen. Sein neuer Titel lautete nun „*Reichsführer SS und Chef der deutschen Polizei*" (17. 6. 1936). Die SS hatte damit einen zentralen Teil der allgemeinen Staatsverwaltung in Besitz genommen, in welchem nun ihre Führungs- und Gehorsamsprinzipien galten. Vor allem war damit auch die Verfolgung der politischen Gegner, der Juden und Religionsgemeinschaften der Zuständigkeit Himmlers unterstellt worden. Schon nach dem 30. 6. 1934 hatte die SS die Kontrolle der *Konzentrationslager* übernommen und diese zunächst bis 1937 auf die drei großen KZs Dachau, Sachsenhausen und Buchenwald reduziert. Dort waren als neue SS-Einheiten die für den Wachdienst zuständigen *„SS-Totenkopfverbände"* entstanden. Sie dienten später der militärisch aufgerüsteten, aus der *„Leibstandarte"* hervorgegangenen *„SS-Verfügungstruppe"* als Reserve. Daneben blieb die Allgemeine SS Teil der NSDAP.

Es war dann die Ausnahmesituation des Krieges, die der außerhalb der gewöhnlichen Staatsverwaltung stehenden SS rasante Wachstumsmöglichkeiten eröffnete. Die gewaltige Vergrößerung der bewaffneten SS-Verbände ließ Versorgungsaufgaben entstehen, die Himmler in eigener Regie zu lösen versuchte. Die jetzt zahlenmäßig stark angewachsenen KZs sollten nicht nur politischen, sondern mit eigenen Betrieben auch ökonomischen Zwecken dienen. Die völkische Ideologie und der eingeübte bedingungslose Gehorsam gegenüber dem Führerwillen gestattete aber nicht nur die schrankenlose Ausbeutung der „Fremdvölkischen", sondern auch ihre physische Vernichtung. Als Hitler nach dem Eindringen der deutschen Heere in Rußland Himmler die polizeiliche Sicherung der eroberten Gebiete übertrug, begann der Massenmord an den Juden zunächst durch die Einsatzgruppen der Polizei, danach durch die SS in den auf polnischem Boden errichteten KZs. Himmlers Bestrebungen, für alle besetzten Gebiete in Ost und West ein unmittelbares Weisungsrecht gegenüber den Behörden der Zivilverwaltung zu erhalten und damit die polizeiliche Sicherung in seinem Sinne zum höchsten Staatszweck zu erheben, war jedoch kein Erfolg mehr beschieden, weil damit zu weit gehende Machteinbußen anderer, kriegswichtiger Organisationseinheiten verbunden gewesen wären.

4. Der Niedergang der Justiz

Unvermeidlich mußte die Expansion der normativ nicht gebundenen, sondern durch den Mechanismus von Befehl und Gehorsam funktionierenden Verwaltungskörper den Niedergang der Justiz zur Folge haben. Die Gerichte hatten nach der Machtergreifung unter dem deutschnationalen Reichsjustizminister *Gürtner* zunächst eine relative Unabhängigkeit bewahren können, wenn sie sich auch mehr und mehr den Ansprüchen der nationalsozialistischen Ideologie unterwarfen. Einerseits gestatteten die Generalklauseln der Gesetze die Berücksichtigung neuartiger politischer Wertungen. Andererseits legte die gesetzespositivistische Maxime der strikten Gesetzesbindung die Anwendung jeder staatlichen Norm, welchen Inhalts auch immer, nahe. Schien damit zunächst eine Integration des Gerichtswesens in die Verfassungsstruktur des Dritten Reiches möglich, so erwies sich diese Erwartung spätestens in den ersten Kriegsjahren als irreal. Das Führerprinzip vertrug sich nicht mit der richterlichen Unabhängigkeit, die durch psychischen Druck seitens der Partei und dann durch die faktischen Weisungen der *„Richterbriefe"* systematisch ausgehöhlt wurde. Noch schwerer wog, daß sich die Polizei über Gerichtsurteile vielfach hinwegsetzte und auch nach Freisprüchen Lagerhaft oder Exekutionen anordnete. Andererseits unterstanden seit Kriegsbeginn die Angehörigen der SS und Polizei einer Sondergerichtsbarkeit, die sie vor Ermittlungen seitens der Staatsanwaltschaften schützte. Infolge dieser Verhältnisse sank das Ansehen der Justiz, mied der qualifizierte Nachwuchs diese Laufbahn und stand schließlich die Fortexistenz der herkömmlichen Gerichte überhaupt in Frage. 1942 befahl Hitler den Aufbau einer „nationalsozialistischen Rechtspflege". Wesentliche Teile des Justizapparates, an der Spitze der 1936 eingerichtete „*Volksgerichtshof*", aber auch die überall in Tätigkeit getretenen „*Sondergerichte*" zur Aburteilung von „*Volksschädlingen*" erfüllten freilich bereits die Erwartungen Hitlers hinsichtlich rigoroser Strafen in beschleunigten Verfahren ohne die früheren rechtsstaatlichen Sicherungen. Das Ende der herkömmlichen Rechtspflege zeichnete sich ab.

IV. Verfassungspolitische Vorstellungen im deutschen Widerstand

Diese Zerstörung des Rechtsstaates ist es gewesen, die – schon im Schatten des bevorstehenden Krieges – oppositionelle Kräfte aktivierte und auch ehemalige Anhänger eines autoritären Staatsmodells zu Gegnern Hitlers werden ließ. Die verfassungspolitischen Vorstellungen des deutschen Widerstandes sind in erster Linie von dem Ziel geprägt, durch die Beseitigung des nationalsozialistischen Regimes die „*Wiederherstellung gerechter und geordneter Rechtszustände gegenüber Willkür und Rechtsunsicherheit*" (Kreisauer Kreis) zu erreichen. Das historische Urteil über den deutschen Widerstand muß daher von der Tatsache ausgehen, daß es in erster Linie „*die Wiederherstellung von Recht und Staat*" gewesen ist, die zu einer „*zentralen Handlungsmotivation*" der Beteiligten wurde (P. Steinbach).

Das nach dem Sturz des Hitler-Regimes zu schaffende Verfassungssystem allerdings stellten sich die führenden Persönlichkeiten des Widerstandes keineswegs als eine parlamentarische Demokratie im Sinne der Weimarer Reichsverfassung vor. Diese hatte nach ihrer Überzeugung die Machtergreifung Hitlers ja gerade ermöglicht. Daher wollten sie das Parteiwesen als eine politische Organisationsform, die sich über das ganze Land erstreckt, egalitär wirkt und Massen zu mobilisieren geeignet ist, überhaupt vermeiden. Statt dessen sollte ein stufenartiger Staatsaufbau auf der Grundlage des Prinzips der Selbstverwaltung jeden einzelnen einbinden: „*Gegenüber der großen Gemeinschaft, dem Staat, ... wird nur der das rechte Verantwortungsgefühl haben, der in kleineren Gemeinschaften in irgendeiner Form an der Verantwortung mitträgt, andernfalls entwickelt sich bei denen, die nur regiert werden, das Gefühl, daß sie am Geschehen unbeteiligt und nicht dafür verantwortlich sind ...*" (H. J. Graf v. Moltke). Solche grundsätzlichen Erwägungen verbanden sich aber auch mit einem altertümlichen Gesellschaftsbild, das schon damals keine Realisierungschancen mehr gehabt hätte, etwa mit neuständischen Ideen oder der schon in der Weimarer Republik vielbeschworenen „*Volksgemeinschaft*". In der Forschung ist daher die Bewertung der Verfassungspläne des deutschen Widerstandes umstritten. Während die einen auf autoritäre Elemente und die unverkennbare Distanz zur parlamentarischen Demokratie hinweisen, halten andere jedenfalls die Verfassungspläne des Kreisauer Kreises für eine geeignete Basis auch pluralistisch-demokratischer Strukturen. Entscheiden läßt sich dieser Streit nicht mehr. Es ist richtig, daß der deutsche Widerstand zur Wiederherstellung der Demokratie, so wie sie nach 1945 geschaffen wurde, gedanklich wenig beigetragen hat. Ob das Prinzip der Selbstverwaltung so ausbaufähig gewesen wäre, daß es auch eine demokratische Ordnung zu tragen vermocht hätte, muß offen bleiben.

V. Die These vom Doppelstaat

Das Regime des Dritten Reiches rational begreifen zu wollen, bereitet um so größere Schwierigkeiten, je länger diese Zeit zurückliegt. Daß ein solches System funktionieren konnte, bedarf der Erklärung. Will man sich die Antwort mit nur moralischen Verurteilungen nicht zu einfach machen, dann führt die Suche nach strukturellen, historischen und soziologischen, Erklärungsmodellen in erster Linie noch immer zu dem Werk des Zeitgenossen *Ernst Fraenkel*, der seine grundlegende These im Deutschen Reich der dreißiger Jahre entwickelte und nach der Emigration zuerst in den USA publizierte. Fraenkel erkannte, daß der Staat in Deutschland seit 1933 eine jedenfalls in moderner Zeit neuartige Gestalt angenommen hatte, als „*Maßnahmestaat*" einerseits, „*Normenstaat*" für die ökonomisch erheblichen Bereiche andererseits. *„Der politische Sektor des Dritten Reiches bildet ein rechtliches Vakuum ... Es ... fehlen die Normen und herrschen die Maßnahmen ..."*. Im Wirtschaftsleben dagegen – und damit in weiten Bereichen der Privatrechtsordnung – kann das Ermessen der *„Verwaltungsbehörden des Normenstaates"*, auch der Gerichte, *„nur in den Grenzen ihrer gesetzlich klar bestimmten Zuständigkeit zur Anwendung gelangen"*.

Fraenkel war Marxist und hielt daher den Normenstaat für *„eine unerläßliche Ergänzung des Maßnahmestaates"*, da anders die Fortführung der kapitalistischen Wirtschaftsweise nicht möglich gewesen wäre. Der Deutungsansatz Fraenkels hilft aber auch dann weiter, wenn Kapitalismus als Element liberaler Wirtschaftsfreiheit begriffen wird. Insofern schien noch Rechtssicherheit zu herrschen, so daß der Normenstaat als Fassade dienen konnte. Doch kommt ihm wohl auch in despotischen Regimen die reale Aufgabe zu, die Existenzbedingungen der Gesellschaft sicherzustellen – soweit es ein solcher Staat für richtig hält. Wer nicht an den Maßnahmen mitwirkte, suchte sich im Schutz der Normen einen Platz.

3. Kapitel. Die Teilung Deutschlands und die Entstehung der Nachfolgestaaten (1945–1949)

§ 41. Besatzungsregime und staatliche Reorganisation

Quellen: *K. Adenauer*, „Die Demokratie ist für uns eine Weltanschauung". Reden und Gespräche (1946–1967), 1998; *W. Benz*, (Hrsg.) „Bewegt von der Hoffnung aller Deutschen". Zur Geschichte des Grundgesetzes. Entwürfe und Diskussionen 1941–1949, 1979; *ders.* (Hrsg.), Staatsneubau nach der bedingungslosen Kapitulation. Theodor Eschenburgs „Überlegungen zur künftigen Verfassung und Verwaltung in Deutschland" vom Herbst 1945, VfZ 33 (1985) 166 ff.; *H. Berding* (Hrsg.), Die Entstehung der Hessischen Verfassung von 1946, 1996; *W. E. Burhenne*, Die Verfassungs- und Landtags-Geschäftsordnungen der DDR-Länder bis 1952, 1990; *Das Urteil von Nürnberg*. Vollständiger Text, 1946; Dokumente zur Deutschlandpolitik, I-V. Reihe, 1961 ff.; *P. Erler, H. Laude* u. *M. Wilke* (Hrsg.), „Nach Hitler kommen wir". Dokumente zur Programmatik der Moskauer KPD-Führung 1944/45 für Nachkriegsdeutschland, 1994; *A. u. Th. Friedrich*, Politische Parteien und gesellschaftliche Organisationen der sowjetischen Besatzungszone 1945–1949, 1992; Geschichte des Staates und des Rechts der DDR. Dokumente 1945–1949, 1984; *J. Hohlfeld* (Hrsg.), Deutschland nach dem Zusammenbruch 1945, o.J. (1951); *E. R. Huber* (Hrsg.), Quellen zum Staatsrecht der Neuzeit, Bd. 2, 1951; *I. v. Münch* (Hrsg.), Dokumente des geteilten Deutschland, 1968, 2. Aufl. 1976; *F. R. Pfetsch*, Verfassungsreden und Verfassungsentwürfe, 1986; Sammlung der vom Alliierten Kontrollrat und der Amerikanischen Militärregierung erlassenen Proklamationen, Gesetze, Verordnungen, Befehle, Direktiven (engl./dt.), zsgest. v. *R. Hemken*, 1946 ff.; *K. Schumacher*, Reden, Schriften, Korrespondenzen 1945–1952, 1985; *Vollnhals* (Hrsg.), Entnazifizierung. Politische Säuberung und Rehabilitierung in den vier Besatzungszonen 1945–1949, 1991; *W. Wegener*, Die neuen deutschen Verfassungen, 1947; *H. Wentker* (Hrsg.), Volksrichter in der SBZ, DDR 1945–1952, 1997; *A. Wucher* (Hrsg.), Wie kam es zur Bundesrepublik? Gespräche mit Männern der ersten Stunde, 1968.

Zeitgenössische Literatur: *L. D. Clay*, Entscheidung in Deutschland, 1950; *E. J. Cohn*, Zum rechtlichen Problem Deutschland, MDR 1947, 178 ff.; *W. Grewe*, Ein Besatzungsstatut für Deutschland. Die Rechtsformen der Besetzung, 1948; *O. Grotewohl*, Deutsche Verfassungspläne, 1947; *ders.*, Im Kampf um die einige deutsche demokratische Republik. Reden und Aufsätze, Bd. 1: Auswahl aus den Jahren 1945–1949, 1959; *F. W. Jerusalem*, Zum Verfassungsproblem, SJZ 1946, 108 ff.; *H. Kelsen*, The Legal status of Germany according to the declaration of Berlin, The American Journal of International Law 39 (1945) 518 f.; *F. Klein*, Neues Deutsches Verfassungsrecht, 1949; *W. Lewald*, Grundlagen der neuen Rechtsordnung Deutschlands, 1948; *G. Radbruch*, Die Erneuerung des Rechts, Die Wandlung 2 (1947) 8 ff.; *M. Virally*, Die internationale Verwaltung Deutschlands vom 8. Mai 1945 bis 24. April 1947, 1948; *W. Weber*, Der gegenwärtige Verwaltungsaufbau Deutschlands, 1948; *G. A. Zinn*, Unconditional Surrender, NJW 1947/48, 9 ff.

Schrifttum: *S. v. der Beck*, Die Konfiskationen in der Sowjetischen Besatzungszone von 1945 bis 1949, 1996; *W. Becker* (Hrsg.), Die Kapitulation von 1945 und der Neubeginn in Deutschland, 1987; *W. Benz*, Von der Besatzungsherrschaft zur Bundesrepublik. Stationen einer Staatsgründung 1946–1949, 1984; *ders.*, Versuche zur Reform des öffentlichen Dienstes in Deutschland 1945–1952, VfZ 29 (1981) 216 ff.; *B. Beutler*, Das Staatsbild in den Länderverfassungen nach 1945, 1973; *H. Boberach*, Die Verfolgung von Verbrechen gegen die Menschlichkeit durch deutsche Gerichte in Nordrhein-Westfalen 1946–1949, Geschichte im Westen 12 (1997) 7 ff.; *G. Braas*, Die Entstehung der Länderverfassungen in der SBZ Deutschlands 1946/47, 1987; *M. Broszat*, Siegerjustiz oder strafrechtliche Selbstreinigung. Aspekte der Vergangenheitsbewältigung der deutschen Justiz während der Besatzungszeit 1945–1949, VfZ 29 (1981) 477 ff.; *ders.* u. *H. Weber* (Hrsg.), SBZ-Handbuch. Staatliche Verwaltungen, Parteien, gesellschaftliche Organisationen und ihre Führungskräfte in der Sowjetischen Besatzungszone Deutschlands 1946–1949, 1990; *B. v. Bülow*, Die Staatsrechtslehre der Nachkriegszeit (1945–1952), 1996; *S. Creuzberger*, Die sowjetische Besatzungsmacht und das politische System der SBZ, 1996; *E. Deuerlein*, Die Einheit Deutschlands, Bd. 1: Die Erörterungen und Entscheidungen der Kriegs- und Nachkriegskonferenzen – Darstellung und Dokumente, 2. Aufl. 1961; *B. Diestelkamp*, Rechts- und verfassungsgeschichtliche Probleme zur Frühgeschichte der Bundesrepublik Deutschland, JuS 1980, 401 ff., 481 ff., 790 ff.; 1981, 96 ff., 409 ff., 488 ff.; *ders.*, Rechtsgeschichte als Zeitgeschichte. Historische Betrachtungen zur Fortbildung und Durchsetzung der Theorie vom Fortbestand des Deutschen Reiches als Staat nach 1945, ZNR 7 (1985) 181 ff.; *ders.*, Verfassungsgebung unter Besatzungsherrschaft in Westdeutschland 1945–1949, in: *H. Mohnhaupt* (Hrsg.) Rechtsgeschichte in den beiden deutschen Staaten (1988–1990), 1991, 650 ff.; *A. Dorendor*, Der Zonenbeirat der britisch besetzten Zone, 1953; *Th. Eschenburg*, Regierung, Bürokratie und Parteien 1945–1949, VfZ 24 (1976) 58 ff.; *M. Etzel*, Die Aufhebung von nationalsozialistischen Gesetzen durch den Alliierten Kontrollrat (1945–1948), 1992; *B. Fait*, „In einer Atmosphäre der Freiheit". Die Rolle der Amerikaner bei der Verfassunggebung in den Ländern der US-Zone 1946, VfZ 33 (1985) 420 ff.; *M. E. Foelz-Schroeter*, Föderalistische Politik und nationale Repräsentation 1945–1947, 1974; *W. Först* (Hrsg.), Die Länder und der Bund. Beiträge zur Entstehung der Bundesrepublik Deutschland, 1989; *J. Foitzik*, Sowjetische Militäradministration in Deutschland (SMAD) 1945–1949, 1999; *J. Foschepoth* u. *R. Steininger* (Hrsg.), Die britische Deutschland- und Besatzungspolitik 1945–1949, 1985; *J. Fürstenau*, Entnazifizierung, 1969; *J. Gimbel*, Amerikanische Besatzungspolitik 1945–1949, 1971; *W. Grünewald*, Die Münchener Ministerpräsidentenkonferenz 1947, 1971; *L. Härtel*, Der Länderrat des amerikanischen Besatzungsgebietes, 1951; *R. Hansen*, Das Ende des Dritten Reiches. Die deutsche Kapitulation 1945, 1966; *L. Herbst* (Hrsg.) Westdeutschland 1945–1955. Unterwerfung, Kontrolle, Integration, 1986; *Th. Horstmann*, Logik der Willkür. Die Zentrale Kommission für staatliche Kontrolle in der SBZ/DDR 1948–1958, 2002; *P. Hüttenberger*, Nordrhein-Westfalen und die Entstehung seiner parlamentarischen Demokratie, 1973; *S. Jung*, Die Rechtsprobleme der Nürnberger Prozesse dargestellt am Verfahren gegen Friedrich Flick, 1992; *M. Kaiser*, Die Zentrale der Diktatur – organisatorische Weichenstellungen, Strukturen und Kompetenzen der SED-Führung in der SBZ/DDR 1946–1952, in: *J. Kocka* (Hrsg.), Historische DDR-Forschung, 1993, 57 ff.; *E. Kraus*, Ministerien für ganz Deutschland? Der Alliierte Kontrollrat und die Frage gesamtdeutscher Zentralverwaltungen, 1990; *E. Krautkrämer*, Der innerdeutsche Konflikt um die Ministerpräsidentenkonferenz in München 1947, VfZ 20 (1972) 154 ff., 418 ff.; *C.-D. Krohn* u. *M. Schumacher* (Hrsg.), Exil und Neuordnung. Beiträge zur verfassungspolitischen Entwicklung in Deutschland nach 1945, 2000; *C. F. Latour* u. *Th. Vogelsang*, Okkupation und Wiederaufbau. Die Tätigkeit der Militärregierung in der amerikanischen Besatzungszone Deutschlands 1944–1947, 1973; *J. Laufer*, Die Ursprünge des Überwachungsstaates in Ostdeutschland, in: *B. Florath, A. Mitter* u. *St. Wolle* (Hrsg.), Die Ohnmacht der Allmächtigen, 1992, 146 ff.; *ders.*, Konfrontation oder Kooperation? Zur sowjetischen Politik in Deutschland und im Alliierten Kontrollrat 1945–1948, in: *A. Fischer* (Hrsg.), Studien zur Geschichte der SBZ/DDR, 1993, 57 ff.; *ders.*, Auf dem Wege zur staatlichen Verselbständigung der SBZ. Neue Quellen zur Münchner Konferenz der Ministerpräsidenten 1947, in: *J. Kocka* (Hrsg.), Historische DDR-Forschung, 1993, 27 ff.; *M. Lemke* (Hrsg.), Sowjetisierung und Eigenständigkeit in der SBZ/DDR (1945–1953), 1999; *G. Mai*, Der Alliierte Kontrollrat in Deutschland, 1995; *A. Malycha*, Die SED. Geschichte ihrer Stalinisierung 1946–1953, 2000; *H. Mehringer, M. Schwartz* u. *H. Wentker* (Hrsg.), Erobert oder befreit? Deutschland im internationalen Kräftefeld und die Sowjetische Besatzungszone (1945/46), 1999; *H. Mohnhaupt* u. *H.-A. Schönfeldt* (Hrsg.), Normdurchsetzung in osteuropäischen Nachkriegsgesellschaften, Bd. I.: Sowjetische Besatzungszone in Deutschland – Deutsche Demokratische Republik (1945–1960), 1997; *G. Moltmann*, Die Genesis der Unconditional-Surrender-Forderung, in: *A. Hillgruber* (Hrsg.), Probleme des Zweiten Weltkrieges, 1967, 171 ff.; *R. Morsey*, Entscheidung für den Westen. Die Rolle der Ministerpräsidenten in den drei Westzonen im Vorfeld der Bundesrepublik Deutschland 1947–1949, Westfäl. Forschungen 26 (1974) 1 ff.; *ders,*. in: DtVwG V 87 ff.; *G. Müller*, Die Grundlegung der westdeutschen Wirtschaftsordnung im Frankfurter Wirtschaftsrat 1947–1949, 1982; *D. Mußgnug*, Alliierte Militärmissionen in Deutschland 1946–1990, 2001; *B. Niedbalski*, Deutsche Zentralverwaltungen und Deutsche Wirtschaftskommission (DWK). Ansätze zur zentralen Wirtschaftsplanung in der SBZ 1945–1948, VfZ 33 (1985) 456 ff.; *L. Niethammer*, Die amerikanische Besatzungsmacht zwischen Verwaltungstradition und politischen Parteien in Bayern 1945, VfZ 15 (1967) 153 ff.; *ders.*, Entnazifizierung in Bayern, 1972; *K. W. Nörr*, Die Republik der Wirtschaft. Recht. Wirtschaft und Staat in der Geschichte Westdeutschlands, Teil I: Von der Besatzungszeit zur Großen Koalition, 1999; *F. R. Pfetsch*, Ursprünge der Zweiten Republik. Prozesse der Verfassungsgebung in den Westzonen und in der Bundesrepublik, 1990; *T. Pünder*, Das bizonale Interregnum, 1966; *U. Reusch*, Deutsches Berufsbeamtentum und britische Besatzung. Planung und Politik 1943–1947, 1985; *W. Rudzio*, Die Neuordnung des Kommunalwesens in der Britischen Zone, 1968; *C. Scharf* u. *H. J. Schröder* (Hrsg.), Die Deutschlandpolitik Frankreichs und die französische Zone 1945–1949, 1983; *Th. Schlemmer*, Aufbruch, Krise und Erneuerung. Die Christlich-Soziale Union 1945–1955, 1998; *E. Schmidt*, Staatsgründung und Verfassungsgebung in Bayern. Die Entstehung der Bayerischen Verfassung vom 8. Dezember 1946, Bd. 1 2, 1997; *V. Schockenhoff*, Wirtschaftsverfassung und Grundgesetz – Die Auseinandersetzungen in den Verfassungsberatungen 1945–1949, 1986; *D. Schöbener*, Die amerikanische Besatzungspolitik und das Völkerrecht, 1991; *R. Schröder* (Hrsg.), 8. Mai 1945 – Befreiung oder Kapitulation?, 1997; *H. P. Schwarz*, Vom Reich zur Bundesrepublik, 1966; *F. G. Schwegmann* (Hrsg.), Die Wiederherstellung des Berufsbeamtentums nach 1945. Geburtsfehler oder Stützpfeiler der Demokratiegründung in Westdeutschland?, 1986; *Th. Stammen*, Das alliierte Besatzungsregime in Deutschland, in: *J. Becker* u. a. (Hrsg.), Vorgeschichte der Bundesrepublik Deutschland, 1979, 61 ff.; *R. Steininger*, Zur Geschichte der Münchener Ministerpräsidentenkonferenz 1947, VfZ 23 (1975) 375 ff.; *M. Stolleis*, Rechtsordnung und Justizpolitik 1945–1949, in: *N. Horn* (Hrsg.), Europäisches Rechtsdenken in Geschichte und Gegenwart. FS H. Coing z. 70. Geb., Bd. 1, 1982, 383 ff.; *H. Timmermann* (Hrsg.), Potsdam 1945. Konzept, Taktik, Irrtum?, 1997; *W. Vogel*, Westdeutschland 1945–1950. Der Aufbau von Verfassungs- und Verwaltungseinrichtungen über den Ländern der drei westlichen Besatzungszonen, Bd.1–3, 1956–1983; *Th. Vogelsang*, Die Bemühungen um eine deutsche Zentralverwaltung 1945/46, VfZ 18 (1970) 510 ff.; *D. Waibel*, Von der wohlwollenden Despotie zur Herrschaft des Rechts. Entwicklungsstufen der amerikanischen Besatzung Deutschlands 1944–1949, 1996; *P.-L. Weinacht*, Föderalisierungspolitik der Besatzungsmächte in Deutschland (1945–1949), in: *Th. Stammen, H. Oberreuther* u. *P. Mikat* (Hrsg.), Politik – Bildung – Religion. H. Maier z. 65. Geb., 1996, 242 ff.; *Ch. Weisz* (Hrsg.), OMGUS-Handbuch. Die amerikanische Militärregierung in Deutschland 1945–1949, 1994; *H. Wentker*, Justiz in der SBZ/DDR 1945–1953, 2001; *M. Willing*, „Sozialistische Wohlfahrt". Die staatliche Sozialfürsorge in der Sowjetischen Besatzungszone und der DDR (1945–1990), 2008; *H. A. Winkler*, Politische Weichenstellungen im Nachkriegsdeutschland 1945–1953 (GuG, Sonderh. 5), 1979; *A.* u. *G. Zieger*, Die Verfassungsentwicklung in der sowjetischen Besatzungszone Deutschlands/DDR von 1945 bis zum Sommer 1952, 1990.

I. Der Übergang der deutschen Staatsgewalt auf die Alliierten

1. Alliierte Planungen bis zum Ende des Krieges

Lange vor Ende des Krieges begannen die Alliierten Fragen der deutschen Zukunft zu erörtern. Da sie den Angriffskrieg Hitlers als Ausdruck einer generellen, schon im Ersten Weltkrieg zutage getretenen Aggressivität des deutschen staatlichen Systems verstanden, gedachten sie die Verhältnisse in Deutschland so umzugestalten, daß von hier aus weitere Kriege nicht würden ausgehen können. Die für dieses Kriegsziel gefundene Formel lautete: *unconditional surrender* – bedingungslose Kapitulation nicht nur der kämpfenden Truppe, sondern Unterwerfung des deutschen Staates insgesamt unter den Willen der Sieger (Erklärung von Casablanca vom 24. 1. 1943). *„Unconditional surrender gave us the right to determine the future of Germany ... we reserve under these terms all rights over the lives, property and activities of the Germans"* (W. Churchill). Die Alliierten wollten sich auf diese Weise von den Normen des Völkerrechts befreien. Der Gedanke einer Zerstückelung (*dismemberment*) Deutschlands stand zur Diskussion. Auf der Konferenz von Teheran (28. 11.–1. 12. 1943) erwogen Roosevelt und Stalin die Bildung fünf deutscher Staaten, während Churchill der Bildung eines norddeutschen und eines süddeutschen Staates den Vorzug gab. Etwaige psychologische Wirkungen der Unconditional-surrender-Formel in Deutschland wurden offenbar nicht bedacht.

Konkrete Planungen über die Verwaltung Deutschlands nach dem Krieg begannen im Januar 1944 in London, wo die *European Advisory Commission*, bestehend aus Vertretern der USA, der Sowjetunion und Großbritanniens zusammentrat; seit November 1944 war auch Frankreich beteiligt. Hier wurde die Urkunde über die bedingungslose Kapitulation Deutschlands entworfen, am 12. 9. 1944 ein Protokoll über die Aufteilung Deutschlands in den Grenzen vom 31. 12. 1937 in drei Besatzungszonen und über die gemeinsame Verwaltung Großberlins unterzeichnet und am 14. 11. 1944 ein Abkommen über die Kontrollorganisation in Deutschland geschlossen. Dieser Vertrag schuf die Grundlagen für das dann praktizierte Besatzungsregime. Die *„supreme authority"* soll von jedem der Oberbefehlshaber in der eigenen Besatzungszone ausgeübt werden, zugleich aber auch gemeinsam, *jointly, in matters affecting Germany as a whole*. Spätere Schwierigkeiten, die aus dem Nebeneinander der nur ihren Regierungen unterstellten Militärgouverneure und einer gemeinsamen, für ganz Deutschland zuständigen alliierten Kontrollbehörde erwuchsen, haben hier ihre Wurzel. Ergänzt wurde dieses administrative System durch die Erklärung von Jalta vom 11. 2. 1945, wo regelmäßige Treffen der Außenminister der Besatzungsmächte vereinbart wurden. Zugleich lud man Frankreich ein, sich an der alliierten Kontrollbehörde zu beteiligen und eine eigene Besatzungszone, die später aus Teilen der projektierten Westzonen gebildet wurde, zu verwalten.

2. Faktischer Übergang der Macht

Daß die deutsche Kapitulation vom 7. und 8. Mai 1945 dann doch nur eine solche der Wehrmacht gewesen ist, weil es den alliierten Militärs darauf ankam, möglichst rasch die deutschen Unterschriften zu erhalten, hat die alliierten Planungen nicht gestört. Deutschland selbst hatte durch das Hinauszögern des Kriegsendes die günstigsten Voraussetzungen für eine vollständige Übernahme der Regierungsgewalt durch die Siegermächte geschaffen. Die deutschen Verwaltungen waren fast völlig zusammengebrochen, oberhalb der Gemeindeebene überhaupt nicht mehr existent. Auch die Gerichte hatten ihre Arbeit eingestellt. Der von Hitler vor seinem Selbstmord am 30. 4. 1945 zum Nachfolger berufene Admiral Dönitz verfügte angesichts der schon weitgehend vollzogenen Besetzung des Landes über so gut wie keine Regierungsmöglichkeiten. Es hatte mit dem Ende des Krieges ein tatsächlicher Übergang der politischen Gewalt über das weitgehend zerstörte, mit Flüchtlingen aus dem Osten überfüllte Land auf die Alliierten stattgefunden.

Diese in der neueren europäischen Geschichte einmalige Situation ist der Grund für die sich bald einbürgernde Redeweise vom deutschen „Zusammenbruch" gewesen. Das viel später als Symptom der Verdrängung eigener Schuld angegriffene Wort verträgt sich aber wohl mit der Tatsache, daß zahllose Menschen in Deutschland das Ende des Dritten Reiches zugleich als Befreiung erlebten, nicht nur die Inhaftierten, unmittelbar Verfolgten und Zwangsarbeiter, sondern auch die Masse des Volkes, das in den letzten Kriegsjahren einem unerträglich gewordenen politischen Druck und Bombenhagel ausgesetzt war. Obwohl die nationalsozialistische Propaganda noch nachwirkte und Ausflüchte gesucht wurden, um das militärische Debakel zu erklären, überwog doch der Schock einer beispiellosen Niederlage und die Erkenntnis einer moralischen Katastrophe, die mit den jetzt verbreiteten Bildern aus den KZs jedermann vor Augen geführt wurde. Alle diese Faktoren erleichterten die Praxis der Besatzung ungemein. Die Befürchtung besonders der Amerikaner, der nationalsozialistische Fanatismus werde andauern und sich in Widerstandsakten äußern, erwies sich als grundlos.

II. Die Errichtung des Besatzungsregimes

1. Das Potsdamer Abkommen vom 2. 8. 1945

Die drei Großmächte, welche die Hauptlast des Krieges getragen hatten, einigten sich im *Potsdamer Abkommen* vom 2. 8. 1945 ohne Beteiligung Frankreichs darüber, daß Deutschland völlig abzurüsten und der Nationalsozialismus mit allen seinen staatlichen und gesellschaftlichen Strukturen gänzlich zu beseitigen sei. Es wurden daher Abmachungen getroffen über die Auflösung aller nationalsozialistischen Organisationen, über die Aufhebung nationalsozialistischer Gesetze, über die Bestrafung von Kriegsverbrechern und die Entfernung aller aktiven Nationalsozialisten aus öffentlichen Ämtern und leitenden Stellen der Wirtschaft, über die Überwachung des Erziehungswesens und die Reorganisation der Gerichte. Die nun zu errichtende neue deutsche Staatlichkeit dagegen umschrieb das Potsdamer Abkommen nur mit sehr allgemeinen Wendungen. „*The ... reconstruction of German political life on a democratic basis*" war der Nenner, auf den sich die Alliierten einigten. Eine zentrale deutsche Regierung sollte zunächst nicht berufen werden. Wohl aber war vorgesehen, der einzurichtenden alliierten Viermächteverwaltung zentrale deutsche Staatssekretariate zu unterstellen und Deutschland als wirtschaftliche Einheit zu behandeln. Die in vier Sektoren aufgeteilte Reichshauptstadt Berlin erhielt eine gemeinsame alliierte Kommandantur. Von einem *dismemberment* Deutschlands war in Potsdam keine Rede mehr. Jedoch blieben die deutschen Provinzen östlich der Oder und Neiße außerhalb der Zuständigkeit des Kontrollrats. Ihre Verwaltung sollte Polen wahrnehmen, ausgenommen Nordostpreußen, das der Sowjetunion zugewiesen wurde. Obwohl der Hinweis auf die endgültige Regelung der Grenzfragen in einem Friedensvertrag nicht fehlte, gestattete das Potsdamer Abkommen den *transfer* der deutschen Bevölkerung in *an orderly and human manner*. Tatsächlich hatten östlich der Oder und Neiße und in der Tschechoslowakei gewaltsame Vertreibungen längst begonnen.

2. Die Viermächteverwaltung Deutschlands

Schon seit dem Sommer 1944 betrieben die Briten und Amerikaner den Aufbau ihrer für die Viermächteverwaltung Deutschlands bestimmten Kontrollkommissionen mit Hunderten von Mitarbeitern in London, danach bei Paris. Die Organisationsmaßnahmen in Deutschland verzögerten sich aufgrund der hier vorgefundenen Verhältnisse. Erst am 5. 6. 1945, nachdem am 23. 5. die Regierung Dönitz in Flensburg verhaftet worden war, erging die vorbereitete Viermächteerklärung, mit welcher die Alliierten die *„supreme authority"* und jedwede Regierungsgewalt in Anspruch nahmen. Nicht beabsichtigt sei eine Annexion; die Festlegung der Grenzen und des *„status of Germany"* werde später erfolgen. Kurz vor dem Ende der Potsdamer Konferenz konstituierte sich die offiziell so genannte *Allied Control Authority*, ein komplexes organisatorisches Gebilde, dessen Aufgabe es vor allem war, die Besatzungspolitik der Vier Mächte zu koordinieren und die Verwirklichung der im Potsdamer Abkommen genannten Besatzungsziele zu kontrollieren. Das höchste Organ dieser Behörde bildete der aus den vier Oberbefehlshabern bestehende *Kontrollrat*. Das ihm untergeordnete Koordinationskomitee der stellvertretenden Militärgouverneure hat man als *„Herzstück der Kontrollbehörde"* (G. Mai) bezeichnet. Diesen Spitzenkollegien unterstanden zwölf Direktorate für Militärwesen, Transport, Post, Politisches, Wirtschaft, Finanzen, Recht, Kriegsgefangene und Zivilverschleppte, Arbeit, Inneres, Reparationen und Restitutionen, die wiederum Dutzende von Ausschüssen und Unterausschüssen bildeten. Anfang 1948 arbeiteten mindestens 140 Gremien, die von einem zentralen alliierten Sekretariat zusammengehalten wurden. Das Verfahren war schwerfällig. Es galt nicht nur für alle Entscheidungen das Prinzip der Einstimmigkeit. Die Gremienvertreter und auch die Militärgouverneure selbst konnten als Soldaten und Beamte nicht anders als weisungsgebunden arbeiten, so daß sie nur über enge Handlungsspielräume verfügten und häufig Rückfragen an ihre Regierungen richten mußten. So läßt sich *„der Trend beobachten, daß mit zunehmender Belastung der Kontrollratsarbeit durch politische Vorgaben bei allen Mächten die Entscheidungen nur noch auf höchster Ebene möglich waren ..."* (G. Mai). Erfolgreich tätig werden konnte der Kontrollrat daher vor allem dort, wo es galt, mit der Hinterlassenschaft der Vergangenheit aufzuräumen. Die Reinigung der deutschen Rechtsordnung von nationalsozialistischem Gedankengut ist vor allem sein Werk. Im übrigen galt deutsches Recht fort – dessen Totalrevision war frühzeitig als undurchführbar erkannt worden.

3. Frankreichs Veto gegen deutsche Zentralverwaltungen

Die Größe der Kontrollratsbehörde mit mehreren tausend Mitarbeitern spiegelt nicht nur die Aufgabenlast der Nachkriegszeit wider. Es fehlte der deutsche Verwaltungsunterbau, mit dem die Alliierten gerechnet hatten, vollständig. Daher begann in ihrem Kreise sehr bald eine Diskussion um die Errichtung deutscher

Zentralverwaltungen, gegen welche Frankreich am 1. 10. 1945 sein Veto einlegte. Der Versuch, pragmatisch durch zonenübergreifende Einzelmaßnahmen, etwa im Bereich des Transportwesens, drängende Probleme zu lösen, scheiterte aber am Widerspruch der Sowjetunion. Noch im Jahre 1945 kommt zwischen den gut kooperierenden angelsächsischen Mächten einerseits und den Sowjetrussen andererseits Mißtrauen auf, ob mit der Veto-Politik nicht verdeckt eigene Machtinteressen verfolgt werden. Die Errichtung der deutschen Zentralverwaltungen unterbleibt.

4. Die verfassungspolitischen Ziele der Alliierten

Das Unvermögen, sich über zukunftsorientierte politische Maßnahmen in Deutschland zu einigen, beruhte zum einen sicher darauf, daß die verfassungspolitischen Ziele der Alliierten von Anfang an so weit auseinanderlagen, daß auch im günstigsten Falle wohl nur ein teilweiser Konsens zu erreichen gewesen wäre. In der neueren Forschung ist darüber hinaus auch die innere Widersprüchlichkeit der politischen Konzepte sowohl der Sowjetunion wie auch der Amerikaner und Briten deutlich geworden. Schon die zweigleisige Organisationsstruktur des Besatzungsregimes mit allgewaltigen Zonenbefehlshabern einerseits und einer zentralen Kollegialbehörde andererseits kann man als Kompromiß zwischen den beiden grundsätzlichen Möglichkeiten – Teilung oder Einheit Deutschlands – verstehen. Für den Ernstfall war jede Seite im sicheren Besitz ihrer Zone. Die Stufen der Entfremdung zwischen Ost und West lassen sich am Verlauf der Konferenzen des *„Rates der Außenminister"* der Vier Mächte ablesen. Schon auf dem zweiten Treffen im Frühjahr 1946 (April/Mai und Juni/Juli in Paris) kommt es wegen der von der Sowjetunion erhobenen Forderung, Reparationen aus ganz Deutschland zu beziehen, zur Konfrontation. Die vierte Konferenz im Frühjahr 1947 (März/April in Moskau) macht den totalen Dissens über die Fragen einer deutschen Regierung, die Einheit des deutschen Wirtschaftsraumes und die Reparationen offenkundig. Das letzte Zusammentreffen in demselben Jahr (November/Dezember in London) werteten die Westmächte von vornherein nur als einen letzten Test. Amerikanische und britische Spitzenbeamte hatten schon im April 1946 die Einheit oder Teilung Deutschlands als politische Alternativen diskutiert.

Die amerikanische Politik hatte frühzeitig die Vorstellung entwickelt, angesichts der Erfahrungen mit den Reparationen nach dem Ersten Weltkrieg müsse der Wiederaufbau Europas durch die Integration der deutschen Wirtschaft in ein System europäischer Wirtschaftsbeziehungen geleistet werden. Die Briten standen dieser Planung aufgeschlossen gegenüber. Sie neigten in Hinblick auf die Entwicklungen in der sowjetischen Besatzungszone (u. IV.2) wohl am frühesten dazu, einer Sicherung der Westzonen Priorität einzuräumen; schon im Juli 1946 einigten sich Briten und Amerikanern über die Errichtung der *„Bizone"* (u. V.1), wohlwissend, daß eine eigenständige Wirtschaftspolitik der Westmächte die politische Teilung Deutschlands zur Folge haben mußte. Die Sowjetunion dagegen forderte Reparationen im Sinne von Schadensersatz aus ganz Deutschland, und dies in einer Höhe, die den Westmächten in Hinblick auf die katastrophale Wirtschaftslage nicht akzeptabel erschien. Dieses gesamtdeutsche Interesse der Sowjetunion stand unverkennbar in einem Spannungsverhältnis zur Politik in der eigenen Besatzungszone, die gegenüber Einflußnahmen der anderen Alliierten abgeschirmt wurde. Frankreich schließlich lehnte lange Zeit einen deutschen Gesamtstaat überhaupt ab, erreichte dieses Ziel auch, solange für die deutsche Einheit

328   4. Teil. Zwischen Demokratie und Diktatur

überhaupt noch eine gewisse Chance bestand, durch seine Obstruktion im Kontrollrat, und war allenfalls bereit, nach Bildung eines autonomen Rheinstaates ein staatenbündisch organisiertes Restdeutschland zu akzeptieren. Die französische Politik konnte jedoch insofern eine konsequente Linie nicht durchhalten, als ihr gleichzeitig an der Fernhaltung des Sowjetsystems gelegen war. Angesichts der weit voneinander entfernten Zielvorstellungen der Großmächte erwies sich bald das Regiment der Militärgouverneure in den einzelnen Besatzungszonen als entscheidender verfassungspolitischer Faktor.

III. Staatliche Reorganisation in den Westzonen

1. Militärregierungen und deutsche Verwaltungen

In ihren Besatzungszonen waren die Militärgouverneure sowohl oberste militärische Befehlshaber wie Inhaber der Staatsgewalt überhaupt. Das Verhältnis zwischen den Militärregierungen und den deutschen Verwaltungen in den Westzonen ist als *„autoritär-bürokratisch"* (*Th. Eschenburg*) bezeichnet worden. Die Ministerpräsidenten waren von der Besatzungsmacht eingesetzt und dieser allein verantwortlich. Ihre Maßnahmen konnten von den Militärgouverneuren jederzeit aufgehoben oder im vorhinein verhindert werden. In derselben Abhängigkeit befanden sich die Landesparlamente, seitdem es solche gab (u. 4). Das Interesse der Alliierten am Aufbau funktionsfähiger Verwaltungen hatte freilich zur Folge, daß ihnen an der Autorität der Ministerpräsidenten gelegen sein mußte. Die Abhängigkeit von der Militärregierung wurde daher nur selten sichtbar. Es handelte sich um eine selbstverständliche Voraussetzung, die man nicht zu Unrecht mit der *„indirect rule"* der westeuropäischen Kolonialpraxis verglichen hat.

Die Ministerpräsidenten besaßen daher eine starke Stellung gegenüber ihren Ministern, den Politikern der Parteien und den Parlamentariern. Sie waren vor allen anderen im Amt gewesen. Namentlich die Parteibildung brauchte angesichts der schwer gestörten Kommunikations- und Verkehrsmöglichkeiten ihre Zeit. Am frühesten, Anfang Oktober 1945, sammelte sich wieder die SPD und wählte in Hannover *Kurt Schumacher* zu ihrem Sprecher in den Westzonen. Erst im Dezember 1945 fand das erste Reichstreffen der an verschiedenen Orten gegründeten CDU statt; *Konrad Adenauer* wurde im Januar 1946 zunächst nur Vorsitzender in der britischen Zone. Etwa gleichzeitig war die FDP entstanden. Zeit benötigte auch die im Oktober 1945 gegründete CSU, um sich vor dem Hintergrund eines Richtungsstreites zwischen einem katholisch-föderalistischen und einem interkonfessionell-nationalen Flügel zu konsolidieren.

2. Bildung der westdeutschen Länder

Die Bildung der neuen westdeutschen Länder zog sich bis zum Spätjahr 1946 hin. Am Anfang der amerikanischen Besatzungspolitik stand der *Non-Fraternization-Befehl*, der jeglichen Kontakt zur deutschen Bevölkerung verbot. Da die Versorgungsprobleme aber nur überregional und nicht ohne Mithilfe deutscher Verwaltungen gelöst werden konnten, waren es gerade die Amerikaner, die in ihrer Zone frühzeitig Länder bildeten und Regierungen einsetzten. Schon am 28. 5. 1945 beriefen sie *Fritz*

Schäffer, vor 1933 Mitglied der BVP, zum Ministerpräsidenten *Bayerns*; im September bildeten sie das Land *Großhessen* und ernannten den ehemaligen DDP-Politiker *Reinhold Maier* zum ersten Ministerpräsidenten des aus Nordwürttemberg und Nordbaden zusammengefügten Landes *Württemberg-Baden*. Schon Anfang November 1945 trat ein *Länderrat* der US-Zone in Stuttgart zusammen, dessen Aufgabe es war, die Einheitlichkeit der Gesetzgebung sicherzustellen. Zwischen Januar und Mai 1946 fanden die ersten Kommunalwahlen mit hoher Wahlbeteiligung statt. Motor dieser so in den amerikanischen Besatzungsrichtlinien nicht vorgesehenen Entwicklung war der Militärgouverneur General *Lucius D. Clay*, dem klar war, daß Demokratisierung ohne Beteiligung der Deutschen nicht gelingen konnte. Hinzu kam die Notwendigkeit, durch die Schaffung deutscher Verwaltungseinrichtungen die sehr hohen Besatzungskosten zu senken. Die Briten setzten in ihrer Zone die Akzente etwas anders. Sie förderten mit einer weitgehenden Entmachtung der Kommunalbeamten vor allem den Gemeindeparlamentarismus und hielten im übrigen zunächst an der hergebrachten Verwaltungsstruktur mit Oberpräsidenten in den preußischen Provinzen und Verwaltungsspitzen auch in Ländern wie Oldenburg und Braunschweig fest. Unter dem Zwang der Verhältnisse schufen Ende 1945 auch die Briten zonale *Zentralämter* an verschiedenen Orten und im März 1946 auch einen *Zonenbeirat* aus Verwaltungschefs und Parteipolitikern. Im Oktober 1946 fanden hier die ersten Kommunalwahlen statt. Die Errichtung der Länder *Nordrhein-Westfalen*, *Niedersachsen* und *Schleswig-Holstein* wird erst im Sommer und Herbst 1946 beschlossen. In dieser Zeit entstehen auch in der französischen Zone, wo bis dahin nur lokale Verwaltungsbehörden existiert hatten, die Länder *Rheinland-Pfalz*, *Südbaden* und *Württemberg-Hohenzollern*. Zugleich finden auch hier Kommunalwahlen statt. Das *Saargebiet* wird zwar nicht annektiert, aber im Dezember 1946 durch eine Zollunion mit Frankreich verbunden.

Rückblickend ist festzustellen, daß die Besatzungsmächte in ihrer Demokratisierungspolitik verschiedene Wege einschlugen, die sich jeweils am politischen System ihres Heimatlandes orientierten. In Süddeutschland traf sich das bundesstaatliche Denken der Amerikaner mit dem hier traditionell starken Föderalismus. Die britische Politik, die mehr auf einen noch nicht wieder existenten deutschen Einheitsstaat ausgerichtet war, entsprach zugleich den eher zentralistischen Neigungen der in Norddeutschland politisch bald tonangebenden Sozialdemokratie. Die neuen deutschen Länder nahmen endgültig Gestalt erst an, seitdem die tiefen Meinungsverschiedenheiten mit der Sowjetunion seit Frühjahr 1946 offenkundig geworden waren (o. II.4).

3. Ahndung nationalsozialistischer Verbrechen und „Entnazifizierung"

Der Wiederaufbau deutscher Verwaltungsbehörden war mit nicht geringen Personalproblemen verbunden. Einerseits galt die Bekämpfung des Nationalsozialismus als vorrangiges Besatzungsziel, andererseits sind Mitglieder der NSDAP in leitenden Verwaltungsfunktionen besonders stark vertreten gewesen. Die Verfolgung nationalsozialistischer Verbrechen und die „Entnazifizierung" gehören zu den großen Themen der Nachkriegspolitik, die neben der allgegenwärtigen Metapher vom „*Wiederaufbau*" stets mitzudenken sind und die ersten Etappen der neuen deutschen Staatlichkeit in mehrfacher Weise belasteten. Das Bewußtsein, ein nationales Unglück selbst verschuldet zu haben und mitverantwortlich zu sein für die nationalsozialistischen Verbrechen war allgegenwärtig. Aber man empfand die verhängten Sanktionen als einseitige *„Siegerjustiz"* und die Überprüfung kleiner Parteigenossen als ungerechtfertigt. Die Strafverfolgung der im Dienste des nationalsozialistischen Regimes begangenen Verbrechen betrachteten die Alliierten als ihre alleinige Aufgabe. Neben dem von allen vier Besatzungsmächten organisierten Nürnberger Prozeß gegen die *„Hauptkriegsverbrecher"* (November 1945 – Oktober 1946) fanden in allen drei westlichen Besatzungszonen zahlreiche Prozesse vor Militärtribunalen statt, in denen mehrere tausend Personen, teils zum Tode, teils zu Freiheitsstrafen verurteilt wurden. Als problematisch haben die Zeitgenossen wohl weniger die auch vorhandenen rechtsstaatlichen Defizite empfunden, etwa die Verletzung des Grundsatzes *„nullum crimen sine lege"* bei der Nürnberger Anklage wegen Verbrechen gegen die Menschlichkeit. In der Nachkriegszeit war die Überzeugung, naturrechtliche Grundsätze könnten direkt angewendet werden, weit verbreitet. Als verfehlt betrachteten es deutsche Politiker aber, daß die Strafen von alliierten Gerichten verhängt wurden. Schon in den Kreisen des deutschen Widerstandes (o. § 40 IV) hatte man Wert darauf gelegt, daß nach der Beseitigung des nationalsozialistischen Regimes die notwendige Strafverfolgung durch deutsche Gerichte erfolgen müsse. Im März und im Oktober 1946 haben die deutschen Ministerpräsidenten der britischen und amerikanischen Besatzungszone deutsche Gerichtsbarkeit über nationalsozialistische Verbrechen gefordert, um jeglicher Legendenbildung vorzubeugen. Die Alliierten reagierten darauf nicht. Bis 1950 blieb diese Strafverfolgungskompetenz in ihren Händen. Deutsche Gerichte durften nur insoweit tätig werden, als die Täter nur Deutsche geschädigt hatten.

Um die nationalsozialistische Ideologie auszutilgen und einen umfassenden Austausch des Führungspersonals zu ermöglichen, hatten die Alliierten unmittelbar nach Kriegsende mit der Masseninternierung aller mittleren und höheren Funktionsträger nationalsozialistischer Organisationen, aber auch von Beamten, die der Partei angehört hatten, und Wirtschaftsführern begonnen. 1946 wurde in der amerikanischen Zone aufgrund einer umfassenden Fragebogenaktion fast ein Drittel der Angehörigen des öffentlichen Dienstes und in erheblichem Umfang auch Führungspersonal der Wirtschaft entlassen. Es konnte nicht ausbleiben, daß eine administrative Maßnahme von solchem Umfang zu einer differenzierten Behandlung einzelner Fälle nicht in der Lage war und angesichts des hohen Verwaltungsbedarfs zur Sicherung der elementaren Lebensgrundlagen Ausnahmen zugelassen werden mußten. Mit dem *„Gesetz zur Befreiung von Nationalsozialismus und Militarismus"* vom 5. 3. 1946, das Vorbild für entsprechende Regelungen in der französischen und britischen Zone wurde, übertrugen die Amerikaner das Entnazifizierungsverfahren auf deutsche Spruchkammern, die Ermessensentscheidungen treffen konnten. Viele Millionen Fälle, vornehmlich einfacherer Art, wurden abgewickelt. Von dem allmählich aufkommenden Überdruß an diesen Verfahren, welche die kleinen Leute relativ stark belasteten, profitierten am Ende viele Aktivisten des Hitlerreiches, die mit milden Strafen davonkamen. Die Briten und Franzosen hatten von vornherein darauf verzichtet, die gesamte erwachsene Bevölkerung lückenlos zu erfassen. Allmählich wurde man sich bewußt, daß durch die Entnazifizierungsbemühungen Gerechtigkeit im Einzelfall und eine Neuordnung der Gesellschaft nicht zu erreichen war. Im Laufe des Jahres 1947 begannen sich die Parteien von den Entnazifizierungsverfahren zu distanzieren. Diese wurden im wesentlichen bis Mai 1948 durch Amnestien beendet. Der inzwischen ausgebrochene Ost-West-Konflikt ließ die Probleme der Vergangenheit als zweitrangig erscheinen. Jetzt war die Solidarität der Westdeutschen gefragt. Man konnte auch sicher sein, daß der

Nationalsozialismus keine akute politische Gefahr mehr darstellte – zu diesem Bewußtseinswandel hatte die Entnazifizierung jedenfalls beigetragen.

4. Die Entstehung der Länderverfassungen

Die Verfassungsgebung in den westdeutschen Ländern wurde zunächst vor allem von dem amerikanischen Militärgouverneur Clay vorangetrieben, der sich über Bedenken seines mit hochkarätigen Juristen und Politikwissenschaftlern besetzten Stabes hinwegsetzte. Im Februar 1946 gab der General den Ministerpräsidenten den Auftrag, Landesverfassungen ausarbeiten zu lassen. Ende November und Anfang Dezember desselben Jahres wurden diese Verfassungstexte in Volksabstimmungen mit hohen Wahlbeteiligungen und Zustimmungsquoten angenommen. Die Amerikaner sahen das Problem, wie sich ein fortdauerndes Besatzungsregime mit einer auf das Prinzip der Volkssouveränität gestützten Landesregierung vertragen sollte. Clay betrachtete jedoch die demokratische Legitimation der deutschen Regierungen als Voraussetzung für die Übertragung von Zuständigkeiten durch die Militärregierung. Als der amerikanische Außenminister Byrnes am 6. 9. 1946 in Stuttgart die Kooperation mit den Deutschen als neues Ziel der Besatzungspolitik proklamierte, war dieser Weg von den Militärs längst beschritten worden. In den beiden anderen westlichen Besatzungszonen entwickelten sich die Dinge langsamer. Erst im Mai 1947 fanden in den drei Ländern der französischen Zone Volksentscheide über die neuen Verfassungen und zugleich erste Landtagswahlen statt. In den spät gebildeten Ländern der britischen Zone kamen die Verfassungsberatungen überwiegend vor dem Inkrafttreten des Grundgesetzes nicht zum Abschluß.

Die Alliierten haben im allgemeinen den Gang der Verhandlungen in den verfassunggebenden Körperschaften nur hier und da und eher mittelbar beeinflußt. Nach dem Willen Clays sollten die Deutschen *in an atmosphere of freedom* beraten. Der Erfolgsdruck, unter den sich die amerikanische Militärregierung mit ihrer Verfassungspolitik gesetzt hatte, kam den deutschen Vorschlägen zugute; gegenüber mißtrauischen Beamten in Washington setzte sich Clay durch. Mit den größten Bedenken betrachteten die Amerikaner, aber nicht nur sie, die deutsche Tradition des Berufsbeamtentums und gar dessen Teilnahme an der Parteipolitik, was den Grundsatz der Gewaltenteilung zu verletzen schien. Kaum ein anderes Thema ist so zäh verhandelt worden, am Ende erfolgreich für die deutsche Seite, aber mit Nachwirkungen bis in die Zeit der Bundesrepublik hinein (u. § 43 II.2).

Inhaltlich versuchen die süddeutschen Verfassungen, die vor dem Grundgesetz maßgeblich das Bild der deutschen Verfassungspolitik bestimmt haben, eine Grundlegung der neuen deutschen Staatlichkeit in möglichster Distanz zur nationalsozialistischen Vergangenheit. Sie berufen sich auf die Menschenrechte, das Sittengesetz und die christliche Tradition, und sie erklärten auch, daß die Wirtschaft der Gewährleistung eines menschenwürdigen Daseins zu dienen habe. Überhaupt sind die Landesverfassungen der Nachkriegszeit eine Fundgrube für Staatszielbestimmungen. Das Recht auf Arbeit findet sich ebenso wie die Forderung nach sozialer Gerechtigkeit und nach der Verwirklichung des Gemeinwohls. Rechts- und Sozialstaatlichkeit beginnen sich als Pole des neuen Verfassungsdenkens abzuzeichnen. Viel diskutiert wurden in der Forschung später sozialistische Tendenzen, besonders in der hessischen Verfassung, aber nicht nur hier. Mehrfach wird die Möglichkeit der Sozialisierung von Produktionsvermögen angesprochen. Selbst in Bayern war in einem Vorentwurf die Einführung einer Planwirtschaft vorgesehen, ein Konzept, das man auf Wunsch der Amerikaner strich. Bei der Beurteilung dieser Tendenzen ist zu unterscheiden zwischen dem Projekt eines demokratischen Sozialismus, wie es Kurt Schumacher vorschwebte, und der auch in bürgerlichen Kreisen verbreiteten Überzeugung, das Chaos der Nachkriegszeit könne ohne staatswirtschaftliche Elemente überhaupt nicht bewältigt werden. Alle diese Überlegungen wurden gegenstandslos, als später in der Bizonenverwaltung die Wirtschaftspolitik der Zukunft entworfen (u. V.1) und in der Bundesrepublik realisiert wurde. In staatsorganisatorischer Hinsicht hielten sich die Länderverfassungen selbstverständlich an das Modell der parlamentarischen Demokratie, das in den Staaten der Besatzungsmächte maßgebend war. Berufsständisches Denken und Parteienfremdheit, wie sie sich in den Entwürfen des deutschen Widerstandes beobachten lassen (o. § 40 IV), führten nur in Bayern zu einer institutionellen Konsequenz in Gestalt des Senates als einer zweiten Kammer des Parlaments.

IV. Staatliche Reorganisation in der sowjetischen Besatzungszone

1. Militärregierung und deutsche Verwaltung

Einen wesentlich anderen Charakter hat von Anfang an die Militärregierung, das Parteiwesen und die deutsche Verwaltung in der sowjetischen Besatzungszone. Schon am 10. 6. 1945, früher als in den Westzonen, wurden Parteien zugelassen. Am 27. 7., noch vor dem Ende der Potsdamer Konferenz, erließ die *„Sowjetische Militäradministration in Deutschland"* (*SMAD*) einen vorerst geheimgehaltenen Befehl über die Errichtung von elf deutschen Zentralverwaltungen, denen 1946 drei weitere hinzugefügt wurden. Diese Behörden hatten die Aufgabe, die SMAD zu beraten. Als erste deutsche Gesetzgeber traten auch in der sowjetischen Besatzungszone schon seit dem Sommer 1945 zunächst nur die Behörden der Länder *Sachsen, Thüringen* und *Mecklenburg* sowie der Provinzen *Brandenburg* und *Sachsen-Anhalt* in Erscheinung; diese föderale Gliederung hatte die SMAD akzeptiert und auch ihrer Verwaltung zugrunde gelegt. Erst die am 4. 6. 1947 zur Koordination der Zentralverwaltungen eingerichtete *„Deutsche Wirtschaftskommission"* (*DWK*) erhielt im Februar 1948 Gesetzgebungskompetenzen für die ganze Besatzungszone. Indessen waren Elemente zentraler Planung und Lenkung im System der sowjetischen Besatzungsverwaltung frühzeitig angelegt. Den deutschen Zentralverwaltungen war schon bei der Umschreibung ihrer Aufgaben die *„Leitung"* der einzelnen Wirtschafts- und Verwaltungszweige aufgegeben worden. Mit der Gründung der DWK nahm diese die zentrale Wirtschaftsplanung in die Hand, wurde ihrerseits aber seit 1948 von einer aus SED-Mitgliedern bestehenden *Zentralen Kommission für staatliche Kontrolle* beaufsichtigt, die das Prinzip der *„Volkskontrolle"* realisieren sollte. Die Produktionsbefehle freilich gingen von der zentralen Ebene bis hinunter zu den einzelnen Betrieben von der SMAD aus. Die den Sowjetrussen selbstverständliche Planung und Lenkung der Wirtschaft hatte vor allem auch zum Ziel, die Befriedigung ihrer Reparationsforderungen zu ermöglichen. Im Januar 1946 wurden zu diesem Zweck für viele deutsche Betriebe sowjetische Aktiengesellschaften gegründet.

2. Die „antifaschistisch-demokratische Erneuerung"

Die verfassungspolitische Entwicklung in der sowjetischen Besatzungszone ist von Anfang an durch spezifische Besonderheiten gekennzeichnet, die man bald als „antifaschistisch-demokratische Erneuerung" bezeichnete – ein Sprachgebrauch, der auch für bürgerliche Demokraten annehmbar sein mußte, inhaltlich aber mehr und mehr durch sozialistische Programmatik ausgefüllt wurde. Die frühzeitige Zulassung der Parteien bezog sich auf die KPD, SPD, CDU und LDP. Alle erklärten ihre Bereitschaft zur Zusammenarbeit, was angesichts der für die Deutschen traumatischen Zerstrittenheit der Parteien vor 1933 und in Hinblick auf die aktuelle Notlage verständlich war und auch den Erwartungen der Besatzungsmacht entsprach. Daraus entstand der *„zentrale Block"* der Parteien mit einem vierzehntägigen Tagungsrhythmus und eigenem Verbindungsbüro. Beschlüsse wurden einvernehmlich gefaßt und sollten für die Parteien bindend sein. Noch im Jahre 1945 wurden regionale Blocks gebildet. Schon zu dieser Entwicklung gab es keine Parallele in den Westzonen. Den Umbau der Parteienlandschaft vollendete schon wenig später der erzwungene Zusammenschluß der SPD mit der KPD zur *„Sozialistischen Einheitspartei Deutschlands"* (SED). Am 21. 4. 1946 setzten der Altkommunist *Wilhelm Pieck* und der intellektuell wirkende *Otto Grotewohl*, bis dahin Funktionär der SPD, die „Einheit der Arbeiterklasse" wirkungsvoll in Szene. Die neue Partei, neben der eine eigenständige SPD nicht mehr geduldet wurde, erläuterte ihr Verständnis der Blockbildung: *„Das Wesen der Blockpolitik"*, so tatsächlich der führende SED-Funktionär *Walter Ulbricht*, bestehe darin, *„daß die Arbeiterschaft die führende Rolle in der demokratischen Entwicklung übernimmt"*. Ende 1946 und Anfang 1947 gerieten die regionalen Blockausschüsse vollends unter den beherrschenden Einfluß der SED, als dort auch Vertreter der sogenannten *„Massenorganisationen"* – Gewerkschaften (FDGB), Frauenbund, die staatlich geförderte Jugendorganisation (FDJ) und andere – aufgenommen wurden.

Grundlegende Veränderungen der gesellschaftlichen Verhältnisse begannen unmittelbar nach Kriegsende. Die im Aktionsprogramm der Exil-KPD vorgesehene *„demokratische Bodenreform"* kehrte im Aufruf dieser Partei vom 11. 6. 1945 als Forderung nach *„Liquidierung des Großgrundbesitzes, der großen Güter der Junker, Grafen und Fürsten"* wieder und wurde noch im selben Sommer unter maßgeblicher Beteiligung der SMAD in Gang gesetzt. Betroffen war alles Grundeigentum über 100 ha und damit nicht zuletzt auch das Vermögen zahlreicher Familien, die im deutschen Widerstand gegen das Hitler-Regime Opfer gebracht hatten. Die *„Neubauern"* erhielten kein freies Eigentum, sondern ein beschränktes Nutzungsrecht. Konfiskationen in großem Umfang fanden seit dem Sommer 1945 auch in der Industrie und anderen Gewerbezweigen statt. Begründet wurden diese von besonderen Sequesterkommissionen betriebenen Maßnahmen mit dem Vorwurf der Aktivität oder auch nur Mitgliedschaft in der NSDAP. In Sachsen ergab ein Volksentscheid am 30. 6. 1946, daß die Enteignung der *„Kriegs- und Naziverbrecher"* mit einer großen Zustimmung im Volk rechnen konnte. Tatsächlich aber entstand der Eindruck, es werde auf diese Weise Gesellschaftspolitik im Sinne des sowjetischen Systems betrieben. Im Frühjahr 1948 kam es vorerst zur Einstellung der Sequestrationen.

Verdacht erregte, daß alle diese Maßnahmen mit einer Personalpolitik verbunden waren, die den Einfluß der Kommunisten stärkten. Unmittelbar nach Kriegsende mußte es nicht besonders auffallen, daß zahlreiche kommunale Ämter mit alten Angehörigen der KPD, die aus der Emigration oder aus den KZs heimkehrten, besetzt wurden. Diese Partei verfügte im mitteldeutschen Raum stets über ein relativ breites Fundament. Andere Eindrücke drängten sich auf, als die frühzeitig von deutschen „antifaschistischen Ausschüssen" betriebene Entnazifizierung mit der Folge von Massenentlassungen dazu führte, daß die freiwerdenden Stellen bevorzugt mit KPD- und dann SED-Mitgliedern besetzt wurden. Die Entnazifizierung war „Instrument einer klassenkämpferischen Politik" (Vollnhals). Zugleich fanden sich in den großen Internierungslagern der Besatzungsmacht nicht nur ehemalige Nationalsozialisten, sondern auch Gegner der neuen Politik wieder. Die verbreitete Rechtsunsicherheit stand schließlich dem Aufbau eines deutschen Teilstaates, für den sich Stalin kaum später entschieden haben dürfte als die Regierungen in Washington und London, im Wege. Im Sommer 1947 wurden alle nominellen NSDAP-Mitglieder rehabilitiert, im März 1948 die Entnazifizierungen beendet. Anders als in den Westzonen, bereitete die Beseitigung des deutschen Berufsbeamtentums keinerlei Schwierigkeiten. Die SMAD hob schon im September 1945 das deutsche Beamtengesetz von 1937 ersatzlos auf. Einem tiefgreifenden Wandel war auch die Justiz ausgesetzt. Die durch Entlassung aller der NSDAP angehörenden Richter entstandenen Lücken schloß man mit „Volksrichtern", in Schnellkursen geschulten Laien.

3. Die Entstehung der Länderverfassungen

Wohl im Sommer 1946, als die Arbeiten an den Landesverfassungen der amerikanischen Besatzungszone schon weit vorangeschritten waren, gab auch die SMAD den Auftrag zur Verfassungsgebung in den Ländern der sowjetischen Besatzungszone. Die SED erarbeitete den Entwurf einer Landesverfassung zentral für alle Länder und ließ diesen Ende November und Anfang Dezember 1946 in den fünf Landtagen durch ihre Fraktionen einbringen. In drei Landtagen gab es Vorlagen auch der CDU. Außer für Thüringen, wo die neue Landesverfassung in zum Teil abweichender Form schon im Dezember 1946 verabschiedet worden war, übernahm zunächst der zentrale Block die Verfassungsberatungen, die nach zum Teil heftigen Auseinandersetzungen vom November 1946 bis Januar 1947 andauerten und schließlich zu Ergebnissen führten, die alle Parteien mittrugen. Das Blockprinzip wurde anschließend auch in den Landtagen und Landesregierungen angewendet, so daß die Verfassungstexte schließlich einstimmig verabschiedet werden konnten. Auf den ersten Blick folgen auch diese Verfassungen bürgerlich-liberalen Vorbildern und Maßstäben. Sie enthalten insbesondere einen Grundrechtekatalog. Dennoch gibt es eine entscheidende Besonderheit. Diesen Verfassungen ging es wesentlich um die Konzentration aller Staatsgewalt im Parlament und somit um die Überwindung der Gewaltenteilung und Kontrolle der Justiz. Daß daher in den aus freien Wahlen hervorgegangenen Koalitionsregierungen der Länder die bürgerlichen Parteien vertreten waren und auch Regierungschefs stellten, kann nicht darüber hinwegtäuschen, daß nicht nur gesellschaftspolitisch, sondern auch bei der formellen Verfassungsgesetzgebung ein anderer Weg als im Westen Deutschlands eingeschlagen worden war; ganz abgesehen davon, daß man es nicht für Zufall halten konnte, wenn gerade die Kultus- und die über die Polizei gebietenden Innenministerien fast überall Angehörigen der SED anvertraut worden waren.

Werner Weber, ein bedeutender, damals in Leipzig lehrender Staatsrechtler, hat um die Wende des Jahres 1947/48 die Verfassungsentwicklung in der sowjetischen Besatzungszone ohne Polemik in der folgenden Weise zusammengefaßt: „Die

§ 41. Besatzungsregime und staatliche Reorganisation 335

politische Struktur der sowjetischen Besatzungszone ist scharf ausgeprägt. Ein einheitlicher politischer Wille hat bewirkt, daß der Verfassungs- und Verwaltungsaufbau in allen fünf Ländern der Zone streng gleichmäßig ist. Ein ausgebautes System von Zonenzentralverwaltungen sorgt für zoneneinheitliche Ausrichtung und Lenkung der Verwaltung. In der organisatorischen Struktur der Gemeinden, Kreise und Länder ist insofern ein konsequent demokratisches Prinzip verwirklicht, als die ‚konstitutionelle Beschränkung' der Demokratie durch den Gewaltenteilungsgrundsatz und die in der Institution des Berufsbeamtentums liegende Gegenkraft zu den parteipolitischen Gruppierungen der Wahldemokratie ausgemerzt sind. Durch Banken-, Versicherungs- und Bodenreform, durch Industrieenteignung und Reorganisation des Handels wurden alle Möglichkeiten einer mit den politischen Instanzen konkurrierenden selbständigen Einflußbildung beseitigt. Im inneren Zusammenhang damit ist auch der Grundsatz der Einheit der Verwaltung außer in der Zentralinstanz weitgehend durchgeführt. Schließlich bildet der sogenannte Block der drei antifaschistisch-demokratischen Parteien (SED, CDU, LDP) unter Führung der SED mit einer Anzahl von Nebenorganisationen ... ein festes organisatorisches Gefüge, das als potestas indirecta ein wesentliches Element der staatlichen Herrschaftsorganisation ausmacht." Der sowjetischen Besatzungsmacht war die Idee einer Selbstorganisation der Gesellschaft fremd.

V. Ansätze zur Integration der Besatzungszonen

1. Die westdeutsche Bizonen-Verwaltung

Die durch Frankreichs Obstruktion im Kontrollrat und den Ost-West-Gegensatz doppelt verfahrene Verfassungspolitik der Alliierten wurde schließlich durch zweiseitige Vereinbarungen der Amerikaner und Briten in Bewegung gebracht. Schon seit September 1946 versuchten sie eine Bizonen-Verwaltung im *„Vereinigten Wirtschaftsgebiet"* zu organisieren, zunächst mit *„Verwaltungsräten"*, die in verschiedenen Städten beider Zonen arbeiteten. Sie wurden in Vollzug eines Abkommens der beiden Militärgouverneure durch ein dreistufiges Verwaltungsgebilde, das seinen Sitz in Frankfurt hatte, abgelöst. Zu ihm gehörte als parlamentarische Komponente ein *„Wirtschaftsrat"* mit 52 Mitgliedern, die von den Landtagen delegiert wurden. Im *„Exekutivrat"* versammelten sich die Vertreter der acht Landesregierungen. Die eigentliche Exekutive bestand aus fünf *„Zonenverwaltungsämtern"* mit Direktoren an der Spitze. Eine Reform in den ersten Monaten des Jahres 1948 entwickelte dieses Organisationsschema insofern noch fort, als die beiden Besatzungsmächte nunmehr den Wirtschaftsrat auf doppelte Größe erweiterten, den Exekutivrat in *„Länderrat"* umbenannten und die Direktoren in einem *„Verwaltungsrat"* genannten Kollegium unter einem *„Oberdirektor"* zusammenfaßten. Außerdem wurden ein *Oberster Gerichtshof* und die *Bank Deutscher Länder* errichtet. Von geschichtlicher Bedeutung sind weniger die damaligen Verwaltungsaktivitäten dieses Apparates – die Gesetzgebung des Wirtschaftsrates bedurfte immer noch alliierter Genehmigung – als das Gewicht der Länder auf diesen Vorstufen einer Staatsgründung und die personelle und programmatische Kontinuität, die sich zwischen Frankfurt und Bonn beobachten läßt.

2. Die Konferenzen der Ministerpräsidenten

Den deutschen Politikern blieb die Eigendynamik, welche dem Aufbau deutscher Verwaltungen unter den Bedingungen zonal getrennter Militärregierungen anhaftete, nicht verborgen. Die seit Februar 1946 zusammentretenden Konferenzen der Ministerpräsidenten, zunächst der britischen und amerikanischen Zone, nahmen sich des Themas an. Erstmals am 4./5. 10. 1946 versuchten sie in Bremen verfassungspolitische Empfehlungen zur institutionellen Sicherung der deutschen Einheit zu formulieren: Ein Länderrat aus den Regierungschefs der vier Zonen sollte den Kontrollrat beraten, ein Volksrat mit Abgeordneten der Länderparlamente den Länderrat kontrollieren. Die Teilnahme an dieser Konferenz war den Ministerpräsidenten der französischen und sowjetischen Zone von ihren Militärregierungen erst gar nicht erlaubt worden. Nach den Bremer Beschlüssen brachen zudem prinzipielle innerdeutsche Gegensätze auf. Die SED, auch die bürgerlichen Parteien der sowjetischen Zone hielten in erster Linie die politischen Parteien, nicht die Länder für die geeigneten Kristallisationspunkte zentraler deutscher Einrichtungen. Die Franzosen aber opponierten gegen eine allgemeine Konferenz deutscher Parteiführer, und der SPD-Vorsitzende Kurt Schumacher wollte mit der SED, die gerade seine eigene Partei aufgesogen hatte, nicht verhandeln. Widerstand fand aber auch die zentralistische Tendenz der von mittel- und norddeutschen Politikern favorisierten gesamtdeutschen Parteiführertreffen. Es war daher kein Zufall, daß mit Rücksicht auf eine wünschenswerte Föderalisierung des Reichsaufbaus die bayerische Regierung die nächste Initiative zu einer gesamtdeutschen Kooperation ergriff.

Die am 5. 6. 1947 zusammengetretene *Münchener Konferenz* vereinigte ein einziges Mal in der deutschen Nachkriegsgeschichte alle deutschen Ministerpräsidenten. An dieses Ereignis knüpften sich später Spekulationen über verpaßte politische Chancen. Wir wissen heute, daß die Forderung der Ministerpräsidenten der sowjetischen Besatzungszone, nicht nur über Wirtschaftsprobleme, sondern über eine von den Parteien getragene deutsche Zentralverwaltung zu verhandeln, in SED-internen Beratungen beschlossen worden war, um die Konferenz schon bei der Erörterung der Tagesordnung scheitern zu lassen – wie es auch tatsächlich geschah. Denn im Westen Deutschlands war man entweder betont föderalistisch eingestellt oder jedenfalls einer gemeinsam mit der SED zu organisierenden Verwaltung abgeneigt. Und den Ministerpräsidenten aus der französischen Zone war die Erörterung allgemeiner politischer Fragen von der Besatzungsmacht ohnehin verboten worden. Die deutschen Regierungschefs verfügten über keinerlei Spielräume, um auch nur Ansätze einer gemeinsamen deutschen Verfassungspolitik entwickeln zu können.

Trotz oder vielleicht wegen dieses Mißerfolges sollte der neue westdeutsche Staat aus der Kooperation der Länder hervorgehen. Das hinter ihnen stehende regionale Prinzip ist in Deutschland offenbar tief verwurzelt und durch den Untergang des preußischen Staates als Ergebnis des Krieges noch gestärkt worden. Wohl nicht zufällig ist die Auflösung Preußens schon in den Kreisen des deutschen Widerstandes erwogen worden. Sie wurde durch Kontrollratsgesetz vom 25. 2. 1947 besiegelt.

§ 42. Die Entstehung des Grundgesetzes und des Verfassungssystems der DDR

Quellen: *K. Adenauer,* Erinnerungen, Bd. 1–3, 1965–1967; Akten zur Vorgeschichte der Bundesrepublik Deutschland 1945–1949, Bd. 1–5, 1976–1989; *W. Benz* (Hrsg.), „Bewegt von der Hoffnung aller Deutschen" (o. § 41); Bericht über den Verfassungskonvent auf Herrenchiemsee vom 10. bis 23. August 1948, 1948; Dokumente (o. § 41); *M. F. Feldkamp* (Hrsg.), Die Entstehung des Grundgesetzes für die Bundesrepublik Deutschland 1949, 1999; *R. Floeter* (Hrsg.), Das Grundgesetz entsteht. Aus den stenographischen Berichten über die Plenarsitzungen des parlamentarischen Rates, 1985; *Th. Friedrich* u. a. (Hrsg.), Entscheidungen der SED 1948, 1995; Geschichte des Staates und des Rechts der DDR (o.§ 41); *J. Hohlfeld* (o.§ 41); *E. R. Huber* (Hrsg.), Quellen (o.§ 41); *I. v. Münch* (o.§ 41); *H. P. Schneider,* Das Grundgesetz. Dokumentation seiner Entstehung, Bd. 1 ff., 1995 ff.; Streiten um das Staatsfragment. Theodor Heuß und Thomas Dehler berichten von der Entstehung des Grundgesetzes, 1999; *K. G. Wernicke* u. *H. Booms* (Hrsg.), Der Parlamentarische Rat 1948–1949. Akten und Protokolle, Bd. 1–12, 1975–1998; *H. Wilms* (Hrsg.), Dokumente zur neuesten deutschen Verfassungsgeschichte, Bd. III,1: Dokumente zur Entstehung des Grundgesetzes 1948 und 1949, 2001; *ders.,* Ausländische Einwirkungen auf die Entstehung des Grundgesetzes. Dokumente, 2003.

Zeitgenössische Literatur: *W. Apelt,* Betrachtungen zum Bonner Grundgesetz, NJW 1949, 481 ff.; *O. Grotewohl,* Im Kampf ... (o.§ 41); *F. Klein* (o.§ 41); *H. Nawiasky,* Die Grundgedanken des Grundgesetzes für die Bundesrepublik Deutschland, 1950; *K. Polak,* Zur Entwicklung der Arbeiter- und Bauernmacht. Reden und Aufsätze, 1968; *R. Smend,* Staat und Kirche nach dem Bonner Grundgesetz, Zs. f. ev. Kirchenrecht 1 (1951) 4 ff.

Schrifttum: *K. Bender,* Deutschland, einig Vaterland? Die Volkskongreßbewegung für deutsche Einheit und einen gerechten Frieden in der Deutschlandpolitik der Sozialistischen Einheitspartei Deutschlands, 1992; *W. Benz* (o. § 41); *M. Bermanseder,* Die europäische Idee im Parlamentarischen Rat, 1998; *A. M. Birke,* Das konstruktive Mißtrauensvotum in den Verfassungsverhandlungen der Länder und des Bundes, Zs. f. Parlamentsfragen 8 (1977) 77 ff.; *B. Blank,* Die westdeutschen Länder und die Entstehung der Bundesrepublik. Zur Auseinandersetzung um die Frankfurter Dokumente vom Juli 1948, 1995; *B. Diestelkamp,* Rechts- und verfassungsgeschichtliche Probleme (o. § 41); *ders.,* Rechtsgeschichte als Zeitgeschichte (o. § 41); *K.-B. v. Doemming, R. W. Füsslein* u. *M. Matz,* Entstehungsgeschichte der Artikel des Grundgesetzes, JöR NF 1 (1951) 1 ff.; *D. Düding,* Bayern und der Bund – Bayerische „Opposition" während der Grundgesetzberatungen im Parlamentarischen Rat (1948/49), Der Staat 29 (1990) 355 ff.; *M. F. Feldkamp,* Der Parlamentarische Rat 1948–1949, 2008; *P. Friedrich* u. *H. Geisler,* Die Verfassung der DDR vom 7. Oktober 1949 im Spiegel des politischen und rechtlichen Willensbildungsprozesses, in: *H. Mohnhaupt* (Hrsg.), Rechtsgeschichte in den beiden deutschen Staaten (1988–1990), 1991, 675 ff.; *F. K. Fromme,* Von der Weimarer Verfassung zum Bonner Grundgesetz, 3. Aufl. 1999; *M. Fronz,* Das Bundesverfassungsgericht im politischen System der BRD. Eine Analyse der Beratungen im Parlamentarischen Rat, Sozialwiss. Jahrbuch f. Politik 2 (1971) 629 ff.; *W. Giesselmann,* Die Koblenzer Beschlüsse vom 10. Juli 1948 – eine Alternative zur Weststaatsgründung, GWU 38 (1987) 335 ff.; *H.-J. Grabbe,* Die deutsch-alliierte Kontroverse um den Grundgesetzentwurf im Frühjahr 1949, VfZ 26 (1978) 393 ff.; *Ch. Gusy* (Hrsg.), Weimars langer Schatten – „Weimar" als Argument nach 1945, 2003; *L. Herbst* (Hrsg.) (o. § 41); *A. Hollerbach,* Zur Entstehungsgeschichte der staatskirchenrechtlichen Artikel des Grundgesetzes, in: *D. Blumenwitz* u. a. (Hrsg.), Konrad Adenauer und seine Zeit, Bd. II, 1976, 367 ff.; *O. Jung,* Grundgesetz und Volksentscheid, 1994; *M. Kloepfer,* Verfassungsgebung als Zukunftsbewältigung aus Vergangenheitserfahrung, in: Kontinuität und Diskontinuität in der deutschen Verfassungsgeschichte. Seminar z. 80. Geb. v. *K. A. Bettermann,* 1994, 35 ff.; *K. Kröger,* Die Entstehung des Grundgesetzes, NJW 1989, 1318 ff.; *E. Lange,* Der Parlamentarische Rat und die Entstehung des ersten Bundestagswahlgesetzes, VfZ 20 (1972) 280 ff.; *ders.,* Die Diskussion um die Stellung des Staatsoberhauptes 1945 bis 1949 mit besonderer Berücksichtigung der Erörterungen im Parlamentarischen Rat, VfZ 26 (1978) 601 ff.; *ders.,* Die Länder und die Entstehung des Grundgesetzes, Geschichte im Westen 4 (1989) 145 ff. u. 5 (1990) 55 ff.; *R. Ley,* Die Mitglieder des Parlamentarischen Rates, Zs. f. Parlamentsfragen 4 (1973) 373 ff.; *P. März* u. *H. Oberreuter* (Hrsg.), Weichenstellung für Deutschland? Der Verfassungskonvent von Herrenchiemsee, 1999; *A. Malycha,* Partei von Stalins Gnaden? Die Entwicklung der SED zur Partei neuen Typs in den Jahren 1946 bis 1950, 1996; *S. Mampel,* Die Entwicklung der Verfassungsordnung in der sowjetisch besetzten Zone

Deutschlands von 1945 bis 1963, JöR NF 13 (1964) 455 ff.; *R. Morsey* (o. § 41); *ders.* (Hrsg.), Konrad Adenauer und die Gründung der Bundesrepublik Deutschland, 2. Aufl. 1986; *ders.*, Verfassungsschöpfung unter Besatzungsherrschaft, DÖV 1989, 471 ff.; *R. Mußgnug*, in: HdbStR I 219 ff.; *K. Niclauß*, Der Weg zum Grundgesetz. Demokratiegründung in Westdeutschland 1945–1949, 1998; *V. Otto*, Das Staatsverständnis des Parlamentarischen Rates, 1971; *S. Rothstein*, Die Voraussetzungen der Gündung der Bundesrepublik Deutschland 1948/49, o. J. (1969); *H. Säcker*, Der Verfassungskonvent auf Herrenchiemsee, BayVBl. 1983, 6 ff.; *B. v. Schewick*, Die katholische Kirche und die Entstehung der Verfassungen in Westdeutschland 1945–1950, 1980; *V. Schockenhoff* (o. § 41); *W. Schulz*, Die Verfassung der „Deutschen Demokratischen Republik". Entstehung, Inhalt und Entwicklung, 1959; *H. P. Schwarz* (o. § 41); *W. Sörgel*, Konsensus und Interesse. Eine Studie zur Entstehung des Grundgesetzes für die Bundesrepublik Deutschland, 1969; *Th. Stammen* u. *G. Maier*, Der Prozeß der Verfassungsgebung, in: *J. Becker* u. a. (Hrsg.), Vorgeschichte der Bundesrepublik Deutschland, 1979, 391 ff.; *Th. Vogelsang*, Koblenz, Berlin und Rüdesheim. Die Option für den westdeutschen Staat im Juli 1948, in: FS Hermann Heimpel z. 70. Geb., Bd. 1, 1971, 161 ff.; *J. Weber* (Hrsg.), Das Jahr 1949 in der deutschen Geschichte. Die doppelte Staatsgründung, 1997; *G. Wehner*, Die Westalliierten und das Grundgesetz. Die Londoner Sechsmächtekonferenz, 1994; *U. Wengst*, Staatsaufbau und Regierungspraxis 1948–1953, 1984; *M. Wilke* (Hrsg.), Die Anatomie der Parteizentrale. Die KPD/SED auf dem Weg zur Macht, 1998; *H. Wilms*, Ausländische Einwirkungen auf die Entstehung des Grundgesetzes, 1999; *H. Witetschek*, Die Haltung des Parlamentarischen Rates zum Verhältnis von Staat und Kirche, Politische Studien 25 (1974) 283 ff.

I. Die Entscheidung für den westdeutschen Teilstaat

1. Die Londoner Sechsmächtekonferenz im Frühjahr 1948

Unmittelbar nach dem Scheitern der Londoner Konferenz im Dezember 1947 (o. § 41 II.4) einigten sich die drei Westmächte, interne Beratungen über die Gründung eines westdeutschen Staates aufzunehmen. Dazu wurden auch die Beneluxländer eingeladen. In Durchführung dieses Beschlusses fand die Londoner Sechsmächtekonferenz statt, die sich über zwei Tagungsphasen erstreckte (23. 2.–6. 3. und 20. 4.–2. 6. 1948) und zur Folge hatte, daß die Sowjetunion ihre Arbeit im Kontrollrat am 20. 3. 1948 einstellte. Damit fand der erfolglose Versuch einer Viermächteverwaltung Deutschlands sein Ende. Die Verhandlungen in London gestalteten sich deshalb schwierig, weil Frankreich zwar der Zusammenfassung aller drei Westzonen zu einer Trizone zugestimmt hatte, im übrigen aber Bedingungen stellte: Abtrennung des Saargebietes und dessen wirtschaftlicher Anschluß an Frankreich, internationale Kontrolle des Ruhrgebietes unter Beteiligung Frankreichs, Bildung einer Föderation souveräner deutscher Staaten und möglichst lange Fortsetzung der Besetzung Deutschlands. Auch die Idee eines linksrheinischen Rheinstaates war noch nicht endgültig verabschiedet. Territoriale Gewinne wünschten sich auch die anderen westlichen Nachbarn Deutschlands. Dennoch sollte dieses machtpolitisch und wirtschaftlich eingeschränkte deutsche Staatsgebilde einen Schutzwall gegen das Sowjetsystem in Osteuropa bilden. An dieser Widersprüchlichkeit ist die französische Verfassungspolitik letztlich gescheitert. Die Vorstellungen der Amerikaner und Briten waren in sich konsequenter. Zwar haben auch sie entschieden auf Föderalismus gesetzt, um einer für gefährlich erachteten Machtkonzentration an der Spitze des Gesamtstaates vorzubeugen. Doch sollte die Souveränität beim ganzen Staatsvolk liegen, nicht bei den Ländern. Vor allem aber traten die USA entschieden dafür ein, daß die deutsche Wirtschaft als Ganzes in das europäische Wiederaufbauprogramm integriert wird und daher auch eine wirtschaftspolitisch handlungsfähige Zentralregierung vorhanden sein müsse. Die Einzelheiten ihrer Verfassung sollten die Deutschen selbst bestimmen; das parlamentarische System und die Gewähr-

§ 42. Grundgesetz und Verfassungssystem der DDR

leistung von Freiheitsrechten galten als selbstverständlich, etwa gleichstarke Länder, eine Länderkammer und die Beschränkung des Präsidenten auf Repräsentationsaufgaben wurden als notwendig angesehen.

Während der Konferenzpause, als eine Arbeitsgruppe in Berlin die unter den Westalliierten weiterhin bestehenden Meinungsverschiedenheiten ausräumen sollte, erklärten am 16. 4. 1948 die drei westlichen Militärgouverneure den Beitritt ihrer Zonen zur europäischen *Marshallplan-Organisation* (u. § 43 III.2). Die Konferenz ging schließlich mit der Verabschiedung eines bloßen Kommuniques zu Ende, das die Fortdauer der Besatzung und die Planung einer internationalen Ruhrkontrolle bekräftigte, die Verfassungsfrage aber nur in sehr allgemeinen Wendungen ansprach: Eine freie und demokratische Regierung sollte „governmental responsibilities" erhalten. Für die Westdeutschen begann kurz darauf eine neue Zeit mit der am 21. 6. 1948 durchgeführten *Währungsreform*, welche die ersten Anzeichen wirtschaftlicher Erholung stärkte und die Konsumgüterversorgung der Bevölkerung schlagartig verbesserte. Die Sowjetunion reagierte auf die Londoner Empfehlung am 24. 6. mit der völligen Blockade der westlichen Sektoren Berlins. Diese erwies sich rasch als politischer Fehlschlag, da sie die westlichen Alliierten zwang, sich für den ehemaligen Kriegsgegner einzusetzen, und andererseits die Bereitschaft der Westdeutschen, sich mit der Gründung eines Teilstaates endgültig unter den Schutz der Westmächte zu begeben, förderte.

2. Der alliierte Verfassungsauftrag

Die Militärgouverneure setzten die Londoner Beschlüsse in den sogenannten „Frankfurter Dokumenten" um. Es handelte sich um drei wenig umfangreiche Texte, die den Auftrag zur Schaffung einer Verfassung und zur Überprüfung der Ländergrenzen sowie die Regeln für ein künftiges Besatzungsstatut enthielten. Die Ministerpräsidenten wurden ermächtigt, eine verfassunggebende Versammlung unter verhältnismäßiger Berücksichtigung der Bevölkerungszahl der Länder einzuberufen. Erarbeitet werden sollte der Entwurf einer demokratischen Verfassung des föderalen Typus, welche die Rechte der beteiligten Staaten bewahrt und dennoch eine angemessene „*central authority*", dazu Grundrechte vorsieht. Nach der Billigung durch die Militärgouverneure waren Volksabstimmungen in den Ländern vorgesehen. Die Alliierten behielten sich zur Sicherung der Besatzungsziele nicht nur wesentliche Politikbereiche vor, wie Außenpolitik, Außenhandel und Kontrolle der Industrie und Forschung, soweit dies für Abrüstung und Entmilitarisierung notwendig erschien; es sollte auch jede Verfassungsänderung genehmigungspflichtig sein und ein Widerspruchsrecht hinsichtlich der einfachen Gesetzgebung bestehen, darüber hinaus das Notstandsrecht bei den Alliierten verbleiben.

3. Beratungen der Ministerpräsidenten und deutsch-alliierte Verhandlungen

Die Beratungen der Ministerpräsidenten über diese Dokumente waren zunächst von größter Zurückhaltung geprägt, und die deutsch-alliierten Verhandlungen über die Staatsgründung verliefen ausgesprochen zäh. Die westdeutschen Regierungschefs erörterten das Thema auf einer ersten Konferenz bei Koblenz auf dem „Rittersturz (8.–10. 7. 1948) mit dem Ergebnis, daß man zwar die Zusammenfassung der drei Westzonen, die eine „*kraftvolle Organisation*" erhalten sollten, begrüße. Es müsse aber alles vermieden werden, „*was dem zu schaffenden Gebilde den Charakter eines Staates verleihen würde"*. Auf die Einberufung einer deutschen Nationalversammlung sei daher vorerst zu verzichten. Das zu schaffende *„Provisorium"* solle keine Verfassung, sondern ein *„Grundgesetz für die einheitliche Verwaltung des Besatzungsgebietes der Westmächte"* erhalten. Abgelehnt wurden auch die vorgesehenen Regelungen für ein Besatzungsstatut. Die überwiegend negative Reaktion der deutschen Ministerpräsidenten ist insofern bemerkenswert, als führende deutsche Politiker wie Konrad Adenauer und Kurt Schumacher schon längst dafür plädiert hatten, eine entschlossene Wirtschaftspolitik in den Westzonen zu betreiben, um diese zu einem *„ökonomischen Magneten"* (K. *Schumacher*) zu machen, der die deutsche Einheit herbeiführen könnte. Die deutschen Ministerpräsidenten verstanden sich aber im Augenblick der Entscheidung als *„Treuhänder der deutschen Sache"* (W. *Benz*) und scheuten sich daher, die Teilung Deutschlands durch formelle Akte zu besiegeln.

Vor allem General Clay reagierte auf die Koblenzer Beschlüsse verärgert, weil er die den Franzosen mühsam abgerungenen Verhandlungsergebnisse von London und darüber hinaus das strategische Konzept einer Eindämmung der sowjetischen Expansion in Europa gefährdet sah. Die Ministerpräsidenten beschlossen indessen, nachdem sie sich der Unterstützung ihrer Landtage vergewissert hatten, auf einem weiteren Treffen bei Rüdesheim (15. u. 16. 7. 1948), auf ihrem Standpunkt zu beharren. Daraufhin eröffneten ihnen die Militärgouverneure am 20. 7. in Frankfurt, daß die Londoner Empfehlungen als verbindlich anzusehen seien. In den folgenden deutsch-alliierten Verhandlungen über die westdeutsche Staatsgründung vermochten die deutschen Regierungschefs angesichts des Fehlens jeglicher politischer Alternative nur noch bescheidene Konzessionen zu erreichen. Sie setzten durch, daß für die neue Verfassung nicht die Legitimation des deutschen Teilvolkes im Westen, sondern nur die Zustimmung der Länderparlamente eingeholt werden sollte. Erleichtert wurde dem politischen Denken der Deutschen die Zustimmung zum Staatsgründungsplan der Westmächte durch eine Stellungnahme des Bürgermeisters aus dem blockierten Berlin. *Ernst Reuter* sprach von der *„politischen und ökonomischen Konsolidierung des Westens"* als einer *„elementaren Voraussetzung für die Gesundung auch unserer Verhältnisse (in Berlin und im Osten) und für die Rückkehr des Ostens zum gemeinsamen Mutterland"*. Damit war als *„Modell der Zukunft"* die These vom deutschen *„Kernstaat"* geschaffen (Th. *Vogelsang*). Das abschließende Treffen der Ministerpräsidenten mit den Militärgouverneuren fand schon am 26. 7. 1948 statt.

II. Die Beratungen über das Grundgesetz

1. Zusammensetzung des Parlamentarischen Rates

Am 1. 9. 1948 trat der Parlamentarische Rat, bestehend aus delegierten Landesparlamentariern, in Bonn zusammen, um die von einem engeren *Verfassungskonvent in Herrenchiemsee* (10./23. 8.) erarbeiteten Vorentwürfe zu erörtern. Die Mitglieder des Parlamentarischen Rates waren von den Landtagen und den Bürgerschaften Hamburgs und Bremens nach einem gleichartigen Verfahren gewählt worden. Dafür maßgebend ist ein besonderes Gesetz gewesen (*„Modellgesetz"*,) das ein von den Ministerpräsidenten eingesetzter Verfassungsausschuß den Volksvertretungen als Richtlinie empfohlen hatte. Danach fand bei der Bestimmung der aus den einzelnen Landesparlamenten zu entsendenden Abgeordneten nicht nur die jeweilige Bevölkerungszahl, sondern auch die relative Stärke der Parteien Berücksichtigung. Auf diese Weise vermied man eine Majorisierung der Minderheiten und erreichte andererseits, daß die Fraktionen ihre fähigsten Verfassungsjuristen nach Bonn senden konnten. So beeindruckt der Parlamentarische Rat durch die in ihm versammelte Sachkunde und politische Erfahrung. Fast die Hälfte seiner Mitglieder hatte vor 1933 politischen Körperschaften angehört, dem Reichstag, den Landtagen oder preußischen Provinziallandtagen; einige waren schon Mitglieder der Nationalversammlung von 1919 gewesen.

2. Verfahren, Probleme, Verkündung der Verfassung am 23. 5. 1949

Der Parlamentarische Rat bildete Ausschüsse für Grundsatzfragen, Zuständigkeitsabgrenzungen, Finanzfragen, Bundesorganisation und Fragen der Verfassungsgerichtsbarkeit und Rechtspflege. Diese Ausschüsse formulierten Vorentwürfe der einschlägigen Artikel des Grundgesetzes, das dann als Ganzes im Hauptausschuß, wo auch die eigentlich politischen Entscheidungen zu fällen waren, erörtert wurde. Zu den Alliierten bestand ein beständiger Gesprächskontakt über Verbindungsoffiziere. Dieser genügte später den Alliierten jedoch nicht mehr. Sie übergaben am 22. 11. 1948 dem Parlamentarischen Rat Richtlinien ihrer Regierungen für die weitere Arbeit. Zu dieser Zeit stand aber der Entwurf des Grundgesetzes bereits im Hauptausschuß zur ersten Lesung an. Nach nicht immer leichten, vor allem in schul- und familienpolitischen Fragen heftig erregten Beratungen beendete der Hauptausschuß am 10. 2. 1949 seine Tätigkeit.

Der Entwurf ging nunmehr den Militärgouverneuren zu, die nach intensiver Prüfung des Textes am 2. 3. 1949 eine kritische Stellungnahme abgaben. Diese betraf vor allem das Verhältnis von Bund und Ländern und hier insbesondere Finanzverfassung und Gesetzgebungskompetenzen. Es waren die gesamtgesellschaftlich und daher zentralistischer orientierten Sozialdemokraten, die eine starke Bundesfinanzverwaltung durchgesetzt hatten, wofür im Gegenzug das föderalistische Interesse der CDU/CSU durch eine gleichfalls starke Position der Länderkammer befriedigt wurde. Um die Finanzverfassung entspann sich eine fast zweimonatige Kontroverse mit den Alliierten, in der sich die SPD schließlich durchsetzte, weil die amerikanische Diplomatie den Streit um die deutsche Verfassung in Hinblick auf die bevorstehende Gründung der NATO beenden wollte. Am 25. 4. 1949 fanden die abschließenden Verhandlungen mit den Alliierten statt. Am 8. 5. 1949 verabschiedete der Parlamentarische Rat mit 53 gegen 12 Stimmen den Entwurf, der wenige Tage darauf von den Militärgouverneuren genehmigt wurde. Noch im Mai stimmten die Parlamente dem Grundgesetz mit Ausnahme des Bayerischen Landtags zu. Am 23. 5. 1949 wurde das Grundgesetz verkündet.

Heftig umstritten war das Wahlgesetz. Nach wiederholtem Anlauf am 10. 5. 1949 im Parlamentarischen Rat beschlossen, hat es sich für das Verhältniswahlrecht entschieden, während die unterlegene CDU/CSU am Mehrheitswahlrecht festhielt. Der Einspruch der Alliierten erzwang einen Kompromiß, den man schließlich in Gestalt der Sperrklausel fand. Am 13. 6. 1949 erging der Auftrag der Alliierten an die Ministerpräsidenten, das Wahlgesetz in den Landtagen zu verabschieden.

3. Die Entscheidungen des Grundgesetzes

Angesichts der Zusammensetzung des verfassunggebenden Gremiums überrascht es nicht, daß die Entscheidungen des Grundgesetzes in starkem Maße von den belastenden Erinnerungen an das Versagen des Weimarer Verfassungssystems und von den Erfahrungen mit der Diktatur Hitlers geprägt waren. Die Liste der so zu erklärenden Verfassungsartikel ist lang. Sie reicht von der Anerkennung der Menschenwürde als ethischer Grundnorm (Art. 1) über das Diskriminierungsverbot (Art. 3 Abs. 3), das Asylrecht (Art. 16 Abs. 2 S. 2), das Verbot verfassungswidriger Parteien und Vereinigungen (Art. 21 Abs. 2 u. Art. 9 Abs. 2), das Verbot der Vorbereitung eines Angriffskrieges (Art. 6 Abs. 1) bis zur Abschaffung der Todesstrafe (Art. 102); die Aufzählung ist nicht vollständig. *„Zukunftsbewältigung durch Vergangenheitserfahrung"* (*M. Kloepfer*) wurde diese Verfassungspolitik treffend genannt. Daher hat das Grundgesetz den für die Weimarer Reichsverfassung charakteristischen Gedanken eines balancierten Gleichgewichts zwischen Parlament und Staatsoberhaupt aufgegeben. Es hätte insofern der alliierten Vorgabe nicht bedurft. Der neue Präsident sollte nicht mehr vom Volk und er sollte für eine kürzere Amtszeit gewählt werden; ihm mußte ein selbständiges Regieren mit Hilfe von Notverordnungen unmöglich gemacht und das Recht, das Parlament aus jedem beliebigen Grunde aufzulösen, genommen werden. Wesentlich zurückgedrängt wurde die Bedeutung von Volksbegehren und Volksentscheid, drastisch reduziert die Möglichkeit, die Regierung durch Gesetz zur Rechtssetzung zu ermächtigen (Art. 80). Größere Regierungsstabilität bezweckte die Einführung des konstruktiven Mißtrauensvotums, das den Sturz eines Regierungschefs nur durch Neuwahl des Nachfolgers ermöglicht (Art. 67). Das parlamentarische System, dessen Wiedereinführung selbstverständlich und in den Ländern realisiert war, sollte auf diese Weise gestärkt werden. Der an die Spitze gestellte Katalog von Grundrechten greift in großem Umfang auf die Freiheitsrechte der Weimarer Reichsverfassung und damit auch auf die Paulskirchenverfassung von 1848 zurück. Die Grundrechte werden jetzt ausdrücklich für unmittelbar anwendbar erklärt (Art. 1 Abs. 3 GG) und unbegrenzten Einschränkungen durch den Gesetzgeber entzogen (Art. 19 Abs. 2 GG). Darüber hinaus gewährt die Verfassung mit der Garantie des Rechtsweges gegenüber Maßnahmen der öffentlichen Gewalt einen umfassenden Schutz individueller Rechte (Art. 19 Abs. 4 GG). Der Ausbau der Verfassungsgerichtsbarkeit (Art. 93 GG) zielte auf die Verrechtlichung von Fundamentalkonflikten, die Bindung an Frieden und Völkerrecht (Art. 24 u. 25 GG) auf eine normativ gebundene Außenpolitik der Verständigung. Das Grundgesetz unternimmt schließlich sogar den Versuch, die wichtigsten Prinzipien der neuen staatlichen Ordnung jeder legalen Änderung zu entziehen: Die Gliederung des Bundes in Länder, deren Mitwirkung an der Gesetzgebung, Menschenwürde und Menschenrechte, Demokratieprinzip und Sozialstaatsprinzip, Volkssouveränität, Gewaltenteilung und Rechtsstaatsprinzip sollen auf Dauer Bestand haben (Art. 79 Abs. 3 GG). Es versteht sich von selbst, daß ein Verfassungsdenken dieser Art vom Vorrang der Verfassung gegenüber dem einfachen Gesetzgeber ausgehen mußte (Art. 20 Abs. 3 GG), so daß stillschweigende Verfassungsänderungen durch die alltägliche Gesetzgebungspraxis fortan nicht mehr möglich waren (Art. 79 Abs. 1 u. 2 GG). Kaum jemals zuvor ist die Staatsmacht so eng an – unwandelbar gedachte – Rechtsgrundsätze gebunden worden.

4. Zur geschichtlichen Bedeutung der Verfassungsgebung

Das Bonner Grundgesetz ist eine vergangenheitsorientierte Schöpfung, aber nicht lediglich wegen seiner Reaktion auf die Vorgänge der jüngeren deutschen Geschichte, sondern in einem grundsätzlicheren Sinne. Es beschwört erneut mit glaubwürdigem Pathos die Freiheit und Unverletzlichkeit der Person, nachdem diese in Deutschland vom Staat selbst prinzipiell verneint worden war. Damit greift das Grundgesetz weit über Weimar hinaus auf das Naturrechtsdenken der Aufklärung zurück (o. § 25 II.4). Es ist erneut der Gedanke der dem Menschen angeborenen und daher dem Staate vorgegebenen Rechte, der einen Fundamentalkonsens über die elementarsten Grundlagen der Rechtsordnung herbeiführen soll. War den Menschen- und Bürgerrechten im Zeitalter der Aufklärung jedoch die Aufgabe zugedacht, die vernünftig nicht begründbare altständische Ordnung durch die Freiheit und Gleichheit aller Menschen zu ersetzen, so kam den Grundrechten der in Bonn entworfenen Verfassung von Anbeginn eine ganz andere Funktion zu: nach dem für unabsehbare Zeit nicht rückgängig zu machenden Legitimitätsverlust der traditionalen und metaphysischen Normensysteme den individuellen Rechtsstatus des Menschen zu sichern – im klassisch liberalen Sinne gegenüber dem weiterhin an Macht gewinnenden Staat, aber auch gegenüber den in der Gesellschaft entstandenen Großorganisationen. Daß die Grundrechte darüber hinaus bald als ein Integrationselement des sozialen Rechtsstaats interpretiert wurden, ist ein Faktum, das schon zu der Geschichte der Bundesrepublik Deutschland gehört (u. § 44 IV.1).

Vordergründig betrachtet, reagierte das Grundgesetz in der Stunde seiner Entstehung also eher auf eine vorgegebene geschichtliche Situation, als daß es eine Projektion der Zukunft entwarf. Wiederherstellung, „Restauration" zerstörter Ordnungen galt nach alles erschütternden Sozialkatastrophen stets als eine vorrangige Aufgabe. Tatsächlich aber erwies sich das Grundgesetz insofern als eine tragfähige Basis modernstaatlicher Entwicklungen, als die Aufklärung weiterhin die eigentliche Stunde Null der neuzeitlichen Geschichte darstellt und daher eine Rückkehr zu ihren Ideen die Gegenwart nicht völlig verfehlen konnte.

5. Das Besatzungsstatut

Am Tage des Inkrafttretens der neuen Verfassung erließen die Militärgouverneure zugleich ein Besatzungsstatut, das nach mühsamen Verhandlungen zwischen den drei Westmächten erst im Februar 1949 fertiggestellt worden war. Darin bestätigen die drei Westmächte, daß Bund und Länder volle legislative, exekutive und jurisdiktionelle Gewalt haben sollen, soweit nicht in Hinblick auf den Besatzungszweck Begrenzungen erforderlich sind. Diese Einschränkungen, die etwa dem Rahmen der „Frankfurter Dokumente" (o. I.2) entsprachen, waren zwar enumerativ aufgezählt. Es fehlte im Besatzungsstatut aber auch nicht der generelle Vorbehalt, aus Gründen der Sicherheit oder zur Erhaltung eines demokratischen Regiments in Deutschland kraft Besatzungsrechts direkt einzugreifen. Auch jede Verfassungsänderung blieb genehmigungspflichtig. Doch waren die Alliierten dem deutschen Wunsch nach Festschreibung einer Pflicht, innerhalb gewisser Fristen das Besatzungsstatut zu überprüfen, entgegengekommen. Insgesamt beruhte das Besatzungsstatut indessen vor allem auf einem Kompromiß unter den drei Westmächten selbst. Am 6. 6. 1949 wurde die

Alliierte Hohe Kommission errichtet, die von nun an die Rechte der Besatzungsmächte wahrnehmen sollte. Die Militärgouverneure kehrten nach Hause zurück.

III. Die Gründung der DDR

1. Erste Elemente eines sozialistischen Verfassungssystems: „Deutscher Volkskongreß" und „Deutscher Volksrat"

In der sowjetischen Besatzungszone entwickelten sich die neuen Verfassungsverhältnisse schon äußerlich, wenn man den Blick nur auf das Verfahren richtet, in völlig anderer Weise. Während der Gründungsphase der Deutschen Demokratischen Republik ist nichts über ein Spannungsverhältnis zwischen den Forderungen der Besatzungsmacht und den führenden deutschen Politikern bekanntgeworden. Es war die aus der Moskauer Emigration zurückgekehrte *„Gruppe Ulbricht"*, die in Einklang mit den sowjetischen Vorstellungen der Staatsorganisation den leninistischen Grundsatz von der Führungsrolle der Partei der Arbeiterklasse, angepaßt an die nunmehr in Deutschland gegebenen Verhältnisse, in die Praxis umsetzte. Dafür bot das seit der Zulassung von Parteien nach dem Ende des Krieges angewendete Blockprinzip (o. § 41 IV.2) die besten Voraussetzungen. Auf dem Wege zu einer Staatsgründung, welche die SED als wahrhaft demokratische Alternative zum bürgerlichen Verfassungswesen in den Westzonen begriff und propagierte, war jedoch eine breitere Unterstützung erwünscht, zumal sich diese auch wiederum nach dem Blockprinzip organisieren ließ. Der erstmals am 7. 12. 1947, erneut am 18. 3. 1948 in Berlin zusammentretende *„Deutsche Volkskongreß für Einheit und gerechten Frieden"* mit Delegierten auch aus den Westzonen verstand sich als Vertretung aller Deutschen. Er wählte auf seinem zweiten Treffen als gesamtdeutsche Vertretung einen 400 Mitglieder umfassenden *„Deutschen Volksrat"*, den *Otto Grotewohl* als *„die einzige legitime Repräsentation des deutschen Volkes"* bezeichnete, sowie einen Verfassungsausschuß. In beiden Gremien waren nach dem Vorbild der Blockausschüsse nicht nur die Parteien, sondern auch die von der SED beherrschten „Massenorganisationen" (o.§ 41 IV.2) vertreten.

2. Verfassungsberatungen im Zeichen des Blocksystems

Die SED aber wandelte sich 1948 ausdrücklich zu einer *„Partei neuen Typus"*, d. h. sie bekannte sich zum Marxismus-Leninismus und orientierte sich ganz an den Strukturen und Zielen der KPdSU. Die bis dahin amtierenden Vorsitzenden der CDU in der sowjetischen Besatzungszone, *Kaiser* und *Lemmer,* weigerten sich, den Volkskongreß zu unterstützen und wurden daher unter dem Druck der SMAD abgelöst. Schon am 3. 8. 1948 lagen dem deutschen Volksrat *„Richtlinien für eine Verfassung"* zur Beratung und Verabschiedung vor. Noch immer war der Anspruch gesamtdeutsch und daher eine Beeinflussung der öffentlichen Meinung in den Westzonen beabsichtigt. Tatsächlich gehören der Volkskongreß, der Volksrat und der zugehörige Verfassungsausschuß aber schon zur Vorgeschichte der DDR. Für die am 15. und 16. 5. 1949 durchgeführten Wahlen zum 3. Deutschen Volkskongreß hat der Volksrat eine Einheitsliste aufgestellt, auf der die Abgeordnetensitze für Parteien und „Massenorganisationen" im vorhinein aufgeteilt worden waren. Daß in den vorangegangenen Wahlen die bürgerlichen Parteien erhebliche Erfolge hatten verbuchen können, blieb nicht unberücksichtigt, hatte jedoch im Rahmen des Blocksystems mit dem Führungsanspruch der SED keine politische Bedeutung. Am 19. 3. 1949 nahm der Volksrat die Verfassung der Deutschen Demokratischen Republik an, ließ sie am 30. 5. vom 3. Deutschen Volkskongreß bestätigen und setzte sie am 7. 10. in Kraft, nachdem er sich als *„Deutsche Volkskammer"* konstituiert und die hier vertretenen Organisationen in der *„Nationalen Front"* organisiert hatte. Die sowjetischen Militärbehörden übertrugen ihre Verwaltungsaufgaben auf die Organe des neuen deutschen Staates (11. 11. 1949) und richteten zugleich als Aufsichtsorgan die *„Sowjetische Kontrollkommission"* ein.

3. Die Regelungen der DDR-Verfassung

Der bis 1968 formell geltende, die wirklichen Verfassungsverhältnisse aber kaum widerspiegelnde Verfassungstext der DDR folgt weitgehend dem Modell der altliberalen Tradition, etwa mit einer umfassenden Kodifikation von *„Rechten des Bürgers"* und der Übernahme zahlreicher Artikel aus der Weimarer Reichsverfassung. Andererseits wurde ein so außerordentlich wichtiger Rechtsgrundsatz wie das Blockprinzip in diesem Verfassungsgesetz nur verschlüsselt erwähnt: Alle Fraktionen sind in der Regierung im Verhältnis ihrer Stärke vertreten (Art. 92). Die nur relative Bedeutung des Verfassungstextes entsprach der Auffassung der SED. *Otto Grotewohl* hatte im Verfassungsausschuß festgestellt: *„Die erste Frage darf nicht sein: Welche juristische Form schaffen wir – sondern welche politische Linie schlagen wir ein. Haben wir uns für die politische Linie geeinigt, so haben wir entsprechende wirtschaftliche, soziale und politische Verhältnisse herzustellen, die das sichere und unabdingbare Fundament unseres demokratischen Staates sein sollen ..."*. Diese marxistische Überzeugung hatte zur Konsequenz, daß auch die Idee des Rechtsstaates als *„vollkommen inhaltslos"* (K. Polak) abgelehnt wurde. Wie schon bei der Beratung des Entwurfs für die Landesverfassungen (o. § 41 IV.3) ist auch im Verfassungsausschuß des Volkskongresses die Gewaltenteilung verworfen worden, weil sie sich mit dem Prinzip der Volkssouveränität nicht vertrage. Im Verfassungstext allerdings hat man die Tatsache, daß dann die Gerichtsbarkeit der Kontrolle der Volkskammer unterliegt, nur undeutlich zum Ausdruck gebracht (Art. 63). Die untergeordnete Bedeutung, welche die SED dem Verfassungstext beimaß, kommt auch darin zum Ausdruck, daß dieses Gesetz niemals kommentiert worden ist. Dennoch ist die Tendenz, den Bürger stärker in den Staat zu integrieren als das Bonner Grundgesetz, nicht zu übersehen. Die Idee ursprünglicher, dem Staate vorgegebener Menschenrechte war der DDR-Verfassung fremd. Die angedrohte Bestrafung von *„Boykotthetze gegen demokratische Einrichtungen und Organisationen"* (Art. 6) schuf die normative Voraussetzung für die Unterdrückung jeder öffentlichen Kritik.

4. Kapitel. Die Bundesrepublik Deutschland und die Deutsche Demokratische Republik (1949–1990)

§ 43. Das Ende der Besatzungshoheit und die Westintegration der Bundesrepublik

Quellen: *K. Adenauer* (o. § 42); *H. R. Krämer* (Hrsg.), Die europäische Wirtschaftsgemeinschaft. Texte zu ihrer Entstehung und Tätigkeit, 1965; *W. Lipgens* (Hrsg.), 45 Jahre Ringen um die Europäische Verfassung. Dokumente 1939–1984, 1986; *I. v. Münch* (o. § 41); *K. Schumacher* (o. § 41); *H. v. Siegler*, Dokumentation der Europäischen Integration, Bd. 1–2, 1961–1964; *ders.*, Europäische politische Einigung. Dokumentation von Vorschlägen und Stellungnahmen, Bd. 1–2, 1968–1973; *E. Steindorff* (Hrsg.), Europa-Recht, 10. Aufl. 1990.

Zeitgenössische Literatur: *B. Beutler, R. Bieber, J. Pipkorn* u. *J. Streil*, Die europäische Gemeinschaft. Rechtsordnung und Politik, 3. Aufl. 1987; *A. Bleckmann*, Europarecht, 5. Aufl. 1990; *W. Breslauer* u. *F. Goldschmidt*, Die Arbeit des Council of Jews from Germany auf dem Gebiet der Wiedergutmachung, 1966; *H. P. Ipsen*, Europäisches Gemeinschaftsrecht, 1972; *ders.*, Europäisches Gemeinschaftsrecht in Einzelstudien, 1984; *O. Küster*, Erfahrungen in der deutschen Wiedergutmachung, 1967; *Th. Oppermann*, Europarecht, 1991; *M. Schweitzer* u. *W. Hammer*, Europarecht, 3. Aufl. 1990.

Schrifttum: *A. Albonetti*, Vorgeschichte der Vereinigten Staaten von Europa, 1961; *W. Benz* (o. § 41); *H.-J. Brodesser*, Wiedergutmachung und Kriegsfolgenliquidation: Geschichte – Regelungen – Zahlungen, 2000; *W. Cornides*, Die Anfänge des europäischen föderalistischen Gedankens in Deutschland 1945–1949, Europa-Archiv 1951, 4243 ff.; *E. Feaux de la Croix*, Wiedergutmachung als Aufgabe der deutschen Nachkriegspolitik – Lösungen und ungelöste Probleme, in: *H. J. Vogel* u. a. (Hrsg.), Die Freiheit des Anderen. FS f. Martin Hirsch, 1981, 243 ff.; *ders.* u. *H. Rumpf*, Der Werdegang des Entschädigungsrechts unter national- und völkerrechtlichen und politologischem Aspekt, 1985; *D. Fuhrmann-Mittlmeier*, Die deutschen Länder im Prozeß der Europäischen Einigung, 1991; *E. Fursdon*, The European Defence Community: A History, 1980; *J. Gillingham*, Coal, Steel, and the Rebirth of Europe, 1945–1955, 1991; *C. Goschler*, Wiedergutmachung, 1992; *H. v. d. Groeben*, Aufbaujahre der europäischen Gemeinschaft, 1982; *E. B. Haas*, The Uniting of Europe, 1958; *L. Herbst* (Hrsg.) (o. § 41); *ders.*, Die zeitgenössische Integrationstheorie und die Anfänge der europäischen Integration 1947–1950, VfZ 34 (1986) 161 ff.; *ders.* u. *C. Goschler* (Hrsg.), Wiedergutmachung in der Bundesrepublik Deutschland, 1989; *ders.*, *W. Bührer* u. *H. Sowade* (Hrsg.), Vom Marshallplan zur EWG, 1990; *H. Hofmann*, in: HdbStR I, 259 ff.; *H. J. Küsters*, Die Gründung der Europäischen Wirtschaftsgemeinschaft, 1982; *W. Loth*, Der Weg nach Europa. Geschichte der europäischen Integration 1939–1957, 1990; *ders.* (Hrsg.), Die Anfänge der europäischen Integration 1945–1950, 1990; *H. Maier* u. *A. Tobler*, Die Ablösung des Besatzungsstatuts in der Bundesrepublik Deutschland, Europa-Archiv 1955, 8081 ff.; *D. Mußgnug* (u. § 41); *P. Noack*, Das Scheitern der Europäischen Verteidigungsgemeinschaft, 1977; *R. Poidevin*, Der Faktor Europa in der Deutschlandpolitik Robert Schumans, VfZ 33 (1985) 406 ff.; *R. Pryce* (Hrsg.), The Dynamics of European Union, 1987; *H.-J. Rupieper*, Der besetzte Verbündete. Die amerikanische Deutschlandpolitik 1949–1955, 1991; *G. Schmoller, H. Maier* u. *A. Tobler*, Handbuch des Besatzungsrechts, 1957; *K. Schwabe* (Hrsg.), Die Anfänge des Schuman-Plans 1950/51, 1988; *W. Schwarz*, Die Wiedergutmachung des nationalsozialistischen Unrechts in der Bundesrepublik Deutschland – rechtliches Neuland?, in: *H. J. Vogel* u.a. (Hrsg.), Die Freiheit des Anderen. FS f. Martin Hirsch, 1981, 227 ff.; *ders.*, Das Recht der Wiedergutmachung und seine Geschichte, JuS 1986, 433 ff.; *H. Timmermann* (Hrsg.), Deutschland und Europa nach dem 2. Weltkrieg, 1990; *G. Trausch* (Hrsg.), Die europäische Integration vom Schuman-Plan bis zu den Verträgen von Rom, 1993; *D. W. Urwin*, The Community of Europe: A History of European Integration since 1945, 1991; *H. Vogt*, Wächter der Bonner Republik: Die Alliierten Hohen Kommissare 1949–1955, 2003; *H.-E. Volkmann* u. *W. Schwengler* (Hrsg.), Die Europäische Verteidigungsgemeinschaft, 1985;

P. Weilemann, Die Anfänge der Europäischen Atomgemeinschaft, 1983; *Chr. v. Wylick*, Das Besatzungsstatut, Diss. jur. Köln 1956.

I. Von besatzungsrechtlichen zu integrationsbedingten Souveränitätsbeschränkungen

Die Verfassungsverhältnisse der neugegründeten Bundesrepublik sind von Anbeginn dem Grundgesetz allein nicht zu entnehmen. Nicht nur das Besatzungsstatut (o. § 42 II.5) galt zunächst noch fort. Seine Aufhebung war nahtlos mit der Integration des neuen deutschen Staates in atlantische und europäische Normensysteme ökonomischer und sicherheitspolitischer Art verbunden. Die deutsche Souveränität blieb also stets beschränkt. Diese verfassungspolitische Linie wurde von den drei Westalliierten verbindlich vorgegeben. Sie hatte ihren Grund in einem tiefen Mißtrauen der Westmächte und im Sicherheitsbedürfnis insbesondere Frankreichs gegenüber Deutschland. Es waren also die fortwirkenden historischen Bedingungen der westdeutschen Staatsgründung, die deren weiteres Schicksal entscheidend prägten. Daß diese Situation von den meisten Westdeutschen dennoch nicht als unerträgliche Fremdbestimmung empfunden wurde, hatte seinen Grund einerseits in dem vorrangigen Sicherheitsinteresse gegenüber dem nunmehr in Osteuropa fest etablierten Sowjetsystem und andererseits in dem Bedürfnis, den neuen Staat auf die gemeinsame europäische Kultur, der man sich zugehörig fühlen durfte, zu gründen (u. III.1). Der Nationalstaat war zerbrochen und kompromittiert.

Die Geschichte der Westintegration ist im Rahmen einer deutschen Verfassungsgeschichte nur insoweit von Interesse und darzustellen, als sie für die deutsche Verfassungsentwicklung von Bedeutung geworden ist. Diese Perspektive muß notwendigerweise die Aufmerksamkeit auf die Souveränitätsbeschränkungen und -übertragungen lenken, die das Grundgesetz (Art. 24 Abs. 1) durch einfaches Gesetz und damit durch die jeweilige Regierungsmehrheit ermöglicht, *„obwohl die Öffnung des Verfassungsraums der Bundesrepublik für eine überstaatliche Hoheitsgewalt in der Sache eine Verschiebung der grundgesetzlichen Kompetenzen und damit eine Verfassungsänderung darstellt"* (*H. Hofmann*). Den dergestalt erleichterten Einbußen auf nationaler Ebene stehen freilich Gewinne gegenüber, die verfassungsgeschichtlich noch kaum meßbar sind, etwa: individuelle und ökonomische Entfaltungsmöglichkeiten sowie Rechtsschutz für deutsche Staatsbürger im Rahmen einer sich allmählich verdichtenden europäischen Rechtsordnung.

II. Besatzungsrecht und Besatzungspolitik der Alliierten

1. Erste Einschränkungen des Besatzungsstatuts

Nach der ersten Bundestagswahl am 14. 8. 1949 entstanden innerhalb weniger Wochen mit dem Zusammentritt von Bundestag und Bundesrat, mit der Bildung der Bundesregierung unter *Konrad Adenauer* (CDU) und der Wahl des ersten Bundespräsidenten *Theodor Heuss* (FDP) am 12. 9. 1949 die Bundesorgane. Kurz darauf trat das Besatzungsstatut in Kraft (o. § 42 II.5). Die früheste Phase der westdeutschen Staatlichkeit stand noch ganz im Zeichen der Besatzungspolitik.

Die *Alliierte Hohe Kommission* verfügte über einen ähnlich ausgebauten Apparat wie zuvor die Militärregierungen mit „*Landkommissariaten*" und selbst „*Kreisresidenzoffizieren*" und sie übernahm auch weitgehend das bisher schon eingesetzte Personal. Die geheimgehaltene politische Direktive für *McCloy*, den Hohen Kommissar der USA, ist im Geist der Besatzungsziele abgefaßt; selbst um die Beachtung des Grundgesetzes sollten die Vertreter der Besatzungsmacht besorgt sein.

Diese Mentalität blieb auch vorherrschend, als man mit den ersten Einschränkungen des Besatzungsstatuts den Handlungsspielraum der Bundesrepublik zögernd erweiterte. Im *Petersberg-Abkommen* vom 22. 11. 1949, das die Wiederaufnahme von konsularischen und Handelsbeziehungen gestattete und die Bundesrepublik als Mitglied in die internationale Ruhrbehörde aufnahm, versprach die Bundesregierung, die „*Neubildung irgendwelcher Streitkräfte zu verhindern*" und „*alle Spuren der nationalsozialistischen Gewaltherrschaft ... auszutilgen und das Wiederaufleben totalitärer Bestrebungen ... zu verhindern*". Ein tiefergreifender Wandel in den Beziehungen zwischen den Besatzungsmächten und der Bundesrepublik begann sich erst abzuzeichnen, als kurz darauf die Diskussion um einen deutschen *Verteidigungsbeitrag* begann. Als erster forderte öffentlich einen solchen der Pragmatiker *Winston Churchill* schon im März 1950. Im Juni desselben Jahres brach der Korea-Krieg aus, im Herbst zündete die Sowjetunion ihre erste Atombombe. In dieser grundlegend veränderten weltpolitischen Situation konnte Bundeskanzler Adenauer im November 1950 gegenüber den Alliierten den Standpunkt vertreten, zwischen einem deutschen Verteidigungsbeitrag und der Wiedergewinnung der Souveränität bestehe ein Zusammenhang; eine bloße Revision des Besatzungsstatuts genüge nicht. Eine solche wurde indessen am 17. 3. 1951 bekanntgegeben: Der generelle Kontrollvorbehalt der Alliierten gegenüber der deutschen Gesetzgebung entfiel, die Ruhr-Kontrolle wurde reduziert, die Bundesrepublik erhielt erstmals begrenzte außenpolitische Handlungsmöglichkeiten. Erst im August 1951 empfahl die Alliierte Hohe Kommission ihren Regierungen, die Beziehungen zur Bundesrepublik auf eine vertragliche Grundlage zu stellen. Etwa gleichzeitig, zwischen Juli und Oktober 1951 erklärten die Westmächte den Kriegszustand mit Deutschland für beendet. Damit waren die Voraussetzungen für die Aufhebung der Besatzungshoheit geschaffen.

2. Schwierigkeiten und Folgen besatzungspolitischer Maßnahmen

Es erwies sich ohnehin als schwierig, einerseits eine demokratische Verfassung mit allen zugehörigen Freiheitsrechten zu etablieren, andererseits aber weiterhin alliierte Besatzungspolitik betreiben zu wollen. Am deutlichsten trat dieses Dilemma bei der fortdauernden *Demontagepolitik* zutage, die gegen ein deutsches Rüstungspotential gerichtet sein sollte, angesichts der gleichzeitig fließenden Marshallplan-Gelder aber ökonomisch unsinnig war und schließlich unter dem Druck der deutschen öffentlichen Meinung eingestellt werden mußte. Ein völliges Debakel erlitt die alliierte Besatzungspolitik auch in der Frage des deutschen *Berufsbeamtentums*, das abzuschaffen ein besonderes Anliegen gerade der Amerikaner gewesen war. Noch im Februar 1949, als der Entwurf des Grundgesetzes den Militärgouverneuren bereits vorlag, hatten diese ein Beamtengesetz oktroyiert, das unter anderem die Inkompatibilität der Beamtenstellung mit politischen Mandaten vorsah. Der Bundesgesetzgeber aber regelte alsbald das deutsche Beamtenrecht wieder in herkömmlicher Weise und ermöglichte mit dem Gesetz zu Art. 131 GG am 1. 5.

1951 sogar die Fortsetzung der kriegs- und nachkriegsbedingt unterbrochenen Beamtenverhältnisse. Dennoch ist der fortdauernde Einfluß der Alliierten – z. B. über eigene Zeitungen – auf das sich allmählich reorganisierende öffentliche Leben in Deutschland gerade in der frühen Zeit der Bundesrepublik nicht gering einzuschätzen. Die Besatzungsmächte vermittelten die sozialethischen Maximen einer weniger am Staat als am freien Spiel der Kräfte orientierten Gesellschaft, sie boten das Vorbild funktionierender Demokratien und importierten nicht zuletzt auch kulturelle Elemente, die – alles zusammengenommen – einen Prozeß einleiteten, den wir rückschauend als einen allmählichen Wertewandel begreifen müssen.

3. Vertragliche Regelungen zwischen der Bundesrepublik und den Westmächten

Im Herbst 1951 begannen die Verhandlungen über die Ablösung des Besatzungsstatuts, an dessen Stelle vertragliche Regelungen zwischen der Bundesrepublik und den Westmächten treten sollten. Im Mai 1952 lag der Text vor, zugleich auch ein Vertrag über die Gründung einer *Europäischen Verteidigungsgemeinschaft (EVG)*, der die Schaffung einer gemeinsamen europäischen Armee vorsah. Die Wiederbewaffnung und die gleichzeitige Intensivierung der europäischen Integration (u. III) war in den beteiligten europäischen Ländern höchst umstritten. In Deutschland leistete die SPD in der Opposition erbitterten Widerstand, weil sie den Weg zu einer möglichen Wiedervereinigung erschwert sah (u. § 46 II.2), in Frankreich opponierten Kommunisten und Gaullisten. Der Bundestag verabschiedete beide Vertragswerke im März 1953. Der Vertrag über die EVG scheiterte jedoch im August 1954 in der französischen Nationalversammlung. Nunmehr handelten die Westmächte ungewohnt rasch. In den *Pariser Verträgen* vom 23. 10. 1954 wurde die Lösung gefunden, daß der Vertrag mit der Bundesrepublik durch deren Beitritt in das Militärbündnis der *NATO* ergänzt werden sollte. Der Bundestag ratifizierte, wiederum gegen den Widerstand der SPD, die Pariser Verträge im Februar 1955. Am 5. Mai dieses Jahres wurde die *Souveränität* der Bundesrepublik proklamiert und die Alliierte Hohe Kommission aufgelöst; wenige Tage danach trat die Bundesrepublik der *NATO* bei. Die für jedes Staatswesen zentrale Frage, wie die Sicherheit gewährleistet werden soll, wurde nicht innereuropäisch, sondern durch Integration im Rahmen eines atlantischen Bündnissystems gelöst.

Der „*Vertrag über die Beziehungen zwischen der Bundesrepublik Deutschland und den drei Mächten*" (General- oder Deutschlandvertrag), formuliert im wesentlichen schon 1952, neugefaßt durch die Pariser Verträge, sah vor, daß die Bundesrepublik „*die volle Macht eines souveränen Staates über ihre inneren und äußeren Angelegenheiten haben*" werde, vorbehaltlich der bisherigen alliierten Rechte „*in bezug auf Berlin und auf Deutschland als Ganzes einschließlich der Wiedervereinigung Deutschlands*". Zugleich aber verpflichtete sich die Bundesrepublik nicht nur, ihr politisches Handeln an den Prinzipien der Satzung der Vereinten Nationen und des Statuts des Europarates auszurichten, sondern auch, „*sich durch ihre Mitgliedschaft in internationalen Organisationen, die zur Erreichung der gemeinsamen Ziele der freien Welt beitragen, mit der Gemeinschaft der freien Nationen völlig zu verbinden.*" Die Alliierten verpflichteten sich jedoch ihrerseits, auf das Ziel einer Wiedervereinigung Deutschlands mit freiheitlich-demokratischer Verfassung hinzuwirken. Sie behielten sich das Notstandsrecht für den Fall einer Störung der öffentlichen Sicherheit und Ordnung solange vor, wie durch die deutsche Gesetzgebung deutsche Behörden entsprechende Vollmachten noch nicht erhalten hatten. Ein *„Vertrag zur Regelung aus Krieg und Besatzung entstandener Fragen"* (*Überleitungsvertrag*) ermächtigte die Bundesrepublik und die Länder, Besatzungsrecht aufzuheben oder zu ändern, ausgenommen die Gesetze des Kontrollrates. Weitere Abkommen regelten die Stationierung der ausländischen Streitkräfte und Finanzfragen. Ein Ende fand bald auch die Sonderstellung des Saargebietes. Die vereinbarte Volksabstimmung ergab ein Votum für die Bundesrepublik, deren Grundgesetz an der Saar am 1. 1. 1957 in Kraft trat.

4. Das Problem der Souveränität

In der verfassungspolitischen Diskussion blieb die Frage der Souveränität umstritten. Zweifel ergaben sich aus der Tatsache, daß nicht nur die Bundesregierung unter Konrad Adenauer eine Entscheidung für eine bestimmte Politik getroffen hatte, sondern die Bundesrepublik überhaupt auf die Verbindung mit anderen Nationen in internationalen Organisationen festgelegt worden war. Wer dennoch die Wiedergewinnung wirklicher Souveränität behauptete, konnte dies allerdings mit dem Hinweis auf Souveränitätsbeschränkungen jener westeuropäischen Staaten tun, die sich – ohne besatzungsrechtliche Vorgaben – gleichfalls für die europäische Integrationspolitik entschieden hatten (u. III). So gesehen, schien nun der Souveränitätsbegriff selbst historischem Wandel unterworfen und einer neuen inhaltlichen Bestimmung zugänglich. Gravierender aber als die Festschreibung der Westintegration wirkte der alliierte Vorbehalt hinsichtlich Deutschlands *„als Ganzem"* und seiner Wiedervereinigung (u. § 46 V.2). Hiernach war nicht daran zu zweifeln, daß das Prinzip der Volkssouveränität für das Gesamtvolk vorerst suspendiert blieb. Weithin sichtbarer Ausdruck dieser Verfassungslage waren die alliierten Rechte in Berlin.

5. Die Rechtsstellung Berlins

Für die Rechtsstellung Berlins war nach westlicher Überzeugung weiterhin Besatzungsrecht maßgebend. Dies hatte zur Folge, daß jene Artikel in der Verfassung West-Berlins vom 1. 9. 1950, welche vorsahen, daß Berlin ein Land der Bundesrepublik sei und dessen Grundgesetz und Gesetze verbindlich, nicht in Kraft treten konnten. Bundesgesetze mußten durch das Berliner Abgeordnetenhaus besonders in Kraft gesetzt werden. Die westalliierten Stadtkommandanten haben dieses Verfahren und das Verhältnis ihrer Machtbefugnisse zu den Rechten der West-Berliner Verfassungsorgane in einer Erklärung vom 5. 5. 1955 näher geregelt. Die Besatzungsmächte unterwarfen sich damit gewissen Selbstbeschränkungen, behielten sich jedoch weitergehende Rechte vor, als dies im Generalvertrag für die Bundesrepublik im übrigen geschehen war. Das Bundesverfassungsgericht verstand Berlin als ein Land der Bundesrepublik, in welchem das Grundgesetz allerdings nur insoweit galt, als nicht Besatzungsrecht zur Anwendung kam. Besatzungsrechtlich aber bestimmten die Militärgouverneure selbst, in welchem Umfang Organe des Bundes in Berlin Staatsgewalt ausüben durften (BVerfGE 7, 1 v. 21. 5. 1957).

III. Die Bundesrepublik auf dem Weg in die europäische Integration

1. Der Europagedanke

Die Westintegration der Bundesrepublik umfaßte schon in ihren ersten Anfängen sowohl transatlantische wie innereuropäische Bindungen. Motor des sich über Jahrzehnte hinziehenden Integrationsprozesses war indessen der Europagedanke mit seinen friedenspolitischen und machtpolitischen Komponenten. Die Ängste und Zwänge der Besatzungspolitik hätten nicht ausgereicht, europäische Institutionen auf Dauer hervorzubringen. Die Idee eines vereinten Europa, deren Vorläufer sich bis in die frühe Neuzeit zurückverfolgen lassen und die nach dem Ersten Weltkrieg Anhänger auch in der Politik fand, war nicht von ungefähr während des Zweiten Weltkrieges in europäischen Widerstandsgruppen und auch im deutschen Widerstand sehr verbreitet. Nach dem Krieg ist es Winston Churchill gewesen, der in einer Rede am 19. 9. 1946 die Vision der *„Vereinigten Staaten von Europa"* mit einem deutsch-französischen Bündnis als Kern beschwor. Im Sinne eines weltpolitischen Gleichgewichts sollte das Vereinigte Europa neben die USA, das britische Commonwealth und die Sowjetunion treten. Churchills Rede ermutigte private Europaorganisationen, mit vielfältigen Aktivitäten an die Öffentlichkeit zu treten; im Mai 1948 veranstalteten sie unter Beteiligung prominenter Politiker in Den Haag einen großen Kongreß, der das Thema Europa endgültig in die Politik einführte.

Motiviert wurde diese europäische Bewegung durch die Überzeugung, in einem vereinten Europa den machtpolitischen Konkurrenzkampf der Nationen eindämmen und den Frieden sichern zu können. Politisches Gewicht erhielten Hoffnungen dieser Art aber durch eine machtpolitische Konstellation, in der sich zwei unterschiedliche Interessen gegenseitig stärkten. Frankreich war vital an der Verhinderung eines unabhängigen deutschen Nationalstaates zwischen Ost und West interessiert; alle westeuropäischen Staaten einschließlich der Bundesrepublik erhofften sich durch den europäischen Zusammenschluß mehr Sicherheit vor dem machtpolitischen Druck, der von der Sowjetunion ausging. Entscheidend für die breite Zustimmung, welche die Politik der europäischen Integration in der Bundesrepublik und hier seit dem Ende der fünfziger Jahre auch von seiten der oppositionellen SPD erhielt, war die Überzeugung, daß die einzig denkbare Alternative, Ausbau der Beziehungen zur DDR mit dem Ziel einer eventuell erreichbaren Neutralisierung Deutschlands, zu große Risiken barg (u. § 46 II) – ganz abgesehen davon, daß für eine solche Politik kaum die Zustimmung der Westalliierten zu erwarten gewesen wäre.

2. Die erste Phase der Westintegration 1949/54

Die erste Phase der Westintegration, die sich bis zur Proklamation der Souveränität im Mai 1955 erstreckt, begann schon vor der Gründung der Bundesrepublik. Zur Durchführung des *European Recovery Program (ERP)*, des sog. *Marshallplans*, unterzeichneten im April 1948 16 Staaten und die Militärgouverneure der drei Westmächte für ihre Besatzungszonen das Statut der *Organization for European Economic Cooperation (OEEC)*. Die Bundesrepublik erklärte ihren Beitritt am 31. 10. 1949, wenige Wochen, nachdem die Bundesorgane entstanden waren. Auch andere Grundlagen der Westintegration fand der neue westdeutsche Staat schon vor: Das im April 1949 geschlossene internationale Abkommen über die *Ruhrbehörde* und den im Mai 1949 in Straßburg gegründeten *Europarat,* dem damals zukunftsweisende Bedeutung beigemessen wurde. Die politische und ökonomische Integration Deutschlands in das westliche Staatensystem war auch dem ersten amerikanischen Hohen Kommissar als politische Direktive auf den Weg gegeben worden. Die Amerikaner hatten dabei, neben der Sicherheitspolitik gegenüber dem Sowjetsystem, vor allem das Ziel einer gesamteuropäischen Ökonomie vor Augen, die Deutschland zugleich dem Westen zuordnen würde. Es zeigte sich bald, daß Frankreich, wichtigster Partner des Integrationsprozesses, andere Akzente setzte und weitergehende Schlußfolgerungen zog. Seit dem Sommer 1948 lassen sich in Paris erste Überlegungen zu der Frage, wie das deutsch-französische Problem in einem europäischen Rahmen gelöst werden könnte, feststellen. Danach sollten *„direkte alliierte Kontrollen über Deutschland durch Formen indirekter Kontrolle mittels gemeinsamer Institutionen"* (L. *Herbst*) ersetzt werden. Frankreich dachte also daran, europäische Institutionen zu schaffen, die Frankreich letztlich mehr Sicherheit bringen würden als gewöhnliche zwischenstaatliche Verträge.

Der französische Außenminister *Robert Schuman* deutete schon im Herbst 1949 an, daß die Ruhrbehörde zu einem europäischen Organ umgestaltet werden sollte. Es dauerte dann aber noch ein halbes Jahr, bis am 9. 5. 1950 der *Schuman-Plan* auf dem Tisch lag. Die anschließenden Verhandlungen wurden am 18. 4. 1951 mit der Unterzeichnung des Vertrages über die *„Europäische Gemeinschaft für Kohle und Stahl"* (*EGKS, Montan-Union*) abgeschlossen. Die Präambel des Abkommens betont dessen prinzipiellen Charakter. Die beteiligten sechs Staaten – neben Deutschland und Frankreich Italien und die Beneluxländer – erklärten, *„an die Stelle der jahrhundertealten Rivalitäten einen Zusammenschluß ihrer wesentlichen Interessen zu setzen, durch die Errichtung einer wirtschaftlichen Gemeinschaft den ersten Grundstein für eine weitere und vertiefte Gemeinschaft ... zu legen ...".* Das Vertragswerk unterstellte die Produktion von Kohle und Stahl einer europäischen *„Hohen Behörde".* Es trat am 23. 7. 1952 in Kraft. Weitergehende Pläne für eine politische Gemeinschaft blieben nach dem Scheitern der EVG im Sommer 1954 (o. II.3) liegen. Der erste, intensive Impuls einer europäischen Integrationspolitik hatte sich verbraucht. Das im Herbst 1954 rasch geschaffene Verteidigungsbündnis der sechs europäischen Kernstaaten, die *„Westeuropäische Union"* (*WEU,*) blieb neben der NATO unbedeutend. Auch der Europarat, dem die Bundesrepublik im Sommer 1950 assoziiert und am 2. 5. 1951 als Mitglied beigetreten war, entwickelte sich nur zögernd. Seine wichtigste, für die Mitgliedsländer mit innerstaatlichen Rechtsfolgen verbundene Leistung war der Abschluß einer *„Europäischen Konvention zum Schutz der Menschenrechte und Grundfreiheiten"* am 4. 11. 1950, die am 3. 9. 1953 in Kraft trat. Sie sah mit einer Kommission und einem Gerichtshof für Menschenrechte Organe vor, die von nun an supranationale Entscheidungen über innerstaatliche Menschenrechtsverletzungen treffen konnten.

3. Die Römischen Verträge vom 25. 3. 1957 und die Entwicklung der Europäischen Wirtschaftsgemeinschaft

Dennoch trat bald der Aufbau der Europäischen Gemeinschaft, nunmehr im Zeichen wirtschaftlichen Wachstums, in eine neue Phase. Schon am 1. 6. 1955, wenige Wochen nach dem Ende der Besatzungshoheit, setzte eine Außenministerkonferenz in Messina einen Ausschuß ein, der die Möglichkeiten einer weiterge-

§ 43. Das Ende der Besatzungshoheit

henden wirtschaftlichen Integration in Europa prüfen sollte. Diese Initiative führte am 25. 3. 1957 zur Unterzeichnung der *Römischen Verträge* über die Gründung einer *„Europäischen Wirtschaftsgemeinschaft"* (EWG) und einer *„Europäischen Atomgemeinschaft"* (*Euratom*). Den Zweck der EWG, *„die Errichtung eines gemeinsamen Marktes und die schrittweise Annäherung der Wirtschaftspolitik"*, haben die vertragschließenden Staaten in einem Bündel geplanter Maßnahmen konkretisiert, die in den folgenden Jahrzehnten tief in die innerstaatliche Rechtsordnung eingreifen und die Handlungsspielräume der nationalen Regierungen begrenzen sollten. Vorgesehen wurde nicht nur die Abschaffung der Binnenzölle und gemeinsame Außenzölle, sondern auch die Beseitigung aller sonstigen Hindernisse für den freien Verkehr von Personen, Dienstleistungen und Kapital, eine gemeinsame Wirtschafts- und Verkehrspolitik, der Schutz vor Wettbewerbsverfälschungen, die Angleichung der bestehenden nationalen Rechtsnormen, soweit dies die Ziele der EWG erfordern, die Schaffung eines europäischen Sozialfonds und die Errichtung einer europäischen Investitionsbank.

Dem hier vorgesehenen umfassenden Verzicht auf innerstaatliche Souveränitätsrechte, die seit *Jean Bodin* zu den Wesensmerkmalen des Staates zählten (o. § 22 I.1), entsprach der Aufbau europäischer Organe, in denen die nationalen Regierungen der beteiligten Länder eine Schlüsselstellung behielten. Die Institutionen der EWG beruhten von Anfang an nicht auf dem Prinzip der Souveränität einer Gesamtheit europäischer Völker, sondern – ähnlich wie der Deutsche Bund (o. § 30) – auf der Vereinigung von Regierungen, die auf die Handhabung der übertragenen Souveränitätsrechte Einfluß nehmen wollten und dabei nur innerstaatlich demokratischer Kontrolle unterlagen. Höchstes Organ der EWG ist daher von Anbeginn der *„Rat"* der Regierungsvertreter. Zunehmende Bedeutung hat indessen die unabhängige, auf das Gemeinschaftswohl verpflichtete *„Kommission"* gewonnen, die unter einem Präsidenten die Fülle der für die Errichtung des gemeinsamen Marktes notwendigen Rechtssetzungsakte entweder initiiert oder selbst durchführt. Die parlamentarische Komponente dieses supranationalen Verfassungssystems war dagegen schwach entwickelt. Die Direktwahl eines *Europäischen Parlaments* erwähnt der EWG-Vertrag nur als politisches Ziel. Durchgeführt wurde sie erstmals im Sommer 1979. Im ersten Jahrzehnt ihres Bestehens kam dieser parlamentarischen Versammlung in Straßburg kaum größere Bedeutung zu als der eines europäischen Diskussionsforums.

Bei der seit 1951 und 1957 in Angriff genommenen europäischen Integration handelte es sich in doppelter Hinsicht um einen historisch einzigartigen Vorgang. Zum einen wurde der Versuch unternommen, einen Staatenverbund ohne Hegemonialmacht zu schaffen, wobei freilich der wichtige Politikbereich der Sicherheit in der Tat hegemonial von den USA als einer außereuropäischen Macht beherrscht wurde. Zum anderen haben sich die beteiligten Staaten zu einer Vertragspolitik entschlossen, die aufgrund ihrer tiefgreifenden Einwirkungen auf das Wirtschafts- und Sozialgefüge die Tendenz wirklicher Unumkehrbarkeit in sich trägt; die Rückkehr zu einer nationalen Ökonomie hätte für viele Wirtschaftszweige verheerende Folgen. Damit sind die innerstaatlichen Verfassungsinstitutionen auch des deutschen Grundgesetzes durch eine Ebene supranationalen Verfassungsrechts überlagert worden. Andererseits gewann auch der *Europäische Gerichtshof* allmählich an Bedeutung. Das Bundesverfassungsgericht hatte noch 1974 die Rechtsetzung der EG seiner eigenen Grundrechtskontrolle unterworfen, solange das Gemeinschaftsrecht einen aus parlamentarisch-demokratischer Willensbildung hervorgegangenen Grundrechtskatalog nicht enthalte (BVerfGE 37, 27 ff. v. 5. 3. 1974). 1986 jedoch revidierte das Gericht diese Rechtsprechung, indem es den vom Europäischen

Gerichtshof in Hinblick auf die gemeinsame europäische Verfassungstradition gewährten Grundrechtsschutz anerkannte (BVerfGE 73, 339 ff. v. 22. 10. 1986).

4. Stagnation und Erweiterung der Europäischen Gemeinschaft

Die europäische Integration hat sich nicht gleichförmig und geradlinig weiterentwickelt. Es gab Zeiten der Stagnation und der Erweiterung der EG. Zwischen 1958 und 1969, während der Regierungszeit *de Gaulles* in Frankreich, kam es zu einem weitgehenden Stillstand der Entwicklung, da der französische Präsident das *„Europa der Vaterländer"* als Integrationsziel proklamierte und zweiseitige Abkommen, wie insbesondere den *Deutsch-Französischen Vertrag* vom 22. 1. 1963, der halbjährige Konsultationen vereinbarte, bevorzugte. Zwar wurde seit 1962 die gemeinsame Agrarpolitik in die Tat umgesetzt, 1965 ein Vertrag über die Zusammenlegung der Organe von EGKS, Euratom und EWG geschlossen und seit 1967 die EWG in *Europäische Gemeinschaft (EG)* umbenannt. Aber Vorschläge für eine europäische politische Union versandeten erneut, und für die Zeit seit 1965 ist von einer regelrechten „Verfassungskrise" der EWG die Rede, weil Frankreich seinen Sitz im Rat zeitweise nicht mehr einnahm.

Um so mehr verdient Beachtung, daß nach dem Rücktritt de Gaulles Ende 1969 eine Gipfelkonferenz der EG-Staaten in Den Haag erneut Beschlüsse über eine entschiedene Fortsetzung der europäischen Integration faßte. Die EG sollte durch eine Finanzverfassung mit eigenen Einnahmen stabilisiert, eine Wirtschafts- und Währungsunion schon bis 1980 angestrebt und die politische Zusammenarbeit organisiert werden. Dieses Programm konnten die Mitgliedsstaaten in den folgenden beiden Jahrzehnten nur zum Teil verwirklichen. Am nachhaltigsten erweiterte die *„Einheitliche Europäische Akte"* vom Jahre 1986 die politische Zusammenarbeit der Länder, z. B. im Bereich des Umweltschutzes. Daß die Entwicklung der EG dennoch als eine Erfolgsgeschichte wahrgenommen wurde, läßt sich an ihrer Erweiterung ablesen. Seit 1973 gehören der EG auch Irland, Dänemark und vor allem Großbritannien an, das damit seine traditionelle Gleichgewichtspolitik, die noch Churchills Europagedanken bestimmte, erheblich modifizierte. 1981 tritt Griechenland bei, 1986 folgten Portugal und Spanien. Die höchst unterschiedlichen ökonomischen und sozialen Strukturen aller dieser Staaten hatten lange Verhandlungen und Sonderregelungen notwendig gemacht. Die Schubkraft des europäischen Gedankens ließ indessen kaum nach. Nicht zuletzt die Wiedervereinigung Deutschlands (u. § 46 IV u. V) und das Wiedererstehen der ostmitteleuropäischen Staatenwelt mit zahlreichen historischen Spannungsfeldern ließ es geraten erscheinen, die Integrationspolitik fortzusetzen.

IV. Europa und das Deutsche Reich

1. Wiedergutmachung als Sühne für die Vergangenheit

Die gleichberechtigte Zusammenarbeit Deutschlands mit den Nationen Westeuropas setzte eine eindeutige, auch materiell fühlbare und zugleich symbolisch wirkende Distanzierung vom Hitler-Regime voraus. Um äußere Anerkennung und Frieden auch ohne Friedensvertrag zu erlangen, war durch den neuen deutschen Staat jedenfalls das elementare Bedürfnis nach Sühne zu befriedigen, wenn schon der wirkliche, vor allem auch immaterielle Schaden nicht ersetzt werden konnte. Für diesen Ausgleichsmechanismus fand man das neue Wort „Wiedergutmachung". Erste Schritte dazu hatten die Besatzungsmächte und die westdeutschen Länder schon zwischen 1945 und 1949 eingeleitet. Nach der Gründung der Bundesrepublik war es unvermeidlich, daß sie als Adressat von Wiedergutmachungsforderungen galt. Auch die Alliierten brachten diese Frage in den Verhandlungen zum Generalvertrag zur Sprache. Seit März 1952 wurden in Den Haag mit *Israel* Verhandlungen über die Leistung einer Pauschalentschädigung und zugleich mit der *Conference on Jewish Claims against Germany* über die Regelung individueller Entschädigungsforderungen geführt. Das im September abgeschlossene Vertragswerk hat der Bundestag im März 1953 verabschiedet. Nicht alle Deutschen haben damals den Grundgedanken dieser Vereinbarungen begriffen. Bundeskanzler Adenauer, der sich für die Wiedergutmachung besonders eingesetzt hatte, erreichte die Zustimmung des Parlamentes für die Leistungen an Israel nur mit Unterstützung der oppositionellen SPD. Weniger umstritten war dann das am 1. 10. 1953 in Kraft tretende *Bundesentschädigungsgesetz* über individuelle Wiedergutmachungsleistungen.

Das deutsche Wiedergutmachungsrecht sah Leistungen für Personen- und Sachschäden vor, die durch nationalsozialistische Gewaltmaßnahmen verursacht waren, soweit diese auf politischen, rassischen oder religiösen Gründen beruhten. Insofern waren sowohl die Rückerstattung entzogener Vermögensgegenstände wie auch Entschädigungszahlungen vorgesehen. Ausgeschlossen hatte die Bundesrepublik dagegen Reparationen im Sinne einer Kriegsfolgenentschädigung und daher Zahlungen für Maßnahmen der deutschen Besatzungspolitik in Osteuropa einschließlich der mit ihr verbundenen polizeilichen Zwangsmaßnahmen. Die Bundesrepublik berief sich dabei auf das Völkerrecht, nach welchem Reparationsansprüche nicht von Einzelpersonen, sondern nur zwischen Staaten erhoben werden konnten. Nach diesen Grundsätzen wurden Ende der fünfziger, Anfang der sechziger Jahre auch mit insgesamt elf Ländern Westeuropas Abkommen über die Zahlung von Pauschalbeträgen für die Opfer nationalsozialistischer Gewalt geschlossen. Allein wegen ihrer Nationalität, und sei es als Zwangsarbeiter, geschädigte Angehörige der Völker Osteuropas gehörten dagegen grundsätzlich nicht zu den Wiedergutmachungsberechtigten. Es konnte nicht ausbleiben, daß zahlreiche juristische Abgrenzungsprobleme entstanden, insbesondere über die Unterscheidung der wiedergutmachungsrechtlich erheblichen Verfolgungskriterien von den „nur" kriegsbedingten Unrechtshandlungen. Mit einer langen Reihe von Novellierungen versuchte der Gesetzgeber, widersprüchliche Verwaltungsentscheidungen und Urteile zu korrigieren, und er scheute auch nicht davor zurück, schon rechtskräftig abgeschlossene Fälle erneut zu regeln. 1965 erließ der Bundestag ein Schlußgesetz. Entschädigungsleistungen erbrachte die Bundesrepublik auch noch lange danach und sie summierten sich schließlich zu einer respektablen Summe. Dennoch hatten die Wiedergutmachungsverfahren gezeigt, daß der juristischen Bewältigung der Hinterlassenschaft eines politischen Systems, das sich eine beliebige Macht über menschliches Leben angemaßt hatte, Grenzen gesetzt waren.

2. Die juristische Fortdauer des deutschen Gesamtstaates

Die Bundesrepublik stellte sich der Wiedergutmachung nicht zuletzt deshalb, weil sie sich als Rechtsnachfolger des Deutschen Reiches begriff. Die Diskussion über die staatliche Kontinuität Deutschlands hatte unmittelbar nach Kriegsende eingesetzt und war ungeachtet der beginnenden Westintegration aktuell geblieben, weil nach 1945 keine internationalen Verträge abgeschlossen wurden, in denen die in Mitteleuropa fortan geltenden staats- und völkerrechtlichen Verhältnisse verbindlich für alle Kriegsbeteiligten festgelegt worden wären. Es stellte sich daher auch die Frage, ob das Deutsche Reich 1945 zu bestehen aufgehört hatte oder als Rechtssubjekt, wenn auch handlungsunfähig, weiterexistierte. In den dazu gegebenen Antworten und politischen Stellungnahmen vermengten sich juristische Argumente, moralische Postulate und politische Interessen. Die Normen des Völkerrechts sprachen so eindeutig für das Fortbestehen des früheren deutschen Gesamtstaates, daß es dem Bundesverfassungsgericht 1973 (BVerfGE 36, 1 v. 31. 7. 1973) nicht schwerfiel, die völkerrechtliche Existenz des Deutschen Reiches zu bejahen (u. § 46 II.4). Damit stimmte die Fortgeltung alten Reichsrechts über 1945 (o. § 41 II.2) und 1949 (Art. 123 Abs. 1 GG) hinaus überein. Und selbst die politischen Interessen der Westmächte lagen parallel: Das Deutsche Reich als Rechtssubjekt spielte nach dem Ende des Krieges noch lange eine Rolle als Schuldner der ehemaligen Kriegsgegner und der vom Hitler-Regime verfolgten Personengruppen; es bot zudem eine Basis für Ansprüche auf politische Mitsprache in ganz Deutschland. Gegenüber dieser Koinzidenz von Rechtsüberzeugungen und politischen Interessen, hatte die eher moralisch motivierte Lehre, das Deutsche Reich sei 1945 auch de jure vollständig untergegangen, keine Chancen, sich durchzusetzen.

Es ist freilich nicht zu übersehen, daß das Faktum der Zweistaatlichkeit über Jahrzehnte hinweg und formalisiert durch Verträge zwischen den beiden deutschen Staaten (u. § 46 II.4) die These vom Fortbestand des zeitweilig handlungsunfähig gewordenen Deutschen Reiches zunehmend weltfremd erscheinen ließ. Die Verfassungslage Deutschlands zwischen Ost und West war immer mehr von Strukturen supranationaler Integration und dann auch Elementen der Kooperation zwischen den beiden deutschen Staaten überlagert worden. Daher war die Wirklichkeit der Verfassungsgeschichte zwischen 1949 und 1990 mit den Rechtsbegriffen des alten ius Europaeum souveräner Staaten allein nicht mehr zu verstehen. Es schien sich in Europa eine Staatenordnung neuen Typs zu entwickeln, deren Legitimität vertikal auf dem noch immer maßgebenden, aber eingeschränkten Prinzip der Volkssouveränität, horizontal aber auf internationalen Verträgen beruhte. Die Frage nach der Rechtslage Deutschlands als Ganzem war demgegenüber in den Hintergrund getreten. Sie blieb jedoch als ein für die Bundesrepublik verbindliches Denkmodell präsent genug, um im Jahre 1990 die Auflösung einer komplex gewordenen und in sich nicht mehr widerspruchsfreien rechtlichen Situation zu ermöglichen.

§ 44. Verfassungsgeschichte unter dem Grundgesetz

Quellen: Abgeordnete des Deutschen Bundestages. Aufzeichnungen und Erinnerungen, Bd. 1–4, 1982–1988; *K. Adenauer* (o. §§ 41 u. 42); *V. Antoni* (Hrsg.), Notstandsgesetze, 1968; *A. Bauer* u. *M. Jestaedt*, Das Grundgesetz im Wortlaut. Änderungsgesetze, Synopse, Textstufen und Vokabular zum Grundgesetz, 1997; Beratungen und Empfehlungen zur Verfassungsreform des Deutschen Bundestages, Bd. 1–2, o.J. (1976–1977); *D. Blumenwitz* u. a. (Hrsg.), Konrad Adenauer und seine Zeit. Politik und Persönlichkeit des ersten Bundeskanzlers. Beiträge von Weg- und Zeitgenossen, 1976; Entscheidungen des Bundesverfassungsgerichts, Bd. 1 ff., 1952 ff.; *D. Grimm* u. *P. Kirchhof* (Hrsg.), Entscheidungen des Bundesverfassungsgerichts. Studienauswahl, Bd. 1–2, 1993; Gutachten über die Finanzreform in der Bundesrepublik Deutschland (sog. Troeger-Gutachten), hrsg. v. d. Kommission für die Finanzreform, 2. Aufl. 1966; *G. W. Heinemann,* Es gibt schwierige Vaterländer.

§ 44. Verfassungsgeschichte unter dem Grundgesetz

Reden und Aufsätze 1919–1969 (Reden und Schriften 3), 1977; Der Kampf um den Südweststaat, 1952; Der Kampf um den Wehrbeitrag, Bd. 1–3, 1952–1958; *K. G. Kiesinger,* Die Große Koalition 1966–1969. Reden und Erklärungen des Bundeskanzlers, hrsg. v. *D. Oberndörfer,* 1979; *R. Kunz, H. Maier* u. *Th. Stammen* (Hrsg.), Programme der politischen Parteien in der Bundesrepublik, 1975; *G. Müller-List* (Hrsg.), Montanmitbestimmung, 1984; *dies.,* Gleichberechtigung als Verfassungsauftrag. Eine Dokumentation zur Entstehung des Gleichberechtigungsgesetzes vom 18. Juni 1957, 1996; *Chr. Pestalozza* (Hrsg.), Verfassungen der deutschen Bundesländer, 4. Aufl. 1991; Reden der deutschen Bundespräsidenten Heuss, Lübke, Heinemann, Scheel, eingel. v. *D. Sternberger,* 1979; *R. Schiffers* (Hrsg.), Grundlegung der Verfassungsgerichtsbarkeit. Das Gesetz über das Bundesverfassungsgericht vom 12. 3. 1951, 1984; *K. Schumacher,* Reden und Schriften, 1962; *J. Seifert* (Hrsg.), Das Grundgesetz und seine Veränderung. Verfassungstext von 1949 sowie sämtliche Änderungsgesetze im Wortlaut, 4. Aufl. 1983.

Zeitgenössische Literatur zum Staatsrecht: *W. Abendroth,* Das Grundgesetz, 7. Aufl. 1978; *O. Bachof,* Wege zum Rechtsstaat. Ausgewählte Studien zum öffentlichen Recht, 1979; *P. Badura,* Staatsrecht, 1986; *U. Battis* u. *Chr. Gusy,* Einführung in das Staatsrecht, 2. Aufl. 1986; *A. Bleckmann,* Staatsrecht, Bd. II: Die Grundrechte, 3. Aufl. 1989; *E.-W. Böckenförde,* Staat, Verfassung, Demokratie. Studien zur Verfassungstheorie und zum Verfassungsrecht, 2. Aufl. 1992; *K. Brinkmann* (Hrsg.), Grundrechtskommentar zum Grundgesetz für die Bundesrepublik Deutschland vom 23. Mai 1949, 1967; Der Bundesrat als Verfassungsorgan und politische Kraft, hrsg. v. Bundesrat, 1974; *E. Denninger,* Staatsrecht, Bd. 1–2, 1973–1979; *K. Doehring,* Das Staatsrecht der Bundesrepublik Deutschland unter besonderer Berücksichtigung der Rechtsvergleichung und des Völkerrechts, 1976, 3. Aufl. 1984; *G. Dürig,* Gesammelte Schriften 1952–1983, 1984; *H.-W. Erichsen,* Staatsrecht und Verfassungsgerichtsbarkeit, Bd. 1, 3. Aufl. 1982, Bd. 2, 2. Aufl. 1979; *E. Forsthoff,* Rechtsstaat im Wandel. Verfassungsrechtliche Abhandlungen 1954–1973, 2. Aufl. 1976; *F. Giese,* Grundgesetz für die Bundesrepublik Deutschland vom 23. 5. 1949, 9. Aufl. bearb. v. *E. Schunck,* 1976; *W. Grewe,* Entscheidung für den Westen. Vom Besatzungsstatut zur Souveränität der Bundesrepublik Deutschland 1949–1955, 1988; Die Grundrechte. Handbuch für Theorie und Praxis der Grundrechte, Bd. 1–4, 1954–1967; *A. Hamann,* Das Grundgesetz für die Bundesrepublik Deutschland vom 23. Mai 1949, 3. Aufl. bearb. v. dems. u. *H. Lenz,* 1970; Handbuch des Staatsrechts der Bundesrepublik Deutschland, hrsg. v. *J. Isensee* u. *P. Kirchhof,* Bd. I-VIII, 1987–1995; Handbuch des Verfassungsrechts der Bundesrepublik Deutschland, hrsg. v. *E. Benda, W. Maihofer* u. *H.-J. Vogel,* 1983; *K. Hesse,* Grundzüge des Verfassungsrechts der Bundesrepublik Deutschland, 17. Aufl. 1990; *ders.,* Ausgewählte Schriften, 1984; *J. Ipsen,* Über das Grundgesetz. Gesammelte Beiträge seit 1949, 1988; *ders.,* Staatsorganisationsrecht, 2. Aufl. 1989; *H. Jarass* u. *B. Pieroth,* Grundgesetz für die Bundesrepublik Deutschland. Kommentar, 1989; *O. Koellreutter,* Deutsches Staatsrecht, 1953; Kommentar zum Bonner Grundgesetz, hrsg. v. *B. Dennewitz* u. a., Loseblattausgabe, 1950 ff., späterer Titel: Bonner Kommentar zum Grundgesetz; Kommentar zum Grundgesetz für die Bundesrepublik Deutschland (Reihe Alternativkommentare), 2 Bde., 2. Aufl. 1989; *G. Leibholz,* Strukturprobleme der modernen Demokratie, 1958; *ders.* u. *H.-J. Rinck,* Grundgesetz für die Bundesrepublik Deutschland. Kommentar an Hand der Rechtsprechung des Bundesverfassungsgerichts, 1966, 4. Aufl. mit *D. Hesselberger* 1971; *H. v. Mangoldt,* Das Bonner Grundgesetz, 2. Aufl. v. *F. Klein,* 3 Bde., 1957–1974; *Th. Maunz,* Deutsches Staatsrecht, 27. Aufl. 1988; *ders., G. Dürig* u. a., Grundgesetz. Kommentar, Bd. 1–4, 1958 ff.; *O. Model,* Bonner Grundgesetz und Besatzungsstatut, ab der 2. Aufl.: Grundgesetz für die Bundesrepublik Deutschland, ab der 4. Aufl. v. *K. Müller,* 10. Aufl. 1987; *I. v. Münch* (Hrsg.), Grundgesetz. Kommentar, Bd. 1–3, 2./3. Aufl. 1983–1985; *B. Pieroth* u. *B. Schlinck,* Staatsrecht II, Grundrechte, 6. Aufl. 1990; *U. Scheuner,* Staatstheorie und Staatsrecht, 1978; *B. Schmidt-Bleibtreu* u. *F. Klein,* Kommentar zum Grundgesetz für die Bundesrepublik Deutschland, 7. Aufl. 1990; *H.-P. Schneider* u. *W. Zeh* (Hrsg.), Parlamentsrecht und Parlamentspraxis in der Bundesrepublik Deutschland: ein Handbuch, 1989; *Th. Schramm,* Staatsrecht, Bd. 1–3, 4. Aufl. 1987–1988; *E. Schunck* u. *H. de Clerck,* Allgemeines Staatsrecht und Staatsrecht des Bundes und der Länder, 13. Aufl. 1989; *R. Smend,* Staatsrechtliche Abhandlungen und andere Aufsätze, 3. Aufl. 1994; *E. Stein,* Staatsrecht, 12. Aufl. 1990; *K. Stern,* Das Staatsrecht der Bundesrepublik Deutschland, 3 Bde., 1977–1988; *ders.,* Der Staat des Grundgesetzes. Ausgewählte Schriften und Vorträge, 1992; Veröffentlichungen der Vereinigung der Deutschen Staatsrechtslehrer, Heft 8, 1950 – Heft 49, 1990; *W. Weber,* Spannungen und Kräfte im westdeutschen Verfassungssystem, 3. Aufl. 1970; *D. Wilke* u. *B. Schulte* (Hrsg.), Der Bundesrat (WdF 507), 1990.

Zeitgenössische Literatur zu Verfassungswandel und Rechtspolitik: *N. Achterberg,* Deutschland nach 30 Jahren Grundgesetz, VVDStRL 38 (1980) 55 ff., 76 ff.; *A. Arndt,* Das nicht erfüllte Grundgesetz, 1960; *E.-W. Böckenförde,* Die Methoden der Verfassungsinterpretation – Bestandsaufnahme und Kritik, NJW 1976, 2089 ff.; *F. Böhm,* Wirtschaftsordnung und Staatsverfassung, 1950; *ders.,* Reden und Schriften, 1960; *A. Frhr. v. Campenhausen* u. *H. Steiger,* Verfassungsgarantie und sozialer

Wandel. Das Beispiel von Ehe und Familie, VVDStRL 45 (1987) 7 ff., 55 f.; *H. Dichgans,* Das Unbehagen in der Bundesrepublik. Ist die Demokratie am Ende?, 1968; *ders.,* Vom Grundgesetz zur Verfassung. Überlegungen zu einer Gesamtrevision, 1970; *R. Dreier* u. *F. Schwegmann* (Hrsg.), Probleme der Verfassungsinterpretation – Dokumentation einer Kontroverse, 1976; *L. Erhard, K. Brüß* u. *B. Hagemeyer* (Hrsg.), Grenzen der Demokratie? Probleme und Konsequenzen der Demokratisierung von Politik, Wirtschaft und Gesellschaft, 1973; *W. Fiedler,* Sozialer Wandel, Verfassungswandel, Rechtsprechung, 1972; *E. Forsthoff,* Der Staat der Industriegesellschaft. Dargestellt am Beispiel der Bundesrepublik Deutschland, 2. Aufl. 1971; *E. Friesenhahn,* Der Wandel des Grundrechtsverständnisses, in: Verhandlungen des 50. Deutschen Juristentages, 1974, Bd. II, G 1 ff.; *G. Gorschenek* (Hrsg.), Grundwerte in Staat und Gesellschaft, 1977; *B. Guggenberger* u. *U. Kempf* (Hrsg.), Bürgerinitiativen und repräsentatives System, 2. Aufl. 1984; *J. Habermas,* Geschichtsbewußtsein und posttraditionale Identität. Die Westorientierung der Bundesrepublik, in: *ders.,* Eine Art Schadensabwicklung, 2. Aufl. 1987, 161 ff.; *P. Häberle,* Verfassung als öffentlicher Prozeß, 2. Aufl. 1996; *K. Hesse,* Grenzen der Verfassungswandlung, in: FS für Ulrich Scheuner z. 70. Geb., 1973, 123 ff.; *K. Jaspers,* Wohin treibt die Bundesrepublik?, 1966; *U. Kriele,* Legitimitätsprobleme der Bundesrepublik, 1977; *H. Krüger,* Verfassungswandlung und Verfassungsgerichtsbarkeit, in: Staatsverfassung und Kirchenordnung. Festg. f. Rudolf Smend, 1962, 151 ff.; *P. Lerche,* Stiller Verfassungswandel als aktuelles Politikum, in: Festg. f. Theodor Maunz, 1971, 285 ff.; *U. Mayer* u. *G. Stuby* (Hrsg.), Das lädierte Grundgesetz, 1977; *K. Porzner, H. Oberreuter* u. *U. Thaysen* (Hrsg.), 40 Jahre Deutscher Bundestag, 1990; *H. H. Rupp,* Vom Wandel der Grundrechte, AöR 101 (1976) 161 ff.; *W.-R. Schenke,* Verfassung und Zeit – von der „entzeiteten" zur zeitgeprägten Verfassung, AöR 103 (1978) 566 ff.; *U. Scheuner,* Wandlungen im Föderalismus der Bundesrepublik, DÖV 1966, 513 ff.; *W. Schmitt Glaeser,* Rechtspolitik unter dem Grundgesetz, AöR 107 (1982) 337 ff.; *H. Schulze-Fielitz,* Das Bundesverfassungsgericht in der Krise des Zeitgeists, AöR 122 (1997) 1 ff.; *R. Schuster,* Ein neues Grundgesetz?, in: *G. Lehmbruch* (Hrsg.), Demokratisches System und politische Praxis in der Bundesrepublik, 1971, 127 ff.; *J. Seifert,* Totalrevision: Drohung mit dem Verfassungsbruch, KJ 1969, 169 ff.; *K. Sontheimer,* Die verunsicherte Republik. Die Bundesrepublik nach 30 Jahren, 1979; *R. Steinberg,* Verfassungspolitik und offene Verfassung, JZ 1980, 385 ff.; *K. Stern,* Totalrevision des Grundgesetzes, in: Festg. f. Theodor Maunz, 1971, 391 ff.; *D. Sterzel* (Hrsg.), Kritik der Notstandsgesetze, 1968; Vereinigung Demokratischer Juristen (Hrsg.), Das Grundgesetz. Verfassungsentwicklung und demokratische Bewegung in der Bundesrepublik, 1974; *H.-J. Vogel,* 10 Jahre sozialliberale Rechtspolitik, ZRP 1980, 1 ff.; *W. Weber,* Das Problem der Revision und einer Totalrevision des Grundgesetzes, in: Festg. f. Theodor Maunz, 1971, 451 ff.; *P.-L. Weinacht* (Hrsg.), Eine neue Verfassung für die Bundesrepublik?, 1972; *R. Wildemann,* Volksparteien: Ratlose Riesen?, 1989.

Schrifttum: *L. Albertin* (Hrsg.), Politischer Liberalismus in der Bundesrepublik, 1980; *F. R. Allemann,* Bonn ist nicht Weimar, 1956; *A. Baring,* Im Anfang war Adenauer. Die Entstehung der Kanzlerdemokratie, 2. Aufl. 1982; *ders.,* Machtwechsel. Die Ära Brandt-Scheel, 1982; *A. M. Birke,* Die Bundesrepublik Deutschland. Verfassung, Parlament und Parteien, 1997 (EDG 41); *A. Blankenagel,* Tradition und Verfassung. Neue Verfassung und alte Geschichte in der Rechtsprechung des Bundesverfassungsgerichts, 1987; *ders.,* Verfassungsgerichtliche Vergangenheitsbewältigung, ZNR 13 (1991) 67 ff.; *D. Blumenwitz* u. a. (Hrsg.), Konrad Adenauer und seine Zeit. Politik und Persönlichkeit des ersten Bundeskanzlers, Bd. II: Beiträge der Wissenschaft, 1976; *H. Boldt,* Haushaltsverfassung im Wandel. Ein Überblick über die Haushaltsentwicklung der Bundesrepublik, Sozialwiss. Jb. f. Politik 3 (1972) 281 ff.; *K. D. Bracher,* Die Kanzlerdemokratie – Antwort auf das deutsche Staatsproblem?, in: *ders.,* Zeitgeschichtliche Kontroversen, 1976, 119 ff.; *St. v. Braunschweig,* Verfassungsentwicklung in den westlichen Bundesländern, 1993; *M. Broszat* (o. § 41); *B.-O. Bryde,* Verfassungsentwicklung. Stabilität und Dynamik im Verfassungsrecht der Bundesrepublik Deutschland, 1982; *D. Buchhaas,* Die Volkspartei. Programmatische Entwicklung der CDU 1950–1973, 1981; *H. Buchheim* (Hrsg.), Konrad Adenauer und der Deutsche Bundestag, 1986; *B. v. Bülow* (o. § 41); *P. Feuchte,* Verfassungsgeschichte von Baden-Württemberg, 1983; *Fr. Föcking,* Fürsorge im Wirtschaftsboom. Die Entstehung des Bundessozialhilfegesetzes von 1961, 2007; *N. Frei,* Vergangenheitspolitik. Die Anfänge der Bundesrepublik und die NS-Vergangenheit, 1996; *K. Freudiger,* Die juristische Aufarbeitung von NS-Verbrechen, 2002; *F. K. Fromme,* „Totalrevision" des Grundgesetzes, in: ZfP 17 (1970) 87 ff.; *A. Götz,* Bilanz der Verfolgung von NS-Straftaten, 1986; *D. Gosewinkel,* Adolf Arndt. Die Wiederbegründung des Rechtsstaats aus dem Geist der Sozialdemokratie (1945–1961), 1991; *Chr. Greiner,* Die Dienststelle Blank, MGM 17 (1975) 99 ff.; *D. Grimm,* Das Grundgesetz nach 40 Jahren, NJW 1989, 1305 ff.; *F. Günther,* Denken vom Staat her. Die bundesdeutsche Staatsrechtslehre zwischen Dezision und Integration 1949–1970, 2004; *P. Häberle,* Verfassungsgerichtsbarkeit zwischen Politik und Rechtswissenschaft, 1980; *ders.,* Rezensierte Verfassungsrechtswissenschaft, 1982; *R. Häußler,* Der Konflikt zwischen Bundesverfassungsgericht und politischer Führung, 1994; *P. Haungs,* Kanzlerdemokratie der Bundesrepublik Deutschland von

§ 44. Verfassungsgeschichte unter dem Grundgesetz   359

Adenauer bis Kohl, ZfP 33 (1986) 44 ff.; *M. Heckel*, „In Verantwortung vor Gott und den Menschen ...". Staatskirchenrecht und Kulturverfassung des Grundgesetzes 1949–1989, in: *K. W. Nörr* (Hrsg.), 40 Jahre Bundesrepublik Deutschland. 40 Jahre Rechtsentwicklung, 1990, 1 ff.; *H.-O. Hemmer* u. *K.-Th. Schmitz* (Hrsg.), Geschichte der Gewerkschaften in der Bundesrepublik Deutschland, 1990; *A. Hennings*, Der unerfüllte Verfassungsauftrag. Die Neugliederung des Bundesgebietes im Spannungsfeld politischer Interessengegensätze, 1983; *K. Hesse*, Stufen der Entwicklung der deutschen Verfassungsgerichtsbarkeit, JÖR N. F. 46 (1998) 1 ff.; *W. Heyde*, Das Bundesverfassungsgerichtsgesetz in der Bewährung. Änderungen, Änderungsvorschläge, in: *W. G. Grewe* u. a. (Hrsg.), Europäische Gerichtsbarkeit und nationale Verfassungsgerichtsbarkeit. FS z. 70. Geb. v. H. Kutscher, 1981, 229; *ders.* u. *Chr. Starck* (Hrsg.), Vierzig Jahre Grundrechte in ihrer Verwirklichung durch die Gerichte, 1990; *Chr. Hoffmann*, Stunden Null? Vergangenheitsbewältigung in Deutschland 1945 und 1989, 1992; *H. Hofmann*, in: HdbStR I, 259 ff.; *ders.*, Die Grundrechte 1789–1949–1989 (1989), in: *ders.*, Verfassungsrechtliche Perspektiven, 1995, 23 ff.; *P. Hüttenberger*, Wirtschaftsordnung und Interessenpolitik in der Kartellgesetzgebung der Bundesrepublik 1949–1957, VfZ 24 (1976) 287 ff.; *J. Huhn* u. *P.-Chr. Witt*, Föderalismus in Deutschland, 1993; *P. Ipsen*, Staatsrechtslehrer unter dem Grundgesetz – Tagungen ihrer Vereinigung 1949–1992, 1993; *ders.*, Über das Grundgesetz – nach 25 Jahren, in: DÖV 1974, 289 ff.; *J. Ipsen*, Der Staat der Mitte. Verfassungsgeschichte der Bundesrepublik Deutschland, 2009; *E. Jesse*, Bundesrepublik Deutschland und Deutsche Demokratische Republik, 4. Aufl. 1985; *ders.*, Wahlrecht zwischen Kontinuität und Reform. Eine Analyse der Wahlsystemdiskussion und der Wahlrechtsänderungen in der Bundesrepublik Deutschland 1949–1983, 1985; *H. Kaack* u. *R. Roth*, Handbuch des deutschen Parteiensystems, Bd. 1–2, 1980; *P. Gf. Kielmansegg*, Lange Schatten. Vom Umgang der Deutschen mit der nationalsozialistischen Vergangenheit, 1989; *K. Klotzbach*, Der Weg zur Staatspartei. Programmatik, praktische Politik und Organisation der deutschen Sozialdemokratie 1945–1965, 1982; *K. Kröger*, Einführung in die Verfassungsgeschichte der Bundesrepublik Deutschland, 1993; *M. Krohn*, Die gesellschaftlichen Auseinandersetzungen um die Notstandsgesetze, 1981; *J. Küpper*, Die Kanzlerdemokratie. Voraussetzungen, Strukturen und Änderungen des Regierungsstiles in der Ära Adenauer, 1985; *V. Laitenberger*, Formierte Gesellschaft. Ludwig Erhards glücklose Reform, Die politische Meinung 30 (1985) H. 218, 90 ff.; *G. Langguth*, Protestbewegung. Entwicklung, Niedergang, Renaissance: Die Neue Linke seit 1968, 1983; *H. Laufer*, Verfassungsgerichtsbarkeit und politischer Prozeß, 1968; *G. Lehmbruch* u. a. (Hrsg.), Demokratisches System und politische Praxis der Bundesrepublik, 1971; *P. Lösche* u. *F. Walter*, Die SPD: Klassenpartei – Volkspartei – Quotenpartei, 1992; *K. Löw* (Hrsg.), 25 Jahre Grundgesetz, 1974; *H. Lübbe*, Der Nationalsozialismus im deutschen Nachkriegsbewußtsein, HZ 236 (1983) 579 ff.; *E. G. Mahrenholz*, Die Kirchen in der Gesellschaft der Bundesrepublik, 1969; *H. Maier*, 40 Jahre Grundgesetz – eine Bestandsaufnahme (Speyerer Vorträge 13), 1989; *H. v. Mangoldt*, Zwanzig Jahre Grundgesetz, Der Staat 8 (1969) 409 ff.; *D. Merien* u. *R. Morsey* (Hrsg.), 30 Jahre Grundgesetz, 1979; *G. Müller-List*, Adenauer, Unternehmer und Gewerkschaften. Zur Einigung über die Montanmitbestimmung 1950/51, VfZ 33 (1985) 288 ff.; *R. Mußgnug* (Hrsg.), Rechtsentwicklung unter dem Bonner Grundgesetz, 1990; *ders.*, in: DtVwG V, 100 ff.; *K. Niclauß*, Kanzlerdemokratie. Bonner Regierungspraxis von Konrad Adenauer bis Helmut Kohl, 1988; *ders.*, Das Parteiensystem der Bundesrepublik Deutschland, 1995; *K. W. Nörr*, An der Wiege deutscher Identität nach 1945: Franz Böhm zwischen Ordo und Liberalismus (Schriftenreihe d. Jur. Ges. Berlin, 129), 1993; *ders.* (o. § 41); *ders.*, Die Republik der Wirtschaft. Recht, Staat und Wirtschaft in den Deutschen Westkirchenlands, Teil I–II, 1999–2007; *St. Oeter*, Integration und Subsidiarität im deutschen Bundesstaatsrecht: Untersuchungen zur Bundesstaatstheorie unter dem Grundgesetz, 1998; *F. Ossenbühl*, Föderalismus nach 40 Jahren Grundgesetz, DtVwBll. 1989, 1230 ff.; *K. A. Otto*, Vom Ostermarsch zur APO. Geschichte der außerparlamentarischen Opposition in der Bundesrepublik 1960–1970, 3. Aufl. 1982; *P. Reichel*, Vergangenheitsbewältigung in Deutschland. Die Auseinandersetzung mit der NS-Diktatur von 1945 bis heute, 2001; *G. A. Ritter* u. *M. Niehuss*, Wahlen in Deutschland. Ein Handbuch; 1991; *G. Robbers*, Die Änderungen des Grundgesetzes, NJW 1989, 1325 ff.; *R. Robert*, Konzentrationspolitik in der Bundesrepublik. Das Beispiel der Entstehung des Gesetzes gegen Wettbewerbsbeschränkungen, 1976; *A. Roßnagel*, Die Änderungen des Grundgesetzes, 1981; *W. Rudzio*, Die organisierte Demokratie – Parteien und Verbände in der Bundesrepublik Deutschland, 2. Aufl. 1982; *A. Rückerl*, NS-Verbrechen vor Gericht, 2. Aufl. 1984; *H. K. Rupp*, Außerparlamentarische Opposition in der Ära Adenauer: Der Kampf gegen die Atombewaffnung in den fünfziger Jahren, 2. Aufl. 1980; *St. Schaub*, Der verfassungsändernde Gesetzgeber 1949–1980, 1984; *U. Scheuner*, Das Grundgesetz in der Entwicklung zweier Jahrzehnte, in: AöR 95 (1970) 353 ff.; *R. Schiffers*, „Ein mächtiger Pfeiler im Bau der Bundesrepublik". Das Gesetz über das Bundesverfassungsgericht vom 12. März 1951, VfZ 32 (1984) 66 ff.; *Th. Schlemmer* (o. § 41); *B. Schlink*, Die Enthronung der Staatsrechtswissenschaft durch die Verfassungsgerichtsbarkeit, Der Staat 28 (1989) 161 ff.; *W. Schmidt*, Grundrechte – Theorie und Dogmatik seit 1946 in Westdeutschland, in: *D. Simon*

(Hrsg.), Rechtswissenschaft in der Bonner Republik, 1994, 188 ff.; *A. H. Schneider*, Die Kunst des Kompromisses: Helmut Schmidt und die Große Koalition 1966–1969, 1999; *M. Schneider*, Demokratie in Gefahr? Der Konflikt um die Notstandsgesetze: Sozialdemokratie, Gewerkschaften und intellektueller Protest (1958–1968), 1986; *W. Schönbohm*, Die CDU wird moderne Volkspartei. Selbstverständnis, Mitglieder, Organisation und Apparat 1950–1980, 1985; *J. Schröder*, 40 Jahre Rechtspolitik im freiheitlichen Rechtsstaat. Das Bundesministerium der Justiz und die Justizgesetzgebung 1949–1989, 1989; *H. U. Scupin*, Verfassungswandel im föderativen Bereich des Grundgesetzes durch Zusammenwirken von Bund und Ländern, in: FS f. Theodor Maunz z. 80. Geb., 1981, 261 ff.; *H. Sendler*, 40 Jahre Rechtsstaat des Grundgesetzes: Mehr Schatten als Licht?, DÖV 1989, 482 ff.; *P. Steinbach*, Nationalsozialistische Gewaltverbrechen. Die Diskussion in der deutschen Öffentlichkeit nach 1945, 1981; *R. Stöss* (Hrsg.), Parteien-Handbuch. Die Parteien der Bundesrepublik Deutschland 1945–1980, Bd. 1–4, 1986; *W. Thieme*, Vierzig Jahre Bundesstaat, DÖV 1989, 499 ff.; *H. Thum*, Mitbestimmung in der Montanindustrie, 1982; *J. Weber* u. *P. Steinbach* (Hrsg.), Vergangenheitsbewältigung durch Strafverfahren? NS-Prozesse in der Bundesrepublik Deutschland, 1984; *W. Weber*, Die Bundesrepublik und ihre Verfassung an der Schwelle des dritten Jahrzehnts, DtVwBll. 1969, 413 ff.; *U. Wengst* (o. § 42); *M. H. Wiegandt*, Norm und Wirklichkeit. Gerhard Leibholz (1901–1982). Leben, Werk und Richteramt, 1995; *H. de With* (Hrsg.), Deutsche Rechtspolitik. Entwicklungen und Tendenzen in der Bundesrepublik Deutschland seit 1949, 2. Aufl. 1980; *H. F. Zacher*, Sozialpolitik und Verfassung im ersten Jahrzehnt der Bundesrepublik Deutschland, 1980; *ders.*, Sozialer Einschluß und Ausschluß im Zeichen von Nationalisierung und Internationalisierung, in: *H. G. Hockerts* (Hrsg.), Koordinaten deutscher Geschichte in der Epoche des Ost-West-Konflikts, 2004, 103 ff.

I. Verfassungsänderung und Verfassungswandel

Historische Epochen mit ungebrochener rechtsgeschichtlicher Kontinuität täuschen zeitnahen Beobachtern eine im wesentlichen unveränderte Verfassungslage vor. Das gilt besonders für die 40 Jahre der westdeutschen Bundesrepublik. Sie erscheinen unter den unverrückbaren außenpolitischen Bedingungen der Ost-West-Konfrontation und des innenpolitischen Erfolges von Marktwirtschaft und sozialem Sicherungssystem als ein einheitlicher Zeitraum mit nur wenigen auffallenden Ereignissen. Das Verfassungswesen dieses Staates ist nicht zufällig immer wieder mit dem Stichwort „Stabilität" charakterisiert worden. Für das nach 1871 ähnlich dauerhafte Deutsche Reich hat damals freilich der Staatsrechtslehrer Georg Jellinek Beobachtungen machen können, die er mit der Unterscheidung von Verfassungsänderung und Verfassungswandel zu erklären versuchte. Erstere meint die gezielte Abänderung des Verfassungstextes, letztere aber Veränderungen der Verfassungslage, die sich im Laufe der Zeit trotz unverändertem Verfassungstext gewollt oder ungewollt ergeben. Diese Unterscheidung hat auch für die Geschichte der Bundesrepublik große Bedeutung.

Die Frage allmählicher Veränderungen im Verfassungsgefüge der Bundesrepublik wurde frühzeitig aufgeworfen und aus Anlaß von Jahrestagen, aber auch mit politischen Absichten oder in Hinblick auf politische Bewegungen diskutiert. Die vierzigjährige Geschichte des westdeutschen Staates wird auf diese Weise von einem fast ununterbrochenen Reflexionsprozeß über die verfassungspolitische Situation begleitet, an dem sowohl die Öffentlichkeit wie auch die Staatsrechtslehre beteiligt waren. Die Unvermeidlichkeit allmählichen Verfassungswandels erwies sich in der Diskussion um die Methoden der *Verfassungsinterpretation*. Die klassische Lehre, auch eine Verfassungsurkunde sei wie ein Gesetz auszulegen (*E. Forsthoff,*) wurde verdrängt durch den Grundsatz, daß *„Sinn und Wirklichkeit, nicht Wortlaut und dogmatische Begrifflichkeit"* Maßstab der Verfassungsinterpretation bilden (*R. Smend*). Noch weitergehend hat das Wort von der *„offenen Gesellschaft der Verfassungsinterpreten",*

§ 44. Verfassungsgeschichte unter dem Grundgesetz   361

zu denen „*potentiell alle Staatsorgane, alle öffentlichen Potenzen, alle Bürger und Gruppen*" gehören (P. Häberle,) die tatsächlichen Gegebenheiten zu beschreiben versucht. Eine Schlüsselstellung nahm dabei freilich frühzeitig das Bundesverfassungsgericht ein, das die von der Theorie bereitgestellten Möglichkeiten der Verfassungsauslegung mit großer Autorität nutzte (u. II.3).

II. Änderungen des Grundgesetzes

1. Häufigkeit und politische Voraussetzungen

Änderungen des Grundgesetzes erfordern nach Art. 79 Abs. 1 und Abs. 2 GG ein „*ausdrücklich*" darauf gerichtetes Gesetz, das in Bundestag und Bundesrat mit Zweidrittelmehrheit zu beschließen ist (o. § 42 II.3). Diese Regelung hatte lebhafte Aktivitäten und in 40 Jahren 35 Änderungsgesetze zur Folge; die Zahl der einschlägigen Gesetzesvorlagen lag weit über 100. Nicht mitgezählt sind dabei jene Verfassungsänderungen, die sich durch Übertragungen von Hoheitsrechten auf zwischenstaatliche Einrichtungen gem. Art. 24 Abs. 1 GG ergeben haben (o. § 43 I). Die Statistik weist charakteristische Kurven auf: Unter Bundeskanzler Adenauer, also bis 1963, wurden sehr zahlreiche Versuche unternommen, um Korrekturen der Verfassung zu erreichen, z. B. durch Wiedereinführung der Todesstrafe. Die Zahl der tatsächlich verabschiedeten Grundgesetzänderungen war jedoch gering, weil die Regierung nur in einer Legislaturperiode, zwischen 1953 und 1957, über eine Zweidrittelmehrheit verfügte. Es zeigte sich rasch, daß aufgrund des in der Bundesrepublik sich herausbildenden Parteiensystems (u. III.1) Verfassungsänderungen nur im Konsens mit der Opposition vorgenommen werden konnten. Um in den Text des Grundgesetzes einzugreifen, war es also notwendig, die politische Ausgangslage der Verfassungsgebung für diesen Zweck wiederherzustellen. So erklärt es sich, daß die drei Jahre der großen Koalition zwischen 1966 und 1969 (u. III.2) mit 12 Gesetzen eine Welle aufgeschobener Verfassungsänderungen mit sich brachten, während die Jahre danach durch zunehmende Zurückhaltung gegenüber dem Verfassungstext gekennzeichnet waren.

2. Die wichtigsten Ergänzungen der Verfassung

Es sind vor allem vier große Fragenkreise gewesen, deren Regelung den ursprünglichen Gehalt des Grundgesetzes erweiterte und modifizierte: Die Aufnahme von Bestimmungen über eine Wehrverfassung und eine Notstandsverfassung, Änderungen der Finanzverfassung und die Einführung neuer Verfassungselemente im Verhältnis zwischen Bund und Ländern. Während die beiden letztgenannten Materien schwierige Strukturfragen des Bundesstaates betrafen (u. III.4) und daher vor allem Experten beschäftigten, haben die Diskussionen um die deutsche Wiederbewaffnung und besonders eine verfassungsrechtliche Regelung von Notstandsfällen eine breite Öffentlichkeit aktiviert. In beiden Fällen handelte es sich um eine „*nachgeholte Verfassungsgebung*" (H. Hofmann), da der Parlamentarische Rat keine Kompetenz zur Normierung wehr- und notstandsrechtlicher Fragen hatte (o. §§ 42 II.5 u. 43 II.3). Die Durchsetzung dieser Verfassungsergänzungen erwies sich nach der Erfahrung von Krieg und Diktatur als schwierig. Die Regierung Adenauer versuchte zunächst, die Aufstellung einer deutschen Armee gegen den

Widerstand der Opposition ohne Änderung des Grundgesetzes zu erreichen, sah sich nach der zweiten Bundestagswahl aber in der Lage, mit der nun zur Verfügung stehenden verfassungsändernden Mehrheit im Jahre 1954 Vorschriften über die Gesetzgebungszuständigkeit für Verteidigungsangelegenheiten, über die Kommandogewalt usw. in das Grundgesetz einzufügen. Die Notstandsverfassung hingegen gedieh in der ersten Hälfte der 60er Jahre über Entwürfe zunächst nicht hinaus. Erst die auf eine große Koalition sich stützende Bundesregierung fand dafür 1968 im Bundestag eine Mehrheit. Der Verteidigungsfall erfuhr nunmehr eine ausführliche Regelung (Art. 115 a ff., Art. 87 a Abs. 3 GG), während zum inneren Notstand nur vorsichtige Kompetenznormen (Art. 91 GG), gipfelnd freilich in der Möglichkeit eines Einsatzes von Streitkräften (Art. 87 a Abs. 4 GG), in die Verfassung aufgenommen wurden. Zusätzliche Möglichkeiten, Grundrechte einzuschränken, hat die Notstandsgesetzgebung nur für wenige Fälle geschaffen, teils für den Verteidigungsfall (Art. 12 a Abs. 3–6 und Art. 17 a Abs. 2 GG), aber auch für den Fall innerer Gefahren (Art. 10 Abs. 2 und Art. 11 Abs. 2 GG). Daß Beschränkungen des Brief-, Post- und Fernmeldegeheimnisses, die das Grundgesetz von Anbeginn gestattet hat, nicht gerichtlich, sondern nur von Organen der Volksvertretung überprüft werden können, schränkt das verfassungsrechtliche Prinzip der Gewaltenteilung ein. Das Bundesverfassungsgericht hat darin dennoch keinen Verstoß gegen Art. 79 Abs. 3 GG gesehen: Die Vorschrift, welche elementare Grundsätze der Verfassung auf Dauer vor Änderungen schützen will (o. § 42 II.3), verbiete nur deren *„prinzipielle Preisgabe"*, hindere *„jedoch nicht, durch verfassungsänderndes Gesetz auch elementare Verfassungsgrundsätze systemimmanent zu modifizieren"* (BVerfGE 30, 1 v. 15. 12. 1970). Diese Entscheidung von 1970 machte bewußt, daß auch eine „Ewigkeitsklausel" die Verfassung letztlich nicht vor Anpassungen im Wege der Interpretation, die von einer verfassungsändernden Mehrheit für notwendig gehalten werden, bewahren kann. Zu beobachten ist aber auch die gegenläufige Tendenz, den Bereich der unveränderlichen Verfassungsnormen und -prinzipien auszudehnen (u. IV.1).

Als in der zweiten Hälfte der 60er Jahre grundlegender Reformbedarf für Staat und Gesellschaft angemeldet wurde (u. VII.4) und Politiker verschiedener Richtungen das parlamentarische System für erneuerungsbedürftig hielten, setzte der Bundestag 1971 eine Kommission mit dem Auftrag ein, zu prüfen, ob es notwendig sei, *„das Grundgesetz den gegenwärtigen und voraussehbaren zukünftigen Erfordernissen – unter Wahrung seiner Grundprinzipien – anzupassen"*. Der 1976 erstattete Schlußbericht hinterließ im Verfassungsrecht nur geringfügige Spuren. Das Bedürfnis nach einer „Totalrevision" des Grundgesetzes war von den an dieser Diskussion Beteiligten überschätzt worden.

III. Entwicklungen des Staatsorganisationsrechts

1. Zunehmende Bedeutung der Parteien

Von den Regelungen für den Verteidigungsfall abgesehen, ist das Staatsorganisationsrecht seit dem Inkrafttreten des Grundgesetzes im wesentlichen unverändert geblieben. Wenn das westdeutsche Verfassungsleben dennoch ein eigentümliches Profil entwickelt hat, das sich so aus dem Verfassungstext allein nicht herauslesen läßt, dann ist dies in erster Linie auf die außerordentliche Bedeutung der Parteien

§ 44. Verfassungsgeschichte unter dem Grundgesetz

zurückzuführen. Ihre besondere Stellung ist einerseits durch das Bundesverfassungsgericht begründet worden, das schon 1954 aus der Formulierung in Art. 21 GG *„Die Parteien wirken bei der politischen Willensbildung des Volkes mit"*, gefolgert hat, die Parteien seien *„notwendige Bestandteile des Verfassungsaufbaus"* und übten *„Funktionen eines Verfassungsorgans"* aus (BVerfGE 4, 27 v. 20. 7. 1954). Das Bundesverfassungsgericht hat daher auch die Finanzierung der Parteien aus öffentlichen Mitteln, jedenfalls soweit es sich um die Kosten eines „angemessenen Wahlkampfes" handelt, im Jahre 1966 gestattet, (BVerfGE 20, 56 v. 19. 7. 1966); eine lange Kette einschlägiger Urteile verrät Unsicherheiten im Umgang mit diesem Thema (BVerfGE 8, 51 v. 24. 6. 1958; 24, 300 v. 3. 12. 1968; 52, 63 v. 24. 7. 1979; 73, 40 v. 14. 7. 1986). Das in Art. 21 Abs. 3 GG vorgesehene, aber erst 1967 erlassene Parteiengesetz mit Regelungen über die innere Verfassung der Parteien und ihre Finanzierung hat die Verrechtlichung und Staatsnähe des Parteiwesen nochmals unterstrichen.

Andererseits ist das Gewicht der Parteien mit ihrer rechtlichen und finanziellen Absicherung allein nicht zu erklären. Von Anfang an entstand eine ausgeprägte Polarisierung zwischen zwei meist etwa gleichstarken politischen Lagern und damit auch eine scharfe Abgrenzung von Regierung und Opposition – obwohl im ersten Bundestag noch zehn und im zweiten Bundestag noch sechs Parteien vertreten waren. Diese gegenüber der Weimarer Republik völlig veränderte politische Struktur dürfte darauf zurückzuführen sein, daß die Fundamentalopposition rechts- und linksextremer Strömungen, die zwischen 1919 und 1933 eine beherrschende Rolle spielte, durch die nationalsozialistische Vergangenheit und durch die sowjetische Gegenwart in Deutschland diskreditiert war. Die von der Bundesregierung sogleich nach der Errichtung des Bundesverfassungsgerichts im Herbst 1951 gleichzeitig beantragten und vom Gericht ausgesprochenen Verbote von SRP und KPD (BVerfGE 2, 1 v. 23. 10. 1952; 5, 85 v. 17. 8. 1956) mögen im Sinne eines politisch-moralischen Appells gewirkt haben; eine größere Bedeutung für die Entwicklung des Parteienspektrums kommt ihnen kaum zu. Mit Einschränkungen dürfte dies auch für die vom Bundesverfassungsgericht frühzeitig akzeptierte (BVerfGE 1, 208 v. 5. 4. 1952) Fünfprozentklausel gelten, die in der ersten Legislaturperiode des Bundestages nur in einem Bundesland, erst danach im gesamten Bundesgebiet erfüllt werden mußte. Denn weder damals noch später hat die Sperrklausel die Durchsetzungskraft wirklich erfolgreicher kleinerer Parteien verhindert, wie vor allem das Beispiel der 1980 als Bundespartei konstituierten und 1983 erstmals im Bundestag vertretenen „Grünen" zeigt.

Gegründet für den Kampf um die politische Macht, haben die Parteien aus Gründen der Effizienz wie aus Sachzwängen heraus Organisationsstrukturen geschaffen, welche die Stellung der einzelnen Abgeordneten maßgeblich bestimmen. Für den Abgeordneten ist eine *„Mediatisierung"* durch seine Fraktion (*K. Kröger*) festzustellen, die dem in Art. 38 Abs. 1 S. 2 GG verankerten Prinzip, daß der Abgeordnete als Vertreter des ganzen Volkes *„an Aufträge und Weisungen nicht gebunden"* sei, jede praktische Bedeutung genommen hat. Die Fraktionen der im Bundestag vertretenen Parteien ermöglichen den Abgeordneten aber andererseits durch ihre arbeitsteilige Binnenorganisation erst jene fachliche Spezialisierung, die ihnen die Chance gibt, in den Bundestagsausschüssen und gegenüber den gut informierten Vertretern der Exekutive professionell tätig zu werden. Daß der Beruf des Abgeordneten von diesem dann auch als dauerhaft begriffen und durch strikte Loyalität gegenüber seiner Partei gesichert wird, ist ebenso eine Folge der fortgeschrittenen Professionalisierung von Politik wie die Entstehung persönlicher Bezugssysteme. Sie sind in Hinblick auf den relativ geringen Organisationsgrad der Bevölkerung in den Parteien unter dem Schlagwort der „Ämterpatronage" öffentlicher Kritik ausgesetzt.

2. Bundestag und Bundesregierungen

Die Konkurrenz zweier großer politischer Gruppierungen ist auch Ursache dafür, daß sich für die parlamentarische Demokratie in der Verfassungspraxis *„innerhalb des Bundestages in allen wichtigen Fragen eine eindeutige Frontstellung zwischen den Fraktionen der Regierungsparteien und der Opposition* (ergab) ... *eine entscheidende Neuerung in der deutschen Verfassungsgeschichte"* (*U. Wengst*). Nicht Bundesregierung und Bundestag, sondern die Bundesregierung mit der sie tragenden Koalition und Opposition stehen sich gegenüber. Dieses System hat allen Legislaturperioden des Bundestages seinen Stempel aufgedrückt. Besonders gilt das für die Regierungszeit des Bundeskanzlers *Konrad Adenauer* (1949–1963), in der nicht zufällig der Begriff der „Kanzlerdemokratie" geprägt wurde. Adenauer nahm die Chance, als erster Bundeskanzler die insofern eher dürftigen Regeln des Grundgesetzes über die Regierungspraxis zugunsten seiner Amtsstellung mit Leben zu füllen, so weitgehend wahr, wie dies politisch eben möglich gewesen ist. Ihm kam dabei zugute, daß wegen der alliierten Vorbehaltsrechte außen- und verteidigungspolitische Planungen nicht unter eigenen Ministern, sondern ausschließlich im Bundeskanzleramt in die Wege geleitet wurden. Adenauer bestimmte den Geschäftsbereich der Ministerien, er nahm auf deren Personalpolitik Einfluß und verstand es, sowohl den Ministern die Neigung zu politischer Mitsprache zu nehmen, wie auch die politischen Ambitionen des Bundespräsidenten zu dämpfen. Seine Richtlinienkompetenz hatte dabei wie auch unter späteren Bundeskanzlern nicht die Bedeutung eines formell gehandhabten Instruments. Wohl aber begründete sie eine informelle Autorität, der sich Kabinette, Abgeordnete und Parteiapparate um so lieber unterwarfen, je wichtiger die Persönlichkeit des Bundeskanzlers für den nächsten Wahlsieg war. Erst für die letzten zwei Jahre seiner Regierung mußte sich Adenauer im Oktober 1961 erstmals an einen „Koalitionsvertrag" binden, dessen Institutionalisierung im „Koalitionsausschuß" sich als eine bleibende Hinterlassenschaft dieser Zeit erwies.

Adenauers Nachfolger, der populäre Wirtschaftsminister *Ludwig Erhard* (CDU, 1963–1966) scheiterte im Bundeskanzleramt, weil er politische Führungsaufgaben in der Koalition und in seiner eigenen Partei nicht lösen konnte, zumal sich Adenauer den Parteivorsitz in der CDU vorbehalten hatte. In der nachfolgenden großen Koalition unter *Kurt Georg Kiesinger* (CDU, 1966–1969), nahm die Figur des Bundeskanzlers neue Züge an. Er konnte gegenüber zwei etwa gleichstarken Koalitionspartnern, die sich durch eine nennenswerte Opposition nicht gefährdet sahen, Führungsansprüche kaum durchsetzen, sondern mußte sich mit der Aufgabe eines Vermittlers begnügen; wichtige Entscheidungen bereiteten Spitzenpolitiker von CDU/CSU und SPD in einem informellen Gremium, dem *„Kreßbronner Kreis"*, vor. Mit der Bildung der sozialliberalen Koalition unter Bundeskanzler *Willy Brandt* (SPD, 1969–1974) trat erneut eine charismatisch wirkende Persönlichkeit an die Spitze der Bundesregierung, getragen von einer Woge von Reformbereitschaft (u. VII.2) und dem Willen, die Beziehungen zu dem anderen deutschen Staat zu normalisieren (u. § 46 II.4). Brandts Sturz wegen einer Spionageaffäre in seinem engsten Mitarbeiterkreis bestätigte erneut den Rang, den das Amt des Bundeskanzlers im politischen Bewußtsein der Bundesrepublik einnahm. Schon Brandt, erst recht aber Bundeskanzler *Helmut Schmidt*

(SPD, 1974–1982) hatte mit den Folgen der 1973 eingetretenen Ölpreissteigerung zu kämpfen und damit einen Konflikt zwischen Reform- und Finanzpolitik auszutragen, dem die Koalition mit der FDP schließlich zum Opfer fiel. Die Rückkehr der Liberalen in das bürgerliche Lager spiegelte zugleich die nachlassende Attraktivität der 1969 begonnenen reformerischen Rechtspolitik wider. 1982 trat *Helmut Kohl* (CDU) als Bundeskanzler an die Stelle von Helmut Schmidt.

Die Mechanik der *Regierungswechsel* läßt zwar keine eindeutigen Entwicklungen, aber doch gewisse Trends erkennen. Dem Grundgesetz ist ein Selbstauflösungsrecht des Bundestages fremd. Demgemäß fand die „Kanzlerdemokratie" nach dem Rücktritt eines Bundeskanzlers während einer laufenden Legislaturperiode (1963 Adenauer, 1966 Erhard, 1974 Brandt) jeweils ihre Grenze am Recht des Parlaments, einen neuen Bundeskanzler zu wählen. Regierungschefs aber, die zur Sicherung ihrer parlamentarischen Basis an das Wählervolk appellieren wollten und daher die Auflösung des Bundestags anstrebten, fanden dazu einen Weg, den schließlich auch das Bundesverfassungsgericht absegnete. Die in Art. 68 GG vorgesehene *Vertrauensfrage*, die in der Parteiendemokratie keine große Bedeutung hat, wurde als Instrument eingesetzt, um Neuwahlen zu erreichen: 1972 durch Brandt und 1982 durch Kohl, in beiden Fällen mittels Vertrauensverweigerung durch eigene Parteigänger. Das Bundesverfassungsgericht akzeptierte dieses Verfahren, weil „*die Befugnis zur Konkretisierung von Bundesverfassungsrecht ... nicht allein dem Bundesverfassungsgericht* (zukommt), *sondern auch anderen obersten Verfassungsorganen*"; danach darf Art. 68 GG als Ermächtigung zur Auflösung des Bundestages gelesen werden, wenn anders die Fortdauer der Regierung „*mit den im Bundestag bestehenden Kräfteverhältnissen*" nicht gewährleistet ist (BVerfGE 62, 1 v. 16. 2. 1983). Daß dem 1982 durch ein konstruktives Mißtrauensvotum gem. Art. 67 GG in sein Amt gelangten Bundeskanzler Kohl die Entscheidung des Parlaments nicht genügte, kann im Sinne des Gedankens der „Kanzlerdemokratie" als Tendenz gedeutet werden, über die Person des Regierungschefs die Wähler entscheiden zu lassen. Im übrigen bieten die Regierungswechsel zwischen den politischen Lagern ein Bild parlamentarischer Normalität. Sie wurden veranlaßt durch die Beendigung bestehender oder die Bildung neuer Koalitionen, wobei der FDP eine Schlüsselrolle zufiel (1966, 1969, 1982). Auch der Fraktionswechsel einzelner Abgeordneter hatte Einfluß auf den Fortbestand einer Regierung (1972).

3. Das Amt des Bundespräsidenten

Es blieb im wesentlichen auf repräsentative Aufgaben beschränkt. Der Frage eines „materiellen Prüfungsrechts", d. h. des Rechts des Bundespräsidenten, Gesetze vor ihrer Ausfertigung auf ihre Verfassungsmäßigkeit zu überprüfen, hat die Staatsrechtslehre nach anfänglich lebhafter Diskussion keine große Bedeutung beigemessen – die Verantwortung liegt in erster Linie bei den anderen Verfassungsorganen. Die Bundespräsidenten *Theodor Heuss* (1949–1959), *Heinrich Lübke* (1959–1969), *Gustav Heinemann* (1969–1974), *Walter Scheel* (1974–1979), *Karl Carstens* (1979–1984) und *Richard v. Weizsäcker* (1984–1994) haben ihre Aufgabe vor allem darin gesehen, das Amt des Staatsoberhauptes mit persönlicher Autorität auszufüllen. Die ältere Idee einer Repräsentation des Gesamtvolkes (o. § 37 IV.1) spielte dabei nur im Außenverhältnis, gegenüber anderen Staaten, eine Rolle. In der Bundesrepublik selbst verstanden sich die Präsidenten eher als – überparteiliche – Stimme der politischen Vernunft und des Allgemeinwohls.

4. Wandlungen der bundesstaatlichen Ordnung

Einen tiefgreifenden Wandel hat der Föderalismus der Bundesrepublik erfahren. Dies freilich gerade nicht so, wie es sich der Verfassungsgeber vorgestellt hat, nämlich durch eine Antwort auf die im Raume stehende Frage einer Neugliederung des Bundesgebietes. Das ausdrückliche Neugliederungsgebot des Art. 29 GG ist 1976 durch eine Kann-Vorschrift abgelöst worden, welche Veränderungen des Ländergefüges erschwert. Die bestehenden Bundesländer haben sich insofern von Anfang an als Machtfaktoren erwiesen, auch dort, wo sie als ausgesprochene Zufallsgebilde der Nachkriegszeit entstanden waren. Nur die gem. Art. 118 GG erleichterte Bildung des „Südweststaates" Baden-Württemberg ist 1951 gelungen, dies freilich in einem Verfahren, das später vom Bundesverfassungsgericht für rechtswidrig erklärt wurde, weil die Mehrheit der Badener nicht zugestimmt hatte (BVerfGE 5, 34 v. 30. 5. 1956). Der nach Verzögerungen durch den Bundesgesetzgeber erst 1970 durchgeführte Volksentscheid brachte keine Mehrheit mehr für die Wiederherstellung des alten Landes Baden – ein Exempel für den Primat der Staatsräson auch in der Geschichte der Bundesrepublik.

In dem komplexen System der deutschen Bundesstaatlichkeit haben sich jedoch seit den 50er Jahren wesentliche Akzentverschiebungen ergeben, die gewöhnlich mit den Stichworten: Ausdehnung der Bundeskompetenzen und Selbstkoordinierung der Länder charakterisiert werden; auch von *„kooperativem Föderalismus"* ist die Rede. Der Grund dieser Entwicklungen lag in dem allgemein zu beobachtenden Bestreben, einheitliche Lebensverhältnisse herzustellen, insbesondere gesamtstaatliche Lösungen für jene Aufgaben zu finden, die aus dem Sozialstaatsgedanken gefolgert wurden (u. VI). Gegenüber diesen, vom Gleichheitssatz getragenen Erwartungen erwies sich die Eigenstaatlichkeit der Bundesländer als ein sekundärer politischer Wert. Das Grundgesetz erleichterte die Ausdehnung des Bundesrechts durch die Figur der *„konkurrierenden Gesetzgebung"*, deren ohnehin umfangreicher Katalog von Zuständigkeiten in Art. 74 GG mehrfach erweitert wurde und schließlich auch Regelungsbereiche wie die wissenschaftliche Forschung und das Krankenhauswesen umfaßte. Eine „Konkurrenz" durch die Landesgesetzgebung hat in nennenswertem Umfang nicht entstehen können, weil das Bundesverfassungsgericht die in Art. 72 Abs. 2 GG vorgeschriebene Frage, ob *„ein Bedürfnis nach bundesgesetzlicher Regelung"* bestehe, zu einer Ermessensangelegenheit des Bundesgesetzgebers erklärt hat (BVerfGE 2, 213 v. 22. 4. 1953). Ebenso bundesfreundlich war die Verfassungsrechtsprechung zu der in Art. 75 GG geregelten *„Rahmengesetzgebung"* (BVerfGE 4, 115 v. 1. 12. 1954), ein Rechtssetzungstypus, der sich durch *„praktisch so gut wie nichts"* von gewöhnlicher Bundesgesetzgebung unterscheidet (*R. Herzog*) und dabei so wichtige Materien wie das öffentliche Dienstrecht und seit 1969 das Hochschulwesen umfaßt.

Durch Verfassungsänderung wurden darüber hinaus 1969 in den Art. 91 a und 91 b GG dem Grundgesetz ursprünglich ganz fremde *„Gemeinschaftsaufgaben"* von Bund und Ländern geschaffen, namentlich im Bereich von Hochschule und Bildung sowie zur Verbesserung der regionalen Wirtschafts- und der Agrarstruktur. Im Hintergrund dieser unübersehbaren Expansion von Bundeskompetenzen standen teils Sachzwänge, wie die Notwendigkeit, eine gemeinsame Struktur für die Hochschulen zu finden, teils Probleme der Finanzverfassung. Deren endgültige Regelung war vom Verfassungsgeber in Art. 107 und später vom Bundestag immer wieder hinausgeschoben worden. 1955 erfand man den *Finanzausgleich* zwischen leistungsfähigen und leistungsschwachen Bundesländern und ermöglichte zugleich Bundeszuweisungen an die Länder, damit diese in die Lage versetzt würden, bestimmte eigene Aufgaben zu erfüllen („*Fondsverwaltung*"). Nachdem diese Art der Einflußnahme auf die Landespolitik zu Unzuträglichkeiten geführt hatte, suchte das *Finanzreformgesetz von 1969* eine Lösung durch die Schaffung der erwähnten Gemeinschaftsaufgaben, begrenzte Mischfinanzierungen und eine flexible Anpassung an das jeweilige Steueraufkommen.

Doch nicht nur der Bund, auch die Bundesländer selbst haben durch eine zunehmend engere Kooperation dem Bedürfnis nach Angleichung der Lebensverhältnisse Rechnung getragen. Schon seit der ersten Hälfte der 50er Jahre traten wieder *Ministerpräsidentenkonferenzen,* dazu *Konferenzen von Landesressortministern* und Ministerialreferenten zusammen, die mit einer Fülle von Verwaltungsabkommen und einer aufeinander abgestimmten Landesgesetzgebung gemeinsame Problemlösungen suchten. Obwohl es bisher an genaueren Forschungsarbeiten dazu fehlt, spricht manches dafür, daß diese Art der Zusammenarbeit von den Beteiligten deshalb als Erfolgsgeschichte wahrgenommen und fortgesetzt wurde, weil die Landesregierungen stets verschiedene politische Richtungen vertraten und daher das gemeinsame Handeln der Länder auf Kompromisse ausgerichtet sein mußte. Die Kooperation gipfelte schließlich in der Schaffung von gemeinsamen Ländereinrichtungen wie ZDF, ZVS u. a. Auf diese Weise ist zwischen Bund und Ländern eine dritte, im Grundgesetz nicht vorgesehene Verfassungsebene entstanden, deren Zulässigkeit nach anfänglichen Zweifeln bald anerkannt wurde.

5. Kompetenzgewinne des Bundesrates

Während die geschilderte Entwicklung die politischen Gestaltungsspielräume in den Bundesländern einschränkte, gelang es diesen, ihre Stellung in der Bundesverfassung durch Kompetenzgewinne des Bundesrates zu stärken. Den Schlüssel dazu boten die Art. 84 und 85 GG. Da nach diesen Vorschriften die Schaffung von Behörden und Verfahrensregeln für die Ausführung von Bundesgesetzen Sache der Länder ist, nahm die Praxis mit verfassungsgerichtlicher Zustimmung bald an, Bundesgesetze bedürften immer dann auch der Zustimmung des Bundesrates, wenn sie – wie so oft – auch Normen für das Verfahren enthalten (BVerfG 8, 274 v. 12. 11. 1958). Auf diese Weise hat der Anteil der Zustimmungsgesetze an der Bundesgesetzgebung schon in der ersten Hälfte der 70er Jahre 50 Prozent, später auch 60 Prozent überschritten. Von diesem Machtgewinn profitierten nur die Landesregierungen, nicht die in keiner direkten Beziehung zum Bundesrat stehenden Landesparlamente. Daher sind es zunächst die zuständigen Ministerialbeamten der Länder, die ihre Kollegen aus den Bundesministerien fachlich kontrollieren. Dieser Eindruck sachbezogener Arbeit hochqualifizierter Spezialisten wurde in der Zeit der sozialliberalen Koalition durch ausgesprochen politische Konfrontationen verdrängt. In dieser Zeit verfügte erstmals die Opposition im Bundestag über die Mehrheit der Bundesratsstimmen. Der gem. Art. 77 Abs. 2 GG auf Verlangen des Bundesrates einzuberufende Vermittlungsausschuß gewann die Bedeutung eines eigenständigen Gesetzgebungsorgans.

6. Das Bundesverfassungsgericht

Als wichtigster Faktor in der Verfassungsgeschichte der westdeutschen Bundesrepublik ist die Verfassungsgerichtsbarkeit zu bezeichnen. Dabei war die Stellung des mit Gesetz vom 12. 3. 1951 errichteten Bundesverfassungsgerichts zunächst durchaus umstritten. Adenauer befand, dieses Gericht sei *„tatsächlich der Diktator Deutschlands"* und sein Justizminister Thomas Dehler (FDP) warf die Frage auf: *„Wer bewacht am Ende die Wächter des Staates?"* Gegen seinen Widerstand setzte die erste Generation der 1951 gewählten Bundesverfassungsrichter mit einer wenige Monate danach vorgelegten Denkschrift im Jahre 1953 im Bundestag durch, daß ihr Gericht als „Verfassungsorgan" mit haushaltsrechtlicher Selbständigkeit und eigener Dienstaufsicht anerkannt und damit aus der Zuständigkeit des Bundesjustizministeriums herausgenommen wurde. Die Regierung Adenauer konnte dennoch ihr Verhältnis zum Bundesverfassungsgericht zunächst nur als eine politische Machtfrage verstehen, wie die von taktischen Winkelzügen geprägte Kontroverse um die Verfassungsmäßigkeit der Wiederbewaffnung zeigt. Sie mußte nur deshalb nicht entschieden werden, weil die EVG scheiterte (o. § 43 II.3) und danach der Regierung eine Grundgesetzänderung mit Zweidrittelmehrheit möglich war (o. II.1). Politisch umstritten blieb daher auch 1954/55 die Wahl der Bundesverfassungsrichter. Erst 1956 einigten sich Regierung und Parteien auf die dauerhaft gebliebene Lösung der §§ 6 und 7 BVerfGG mit dem Erfordernis der Zweidrittelmehrheit für die hälftig von Bundestag und Bundesrat zu wählenden Richter.

Von den zahlreichen Zuständigkeiten des Bundesverfassungsgerichts hat neben der Normenkontrolle gem. Art. 100 GG, also der Überprüfung der Verfassungsmäßigkeit von Gesetzen auf Vorlage eines Gerichts, vor allem die jedermann offenstehende Verfassungsbeschwerde überragende Bedeutung gewonnen. Ursprünglich nur im BVerfGG geregelt und erst im Zuge der Notstandsgesetzgebung 1969 in Art. 93 GG aufgenommen, ist die Verfassungsbeschwerde zu einem zentralen Element der politischen Kultur der Bundesrepublik geworden. Die Möglichkeit der Verfassungsbeschwerde hat insbesondere die Qualität der allgemeinen Rechtsweggarantie des Art. 19 Abs. 4 GG verändert, da sie die Kontrolle der Gerichtsbarkeit gestattet. Darüber hinaus binden die Entscheidungen des Bundesverfassungsgerichts nicht nur die an einem Streit unmittelbar beteiligten Prozeßparteien, sondern gem. § 31 BVerfGG alle Verfassungsorgane, Gerichte und Behörden des Bundes und der Länder. Zwar hat das Bundesverfassungsgericht diese einzigartige, mit einem Gesetzgebungsorgan vergleichbare Machtstellung selbst begrenzen wollen, indem es schon frühzeitig den Grundsatz der *„verfassungskonformen Auslegung"* von Gesetzen entwickelte (BVerfGE 2, 266 v. 7. 5. 1953) und auch betonte, daß seine Aufgabe nicht mit derjenigen einer zusätzlichen Revisionsinstanz verwechselt werden dürfe (BVerfGE 18, 85 v. 10. 6. 1964). Gravierende politische Konflikte, wie die um die friedliche Nutzung der Kernenergie, veranlaßten das Gericht auch zu der Feststellung, daß in einer solchen Frage die Entscheidung für oder wider nicht ein Gericht, sondern der politisch verantwortliche Gesetzgeber, also das demokratisch gewählte Parlament, zu treffen habe (BVerfGE 49, 89 v. 8. 8. 1978; 53, 30 v. 20. 12. 1979).

Aber alle diese Bekenntnisse zur Selbstbeschränkung und Respektierung der Gewaltenteilung haben einen *„gleitenden Übergang vom parlamentarischen Gesetzgebungsstaat zum verfassungsgerichtlichen Jurisdiktionsstaat"* (E. W. Böckenförde) nicht verhindern können. Ursache ist vor allem ein gewandeltes Verständnis des Richteramtes: *„Die traditionelle Bindung des Richters an das Gesetz ... ist im Grund-*

gesetz jedenfalls der Formulierung nach dahin abgewandelt, daß die Rechtsprechung an ‚Gesetz und Recht' gebunden ist (Art. 20 Abs. 3). *Damit wird nach allgemeiner Meinung ein enger Gesetzespositivismus abgelehnt"* (BVerfGE 34, 269 v. 14. 2. 1973). Die auf diese Weise direkt aus dem Grundgesetz abgeleitete Auslegungskompetenz und -freiheit hat das Gericht ausgefüllt durch die Feststellung, daß im Grundrechtsteil der Verfassung nicht nur Freiheitsrechte, sondern eine objektive Wertordnung verankert seien; von dieser Position aus ergaben sich große Möglichkeiten einer verfassungsgestaltenden und -fortbildenden Judikatur (u. IV). Auch die fundamentalen Prinzipien der Staatsorganisation hat das Gericht bei der Prüfung der Frage, was gem. Art. 21 Abs. 2 GG zur *„freiheitlichen demokratischen Grundordnung"* gehört, so weitgehend festgeschrieben, daß der Spielraum für denkbare Verfassungsänderungen eingeschränkt und die dem dauerhaften Schutz des Kernbestandes der Verfassung dienende Klausel des Art. 79 Abs. 3 GG erweitert scheint.

Die Idee der Verfassungsgerichtsbarkeit hat noch teil am aufgeklärten Verständnis jurisdiktioneller Tätigkeit und lebt daher von dem Anspruch, auf der Grundlage vernunftgemäßer Rechtsfindung „richtige" „Erkenntnisse" mitzuteilen. Diese elementare Basis richterlicher Autorität hat das Bundesverfassungsgericht, wenn nicht verlassen, so doch erheblich modifiziert, indem es sich zu seiner dezidiert politischen Aufgabe bekannt hat. Der damit unvermeidliche politische Diskussionsprozeß innerhalb des Gerichts wird seit 1970 mit der Publikation von *„Sondervoten"* derjenigen Richter, die einer Entscheidung nicht zustimmen, jedenfalls teilweise auch öffentlich gemacht. Dem rückblickenden Beobachter muß indessen auffallen, daß dennoch die verborgene Antinomie zwischen der Rechtsbindung des Richteramtes und seiner politischen Gestaltungsaufgabe in der Geschichte des Gerichts nicht aufgelöst werden konnte. Vermutlich deshalb, weil sich die anderen am politischen Streit beteiligten Kräfte schwer damit tun, der politischen Entscheidung eines Gerichts mehr Vernunft zuzubilligen als ihrer eigenen Einsicht. Als in der Zeit der sozialliberalen Koalition unter Bundeskanzler Helmut Schmidt Entscheidungen zum Schwangerschaftsabbruch (BVerfGE 39, 1 v. 25. 2. 1975) und zum Ersatzdienst (BVerfGE 48, 12/ v. 13. 4. 1978) ergingen, die der politischen Linie der Regierung zuwiderliefen, kam es zu einer heftigen Polemik in der regierungsnahen Presse, zu Demonstrationen und auch zu einer öffentlichen Kritik am Verfassungsgericht durch den Bundeskanzler.

IV. Die Rechtsprechung des Bundesverfassungsgerichts zu den Grundrechten

1. Grundrechte als Freiheitsrechte und objektive Wertordnung

Am nachhaltigsten hat die Wirkungsgeschichte des Grundgesetzes die Auslegung der Grundrechte bestimmt. Das Bundesverfassungsgericht versteht sie als Freiheitsrechte und objektive Wertordnung zugleich. Die Staatsrechtslehre hat den letzteren Aspekt besonders intensiv diskutiert und in der Frühzeit der Bundesrepublik auch kritisiert. Historisch gesehen, sind zwei Entwicklungslinien zu unterscheiden, von denen die eine die Freiheitsrechte mit aufgeklärt-emanzipatorischer Tendenz allmählich erweitert hat, während die andere darauf zielte, mit der Annahme eines in den Grundrechten zugleich gegebenen Systems verfassungsrechtlicher Werte allgemeinverbindliche sozialethische Normen zu schaffen.

Zum Ausbau der freiheitsrechtlichen Komponente gehört, daß die zunächst im Vordergrund stehende Frage nach den Schranken der Grundrechte und den Schranken dieser Schranken überlagert worden ist durch das *Verhältnismäßigkeitsprinzip*. Dieses, dem das Bundesverfassungsgericht ausdrücklich „*verfassungsrechtlichen Rang*" zuspricht, ergibt sich nach Auffassung des Gerichts „*bereits aus dem Wesen der Grundrechte selbst, die als Ausdruck des allgemeinen Freiheitsanspruchs des Bürgers gegenüber dem Staat von der öffentlichen Gewalt jeweils nur so weit beschränkt werden dürfen, als es zum Schutz öffentlicher Interessen unerläßlich ist*" (BVerfGE 19, 342 v. 15. 12. 1965, auch schon 7, 377 v. 11. 6. 1958). Daher erstreckt sich die Geltung der Freiheitsrechte grundsätzlich auch auf Rechtsbeziehungen, innerhalb derer ein höheres Maß an Freiheitsbeschränkung ertragen werden muß, wie in Schulen oder in Gefängnissen (BVerfGE 33, 1 v. 14. 3. 1972). Das Bundesverfassungsgericht hat darüber hinaus immer wieder versucht, die den einzelnen Freiheitsrechten zur Verfügung stehenden Handlungsräume durch eine präzise Beschreibung ihrer äußersten Grenzen zu fixieren, so z. B. für die Wissenschaftsfreiheit (BVerfGE 35, 79 v. 29. 5. 1973) und für die Versammlungsfreiheit (BVerfGE 69, 315 v. 14. 5. 1985). Mit dem „*Recht auf informationelle Selbstbestimmung*" nahm das Bundesverfassungsgericht sogar das Recht für sich in Anspruch, ein neues Grundrecht einzuführen (BVerfGE 65, 1 v. 15. 12. 1983). Eine gleichsam institutionelle Absicherung des individuellen Freiheitsraumes soll die Pressefreiheit gewährleisten, der die Verfassungsrichter eine hervorragende politische Funktion zuweisen (BVerfGE 20, 162 v. 5. 8. 1966). Grundrechtskollisionen bei der Wahrnehmung von Freiheitsrechten, etwa zwischen Meinungsfreiheit und Persönlichkeitsschutz (BVerfG 30, 173 v. 24. 2. 1971; 67, 213 v. 17. 7. 1984) haben zunehmend die Öffentlichkeit beschäftigt, ohne daß es möglich war, über den Gedanken der Interessenabwägung hinaus allgemeine Lösungen zu finden.

Die objektive Wertordnung, die das Bundesverfassungsgericht in den Grundrechten zugleich erkennt, begreift es als ein „*Wertsystem, das seinen Mittelpunkt in der innerhalb der sozialen Gemeinschaft sich frei entfaltenden menschlichen Persönlichkeit und ihrer Würde findet*"; dabei handelt es sich nach Überzeugung des Gerichts um die „*Gesamtheit der Wertvorstellungen ..., die das Volk in einem bestimmten Zeitpunkt seiner geistig-kulturellen Entwicklung erreicht und in seiner Verfassung fixiert hat*" (BVerfGE 7, 198 v. 15. 1. 1958). Es sei Aufgabe der Rechtsprechung, diese Wertvorstellungen „*in einem Akt des bewertenden Erkennens, dem auch willenhafte Elemente nicht fehlen, ans Licht zu bringen ...*" (BVerfGE 34, 269 v. 14. 2. 1973). Diese im Kern auf *Rudolf Smend* zurückgehende Lehre ist zunächst nicht unwidersprochen geblieben. Die Staatsrechtslehre hatte indessen gar keine andere Wahl, als ihre Dogmatik an der Rechtsprechung des Bundesverfassungsgerichts zu orientieren. Die Idee einer dem Grundgesetz zugrundeliegenden objektiven Wertordnung führte sodann konsequenterweise zu dem „*Gedanken einer grundrechtlichen Schutzpflicht des Staates*" (*H. Hofmann*), z. B. gegenüber dem ungeborenen Leben (BVerfGE 39, 1 v. 25. 2. 1975), aber auch in sonstigen Fällen einer Gefährdung von Leben und Gesundheit (BVerfGE 49, 89 v. 8. 8. 1978; 56, 54 v. 14. 1. 1981). Es zeigte sich indessen, daß der Schutz einer objektiven Wertordnung einerseits und ein fortschreitender Schutz freiheitsrechtlich-emanzipatorischer Bestrebungen nicht leicht miteinander vereinbar waren. Nachdem das Bundesverfassungsgericht im Jahre 1975 die vom Bundestag für den Schwangerschaftsabbruch beschlossene Fristenlösung als verfassungswidrig verworfen hatte (BVerfGE 39, 1 v. 25. 2. 1975), entspann sich in der Öffentlichkeit eine Diskussion um „Grundwerte", die zu einem Konsens nicht führte und folgenlos blieb.

2. Die „Ausstrahlung" der Grundrechte auf die Rechtsordnung

Mit der Feststellung einer den Grundrechten zugrundeliegenden Wertordnung hat das Bundesverfassungsgericht folgerichtig zugleich eine „Ausstrahlung" der Grundrechte auf *„alle Bereiche des Rechts"* angenommen (BVerfGE 7, 198 v. 15. 1. 1958). Die Reichweite dieser Grundrechtswirkungen vor allem im Privatrecht konnte aber nicht abschließend geklärt werden. Gefolgschaft fand das Bundesverfassungsgericht zwar mit seiner Forderung, die Grundrechte bei der Anwendung zivilrechtlicher Generalklauseln zu beachten. Und andererseits einigte sich die Rechtslehre auch dahin, daß die vom Bundesarbeitsgericht vertretene Theorie von der „Drittwirkung" der Grundrechte außerhalb des Arbeitsrechts keine Anerkennung verdient, da sie den Sinn der Freiheitsrechte ins Gegenteil verkehren könnte. Aber spätere Schritte des Bundesverfassungsgerichts, welche den Vorrang des Verfassungsrechts im Privatrecht durchzusetzen versuchten, erschienen problematisch, weil nach überkommener Auffassung Institute wie Eigentum, Familie, Vertragsfreiheit, vom Privatrecht vorgegeben und nach den Art. 14, 6, 2 Abs. 1 GG in der Verfassung selbst garantiert sind. Das Bundesverfassungsgericht entschied indessen, daß *„der Begriff des von der Verfassung gewährleisteten Eigentums ... aus der Verfassung selbst gewonnen werden"* müsse (BVerfGE 58, 300 v. 15. 7. 1981). Und die Vertragsfreiheit wird durch die Wertordnung der Grundrechte dann eingeschränkt, *„wo es an einem annähernden Kräftegleichgewicht der Beteiligten fehlt"*, und *„mit den Mitteln des Vertragsrechts allein kein sachgerechter Ausgleich der Interessen zu gewährleisten"* ist (BVerfGE 81, 242 v. 7. 2. 1990). Erst recht müssen daher im Sinne dieser Rechtsprechung die Grundrechte als objektives Verfassungsrecht Anerkennung finden und z. B. Maßnahmen zur Sicherstellung einer umfassenden Meinungsbildung getroffen werden, wenn privatwirtschaftlich betriebene Rundfunkanstalten quasi-öffentliche Funktionen wahrnehmen (BVerfGE 57, 295 v. 16. 6. 1981). Diese Entwicklung einer allmählichen Integration verfassungsrechtlicher Maximen in die Privatrechtsordnung ist bisher nicht zum Abschluß gekommen.

V. Die Rechtspolitik der Bundesrepublik

Es kann nicht überraschen, daß vor dem skizzierten Hintergrund auch die Rechtspolitik der Bundesrepublik jedenfalls zeitweise in erheblichem Umfang von Vorstellungen geprägt war, die sich in verschiedener Weise verfassungsrechtlich zu legitimieren versuchten. Das gilt noch weniger für die Jahre unter Bundeskanzler Adenauer, *„eine Zeit ideologiearmer, nüchterner ... Gesetzgebungsarbeit, die keine Weltanschauungen verwirklichen ... wollte"* (*J. Schröder*) sondern eher traditionell rechtsstaatlich-liberalen Zielen verpflichtet war. Der Verfassungsauftrag des Art. 117 GG, die Gleichberechtigung der Geschlechter durch Gesetz herbeizuführen, wurde freilich erst 1957 verspätet und nicht mit letzter Konsequenz durchgeführt, so daß 1959 das Bundesverfassungsgericht die Reform vollenden mußte (BVerfGE 10, 59 v. 29. 7. 1959). Die sich mit dem Heranwachsen der ersten Nachkriegsgeneration in der zweiten Hälfte der 60er Jahre ausbreitende Reformstimmung nahm aber alsbald das Grundgesetz zum Zeugnis, um den angemahnten Veränderungsbedarf zu begründen. Der im Frühjahr 1969 gewählte Bundespräsident *Gustav Heinemann* (SPD), Vorbote der noch im selben Jahr gebildeten sozialliberalen Koalition, trug diesen Bedürfnissen

Rechnung, als er erklärte, die Ordnung des Grundgesetzes bedürfe „*im Staat und in der Gesellschaft der fortwährenden Bemühung um täglich bessere Verwirklichung durch den mündig mitbestimmenden Bürger*".

Wenig später hat der erste sozialdemokratische Bundeskanzler *Willy Brandt* mit dem Slogan „*mehr Demokratie wagen*" auf ein Verfassungsprinzip als Grundlage gesellschaftlicher Reformen zurückgegriffen und damit Begeisterung in der Publizistik und in intellektuell geprägten Mittelschichten ausgelöst. Die Reformpolitik der sozialliberalen Koalition umfaßte die Weiterführung der schon zuvor begonnenen Liberalisierung des Sexualstrafrechts, eine Neuregelung der Strafbarkeit des Schwangerschaftsabbruchs, die vom Bundesverfassungsgericht geforderte Schaffung eines Strafvollzugsgesetzes, familienrechtliche Reformen mit der Einführung des Zerrüttungsprinzips im Scheidungsrecht und mit der Neuregelung des elterlichen Sorgerechts, Verbraucherschutzregelungen, Einführung von Umweltstraftatbeständen, aber auch gesetzgeberische Maßnahmen gegen den gefährlich gewordenen Terrorismus. Gemeinsamer Nenner dieser Rechtspolitik war die Auflösung des „*alten liberalen Dualismus von Freiheit einerseits und Verantwortung für Schuld andererseits ... zugunsten ,sozialer' Gerechtigkeit*" (*J. Schröder*). Es spricht für die politische Überzeugungskraft und das historische Gewicht dieses politischen Programms, daß es auch nach der Rückkehr einer bürgerlichen Koalition an die Regierung im Jahre 1982 kaum angetastet wurde.

VI. Das Sozialstaatsprinzip

1. Die verfassungsgerichtliche Rechtsprechung

Das Grundgesetz hat in seinen Artikeln 20 Abs. 1 und 28 Abs. 1 die Bundesrepublik bewußt einen „*sozialen*" Bundes- und Rechtsstaat genannt. Damit haben die Verfassungsväter die viel ältere politische Idee eines „*Sozialstaates*" zum verfassungsrechtlichen Sozialstaatsprinzip erhoben. Das Wort diente einst dazu, ein Gemeinwesen zu charakterisieren, daß seine Aufgabe nicht nur in der Wahrung des Rechtsfriedens sah, sondern um soziale Gerechtigkeit bemüht sein sollte. Ob aus der Verankerung des Sozialstaatsgedankens im Verfassungsrecht freilich konkrete Folgerungen gezogen werden konnten, blieb durchaus zweifelhaft. Das Bundesverfassungsgericht hat sehr früh festgestellt, daß die „*Verwirklichung des Sozialstaates*" in erster Linie Sache des Gesetzgebers sei (BVerfGE 1, 97 v. 19. 12. 1951), und es hat später hinzugefügt, andernfalls würde das Sozialstaatsprinzip „*mit dem Prinzip der Demokratie in Widerspruch geraten*" (BVerfGE 59, 231 v. 13. 1. 1982). Dennoch hat das Gericht aus dem Sozialstaatsprinzip auch elementare Pflichten des Staates abgeleitet und insofern die Entscheidungsfreiheit der Politik eingeschränkt: Der Staat habe „*für einen Ausgleich der sozialen Gegensätze und damit für eine gerechte Sozialordnung zu sorgen*" (BVerfGE 22, 180 v. 18. 7. 1967) und daher „*Mindestvoraussetzungen für ein menschenwürdiges Dasein (zu) sichern*" (BVerfGE 40, 121 v. 18. 6. 1975). Weit darüber hinaus gingen die Richter im Jahre 1972, als sie dem Sozialstaatsprinzip ein „*Recht auf Zulassung zum Hochschulstudium*" entnahmen und absolute Zulassungsbeschränkungen nur „*in den Grenzen des unbedingt Erforderlichen unter erschöpfender Nutzung der vorhandenen Ausbildungskapazitäten*" für verfassungsmäßig erklärten (BVerfGE 33, 303 v. 18. 7. 1972). Diese Umformulierung eines Freiheitsrechts, hier des in Art. 12 GG gewährleisteten

Rechts auf die freie Wahl des Berufes, in ein soziales Teilhaberecht wurde sehr zwiespältig aufgenommen. Während die einen hier einen Weg zu gesellschaftlichen Reformen zu erkennen glaubten, etwa durch Anerkennung auch eines „*Rechts auf Arbeit*", beharrten die anderen darauf, daß zwischen den Prinzipien des Rechtsstaates und des Sozialstaates weiterhin ein Gleichgewicht bestehen müsse und der Gesetzgeber nicht aus der politischen Verantwortung für Art und Umfang sozial gestaltender Regelungen entlassen werden dürfe.

2. Gesetzgebung

Die Umsetzung des Sozialstaatsprinzips durch den Gesetzgeber durchlief mehrere Phasen und entwickelte eine eigene Dynamik. In den 50er Jahren stand noch die Bewältigung der unmittelbaren *Kriegsfolgen* im Vordergrund, beginnend 1949 mit einem Soforthilfegesetz zur Milderung akuter sozialer Notstände, Regelungen für Heimkehrer, NS-Opfer und Evakuierte, mit der Lastenausgleichsgesetzgebung für die Heimatvertriebenen, 1957 schließlich mit einer grundlegenden Rentenreform, die das Sozialversicherungssystem an die Rentenbeiträge der arbeitenden Generation koppelte. Aus der Not geboren, wurde diese Politik dennoch getragen von *sozialreformerischen Vorstellungen*, die in Gesetzen etwa über Heimarbeiter und Mutterschutz, Mindestarbeitsbedingungen und Jugendschutz auch zukunftsweisende Perspektiven aufwies. Mit der wirtschaftlichen Prosperität und Vollbeschäftigung seit den späten 50er Jahren verstand sich die fortdauernde sozialstaatlich orientierte Politik zunehmend als ein Programm der *Umverteilung,* das nicht nur mit dem Bundessozialhilfegesetz von 1961 die alte Sozialfürsorge durch einen Sozialhilfeanspruch ersetzte, sondern auch die Vermögensbildung breiter Volksschichten durch direkte Subventionen förderte. In der Zeit der großen Koalition seit 1966 und besonders unter der sozialliberalen Bundesregierung seit 1969 erfuhr das Spektrum der sozialpolitischen Maßnahmen nochmals eine Erweiterung, etwa durch Gesetze zur Arbeitsförderung und zur Ausbildungsförderung, durch Einführung einer flexiblen Altersgrenze und umfassende Leistungsverbesserungen in der Krankenversicherung. Der 1975 geschaffene *Allgemeine Teil eines Sozialgesetzbuches* ließ zugleich erkennen, daß die ältere Praxis sozialpolitischer Denkschriften durch eine weit fortgeschrittene Juridifizierung des Sozialrechts und damit dessen Integration in das System des öffentlichen Rechts ersetzt worden war.

VII. Verfassungsordnung und Gesellschaft

1. Die marktwirtschaftliche Ordnung

Für die Bundesrepublik liegt es nahe, in Umkehrung einer für das 19. Jahrhundert eingeführten Begriffsprägung (o. § 33) die Frage nach der Existenz und Bedeutung verfassungsnaher Gesellschaftsebenen zu stellen. Denn auch die marktwirtschaftliche Ordnung wollte die Wirtschaft nicht sich selbst überlassen, sondern das Problem der wirtschaftlichen Macht durch Intervention des Staates lösen. Maßgebend dafür waren seit 1949 die Maximen des Ordoliberalismus, dessen Vordenker *Franz Böhm* „*Marktwirtschaft und Privatrechtsgesellschaft unwiderruflich aufeinander bezogen*" hat (*K. W. Nörr*). Das Bundesverfassungsgericht ließ insofern der Politik, die maßgeblich von *Ludwig Erhard* als Bundeswirtschaftsminister gestaltet wurde, freie Hand: Das Grundgesetz sei wirtschaftspolitisch neutral, es enthalte *„keine unmittelbare Festlegung und Gewährleistung einer bestimmten Wirtschaftsordnung"*, sondern überlasse dessen Gestaltung dem Gesetzgeber (BVerfGE 4, 7 v. 20. 7. 1954; 50, 290 v. 1. 3. 1979).

Das wirtschaftspolitische Instrumentarium, dessen sich der Staat dabei bediente, wurde in mehreren Schritten aufgebaut; nicht alles gelang. Als Marksteine von Dauer erwiesen sich das 1957 geschaffene *Kartellgesetz* mit der Kontrolle wettbewerbsbeschränkender Aktivitäten der Wirtschaft durch das Kartellamt und die in demselben Jahr auf eine neue gesetzliche Grundlage gestellte *Bundesbank*, deren unabhängige Geldpolitik das wirtschaftliche Geschehen fortan nachhaltig beeinflußte. 1963 beschloß der Bundestag die gesetzliche Grundlage für die Bildung eines *„Sachverständigenrates zur Begutachtung der gesamtwirtschaftlichen Entwicklung"*. Als Bundeskanzler glaubte Erhard noch einen Schritt weiter gehen zu können, um mit dem Konzept einer *„formierten Gesellschaft" „Klassen und Gruppen"* dazu zu bewegen, nicht mehr *„einander ausschließende Ziele durchsetzen (zu) wollen"*, sondern sich *„kooperativ"* zu verhalten. Dieser Appell, mit dem Erhard Einzelinteressen zu bändigen hoffte, verhallte ungehört. Wenig später, 1967, gelang es der großen Koalition, in einer *„konzertierten Aktion"* die wichtigsten Beteiligten am Wirtschaftsprozeß, vor allem Unternehmer und Gewerkschaften, zu einer regelmäßigen Gesprächsrunde zu vereinigen, um mit dem Rat der Wissenschaft die Wirtschafts-, Finanz- und Sozialpolitik aufeinander abzustimmen. 1976 scheiterte auch dieser Versuch einer Vereinigung divergierender wirtschaftlicher Interessen. Erfolg versprach aber die Selbstbindung des Staates. Der 1967 neu eingefügte Artikel 109 Abs. 2 GG verpflichtete die öffentlichen Haushalte auf die Wahrung des *„gesamtwirtschaftlichen Gleichgewichts"*. Dies sollte in Zukunft nach den Vorschriften des zugleich in Kraft gesetzten *Stabilitätsgesetzes* geschehen.

2. Gesellschaftspolitische Ziele der Gewerkschaften

In der Konzertierten Aktion war den Gewerkschaften und den Unternehmerverbänden erstmals nicht nur ein informeller Einfluß auf die Politik, wie er über die Parteien und durch Anhörungen wirksam werden konnte, eingeräumt, sondern eine Institution geschaffen worden, in deren Rahmen die Repräsentanten der stärksten gesellschaftlichen Kräfte mit Regierungsmitgliedern an einem Tisch berieten. Ursprünglich hatten die *Gewerkschaften* sehr viel weitergehende sozialreformerische Ziele verfolgt. In den Nachkriegsjahren war noch die aus der Weimarer Zeit überkommene Idee einer *„Wirtschaftsdemokratie"* lebendig. Gemeint waren damit überbetriebliche Mitbestimmungsrechte der Gewerkschaften in neu zu gründenden Wirtschaftskammern, Ergänzung und Gegenstück zu der gewünschten Sozialisierung von Grundstoffindustrien und Großbanken. Dieses Programm machte sich noch der Gründungskongreß des DGB 1949 zu eigen. Tatsächlich gab es Mitbestimmungsregelungen für die Eisen- und Stahlindustrie schon vor Gründung der Bundesrepublik in der britischen Zone. Die erste Bundesregierung aber dachte nicht an eine Ausdehnung, sondern eher an eine Einschränkung des Mitbestimmungsprinzips. Doch gab es im weitgespannten Spektrum der CDU-Fraktion auch Gewerkschaftler, deren Zustimmung die Regierung brauchte, als in den Verhandlungen über die Montan-Union (o. § 43 III.2) der ganze Wirtschaftsbereich Kohle und Stahl neu geordnet werden mußte. So gestand Adenauer der DGB-Führung die *Mitbestimmung* in der Montan-Industrie zu, während die Gewerkschaften ihrerseits auf umfassendere wirtschaftsdemokratische Ziele vorerst verzichteten. In der Zeit der großen Koalition erneuerte der DGB seine Forderung auf Erstreckung der Mitbestimmung, und selbst den Gedanken einer gesamtwirtschaftlichen Mitbestimmung griff er wieder auf. Erreichen konnte der DGB 1976 nur die Ausweitung der Mitbestimmung auf größere Kapitalgesellschaften. Für die soziale Realität des Mitbestimmungsgedankens blieb charakteristisch eher der Gedanke der Mitbestimmung in innerbetrieblichen Angelegenheiten, wie er sich im *Betriebsverfassungsgesetz* von 1952 und dessen späteren Novellierungen findet. Die Gewerkschaften konzentrierten ihre Aktivitäten schon seit 1955, im Zeichen wirtschaftlichen Wachstums, auf tarif- und sozialpolitische Forderungen, die der Mehrung des individuellen Wohlstandes, nicht mehr der Veränderung der Gesellschaft galten. Auch das Konzept einer „Gemeinwirtschaft" mit gewerkschaftseigenen Unternehmungen scheiterte zu Beginn der 80er Jahre.

3. Verbände und Kirchen

Nicht zu übersehen ist indessen, daß in der Verfassungspraxis der Bundesrepublik die *Verbände* insgesamt stets eine große Rolle spielten. Die Bundesministerien und der Bundestag trugen dem auch Rechnung. Diese Verzahnung der Gesetzgebungspraxis mit den Interessen gesellschaftlicher Gruppen reicht von der förmlichen Unterrichtung beteiligter Verbände über die Anhörung von Fachleuten bis zur Einrichtung zahlreicher Beiräte; Verbandsvertreter als Abgeordnete wirken endlich auch unmittelbar an der Gestaltung der Politik mit. Wissenschaftlich noch kaum untersucht ist für den Zeitraum zwischen 1949 und 1990 die Entwicklung der Beziehungen zwischen den *Kirchen* und der Staatsgewalt in Bund und Ländern. Sicher wird man sagen können, daß die Kirchen nach der moralischen Katastrophe des Dritten Reiches zunächst eine Autorität genossen, die den tatsächlichen Säkularisierungsgrad der Gesellschaft nur bedingt widerspiegelte. Hinzu kam, daß infolge der Teilung Deutschlands die westdeutsche Republik, anders als das Deutsche Reich, ein annäherndes Gleichgewicht von Katholiken und Protestanten aufwies. Das stärkte vor allem die katholische Kirche, deren angestammte Gebiete auch fast vollständig zur Bundesrepublik gehörten, während die evangelischen Landeskirchen unvergleichlich härter von der neuen politischen Situation betroffen waren. Nicht zufällig hatten sie auch Konflikte um politische Richtungsentscheidungen auszutragen, während die katholische Kirche stets mit einer Stimme sprach. Weitgehend einig waren sich die Kirchen aber darin, daß sie nicht nur eine religiöse Botschaft zu vermitteln, sondern einen gesellschaftlichen Auftrag wahrzunehmen hatten. Dieses besondere Verhältnis von Staat und Kirche setzte zwar Trennung voraus, zielte aber auf Zusammenarbeit. Der Prozeß der Säkularisierung freilich schritt voran und schlug sich auch in der staatlichen Rechtspolitik nieder (o. V.). Dennoch blieben die Kirchen im öffentlichen Leben stets präsent, nicht zuletzt mit sozialen Aktivitäten, welche erheblich dazu beigetragen haben, die sozialstaatliche Dynamik des Verfassungssystems zu stützen.

4. Außerparlamentarische Opposition

Seitdem die parlamentarische Opposition der 50er Jahre, also die SPD, mit dem Godesberger Programm von 1959 den politischen Zielen des Sozialismus abgeschworen hatte, begann sich eine außerparlamentarische Opposition zu entwickeln, die in den Jahren der großen Koalition 1966 bis 1969 ihren Höhepunkt erreichte. Vorformen dieser Fundamentalopposition reichen bis in die Mitte der 50er Jahre zurück, verbanden sich damals aber noch mit den politischen Zielen der SPD. Ihr gelang es, die gegen die Wiederbewaffnung gerichtete *„Ohne-mich-Bewegung"* 1955 in der Paulskirche auf ein gemeinsames „Deutsches Manifest" festzulegen, und auch die gegen die Lagerung von Atomwaffen gerichtete Aktion *„Kampf dem Atomtod"* wurde im Jahre 1958 von der SPD noch mitgetragen. Schon in jenen Jahren aber lag die Initiative bei gesellschaftlichen Gruppen aus den Gewerkschaften, aus der evangelischen Kirche und bei Intellektuellenkreisen. Die 1960 beginnenden *„Ostermärsche der Atomwaffengegner"* hatten zunächst pazifistische Ziele, beklagten aber schon Anfang der 60er Jahre Mängel der demokratischen Ordnung. Etwa zu derselben Zeit trennte sich die SPD von ihrem studentischen Jugendverband SDS, der weiterhin dem Marxismus anhing. Damit waren Organisationskerne vorhanden, als im Jahre 1965 nach ersten Demonstrationen in Berlin gegen die amerikanische Vietnampolitik der Protest gegen die geplante Notstandsgesetzgebung die ganze Republik erfaßte. 1966 fand ein Kongreß „Notstand der Demokratie" statt, der erneut Kritiker aus den schon genannten Gruppen vereinigte. Nach dem Tod des Studenten Benno Ohnesorg während einer Demonstration in Berlin entstand im Juni 1967 eine sich rasch ausweitende, studentische Protestbewegung im ganzen Bundesgebiet. Diese radikalisierte sich nochmals nach einem Attentat auf den bekanntesten Studentenführer *Rudi Dutschke* im April 1968. Gewalttätige Aktionen in Universitäten und gegen Presseeinrichtungen waren die Folge.

Auf ihrem Höhepunkt vereinigte die Studentenbewegung verschiedene Strömungen, unter denen die orthodox-marxistische mit der Forderung nach revolutionären Aktionen nur eine, wenngleich stets wichtige Komponente bildete. Stärker haben die Öffentlichkeit antiautoritäre Bestrebungen mit dem Versuch, „herrschaftsfreie" Öffentlichkeit aller Entscheidungsprozesse und damit Basisdemokratie zu praktizieren, beeindruckt. Die gleichzeitige Aufforderung zu „zivilem Ungehorsam" gegen „strukturelle Gewalt" mit „Go-ins" und „Sit-ins" beunruhigte freilich und trug zu einer frühzeitigen Isolierung der Studentenbewegung in der Gesellschaft bei. Nur begrenzte, intellektuell geprägte Kreise identifizierten sich mit der Wiederaufnahme und forcierten Fortsetzung bürgerlichen Emanzipationsstrebens, das in der Studentenrevolte sichtbar wurde.

Dort traten indessen bald auch anarchistische Tendenzen zutage. 1969 setzte der Zerfall des SDS in Basisgruppen und *„Rote Zellen"* ein. Gleichzeitig beginnt die Geschichte des linken Terrors, der sich mit einer langen Kette von Mordanschlägen und Geiselnahmen, trotz der Verhaftung des harten Kerns der *„Rote-Armee-Fraktion"* im Jahre 1972, über die 70er Jahre hinweg bis weit in die 80er Jahre hinein erstreckt. 1980 entstand nach dem Beschluß der NATO, im Bereich der Mittelstreckenraketen nachzurüsten, nochmals eine breite, außerparlamentarische Bewegung mit friedenspolitischen Zielen – vielleicht deshalb, weil es ein Bundeskanzler der SPD, Helmut Schmidt, gewesen war, der die NATO-Entscheidung gefordert hatte. Am Ende blieb die Studentenbewegung insofern nicht folgenlos, als sie die Motivation der Bürger, sich selbst politisch zu engagieren, wohl angeregt hatte. Die seit dem Ende der 60er Jahre entstandenen, meist durch Fragen der Lokalpolitik herausgeforderten *Bürgerinitiativen* sind ein fester Bestandteil des politischen Lebens in der Bundesrepublik geworden.

VIII. Deutsche Vergangenheit und Legitimität der Bundesrepublik

Besonders schwierig und noch nicht abschließend ist das Legitimitätsproblem des westdeutschen Staates zu beurteilen. Er umfaßte offensichtlich nicht die ganze Nation, berief sich aber dennoch auf das demokratische Prinzip und erhob den Anspruch, für das ganze Volk zu sprechen (Präambel des GG, u. § 46 II.1). Daraus erwuchs einerseits der Vorwurf, sich mit den Ergebnissen des Zweiten Weltkrieges nicht abfinden zu können; andererseits wurde der Versuch unternommen, die Nation als Subjekt der Demokratie durch die Idee eines *„Verfassungspatriotismus"* (*J. Habermas*) zu ersetzen oder die Teilstaatlichkeit als notwendiges Element eines europäischen Sicherheitssystems zu rechtfertigen.

Waren dies eher theoretische Fragen, welche die Wissenschaft beschäftigten, so gilt das nicht für den in der Öffentlichkeit spätestens seit dem Ende der 50er Jahre fast ununterbrochen erhobenen Vorwurf einer unzulänglichen Bewältigung der nationalsozialistischen Vergangenheit. Übersetzt in verfassungsgeschichtliche Begriffe verbergen sich dahinter Legitimitätszweifel, blieb doch die Bundesrepublik bei unzureichender Distanzierung vom nationalsozialistischen Regime mit dem Makel der untergegangenen Willkürherrschaft belastet. Diese Problematik wurde durch die deutsche Zweistaatlichkeit noch verschärft. Es gab einen *„Legitimitätswettbewerb zwischen den beiden deutschen Staaten ..., wer auf die Vergangenheit die richtige und fällige Antwort gegeben habe ..."* (*P. Gf. Kielmansegg*). Die Attraktivität neomarxistischen Denkens in der Studentenbewegung (o. VII.4) hat auch damit zu tun, daß die Kommunisten ohne Zweifel Opfer der Nationalsozialisten waren und „Antifaschismus" zur Ideologie ihrer Staatsgründung gehörte (o. § 41 IV.2). Die Bundesrepublik dagegen glaubte unter den Bedingungen moderner Staatlichkeit mit einer Fülle anstehender Verwaltungsaufgaben auf die Erfahrung ehemaliger Nationalsozialisten nicht verzichten zu können und nutzte die in Art. 131 GG eröffnete Möglichkeit durch großzügige Wiedereinstellungen. Obwohl sich die meisten der von dieser Regelung begünstigten Personen zu ihrer Vergangenheit nicht bekannten, erwies sich eine derartige Personalpolitik als erhebliche Belastung. Eine ähnliche Hypothek erwuchs aus dem zunächst geringen Interesse der Justiz, nationalsozialistische Verbrechen mit ihren Mitteln zu ahnden. Beide Fragenkreise waren seit dem Ende der 50er Jahre Gegenstand öffentlicher Diskussion und Kritik. Die Personalpolitik ließ sich nur in beschränktem Umfang korrigieren, für die Bundeswehr von Anfang an durch einen 1955 eingerichteten Personalgutachterausschuß, für die Justiz erst im nachhinein 1961 mit einem Gesetz, das belasteten Richtern und Staatsanwälten den vorzeitigen Eintritt in den Ruhestand nahelegte.

Auch die Vergangenheitsbewältigung durch Anklage und Verurteilung der an den nationalsozialistischen Verbrechen beteiligten Personen hatte mit Schwierigkeiten zu kämpfen. Immer wieder wurde das Verlangen nach einem „Schlußstrich" laut, der unter die Vergangenheit zu ziehen sei. So besonders in der Mitte der 50er Jahre im Zusammenhang mit der deutschen Wiederbewaffnung, später – in den Jahren 1965, 1969 und 1979 – in den Debatten über die drohende Verjährung der Verbrechen aus der Zeit vor 1945. Einen Neuanfang bedeutete im Jahre 1958 die Errichtung einer *„Zentralen Stelle der Landesjustizverwaltungen zur Aufklärung nationalsozialistischer Verbrechen"*. Die Tätigkeit dieser Behörde hatte aufsehenerregende Prozesse und die Verurteilung Tausender von Angeklagten zur Folge. Zugleich wurden aber auch die begrenzten Möglichkeiten rechtsstaatlicher Gerichtsbarkeit erkennbar, die

Gesellschaft von den moralischen Belastungen eines verbrecherischen Regimes zu befreien. Stets ist daher der Vorwurf erhoben worden, man habe nur versucht, sich von der Vergangenheit durch „Verdrängung" zu befreien. Dem steht die These gegenüber, die Bundesrepublik habe keine andere Wahl gehabt, als die Deutschen des Dritten Reiches in den demokratischen Staat zu integrieren (*H. Lübbe*). In der geschichtlichen Realität haben wohl beide Mechanismen eine Rolle gespielt. Die Diskussion darüber ist bis heute nicht abgeschlossen.

§ 45. Die Deutsche Demokratische Republik

Quellen: Bestimmungen der DDR zu Eigentumsfragen und Enteignungen, hrsg. v. Gesamtdeutsches Institut, 2. Aufl. 1984; *W. Büscher, P. Wensierski* u. *K. Wolschner* (Hrsg.), Friedensbewegung in der DDR. Texte 1978–1982, 1982; Das SKK-Statut. Zur Geschichte der Sowjetischen Kontrollkommission in Deutschland 1949 bis 1953, 1998; Dokumente der sozialistischen Einheitspartei Deutschlands, Bd. 1–18, 1951–1982; *R. Dreier* u. a. (Hrsg.), Rechtswissenschaft in der DDR 1949–1971. Dokumente zur politischen Steuerung im Grundlagenbereich, 1996; *H.-V. Hochbaum* (Hrsg.), Staats- und verwaltungsrechtliche Gesetze der Deutschen Demokratischen Republik, 1958; *E. Lieser-Triebnigg* (Hrsg.), begr. v. *D. Müller-Römer*, DDR-Gesetze. Textausgabe mit Anmerkungen (Loseblattausg.), 1970–1988; *S. Mampel*, Die volksdemokratische Ordnung in Mitteldeutschland. Texte zur verfassungsrechtlichen Situation ..., 3. Aufl. 1967; *H. Roggemann* (Hrsg.), Die Gesetzgebung der DDR, Bd. 1, (Loseblattausgabe) 1971 ff.; Staats- und rechtswissenschaftliche Konferenz in Babelsberg am 2. und 3. April 1958. Protokoll, 1958; Das System der sozialistischen Gesellschafts- und Staatsordnung in der Deutschen Demokratischen Republik, hrsg. v. Dt. Akad. f. Staats- u. Rechtswiss. „Walter Ulbricht", 1970; *H. Weber*, DDR. Dokumente zur Geschichte der Deutschen Demokratischen Republik 1945–1985, 3. Aufl. 1987.

Zeitgenössische Literatur aus der DDR: *R. Badstübner* u. a., Geschichte der Deutschen Demokratischen Republik, 1981; *R. Bahro*, Die Alternative. Zur Kritik des real existierenden Sozialismus, 1977; Einführung in die marxistisch-leninistische Staats- und Rechtslehre, hrsg. v. Akad. f. Staats- u. Rechtswiss. der DDR, 1979; *H. Heitzer* (Hrsg.), DDR-Geschichte in der Übergangsperiode (1945–1961), 1987; *R. Henrich*, Der vormundschaftliche Staat. Zum Versagen des real existierenden Sozialismus, 2. Aufl. 1990; *H. Klenner*, Studien über die Grundrechte, 1964; *I. Melzer* u. a., Staats- und Rechtsgeschichte der DDR, 1983; *K. Polak*, Zur Dialektik in der Staatslehre, 3. Aufl. 1963; *E. Poppe* u. a., Grundrechte des Bürgers in der sozialistischen Gesellschaft, 1980; Staat und Recht in der entwickelten sozialistischen Gesellschaft, hrsg. v. Rat f. staats- u. rechtswiss. Forschung an der Akad. d. Wiss. d. DDR, 1981; *K.-H. Schöneburg*, Staat und Recht in der Geschichte der DDR, 1973; *K. Sorgenicht* u. a. (Hrsg.), Verfassung der Deutschen Demokratischen Republik. Dokumente, Kommentar, 2 Bde., 1969; Der Staat im politischen System der DDR, hrsg. v. Institut für Theorie des Staates und des Rechts der Ak. d. Wiss. d. DDR, 1986; Staat und Recht, Jhg. 1–38, 1952–1989; Staatsrecht der DDR, hrsg. v. Akad. f. Staats- u. Rechtswiss. der DDR, 2. Aufl. 1984.

Schrifttum: *R. Alexy*, Ulbrichts Rechtsbegriff, RuP 1993, 207 ff.; *H. Alt*, Die Stellung des Zentralkomitees der SED im politischen System der DDR, 1987; *A. Baring*, Der 17. Juni 1953, 1983; *G. Besier*, Der SED-Staat und die Kirche 1969–1990, 1995; *Th. Boese*, Die Entwicklung des Staatskirchenrechts in der DDR von 1945 bis 1989, 1994; *G. Brunner*, Kontrolle in Deutschland, 1972; *ders.*, Einführung in das Recht der DDR, 2. Aufl. 1979; *ders.*, in: DtVwG V, 1219 ff.; *ders.*, in: HdbStR I, 385 ff.; *H. Dähn* (Hrsg.), Die Rolle der Kirche in der DDR, 1993; *T. Dietrich*, Waffen gegen das Volk. Der Aufstand vom 17. Juni 1953, 2003; *G. Dilcher* (Hrsg.), Rechtserfahrung DDR. Sozialistische Modernisierung oder Entrechtlichung der Gesellschaft, 1997; *R. Engelmann* u. *C. Vollnhals* (Hrsg.), Justiz im Dienste der Parteiherrschaft. Rechtspraxis und Staatssicherheit in der DDR, 1999; *M. Frank*, Das Justizministerium der DDR, Diss. jur. Regensburg 1988; *K. W. Fricke*, Die DDR-Staatssicherheit, 3. Aufl. 1989; *ders.*, Politik und Justiz in der DDR. Zur Geschichte der politischen Verfolgung 1945–1968, 2. Aufl. 1990; *ders.*, MFS – intern, 1991; *ders.*, Zur Geschichte der DDR-Staatssicherheit, in: *B. Florath* u. a. (Hrsg.), Die Ohnmacht der Allmächtigen. Geheimdienste und politische Polizei in der modernen Gesellschaft, 1992, 123 ff.; *W.-U. Friedrich* (Hrsg.), Die totalitäre Herrschaft der SED. Wirklichkeit und Nachwirkungen, 1998; *D. Gill* u. *U. Schröter*, Das Ministerium für Staatssicherheit, 1991; *G.-J. Glaessner*, Schwierigkeiten beim Schreiben der Geschichte der DDR, Dtld.-Archiv 17 (1984) 638 ff.; *St. Güpping*, Die Bedeutung der „Babelsberger Konferenz" von 1958 für die Verfassungs- und Wissenschaftsgeschichte der DDR, 1997; *H. Haerendel*, Gesellschaftliche Gerichtsbarkeit in der Deutschen Demokratischen Republik, 1997; *K.-D. Henke* u. a. (Hrsg.), Widerstand und Opposition in der DDR 1949–1989, 1999; *R. Henkys* (Hrsg.), Die evangelischen Kirchen in der DDR, 1982; *U.-J. Heuer* (Hrsg.), Die Rechtsordnung der DDR. Anspruch und Wirklichkeit, 1995; *Th. Horstmann* (s. o. § 41); *P. Hübner*, Konsens, Konflikt und Kompromiß: Soziale Arbeiterinteressen und Sozialpolitik in der SBZ/DDR 1945–1970, 1995; *E. Jesse* (o. § 44); *ders.*, Totalitarismus im 20. Jahrhundert. Eine Bilanz der internationalen Forschung, 2. Aufl. 1999; *M. Kaiser* (o. § 41); *dies.*, Machtwechsel von Ulbricht zu Honecker, 1997; *H. Kaschkat*, Die sozialistischen Grundrechte in der DDR, Diss. jur. Würzburg 1976; *B. E. Keppler*, Die Leitungsinstrumente des Obersten Gerichts der DDR, 1998; *H. Klenner*, Babelsdorf 1958. Voreingenommene Bemerkungen zu einer voreingenommenen Konferenz, Der Staat 31 (1992) 612 ff.; *J. Kocka* u. *M. Sabrow* (Hrsg.), Die DDR als Geschichte, 1994; *V. Koop*, Der 17. Juni 1953: Legende und Wirklichkeit, 2003; *I.-S. Kowalczuk* u. a. (Hrsg.), Der Tag X – 17. Juni 1953. Die „innere Staatsgründung" der DDR als Ergebnis der Krise 1952/54, 1995; *P. J. Lapp*, Der Staatsrat im politischen System der DDR 1960–1971, 1972; *ders.*, Die Volkskammer in der DDR, 1975; *ders.*, Der Ministerrat der DDR, 1982; *M. Lemke* (o. § 41); *O. Luchterhandt*, Der verstaatlichte Mensch. Die Grundpflichten des Bürgers der DDR, 1985; *A. Malycha* (o. § 41); *S. Mampel* (o. § 42); *ders.*, Herrschaftssystem und Verfassungsstruktur in Mitteldeutschland, 1968; *ders.*, Zur Ergänzung und Änderung der DDR-Verfassung vom 6. 4. 1968, ROW 1975, 137 ff.; *ders.*, Die sozialistische Verfassung der Deutschen Demokratischen Republik. Text und Kommentar, 2. Aufl. 1982; *ders.*, Verfassungsprobleme und Verfassungsinterpretation in der DDR, ROW 1985, 61 ff.; *H. Mielke*, Die Auflösung der Länder in der SBZ/DDR, 1995; *H. Mohnhaupt* u. *H.-A. Schönfeldt* (s. o. § 41); *D. Müller-Roemer*, Die Grundrechte in Mitteldeutschland, 1965; *ders.*, Die neue Verfassung der DDR. Mit einem einleitenden Kommentar, 1974; *ders.*, Zur sozialistischen Verfassung der DDR, JZ 1968, 313 ff.; *E. Neubert*, Geschichte der Opposition in der DDR 1949–1989, 1998; *G. Neugebauer*, Partei und Staatsapparat in der DDR, 1978; *D. Pollack* u. *D. Rink* (Hrsg.), Zwischen Verweigerung und Opposition. Politischer Protest in der DDR 1970–1989, 1997; *Th. Raabe*, SED-Staat und katholische Kirche. Politische Beziehungen 1949–1961, 1995; *N. Reichhelm*, Die marxistisch-leninistische Staats- und Rechtstheorie Karl Polaks, 2003; *H. Roggemann*, Die DDR-Verfassungen. Einführung in das Verfassungsrecht der DDR, 4. Aufl. 1989; *H. Rottleuthner* u. a., Steuerung der Justiz in der DDR, 1994; *B. Schäfer*, Staat und katholische Kirche in der DDR, 1998; *H. Schmitz*, Notstandsverfassung und Notstandsrecht der DDR, 1971; *W. Schulz*, Einführung in die Staatslehre Mitteldeutschlands, 1968; *K. Sieveking*, Die Entwicklung des sozialistischen Rechtsstaatsbegriffs in der DDR, Diss. jur. Berlin(W) 1973; *K. Sontheimer* u. *W. Bleek*, Die DDR. Politik, Gesellschaft, Wirtschaft, 5. Aufl. 1979; *I. Spittmann* (Hrsg.), Die SED in Geschichte und Gegenwart, 1987; *B. Thoß* (Hrsg.), Volksarmee schaffen – ohne Geschrei! Studien zu den Anfängen einer „verdeckten Aufrüstung" in der SBZ/DDR 1947–1952, 1994; *H. Timmermann* (Hrsg.), Diktaturen in Europa im 20. Jahrhundert – der Fall DDR, 1996; *J. Türke*, Demokratischer Zentralismus und kommunale Selbstverwaltung in der sowjetischen Besatzungszone Deutschlands, 1960; *H. Weber*, Die sozialistische Einheitspartei Deutschlands 1946–1971, 1971; *ders.*, Die SED nach Ulbricht, 1974; *J. Weber* (Hrsg.), Der SED-Staat. Neues über eine vergangene Diktatur, 1994; *H. Wentker* (o. § 41); *F. Werkentin*, Politische Strafjustiz in der Ära Ulbricht, 1995; *M. Willing* (s. o. § 41); *D. Willoweit*, Unrechtsstaat, Rechtsstaat – eine richtige Alternative?, in: *H. G. Hockerts* (Hrsg.), Koordinaten deutscher Geschichte in der Epoche des Ost-West-Konflikts, 2004, 245 ff.; *G. Zieger*, Die Organisation der Staatsgewalt in der Verfassung der DDR von 1968, AöR 94 (1969) 185 ff.; *ders.*, Die Verfassungsänderung in der DDR vom 7. 10. 1974, NJW 1975, 143 ff.; Die Zwangskollektivierung des selbständigen Bauernstandes in Mitteldeutschland, hrsg. v. Bundesministerium für gesamtdeutsche Fragen, 1960.

I. Staatstheoretische Grundlagen

1. Der marxistisch-leninistische Staatsbegriff

Tiefgreifende gesellschaftliche Veränderungen waren in der sowjetischen Besatzungszone lange vor der Gründung der DDR in Gang gesetzt worden (o. § 41 IV.2), so daß der Charakter dieser Staatsgründung im Sinne der Traditionen des deutschen und russischen Kommunismus (o. § 42 III) niemand überraschen mußte. Dennoch hatten damals nur wenige Deutsche genauere Vorstellungen über das zugrundeliegende theoretische Konzept. Und sie dürften gerade dann, wenn sie gewisse Maßnahmen der Kommunisten, Enteignungen etwa oder die Blockpolitik, wegen der allgemeinen Notlage akzeptierten, doch kaum erkannt haben, welche Konsequenzen das neue Herrschaftssystem für die gewohnten, durch das Dritte Reich nur vorübergehend zerstörten Strukturen von Staat und Recht haben würde. Denn die DDR hat sich schon bald mit Entschiedenheit zur Ideologie des Marxismus-Leninismus bekannt und stets ihr gesamtes staatliches Handeln auf dieser Grundlage gerechtfertigt. Der marxistisch-leninistische Staatsbegriff aber versteht das politisch organisierte Gemeinwesen als Ausdruck der jeweiligen Klassenverhältnisse in einer bestimmten historischen Entwicklungsphase der Produktion und damit zugleich den Staat als ein Instrument der gerade herrschenden Klasse. Mit der grundlegenden Veränderung der Produktionsverhältnisse durch Aufhebung des Privateigentums an den Produktionsmitteln, die im Zuge des Klassenkampfes einer historischen Gesetzmäßigkeit entsprechen soll, ergreift das Proletariat auch die politische Macht. Dies hatte nach der Idee von Karl Marx und Friedrich Engels zwar mit dem Ziel zu geschehen, eine klassenlose Gesellschaft zu begründen und die Institutionen des Staates überflüssig werden zu lassen. Doch die bis dahin notwendige „Diktatur des Proletariats", für die schon Lenin nicht nur eine Übergangszeit, sondern unbestimmte Dauer vorgesehen hatte, ließ in den tatsächlich entstandenen sozialistischen Staaten ausgeprägt diktatorische Verfassungsformen entstehen. Von ihnen wurde zugleich freilich behauptet, sie seien wahrhaft demokratisch, da die nunmehr herrschende Klasse des Proletariats nicht gegen seine eigenen Interessen handeln könne.

2. Der sozialistische Rechtsbegriff

Die Annahme einer derartigen Identität von Herrschenden und Beherrschten hatte Konsequenzen für den sozialistischen Rechtsbegriff. Da auch das Recht nichts anderes sei als der Wille der herrschenden Klasse, galt das sozialistische Recht als Instrument der Arbeiterklasse. Damit war nicht nur allen naturrechtlichen Gedanken und menschenrechtlichen Forderungen der Boden entzogen. Die Verbindlichkeit des sozialistischen Rechts selbst war problematisch, weil dem Primat der Politik untergeordnet, und bedurfte besonderer Begründung (u. II.3). Tatsächlich läßt sich in der Verfassungsgeschichte der DDR häufiger beobachten, daß die eigenen Rechtsnormen, besonders die Verfassungstexte (u. III u. IV), von der Staatsgewalt mißachtet wurden.

Die DDR hat das Prinzip einer „Diktatur des Proletariats" in ihren amtlichen Dokumenten und offiziösen Darstellungen des Staatsrechts immer wieder nachdrücklich betont und auf diese Weise auch die führende Rolle der SED als der Partei der proletarischen Volksmassen gerechtfertigt. Damit behauptete die Führung der „Arbeiter- und Bauernmacht" nicht weniger als ein wissenschaftliches Fundament ihres Verfassungssystems und ihrer Politik: Die „Staats- und Rechtsentwicklung in der DDR (ist) in den weltweiten revolutionären Prozeß des Übergangs vom Kapitalismus zum Sozialismus einzuordnen", wobei gemäß den Grundsätzen des historischen Materialismus die „Entwicklung der Produktivkräfte und der Produktionsverhältnisse die objektive Determinante der Geschichte" bildet (Melzer). Die Beobachtung, diese „aufdringliche Allgegenwart des Ideologischen" habe auch zu Gleichgültigkeit geführt und man habe die Ideologie nicht so ernst genommen, „wie sie genommen sein will" (Sontheimer/ Bleek), trifft wohl für breite Bevölkerungskreise zu, wie das Ende dieses Staates zeigt (u. § 46 IV). Die Verfassungsgeschichte der DDR ist dennoch nicht zu verstehen ohne die Faszination, die das marxistische Geschichtsdenken auszuüben vermochte, ohne die in Mitteldeutschland kräftigen

§ 45. Die Deutsche Demokratische Republik 381

Wurzeln der Arbeiterbewegung, schließlich auch nicht ohne die Orientierungslosigkeit nach dem Zusammenbruch des Dritten Reiches und die Allgegenwart der zur Großmacht aufgestiegenen Sowjetunion. Mit dem Angebot eines sich „wissenschaftlich" verstehenden Verfassungskonzepts konnte Lebenssinn gewonnen und ein Ziel in der Zukunft erkannt werden.

II. Sozialistische Verfassungsprinzipien

1. Die führende Rolle der SED

Die gedankliche Vermittlung zwischen den theoretischen Grundlagen und den tatsächlichen Verfassungsverhältnissen in der DDR hatten spezifische Organisationsgrundsätze zu leisten, die sich als sozialistische Verfassungsprinzipien bezeichnen lassen. Zu ihnen gehört in erster Linie die *führende Rolle der SED* als der einzigen marxistisch-leninistischen Partei, die allein fähig ist, *„die jeweiligen Anforderungen der Gesetzmäßigkeiten der gesellschaftlichen Entwicklungen richtig zu erkennen"*, so daß *„aus dem Erkenntnismonopol der Partei ... ihr Führungsmonopol in Staat und Gesellschaft abgeleitet"* wurde (*G. Brunner,* u. II.2). Daher waren *„Gesetze und Verordnungen ... vor ihrer Verabschiedung durch die Volkskammer oder die Regierung dem Politbüro ... zur Beschlußfassung (zu übermitteln)"*, wie es in einer parteiinternen Richtlinie schon im Oktober 1949 hieß. Zu den selbstverständlichen Verfassungsprinzipien muß ferner das *sozialistische Eigentum an den Produktionsmitteln* bezeichnet werden, hat es doch zur Folge, daß der Staatsgewalt unvergleichlich umfassendere Kompetenzen bei der Gestaltung der gesellschaftlichen Verhältnisse zukommen als in Staaten, die eine liberale Privatrechtsordnung respektieren.

2. Demokratischer Zentralismus

Für die Staatsorganisation ist das Prinzip des *„demokratischen Zentralismus"* von größter Bedeutung. Es versucht, mit einer begrifflichen Paradoxie das theoretische Postulat der „Diktatur des Proletariats" in die Verfassungspraxis umzusetzen. Dies geschieht mit Hilfe von vier Grundsätzen: Wählbarkeit aller Organe von unten nach oben, Rechenschaftspflicht der gewählten Organe gegenüber den Wahlorganen, unbedingte Verbindlichkeit der Beschlüsse höherer Organe für die unteren, Unterordnung der Minderheit unter die Mehrheit. Danach ist es das werktätige Volk, welches die politische Macht ausübt, dies jedoch durch seine Partei, um *„eine wissenschaftlich begründete Leitung der sozialistischen Gesellschaft"* sicherzustellen; daher fordert der demokratische Zentralismus *„die zentrale staatliche Leitung und Planung in den Grundfragen der gesellschaftlichen Entwicklung"*, die jedoch *„mit der Eigenverantwortung der örtlichen Staatsorgane und der Betriebe sowie der gesellschaftlichen Initiativen der Werktätigen"* verbunden werden soll (*Akad. f. Staats- u. Rechtswiss. d. DDR, Staatsrecht*).

Wenn politisches Handeln zur Wissenschaft erklärt wird, muß sich das demokratische Element in diesen Rahmen einfügen, so daß die Meinung des Volkes nur in den vorgegebenen Grenzen der Ideologie von Interesse sein kann. Die ganze Konstruktion diente also dazu, die „Leitung", also Regierungsgewalt, der SED prinzipiell zu legitimieren. Die Wahlen, von denen stets behauptet wurde, sie seien wahrhaft demokratisch, konnten in diesem politischen System nur den Sinn haben, durch Akklamation die Identität von Partei und werktätigem Volk zu bestätigen. Die vielfach praktizierte offene Stimmabgabe pries man daher als politischen Fortschritt, während die Beteiligung der Bürger an der Auswahl der Kandidaten unter der Aufsicht der Partei keinen Schaden anrichten konnte. Es versteht sich von selbst, daß die Umsetzung der „Diktatur des Proletariats" durch den „demokratischen Zentralismus" jede Gewaltenteilung ausschloß. Ist Staatsgewalt Klassenherrschaft, dann umfaßt sie in gleicher Weise Legislative, Exekutive und rechtsprechende Gewalt, so daß es weder eine unabhängige Justiz (u. VII.2) noch eine strenge Unterscheidung zwischen gesetzgebenden und ausführenden Staatsorganen geben kann.

3. Sozialistische Gesetzlichkeit

Seit den 60er Jahren fand allmählich ein weiterer Grundsatz Anerkennung, der mit Einschränkungen den sozialistischen Verfassungsprinzipien hinzugerechnet werden kann, die *„sozialistische Gesetzlichkeit"*. Da das Recht nach marxistisch-leninistischer Auffassung nur ein Instrument der herrschenden Klasse ist (o. I.2), durfte es von der SED im Prinzip nach ihren politischen Bedürfnissen frei gehandhabt werden. Vor allem die 50er Jahre, als das sozialistische Gesellschaftssystem erst geschaffen werden mußte, waren daher auch eine Zeit von Willkürakten und Rechtsbrüchen. Die Konsolidierung des Regimes nach dem Bau der Berliner Mauer am 13. August 1961 ließ es indessen, wie in jedem etablierten politischen System, geraten erscheinen, staatliches Handeln zunehmend berechenbar und daher normgebunden zu organisieren. Erleichtert wurde dieser Schritt sicher durch die vorangegangene Distanzierung von den Verbrechen Stalins, die der sowjetische Parteichef Chruschtschow schon 1956 vollzogen und Walter Ulbricht in der DDR mit klaren Worten erst im November 1961 nachgeholt hatte. Dahinter stand wohl durchaus die Einsicht, daß sich gesellschaftlicher Fortschritt in einem Klima der Angst, wie es besonders die Stalinzeit kennzeichnete, nicht erreichen ließ. Zweifellos war es aber auch das Bedürfnis, die Dauerhaftigkeit sozialistischer Staatlichkeit zu sichern, welche nun zu der Forderung führte, es müsse auf die „strikte Einhaltung" der Gesetze gesehen werden. Die „sozialistische Gesetzlichkeit" ist Voraussetzung dafür gewesen, daß sich die gesellschaftlichen Strukturen festigen und die Bürger der DDR begrenzte Freiräume selbst organisieren konnten, freilich nicht privatrechtlicher Art im liberalen Sinne. Von „sozialistischer Gesetzlichkeit" war erst die Rede, nachdem Ulbricht 1958 das „bürgerliche" Rechtsdenken insgesamt verurteilt hatte (*Babelsberger Konferenz*).

4. Das Grundrechtsverständnis der DDR

Das Verhältnis zwischen den Bürgern und dem Staat unterschied sich grundlegend vom liberalen Staatsmodell. Ablesen läßt sich dieser Unterschied besonders deutlich am Grundrechtsverständnis der DDR. Die Idee vorstaatlicher, weil angeborener und unveräußerlicher Menschenrechte ist von den Vertretern des Marxismus-Leninismus stets abgelehnt worden. Auch die Rechtsstellung des Individuums ist durch die Produktionsverhältnisse bedingt, so daß in der sozialistischen Gesellschaft von einer *„prinzipiellen Interessenharmonie"* (*G. Brunner*) zwischen Individuum und Gesellschaft auszugehen ist. *„Die juristische Ausgestaltung der Bezie-*

hungen zwischen dem sozialistischen Staat und seinen Bürgern" aber soll *„dazu beitragen, den weiteren Vergesellschaftungsprozeß zu fördern und den Bürger sowohl bewußtseinsmäßig als auch praktisch auf ein Verhalten zu orientieren, das seine Persönlichkeit im Einklang mit dem gesellschaftlichen Fortschritt entwickelt"* (*Poppe*). In diesem Rahmen fand sich die Staatsrechtslehre der DDR dann auch bereit, sozialistische Grundrechte als subjektive Rechte und selbst als Menschenrechte zu bezeichnen, insofern nämlich, als sie sich *„auf die massenhafte Persönlichkeitsentwicklung (orientieren), auf die aus Einsicht in die Notwendigkeit beruhende Herrschaft des Menschen über sich selbst und die Natur"* (H. *Klenner*). Grundrechte solcher Art haben gleichzeitig stets Grundpflichten zum Inhalt.

Die Verfassung von 1968 (u. IV.1) läßt, ohne überzeugende Systematik, etwa zwei Gruppen von Grundrechten erkennen. Zum einen solche, die sich als *„Mitwirkung an der Leitung der gesellschaftlichen Entwicklung"* (Art. 19 Abs. 1) verstehen lassen, wie das *„Recht auf Mitbestimmung und Mitgestaltung"* im Rahmen der Mechanismen des „demokratischen Zentralismus" (Art. 21 Abs. 2). Doch auch die Meinungs- und Pressefreiheit (Art. 27), Versammlungsfreiheit (Art. 28) und Vereinigungsfreiheit (Art. 29) gehören hierher, da diese klassischen liberalen Freiheitsrechte ausdrücklich nur in Übereinstimmung mit den Grundsätzen und Zielen der sozialistischen Verfassung wahrgenommen werden dürfen; für *„Manipulierungsfreiheit"* und *„Informationswillkür"*, die sich *„gegen die sozialistische Gesellschaftsordnung (richten) ..., kann es ... keine Freiheit geben"* (*Poppe*). Der andere Grundrechtstypus, den die Verfassung von 1968 mit ausführlichen Regelungen berücksichtigt, ist der des *Teilhaberechts*. An der Spitze steht das Recht auf Arbeit, das freilich den *„gesellschaftlichen Erfordernissen"* gemäß wahrzunehmen ist (Art. 34), ergänzt durch das Recht auf Bildung (Art. 25), das Recht auf Freizeit und Erholung (Art. 34), auf Schutz der Gesundheit (Art. 35) und weitere Rechte dieser Art. Diese Individualrechte dürfen allerdings nicht als rechtliche Grundlage einer individualistischen Lebensgestaltung mißverstanden werden. Das Ziel war die Heranbildung eines neuen Menschen, der *„sozialistischen Persönlichkeit"* (Art. 25 Abs. 3).

III. Entwicklungen der Staatsorganisation bis 1968/71

1. Schaffung zentralistischer Strukturen

Der Versuch einer sozialistischen Staats- und Gesellschaftsorganisation hat eine relativ lebhafte Entwicklung der Verfassungsgesetzgebung zur Folge gehabt – auf den ersten Blick überraschend, wenn wir uns an die sekundäre Bedeutung von Rechtsnormen im Sozialismus erinnern (o. I u. II), bei näherem Hinsehen aber keineswegs erstaunlich, ließ sich der Normenbestand doch jederzeit flexibel an die tatsächliche Entwicklung der Machtverhältnisse anpassen. Charakteristisch für die Verfassungsgeschichte der DDR im ersten Jahrzehnt ihres Bestehens sind tiefgreifende Veränderungen der Staatsorganisation ohne Änderung des Verfassungstextes von 1949 (o. § 42 III.2). Diese Politik begann 1950 mit einer zentralistischen Haushaltsreform und fand ihren Höhepunkt mit dem irreführend so genannten *„Gesetz über die weitere Demokratisierung des Aufbaus und der Arbeitsweise der staatlichen Organe in den Ländern ..."* von 1952. Darin wurden die Länder zur Neugliederung der Kreise und Schaffung von Bezirken verpflichtet, deren Organen dann die bisherigen Landesaufgaben zu übertragen waren. Zugleich erschien im Gesetzblatt der Republik eine

Ordnung für die Bezirke, in welcher deren Organe ausdrücklich als *"Organe der Staatsgewalt"* bezeichnet wurden und eine Aufgabenzuweisung erfolgte, die nur das Spiegelbild der allgemeinen Staatsaufgaben darstellte; die Länder hatten damit aufgehört zu existieren. Ganz entsprechend wurden 1957 auch die *"örtlichen Organe der Staatsmacht"* auf den Gesamtstaat ausgerichtet.

Der Verfassungstext war bis dahin nur zweimal geändert worden, 1955 durch Einführung einer allgemeinen Verteidigungspflicht und Schaffung der Kompetenz für das Militärwesen sowie erst 1958 durch Streichung der Vorschriften über die Länderkammer. Nicht nur hinsichtlich der Länder war dabei die tatsächliche Entwicklung der Verfassungsgesetzgebung längst vorausgeeilt; schon seit 1948 hatte die Sowjetunion den Aufbau kasernierter Polizeitruppen gestattet, die später in der Nationalen Volksarmee aufgingen.

2. Die Errichtung des Staatsrats als Herrschaftsinstrument Walter Ulbrichts im Jahr 1960

Nach dem Tode des ersten Präsidenten *Wilhelm Pieck* im September 1960 sah *Walter Ulbricht* den Zeitpunkt gekommen, seine tatsächliche Machtstellung als 1. Sekretär der SED auch in neuen Formen der Staatsorganisation zu verankern. Das *"Gesetz über die Bildung des Staatsrates"* ersetzte umgehend die Vorschriften der Verfassung über den Präsidenten der Republik durch Schaffung eines völlig neuen Verfassungsorgans mit umfassenden Kompetenzen. Der Gedanke einer kollektiven Staatsspitze entsprach zwar älteren politischen Vorstellungen der Kommunisten und hatte bereits in den Beratungen über die Verfassung von 1949 eine Rolle gespielt. Was Ulbricht aber daraus machte, lief auf die Konstruktion eines Gremiums hinaus, das den überragenden Einfluß des *Staatsratsvorsitzenden* und damit dessen persönliches Regiment sichern und zugleich verschleiern sollte. Nur Ulbricht als der Staatsratsvorsitzende und der ihm vertraute Sekretär des Gremiums waren hauptamtlich tätig; die anderen 22 Mitglieder kamen aus verschiedenen Berufen und erhielten nicht wirklich Zugang zur politischen Macht. Geringe Diskussionsneigung und in der Regel einstimmige Beschlüsse, auch im Umlaufverfahren, kennzeichnen die Arbeitsweise dieses Gremiums. Dabei hatte die Verfassungsänderung vom September 1960 dem Staatsrat bedeutende Kompetenzen zugewiesen. Er nahm nicht nur die Aufgaben eines Staatsoberhauptes wahr, sondern beherrschte auch den einige Monate zuvor errichteten *Verteidigungsrat*, dessen Mitglieder er berief und dessen Anordnungen er zu bestätigen hatte. Darüber hinaus konnte der Staatsrat auch selbst grundsätzliche Beschlüsse zu Fragen der Verteidigung und Sicherheit fassen und schließlich sprach ihm die Verfassungsänderung auch das allgemeine Recht zu, *"Beschlüsse mit Gesetzeskraft"* zu fassen.

3. Ministerrat und Volkskammer

Neben dem Staatsrat blieb die Bedeutung der übrigen höchsten Staatsorgane gering. Der im Verfassungstext von 1949 vorgesehenen *"Regierung der Republik"* (Art. 91) war unter dem Ministerpräsidenten Otto Grotewohl schon in den 50er Jahren vor allem die Aufgabe der staatlichen Wirtschaftsplanung zugewiesen worden. Ein Gesetz von 1963 reduzierte den Handlungsspielraum des längst so genannten *"Ministerrates"* auf den eines Wirtschaftskabinetts, das *"das ökonomische System der Leitung und Planung der Volkswirtschaft"* zu handhaben hatte, seit 1964 unter dem Vorsitzenden *Willi Stoph*. Die *Volkskammer* aber, als deren Instrument der Staatsrat auf dem Papier entworfen worden war, tat ihren Willen nach den Regeln des demokratischen Zentralismus nur in der Weise kund, daß sie die ihr zur Abstimmung unterbreiteten Vorlagen einstimmig bestätigte. Der Einfluß der Volkskammer mußte schon deshalb gering bleiben, weil sie nur in größeren Abständen zu eintägigen Plenarsitzungen zusammentrat – sechs- bis achtmal im Jahr, in den späteren Jahren der DDR noch seltener.

IV. Anpassung des Verfassungstextes an die Verfassungsentwicklung

1. Die Verfassung von 1968

Im April 1967, nachdem sich die Bevölkerung auf die unbegrenzte Fortdauer des Sozialismus hatte einstellen müssen und die DDR auch ökonomische Erfolge vorweisen konnte, ließ Ulbricht den längst geschaffenen Verfassungszustand in einem neuen Verfassungsdokument fixieren. Die am 1. 12. 1967 von der Volkskammer eingesetzte Kommission konnte schon am 31. 1. 1968 einen Verfassungsentwurf vorlegen, weil auch dieser Text parteiintern vorbereitet worden war. Es folgten die Rituale einer „*Volksaussprache*" mit der Folge geringfügiger Modifizierungen des Textes, am 26. 3. 1968 der Beschluß der Volkskammer und am 6. 4. 1968 ein Volksentscheid mit dem üblichen Ergebnis einer weit über 90 %igen Zustimmung der Stimmberechtigten. Die Verfassung von 1968 brachte kaum Neuerungen, sondern schrieb nur die bestehende Verfassungsordnung fest. Dennoch verdient das Dokument insofern das Interesse der Historiker, als es gleichsam das Maximum sozialistischer Staatsorganisation und Gesellschaftsgestaltung unter den Bedingungen der modernen Industriegesellschaft erkennen läßt. In dieser Perspektive aber erscheint es trotz der reichlich bemühten ideologischen Rhetorik zweifelhaft, ob es ein eigenständiges sozialistisches Verfassungskonzept überhaupt gegeben hat. Auf das liberale Verfassungsschema von Grundrechten einerseits und demokratischer Herrschaftslegitimation andererseits mochte auch die Verfassung der DDR nicht verzichten. Darüber kann die spezifisch sozialistische Modifikation beider Elemente kaum hinwegtäuschen. Grundrechte haben auch in der Gestalt von Teilhaberechten (o. II.4) die Funktion, den Status des Individuums nach dem Untergang der traditionalen Gesellschaftsformen in der Aufklärung neu zu definieren, und mit dem Begriff der Demokratie verbindet sich nun einmal die Forderung, es müsse der niemals homogene Wille des Volkes selbst, über welche Repräsentationsmechanismen auch immer, die Chance haben, auf politische Angelegenheiten Einfluß zu nehmen. Insofern fallen vor allem die Begrenzungen individueller Rechte auf. Doch darf nicht übersehen werden, daß die durchgängige Betonung des Gemeinschaftsgedankens mit der zugehörigen Festsetzung von Grundpflichten, mit dem Versprechen der Existenzsicherung und den gesellschaftsgestaltenden Aufgaben von Betrieben, Kommunen und „Massenorganisationen" auch als Reaktion auf Probleme der pluralen Gesellschaftsentwicklung im 20. Jahrhundert zu verstehen ist; parallele Vorstellungen finden sich sowohl in der Weimarer Zeit (o. § 38 IV.2) wie auch im Nationalsozialismus (o. § 40 II.2). Im einzelnen enthält der staatsorganisatorische Teil der Verfassung von 1968 wenig Auffallendes. Als einen Kernsatz wird man festhalten müssen, daß in der DDR „*der Grundsatz der Leitung und Planung der Volkswirtschaft sowie aller anderen gesellschaftlichen Bereiche*" gelten sollte (Art. 9).

Die Kompetenzen des Staatsrates wurden jetzt nicht mehr enumerativ, sondern generalklauselartig umschrieben (Art. 66), was die Machtausübung nur erleichterte, während der Ministerrat ausdrücklich auf *„die einheitliche Durchführung der Staatspolitik"* verwiesen wurde.

2. Die Entmachtung Walter Ulbrichts im Jahr 1971

Die Verfassungsstrukturen der Staatsorganisation in ihrer seit 1960 erfundenen Gestalt bestanden nur so lange, wie Ulbricht die politische Macht in seinen Händen hatte. Diese Zeit neigte sich im Jahre 1970 dem Ende zu, als sich nicht mehr leugnen ließ, daß das von Ulbricht zu Beginn der 60er Jahre begonnene *„Neue ökonomische System der Planung und Leitung"* gescheitert war. Während der Planungen zum Sturz Ulbrichts, die von hohen SED-Funktionären unter Führung *Erich Honeckers* betrieben wurden und schließlich unter Mithilfe des sowjetischen Parteichefs Breschnew auch zum Erfolg führten, spielte das Ziel, die Macht des Staatsrates zu begrenzen, eine nicht geringe Rolle. Woran die Parteielite Anstoß nahm, war die Ausschaltung des Politbüros der SED in Regierungsangelegenheiten, während der Staatsratsvorsitzende durch Beschlüsse seines Gremiums dem Ministerrat jederzeit Weisungen geben konnte. Am 27. 4. 1971 mußte Ulbricht seinen Rücktritt als Parteisekretär erklären und am 3. 5. 1971 Erich Honecker als Nachfolger akzeptieren, während ihm der Staatsratsvorsitz aus optischen Gründen noch verblieb. Eine Erkrankung Ulbrichts ermöglichte es dann Honecker, schon im Herbst desselben Jahres eine drastische Reduzierung der Aktivitäten des Staatsratsvorsitzenden durchzusetzen; er mußte sich fortan, bis zu seinem Tode 1973, mit den Repräsentationsaufgaben eines Staatsoberhauptes begnügen. Der Ministerrat gewann die Position einer Regierung der DDR zurück. Das Ministerratsgesetz vom 16. 10. 1972 hat dieser veränderten Verfassungslage Rechnung getragen. Als zwei Jahre später eine Änderung der Verfassung von 1968 ins Haus stand – die Hinweise auf Deutschland als Ganzes fielen der Streichung anheim (u. § 46 I) –, blieben auch die Vorschriften über den Staatsrat nicht unberührt. Fortan konnte sich der Einfluß des Politbüros der SED auf die Regierung wieder in der gewohnten Weise entfalten.

V. Die Ostintegration der DDR

Mit der intensiven Integrationspolitik der Bundesrepublik im Rahmen der Europäischen Union und der NATO läßt sich die Ostintegration der DDR wohl vergleichen; sie hatte jedoch einen ganz anderen Charakter. 1950 trat die DDR dem im Jahr zuvor gegründeten *„Rat für Gegenseitige Wirtschaftshilfe"* bei, dessen Ziel die Bildung eines autarken sozialistischen Wirtschaftsraumes im Osten Europas gewesen ist. Als einschneidendste Folge dieser Organisationsstruktur entstand im Laufe der Jahre eine weitgehende Arbeitsteilung der sozialistischen Staaten, die letztlich aber die Abhängigkeit von der leistungsfähigeren Weltwirtschaft nur um den Preis eines noch niedrigeren Lebensstandards hätte beseitigen können.

Neben der wenig erfolgreichen wirtschaftlichen Integration erscheint die supranationale politische Integration der DDR nahezu perfekt, einerseits durch die Einbindung in das Hegemonialsystem der Sowjetunion, andererseits wegen der Gleichartigkeit der von allen regierenden kommunistischen Parteien verfolgten politischen Ziele. Unaufhörlich beschwor die DDR das unverbrüchliche Bündnis mit der Sowjetunion. Nach der Souveränitätserklärung und der Auflösung ihrer Hohen Kommission durch die Sowjetunion im Jahre 1955 trat die DDR daher dem Warschauer Pakt, dem Militärbündnis des Ostblocks, bei. Dem Beistands- und Freundschaftsvertrag zwischen den beiden Staaten von 1964 folgte im August 1968 die Bewährung in der Praxis durch Teilnahme der DDR an der militärischen Besetzung der Tschechoslowakei. Die danach verkündete „Breschnew-Doktrin" schlug sich in der Verfassungsrevision von 1974 (o. 2) nieder. Sie schrieb die DDR als *„untrennbaren Bestandteil der sozialistischen Staatengemeinschaft"* und grundsätzlich die *„Prinzipien des sozialistischen Internationalismus"* fest (Art. 6 Abs. 2). Diese Formel fand ein Jahr später auch in einen neuen Freundschafts- und Beistandspakt mit der Sowjetunion Aufnahme. Dieser verhieß eine *„weitere Annäherung der sozialistischen Nationen"*, ohne freilich den Aufbau supranationaler Institutionen mit eigenen Kompetenzen, wie sie für die westeuropäische Integration charakteristisch sind, ins Auge zu fassen.

VI. Die Einheit von Staat und Partei

1. Politische Einheit und institutionelle Trennung

Es fällt nicht leicht, die Geschichte der Staatsorganisation unter den Bedingungen des Sozialismus zu beschreiben und dabei das wichtigste Thema, die Einheit von Staat und Partei, zunächst auszuklammern. Einheit ist dabei nicht als Identität zu verstehen. Staatliche Institutionen und Parteistrukturen existierten nebeneinander, aber eng miteinander verbunden, da alle wichtigeren Staatsämter – bis auf wenige, den Blockparteien vorbehaltene Ausnahmen – von Mitgliedern der SED wahrgenommen wurden. Der innere Grund für die Trennung und zugleich Verzahnung staatlicher und parteieigener Machtinstrumente lag sicher in den Vorzügen, die eine straffe Parteiorganisation, deren Führung man seit langem perfekt beherrschte, bot. Zugleich ergab sich für die Partei eine gewisse Entlastung von alltäglicher Verwaltungsroutine mit ihren unvermeidlichen Mängeln, deren Abstellung immer wieder zu fordern die Parteiorgane nicht müde wurden. Dieses Verhältnis zwischen den beharrenden, nicht leicht zu verändernden Institutionen des Staates und einer sich dynamisch verstehenden Partei begriff man zugleich als Ausdruck „objektiver" historischer Entwicklungsprozesse.

2. Selbstverständnis und Programmatik der SED

Eines normativen Brückenschlages zwischen Staat und Partei hätte es angesichts des prinzipiellen Bekenntnisses zu den sozialistischen Verfassungsprinzipien (o. II) nicht bedurft, und eine ausdrückliche Verfassungsnorm dieser Art hat lange Zeit auch gefehlt. Erst die Verfassung von 1968 definiert die DDR als einen sozialistischen Staat, der *„die politische Organisation der Werktätigen"* sei, *„die gemeinsam unter Führung der Arbeiterklasse und ihrer marxistisch-leninistischen Partei den Sozialismus"* verwirkliche (Art. 1). Wie diese Partei beschaffen sein soll, ergibt sich aus dem 1963 in Kraft gesetzten und 1976 erneuerten *Statut der SED*. Sie bezeichnet sich selbst als *„die höchste Form der gesellschaftlich-politischen Organisationen"* in Deutschland und trägt vor allem Sorge, daß *„Einheit und Reinheit"* und damit vor allem Disziplin gewahrt werden. Der Parteiaufbau folgt, wie in der Staatsverfassung, den Regeln des „demokratischen Zentralismus" (o. II.2) mit Wahlvorgängen von der Basis bis zur Spitze einerseits, absoluter Verbindlichkeit der Beschlüsse höherer Parteiorgane andererseits.

Die Vorgänge in der Partei, ihre internen Machtverhältnisse, Parteitage und Deklarationen, bestimmten die tatsächlichen Verfassungsverhältnisse des Landes. 1952 verkündete die II. Parteikonferenz der SED den *„Aufbau des Sozialismus"*, was weitreichende Folgen für die Gesellschaft nach sich zog (u. VIII.1 u. 2). 1958, nach Überwindung der ärgsten Versorgungsschwierigkeiten, war das Selbstbewußtsein der Parteispitze so weit gestiegen, daß sie das Ziel verkündete, *„die Überlegenheit der sozialistischen Gesellschaftsordnung gegenüber der kapitalistischen Herrschaft"* zu beweisen. Der VI. Parteitag der SED stellte im Jahre 1963 Richtlinien für ein neues ökonomisches System auf, die erstmals Hinweise für ein gewinnorientiertes Handeln der Betriebe gaben. Auf dem VII. Parteitag 1967 bezeichnete Ulbricht die Vollendung des Sozialismus als das Ziel der DDR, vergaß dabei aber nicht hinzuzufügen, daß der Sozialismus auf dem Wege zum Kommunismus nicht nur eine ganz vorübergehende Entwicklungsphase darstelle. Der VIII. Parteitag erörterte 1971, nach der Entmachtung Ulbrichts, weitere Varianten dieses Themas, bis endlich 1976 ein neues Programm der SED das Endziel der klassenlosen kommunistischen Gesellschaft konkreter zu beschreiben versuchte.

Die im Rückblick ermüdende Abfolge derartiger Erklärungen stand stets in Wechselwirkung mit innen- und außenpolitischen Entwicklungen, insbesondere mit ökonomischen Erfolgen und Rückschlägen. Schon eine kursorische Betrachtung der von der SED ausgegangenen politischen Direktiven zeigt, wie groß die Schwierigkeiten waren, die gesellschaftlichen Prozesse mehrerer Jahrzehnte in das Korsett eines starren Geschichtsbildes zu pressen, um daraus Handlungsanweisungen zu gewinnen. Nicht zufällig herrscht daher heute der Eindruck vor, die marxistisch-leninistische Ideologie sei mehr und mehr nach den Regeln scholastischer Auslegung traktiert und zugleich ritualisiert worden, während die Mechanismen der Macht unkontrolliert ihrer eigenen Logik folgten.

3. Die Parteiorganisation der SED

Ergiebiger ist es daher, den politischen Apparat der SED zu studieren. Parallel zur Konstruktion der staatlichen Institutionen gilt nach dem Statut der SED auch hier die Vertretung der Basis, das ist der *Parteitag,* als das „höchste Organ". Sein tatsächlicher Einfluß mußte gering bleiben, da er zunächst nur alle vier, seit 1971 alle fünf Jahre zusammentrat. Wesentlich häufiger, aber in der Regel auch nur viermal jährlich, tagte das *Zentralkomitee* für jeweils ein bis zwei Tage. Das kann kaum ausgereicht haben, um die Beschlüsse des Parteitages auszuführen und die gesamte Tätigkeit der Partei zu leiten, wie es im Statut der SED heißt. Auch war das rund 200 Personen umfassende Gremium viel zu schwerfällig, um wirkliche Leitungsaufgaben wahrnehmen zu können. Deswegen gab es als weiteres Führungsorgan das im Statut nur beiläufig erwähnte *Politbüro,* das wahre Zentrum der Macht. Nach der Gründung der DDR umfaßte es sieben Mitglieder und zwei Kandidaten, am Ende der 70er Jahre war der Personenkreis auf 19 plus 8 angewachsen. Ursprünglich mit der Regierung personengleich, besetzten die Mitglieder später nur noch Schlüsselpositionen des Staates, wie etwa den Vorsitz des Ministerrates, das Verteidigungsministerium, das Ministerium für Staatssicherheit. Als Arbeitsinstrument stand dem Politbüro das Sekretariat des Zentralkomitees unter der Leitung des 1. Sekretärs – zeitweise „*Generalsekretär*" genannt – mit zehn Sekretären für verschiedene Sachbereiche und über 1000 hauptamtlichen Mitarbeitern zur Verfügung. In den Bezirken waren insgesamt rund 60 000 hauptamtliche Mitarbeiter tätig, 300 000 ehrenamtliche kommen hinzu. Die Partei war also parallel zur Staatsverwaltung gerade auch regional und lokal allgegenwärtig, mit „*Grundorganisationen*" in Wohngebieten und Betrieben, nicht zuletzt in Gestalt der 15 einflußreichen *Bezirkssekretäre*. Für die im Parteistatut mehrfach beschworene „*Einheit und Reinheit*" ist die „*zentrale Parteikontrollkommission*" verantwortlich gewesen; mehrfach erschütterten Säuberungsaktionen mit Parteibuchumtausch und Ausschluß unliebsamer Mitglieder den Parteiapparat.

VII. Rechtsunsicherheit und Rechtsschutz

1. Das Ministerium für Staatssicherheit

Bald nach der Gründung der DDR, mit Gesetz vom 8. 2. 1950, errichtete die Regierung ein Ministerium für Staatssicherheit, in jener Zeit des Stalinismus schon mit Rücksicht auf die sowjetische Parteitradition nicht eben verwunderlich. Bemerkenswert für die historische Beurteilung der DDR ist indessen, daß dieses später gern so genannte „*Schild und Schwert der Partei*" von den Wechselfällen in der Geschichte des Sozialismus, vom Tode Stalins etwa oder von der Kaltstellung Ulbrichts kaum berührt wurde. Der Personalbestand des Ministeriums zeigte seit 1952 ein kontinuierliches Wachstum außergewöhnlicher Art. Waren dort ursprünglich etwa 4000 Personen eingesetzt, so ist für das Jahr 1989 eine Zahl von rund 85 000 ermittelt worden, in der aber die inoffiziellen Mitarbeiter noch nicht enthalten sind. Nicht nur unter Ulbricht, der es in Moskau so gelernt hatte, sondern auch unter dem 1. Sekretär Erich Honecker hat die kurz so genannte „*Staatssicherheit*" an der Vergrößerung ihres Apparates und an der Perfektionierung ihrer Überwachungsmethoden gearbeitet. Die Masse des gesammelten Materials überstieg am Ende wohl die Grenzen einer praktikablen Nutzung. Dennoch war dieses System effizient und gefürchtet. Seine Existenz und vor allem die Beharrlichkeit, mit der die SED-Spitze bis zuletzt daran festhielt, lassen auf Furcht vor einer offenen gesellschaftlichen Entwicklung schließen. Die Aufblähung der Staatssicherheit in der Zeit Honeckers ist möglicherweise nichts anderes als eine Reaktion auf die abnehmende Überzeugungskraft der Ideologie.

2. Gerichtsbarkeit ohne Gewaltenteilung

Die Ablehnung der Gewaltenteilung zog schwerwiegende Konsequenzen für das Rechtsschutzsystem nach sich: Vor allem die Absetzbarkeit der Richter, da der Souveränität des Volkes – und seiner Partei – kein Zweig der Staatsverwaltung entzogen sein sollte. Die in der Verfassung von 1968 vorgesehene Unabhängigkeit der Richter (Art. 96) blieb aber noch weiter dadurch eingeschränkt, daß dieselbe Verfassung – in Einklang mit älteren Anordnungen – dem Obersten Gericht ausdrücklich auftrug, die Rechtsprechung der Gerichte zu „leiten" (Art. 93 Abs. 2). Auch die Rechtspflege folgte damit etwa den Regeln des „demokratischen Zentralismus". Für die einzelnen Stufen des Gerichtswesens wählten die Volkskammer, die Bezirkstage usw. jederzeit wieder abberufbare Richter, die strikt an die Weisungen des Obersten Gerichts gebunden waren. Unter diesen Bedingungen konnte sichergestellt werden, daß auch die Rechtsprechung, wie schon das Gerichtsverfassungsgesetz von 1952 feststellte, *„dem Aufbau des Sozialismus (dient)"* und daher in erster Linie den Schutz der staatlichen Interessen zu gewährleisten hat. Ein Justizapparat dieser Art, der von weisungsgebundenen, absetzbaren Beamten gehandhabt wurde, eignete sich hervorragend als Disziplinierungsinstrument. In den 50er Jahren, aber auch noch später, sind ungezählte politische Verfahren mit Todesurteilen und langjährigen Freiheitsstrafen abgewickelt worden. Sich gegen Rechtsverletzungen von Gerichten und Behörden zu wehren, war nicht Sache des einzelnen Bürgers, sondern seit 1952 Aufgabe der Staatsanwaltschaft, welcher *„die Aufsicht über die strikte Einhaltung der Gesetze"* der DDR oblag.

3. Das Eingabewesen

Erst als in den 60er Jahren zunehmend der Grundsatz der „sozialistischen Gesetzlichkeit" (o. II.3) Beachtung und auch Aufnahme in die Verfassung von 1968 fand (Art. 87), traten Gesichtspunkte der Rechtssicherheit und des Individualrechtsschutzes gegenüber dem Staat stärker in den Vordergrund. Diese Entwicklung verlief jedoch äußerst mühsam. Die in der Verfassung von 1949 (Art. 138) noch vorgesehene Verwaltungsgerichtsbarkeit war 1952 aufgelöst worden, weil angesichts der „Einheit der Staatsmacht" ein gegen diese ergehendes Urteil ausgeschlossen erschien. Parteikonforme Beschwerden hatten allenfalls Aussicht über den Apparat der *Zentralen Kommission für Staatliche Kontrolle* (o. § 41, IV.1) Berücksichtigung zu finden. Förmliche Beschwerdeverfahren verwaltungsinterner Art, die es einem Betroffenen gestatteten, sich an eine übergeordnete Verwaltungsinstanz zu wenden, gab es aber nur wenige, z. B. im Sozialversicherungswesen.

Charakteristisch für die Beziehungen zwischen den Bürgern und den Verwaltungen ist ein ganz anderer, liberalen Rechtsordnungen unbekannter Rechtsbehelf geworden: die *„Eingabe"*. Sie verband das Recht, Vorschläge und Anliegen vorzutragen mit der Beschwerdemöglichkeit. Nach sowjetischem Vorbild erstmals 1953 eingeführt und 1961 in einem Erlaß des Staatsrates neu geregelt, blieb das Eingabewesen zunächst ganz eng auf gesellschaftliche Anliegen bezogen. Mit der Eingabe wurde also das „Recht auf Mitgestaltung" im sozialistischen Staat (o. II.4) wahrgenommen. Als Ausdruck aktiver Mitarbeit positiv eingeschätzt, schwoll die Zahl der Eingaben nicht nur außerordentlich an; es ließ sich auch nicht vermeiden, daß auf diese Weise zahlreiche individuelle Beschwerden vorgetragen wurden. Die DDR wehrte sich jedoch länger als andere sozialistische Staaten gegen die Rückkehr zu einer eigenständigen Verwaltungsgerichtsbarkeit. Sie tat diesen Schritt erst mit Gesetzen aus dem Jahre 1988, die keine erkennbaren Veränderungen mehr nach sich zogen.

4. Gesellschaftliche Gerichte

Neugieriges Interesse auch in der Bundesrepublik haben die sogenannten *„gesellschaftlichen Gerichte"* der DDR gefunden. Es handelte sich um Konfliktkommissionen in den Betrieben und Schiedskommissionen in den Wohnbezirken, die mit Laien besetzt waren und gleichfalls erzieherisch im Sinne des Sozialismus wirken sollten. Die Zuständigkeit dieser 1953 bzw. 1963 geschaffenen Einrichtungen umfaßte einfache Streitigkeiten arbeits- und zivilrechtlicher Art sowie die Entscheidung über kleinere Strafsachen. Eine Entlastung der Gerichte wurde damit zweifellos erreicht. Wie es um die Effizienz und Akzeptanz dieser Einrichtungen bestellt war, wird die zukünftige Forschung zu klären haben.

VIII. Einheit von Staat und Gesellschaft als politisches Ziel

1. Verstaatlichung der Industrie und Zwangskollektivierung der Landwirtschaft

Zum Verfassungsgefüge der DDR gehören nicht zuletzt auch Strukturen, welche die angestrebte Einheit von Staat und Gesellschaft herbeiführen sollten. In einem größeren historischen Zusammenhang erscheint als das vielleicht wichtigste Merkmal der sozialistischen Staaten und gerade auch der DDR die Tatsache, daß die Entwicklung der Gesellschaft nicht den in ihr wirksamen Kräften überlassen bleiben, sondern insgesamt und mit allen ihren Individuen zu einem – noch ungewissen – Ziel gesteuert werden sollte. Die Unterscheidung und weitgehende Trennung staatlicher Institutionen und gesellschaftlicher Verhältnisse wäre dadurch überwunden und in gewisser Weise eine Rückkehr zur Integration beider Elemente, wie sie vor der Französischen Revolution existierte, vollzogen worden. Vollständig gelungen ist die gegenseitige Durchdringung von Staat und Gesellschaft auch in der Geschichte der DDR nicht. Doch wurden wesentliche Schritte in dieser Richtung getan, zum Teil unter heftigen Spannungen, jedenfalls unter Verlust von Freiheitsrechten und damit zugleich Lebensalternativen, wie sie für moderne Zivilisationen sonst typisch sind.

Die weitgehende Beseitigung privaten Unternehmertums durch Verstaatlichung der Industrie in *volkseigenen Betrieben (VEB)* war Mitte der 50er Jahre fast abgeschlossen. Am schmerzhaftesten gestaltete sich danach die Auflösung der unabhängigen Bauernwirtschaften. 1956 bewirtschafteten private Bauern noch 70 % der landwirtschaftlichen Nutzfläche. Nachdem der V. Parteitag der SED 1958 eine raschere Kollektivierung der Landwirtschaft gefordert hatte, gelang es bis 1961, fast die gesamte in Frage kommende Fläche den *„Landwirtschaftlichen Produktionsgenossenschaften" (LPG)* zuzuweisen. Von Freiwilligkeit, wie stets behauptet, konnte keine Rede sein. Drohungen durch Agitationstrupps der SED und Kriminalisierung von Bauern, die auf ihre Selbständigkeit nicht verzichten wollten, beherrschten das Bild. Viele Betroffene flüchteten in die Bundesrepublik. Parallel trieb die Partei auch die Bildung von *„Produktionsgenossenschaften des Handwerks"* voran.

2. „Sozialistische Moral" und Massenorganisationen

Die ideologischen Vorgaben des Staates für die Gesellschaft gingen aber über den Sektor der Ökonomie weit hinaus. Schon 1950 kritisierte der III. Parteitag der SED den *„Objektivismus"* in der Wissenschaft und den *„Formalismus"* in der Kunst. 1951 hielt das Zentralkomitee die Zeit für gekommen, die Ausrichtung der Lehrer an den Erkenntnissen des Marxismus-Leninismus vorzuschreiben. Überhaupt blieben Jugend, Schule und Bildung bevorzugte Themen der Partei und ihrer Aktivitäten. 1958 ging Ulbricht so weit, „Zehn Gebote der sozialistischen Moral" zu formulieren und noch 1969 sah er eine „sozialistische Menschengemeinschaft" entstehen, deren Sozialethik weit über die herkömmlichen Ideale der Humanität hinausreichen sollte. Dieses unrealistische Ziel einer durchgängigen moralischen

Veränderung der Bevölkerung diente als Legitimation für eine umfassende Bevormundung und Kontrolle, wie sie bis dahin noch kaum einem politischen System in Europa gelungen war. Eine wesentliche Hilfestellung leisteten dabei die von der SED gelenkten *Massenorganisationen,* denen sich schon deshalb kaum jemand entziehen konnte und wollte, weil sie wichtige staatliche Leistungen vermittelten und auch Mitwirkungsmöglichkeiten eröffneten. In erster Linie zu nennen sind der *„Freie Deutsche Gewerkschaftsbund" (FDGB)* und die für den beruflichen Aufstieg wichtige *„Freie Deutsche Jugend" (FDJ),* doch auch der Frauenbund (DFD), der Kulturbund, nicht zuletzt der Sportverband (DtSB) und andere sollten dazu beitragen, die „sozialistische Persönlichkeit" zu formen.

Es wird sich kaum behaupten lassen, daß durch die Aufhebung des Privateigentums an den Produktionsmitteln und die begleitenden erzieherischen Maßnahmen eine neuartige Gemeinwohlorientierung der Menschen herbeigeführt worden ist. An die Stelle früherer Abhängigkeiten traten nur solche anderer Art, und sie schränkten die persönlichen Freiräume stärker ein. Hinzu kam Unzufriedenheit über das grundsätzliche Verbot von Reisen in das „kapitalistische" Ausland und die rigorose Grenzsicherung gegenüber den eigenen Bürgern seit dem Bau der Berliner Mauer 1961. Wenn sich dennoch seit den 60er Jahren auch positive Einstellungen breiterer Bevölkerungskreise gegenüber dem sozialistischen Staat auf deutschem Boden feststellen lassen, dann beruhen sie weniger auf ideologischer Überzeugung als auf der Befriedigung, jedenfalls soziale Sicherheit und wenigstens im sozialistischen Lager den relativ höchsten Lebensstandard erreicht zu haben – unter politischen und ökonomischen Ausgangsbedingungen, die unvergleichlich ungünstiger gewesen sind als die der Bundesrepublik.

3. Der Aufstand vom 17. 6. 1953

In der Forschung ist umstritten, ob der Aufstand vom 17. 6. 1953 als Arbeitererhebung oder als Volksaufstand zu begreifen ist. Hinter dieser Kontroverse verbergen sich unterschiedliche Urteile über die Einstellung des Volkes zur DDR. Handelte es sich um einen systemimmanenten Konflikt um Arbeitsnormen, der nur mit aktiver Unterstützung westlicher Medien aufstandsartige Züge annahm, oder haben wir es mit einer Widerstandsaktion gegen das Regime der SED überhaupt zu tun, getragen von breiteren Volksschichten? Die Schwerpunkte des Geschehens sind immer bekannt gewesen: Wegen der Erhöhung der Arbeitsnormen traten Bauarbeiter am 16. Juni in Ost-Berlin in einen Streik, der am folgenden Tag auf alle Großbetriebe der DDR und rund 250 Orte übergriff; politische Forderungen nach freien Wahlen überlagerten bald die ursprünglichen Anliegen des Streiks und führten zu Gewaltakten gegen staatliche Einrichtungen und zur Befreiung politischer Gefangener; der Einsatz sowjetischer Panzer und eine nachfolgende Verhaftungswelle erstickten den Aufstand. Seit der Öffnung der DDR-Archive zeichnet sich ab, daß die Vorgänge nicht nur mehr als doppelt so viele Ortschaften erfaßt hatten, als bisher angenommen, sondern sicher auch in einen größeren zeitlichen Rahmen zu stellen sind. Zum Hintergrund gehören die Ankündigung der 2. Parteikonferenz von 1952 über den „Aufbau des Sozialismus" (o. VI.2) und die nachfolgenden Repressionen und Umstellungsschwierigkeiten. Sie hatten schon vor dem 16. Juni zu Streiks und zu politischen Forderungen geführt. Diese fanden in den kritischen Tagen des offenen Aufstands Resonanz auch bei den von der Kollektivierungspolitik hart bedrängten Bauern. Ein wesentlicher Grund für die Breite der Aufstandsbewegung und die Geschwindigkeit, mit der sie sich ausbreitete, dürfte ein Kommunique des Politbüros der SED vom 9. 6. 1953 zur wirtschaftlichen Lage gewesen sein, das die Bevölkerung als Bankrotterklärung verstand. Offenbar waren im Jahre 1953 weder der Sozialismus in seiner real entstehenden stalinistischen Form noch die Teilung Deutschlands bei der großen Mehrheit des Volkes akzeptiert.

4. „Fraktionsbildungen" und Dissidenten

Auch später, im Zeichen der Konsolidierung, ließ sich in der DDR die Gesellschaft nicht einfach „stillegen" und jede politische Dynamik ausschließen. Wie in den meisten sozialistischen Staaten gehören auch zur Geschichte der DDR sogenannte „Fraktionsbildungen" und Dissidenten. Es war vor allem die mit dem XX. Parteitag der KPdSU 1956 einsetzende Entstalinisierung, die auch in der DDR Marxisten ermutigte, einen „dritten Weg" durch Lockerung des diktatorischen Regimes zu fordern. Alle diese Versuche wurden konsequent unterdrückt: der Philosophieprofessor *Wolfgang Harich* mußte 1956 eine langjährige Zuchthausstrafe antreten; das Politbüromitglied *Karl Schirdewan* verlor 1958 alle seine Parteifunktionen; dem Philosophen *Robert Havemann* nahm die Partei bis 1966 alle akademischen Ämter. Honecker setzte diese Politik mit Ausweisungen, z. B. des Liedermachers *Wolf Biermann* 1976, aber auch mit Zuchthausstrafen, z. B. für den kritischen Wirtschaftsfachmann der SED *Rudolf Bahro* 1978, fort. Im Vergleich mit dem politischen Druck in den Zeiten Ulbrichts ergab sich nur insofern eine gewisse Entspannung, als Bahro und andere Bürger, die sich in irgendeiner Weise beharrlich dem Regime verweigerten, nach oft langen Wartezeiten in die Bundesrepublik ausreisen durften. In den 80er Jahren kamen auch neue Formen des Protests auf, die sich nicht mehr als Konflikte um die richtige Gestaltung der sozialistischen Staats- und Gesellschaftsordnung begreifen lassen. Erwähnung verdienen vor allem unabhängige Friedensgruppen und ökologisches Engagement, gelegentliche „Mahnwachen" und Demonstrationsversuche; auch Forderungen nach der Gewährung von Freiheitsrechten wurden laut. Das Regime reagierte, wie gewohnt, mit Verhaftungen und Drohungen.

5. Die Kirchen

Die einzigen gesellschaftlichen Organisationen von Gewicht, die sich den Weisungen der Partei entziehen und ihren eigenständigen Charakter bewahren konnten, waren die Kirchen. Dabei gestalteten sich die Beziehungen zwischen dem Staat und den – in der DDR allein bedeutsamen – evangelischen Landeskirchen durchaus wechselhaft. Direkte Unterdrückungsmaßnahmen, wie etwa 1953 gegenüber der „*Jungen Gemeinde*" oder 1958 zu Lasten des Religionsunterrichts, traten zwar allmählich in den Hintergrund; mittelbare Benachteiligungen von Kirchenmitgliedern dauerten aber an, da sich die Staatspartei ausdrücklich zum Atheismus bekannte und dieses Bekenntnis auch Voraussetzung zahlreicher beruflicher Tätigkeiten blieb.

Größte Bedeutung hatte für die Staatsführung der DDR, daß sich die evangelischen Landeskirchen ihres Gebietes 1969 von der gesamtdeutschen EKD trennten, bedeutete dieser Schritt doch faktisch die Anerkennung der Eigenstaatlichkeit beider deutscher Staaten. Daß zugleich ein „*Bund der evangelischen Kirchen in der DDR*" ins Leben gerufen wurde, entsprach zwar keineswegs den Vorstellungen der Partei. Doch begann sich nun zwischen Staat und Kirche eine Koexistenz anzubahnen, an der aus unterschiedlichen Gründen beide Seiten interessiert waren. Eine aufsehenerregende Widerstandsaktion, wie die Selbstverbrennung des Pfarrers *Oskar Brüsewitz* 1976, schien diese Entwicklung nur zu stören. Am 6. 3. 1978 fand zwischen dem Vorsitzenden des Kirchenbundes, Bischof *Schönherr*, und dem Staatsratsvorsitzenden Erich Honecker ein Spitzengespräch statt, das zur Konsolidierung der Beziehungen wesentlich beitrug. Beide Seiten akzeptierten die Formel von den in der DDR bestehenden Kirchen als „*Kirchen im Sozialismus*". Damit sah sich die Kirche in diesem Staate erstmals grundsätzlich anerkannt, während der Staat auf die Unterstützung der Kirchen bei der Lösung gesellschaftlicher Aufgaben rechnen durfte. Es zeigte sich bald, daß dieser pragmatische Konsens, der den Gegensatz zwischen christlichem Glauben und marxistischer Ideologie ausklammerte, die Position der Kirchen im Staate verbesserte. Öffentliche Kritik war ihnen nun leichter möglich als zuvor. Für die Oppositionsbewegung der späten 80er Jahre sollte dieser Umstand entscheidende Bedeutung erlangen (u. § 46 IV.1 u. 2).

IX. Probleme einer historischen Deutung der DDR

1. „Unrechtsstaat"?

Die Geschichte der DDR wirft Probleme der historischen Interpretation auf, die gerade eine Darstellung der Verfassungsgeschichte dieses Staates nicht umgehen kann. In der öffentlichen Diskussion der Bundesrepublik spielt, ganz besonders seit 1990, das Wort vom „*Unrechtsstaat*" eine große Rolle, wenn von der DDR die Rede ist. Der Begriff muß sowohl dem modernen Juristen wie dem Rechtshistoriker Schwierigkeiten bereiten. Beide sind gezwungen, im Prinzip von einem positivistischen Rechtsbegriff auszugehen, d. h. Recht und Moral zu unterscheiden und das Recht vergangener Epochen nach deren Maßstäben zu beurteilen. Allerdings sind dem Rechtsbegriff insofern Grenzen immanent, als er sich mit Willkür – auch des Staates – nicht verträgt. Willkür aber ist möglich, wenn Recht als Instrument des Klassenkampfes begriffen wird (o. I.2). Wenn aber Elemente der Willkür ebenso vorkommen wie auch die Bindung an Normen festzustellen ist, dann liegt es nahe, sich das Verständnis für einen solchen Staat mit Ernst Fraenkels – modifizierter – Kategorie des „Doppelstaates" zu erschließen (o. § 40 V). Es ist zu bedenken, daß jeder Staat des industriellen Zeitalters schon als solcher Leistungen für das Überleben seiner Bürger erbringt und daß diese Daseinsvorsorge in irgendeiner Weise in rechtlich geordneten Bahnen erfolgt. Das galt für das Dritte Reich, das galt mehr noch für die DDR. Die Handhabung staatlicher Funktionen galt im 20. Jahrhundert unter den verschiedensten politischen Systemen schon an sich als ein Element rechtlicher Ordnung.

2. Die Totalitarismus-These

Ernster zu nehmen ist die seit langem kontrovers diskutierte These, das Verfassungssystem der DDR sei als eine Form von „*Totalitarismus*" zu erklären und daher mit den Staaten des Faschismus und insbesondere mit dem Dritten Reich zu vergleichen. Während diese Sicht der Dinge in den 50er Jahren fast selbstverständlich war, weckte sie später und bis heute Empörung, weil die Endziele der beiden politischen Systeme – Weltherrschaft der nordischen Rasse einerseits, klassenlose

Gesellschaft andererseits – ebenso unvergleichbar erscheinen wie Art und Ausmaß der anzulastenden Verbrechen. Dennoch hat die seit 1990 intensivierte Auseinandersetzung mit der Geschichte der DDR die Frage erneut aktuell werden lassen, ob die Kategorie des „Totalitarismus" nicht doch als Gegenbegriff zur rechtsstaatlichen Demokratie ihre Berechtigung hat. Wollte der Begriff schlicht die Gleichartigkeit rechts- und linksextremer politischer Systeme behaupten, dann würde er offensichtliche Unterschiede nur verwischen und Verständnis erschweren. Bezieht man „Totalitarismus" dagegen auf die Methoden politischer Machtausübung im 20. Jahrhundert, dann ist dieser Kategorie ein gewisser Erkenntniswert nicht abzusprechen. Totalitarismus in diesem Sinne heißt: die Optimierung und Ideologisierung der im 20. Jahrhundert zu Gebote stehenden staatlichen Machtmittel. Gemeinsamkeiten eines so verstandenen Totalitarismus, der verschiedenen Ideologien dienen kann, sind: die Ablehnung des Menschenrechtsgedankens; Beschränkung bürgerlicher Freiheiten; Aufhebung demokratischer Rechte; Behauptung einer Interessenidentität von Staat und Gesellschaft; Aufbau einer Staatspolizei ohne rechtsstaatliche Beschränkungen; Einparteiensystem und Kriminalisierung politischer Alternativen; diktatorische Regierungsgewalt; Staatsjugend und politisierte Massenorganisationen; Medienkontrolle und politisches Meinungsmonopol des Staates; Kampf-Metaphorik und Militarisierungserscheinungen. Es wird sich kaum leugnen lassen, daß in diesen Merkmalen Gemeinsamkeiten politischer Systeme des 20. Jahrhunderts zu erkennen sind. In ihnen begegnen uns die Möglichkeiten moderner Staatsgewalt, wenn diese nicht durch die Prinzipien des Rechtsstaates und der Demokratie gebändigt wird.

3. Die DDR vor dem Hintergrund der neueren geschichtlichen Entwicklung

Das moderne Problem, verbindliche Maßstäbe für Recht und Unrecht aufzufinden, legt noch eine andere Hypothese nahe, um die politische Realität des Sozialismus zu verstehen. Es ging wohl nicht nur um die von den Sozialisten behauptete Lösung sozialer Fragen und es handelte sich auch nicht lediglich um eine Technik der Machtgewinnung und des Machterhalts. Vielmehr dürfte es richtig sein, den Sozialismus im größeren Rahmen des Zeitalters, das mit der Aufklärung begonnen hat, zu interpretieren. Die Sozialisten meinten, durch eine Analyse des Ökonomischen objektive Erkenntnis sozialer Verhältnisse und absolut gültige Handlungsnormen wiedergewonnen zu haben. Nicht zufällig ist in den Deklarationen und Publikationen der DDR so unendlich oft von Wissenschaft und historischen Gesetzmäßigkeiten die Rede. Auf diese Weise Meinung durch Wissen zu ersetzen, mußte dem kritischen Skeptiker von vornherein als verfehlt erscheinen. Nahe lag auch der Verdacht, die Scheinlösung des hermeneutischen Problems (o. § 2) durch Behauptung notwendiger Parteilichkeit aller Wissenschaft diene nur der Gewinnung einer politischen Handlungslegitimation. Die politischen Energien indessen, die der Sozialismus zu aktivieren vermochte, lassen auf tiefergegründete menschliche Bedürfnisse schließen, die sich nur im Rahmen einer umfassenderen Deutung der Epoche werden erklären lassen.

§ 46. Die Beziehungen zwischen den beiden deutschen Staaten und die Wiederherstellung der Einheit Deutschlands

Quellen: *Arbeitsgruppe "Neue Verfassung der DDR" des Runden Tisches,* Entwurf. Verfassung der Deutschen Demokratischen Republik, 1990; *W. Brandt,* Erinnerungen, 1989; *ders.,* Begegnungen und Einsichten. Die Jahre 1960–1975, 2. Aufl. 1978; Der Grundlagenvertrag vor dem Bundesverfassungsgericht, 1973; Dokumente (o. § 41); *I. v. Münch* (o. § 41); *ders.,* Dokumente des geteilten Deutschland, Bd. II: seit 1968, 1974; *ders.,* Dokumente der Wiedervereinigung Deutschlands, 1991; *ders.,* Die Verträge zur Einheit Deutschlands, 2. Aufl. 1992; *G. Rein* (Hrsg.), Die Opposition in der DDR. Entwürfe für einen anderen Sozialismus. Texte, Programme, Statuten ..., 1989; *K. Schumacher* (o. § 41); *K. Stern* u. *B. Schmidt-Bleibtreu* (Hrsg.), Verträge und Rechtsakte zur deutschen Einheit, Bd. 1–3, 1990/91.

Zeitgenössische Literatur: *R. Bernhardt* u. *N. Achterberg,* Deutschland nach 30 Jahren Grundgesetz, VVDStRL 38 (1980) 7 ff., 55 ff.; *K. Doehring* u. a., Deutschlandvertrag, westliches Bündnis und Wiedervereinigung, 1985; *F. Faust,* Das Potsdamer Abkommen und seine völkerrechtliche Bedeutung, 4. Aufl. 1969; *W. Fiedler,* Die Kontinuität des deutschen Staatswesens im Jahre 1990, Archiv des Völkerrechts 31 (1993) 333 ff.; *J. A. Frowein, J. Isensee, Chr. Tomuschat* u. *A. Randelzhofer,* Deutschlands aktuelle Verfassungslage (VVDStRL, 49), 1990; *B. Guggenberger* u. *T. Stein* (Hrsg.), Die Verfassungsdiskussion im Jahr der deutschen Einheit, 1992; *M. Heckel,* Die deutsche Einheit als Verfassungsfrage. Wo war das Volk? (SB d. Heidelberger Akad. d. Wiss., Phil.-hist. Kl., Heft 3), 1995; *D. Murswiek,* Das Staatsziel der Einheit Deutschlands nach 40 Jahren Grundgesetz (C. F. v. Siemens Stiftung, Themen XLV), 1989; *D. Sterzel,* In neuer Verfassung? Zur Notwendigkeit eines konstitutionellen Gründungsaktes für das vereinte Deutschland, Kritische Justiz 1990, 385 ff.

Schrifttum: *H. Amos,* Die Westpolitik der SED 1948/49–1961, 1999; *W. Benz, G. Plum* u. *W. Röder,* Einheit der Nation. Diskussionen und Konzeptionen zur Deutschlandpolitik der großen Parteien seit 1945, 1978; *A. Doering-Manteuffel,* „Verzicht ist Verrat". Beharrung und Wandel in den deutschlandpolitischen Vorstellungen der Bundestagsparteien 1949–1966, Jb. f. d. Gesch. Mittel- u. Ostdtlds. 29 (1980) 120 ff.; *ders.,* Im Kampf um „Frieden" und „Freiheit", in: *H. G. Hockerts* (Hrsg.), Koordinaten deutscher Geschichte in der Epoche des Ost-West-Konflikts, 2004, 29 ff.; *R. Dohse,* Der Dritte Weg. Neutralitätsbestrebungen in Westdeutschland zwischen 1945 und 1955, 1974; *K. Eckart, J. Hacker* u. *S. Mampel* (Hrsg.), Wiedervereinigung Deutschlands, 1998; *W. Fiedler,* in: HdbStR VIII, 3 ff.; *J. Fijalowski* u. a., Berlin – Hauptstadtanspruch und Westintegration, 1967; *A. Fischer* u. *M. Haendcke-Hoppe-Arndt* (Hrsg.), Auf dem Weg zur Realisierung der Einheit Deutschlands, 1992; *A. Gallus,* Die Neutralisten. Verfechter eines vereinten Deutschlands zwischen Ost und West von 1945 bis 1990, 2000; *K. Gotto,* Adenauers Deutschland- und Ostpolitik 1954–1963, in: *ders.* u. a. (Hrsg.), Konrad Adenauer. Seine Deutschland- und Außenpolitik, 1975, 156 ff.; *W.-J. Grabner* u. a. (Hrsg.), Leipzig im Oktober. Kirchen und alternative Gruppen im Umbruch der DDR, 2. Aufl. 1994; *H. Graml,* Die Legende von der verpaßten Gelegenheit. Zur sowjetischen Notenkampagne des Jahres 1952, VfZ 29 (1981) 307 ff.; *P. Häberle,* Der Entwurf der Arbeitsgruppe „Neue Verfassung der DDR" des Runden Tisches (1990), JöR NF 39 (1990) 319 ff.; *ders.,* Die Verfassungsbewegung in den fünf neuen Bundesländern, JöR NF 41 (1993) 69 ff.; *R. Häußler* (o. § 44); *H. Haftendorn,* Sicherheit und Entspannung. Zur Außenpolitik der Bundesrepublik Deutschland 1955–1982, 2. Aufl. 1986; *H.-H. Hertle,* Der Fall der Mauer, 1996; *G. Heydemann, G. Mai* u. *W. Müller* (Hrsg.), Revolution und Transformation in der DDR 1989/90, 1999; *W. Jäger,* Die Überwindung der Teilung. Der innerdeutsche Prozeß der Vereinigung 1989/90, 1998; *E. Jesse* u. *A. Mitter* (Hrsg.), Die Gestaltung der deutschen Einheit, 1992; *H. H. Klein,* Verfassungskontinuität im revolutionären Umbruch? Die Verfassung der DDR zwischen dem 7. Oktober 1989 und dem 3. Oktober 1990, in: Wege und Verfahren des Verfassungslebens. FS f. Peter Lerche z. 65. Geb., 1993, 459 ff.; *L. Kreuz,* Das Kuratorium unteilbares Deutschland, 1980; *D. Kroegel,* Einen Anfang finden! Kurt Georg Kiesinger in der Außen- und Deutschlandpolitik der Großen Koalition, 1997; *K. Kröger* (o. § 44); *E. Kuhrt* (Hrsg.), Die SED-Herrschaft und ihr Zusammenbruch, Bd. 1, 1996; *J. Laufer,* Der Friedensvertrag mit Deutschland als Problem der sowjetischen Außenpolitik. Die Stalin-Note vom 10. März 1952 im Lichte neuer Quellen, VfZ 52 (2004) 99 ff.; *M. Lemke,* Die Berlin-Krise 1958–1963. Interessen und Handlungsspielräume der SED im Ost-West-Konflikt, 1995; *ders.,* Die Deutschlandpolitik der DDR zwischen Moskauer Oktroi und Bonner Sogwirkung, in: *J. Kocka* u. *M. Sabrow* (o. § 45) 181 ff.; *ders.,* Einheit oder Sozialismus?

§ 46. Wiederherstellung der Einheit Deutschlands

Die Deutschlandpolitik der SED (1949–1961), 2001; *P. Lerche,* in: HdbStR VIII, 403 ff.; *G. Luttosch* u. *F. v. Schlabrendorff,* DDR-Reformgesetzgebung vom 9. 11. 1989 bis 18. 3. 1990, DtZ 1990, 60 ff.; *S. Mampel,* Das Ende der sozialistischen Verfassung der DDR, Dtld.-Archiv 23 (1990) 1377 ff.; *H. Misselwitz* u. *R. Schröder* (Hrsg.), Mandat für deutsche Einheit. Die 10. Volkskammer zwischen DDR-Verfassung und Grundgesetz, 2000; *H. Möller,* Worin lag das „national" Verbindende in der Epoche der Teilung?, in: *H. G. Hockerts* (Hrsg.), Koordinaten deutscher Geschichte in der Epoche des Ost-West-Konflikts, 2004, 307 ff.; *R. Morsey,* Die Deutschlandpolitik Adenauers. Alte Thesen und neue Fakten (Rhein.-Westf. Akad. d. Wiss., Vorträge G 308), 1991; *K.-D. Opp* u. *P. Voss,* Die volkseigene Revolution, 1993; *H. Quaritsch,* Eigenarten und Rechtsfragen der DDR-Revolution, Verwaltungs-Archiv 83 (1992) 314 ff.; *G. Rein,* Die protestantische Revolution 1987–1990. Ein deutsches Lesebuch, 1990; *K. M. Rogner,* Der Verfassungsentwurf des Zentralen Runden Tisches der DDR, 1993; *J. Rühle* u. *G. Holzweissig,* 13. August 1961. Die Mauer von Berlin, 1981; *G. Rüss,* Anatomie einer politischen Verwaltung. Das Bundesministerium für gesamtdeutsche Fragen – Innerdeutsche Beziehungen 1949–1970, 1973; *H.-J. Rupieper* (o. § 43); *B. Schlink,* Deutsch-deutsche Verfassungsentwicklungen im Jahre 1990, Der Staat 30 (1991) 163 ff.; *W. Schreckenberger,* Ideologie und Herrschaftssysteme. Über die Auflösung der marxistischen Ideologie, Der Staat 31 (1992) 419; *H. P. Schwarz,* Entspannung und Wiedervereinigung. Deutschlandpolitische Vorstellungen Konrad Adenauers 1955–1958, 1979; *ders.* (Hrsg.), Die Legende von der verpaßten Gelegenheit. Die Stalin-Note vom 10. März 1952, 1982; *U. Thaysen,* Der Runde Tisch. Oder: Wo bleibt das Volk? Der Weg der DDR in die Demokratie, 1990; *K. Timmer,* Vom Aufbruch zum Umbruch. Die Bürgerbewegung in der DDR 1989, 2000; *J. Weber* (Hrsg.), Die Republik der fünfziger Jahre. Adenauers Deutschlandpolitik auf dem Prüfstand, 1989; *G. Wettig,* Die Sowjetunion, die DDR und die Deutschland-Frage 1965–1976, 2. Aufl. 1977; *ders.,* Das Vier-Mächte-Abkommen in der Bewährungsprobe. Berlin im Spannungsfeld von Ost und West, 1981; *ders.,* Bereitschaft zu Einheit in Freiheit? Die sowjetische Deutschland-Politik 1945–1955, 1999; *H. F. Zacher* (o. § 44); *J. Zarusky* (Hrsg.), Die Stalin-Note vom 10. März 1952. Neue Quellen und Analysen, 2002; *H. Zwahr,* Die Revolution in der DDR, in: *M. Hettling* (Hrsg.), Revolution in Deutschland? 1789–1989, 1991.

I. Die Deutschlandpolitik der DDR

Als der Aufbau der beiden deutschen Staaten begann, war die Grenze noch nicht undurchlässig und die Teilung Deutschlands noch nicht selbstverständlicher Alltag geworden. Ihre Überwindung war jeder deutschen Politik als Ziel vorgegeben. Da die Westmächte und die westdeutschen Landespolitiker die Bundesrepublik aber gerade deshalb ins Leben gerufen hatten, weil sie die deutsche Einheit nach den Vorstellungen der SED ablehnten und auch jeden Kompromiß für gefährlich hielten, konnte sich die Deutschlandpolitik der DDR zunächst als die treibende Kraft darstellen. Sie vermochte sich dabei nicht nur auf Gefühle der Bevölkerung, sondern auch auf das plausibel klingende Argument stützen, die Deutschen selbst müßten versuchen, die ihnen von den Besatzungsmächten aufgezwungene Teilung ihres Landes zu überwinden. Die Geschichte der beiden deutschen Staaten wird daher zunächst zwei Jahrzehnte lang von Vorschlägen der DDR und der Sowjetunion zur deutschen Einheit begleitet, die der Bundesrepublik immer wieder abwehrende Erklärungen abnötigten. Wenn später den Bonner Regierungen zunehmend leere Wiedervereinigungsrhetorik vorgeworfen wurde, dann hat das etwas mit dieser, aus westdeutscher Sicht unvermeidlichen Zwiespältigkeit der deutschlandpolitischen Lage überhaupt zu tun.

Schon im Januar 1951 schlug die Volkskammer dem Bundestag unter der Parole *„Deutsche an einen Tisch"* die Bildung eines *„Gesamtdeutschen konstituierenden Rates"* vor. Vom 10. 3. 1952 datiert eine Note Stalins an die Westmächte mit dem Angebot von Verhandlungen über einen deutschen Friedensvertrag (u. II.1). 1955 ruft aus der DDR ein *„Ausschuß für deutsche Einheit"* zum außerparlamentarischen Kampf gegen die Pariser Verträge (o. § 43 II.3) auf, die Sowjetunion bietet für den

Fall des Verzichts auf das Vertragswerk gesamtdeutsche Wahlen an; der sowjetische Parteichef Chruschtschow erklärt die Wiedervereinigung zu einer innerdeutschen Angelegenheit. Zwei Jahre später schlägt das Zentralkomitee der SED vor, die Wiedervereinigung über eine *Konföderation* der beiden deutschen Staaten herbeizuführen. Diese Vorschläge wiederholt die SED-Führung in den folgenden Jahren mehrfach. Was inhaltlich gemeint war, gab Ulbricht lange Zeit nur verschlüsselt, aber deutlich genug zu erkennen. 1954 sprach er von der Wiedervereinigung als einer *„unumstößlichen historischen Gesetzmäßigkeit"* – zu ergänzen war: wegen des Sieges des Proletariats; 1958 bezeichnete er den *„Kampf um die Wiedervereinigung"* als einen *„Kampf zwischen den imperialistischen Kräften auf der einen Seite und den friedliebenden demokratischen Kräften auf der anderen Seite"*.

Den tiefsten Einschnitt in den Beziehungen zwischen den beiden deutschen Staaten vollzog die DDR am 13. 8. 1961 mit dem Bau der *Berliner Mauer* und der lückenlosen Abriegelung ihrer Grenze zur Bundesrepublik. Bis dahin hatte sich der Verkehr zwischen Ost und West besonders im Stadtgebiet von Berlin kaum kontrollieren lassen. Angesichts des politischen Drucks und einer noch lange unzureichenden Versorgungslage war eine anwachsende Fluchtbewegung in die Bundesrepublik entstanden, wo auch das „Wirtschaftswunder" attraktivere Lebensbedingungen verhieß. Mit der Errichtung ihres rigorosen „Grenzregimes", das Schußwaffengebrauch gegenüber den eigenen Bürgern einschloß, verabschiedete sich die DDR sichtbar von der Idee der deutschen Einheit. Jetzt war von der *„Normalisierung"* der Beziehungen zwischen der DDR und der Bundesrepublik die Rede, während Ulbricht andererseits Bundeskanzler Kiesinger 1967 klipp und klar erklärt: eine Wiedervereinigung komme nur durch die *„Arbeiterklasse der beiden deutschen Staaten"* in Frage.

Nach dem Beginn der Ostpolitik der sozialliberalen Bundesregierung (u. II.4) stabilisierte sich die neue Linie der in Ost-Berlin betriebenen Deutschlandpolitik endgültig. Nicht mehr von Wiedervereinigung, sondern von *„gleichberechtigten, völkerrechtlichen Beziehungen"* war 1970 die Rede und 1972 erklärte Honecker die Bundesrepublik zum *„imperialistischen Ausland"*. Dieser Politik wurde 1974 auch die Verfassung von 1968 (o. § 45 IV) angepaßt. Alle Hinweise auf die „deutsche Nation" fielen dem Rotstift zum Opfer. Ein 1975 verkündetes neues Zivilgesetzbuch beseitigte die in Deutschland seit dem Beginn des Jahrhunderts bestehende Rechtseinheit in bürgerlichen Angelegenheiten – ein symbolträchtiger, wohlbedachter politischer Schritt. Der Erfolg dieser Abgrenzungspolitik auch in der Bundesrepublik (u. II.3 u. 4) ermutigte Honecker 1980, für eine weitere „Normalisierung" der Beziehungen zwischen den beiden deutschen Staaten Vorbedingungen zu nennen, unter denen die Anerkennung einer eigenen Staatsbürgerschaft der DDR an erster Stelle rangierte. Dieses Ziel konnte die DDR nicht mehr erreichen. Alles sprach jedoch dafür, daß es bei der Eigenstaatlichkeit der DDR auf unabsehbare Zeit bleiben würde. Im September 1987 empfing auch Bundeskanzler Kohl (CDU) Honecker wie einen Staatsgast.

II. Die Deutschlandpolitik der Bundesrepublik

1. Die Zeit der Kanzlerschaft Konrad Adenauers

Die Deutschlandpolitik der Bundesrepublik von Konrad Adenauer bis Kurt Georg Kiesinger ist seit den späten 60er Jahren harter Kritik ausgesetzt gewesen und erscheint andererseits seit 1990 durch die geschichtlichen Ereignisse nachträglich gerechtfertigt. Eine angemessene historische Würdigung auf der Grundlage des heutigen Forschungsstandes muß vor allem berücksichtigen, daß die außenpolitische Abhängigkeit der frühen Bundesrepublik von den westlichen Siegermächten (o. § 43 I u. II.3) Spielraum für abweichende Entscheidungen praktisch nicht gewährte. Daß Adenauer aus eigener Überzeugung ein deutschlandpolitisches Konzept entwickelte, das die Vorstellungen der Westmächte weitgehend akzeptierte und konkretisierte, hat die kausalen Bedingungen dieser Politik verschleiert, aber auch die politische Übereinstimmung zwischen Deutschen und Westalliierten nachhaltig gefördert.

Die wichtigsten Auffassungen der CDU/CSU zur Deutschlandpolitik hatten sich schon bis 1950 fertig herausgebildet: die Bundesrepublik ist „Kernstaat" des fortbestehenden deutschen Gesamtstaates mit dem Auftrag zur Wiedervereinigung und legitimiert, auch für jene in Unfreiheit lebenden Deutschen zu handeln, *„denen mitzuwirken versagt war",* wie die Präambel des Grundgesetzes von 1949 es ausdrückte (o. § 42 I.3); die deutsche Einheit ist durch eine Friedenskonferenz unter Beteiligung einer gesamtdeutschen Regierung wiederherzustellen, die aus international kontrollierten, freien Wahlen zu einem gesamtdeutschen Parlament hervorgegangen ist; bis dahin jedenfalls ist die Oder-Neiße-Linie rechtlich nicht verbindlich; den Deutschen steht es frei, sich in einem vereinigten Europa mit den westeuropäischen Nationen zu verbinden. An diesem Konzept hatten die Initiativen der DDR (o. I) schon deshalb scheitern müssen, weil der in ihm enthaltene *Alleinvertretungsanspruch* Verhandlungen mit der DDR-Regierung prinzipiell ausschloß.

Stets gab es aber zwischen der Bundesrepublik und der DDR auch Meinungsverschiedenheiten über den richtigen Weg zur Wiedervereinigung. Auf zahlreiche Vorschläge der Westmächte und der Bundesrepublik, die alle als ersten Schritt freie Wahlen vorsahen, ging die Sowjetunion nicht ein. Dafür präsentierte Stalin am 10. 3. 1952 eine Deutschlandnote, an die sich später Spekulationen über verpaßte Chancen knüpften. Tatsächlich hatte die Sowjetunion auch damals zunächst die Bildung einer gesamtdeutschen Regierung aus Vertretern der Bundesregierung und der DDR und nachfolgend den Abzug aller Besatzungstruppen verlangt, ehe die Deutschen gemeinsam zur Wahl schreiten durften. Es kann heute nicht mehr zweifelhaft sein, daß selbst dieser diplomatische Vorstoß Stalins den politischen Einfluß der deutschen Kommunisten zu erhalten versuchte, obwohl der taktische Zweck der Initiative wenige Wochen nach der Einigung über den Generalvertrag und die EVG (o. § 43 II.3) auf der Hand lag. Es standen sich aber nicht nur die Alternativen: erst gesamtdeutsche Regierung, dann gesamtdeutsche Wahlen, bzw.: erst gesamtdeutsche Wahlen, dann gesamtdeutsche Regierung, gegenüber. Die Stalinnote und die parallel immer wieder propagierte „atomwaffenfreie Zone" in Mitteleuropa zielten jedenfalls auf eine Neutralisierung Gesamtdeutschlands, wie sie von Adenauer und von den USA strikt ausgeschlossen wurde. *„Neutralisierung heißt Sowjetisierung"* lautete Adenauers eherne Überzeugung, woraus sich notwendigerweise die Konsequenz ergab, aus einer Position der Stärke heraus die Bundesrepublik zu verteidigen und die Sowjetunion zu einer Korrektur ihres politischen Kurses zu zwingen. Erfolge waren dieser Politik nicht beschieden. Mit der 1958 beginnenden Berlin-Krise (u. III) und dem Bau der Berliner Mauer 1961 mußten alle Hoffnungen auf eine Wiedervereinigung vorerst begraben werden.

Dennoch, oder vielleicht gerade wegen der spektakulären Grenzbefestigungen der DDR, blieb diese als politisches Thema ersten Ranges in der Öffentlichkeit präsent. Ein besonderes *„Bundesministerium für gesamtdeutsche Fragen"* sorgte für die Verbreitung von Informationen, ein überparteiliches *„Kuratorium unteilbares Deutschland"* verkörperte institutionell den Anspruch des Gesamtvolkes, wieder in einem politischen Gemeinwesen vereinigt zu werden. Die Präambel des Grundgesetzes, nach welcher „*das gesamte deutsche Volk ... aufgefordert (blieb), in freier Selbstbestimmung die Einheit und Freiheit Deutschlands zu vollenden*", interpretierte das Bundesverfassungsgericht zudem als einen Rechtssatz, nach welchem „*alle politischen Staatsorgane ... die Rechtspflicht (haben), die Einheit Deutschlands mit allen Kräften anzustreben ...*" (BVerfGE 5, 85 v. 17. 8. 1956). Damit war die Frage der Wiedervereinigung durch die Verfassung formell vorentschieden und dem Meinungsstreit der Parteien entzogen.

Diese rechtliche Fixierung einer offenbar unerfüllbaren Forderung erschien zunehmend als eine Belastung der Bundesrepublik, da sie die Wahrnehmung einer Realität, nämlich eines zweiten deutschen Staates, erschwerte. Um ihrem deutschlandpolitischen Konzept internationale Anerkennung zu verschaffen, hatte die Bundesregierung 1955 zunächst die sogenannte „*Hallstein-Doktrin*" entwickelt, die diplomatische Beziehungen von Drittländern mit der DDR für unvereinbar erklärte mit gleichzeitigen diplomatischen Beziehungen zur Bundesrepublik. Dieser Grundsatz war noch im Januar 1963 beim Abbruch der diplomatischen Beziehungen zu Kuba angewendet worden. Er bereitete aber angesichts zunehmender Wirtschaftsbeziehungen der Bundesrepublik zu den Ostblockstaaten und der DDR zu dritten Ländern Schwierigkeiten. 1963 vereinbart die Bundesrepublik die Einrichtung einer Handelsvertretung in Warschau, in demselben Jahr schließt der Senat von West-Berlin mit der Regierung der DDR ein Passierscheinabkommen. Der Staatlichkeit der DDR mußte Tribut gezollt werden.

2. Deutschlandpolitische Pläne der oppositionellen SPD und neutralistischer Kreise

Während Adenauer seine Deutschlandpolitik als Regierungschef entwickelte und damit notwendigerweise in Abstimmung mit den Westmächten, konnten sich in den deutschlandpolitischen Plänen der oppositionellen SPD Alternativen artikulieren, die nach unserem heutigen Erkenntnisstande kaum die Chance gehabt hätten, von den Westmächten akzeptiert zu werden. *Kurt Schumacher* als Parteivorsitzender sah schon vor 1949 Deutschland als demokratischen und sozialistischen Staat neutral zwischen den Großmächten. Nach der unumgänglichen Entscheidung für die westdeutsche Teilstaatsgründung kehrte die SPD allmählich zu diesem Grundgedanken zurück. Allen ihren Erklärungen von 1954 bis zum „*Deutschlandplan*" der SPD von 1959 liegt die Idee eines bündnisfreien Gesamtdeutschland in einem System kollektiver Sicherheit zugrunde. Zugleich hatte sich die Partei mit dem Gedanken einer stufenweisen Integration der beiden deutschen Staaten mit freien Wahlen als Abschluß angefreundet. Daher fiel es ihr auch leichter, den zweiten deutschen Staat als Faktum hinzunehmen und frühzeitig ein politisches Ziel zu formulieren, das später die neue Ostpolitik (u. 4) tragen sollte: „*Wandel durch Annäherung*", wie es *Egon Bahr* erstmals 1963 ausdrückte.

Wohl deshalb, weil sich die SPD als einzige Oppositionspartei von Gewicht den Neutralitätsgedanken selbst zu eigen gemacht hatte, sind Neutralisierungsbestrebungen im übrigen nur in Splittergruppen zu beobachten. Der „*Nauheimer Kreis*" des Historikers *Ulrich Noack* gehört hierher; ebenso die 1952 von dem ehemaligen Innenminister Adenauers und späteren Bundespräsidenten *Gustav Heinemann* gegründete „*Gesamtdeutsche Volkspartei*". Größere politische Resonanz war diesen Gruppierungen nicht beschieden.

3. Beginn einer „Normalisierung" in der Zeit der großen Koalition 1966–1969

Erste Schritte der sich abzeichnenden Kehrtwendung in der Deutschlandpolitik vollzog noch die Regierung der großen Koalition. Sie unterbreitete 1967 Vorschläge für eine Erleichterung der zwischenmenschlichen Beziehungen zwischen Ost und West, worauf es erstmals in der Nachkriegsgeschichte zu einem Briefwechsel zwischen dem westdeutschen und ostdeutschen Regierungschef kam. 1969 gibt die Bundesregierung zu erkennen, daß sie die Hallstein-Doktrin flexibler zu handhaben gedenke. Wenig später beginnen Verhandlungen zwischen Vertretern der beiden deutschen Verkehrs- und Postministerien. Die Deutschlandpolitik Adenauers schien gescheitert. Das weltpolitische Anliegen, Entspannung zwischen Ost und West zu fördern, machte „Normalisierung" zwischen den beiden deutschen Staaten auch zu einem Politikum für die Westmächte. In der Gesellschaft der Bundesrepublik selbst wuchs das Bedürfnis, rechtlich zu ordnen, was nicht mehr zu ändern war. Politischer Realismus also, aber auch Gleichgültigkeit und ein neues intellektuelles Interesse für das sozialistische politische System waren zu beobachten.

4. Die Deutschlandpolitik der sozial-liberalen Koalition und der Grundlagenvertrag von 1972

Aus größer werdender zeitlicher Distanz ist es nicht leicht, die erheblichen Emotionen, Zustimmung wie Ablehnung, zu verstehen, welche die neue Ostpolitik der sozial-liberalen Koalition unter Willy Brandt ausgelöst hat. Gerade diese Politik zu betreiben, waren SPD und FDP die Koalition eingegangen, fiel es doch der CDU/ CSU viel schwerer, sich vom deutschlandpolitischen Erbe Adenauers zu lösen. Die breite Zustimmung, deren sich die Deutschlandpolitik dieser Regierung erfreuen konnte, beruhte sicher auf der Überzeugung, daß politische Korrekturen überfällig geworden waren.

In seiner Regierungserklärung kündigte der neue Bundeskanzler Willy Brandt im Oktober 1969 Verhandlungen zwischen der Bundesrepublik und der DDR auf Regierungsebene an; da indessen *„zwei Staaten in Deutschland existieren"*, könnten ihre Beziehungen nicht völkerrechtlicher, sondern nur *„von besonderer Art"* sein. Ulbricht reagierte schon im Dezember mit der Forderung nach völkerrechtlicher Anerkennung der DDR. Doch begannen die Verhandlungen, nach Treffen zwischen Brandt und dem DDR-Ministerpräsidenten Stoph im Frühjahr 1970, erst ein Jahr später. Und es bedurfte noch der Entmachtung Ulbrichts (o. § 45 IV.2), um zu ersten Ergebnissen zu kommen. Diese lagen im Dezember 1971 und im Mai 1972 in Gestalt von Verkehrsverträgen vor. Im Dezember 1972 konnte auch der *„Vertrag über die Grundlagen der Beziehungen"* zwischen den beiden deutschen Staaten unterzeichnet werden. Mit der Aufnahme der Bundesrepublik und der DDR in die UNO im September 1973 und der Errichtung „ständiger Vertretungen" der beiden Staaten in Ost-Berlin und Bonn im Mai 1974 kam die Entwicklung zu einem gewissen Abschluß.

Mit Recht ist immer wieder darauf hingewiesen worden, daß der Grundlagenvertrag „Formelkompromisse" enthält, die kontroverse Fragen nicht beantworteten, sondern unterschiedliche Interpretationen erlaubten. Die Präambel verschwieg zwar *„unterschiedliche Auffassungen ... zur nationalen Frage"* nicht. Sie wies aber auch auf die *„Souveränität aller Staaten in Europa"* hin, und der Vertragstext selbst sprach die „souveräne Gleichheit" und „normale gutnachbarliche Beziehungen" zwischen der Bundesrepublik und der DDR an – Stoff genug für fortdauernde Meinungsverschiedenheiten. Dennoch führte der Vertragsschluß zu einer Verbesserung des innerdeutschen politischen Klimas. Auch die oppositionelle CDU/CSU muß das ähnlich gesehen haben. Sie lehnte zwar den Grundlagenvertrag im Bundestag ab, blockierte ihn aber im Bundesrat mit der ihr dort zu Gebote stehenden Mehrheit nicht. Ein Antrag Bayerns, das Bundesverfassungsgericht möge das Vertragsgesetz zum Grundlagenvertrag für verfassungswidrig und daher nichtig erklären, hatte keinen Erfolg (BVerfGE 36, 1 v. 31. 7. 1973). Dies aber nur deshalb, weil das Gericht den Vertrag verfassungskonform auslegte. Die Richter nahmen die Gelegenheit wahr, nicht nur das Wiedervereinigungsgebot des Grundgesetzes (o. 1) einzuschärfen, sondern auch mit grundsätzlichen Überlegungen zur Rechtslage Deutschlands die Grenzen der neuen Ostpolitik zu markieren: *„Wir haben von der im Grundgesetz vorausgesetzten, in ihm verankerten Existenz Gesamtdeutschlands mit einem deutschen Gesamt-Staatsvolk und einer gesamtdeutschen Staatsgewalt auszugehen"*, wenngleich die letztere auch handlungsunfähig sei. Staatlichkeit und Staatsgewalt der DDR stellte das Gericht nicht in Frage.

III. Die Berlin-Krise von 1958 bis 1963

Wenn sich die deutsche Frage trotz jahrzehntelanger Teilung des Landes immer wieder in Erinnerung brachte, so hat das ganz wesentlich mit der außergewöhnlichen Lage West-Berlins zu tun. Hier ist bis zum Bau der Mauer auf engstem Raum ein Vergleich der beiden politischen Systeme möglich gewesen. Zugleich diente bis dahin West-Berlin als Tor zur Bundesrepublik. Die Berlin-Krise von 1958 bis 1963 führte jedermann vor Augen, wie labil die politische Lage Deutschlands war. Im November 1958 erhob der sowjetische Staats- und Parteichef Chruschtschow die ultimative Forderung nach Abzug der Westmächte aus Berlin innerhalb von sechs Monaten und Umwandlung West-Berlins in eine entmilitarisierte „freie Stadt". Im Januar 1959 legte die Sowjetunion den Entwurf eines Friedensvertrages vor, der drei deutsche Staaten in einer Konföderation zusammenfassen wollte. Für die Westmächte stand nicht nur ihr Prestige auf dem Spiel. Es bestand die Gefahr, daß die erstarkte sowjetische Nuklearmacht nicht mehr rückgängig zu machende Erfolge erzielen könnte. Die vier alliierten Mächte einigten sich zunächst nur faktisch auf die Erhaltung des Status quo, durch den Mauerbau einerseits und die Respektierung der westalliierten „essentials" durch die Sowjetunion andererseits: militärische Präsenz der Westmächte in West-Berlin, Offenhaltung und notfalls militärische Sicherung der Zugangswege dorthin, freie Selbstbestimmung der West-Berliner und daher wirtschaftliche Bindung West-Berlins an die Bundesrepublik. Dennoch waren die Jahre dieser Krise durch Schikanen und Störaktionen auf den Verbindungsstraßen und in den Luftkorridoren gekennzeichnet. Sie erreichten ihren Höhepunkt im Sommer 1962. Die USA reagierten mit Truppenverstärkungen.

Erst als das Patt der Weltmächte in der zweiten Hälfte der 60er Jahre den Entspannungsgedanken entscheidend förderte und zwischen Ost und West Bemühungen um eine neue Vertragspolitik in Gang kamen, begannen im März 1970 Viermächteverhandlungen über Berlin, die im September 1971 in ein Viermächteabkommen einmündeten; im Juni 1972 folgte ein Transitabkommen zwischen der Bundesrepublik und der DDR. Obwohl auch in diesen Verträgen bewußt mehrdeutige Formulierungen nicht fehlten, begann für die West-Berliner gleichsam eine neue Zeitrechnung. Grobe Willkürakte auf den Verbindungswegen gehörten nun der Vergangenheit an, Passierscheinregelungen für den Besuch des Umlandes erleichterten das Leben in der Stadt. Vor allem aber schien die Präsenz der Westmächte nunmehr auf Dauer rechtlich gesichert und die in der Nachkriegszeit begründete Viermächteverantwortung für ganz Deutschland auch von der Sowjetunion anerkannt.

IV. Die Revolution in der DDR

1. Politische und ökonomische Schwierigkeiten in den achtziger Jahren

Die Frage nach den Gründen für den Zusammenbruch des sozialistischen Staatensystems im Osten Europas wird die Forschung noch lange beschäftigen und muß hier auf sich beruhen. Für die Geschichte der DDR ist von entscheidender Bedeutung geworden, daß sich ihre politische Führung dem Reformprozeß, der unter dem sowjetischen Staats- und Parteichef Gorbatschow seit 1985/86 in Gang gekommen war, beharrlich verweigerte. Da aber gleichzeitig, bedingt durch eine extreme Staatsverschuldung, die ökonomischen Schwierigkeiten zunahmen, ergab sich eine kritische Lage der DDR in den 80er Jahren, die immer deutlichere Bekundungen oppositionellen Denkens auslöste. Bemerkenswert in dieser Spätphase des Sozialismus ist das zunehmende Selbstbewußtsein der auf Veränderungen drängenden Gruppierungen (o. § 45 VIII.4) gewesen, während die herrschende Partei in Erklärungsnotstand geriet. So etwa, als die 1986/87 von SPD und SED geführten Gespräche ein Abschlußpapier hervorbrachten, das in der DDR Rückfragen aus der Bevölkerung nach der Dialogbereitschaft des Parteiregimes provozierte. Im September 1987 vereinigten sich zahlreiche Gruppen zu einem „Friedensmarsch", der endgültig das bis dahin vom Staat verwaltete Thema „Frieden" zu einer Sache selbständiger gesellschaftlicher Kräfte machte. Diese Opposition war schließlich auch nicht mehr bereit, Wahlen im Sinne des Sozialismus als bloße Bestätigungen der behaupteten Einheit von Volk und Klassendiktatur zu akzeptieren.

2. Die Zuspitzung der Krise seit dem Sommer 1989

Nachdem sich für die Kommunalwahlen vom 7. 5. 1989 eindeutig Wahlfälschungen hatten nachweisen lassen, begann sich in Leipzig nach „Friedensgebeten" eine Demonstrationsbewegung zu entwickeln, die Polizei und Staatssicherheitsdienst mit ihren Mitteln vergeblich zu unterdrücken versuchten. Zugleich schwoll die Zahl derjenigen an, die Veränderungen in der DDR nicht mehr erwarteten und ihre Hoffnungen auf eine Übersiedlung in die Bundesrepublik setzten. Auch diese Ausreisewilligen begannen sich zu Demonstrationen zu formieren. Seit August 1989 flüchteten sie zunehmend in die Botschaften der Bundesrepublik in osteuropäischen Ländern. Erstmals erlaubten diese die Ausreise in den Westen ohne Einverständnis der DDR-Regierung. Etwa gleichzeitig hatte Ungarn mit dem Abbau seiner Befestigungen an der österreichischen Grenze begonnen. Eine Kluft tat sich auf zwischen reformwilligen sozialistischen Staaten und solchen, die weiterhin eine harte Abgrenzungsstrategie durchzuhalten versuchten. Als Ungarn am 11. 9. 1989 seine Grenze öffnete und DDR-Bürgern die Ausreise in den Westen erlaubte, spitzte sich die kritische Lage in der DDR rasch zu.

Das Unerhörte der jetzt eingetretenen Situation war jedermann bewußt. Die Vorgänge von Mitte September bis Mitte November, erst recht die weitere Zuspitzung der Ereignisse im Dezember 1989 und im Januar 1990 werden mit dem Begriff der „Wende" verharmlosend umschrieben. Wenn das Wort in seinem allgemeinen Sprachsinn erhalten und nicht nur im Rahmen bestimmter Geschichtsdeutungen verwendet werden soll, dann handelte es sich um eine Revolution, sind die bestehenden Verfassungsverhältnisse doch weitgehend zerstört und durch neue Formen ersetzt worden. Weil diese Revolution von 1989/90 in der deutschen Geschichte ohne Vorbild ist, läßt sich voraussagen, daß sie mit zunehmendem zeitlichen Abstand größere Forschungsenergien auf sich ziehen wird, als bisher geschehen. Nicht nur die westdeutsche Politik (u. V), auch die Wissenschaft ist von den Ereignissen völlig überrascht worden.

3. Bürgerbewegungen und Demonstrationen

Schon in die Zeit um die Öffnung der ungarischen Grenze fällt die Gründung von Bürgerrechtsbewegungen, deren Namen bald in aller Munde waren: *„Neues Forum"* (10. 9.), *„Demokratie jetzt"* (12. 9.), *„Demokratischer Aufbruch"* (14. 9.). An den darauffolgenden Tagen (15./19. 9.) formulierte eine Synode des Evangelischen Kirchenbundes Reformforderungen, die bekannte Themen, wie Reisefreiheit und Demonstrationsfreiheit aufgriffen, aber auch nach einer Vielfalt von Parteien verlangten und damit die Substanz des politischen Systems in Frage stellten. In dieser Zeit beteiligen sich schon Tausende, am 2. 10. etwa 20 000 Menschen, an den sog. „Montagsdemonstrationen" in Leipzig, obwohl Polizei und Staatssicherheitsdienst keineswegs untätig blieben. Am 3. 10. kommt es im Dresdener Hauptbahnhof zu schweren Ausschreitungen und harten Polizeieinsätzen, als bei der Durchfahrt von Zügen mit Botschaftsflüchtlingen aus Prag Tausende versuchen, sich den Ausreisenden anzuschließen. Die Feiern zum 40. Jahrestag der Gründung der DDR am 6. und 7. 10. mit dem Besuch Gorbatschows standen im Schatten dieser Ereignisse. Die abschließenden Volksfeste gaben Gelegenheit zu Demonstrationen in zahlreichen Städten. Einige Mutige gründen eine *Sozialdemokratische Partei* der DDR *(SDP)*.

Als entscheidendes Datum erwies sich dann der 9. 10. An diesem Tag waren zur gewaltsamen Unterdrückung der Leipziger Montagsdemonstration bewaffnete Einheiten alarmiert. Angesichts der vorangegangenen öffentlichen Rechtfertigung des brutalen chinesischen Militäreinsatzes gegen Demonstranten im Juni 1989 durch die Staatsorgane der DDR war mit der Anwendung von Gewalt auch in Leipzig zu rechnen. Dennoch schwoll die Demonstration auf etwa 70 000 Personen an. Bis heute ist nicht völlig klar, warum die Waffen nicht eingesetzt wurden. Irgendwo muß sich die Einsicht durchgesetzt haben, daß dem gewaltlosen Aufbegehren so riesiger Menschenmassen mit repressiven Maßnahmen nicht mehr beizukommen war, zumal die Konsequenzen einer „chinesischen Lösung" niemand zu übersehen vermochte. Den politischen Zielen der Sowjetunion entsprach sie zu dieser Zeit sicher nicht.

4. Die Öffnung der Berliner Mauer und der Zusammenbruch der SED-Herrschaft

Seit dem 9. Oktober begann die Uhr der Geschichte schneller zu laufen. Noch an diesem Tage gab es Kontakte informeller Sprechergruppen mit staatlichen Repräsentanten; in Leipzig wird eine „Gruppe der Sechs" in Dresden eine „Gruppe der

Zwanzig" aktiv. Da die Angst vor Militäreinsätzen weicht, erreicht die Zahl der Demonstranten in Leipzig und anderswo sechsstellige Ziffern. Am 18. 10. tritt Honecker als Parteichef und Staatsratsvorsitzender zurück. Unter seinem Nachfolger *Egon Krenz* beschließt der Ministerrat der DDR die Vorbereitung eines Gesetzentwurfs über Reisen ins Ausland. Als öffentliches Eingeständnis einer verfehlten Politik hat die späte Reformbereitschaft die Demonstrationsbewegung aber nicht beruhigt, sondern eher im Gegenteil motiviert. Die Demonstrationen nahmen ihren Fortgang und erreichten am 4. 11. in Ost-Berlin mit dem Zusammenströmen einer Menschenmasse, die man auf eine halbe bis eine Million geschätzt hat, ihren Höhepunkt. Das zwei Tage später vorgelegte Reisegesetz befriedigte niemand mehr. Einige Tage später, am 8. 11., zerbrach das Weltbild der SED endgültig: Die Tagung des Zentralkomitees begleitete eine Demonstration Tausender unzufriedener SED-Mitglieder. Am Tage darauf beschloß der Ministerrat, die Grenze zu öffnen. Spätestens in diesem Augenblick, als die Ost-Berliner die bis dahin lebensbedrohende Mauer überfluteten, hatte sich der über viele Jahr hinweg zurückgestaute Volkswille durchgesetzt. Es ist kein Zufall, daß nunmehr alsbald, in Leipzig auf der Montagsdemonstration vom 13. 11., die Forderung nach freien Wahlen und Parolen gegen den Führungsanspruch der SED laut wurden.

Hans Modrow, am 12. 11. von der Volkskammer zum neuen Vorsitzenden des Ministerrats gewählt, nahm nunmehr Kontakt zu den Wortführern der oppositionellen Gruppen auf und vereinbarte am 24. 11. die Einberufung eines „*Runden Tisches*" mit je 15 Vertretern der Opposition und der Nationalen Front (o. § 42 III.2) unter dem Vorsitz von Kirchenmännern. Als das Gremium am 7. 12. erstmals zusammentrat, hatte Krenz seine Ämter schon niedergelegt und damit die alte Machtzusammenballung in den Händen des 1. Sekretärs der SED beendet. Das Ziel des „Runden Tisches", die Reform der DDR, stand indessen von Anfang an im Schatten der viel weiter gehenden Forderung nach der Einheit Deutschlands. Auf den Spruchbändern der Demonstranten taucht das Thema schon im November auf. Die Regierenden in West und Ost näherten sich ihm vorsichtig. Nachdem Bundeskanzler Kohl am 28. 11. ein „10-Punkte-Programm zur Überwindung der Teilung Deutschlands und Europas" vorgelegt hatte, lautet das nächste Stichwort nach einem Treffen Kohls mit Modrow am 19./20. 12. „Vertragsgemeinschaft" zwischen den beiden deutschen Staaten. Noch am 14. 1. 1990 erklärte Modrow jedoch, daß „*eine Vereinigung von DDR und BRD nicht auf der Tagesordnung*" stehe. Am 15. 1. kam es in Ost-Berlin zur Erstürmung der Staatssicherheitszentrale; in den folgenden Tagen mußte die SED auf breiter Front ihre alten Machtpositionen räumen. Nunmehr wurden endgültig die Weichen zur parlamentarischen Demokratie in der DDR und zur deutschen Einheit zugleich gestellt. Am 28. 1. vereinbarte Modrow mit dem „Runden Tisch" die Durchführung der Volkskammerwahl am 18. 3., zwei Tage später erörtert er mit Gorbatschow die Vereinigung der beiden deutschen Staaten. Als Ergebnis schlägt Modrow am 1. 2. eine Konföderation vor. Kurz darauf, am 5. 2., treten Mitglieder von Oppositionsgruppen in eine „Regierung der nationalen Verantwortung" ein. Damit hatte auch das alte System der Blockpolitik in der DDR sein Ende gefunden. Zwei Tage später erklärt die Bundesregierung ihre Bereitschaft, in Verhandlungen über eine Währungsunion und über Wirtschaftsreformen einzutreten. Am 10. 2. endlich verspricht Gorbatschow dem westdeutschen Regierungschef, eine Entscheidung der Deutschen für die politische Einheit ihres Landes zu respektieren. Am 21. 2. bekennt sich auch die – gemäß der bisherigen DDR-Verfassung zusammengesetzte – Volkskammer zur Einheit Deutschlands.

5. Demokratisch-rechtsstaatliche Reformen der DDR

Fast in Vergessenheit geraten sind die demokratisch-rechtsstaatlichen Reformen in der DDR, die teils noch von den Vertretern der Blockparteien und „Massenorganisationen" in der alten Volkskammer, teils vom neu gewählten Parlament nach dem 18. 3. durchgeführt wurden. Unter dem Eindruck der anhaltenden Demonstrationen hatte die Volkskammer schon am 18. 11. 1989 beschlossen, ein neues Wahlgesetz auszuarbeiten und eine Kommission zur Revision der Verfassung einzusetzen. Vermutlich deshalb, weil man dabei noch an eine erneuerte sozialistische Verfassung dachte, ist über die Tätigkeit einer solchen Kommission nichts bekanntgeworden. Denn die Volkskammer selbst sah sich veranlaßt, am 1. 12. das Kernstück der DDR-Verfassung von 1968, die Führungsrolle *„der Arbeiterklasse und ihrer marxistisch-leninistischen Partei"* zu streichen. Weitere verfassungsändernde Gesetze der alten Volkskammer betrafen die Gründung von Unternehmen mit privatem ausländischen Kapital (12. 1. 1990), die Aufhebung der Vorschrift über die Nationale Front zwecks Vorbereitung freier Wahlen (20. 2.), die Gewährleistung der Unabhängigkeit der Gewerkschaften (6. 3.). Ein Wahlgesetz (20. 2.), ein Parteiengesetz (21. 2.) und ein Kommunalwahlgesetz (6. 3.) schufen Rechtsgrundlagen für den Übergang zu einer freien, pluralistischen Parteiendemokratie. Eine Reihe weiterer Rechtssetzungsakte diente der Gewährleistung von Freiheiten, die sich das Volk in den vorangegangenen Monaten bereits erkämpft hatte. Ein Reisegesetz wurde erlassen (11. 1. 1990), ebenso Gesetze über Vereinigungen (21. 2.) und Versammlungen (7. 3.). Ein Volkskammerbeschluß über Meinungs-, Informations- und Medienfreiheit (5. 2.) sollte die einschlägigen Vorschriften der Verfassung, die nur der Erhaltung des sozialistischen Systems gedient hatten, in der Gesellschaft durchsetzen. Mit der Einführung der Gewerbefreiheit (6. 3.) und einer Handwerksordnung (22. 2.) wurden auch erste Schritte zu einer freien Wirtschaftsordnung getan.

6. Die Deutschlandpolitik der DDR nach der Volkskammerwahl vom 18. 3. 1990

Die Volkskammerwahl vom 18. 3. 1990 ergab, bei einer Wahlbeteiligung von 93 %, einen eindeutigen Sieg der CDU und eine so überwältigende Mehrheit für jene Parteien, die eine möglichst rasche Vereinigung der beiden deutschen Staaten anstrebten, daß in der neuen Volkskammer bald Beschlüsse gefaßt wurden, die den Abschied von der DDR einleiteten. Aufgehoben wurde nunmehr die Präambel der Verfassung, in welcher vom Weg zum Sozialismus und Kommunismus die Rede gewesen war (5. 4.). Am 31. 5. ordnete die Volkskammer die Entfernung des Staatswappens der DDR von öffentlichen Gebäuden an. Am 17. 6. schließlich erließ das Parlament *„für eine Übergangszeit"* neue *„Verfassungsgrundsätze"*. Sie orientierten sich an den Staatsstrukturprinzipien des Grundgesetzes und heben einerseits den Schutz des Privateigentums, der wirtschaftlichen Handlungsfreiheit und der Tarifvertragsfreiheit, andererseits den Schutz von Umwelt und Arbeit hervor; erstmals wird wieder die Unabhängigkeit der Rechtsprechung garantiert. Auch die Wiedererrichtung der Länder Brandenburg, Mecklenburg-Vorpommern, Sachsen, Sachsen-Anhalt und Thüringen beruhte noch auf einem Gesetzgebungsakt der Volkskammer (22. 7.). Im übrigen war dieses Parlament nach ersten vertraglichen Abmachungen mit der Bundesrepublik (u. V.1) vor allem damit befaßt, gesetzliche

Regelungen der DDR an die zu erwartende neue Verfassungslage anzupassen und Gesetze der Bundesrepublik zu übernehmen.

Die revolutionären Veränderungen in der DDR vollzogen sich in einem kontinuierlichen Prozeß auf der Grundlage des vorgegebenen Rechtszustandes aus sozialistischer Zeit. *"Den Revolutionären in der DDR war gerade wichtig, die alte Verfassung legal in eine neue zu überführen, Schritt um Schritt, Änderung um Änderung"* (*B. Schlink*). Als revolutionär ist der Vorgang dennoch zu bezeichnen, weil ein derartiger Umbau der Verfassung nach den Prinzipien des Marxismus-Leninismus, die für diese Verfassung maßgebend waren, ausgeschlossen war. Darum kümmerten sich die Akteure nicht. Aber sie wollten soweit wie möglich die Legalität wahren, weil sie – ganz im Sinne modernen rechtsstaatlichen Denkens – nur so die Legitimität gesichert sahen.

7. Die Bedeutung der „Runden Tische"

Die eindeutigsten Manifestationen der revolutionären Gewalt, der zentrale „Runde Tisch" in Berlin (o. 4) und die zahlreichen „Runden Tische" in der Provinz, haben dauerhafte Institutionen nicht herausgebildet. In den langen Wochen der Massendemonstrationen erfüllten sie eine wichtige Funktion als Kontakt- und Gesprächsgremien zwischen Repräsentanten des Staates und jenen, die den politischen Willen der Demonstranten zu artikulieren vermochten, in der Regel Vertreter der schon bestehenden oppositionellen Gruppen. Noch die alte Volkskammer hat diese revolutionär entstandenen Verfassungselemente insofern legalisiert, als sie den örtlichen Volksvertretungen am 29. 1. 1990 gestattete, Vertreter aller Gruppierungen der „Runden Tische" zu kooptieren, und am 1. 3. sogar eine Verordnung über die Tätigkeit von *„Bürgerkomitees und Bürgerinitiativen"* mit bestimmten Rechten derselben erließ. Das auffallendste Ergebnis aber auf dieser Ebene des Geschehens, der Verfassungsentwurf des Runden Tisches, hat bleibende Bedeutung nicht erlangt. Die schon in der ersten Sitzung am 7. 12. 1989 eingesetzte Arbeitsgruppe trat bis zum 12. 3. 1990 insgesamt 16mal zusammen. Das Gewicht der oppositionellen Gruppen in diesem Kreise wurde unterstützt durch westdeutsche Staatsrechtler, deren politischer Standort überwiegend links der Mitte zu suchen ist. Die Oppositionsgruppen selbst aber erlebten in der Volkskammerwahl vom 18. 3. ein Fiasko. Nachdem die Diktatur der Partei beseitigt war, wies das Wählervolk den einstigen Aktivisten eine politische Randexistenz zu und vertraute sich den aus der Bundesrepublik bekannten Parteien an. Somit wurde offenkundig, daß die Arbeitsgruppe „Neue Verfassung der DDR" nicht den Anspruch erheben konnte, den Volkswillen zu repräsentieren. Vielleicht deshalb hat es die neu gewählte Volkskammer am 26. 4. mit knapper Mehrheit abgelehnt, den Entwurf auch nur zu beraten. So hat der Entwurf in der Öffentlichkeit wie in der Wissenschaft nur vorübergehend Beachtung gefunden.

8. Die Verfassungsbewegung in den Ländern

Am Ende erfolgreicher ist die Verfassungsbewegung in den Ländern der DDR gewesen. Politisches Leben auf Landesebene begann sich schon zu Beginn des Jahres 1990 zu regen, der Zentralismus der DDR hatte das Landesbewußtsein nicht ersticken können. Eine Reihe von Verfassungsentwürfen sind noch vor der Wiedervereinigung entstanden und diskutiert worden. Neben einer entschieden freiheitlichen und rechtsstaatlichen Orientierung berücksichtigen die Texte gerne soziale

Teilhaberechte. Besondere Bedeutung haben die Redaktoren auch Staatszielbestimmungen, wie Umwelt, Arbeit und Kultur, beigemessen. Diese Akzente lassen sich bestimmten politischen Richtungen nicht ohne weiteres zuordnen. Sie spiegeln politische Tendenzen wider, die zweifellos auch für Gesamtdeutschland an Bedeutung gewonnen haben. Zum Abschluß gekommen ist die Verfassungsgesetzgebung in den neuen Bundesländern erst im Jahre 1991.

V. Die Wiedervereinigung

1. Die Wirtschafts- und Währungsunion

Der Zeitdruck, unter den die Verfassungspolitik der Wiedervereinigung zunehmend geriet, hatte einen doppelten Grund. Mit der Öffnung der Grenze setzte ein Strom von Übersiedlern aus der DDR ein, dessen demographische und ökonomische Folgen unabsehbar waren. Das Mißtrauen, es könnten die alten politischen Verhältnisse der DDR nicht zuletzt wegen der unkalkulierbaren Entwicklungen in der Sowjetunion wiederkehren, schien auch keineswegs abwegig. Ein zweites Motiv für die Beschleunigung der Einigungspolitik im Osten und Westen Deutschlands bildeten daher außenpolitische Erwägungen.

Die erste aus freien Wahlen hervorgegangene Regierung der DDR unter Ministerpräsident *Lothar de Maizie re* trat alsbald in Verhandlungen mit der Bundesrepublik ein, die schon am 18. 5. 1990 zum Abschluß eines *„Vertrages über die Schaffung einer Währungs-, Wirtschafts- und Sozialunion"* führten. Dieses Abkommen, ein völkerrechtlicher Vertrag, enthielt erstmals die Absichtserklärung beider Seiten, die Einheit Deutschlands wiederherzustellen. Er proklamierte – insofern über das Grundgesetz hinausgehend – die soziale Marktwirtschaft zur gemeinsamen Wirtschaftsordnung beider Vertragsparteien. Vom 1. 7. an galt die Deutsche Mark als Währung auch der DDR. Daß gerade auf diese Weise der erste Schritt zur deutschen Einheit getan wurde, hat im Westen Deutschlands manchen kritischen Kommentar ausgelöst. Für die Bürger der DDR ging es indessen um die Beseitigung einer über Jahrzehnte hinweg als Diskriminierung erfahrenen Ungleichheit.

2. Der Zwei-Plus-Vier-Vertrag und der Einigungsvertrag zwischen den beiden deutschen Staaten

Ohne Beteiligung der vier Siegermächte des Zweiten Weltkrieges ließ sich die Rechtslage in Deutschland allerdings nicht verändern. Dem trugen alle Beteiligten in den sogenannten *„Zwei-plus-vier-Verhandlungen"* Rechnung, die am 12. 9. 1990 zum *„Vertrag über die abschließende Regelung in bezug auf Deutschland"* führten. Die vier Mächte erklären darin ausdrücklich ihre *„Rechte und Verantwortlichkeiten in bezug auf Berlin und Deutschland als Ganzes"* für beendet. Zugleich bestätigen sie die Souveränität des vereinten Deutschland. Voraussetzung für diesen Schritt ist die zweifelsfreie Anerkennung der nunmehrigen Grenzen und damit der Oder-Neiße-Linie gewesen. Schon am 21. 6. hatten dazu der Bundestag und die Volkskammer gleichlautende Erklärungen abgegeben. Der Vertrag selbst greift das Thema in seinem ersten Artikel in mehreren nachdrücklichen Formulierungen auf. Insbesondere verpflichteten sich die deutschen Partner auch, nunmehr alle Hinweise auf die Wiedervereinigung im Grundgesetz zu streichen. Die schwierige, vollständig nicht sofort lösbare Aufgabe, die Rechtseinheit wiederherzustellen, versuchte der *Einigungsvertrag* zwischen den beiden deutschen Staaten vom 31. 8. zu lösen. In seinen wichtigsten Bestimmungen sah er den Beitritt der DDR zur Bundesrepublik gem. Art. 23 GG mit Wirkung vom 3. 10. vor und zugleich das Inkrafttreten des Grundgesetzes im Beitrittsgebiet. Die Beitrittserklärung war von der Volkskammer schon am 23. 8. abgegeben worden.

3. Rechtsprobleme des Beitritts der DDR zur Bundesrepublik

Die Wiederherstellung der deutschen Einheit durch Beitritt gem. Art. 23 GG hatte zwar das Bundesverfassungsgericht in seiner Entscheidung zum Grundlagenvertrag (BVerfGE 36, 1 v. 31. 7. 1973; o. II.4) als einen möglichen Weg erwogen und gebilligt. Die Väter des Grundgesetzes allerdings waren der Meinung gewesen, das ganze deutsche Volk würde, wenn dazu in der Lage, *„in freier Entscheidung"* eine neue Verfassung in Kraft setzen. An dieser Regelung des Art. 146 GG zeigten sich aber nur wenige interessiert, als der geschichtliche Augenblick gekommen war: die Westdeutschen nicht, weil sie mit dem Grundgesetz gute Erfahrungen gemacht hatten und die bewährte Verfassungsordnung nicht aufs Spiel setzen wollten, die Ostdeutschen nicht, weil ihnen in erster Linie an der Vereinigung mit der bestehenden Bundesrepublik, nicht an der Schaffung eines ganz neuen Staates, gelegen war. Hinzu kam die Befürchtung, die unvermeidliche Dauer von Verfassungsberatungen könnte die Chance, die Teilung Deutschlands zu überwinden, wieder zunichte machen. So blieb die Zahl derjenigen begrenzt, die jetzt die Ausarbeitung einer neuen Verfassung und ihre Bestätigung in einer Volksabstimmung forderten.

Das Bewußtsein aber, etwas zu unterlassen, was das demokratische Prinzip eigentlich forderte, führte zu einer merkwürdigen Konsequenz. Es fand sich im Bundestag keine verfassungsändernde Mehrheit für den Vorschlag, nach der Wiedervereinigung und der Streichung des Wiedervereinigungsgebotes in der Praambel auch Art. 146 GG aufzuheben. Vielmehr konservierte der Einigungsvertrag die Norm ausdrücklich auch für die Zukunft, indem der Tatbestand nunmehr die *„Vollendung der Einheit und Freiheit Deutschlands"* als geschehenes Faktum feststellte. Seiner ursprünglichen Funktion beraubt, verkündet der Verfassungsartikel seitdem das Ende des Grundgesetzes für den Fall, daß das deutsche Volk irgendwann eine neue Verfassung in Kraft setzt. Mit der Ewigkeitsklausel des Art. 79 Abs. 3 GG, die gewisse schwerwiegende Verfassungsänderungen überhaupt ausschließt (o. § 42 II.3), verträgt sich das nicht. Etwa ein halbes Dutzend verschiedene Interpretationen des Art. 146 GG, die von der Behauptung der Nichtigkeit dieser Bestimmung bis zur Annahme eines Auftrages zur Verfassungsgebung reichen, sind seitdem im staatsrechtlichen Schrifttum auszumachen. Diese Rechtsunsicherheit mag man bedauern. Sie ist aber das getreue Spiegelbild des verfassungspolitischen Denkens in der Bundesrepublik. Seine berufenen Vertreter wollen teils vorhandene Verfassungsstrukturen bewahren und neuen Entwicklungen vorsichtig anpassen, teils melden sie gesellschaftspolitischen Reformbedarf an, weil sie auf die Vision einer besseren Zukunft nicht verzichten möchten.

Die schwierigen rechtspolitischen Fragen, welche die Wiedervereinigung mit sich gebracht hat, Gesetzgebung und Rechtsprechung in diesem Zusammenhang und die Diskussion um Ergänzungen des Grundgesetzes, etwa durch Staatszielbestimmungen und plebiszitäre Elemente, sind nicht mehr Gegenstand dieser Darstellung. Die Physiognomie des Zeitalters, das 1990 begonnen hat, ist noch kaum zu erkennen.

Anhang

1. Zeittafel

Verfassungsgeschichte	Politische Ereignisse	Herrscher/Regierungen
Gesetzgebung durch Aufzeichnung von „Volksrechten": – 510 Lex Salica – 630 Edictum Rothari – 643 Lex Alemannorum – 710 Lex Baiuvariorum – 741–44 Lex Bezienlong – 788 Lex Baiuvariorum Carolina, Lex Alemannorum Carolina – 802/3 Lex Saxonum, Lex Thuringorum – 800 Kaiserkrönung Karls d. Gr.	498 Taufe Chlodwigs, Übernahme des Christentums durch die Franken um 700 Nachweis des Wortes „theodisca" als Bezeichnung der Sprache der Germanen	482–714 Merowinger: insb. 482–511 Chlodwig, rex francorum 714–911 Karolinger: 714–741 Karl Martell 751/52–768 Pippin I. 768–814 Karl I. der Große 814–840 Ludwig der Fromme 840–876 Ludwig der Deutsche 876–887 Karl der Dicke 887–899 Arnulf 908–911 Ludwig das Kind
Erteilung von Immunitätsprivilegien seit Ludwig dem Frommen und Otto: Enge Bindung der Hochkirche im Reich an den König durch Verleihung der Reichsbistümer und -abteien (Übergabe von Ring und Stab) 962 Kaiserkrönung Ottos I.	843 Vertrag von Verdun: Teilung des Reiches unter die Brüder Kaiser Lothar I., Ludwig den Deutschen und Karl den Kahlen	911–918 Konrad I. 919–1024 Könige und Kaiser aus sächsischem Hause: 919–936 Heinrich I. 936–973 Otto I. 973–983 Otto II.
um 1000: Beginn der Gottesfriedenbewegung 1037 Constitutio de feudis	Beginn der Reformbewegung *libertas ecclesiae* gegen den Einfluß von Laien in der Kirche ausgehend von Cluny unter Abt Odilo (994–1048) 1075 Investiturstreit 1077 Gang Heinrichs IV. nach Canossa	983–1002 Otto III. 1002–1024 Heinrich II. 1024–1125 Kaiser aus salischem Hause: 1024–1039 Konrad II. 1039–1056 Heinrich III. 1056–1106 Heinrich IV.

1. Zeittafel

Verfassungsgeschichte	Politische Ereignisse	Herrscher/Regierungen
ab 1100 Libri feudorum: Langobardisches Lehensrecht, das als Reichslehensrecht Anerkennung findet 1103 1. Reichslandfriede 1112 *coniuratio* in Köln; Beginn der Stadtgründungen. 1122 Wormser Konkordat: Kanonische Wahl der Bischöfe; der Kaiser überträgt ihnen die Regalien (königliche Herrschaftsrechte). Beginn der „Feudalisierung" der Reichskirche; Grundlage für die im okzidentalen Europa allmählich beginnende Trennung von Kirche und Staat.	1096–99 1. Kreuzzug, Aufruf durch Papst Urban II.	1106–1125 Heinrich V. 1125–1137 Lothar III.
1140 Decretum Gratiani: Umfassende Sammlung kirchlichen Rechts. 1158 Reichstag von Roncaglia: Feststellung der königlichen Rechte (Regalien), Lex Omnis (Herleitung aller Gerichtsbarkeit vom Kaiser). Reichslandfriede des Kaisers Barbarossa	1147–49 2. Kreuzzug, Aufruf durch Papst Eugen III.	Kaiser und Könige aus dem Hause der Staufer: 1138–1152 Konrad III. 1152–1190 Friedrich I. Barbarossa
1159 Johannes von Salisbury: „*Polycraticus*"; erste Reflexionen über den *princeps* des römischen Rechts. Beginn der Rezeption römischen Rechts durch die Glossatoren in Bologna: 1150–1230 Azo 1185–1263 Accursius	1168 Schaffung eines ostfränkischen Herzogtums für den Bischof von Würzburg 1180 Errichtung des Herzogtums Westphalen 1180 Sturz Heinrichs des Löwen	
1186 Constitutio contra incendiarios: Fehden werden ansagepflichtig. Um 1200: Mühlhäuser Reichsrechtsbuch: Frühestes deutschsprachiges Rechtsbuch	1189–92 3. Kreuzzug (Friedrich Barbarossa, Richard Löwenherz)	1190–1197 Heinrich VI. 1198–1208 Philipp von Schwaben 1198–1215 Otto IV. aus dem Hause der Welfen

Verfassungsgeschichte	Politische Ereignisse	Herrscher/Regierungen
Fürstenprivilegien als Ausfluß neuen, eigentumsrechtlich begründeten Herrschaftsdenkens: 1220 *Confoederatio cum principibus ecclesiasticis* 1232 *Statutum in favorem principum*		1212–1250 Friedrich II. 1250–1254 Konrad IV.
zwischen 1224 und 1235: Sachsenspiegel des Eike von Repgow. Das Rechtsbuch findet im 14. und 15. Jahrhundert weite Verbreitung in Ostmitteleuropa.	1228 Kreuzzug Friedrichs II. 1235 Errichtung des Herzogtums Braunschweig	
1226 Privileg Friedrichs II. für den Deutschen Orden in Preußen.		
1231 Konstitutionen von Melfi für das Königreich Sizilien		
1235 Mainzer Reichslandfriede		
1254 Rheinischer Bund der mittelrheinischen Handelsstädte		1254–1273 Deutsche Könige in der Zeit des sog. Interregnum: 1247–1256 Wilhelm von Holland 1257–1272 Richard von Cornwall 1257–1284 Alfons X. von Kastilien
um 1260 Thomas von Aquin: „De regimine principum"; Rezeption der „Politik" des Aristoteles; Einfluß auf das spätere Staatsdenken, z. B. Lupold von Bebenburg im 14. Jhd. 1273 Erstmaliges Zusammentreten der 7 Kurfürsten 1275 „Kaiserliches" Landsrechtsbuch, sog. *Schwabenspiegel*, in Süddeutschland verbreitet.	1268 Tod Konradins. Untergang der staufischen Dynastie	Könige und Kaiser aus verschiedenen Häusern: 1273–1291 Rudolf I. von Habsburg 1292–1298 Adolf von Nassau 1298–1308 Albrecht I. von Habsburg 1308–1313 Heinrich VII. aus dem Hause Luxemburg
Seit der 2. Hälfte des 13. Jh.: regionale Landfrieden. 1281 Erneuerung des Mainzer Reichslandfriedens durch Rudolf I.		
1291 Erster Bund der allmählich entstehenden „Schweizerischen" Eidgenossenschaft	1292 Landgrafschaft Hessen	1314–1347 Ludwig IV. der Bayer aus dem Hause Wittelsbach

1. Zeittafel

Verfassungsgeschichte	Politische Ereignisse	Herrscher/Regierungen
Weiterentwicklung des oberitalienischen Jurisprudenz durch Kommentierung des römischen Rechts, sog. Postglossatoren: 1314–1357 Bartolus de Sassoferrato 1327–1400 Baldus de Ubaldis	1336 Herzogtum Jülich	1346–1378 Karl IV. aus dem Hause Luxemburg
Ansätze kaiserlicher Gesetzgebung in ihren unmittelbaren Herrschaftsgebieten: 1346 Oberbayerisches Landrecht von Ludwig IV. 1355 Versuche eines Landrechtsgesetzes für Böhmen von Karl IV.	1348 Erste Gründung einer Universität im Reich nördlich der Alpen in Prag 1348 Herzogtum Mecklenburg 1386 Gründung der Universität Heidelberg, 1388 Köln, 1389 Erfurt, 1409 Leipzig, 1419 Rostock. 1414–1418: Konzil von Konstanz	1378–1400 Wenzel aus dem Hause Luxemburg 1400–1410 Rupprecht aus dem Hause Wittelsbach 1410–1437 Sigismund aus dem Hause Luxemburg
1356 Goldene Bulle		
William von Ockham (1285–1347/50) und Marsilius von Padua (1280–1342/43): Vertreter säkularer Staatstheorien	1431–1449: Konzil von Basel	Könige und Kaiser aus dem Hause Habsburg:
1427 Erste Reichskriegssteuerordnung: Eine direkte Eintreibung unter Umgehung der Landesherren scheitert.	1448 Wiener Konkordat	1438–1439 Albrecht II. 1440–1493 Friedrich III.
Mitte 15. Jh.: Erlöschen des königlichen Hofgerichts; das seit 1415 erwähnte königliche Kammergericht mit gelehrten Räten setzt sich durch.	1454 Eroberung Konstantinopels durch die Türken	
Beginn kontinuierlicher Landesgesetzgebung mit Policey- und Landesordnungen.	1455 Gründung der Universität Freiburg, 1459 Ingolstadt, 1465 Greifswald, 1477 Tübingen.	
1472 Neue Reichskriegssteuerordnung: Eintreibung der Steuer zur Finanzierung der Türkenabwehr durch die Landesherren für den Kaiser.		
Rechtsbesserung durch „Reformationen": 1479 Nürnberger (Stadtrechts-)Reformation 1498 Wormser (Stadtrechts-)Reformation		

Verfassungsgeschichte	Politische Ereignisse	Herrscher/Regierungen
1488 Schwäbischer Bund 1495 Wormser Reichstag: – Ewiger Landfriede – Errichtung des Reichskammergerichts – Exekutionsordnung („Handhabung Friedens und Rechts") – Ordnung über die Erhebung eines *gemeinen Pfennigs* zur Finanzierung des Reichskammergerichts und der Friedenssicherung 1495 Erlaß einer württembergischen Landesordnung 1498 Reorganisation des kaiserlichen (Reichs-)Hofrats 1512 Reform des Notariatswesens 1. Hälfte des 16. Jh.: Zusammenschlüsse der Reichsritterschaft 1513 Macchiavelli: „Il principe"	1495 Herzogtum Württemberg 1499 Schweizer Krieg; Die Eidgenossenschaft wehrt sich erfolgreich gegen die Jurisdiktion des Reichskammergerichts.	1493–1519 Maximilian I.
Weitere Stadtrechts- und Landrechtsreformationen: 1509 Frankfurter Reformation 1518 Bayerische Landrechtsreformation 1520 Freiburger Stadtrecht 1521 Wormser Reichsmatrikel: Feststellung der reichssteuerpflichtigen und damit reichsunmittelbaren Territorien 1525 Dessauer Bund gegen die „lutherische Secte" 1530 Reichstag zu Augsburg: Ablehnung der *Confessio Augustana* durch die Katholiken; 1530 Reichspoliceyordnung 1531 Schmalkaldischer Bund evangelischer Fürsten und Reichsstädte	Reformation: 1517 Martin Luthers (1483–1546) Thesen gegen den Mißbrauch des Ablasses 1521 Reichstag von Worms: Verhängung der Reichsacht über Luther 1526 Reichstag von Speyer: Aufhebung des Wormser Edikts 1524–25 Bauernkrieg	1519–1556 Karl V.

Verfassungsgeschichte	Politische Ereignisse	Herrscher/Regierungen
1532 Constitutio Criminalis Carolina (Peinliche Halsgerichtsordnung) 1532 Nürnberger Anstand: befristeter Religionsfriede		
	1545–1563: Konzil von Trient 1547 Schmalkaldischer Krieg: Sieg des Kaisers 1547/48 Scheitern des kaiserlichen Reichsbundprojekts	
1548 Augsburger Interim: der Kaiser gestattet Priesterehe und Laienkelch; Ablehnung durch beide Konfessionen. 1552 Passauer Vertrag: Aufhebung des Interims, Religionsfrieden bis zum nächsten Reichstag		
	2. Hälfte des 16. Jh.: Fortdauer der Säkularisierungen durch lutherische Fürsten, v. a. der norddeutschen Bistümer.	
1555 Verabschiedung des Augsburger Religionsfriedens auf dem Augsburger Reichstag: – Erstreckung des Landfriedensrechts auf die Religion – Emigrationsrecht der Untertanen, welche sich der Konfession des Landesherren nicht anschließen 1555 Württembergisches Landrecht		1556–1564 Ferdinand I.
1572 Kursächsische Konstitutionen 1576 Bodin: „Les six livres de la R³publique"		1564–1576 Maximilian II.
1577 Reichspoliceyordnung Um 1600: Entstehung der Juristischen Disziplin des ius publicum		1598–1657 Maximilian I, Herzog von Baiern, Kurfürst seit 1623
	1600 „Vierklosterstreit" um Säkularisationen	
1603 Althusius: „Politica methodice digesta"		

Verfassungsgeschichte	Politische Ereignisse	Herrscher/Regierungen
1616 Arumaeus: „Discursus academici de iure publico"; 1616 Reinkingk: „Tractatus de regimine saeculari et ecclesiastico S. imperii Romano-Germanici";	1608 Regensburger Reichstag geht ohne „Abschied" auseinander. 1608 Gründung der protestantischen „Union" 1609 Gründung der katholischen „Liga"	1576–1612 Rudolf II. 1612–1619 Matthias
1625 Grotius: „De iure belli ac pacis libri tres"	1618–1648: 30-jähriger Krieg 1618/19 *Böhmische Rebellion* – Fenstersturz zu Prag, Absetzung des Habsburgers Ferdinand als böhmischer König; Wahl des calvinistischen Kurfürsten von der Pfalz zum König von Böhmen, der von kaiserlichen Truppen vertrieben wird. 1625–1629 *Dänisch-niederländischer Krieg* 1626/27 Siege der kaiserlichen Truppen unter Tilly und Wallenstein	1610–1623 Friedrich V. Kurfürst von der Pfalz, König von Böhmen 1619/20 1619–1637 Ferdinand II.
1629 Limnaeus: „De iure publico imperii Romano-Germanici". 1629 Erlaß des Restitutionsedikts: Auslegung des Augsburger Religionsfriedens im katholischen Sinne, d. h. Rekatholisierung der seit dem Passauer Vertrag von 1552 in Besitz genommenen Kirchengüter 1635 Frieden zu Prag: Aufhebung des Restitutionsediktes 1637 Erlaß der Reichshofratsordnung als Ausfluß des Friedens von Prag	1630–1635 *Schwedischer Krieg*, Siege und Tod (1632) König Gustav Adolfs von Schweden 1632 Heilbronner Bund unter schwedischer Führung 1635 Niederlage der Schweden 1635–1648 *Schwedisch-französischer Krieg*	1637–1657 Ferdinand III.

Verfassungsgeschichte	Politische Ereignisse	Herrscher/Regierungen
1648 Westfälischer Friede: 1.) Kaiserlich-französischer Friedensvertrag 2.) Kaiserlich-schwedischer Friedensvertrag – Friedensverträge sollen als ewige Reichsgesetze gelten. – Bestätigung des Passauer Vertrages und des Augsburger Religionsfriedens; Einbeziehung der Calvinisten – Auslegung des Augsburger Religionsfriedens nach den Grundsätzen der Parität der Konfessionen – Zuweisung kirchlicher Ämter und Güter anhand des Standes von 1624 – Recht des „ius reformandi" auch für Reichsritter und Reichsstädte – Paritätische Besetzung der beiden höchsten Reichsgerichte – Auswanderungsrecht der Untertanen ohne Zwang zum Verkauf der Güter – Lösung künftiger Religionskonflikte im Rahmen des Reichstages durch Verhandlungen der Religionsparteien (*Itio in partes*) – Anerkennung der Territorialherrschaft der Reichsstände – Bündnisrecht der Reichsstände ausgenommen gegen Kaiser und Reich – Anerkennung sowohl der bayerischen als auch wie der pfalzgräflichen Kurfürstenwürde (Acht Kurfürsten) 1651 Hobbes: „Leviathan" 1658 Rheinbund als Bündnis der Fürsten gegen den Kaiser, um ihn zu zwingen, eine rein deutsche Politik zu betreiben. Seit 1663: Immerwährender Reichstag in Regensburg 1668 Ablehnung einer Verlängerung des Rheinbundes angesichts der Bedrohung durch den französischen König Ludwig XIV.	1648 Westfälischer Friede Die Unabhängigkeit der Eidgenossenschaft und der Niederlande wird anerkannt.	1640–1688 Friedrich Wilhelm von Brandenburg-Preußen, der „Große Kurfürst" 1658–1705 Leopold I.

Verfassungsgeschichte	Politische Ereignisse	Herrscher/Regierungen
1681 Reichsverteidigungsordnung	1679–1684 Französische Reunionspolitik; gerichtet auf Erwerb westlicher Reichsterritorien 1683–1699 Türkenkrieg 1683 Abwehr der Türken vor Wien und Ausdehnung des Habsburgischen Machtkreises auf Ungarn, Siebenbürgen, große Teile Slawoniens und Kroatiens	1688–1713 Friedrich III., Kurfürst von Brandenburg-Preußen, seit 1701 König in Preußen 1694–1733 Friedrich August I., der Starke, Kurfürst von Sachsen, seit 1697 als August II. König von Polen
1688 Erneuerung der Reichskreise durch die Assoziationen der westlich gelegenen Mittel- und Kleinstaaten zur Verteidigung gegen Frankreich	1688–1697 Pfälzer Erbfolgekrieg mit Ludwig XIV. von Frankreich	
1690 Locke: „Two treatises on government"		
1692 Schaffung einer neunten Kurwürde für das Haus Braunschweig-Lüneburg-Hannover		1698–1727 Georg I. Ludwig, Kurfürst von Hannover, seit 1710 König von Großbritannien
	1701–1714: Spanischer Erbfolgekrieg	
		1705–1711 Joseph I. 1711–1740 Karl VI.
1708 Wiederzulassung Böhmens zum Kurfürstenkolleg		
1713 „Pragmatische Sanktion" Karls VI.: Anordnung der „unzertrennlichen Vereinigung" der habsburgischen Länder, der Primogenitur im Mannesstamm, sowie die subsidiäre Nachfolge der Erbtochter.		1713–1740 Friedrich Wilhelm I., König von Preußen, Kurfürst von Brandenburg
	1716–1718 Türkenkrieg	
1731 Reichshandwerksordnung		1733–1763 Friedrich August II., Kurfürst von Sachsen, als August III. König von Polen 1740–1786 Friedrich II., der Große, König von Preußen, Kurfürst
1737 Reichsmünzordnung	1740–1748 Österreichischer Erbfolgekrieg wegen des Aussterbens der Habsburger im Mannesstamm	

1. Zeittafel

Verfassungsgeschichte	Politische Ereignisse	Herrscher/Regierungen
1748 Montesquieu: „De l'Esprit des Loix"	1740–1742 1. Schlesischer Krieg 1744–1745 2. Schlesischer Krieg 1749 Abschaffung der Folter in Preußen 1756–1763 Siebenjähriger Krieg Preußens gegen Österreich, das Reich, Rußland, Frankreich und Schweden, England unterstützt Preußen	1740–1780 Maria Theresia 1742–1745 Karl VII. 1745–1765 Franz I. 1746–1812 Markgraf Karl Friedrich von Baden
1756 Codex Maximilianeus Bavaricus Civilis von A. Kreittmayr (1705–1790) 1781 Toleranzpatent Josephs II.		Karl-Theodor, seit 1749 Kurfürst von der Pfalz, 1777–1799 v. Pfalz-Baiern (nach Aussterben der bayerischen Wittelsbacher)
1781 Aufhebung der Leibeigenschaft in Böhmen und Mähren durch Joseph II. 1783 Aufhebung der Leibeigenschaft in Baden durch Markgraf Karl Friedrich.		1765–1790 Joseph II.
	1785 Deutscher Fürstenbund gegen die Politik Josephs II.	1786–1797 Friedrich Wilhelm II., König von Preußen 1790–1792 Leopold II. 1792–1835 Franz II, bis 1806 römischer, bis 1835 Kaiser von Österreich
	1789 Französische Revolution Erklärung der Menschenrechte 1792–1797 Erster Koalitionskrieg gegen Frankreich	
1794 Allgemeines Landrecht für die preußischen Staaten (ALR)	1795 Sonderfrieden Preußens mit Frankreich in Basel 1797 Sonderfrieden Österreichs mit Frankreich in Campo Formio 1799–1802 Zweiter Koalitionskrieg	1797–1840 Friedrich Wilhelm III. König von Preußen 1799–1825 Maximilian I. Joseph, Kurfürst von Pfalz-Bayern, König seit 1806

Verfassungsgeschichte	Politische Ereignisse	Herrscher/Regierungen
		1799–1817 Maximilian von Montgelas, bayerischer Staatsminister. 1810–1822 Karl August von Hardenberg, preußischer Staatskanzler. Zwischen 1809 und 1842 Sigismund von Reitzenstein, in Baden führender Politiker und mehrmals Staatsminister.
1803 Reichsdeputationshauptschluß: – Festlegung der Entschädigungsgebiete für die Abtretung des linken Rheinufers an Frankreich, welche durch Säkularisierung und Mediatisierung gewonnen werden; Veränderung der Kurfürstenkollegiums durch Aufnahme des säkularisierten Salzburg, Württemberg, Baden und Hessen-Kassel. Weiterhin Bestand hatten die bayerische, böhmische, sächsische, brandenburgische und braunschweig-hannoversche Kurstimme.	1801 Frieden von Luneville: Abtretung des linken Rheinufers an Frankreich	
1804 Annahme eines (zweiten) österreichischen Kaisertitels durch Franz II, gegründet auf die Würde seiner Erblande, unabhängig vom Schicksal des Reiches. 1804 Code Civil westlich des Rheins		
1805 Preßburger Friede: Bayern und Württemberg sind befugt, von nun ab den Königstitel zu führen.	1805 Dritter Koalitionskrieg	
12. 7. 1806 Rheinbundakte: Konföderation souveräner Staaten unter dem Protektorat Napoleons	1806–1807 Vierter Koalitionskrieg: Niederlage Preußens	
1. 8. 1806 Förmliche Lossagung der Mitglieder des Rheinbundes vom Deutschen Reich		
6. 8. 1806 Niederlegung der römischen Kaiserkrone durch Kaiser Franz II: Ende des Reiches.		
1807–1810 Stein-Hardenbergische Reformen (Bauernbefreiung, Städteordnung, Gewerbefreiheit)		
1811 Österreichisches ABGB		

1. Zeittafel

Verfassungsgeschichte	Politische Ereignisse	Herrscher/Regierungen
1813 Vertrag von Ried: Bayern schließt sich der Koalition gegen Zusicherung der Souveränität an 1813 Bayerisches Kriminalgesetzbuch 1815 Deutsche Bundesakte Zweck des Deutschen Bundes: „Erhaltung der äußeren und inneren Sicherheit Deutschlands und der Unabhängigkeit und Unverletzlichkeit der einzelnen deutschen Staaten"	1813–1815 Befreiungskriege 1813 Völkerschlacht von Leipzig: Niederlage Napoleons 1814/15 Wiener Kongreß 1815 Endgültige Niederlage Napoleons bei Waterloo 1817 Wartburgfest der Burschenschaften	
1818 Verfassungen in Bayern und Baden, 1819 in Württemberg und auch in einer Reihe mitteldeutscher Kleinstaaten	1818 Abschaffung der Binnenzölle; Einführung einheitlicher Grenzzölle in Preußen	
1819 Karlsbader Beschlüsse; Pressezensur und Kontrolle der Universitäten		
1820 Wiener Schlußakte definiert der Deutschen Bund als „unauflöslichen, völkerrechtlichen Verein der deutschen souveränen Fürsten und freien Städte".		
	1828 Süddeutscher Zollverein	
	1830 Pariser Julirevolution	1825–1848 Ludwig I., König von Baiern
1831–1833 Erlaß von Verfassungen in Hessen-Kassel, Sachsen, Braunschweig und Hannover	1832 Hambacher Fest 1833 Deutscher Zollverein	
1837 Hannoverscher Verfassungskonflikt		1835–1848 Ferdinand I., Kaiser von Österreich

Verfassungsgeschichte	Politische Ereignisse	Herrscher/Regierungen
1846 Erstmals in Deutschland fordert der Tübinger Staatsrechtslehrer Robert von Mohl die Regierungsbildung durch die Mehrheit der Volksvertretung.		1840–1861 Friedrich Wilhelm IV. König von Preußen
1848–1864 Maximilian II. König von Baiern
1848 Deutsche Nationalversammlung in der Frankfurter Paulskirche: Beratungen über eine Reichsverfassung	1848 Märzrevolution: Aufstände in Berlin, Wien, Baden; u. a. – Aufhebung der Pressezensur – Übernahme der Farben Schwarz-Rot-Gold durch den Deutschen Bund zum Zeichen symbolischer Akzeptanz der Revolutionsidee.	1848–1916 Franz-Joseph, Kaiser von Österreich
1848 Allgemeine Deutsche Wechselordnung; Umsetzung durch einzelstaatliche Gesetze in allen Staaten	Sept./Okt. 1848 Aufstände in Baden und Wien	
5. 12. 1848 erste Verfassung Preußens		
1849 Dreiklassenwahlrecht in Preußen.	1848 Gründung einer „Allgemeinen Deutschen Arbeiter-Verbrüderung"	
	Mai 1849 Aufstände in der Pfalz, Baden und Sachsen	
28. 3. 1849 Verkündung der Reichsverfassung; Wahl Königs Friedrich Wilhelm IV. von Preußen zum deutschen Kaiser; Ablehnung der Kaiserwürde. Juni 1849 Gewaltsame Auflösung des „Rumpfparlaments" in Stuttgart	1849 „Dreikönigsbündnis" Preußens, Sachsens und Hannovers
Februar 1850 „Vierkönigsbündnis" Sachsens, Hannovers, Bayerns und Württembergs.	
1850 Endgültige Verfassung Preußens
März 1850 Erfurter Union unter preußischer Führung	29. 11. 1850 Olmützer Punktation: Preußen verzichtet auf seine Unionspolitik.	

1. Zeittafel

Verfassungsgeschichte	Politische Ereignisse	Herrscher/Regierungen
1851 Aufhebung der „sogenannten Grundrechte des deutschen Volkes" der Frankfurter Reichsverfassung; Einschränkung des Presse- und Vereinswesens 1851 Preußisches StGB 1853 Preußische Städteordnung	1851 Erneuter Zusammentritt des Bundestages mit allen Mitgliedern	
1861 ADHGB; Umsetzung durch einzelstaatliche Gesetze in allen Staaten. 1862–1866 Verfassungskonflikt in Preußen 1863 Sächsisches BGB	1863 Gründung des „Allgemeinen Deutschen Arbeitervereins" durch Lasalle 1864 Deutsch-Dänischer Krieg 1866 „Deutscher Krieg"; Sieg Preußens gg. Österreich bei Königgrätz	1861–1888 Wilhelm I, König von Preußen, seit 1871 Deutscher Kaiser 1862–1890 Otto v. Bismarck, preußischer Ministerpräsident, seit 1871 Reichskanzler 1864–1886 Ludwig II. König von Baiern
1866 Friede von Prag; Auflösung des Deutschen Bundes 1866 Gründung des Norddeutschen Bundes 1867 Konstituierender norddeutscher Reichstag 1869 Gewerbeordnung des Norddeutschen Bundes; allgemeine Gewerbefreiheit. 1869 Bayerische Gemeindeordnung 1870 StGB des Norddeutschen Bundes (insbesondere Verbot rückwirkender Strafgesetze)	1870/71 Deutsch-französischer Krieg: Abtretung von Elsaß-Lothringen an das Deutsche Reich.	
1871 Gründung des Deutschen Reiches in Versailles auf der Grundlage der Verfassung des Norddeutschen Bundes mit bayerischen und württembergischen Sonderrechten (Militär, Post, Eisenbahn) Bundesrat höchstes Reichsorgan unter Vorsitz des Reichskanzlers, der vom Kaiser berufen wird; Reichstag geht aus allgemeinen, direkten und geheimen Wahlen hervor; Wahlberechtigt sind alle Männer vom 25. Lebensjahre an. 1871 Postgesetz (Gewährleistung des Briefgeheimnisses) 1872 Preußische Kreisordnung	1871–1886 Kulturkampf	

Verfassungsgeschichte	Politische Ereignisse	Herrscher/Regierungen
1873 Schaffung der Reichskompetenz für ein Bürgerliches Gesetzbuch (lex Miquel-Lasker) 1875 Einführung der obligatorischen Zivilehe 1877 Reichsjustizgesetze: GVG, ZPO, StPO, KO 1878 Stellvertretergesetz: die Leiter der Reichsämter (Justiz, Post, Eisenbahn, Auswärtiges, u. a.) sind anstelle des Reichskanzlers zur Gegenzeichnung von Gesetzen befugt. 1883 Krankenversicherung 1884 Unfallversicherung 1889 Alters- und Invaliditätsversicherung 1892 GmbHG 1900 BGB 1901 Einrichtung von obligatorischen Gewerbegerichten	1878–1890 Sozialistengesetzgebung 1879 Schutzzollpolitik Ab 1898 Beginn der Flottenbaupolitik	1888 Friedrich I., Deutscher Kaiser 1888–1918 Wilhelm II., Deutscher Kaiser 1890 Entlassung Bismarcks
1909 UWG 1910 Reichsversicherungsordnung 28. 10. 1918 Verfassungsänderung: Reichskanzler bedarf nun des Vertrauens des Reichstages 9. 11. 1918 Bekanntgabe der „de facto"-Thronentsagung Kaiser Wilhelms II. (förmliche Abdankung des Kaisers und Kronprinzen am 28.11. und 1. 12. 1918)	1908 Daily-Telegraph-Affäre 1913 Zabern-Affäre 1914–1918 1. Weltkrieg 3. 3. 1918 Friede von Brest-Litowsk mit der Sowjetunion 29. 10. 1918 Kieler Matrosenaufstand 8./9. 11. 1918 Revolution in München, Berlin und anderen deutschen Residenzstädten 11. 11. 1918 Waffenstillstand von Compiègne	Nachfolgende Reichskanzler: 1890–1894 Caprivi, 1894–1900 Hohenlohe-Schillingfürst 1900–1909 Bülow, 1909–1917 Bethmann-Hollweg, 1917 Michaelis, 1917–1918 Hertling, 1918 Prinz Max von Baden
1918 Diktatur des Rates der Volksbeauftragten: Tarifvertragsordnung, Aufhebung der Gesindeordnung, Frauenwahlrecht.		

1. Zeittafel

Verfassungsgeschichte	Politische Ereignisse	Herrscher/Regierungen
16./20. 12. 1918 Allgemeiner deutscher Rätekongreß: Beschluß von Wahlen zu einer verfassunggebenden Nationalversammlung.	Dez./Jan. 1918/19 Aufstände linksradikaler Gruppen	
6. 2. 1919 Zusammentritt der verfassunggebenden Nationalversammlung in Weimar	28. 6. 1919 Unterzeichnung des Versailler Friedensvertrages: hohe Reparationen, Gebietsabtretungen (s. Kartenanhang)	1919–1925 Reichspräsident Friedrich Ebert
	15. 1. 1919 Ermordung von Rosa Luxemburg und Karl Liebknecht 9. 7. 1919 Ratifizierung des Vertrages von Versailles durch die Nationalversammlung	Reichskanzler der Weimarer Republik: 1919 Philipp Scheidemann (SPD) 1919/1920 Gustav Bauer (SPD), Hermann Müller (SPD)
31. 7. 1919 Annahme der Weimarer Reichsverfassung durch die „Weimarer Koalition" von SPD, DDP und Zentrum: Parlamentarismus; starke Stellung des Reichspräsidenten (Wahl auf 7 Jahre direkt durch das Volk); Diktaturrecht in Notfällen (Art. 48 Abs.2 WRV); Änderung der Verfassung durch qualifizierte Mehrheiten jederzeit möglich; Grundrechte und Grundpflichten der Deutschen (Traditionelle Freiheitsrechte und soziale Teilhaberechte)		
1920 Betriebsrätegesetz	13. 3. 1920 Rechtsradikaler Kapp-Putsch in Berlin; scheitert nach Ausrufung des Generalstreiks	1920/21 Konstantin Fehrenbach (Zentrum)
30. 4. 1920 Neuformung des Landes Thüringen auf der Grundlage des Art. 18 WRV, welcher Neugliederungen des Reiches erlaubte.	26. 8. 1921 Ermordung des Verhandlungsführers der deutschen Waffenstillstandsdelegation Matthias Erzberger	1921/22 Joseph Wirth (Zentrum)

Verfassungsgeschichte	Politische Ereignisse	Herrscher/Regierungen
	4. 6. 1922 Ermordung des Reichsaußenministers Walter Rathenau	1922/23 Wilhelm Cuno (parteilos)
1923 JGG, Kartellverordnung, Einführung einer staatlichen „Zwangsschlichtung" zur Verhinderung tarifloser Zustände	1923 Besetzung des Ruhrgebiets durch französische Truppen 1923 Separatistische und linksradikale Bewegungen und Aufstände 8./9. 11. 1923 Hitler-Putsch in München scheitert.	1923 Gustav Stresemann (DVP) 1923/25 Wilhelm Marx (Zentrum)
29. 10. 1923 Reichsexekution gegen Sachsen gem. Art. 48 Abs. 2 WRV		
		1925–1934 Reichspräsident Hindenburg 1925/26 Hans Luther (parteilos) 1926/28 Wilhelm Marx (Zentrum) 1928/30 Hermann Müller (SPD) 1930/32 Präsidialkabinett Brüning (Zentrum) 1932 Präsidialkabinett v. Papen (ehemals Zentrum) 1932–1933 Präsidialkabinett v. General Schleicher
1926 Arbeitsgerichtsgesetz	1926 Aufnahme Deutschlands in den Völkerbund 1926 Kellog-Pakt zur Ächtung des Krieges	
1927 Arbeitslosenversicherung		
30. 1. 1933 Ernennung Adolf Hitlers zum Reichskanzler durch den Reichspräsidenten Hindenburg.		30. 1. 1933 bis 30.4.1945 Adolf Hitler „Führer" und Reichskanzler
28. 2. 1933 Verordnung „zum Schutz von Volk und Staat": Beschränkung von Grundrechten auch über die verfassungsrechtlichen Grenzen hinaus 24. 3. 1933 Ermächtigungsgesetz 31. 3. 1933 Erstes „Gesetz zur Gleichschaltung der Länder" 22. 9. 1933 Reichskulturkammergesetz und Schriftleitergesetz vom 4. 10. 1933 unterbinden die Unabhängigkeit sonstiger Meinungsträger.	27.–28. 2. 1933 Reichstagsbrand Juni/Juli 1933 Selbstauflösung der Parteien	
30. 1. 1934 Gesetz über den Neuaufbau des Reiches: Unter Verletzung des Ermächtigungsgesetzes nimmt die Regierung ein unbeschränktes Verfassungsänderungsrecht in Anspruch. 14. 2. 1934 Aufhebung des Reichsrates	30. 6.–2. 7. 1934 Ermordung der SA-Führung und Oppositioneller, sog. Röhm-Putsch	

Verfassungsgeschichte	Politische Ereignisse	Herrscher/Regierungen
Nach dem 30. 6. 1934: Kontrolle der KZ's durch die SS
2. 8. 1934 Vereinigung des Amtes des Reichskanzlers mit dem des Reichspräsidenten nach dem Tod Hindenburgs	2. 8. 1934 Tod Hindenburgs	
30. 1. 1935 Deutsche Gemeindeordnung
15. 9. 1935 „Nürnberger Gesetze"	13. 1. 1935 Abstimmung im Saargebiet über die Rückgliederung an das Reich
7. 3. 1936 Rheinlandbesetzung	
seit 1933 Eingliederung der politischen Polizeien der Länder und 1935 der Ordnungspolizei in die SS; Himmler als „Reichsführer SS und Chef der deutschen Polizei"
1936 Errichtung des „Volksgerichtshofes"	13. 3. 1938 Anschluß Österreichs
29. 9. 1938 Münchner Konferenz
9. 11. 1938 Zentral organisierte Pogrome der sog. „Reichskristallnacht"
1. 9. 1939 Angriff auf Polen, Beginn des 2. Weltkrieges	
1942 Hitler befiehlt den Aufbau einer „nationalsozialistischen Rechtspflege".	1939–1945 2. Weltkrieg
20. 7. 1944 Attentat auf Hitler
30. 4. 1945 Selbstmord Hitlers
8. 5. 1945 Kapitulation der Wehrmacht	
5. 6. 1945 Jeweils für ihre Besatzungszonen und gemeinsam für ganz Deutschland übernehmen die vier alliierten Mächte (USA, Sowjetunion, Großbritannien, Frankreich) die „Supreme Authority" in Deutschland; Verwaltung Deutschlands durch den alliierten Kontrollrat; Berlin kommt unter Viermächteverwaltung.	2. 8. 1945 Potsdamer Abkommen; die deutschen Ostprovinzen werden polnischer Verwaltung unterstellt.	

Verfassungsgeschichte	Politische Ereignisse	Herrscher/Regierungen
1945–1948 Schaffung der Länder in den jeweiligen Besatzungszonen und Volksabstimmungen über die Verfassungen	1946 Zwangsvereinigung von KPD und SPD zur SED	
1. 1. 1947 Schaffung der Bizone (Vereinigung der Verwaltungen der britischen und amerikanischen Zone) 25. 2. 1947 Förmliche Auflösung Preußens durch Kontrollratsgesetz	1945/47 Viermächtekonferenzen über Deutschland scheitern.	
2. 6. 1948 Auftrag zur Ausarbeitung einer föderativen Verfassung der Deutschen durch die in London zusammentretenden sechs Mächte (die drei Westmächte und die Bene-Lux-Staaten)	23. 2.–6. 3./20. 4.–2. 6. 1948 Londoner Sechsmächtekonferenz diskutiert künftige Formen der politischen Organisation Westdeutschlands; die Sowjetunion stellt hierauf die Arbeit im Kontrollrat ein. 21. 6. 1948 Währungsreform in den Westzonen 23. 6. 1948 Währungsreform in der SBZ	
10.–23. 8. 1948 Konferenz auf Herrenchiemsee zur Vorbereitung eines „Verfassungs"-entwurfes 1. 9. 1948 Der Parlamentarische Rat tritt in Bonn zur Beratung eines Grundgesetzes für einen westdeutschen Teilstaat zusammen.	24. 6. 1948 Beginn der 13 Monate dauernden Berlin-Blockade durch die Sowjetunion	
8. 5. 1949 Annahme des Grundgesetzes durch den Parlamentarischen Rat 23. 5. 1949 Verkündung des Grundgesetzes der Bundesrepublik Deutschland; Erlass eines Besatzungsstatuts durch die drei westlichen Militärmächte 7. 10. 1949 Annahme der Verfassung der DDR durch die „Deutsche Volkskammer" 22. 11. 1949 Petersberg-Abkommen: Erste Einschränkung des Besatzungsstatus: Gestattung konsularischer und Handelsbeziehungen.	1949 Gründung der NATO, Gründung des Europarats	14. 8. 1949 Erste Bundestagswahl: Bundeskanzler Konrad Adenauer (CDU; 1949–1963) 1949–1959 Theodor Heuss (FDP) Bundespräsident 1949–1960 Wilhelm Pieck Staatspräsident der DDR
1950 Zentralistische Haushaltsreform der DDR; Gründung des Ministeriums für Staatssicherheit.	1950 Beitritt der DDR zum Rat für gegenseitige Wirtschaftshilfe (Ostintegration)	

1. Zeittafel

Verfassungsgeschichte	Politische Ereignisse	Herrscher/Regierungen
	4. 11. 1950 Abschluß einer „Europäischen Konvention zum Schutz der Menschenrechte und Grundfreiheiten"	
	1951 Montanunion	
	1951 Die Bundesrepublik wird Mitglied im Europarat	
12. 3. 1951 „Gesetz über das Bundesverfassungsgericht"		
1951 Gesetz über die Mitbestimmung der Arbeitnehmer in der Montanindustrie		
	1952 Verbot der rechtsradikalen SRP durch das Bundesverfassungsgericht	
1952 Betriebsverfassungsgesetz		
1952 Aufteilung der DDR in Bezirke; Abschaffung der Länder. Auflösung der Verwaltungsgerichtsbarkeit der DDR als mit der Einheit des Staatsapparates unvereinbar.		
1953 Tarifvertragsgesetz		
1953 Einführung des Eingabewesens und der „gesellschaftlichen Gerichte" in der DDR.	17. 6. 1953 Volksaufstand in der DDR	
1954 Grundgesetzänderung; Einführung der Wehrverfassung mit allgemeiner Wehrpflicht.	1954 Beitritt der Bundesrepublik zur NATO	
1. 1. 1955 Geltung des Grundgesetzes im Saargebiet nach Volksabstimmung.	1955 Beitritt der DDR zum Warschauer Pakt	
5. 5. 1955 Proklamation der vollen Souveränität der Bundesrepublik		
1955 Einführung der allgemeinen Wehrpflicht in der DDR		
1956 „Gesetz über die Deutsche Bundesbank"	1956 Verbot der KPD durch das Bundesverfassungsgericht	
1957 Kartellgesetz	23. 5. 1957 Römische Verträge zur Gründung der „Europäischen Wirtschaftsgemeinschaft" (EWG) und der „Europäischen Atomgemeinschaft" (Euratom)	

Verfassungsgeschichte	Politische Ereignisse	Herrscher/Regierungen
1958 Errichtung der „Zentralen Stelle der Landesjustizverwaltungen zur Aufklärung nationalsozialistischer Verbrechen"	13. 8. 1958 Beginn der Berlin-Krise: UDSSR fordert „Freie Stadt West-Berlin".	
1960 „Gesetz über die Bildung des Staatsrates" der DDR		1959-1969 Heinrich Lübke (CDU) Bundespräsident
1961 Gründung des ZDF durch Staatsvertrag der Länder der BRD; Entstehung einer „dritten Verfassungsebene" in Form von Ministerpräsidentenkonferenzen und Konferenzen der Landesressortminister/Ministerialreferenten.	1961 Bau der Berliner Mauer	1960-1973 Walter Ulbricht Staatsratsvorsitzender der DDR
	1965 Vertrag über die Zusammenlegung der Organe der EGKS, Euratom und EWG	1963-1966 Ludwig Erhard (CDU) Bundeskanzler
	seit 1966 Außerparlamentarische Opposition (APO)	1966-1969 Kurt Georg Kiesinger (CDU) Bundeskanzler einer großen Koalition
1967 Grundgesetzänderung: Art. 109 Abs. II GG verpflichtet die öffentlichen Haushalte zur Wahrung des gesamtwirtschaftlichen Gleichgewichts.	1967 Umbenennung der EWG in Europäische Gemeinschaft (EG); „Konzertierte Aktion".	
1968 Grundgesetzänderungen: Einführung einer Notstandsverfassung 1968 2. Verfassung der DDR		
1969 Familienrechtsreform; Grundgesetzänderung: Einführung von Gemeinschaftsaufgaben des Bundes und der Länder (Art. 91 a und 91 b GG).	1970 KSZE-Schlussakte	1969-1974 Gustav Heinemann (SPD) Bundespräsident
	1971 Rücktritt Walter Ulbrichts als 1. Sekretär der SED, Nachfolger Erich Honnecker	1969-1974 Willy Brandt (SPD) Bundeskanzler

Verfassungsgeschichte	Politische Ereignisse	Herrscher/Regierungen
1972 „Vertrag über die Grundlagen der Beziehung" zwischen den beiden deutschen Staaten.	1972 Transitabkommen zwischen Bundesrepublik und DDR bzgl. Berlins	
	1973 Aufnahme der Bundesrepublik und der DDR in die UNO.	1973–1975 Willi Stoph Staatsratsvorsitzender der DDR
1974 Änderung der Verfassung der DDR: Hinweise auf die „deutsche Nation" entfallen.		1974–1979 Walter Scheel (FDP) Bundespräsident
		1974–1982 Helmut Schmidt Bundeskanzler
1978 Arbeitsgesetzbuch DDR		1975–1989 Erich Honnecker Staatsratsvorsitzender der DDR
		1979–1984 Karl Carstens (CDU) Bundespräsident
1982 Vertrauensfrage durch Helmut Kohl gem. Art. 68 GG als Instrument zur Erreichung von Neuwahlen. Billigung dieses Vorgehens durch das BVerfG.		1982–1998 Helmut Kohl Bundeskanzler
		1984–1994 Richard v. Weizsäcker (CDU) Bundespräsident
	1986 Einheitliche Europäische Akte	
	1989 Ungarn öffnet seine Grenzen für die Ausreise von DDR-Bürgern; Beginn von Friedensgebeten und Demonstrationsbewegungen;	
	– Flucht ausreisewilliger Bürger der DDR in westliche Botschaften der BRD;	18.10.1989 Rücktritt Erich Honeckers Nachfolger: Egon Krenz, Hans Modrow
	– Bildung von Bürgerrechtsbewegungen in der DDR;	

Verfassungsgeschichte	Politische Ereignisse	Herrscher/Regierungen
	– Montagsdemonstrationen in Leipzig; Gründung der Sozialdemokratischen Partei der DDR (SDP); 9.11.1989 Fall der Berliner Mauer	
18.3.1990 Volkskammerwahl: Einführung rechtsstaatlicher Grundsätze in der DDR; Wiedererrichtung der Länder Brandenburg, Mecklenburg-Vorpommern, Sachsen, Sachsen-Anhalt und Thüringen. 18.5.1990 „Vertrag über die Schaffung einer Währungs-, Wirtschafts,- und Sozialunion" zwischen den beiden deutschen Staaten. 12.9.1990 „Zwei-plus-vier-Verhandlungen" führen zum „Vertrag über die abschließende Regelung in Bezug auf Deutschland", worin die vier Siegermächte des 2.Weltkriegs ihre „Rechte und Verantwortlichkeit in Bezug auf Berlin und Deutschland als Ganzes" für beendet erklären. 31.8.1990 Einigungsvertrag über den Beitritt der DDR zur Bundesrepublik gem. Art. 23 GG mit Wirkung vom 3.10.1990. 3.10.1990 Beitritt der DDR zur BRD		12.4.–2.10.1990 Lothar de Maizière Ministerpräsident der DDR

2. Historische Karten

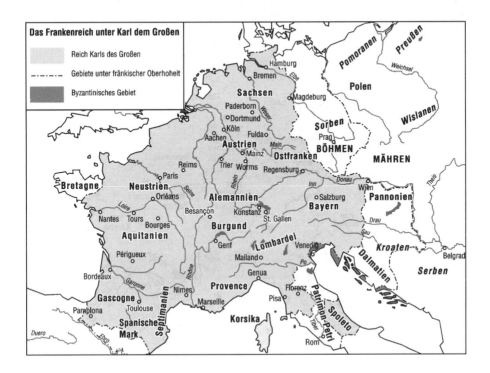

Anhang 439

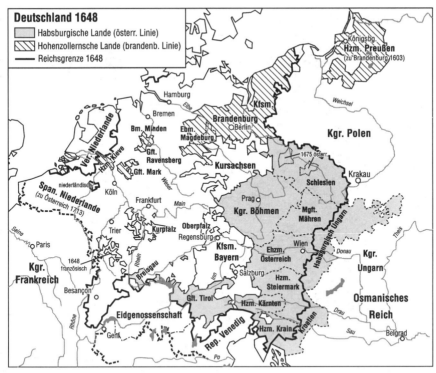

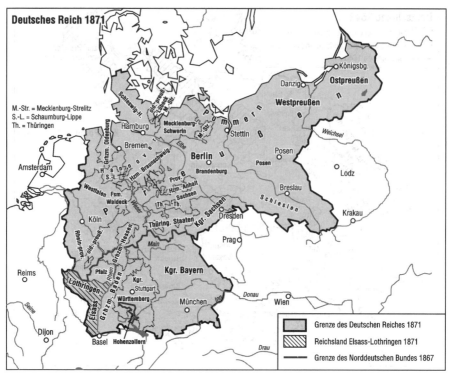

Anhang 441

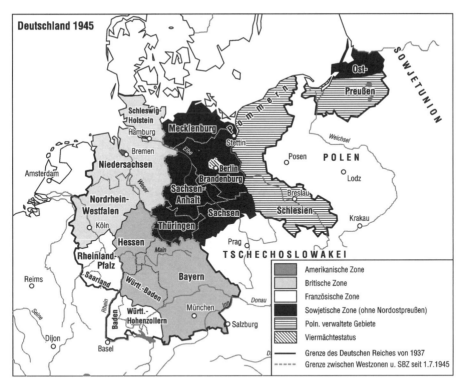

Namensverzeichnis

Accursius 10 IV 1
Adenauer, Konrad 41 III 1, 42 I 2, 43 II 1, 43 II 3, 43 IV 1, 44 II 1, 44 III 2, 44 III 6, 44 VII 1, 46 II 1, 46 II 2, 46 II 4
Albrecht Alcibiades, Mgf. von Kulmbach-Bayreuth 15 II 3
Albrecht der Bär 9 II 8, 13 III 4
Alexander III. 10 IV 1
Alexander von Roes 11 III
Alighieri, Dante s. Dante
Althusius, Johannes 22 I 2
Anschütz, Gerhard 38 II 1, 39 III
Aristoteles 10 IV 1, 13 IV, 18 II 2, 22 I 2
Arndt, Ernst Moritz 30 IV
Arnisaeus, Henning 22 I 2
Arouet, François-Marie s. Voltaire
Aubery, Antoine 24 VII
Augustenburg, Prinz Friedrich von 32 I 4
Augustinus 5 I 1
Azo 10 IV 1

Bahr, Egon 46 II 2
Bahro, Rudolf 45 VIII 4
Bartolus de Sassoferato 11 III
Bassermann, Friedrich Daniel 31 I
Beatrix von Burgund 9 II 8
Bebel, August 33 II 4
Below, Georg von 2 I 2, 2 II
Bernhard, Hzg. von Sachsen-Weimar 21 I 3
Berthold von Henneberg 15 II 2
Bethmann Hollweg, Theobald von 36 I 2, 36 II 1, 36 VI 1
Biermann, Wolf 45 VIII 4
Bismarck, Otto von 32 I 2, 32 II 3, 34 I 1, 34 I 2, 34 II 1, 34 II 2, 34 II 3, 34 II 4, 34 III 1, 34 III 2, 34 IV, 35 I, 35 II 1, 35 II 2, 35 II 3, 35 III 1, 35 III 3, 36 I 1, 36 I 2, 36 II 1, 36 III
Blomberg, Werner von 39 I 1, 40 II 3
Bodin, Jean 22 I 1, 22 I 2, 22 II 2, 22 II 3, 22 III, 23 I, 25 II 3, 43 III 3
Böhm, Franz 44 VII 1
Bonaparte, Napoleon 27 I 1, 27 II 2, 27 III 1, 27 III 2, 28 I, 28 II 3, 28 III 2, 28 IV, 29 I 1, 30 I, 30 II 3, 30 IV
Bonifatius 5 I 1
Bormann, Martin 40 III 1
Brandt, Willy 44 III 2, 44 IV 2, 46 II 4
Braun, Otto 38 III 1, (38 V 2, 39 II 3)
Breschnew, Leonid 45 II 1
Brüning, Heinrich 38 V 1, 38 V 2
Brüsewitz, Oskar 45 VIII 3
Brunner, Otto 2 I 3

Bülow, Bernhard von 36 I 2, 36 II 1
Byrnes, James 41 III 4

Calvin, Johann 19 II 1, 20 I 3
Caprivi, Leo von 36 I 2, 36 II 1
Carmer, Johann Heinrich Casimir von 26 IV 2
Carstens, Karl 44 III 2
Chemnitz, Bogislav Philipp von s. Hippolyt a Lapide
Christus, 17 V 1
Chruschtschow, Nikita 45 II 1, 46 I, 46 III
Churchill, Winston 41 I 1, 43 II 1, 43 III 1, 43 III 3, 43 III 4
Clay, Lucius D. 41 III 2, 41 III 4, 42 I 3
Conring, Hermann 22 I 2, 22 IV
Contzen, Adam 21 I 2
Cuno, Wilhelm 38 I 3

Dahlmann, Friedrich Christoph 29 II 2, 29 IV 1, 31 II 2, 31 IV 2
Dalberg, Karl Theodor von 26 II, 27 I 4, (27 II 1), 27 III 1, 27 III 2, 29 I 1
Dante 11 III
David, Eduard 27 III, 37 IV 1
Dehler, Thomas 44 III 6
Delbrück, Rudolf von 35 II 1
Dönitz, Karl 41 I 2, 41 II 2
Dutschke, Rudi 44 VII 4

Ebert, Friedrich 37 I 3, 37 I 4, 37 II 1, 37 II 2, 37 III 1, 37 III 2, 38 II 2
Eike von Repgow 10 IV 2
Engelbert von Admont 13 IV
Engels, Friedrich 45 I 1
Enzio (Staufer) 10 III
Erasmus von Rotterdam 19 III 1
Erhard, Ludwig 44 III 2, 44 VII 1
Erzberger, Matthias 37 I 4, 38 I 2
Eugen von Savoyen 23 III 2

Febronius s. Hontheim, Nikolaus von
Feuerbach, Paul Johann Anselm 28 III 2
Fichte, Johann Gottlieb 30 IV
Forsthoff, Ernst 40 I
Frank, Hans 40 III 1
Fraenkel, Ernst 40 V
Frick, Wilhelm 39 I 1
Friedrich (pfälzische Kfn.) – III. 19 III 2; – V. 21 I 1
Friedrich Wilhelm der Große Kurfürst 23 III 2
Fritsch, Werner von 40 II 3
Fröbel, Julius 31 III 2,
Funk, Walther 40 III 1

Gagern, Heinrich von 31 II 2, 31 III 3, 31 IV 2
Gans, Eduard 28 II 5
Gaulles, Charles de 43 III 3
Gentz, Friedrich von 29 I 3
Gerber, Carl Friedrich von 32 III, 36 V
Gerbert von Reims 8 I 1
Gierke, Otto von 16 I 1, 37 III
Gneist, Rudolf von 33 III
Goebbels, Josef 40 II 1, 40 III 1
Göring, Hermann 38 V 2, 39 I 1, 39 II 1, 39 II 3, 40 III 1
Gorbatschow, Michail 46 IV 1, 46 IV 3, 46 IV 4
Gregor IX. 10 IV 1
Grimm, Jacob u. Wilhelm 29 IV 1
Groener, Wilhelm 37 I 1
Grotewohl, Otto 42 III 1, 42 III 3, 45 III 3
Grotius, Hugo 22 III, 25 II 1
Gürtner, Franz 40 III 4

Haller, Carl Ludwig von 29 III 1
Hardenberg, Karl August von 27 I 2, 28 I, 28 II 2, 28 III 1, 28 III 3, 29 I 2, 30 I
Harich, Wolfgang 45 VIII 4
Haugwitz, Friedrich Wilhelm von 26 IV 5
Havemann, Robert 45 VIII 4
Hecker, Friedrich 31 II 1
Hegel, Georg Wilhelm Friedrich 2 I 1, 25 III
Heidegger, Martin 2 I 1, 2 II
Heinemann, Gustav 44 III 3, 44 V, 46 II 2
Heinrich der Löwe 9 II 3, 9 II 8, 10 II 3, 13 III 4
Heller, Hermann 38 IV 1
Herder, Johann Gottfried 30 IV
Henneberg, Berthold von 15 II 2
Hertling, Georg von 36 VI 1
Heß, Rudolf 40 III 2
Heuß, Theodor 43 II 1, 44 III 3
Himmler, Heinrich 40 III 1, 40 III 3
Hindenburg und Beneckendorff, Oskar von 39 I 1; – Paul von 36 VI 1, 37 I 1, 38 I 2, 38 II 2, 38 V 1, 38 V 2, 39 I 1, (39 II 1), 39 II 3, 40 II 31
Hippolyt a Lapide 22 II 2, 26 II
Hitler, Adolf 38 I 3, 38 V 1, 38 V 2, 39 I 1, 39 I 2, 39 II 1, 39 II 2, 39 II 3, 40 I, 40 II 1, 40 II 2, 40 II 3, 40 II 4, 40 III 1, 40 III 2, 40 III 3, 40 III 4, 40 IV, 41 I 1, 41 I 2, 42 II 3
Hobbes, Thomas 22 III
Hohenlohe-Schillingsfürst, Chlodwig von 36 I 2
Hohenzollern-Sigmaringen, Erbprinz Leopold von 34 II 3
Honecker, Erich 45 III 1, 45 IV 2, 45 VI 1, 45 VIII 4, 46 I, 46 IV 4
Hontheim, Nikolaus von 26 I 2
Hugenberg, Alfred 38 V 2, 39 II 2
Humboldt, Wilhelm von 25 III

Innozenz III. 10 IV 1

Jahn, Friedrich Ludwig 30 IV
Jellinek, Georg 44 I, 36 V
Johann, Ehzg. von Österreich 31 III 3
Johann, Kf. von Sachsen 16 II 2

Johannes von Salisbury 13 IV

Kahr, Gustav von 38 I 3
Kaiser und Könige:
  Bayern (Kge. von): Ludwig I. (1825–1848) 29 IV, 1; Ludwig II. (1864–1886) 34 II 4; –
  Böhmen (Kge. von): Friedrich (1619/20) s. Friedrich V. v. d. Pfalz; Maria Theresia (auch Kgin. v. Ungarn, 1740–1780) 26 I, 26 III 5; –
  Deutsches Reich (bis 1806): Konrad I. (911–918) 6 I 2, 7 II 2; Heinrich I. (919–936) 6 I 2, 6 II 2, 7 II 2, 7 II 3, 11 I 1; Otto I. d. Gr. (936–973) 6 I 2, 6 II 2, 7 II 2, 7 II 4, 7 II 6, 8 I 1, 8 I 2, 8 II 1, 8 II 3; Otto II. (973–983) 7 II 2, 7 II 6, 8 I 1, 11 I 1; Otto III. (983–1002) 7 II 1, 7 II 2, 7 II 4, 8 I 1, 8 II 2; Heinrich II. (1002–1024) 7 II 2, 7 II 4; Konrad II. (1024–1039) 7 II 2, 7 II 4, 8 I 1; Heinrich III. (1039–1056) 7 II 2, 7 II 4, 8 II 1, 8 III 1; Heinrich IV. (1056–1106) 7 II 2, 7 II 5, 7 III, 8 III 1, 9 I 1, 9 II 5, 10 I 4; Rudolf von Schwaben (Gegenkg. 1077–1080) 7 II 2; Heinrich V. (1106–1125) 7 II 1, 7 II 2, 8 III 1, (8 III 2); Lothar III. (1125–1137) 7 II 1, 7 II 2, 22 IV; Konrad III. (1138–1152) 7 II 2, 7 II 4, 9 I 1; Friedrich I. Barbarossa (1152–1190) 9 I 1 (9 II 1), 9 II 3, 9 II 4, 9 II 5, 9 II 6, 9 II 7, 9 II 8, 10 I 4, 10 II 1, 10 II 2, 10 II 3, 10 II 4, 10 IV 1, 12 I 3, 12 III 1, 13 I 3; Heinrich VI. (1190–1197) 9 II 2, 9 II 8; Otto IV. (1198–1215) 10 I 2; Philipp von Schwaben (1198–1208) 10 I 2, 10 I 3; Friedrich II. (1212–1250) (10 I 1), 10 I 2, 10 I 3, 10 I 4, 10 II 1, 10 II 4, III, 10 IV 1, 11 I 1, 11 II 1, 12 III 1, 13 III 4; Heinrich (VII.) (gest. 1242) 10 I 3, 10 II 2, 10 III; Heinrich Raspe (Gegenkg. 1246/47) 10 I 2; Konrad IV. (1250–1254) 10 III, 16 I 2; Wilhelm von Holland (Gegenkg. 1247–1256) 10 I 2, 10 III, 11 I 1, 16 I 2; Alfons von Kastilien (1256) 11 I 1; Richard von Cornwall (1257) 11 I 1; Rudolf I. von Habsburg (1273–1291) 11 I 2, 12 I 1, 12 I 2; Adolf von Nassau (1292–1298) 11 I 2, 12 I 1; Albrecht I. (1298–1308) 11 I 2, 12 I 1; Heinrich VII. (1308–1313) 11 I 2, 12 I 1; Ludwig IV. der Bayer (1314–1347) 11 I 2, 11 II 1, 11 II 2, 12 I 1, 12 I 2, 12 III 1, 12 III 2, 12 IV 2, 16 I 2; Friedrich der Schöne (Gegenkg., Mitregent 1314–1330) 11 I 2, 11 II 2; Karl IV. (1346–1378) 11 II 3, 12 I 1, 12 I 2, 12 III 1, 12 IV 2, 13 IV, 14 I 4, 15 I 2; Wenzel (1378–1400) 11 II 3; Ruprecht (1400–1410) 11 II 3, 12 II 1, 12 III 1, 16 I 2; Sigismund (1410–1437) 13 III 4, 15 I 2, 15 I 3, 16 II 5; Albrecht II. (1438–1439) 15 I 2; Friedrich III. (1440–1493) 15 I 2, 15 I 3, 15 I 5, 15 II 2, (16 II 1); Maximilian I. (1493–1519) 15 II 2, 15 II 3, 15 III 3, 17 II 1, 17 II 2, 21 III; Karl V. (1519–1556) 15 III 2, (15 III 3), (16 II 2), 16 II 3, (19 I), 19 II 1, (19 II 2), 19 III 1, 21 III, 23 V, 24 VI 2; Ferdinand I. (dt. Kg. 1531, Ks. 1558–1564) 15 III 2, (16 II 5), 19 II 1, 19 II 2,

Namensverzeichnis

19 III 1; Maximilian II. (1564–1576) 19 III 1; Rudolf II. (1576–1612) 19 III 5; Matthias (1612–1619) 19 III 5; Ferdinand II. (1619–1637) 21 I 1, (21 I 2), 21 I 4, 21 II; Ferdinand III. (1637–1657) 21 I 4, (21 II 1), (21 II 2), 24 II 2; Leopold I. (1658–1705) 23 III 2, 23 IV, (24 III 1); Joseph I. (1705–1711) 23 III 2, 24 IV 2; Karl VI. (1711–1740) 23 III 2, 24 III 2, 24 IV 2, 26 I 1; Karl VII. (1742–1745) 26 I; Franz I. (1745–1765) 26 I 1; Joseph II. (1765–1790) 26 I 2, 26 II 2, 26 III 1, 26 IV 1, 26 IV 4, 26 IV 5, 26 V; Leopold II. (1790–1792) 26 III 1, 27 I 1; Franz II. (1792–1806) 27 I 1, (27 I 4), (27 II 1), (27 III 1), 27 III 2; – Deutsches Reich (nach 1871, Kaiser): Wilhelm I. (1871–1888) 34 II 3, 34 IV; s. a. Preußen; Wilhelm II. (1888–1918) 35 I, 35 III 3, 36 I 1, 36 I 2, 36 II 1, 36 III, (36 IV), 37 I 1, 37 I 2, 37 I 3, 37 I 4; – Fränkisches Reich: Chlodwig I. (482–511) 4 I, 5 I 1, 5 I 5, 5 II 7, 5 III 1; Pippin III. (751–768) 5 I 1, 5 I 2, 5 II 2; Karl I. d. Gr. (768–814) 4 II 2, 4 II 4, 5 I 2, 5 I 3, 5 I 4, 5 I 5, 5 II 4, 5 II 5, 5 III 1, 5 II 2, 6 I 1, 6 II 1, 7 II 2, 8 I 1, 11 II 1, 15 III 2; Karlmann (768–771) 5 I 2; Ludwig I. der Fromme (814–840) 5 I 2, 5 I 5, 5 II 4, 5 II 6, 6 I 1; Lothar I. (840–855) 5 I 2, 6 I; Ludwig II. der Deutsche (840–876) 6 I 1, 6 I 2; Karl II. der Kahle (840–877) 6 I 1, 7 II 4; Karl III. der Dicke (876–887) 6 I 1, 6 I 2, 7 II 4; Ludwig III. der Jüngere (876–882) 6 II 1; Arnulf (887–899) 6 I 2, 7 I 2; Ludwig das Kind (900–911) 6 I 2, 7 I 2; – Frankreich: Ludwig XIV. (1643–1715) 24 III 1, (24 IV 1), 24 VII; Napoleon I. (1804–1815) s. Bonaparte, Napoleon; Louis Philippe (1830–1848) 31 II 1; Napoleon III. (1852–1870) 32 I 2, (34 II 3); – Hannover (Kge. von): Ernst August (1837–1851) 29 IV 1; – Polen (Kge. von): August III. der Starke (1733–1763) 23 IV; – Preußen (Kge.in/von): Friedrich I. (1701–1713) 23 III 1; Friedrich Wilhelm I. (1713–1740) 23 III 1; Friedrich II. d. Gr. (1740–1786) 26 I 1, 26 III 1, 26 IV 2, 26 IV 3, 26 IV 4; Friedrich Wilhelm II. (1786–1797) 26 III 2, 27 I 3; Friedrich Wilhelm III. (1797–1840) 28 II 2, (29 I 2); Friedrich Wilhelm IV. (1840–1861) 31 IV 1, (32 I 1), (32 I 2), 32 II 3; Wilhelm I. (1858 Regt., Kg. 1861–1888) 32 II 1, 32 II 2, 32 II 3, 34 II 3, 34 II 4; – Rom/Byzanz (Kaiser): Konstantin I. d. Gr. (323–337) 4 II 4, 8 II 2, 9 I 2; Anastasius I. (491–518) (4 I); – Schweden (Kge. von): Gustav II. Adolf (1612–1632) 21 I 3, 21 I 4; – Württemberg (Kge. von): Friedrich I. (1806–1816) 28 II 1, 29 I 3

Kant, Immanuel 25 III, 26 IV 5
Kapp, Wolfgang 38 I 2
Karl Alexander, Hzg. von Württemberg 23 IV
Karl Eugen, Hzg. von Württemberg 26 IV 5
Karl Friedrich, Mgf. von Baden 26 III 1, 26 IV 4
Karl Theodor, Kf. von Bayern 26 I 2, 26 IV 5
Karl der Kühne 13 III 2

Karl von Anjou 10 III
Kelsen, Hans 38 IV 1
Keutgen, Friedrich 2 I 2
Kiesinger, Kurt Georg 44 III 2, 46 I, 46 II 1
Klüber, Johann Ludwig 30 II 2
Knichen, Andreas 22 II 1
Kohl, Helmut 44 III 2, 46 I, 46 IV 4
Konradin 10 III
Konstanze, normann. Prinzessin 9 II 2
Kotzebue, August von 30 III 1
Kreittmayr, Wiguläus von 26 III 1
Krenz, Egon 46 IV 4
Kutusow, Michail Ilarionowitsch 30 I

Laband, Paul 34 III 3, 36 I 1, 36 V
Lammers, Hans-Heinrich 40 III 2
Lampadius, Jakob 22 II 2
Lassalle, Ferdinand 33 II 4
Leibniz, Gottfried Wilhelm 22 III
Lenin, Wladimir Iljitsch 45 I 1
Leopold von Hohenzollern-Sigmaringen, Prinz 34 II 2
Lerchenfeld, Hugo von 36 I 1, 36 II 2
Levold von Northof 13 IV
Ley, Robert 40 III 1
Liebknecht, Karl 38 I 2; – Wilhelm 33 II 4
Limnaeus, Johannes 22 II 1
Lipsius, Justus 22 I 2
Locke, John 22 III, 25 II 4
Lossow, Otto von 38 I 3
Ludendorff, Erich 36 VI 1, 37 I 1, 37 I 2
Ludwig Wilhelm, Mgf. von Baden 24 III 2
Lübke, Heinrich 44 III 2
Lupold von Bebenburg 11 II 1
Luther, Martin 15 III 2, 18 III 1, 20 I 2
Lüttwitz, Walther von 38 I 2
Luxemburg, Rosa 38 I 2

Machiavelli, Niccolo 20 I 1, 22 III
Maier, Reinhold 41 III 2
Maizière, Lothar de 46 V 1
Manfred (Staufer) 10 III
Manteuffel, Otto von 32 II 1
Maria Theresia 26 I 1, 26 III 2, 26 IV 5
Marsilius von Padua 11 II 2, 22 I 2
Martini, Carl Anton von 26 IV 1
Marx, Karl 45 I 1
Max III. Joseph, Kf. von Bayern 26 III 1
Max von Baden, Prinz 36 VI 1, 37 I 1, 37 I 3, 37 I 4
Maximilian I., Hzg. von Bayern 21 I 1, 21 I 2
McCloy, John 43 II 1
Meißner, Otto 39 I 1
Melanchthon, Philipp 22 I 2
Metternich, Clemens von 29 I 3, 30 I, 30 II 2, 30 II 3, 30 III 1, 30 III 2, 30 III 3, 31 II 2
Meyer, Georg 36 V
Michaelis, Georg 36 VI 1
Modrow, Hans 46 IV 4
Mohl, Robert von 29 III 2
Moltke, Helmuth James Graf v. 40 IV

Montesquieu, Charles de 25 II 3, 25 II 5, 26 IV 1, 26 IV 5
Montgelas, Maximilian von 28 I, 28 II 1, 28 II 2
Moritz, Kf. von Sachsen 15 III 2
Moser, Friedrich Karl von 26 II
Moser, Johann Jakob 25 I 2, 25 II 1
Moses 20 I 1
Müller, Hermann 38 II 4

Napoleon, s. Bonaparte
Nikolaus von Cues 15 I 3
Noack, Ulrich 46 II 2

Odilo (Abt v. Cluny, 994–1048) 8 II 1
Oestreich, Gerhard 20 III
Ohnesorg, Benno 44 VII 4
Otto von Freising 6 II 2
Oxenstjerna, Axel von 21 I 3

Papen, Franz von 38 V 2, 39 I 1, 39 II 1
Päpste:
 Petrus (gest. um 67) 11 II 2; Zacharias (741–752) (5 I 1); Clemens II. (1046–1047) 8 II 1; Leo IX. (1049–1054) 8 II 1; Nikolaus II. (1058–1061) 8 III 1; Gregor VII. (1073–1085) 8 III 1; Innozenz III. (1198–1218) 11 I 1, (11 II 2); Bonifaz VIII. (1294–1303) 11 II 2; Johann XXII. (1316–1334) 11 II 2; Paul IV. (1555–1559) (19 III 1); Innozenz X. (1644–1655) (21 II 1); Innozenz XII. (1691–1700) 23 IV
Philipp I., Ldgf. von Hessen 16 II 2
Pieck, Wilhelm 45 III 2
Posadowsky, Alfred von 36 I 2, 36 III
Preuß, Hugo 37 III 1
Pribislaw-Heinrich 9 II 8
Pufendorf, Samuel 22 III, 23 II 4, 25 II 4
Pütter, Johann Stephan 25 II 1, 27 II 1

Rathenau, Walter 38 I 2
Rehm, Hermann 36 V
Reinald von Dassel 9 I 1
Reinkingk, Theodor 22 II 2
Reuter, Fritz 42 I 3
Roon, Albrecht von 32 II 3
Roosevelt, Franklin D. 41 I 1
Rosenberg, Alfred 40 III 1
Rousseau, Jean-Jacques 25 III

Schäffer, Fritz 41 III 2
Scheel, Walter 44 III 2
Scheidemann, Philipp 37 I 3, 37 III 2
Schiller, Friedrich von 30 IV
Schirdewan, Karl 45 VIII 4
Schleicher, Kurt von 38 V 2, 38 V 3, 39 I 1
Schmidt, Helmut 44 III 2, 44 III 6, 44 VII 4
Schmitt, Carl 2 I 3, 38 IV 1, 40 I
Schönborn, Johann Philipp von 24 III 1; – Lothar Franz von 24 III 2

Schönherr, Albrecht 45 VIII 3
Schulze-Delitzsch, Hermann 33 II 4
Schumacher, Kurt 41 III 1, 41 III 4, 41 V 2, 42 I 2, 46 II 3
Schuman, Robert 43 III 2
Schwarzenberg, Felix von 31 IV 2, 32 I 1, 32 I 2
Seckendorff, Veit Ludwig von 22 I 2
Seeckt, Hans von 38 I 2, 38 I 3
Severinus de Monzambano s. Pufendorf, Samuel
Sickingen, Franz von 16 II 5
Simson, Eduard von 34 II 4
Smend, Rudolf 38 IV 1, 44 IV 1
Smith, Adam 25 II 2
Speer, Albert 40 III 1
Stahl, Friedrich Julius 29 III 1
Stalin, Josef 41 I 1, 41 IV 2, 45 II 3, 45 VI 1, 46 I, 46 II 1
Stein, Karl von und zum 28 II 1, 28 II 2, 28 II 4, 30 I
Stein, Lorenz von 33 III
Stoph, Willi 45 III 3, 45 IV 2, 46 II 4
Stresemann, Gustav 38 I 3, 38 II 1, 38 II 4, 38 V 1
Struve, Gustav von 31 II 1
Stryk, Samuel 22 IV
Suidger s. Papst Clemens II.
Svarez, Carl Gottlieb 26 IV 2, 26 IV 3

Tacitus 7 I 1
Talleyrand, Charles Maurice de 30 I
Thälmann, Ernst 38 V 1
Thoma, Richard 39 III
Thomas von Aquin 13 IV
Thomasius, Christian 22 III
Tilly, Johann Tserclaes von 21 I 1, 21 I 4
Tirpitz, Alfred von 36 I 2
Todt, Fritz 40 III 1
Trauttmannsdorff, Maximilian von 21 II 2

Ulbricht, Walter 41 IV 2, 45 II 3, 45 III 2, 45 VI 2, 45 VIII 2, 45 VIII 4, 46 I, 46 II 4

Vattel, Emmerich von 25 II 6, 28 I
Vener, Job 15 I 3
Voltaire 26 III 1

Wallenstein, Albrecht von 21 I 1, 21 I 2
Weber, Max 23 I, 37 IV 1
Weber, Werner 41 IV 3
Weimar, Bernhard von 21 I 3
Weizsäcker, Richard von 44 III 3
Welcker, Karl Theodor 29 III 2, 31 II 2
Wilhelm V., Ldgf. von Hessen-Kassel 21 I 3, 21 I 4
Wilhelm von Ockham 11 II 2
Wilson, Thomas Woodrow 37 I 1
Wolff, Christian 25 I 1, 25 II 2, 25 II 4, 25 III

Zasius, Ulrich 18 II 1
Zeiller, Franz Anton Felix von 26 IV 1

Verzeichnis der Orte, Territorien und Landschaften

Aachen 6 I 1, 6 I 2, 7 II 2, 8 I 1, 9 II 7, 14 II
Adria 23 III 2
Afrika 9 II 8
Alpen 9 II 3, 7, 10 II 1, 10 IV 2, 13 II 4, 13 II 5, 13 IV
Altdorf (Universität) 20 I 2, 22 II 1
Anhalt 13 III 4, -Köthen 29 I 1
Ansbach (Markgrafschaft) 13 III 1, 27 I 1
Aquileja 13 III 3
Aquitanien 5 I 5, 6 II 1
Armenien 9 II 8
Aschaffenburg 27 II 1
Auerstedt (Schlacht 1806) 27 III 1, 28 I
Augsburg 7 II 5, 10 IV 2, 15 III 2, 19 II 2, 19 III 1, 19 III 3, 27 II 1
Augsburg (Frieden 1555) 19 I
Augustenburg 32 I 3
Austerlitz (Schlacht 1805) 27 III 1
Austrasien 5 I 5, 5 III 1, 6 II 1; s. a. Ostfranken
Avignon 11 II 2

Bad Ems 34 II 3
Baden 13 III 1, 26 III 1, 26 IV 4, 27 I 4, 27 II 1, 28 I, 28 II 1, 28 II 3, 28 III 2, 29 I 3, 29 II 2, 29 IV, 30 III 2, 31 II 1, 31 V 2, 32 I 2, 32 II 1, 33 II 2, 33 III, 34 I 1, 34 I 2, 34 II 1, 34 II 2, 34 II 4, 34 III 3
Baden-Württemberg 44 II 4
Balkan 23 III 2
Baltikum 14 IV 1, 40 III 1
Bamberg 8 II 1, 13 III 1, 21 I 3, 26 III 1
Bar 13 III 2
Basel (Sonderfrieden 1795) 27 I 3
Bayern 5 II 3, 7 II 4, 9 II 3, 12 I 2, 13 II 4, 13 II 5, 13 III 3, 14 I 2, 15 III 3, 16 II 1, 16 II 2, 16 II 5, 17 II 1, 17 IV 2, 20 I 4, 20 II 3, 21 III, 23 IV, 24 IV 2, 26 I 1, 26 I 2, 26 III 1, 26 IV 1, 26 IV 5, 27 I 1, 27 I 2, 27 I 4, 27 II 1, 27 II 2, 27 III 1, 28 I, 28 II 2, 29 I 1, 29 I 3, 29 IV, 30 I, 31 I 3, 31 IV 1, 31 V 1, 31 V 3, 33 II 2, 34 I 1, 34 I 2, 34 II 4, 34 III 1, 35 II 2, 38 I 3, 41 III 2, 41 III 4, 46 II 4
Bayreuth (Markgrafschaft) 13 III 1, 27 I 2
Belgien 21 III, 30 III 3, 32 II 2, 36 I 2
Beneluxländer 42 I 1, 43 III 2
Berg (Herzogtum, Großherzogtum) 12 I 3, 13 III 1, 23 IV, 28 I, 28 II 1, 28 III 2, 29 I 1
Berlin 26 III 1, 27 I 1, 27 I 4, 27 III 1, 30 IV, 31 II 2, 31 V 1, 31 V 2, 32 I 1, 32 I 2, 34 I 2, 34 II 4, 35 II 2, 36 I 1, 37 I 3, 37 II 1, 37 III 1, 38 I 2, 38 I 3, 41 I 1, 41 II 1, 42 I 1, 42 I 3, 42 III 1, 43 II 5, 44 VII 4, 46 II 1, 46 III, 46 IV 7
Berlin (Universität) 25 III

Bern 9 II 7
Bielefeld 13 III 1
Blankenburg 13 III 4
Böhmen 6 II 1, 8 I 2, 9 II 8, 11 I 1, 11 II 2, 12 I 2, 12 III 2, 14 IV 2, 15 I 2, 21 I 1, 23 III 2, 24 IV 2, 26 I 1, 26 IV 4, 26 IV 5, 30 II 3, 31 II 2
Bologna 10 III, (Juristenfakultät) 9 I 2, 10 IV 1, 11 III
Bonn 41 V 1, 42 II 1, 42 II 4, 46 II 4
Brabant 13 III 2
Brandenburg, Mark 9 II 8, 11 I 1, 14 IV 1, 14 IV 2, 15 II 3, 17 IV 2, 21 III, 23 II 2; -Kulmbach 15 II 3; -Preußen 23 III 1, 23 III 2, 24 VI 1, 26 I 1, 26 IV 4, 41 IV 1, 46 IV 5
Braunschweig 9 II 7; (Land) 10 II 3, 13 III 4, 29 I 3, 41 III 2
Breisgau 13 III 1, 23 III 2
Breitenfeld (Schlacht 1631) 21 I 4
Bremen 7 II 5, 13 III 4, 16 I 2, 21 III, 24 I 3, 27 II 1, 41 V 2, 42 II 1
Brest-Litowsk (Frieden 1918) 37 I 1
Brüssel 13 III 2
Buchenwald (KZ) 40 III 2
Bulgarien 37 I 1
Burgau 13 III 1
Burgund 7 II 4, 9 II 8, 13 III 2, 15 II 3, 18 II 2, 21 III; s. a. Hochburgund
Byzanz 8 I 1

Cambrai 6 II 1
Campo Formio (Frieden 1797) 27 I 3, 28 II 1
Canossa 8 III 1
Casablanca (Konferenz 1943) 41 I 1
Castell 13 III 1
Chemnitz 9 II 7
Cluny 8 II 1

Dachau (KZ) 40 III 3
Dalmatien 30 II 3
Dänemark 9 II 8, 10 I 3, 13 III 4, 24 I 3, 32 I 4, 43 III 4
Danzig 13 III 4
Den Haag 43 III 43, 43 IV 1; (Kongreß 1948) 43 III 1
Deutschland 6 I 1, 6 II 2, 9 II 3, 9 II 7, 10 I 2, 10 II 1, 10 II 2, 10 II 3, 10 II 4, 10 IV 2, 11 III, 12 I 1, 13 III 1, 13 II 1, 15 I 4, 15 II 3, 15 III 2, 17 I 8, 1 I, 20 I 1, 20 I 3, 21 I 1, 22 II 2, 22 III, 23 I, 24 III 2, 24 VII, 25 I 1, 25 II 1, 25 II 3, 25 II 4, 25 IV, 26 I 1, 26 I 2, 26 II, 27 III 1, 28 I, 29 I 3, 29 V 2, 30 I, 30 II 1, 30 II 2, 31 II 1, 31 III 3, 32 I 1, 32 III 3, 33 I, 33 II 2, 33 II 3, 34 I 2,

34 II 4, 35 I, 35 III 3, 37 I 1, 37 I 2, 37 II 2, 37 III 2, 37 IV 3, 38 I 1, 38 I 3, 39 I 2, 40 V, 41 I 1, 41 I 2, 41 II 1, 41 II 2, 41 II 4, 41 III 3, 41 V 2, 42 I 1, 42 I 2, 42 I 3, 42 II 3, 42 II 5, 42 III 1, 43 I, 43 II 1, 43 II 3, 43 II 4, 43 III 1, 43 III 2, 43 IV 1, 43 IV 2, 44 II 1, 44 II 4, 44 V 1, 45 II 1, 45 II 3, 45 VIII 3, 46 I, 46 II 1, 46 II 2, 46 II 4, 46 III, 46 IV 4, 46 IV 7, 46 V 1, 46 V 2, 46 V 3; – Delbrück'sches 35 II 1; – drittes 23 IV, 29 I 3; – protestantisches 22 I 2; – reichisches 24 III 2, 27 I 1
Dithmarschen 13 III 4
Donau 7 II 5, 13 III 1, 14 I 3
Donauwörth 19 III 5
Dorpat 14 IV 2
Dortmund 7 II 5
Dresden 31 V 2, 46 IV 3

Eger 9 II 6, 9 II 7
Eichstätt 13 III 3
Eidgenossenschaft 12 I 2; s. a. Schweizerische Eidgenossenschaft
Elba 30 I
Elbe 6 II 1, 9 II 6, 13 III 4, 14 III 1, 24 VI 1
Elsaß 9 II 6, 27 I 1, 30 II 3, 40 III 1
Elsaß-Lothringen 35 I, 35 II 2, 38 I 1
Ems, Bad 34 II 2
England 8 III 2, 9 II 2, 23 IV, 24 I 3, 29 III 2, 30 I
Erfurt 7 II 5
Erfurt (Universität) 18 I 1
Estland 10 I 3, 14 IV 1, 14 IV 2
Eupen-Malmedy 40 III 1
Europa 10 I 3, 10 IV 1, 20 I 3, 20 III 2, 30 II 1, 30 II 3, 35 I, 40 II 4, 41 II 4, 42 I 3, 43 III 1, 43 III 3, 43 III 4. 45 V, 45 VIII 2, 46 II 4, 46 IV 1, 46 IV 4; (vereinigtes) 43 III 1, 46 II 1

Falkenstein 13 III 1
Fichtelgebirge 9 II 6
Flandern 13 III 2
Flensburg 41 I 2
Franken 5 II 4, 9 II 3, 9 II 6, 12 I 2, 12 III 1, 13 II 4, 13 II 5, 14 I 2, 14 III 1, 15 II 3, 16 II 1, 16 II 5, 17 V 2, 23 V, 24 III 2
Frankfurt 7 II 5, 9 II 7, 11 II 3, 12 I 2, 14 I 4, 14 II, 24 IV 1, 26 I 1, 27 II 1, 29 I 1, 30 II 1, 30 III 2, 31 II 1, 31 III 2,31 IV 2, 32 I 1, 32 I 2, 32 I 3, 33 II 2, 34 I 1, 34 III 2, 41 V 1, 42 I 2, 42 I 3
Frankfurt/Oder (Universität) 18 I 1, 22 IV
Frankreich 6 I 1, 6 II 1, 8 III 2, 9 II 2, 10 I 2, 11 III, 13 II 2, 15 III 2, 18 I 1, 21 I 4, 21 II 1, 21 III, 22 I 1, 23 III 1, 24 III 1, 24 III 2, 24 IV 2, 24 VII, 25 II 4, 27 I 1, 27 I 3, 27 I 4, 27 II 1, 27 III 1, 28 II 1, 29 I 1, 29 III 2, 30 I, 30 II 3, 32 III 2, 34 I 2, 34 II 2, 34 II 4, 35 I, 35 III 2, 41 I 1, 41 II 1, 41 II 3, 41 II 4, 41 III 2, 41 V 1, 42 I 1, 43 I 3, 43 II 3, 43 III 1, 43 III 2, 43 III 4
Freiburg i. Br. 9 II 7
Freiburg (Universität) 18 I 1
Freising 13 III 3
Friedberg 9 II 7
Friesland 13 III 4

Fritzlar 7 II 2
Fulda 13 III 1, 21 I 3

Galizien 26 IV 1, 30 II 3
Gallien 4 I, 4 II 4, 5 I 4, 5 I 5, 6 II
Geldern 13 III 2
Gelnhausen 9 II 7
Germanien 5 I 4
Gießen (Universität) 20 I 2, 22 II 1
Gnesen 8 I 1
Görz 13 III 3, 23 III 2
Göttingen 29 IV 2
Graz (Universität) 20 I 2
Greifswald (Universität) 18 I 1
Griechenland 43 III 4
Großberlin 41 I 1; s. a. Berlin
Großbritannien 41 I 1, 43 III 4
Großhessen 41 III 2; s. a. Hessen

Hagenau 9 II 7
Halberstadt (Hochstift) 7 II 5, 13 III 4, 21 III
Halle (Universität) 22 IV
Hamburg 7 II 5, 27 II 1, 38 I 3, 42 II 1
Hannover (Staat) 23 IV, 24 I 3, 24 III 2, 27 I 4, 27 III 2, 29 I 3, 29 IV 2, 30 I, 31 IV 1, 32 I 1, 32 II 1, 33 II 2, 34 I 1
Harz 7 II 4, 9 II 8
Heidelberg 31 II 1
Heidelberg (Universität) 13 IV, 18 I 1, 23 II 4
Helmstedt (Universität) 20 I 2, 21 I 2, 22 I 2, 22 IV
Henneberg 13 III 1
Hennegau 13 III 2
Heppenheim 31 I
Herrenchiemsee 42 II 1
Hessen 12 I 3, 13 III 1, 23 IV; -Darmstadt 29 I 3, 34 I 1, 34 II 4; -Kassel 20 I 3, 21 I 3, 21 I 4, 21 II 1, 23 IV, 26 III 1, 27 I 4, 27 II 1, 29 I 3
Hildesheim (Stadt) 7 II 5; (Stiftslande) 13 III 4, 27 II 1
Hinterpommern 21 III, 23 III 1
Hochburgund 6 II 1, 9 II 8
Hohenlohe 13 III 1
Hohnstein 13 III 4
Holland 13 III 2, 37 I 1
Holstein 13 III 4, 24 I 3, 31 III 3, 32 I 4, 34 I 1
Hoya 13 III 4

Ingelheim 14 II
Ingolstadt 20 I 4
Ingolstadt (Universität) 18 I 1
Innerösterreich 23 III 2
Irland 43 III 4
Israel 43 IV 1
Istrien 23 III 2
Italien 5 I 4, 6 I 1, 7 II 4, 8 I 1, 8 II 2, 9 II 1, 9 II 3, 9 II 6, 9 II 7, 10 II 2, 11 I 1, 14 IV 1, 18 I 1, 31 II 2, 43 III 2

Jalta (Konferenz 1945) 41 I 1
Jena (Schlacht 1806) 27 III 1, 28 I
Jena (Universität) 20 I 2, 22 II 1

Verzeichnis der Orte, Territorien und Landschaften

Jerusalem 10 I 2
Jülich (Herzogtum) 12 I 3, 13 III 1, 23 IV

Kaiserslautern 9 II 7
Kalisch (Proklamation 1813) 30 I
Kärnten 6 II 1, 13 III 3, 23 III 2
Karpathen 14 IV 1
Kassel 13 III 1
Katzenelnbogen 13 III 1
Kempten 17 IV 1
Kiel 37 I 2
Kleinpolen 14 IV 1
Kleve (Grafschaft/Herzogtum) 12 I 3, 13 III 1, 17 IV 2, 18 II 2, 23 III 1
Köln 7 II 5, 7 III, 11 I 1, 13 II 4, 13 III 1, 17 IV 2, 19 III 1, 19 III 2, 21 I 3, 24 IV 2, 26 III 1, 30 II 3
Köln (Universität) 18 I 1
Königgrätz (Schlacht 1866) 32 I 4, 32 II 3
Königsberg 32 II 3
Königsberg (Universität) 18 I 1, 20 II
Konstantinopel 4 I, 5 I 4, 15 I 4
Konstanz (Konzil 1414–1418) 11 II 2, 15 I 3, 15 I 5
Krain 6 II 1, 13 III 3, 23 III 2, 30 II 3
Kuba 46 II 1
Kulm 14 IV 1
Kurbrandenburg 19 III 2, 23 III 1; s. a. Brandenburg-Preußen
Kur-hessen 31 II 3, 32 I 1, 32 II 1, 34 I 1; -köln 17 IV 2, 19 III 2; s. a. Köln; -mainz 17 II 1, 21 I 3; -pfalz 13 III 1, 17 II 1, 17 IV 2, 19 III 2, 19 III 3, 19 III 5, 19 III 6, 20 I 3, 21 I 1; -sachsen 17 II 1, 19 III 1, 19 III 2, 20 I 3, 21 I 4, 21 II 2, 21 III, 23 IV, 24 I 3

Lausitz 6 II 1, 21 III
Lechfeld (Schlacht 955) 8 I 1
Leipzig 41 IV 3, 46 IV 2, 46 IV 3; (Universität) 18 I 1; (Völkerschlacht 1813) 30 I
Liechtenstein 30 II 3, 34 I 1
Lienz 13 III 3
Lippe 13 III 1
Livland 8 I 2, 10 I 3, 14 IV 2
Löwen (Universität) 18 I 1
Loire 4 I, 6 II 1
Lombardei 30 II 3
London 16 I 2, 41 I 1, 41 I 2, 41 IV 2, 42 I 1, 42 I 3; (Konferenz des Rates der Außenminister 1947) 41 II 4, 42 I 1
Lothringen 6 I 1, 6 II 1, 13 III 2, 21 III, 27 I 1, 40 III 1
Lübeck 9 II 7, 14 II, 14 IV 1, 27 II 1
Lüneburg 10 II 3, 13 III 4
Lunéville (Frieden 1801) 27 II 1
Lüttich 13 III 2, 27 I 1
Lützen (Schlacht 1632) 21 I 3
Luxemburg 12 I 3, 13 III 2, 30 II 3, 34 I 1, 40 III 1

Maas 13 III 1, 13 III 2
Magdeburg (Erzbistum) 13 III 4, 14 II, 19 III 5, 21 III

Magdeburg (Stadt) 7 II 5, 14 IV 1, 23 III 1
Mähren 6 I 2, 21 I 1, 23 III 2, 26 IV 4, 30 II 3
Mailand 23 III 2, 30 II 3
Main 6 II 1, 9 II 6, 13 III 1, 34 I 1
Mainz 6 II 1, 7 II 2, 7 II 5, 11 I 1, 11 I 2, 11 II 3, 13 III 1, 15 II 2, 24 III 1, 27 II 1, 30 III 1
Mannheim 31 II 1
Mansfeld 13 III 4
Marburg 13 III 1
Marburg (Universität) 18 I 1, 20 II
Mark (Grafschaft) 13 III 1, 17 IV 2, 23 III 1
Mecklenburg 9 II 8, 12 I 3, 13 III 4, 14 IV 1, 14 IV 2, 23 IV, 27 II 1, 41 III 1; -Vorpommern 46 IV 5
Meerssen (Vertrag) 6 I 1, 6 II 1
Meißen 13 III 4
Merseburg (Hochstift) 13 III 4, 19 III 1
Messina (Außenministerkonferenz v. 1. 6. 1955) 43 III 2
Metz 6 II 1, 13 III 2, 21 III
Minden 13 III 1, 21 III, 23 III 1
Mitteldeutschland 9 II 6, 10 IV 2, 38 I 3
Mitteleuropa 7 I 1, 43 IV 2, 46 II 1
Mittelgebirge 14 IV 1
Mittelrhein 12 I 2, 12 III 1, 16 II 1, 20 I 3
Mosel 6 II 1, 13 III 1
Moskau 30 I, 42 III 1, 45 VI 1; (Konferenz des Rates der Außenminister 1947) 41 II 4
Mühlhausen (Kurfürstentag 1627) 21 I 2, 21 I 4
München 9 II 7, 20 I 4, 21 I 2, 21 III, 26 I 2, 27 I 1, 34 II 4, 37 I 2, 38 I 3
Münster 13 III 1, 15 II 3, 21 I 3, 21 I 4, 21 II 1, 24 III 1, 27 II 1

Namur 10 II 3, 13 III 2
Nancy 13 III 2
Nassau 13 III 1, 34 I 1
Naumburg (Hochstift) 13 III 4, 19 III 1
Neapel (Universität) 10 II 1
Neustrien s. Westfranken
Neumarkt 14 IV 1
Neuwürttemberg 28 II 1
Niederelsaß 12 I 1
Niederlande 6 II 1, 15 II 3, 21 I 4, 21 III, 24 III 1
Niederlande (habsburgische) 27 I 2
Niederlande (spanische) 21 III, 23 III 2, 24 III 1
Niederlothringen 13 III 2
Niederrhein 13 IV
Niedersachsen 41 III 2
Niederschwaben 12 I 1
Nordbaden 41 III 2
Norddeutschland 10 III, 10 IV 2, 38 III 1, 41 III 2
Nordgallien 6 II 2
Nördlingen (Schlacht 1634) 21 I 3
Nordostpreußen 41 II 1
Nordrhein-Westfalen 41 III 2
Nordsee 6 I 1, 14 IV 1
Nordwürttemberg 41 III 2; – Nordbaden s. Württemberg-Baden
Novgorod 16 I 2
Nürnberg 9 II 6, 12 I 1, 13 III 1, 14 I 4, 18 I 1, 27 I 2, 27 II 1

450 Verzeichnis der Orte, Territorien und Landschaften

Oberelsaß 12 I 1, 13 III 1
Oberpfalz 21 III
Oberrhein 13 III 1, 15 II 3
Obersachsen 15 II 3
Oberschwaben 12 I 1, 14 III 1
Offenburg 31 I
Oldenburg 13 III 4, 41 III 2
Oppenheim 7 II 2
Orléans (Reichssynode 511) 5 III 2
Osnabrück 13 III 1, 21 I 4, 21 II 1, 21 III, 24 III 1
Ost-Berlin 45 VIII 3, 46 I, 46 II 4, 46 IV 3; s. a. Berlin
Ostelbien 14 IV 1, 24 VI 1, s. a. Elbe
Österreich 6 II 1, 9 II 3, 10 II 1, 12 I 2, 12 III 1, 13 II 4, 13 III 3, 15 I 2, 15 II 3, 16 II 2, 23 III 2, 24 III 2, 24 IV 1, 24 VI 1, 26 I 1, 26 IV 1, 26 IV 3, 26 III 4, 26 IV 5, 27 I 1, 27 I 2, 27 I 4, 27 III 1, 27 III 2, 28 II 3, 28 II 5, 29 I 3, 30 I, 30 II 1, 30 II 3, 30 III 2, 30 V, 31 I, 31 II 3, 31 IV 1, 31 IV 2, 31 V 2, 32 I 1, 32 I 2, 32 I 4, 32 II 1, 34 I 2, 40 III 1; – ob der Enns 23 III 2; – unter der Enns 23 III 2
Österreich-Ungarn 36 VI 1
Osteuropa 10 IV 2, 14 II, 42 I 1, 43 I, 43 IV 1, 46 IV 1
Ostfranken 5 I 5, 5 III, 6 I 1, 6 I 2, 6 II 1, 6 II 2, 9 II 6, 13 III 1
Ostmark 6 II 1
Ostmitteleuropa 14 IV 1, 14 IV 2, 24 VI 1, 35 I
Ostpreußen, s. Preußen (Ostpreußen)
Ostsee 16 I 2, 21 I 1
Ostseeraum 14 IV 1

Paderborn 7 II 5, 13 III 1, 27 II 1
Paderborn (Universität) 20 I 2
Padua 10 IV 1
Palermo 10 I 1
Paris 22 I 1, 28 I, 29 I 3, 29 III 2, 31 II 1, 41 II 2, 43 III 2; (Konferenz des Rates der Außenminister 1946) 41 II 45
Passau 13 III 3, 19 III 1
Pavia 7 II 1, (Konzil 1160) 9 I 1
Pfalz 9 II 6, 31 V 2
Piacenza 9 I 2
Piemont 32 I 2
Polen 8 I 2, 13 III 4, 14 IV 1, 14 IV 2, 21 III, 23 III 1, 23 IV, 24 I 3, 27 I 2, 30 II 3, 38 I 1, 40 III 1, 41 II 1
Pommern 13 III 4, 14 IV 1, 14 IV 2, 30 II 3
Portugal 43 III 4
Posen (Provinz) 30 II 3, 31 II 3, 35 I, 38 I 1, 40 III 1
Potsdam 41 II 1
Prag 6 II 1, 13 IV, 21 I 1, 31 IV 2, 34 I 1, 46 IV 3; (Frieden 1635) 21 I 4, 21 II 1, 21 II 2, 21 II 3; (Frieden 1866) 34 I 1
Prag Universität) 13, III, 18 I 1
Preßburg (Frieden 1805) 27 II 2
Preußen (Auflösung) 41 V 2; (Provinzen) 41 III 2; (Staat) 24 III 2, 25 III, 26 I 2, 26 IV 2, 26 IV 3, 26 IV 5, 27 I 1, 27 I 2, 27 I 4, 27 II 1, 27 III 1, 28 I, 28 II 1, 28 II 2, 28 II 3, 28 III 1, 29 I 2,

29 I 3, 29 IV 2, 30 I, 30 II 2, 30 III 3, 30 V, 31 I 2, 31 II 3, 31 III 3, 31 IV 1, 31 V 1, 31 V 2, 32 I 1, 32 I 2, 32 I 4, 32 II 1, 33 II 2, 33 II 3, 33 II 4, 33 III, 34 I 1, 34 II 1, 34 II 4, 34 III 1, 34 III 2, 34 III 3, 35 I, 35 II 2, 37 III 1, 38 III 1, 39 II 1, 39 II 2, 39 III, 41 V 2
Preußen (Ostpreußen) 13 III 4, 21 III, 23 III 1, 23 III 2, 30 II 3, 31 II 3; s. a. Nordostpreußen, Preußenland
Preußenland 10 I 3, 14 IV 1
Provence 9 II 8
Prüm 13 III 2

Ravensberg 13 III 1, 23 III 1
Regensburg 7 II 5, 9 II 6, 13 III 3, 19 III 5, 24 II 2, 27 II 1
Reims 4 I
Reval 14 IV 2
Rhein 6 II 1, 7 II 4, 7 II 5, 9 II 7, 13 III 1, 14 I 3, 15 II 3, 16 II 5, 23 IV, 23 V, 24 III 1, 24 III 2, 27 I 3, 27 II 1, 28 II 1, 28 III 1, 31 II 1
Rheinland 13 II 5, 15 II 3, 16 II 5, 30 II 3, 31 II 1, 38 II 1
Rheinland-Pfalz 41 III 2
Rhense 11 II 2
Ried (Vertrag 1813) 30 I
Riga 10 I 3, 14 IV 2
Rom 5 I 1, 5 I 4, 7 II 4, 8 I 1, 8 II 2, 10 I 2, 11 II 2
Roncaglia 9 II 3; s. a. Ronkalische Felder
Ronkalische Felder 9 I 2, 9 II 1, 9 II 4
Rostock (Universität) 18 I 1
Rothenburg 9 II 6
Rottweil (Hofgericht) 12 I 1
Rüdesheim 42 I 3
Rügen 21 III
Ruhrgebiet 38 I 2, 38 I 3, 42 I 1
Rußland 27 I 2, 30 I, 30 II 3, 35 III 2, 35 III 3, 36 VI 1, 40 III 3

Saargebiet 41 III 2, 42 I 1, 43 II 3
Sachsen 5 III 1, 6 I 2, 9 II 3, 11 I 1, 11 II 3, 13 II 4, 13 II 5, 13 III 4, 13 III 5, 15 II 3, 16 II 5, 17 IV 2, 19 III 6, 21 I 4, 24 I 3, 24 III 2, 24 VI 1, 27 I 4, 28 II 1, 28 II 2, 29 I 3, 29 II 2, 31 V 1, 32 I 1, 33 II 2, 34 II 3, 38 I 3, 38 III 1, 41 IV 1, 41 IV 2, 46 IV 5; s. a. Kursachsen
Sachsen-Anhalt 41 IV 1, 46 IV 5
Sachsen-Wittenberg 13 III 4
Sachsenhausen (KZ) 40 III 3
Salzburg 13 III 3, 26 III 1, 27 II 1
Salzburg (Universität) 20 I 2
Sauerland 14 III 1
Schaumburg 13 III 1
Schlesien 13 II 4, 14 IV 1, 14 IV 2, 14 IV 2, 21 I 4, 26 I 1, 26 II, 26 IV 4, 30 II 3, 38 I 1
Schlesien (Österreichisch Schlesien) 26 IV 4
Schleswig 13 III 4, 30 II 3, 31 I 1, 32 I 4, 34 I 1
Schleswig-Holstein 41 III 2
Schwaben 7 II 4, 9 II 6, 12 I 2, 12 III 1, 13 II 4, 13 II 5, 13 III 1, 14 I 2, 15 II 3, 16 II 1, 16 II 5, 23 V, 24 III 2

Verzeichnis der Orte, Territorien und Landschaften

Schwarzburg 13 III 3
Schwarzwald 14 III 1
Schweden 21 I 3, 21 I 4, 21 II 1, 21 III, 23 II 2, 23 III 1, 24 I 3
Schweizerische Eidgenossenschaft 12 I 2, 13 III 3, 16 I 3, 21 III
Schwyz 13 III 3, 16 I 3
Sedan (Schlacht 1870) 34 II 4
Siebenbürgen 23 III 2, 30 II 3
Sizilien (normannisches Königreich) 9 I 1, 9 II 2, 9 II 8, 10 I 2, 10 II 1, 10 III, 11 I 1
Sowjetunion 41 I 1, 41 II 1, 41 II 3, 41 II 4, 41 III 2, 42 I 1, 43 II 1, 43 III 1, 45 I 2, 45 III 1, 45 V, 46 I, 46 II 1, 46 III, 46 IV 3, 46 V 1
Spa 37 I 2
Spandau 26 IV 3
Spanien 21 I 4, 34 II 3, 43 III 4
Speyer 7 II 5, 24 V
Speyergau 12 I 1
Stablo 13 III 2
Steiermark 6 II 1, 12 I 2, 13 III 3, 23 III 2
Stollberg 13 III 4
Straßburg 7 II 5, 13 III 2, 43 III 2, 43 III 3; (Universität) 22 II 1
Stuttgart 31 IV 2, 38 I 2, 41 III 2
Südamerika 25 II 4
Südbaden 41 III 2
Süddeutschland 10 IV 2, 28 II 1, 34 II 1, 34 II 2, 34 II 4, 41 III 2
Südfranken 4 II 1
Süditalien 9 II 2, 10 I 2, 10 II 1, 10 II 2, 10 III
Südtirol 31 II 3
Südwestdeutschland 23 V, 31 I, 31 II 1
Sutri (Synode 1046) 8 II 1

Tallin s. Reval
Tartu s. Dorpat
Tecklenburg 13 III 1
Teplitz (Vertrag 1813) 30 I
Teheran (Konferenz 1943) 41 I 1
Thorn 13 III 4
Thüringen 5 II 3, 12 I 1, 13 III 1, 13 III 4, 18 II 2, 38 III 1, 41 III 1, 41 IV 3, 46 IV 5
Tirol 13 II 4, 13 III 3, 17 IV 1, 23 III 2, 30 II 3
Toskana 26 III 1
Toul 6 I 3, 13 III 2, 21 III
Trient (Konzil 1545–1563) 19 III 1, 19 III 2, 30 II 3
Trier 7 II 5, 11 I 1, 13 III 1, 26 I 2, 30 III 3
Triest 13 III 3, 23 III 2, 30 II 3
Tschechoslowakei 41 II 1, 45 V
Tübingen 29 III 2
Tübingen (Universität) 18 I 1

Überlingen 9 II 7
Ungarn 15 I 2, 23 III 2, 24 I 3, 26 I 1, 26 IV 5, 30 II 3, 31 II 2, 46 IV 2
Untermain 9 II 6, 12 I 2
Unterwalden 13 III 3, 16 I 3
Uri 13 III 3, 16 I 3

USA 40 V, 41 I 1, 43 II 1, 43 III 1, 43 III 3, 46 II 1, 46 III
Utrecht 13 III 1

Venetien 30 II 3
Verden 13 III 4, 21 III
Verdun 6 II 1, 13 III 2, 21 III
Verdun (Vertrag 834) 5 I 5, 6 I 1, 6 I 2
Verona 13 III 1
Versailles 34 II 4
Virginia (USA) 25 II 4
Voralpenland 14 III 1
Vorarlberg 23 III 2
Vorpommern 21 III, 24 I 3

Waldeck 13 III 1, 38 III 1
Warschau 27 I 2, 46 II 1
Warthegau 40 III 1
Washington 41 IV 2
Waterloo (Schlacht 1815) 30 I
Weichsel 14 IV 2
Weimar 37 III 2, 42 I 3, 42 II 4
Weißer Berg (Schlacht 1620) 21 I 1, 23 III 2
Wernigerode 13 III 4
Wertheim 13 III 1
Weser 13 III 4
West-Berlin 43 II 5, 46 II 1, 46 III; s. a. Berlin
Westeuropa 8 I 2, 13 II 3, 32 II 3, 43 IV 1
Westfalen 9 II 3, 15 II 3, 20 I 3, 30 III 3; (Königreich) 28 I, 28 II 1, 28 III 2, 28 IV, 29 I 1, 30 II 3
Westfranken 4 II 1, 5 I 5, 5 III, 6 I 1, 6 I 2, 6 II 1, 7 II 4
Westpreußen 30 I 3, 31 II 3, 35 I, 38 I 1
Westrußland 40 III 1
Wetterau 9 II 6
Wetzlar 9 II 7, 24 V
Wien 13 IV, 21 I 2, 23 III 2, 24 IV 3, 24 VII, 26 I 1, 27 I 1, 27 I 2, 27 I 4, 27 III 2, 30 II 3, 31 II 2, 31 IV 2, 32 I 2
Wien (Universität) 13 IV, 18 I 1
Wimpfen 9 II 7
Wismar 21 III, 24 I 3
Wittenberg 13 III 4
Wittenberg (Universität) 18 I 1
Wolhynien 14 IV 1
Worms 7 II 5, 15 II 1, 15 II 2, 15 II 3, 19 III 1
Württemberg 13 III 1, 17 IV 3, 18 II 2, 20 I 3, 23 IV, 24 I 3, 26 I 2, 26 IV 5, 27 I 4, 27 II 1, 27 II 2, 27 III 1, 28 I, 28 II 2, 28 II 3, 29 I 3, 30 I, 31 II 3, 31 V 2, 32 I 1, 33 II 2, 34 I 1, 34 II 4, 34 III 3
Württemberg-Baden 41 III 2
Württemberg-Hohenzollern 41 III 2
Würzburg 7 II 5, 9 II 3, 13 III 1, 20 I 2, 21 I 3, 26 III 1, 27 I 4
Würzburg (Universität) 18 I 1
Zürich 16 I 2, 31 III 2
Zwickau 9 II 7
Zypern 9 II 8

Sachverzeichnis

Die Zahlen bezeichnen die §§ des Buches und deren Untergliederung.

Abdankung 19 III 1, 27 III 2, 32 II 3, 37 I 2
Abgaben 7 I 3, 13 I 2, 13 II 5, 14 III 3, 14 IV 1, 15 I 4, 17 V 1, 21 II 3, 28 III 1; -freiheit 14 IV
Abgeordnete 29 I 1, 29 I 3, 29 II 2, 30 III 2, 31 II 1, 31 II 3, 31 III 2, 31 III 3, 31 IV 2, 32 II 3, 34 II 3, 34 III 2, 36 II 1, 37 III 2, 37 IV 1, 44 III 1, 44 III 2, 44 VII 1
Abgeordneten-haus, preußisches 32 II 3; -kammer 29 IV 2, 31 I 2
Ablösung (Grundentlastung) 28 III 1
Abrüstung 42 I 2
Absolutismus 3 II, 17 IV 1, 18 II 2, 22 III, 23 I, 23 II 1, 23 II 2, 23 II 3, 23 II 4, 23 V, 24 IV 3, 24 VI 1, 24 VI 2, 26 II 1, 26 IV 5, 26 IV, 28 II 1, 28 II 1, 28 III 1, 29 I 1, 33 II 2
Abteien 5 II 6, 7 II 6, 13 III 1, 13 III 2, 27 II 2, s. a. Klöster
Abtwahl, freie 5 II 6
Abzugs-recht 19 II 1, 19 III 3, s. a. Auswanderungsrecht, Emigrationsrecht; -steuer 24 VI 1
Acht 9 II 3, 10 II 2, s. a. Reichsacht
action 28 II 1, s. a. délibération
Adel 5 I 1, 5 I 2, 5 II 1, 5 II 6, 5 II 7, 6 I 2, 7 I 1, 7 I 2, 7 II 3, 7 II 5, 7 II 6, 8 II 3, 9 II 5, 9 II 6, 9 II 7, 10 II 1, 12 III 1, 14 IV 1, 15 I 2, 15 I 3, 16 I 3, 17 IV 3, 20 I 3, 21 II 3, 23 II 1, 23 II 2, 23 III 1, 23 III 2, 24 IV 2, 24 VI 1, 24 VI 2, 26 III 1, 26 IV 4, 27 II 1, 28 II 1, 28 III 1, 28 III 2, 28 IV, 29 I 2, 29 I 3, 31 IV 1, 33 III; – mediatisierter 28 II 1; – niederer 9 II 5, 13 II 5, 17 IV 1, 23 V, 33 II 1; – österreichischer 19 III 1; – ostfränkischer 6 I; – reichsunmittelbarer 27 II 2; – senatorischer 4 II 4
Adels-bauern 28 III 1; -herrschaft 7 I 1, 14 I 2, 24 VI 1; -regiment, oligarchisches 23 IV
Adjutanturen 40 III 2
administratio (spätrömische Verwaltung) 4 I
Administration, französische 28 III 1, 33 II 3; – kirchliche 4 II 4; – landesherrliche 17 II 2, 20 I 2, 23 II 2, 26 IV 5; – nationalsozialistische 40 III 2
Admiralität, kaiserliche 35 II 1
Admiralstab 36 I 1
Advokaten 26 IV 3
Aftervasallen 5 II 7
Agnaten, erbberechtigte 29 IV 2
Agrar-ökonomie 33 II 3; -schutzzölle 35 II 3; -verfassung 28 III 1

Aktenversendung 20 II 1
Aktiengesellschaften, sowjetische 41 IV 1
Akzise 23 II 2, 23 III 1, 23 III 2
Albigenser 10 I 4
Alemannen 5 II 3, 5 III 1, 6 II 1, 6 II 2, 7 II 2
Alleinherrschaft 15 I 2, 21 I 2, s. a. monarchia; – landesherrliche 17 IV 1
Alleinvertretungsanspruch 46 II 1
Alleinvertretungsrecht, kaiserliches 21 II 1
Allgemeine Deutsche Arbeiter-Verbrüderung 33 II 4
Allgemeine Deutsche Wechselordnung 32 I 3
Allgemeiner Deutscher Arbeiter-Verein 33 II 4
Allgemeiner deutscher Rätekongreß 37 II 2
Allgemeiner Nationaler Verein 31 III 2
Allgemeines Bürgerliches Gesetzbuch (ABGB) 26 IV 1
Allgemeines Deutsches Handelsgesetzbuch 32 I 3
Allgemeines Landrecht für die preußischen Staaten 26 IV 2
Allgemeines Staatsrecht 25 I 1
Allied Control Authority 41 II 2
Alliierte 41 I 1, 41 I 2, 41 II 1, 41 II 3, 41 II 4, 41 III 1, 41 III 3, 41 III 4, 41 V 1, 42 I 1, 42 I 2, 42 II 2, 42 II 5, 43 I, 43 II 1, 43 II 2, 43 II 3, 43 III 1, 46 III, s. a. Westalliierte
Alliierte Hohe Kommission 42 II 5, 43 II 1, 43 II 3
Allmende 14 III 2, 17 V 1
Allod 10 II 3, 25 II 1
Altliberale 34 I 1
amicitia 7 II 5
Amt 4 II 1, 4 II 2, 4 II 4, 5 I 4, 5 II 2, 5 II 3, 5 II 4, 7 II 3, 8 III 2, 9 II 4, 10 II 2, 11 III, 13 II 2, 13 II 3, 15 I 2, 17 III, s. a. officium; – geistliches 8 III 2, 19 II 2, 21 II 2; – genossenschaftliches 14 III 2; – kaiserliches 27 III 2, 37 I 3; – königliches 5 I 3, 7 II 2, 7 II 3
Ämter (Aufgabenbereiche), geistliche 8 III 1, 18 III 2, 19 II 1, 21 II 2; – königliche 7 II 3, 13 II 5; – landesherrliche 13 II 1, 13 II 2, 13 III 4, 23 II 3; – weltliche 19 III 1, 20 I 3; Ämter (Gebiete) 12 I 1, 13 I 1, 13 II 3
Ämter-besetzung, kirchliche 18 III 1; -patronage 44 III 1
Amt-leute 9 II 4, 13 II 1, 13 II 2, 13 II 3, 17 III, 18 II 2, 20 I 3; -mann 13 II 1, 13 II 2, 14 I 2, 20 I 4

Amts-handlung 35 II 1; -herzogtum 5 II 3, 7 II 3; -pflichten 17 III; -sprache 35 I; -verfassung 13 II 1, 13 II 2, 14 III 1; -versammlung 23 IV
„An das deutsche Volk" 37 II 1
Ancien régime 26 IV 5
Angestellte 37 IV 2
Angriffskrieg 41 I 1, 42 II 3
Annexion 34 I 1, 36 III, 36 VI 1, 41 II 2
Antifaschismus 44 VIII
Antisemitismus 35 I, 39 I 2, 40 II 4
Apotheker 24 VI 2
Appellation 11 II 3, 17 II 3, 24 V
Appelltheorie 32 II 3
Arbeiter 33 II 2, 33 II 4, 33 II 5, 35 III 1, 36 III, 37 I 3, 37 IV 2, 38 I 1, 38 I 2, 38 III 2; -ausschuß 36 III, 36 VI 2, 38 III 2; -schaften 33 II 4; -vereine 31 III 2, 33 II 4; -versicherung 36 III
Arbeiter- und Bauernregierung 38 I 3; – und Soldatenräte 37 II 1; – und Wirtschaftsräte 37 IV 2
Arbeit-geber 38 III 2; -nehmer 38 III 2
Arbeitsdienstpflicht 40 II 2
Arbeitsförderungsgesetze 44 VI 1
Arbeitsgruppe „Neue Verfassung der DDR" 46 IV 7
Arbeits-gerichtsbarkeit 38 III 2; -losenversicherung 38 III 2; -ordnungen 33 II 2; -recht 38 III 2; -schutz 36 III
Aristokratie 22 II 2, s. a. Adel
Aristotelesrezeption 25 II 2
Aristoteliker 22 I 2
arme Leute 17 III
Armee 33 II 1, 34 III 2, 37 I 4, 38 I 1, 39 I 2; – österreichische 23 III 2; – preußische 32 II 3, 35 I
Armen-kasse 31 II 3; -wesen 18 III 2, 26 III 1
„Armer Konrad" 17 V 1
Ärzte 20 II 3
Askanier 13 III 4, 14 IV 1
Assessoren 15 III 2, 19 III 3; s.a. Beisitzer
Assoziationswesen 27 I 4
Asylrecht 42 II 3
Atomwaffenlagerung 44 VII 4
Aufklärung 1 I, 17 I, 17 IV 3, 22 I 2, 22 III, 24 VI 2, 25 I 1, 25 I 2, 25 II 4, 25 III, 26 III 1, 26 IV 4, 26 IV 5, 26 V, 42 II 3, 45 IV 1
Aufstand des Armen Konrad (1514) 17 V 1
Aufstand vom 17. Juni 1953 45 VIII 3
Aufteilung Deutschlands (Abkommen v. 12. 9. 1944) 41 I 1
Augsburger Hof 31 III 2
Augsburger Interim 15 III 2; – Reichsabschied (1555) 19 II 1, 19 II 2; – Reichstag (1530) 15 III 2; – – (1555) 15 III 2, 19 I, 19 II 1, 19 II 2; – – (1559) 19 III 1; – Religionsfrieden 15 III 2, 19 I, 19 II 2, 19 III 1, 19 III 3, 19 III 5, 20 I 3, 21 I 2, 21 I 4, 21 II 2, 25 II 5; s.a. Religionsfrieden
Augsburgische Konfession 19 I, 19 II 1, 19 II 2, 19 III 1, 21 I 4; -verwandte 19 I, 19 II 1, s. a. Protestanten

Ausbildungsförderung 44 VI 1
Auslegung, verfassungskonforme 44 III 6
Auslegungskompetenz (Bundesverfassungsgericht) 44 III 6
Ausnahme-befugnis 38 I 4; -gesetz 39 II 1; -recht 40 III 1; -zustand 32 II 2, 38 I 4, 38 IV 1
Ausschuß für deutsche Einheit 46 I
Ausschuß, interfraktioneller 36 VI 1
Ausschüsse 31 III 3, 34 III 3, 35 II 2; – antifaschistische 41 IV 2; – landständische 20 II 3
Außen-handel 42 I 2; -ministerium, preußisches 35 II 1; -politik 24 I 1, 42 I 2, 42 II 3, 43 II 1, 45 VI 1, 46 II 1, 46 V 1; -zölle (EWG) 43 III 3
Austrag 15 I 3, 16 II 1
Austrägalinstanz 16 II 1, 30 II 1
Auswanderungs-freiheit 29 II 3; -recht 21 II 2, 21 III 2
Ausweisung s. Exilierung
Auswärtiges Amt 35 II 1, 36 I 2
„Autonomia" 19 III 3, 21 I 2
Autonomie, bürgerliche 14 IV 1, 24 VI 2
Axiom 25 I 1

Babelsberger Konferenz 45 II 3
Babenberger 9 II 3, 10 II 1
baccalaures 18 I 1
Bank Deutscher Länder 41 V 1
Bann 8 III 1, 10 II 2, s. a. Kirchenbann
Basisdemokratie 44 VII 4
Bauermeister 14 III 2
Bauern 5 II 1, 7 I 3, 9 II 7, 13 I 2, 13 II 1, 13 II 4, 13 III 4, 14 I 1, 14 III 1, 14 III 2, 14 IV, 17 IV 1, 17 V 1, 17 V 2, 24 VI 1, 28 III 1, 29 I 2; -aufstände 16 II 2; -befreiung 28 III 1; -krieg 15 III 2, 16 II 1, 17 V 1, 17 V 2; -schaft 14 III 2, 28 III 1; -schutzpolitik 26 IV 4, 28 III 1; -stelle 13 II 1, 14 III 3, 24 VI 1; -verbände 40 II 2
Bayerische Volkspartei (BVP) 41 III 2
Bayerischer Kreis 15 III 2
Bayern 5 II 1, 6 II 1, 6 II 2, 7 II 2
Beamte 4 II 1, 5 II 4, 10 II 1, 13 II 2, 17 II 3, 17 III, 26 III 1, 26 III 2, 26 IV 3, 28 II 1, 28 II 5, 31 II 2, 31 II 3, 31 V 2, 35 III 1, 37 I 4, 39 III, 40 II 3; – alliierte 41 II 2; – höhere 26 II 2, 29 I 2; – landesherrliche 13 II 3, 17 II 1, 23 II 3, 28 II 1; – preußische 28 II 3
Beamten-ernennung 22 I 1; -gesetz 43 II 2; -recht 17 III, 43 II 2; -stand 28 II 5; -verhältnis, allgemeines 17 III
Beauftragter für den totalen Kriegseinsatz 40 III 1
Bede 13 II 5
Befähigungsnachweis (Gewerbezulassung) 28 III 3, 33 II 2
Befehlsgewalt 31 V 2, 37 I 3
Befreiungskriege 30 III 1, 30 IV 1, 32 II 3
Begnadigung 26 IV 1
Behörden 12 II 1, 13 II 3, 23 III 2, 23 V, 28 II 3, 33 II 4, 36 VI 2, 37 II 2, 39 II 1, 40 III 1; -chefs 35 II 1; -reformen 26 IV 5

Sachverzeichnis

Beisitzer, adelige 20 II 1; s.a. Assessoren
Beistandspakt s. Freundschafts- und Beistandspakt mit der Sowjetunion
Beitritt der DDR zur Bundesrepublik 46 V 2, 46 V 3
Beitritts-erklärung der Volkskammer 46 V 2; -gebiet 46 V 2
Bekenntnisfreiheit 19 II 2, 35 IV
Belehnung 9 II 3, 12 I 2
beneficium 5 II 7
Bergrecht, -gesetz 13 II 1, 36 III
Berliner Abgeordnetenhaus 43 II 5; – Blokkade 42 I 1; – Mauer 45 II 3, 45 VIII 2, 46 I, 46 II 1, 46 III, 46 IV 4
Berlinkrise 46 II 1, 46 III
Berufe, unehrliche 14 III 1
Berufsbeamte 36 II 1
Berufs-beamtentum 41 III 4, 41 IV 2, 41 IV 3, 43 II 2; -offiziere 38 I 1; -stände 40 I; -verbände 40 II 2
Besatzung 41 I 2, 42 I 1
Besatzungs-hoheit 43 II 1, 43 III 3; -kosten 41 III 2; -macht, sowjetische 41 IV 3; -mächte 41 I 1, 41 III 2, 41 III 3, 41 III 4, 41 V 1, 42 II 5, 43 II 1, 43 II 2, 43 II 5, 43 IV 1, 46 I; -politik, alliierte 43 II 2, 43 III 1; -recht 42 II 5, 43 II 5; -regime 41 I 1, 41 II 4, 41 III 4; -statut 42 I 2, 42 I 3, 42 II 5, 43 I, 43 II 3; -truppen 46 II 1; -verwaltung, sowjetische 41 IV 1; -ziele 41 II 2, 41 III 3, 42 I 2; -zone, amerikanische 41 III 2, 41 III 3, 41 IV 3, 41 V 2; – – britische 41 III 3, 41 III 4, 44 VII 2; – – französische 41 III 2, 41 III 3, 41 III 4, 41 V 2; – – sowjetische 41 II 4, 41 IV 1, 41 IV 2, 41 IV 3, 41 V 2, 42 III 1, 42 III 2, 45 I 1; -zonen 41 I 1, 41 II 4, 41 IV 1, 41 III 3, 41 III 4, 41 V 1, 43 III 2, s. a. Westzonen
Beschlüsse mit Gesetzeskraft 45 III 2
Besetzung 41 I 2, 42 I 1
Besitzrechte, erbliche 28 III 1
Besteuerungsrecht, landesherrliches 23 II 2, 23 II 4
Betriebs-rätegesetz 38 III 2; -verfassungsgesetz 44 VII 2; -vertretung, allgemeine 33 II 4
Bezirke (DDR) 45 II 1
Bezirkstage (DDR) 45 VII 2
Bibel 10 IV 1, 20 I 1, 25 I 1
Bildersturm 20 I 3
Bildungs-politik 20 I 3, 20 I 4, 26 III 4; -wesen 20 I 3, 20 I 4, 26 III 1, 26 IV 3, 28 II 1
Bill of Rights 25 II 4
Binnenkolonisation 14 IV 1; -zölle 30 V; – – (EWG) 43 III 3
Bischof 4 II 1, 4 II 4, 5 II 4, 7 II 4, 7 II 6, 7 III, 8 III 1, 9 II 7, 10 I 3, 13 II 4, 16 II 2, 19 II 2, 20 I 3, 27 I 1, 35 III 1
Bischofs-kirchen 5 II 6; -sitze 15 I 5; -städte 7 II 4, 7 II 5, 9 II 7, 14 I 2; -wahlen 24 IV 2
Bistum 7 II 6, 7 III, 9 II 8, 13 II 4, 13 III 2, 19 II 2, 19 III 3, 21 I 2, 26 IV 4, 27 I 1, 27 II 1
Bistums-administratoren 19 III 2, 21 II 2; -sprengel 26 III 4

Bizone 41 II 4, 41 III 4, 41 V 1
Block der antifaschistisch-demokratischen Parteien 41 IV 3; – zentraler 41 IV 2, 41 IV 3
Block-ausschüsse 41 IV 2, 42 III 1; -bildung 41 IV 2; -helfer 40 II 2; -parteien 45 VI 1, 46 IV 5; -politik 41 IV 2, 45 I 1, 46 IV 4; -prinzip 41 IV 3, 42 III 1, 42 III 2, 42 III 3
Blocks, regionale 41 IV 2
Blocksystem 42 III 2
Bodenreform 41 IV 2, 41 IV 3
Bonapartismus 34 IV
bonum commune s. gemeiner Nutzen
Bourbonen 34 II 3
Bremer Beschlüsse (1946) 41 V 2
Breschnew-Doktrin 45 V
Briefgeheimnis 35 IV
Brief-, Post- u. Fernmeldegeheimnis 44 II 2
Budget 29 IV 2, 32 II 3; -gesetz 32 II 3; -recht 29 I 2, 32 I 2, 32 II 3, 35 III 2; -verweigerung 30 III 2
Bulle „Qui Coelum" 11 I 1; – „Unam sanctam" 11 II 2; – „Venerabilem" 11 I 1, 11 I 2, 11 II 2, 11 III
Bülow-Block 36 II 2
Bund 42 II 2, 42 II 5, 44 II 1, 44 II 4, 44 VII 3, s. a. Deutscher Bund, Norddeutscher Bund, Deutsches Reich (1871), Bundesrepublik Deutschland; – Gemeinschaftsaufgaben von Bund und Ländern 44 III 4; – Gliederung des Bundes in Länder 42 II 3; – kaiserlicher 16 II 3; – Verhältnis zu den Ländern 42 II 2
Bund der evangelischen Kirchen in der DDR 45 VIII 5
Bundes-angelegenheiten 32 I 2; -arbeitsgericht 44 IV 2; -bank 44 VII 1; -beschluß 31 II 2, 32 I 4; -direktorium 31 IV 2; -entschädigungsgesetz 43 IV 1; -exekution 32 I 4; -fürsten 34 III 3; -gebiet, deutsches 30 III 3, 31 IV 2; -gericht 30 I, 30 II 1; -gesetze 44 III 4, 44 III 5; -justizministerium 44 III 6
Bundeskanzler, 43 III 1, 43 IV 1, 44 II, 44 III 6, 44 V, 44 VII 1, 44 VII 4, 46 I, 46 II 2, 46 IV 4; – norddeutscher 34 II 1, 34 II 3, 34 III 1; – (= Reichskanzler) 34 II 2, 34 III 2; Rücktritt 44 III 2
Bundeskanzleramt 44 III 2; – norddeutsches 34 I 2
Bundeskompetenzen 44 III 4
Bundesländer 44 III 4, 44 III 5; – Eigenstaatlichkeit 44 III 4; – neue 46 IV 8, s.a. Länder
Bundes-ministerien 44 III 5, 44 VII 3; -ministerium für gesamtdeutsche Fragen 46 II 1; -organe 43 II 1, 43 III 2; -organisation 30 II 1
Bundespräsident 42 I 1, 42 I 3, 43 II 1, 44 III 3, 44 V, 46 II 2; – materielles Prüfungsrecht 44 III 3
Bundespräsidium 32 I 2
Bundespressegesetz 30 III 1
Bundesrat 43 II 1, 44 II, 44 III 5, 44 III 6; – (1871) 34 III 2, 34 III 3, 35 II 1, 35 II 2, 35 III 2, 36 II 2, 36 VI 1, 36 VI 2, 37 IV 3

Bundes-reaktionsbeschluß 32 I 2; -reform 31 II 2, 31 IV 2, 32 I 2
Bundesregierung 43 II 1, 43 II 4, 44 II, 44 III 2, 46 II 1, 46 II 3
Bundesrepublik Deutschland 41 III 4, 42 II 4, 43 I, 43 II 1, 43 II 2, 43 II 3, 43 II 4, 43 II 5, 43 III 1, 43 III 2, 43 IV 1, 43 IV 2, 44 I, 44 II, 44 III 2, 44 III 3, 44 III 4, 44 III 6, 44 IV 1, 44 V, 44 VI 1, 44 VII 1, 44 VII 3, 44 VII 4, 44 VIII, 45 V, 45 VII 4, 45 VIII 1, 45 IX 1, 46 I, 46 II 1, 46 II 3, 46 II 4, 46 III, 46 IV 2, 46 IV 6, 46 IV 7, 46 V 1, 46 V 2
Bundes-schiedsgericht 32 I 1; -sozialhilfegesetz 44 VI 2; -staat 24 I 1, 31 IV 2, 31 V 1, 32 I 2, 34 I 1, 34 I 2, 34 II 3, 34 III 1, 34 III 3, 44 II, 44 VI 1; -staaten 29 I 3, 29 IV 1, 30 II 1, 30 II 2, 34 I 2, 35 II 2, 36 I 2, 36 V; -staatlichkeit 44 III 4
Bundestag 43 II 1, 43 II 3, 43 IV 1, 44 II, 44 III 1, 44 III 2, 44 III 4, 44 III 6, 44 IV 1, 44 VII 1, 46 I, 46 VI 2, 46 VI 3; – Auflösung 44 III 2; – (Dt. Bund) 32 I 1, 34 III 1; – Wahl 43 II 1, 44 II
Bundestagsausschüsse 44 III 1
Bundesverfassung, deutsche 30 I, 30 II 1, 30 III 2, 31 II 2, 31 III 3
Bundesverfassungsgericht 43 II 5, 43 III 3, 43 IV 2, 44 I, 44 II, 44 III 1, 44 III 2, 44 III 4, 44 III 6, 44 IV 1, 44 IV 2, 44 V, 44 VI 1, 44 VII 1, 46 II 1, 46 II 4, 46 V 3
Bundesverfassungsrichter, Wahl 44 III 6
Bundesversammlung (Hanse) 16 I 2; – (Schwäb. Bund) 16 II 1; – (Dt. Bund) 30 I, 30 II 1, 30 III 1, 30 III 2, 31 II 1, 31 II 2, 31 II 3, 31 III 3, 32 I 1, 32 I 4, 34 III 2
Bundesvertrag (d. Schwäb. B.) 16 II 1
Bundeswehr 44 VIII
Bündische Jugend 38 IV 2
Bündnis 16 I 2, 16 II 1, 16 II 2, 21 I 4, 21 II 3, 22 III, 24 III 2; -politik, reichsständische 24 III 1; -recht, reichsständisches 21 II 3, s. a. ius faciendi foedera
Bündnissystem, atlantisches 43 II 3
Burg 9 II 6, 10 II 2, 13 I 2, 13 II 1, 13 II 2, 14 III 2; -mannen 9 II 6
Bürger (s. a. Stadtbürger) 14 I 1, 14 I 2, 14 I 3, 14 I 5, 14 II, 14 III 2, 15 I 3, 17 V 2, 22 I 1, 24 VI 2; Bürger (s. a. Staatsbürger) 25 II 1, 25 II 2, 25 II 4, 26 V 2, 28 II 4, 35 IV, 36 V, 36 VI 2, 38 IV 1; -freiheit 25 II 5, 26 IV 5; -gemeinde 14 I 5; -gesellschaft 28 III 1, 33 I, 35 II 3, 37 IV 2; -initiativen 44 VII 4, 46 IV 7; -komitees 46 IV 7; -krieg 37 I 4; -meister 14 I 3, 14 III 2, 40 II 2; -republik 37 IV 3; -recht (Stadt) 14 I 3, 24 VI 2; -rechte 1 I, 17 IV 3, 25 II 4, 25 III, 42 II 4; -rechtsbewegungen 46 IV 3; -tum (mittelalterliches) 9 II 7, 14 I 3, 15 I 3; – – (neuzeitliches) 24 VI 2, 28 II 1, 30 III 1, 31 V 2, 32 II 1, 33 II 2, 34 IV, 35 I, 35 II 1, 38 II 1
Bürgerliches Gesetzbuch (BGB) 35 IV; -sächsisches 32 I 3
Bürgerschaften (Bremen, Hamburg) 42 II 1

Burgundischer Kreis 15 II 3, 21 III
Büro-kratie 28 II 2, 36 III; -kratisierung 12 II 1, 24 III 2, 24 VI 1; -system 28 II 1
Burschenschaft 30 IV, 31 I 1
Buße 17 II 3

Café Milani 31 III 2
Calvinismus 19 III 1, 19 III 2, 20 I 3, 22 I 2
Calvinisten 19 II 1, 20 I 2, 20 I 3, 21 II 2
Camerale 23 III 2
camerarius 5 II 2, s. a. Kämmerer
capitularia legibus addenda 5 III 1
Carolina (1532) 20 II 1
Cäsarismus 34 IV, s. a. Heerkaisertum
Casino 31 III 2
CDU/CSU 42 II 2, 46 II 1, 46 II 4
Centralmärzverein 31 III 2, 31 IV
Charisma 5 II 4, 10 I 2
Charte constitutionelle (1814) 29 I 3
Chausseebau 29 I 2
Christianisierung 5 II 2, 6 II 1, 9 II 8, 10 I 3, 13 III 4, 14 IV 2
Christlich-Demokratische Union (CDU) 41 II 1, 41 III 2, 41 III 3, 42 II 2, 42 III 1, 43 II 1, 44 II 2, 44 V 1, 46 II 1, 46 II 4, 46 IV 6, s. a. CDU/CSU
Christlich-Soziale Union (CSU) 41 III 1, 42 II 2, 44 II 2, 46 II 1, 46 II 4, s. a. CDU/CSU
Code civil 28 III 2, s. a. Code Napoléon
Code Napoléon 28 III 1, s. a. Code civil
Code pénal 33 II 4
comes 5 II 2, 5 II 4, s. a. Graf; – civitatis 4 II 1, s. a. Stadtgraf; – palatini 5 II 2, s. a. Pfalzgraf; – stabuli 5 II 2, s. a. Marschall
comitatus 5 II 2, s. a. Hofstaat
Commonwealth, britisches 43 III 1
compositio amicabilis 21 II 2
concilium 7 I 1, 15 I 3, s. a. Rat, Volksversammlung
conclusum imperii 24 II 4, s. a. Reichsschluß
Conference on Jewish Claims against Germany 43 IV 1
Confessio Augustana 15 III 2, s. a. Augsburgische Konfession
Confoederatio cum principibus ecclesiasticis 10 II 2
Conseil d'Etat 28 II 3
Constitutio Criminalis Carolina (1532) 15 III 3, 20 II, s. a. Peinliche Halsgerichtsordnung
Constitutio Joachimica (1527) 18 II 1
Consultum imperii 24 II 4, s. a. Reichsgutachten
Contributionale 23 III 2
corpus 21 II 2, 22 II 2
Corpus Catholicorum 21 II 2
Corpus Evangelicorum 21 II 2, 24 I 3
Corpus Iuris Civilis 9 I 2
Corpus iuris Iustiniani 10 I 2
cuius regio, eius religio 19 II 1, 19 II 2 II 1, 33 II 2, 34 IV, 35 I, 35 II 1, 38 II 1
custos utriusque tabulae 20 I 1

Daily-Telegraph-Affäre 36 II 2
dapifer 5 II 2

Sachverzeichnis

Dawes-Plan 38 II 1
„De civitate Dei" 5 I 1
Declaratio Ferdinandea 19 II 2, 19 III 2, 21 I 2
Déclaration des droits de l'homme et du citoyen 25 II 4, 26 IV 2
„De concordantia catholica" 15 I 3
decretum 4 II 2
Deduktion 25 I 1
defensio ecclesiae Romanae 8 I 2, s. a. Kirchenschutz
„De iure belli ac pacis libri tres" 22 III
„De iure publico imperii Romano Germanici" 22 II, 22 IV
„De iure suprematus" 22 III
„De iure territorii" 22 II 1
„De justes prétensions du roy sur l'empire" 24 VII
Dekalog 22 I 1
Dekan 18 I 1
Dekret Gratians 9 I 2
Dekretalen 10 IV 1
„De l'Esprit des Loix" 25 II 3
délibération 28 II 1
Demagogie 30 III 1
Demokraten 29 IV 1, 31 III 4, 31 IV 1, 31 IV 2, 31 V 2, 33 II 4; -kongreß 31 III 2
Demokratie 3 II, 25 III, 31 I 1, 34 IV, 37 III 2, 37 IV 1, 38 II 2, 40 IV, 41 IV 3, 43 II 2, 44 V, 44 VI 1, 44 VII 4, 44 VIII, 45 IV 1, 45 IX 2
Demokratie jetzt 46 IV 3
Demokratie, parlamentarische 37 II 2, 38 II 4, 38 IV 1, 40 IV, 41 III 4, 44 II 2, 46 IV 4
Demokratieprinzip 42 II 3, 44 VIII, 46 IV 3
Demokratische Vereine Deutschlands 31 III 2
Demokratischer Aufbruch 46 IV 3
Demokratisierung (nach 1945) 41 III 2
Demonstrations-freiheit 46 IV 3; -recht 39 II 1
Demontagepolitik 43 II 2
„De origine iuris Germanici" 22 IV
Departements (preuß. Generaldirektorium) 23 III 1; (Frankreich) 28 II 1
Deputierte 29 I 2, 29 II 2; – reichsständische 21 II 1
„De regimine principum" 13 IV
Designation 6 II 2, 7 II 1
Despotie 18 II 2, 40 I
Dessauer Bund 16 II 2
„De statu imperii" 22 III
Deutsch 6 II 2, 14 IV 2, 35 I
Deutsch-Dänischer Krieg (1864) 32 I 4
Deutsch-Französischer Krieg 34 II 2, 34 II 3
Deutsche 11 I 2, 11 III, 30 II 2, 30 II 3, 31 II 3
Deutsche Arbeitsfront (DAF) 40 II 2
Deutsche Bundesakte (DBA) 28 IV, 29 I 3, 30 II 1, 30 II 2, 33 II 1
Deutsche Demokratische Partei (DDP) 37 III 2, 37 IV 1, 38 II 1, 41 III 2
Deutsche Demokratische Republik (DDR) 42 III 1, 42 III 2, 42 III 3, 43 III 1, 45 I 1, 45 I 2, 45 II 1, 45 II 4, 45 III 1, 45 IV 1, 45 IV 2, 45 V 1, 45 VI 1, 45 VI 2, 45 VI 3, 45 VII 1, 45 VII 2, 45 VII 3, 45 VII 4, 45 VIII 3, 45 VIII 4, 45 VIII 5, 45 IX 1, 45 IX 2, 45 IX 3, 46 I, 46 II 1, 46 II 3, 46 III, 46 IV 1, 46 IV 2, 46 IV 3, 46 IV 4, 46 IV 5, 46 IV 6, 46 IV 7, 46 V 1, 46 V 2; – Gründung 45 I 1, 45 VII 1; – Staatlichkeit 46 II 1; – Staatsbürgerschaft 46 I; – Verfassung 42 III 3, 46 IV 4, 46 IV 5
Deutsche Frage 46 III
Deutsche Gemeindeordnung (1935) 40 II 2
Deutsche Gesellschaften 30 IV
Deutsche Volkskammer 42 III 2
Deutsche Volkspartei (DVP) 37 III 2, 37 IV 1, 38 I 1, 38 I 3, 38 II 4, 38 IV 1
Deutsche Wirtschaftskommission (DWK) 41 IV 1
deutscher Beruf (Brandenburg-Preußens) 23 III 1
Deutscher Bund 29 I 3, 30 II 1, 30 II 2, 30 II 3, 30 III 1, 30 III 2, 30 IV, 30 V, 31 I, 31 II 2, 31 II 3, 32 I 1, 32 I 2, 32 I 3, 33 II 1, 33 II 4, 34 I 1, 34 III 2, 43 III 3
Deutscher Fürstenbund (1785) 26 I 2
Deutscher Gewerkschaftsbund (DGB) 44 VII 2
Deutscher Handelstag 33 II 3
Deutscher Handwerkerbund 33 II 3
Deutscher Hof 31 III 2
Deutscher Kaiser (1871) 34 III 2
Deutscher Krieg (1866) 32 I 4
Deutscher Orden 10 I 3, 13 III 4, 21 III, 27 II 1
Deutscher Preß- und Vaterlandsverein 30 IV
Deutscher Sportbund (DtSB) 45 VIII 2
Deutscher Volkskongreß für Einheit und gerechten Frieden 42 III 1
Deutscher Volksrat 42 III 1
Deutscher Zollverein 30 V, 31 I
Deutsches Comité 30 I
Deutsches Manifest 44 VII 4
Deutsches Reich „Entstehung" 6 I 2, 6 II 2 (1871) 34 I, 34 III 2, 34 III 3, 35 I; (nach 1918) 37 IV 1, 37 IV 3, 43 IV 2, 44 VII 3
Deutsch-Französischer Krieg (1870/71) 34 II 1, 34 II 2
Deutsch-Französischer Vertrag v. 22. 1. 1963 43 III 4
Deutsch-Konservative 35 II 3
Deutschlandnote Stalins 46 II 1, s. a. Stalinnote
Deutschlandplan der SPD (1959) 46 II 2
Deutschlandpolitik; – der Bundesrepublik 46 II 3; – der DDR 46 I
Deutschlandvertrag s. Generalvertrag
Deutschnationale Volkspartei (DNVP) 37 III 2, 38 I 1, 38 II 1, 38 II 2, 38 V 1, 38 V 2, 39 I 1, 39 II 2
Dictatus Papae 8 III 1
Die Grünen 44 III 1
Diener 5 II 1, 5 II 4, 13 II 2, 17 III, 26 III 1
Dienste, 17 V 1; – gemessene 14 III 3; – ungemessene 14 III 3
Dienst-leistung, persönliche 37 IV 2; -leute 5 II 5, 9 II 5, 17 III; -mannen 9 II 3, 13 I 2; -pflicht, dreijährige (Militär) 32 II 3; -pflichten (Gesinde) 33 II 1; -verhältnis 17 III, 31 II 3
dignitas s. Kaiserwürde; Würde, kaiserliche
Diktator, moderner 22 I 1

Diktatorialregime, bonapartistisches 34 IV
Diktatur 3 II, 24 II 3, 36 VI 2, 38 I 1, 38 I 4, 38 II 2, 38 V 2, 39 II 1, 39 II 2; – des Proletariats 45 I 2, 45 II 1
Diktatur-gewalt (Reichspräsident) 38 I 4, 38 II 2, 38 V 2, 39 II 1; -recht 37 IV 1
Ding 7 I 1, 7 I 4, 29 III 2; -pflicht 7 I 4; -pflichtige 13 I 3, 14 III 1
Diözesanrechte 27 I 1
Diplomatie 17 II 1; – französische 27 I 4, 34 II 3; – päpstliche 21 II 1
Diskriminierungsverbot 42 II 3
dismemberment 41 I 1, 41 II 1
Dissidenten 45 III 4
doctor 18 I 1
Dolchstoßlegende 37 I 4, 38 I 1
Domänen 29 II 4
Domänenbauern 28 III 1
domestici 4 II 1
domini terrae 10 II 2, 13 I 1, 13 II 4
dominici 4 II 1
dominium 10 II 2; – directum 14 III 3, s. a. Obereigentum; – utile 14 III 3, s. a. Nutzeigentum
Domkapitel 13 II 4, 17 IV 2, 19 II 1, 23 IV, 24 IV 3
Domkapitulare 19 II 2, 19 III 1, 19 III 2
Domschulen 10 IV 2
Donnersberg 31 III 2
Doppelbund 34 II 4
Doppel-kaisertum (1804–1806) 27 III 2; -königtum 11 I 2
Doppelstaat 40 V
Doppel-stimmen 34 III 3; -wahl 11 I 1, 11 I 2, 11 II 2, 11 II 3, 16 I 2
Dorf 13 II 5, 14 III 1, 14 III 2, 14 IV 1, 16 I 1, 24 VI 1, 25 II 1, 27 II 2
Dorf-gemeinde 14 III 1, 14 III 2, 23 II 3, 24 IV 3, 24 VI 1; -genossen 14 III 1, 14 III 2, 14 III 3; -gericht 14 III 1, 20 II 1; -gerichtsbarkeit 24 VI 1; -herr 14 III 2, 24 VI 1; -herrschaften, reichsritterschaftliche 23 V; -ordnungen 24 VI 1; -recht 14 III 2; -schultheißen 23 IV; -verfassung 14 III 1, 14 III 2, 24 VI 1
Dreiklassenwahlrecht 32 I 1, 32 II 1, 35 I, 36 VI 1
Dreikönigsbündnis (1849) 32 I 1
Dreißigjähriger Krieg 20 I 4, 21 I 1, 22 II 1, 22 II 2, 23 IV
Dresdener Konferenzen (1850) 32 I 2
Dritter Weg 45 VIII 4
Drittes Reich 39 II 1, 39 II 3, 39 III, 40 II 4, 40 III 2, 40 III 4, 40 V, 41 I 2, 45 I 1, 45 IX 1, 45 IX 2
Drittwirkung von Grundrechten 44 III 2
dubia 19 III 5
dux 5 II 3, s. a. Herzog
Dynastien, hochadelige 14 I 2, 16 II 3

Ebenbürtigkeit 33 II 1
edictum 4 II 2
Edikte 23 II 4

Ehe-gerichte, staatliche 20 I 2; -sachen 18 III 1, 19 III 3, 20 I 2; -schließungen 1 II 3, 9 II 8, 20 I 2; -verbot 40 II 4
Ehrbarkeit 23 IV
Eid 7 II 5, 8 III 1, 9 II 1, 18 I 2, 20 I 2, 26 IV 5; -genossen 16 I 3; -genossenschaft 16 I 1, 16 I 3, 21 III
Eigen und Erbe 14 II, 18 II 1
Eigen-güter 10 II 2, 10 II 3, 13 II 5; -kirchenherrschaft 7 II 6; -leute 10 II 2; -staatlichkeit 24 III 1, 34 III 3; – – der Bundesländer 44 III 4; – – der DDR 46 I
Eigentum 4 II 3, 10 I 4, 10 II 2, 10 II 4, 13 I 2, 14 III 3, 24 VI 1, 28 III 1, 28 III 2, 29 II 2, 33 II 1, 44 IV 2, 45 VIII 2; – freies 41 IV 2; – privates s. Privateigentum; – sozialistisches 45 II 1
Eigentümergesellschaft 28 III 3
Eigentums-herren 10 II 2, 13 II 4; -recht 10 II 2; -schutz 27 I 4, 28 III 1, 28 III 2, 29 II 3
Eingabe (Rechtsbehelf) 45 VII 2
Einheit, deutsche 41 II 4, 41 IV 2, 46 I, 46 II 1, 46 IV 4, 46 V 1, 46 V 3; – staatliche 5 I 5, 37 IV 3, 38 IV 1; – von Staat und Partei 45 VI 1
Einheitliche Europäische Akte 43 III 4
Einheits-liste 42 III 2; -staat 23 III 1, 31 IV 2, 41 III 2; – – dezentralisierter 37 III 1; -verfassung, österreichische 32 I 2
Einigungsvertrag 46 V 2
Einkammersystem 31 IV 2
Einparteiensystem 45 IX 2
Einrichtungen, zwischenstaatliche 44 II 1
Einungen 14 I 3, 14 III 2, 16 I 1, 16 I 2, 16 I 3, 16 II 1, 18 I 2; – konfessionelle 19 III 4
Einungs-politik 16 II 5; -prinzip 16 II 3; -recht, altständisches 21 II 3; -wesen 16 I 1, 16 II 2, 16 II 5, 16 II 5, 21 II 3
Einzelstimme 34 III 3
Eisenbahn-bau 29 I 2, -wesen 34 III 3
electio 5 I 2, s. a. Wahl, Königswahl; – per unum 11 I 2, s. a. Kürruf
electus Romanorum imperator semper augustus Germaniae rex 24 IV 1
Emigrationsrecht 19 II 1, s. a. Auswanderungsrecht, Abzugsrecht
Emphyteusis 4 II 3
Emser Depesche 34 II 3; – Punktation 26 I 2
Enteignung 41 IV 2, 41 IV 3, 45 I 1
Entmilitarisierung 42 I 2
Entnazifizierung 41 III 3, 41 IV 2
Entschädigung 26 IV 2
Entspannung 46 II 3
Entstalinisierung 45 VIII 4
Erbcharisma 7 I 1, 7 II 2, s. a. Charisma
Erbe s. Eigen und Erbe
Erb-fälle 1 II 3, 17 V 1; -fürsten 27 II 1; -kaiserliche 31 IV 2; -kaisertum 31 V 1; -lande (habsburgische) 21 I 4, 23 III 2, 26 I 1, 26 IV 4, 27 III 2; -leihe 14 III 3, 14 IV 1; -monarchien 27 II 2; -legitimität 34 IV; -pacht 4 II 3, -recht 5 I 5, 6 I 1, 7 II 2, 11 I 1, 14 IV 1, 18 II 1, 26 IV 1; -reichsplan 9 II 2; -teilungen

Sachverzeichnis

14 I 2; -tochter 21 III, 23 III 2; -vergleich, landesgrundgesetzlicher 23 IV
Erfurter Parlament 32 I 1
Erfurter Union 32 I 1
Ermächtigungsgesetz (4. 8. 1914) 36 VI 2; – (24. 3. 1933) 39 II 2, 39 II 3, 39 III
Ersatzdienst 44 III 6
Erste der Franken 5 II 2
Erster 13 IV, s. a. princeps
Erster Allgemeiner Handwerker- und Gewerbekongreß 33 II 2
Erwählter römischer Kaiser und König von Deutschland s. electus ...
Erz-ämter 11 I 1; -bischof, bayerischer 26 I 2
Etter 14 IV 1
Euratom s. Europäische Atomgemeinschaft
Europa der Vaterländer 43 III 4
Europagedanke 43 III 1
Europäische Atomgemeinschaft (Euratom) 43 III 3
Europäische Gemeinschaft (EG) 43 III 3, 43 III 4
Europäische Gemeinschaft für Kohle und Stahl (EGKS) 43 III 2, 43 III 4, s. a. Montanunion
Europäische Investitionsbank 43 III 3
Europäische Konvention zum Schutz der Menschenrechte und Grundfreiheiten 43 III 2
Europäische Union (EU) 45 V
Europäische Verteidigungsgemeinschaft (EVG) 43 III 3, 43 III 2, 44 III 6, 46 II 1
Europäische Wirtschaftsgemeinschaft (EWG) 43 III 3, 43 III 4
Europäischer Gerichtshof 43 III 3
Europäischer Sozialfonds 43 III 3
Europäisches Parlament 43 III 3
Europarat 43 II 2, 43 III 2
European Advisory Commission 41 I 1
European Recovery Program (ERP) 43 III 2
Euthanasie 40 II 4
Evakuierte 44 VI 2
Evangelische Kirche in Deutschland (EKD) 45 VIII 4
Evangelischer Kirchenbund 46 IV 3
EWG-Vertrag 43 III 3
Ewigkeitsklausel 44 II 1, 46 V 3
Exekution (Landfrieden) 15 I 3, 15 III 2, 16 II 1, 24 IV 3, 24 V, 30 III 3
Exekutions-maßnahmen 16 II 5; -mittel 12 III 1; -ordnung 15 II 2; -rechte 24 III 2
Exekutive 23 V, 25 II 5, 29 II 1, 29 II 3, 31 III 3, 32 I 2, 34 III 3, 37 II 2, 44 III 1
Exekutivrat (Bizone) 41 V 1
Exilierung 7 III
Exklusivprivilegien 24 VI 2, s. a. Privilegien
Exkommunikation 7 III, 12 II 2

Fabrik-ausschüsse 33 II 4; -herr 33 II 2, 33 II 4
Fach-behörden 17 II 4; -minister 28 II 2; -ministerien 40 II 2; -referenten 28 II 1
Fakultäten, juristische 20 II 1, 31 III 1
familia 7 I 3
Familie 40 I, 44 IV 2
Familien, standesherrliche 33 II 1; -recht 26 IV 1

Faschismus 40 I
Februarrevolution, russische (1917) 36 VI 1
Fechtmeister 20 II 3
Fehde 2 I 3, 5 III 1, 7 I 2, 12 III 1, 13 I 3, 13 II 5, 15 I 2, 15 I 3, 16 II 1; -recht 12 III 1, 16 II 5; -verbot 15 II 2, 16 II 5
Feiertag der nationalen Arbeit 40 II 2
Feiertagsarbeit 18 II 2, 20 I 4
Fernkaufleute 14 I 2, 14 I 3, s. a. Kaufleute
Fernmeldegeheimnis 44 II 1
Festungen 24 VI 2
Feudal-isierung 12 I 3; -ordnung 26 IV 4; -rechte 28 III 1, s. a. Lehen
Fideikommisse 25 II 1, 33 II 1
Finanz-ausgleich 44 III 4; -politik 44 VII 1; -reformgesetz 42 II 2, 43 III 3, 44 II 1, 44 III 4; -verfassung 42 II 2, 43 III 4, 44 II 1, 44 III 4; -wesen 13 II 3, 17 IV 1, 36 V
Fischrecht 13 II 1, 17 V 1
fiscus 12 I 1
Fiskalgüter, römische 4 II 3
Flächenstaat 27 I 1
Flotte 37 I 2
Flotten-bau 36 I 1, 36 I 2; -vereine 36 I 1; -vorlagen (1898/1900) 36 II 1
Flüchtlinge 41 I 2
Föderalismus 38 I 3, 41 III 2, 42 I 1; – (Bundesrepublik) 44 III 4; – kooperativer 44 II 4
Föderalisten, süddeutsche 34 II 2
Föderation 42 I 1
Folter 20 II 2, 26 IV 3
Fondsverwaltung 44 III 4
Formalismus in der Kunst 45 VIII 2
Forschung 42 I 2, 44 III 4
Fortschrittspartei 32 II 3, 33 II 4, 35 II 3
Fraktionen 31 II 1, 31 IV 2, 41 IV 3, 42 II 1, 42 III 3, 44 III 1, 44 III 2
Fraktionswechsel 44 III 2
Franken 4 I, 5 I 1, 5 I 2, 5 I 5, 5 II 2, 6 II 1, 6 II 2, 7 II 1, 7 II 3; -könig 4 II 4, 5 I 4, 7 I 2, 7 II 4, s. a. König, fränkischer; -reich 5 I 5, 5 II 4, 6 I 1, 6 II 2, s. a. Reich, fränkisches
Frankeserde 11 I 1
Frankfurter Dokumente 42 I 2, 42 II 5; – Fürstentag (1863) 32 I 2; – Nationalversammlung (1848) 34 II 4, s.a. Nationalversammlung, Paulskirche; – Reichsverfassung 32 I 2, 37 IV 2, s. a. Reichsverfassung (1849); – Reformation (1509) 18 II 1; – Wachensturm 31 I 1
Fränkischer Kreis 15 II 3, 24 III 2
Franziskaner 11 II 1
Franzosen 24 III 2
Französische Revolution 25 II 4, 26 IV 2, 26 V, 27 I 1, 45 VIII 1
Frauen 9 II 4, 26 I 1, 31 II 3; -bund (DFD) 41 IV 2, 45 VIII 2; -wahlrecht 37 II 1
Freibrief, königlicher 32 II 1
Freiburger Stadtrecht (1520) 18 II 1
Freie 7 I 3, 7 I 4
Freie Demokratische Partei Deutschlands (FDP) 41 III 1, 43 II 1, 44 III 2, 44 III 6, 46 II 4

Freie Deutsche Jugend (FDJ) 41 IV 2, 45 VIII 2
Freier Deutscher Gewerkschaftsbund (FDGB) 41 IV 2, 45 VIII 2
Freihandel, europäischer 35 III 2
Freiheit, bürgerliche 33 II 1; – deutsche 26 II; – der Person 31 IV 1, 42 II 5; – persönliche 7 I 3, 14 III 3, 19 II 1, 25 II 4, 25 III, 28 III 1, 28 III 2, 29 II 2, 29 II 3, 35 IV, 38 IV 1, 38 IV 2; – reichsständische 15 II 2, 16 II 2, 21 I 3; – u. Eigentum 29 IV 1, s. a. Libertät
Freiheits-beschränkungen 44 IV 1; -gedanke, liberaler 25 II 4, 35 III 2; -kampf, proletarischer 38 I 3; -rechte 42 I 1, 44 III 6, 44 IV 1, 44 IV 2, 44 VI 1, 45 II 4, 45 VIII 1, 45 VIII 4; – – (adelige) 17 IV 3; – – (bürgerliche) 33 I; – – der Weimarer Reichsverfassung 42 II 3; – – (klassische) 31 IV 1, 37 IV 2
Frei-konservative 34 I 1, 35 II 3; -korpsverbände 37 II 2, 38 I 2; -stellung 19 II 2, 19 III 1, 19 III 2; -zügigkeit 14 III 3, 28 IV, 31 IV 1, 35 IV
Freundschafts- und Beistandspakt mit der Sowjetunion 45 V
Friede und Fehde 2 I 3
Frieden 2 I 3, 5 I 3, 7 III, 15 I 2, 16 I 1, 16 II 1, 16 II 5, 17 II 3, 19 I, 21 II 3, 22 I 1, 22 II 3
Frieden und Recht 5 III 1, 7 II 1, 9 II 7, 13 I 3
Friedens-bedingungen (1918) 38 I 1; -bruch 7 III, 15 II 3, 16 I 2, 18 III 1; -exekution 16 I 1, 16 II 1; -gruppen 45 VIII 4; -konferenz 46 II 1; -schluß (1648) 21 III, 22 I 2, 24 II 1; -schlüsse 24 IV 2; -sicherung 15 II 2, 16 I 2, 19 II 1; -störung 18 II 2; -verhandlungen (1918/19) 37 I 1; -vertrag 41 II 1, 43 IV 1, 46 I, 46 III; – – kaiserlich-französischer (1648) 21 II 1; – – kaiserlich-schwedischer (1648) 21 II 1; -wahrung 16 II 5
Friedstand 19 II 2
Friesen 5 III 1, 6 II 1
Fristenlösung 44 IV 1
Fron-dienst 7 I 3, 14 III 3, 24 VI 1, 28 III 1; -hof 7 I 3
Frühaufklärung 22 III
Führer 40 I; -erlasse 40 III 2; -gedanke 38 IV 2; -prinzip 40 I, 40 III 1, 40 III 4; -staat, nationalsozialistischer 39 III; -tum Hindenburg 38 V 1; -verordnungen 40 III 2; -willen 40 I, 40 III 2, 40 III 3
Führer des Betriebes 40 II 2
Fundamental-konflikte 42 II 3; -opposition 44 III 1, 44 VII 4
Fünfprozentklausel 44 III 1
Fünfzigerausschuß 31 II 1, 31 II 2
Fürsten 6 II 2, 7 I 1, 7 II 2, 9 II 2, 9 II 3, 9 II 4, 10 II 2, 10 II 3, 10 II 4, 10 IV 2, 11 I 1, 11 II 1, 12 I 1, 12 I 3, 12 III 1, 13 I 1, 13 I 3, 13 II 3, 13 II 4, 13 II 5, 13 IV, 14 IV 2, 15 I 2, 15 I 3, 15 I 4, 15 II 1, 15 II 2, 15 III 2, 16 I 1, 16 I 2, 16 II 1, 16 II 3, 16 II 4, 16 II 5, 17 I, 17 II 1, 17 II 3, 17 III, 17 IV 3, 18 II 2, 18 III 1, 19 III 4, 20 I 1, 20 I 2, 20 I 3, 21 II 3, 22 I 1, 22 II 3, 22 IV, 23 II 3, 23 II 4, 23 III, 24 I 2, 24 I 3, 24 II 3, 24 II 4, 24 V, 25 II 1, 26 I 2, 26 III 1, 26 IV 1, 27 II 1, 28 I, 28 II 1, 28 IV, 29 III 1, 41 IV 2; – absolute 22 II 3, 23 I; – aufgeklärte 26 II 1; – calvinistische 20 I 2; – deutsche 21 II 3, 24 I 1, 26 I, 37 I 3; – fränkische 11 I 1; – geistliche 9 II 1, 10 II 2, 13 II 4, 13 III 1, 13 III 4, 19 II 2, 24 I 2, 24 II 3; – katholische 15 III 2, 16 II 3, 17 II 4, 18 III 1, 19 I, 20 I 2, 21 I 2; – kreisausschreibende 24 III 2; – lutherische 15 III 1, 15 III 2, 19 III 2, 20 I 2; – slawische 14 IV 1; – souveräne 29 I 3, 30 II 1; – tschechische 6 II 1; – verbündete (1871) 34 IV; – weltliche 10 II 2, 18 III 1, 27 I 1, 27 I 4
Fürsten-abtei 17 IV 1; -berater 23 II 3; -bund 26 II, 27 I 1, 35 III 3; -dienst 17 III, 23 II 1, 28 II 5; -enteignung 38 II 3; -höfe 13 IV, 18 I 1, 18 III 1, 20 I 1, 21 I 2, 22 I 2; -kollegium 32 I 1; -kurie 16 II 4; -privilegien 10 II 2; -rang 24 II 3; -rat 21 III, 24 II 3, 24 II 4, 27 II 1, s. a. Reichsfürstenrat; -souveränität 22 I 2; -spiegel 13 IV; -staat 15 II 3, 16 II 3, 16 II 5, 17 IV 2; -stand 15 I 3, 20 I 4, 24 I 3, 27 II 1; -tage 15 II 1; -tümer 21 III, 24 IV 1, 27 II 1, 29 III 1; – geistliche 13 II 4, 19 II 2; -versammlung 32 I 2; -würde 13 II 1
Fürstprimas 29 I 1

Gastung 7 II 4
Gauleiter 39 II 3
Gaullisten 43 II 3
Gebiete (H. Preuß) 37 III 1
Gebietsabtretungen (1919) 38 I 1
Gebietshoheit 36 V
Gebot 2 II, 14 III 2, 15 I 2, 16 I 2, 17 II 3, 18 I 2, 18 II 2, 18 III 1
Gebot und Verbot 13 I 3, 14 III 2
Geburtsstand 26 IV 4
Gefolgschaft 5 II 7, 7 II 3, 15 I 2
Gegenkönig 8 III 1, 10 I 2, 10 III, 11 I 1, 16 I 2; -tum 11 I 2
Gegenreformation 19 III 2, 20 I 3
Gegenzeichnung 28 II 2, 29 II 1, 32 II 3, 35 II 1, 36 IV
Gegenzeichnungs-pflicht 31 IV 2, 32 II 2, 34 III 2; -recht 36 I 1
Geheime Hofkammer 23 III 1
Geheimer Rat 17 II 1, 23 II 3, s. a. Rat, geheimer
Gehorsam 39 III, 40 I, 40 III 3
Gehorsams-pflicht 33 II 1; -prinzip, nationalsozialistisches 40 III 1, 40 III 3
Geistlicher Vorbehalt 19 II 1, 19 III 2, 19 III 1, 21 II 2
Geistlichkeit 19 III 1, 29 II 2, 35 III 1, s. a. Klerus
Geld-politik 44 VII 1; -strafe 16 II 1; -wirtschaft 13 I 2
Geleit 10 II 4, 12 I 1, 13 I 2, 13 II 1
Geleitsrecht 10 II 2
Gemeinde 28 II 4, 33 III, 37 IV 2; -angelegenheiten 33 III; -bürgerrecht 28 IV, 33 III; -gesetz, modernes 33 III

Sachverzeichnis

Gemeinden 41 IV 3
Gemeinde-ordnung, bayerische (1869) 33 III; -parlamentarismus 41 III 2; -räte 40 II 2; -recht 33 III
Gemeine (Dorf) 14 III 1
gemeiner Mann 15 III 2, 16 II 5, 17 II 2, 17 V 2, 19 II 1, 20 I 2, 24 VI 1
gemeiner Nutzen 18 II 2
gemeiner Pfennig 15 II 2, 15 III 3, 16 II 5
gemeines Recht 19 III 1, s. a. Recht, gemeines
Gemeinfreie 5 II 4
Gemeingeist 28 II 4, 29 I 2
Gemeinschaftsaufgaben von Bund und Ländern 44 III 4
Gemeinwesen 1 II 1, 1 II 2, 1 II 3, 3 II, 14 III 3, 22 I 2, 23 II 1, 23 II 4, 25 II 2; – neues 14 I 2, 14 IV; – politisches 3 II, 13 IV, 14 I 5, 25 II 2
Gemeinwirtschaft 44 VII 1
Gemeinwohl 22 I 2, 22 II 2, 23 II 3, 23 IV, 25 II 2, 25 II 4, 30 II 2
Generalbevollmächtigter für den Arbeitseinsatz 40 III 1; – für die Wirtschaft 40 III 1
General-direktorium 23 III 1; -finanzdirektorium 23 III 1; -gouvernement 40 III 1
Generalinspekteur für das deutsche Straßenbauwesen 40 III 1
Generalität 37 I 3
Generalklauseln 40 III 4; zivilrechtliche 44 IV 2
Generalkonzil 15 III 2
Generalkriegskommissariat 23 III 1
Generallandtage 23 III 2
Generalpostmeister 35 II 1
Generalprivileg 17 IV 3
Generalquartiermeister 37 I 2
Generalstab 36 I 1
Generalstreik 38 I 2
Generalstudium 18 I 1
Generalsuperintendent 20 I 3
Generalvertrag 43 II 3, 43 IV 1, 46 II 1
Genossenschaften (Gemeinde) 7 I 1, 7 I 4, 9 II 7, 22 I 1, 28 II 4; (Arbeiter) 33 II 4
Gerechtigkeit, soziale 33 II 4, 41 III 4, 44 V, 44 VI 1
Gerechtsame 12 I 1, 22 I 1, 23 I, 24 VI 2, 28 IV
Gericht 5 I 3, 5 II 4, 5 II 5, 5 III, 7 I 2, 7 I 5, 7 III, 9 II 4, 9 II 5, 10 II 2, 10 V 2, 12 I 1, 13 I 2, 13 I 3, 13 II 1, 14 I 3, 16 I 1, 16 II 5, 17 II 1, 17 II 3, 18 II 1, 18 II 2, 20 II 1, 39 II 2, 40 III 4; – grundherrliches 14 III 1; – königliches/kaiserliches 7 II 1, 10 II 4, 24 IV 3; – weltliches 18 III 1
Gerichte, – alliierte 41 III 3; – deutsche 41 III 3; – gesellschaftliche 45 VIII 1
Gerichts-barkeit 4 II 3, 5 II 4, 5 III 1, 5 III 2, 7 I 4, 7 II 6, 7 III, 9 II 3, 9 II 4, 10 II 2, 10 II 4, 13 I 2, 13 II 1, 14 I 2, 14 I 3, 15 II 2, 17 II 3, 22 II 3, 23, 23 II 3, 24 IV 3, 24 V, 24 VI 1, 36 IV; – – eigene 14 IV 1, 16 I 2; – – geistliche 19 III 3; – – gräfliche 5 II 6; – – königliche 12 II 2, 15 I 2, 15 II 2; – – stadtherrliche 14 I 3; -gewalt 24 VI 1; – fremde 4 II 4;

– – kaiserliche 15 I 3; -herr 7 I 4, 14 I 2, 14 III 1, 14 II 2; -herrschaft 5 II 6, 7 I 4, 14 III 1, 15 I 2, 23 V; -hoheit 9 II 7, 15 I 3; – – kaiserliche 15 III 1; – – territoriale 11 II 3; -ordnung 18 I 2; -urteil 26 III 3, 40 III 4, s. a. Urteil; -verfahren 1 II 2, 7 I 4, 26 III 3; – – mündliches 12 III 2; -verfassungsgesetz (1871) 35 IV; – – (DDR) 45 VII 2; -versammlung, öffentliche 14 II; -wesen 5 III 1, 5 III 2, 7 I 4, 10 II 1, 10 II 4, 15 I 3, 17 II 3, 18 II 3, 20 II 1, 22 II 3, 36 V, 40 III 4
Germanen 4 I, 4 II 2, 4 II 3, 4 II 4, 5 I 1, 5 I 2, 5 II 2, 6 II 2, 7 I 1, 7 I 2, 22 IV
„Germania" 7 I 1
Gesamtdeutsche Volkspartei 46 II 2
Gesamtdeutscher konstituierender Rat 46 I
Gesamtdeutschland 46 II 2, 46 II 4, 46 IV 7
Gesamt-privileg 11 II 3; -repräsentation 29 I 3; -staat 31 IV 2, 31 V 2, 33 III, 34 I, 34 II 3, 34 III 2, 35 I, 35 II 3; – – deutscher 46 II 1; -stimme 11 I 2, 11 II 1, 11 II 3, 30 II 1
Gesandte, fürstliche 24 IV 1
Gesangvereine 31 III 2
Geschäftsordnung (Reichstag) 36 II 2
Gesellschaft 20 III, 28 III 1, 29 I 1, 30 IV, 31 III 2, 33 I, 33 II 1, 33 II 4, 33 III, 34 III 1, 35 I, 35 III 1, 36 III, 36 VI 1, 37 II 2, 37 V 2, 38 IV 1, 38 IV 2, 39 I 2, 40 II 1, 40 II 2
Gesellschafts-ebenen 44 VII 1; -ordnung, sozialistische 45 II 4, 45 VI 2, 45 VIII 4; -vertrag 22 III, 25 II 1, 26 III 1
Gesetz 1 I, 9 I 2, 9 II 1, 11 II 1, 18 II 2, 19 III 6, 22 I 1, 22 I 2, 22 IV, 23 I, 23 II 4, 24 II 4, 25 II 3, 25 III, 26 IV 1, 26 IV 2, 26 IV 3, 26 V, 28 II 2, 28 III 2, 29 II 2, 29 II 3, 31 II 3, 31 IV 1, 32 II 2, 32 II 3, 33 II 4, 34 II 2, 34 III 3, 34 IV 1, 35 III 3, 35 IV, 36 I 1, 36 VI 1, 37 II 2, 37 IV 1, 39 II 2, 39 III, 40 III 2, 40 III 4; – verfassungsänderndes 36 IV, 38 III 1
Gesetz als Verhaltensnorm 18 II 2
Gesetz über Arbeitsvermittlung und Arbeitslosenversicherung (16. 7. 1927) 38 III 2
Gesetz über den Neuaufbau des Reiches (30. 1. 1934) 39 II 3
Gesetz über den vaterländischen Hilfsdienst (1916) 36 VI 2
Gesetz über die Bildung des Staatsrates 45 III 2
Gesetz über die vorläufige Reichsgewalt 37 III 2
Gesetz über die weitere Demokratisierung des Aufbaus und der Arbeitsweise der staatlichen Organe in den Ländern 45 III 1
Gesetz zur Befreiung von Nationalsozialismus und Militarismus 41 III 3
Gesetz zur Behebung der Not von Volk und Reich 39 II 2
Gesetz zur Gleichschaltung der Länder mit dem Reich (31. 3. 1933) 39 II 2
Gesetz zur Ordnung der nationalen Arbeit (20. 1. 1934) 40 II 2
Gesetz zur Wiederherstellung des Berufsbeamtentums (7. 4. 1933) 40 II 3
Gesetzbücher, bayerische (18. Jh.) 26 IV 1

Gesetze, nationalsozialistische 41 II 1
Gesetzes-ausführung 34 III 3; -begriff 4 II 2, 25 II 3; -bewahrung 29 II 2; -bindung 28 II 2, 29 II 1, 40 III 4; -entwurf 26 IV 2; -initiative 29 II 2, 32 II 2, 36 II 1, 37 IV 1; -kommission 26 IV 2; -positivismus 44 III 6; -sammlungen 26 IV 1; -staat 26 IV 1, 26 IV 2, 26 V; -vorhaben 34 III 3, 35 II 2, 36 I 2, 36 II 1; -vorlagen 29 II 2, 35 II 1, 35 III 3, 36 II 1
Gesetzgeber 18 II 1, 18 III 1, 22 I 1, 22 IV, 23 II 4, 28 III 1, 38 IV 1
Gesetzgebung 1 I, 3 II, 4 II 2, 5 I 3, 5 III 1, 5 III 2, 7 I 5, 9 I 1, 12 III 2, 13 I 3, 14 I 5, 14 II, 18 I 1, 18 I 2, 18 II 1, 18 II 4, 18 III 2, 22 III, 23 II 4, 25 II 5, 26 III 1, 26 III 3, 26 IV 1, 28 III 3, 29 I 3, 29 IV 1, 31 III 3, 32 I 3, 32 III, 33 II 2, 33 II 4, 34 III 3, 36 II 1, 36 V, 37 II 2, 37 IV 1, 37 IV 2, 41 III 2; – einvernehmliche 32 II 3; – fränkische 4 II 2, 5 II 1, 5 III; – königliche 7 II 1, 10 II 4; – konkurrierende 44 III 4; – landesherrliche 17 IV 1; – liberal-rechtsstaatliche 35 II 1; – nationalsozialistische 39 III, 40 III 2; – obrigkeitliche 1 II 2; – parlamentarische 38 I 4; – sizilische (Friedrich II.) 10 II 1; – staatliche 33 II 2; – territoriale 19 III 6
Gesetzgebungs-gewalt 5 III 2, 18 II 2; -kompetenz 31 IV 2, 34 III 3, 35 II 1, 37 II 2, 39 II 2, 40 III 2, 41 IV 1, 42 II 2, s. a. Gesetzgebungszuständigkeit; -praxis 44 VII 1; -recht (des Staates) 22 I 1, 22 II 3, 34 III 3, 39 II 3; (des Herrschers) 12 III 2, 17 I, 18 I 2, 18 III 2, 19 III 4, 21 II 3; -staat 18 III 1, 34 IV; -verfahren 32 II 3, 36 I 1; -vorhaben 26 III 1, 37 IV 1; -werk 5 III, 15 III 1, 18 I 1, 23 II 4, 24 II 4; -zuständigkeit 44 II 1, s. a. Gesetzgebungskompetenz
Gesetzinterpretationsrecht 21 II 3
Gesetzlichkeit, sozialistische 45 II 3, 45 VII 2
Gesinde 24 VI 2, 33 II 1; -ordnungen 37 II 1; -recht 33 II 1; -zwangsdienst 24 VI 1
Gesundheitswesen 26 III 1, 28 II 2
Gewalt, administrative 17 II 1; – exekutive 25 II 3, 38 I 3; – geistliche 11 II 2; – herzogliche 9 II 4; – höchste 22 I 1, 22 II 2, 22 II 3, 23 I, 27 III 1; – jurisdiktionelle 17 II 1; – landesherrliche 17 IV 1; – legislative 25 II 3; – politische 24 IV 1, 37 I 4, 38 IV 1; – souveräne 22 II 2; – strukturelle 44 VII 4; – weltliche 11 II 2, 19 II 1
Gewalten, ständische 28 I
Gewaltenteilung 25 II 5, 41 III 4, 41 IV 3, 42 II 3, 42 III 3, 45 II 2, 45 VII 2
Gewaltenteilungsgrundsatz 41 IV 3
Gewerbe 24 VI 2, 27 II 2, 33 III; -freiheit 28 III 3, 33 II 2, 33 II 3, 33 II 4, 34 I 2, 35 IV; – – (DDR) 46 IV 5; -gerichte 36 III; -kammern 33 II 2; -ordnung (preuß. 1845) 33 II 2; (norddt. 1869), 33 II 2, 34 I 2; -polizeirecht, preuß. (1811) 28 III 3; -rechte 24 V; -steueredikt, preußisches (1810) 28 III 3; -vereine 33 II 2, 33 II 2; -zulassung, freie 33 II 2

Gewerk-genossenschaften 33 II 4; -schaften 33 II 4, 37 I 2, 38 I 2, 38 III 2, 38 V 3 (freie), 40 II 2, 41 IV 2, 44 VII 1, 44 VII 2, 44 VII 4, 45 VIII 2, 46 IV 5; -vereine 33 II 4
Gewissensfreiheit 19 I, 26 IV 4, 29 II 3, 31 I, 31 IV 1
Gewohnheit, alte s. Gewohnheitsrecht
Gewohnheitsrecht 1 II 2, 7 I 5, 10 II 2, 10 II 4, 11 I 1, 12 III 2, 14 II, 17 II 3, 20 I 2, 22 IV, 23 I
Gilden 24 VI 2
Glaubens-einheit 15 III 2, 18 III 2, 19 III 1; -verteidigung 15 I 4
Gleichberechtigung 44 V; – religiöse 19 III 2, 30 II 2
Gleichgewicht, europäisches 30 II 1; – gesamtwirtschaftliches 44 VII 2
Gleichheit, bürgerliche 14 I 3, 17 I, 28 I, 28 II 4, 28 III 2, 29 II 3, 31 I 3, 31 IV 1, 33 I, 33 II 2, 38 IV 1, 39 II 2
Gleichheits-grundsatz 29 II 3; -idee, aufgeklärte 30 IV; -politik 26 IV 4; -satz 44 III 4
Gleich-schaltung 39 II 3, 39 III, 40 II 1, 40 II 2; -schaltungsgesetz (7. 4. 1933) 39 II 3
Glossen 10 IV 1
Godesberger Programm 44 VII 4
Go-ins 44 VII 4
Goldbulle von Rimini 10 I 3
Goldene Bulle 11 II 3, 11 III, 13 I 3, 22 II 1, 24 II 2, 24 IV 2, 25 II 5
Gothaer Partei 32 I 1
Gottes-friedensbewegung 7 III, 9 II 4; -gnadentum 29 II 1, 29 III 1, 36 I 1; -urteil 11 II 2
Göttinger Sieben 29 IV 2
Gouverneur 36 IV
Graf 5 II 3, 5 II 4, 5 II 6, 5 III 1, 7 I 2, 7 II 6, 9 II 3, 9 II 8, 10 II 3, 12 II, 13 I 1, 13 II 1, 13 II 5, 13 IV, 15 I 4, 15 II 1, 16 II 1, 16 II 4, 20 I 3, 24 II 3, 27 II 1, 28 IV
Grafen 41 IV 2; – Wetterauer 19 III 1
Grafen-gericht 7 I 4; -kollegien 16 II 4; -rechte 5 II 6, 7 II 6; -würde 13 I 1
grafio 5 II 4; s. Graf
Graf-schaften 5 II 4, 9 II 1, 13 II 1, 13 III 1, 13 III 2, 13 III 3, 13 III 4, 19 III 2, 20 I 3; -schaftsverwaltung, englische 33 III
Gravamina 19 III 1
Grenz-befestigungen (DDR) 46 II 1; -provinzen, preußische 31 II 3; -zollsystem 30 V
Groener-Ebert-Pakt 37 I 3, 37 I 4
Großagrarier 35 II 3, 38 II 1
Großdeutsche 31 IV 2
Große 5 I 2, 7 I 2, 7 II 2, 9 II 3, s.a. Adel
Große Koalition 44 II 1, 44 III 2, 44 VII 1, 44 VII 4, 46 II 3
Großmächte, deutsche 27 I 1, 27 I 4, 29 I 3, 30 III 1, 31 II 3, 31 IV 2, 31 V 1, 32 I 1, 32 I 2, 32 I 3; – europäische 30 I, 32 III 1; – nach 1945 41 II 1, 41 II 4
Großstaaten, armierte 24 III 2
Grundbesitz 28 III 1, 33 III; – kirchlicher 13 II 4, 27 II 2; – reichsritterschaftlicher 23 V

Sachverzeichnis

Grund-besitzer 29 I 1, 29 I 2, 29 II 2; -eigentum 29 II 2, 41 IV 2; -eigentümer 28 II 4; -entlastung 28 III 1, 32 II 1; -freiheiten 43 III 2
Grund-gesetz (1949) 41 III 4, 42 I 3, 42 II 1, 42 II 2, 42 II 3, 42 II 4, 42 III 3, 43 I, 43 II 2, 43 II 3, 43 II 5, 43 III 3, 44 I 1, 44 III 1, 44 III 2, 44 III 4, 44 III 6, 44 IV 1, 44 IV 2, 44 V, 44 VI 1, 44 VII 1, 46 VIII, 46 II 1, 46 II 4, 46 IV 6, 46 V 1, 46 V 2, 46 V 3; – – Änderungen 44 II 1, 44 III 6; – – Entwurf 42 II 2;
– – Ergänzungen 46 V 3
Grundherr 7 I 3, 13 II 4, 14 III 1, 14 III 3, 14 IV 2, 24 VI 1, 26 IV 4; -schaft 4 II 3, 5 II 6, 7 I 3, 7 I 4, 9 II 7, 13 I 2, 13 II 5, 14 III 1, 17 IV 1, 19 III 3, 23 V, 24 IV 1
Grund-holden 13 II 5, 18 I 2; -lasten 28 III 1; -lagenvertrag 46 II 4, 46 V 3
„Grundlinien der Philosophie des Rechts" 25 III
Grundnorm 38 VI 1, s. a. Norm, Rechtsnormen
Grund-ordnung, freiheitliche demokratische 44 III 6; -pflichten 45 IV 1
Grundrechte 25 II 5, 26 IV 2, 29 II 3, 31 IV 1, 32 I 2, 32 II 2, 33 III, 34 III 2, 34 III 3, 35 IV, 38 I 4, 39 II 1, 41 IV 3, 42 II 2, 42 II 3, 42 II 4, 44 III 2, 44 IV 1, 45 I 4, 45 IV 1; – als objektives Verfassungsrecht 44 IV 2;
– Auslegung 44 IV 1; – Ausstrahlung 44 IV 2;
– Drittwirkung 44 IV 2; – Einschränkung 44 II 1; – Kollisionen 44 IV 1; – Schranken 44 IV 1; – Schutz 43 III 3; – sozialistische 45 II 4
Grund-rechtsschutz 34 III 2; -rechtsverständnis der DDR 45 II 4; -renten 28 III 2; -vermögen 27 II 2; -werte 44 IV 1
Gruppe – der Sechs 46 IV 2; – der Zwanzig 46 IV 2; – Ulbricht 42 III 1
Güter, kirchliche 4 II 3, 8 III 1, 10 II 2, 21 II 2, 27 II 1; herrenlose 9 II 1, 36 IV; königliche 5 III 2, 6 I 2; -konfiskation 6 II 5, 21 I 1
Guts-herren 28 III 1; -herrschaft 14 IV 3, 24 VI 1, 33 II 2; -polizei 33 II 2; -wirtschaft, adelige 24 VI 1

Habsburg 21 I 4, 24 IV 1, 24 IV 2, 27 II 1, 30 II 3, 31 IV 2, s. a. Österreich
Habsburger 11 I 1, 11 I 2, 11 II 2, 12 I 2,13 III 3, 13 IV, 14 I 2, 21 I 1, 21 III, 23 III 1, 23 III 2, 24 III 1, 26 I 1, 27 I 2; – spanische 21 III, 23 III 2, 24 III 1
Haftung 14 I 5
Hallstein-Doktrin 46 II 3
Hambacher Fest 30 III 1, 30 IV
Handel 9 II 7, 14 IV 2, 27 II 2
Handels-kammern 33 II 3; -recht 35 IV
„Handhabung Friedens und Rechts" 15 II 2
Handlungsfreiheit, wirtschaftliche 46 IV 5
Hand-werk 14 IV 2, 33 II 2; -werker 14 I 3, 14 I 4, 33 V 3; -werksordnung (DDR) 46 IV 5
Hanse 16 I 2
Häresie 10 I 2, 10 I 4, s. a. Ketzerei
Häretiker 19 III 2, s. a. Ketzer
Harzburger Front 38 V 1

Hauptkriegsverbrecher 41 III 3, s. a. Kriegsverbrecher
Hauptleute (königliche) 10 II 1, 15 I 3; (ritterschaftliche) 16 II 5, 23 V
Häuptling 13 III 4
Haus 2 I 3, 4 II 3, 7 I 3; -ämter 5 II 2; -gesetze 33 II 1; -gewalt 33 II 2; -gut 7 II 1, 7 II 4, 12 I 2, 12 III 2
Haushalts-gesetz 35 III 2; -kontrolle, uneingeschränkte 34 III 2; -recht 34 III 3
Haus-herrschaft 7 I 3; -macht 12 I 2; -meier 5 I 1, 5 I 5, 5 II 2; -wart (NSDAP) 40 II 2
Haus und Herrschaft 2 I 3
Häuser, regierende 28 II 3, 33 II 1;
– reichsständische 28 II 1
Häusler 14 III 1
Hebammen 20 II 3,
Heer 5 III 2, 29 II 1, 34 III 3, 35 III 3, 37 I 2, 38 I 2; – stehendes 23 II 2, 23 IV, 26 IV 5
Heeres-leitung (Weimar) 38 I 2, 38 I 3; -ordnung (1570) 19 III 6; -reform, preußische 32 II 1, 32 II 3; -stärke 32 II 3, 34 III 3; -verwaltungen 40 II 3
Heerkaisertum 34 IV
Heidelberger Versammlung (1848) 31 II 1, 31 II 2
Heil 7 II 2, s. a. Königsheil
Heilbronner Bund 21 I 3
Heilige Allianz 30 II 3
Heiliges Römisches Reich deutscher Nation 15 II 3, 23 V, 24 I 1, 24 IV 1, 25 I 1, s. a. Reich (bis 1806)
Heimarbeiter 44 VI 1
Heimatvertriebene 44 VI 1
Heimkehrer 44 VI 1
Heirats-politik 9 II 8, 13 I 3; -steuer 24 VI 1; -verträge 14 I 2
Herkommen 9 II 5, 10 II 4, 10 IV 1, 17 I, 17 IV 1, 22 II 3, 23 III 2, 26 V
Herren, adelige 5 II 4, 15 I 3, 18 II 1, 24 II 3, freie 13 I 1, 13 II 4, 13 4
Herren-gewalten 23 I; -haus, preußisches 36 VI 1; -rechte 33 II
Herrschaft 2 I 3, 2 II, 3 I 2, 5 I 1, 5 I 4, 5 I 5, 6 I, 7 I 1, 7 II 1, 7 II 2, 8 I 2, 9 II 1, 10 I 2, 13 I 1, 13 II 1, 14 III 1, 20 I 1, 20 I 2; – absolute 26 IV; – adelige 13 I 2; – autoritäre 34 IV;
– monarchische 15 III 2, 26 III 2; – regionale 10 II 4; – territoriale 17 I; – weltliche 8 III 2, 15 I 3, 17, 20 I 1
Herrschafts-legitimation, demokratische 45 IV 1; -rechte 15 I 2, 21 II 3, 22 II 3, 27 I 4;
– – herkömmliche 14 I 2; – – hochadelige 16 I 3; – landesfürstliche 10 II 4, 13 II 1, 13 III 4, 15 I 2, 15 I 4, 19 III 2, 19 III 3; – – königliche/kaiserliche 8 I 2, 9 I 2, 9 II 6; – – territoriale 1 I, 17 IV 3, 22 I 2, 22 III, 25 II 4, 25 II 5
Herzog, Herzogtum 5 II 3, 5 II 4, 6 II 1, 7 II 2, 7 II 3, 7 II 4, 9 II 1, 9 II 3, 10 II 3, 13 II 2, 13 III 3, 13 III 4, 13 IV; – mecklenburgischer 23 IV;
– polnischer 14 IV 1; – pommerscher 14 IV;

– preußischer 21 III, 23 III 1; – schlesische 14 IV 2; – württembergischer 23 IV
Herzogsgut, sächsisches 7 II 4
Hexenverfolgungen 20 I 1
Hilfspolizisten (SA) 39 II 1
Hintersassen 14 I 3, 16 II 5
Historischer Materialismus 2 I 2
Hitlerjugend (HJ) 40 II 2
Hitler-Putsch 38 I 3, 39 I 2; -Regime 40 IV, 41 IV 2, 43 IV 1, 43 IV 2
Hochadel 12 I 3
Hoch-gericht 13 I 2, 14 I 3, 19 III 3; -gerichtsbarkeit 7 II 5, 14 I 3, 24 IV 1
Hochkonservative, preußische 32 II 3
Hochschul-studium (Zulassung) 44 VI 1; -wesen 20 I 4; s. a. Universität
Hochseeflotte 35 I
Hochstift 7 II 6, 13 III 1, 13 III 2, 13 III 3, 13 III 4, 17 IV 2, 19 III 1, 21 I 2, 21 III, 26 I 1; s. a. Bistum
Hof, kaiserlicher/königlicher 5 II 2, 7 II 4, 9 I 1, 9 II 8, 11 I 1, 11 II 3, 12 II 1, 15 I 2, 24 VI 1; – landesherrlicher 13 II 3, 13 III 2, 18 I 1, 23 I, 23 II 1, 23 II 3
Hof-amt 12 I 3, 13 II 3; -ausstattung 25 II 1; -beamter 17 II 1; -gericht (Grundherr) 7 I 4; (König) 9 II 3, 11 II 3, 12 II 2; (Landesherr) 13 II 3, 17 II 3; -kammer 17 II 2, 23 II 2; -kanzlei 12 II 1, 12 II 2; – böhmische 23 III 2; – – österreichische 23 III 2; – – ungarische 23 III 2; -kanzler 12 II 1; -kapelle 7 II 6; -kriegsratspräsident 23 III 2; -meister 12 II 1, 13 II 3; -rat (Organ) 15 II 2, 17 II 1, 17 II 2, 17 II 3, 17 II 4, 23 II 3, 23 III 2, 24 V; -räte 24 IV 3; -richter 10 II 4, 12 II 2, 13 II 3; -staat 5 II 2, s. a. comitatus; -statt 6 II 2; -tage 7 II 4, 12 I 3, 13 II 5, 15 I 2, 15 II 1
Hohe Behörde, europäische 43 III 2
Hohe Kommission 45 V
Hohenzollern 13 III 4, 23 III 1, 27 I 2, 31 IV 2, 34 II 3
Hoher Kommissar, amerikanischer 43 II 1, 43 III 2
Holzrecht 17 V 1
honor imperii 9 II 3
Honoratioren 31 II 3; -partei 38 II 1
Hörige 7 I 4, 10 II 2
Hörigenstatus 7 I 3
Hottentottenwahlen 36 II 2
Hubmeister 13 II 3
Hugenotten 23 III 1
Huldigung 5 I 2, 7 II 2, 14 I 2
Humanismus 20 I 2, 20 I 4
Hussiten 15 I 4

„Ideen zu einem Versuch, die Grenzen der Wirksamkeit des Staates zu bestimmen" 25 III
Ideologie, nationalsozialistische 41 III 3
„Il principe" 20 I 1
Immaterialgüterrechte 35 IV
immunitas s. Immunität
Immunität 4 II 4, 5 II 6, 7 II 6

Immunitäts-gebiet 5 II 6, 7 II 5; -kirchen 5 II 6; -privileg 5 II 6, 7 II 5, 8 II 3
imperator augustus 8 I 1
imperator Romanorum 8 I 1
imperator Romanum gubernans imperium 5 I 4
imperium 6 I, 11 III, 34 II 2, s. a. Reich
imperium Romanum 8 I 1, 9 II 2
imperium sacrum 9 I 1, s. a. Heiliges Römisches Reich deutscher Nation
Indemnitätsgesetz (1866) 32 II 3
Indigenat 17 IV 2, 34 III 3
indirect rule 41 III 1
Individual-rechte (DDR) 45 I 4; -rechtsschutz (DDR) 45 VII 2
Industrialisierung 32 I 2, 33 II 2, 33 II 4
Industrie 42 I 2, 44 VII 2, 45 VIII 1
Industrie-gesellschaft, moderne 37 I 4; -schutzzölle 35 III 2
Inflation 38 I 3
Informations-freiheit 46 IV 5; -willkür 45 II 4
Innen-minister, preußischer 39 II 1; -ministerien 39 II 1
Innungen 33 II 2
Insignien, königliche 7 II 2
Instanzen 30 II 2
Institutionen, europäische 43 III 2; – supranationale 45 V
Instrumentum Pacis Monasteriense 21 II 1, 21 III, s. a. Friedensvertrag, kaiserlich-französischer (1648)
Instrumentum Pacis Osnabrucense 21 II 1, 21 II 2, 21 II 3, s. a. Friedensvertrag, kaiserlich-schwedischer (1648)
Integration (Bundesrepublik) 43 I, – europäische 43 II 3, 43 III 1, 43 III 3, 43 III 4; – supranationale 43 IV 2, 45 V; – verfassungsrechtlicher Maximen in die Privatrechtsordnung 44 IV 2; – westeuropäische 45 V, s. a. Ostintegration, Westintegration
Integrations-politik der Bundesrepublik 45 V; – – europäische 43 II 2; -staat 45 IX 1
Interimistische Landesrepräsentantenversammlung (1822) 29 I 2
Internationalismus, sozialistischer 45 V
Interregnum 11 I 1, 12 I 1
Invalidenversicherung 36 III
Investitur 8 III 2; -recht, königliches 8 III 1; -streit 6 II 2, 7 II 2, 7 II 6, 8 III 1, 9 I 1, 9 II 1
Italiener 31 I 3, 31 IV 2
itio in partes 21 II 2
ius Europaeum 43 IV 2
ius faciendi foedera s. Bündnisrecht, reichsständisches
ius publicum 22 II 1, 22 II 3, 22 III, s. a. Recht, öffentliches
ius reformandi 19 II 1, 19 III 2, 19 III 3, 21 I 1, 21 I 4, 21 II 2, 23 V
ius retractus 23 V, s. a. Vorkaufsrecht
ius suffragii 22 II 1; s. Verhandlungs- und Stimmrecht der Reichsstände
ius territoriale 21 II 3; s. Territorialherrschaft
ius theutonicum 14 IV 1

Sachverzeichnis

Jagd 17 V 1
Jakobiner, deutsche 27 I 3
Jesuiten 20 I 4, 26 IV 4, 35 III 1
Josephinismus 26 IV 4, 28 II 5
Juden 5 II 1, 7 II 5, 7 III, 9 II 4, 9 II 7, 10 I 4, 14 I 3, 23 V, 24 VI 2, 26 IV 4, 28 IV, 30 II 2, 31 IV 1, 32 II 1, 35 I, 40 II 4, 40 III 3; -emanzipation 32 II 1; -pogrom 9 I 1, 40 II 4; -steuern 12 I 1, 15 I 4
Judikative 25 II 5
Jugendschutz 44 VI 2
Julirevolution (1830) 29 I 3, 29 III 2
Junge Gemeinde 45 VIII 4
Jungkonservative 38 IV 2
Junker 34 I 1, 41 IV 2
Jurisdiktion 7 II 6, 10 II 2, 13 II 2, 22 II 1; – geistliche 19 II 1, 19 III 3, 21 II 2, 24 VI 2, s. a. Gerichtsbarkeit, geistliche; – hohe 27 III 1
Jurisprudenz 22 IV, 26 III 2; – evangelische 19 III 2; – (oberitalienische) 13 IV; „Verbürgerlichung" 18 I 1
Jurist 1 II 2, 2 I 2, 5 I 5, 9 I 2, 10 IV 1, 11 III, 12 III 2, 13 IV, 14 III 3, 15 I 2, 15 II 2, 16 II 1, 17 II 1, 17 II 3, 18 I 1, 18 II 1, 19 III 3, 20 I 2, 22 II 1, 22 II 2, 23 V, 25 II 1, 28 I, 28 III 2, 30 II 1, 32 I 3
Juristische Person 17 I, 25 II 1, s. a. Rechtspersönlichkeit
Justiz 20 II 1, 26 IV 2, 26 IV 3, 28 I, 29 I 1, 30 II 2, 32 III, 40 III 4, 44 VII
Justiz-krise, peußische (1779) 26 IV 2, 26 IV 3; -reformen (18. Jh.) 26 IV 3; -sachen 17 II 1; -verweigerung 30 III 2; -wesen 33 II 1

Kabinett 23 II 3, 28 II 2, 29 IV 1, 38 II 1, 39 II 2, 40 III 1
Kabinette 44 III 2
Kabinetts-justiz 23 II 3; -order 32 II 3; -räte 28 II 2
Kaiser, Kaisertum (bis 1806) 6 I 1, 6 I 2, 6 II 2, 7 II 4, 8 I 2, 8 II 1, 8 II 2, 8 III 1, 8 III 2, 9 I 2, 9 II 1, 9 II 6, 10 I 4, 10 II 3, 11 II 1, 11 II 2, 11 III, 12 I 2, 12 I 3, 12 II 2, 13 I 1, 13 III 4, 13 IV, 15 I 2, 15 I 3, 15 I 4, 15 I 5, 15 II 2, 15 II 3, 15 III, 15 III 1, 15 III 2, 15 III 3, 16 II 1, 19 I, 19 II 1, 19 II 2, 19 III 1, 19 III 2, 19 III 4, 19 III 6, 21 I 2, 21 I 4, 21 II 1, 21 II 2, 21 II 3, 22 II 2, 22 II 3, 22 IV, 23 I 2, 23 III 2, 23 V, 24 I 1, 24 II 1, 24 II 2, 24 III, 24 II 4, 24 III 2, 24 IV 1, 24 IV 3, 24 V, 24 VI 1, 27 I 1, s. a. Kaiser, römisch-deutscher (1848) 31 V 1; (1871) 34 II 4, 34 III 1, 34 IV, 35 II 1, 36 I 1, 36 VI 1, 37 IV 2
Kaiser der Franzosen 27 III 2, 34 II 4
Kaiser und Reich 11 II 1, 19 III 5, 21 III, 24 III 1, 24 III 2
Kaiser von Deutschland 34 III 3
Kaiser von Österreich 27 III 2
Kaiser, oströmischer 4 I, 8 II 1; – römischer (röm.-deutscher) 5 I 4, 8 I 1, 9 I 1, 10 I 2, 23 III 1, 23 III 2, 24 I 1

Kaiser-gesetz 10 II 4, 21 I 2; -gesetzgebung 18 II 1; -hof (18. Jh.) 23 III 1, 23 III 2, 24 IV 2, 26 I 1, 27 I 4; -idee 10 I 1, 27 III 2, 30 I
Kaiserin, römisch(-deutsche) 26 I 1
Kaiser-kirche 8 III 1; -krönung 5 I 4, 5 III 2, 7 II 4, 8 I 1, 8 I 2, 10 I 2, 11 II 2; -pfalz 7 II 1; -proklamation 34 II 3, 34 IV; -recht 10 I 4, 10 IV 2; -reich (1871) 31 III 3, 33 II 4, 33 III, 35 III 3, 35 IV, 36 III, 36 IV, 37 III 2, 38 II 1, 38 III 2; -titel 5 I 4, 8 I 1, 10 I 2, 11 III, 34 II 3; -tum (römisch-deutsches) 6 I 2, 6 II, 8 I 1, 8 II, 8 III 1, 9 I 1, 9 I 2, 9 II 1, 9 II 5, 10 I 2, 10 II 1, 10 II 2, 11 I 2, 11 II 2, 11 III, 15 I 2, 15 III 2, 19 III 1, 21 I 1, 21 II 1, 22 IV, 24 IV 3, 30 I, 34 III 2, 34 III 3, 34 IV, (1871) 34 III 3, 34 IV; – – fränkisches 8 I 1; – – habsburgisches 21 I 3; – – katholisches 21 I 1; – – österreichisches (nach 1792) 27 III 2; – – protestantisches 21 I 1, 21 I 3; – universales 15 II 3; – – westliches 5 I 4, 5 II 4; -wahl 24 II 2, 26 I 1, 31 V 1; -würde 5 I 4, 6 I 1, 6 II, 7 II 2, 8 II 2, 10 I 2, 23 III 2, 24 IV 1, 27 III 2, 31 V 1, 34 II 4
Kaiserliches Rechtsbuch 10 IV 2
Kamarilla 32 I 1, 32 II 1
Kameralistik 22 I 2
Kammer (Hofkammer) 9 II 3, 17 II 2, – königliche 10 I 4
Kammer (Parlament) 31 IV 2, 32 II 2; – erste 29 II 2, 33 II 2; – zweite 29 II 2, 31 II 2
Kämmerer, Kammermeister 5 II 2, 11 I 1, 13 II 3, s. a. camerarius
Kammer-gericht 12 II 2, 15 I 3, 15 II 2, 15 II 3, 15 III 3, s. a. Reichskammergericht; -gerichtsräte 15 II 2; -gut 13 II 5, 17 II 2, 23 III 2; -meister 12 II 1, 13 II 3; -richter 12 II 2, 24 V; -verwaltung 17 II 2, 23 III 3; -zieler 15 III 3
Kammerknechte s. Juden
Kampf dem Atomtod 44 VII 4
Kampfregierung 39 I 1
Kanoniker 18 III 1
Kantonalorganisation 16 II 5
Kantone, französische 28 II 1; – ritterschaftliche 23 V
Kanzelparagraph 35 III 1
Kanzlei, 10 IV 1; – kaiserliche/königliche 4 II 1, 5 II 2, 8 I 1, 9 II 3; – landesherrliche 10 II 2, 11 II 2, 13 II 3, 23 V, 24 VI 1; – nationalsozialistische 40 III 2
Kanzleisprache 9 I 1
Kanzler (Landesherrschaft) 13 II 3
Kanzler 34 IV, s. a. Bundeskanzler, Reichskanzler (1871)
Kanzlerdemokratie 44 III 2
Kapitalismus 40 V
Kapitalverbrechen 14 IV 1
Kapitularien 5 III 2
Kapitulation 41 I 2; – bedingungslose 41 I 1, s. a. unconditional surrender
Kapp-Putsch 38 I 2
Kardinäle 8 III 1
Kardinalskollegium 15 I 3

Karlsbader Beschlüsse 30 II 1, 30 III 1, 31 II 2
Karolinger 5 I 1, 5 I 3, 5 II 7, 6 I 1, 6 I 2, 7 I 1, 7 II 2, 7 II 3
Kartell-amt 44 VII 1; -gesetz 44 VII 1
Kastner 13 II 1
Katholiken 15 III 2, 19 I, 19 II 1, 19 II 2, 19 III 1, 19 III 2, 19 III 4, 20 I 2, 21 I 1, 21 I 2, 21 I 3, 21 I 4, 21 II 2, 24 II 1, 35 III 1, 35 IV
Katholiken 20 I 2, 44 VII 3
Katholizismus 10 I 4, 19 II 2, 19 III 2, 22 I 2, 23 IV, 24 I 3
Kätner 14 III 1
Kauf-leute 5 II 1, 7 II 5, 7 III, 9 II 4, 9 II 5, 10 I 3, 24 VI 2, 33 II 3; -verträge 1 II 3
Keller 13 II 1
Kern-energie 44 III 6; -staat (These) 42 I 3, 46 II 1
Ketzer 9 I 1, 19 III 1, 19 III 2, s. a. Häretiker
Ketzerei 19 II 2, s. a. Häresie
Ketzer-gesetzgebung 10 I 4; -recht 19 III 2
Kirche 7 II 6, 7 III, 10 I 4, 10 IV 1, 19 II 2, 20 I 2, 20 I 3, 20 I 4, 25 I 1, 28 III 2, 31 III 2, 31 IV 1, 44 V 1, s. a. Klerus; – evangelische 44 VII 1, 44 VII 4; – – (DDR) 45 VIII 5, s. a. Evangelische Kirche in Deutschland; – im Sozialismus 45 VIII 5; – in der DDR 45 VIII 5; – katholische 44 VII 3; – römische 4 II 4, 8 I 2, 8 II 2, 8 III 1, 8 III 2, 9 II 1, 10 I 2, 10 I 3, 11 II 2, 15 I 3, 15 III 2, 20 I 2, 20 I 3, 20 I 4, 35 III 1
Kirchen (Gebäude) 7 I 2, 8 III 2, 9 II 4
Kirchen 22 I 1, 26 IV 4, 27 II 2, 40 III 1, s. a. Religionsgemeinschaften
Kirchen-ausschluß 28 IV; -bann 10 I 2, s. a. Bann; -diener 20 I 2; -freiheit 8 II 2; -gebräuche 19 II 1; -gesetzgebung 18 III 2; -gut 7 II 5, 15 III 2, 18 III 1, 19 I, 19 II 1, 19 II 2, 19 III 5, 20 I 2, 21 I 2, 21 I 3, 21 I 4, 21 II 2, 24 VII; -herrschaft 8 III 1, 15 III 2, 18 III 1; -hoheit 15 III 2, 28 IV; -lehre 20 I 2; -ordnung 18 II 2, 19 I, 20 I 2; -patronat 33 II 1; -rat 17 II 4, 20 I 3; -recht 10 IV 1, 18 I 1; -reform (Frankenreich) 5 II 6; (Cluny) 8 II 3, 8 III 1, 8 III 2, 9 I 1; -regiment 18 III 1, 18 III 2, 19 III 2, 19 III 4, 20 I 1, 20 I 2; -schutz 8 I 2, 15 III 2, 18 III 1; -verfassung 26 III 4, 35 II 3; -vogt, -vogtei 15 III 2, 19 II 2, s. a. Vogt, Vogtei; -wesen 23 IV 2; -zucht 18 III 2, 20 I 3
Klassengesellschaft 33 II 1
Kleindeutsche Lösung 31 IV 2
Klein-staaten 24 III 2, 27 II 1, 28 II 2, 29 I 3, 34 III 3, 35 II 2, 38 III 1
Kleriker 5 I 3, 5 II 1, 7 I 3, 8 III 2, 9 II 4, 10 IV 1, 13 II 3, 18 I 1, 18 III 1, 35 III 1; -ausbildung 26 III 4, 28 IV; -kirche 8 III 1
Klerus 5 I 2, 5 II 4, 5 II 6, 5 III 2, 7 II 6, 7 III, 8 III 1, 9 II 4, 13 II 1, 15 I 3, 17 IV 1, 18 III 1, 26 IV 4
Kloster 5 II 6, 7 I 2, 7 II 6, 8 II 3, 13 II 1, 13 II 4, 14 I 3, 15 III 2, 18 III 1, 19 II 2, 19 III 3, 19 III 5, 21 I 2, 26 IV 2, 27 II 2; -besitz 20 I 4;

-reformation 18 II 2, 18 III 1; -vogtei 9 II 6, 13 II 1
Koalition (Parlament) 36 II 2, 44 III 1; – große 38 I 3, 38 II 4, 38 V 1; – sozialliberale 44 III 2, 44 III 4, 44 III 6, 44 IV 2
Koalition (Personen) 33 II 4
Koalitionen 44 III 2
Koalitions-ausschuß 44 III 2; -freiheit 33 II 4, 35 IV, 38 III 2; -verbote, zünftlerische 33 II 4; -vertrag 44 III 2
Koblenzer Beschlüsse 42 I 3
Kodifikation 25 II 3, 25 II 5, 26 IV 1, 26 IV 2, 26 IV 3, 32 I 3
Kollegial-behörde 17 II 1; -sitzungen 36 I 2; -organ 17 II 2, 23 II 3, 35 II 1
Kollegien (Reichstag) 24 I 3, 24 II 3
Kollegium 11 II 1, s. a. Kurfürstenkollegium
Kollegium (Rat) 13 II 2, 17 II 1
Kollektivierung der Landwirtschaft 45 VIII 1
Kollektivvereinbarungen 38 III 2
Kölner Krieg 19 III 2
Kolonialherrschaft 36 IV
Kolonialismus 25 II 4, 36 IV
Kolonialvereine 36 I 1
Kommandantur, alliierte 41 II 1
Kommandogewalt, militärische 34 III 3, 37 I 3
Kommerzienkommissionen 23 II 3
Kommissar 23 II 3; – kaiserlicher 21 I 2
Kommissarbefehl 40 II 3
Kommissariatswesen, preußisches 23 III 1, 23 III 2
Kommission (Deutscher Bund) 30 III 2; – (EWG) 43 III 3; – kaiserliche 19 III 4, 23 IV 2, 23 V, 24 IV 2, 24 IV 3
Kommunal-ismus 24 VI 1; -verfassung 33 III; -wahlen 46 IV 1; (1946) 41 II 2; -wesen 32 II 1
Kommunismus 45 I 1, 45 VI 2, 46 IV 6
Kommunisten 41 IV 2, 43 II 3, 44 VIII, 45 I 1, 45 III 2, 46 II 1
Kommunistische Partei der Sowjetunion (KPdSU) 42 III 1; – XX. Parteitag 45 VIII 4
Kommunistische Partei Deutschlands (KPD) 38 I 3, 38 II 1, 39 I 1, 39 II 1, 41 III 2; – Verbot 44 III 1
Kompositionensystem 20 II 2
Konferenz 23 II 3
Konferenzen der Ministerpräsidenten 41 V 2, 44 III 4
Konfession 20 I 2, 20 I 3, 23 II 1, 24 I 2, 24 I 3, 25 II 2, 30 II 2, 39 II 2; – evangelische 19 I, 19 III 2, 21 II 2, s. a. Confessio Augustana
Konfessionalisierung 20 I 1, 20 I 2, 20 I 4
Konfessions-bestand 21 II 2; -bildung 20 I 2; -bünde 16 II 2; -staat 20 I 2, 22 I 1
Konfliktlösung, gerichtliche 10 II 4, 14 II
Konföderation 26 II, 27 III 1, 46 I, 46 III, 46 IV 4
Kongreß Deutscher Volkswirte 33 II 2
König 4 II 2, 5 I 1, 5 I 3, 5 II 1, 5 II 2, 5 II 3, 5 II 6, 5 III 1, 5 III 2, 6 I 2, 7 I 1, 7 II 4, 7 III, 8 I 2, 8 III 2, 9 II 1, 9 II 2, 9 II 5, 9 II 7, 10 II 3,

Sachverzeichnis

10 II 4, 10 III, 11 I 1, 11 I 2, 11 II 2, 11 III, 12 I 1, 12 I 3, 12 II 1, 12 II 2, 13 II 1, 13 II 4, 13 IV, 14 I 2, 14 I 3, 14 I 4, 15 I 2, 15 II 2, 16 I 1, 16 I 2, 17 II 3, 18 I, 19 II 2, 23 III 2;
– bayerischer 29 II 1, 29 IV; – böhmischer 9 II 8, 14 IV 2; – dänischer 9 II 8; – deutscher 8 I 1, 11 II 3, 12 I 2, 15 III 2, 23 III 1;
– englischer 27 III 2; – fränkischer 4 II 3, 5 I 1, 5 I 4, 5 II 7, 5 III, 6 I, 7 I 1, 8 I 1;
– germanischer 4 II 2; – polnischer 14 IV 2;
– preußischer 26 I 1, 28 II 2, 32 II 2, 32 II 3, 34 I 1, 34 III 2, 34 III 3; – römischer 8 I 1, 21 II 1; – sächsischer 30 I; – schwedischer 27 III 2; – spanischer 15 III 2, 34 II 2; – ungarischer 23 III 2
Königin 26 I 1
König in Preußen 23 III 1, 23 III 2
Königs-boten 4 II 1, 5 II 5; -diener 12 I 1, 12 II 1; -erhebung 5 I 2, 6 I 2, 7 I 2, 7 II 2, 8 I 1, 11 I 2; -ethik 7 II 1; -freie 5 II 4; -gericht 5 II 2, 15 I 2, 15 I 3; -gut 5 II 4, 7 II 3, 7 II 4; -heil 5 I 1, 5 I 2, 5 I 5, 7 II 2; -herrschaft 5 I 1, 5 II 4, 6 I 2, 7 II 5, 10 II 1, 12 III 1, 14 I 2, 15 I 2; -hof 4 II 1, 7 II 4, 11 II 2, 11 II 3, 12 I 3, 12 II 2, 13 II 3, 17 II 1; -krönung 7 II 2, 26 IV 5; -land 9 II 2, 10 II 1; -nähe 11 I 1, 15 I 4; -opfer 5 I 1; -salbung 7 II 2, 8 II 1; -schutz 5 II 4, 5 II 6, 5 III 1, 7 II 5, 8 II 3; -sippe 5 I 1, 5 I 2, 7 I 1; -titel 27 III 1; -umritt 7 II 2, 7 II 4, s. a. Umritt; -wahl 5 I 2, 7 II 2, 9 I 2, 10 I 2, 11 I 1, 11 I 2, 11 II 1, 11 II 2, 11 II 3, 21 I 4, 21 I 3, 24 II 2; -recht 11 I 1, 11 II 1, 21 I 3; -würde 5 I 1, 5 I 2, 5 II 6, 6 I, 9 I 1, 11 II 2, 23 III 1
Königtum 2 II, 5 I 5, 5 II 2, 5 II 3, 5 II 4, 5 II 6, 5 II 7, 7 I 2, 7 II 2, 7 II 3, 7 II 4, 7 II 6, 8 I 2, 9 I 1, 10 I 2, 10 II 2, 10 II 4, 11 I 1, 11 II 3, 12 I 2, 12 I 4, 13 IV, 16 I 2; – fränkisches 4 II 2; – französisches 11 II 2, 30 III 3; – preußisches (18. u. 19. Jh.) 26 II 1, 32 II 3, 34 II 3; – von Gottes Gnaden 5 I 1
Konscription 27 III 1
Konservative 34 I 1, 34 III 2, 35 II 3, 35 III 3, 36 II 2, 37 III, 39 I 1
Konsistorium 17 II 4
Konstantinische Schenkung 8 I 1, 8 II 2, 11 II 3
Konstituante 31 III 3
Konstitution 23 I, 28 I, 28 II 3, 29 I 3, 29 II 1, 32 II 2
Konstitutionalismus 28 II 2, 31 III 3, 31 IV 2, 37 I 4
Konstitutionelle Fabrik 33 II 4
Konstitutionell-Liberale 31 III 2, 31 III 4, 32 I 1, 32 II 1
Konstitutionen von Melfi 10 II 1
Konstitutionen, kursächsische (1572) 18 II 1
Konsul, römischer 4 I; deutscher 36 IV
Kontinuität, staatliche 43 IV 2
Kontribution 23 III 1
Kontrollbehörde, alliierte 41 I 1, 41 II 2
Kontrolle, parlamentarische 34 III 2
Kontrollkommission, sowjetische 42 III 2

Kontrollkommissionen (Viermächteverwaltung) 41 II 2
Kontrollorganisation in Deutschland (Abkommen v. 14. 11. 1944) 41 I 1
Kontrollrat, alliierter 41 II 2, 41 II 4, 41 V 1, 41 V 2, 42 I 1, 43 II 3
Kontrollrats-behörde 41 II 3; -gesetz v. 25. 2. 1947 41 V 2
Kontrollvorbehalt der Alliierten 43 II 1
Konvent, französischer (1792) 31 II 1
Konzentrationslager 40 III 3, 41 I 2, 41 IV 2
Konzertierte Aktion 44 VII 2
Konzession 24 VI 2
Konziliarismus 18 III 1
Koordinationskomitee der stellvertretenden Militärgouverneure 41 II 2
Kopfsteuer 15 I 4
Korea-Krieg 43 II 1
Korporation 16 I 2, 23 V, 24 IV 3, 25 II 1
Korporationswesen 16 I 1, s. a. Einungswesen
Korrelation 24 II 4
Krankenversicherung 36 III, 44 VI 1
Kreditgenossenschaften 33 II 4
Kreis-assoziationen 24 III 2; -bauernführer 40 II 1; -konvent 24 III 2, s. a. Kreistag; -ordnung, preußische (1872) 33 III; -tag 24 III 2, 33 III, s. a. Kreiskonvent; -verfassung 15 II 3, 21 II 3, 30 I
Kreisauer Kreis 40 IV
Kreise 15 I 3, 41 IV 3, 45 III 1;
– bayerische/preußische 28 II 1, s. a. Reichskreise
Kreisresidenzoffiziere 43 II 1
Kreßbronner Kreis 44 II 2
Kreuzzüge 9 I 1, 9 II 5, 9 II 8, 10 I 2
Krieg 22 I 1, 22 II 3, 30 II 1, 36 VI 1, 36 VI 2
Kriegs- und Domänenkammern 23 III 1, 28 II 1
Kriegs-dienst 9 II 5, 23 II 2; -erklärung 36 VI 1, 37 I 1; -fürsten 15 III 2, 19 I; -gefangene 41 II 2; -kommissare 23 III 1; -kredite 36 VI 1; -minister, preußischer 32 II 3; -rat 17 II 4; -schuld (1914/18) 38 I 1; -steuerordnung (1471) 15 I 4; -verbrecher 41 II 1, 41 IV 2, s. a. Hauptkriegsverbrecher; -verfassung 24 VII; -verwaltungssachen 36 I 1; -ziel, alliiertes 41 I 1
„Kritik der reinen Vernunft" 25 III
Krone 7 II 1, 34 II 4
Kron-rat 35 II 3; -vasallen 12 I 3
Küchenmeister 13 II 2
Kultur-bund 45 VIII 1; -examen 35 VIII 2; -kampf 35 VIII 2
Kultus 18 III 1, 19 I, 20 I 2, 26 IV 4
Kur 11 I 2, s. a. Königswahl; -erzkanzler 24 II 3, 27 II 1, 29 I 1
Kuratorium unteilbares Deutschland 46 II 1
Kurfürsten 11 I 1, 11 I 2, 11 II 1, 11 III, 11 III, 12 I 3, 13 I 1, 13 II 2, 13 III 4, 15 I 2, 15 I 3, 15 I 4, 15 II 1, 15 II 3, 16 II 3, 16 II 4, 19 III 6, 21 II 3, 24 II 1, 24 II 2, 24 II 3, 24 II 4, 24 IV 2, 24 V, 27 II 1; – geistliche 21 I 2, 26 I 2, 27 I 1; – katholische 16 II 3; -kollegium

21 I 1, 21 II 3, 24 II 4, 24 IV 2, 27 II 1; -rat 15 I 3, 19 III 1, 24 II 3, 24 II 4, 27 II 1; -revolte 27 III 1; -tümer 11 II 3, 13 II 1; -würde 11 II 3, 21 I 2, 21 I 3, 24 IV 2
Kuriatstimmen 15 II 1, 16 II 4, 24 II 3
Kurien 15 II 1, 16 II 4, s. a. Reichstagskurien
Kur-recht 11 I 1; -verein 16 II 4; 21 I 4; -würde s. Kurfürstenwürde; – – bayerische 21 II 3; – – braunschweigische 24 IV 2; – – geistliche 19 II 2, 21 I 2; – – pfälzische 21 I 1, 21 II 3
Kurrheinischer Kreis 15 II 3
Kürruf 11 I 2

Laienkelch 15 III 2
Länder – der DDR 46 IV 8; – deutsche 31 IV 2, 34 III 2, 37 IV 1, 37 IV 2, 39 II 3, 40 III 3, 41 III 2, 41 IV 3, 41 V 2, 42 I 1, 42 I 2, 42 II 3, 42 II 5, 44 II, 44 III 4, 44 VII 1, 45 III 1; – Gemeinschaftsaufgaben von Bund und Ländern 44 III 4; – Gliederung des Bundes in Länder 42 II 3; – habsburgische 23 III 2; – katholische 20 I 4; – Verhältnis zum Bund 42 II 2; – westdeutsche 41 III 2, 41 III 4, 43 IV 1, s. a. Bundesländer
Länder-einrichtungen, gemeinsame 44 III 4; -kammer, 42 I 1, 42 II 2; – – (DDR) 45 III 1; -kammern (Habsburgermonarchie) 23 III 2; -konferenz 38 I 3, 38 III 1; -parlamente 42 I 3, s. a. Landesparlamente; -rat 41 V 2; – (Bizone) 41 IV 1; -vertretung, vorläufige 37 III 2
Landesausschuß (Elsaß-Lothringen) 35 II 2
Landesbauernführer 40 II 2
Landesbistümer, bayerische 26 I 2
Landes-fürsten 14 IV 1, 15 I 3; s. a. Fürst, Landesherren; -gesetzgebung 12, 44 III 4; -gewohnheit 18 II 2; -hauptmann 23 III 2
Landesherren 10 II 2, 12 I 1, 13 I 1, 13 II 1, 13 II 2, 13 II 3, 13 II 4, 13 II 5, 13 IV, 14 IV, 15 I 4, 15 I 5, 17 I, 17 II 1, 17 III, 17 IV 1, 17 IV 2, 17 IV 3, 17 V 2, 18 I 2, 18 II 1, 18 III 1, 18 III 2, 19 II 1, 20 I 1, 20 I 2, 20 I 3, 20 II 1, 20 II 3, 22 II 3, 23 I, 23 II 2, 23 II 3, 23 II 4, 23 II 2, 23 IV, 24 II, 24 V 1, 24 VI 2, 25 I 1, 25 II 2, 25 II 3, 26 IV 3, 27 II 2, 33 II 2; – adelige 15 I 3; – evangelische 20 I 3; – geistliche 14 I 3, 26 III 1; – katholische 19 III 2, 20 I 4, 26 IV 4; – weltliche 14 I 3, 20 I 4
Landes-herrschaft 9 II 3, 10 II 1, 12 I 2, 12 III 1, 13 I 1, 13 I 3, 13 II 1, 13 II 3, 13 II 4, 13 II 5, 13 IV, 14 I 2, 14 I 5, 14 III 1, 17 I, 17 IV 1, 18 I 2; -hoheit 22 II 3, 24 VI 1, 27 II 2; -huldigung 22 II 3; -kirchen, evangelische 44 VII 3, 45 VIII 4; -obrigkeit 19 III 3, 21 II 3, 22 II 3
Landesökonomiekollegien 33 II 3
Landesordnung 18 II 2, 22 II 3; – Bayerische (1553) 18 II 2
Landes-parlamente 33 II 1, 41 III 1, 44 III 5, s. a. Länderparlamente; -politik 44 III 4; -regierungen 37 III, 39 II 2, 41 III 4, 41 IV 3
Landesteilungen 13 I 3, 17 IV 1, 18 II 2
Landesverfassung (Entwurf SED) 41 IV 3

Landesverfassungen 31 III 3, 34 III 2; – – der Nachkriegszeit 41 III 4, 41 IV 3, 42 III 3
Landfrieden 7 III, 9 II 4, 10 II 4, 12 I 1, 12 III 1, 15 I 2, 15 I 3, 15 II 2, 15 III 1, 15 III 2, 16 I 1, 16 I 2, 16 II 1, 16 II 2, 18 I 2, 18 II 2, 19 I, 19 II 2; – regionale 12 III 1, 18 I; – ewiger 15 II 2
Landfriedens-bewegung 7 III, 13 I 2; -brüche 13 I 2, 19 III 4, 24 V; -einungen 9 II 4, 16 I 1, 16 I 2; -exekution 15 I 3, 15 I 4, 15 II 3, 24 III 2, s. a. Exekution; -gericht, reichsständisches 24 IV 3; -hauptmann 13 II 5, 15 I 3; -politik, königliche 10 II 4, 12 III 1, 14 I 1; -recht 19 II 1, 19 II 2, 19 III 2; -sicherung 13 I 2, 18 II 2, 19 I
Landgemeinden 29 I 2
Landgrafen 9 II 3, 13 III 1, 13 III 4
Landherren 13 I 1
Landkommissariate 43 II 1
Landkreise, bayerische 28 II 1
Landleihe 4 II 3
Landrat 23 III 1, 28 II 1
Landrecht 2 I 3, 12 III 2, 13 I 3, 18 II 1, 23 III 2
Landrecht, bayerisches (1346, 1518, 1616) 13 I 3, 18 II 1; – für die Grafschaft Solms (1571) 18 II 1; – für die Kurpfalz (1582) 18 II 1
Land-Regierung (Würzburg 1631) 21 I 3
Landrentmeister 13 II 3
Landsberg 31 II 2
Landschaft (Ständeversammlung) 17 V 2
Landschaft, königsnahe 12 I 2, 16 II 1; – königsferne 16 I 2
Landschreiber 13 II 3
Landsiedelrecht 14 III 3
Landstädte 17 IV 1
Landstände 12 III 2, 13 II 4, 13 II 5, 17 IV 1, 17 IV 2, 17 IV 3, 17 V 2, 18 II 2, 21 II 3, 23 II 2, 23 III 1, 23 III 2, 23 IV, 24 IV 3, 26 IV 5, 29 I 3, 29 II 2, 29 IV 1, 29 IV 2, 30 II 2, 30 III 2
Landstandschaft 33 II 1
Landsteuer 13 II 5, s. a. Bede
Landtag 41 IV 3, 41 V 1, 42 I 3, 42 II 2; – preußischer 29 I 2, 32 II 3, 38 V 2; – (Territorien) 13 II 5, 17 IV 1, 17 IV 2, 17 V 2, 23 III 2
Landtage, deutsche 29 IV 1, 32 I 2, 34 III 2; – (süddeutsche) 34 II 4, 34 III 1
Landtags-ausschüsse 23 III 2 s. a. Ausschüsse, landständische; -verhandlungen 16 II 5; -versammlungen 20 II 3, 24 II 1; -wahlen 38 V 1, 38 V 2
Landvögte 12 I 1, 13 II 5
Landwehr, preußische 32 II 3
Landwirtschaftliche Produktionsgenossenschaft (LPG) 45 VIII 1
Landwirtschaftskammern 33 II 3
Lassalleaner 33 II 4, 35 II 3
Lastenausgleichsgesetzgebung 44 VI 1
Laterankonzil, viertes (1215) 13 II 4
Legalitäts-eid 39 I 2; -fassade 39 III; -prinzip 15 II 3
leges 4 II 2, s. a. Volksrechte
Legislative 25 II 5, 34 III 3

Sachverzeichnis

Legitimation (Staat, Herrschaft) 13 I 1, 17 I, 18 III 2, 22 II 3, 24 VII, 26 V, 34 IV, 38 IV 1
Legitimation, demokratische 41 III 4
Legitimität 23 I, 25 II 2, 27 II 1, 30 IV, 31 I, 31 II 3, 31 IV 2, 34 I 1, 34 IV, 37 II 1, 37 IV 1, 39 III; – (westdeutscher Staat) 44 VIII
Legitimitäts-prinzip 30 I; -verlust 37 I 4; -zweifel 37 I 4
Lehen 2 II, 5 II 7, 9 II 5, 21 I 3, 22 II 3
Lehns-auftragung 10 II 3; -beziehungen 16 II 5; -bindungen 8 III 2, 12 I 1, 16 I 1; -eid 24 IV 1; -gericht, königliches 12 I 3; -gut 5 II 7, 7 I 3, 12 I 3, 25 II 1, s. a. beneficium; -herr 5 II 7, 7 I 2, 7 II 3, 12 I 3, 24 IV 1; -hoheit 10 III, 13 III 4, 14 IV 2, 21 II 2, 21 III, 24 IV 1; -mann 5 II 7, 14 III 3, 25 II 1; -pflichten 13 II 5, 23 II 2; -recht 8 III 2, 10 II 2, 25 II 1; -träger 12 I 2
Lehnswesen 1 II 3, 5 II 7, 7 I 2, 7 II 5, 9 II 3
Lehre (kirchliche) 26 IV 4
Lehrer 20 I 2
Lehrfreiheit 31 I, 31 IV 1
Leib und Leben (Strafe an) 17 II 3, 17 IV 3, 20 II 2
Leib-eigenschaft 14 III 3, 15 I 3, 17 V 1, 24 VI 1, 26 IV 4, 28 III 1; -herrschaft s. Leibeigenschaft
Leibstandarte Adolf Hitler 40 III 3
Leiherechte, bäuerliche 17 V 1, s. a. Erbleihe
Leipziger Montagsdemonstrationen s. Montagsdemonstrationen
„Les six Livres de la République" 22 I 1
„Leviathan" 22 III
Lex Alamannorum 5 III 1
Lex Baiuvariorum 5 III 1
Lex Bennigsen 34 III 2
Lex Frisonum 5 III 1
Lex Miquel-Lasker 35 IV
Lex Ribuaria 5 III 1
Lex Salica 5 III 1
Lex Saxonum 5 III 1
Lex Thuringorum 5 III 1
Lex Visigothorum 4 II 2
Liberal-Demokratische Partei Deutschlands (LDPD) 41 IV 2, 41 IV 3
Liberale 31 I, 31 II 1, 31 II 2, 31 II 3, 32 II 3, 32 III 2, 33 III, 34 III 2, 34 III 3, 35 II 1, 35 III 1, 35 III 2, 35 III 3
Liberalismus 3 II, 29 IV, 33 III 3, 35 III 1
libertas ecclesiae 8 II 1
Libertät, reichsständische 16 II 3, 23 V, 24 I 2, s. a. Freiheit, reichsst.
licentiatus 18 I 1
licet iuris 11 II 1
Liegenschaftsnutzung 4 II 3, 14 III 3
Liga, katholische 19 III 5, 21 I 1
Linke, politische 31 II 1, 31 II 2, 31 IV 2, 37 II 2, 38 II 4, 39 I 1
Linksliberale 32 II 3, 34 I 1, 35 III 1, 36 II 2, 36 VI 1
Litauer 13 III 4, 23 III 1
Lokation 14 IV 1
Lombarden 7 II 4

Londoner Beschlüsse 42 I 2
Londoner Empfehlungen 42 I 1, 42 I 2
Londoner Konferenz 42 I 1
Londoner Sechsmächtekonferenz 42 I 1
Loyalität 31 II, 35 III 1
Lückentheorie 32 II 3
Luftwaffe 40 III 1
Lutheraner 15 III 2, 19 II 1, 20 I 3, 21 I 3, s. a. Augsburgische Konfessionsverwandte, Protestanten
Luxemburger 11 I 1, 11 I 2, 12 I 2, 13 III 4

Machtergreifung (NSDAP) 39 II 1, 39 III, 40 II 4, 40 III 3, 40 III 4, 40 IV
Machtspruch 26 IV 2, 26 IV 3
Magdeburger Recht 14 IV 1
magister civium s. Bürgermeister 14 I 3
Magistrat (Stadt) 24 VI 2
magistratus (Amtsträger) 9 II 1
Magna Charta Libertatum 17 IV 3
Mahnwachen 45 VIII 4
Maiestas Carolina 12 III 2
maiestas personalis 22 II 2; – realis 22 II 2
maiestas s. Gewalt, höchste 22 I 1, 22 II 2, 22 II 3; – analoga 22 II 3
Mainzer Reichslandfrieden 10 II 4, 12 II 2, 12 III 1, 16 I 2
Mainzer Republik 27 I 3
maior domus 5 II 2, s. a. Hausmeier
maiores s. Patrizier 14 I 4
Maire 28 II 1
Majestät 22 I 1, s. a. maiestas
Majestätsverbrechen 10 I 4
Malteserorden 27 II 1
Mandate (Landesherr) 22 II 3, 23 II 4; (Reichskammergericht) 24 V
Mandate, kaiserliche s. Religionsmandate, kaiserliche
Mandatsträger 31 III 1
Manipulierungsfreiheit 45 II 4
Manufakturen 23 II 3
marchio s. Markgraf 5 II 3
Marine-angelegenheiten 31 III 3; -kabinett 36 I 1
Markgraf, -schaft 5 II 3, 9 II 3, 9 II 8, 10 II 3, 13 III 1, 13 III 4, s. a. marchio
Markt, freier 25 II 2; – gemeinsamer 43 III 3
Märkte 10 II 2, 14 I 1, 14 IV 2
Marktprivilegien 7 II 5, 9 II 6
Marktwirtschaft 44 I, 44 VII 1; – soziale 46 V 1
Marschall 25 II 2, 11 I 1, 12 II 1, 13 II 3, s. a. comes stabuli
Marshallplan 42 I 1, 43 II 2, 43 III 2; -Organisation 42 I 1
Marxismus 44 VII 4
Marxismus-Leninismus 45 I 1, 45 II 2, 45 VIII 2, 46 IV 5
Marxisten 35 II 3, 40 V
März-bewegung 31 III 4; -revolution 31 I 1, s. a. Revolution von 1848; -vereine 31 III 2
Massenorganisationen 41 IV 2, 42 III 1, 45 IV 1, 45 VIII 2, 45 IX 2, 46 IV 5

Maßnahmenstaat 39 II 1, 40 V
matricula s. Reichsmatrikel 15 II 4
Matrosenaufstand (1918) 37 I 2
Mediatisierung 23 V, 26 I 1, 27 II 2, 27 III 1
Medienfreiheit 46 IV 5
Mehrheit, absolute 39 II 1
Mehrheiten, qualifizierte 37 IV 1; – wechselnde 35 III 3, 36 II 2
Mehrheits-beschluß 15 III 2, 19 III 3, 24 II 4, 32 I 3; -bildung 36 II 2, 37 III 2; -prinzip 11 II 1, 17 II 1, 19 II 1, 21 II 2
Mehrheitssozialisten (MSPD) 36 IV, 37 I 2, 37 I 4, 37 II 1, 37 II 2
Mehrheits-verhältnisse 35 II 1, 38 V 1; -wahlrecht 36 II 2, 42 II 2
Meier 7 I 3, 9 II 6, s. a. Hausmeier
Meinung, öffentliche 26 III 1, 29 IV 2, 31 III 3, 34 II 2
Meinungs-bildung, politische 31 II 3; -freiheit 31 IV 1, 44 IV 1, 45 II 4, 46 IV 5
melior et maior pars 7 II 2
meliores s. Patrizier 14 I 3
Menschen-gemeinschaft, sozialistische 45 VIII 2; -rechte 1 I, 17 IV 3, 22 III, 25 II 4, 29 II 3, 31 I, 33 II 4, 41 III 4, 42 II 3, 42 II 4, 42 III 3, 43 III 2, 45 I 4; -würde 42 II 3
Merkantilismus 23 II 3
Merowinger 4 II 1, 5 I 1, 5 I 2, 5 I 5, 5 II 2, 5 III 1
„Metaphysik der Sitten" 25 III
Metropoliten 26 I 2
Meuterei 37 I 2
miles perpetuus 23 II 2
Militär 24 VI 2, 29 I 1, 31 V 2, 32 II 3, 35 I, 36 VI 1, 36 VI 2, 37 II 2, 38 I 2, 38 V 3, 40 II 3
Militär, französisches 38 I 3
Militär-dienstpflicht, zweijährige 32 II 3, s. a. Dienstpflicht; -gouverneur, amerikanischer 41 III 4; -gouverneure, alliierte 41 I 1, 41 II 2, 41 II 4, 41 III 1, 41 III 2, 41 V 1, 42 I 1, 42 I 2, 42 I 3, 42 II 2, 42 II 5, 43 II 2, 43 II 3, 43 III 2; -grenze (Habsburgermonarchie) 23 III 2; -kabinett 36 I 1; -monarchie 34 IV; -politik 35 III 3; -regierung, alliierte 41 III 1, 41 III 4, 41 IV 1, 41 V 2, 43 II 1; -tribunale 41 III 3; -wesen 36 V
Militarismus 41 III 3
Minderheiten, nationale 35 II 3
Minderheitsregierung 31 III 4, 31 V 2, 38 II 1, 38 V 2
Minderstellungen, ständische 26 III 4
Mindestarbeitsbedingungen 44 VI 2
Minister 28 II 2, 28 II 3, 29 II 1, 29 IV 1, 31 II 2, 32 II 2, 34 III 2, 35 II 2, 36 II 2; -anklage 29 II 1, 32 II 2; -verantwortlichkeit 29 II 1, 29 IV 1
Ministerialbürokratie 38 I 2
Ministeriale 19 II 5, 9 II 6, 13 II 4, 14 I 3
Ministerialverwaltung, preußische 28 II 2
Ministerien 28 II 2, 31 II 2, 32 III 2, 34 I 2, 34 III 2, 35 II 1, 36 I 1, 37 II 2, 39 II 3, 40 III 1, 40 III 2
ministerium (Amt) 5 II 4

Ministerium für Staatssicherheit (MfS) 45 VII 1
Ministerium (Kabinett) 34 III 1, 34 III 2;
– preußisches 32 II 1, 32 II 3, 33 II 3;
– verantwortliches 31 III 3, 31 IV 2, 34 III 2
Minister-konferenz 28 II 2, 30 II 1; -präsident 31 III 4, 31 IV 2, 32 I 1, 34 I 2, 34 III 3, 39 II 3, 40 III 1; – – der DDR 46 II 4, 46 V 1; -präsidenten 41 III 1, 41 III 3, 41 III 4, 41 V 2, 42 I 2, 42 I 3, 42 II 1, 42 II 2; -rat der DDR 45 II 3, 45 III 3, 46 VI 3; – – für die Reichsverteidigung 40 III 1
Ministerratsgesetz v. 16. 10. 1972 45 IV 2
Ministerverantwortlichkeit 29 II 1, 29 IV, 32 II 2
ministri 5 II 4, s. a. Diener
missi dominici 5 II 5, s. a. Königsboten
Mißtrauensvotum 31 III 4, 36 II 2, 38 II 1, 38 V 1; – konstruktives 42 II 3, 44 III 2
Mitbestimmung, innerbetriebliche 40 II 2;
– (Montanindustrie) 44 VII 2
Mitentscheidungsrecht (Reichsstädte) 21 II 3, 24 II 4, s. a. votum decisivum
Mitspracherechte, parlamentarische 36 II 1
Mittelreich 6 I 1
Mittelstaaten 24 III 2, 26 IV 1, 27 I 4, 28 II 2, 31 II 2, 32 I 2, 32 I 3, 33 II 2
Mitwirkungsrechte (Reichsrat) 37 IV 3
Modellgesetz 42 II 1
Modellstaaten (napoleonische) 28 I
Monarch 1 I, 22 III, 23 I, 23 II 2, 23 II 3, 23 II 4, 23 III 1, 23 III 2, 23 IV, 24 III 2, 25 II 1, 26 III 1, 26 IV 2, 26 V, 27 III 1, 28 II 3, 29 I 3, 29 II 1, 29 II 2, 29 III 1, 29 IV 1, 31 III 1, 31 III 4, 32 II 3, 34 II 4, 37 I 4; – absoluter 22 III, 26 III 1
monarchia s. Alleinherrschaft 15 I 2, 21 I 2
Monarchie 3 II, 10 I 3, 15 II 2, 22 II 2, 31 II 1, 31 II 2, 34 IV, 35 I, 36 V, 37 I 1, 37 I 4, 38 I 1, 38 V 2; – kaiserliche 15 II 2, 15 III 2, 16 II 2, 21 II 1, 21 II 3, 22 II 2, 24 I 2;
– konstitutionelle 31 III 4, 32 II 3, 37 IV 2;
– österreichische 26 IV 1, 31 IV 2;
– preußische 23 III 1, 32 II 1, 32 II 3, 34 III 1
Monarchien, aufgeklärte 26 IV 1, 26 IV;
– süddeutsche 27 III 1, 28 II 1
Monarchisten 31 I, 36 VI 1, 37 I 4, 38 II 1
Mönchtum 8 III 1
Monopole, wirtschaftliche 15 III 3, 35 III 2
Montagsdemonstrationen 46 IV 3
Montanunion 44 VII 2, s. a. Europäische Gemeinschaft für Kohle und Stahl
Moral, sozialistische 45 VIII 2
Moralphilosophie, englische 28 II 4
Müller-Arnold-Prozeß 26 IV 3
Münchener Konferenz 41 V 2
Mündlichkeit 7 I 5
Munt 7 I 3; -mannen 14 I 3
Münze 4 II 3, 10 I 2, 10 II 4; -ordnung (1571) 19 III 6; -recht 9 II 1, 13 II 1; -stätten 10 II 2; -wesen 4 II 3, 5 III 2, 24 III 2
Musterverfassungen (Westfalen, Berg) 29 I 1
Mutterschutz 44 VI 2

Sachverzeichnis

Nachlaßsteuer 36 II 2
Nachrüstungsbeschluß 44 VII 4
Nahrungsprinzip 24 VI 2
Napoleonische Kriege 29 I 3
Nation 15 II 3, 30 IV, 33 II 3, 34 II 4, 35 I, 35 III 2, 44 VIII, 46 I
nationale Erhebung (NSDAP) 39 III
Nationale Front 46 IV 5
Nationale Volksarmee 45 III 1
Nationalismus 31 II 3, 35 I
National-kirche, deutsche 26 I 2; -liberale 34 I 1, 35 II 3, 35 III 2, 35 III 3, 37 III 2; -repräsentation 29 I 1; -sozialismus 39 I 2, 40 I, 41 II 1, 41 III 3; -sozialisten 39 I 1, 39 II 1, 39 II 2, 39 III, 40 II 4, 41 II 1, 41 IV 2, 44 VIII
Nationalsozialistische Deutsche Arbeiterpartei (NSDAP) 38 I 3, 38 II 2, 38 V 1, 38 V 2, 39 I 1, 39 I 2, 39 III, 40 II 2, 40 III 3, 40 III 4, 41 III 3, 41 IV 2
Nationalsozialistischer Lehrerbund 40 II 2
Nationalsozialistischer Rechtswahrerbund 40 II 2
National-staat 6 I 1, 30 I, 34 I 1, 34 I 2, 43 I, 43 III 1; -staatsidee 31 I, 34 IV
Nationalversammlung, deutsche (1848) 31 II 1, 31 II 2, 31 II 3, 31 III 1, 31 III 2, 31 III 3, 31 IV 1, 31 IV 2, 31 V 1, 31 V 2, 32 I 1, 32 I 3, 33 II 2, 34 II 3, s. a. Frankfurter Nationalversammlung, Paulskirche; – – (1948) 42 I 3; – französische (1789) 27 I 1, 43 II 3; – verfassunggebende (1919), s. a. Weimarer Nationalversammlung 37 I 3, 37 II 2, 37 III 2, 38 I 4, 42 II 1
Nationalvertretung 31 I 1, 31 II 1, 32 I 2
Nationenbildung 15 II 3
NATO 42 II 2, 43 II 3, 43 III 2, 44 VII 4, 45 V
Naturaleinkünfte 13 II 1
Naturrecht 22 I 1, 22 I 2, 22 II 3, 22 III, 23 I 4, 25 I 1, 25 I 2, 25 II 1, 25 II 4, 42 II 4, 45 I 2
Naturrechtler 25 II 2, 26 IV 1
Naturrechts-denken 42 II 4; -lehre 22 III, 25 I, 25 II 4
Naturzustand 25 II 5, s. a. status naturalis
Nauheimer Kreis 46 II 2
Neo-Absolutismus 32 II 1
Neoaristotelismus 22 I 2, 25 I 1
neue Ära (nach 1858) 32 II 1, 33 II 2, 33 III
neuer Kurs (nach 1890) 36 I 2
Neues Forum 46 IV 3
Neues ökonomisches System der Planung und Leitung 45 IV 2
Neugliederung des Bundesgebietes 44 II 4
Neugliederungsgebot 44 II 4
Neutralisierung Deutschlands 43 III 1; – Gesamtdeutschlands 46 II 1
Neutralisierungsbestrebungen 46 II 2
Neutralität 27 I 3, 27 I 4, 27 II 2
Neutralitätsgedanke 46 II 2
Nichtigkeitsbeschwerden 24 V
Niederländer 19 III 1
Niederländisch-westfälischer Kreis 15 II 3

Niederlassungsprivileg 14 IV
Niedersächsischer Kreis 15 II 3
nobilitas 7 I 1, s. a. Adel
Non-Fraternization-Befehl 41 III 2
Norddeutscher Bund 33 II 2, 34 I 1, 34 I 2, 34 II 1, 34 II 2, 34 II 4, 34 III 2, 35 IV
Norddeutscher Reichsbund 27 III 1
Normalisierung zwischen den beiden deutschen Staaten 46 II 3
Normaljahr (1624, 1627) 21 I 4, 21 II 2
Normannen 6 I 2, 9 II 2, 10 III
Normbindung 23 II 4
Normen 1 II 2, 1 II 3, 15 III 1, 18 II 1, 18 II 2, 25 II 4, 29 I 1, 37 IV 1, 38 IV 1, 40 III 4; -kontrolle 44 III 6; -staat 39 II 1, 39 III, 40 III 3, 40 V
Normsetzung 18 I 2
Notabelnversammlung 29 I 2
Notare 4 II 1, 10 IV 1, 24 IV 1
Notariatswesen 15 III 3
Notbischof 20 I 3
Notstand 44 II 1
Notstands-gesetzgebung 44 II 1, 44 III 6, 44 VII 4; -recht 42 I 2, 43 II 3; -verfassung 44 II 1
Notverordnung 32 II 2, 36 VI 2, 38 I 4, 38 V 1, 38 V 2, 39 II 1
Notverordnungen 42 II 3
Notverordnung vom 6. 2. 1933 39 II 3, 39 III; – vom 28. 2. 1933 s. Verordnung zum Schutze von Volk und Staat 39 III
Notverordnungsrecht 32 II 1, 37 IV 1, 38 V 1
Novemberverträge (1870) 34 II 4
NS-Opfer 43 IV 1, 44 VI 2
nulla poena sine lege 35 IV
nullum crimen sine lege 41 III 3
Nuntiatur 27 I 1
Nuntius 26 I 2
Nürnberger Anstand 15 III 2
Nürnberger Gesetze 40 II 4
Nürnberger Prozeß 41 III 3
Nürnberger Reformation (1479) 18 II 1
Nutzeigentum 14 III 3
Nutzungsrechte 14 III 3

Oberamtsbezirke, bayerische 28 II 1
Oberappellationsgericht 23 III 1
Oberbefehl (Wehrmacht) 37 IV 1
Oberbefehlshaber, alliierter 41 I 1, 41 II 2
Obereigentum (Grundherr) 14 III 3
Oberhof 14 II, 14 V 1, 17 II 3, 20 II 1
Oberlandesregierung, württembergische 28 II 1
Oberpräsident, preußischer 28 II 1, 33 II 4
Oberpräsidenten 41 III 2
Oberrheinischer Kreis 15 II 3
Obersächsischer Kreis 15 II 3
Oberste Heeresleitung (OHL) 36 VI 1, 36 VI 2, 37 I 1, 37 I 2, 37 I 3, 37 I 4
Oberster Gerichtshof (Bizone) 41 V 1
Objektivismus in der Wissenschaft 45 VIII 2
Obodriten 9 II 8, 13 III 4
Obrigkeit 2 II, 14 I 5, 14 II, 17 I, 17 II 3, 17 IV 2, 18 II 1, 18 II 2, 19 I, 19 II 1, 19 III 2, 20 I 1,

20 I 2, 20 I 3, 20 I 4, 20 II 1, 22 I 2, 22 II 3, 22 III, 24 IV 3, 24 V, 25 II 4, 26 II 1; – hohe 19 III 3; – katholische 18 III 2; – protestantische 19 II 1, 19 II 2, 19 III 1, 20 I 3, 22 I 2; – reichsstädtische 19 II 1; – reichsständische 19 II 1
Obrigkeits-denken, paternalistisches 22 I 1; -staat 17 I, 17 III, 17 V 2, 18 II 2, 18 III 1, 20 I 1, 20 II 3, 23 II 2, 23 II 3, 24 VI 1
Oder-Neiße-Linie 46 II 1, 46 V 2
Officiati 5 II 4, s. a. Beamte
officium 9 I 2, 13 II 2, s. a. Amt
Offiziere, napoleonische 28 IV; – deutsche (1918) 37 I 1
Offizierkorps 37 I 4, 40 II 3
Ohne-mich-Bewegung 44 VII 4
Okkupation 27 I 2
Ökonomie 22 I 2, 25 II 2
Oligarchie, reichsstädtische 14 III 4, 23 V
Olmützer Punktation 32 I 1
Opfer nationalsozialistischer Gewalt s. NS-Opfer
Opposition 39 II 1, 43 II 3, 44 II 1, 44 II 1, 44 II 4, 44 II 5, 44 III 1, 44 III 2;
– außerparlamentarische 44 VII 4; – (DDR) 45 VIII 5, 46 IV 1, 46 IV 2, 46 IV 7
Oppositionsgruppen (DDR) 46 IV 4, 46 IV 7
Orden (geistliche) 20 I 4, 35 III 1
Ordensstaat 14 IV
Ordinatio imperii 5 I 2
Ordnung 2 II, 5 I 1, 5 II 6, 14 II, 15 II 2, 15 III 2, 16 I 1, 18 II 2, 19 I, 22 III, 23 I, 23 II 2, 37 I 4, 37 IV 1; – altständische 42 II 4; – dörfliche 14 IV; – landständische 23 IV; – legale 39 I 2; – marktwirtschaftliche 44 VII 1; – mittelalterliche 13 IV; – öffentliche 22 I 2, 38 V 1; – politische 1 II 2, 1 II 3, 2 II, 18 III 1, 20 I 1; – rechtliche 4 II 3; – soziale 2 I 3, 5 I 3; – staatliche 25 II 4, 31 III 2; – städtische 14 I 5; -ständische 17 V 1
Ordnungs-befugnis, obrigkeitliche 18 II 2; -denken 25 II 3; -modelle, genossenschaftliche/berufsständische 33 II 3; -polizei 40 III 3
Ordoliberalismus 44 VII 1
Ordonancien 18 II 2
ordre naturel de l'état 28 I
Organe, europäische 43 III 3; – der örtlichen Staatsmacht (DDR) 45 III 1; – der Staatsgewalt (DDR) 45 III 1
Organisation Todt (OT) 40 III 1
Organisationen, gesellschaftliche 45 VIII 4; – internationale 43 II 4; – nationalsozialistische 41 II 1, 41 III 3
Organization for European Economic Cooperation (OEEC) 43 III 2
Ortsbauernführer 40 II 2
Ortspolizei 33 III
Ostblockstaaten 46 II 1
Ostermärsche 44 VII 4
Österreichischer Erbfolgekrieg 26 I 1
Österreichischer Kreis 15 II 3, 24 III 2
Ostgrenzen (1919) 38 I 1

Ostintegration der DDR 45 V
Ostsiedlung(-kolonisation) 9 II 8, 14 IV 1, 14 IV 2
Ostpolitik 46 I, 46 II 2, 46 II 4
Ostreich s. Reich, ostfränkisches
Ostrom s. Reich, oströmisches
Ost-West-Gegensatz 41 V 1; -Konflikt 41 III 3; -Konfrontation 44 I
Ottonen 7 II 5

Pacht s. precarium
„Pacis compositio" 21 I 2
Pactus Legis Alamannorum 5 III 1
Papst 5 I 1, 5 I 4, 8 I 1, 8 II 1, 8 II 2, 8 III 1, 8 III 2, 9 I 1, 9 II 2, 10 I 2, 10 I 4, 10 III, 10 IV 1, 11 I 1, 11 II 1, 11 II 2, 11 II 3, 11 III, 15 I 3, 15 III 2, 18 I 1, 19 III 1, 21 II 1; -kirche 8 II 3, s. a. Kirche, römische; -tum 8 II 1, 8 III 1, 8 III 2, 9 I 1, 10 I 1, 10 I 3, 11 II 2, 18 III 1; -urkunden 9 II 1; – Wahldekret Nikolaus' II. 8 III 1
paria vota 19 III 3
Pariser Frieden, Erster (1814) 30 I
Pariser Hof 31 IV 2
Pariser Verträge v. 23. 10. 1954 43 II 32, 46 I
Parität (Konfessionen) 19 II 2, 19 III 4, 21 II 2
Parlament 31 II 1, 31 III 2, 31 III 3, 31 IV 2, 31 V 1, 31 V 2, 32 I 1, 32 II 3, 34 II 1, 34 II 2, 34 III 3, 37 I 4, 37 III 2, 37 IV 1, 38 I 4, 38 II 1, 38 II 2, 38 IV 1, 38 V 1, 39 II 3
Parlamentarier 31 III 3, 31 IV 2, 32 I 1, 37 III 1
Parlamentarischer Rat 42 II 2, 42 II 2, 44 II 1
Parlamentarisierung 36 II 2, 37 I 1
Parlamentarismus 31 III 3, 37 IV 1, 39 II 1
Parlaments-herrschaft 35 III 1; -krise 38 V 1; -mehrheit 31 III 3, 31 IV 1, 34 I 2, 36 II 2, 39 I 1; -verfassung 31 II 1
Parteibildung, überregionale 31 I 3, 31 III 2
Parteien (politische) 31 III 2, 35 II 3, 35 III 3, 36 I 2, 36 II 1, 36 II 2, 36 III, 36 VI 1, 37 I 4, 37 III 2, 38 II 1, 38 II 3, 38 II 4, 38 III 2, 38 IV 1, 38 V 2, 39 III, 41 III 2, 41 III 3, 41 III 4, 41 IV 1, 41 IV 2, 41 IV 3, 41 V 2, 42 II 1, 42 II 3, 42 III 1, 42 III 2, 44 III 1, 44 III 2, 44 III 4, 44 III 6, 44 VII 2, 45 V, 46 II 1, 46 IV 3, 46 IV 5, 46 IV 6, 46 IV 7; – Bildung nach 1945 41 III 1; – bürgerliche 39 II 2, 41 IV 3, 42 III 2; -demokratie 44 III 2, 46 IV 5; – demokratische 37 IV 1, 38 I 2, 38 V 1; – Finanzierung 44 III 1; -gesetz 44 III 1; – in der SBZ 41 IV 2, 42 III 1, 42 III 2; – kleindeutsche 34 II 1; – konservative 36 II 2; – liberale 36 II 2; -regierung, parlamentarische 37 I 4; -system 31 III 2, 37 III 2, 44 II 1, 46 IV 5; – Verbot 42 II 3, 44 III 1; – Zulassung 41 IV 2, 42 III 1
Partei-kanzlei (NSDAP) 40 III 2; -mitgliedschaft (NSDAP) 40 II 3
Partei-prozeß 7 I 4; -sachen s. Justizsachen; -streitigkeiten 23 III 2
Partikular-fürsten 30 IV; -herrschaft 40 III 1; -ismus 24 I 2, 24 II 3; -staat 22 III, 31 IV 2

Sachverzeichnis

Passauer Vertrag 15 III 2, 19 I, 19 II 1, 19 III 2, 19 III 3, 21 I 2, 21 II 2
Patrimonial-gerichte 28 II 1; -gerichtsbarkeit 33 II 1; -staatstheorie 29 III 1
Patrimonium 13 I 3
Patriziat 14 I 3, 14 I 4, 23 IV
Patronatsrechte 18 III 1
Paulskirche 31 I, 31 III 1, 31 III 3, 31 III 4, 31 IV 1, 31 V 2, 32 I 1, 34 III 2, 44 VII 4, s. a. Nationalversammlung (1848)
Paulskirchenverfassung (1848) 32 II 2, 42 II 3, s. a. Reichsverfassung (1848)
Pauschquantum 35 III 3
Peinliche Halsgerichtsordnung (1532) 15 III 3
peinliche Strafe 7 III, 17 II 3; s. a. Leib und Leben
Person, moralische 25 II 1; -natürliche 25 II 1
persona ficta 25 II 1
Personenstandswesen 33 II 1
Personenverband 3 II, 7 I 3
Persönlichkeit, sozialistische 45 I 4, 45 VIII 2
Persönlichkeits-schutz 44 IV 1; -wahlrecht 35 III 3
Petersberg-Abkommen v. 22. 11. 1949 43 II 1
Petitionen 29 II 2, 29 IV 2, 31 III 2, 31 V 2, 34 III 3
Pfahlbürger 10 II 2
Pfalzen 7 II 4, 9 II 6, 9 II 7
Pfalzgraf 5 II 2, 9 II 3, s. a. comes palatini
Pfalzgraf bei Rhein 11 I 1, 11 I 2, 11 II 3, 23 IV
Pfälzischer Erbfolgekrieg 25 II 1
Pfand 13 II 2; -vertrag 12 I 1
Pfarrer 15 I 4, 17 V 1, 18 III 1, 20 I 2, 20 I 3
Pfarrei 20 I 2, 20 I 4; -sprengel 26 IV 4; -zwang 20 I 4
Pflicht 25 II 4
Philosophie, praktische 22 I 2
Physiokraten 25 II 2, 26 III 1
Piusvereine 31 III 2
Plebiszit 38 II 3
plenitudo potestatis 11 III
Polen 23 III 1, 23 IV, 31 II 3, 35 I, 35 III 1
Polis 1 II 3, s. a. Gemeinwesen
„Politica methodice digesta" 22 I 2
„Politik" („Politeia") 13 IV, 18 II 2, 22 I 2
Politik 25 II 2, 25 II 3, 25 III, 26 IV 5
Politik (Definition) 22 I 2
Politik, gute s. Polizei, gute; – landständische 17 I; – monarchische 34 III 1; – partikularistische 26 I
Politik der Diagonale 36 II 2
Politikmonopol 36 VI 1
Politologie, aristotelische/neuaristotelische 22 I 2, 25 I 1
Polizei 33 III, 39 II 1, 40 II 2, 40 II 4, 40 III 4
Polizei, gute 18 II 2, 18 III 1, 22 I 2, 25 II 2; – hohe 27 III 1; – politische (Gestapo) 40 III 3; -gewalt 24 VI 2; -ordnung 18 II 2, 19 III 5, 20 I 2
Polizeiordnung von 1530 15 III 3
Polizei-verein 32 I 2; -wesen 18 II 2, 23 II 3, 23 III 2; -wissenschaft 22 I 2

„Polycraticus" 13 IV
Polykratie (NS-Staat) 40 III 1
Positivismus 36 V, 38 IV 1
Post-geheimnis 44 II 1; -gesetz (1871) 35 IV; -wesen 34 III 3
potestas 5 I 1, 5 I 4
potestas imperialis 8 I 1
Potsdamer Abkommen 41 II 1, 41 II 2
Potsdamer Konferenz 41 IV 1
Präfekt 28 II 1
Prager Fenstersturz 21 I 1
Pragmatische Sanktion 23 III 2, 26 I 1
Prälaten 13 II 4, 16 II 4, 17 IV 1, 21 II 3, 24 II 3; -kollegien 16 II 4; -kurien 13 II 4
Präsident (Nationalversammlung 1848) 31 III 3, 34 II 4
Präsident der Republik (DDR) 45 III 2
Präsidial-akte 34 III 2; -amt (Reichspräsid.) 39 I 1; -anträge 35 II 2; -befugnisse 34 III 3; -diktatur 38 V 1, 38 V 2; -kabinett 38 V 2; -kanzlei 40 III 2; -macht 32 I 1; -regierung 38 IV 1
Präventivkrieg 36 VI 1
precarium 4 II 3
Presse 30 III 1, 30 III 2, 32 I 2, 34 II 1; -freiheit 25 II 4, 29 II 3, 29 IV 2, 31 II 1, 31 IV 1, 35 IV, 44 IV 1, 45 II 4; -gesetz, badisches (1832) 30 III 2; -recht 39 II 1; -verbote 39 II 1; -zensur 31 II 2
Preußen (Volk) 13 III 4, 14 IV 2
Preußenschlag (1932) 38 V 2
Priester 8 III 1, 20 I 4, s. a. Kleriker, Pfarrer; -ehe 15 III 2; -tum 11 III
Primogenitur 13 I 3, 23 III 2; -ordnungen 17 I
princeps 9 I 3, 9 II 1, 9 II 3, 10 II 3, 13 I 1, 13 IV, 18 II 2, s. a. Erster, Fürsten
princeps Francorum 5 II 2, s. a. Erste der Franken
princeps pincenarum 5 II 2, s. a. Schenke
Prinzenerzieher 26 III 2
Prinzip, demokratisches 41 IV 3, 44 VIII, 46 V 3; – regionales 41 V 2
Prinzipalkommissar 24 II 3
Privat-autonomie 33 I; -eigentum 28 III 1, 45 I 1, 45 VIII 2, 46 IV 5; – – Aufhebung in der DDR 45 I 1; -gut (Herrscher) 25 II 2, 29 II 1; -reklamationen 30 III 2; -recht 2 I 2, 22 II 1, 25 II 1, 28 III 1, 28 IV, 35 IV, 44 IV 2; -rechtsordnung, liberale 40 V, 45 II 2; -rechtssubjekte 29 II 3; -vermögen, fürstliches 25 II 1
Privilegien 1 II 2, 3 I 6, 7 I 5, 7 II 5, 8 II 3, 9 II 1, 9 II 3, 10 I 3, 10 I 4, 10 II 2, 10 IV 2, 11 II 3, 14 I 3, 14 II, 14 IV 1, 15 I 5, 16 II 5, 17 IV 3, 18 III 1, 20 I 1, 23 I, 23 IV, 24 V, 24 VI 2; -wesen, altkirchliches 20 I 3
Privilegierung 9 II 7, 20 II 1, 24 VI 2, 33 II 1
privilegium de non appellando 11 II 3, 20 II 1, 24 VI 1
privilegium de non evocando 11 II 3

Sachverzeichnis

Produktions-genossenschaften des Handwerks 45 VIII 1; -mittel 45 VIII 1; -vermögen 41 III 4
Produktivgenossenschaften 33 II 4
Professoren 30 III 1
Programme, politische 35 II 3, 35 III 1
Proklamation der Souveränität (Mai 1955) 43 III 2
Proletariat 34 IV, 37 II 2
proletarische Hundertschaften 38 I 3
Promulgation 10 IV 1
Proposition 24 II 2
Propst 18 I 1
Protestanten 15 III 2, 19 I, 19 II 1, 19 II 2, 19 III 1, 19 III 2, 21 I 1, 21 I 2, 21 I 3, 21 I 4, 21 II 2, 24 II 1, 44 VII 3
Protestation 15 III 2
Protonotar 13 II 3
Provinzen, preußische 28 II 1, 29 I 2
Provinzial-landtage, preußische 42 II 1; -stände, preußische 29 I 2, 29 IV 2
Prozeß 5 III 1, 10 IV 2, 17 II 3, 23 II 3, 23 II 4; – römisch-kanonischer 17 II 3
Prozeß-recht 26 IV 1; -rechtsreform 10 II 1
Pufferstaaten 27 II 1
Putbuser Diktate 34 III 1

Quasimonarch (Reichspräsident) 37 IV 1
Quorum 11 I 2, 11 II 3

Rahmengesetzgebung 44 III 4
Rastatter Kongreß (1797) 27 I 4, 27 II 1
Rat (Gremium) 12 II 1, 15 I 3; – geheimer 23 II 3; – geistlicher 20 I 4, s. a. Kirchenrat; – landesherrlicher 13 II 3, 17 II 1, 17 IV 2; – städtischer 14 I 3, 14 I 4, 14 I 5, 14 II, 14 IV 1, 18 I 1, 23 V; – täglicher 12 II 1, 12 II 2, 13 II 3
Rat (Person) 17 IV 2, 20 I 3, 24 IV 3; – adeliger 17 II 1, 17 II 3; – geheimer 17 II 1; – gelehrter 17 II 3, 15 I 2
Rat (Ratschlag) 15 II 1, 29 I 2
Rat der Außenminister 41 II 4
Rat der Regierungsvertreter (EWG) 43 III 3
Rat der Volksbeauftragten 37 II 1, 38 III 2
Rat für Gegenseitige Wirtschaftshilfe (RGW) 45 V
Rat und Hilfe 2 I 3, 13 I 1, 13 II 3, 15 II 1, 16 II 5, 17 IV 1
Rat von Haus aus 13 II 3
Räte-diktatur 37 II 2; -gedanke 37 IV 2; -republik, bayerische 38 I 2
Rationalismus 9 I 2, 22 I 2, 26 III 1
Rats-herren (Stadt) 14 I 5; -kollegien (Reichstag) 16 II 4; -kollegien, geistliche 20 I 4; -verfassung (Stadt) 14 I 3, 14 I 4, 14 IV
Raubritter 13 II 2
Readmission (Böhmen) 24 IV 2
Reaktion 26 IV 3, 32 II 1
Rechnungswesen 20 I 2, s. a. Finanzwesen
Recht 1 II 2, 3 I 3, 3 II, 5 I 3, 7 I 5, 9 I 1, 11 I 2, 12 II 1, 14 II, 15 I 2, 18 II 1, 19 III 2, 21 I 2, 22 III, 22 IV, 23 I, 24 V, 24 VI 1, 25 II 2, 26 IV 2, 28 I, 29 I 1, 30 I, 31 IV 1, 32 II 3, 37 III 2, 39 III
Recht, altes 17 V 1; – -gutes 26 IV 5; – auf Arbeit 44 VI 1, 45 I 4; – auf Bildung 45 I 4; – auf Freizeit und Erholung 45 I 4; – auf informationelle Selbstbestimmung 44 IV 1; – auf Mitbestimmung und Mitgestaltung 45 II 4; – bürgerliches 35 IV; – erbliches 14 III 3; – fremdes 28 III 2; – gelehrtes 10 IV 1, 15 I 2; – geltendes 39 III; – gemeines 19 III 1, 25 I 2, 25 II 1; – göttliches 17 V 1, 22 I 1, 22 I 2, 22 III; – kanonisches 9 I 2, 11 I 1; – Magdeburger 14 IV; – materielles 18 II 1; – objektives 1 II 2, 22 II 1; – öffentliches 2 I 2, 13 II 2, 22 II 1, 24 IV 1, 25 I 1, 28 III 1, 32 III, 36 V, 38 IV 1, 44; – privates 28 III 1, s. a. Privatrecht; – römisches 4 II 2, 7 I 1, 9 I 2, 10 I 4, 12 I 1, 12 III 2, 14 III 3, 18 I 1, 18 II 1, 18 II 2, 22 II 1, 22 IV, 32 I 3; – sozialistisches 45 I 2; – subjektives 1 II 2; – überkommenes 19 II 2, 23 I, 23 II 2, 24 IV 3, 24 V, 24 VI 1, 24 VI 2; – und Frieden 15 I 2
Rechte 12 I 1, 22 I 1, 24 IV 3, 24 V, 24 VI 1, 24 VI 2, 25 II 5, 26 III 4, 26 IV, 28 I, 28 III 2, 29 I 3, 33 III
Rechte, adelige 28 III 1, 28 IV; – alte 26 III 5, 26 IV; – angeborene 25 II 4; – bischöfliche 20 I 4; – bürgerliche 25 II 4, 26 IV 2; – dynastische 29 IV; – feudale 27 I 1; – genossenschaftliche 14 III 2; – gutsherrliche 28 III 1; – herrschaftliche 14 I 2; – individuelle 25 II 5; – jurisdiktionelle 23 V; – kaiserliche/königliche 4 II 2, 9 II 1, 9 II 3, 10 II 4, 12 I 1, 15 I 2, 21 II 1, 21 II 3, 22 II 2, 24 III 1, 24 III 2, s. a. Herrschaftsrechte, kaiserliche/königliche; – landesherrliche 13 II 1; – landständische 29 II 1; – natürliche 25 II 5; – öffentliche (Herrscher) 25 II 1; – parlamentarische 32 II 2, 36 II 1; – partikulare 23 II 4; – politische 28 II 4; – polizeiliche 33 II 1; – private (Herrscher) 25 II 1; – staatsbürgerliche 29 I 1, 29 II 1, 29 IV 2; – ständische 23 III 2, 23 IV; – subjektive 22 III, 35 IV; – unveräußerliche 29 II 3; – vererbliche 17 III; – verfassungsmäßige 32 II 3; – wohlerworbene 23 I, 23 II 4, 25 II 4, 26 III 1, 27 I 3, 27 II 1
Rechte (Parteien) 38 I 2, 39 I 1; – großdeutsche (1848) 31 IV 2
Rechts-akt 1 II 2, 11 I 2, 14 IV, 25 I 2; -änderung 29 II 3; -anschauungen, germanische 4 II 3; -ansprüche 27 II 2; -anwendung 18 II 2; -aufzeichnung 5 III 1, 10 IV 2; -begriff 1 II 2, 38 IV 1, – – sozialistischer 45 I 2; -behauptung 1 II 2, 2 II, 22 II 1, 22 II 2, 39 III; -besserung 18 II 1; -bewußtsein 23 II 4, 32 II 1; -beziehungen 13 II 5, 17 I, 22 III, 23 I, 25 I, 25 II 51, 33 II 4; -bindung des Richteramtes 44 III 6; -bruch 29 II 1; -buch 10 IV 2; -denken 1 II 2, 8 II 2, 9 I 2, 10 II 2, 17 IV 1, 18 I 2, 22 III, 23 II 4; -einheit 32 I 3, 32 III 2,

Sachverzeichnis

34 I 1, 40 III 1; -entwicklung 37 IV 2; -findung 10 IV 2, 12 II, 14 III, 18 II 1; -frieden 44 VI 1; -garantien 1 I, 17 IV 3; -gedanken 1 II 1, 2 II, 7 I 1; -geltung 22 IV; -gewährungen 25 II 5; -gewohnheiten 7 I 5, 11 II 3, 12 III 2, 13 I 3, 14 I 3, 14 IV 1, 15 I 2, 17 IV 3; -grundsätze 23 I, 38 IV 1; -herkommen 16 I 1, 18 II 1, 20 II 1, 25 I 2 s. a. Herkommen; -lage 18 II 1, 23 II 2, 36 II 2, 37 III 2, 39 II 3; – – deutsche 43 IV 2; – – Deutschlands 46 II 4; -lehre 1 II 2, 24 VI 1, 25 II 5; -mittel 17 II 3; -normen 4 II 2, 14 II 3, 22 IV, 25 I, 26 V, 29 I 1, 38 IV 1, s. a. Normen

Rechts-ordnung 7 I 5, 7 II 5, 10 IV 1, 18 I 1, 18 I 2, 18 II 1, 19 III 3, 22 III, 25 I 4, 25 II 5, 25 III, 26 IV 2, 26 IV 3, 27 II 1, 28 I, 28 III 1, 32 I 3, 35 IV, 38 IV 2, 39 III, 40 II 4; -persönlichkeit 14 I 5, 24 VI 1, 25 II 1, 40 II 4; -pflege 15 I 2, 40 III 4; -philosophie, kantische 25 III; -politik 7 I 5, 23 II 4, 25 I 2, 44 III 2, 44 VII 3; – – aufgeklärte 26 IV 3; – – der Bundesrepublik 44 IV 2; -positionen 1 II 2, 23 I, 24 VI 1, 32 I 3

Rechtsprechung 7 I 1, 12 III 2, 14 III 1, 18 II 1, 44 III 6

Rechtsradikale 38 V 1

Rechts-reform 7 I 1, 18 II 1; -sätze 1 II 2, 25 I, 25 II 4, 25 III, 38 V 2; -schutz 15 I 3, 24 IV 3, 24 V, 24 VI 1, 25 II 5, 32 III; -system 45 VII 2; -setzung 18 II, 25 II 3, 25 II 6, 38 I 4; -sicherheit 5 III, 26 IV 2, 30 III 2, 37 I 4, 45 VII 3; -sprüche 15 I 2; -staat 26 V, 35 IV, 40 IV, 42 II 3, 42 II 4, 42 III 3, 44 VI 1, 45 IX 2; – – sozialer 42 II 4; -staatsprinzip 42 II 3; -standpunkt 21 I 2; -stellung Berlins 43 II 5; -streitigkeiten 21 II 1, 40 II 2; -subjekte 25 II 3; -titel 32 I 3; -traditionen 4 II 2, 4 II 4, 14 III 1

Rechts- und Güterschutz 13 I 2

Rechts-unsicherheit 39 II 2; -vereinheitlichung 10 II 1, 32 I 3; -verletzungen 29 II 1; -verwahrung 15 III 2; -verweigerung 19 III 4; -vorbehalt 1 I; -weggarantie 42 II 3, 44 III 6; -wesen 17 II 3, 20 II 1, 26 IV 2; -wissenschaft 32 I 3; -zug 20 II 1

Reden, öffentliche/freie 30 III 1, 30 III 2

Referendare (Merowingerzeit) 4 II 1

Reform s. Reichsreform

Reform, katholische (Jesuiten) 20 I 4; – tridentinische 19 III 2

Reformakte (Deutscher Bund) 32 I 2

Reformation (Luther) 15 I 1, 15 III 1, 15 III 2, 19 II 2, 19 III 3, 19 III 5, 20 I 1, 20 I 2, 25 II 2

Reformationsrecht 19 II 1, 19 III 2, 21 I 3, s. a. ius reformandi

Reformatio Sigismundi (1439) 15 I 3

Reformbewegung, kirchliche (10.–12. Jh.) 8 II 1, 8 II 2, 8 II 3, 8 III 1, 9 I 1

Reformen, familienrechtliche 44 V; – politische 26 IV 1, 26 IV 5, 28 I, 28 III 1, 29 IV 2, 32 II 1, 36 II 1, 38 III 3

Reformierte (Calvinisten) 21 I 3

Reform-katholiken 19 III 1; -päpste 8 III 1

Reformpolitik, sozialliberale 44 V

Regalien 8 III 2, 9 II 1, 9 II 3, 10 II 4, 13 I 1, 13 II 1, 15 I 4, 22 II 1; -leihe 9 II 3

regalis Iurisdictio 10 I 3

Regensburger Einung 16 II 2; – Kurfürstentag (1636/37) 21 I 2, 21 I 4; – Reichsgutachten (1803) 27 II 1, s. a. Reichsdeputationshauptschluß; – Reichstag (1556/57) 19 III 1; (1608) 19 III 4; (1641) 21 I 4; (1654) 21 II 1, 24 II 1, 24 II 3, 24 II 4; (Ende 18. Jh.) 27 I 4; (1806) 27 III 1

Regent 37 I 3

Regierung 5 II 2, 17 IV 2, 22 I 2, 26 II, 28 II 3, 29 I 2, 31 III 3, 31 III 4, 31 IV 2, 38 I 1, 38 V 1, 38 V 2, 38 V 3, 44 III 1, 44 III 6, 45 II 2

Regierung (Reich) 36 II 1, 36 III, 36 IV, 37 I 1, 37 I 2, 37 I 3, 37 I 4, 37 II 1, 37 II 2, 38 I 1, 38 III 2, 39 I 1, 39 II 1, 39 II 2 s. a. Reichsregierung; – bayerische 33 II 3, 34 II 1, 38 I 3; – monarchische 29 II 2, 29 II 4, 29 IV 1; – österreichische 32 I 1; – parlamentarische 31 III 3, 37 III 2, 38 I 3; – preußische 32 II 1, 38 II 1, 39 II 1, 39 II 3, 39 III; – sächsische 38 I 3; – selbstverantwortliche 38 V 2; – sozialistische 37 II 1; – vormundschaftliche 17 IV 2; – württembergische 31 V 2, 34 II 1

Regierung der nationalen Konzentration 38 V 2; – der nationalen Verantwortung 46 IV 2; – der Republik 45 III 3

Regierungen, alliierte 41 I 1; – (Bundesstaaten, Länder) 28 III 3, 29 I 3, 30 I, 30 II 1, 30 III 2, 30 IV, 31 I 1, 31 II 2, 31 III 3, 31 III 3, 31 IV 1, 31 V 1, 31 V 2, 32 II 1, 33 II 1, 33 II 2, 33 II 4, 34 III 2, 35 II 2, 36 I 2

Regierungs-akte 25 II 1, 32 II 2; -apparat 26 III 5, 28 I, 34 II 2; -bezirke, bayerische 28 II 1; -bildung 29 III 2, 38 II 1, 38 V 1; -bündnis 32 III 1; -chef 37 I 4; -diktatur (1923) 39 II 2; -geschäfte 31 III 4; -gewalt 22 III, 32 II 3, 37 I 3, 37 II 2; -kollegium 37 II 1; -mitglieder (Reich) 37 IV 1; (Länder) 39 III; -partei (Kaiserreich) 35 II 3, 36 II 1; (Weimar) 38 I 1; -politik 35 II 2, 36 VI 1, 37 I 4, 38 V 1; -verordnungen 38 I 4; -wechsel 37 I 4, 44 III 2

Regime, nationalsozialistisches 39 I 1, 40 III 1, 41 II 3, 44 VI

regnum 5 I 1, s. a. Königtum, fränkisches

regnum Teutonicum (Teutonicorum) 6 II 2, s. a. Reich der Deutschen

reguli 9 I 1, 9 II 8 s. a. Kleinkönige

Reich (bis 1806) 6 II 1, 9 I 2, 10 I 3, 11 II 3, 11 III, 13 II 1, 13 IV, 14 IV 2, 15 I 3, 15 III 3, 16 I 1, 17 I, 19 III 6, 20 II 1, 21 I 1, 21 II 1, 21 II 3, 21 III, 22 I 2, 22 II 2, 22 IV, 23 III 2, 23 V, 24 I 1, 24 II 4, 24 III 1, 24 III 2, 24 II 4, 24 V, 24 VII, 25 II 2, 26 I 1, 27 II 1, 27 II 2, 28 V, 30 III 2, 33 II 1; (1848) 31 I, 31 IV 2; (1871) 34 II 4, 34 III 3, 35 I, 35 III 3, 36 V; (1919) 38 I 1, 38 I 3, 38 III 1, 39 II 3

Reich der Deutschen 6 I, 6 II

Reich, ehrwürdiges 30 I; – fränkisches 4 I, 4 II 1, 4 II 4, 5 I 2, 5 I 5, 5 II 1, 5 II 4, 6 II; – großmährisches 6 I; – habsburgisches 31 IV 2, s. a. Österreich, Österreich-Ungarn
Reich, heiliges 9 I 1, 15 II 3, 21 II 1, s. a. Heiliges Römisches Reich Deutscher Nation, imperium sacrum; – ostfränkisches 6 I, 6 II, 7 II 3; – oströmisches 5 I 4; – römisches 4 I, 5 I 1, 5 I 4, 6 II, 7 I 1, 9 I 1, 9 I 2; – westfränkisches 6 I
Reichs-abschied 15 II 1, 15 III 2, 19 II 1, 19 II 2, 19 III 2, 19 III 5, 21 II 1, 22 II 1, 24 II 1, 24 IV 3; -äbte 7 II 6; -abteien 15 I 4; -acht 12 II 2, 15 III 2, 21 I 1; -adel 27 II 2
Reichsamt (Mittelalter) 12 I 3; (1871) 35 II 1, 36 I 1, 37 II 1
Reichsamt des Innern 35 II 1, 36 I 2, 36 II 2, 37 III 1
Reichsbanner Schwarz-Rot-Gold 38 I 2
Reichs-beschluß 32 I 1; -bewußtsein (16./17. Jh.) 19 III 4, 24 IV 3; -bischöfe 7 II 6, 8 III 2, 27 I 1; -bund 16 I 1, 16 II 3
Reichsdeputation 27 II 1
Reichsdeputations-hauptschluß (RDH) 27 II 1, 27 II 2; -tag 19 III 5
Reichs-dienstmannen 9 II 6, s. a. Ministeriale; -direktorium 24 II 3; -einheit 6 I 1, 7 II 4, 11 II 1, 19 III 4, 34 III 3; -eigenkirche 7 II 5; -eisenbahnamt 35 II 1; -ernährungsamt 36 VI 2; -exekution 23 IV, 27 I 1, 27 II 2, 37 IV 1, 38 I 3, 38 V 2, s. a. Exekution; -exekutive 31 V 2, s. a. Exekutive; -feinde 35 II 1; -fiskal 15 I 2; -forstmeister 40 III 1; -freiheit (niederer Adel) 16 II 5, 27 II 1; -frieden 15 III 2, 21 II 3, 27 I 4
Reichsführer SS und Chef der deutschen Polizei 40 III 3
Reichsfürsten 9 II 3, 10 I 3, 10 II 2, 10 II 3, 10 IV 2, 11 I 2, 12 I 3, 13 II 4, 22 III, 23 V, 24 II 2, 24 II 3, 24 II 4, 24 III 1, 24 IV 2, 27 II 1, s. a. Fürsten, Fürstenrat; -stand 9 II 3, 12 I 3; -tümer 12 I 3
Reichs-gericht (20. Jh.) 38 I 4, 39 I 2; -gerichte (16./18. Jh.) 20 II 1, 21 II 2, 24 VI 1; -gerichtsbarkeit 15 II 2
Reichs-gesetze 17 II 3, 21 II 1, 24 III 2, s. a. Reichsgrundgesetze; (1871) 33 II 1, 34 III 3; -gesetzgebung 12 III 2, 15 III 3, 19 III 6; -gewalt 12 I 3, 15 II 2, 21 I 3, 31 III 3, 36 V, 39 II 1; -gewerbeordnung 36 III; -grundgesetze 3 I 6, 19 II 2, 19 III 1, 22 II 2, 27 II 1; -gründung (1871) 28 IV, 33 II 3, 34 I 1, 34 II 1, 34 II 4, 34 III 1, 34 III 2, 34 IV, 35 I, 35 II 1, 36 V; -gut 7 II 4, 7 II 5, 9 II 5, 9 II 6, 10 II 1, 10 II 2, 11 I 2, 12 I 1, 12 I 2; -gutachten 24 II 4, 27 II 1; -handwerksordnung (1731) 24 II 4; -haushalt 38 III 1; -heer 21 I 4, 23 V; -herkommen 16 I 1, 21 II 1, 21 II 3, 24 IV 1; -herold 27 III 2; -hilfe 15 I 4, 15 II 2; -hofkanzlei 23 III 2
Reichshofrat 15 II 2, 17 II 1, 19 III 4, 21 I 4, 23 III 2, 23 IV, 24 IV 3, 25 II 4, 27 II 2

Reichshofrats-beschluß 27 I 1; -ordnung 21 I 4, 24 IV 3; -präsident 24 IV 3
Reichs-innenministerium 39 I 1; -jägermeister 40 III 1; -justizamt 35 II 1; -justizgesetze 35 IV
Reichskammergericht 15 II 2, 15 III 2, 16 I 3, 19 I, 19 III 1, 19 III 3, 19 III 5, 22 II 1, 24 IV 3, 24 V, 25 II 4, s. a. Kammergericht
Reichskammergerichtsordnung (1495) 19 III 1
Reichskanzlei 40 III 2
Reichskanzler 35 II 1, 35 II 2, 35 II 3, 36 I 1, 36 I 2, 36 II 1, 36 II 2, 36 VI 1, 37 I 1, 37 I 2, 37 I 3, 37 II 1, 37 IV 1, 38 V 1, 39 I 1, 39 II 1, 39 II 3; -amt 35 II 1
Reichs-kirche 5 II 6, 7 II 3, 7 II 4, 7 II 6, 8 II 3, 8 III 1, 8 III 2, 13 II 5, 15 I 5, 19 II 1, 19 II 2; -kirchen 13 II 4, 19 III 4, 21 I 4, 24 IV 2, 26 I 2, 27 I 1; -kollegien 24 II 3, 24 II 4, 26 I 2, 27 II 1, s. a. Kollegien (Reichstag)
Reichskommissare, nationalsozialistische 39 II 3, 40 III 1
Reichskommissar für den sozialen Wohnungsbau 40 III 1
Reichskommissar für die Luftfahrt 40 III 1
Reichskompetenzen 34 III 3, 35 II 1, 35 IV
Reichskonferenz der Länder (1918) 37 II 2
Reichskreise 15 II 3, 24 III 2, 24 IV 2, 24 V, s. a. Kreise; – vordere 24 III 2, 24 IV 3
Reichskrieg 27 I 3
Reichskriegs-minister (1848) 31 III 3; -ministerium 40 III 3; -steuerordnung 15 I 4; -verfassung 24 III 2
Reichskrise 15 I 2
Reichskristallnacht 40 II 4
Reichskulturkammergesetz (22. 9. 1933) 40 II 1
Reichs-land 35 II 2, 36 V; -landbund 40 II 2; -landvogteien 12 I 1; -lehen 9 II 2, 9 II 3, 10 I 3, 12 I 3, 13 II 5, 15 II 1, 19 III 4, 25 II 1; -leitung 35 II 1, 35 II 2, 36 I 1, 36 I 2, 36 II 1, 36 VI 1, 37 I 3; -marineamt 36 I 2; -matrikel 15 I 4, 15 II 1, 15 II 3, 15 III 3, 21 II 3, 24 I 3, s. a. matricula
Reichsmilitärgesetz 35 III 3
Reichs-minister 37 IV 1; -ministeriale 9 II 4, 12 I 1; -ministerien 31 III 3; -ministerium, verantwortliches 35 II 1
Reichsministerium für Bewaffnung und Munition 40 III 1
Reichsministerium für die besetzten Ostgebiete 40 III 1
Reichsministerium für Volksaufklärung und Propaganda 40 II 1
Reichsmünzordnung (1737) 24 II 4
Reichs-partei 35 II 3; -patrioten 26 I 1; -patriotismus 24 I 2, 24 VII, 26 II; -polizeiordnung 19 III 6; -präsident 37 III 2, 37 IV 1, 38 I 2, 38 I 3, 38 II 2, 38 V 1, 38 V 2, 39 II 1, 39 II 2, 39 II 3, 39 III; -publizistik 22 II 1, 25 I 2, 25 II 1, s. a. Staatsrecht; -rat 37 IV 3, 39 II 2, 39 II 3, 39 III; -recht 22 II 1, 27 II 1, 27 III 1, 32 I 3; -rechte 9 I 2, 9 II 3, 10 I 2, 10 II 2, 11 I 2, 11 II 2, 12 I 1; -rechtsführer 40 III 1

Sachverzeichnis

Reichsreform (15. Jh.) 11 II 1, 11 III, 12 III 1, 15 I 1, 15 I 2, 15 I 3, 15 I 4, 15 II 1, 15 II 2, 16 II 1, 24 VII, 26 II; (20. Jh.) 38 III 1, 40 III 1
Reichs-regentschaft 31 V 2, 37 I 3; -regierung 35 II 1, 35 II 2, 37 II 1, 37 II 2, 38 I 2, 38 I 3, 38 I 4, 38 III 1, 38 V 1, 38 V 2, 39 I 1, 39 II 2, 39 II 3; -regiment 15 II 2, 15 III 2; -repräsentation (Kurfürsten) 11 II 3, 11 III, 12 I 3
Reichsritter 21 II 2, 24 I 3, 27 I 1, 27 II 1, 27 II 2, s. a. Ritter; -schaft 16 II 5, 23 V, 26 I 2, s. a. Ritterschaft
Reichs-schatzamt 35 II 1; -schluß 24 II 4; -staatsrecht 22 II 1; -städte 10 II 2, 12 I 1, 13 II 5, 14 I 3, 14 I 4, 15 I 3, 15 I 4, 15 II 1, 15 II 3, 16 II 1, 16 II 3, 16 II 4, 18 II 1, 19 III 3, 21 II 2, 21 II 3, 22 II 1, 22 II 2, 22 II 3, 23 V, 24 II 3, 24 II 4, 24 IV 2, 24 V, 24 VI 2, 26 I, 27 II 1; -stadtsteuern 15 I 4
Reichsstadt s. Stadt
Reichsstände 15 I 2, 15 II 2, 15 II 3, 15 III 1, 15 III 2, 15 III 3, 16 II 3, 19 II 1, 19 III 4, 21 I 4, 21 I 1, 21 II 2, 21 II 3, 24 II 1, 24 II 2, 24 II 3, 24 II 4, 24 III 1, 24 III 2, 24 IV 1, 24 IV 2, 24 V, 27 I 4; -geistliche 19 III 2; – katholische 19 I, 19 II 2, 19 III 1, 19 III 5, 21 I 4, 21 II 2; – mittlere 27 I 4; – protestantische 15 III 2, 19 I, 19 II 2, 19 III 1, 19 III 3, 21 I 3, 21 I 4, 21 II 1, 22 II 2
Reichsstandschaft 22 II 3, 24 I 3
Reichs-statthalter 31 IV 2, 39 II 3; -steuer 15 I 4, 15 III 3, 16 II 5, 24 III 2; -synoden 5 III 2
Reichstag (bis 1806) 12 I 3, 15 I 2, 15 II 1, 15 II 2, 15 III 2, 15 III 3, 16 I 3, 16 II 3, 16 II 4, 19 III 1, 19 III 3, 19 III 6, 21 I 4, 21 II 2, 21 II 3, 21 III, 22 II 2, 22 II 3, 23 II 2, 24 I 3, 24 II 1, 24 II 3, 24 II 4, 24 IV 2, 24 V, 27 II 1, 27 II 2, 30 I; (1848) 31 III 3; (Norddeutscher Bund) 34 I 1, 34 II 1, 34 II 4, 34 III 2; (1871) 35 I, 35 II 1, 35 II 2, 35 II 2, 35 III 3, 35 IV, 36 I 1, 36 I 2, 36 II 1, 36 II 2, 36 III, 36 VI 1, 36 VI 2, 37 II 2; (nach 1918) 37 IV 1, 38 I 3, 38 II 1, 38 V 1, 38 V 2, 39 II 2, 39 II 3, 39 III, 40 III 3, 42 II 1; Immerwährender 24 II 1
Reichstags-abgeordnete 34 III 3, 37 IV 1, 38 V 1; -auflösung 35 III 2, 35 III 3, 37 IV 1, 38 V 1, 38 V 2, 39 I 1; -brand 39 II 1; -kurien 21 II 2, s. a. Kurien
Reichstags-wahlen (ab 1867) 34 I 1, 35 III 1, 38 I 1, 38 V 1, 38 V 2, 39 I 1, 39 I 3, s. a. Wahl
Reichs-teilungen 5 I 5, 6 I 1; -titel 15 II 3, 34 II 3, 37 IV 3
Reichstreuhänder der Arbeit 40 II 2
Reichs-unmittelbarkeit 15 I 4, 16 II 5, 19 III 3, 19 III 4, 22 II 3, 27 II 2; -vasallen 15 I 4, 16 II 5; -vasallität 12 I 3; -verband 27 I 1, 27 III 1; -vereinsgesetz (1908) 35 IV
Reichsverfassung (bis 1806) 11 II 1, 14 IV 2, 15 I 2, 15 II 2, 15 III 1, 15 III 3, 16 II 1, 16 II 2, 16 II 4, 19 III 2, 21 II 1, 22 IV, 24 I 1, 24 I 2, 24 IV 3, 25 I 1, 26 I 1, 26 I 2, 26 II, 26 III 1, 27 I 1, 27 I 2, 27 I 3, 27 I 4, 27 II 1, 27 III 1, 30 I; (1848/49) 31 III 3, 31 IV 2, 31 V 1, 31 V 2, 32 I 1, 32 I 2, 33 III, 34 II 2, s. a. Paulskirchenverfassung; (1871) 34 III 2, 34 III 3, 34 IV, 35 I, 35 III 3, 36 I 1, 36 I 2, 36 V, 37 I 4, 37 IV 1; (1919) 37 II 2, 38 II 2, 38 III 1, 39 II 2, 39 III, s. a. Weimarer Reichsverfassung
Reichsverfassungs-kampagne 31 V 2; -recht, neuzeitliches 15 II 2, 15 III 1; -revision 35 III 2
Reichsversicherungsordnung 36 III
Reichs-verteidigung 23 II 2; -verteidigungsordnung (1681) 24 II 3; -verweser 31 III 3, 31 III 4, 31 V 2; -vikariat 11 II 2, 11 II 3; -vizekanzler 24 IV 3; -wahlgesetz (1918) 37 II 2; -weistum 13 II 3, 13 II 4, 15 I 2, s. a. Weistum
Reichswehr 38 I 2, 38 I 3, 38 V 2; -ministerium 38 V 2, 39 I 1
Reichswirtschaftskammer 40 II 2
Reise-freiheit 46 IV 4; -herrschaft 12 II 1
Rekatholisierungen 21 I 2
Relation 24 II 4
Religions 17 II 3, 20 I 1; -freiheit 21 I 2, 26 IV 4; -frieden 19 I, 19 II 1, 19 II 2, 19 II 1, 19 II 2, 19 III 3, 19 III 5, 20 I 3, 21 I 2, 21 I 4, s. a. Augsburger Religionsfrieden; (1648) 21 II 2; -gemeinschaften 26 IV 4, 39 II 1, 40 III 3; -hoheit, territoriale 19 III 3; -kolloquium 19 III 1; -mandate, kaiserliche 19 I; -politik 26 IV 4; -prozesse (Reichskammergericht) 15 III 2, 19 III 1; -reversalien 23 IV
renovatio imperii Romanorum 8 I 1
Rente 12 I 1
Renten-bank 28 III 1; -grundherrschaften 7 I 3; -reform 44 VI 2
Reparationen 38 I 3, 38 II 1, 38 III 1, 41 II 2, 41 II 4, 41 IV 1, 43 IV 1
Repräsentation 17 V 2, 22 II 2, 25 II 5, 28 II 5, 29 I 1, 29 I 2, 29 II 2
Republik 31 II 1, 31 III 1, 31 III 2, 31 V 2, 37 I 1, 37 I 3, 37 I 4, 37 II 2, 37 III 2, 37 IV 2, 38 I 2, 38 III 1, 38 IV 1, 38 V 1, 39 III; – Französische (1848) 31 II 1; – Pfälzische/Rheinische (1923) 38 I 2
Republikaner, gemäßigte (1848) 31 III 2
Reservatrechte, kaiserliche 21 II 3, 24 IV 1
reservatum ecclesiasticum 19 II 1, s. a. Geistlicher Vorbehalt
Residenzen 12 II 1, 13 II 3, 13 III 4, 23 I, 24 VI 2
Reskripte 23 II 4
Resolutionen 36 II 1
res publica mixta 22 II 2
Restdeutschland 41 II 4
Restitution 21 I 2, 21 I 4
Restitutionsedikt 21 I 2, 21 I 4, 21 II 2
Retablissement 23 III 1
Reunionspolitik, französische (17. Jh.) 24 III 1
Revanchekrieg 35 I
Revindikation (Reichsgut) 12 I 1, 12 III 1
Revision 19 III 5
Revolution 34 III 1, 35 III 2, 37 I 4; (Bauernkrieg) 17 V 2; (1848) 29 I 1, 29 II 1, 29 IV, 31

II 2, 31 IV 1, 33 II 2, 36 IV; (1918) 38 III 2; (1989/90) 46 IV 2
Revolution, Französische 3 II, 25 II 5, 26 III 2, 26 IV, 27 I 1, 28 I, 28 III 2, 29 II 1, 30 IV, 32 III 1; – konservative 38 IV 2; – nationalsozialistische 39 III, 40 II 3; – von oben 28 I, 32 III 1, 34 I 1
rex Francorum orientalium 6 I
rex in imperatorem promovendus 11 II 2, 11 III
Rezeption 10 IV 1, 18 I 1
Rheinbund (1658) 24 III 1; (1806) 27 III 1, 27 III 2; -akte 27 III 1, 28 IV; -fürsten 27 III 2; -staaten 28 I, 28 II 1, 28 II 3, 28 II 4, 28 III 1, 28 III 2, 29 I 1, 29 I 3, 30 I
Rheingrenze 27 I 3
Rheinischer Bund (Städtebund) 16 I 2
Rheinstaat, autonomer 41 II 5; – linksrheinischer 42 I 1
Richter 5 I 3, 5 III 1, 9 II 1, 9 II 4, 10 II 4, 13 II 5, 14 I 2, 14 I 3, 15 II 2, 16 II 1, 17 II 3, 19 III 5, 20 II 1, 20 II 2, 23 II 3, 23 II 4, 25 II 3, 26 IV 3, 29 II 3, 35 IV; – oberster 20 II 1
Richter-amt 44 III 6; -briefe 40 III 4
Richtlinienkompetenz des Bundeskanzlers 44 III 2
Rigaer Denkschrift (1807) 28 I
Ritter 9 II 3, 9 II 5, 9 II 6, 10 I 3, 13 II 2, 15 II 1, 16 II 3, 16 II 5, s. a. Reichsritter; – landsässige 19 II 2
Ritter-gesellschaften 16 II 5; -kurien 13 II 4; -rat 23 V
Ritterschaft 9 II 5, 9 II 6, 13 II 3, 13 II 4, 13 II 5, 16 II 1, 16 II 3, 16 II 5, 17 IV 1, IV 2, 19 III 2, 23 IV; – preußische (19. Jh.) I 2
Ritter-schaften (Gebiete) 19 III 2; -sturm 27 II 2; -tage 13 II 4, s. a. Tage
Rodungssiedlungen 9 II 6, s. a. Binnenkolonisation
Röhm-Putsch 40 II 3, 40 III 3
Romanen 6 II 2
Römische Verträge (EWG) 43 III 3
Römisches Reich 4 I, 4 II 1, 4 II 2, 6 II 1, 8 I 1, 9 I 1
Rote Armee (Ruhrgebiet) 38 I 2
Rote-Armee-Fraktion (RAF) 44 VII 4
Rote Zellen 44 VII 4
Ruhr-Behörde 43 II 1, 43 III 2; -kampf 38 I 3; -Kontrolle, internationale 42 I 1, 43 II 1
Rumpfparlament (1849) 31 V 2
Runder Tisch 46 IV 4, 46 IV 7
Rundfunkanstalten 44 IV 2

Sachen, geistliche/weltliche 18 III 1
Sachsen 5 III 1, 6 II 1, 6 II 2, 7 II 2, 7 II 3, 8 I 1, 9 II 3
Sachsenspiegel 10 IV 2, 11 I 1, 11 I 2, 17 V 1
Sachverständigenrat zur Begutachtung der gesamtwirtschaftlichen Entwicklung 44 VII 1
Sacrum imperium s. Reich, heiliges
Sakralkönigtum 5 I 1, 5 I 2, 5 II 2, 8 II 1, 11 III, 13 IV
Säkularisation (Kirchengut) 15 III 2, 19 III 2, 19 III 3, 19 III 5, 21 I 3, 21 I 4, 24 VII, 26 I 1, 27 I 4, 27 II 1, 27 II 2
Säkularisierung (Kaisertum) 19 III 1; (Rechtsdenken) 20 I 1, 21 II 1, 22 III, 25 II 2; (öffentliches Leben) 20 I 2, 35 II 2, 44 VII 3
Salbung (König) 5 I 1, 5 I 2, 7 II 2
Salier 7 II 2, 7 II 5, 9 I 1
Salland 7 I 3, 13 I 2
Salzburger 23 III 1
sanctio 24 II 4
Sardinischer Krieg (1859) 32 I 2
Satzung 14 II
Schadensersatzrecht 27 II 1
Schankwesen 18 II 2
Schatzmeister 5 II 2, s. a. thesaurarius
Scheidungsrecht 44 V
Schein-Konstitutionalismus 29 I 1
Scheinlegalität (NS-Staat) 39 III
Schenke 5 II 2, 11 I 1, 13 II 3, s. a. princeps pincernarum
Schieds-gericht 16 I 2, 16 II 5, 30 II 1; -gerichtsbarkeit 15 I 3
Schilderhebung 5 I 2
Schirmverträge 13 II 5
Schisma 9 I 2, 11 III, 15 I 3
Schlesische Kriege 26 I 1
Schlichtungsausschüsse 38 III 2
Schlieffenplan 36 I 1
Schlußgesetz 43 IV 1
Schmalkaldener Krieg 15 III 2
Schmalkaldischer Bund 15 III 2, 16 II 2
Schöffen 5 III 1, 7 I 4, 7 I 5, 14 I 1, 14 II, 14 III 1, 14 IV 1, 17 II 3, 20 II 1; -amt 14 III 1; -bank 14 II, 14 III 2, 14 IV 1; – – adelige 20 II 1; – – gelehrte 20 II 1; -gerichtsbarkeit 24 VI 1; -recht 14 V 2, 18 II 1; -verfassung 5 III 1, 17 II 3
Scholaren 10 IV 1
Scholastik 10 IV 1
Schreiber 12 II 2, 13 II 3
Schriftleitergesetz (4. 10. 1933) 40 II 1
Schriftlichkeit s. Verschriftlichung
Schul-aufsicht 35 III 1; -patronat 33 II 1; -pflicht 20 I 2; -reform 26 IV 4; -sprache 35 I; -wesen 18 III 2, 20 I 2, 20 I 4
Schuldensachen 30 III 2
Schultheiß 12 I 1, 14 I 2, 14 III 2, 14 IV 1
Schultheißen-amt 24 VI 1; -gericht 14 I 3
Schuman-Plan 43 III 2
Schutz-gebiet 36 IV, -herr 13 II 5, 14 I 2; -privilegien, päpstliche 8 II 3; -recht, kaiserliches 8 II 1, s. a. Kirchenschutz
Schutzstaffel (SS) der NSDAP 38 V 1, 38 V 2, 39 II 1, 40 II 4, 40 III 1, 40 III 3, 40 III 4
Schutz und Schirm 2 I 3, 13 I 1
Schutz- und Trutzbündnisse (Bismarck) 34 I 2
Schutz-vogtei, kaiserliche 15 III 2; -zollpolitik 35 III 2, 35 III 3, 35 IV
Schwabenkrieg s. Schweizerkrieg
Schwabenspiegel 10 IV 2, 13 I 1

Sachverzeichnis

Schwäbischer Bund 16 I 3, 16 II 1, 16 II 2, 16 II 3, 16 II 5
Schwäbischer Kreis 15 II 3, 24 III 2
Schwäbischer Städtebund 16 I 2, s. a. Schwäbischer Bund
Schwangerschaftsabbruch 44 III 6, 44 IV 1, 44 V
Schwarz-Rot-Gold 31 II 2
Schweizerkrieg 16 I 3
Schwur-einung 7 II 5, 9 II 4, 10 IV 2, 12 III 1, 16 I 2; -genossen 14 I 3, 16 I 1
Sechs Artikel (1832) 30 III 2
Sechzig Artikel (1834) 30 III 2
Sedantag 34 III
Seelsorge 18 III 1
Seemannsordnung 36 III
Sekretariat, alliiertes 41 II 2
Sektoren (Berlin) 41 II 1
Selbst-auflösungsrecht des Bundestags 44 III 2; -beschränkung 44 III 6; -bindung des fürstlichen Gesetzgebers 23 II 4; – – des Staates 44 VII 1; -hilfe 5 I 3, 5 III 1, 10 IV 4, 32 I 3, 33 II 4; -koordinierung der Länder 44 III 4; -verwaltung 40 IV; -organisation 33 II 4; – – der Gesellschaft 41 IV 3; -regierung (Monarch) 29 II 1, 29 IV; (Volk) 31 I; -regierungsanspruch (Wilhelm II.) 36 I 1; -schutzverbände (SPD, KPD) 38 I 3; -verpflichtung, eidliche 14 I 3; -verwaltung, landständische 26 III 5; – – kommunale 28 II 4, 33 III, 40 II 2
Seminarpolitik, bayerische 20 I 4
Senat, bayerischer 41 III 4
separatio feudi ab allodio 25 II 1
Septennatsstreit 35 III 3
Sequestrationen 41 IV 2
servus s. Sklave
Sexualstrafrecht 44 V
Sicherheit, äußere/innere 30 II 1; – öffentliche 37 IV 1, 38 V 1; – soziale 33 II 4
Sicherheitssystem, europäisches 44 VIII
Siebenerausschuß (1848) 31 II 1, 31 II 2, 31 IV 1
Siebenjähriger Krieg 26 I 1, 26 II
Siebzehnerausschuß (1848) 31 II 2, 31 IV 1
Siebzigmillionenreich 32 I 2
Siedelrecht 14 IV 1
Siedlung, fränkische 4 I
Sieger-justiz, alliierte 41 III 3; -mächte 46 V 2; – – westliche 46 II 1
Simonie 8 III 1
Sit-ins 44 VII 4
Sitte 20 I 2, s. a. Herkommen
Sklave 5 II 1, 5 II 4
Sklavenwirtschaft 14 III 3
Sklaverei 7 I 3, 25 II 4
Slaven 6 II 1, 9 II 8, 14 IV 1; -kongreß (1848) 31 IV 2
Smithianer 25 II 2
Soforthilfegesetz zur Milderung akuter sozialer Notstände 44 VI 2
Sonderbevollmächtigte (NS-Staat) 40 III 1
Sondergerichte (NS-Staat) 40 III 4
Sonderprivatrecht, adeliges 33 II 1
Sonderrecht (NS-Staat) 40 II 4

Sonderrechte, bayerische/württembergische (1871) 34 III 2, 34 III 3; – ständische 26 IV 3, 33 II 1, 33 II 4
Sonderverwaltungen (NS-Staat) 40 III 1, 40 III 3
Sondervoten 44 III 6
Sorgerecht, elterliches 44 V
Souspräfekt 28 II 1
souveraineté 26 III 5, 30 I, s. a. Souveränität
Souverän 22 I 1, 22 III, 28 II 1, 29 I 3
Souveränität 22 I 1, 22 I 2, 22 II 3, 22 III, 27 I 4, 27 III 1, 29 I 3, 29 III 1, 30 I, 31 III 3, 36 IV, 39 III, 42 I 1, 43 II 4, 43 III 3, 45 VII 2, 46 II 4, 46 V 2; – deutsche 43 I, 43 II 1
Souveränitäts-beschränkungen 43 I, 43 II 4; -übertragungen 43 I
Sowjetische Militär-Administration in Deutschland (SMAD) 41 IV 1, 41 IV 2, 41 IV 3, 42 III 2
Sowjetsystem 41 II 4, 42 I 1, 43 I, 43 III 2
Sozialdemokraten 42 II 2
Sozial-demokratie 36 I 2, 36 II 1, 36 III, 37 IV 1, 38 I 1, 38 I 3, 38 II 1, 38 III 1; -demokraten 35 II 3, 35 III 3, 38 V 3, 39 II 1, 41 III 2
Sozialdemokratische Partei der DDR (SDP) 46 IV 3
Sozialdemokratische Partei Deutschlands (SPD) 38 V 1, 39 I 1, 39 II 1, 39 II 2, 41 III 1, 41 IV 2, 41 V 2, 43 II 3, 43 III 1, 43 IV 1, 44 III 2, 44 V, 44 VII 4, 46 II 2, 46 II 4, 46 IV 1
Sozialdisziplinierung 20 III
Soziale Frage 31 III 2, 33 II 2, 36 III
Sozial-fürsorge 44 VI 2; -gesetzbuch 44 VI 2; -hilfeanspruch 44 VI 2
Sozialisierung 37 II 2, 38 I 1, 41 II 4, 44 VII 2
Sozialisierungsklausel 37 V 2
Sozialismus 35 II 3, 45 III 1, 45 IV 1, 45 VI 1, 45 VII 2, 45 VII 4, 45 VIII 3, 45 IX 3, 46 IV 1, 46 IV 6; – demokratischer 41 III 4
Sozialisten 33 II 4, 35 III 1, 35 III 3, 35 IV, 36 VI 2, 37 II 1
Sozialistengesetz (Gesetz gegen die gemeingefährlichen Bestrebungen der Sozialdemokratie) 35 III 3, 36 III
Sozialistische Einheitspartei Deutschlands (SED) 41 IV 2, 41 IV 3, 41 V 2, 42 III 1, 42 III 2, 42 III 3 45 I 1, 45 I 2, 45 II 1, 45 II 2, 45 II 3, 45 III 2, 45 IV 2, 45 VI 1, 45 VI 2, 45 VI 3, 45 VIII 1, 45 VIII 2, 45 VIII 3, 46 I, 46 IV 1, 46 IV 4; – Führungsanspruch 42 III 2; – Generalsekretär 45 VI 3; – II. Parteikonferenz 45 VI 2; – Parteisekretär 45 IV 2; – V. Parteitag 1958 45 VIII 1; – VI. Parteitag 45 VI 2; – VII. Parteitag 45 VI 2; – VIII. Parteitag 45 VI 2; – Politbüro 45 II 1, 45 IV 2, 45 VI 3; – politischer Apparat 45 VI 3; – Zentralkomitee 45 VI 3, 46 I; – 1. Sekretär 45 III 2, 45 VI 3, 46 IV 4; – Sekretariat des Zentralkomitees 45 VI 3; – Statut 45 VI 2, 45 VI 3; – Zentralkomitee 45 VI 3, 45 VIII 2; – zentrale Parteikontrollkommission 45 VI 3
Sozialistische Reichspartei (SRP) 44 II 1

Sozialistischer Deutscher Studentenbund (SDS) 44 VII 4
Sozial-moral 23 II 4; -ordnung 25 I, 28 I; -politik 33 II 4, 36 I 2, 36 III, 44 VII 1; -staat 36 III, 44 VI 1, 44 VI 2; -staatsgedanke 44 III 4, 44 VI 1; -staatsprinzip 42 II 3, 44 VI 1, 44 VI 2; -union 46 V 1; -versicherung 36 III, 38 III 2; -versicherungssystem 44 VI 2; -versicherungswesen (DDR) 45 VII 3
Spartakisten 37 I 2
Spartakus-aufstände 38 I 2; -bund 37 I 3, 37 II, s. a. Spartakisten
Spätabsolutismus 31 III 2
Spätaufklärung 33 II 3
Späthumanismus 22 I 2
Spätscholastik, spanische 25 II 4
Sperr-klausel 42 II 2, s. a. Fünfprozentklausel; -minorität 34 III 3
Speyerer Reichsabschied (1526) 18 III 1
Speyerer Reichstag (1526/1529) 15 I 4, 15 III 2
Spezialsuperintendent 20 I 3
Spiritualien 8 III 2
Spitalwesen 18 III 2
Sprachmeister 20 II 3
Spruch-kammern 41 III 3; -körper 16 II 1, 17 II 3, 20 II 3
SS-Staat 40 III 3
Staat 1 II 1, 1 II 2, 1 II 3, 2 I 2, 2 I 3, 2 II, 3 I 2, 3 II, 5 II 1, 7 I 3, 13 IV, 15 I 5, 17 I, 17 IV 2, 18 III 2, 20 I 2, 22 I 1, 22 I 2, 22 III, 23 II 3, 24 I 1, 25 I 1, 25 II 1, 25 II 2, 25 II 4, 25 II 5, 25 III, 26 II 1, 26 IV 2, 26 IV 4, 26 V, 27 I 1, 27 I 2, 27 II 2, 27 III 1, 28 I, 28 II 4, 28 II 5, 28 III 1, 28 III 2, 29 I 1, 29 II 1, 30 II 1, 31 II 3, 31 III 1, 31 II 2, 31 IV 1, 32 II 1, 32 II 3, 32 III, 33 I, 33 II 3, 33 II 4, 33 III, 35 I, 35 II 3, 35 III 1, 35 III 3, 36 III, 36 VI 2, 37 IV 2, 38 I 3, 38 IV 1, 39 I 2, 39 II 1, 39 II 2, 39 III, 40 II 1, 40 II 2, 40 II 3, 40 III 1, 40 V;
– absolutistischer 22 I 1, 22 II 3, 23 I, 23 II 1, 23 II 3, 23 II 4, 23 III 1; – autoritärer 39 II 1; – frühneuzeitlicher 23 V; – konstitutioneller 37 I 1; – moderner 1 II 2, 2 I 2, 3 I 4, 27 II 2, 28 I; – monarchischer 21 II 1; – neuzeitlicher 2 I 3, 25 II 5, 37 I 4, 40 I;
– präsidialautoritärer 38 V 2; – preußischer 26 III 4, 29 I 2, 32 I 1; – ritterschaftlicher 23 V; – säkularer 8 III 1, 23 II 1; – sozialistischer 45 I 4, 45 VII 3, 46 II 2; – spätabsolutischer 28 II 1; – totaler 40 I; – unabhängiger 26 I
Staaten, deutsche 22 III, 23 I, 24 I 2, 25 III, 26 III 1, 26 III 2, 26 III 4, 28 II 2, 28 II 5, 28 III 1, 30 I, 30 II 1, 31 II 2, 31 II 3, 31 III 3, 32 I 1, 32 I 2, 32 III, 33 II 2, 33 II 3, 33 III, 34 III 2, 37 II 1; – geistliche 1 II 3, 17 IV 2, 23 IV, 27 II 1, 27 II 2; – habsburgische 26 III 4; – lutherische 17 II 4; – souveräne 21 II 1, 21 I 3, 27 II 1; – sozialistische 45 V, 45 VIII 1, 46 IV 2; – süddeutsche 27 I 4, 29 I 3, 34 I 2, 34 II 1, 34 II 2, 34 II 3, 34 III 2, 34 III 3, 37 IV, 38 III 1; – westliche 13 IV

Staaten-ausschuß 37 III 1; -bund 24 I 1, 34 III 1; -haus 31 II 2, 31 IV 2, 37 IV 2; -ordnung, europäische 43 IV 2; -system, sozialistisches 46 IV 1; – – westliches 43 III 2
Staatlichkeit, säkulare 19 II 1; – sozialistische 45 II 3
Staats-akt 34 II 3, 34 IV; -angehörigkeit 36 V; -anwaltschaft (DDR) 45 VII 2; -aufgaben (DDR) 45 III 1; -beamte 25 III, 26 IV 5, s. a. Beamte; -begriff 2 I 3, 5 I 5;
– – marxistisch-leninistischer 45 I 1; -behörden 33 II 3; -bewußtsein 13 II 1; -bildung 4 II 4, 16 I 2, 23 III 1, 23 V, 25 II 4, 29 III 3
Staatsbürger 28 II 5, 28 III 3, 29 II 2, 33 II 1, s. a. Bürger; -schaft 28 IV; -rechte 29 II 3, 29 IV 1, 30 II 2
Staatsdenken 3 II, 22 I 2, 24 VI 2, 26 I 1, 27 I 1, 29 III 1, 30 IV; – römisches 9 I 1; – säkulares 22 I 1, 22 III, 23 I
Staats-dienst 26 IV 4; -formenlehre, aristotelische 22 II 2; -führung, autoritäre 36 IV; -funktionen 3 II, 32 III, 36 VI 2; -gebiet 29 II 1, 32 III 2, 34 I 2; -gerichtshof 29 II 1, 31 IV 1, 38 I 2, 38 V 2, 39 II 3, 39 III; -gesetzgebung 29 I 3; -gewalt 14 II, 22 I 1, 22 II 3, 22 III, 23 III 2, 25 II 1, 25 II 2, 25 II 3, 26 IV 2, 26 V, 28 II 1, 29 I 3, 29 II 1, 29 III 1, 30 I, 31 IV 1, 32 I 4, 32 III, 34 IV, 35 IV, 36 IV, 37 I 1
Staats-grundgesetz 1 I, 25 II 5; -gründung des Deutschen Reiches 34 II 1; – der DDR 45 I 1; – – westdeutsche 42 I 3, 43 I; -gut 29 II 1; -hilfe 33 II 4; -idee, transpersonale 5 II 1, 7 II 4; -integration 30 V; -interesse 20 I 1, 23 II 1, 35 III 2; -kanzler 28 II 2; -kommissar 38 V 2; -konfession 20 I 1; -krise 38 V 1; -lehre 22 I 2, 25 II 3, 25 III, 26 III, 29 III 2; -macht 33 I; -ministerium 28 II 2, 28 II 3, 35 II 1, 36 I 2; -notstand 39 I 2; -notwehr 40 II 3; -oberhaupt 17 I, 25 II 1, 26 V, 29 I 3, 29 II 1, 29 III 1, 31 IV 2, 32 II 2, 37 IV 1, 40 III 2
Staats-organe 32 III, 36 V; (DDR) 45 III 1, 45 III 3; -organisation 24 VI 2, 25 II 5, 25 III, 29 I 2, 31 IV 1; – – (Bundesrepublik) 44 III 6;
– – (DDR) 45 III 2, 45 IV 1, 45 IV 2, 45 VI 1; – nationalsozialistische 40 I; – – sozialistische 45 III 1; – – spätrömische 4 I, 4 II 1; -organisationsrecht 44 III 1; -praxis 20 I 2
Staatsräson 20 I 1
Staats-rat 26 IV 5, 28 II 2, 28 II 3, 29 II 2, 45 III 2, 45 III 3, 45 IV 2, 45 VII 3; -ratsvorsitzender 45 III 2, 45 IV 2, 46 IV 4
Staats-recht 22 III, 25 I 1, 25 I 2, 27 II 1, 29 II 1, 29 IV 1; – (DDR) 45 I 2; – konstitutionelles 29 IV, 31 III 4; – römisches 13 IV; -rechtslehre 32 III, 36 V, 44 I, 44 III 3, 44 IV 1, 45 II 4
Staats-reform 28 III 1, 39 I 1, 39 II 2; -religion 26 III 4; -schulden 29 I 2; -sekretäre (1871) 35 II 1, 36 I 2, 36 II 1, 37 II, 38 I 2; -sekretariate, zentrale deutsche 41 II 1; -sicherheitsdienst 46 IV 2, 46 IV 3

Sachverzeichnis

Staats-streich 35 III 3, 36 I 2; -tätigkeit 23 III 2, 26 II 1, 29 I 1, 38 IV 1
Staatstheorie 11 II 2, 13 IV, 25 II 2, 29 III 2
Staatsverfassung, französische 28 III 2;
– monarchische 31 IV 2
Staats-vermögen 25 II 1, 25 II 2; -vertrag 36 V; -verwaltung 17 II 2, 23 III 1, 33 II 1, 33 III, 34 III 2, 40 III 1, 40 III 3; -wirtschaft 22 I 2, s. a. Kameralistik; -zentralismus 40 III 1; -zweck 22 I 2, 22 II 3, 25 II 2, 25 II 4, 26 III 2, 28 II 5, 40 III 3; -zielbestimmungen 41 III 4, 46 IV 8, 46 V 3
Stabilitätsgesetz 44 VII 1
Stadt 4 II 4, 7 II 5, 9 II 7, 10 I 4, 10 II 2, 10 II 4, 10 IV 1, 12 III 1, 13 I 1, 13 II 1, 13 II 4, 13 II 5, 14 I 1, 14 I 2, 14 I 3, 14 I 4, 14 I 5, 14 III 1, 14 III 2, 14 IV, 15 II 1, 16 I 1, 16 I 2, 18 I 1, 19 III 3, 21 II 3, 23 II 2, 23 IV, 24 VI 2, 25 II 1, 29 I 2, 31 II 3; -bevölkerung 14 II 1; -bürger 10 II 2, 10 IV 2, 14 II, 18 I 2, 24 VI 2, 29 I 2, s. a. Bürger; -bürgerrecht 14 III 2; -gründungen 9 II 7, 10 II 2, 13 IV 1, 14 I 1, 14 IV; -gemeinde 14 II, 14 III 2, 22 I 1; -graf s. comes civitatis; -herr 4 II 4, 14 I 2, 14 I 3, 24 VI 2; -herrschaft 4 II 1, 9 II 7, 10 IV 2, 14 I 2, 23 V, 24 VI 2; -klöster 24 VI 2; -konsulat 14 I 3; -magistrate 20 I 2, 24 VI 2; -ordnung 18 I 2; -recht 9 II 7, 10 IV 2, 14 II, 18 II 1; -regiment 14 I 4, 23 V; -steuern 12 I 1; -verfassung 14 I 3, 14 II
Städte, freie (1815) 29 I 3, 30 II 1; – landsässige 14 I 3, 19 II 2, 24 VI 2; – norditalienische 10 I 2
Städte-bünde 16 I 1, 16 I 2; -kollegium 24 II 4; -kurien 13 II 4; -ordnung, preußische 28 II 4, 33 III; -rat 24 II 3, 24 II 4; -tage 13 II 4, 16 II 4
Stahlhelm, Bund der Frontsoldaten 38 V 1, 39 II 1
Stalinismus 45 VII 1
Stalinnote 46 I, s. a. Deutschlandnote Stalins
Stämme, deutsche 4 I, 6 II 2, 7 I 1, 7 I 2, 13 II 4; – germanische 4 I, 22 III
Stammes-herzogtum 6 II 1, 7 II 3; -versammlungen 11 II 4
Stammgut 25 II 1, 33 II 1
Stand 13 I 2, 14 I 3, 17 I, 26 II 2, 33 II 1; – ritterlicher 13 II 2, s. a. Ritterschaft
Stände 12 III 2, 16 II 4, 17 IV 1, 20 II 3, 21 II 3, 23 III 2, 23 IV, 26 IV 4, 26 IV 5, 26 VI 2, 29 I 3, 29 III 2, 31 II 3, s. a. Landstände; – brandenburgische 23 III 1; – rheinische 27 III 2
Stände-ausschüsse 24 II 1; -gesellschaft 24 VI 2, 25 II 2; -ordnung 14 III 1, 17 V 1, 18 II 2, 26 III 1; -regierung (Böhmen) 21 I 1
Standeserhöhung 19 III 4, 24 IV 1, 24 IV 2
Standesherren 29 II 2, 33 II 1
Stände-staat 17 IV 2, 33 I; -versammlung 13 II 4, 28 II 3, 29 II 2, 29 IV 1, 31 II 1; -vertreter 28 II 1; -vertretung 17 IV 2
Ständige Vertretung 46 II 4
Stationierung ausländischer Streitkräfte 43 II 3
Statistik 22 I 2
Statthalter 35 II 2

status civilis 25 II 4
status naturalis 25 II 4
Statuten 25 II 2
Statutum in favorem principum 10 II 2
Staufer 7 II 2, 9 I 1, 9 II 2, 10 I 2, 10 III, 11 I 1, 12 I 1, 13 III 1
Stellenbesetzungrecht (Domkapitel) 19 II 1; (Papst) 15 I 5
Stellvertreter des Führers 40 III 2
Stellvertretergesetz (1878) 35 II 1
Steuer 10 I 4, 13 II 4, 16 II 1, 21 II 3, 22 II 3, 23 II 2, 23 II 4, 23 III 2; – indirekte 35 III 2
Steuer-ausschreibung 23 IV; -bewilligung 29 II 2; -bewilligungsrecht 22 II 3, 23 II 2, 26 IV 5, 29 I 2; -erhebung 12 I 1, 15 I 4, 16 II 5, 23 V; -exekution 23 V; -freiheit 28 II 1; -kommissare 23 III 1; -pflicht 23 II 2; -reform 36 II 2; -staat 15 III 3, 16 II 5; -verpachtung 17 II 2; -verwaltung 23 IV; -wesen 4 II 3, 15 III 3, 26 IV 5; -zahler 29 II 2, 31 II 3; -zahlung 13 II 5, 16 II 5, 23 II 2, 23 V, 32 II 1
Stifter (geistliche) 13 II 4, 14 I 3, 15 II 2, 18 I 1, 19 II 2, 19 III 3, 27 II 2
Stiftskapitulare 19 II 2
Stimmrecht, reichsständisches 21 II 1, 21 II 3
Stinnes-Legien-Pakt 38 III 2
Stoa 22 I 2
Straf-anspruch, öffentlicher 20 II 2; -gelder 9 II 1; -gesetzbuch (1870) 35 IV; -gewalt 17 V 1; -milderung 26 IV 1; -prozeßreform 15 III 3; -prozeßordnung 32 I 3, 35 IV; -recht 7 I 4, 7 III, 26 IV 1, 29 IV 1; -sachen 19 III 4, 20 II 1; -verfahren 17 II 3, 20 II 2; -verfolgung 17 II 3; -verfolgungsbehörden 7 I 4; -verfolgungskompetenz 41 IV 1; -vollzugsgesetz 44 V
Streik 31 II 4, 37 I 3; -recht 36 I 2
Studenten (nach 1815) 30 III 1; -bewegung 44 VII 4, 44 VIII; -staat 30 IV
Studium 10 IV 1, 18 I 1, 20 II 1
Sturmabteilungen (SA) der NSDAP 38 V 1, 38 V 2, 39 I 2, 39 II 1, 39 II 2, 40 II 3, 40 III 3
subiectio 22 II 3, s. a. Untertänigkeit
subiectio principum 5 I 2, s. a. Huldigung
Subjekte, verfassunggebende 34 III 3
Subkollektationsrecht 15 I 4
subreguli 5 II 2, s. a. Unterkönige
Subventionen 44 VI 2
Südbund 34 I 2
Süddeutscher Zollverein 30 V
Südweststaaten 44 II 4
Sühne 7 II 5
Sühnevereinbarungen 17 II 3, 20 II 3
Suffraganbischöfe 26 I 2
Sukzessionsordnungen 25 II 5
Superintendenten 20 I 3
superioritas territorialis 22 II 3
Supplikation 17 II 1, 19 III 4, 26 IV 1
Suprema lex regis voluntas 36 I 1
Supremat 22 III
supreme authority 41 I 1, 41 II 2
Synode 8 II 1, 8 III 1, 8 III 2
System, parlamentarisches 42 I 1

Tag, königlicher 15 I 2, s. a. Hoftag
Tage (ständische Gruppen) 16 II 4
Tagelöhner 14 III 1
Tarif-autonomie 40 II 2; -verhandlungen 38 III 2; -vertrag 38 III 2; -vertragsfreiheit 46 IV 6
Taufregister 20 I 2
Teilhaberechte 45 II 4, 45 IV 1; – soziale 44 VI 1, 46 IV 8
Teilstaat 41 IV 2, 42 I 1, 46 II 2
Teilstaatlichkeit 44 VIII
Teilung Deutschlands 41 II 4, 42 I 3, 44 VII 3, 45 VIII 3, 46 I, 46 IV 4; – Europas 46 IV 4
Temporalien 8 III 2
Teplitzer Punktation (1860) 32 I 2
Territorial-gewalt 15 III 1, 15 III 3, 16 II 5, 21 I 4, 21 II 3, 22 IV, 24 I 2; -herren 10 II 3, 10 II 4, 13 IV, 15 I 2, 16 II 2, 16 III 3, 17 I, 18 III 1, 20 I 1, 23 V, 33 II 1; -herrschaft 17 I, 21 II 3, 22 II 3; -hoheit 21 II 3, 27 II 2
Territorialisierung 10 II 4, 12 I 1, 20 II 1
Territorialstaaten 17 IV 1, 18 III 1; – deutsche 13 IV, 16 I 1, 17 I, 22 II 1; – frühneuzeitliche 18 III 2; – weltliche 14 I 3, s. a. Territorien
Territorial-stände 29 I 3; -verfassung 25 I 1
Territorien 10 II 2, 10 II 4, 11 II 3, 12 I 3, 13 II 3, 13 II 4, 13 II 5, 15 II 3, 15 III 2, 15 III 3, 17 I 1, 17 II 1, 17 II 2, 17 II 3, 17 IV 2, 17 IV 3, 18 I 2, 19 II 1, 20 I 2, 20 I 3, 20 II 1, 22 II 3, 23 I, 23 II 4, 23 IV, 23 V, 24 I 3, 24 II 1, 24 IV 1, 24 IV 2, 25 II 5, 26 III 1, 27 II 2;
– brandenburg-preußische 23 III 1, 24 VI 1, 26 III 4; – fürstliche 10 II 3; – geistliche 12 I 2, 19 II 2, 21 I 3, 21 I 4, 24 IV 2, 27 I 4;
– geschlossene 13 II 5; – katholische 19 III 2, 20 I 3, 20 I 4, 21 I 3; – mediatisierte 28 II 1;
– protestantische 18 III 1, 20 I 3, 20 I 4, 21 I 1, 23 IV; – reichsunmittelbare 24 I 3;
– süddeutsche 24 VI 1; – ungeschlossene 15 II 3; – welfische 23 IV; – weltliche 13 II 3;
– westdeutsche 24 VI 1
Terrorismus 44 V 2, 44 VII 4
„Teutscher Fürstenstaat" 22 I 2
theodisca (teutonica) 6 II
Theologen 8 III 2, 17 II 4, 20 I 2, 20 I 4
Theologie 25 I 1
thesaurarius s. Schatzmeister 5 II 2
Thingversammlung 5 I 2
Thron 7 II 1
Thron-kandidatur 34 II 3; -setzung 7 II 2; -vakanz 11 II 2, 11 II 3
Thüringer 5 III 1
Todesstrafe 10 I 4, 44 II 1; – Abschaffung 42 II 3
Toleranz, religiöse 26 IV 4; -patente 26 IV 4
Totalitarismus 43 II 1, 45 IX 2
Totschlag 7 III, 17 II 3, 20 II 2
„Tractatus de iuribus regni et imperii" 11 II 1
Transitabkommen 46 III
Trauregister 20 I 2
Treueid, lehnsrechtlicher 8 III 2, 10 I 3
Treuepflicht, lehnsrechtliche 8 III 2
Treuevorbehalt 12 I 3

treuga Dei 7 III
tribunus 4 II 1
Tridentinum s. Trient (Konzil)
Trizone 42 I 1
Truchseß 5 II 2, 11 I 1, 13 II 3, s. a. dapifer
Truppen, deutsche (1848) 31 III 3, 31 V 2, 32 I 1
Tschechen 31 II 3, 31 IV 2
Tübinger Vertrag (1514) 17 IV 3
Türken 15 I 4, 19 III 6, 23 III 2, 24 III 2, 24 IV 2, 24 VII; -abwehr 15 III 3; -gefahr 15 III 2, 19 III 5, 24 VII; -krieg 23 III 2; -steuer 15 III 3, 16 II 4, 19 III 6
Turnvereine 31 III 2
Türwart 5 II 2

Überleitungs-gesetz (4. 3. 1919) 37 III 2; -vertrag 43 II 3
ubi unus dominus, ibi una sit religio 19 II 2
Ultimatum, alliiertes (1919) 38 I 1
Ultramontane 35 III 1
Umfrage 17 II 1
Umritt 5 I 1, 7 II 1, s. a. Königsumritt
Umstand 7 I 4, 15 I 2
Umwelt-schutz 43 III 4; -straftatbestände 44 V
Unabhängige Sozialisten (USPD) 37 I 2, 37 II 1, 37 II 2, 37 III 2, 37 IV 1, 38 I 1
Unabhängigkeit (Richter) 23 II 3, 25 II 3, 26 IV 3, 35 IV, 39 II 2, 40 III 4; (Staat) 30 I, 30 II 1
unconditional surrender 41 I 1, s. a. Kapitulation, bedingungslose
Unfallversicherung 36 III
Unfreie 7 I 3, 7 I 4, 9 II 5
Ungarn 6 II 1, 8 I 1, 15 II 2, 31 IV 2
Ungehorsam, ziviler 44 VII 4
Ungleichheit, ständische 28 III 2; – rechtliche 40 II 4
Union, protestantische 19 III 5
United Nations Organisation (UNO) 43 II 3, 46 II 4
Universalmonarchie 15 III 2, 26 I
universitas 25 II 1
Universitäten 10 IV 1, 13 IV, 18 I 1, 20 I 2, 22 I 2, 25 I 1, 26 IV 1, 30 III 1, 30 III 2;
– lutherische 22 II 1
Universitäts-privilegien 24 IV 1; -reformen 26 IV 4; -städte 24 VI 2; -vertreter 29 II 2
Unrechtsstaat 45 IX 1
Unselbständige 31 II 3
Unterbehörden 28 II 1
Unterkönige 5 I 5, 5 II 2, 7 II 3, s. a. subreguli
Unterkönigtum 6 I 1
Unternehmen 38 III 2
Unternehmer 33 II 2, 33 II 4, 40 II 2, 44 VII 1; -verbände 44 VII 2
Untersuchungsausschüsse 32 II 2, 38 I 1
Untertanen 1 I, 3 II, 13 I 1, 13 II 1, 15 I 4, 15 III 3, 17 I, 17 II 2, 17 III, 18 I 2, 18 II 2, 18 III 1, 18 III 2, 19 II 1, 19 II 2, 19 III 6, 20 I 1, 20 I 2, 20 II 1, 21 I 2, 21 II 2, 22 I 1, 22 III, 23 I, 23 II 1, 23 II 4, 24 IV 3, 24 VI 1, 26 IV 4, 26 V, 27 III 1, 28 III 2, 30 II 1, 36 V; – evangelische 21 II 2; – tschechische 31 III 2

Sachverzeichnis

Untertanen-prozesse 24 IV 3, 24 V; -pflichten 18 III 2; -rechte, wohlerworbene 26 V; -streitigkeiten 17 II 1; -verband 14 IV, 20 I 2, 24 VI 2
Untertänigkeit 5 II 1, 13 II 5, 22 II 3, 26 IV 4, 28 II 1, 30 IV, 33 II 1
Unterwerfungsvertrag 22 III
Unverletzlichkeit (der Person) 42 II 4; (Monarch) 29 II 1, 29 III 1, 31 III 2; (Staat) 30 II 1, 30 III 1
Urkunden 3 I 6, 4 II 1
Urrechte 29 II 3
Urteil 1 II 2, 5 III 1, 7 I 4, 13 I 3, 14 II, 14 IV 1, 15 I 2, 17 II 1, 19 III 4, 24 III 2
Urteiler 12 II 2, 15 II 2; -kompetenz 15 I 2
Urteils-findung 12 III 2; -vollstreckung 15 I 3
Urteil und Recht 17 IV 3
Urwahlen (1848) 31 II 3
„Usus modernus pandectarum" 22 IV

Valois 13 III 2
Vasallen 5 II 7, 7 II 3, 7 II 5, 9 I 1, 9 II 3, 9 II 8, 10 I 2, 12 I 1, 16 II 5, 18 I 2, 22 I 1; -pflichten 24 I 1
Vasallität 5 II 7, 9 II 1
Verantwortlichkeit, politische 17 I, 29 IV, 34 III 2, 34 IV, 35 II 1
Verantwortung 28 II 2, 34 III 2, 37 I 1, 37 I 4, 38 II 1, 38 V 1
Verband, genossenschaftlicher 7 I 4
Verbände 44 VII 3; (Interessenverbände) 36 I 2
Verbraucherschutzregelungen 44 V
Verbrauchsteuer 23 II 2, 23 III 2, s. a. Akzise
Verbrechen gegen die Menschlichkeit 41 III 3
Verbrechen, nationalsozialistische 41 III 3, 44 VIII; – Verjährung 44 VIII; – Zentrale Stelle der Landesjustizverwaltungen zur Aufklärung 44 VIII
Verein, völkerrechtlicher 30 II 1
Verein der Steuer- und Wirtschaftsreformer 35 III 2
Vereine (1848) 31 II 3, 31 III 2
Vereine (ständischer Gruppen) 16 II 4
Vereine, berufsständische 30 IV; – landwirtschaftliche 33 II 3; – karitative 30 IV; – politische 30 III 1; – privatrechtliche 40 III 1; – sozialistische 35 III 3
Vereinigte Staaten von Europa 43 III 1
Vereinigtes Europa 43 III 1
Vereinigtes Wirtschaftsgebiet 41 V 1
Vereinigungs-freiheit 45 II 4; -wesen, freies 40 II 2
Vereins-bildung, private 33 II 3; -gesetzgebung 33 II 4
Vereinstag Deutscher Arbeitervereine 33 II 4
Vereinte Nationen s. United Nations Organisation (UNO)
Verfahren, politische (DDR) 45 VII 2
Verfassung 1 I, 1 II 1, 1 II 2, 2 I 3, 3 I 6, 26 IV 2, 29 II 2, 29 II 3, 30 I, 31 IV 2, 32 II 2, 32 III, 33 I, 34 III 3, 34 IV, 35 I, 35 III 3, 37 IV 2, 38 II 2, 38 V 1, 38 V 2, 39 I 1, s. a. Reichsverfassung (1871), Weimarer Reichsverfassung
Verfassung (Betriebsverfassung) 33 II 4
Verfassung (1848) 42 II 3; – badische 29 II 1; – bayerische 29 II 1; – der DDR 42 III 2, 42 III 3, 45 II 4, 45 III 1, 45 IV 1, 45 IV 2, 45 VII 2, 45 VII 3, 46 IV 4, 46 IV 5, 46 IV 6; – – (1949) 45 VII 3; – – (1968) 45 II 4, 45 IV 1; – deutsche 42 I 1, 44 II 1; – französische 29 I 1; – freiheitlich-demokratische 43 II 3; – geschriebene 25 II 6, 28 II 3; – hannoversche (1833) 29 IV; – hessische 41 III 4; – Kernbestand 44 III 6; – konstitutionelle 29 IV 1, 31 IV 2; – landständische/neuständische 29 I 3; – österreichische 31 IV 2; – preußische 32 II 1, 32 II 2, 32 II 3; – sozialistische 45 II 4, 46 IV 5; – West-Berlins v. 1. 9. 1950 43 II 5; – württembergische 29 II 1

Verfassungen, süddeutsche 41 III 4
Verfassunggebende Versammlung 42 I 2
Verfassungs-änderung 29 III 1, 31 II 1, 31 II 2, 34 II 3, 34 III 2, 34 III 3, 35 III 3, 36 II 2, 37 I 4, 39 I 1, 39 III 3, 39 III, 42 II 3, 42 I 5, 43 I, 44 I, 44 II 1, 44 III 4, 44 III 6, 46 V 3; – – (DDR) 45 III 1, 45 III 2, 45 IV 2; -änderungsrecht, unbegrenztes 39 II 3; -auslegung 44 I; – ausschuß 37 III 2, 37 IV 2, 38 III 1, 42 II 1, 42 III 2, 42 III 3; – – des Volkskongresses 42 III 3; -begriff 1 I, 1 II 1, 1 II 2, 1 II 3, 2 I 3, 3 I 3, 25 II 5; -beschwerde 44 III 6; -bildung 29 II 2, 30 I, 31 III 2; -entwurf des Runden Tisches 46 IV 7; -entwürfe 46 IV 8; -ergänzungen 44 II 1; -geber 29 II 1, 38 V 1; gebung 29 I 1, 31 III 3, 31 IV 2, 32 II 3, 34 II 3, 41 III 4, 41 IV 3, 44 II 1, 46 V; -gefüge (DDR) 45 VIII 1; -gerichtsbarkeit 42 I 2, 42 II 3, 44 III 6; -gesetzgebung (DDR) 41 III 3, 45 III 1; -grundsätze 46 IV 6; -interpretation 32 II 3, 39 III, 44 I
Verfassungskonflikt (30jähr. Krieg) 21 I 1; – hannoverscher 29 IV 2; – kurhessischer 32 I 1; – preußischer 32 II 1, 32 II 3, 34 I 1, 34 II 1
Verfassungs-konvent Herrenchiemsee 42 II 1; -lage 43 II 4, 43 IV 2, 44 I, 46 IV 5; – – (DDR) 45 IV 2; -mäßigkeit von Gesetzen 44 III 6; -normen 44 III 1; -notstand 38 V 1; -organe 44 III 1, 44 III 2, 44 III 6, 45 III 2; – – oberste 44 III 2, 44 III 6; – – Westberliner 43 II 5; -patriotismus 44 VIII
Verfassungspolitik 19 III 1, 19 III 2, 33 I, 34 I 1, 37 I 1, 38 V 2, 42 II 3; – absolutistische 23 I; – alliierte 41 II 4, 41 V 1; – der Wiedervereinigung 46 V 1; – deutsche 41 V 2; – französische 29 I 1; – liberale 34 III 2; – preußische 32 I 1, 32 II 1; – reichsständische 15 III 2; – süddeutsche 29 I 3
Verfassungs-praxis 22 II 2, 29 IV 1, 34 I 2, 44 III 2, 44 VII 3, 45 I 2; -prinzipien 44 II 1; – – sozialistische 45 II 1, 45 II 3, 45 VI 2

Verfassungsrecht 22 I 1, 36 VI 2, 37 IV 1, 38 IV 1, 38 V 2; – supranationales 43 III 3; – Vorrang im Privatrecht 44 IV 2
Verfassungs-rechte, konkurrierende 32 II 3; -reform (Karl V.) 24 VI 2; (1918) 36 IV; -revision von 1974 45 V; -staat 1 II 1, 3 I 5, 3 II, 26 II, 29 I 3, 29 III 2, 39 III; -text 29 I 3, 29 II 3, 29 IV, 31 III 3, 31 IV 2, 32 II 1, 32 II 3, 32 III 1, 34 III 3, 37 IV 2, 38 II 1, 41 III 4, 41 IV 3, 42 III 3, 44 I, 44 II 1, 44 III 1, 45 I 2, 45 III 1, 45 III 3; -urkunde 28 III 2, 29 I 2, 29 II 1, 32 II 1, 32 II 2, 44 I; -verletzungen 29 II 1; -versprechen (Friedrich Wilhelm III.) 29 I 2, 29 IV 2; -wandel 31 II 2, 38 I 3, 38 V 1, 44 I
Vergangenheitsbewältigung 44 VIII
Vergleich mit den brandenburgischen Ständen (1472) 17 IV 3
Vergütung 13 II 2
Verhaftung, willkürliche 29 II 3, 35 IV, 36 II 2
Verhältnismäßigkeitsprinzip 44 IV 1
Verhältniswahl-recht 42 II 2; -system 37 III 2
Verhandlungs- und Stimmrecht (Reichsstände) 21 II 1
Verkehr, freier 43 III 3
Vermittlungsausschuß 44 III 5
Vermögensbildung 44 VI 2
Vernunftrecht 25 I 1, 25 I 2, 25 II 2, 25 II 3, 25 II 5, 26 III 2, 26 IV 1, 31 III 2
Verordnete 20 II 3
Verordnung 29 II 2, 30 III 2, 36 IV
Verordnung über Tarifverträge, Arbeiter- und Angestelltenausschüsse und Schlichtung von Arbeitsstreitigkeiten (23. 12. 1918) 38 III 2
Verordnung zum Schutz von Volk und Staat (1933) 39 II 1, 39 II 2
Verordnungsrecht, monarchisches 29 IV 1
Verpfändung 12 I 1, 12 I 2, 13 II 4, 14 I 2, 17 IV 1
Verrechtlichung 14 III 3, 23 II 4, 24 IV 3, 25 II 3
Versailler Friedensvertrag (1919) 37 III 2, 38 I 1, 40 II 3
Versammlungen 31 V 2, 35 III 3; – landständische 13 II 4
Versammlungs-freiheit 31 IV 1, 44 IV 1, 45 II 4; -recht 39 II 1
Verschriftlichung 7 I 5, 10 IV
Versicherungswesen 36 III
Verstaatlichung der Industrie 45 VIII 1
Verteidigungs-beitrag 43 II 1; -fall 44 II 1, 44 III 1; -ministerium 45 VI 3; -rat 45 III 2
Vertrag 1 I, 1 II 2, 7 I 5, 13 II 2, 14 I 3, 21 II 3, 22 III, 23 I, 23 II 4, 32 I 3, 34 II 3
Vertrags-bruch 33 II 1; -freiheit 44 IV 2; -modell, naturrechtliches 26 IV 2, 29 III 2; -lehre, vernunftrechtliche 29 II 1
Vertrag über die abschließende Regelung in bezug auf Deutschland 46 V 2
Vertrag über die Europäische Gemeinschaft für Kohle und Stahl (EGKS) 43 III 3
Vertrag über die EVG 43 II 3

Vertrag über die Schaffung einer Währungs-, Wirtschafts- und Sozialunion 46 V 1
Vertrag über die Zusammenlegung der Organe von EGKS, Euratom u. EWG 43 III 3
Vertrag von Meerssen (870) 6 I 1, 6 II 1
Vertrag von Verdun (843) 6 I 1
Vertrag zur Regelung aus Krieg und Besatzung entstandener Fragen s. Überleitungsvertrag
Vertrauen (Reichstag) 36 VI 1, 37 IV 1
Vertrauensfrage (Bundeskanzler) 44 III 2
Verwaltung 4 II 1, 5 II 4, 13 III 2, 17 IV 1, 26 III 2, 26 IV 3, 26 IV 5, 28 II 1, 29 II 1, 31 IV 2, 32 III, 33 II 1, 33 III, 36 IV, 36 V, 38 III 1, 39 II 3, 40 I, 40 III 1, 40 III 2, s. a. administratio, Administration
Verwaltungs-gerichtsbarkeit 26 IV 3, 45 VII 3; -rat (Bizone) 41 V 1; -reformen 23 III 1, 23 IV, 28 II 1, 28 II 4, 28 II 5
Verwillkürung 14 II
Veto 31 VI 2; -Politik 41 II 3; -recht 29 II 2, 34 III 3, 36 I 1
Vielvölkerstaat, österreichisch-ungarischer 23 III 2, 31 I, 31 IV 2
Vierjahresplan 40 III 1
Vier-Kloster-Streit 19 III 5
Vierkönigsbündnis (1850) 32 I 1
Vier Mächte 41 II 2, 41 II 4, 46 V 2
Viermächte-abkommen 46 III; -erklärung 41 II 2; -verwaltung 41 II 1, 41 II 2, 42 I 1
villicus 7 I 3, s. a. Meier
Villikation 7 I 3
Virilstimme 24 II 3, 27 II 1
Visitation 18 III 2, 20 I 2, 20 I 3
Visitationskommission 19 III 5, 20 I 2
Vogtei, Vögte 2 II, 5 II 5, 7 II 6, 9 II 6, 10 II 2, 13 II 5, 13 III 2, 14 I 2, 18 III 1, 19 II 2, 22 II 3, 24 IV 2
Vogtholden 13 II 5, 18 I 2
Volk 1 I, 4 II 2, 5 I 1, 6 II 2, 7 II 5, 9 II 4, 9 II 6, 14 IV 2, 15 III 2, 17 III, 17 IV 1, 20 I 1, 20 I 3, 22 I 2, 22 II 2, 24 IV 3, 24 VI 1, 25 III, 26 III 1, 27 I 1, 28 III 2, 29 I 2, 29 I 3, 29 II 2, 30 IV, 31 I, 31 II 1, 31 III 3, 31 III 1, 31 IV 2, 31 V 2, 32 I 1, 32 I 2, 34 I, 34 II 2, 34 II 4, 34 III 2, 35 III 2, 35 III 3, 37 I 3, 37 I 4, 37 IV 1, 37 IV 2, 37 IV 3, 38 I 1, 39 I 2
Völkerrecht 21 II 1, 21 II 3, 22 III, 31 III 3, 36 IV, 41 I 1, 42 II 3, 43 IV 1, 43 IV 2
Volks-abstimmung 39 II 3; -aussprache 45 IV 1; -beauftragte 37 II 1; -begehren 37 IV 1, 38 II 3, 42 II 3; -bildung 20 I 1; -entscheid 37 IV 1, 38 II 3, 42 II 3, 44 II 4; -entscheide (französische Zone) 41 III 4; -feste (19. Jh.) 30 III 1; -gemeinschaft (NS-Staat) 40 II 4, 40 IV; -gerichtshof 40 III 4; -gruppen 35 I; -haus (Parlament) 31 IV 2; -herrschaft 30 I; -kammer 42 III 3, 45 II 1, 45 III 3, 45 IV 1, 45 VII 2, 46 I, 46 IV 3, 46 IV 5, 46 IV 6, 46 V 2; -kongreß 43 III 1, 43 III 2; -kontrolle 41 IV 1; -rat 41 V 2, 42 III 1, 43 III 2; -rechte 4 II 2, 5 III 1, s. a. leges; (1848) 31 III 2; -richter 41 IV 2; -souveränität 22 II 2, 29 I 1, 29 I 3, 29 III 1, 29 IV

1, 31 II 1, 31 III 2, 32 II 2, 34 IV, 41 III 4, 42 II 3, 42 III 3, 43 II 4, 43 IV 2; -staat 37 IV 2, 38 I 1; -versammlungen (Germanen) 7 I 1, 17 V 2; (19. Jh.) 30 III 1; -vertretung 29 I 1, 29 II 2, 29 III 1, 29 III 2, 31 III 4, 32 II 3, 33 III, 34 III 1, 36 II 1, 36 IV, 37 IV 1, 39 II 3; -wille 29 II 1, 37 IV 2, 40 I; -wirtschaft 31 II 3, 45 IV 1; -wirtschaftsrat 35 II 3
Vollbauern 14 III 1, s. a. Bauern
Vollbeschäftigung 44 VI 2
Vollbort 7 I 4
Vollstreckung 16 II 1, 24 III 2
Vollstreckungsmittel 12 II 2
Vollziehungsausschuß (1848) 31 III 3
Vollzugsrat der Berliner Arbeiter- und Soldatenräte 37 II 2
Vorbehalt, alliierter (hinsichtlich Deutschlands „als Ganzem") 43 II 4
Vorbehaltsrechte, alliierte 44 III 2
Vorkaufsrecht s. ius retractus 23 V
Vormundschaftssachen 20 I 2
Vorparlament (1848) 31 II 1, 31 II 2, 31 II 3, 31 IV 1
Vorrechte, ständische 28 I
Vorsitzender (Bundesrat) 34 III 2
Vorzensur 30 III 1
Votum 17 II 1, 24 II 4
votum decisivum 21 II 3, 24 II 3
Vulgarrecht, spätrömisches 4 II 3

Waffenstillstand (1918) 37 I 1, 37 I 4, 37 II 1, 38 I 1, 38 I 2
Wahl, kanonische 7 II 6; (Kaiser, König) 5 I 2, 7 II 2, 11 II 3, 19 III 1, 24 II 2, 24 IV 1, s. a. electio, Kaiser-, Königswahl
Wahl (Parlament) 31 II 1, 31 II 2, 31 II 3, 31 V 2, 32 I 1, 32 III 1, 34 I 1, 34 II 1, 34 II 2, 35 III 3, 37 I 3, 37 II 2, 37 III 2, 39 II 1; – direkte 31 II 3, 31 IV 2, 32 I 2; (Bundesverfassungsrichter) 44 III 6
Wahl-berechtigte (19. Jh.) 29 II 2, 31 II 3, 32 III 1; -berechtigung 31 II 2
Wähler 32 II 3, 35 III 3
Wahl-fälschungen 46 IV 2; -gesetz 42 II 2; -kampf 31 II 3, 35 III 2, 37 II 2, 37 II 2, 39 II 1, 44 III 1; -kapitulation, kaiserliche 15 III 2, 21 II 1, 21 II 3, 24 I 2, 24 II 2, 26 II; – – ständige 21 II 3, 24 II 2; -kommissare 24 IV 2; -königtum 7 II 2; -kreise 36 II 2; -männer 31 II 3; -monarchie (18. Jh.) 23 IV
Wahlrecht, allgemeines 31 IV 2, 34 II 1; – demokratisches 33 II 4, 34 I 1, 34 III 1; – indirektes 32 II 1; (Königswahl) 11 I 2, 11 II 1
Währungs-reform 42 I 1; -union 46 IV 4, 46 V 1, s. a. Wirtschafts- und Währungsunion
Waldenser 10 I 4
Wappen 33 II 1
Warschauer Pakt 45 V
Wartburgfest (1817) 30 IV
Wege, öffentliche 9 II 1

Wehr-bauern 23 III 2; -macht 37 IV 1, 40 II 3, 40 III 1, 41 I 2; -pflichtige 32 II 3; -staat 39 I 2; -verbände 38 V 1; -verfassung 44 II 1; -wesen 23 III 2
Weidenbusch 31 IV 2
Weimarer Koalition 37 III 2, 38 I 1, 38 I 2, 38 V 2; – Nationalversammlung 37 IV 1, 37 IV 2, 37 IV 3, 38 I 1, 38 I 4; – Reichsverfassung 37 III 2, 37 IV 1, 38 I 1, 38 I 2, 40 IV, 42 II 3, 42 III 3, s. a. Reichsverfassung (1919); – Republik 37 I 1, 37 I 3, 38 I 3, 38 II 1, 38 III 2, 38 IV 1, 38 IV 2, 38 V 3, 39 III, 40 IV, 44 III 1; – Zeit 45 IV 1
Weistum 11 II 1, 14 III 1, s. a. Reichsweistum
Welfen 9 II 3, 9 II 7, 13 III 4, 14 I 2
Welfenanhänger (nach 1866) 35 III 1
Weltkrieg, Erster 36 I 2, 36 II 2, 36 VI 2, 37 I 1, 37 I 4, 38 III 2, 40 I, 41 I 1, 41 II 4, 43 III 1; – Zweiter 40 II 3, 40 II 4, 40 III 1, 41 I 1, 44 VIII, 46 V 2; -mächte 46 III; -wirtschaft 45 V
Weltmarkt 38 II 1
Wende 46 IV 2
Wendenkreuzzug 9 II 8
Werkskassen 33 II 4
Wertordnung, objektive 44 IV 1
Westalliierte 42 I 1, 43 I, 43 III 1, 46 II 1
Westend Hall 31 III 2
Westeuropäische Union (WEU) 43 III 2
Westfälischer Frieden 21 I 4, 21 II 1, 21 II 2, 21 II 3, 21 III, 22 I 2, 22 II 1, 22 II 2, 24 I 1, 24 I 2, 24 I 3, 24 II 1, 24 II 2, 24 III 1, 24 IV 1, 24 IV 2, 24 VII, 25 II 5, 26 I 1, 30 II 3; – Friedenskongreß 21 II 1, 22 III
West-integration 43 I, 43 II 3, 43 II 4, 43 III 2, 43 IV 2, 45 V; s. a. Integration, Integrationspolitik; -mächte 41 II 4, 42 I 1, 42 I 3, 42 II 5, 43 I, 43 II 1, 43 III, 43 III 2, 43 IV 2, 46 I, 46 II 1, 46 II 2, 46 II 3, 46 III; -reich 6 I, 7 II 3, s. a. Reich, westfränkisches; -zonen 41 I 1, 41 II 4, 41 III 1, 41 IV 1, 41 IV 2, 42 I 1, 42 I 3, 42 III 2, 43 III 2, s. a. Besatzungszonen
Wettbewerb, unlauterer 35 V
Wettiner 12 I 1, 13 III 4, 14 I 2, 18 II 2
Widerstand, deutscher 40 IV, 41 III 3, 41 III 4, 41 IV 2, 41 V 2
Wiederaufbau 41 III 3; – europäischer 42 I 1
Wieder-bewaffnung, deutsche 43 III 3, 44 II 1, 44 III 6, 44 VIII; -gutmachung 43 IV 1, 43 IV 2; -täufer 15 II 2; -vereinigung, deutsche 43 II 3, 43 II 4, 44 II 1, 46 II 1, 46 IV 4, 46 IV 6, 46 V 1, 46 V 2, 46 V 3, 46 VI, 46 VII, 46 VIII; -vereinigungsgebot 46 II 4, 46 V 3
Wiener Kongreß 30 I, 30 II 3; – Kongreßakte 30 II 1; – Konkordat (1448) 15 I 5; – Schlußakte (1820) 29 I 3, 29 III 1, 30 II 1
Wille, monarchischer 36 III, 38 II 2
Willebriefe 11 II 1
Willensbildung, demokratische 38 IV 1
Willkür 7 II 5, 23 II 4, 25 II 3, 25 III, 40 I; (Rechtsbildung) 10 IV 2, 14 II
Willkürer 14 II
Willkürherrschaft 18 II 2

Wirtschaft 41 II 1, 41 II 2, 41 II 4, 41 III 3, 41 III 4, 41 IV 1, 42 I 1, 43 III 3, 43 III 4, 44 VII 1, 44 VII 2; (SBZ) 41 V 2
Wirtschafts-beziehungen der Bundesrepublik 46 II 1; -demokratie 44 VII 2; -führer 41 III 3; -gebiet, einheitliches 30 V, 32 III 2; -kabinett 45 III 3; -kammern 44 VII 2; -krise (1873) 35 III 2; (1929) 38 II 4, 38 III 2, 38 IV 1; -minister 44 III 2; -ordnung 46 V 1; – – (Bundesrepublik) 44 VII 1; – – (DDR) 46 IV 5; -plan, staatlicher 45 III 3; -planung, zentrale 41 IV 4, 42 I 3, 43 III 3, 44 VII 1; – – staatliche 33 II 3; -prozeß 44 VII 1; -rat (Bizone) 41 V 1; -raum, sozialistischer 45 V; -reformen 46 IV 4
Wirtschafts- und Währungsunion 43 III 4
Wirtschafts-union 46 V 1, s. a. Wirtschafts- und Währungsunion; -verbände 33 II 3
Wissenschaft 44 IV 1, 44 VII 1, 44 VIII, 45 VIII 2
Wissenschaftsfreiheit 31 IV 1, 44 IV 1
Wittelsbacher 11 I 1, 13 III 4, 13 IV, 14 I 2, 21 I 1, 23 IV, 24 IV 2, 26 I 1
Wohlfahrt, allgemeine 27 II 2
Wormser Edikt 15 III 2, 16 II 2; – Konkordat 8 III 2, 9 I 1; – Matrikel (1521) s. Reichsmatrikel; – Reformation (1498) 18 II 1; – Reichstag (1495) 15 II 2, 17 II 1; (1521) 15 II 3, 15 III 2
Würde, kaiserliche s. Kaiserwürde 8 I 2, 8 II 2
Württemberger Hof 31 III 2
Württembergisches Landrecht (1555) 18 II 1

Young-Plan 38 II 4

Zabern-Affäre 36 II 2
Zähringer 9 II 3, 9 II 7
Zehn Artikel (1832) 30 III 1
Zehn Gebote der sozialistischen Moral 45 VIII 2
Zehnpunkte Programm zur Überwindung der Teilung Deutschlands und Europas 46 IV 4
Zehnten, kirchliche 17 V 1
Zehntsachen 18 III 1
Zeitungen 31 II 2
Zent-gericht 21 II 2; -grafen 10 II 2
Zentral-ämter, zonale 41 III 2; -arbeitsgemeinschaft 38 III 2; -behörde 23 III 1, 34 III 1
Zentrale Kommission für staatliche Kontrolle (DDR) 41 IV 1, 45 VII 3
Zentrale Stelle der Landesjustizverwaltungen zur Aufklärung nationalsozialistischer Verbrechen 44 VIII
Zentral-gewalt 31 III 3; -gewerkschaften 33 II 4
Zentralisierung 23 III 1, 23 III 2, 28 II 1, 40 III 1

Zentralismus 15 II 2, 38 II 2, 46 IV 8; – demokratischer 45 II 2, 45 II 4, 45 III 3, 45 VI 2, 45 VII 2
Zentral-rat (1919) 37 II 2; -stelle für die Vergabe von Studienplätzen (ZVS) 44 III 4; -untersuchungskommission 30 III 1; -verband Deutscher Industrieller 35 III 2; -verwaltung 28 II 2; -verwaltungen, deutsche 41 II 3
Zentrum (Partei) 35 II 3, 35 III 1, 35 III 2, 35 III 3, 36 II 1, 36 II 2, 36 VI 1, 37 III 2, 38 II 1, 38 V 2, 39 I 1, 39 II 2
Zentrum, linkes (1848) 31 III 2
Zentrum, rechtes (1848) 31 V 2
Zerrüttungsprinzip 44 V
Zins 14 III 3, 19 I
Zivil-ehe 32 II 1, 35 IV; -gesetzbuch 46 I; -instanzen 40 II 4; -prozeßordnung 32 I 3; -recht 25 I 1, 26 IV 1, 28 III 2, 29 IV 1, 36 V; -verwaltung 40 II 3, 40 III 3; -verschleppte 41 II
Zölle 4 II 3, 9 II 1, 10 II 2, 10 II 4, 12 I 1, 13 I 1, 16 I 2, 23 III 1, 23 III 2, 24 III 2, 35 III 2
Zoll-parlament 34 II 2; -politik 35 III 2; -union 41 III 2; -verein 30 V, 31 I, 32 I 2, 32 I 3, s. a. Deutscher Zollverein; -wesen, römisches 4 II 3
Zone, atomwaffenfreie 46 II 1
Zonen s. Besatzungszonen
Zonen-beirat 41 III 2; -verwaltungsämter 41 V 1; -zentralverwaltungen 41 IV 3
Zuchthausvorlage 36 I 2
Zulassungsbeschränkungen 44 VI 1
Zunft 24 VI 2, 33 II 2; -unruhen 14 I 4; -verfassung 23 V; -wesen 33 II 2
Zusammenbruch, deutscher 41 I 2
Zusammenschluß, korporativer 12 I 3, 25 II 2
Zustimmungsgesetze 44 III 5
Zwang, polizeilicher 23 II 3
Zwangs-arbeiter 40 III 1, 41 I 2, 43 IV 1; -bekehrungen 21 I 1; -bewirtschaftung 36 VI 2; -korporationen 30 IV; -mitgliedschaft 33 II 3; -schlichtung, staatliche 38 III 2
Zwangs- und Bannrechte 28 II 1
Zweidrittelmehrheit 31 III 3, 39 II 2
Zweikammersystem 29 II 2
Zwei-plus-vier-Verhandlungen 46 V 2
Zwei-Schwerter-Lehre 11 II 2
Zweistaatlichkeit, deutsche 44 VIII
Zweite Reformation 19 III 2, 20 I 3
Zweites Deutsches Fernsehen (ZDF) 44 III 4
Zwing und Bann 14 II 2
Zwölf Artikel (1525) 17 V 1